清华政治学书系

政策民主

第三部

理论体系的构建

史卫民 著

中国社会科学出版社

图书在版编目(CIP)数据

政策民主.第三部,理论体系的构建/史卫民著.—北京:中国社会科学出版社,2017.9
ISBN 978-7-5203-0128-2

Ⅰ.①政⋯ Ⅱ.①史⋯ Ⅲ.①政策—民主—研究 Ⅳ.①D0

中国版本图书馆 CIP 数据核字(2017)第 074455 号

出 版 人	赵剑英
责任编辑	耿晓明
责任校对	石春梅
责任印制	李寡寡
出　　版	中国社会科学出版社
社　　址	北京鼓楼西大街甲 158 号
邮　　编	100720
网　　址	http://www.csspw.cn
发 行 部	010-84083685
门 市 部	010-84029450
经　　销	新华书店及其他书店
印刷装订	北京君升印刷有限公司
版　　次	2017 年 9 月第 1 版
印　　次	2017 年 9 月第 1 次印刷
开　　本	710×1000　1/16
印　　张	49.5
插　　页	2
字　　数	833 千字
定　　价	199.00 元

凡购买中国社会科学出版社图书,如有质量问题请与本社营销中心联系调换
电话:010-84083683
版权所有　侵权必究

"清华政治学书系"导言

由清华大学政治学系和清华大学治理技术研究中心共同推出的"清华政治学书系"丛书，经过几年的努力，终于与读者见面了。

"清华政治学书系"是以清华大学政治学系和清华大学治理技术研究中心为研究平台的国内学者的研究著作、研究报告、论文集等的综合集成，重点涉及四方面的研究成果。一是政治学理论的研究，尤其是当前政治学界重点关注的民主理论、治理理论、法治理论等方面的研究成果。二是治理技术的研究，重点是以治理技术的视角开展的多维度的民主治理、多层治理、有效治理、转型治理、危机治理等方面的研究所产出的成果。三是中国政治发展的研究，从理论和实践层面对中国内地以及港澳台的政治发展进行综合性比较研究的报告、论文或学术专著。四是公共政策研究，既包括宏观政策背景和政策走向的综合性研究成果，也包括具体政策的案例分析和量化研究等系列性的研究成果。出版"清华政治学书系"的目的，是为中国的政治学界提供新的理论视野，以积极姿态促进中国政治学的良性发展。

"清华政治学书系"首批推出的是史卫民教授所著的以"政策民主"为书名的三部著作。第一部重点阐释的是"政策民主"的马克思主义理论基础，不仅系统整理了马克思主义经典作家对政策与民主关系的看法，亦对巴黎公社、苏维埃、计划经济、民主集中制和改革开放五种政策民主的理论范式作了全面的说明。第二部重点阐释的是"政策民主"的西方政治学的理论基础，系统整理了非马克思主义的西方政治学者对政策与民主关系的看法，并对直接民主、意见表达、代议制民主等十四种政策民主的理论范式作了全面的说明。第三部是"政策民主"理论体系的构建，不仅对"政策民主"的概念给出了明确的定义，还就"政策民主"理论所涉及的权力、权利、价值、社会、信息、参与、法治、制度、程序、文化等范畴涉及的问题，作出了具体的解释，并概要性地说明了"政策民主"与其他民主的关联和区别。

"清华政治学书系"的出版，得到了香港新范式基金会的支持和赞助，在此特别表示衷心的感谢。

关注中国问题、发展中国政治学，是"清华政治学书系"的基本宗旨。对于本丛书所推出的各种著述，欢迎学界同仁和广大读者提出批评意见。

张小劲

2017 年 9 月 10 日

清华政治学书系

研究成果之一
《政策民主·第一部·马克思主义的理论基础》

研究成果之二
《政策民主·第二部·西方政治学的理论基础》

研究成果之三
《政策民主·第三部·理论体系的构建》

目　　录

前言 …………………………………………………………… (1)

第一章　"政策"的基本认识 ……………………………… (3)
　一　政策的定义 ……………………………………………… (3)
　二　政策的政治属性 ………………………………………… (6)
　　（一）政策与政治的关系 ………………………………… (6)
　　（二）政策的阶级和利益属性 …………………………… (13)
　　（三）政策的政党属性 …………………………………… (14)
　　（四）政策的革命属性 …………………………………… (16)
　　（五）政策的群众属性 …………………………………… (17)
　三　把握政策的基本标准 …………………………………… (20)
　　（一）预见性标准 ………………………………………… (20)
　　（二）原则性标准 ………………………………………… (21)
　　（三）明确性标准 ………………………………………… (23)
　　（四）灵活性标准 ………………………………………… (25)
　　（五）经验性标准 ………………………………………… (25)
　　（六）事实性与实践性标准 ……………………………… (27)
　　（七）反对空谈标准 ……………………………………… (29)
　　（八）发展生产力标准 …………………………………… (30)
　　（九）影响力标准 ………………………………………… (30)
　　（十）政策环境标准 ……………………………………… (33)

第二章 不同形态的"民主" ……………………………………(36)
一 "政治"维度的民主形态 ……………………………………(36)
（一）作为统治形态的民主 ……………………………………(36)
（二）作为国家形态的民主 ……………………………………(42)
（三）作为革命形态的民主 ……………………………………(44)
（四）作为政党形态的民主 ……………………………………(45)
（五）作为选举形态的民主 ……………………………………(46)
（六）作为政治形态的民主 ……………………………………(51)
二 "社会"维度的民主形态 ……………………………………(57)
（一）作为社会形态的民主 ……………………………………(57)
（二）作为阶级形态的民主 ……………………………………(60)
（三）作为个体形态的民主 ……………………………………(61)
（四）作为情感形态的民主 ……………………………………(62)
（五）作为生活形态的民主 ……………………………………(63)
三 "制约"维度的民主形态 ……………………………………(66)
（一）作为制度形态的民主 ……………………………………(66)
（二）作为价值形态的民主 ……………………………………(77)
四 "政策"维度的民主形态 ……………………………………(81)
（一）作为讨论形态的民主 ……………………………………(81)
（二）作为参与形态的民主 ……………………………………(86)
（三）作为政策形态的民主 ……………………………………(90)
五 "政策+民主"的政策民主 ……………………………………(94)
（一）广义的"民主" ……………………………………(95)
（二）"政策民主"的定义 ……………………………………(96)
（三）"政策民主"的基本范畴 ……………………………………(97)

第三章 控制权力的政策民主 ……………………………………(100)
一 "政策权力"的界定 ……………………………………(100)
（一）基础性权力 ……………………………………(100)
（二）应用性权力 ……………………………………(105)
二 控制政策权力的目标 ……………………………………(119)
（一）体制取向目标 ……………………………………(119)

（二）政策过程目标 …………………………………… (123)
　三　两种权力关系的协调 …………………………………… (129)
　　（一）政策集权的重要性 …………………………………… (129)
　　（二）政策分权的不可缺性 ………………………………… (132)
　　（三）协调政策集权与分权的主要方法 …………………… (135)
　　（四）处理"立法权"与"行政权"关系的
　　　　　不同思路 …………………………………………… (140)
　四　控制政策权力的主要途径 ……………………………… (143)
　　（一）注重权力来源 ………………………………………… (143)
　　（二）明确权力责任 ………………………………………… (145)
　　（三）权力相互制衡 ………………………………………… (146)
　　（四）舆论监督权力 ………………………………………… (147)
　　（五）司法约束权力 ………………………………………… (147)
　　（六）公民掌控权力 ………………………………………… (148)
　　（七）发挥政策优势 ………………………………………… (150)
　　（八）党政分开 ……………………………………………… (150)
　　（九）民主集中制 …………………………………………… (151)
　　（十）构建有效控制权力的政策民主 ……………………… (152)

第四章　保障权利的政策民主 ……………………………… (155)
　一　注重"公民身份" ………………………………………… (155)
　　（一）公民与臣民的区别 …………………………………… (155)
　　（二）公民身份要素 ………………………………………… (156)
　　（三）积极公民与消极公民 ………………………………… (161)
　　（四）政策视角下的"好公民" …………………………… (164)
　二　公民责任与义务 ………………………………………… (165)
　　（一）公民的政策责任 ……………………………………… (166)
　　（二）公民的政策义务 ……………………………………… (167)
　三　公民的政策权利 ………………………………………… (168)
　　（一）权利的基本分类 ……………………………………… (169)
　　（二）支配权利 ……………………………………………… (170)
　　（三）应得权利 ……………………………………………… (179)

　　　　（四）支配权利与应得权利的关系 …………………………（188）
　四　行使支配权利的基本路径 …………………………………（190）
　　　　（一）社会主义民主路径 …………………………………（190）
　　　　（二）西方学者倡导的民主路径 …………………………（191）
　五　保障应得权利的基本路径 …………………………………（196）
　　　　（一）民主公民权路径 ……………………………………（196）
　　　　（二）经济民主路径 ………………………………………（197）
　　　　（三）社会民主路径 ………………………………………（199）
　　　　（四）文化的民主化路径 …………………………………（200）
　　　　（五）为权利提供保障的政策民主 ………………………（201）

第五章　政策民主的价值取向 …………………………………（203）
　一　公共性与公共幸福 …………………………………………（203）
　　　　（一）政策的公共性指向 …………………………………（203）
　　　　（二）公共幸福与公共政策 ………………………………（206）
　二　公共福利与福利国家 ………………………………………（208）
　　　　（一）公共福利的定义 ……………………………………（208）
　　　　（二）福利国家的政策取向 ………………………………（209）
　　　　（三）反福利国家的论点 …………………………………（210）
　　　　（四）公共福利与公共政策 ………………………………（212）
　　　　（五）社会主义国家的福利取向 …………………………（214）
　三　公共利益与公共政策 ………………………………………（215）
　　　　（一）公共利益与私人利益 ………………………………（215）
　　　　（二）集体利益与个人利益 ………………………………（218）
　　　　（三）公共利益为政策带来的问题 ………………………（220）
　　　　（四）协调利益关系的政策原则 …………………………（222）
　四　公共服务与为人民服务 ……………………………………（226）
　　　　（一）政策的"服务需要" ………………………………（227）
　　　　（二）政策的服务对象 ……………………………………（228）
　　　　（三）公共服务的提供者和途径 …………………………（229）
　　　　（四）"为人民服务"的价值取向 ………………………（232）
　五　政策的理性取向 ……………………………………………（234）

（一）统治理性 ……………………………………………………（234）
　　（二）政策理性 ……………………………………………………（235）
　　（三）意见理性 ……………………………………………………（237）
　　（四）个人理性与公共理性 ………………………………………（238）
　　（五）完全理性与有限理性 ………………………………………（241）
六　政策的正义性 ………………………………………………………（244）
　　（一）分配正义 ……………………………………………………（244）
　　（二）程序正义 ……………………………………………………（245）
　　（三）政策正义 ……………………………………………………（246）
　　（四）具有阶级性的正义 …………………………………………（248）
七　公平与公正 …………………………………………………………（249）
　　（一）政策公平的重要维度 ………………………………………（249）
　　（二）政策公正的基本特征 ………………………………………（251）
八　具有借鉴意义的政策价值观 ………………………………………（253）
　　（一）否定"价值中立"的政策观 ………………………………（253）
　　（二）否定"特定价值"的政策观 ………………………………（255）
　　（三）强调"民主价值"的政策观 ………………………………（256）
　　（四）以政策为核心的价值观 ……………………………………（258）
　　（五）"好政策"的观念 …………………………………………（260）
　　（六）政策民主的两类价值标准 …………………………………（262）

第六章　植根于社会的政策民主 ……………………………………（265）
一　社会改造与社会解放 ………………………………………………（265）
　　（一）国家与社会的关系 …………………………………………（265）
　　（二）实现共产主义的理想 ………………………………………（266）
　　（三）社会主义社会的基本要求 …………………………………（268）
　　（四）社会改造和改革 ……………………………………………（271）
　　（五）社会解放的政策作用 ………………………………………（272）
二　公共领域与公共政策 ………………………………………………（275）
　　（一）公共领域与私人领域的关系 ………………………………（275）
　　（二）公共领域的政策作用 ………………………………………（276）
　　（三）政策过程中公共领域缺失的主要表象 ……………………（278）

（四）发展公共领域政策功能的主要思路 …………… (279)
三　组织化的影响 ……………………………………… (281)
　　（一）组织与"政策的组织化" …………………… (281)
　　（二）社会组织的政策功能 ……………………… (283)
　　（三）组织民主 …………………………………… (285)
四　社会运动的影响 …………………………………… (287)
　　（一）"运动"与"社会运动" …………………… (287)
　　（二）社会运动对政策的积极影响 ……………… (288)
　　（三）社会运动对政策的消极影响 ……………… (292)
五　大众民主与大众政策 ……………………………… (294)
　　（一）对"大众政治"的基本理解 ……………… (294)
　　（二）对"大众民主"的否定 …………………… (296)
　　（三）对"大众政策"的不同看法 ……………… (297)
　　（四）大众忠诚与控制大众 ……………………… (299)
六　"公民社会"与"民主社会" ……………………… (301)
　　（一）个人与社会的关系 ………………………… (301)
　　（二）公民社会的政策地位 ……………………… (303)
　　（三）与"民主"相联系的公民社会 …………… (307)
　　（四）"民主社会"的基本要求 ………………… (310)
　　（五）政策民主的基本社会取向 ………………… (312)

第七章　以信息交流为基础的政策民主 ……………… (315)
一　作为"政策处理"的信息 ………………………… (315)
　　（一）对政策信息系统的基本理解 ……………… (315)
　　（二）政策信息处理面临的主要问题 …………… (317)
　　（三）政策信息处理的"民主"思路 …………… (319)
二　作为"政策知情"的信息 ………………………… (321)
　　（一）需要"开放"或公开传播的政策信息 …… (321)
　　（二）"知情"信息的传播途径 ………………… (323)
　　（三）民众了解政策信息面临的困难 …………… (323)
　　（四）获得公众得以控制的信息的路径 ………… (324)
三　对"民意"的不同看法 …………………………… (326)

（一）对"公意"的理解 …………………………………………（326）
　　　（二）民意与政策关系的积极论点 ………………………………（328）
　　　（三）民意与政策关系的消极论点 ………………………………（331）
　四　舆论与政策的关系 ………………………………………………（334）
　　　（一）侧重于"工具"功能的解释 ………………………………（334）
　　　（二）侧重于"意见"功能的解释 ………………………………（336）
　　　（三）公共舆论的制造者 …………………………………………（339）
　　　（四）对舆论自由的看法 …………………………………………（342）
　五　媒体的作用 ………………………………………………………（344）
　　　（一）媒体与民意、公共舆论的关系 ……………………………（344）
　　　（二）媒体对政策的积极影响 ……………………………………（345）
　　　（三）媒体对政策的消极影响 ……………………………………（351）
　　　（四）对"网络民主"的不同看法 ………………………………（352）
　　　（五）以积极的态度应对媒体问题 ………………………………（353）
　六　"政策沟通"与"政策联系" …………………………………（354）
　　　（一）政治沟通与政策沟通 ………………………………………（354）
　　　（二）"政策联系"的民主诉求 …………………………………（356）
　　　（三）政策民主的基本信息取向 …………………………………（357）

第八章　重视表达和参与的政策民主 …………………………………（360）
　一　选举式的政策参与 ………………………………………………（360）
　　　（一）强调"选票决定政策"的选举参与 ………………………（360）
　　　（二）侧重于"影响政策"的选举参与 …………………………（362）
　　　（三）侧重于"政策代议"的选举参与 …………………………（365）
　　　（四）选举与政策之间无紧密关系 ………………………………（369）
　　　（五）选举中的选民参与行为 ……………………………………（372）
　二　表决式的政策参与 ………………………………………………（378）
　　　（一）表决式参与的场域 …………………………………………（378）
　　　（二）全民公决的政策效用 ………………………………………（379）
　　　（三）表决式参与的反对意见 ……………………………………（380）
　三　表达式的政策参与 ………………………………………………（384）
　　　（一）公民意见表达对政策的重要作用 …………………………（384）

　　　　（二）需要表达的内容 …………………………………………（386）
　　　　（三）表达式参与的形式 …………………………………………（388）
　四　"组织式"的政策参与 ………………………………………………（404）
　　　　（一）以"组织群众"为重心的参与 …………………………（404）
　　　　（二）以"组织公民"为重心的参与 …………………………（408）
　　　　（三）以"自治"为重心的参与 ………………………………（413）
　　　　（四）以"社区"为重心的参与 ………………………………（418）
　　　　（五）以"委员会"为重心的参与 ……………………………（422）
　五　"行动式"的政策参与 ………………………………………………（424）
　　　　（一）对政策参与行动的不同理解 ………………………………（424）
　　　　（二）不同的政策参与行动 ………………………………………（426）
　六　政策参与的交往、对话、话语和共识基础 …………………………（433）
　　　　（一）"政策交往"与"交往民主" ……………………………（433）
　　　　（二）"对话的政治"与"对话民主" …………………………（436）
　　　　（三）"话语理论"与"话语民主" ……………………………（438）
　　　　（四）"政策共识"与"共识民主" ……………………………（440）
　七　构建"参与社会" ……………………………………………………（442）
　　　　（一）公民政策参与面临的普遍性问题 …………………………（443）
　　　　（二）"参与社会"的基本要求 …………………………………（445）
　　　　（三）注重参与的政策民主 ………………………………………（455）

第九章　法治化的政策民主 …………………………………………………（459）
　一　政策民主的宪法保证 …………………………………………………（459）
　　　　（一）法律对政策的基础性作用 …………………………………（459）
　　　　（二）政策对法律的依赖性 ………………………………………（462）
　　　　（三）宪法对政策的约束 …………………………………………（465）
　　　　（四）适用于公共政策的宪政原则 ………………………………（468）
　二　"法治"而不是"人治"的政策要求 ………………………………（472）
　　　　（一）法治与人治的区别 …………………………………………（472）
　　　　（二）政策的法治标准 ……………………………………………（473）
　三　政策的法制要求 ………………………………………………………（475）
　　　　（一）法制要求有效的立法机制 …………………………………（475）

（二）法制要求依法制定政策和依法办事 …………… (476)
　　（三）法制要求反对官僚主义和克制腐败现象 ……… (477)
　　（四）法制要求进行全面的纪律教育和法制教育 …… (478)
　　（五）明确民主与法制的关系 …………………………… (478)
　四　政策的合法性 ……………………………………………… (480)
　　（一）基于权力的政策合法性 …………………………… (480)
　　（二）基于制度的政策合法性 …………………………… (485)
　　（三）政策程序的合法性 ………………………………… (487)
　　（四）政策参与的合法性 ………………………………… (490)
　　（五）接受政策的合法性 ………………………………… (495)
　　（六）注重有效性的合法性 ……………………………… (497)
　　（七）对政策正当性的理解 ……………………………… (500)
　　（八）政策民主的法治化要求 …………………………… (505)

第十章　制度化的政策民主 ………………………………………… (507)
　一　社会主义国家政策体系的制度基础 …………………… (507)
　　（一）国家的基本定位 …………………………………… (507)
　　（二）政体的主要特征 …………………………………… (511)
　　（三）政府形态的影响 …………………………………… (512)
　　（四）无产阶级政党和民主集中制 ……………………… (516)
　　（五）人民代表大会制度的政策功能 …………………… (521)
　　（六）政治协商制度的政策作用 ………………………… (525)
　　（七）行政管理的基本要求 ……………………………… (526)
　二　资本主义国家政策体系的制度基础 …………………… (530)
　　（一）政体对政策的影响 ………………………………… (530)
　　（二）不同类型的"民主国家"定位 …………………… (533)
　　（三）影响政策的三种政府形态 ………………………… (538)
　　（四）官僚制的政策特征 ………………………………… (544)
　　（五）行政管理制度的政策要求 ………………………… (549)
　　（六）代议制的政策功能 ………………………………… (559)
　　（七）政党制度的政策作用 ……………………………… (569)
　三　政策民主制度化的基本要求 …………………………… (577)

（一）"政治制度化"的标准和功能 …………………………（577）
（二）制度影响政策的路径 ………………………………（580）
（三）为政策建立的制度 …………………………………（582）
（四）制度影响政策的限度 ………………………………（584）
（五）政策民主的制度化倾向 ……………………………（585）

第十一章　程序化的政策民主 …………………………………（588）
一　决策程序 ………………………………………………（588）
（一）决策与民主决策 ……………………………………（588）
（二）议题选择的程序化要求 ……………………………（592）
（三）议程设定的民主要求 ………………………………（598）
（四）议案选择的民主标准 ………………………………（601）
（五）政策决定和政策输出 ………………………………（606）
（六）社会主义国家的民主决策标准 ……………………（616）
二　政策执行程序 …………………………………………（629）
（一）政策执行的条件 ……………………………………（629）
（二）政策执行的民主程序 ………………………………（636）
（三）公民介入政策执行的民主程序 ……………………（644）
三　政策监督程序 …………………………………………（648）
（一）政策监督的理念 ……………………………………（648）
（二）政策监督的程序化要求 ……………………………（653）
（三）政策责任和政策问责 ………………………………（656）
四　政策评估程序 …………………………………………（668）
（一）政策评估的多元主体 ………………………………（668）
（二）政策评估的基本标准 ………………………………（670）
（三）政策评估方式的选择 ………………………………（675）
（四）反馈与纠错 …………………………………………（677）
（五）政策民主的程序化要求 ……………………………（686）

第十二章　政策民主与政策文化 ………………………………（691）
一　"政策文化"的基本走向 ………………………………（691）
（一）"政治文化"与"政策文化" …………………………（691）

- （二）公民身份认同的政策意义 …………………………（693）
- （三）政治认同与政策认同 ………………………………（695）
- （四）意识形态的政策作用 ………………………………（698）
- （五）政策与民主生活方式 ………………………………（701）
- （六）个人责任文化 ………………………………………（703）
- （七）对"忠诚"的要求 …………………………………（704）
- （八）建立"信任文化" …………………………………（707）
- （九）政策参与文化 ………………………………………（712）

二 社会主义的政策文化观念 …………………………………（715）
- （一）以政策提高人民的文化生活水平 …………………（715）
- （二）防止对政策的"左"和"右"的干扰 ……………（717）
- （三）注重"教育"的政策功能 …………………………（720）
- （四）"组织忠诚"与"理解政策" ……………………（723）
- （五）注重人民对政策的支持 ……………………………（724）
- （六）政策的"满意"取向 ………………………………（726）
- （七）建立政策信任关系 …………………………………（727）
- （八）两种不同的政策文化观念 …………………………（729）

第十三章 政策民主与其他民主的关系 …………………………（732）

一 政策民主的理论定位 ………………………………………（732）
- （一）两个维度并重的政策民主 …………………………（732）
- （二）既是经验的也是规范的政策民主 …………………（733）
- （三）直接民主与间接民主结合的政策民主 ……………（736）
- （四）政策民主的纵向性与横向性 ………………………（737）
- （五）形式民主与实质民主结合的政策民主 ……………（737）

二 与各种民主并立的政策民主 ………………………………（738）
- （一）填补选举民主空白的政策民主 ……………………（738）
- （二）刚性强于协商民主的政策民主 ……………………（740）
- （三）约束性强于参与民主的政策民主 …………………（744）
- （四）侧重于继承和发展的政策民主 ……………………（746）
- （五）在多维视角中理解政策民主 ………………………（747）

参考书目 ……………………………………………………………（751）

前　言

在中国的现代化进程中，政治发展扮演了重要的角色。通过对改革开放以来中国政治发展的全景式研究，尤其是对影响中国政治发展的经济、制度、民主、法治、政治文化、公民社会、社会冲突、国际影响、政策、发展方式十个主要因素的分析，可以看出尽管经济、制度、民主、法治、政治文化、公民社会、社会冲突、国际影响等因素在中国政治发展中都起了重要的作用，但这些因素都不是主导中国政治发展的根本性因素，真正主导或决定中国政治发展的应该是政策因素，政策因素极大地影响、主导甚至制约着其他因素的发展，并形成了"政策主导型的渐进式改革"的政治发展范式。[①] 换言之，在国家的现代化进程中，政治发展范式可以有多种选择，对政治发展范式本身也可以有不同的解释。在多种可能被选择的政治发展范式中，改革开放以来，中国真正选择的应是"政策主导"的政治发展范式。[②]

恰恰是因为"政策"在中国政治发展中扮演着极为重要的角色，作为政治学的学者，就不能不关注一个重大的理论问题：在"政策"与"民主"之间，能否形成紧密的关系？如果"政策"与"民主"能够结合在一起，进而影响国家的政治发展方向，那么中国的"政策主导"政治发展范式（"政策主导型的渐进式改革"的政治发展范式），就可能具有鲜明的民主特征，并最终成为一种被更多人理解和支持的政治发展范式。

为此，我们认为需要引入一个重要的概念，这个概念就是"政策民

[①] 见史卫民《"政策主导型"的渐进式改革——改革开放以来中国政治发展的因素分析》，中国社会科学出版社2011年版。

[②] 见史卫民、张小兵《中国政治发展范式的选择》，中国社会科学出版社2013年版。

主",并且在2011年出版的著作中使用了这一概念,着重于解释在中国的政治发展状态下,"选举民主"与"政策民主"各有什么样的发展空间,还给出了"政策民主"的简单定义,即"政策民主是以政策民主化及公民参与政策过程为代表的民主"①。2013年,我们又对"政策民主"概念作出了新的解释,强调"政策民主"是一种程序性的民主,要求以民主的方式改变封闭的政策过程,使公共政策能够获得更好的民意基础;此外,我们还讨论了"政策民主"与"选举民主""协商民主""人民民主""党内民主""网络民主"的关系问题,并对"政策民主"如何推动中国的政治体制改革作了总体性的说明。②

"政策民主"确实是一个新的概念,因为无论是在马克思主义学说还是在西方政治学的发展中,还没有人使用这样的概念,只出现过"决策民主""民主决策""民主政策"等与之相近的概念。"政策民主"要成为一个严谨并且通用的学术概念,并用之于实践,必须回答三个彼此相关的问题。第一个问题是如果将"政策民主"视为一种理论,它是有其自身的理论渊源,还是"无源之水",直接由作者自己"构想"出来的;换言之,将"政策"与"民主"联系在一起,是否有过先例,甚至出现过一些具有代表性意义的理论解释范式。第二个问题是"政策民主"更准确的定义是什么,它将涉及哪些领域的问题,尤其是在规范性意义上,"政策民主"能否成为民主理论中的一种系统性的理论表述。第三个问题是与民主有关的概念不是太少,而是已经太多,那么为什么还要提出"政策民主"的概念,它的理论意义何在,实践意义何在,它与其他民主概念的区别何在。要回答这些问题,显然既需要进行更深入的理论研究,也需要对实践经验等进行更全面的梳理。

我们已经用"政策民主"的前两部书回答了第一个问题,本部书所要回答的是第二个问题,即"政策民主"理论体系的构建问题。在马克思主义五种理论范式和西方政治学十四种理论范式基础上构建的"政策民主"理论体系,不仅要说明"政策民主"的基本概念,还要说明"政策民主"所涉及的权力、权利、价值取向、信息交流、参与以及制度化、

---

① 史卫民:《"政策主导型"的渐进式改革——改革开放以来中国政治发展的因素分析》,第644—645页。
② 史卫民、张小兵:《中国政治发展范式的选择》,第177—192页。

法治化、程序化等方面的问题。由于前两部书已经较详细地引述了马克思主义经典作家和西方学者的基本观点,本书只是这些观点的汇集,因此只是就关键性论点作出注释,论点的详细说明都可以在前两部书中找到。

为"政策民主"构建一套完整的理论体系,对我们来说是一个重大的尝试。这样的尝试很可能是不成功的,但至少可以引起人们对"政策民主"的关注,并通过讨论和批评,使"政策民主"理论更具有说服力和实践价值。我们始终认为,中国正在走向"政策民主",只是多数人还未意识到这样的走向。我们所进行的研究,不过是为了使更多的人看清这样的走向,并给予理解和支持,因为"民主"毕竟会涉及所有的公民,而"不民主"也会影响所有的公民。

第三部

理论体系的构建

第一章 "政策"的基本认识

"政策民主"是将"政策"与"民主"联系在一起的一种理论体系，这一理论体系着重解释的是如何以民主的方式制定政策、执行政策、监控政策、评估政策以及如何使政策符合民主的一些基本要求。要构建这样的理论体系，首先要对"政策"有一些基本的认识。

一　政策的定义

"政策"（Policy）一词，在马克思主义经典作家的著述中经常出现，但马克思主义经典作家较少使用"公共政策"（Public Policy）的概念。西方学者在20世纪以前已经普遍使用"政策"的概念，并在"公共政策"出现并带动政策科学发展后，往往把"公共政策"和"政策"混用，"政策"或者成为"公共政策"的省略词，或者直言"政策"指的就是"公共政策"。我们无须在概念上计较"政策"与"公共政策"的区别，因为我们同意"政策民主"所涉及的"政策"，就是现代语境下的"公共政策"。

"政策"或"公共政策"有不同的定义，我们可以引用的是英国政治学家安德鲁·海伍德的一个较全面的定义："在一般意义上，政策是由诸如个人、群体、企业或政府所采取的行动方案。把某种行动方案叫作政策，意味着正式决定已作出，某一特定的行动方针得到了官方的批准。因此，公共政策可以被视为政府机构的正式或公开宣布的决定。但是，将政策理解为目的、行动和结果之间的联系，要更为合适一点。在目的层面，政策表现为政府的立场或姿态，即政府表示将要做什么；在行动层面，政策表现为政府的行为，即政府实际上做什么；在结果层面，政策表现为政府行为的结果,即政府对更大的社会的影响力。"①

在"政策"的定义方面,还应该注意西方学者的四点重要看法。

一是"政策"与计划或行动方案有关。如拉斯韦尔和卡普兰所言,"政策乃是为某项目标、价值与实践而设计的计划"②。帕顿和沙维奇也指出,政策是"由政府实体或机构所遵守的确定的行动过程,经常被用作规划和计划的同义词"③。

二是"政策不仅只是决策,它更包含了行动"④。如戴伊所言,政策是一个政府决定要做的任何事,或者它选择不去做的任何事——既包括了政府的行为,也包括了政府的不行为。政府的无力行为或者不能够行为是一种政策。政府的不行为正如其行为,可能同样对社会产生重大的影响。⑤

三是"政策"具有"资源性"特征,涉及资源的汲取和分配。阿尔蒙德和鲍威尔指出,"公共政策"是政治体系的输出,"付诸实施的政策输出主要包括资源的提取、产品和服务的分配、行为的管制、象征和信息的交流"⑥。

四是"政策"有广义和狭义的区别。如哈耶克所言,从政策这一术语的广义来看,所有的立法都可以被认为是政策。从这一意义上讲,立法乃是制定长期政策的主要手段,而所有适用法律的行为也都是对先已确定的政策的执行。在法律自身的领域中,"公共政策"这一术语通常被用来指称某些广为接受的一般性原则。当政策意指政府对具体的且因时变化的目标的追求时,它更与立法构成了鲜明的区别。行政机构在很大程度上关注的正是对这种意义上的政策的执行。⑦

也就是说,对"政策"(公共政策)的一般性定义,不仅要考虑它的计划性、行动性和资源性特征,也要确定是在广义(包括立法)还是在狭义(不包括立法)上使用"政策"的概念。构建"政策民主"理论,

---

① [英]安德鲁·海伍德:《政治学核心概念》,第37—39页。
② [美]哈罗德·拉斯韦尔、亚伯拉罕·卡普兰:《权力与社会:一项政治研究的框架》,第78页。
③ [美]卡尔·帕顿、大卫·沙维奇:《政策分析和规划的初步方法》,第56页。
④ [美]林德布洛姆、伍德豪斯:《最新政策制定过程》,第6页。
⑤ [美]托马斯·R.戴伊:《自上而下的政策制定》,第3页。
⑥ [美]阿尔蒙德、鲍威尔:《比较政治学——体系、过程和政策》,第16页。
⑦ [英]哈耶克:《自由秩序原理》,上册,第272—273页。

重点不在于立法和司法如何影响人们的生活，重心放在狭义的"政策"上，即政府的政策行为如何影响人们的生活。因此，本书使用的"政策"概念，如果不作特别说明，都是指狭义的、不包括立法的政策。

政策从创议到执行，需要不同的步骤或阶段，而这些步骤和阶段即构成完整和循环的"政策过程"。对政策过程所涉及的步骤或阶段，可以有不同的划分方法，但重点关注的都是决策、执行、监督、评估四大要素。我们所要讨论的政策过程，就是明确区分四大要素的政策过程。

讨论政策问题，既会涉及"政策过程"中的问题，也会涉及"政策领域"问题。"政策过程"主要解决的是"如何制定和执行政策"的问题，"政策领域"重点关注的则是"制定和执行什么样的政策"的问题。对于"政策领域"，需要特别注意两方面的内容。一是政策的"聚合"。"政策领域"不可避免地涉及单项政策的"聚合"问题，因为面对不同的问题，需要不同的政策，这些政策会聚合成不同的政策领域。如豪利特和拉米什所言，公共政策是一种复杂的现象，是由许多个人和组织制定的众多决策组成的，它经常受早期政策的塑造，并经常与其他表面看来并无关联的决策密切相关。[①] 二是政策的"分类"。在政策领域中，可以看到不同的政策分类，常见的是经济政策、社会政策、文化政策的分类，以及专制的政策、民主的政策、自由的政策的分类，或者是分配政策、再分配政策、管制性政策、连续性政策四大类别政策的分类等。不同的标准可以产生不同的政策分类，但政策分类的目标是一致的，即通过政策的分类，可以使政策的指向性更加清晰，更便于认知政策和用不同的政策方法解决不同的政策问题。

"政策过程"和"政策领域"尽管各有所指，但是都可以包含在"政策"的一般性定义中，即政策不仅涉及计划、行动和资源，还涉及建立议程和形成政策、执行政策、监督政策和评估政策等具体过程，并可以形成包括众多政策、涉及不同类别政策的政策领域。我们不倾向于将政策、政策过程、政策领域看成是三个层次的概念，即政策只体现微观、具体的含义，政策过程体现中观层面的各种关系，政策领域体现宏观层面的各种问题；而恰恰相反，我们将政策视为一个具有宏观性的概念，在这一概念

[①] [加]迈克尔·豪利特、[澳] M. 拉米什：《公共政策研究：政策循环与政策子系统》，第11页。

下可以展现政策过程和政策领域的不同视角。因此，在本书的叙述过程中，除了特别需要强调"政策过程"或"政策领域"外，都使用可以包含政策过程和政策领域的"政策"概念。

二 政策的政治属性

"政策"与"政治"有密切的联系，由此不仅要对政策与政治的关系作出总体性的说明，还要对政策的一些具体的政治属性，如阶级属性、政党属性、革命属性、群众属性等，给出概要性的解释。

（一）政策与政治的关系

政策与政治的关系是个复杂的问题，我们不准备就此问题展开全面的讨论，而要强调一些基本的看法。

1. 政治家制定政策

由政治家（或者政客）来制定政策，应该是政策与政治关系的基本前提。如熊彼特所言，民主政治就是政治家的政治，政治不可避免地是一种职业。社会氛围或价值准则不但影响政策——立法的精神——而且还影响行政措施。[1] 斯通也指出，政客们通常至少有两个目标。第一个是政策目标——他们乐于见到如他们所愿地成就或挫败某个项目或建议，他们乐于见到某个问题得到解决。但也许更为重要的是政治目标，政客们总是想要维持他们的权力，或者得到更多的权力，以便能够实现他们的政策目标。[2] 政治家制定政策需要一定的知识，如杜鲁门所言，政治家需要的知识分为两类：界定政策问题的技术知识；平衡不同要求的政治知识以及关于决策替代方案的后果的政治性知识。[3]

马克思主义经典作家也强调了政治家对政策的重要作用。如恩格斯所言："从社会的公仆变成了社会的主宰，这种情形不但在例如世袭的君主国内可以看到，而且在民主的共和国内也可以看到。正是在美国，同任何其他国家相比，'政治家'都构成国民中一个更为特殊的更加富有权势的

---

[1] [美] 熊彼特：《资本主义、社会主义与民主》，第241、415—416页。
[2] [美] 德博拉·斯通：《政策悖论：政治决策中的艺术》（修订版），第2页。
[3] [美] 戴维·杜鲁门：《政治过程——政治利益与公共舆论》，第362页。

部分。那里，两个轮流执政的大政党中的每一个政党，都是由这样一些人操纵的。在那里可以看到两大帮政治投机家，他们轮流执掌政权，用最肮脏的手段为最卑鄙的目的运用这个政权，而国民却无力对付这两个大的政客集团，这些人表面上是替国民服务，实际上却是统治和掠夺国民的。"① 毛泽东则强调："革命的政治家们，懂得革命的政治科学或政治艺术的政治专门家们，他们只是千千万万的群众政治家的领袖，他们的任务在于把群众政治家的意见集中起来，加以提炼，再使之回到群众中去，为群众所接受，所实践，而不是闭门造车，自作聪明，只此一家，别无分店的那种贵族式的所谓'政治家'——这是无产阶级政治家同腐朽了的资产阶级政治家的原则区别。"②

2. 政治决策是政策的重要政治表征

政治决策既是政策与政治直接结合的产物，也是政策的重要政治表征，由此需要特别注意政治决策的七种重要倾向。

一是政治统治倾向。恩格斯指出："因为劳动和资本之间的基本关系到处都一样，有产阶级对被剥削阶级的政治统治这一事实到处都存在，所以无产阶级政策的原则和目的就总是一样的，至少在一切西方国家中是这样。"③

二是政治手腕倾向。列宁指出："我们所说的政治手腕，既来自政府方面，也来自主张走和平道路的反政府派方面，有时甚至还来自革命派方面（诚然，在后一种情况下，表现形式是特殊的，与前两种不同）。政府方面的政治手腕，就是有意识地献媚、收买和腐蚀，一句话，推行那套叫作'祖巴托夫政策'的办法。所谓祖巴托夫政策，其实质就是答应进行相当广泛的改良，实际上只打算把答应的东西实现那么一点儿，并以此要求放弃政治斗争。"④

三是政治要求倾向。阿尔蒙德等人指出，政治关系到人类的种种决策，政治科学便是对决策的研究；政治是指在特定人群中、特定领土内，

---

① 恩格斯：《法兰西内战1891年单行本导言》，《马克思恩格斯全集》，第22卷，第227页。
② 毛泽东：《在延安文艺座谈会上的讲话》，《毛泽东选集》，第3卷，第823页。
③ 恩格斯：《致国际工人协会西班牙联合会委员会》，《马克思恩格斯全集》，第17卷，第304页。
④ 列宁：《政治斗争和政治手腕》，《列宁全集》，第7卷，第22—23页。

与能够得到权威和强制工具支持的公共决策控制相关的种种活动。决策是政治过程的关键性阶段,是把有效的政治要求转换成权威性决策的阶段。决策规则之所以影响政治活动,是因为它决定了寻求何种政治资源及如何获得和使用这些资源。个人和集团若试图影响政策,也必须在这些规则的框架当中运作。①

四是集体约束倾向。萨托利指出,定义的标准不再是谁在决策,而是决策的影响面:无论是谁在决策,他都是在为大家决策。影响到集体的决策这一概念,使得有可能主张政治是由影响到集体的决策构成。一切政治性决策都是影响到集体的决策,但反过来说就不对了,并非一切影响到集体的决策都是政治决策。影响到集体的决策是否是政治决策,取决于它们是:(1)最高决策;(2)不留余地;(3)有惩罚能力。②古特曼和汤普森也指出,政治决策是具有集体性约束力的,因此应该尽可能公正地对待每一个受到约束的人。③

五是少数人决策倾向。韦伯指出,重大的政治决策——尤其在民主制条件下——不可避免总是由少数人作出。④布坎南也指出,从本质上讲,正统(财政理论)的传统是不民主的,没有表现出感情的意义,政治决策必然是在同个体公民无关的条件下作出并强迫其接受的。⑤

六是政治交易倾向。哈耶克指出,正是由于人们意识到了政策在很大程度上取决于决策者与特殊利益群体之间所达成的一系列交易这个事实,这才使得"政治"在普通大众的心目中变得如此之声名狼藉。⑥ 奥菲也指出,国家政策的决策制定模式偏离了议会对制定者的控制,偏离了政党对制定者的控制,也偏离了韦伯主义的理想,即高级执行官根据其有责任心的见解来领导整个官僚机构。经常出现的情况是,关键政治问题的决策等形成于代表之间高度非正式交涉,这些代表来自公共部门和私人部门的战略团体。通过这种决策模式,重大国家政策的一致性因而不是来自民主制

---

① [美]阿尔蒙德等:《当代比较政治学:世界视野》,第 3—4、115 页;《比较政治学——体系、过程和政策》,第 245—246 页。

② [美]萨托利:《民主新论》,第 241—242 页。

③ [美]阿米·古特曼、丹尼斯·汤普森:《民主与分歧》,第 12 页。

④ [德]马克斯·韦伯:《新政治秩序下的德国议会与政府》,载《韦伯政治著作选》,第 179 页。

⑤ [美]詹姆斯·布坎南:《民主财政论》,第 293 页。

⑥ [英]哈耶克:《法律、立法与自由》,第 2、3 卷,第 280 页。

度所正式提供的民主过程，而是来自功利团体的代表之间的协商。这种一致性是对民主机制的置换。通过置换由民主程序所产生的一致性，而替之以其他冲突解决方法，政治精英回避了政治的"官方"制度，而不断寻求非政治化的决策制定模式。①

七是政治评估倾向。豪利特和拉米什指出，对政府政策的政治评估是由每一个人承担的，不管他对政治抱着何种兴趣。政治评估通常来说既不系统，也不必然在技术上精致，因为它们的目标很少是为了改进政府的政策，而是为了支持它或挑战它。② 阿普特也指出，我们需要评估决策者为了维护政治体系所获得的关于决策结果的信息——不是技术信息，而是关于忠诚和支持的情况。③

3. 转换为"政治与行政关系"的政治与政策关系

政治与政策的关系，还被西方学者转换成了"政治与行政的关系"，并形成了两种不同的看法。

第一种看法强调的是"政治与行政二分法"，即以"政治"代表"决策"，以"行政"代表"政策执行"，两者是完全分离的。如古德诺所言，人们认为存在两种不同的政府功能，而且这两种政府功能的分化又使正式政府体制规定的政府机关发生了分化（尽管这种分化并不彻底）。为了方便起见，我们可以将这两种政府功能分别称为"政治"与"行政"。政治是政策或国家意志的表达，行政则是对这些政策的执行。"政治"是关于指导或影响政府政策的，而"行政"是关于执行政府政策的。在所有的政府体制中都存在两种主要的或基本的政府功能，即国家意志的表达和国家意志的执行。此外，所有国家也都设立了分立机构，每个机构主要负责这些机构中的某项功能。这些功能分别是：政治与行政。除执行方面外，从理论角度来说，行政与政治不存在关系，从事实的角度来说，也不应该将两者合在一起。④ 这样的看法得到了一些西方学者的支持，哈耶克即明确指出，议会不应该拟订一个无所不包的经济计划，它也无法完成这样的使命。倘若有效的计划要落实的话，管理必须要"与政治分家"并交由

---

① ［德］克劳斯·奥菲：《福利国家的矛盾》，第32—34页。
② ［加］迈克尔·豪利特、［澳］M. 拉米什：《公共政策研究：政策循环与政策子系统》，第300—301页。
③ ［美］戴维·阿普特：《现代化的政治》，第282—283页。
④ ［美］古德诺：《政治与行政》，第15—18、66—67页。

专家——常设的官员或独立自主的机构——掌握。①

第二种看法强调的是"政治与行政不能截然分开"。如拉斯韦尔和卡普兰所言,古德诺曾试图在政治和行政之间建立一个基本的差异体系,但就决策而言,政治是一个持续的过程并贯穿于政府行为之中。目的和方法,在这里如同在其他地方一样,是一种共生关系。因而,区别立法功能和行政功能,其目的不在于指出不同实践之间的严格界限,而是旨在标明决策过程中可辨别的阶段。② 弗雷德里克也指出,长期以来,人们习惯在政策制定和政策执行之间作出区分。这种区分导致的结果是大量的混淆和争执。一个原本足够复杂的问题——公共政策是如何被采用,如何被执行——被一个巨大的意识形态的上层建筑弄得无所适从。公共政策制定和执行的具体模式表明,政治与行政并不是两个相互排斥的区间,或者是绝对的区分,而是同一个过程的彼此紧密联系的两个部分。公共政策是一个连续的过程,其制定与执行是密不可分的。公共政策被执行之时,也是其形成之时;反过来也一样,当其形成之时,也是其被执行之时。政治与行政在政策的制定与执行过程中扮演着连续的角色,尽管可能在政策的制定中政治的意味多一些,在政策的执行中行政的意味多一些。③ 彼得斯则强调,对行政官来说,区分政治与行政容许他们致力于政治(组织的而非党派的)事业,而不必对行为后果承担政治责任。而且,他们可以致力于政策制定——假设采用了技术的和法律的标准进行决策——而无须受到政治主体的干涉。否则,这些政治主体发现自己能够从政治和意识形态上影响政策,必然会对行政官提出修改政策的要求。由此,行政官的行为可能被政治家、公众甚至他们自己视为仅仅是将理性的、法律的、技术的标准简单适用于政策问题。这种明显的专业区分可能促使公众难以接受的决策显得令人愉快些。区分政治与行政也为政治家保留了他们可能缺乏的一部分空间。实际上,区分两种制度性选择,有助于现代政府的很多困难的决策,组成政府的个人将不必在接下来的选举中面对公众。由此,政治家可以制定或影响

---

① [英]哈耶克:《通往奴役之路》,第64页。
② [美]哈罗德·拉斯韦尔、亚伯拉罕·卡普兰:《权力与社会:一项政治研究的框架》,第180—181页。
③ [美]卡尔·弗雷德里克:《公共政策与行政责任的本质》,载《公共行政学百年争论》,第3—12页。

那些由"非政治的"、不用承担公众责任的机构宣布的重要政策。在公共生活中政治和技术性决策可以分离的观念,允许政治改革以使许多重要的公众决策尽可能脱离"政治"的领域。这样做导致很多政府功能从党派政治的控制转移到独立机构、官僚和政治统治精英。这种人为区分政治与行政的功能,并没有使决策脱离政治影响。①

对于这两种看法,我们赞同的是后一种看法,即代表决策的"政治"和代表政策执行的"行政"在事实上是难以分离的,应该从完整的政策过程来看待决策与执行即"政治与行政"的关系。

4. 注重政策问题与政治问题的"分合"关系

在政策与政治关系方面,还有一个棘手的问题,即"政策问题"与"政治问题"能否分离,成为两类互不相关的问题。

首先,应该承认"政策问题"和"政治问题"确实不是等同关系,既不能说一切政策问题都是政治问题,也不能说政治问题只是政策问题,不包含其他问题。从这一意义上讲,区分政策问题和政治问题是有必要的,在实践中也确实看到了政治问题与政策问题并列的做法。如毛泽东所言:"所谓不团结,都是思想上有距离,政治问题、政策问题上有争论。"②"本来我们是有共同认识的,但是在若干问题上,我们中间还是有不同意见的,经过这一次会议,统一了我们的认识。在这个基础上,在这个思想的、政治的以及许多政策的共同认识的基础上,就可以使我们党更好地团结起来了。"③

其次,需要注意很多政策具有高度的"政治性",使得"政策问题"带有"政治问题"的明显特征。如列宁所言:"现在我们主要的政治应当是从事国家的经济建设,收获更多的粮食,开采更多的煤炭,解决更恰当地利用这些粮食和煤炭的问题,消除饥荒,这就是我们的政治。"④ 邓小平也指出:"归口就包括政策问题,数目字内包括轻重缓急,哪个项目该办,哪个项目不该办,这是一个政治性的问题。"⑤ 帕伦蒂则强调,政治

---

① [美]盖伊·彼得斯:《官僚政治》,第189页。
② 毛泽东:《关于第八届中央委员会的选举问题》,《毛泽东文集》,第7卷,第107页。
③ 毛泽东:《在中国共产党全国代表会议上的讲话》,《毛泽东文集》,第6卷,第394页。
④ 列宁:《在全俄省、县国民教育局政治教育委员会工作会议上的讲话》,《列宁全集》,第39卷,第406—407页。
⑤ 邓小平:《财政工作的六条方针》,《邓小平文选》,第1卷,第193页。

绝不仅仅是选举运动和政府行为。让像廉租房或医疗保健这样的事情停留在私有市场中的决策，也带有高度的政治性。政治并非仅仅是政治家所做的那些事情，它是公共领域中冲突的利益群体相互斗争的过程。①

再次，由于经济和社会问题最终可能都是政治问题，使得与此相关的政策问题也成了政治问题。如哈耶克所言，政府一旦负起筹划整个经济生活的任务，不同的个人和集团都要得到应有地位这一问题，事实上就一定不可避免地成为政治的中心问题。由于只有国家的强制权力可以决定"谁应得到什么"，所以唯一值得掌握的权力，就是参与行使这种管理权。一切的经济或社会问题将都要变成政治问题，因为这些问题的解决，只取决于谁行使强制之权，谁的意见在一切场合里都占优势。②甘布尔也指出，政治的权力维度并不会消失，在任何政治制度中，资源必须要分配，职位也必须要有人来担当，于是，"政治"就会出没其间，质疑和考验这些决策，施加压力与影响。政治的权力维度来自集权化的决策，它出现在每一个组织之中，也出现在当代国家中。这是宫廷政治，它会永远存在。③

最后，应该重视用经济政策解决政治问题的重要思路。如邓小平所言："经济工作是当前最大的政治，经济问题是压倒一切的政治问题。""政治工作要落实到经济上面，政治问题要从经济的角度来解决。比如落实政策问题，就业问题，上山下乡知识青年回城市问题，这些都是社会、政治问题，主要还是从经济角度来解决。经济不发展，这些问题永远不能解决。所谓政策，也主要是经济方面的政策。现在北京、天津、上海搞集体所有制，解决就业问题，还不是经济的办法？这是用经济政策来解决政治问题。解决这类问题，要想得宽一点，政策上应该灵活一点。总之，要用经济办法解决政治问题、社会问题。"④

也就是说，明确区分政策问题和政治问题是有必要的，但也要注意两者之间在一定的条件下可能需要合并在一起。在政策实践中，对于如何处理这两类问题的"分合"关系，确实应该持谨慎的态度。

---

① ［美］迈克尔·帕伦蒂：《少数人的民主》（第8版），第2—3页。
② ［英］哈耶克：《通往奴役之路》，第105页。
③ ［英］安德鲁·甘布尔：《政治和命运》，第106—107页。
④ 邓小平：《关于经济工作的几点意见》，《邓小平文选》，第2卷，第194—196页。

5. 政策塑造政治

"政策"可以起到塑造"政治"的作用，是近年来一些西方学者提出来的观点。如奥菲所言，政治离公民越来越远，而政策则离公民越来越近。政策离公民个体越来越近的含义是：所有古典"生产要素"（如资本、劳动和土地等）都不再是既定的了，而是被特定国家政策所发展、塑造、分配和指派，所有这些政策都与国家对自然和人类的干预有关，包括对后者心理方面的干预。并非成就水平在下降，而是要求水平在上升，使社会政策持续置于选民的"现实检测"当中。① 皮尔逊更明确指出，传统上，研究者认为政策是政治力量的结果（因变量），但很少有人把政策看成政治力量的原因（自变量）。通过大量的经验研究，学者们开始强调"政策产生政治"这种观点了。主要的公共政策组成了重要规则，它们影响到政治和经济资源的分配，改变了替代性政治策略的成本和收益，因此也相应地改变了随之而来的政治发展。政策反馈论的核心是指政策本身必须被看作是因政治而产生的结构。在宏大的环境和各种各样的情形下，政策重构了政治。②

在政策与政治的关系方面，强调政策可以塑造政治，是一个重大的进步。我们之所以要发展"政策民主"理论，就是基于这样的认识，即不仅要注意政治对政策的约束作用，更要注意政策对政治的"刺激作用"甚至"再造作用"。只有清楚地认识到这两种作用，才能全面理解政策与政治的关系。

（二）政策的阶级和利益属性

马克思主义经典作家最看重的政策政治属性，应该是政策的阶级属性，即不同的阶级有不同的利益取向和本阶级所坚持的基本政策。

资产阶级要求的是符合本阶级利益的政策。如马克思所言："在资产阶级共和国里，生活的各个领域都处在自由竞争的无限的统治之下，只是在总的方面留下一个为整个资产阶级所必需的最低限度的行政权，以便在对内对外政策上保障资产阶级的共同利益并管理资产阶级的共同事务。"③

---

① ［德］克劳斯·奥菲：《福利国家的矛盾》，第34—35、39—41、112—116、144页。
② ［英］保罗·皮尔逊：《拆散福利国家——里根、撒切尔和紧缩政治学》，第43、54页。
③ 马克思：《宪章派》，《马克思恩格斯全集》，第8卷，第389页。

无产阶级则要坚持本阶级的政策，或者说要认清政策的无产阶级属性。马克思指出："在工人阶级在组织上还没有发展到足以对统治阶级的集体权力即政治权力进行决定性攻击的地方，工人阶级无论如何必须不断地进行反对统治阶级政策的鼓动（并对这种政策采取敌视态度），从而使自己在这方面受到训练。"① 列宁也指出："社会民主主义的无产阶级无论在什么情况下都应当执行真正革命阶级的坚定不移的政策。"② 斯大林则强调"苏维埃"应当是执行无产阶级政策的机关，"问题不在于什么样的机关，而在于这个机关执行哪个阶级的政策。"③

根据中国民主主义革命实践的要求，毛泽东强调："中国社会是一个两头小中间大的社会，无产阶级和地主大资产阶级都只占少数，最广大的人民是农民、城市小资产阶级以及其他的中间阶级。任何政党的政策如果不顾到这些阶级的利益，如果这些阶级的人们不得其所，如果这些阶级的人们没有说话的权利，要想把国事弄好是不可能的。"④

西方学者尽管也有一些对阶级斗争和资产阶级政策的论述，但重点强调的不是资产阶级政策和无产阶级政策的不同，而是强调了上层阶级具有支配政策的地位、中上层阶级占有有利的政策资源、中产阶级（中等阶级）具有一定的政策优势、穷人的权利无法得到保障、"亲多数政策"往往与亲穷人政策相一致等论点。也就是说，从严格意义上讲，西方学者更关注的是政策的利益属性，而不是阶级属性。

（三）政策的政党属性

在强调政策阶级属性的基础上，马克思主义经典作家进一步指出了政策的政党属性，即无产阶级政党必须有自己的政策。如恩格斯所言："要使工人摆脱旧政党的这种支配，最好的办法就是在每一个国家里建立一个无产阶级的政党，这个政党要有它自己的政策，这种政策将同其他政党的政策显然不同，因为它必须表现出工人阶级解放的条件。"⑤ "工人的政党

---

① 《马克思致弗·波尔特（1871年11月23日）》，《马克思恩格斯全集》，第33卷，第337页。
② 列宁：《谈谈全民革命的问题》，《列宁全集》，第15卷，第296页。
③ 斯大林：《在俄国社会民主工党（布尔什维克）彼得格勒组织紧急代表会议上的讲话》，《斯大林全集》，第3卷，第118页。
④ 毛泽东：《在陕甘宁边区参议会的演说》，《毛泽东选集》，第3卷，第766页。
⑤ 恩格斯：《致国际工人协会西班牙联合会委员会》，《马克思恩格斯全集》，第17卷，第304页。

不应当成为某一个资产阶级政党的尾巴,而应当成为一个独立的政党,它有自己的目的和自己的政策。"① 列宁也指出:"社会民主党的政策取决于什么? 从实质上说,取决于无产阶级的阶级利益;从形式上说,取决于党代表大会的决定。"②

斯大林将政策政党属性的重心,放在了共产党对政策的领导上,强调"党是我们国家中的领导力量。在我们的国内政策和对外政策的一切基本问题上起领导作用的是党。"③

毛泽东和邓小平对于政策的政党属性,强调的是三个方面的认识。一是"政策和策略是党的生命"。④ "如果没有政策和策略,党的路线就是空的。正确的路线一定要用正确的政策和策略来保证"。⑤ 二是"由于中国共产党居于领导的地位,党的路线、方针、政策正确与否,工作做得好坏,关系着国家的前途和社会主义事业的成败。"⑥ 三是"一切主要的和重要的方针、政策、计划都必须统一由党中央规定。"⑦ "党是领导一切的核心,……政权的责任是服从于党的政治路线和政策的领导。"⑧

对于政策的政党属性,西方学者重点强调的不是政党对政策的"领导"和"核心"作用,而是通过选举反映出来的不同政党的政策竞争。韦伯的论点具有一定的代表性,他认为现代国家的政治党派是从起点上(依法)"自由"征募支持者的组织,它们的目标是借助支持者的数量决定政策。所有现代政党政治的最后手段都是——投票。⑨ 与此相关的重要论点,将在本书第十章作进一步的说明。

---

① 恩格斯:《关于工人阶级的政治行动(发言摘要)》,《马克思恩格斯全集》,第17卷,第449—450页。
② 列宁:《孟什维克是否有权实行支持立宪民主党人的政策》,《列宁全集》,第15卷,第33页。
③ 斯大林:《俄共(布)第十四次代表会议》,《斯大林全集》,第7卷,第284页。
④ 毛泽东:《关于情况的通报》,《毛泽东选集》,第4卷,第1241页。
⑤ 邓小平:《跃进中原的胜利形势与今后的政策策略》,《邓小平文选》,第1卷,第107页。
⑥ 邓小平:《各民主党派和工商联是为社会主义服务的政治力量》,《邓小平文选》,第2卷,第203—205页。
⑦ 毛泽东:《在中央关于改变管理干部的办法和建立财经工作部的决定草案上加写的一段话》,《建国以来毛泽东文稿》,第3册,第682页。
⑧ 邓小平:《根据地建设与群众运动》,《邓小平文选》,第1卷,第66—67页。
⑨ [德] 马克斯·韦伯:《德国的选举权与民主》,第81、87页。

(四) 政策的革命属性

马克思主义经典作家还特别强调了政策的"革命"属性,因为这一属性与政策的阶级和政党属性有密切的关系。

"革命政策"是马克思用过的概念,指的是以立宪制英国、资产阶级的美国以及瑞士为基础构建的未来的"民主国家"的政策,丝毫没有革命政策的概念。① 列宁使用的是"革命斗争政策"的概念,强调建立临时革命政府的口号是彻底地无保留地导致名副其实的人民专制的唯一口号:"所有这一切都证明无产阶级的革命斗争政策同资产阶级自由派的渔利政策是根本不同的。"② 斯大林明确指出了"革命政策"与"改良政策"的区别:"要在政治上不犯错误,就要做革命者,而不是改良主义者。要在政治上不犯错误,就要执行无产阶级的不调和的阶级政策,而不要执行使无产阶级利益同资产阶级利益相协调的改良主义政策,不要执行使资本主义'长入'社会主义的妥协主义的政策。"③ 毛泽东也使用过"革命政策"的概念,并将其与改良主义的政策立场作了明显地区分:"降低党的立场,模糊党的面目,牺牲工农利益去适合资产阶级改良主义的要求,将必然引导革命趋于失败。我们的要求是实行坚决的革命政策,争取资产阶级民主革命的彻底胜利。"④

要实行"革命政策",需要注意在不同的革命阶段,采用不同的政策。恩格斯指出:"从专制政府垮台的那一天起,就轮到资产者和无产者斗争了。从这一天起,共产党在这里所采取的政策,也将和在资产阶级已占统治地位的那些国家里所采取的政策一样。"⑤ 列宁也指出:"从工人政党实际的政策和策略的角度看,我们在这里可以看到《共产党宣言》的作者针对不同国家的民族工人运动所处的不同阶段给战斗的无产阶级确定任务的典范。""在根本没有社会民主工党、根本没有社会民主党的代表参加议会、不论在选举中或报刊上都根本看不到一贯的坚定的社会民主主

---

① 《马克思致恩格斯(1869年8月10日)》,《马克思恩格斯全集》,第32卷,第340页。
② 列宁:《革命斗争和自由派的渔利行为》,《列宁全集》,第10卷,第251—252页。
③ 斯大林:《论辩证唯物主义和历史唯物主义》,《斯大林文集(1934—1952)》,第207、213、221页。
④ 毛泽东:《中国共产党在抗日时期的任务》,《毛泽东选集》,第1卷,第243页。
⑤ 恩格斯:《共产主义原理》,《马克思恩格斯全集》,第4卷,第374页。

义政策的国家里，马克思和恩格斯就教导社会党人无论如何要打破狭隘的宗派圈子，参加到工人运动中去，以便使无产阶级在政治上振作起来。……相反，在资产阶级民主革命还没有完成、过去和现在都被'以议会形式粉饰门面的军事专制'（马克思在他的《哥达纲领批判》中使用的说法）统治着、无产阶级早已参加政治生活并实行社会民主主义政策的国家，马克思和恩格斯最怕的是用议会活动来限制和用庸人观点来缩小工人运动的任务和规模。"[1] 毛泽东也强调："政策有各方面的政策，纲领有一般的纲领、具体的纲领。……我们各个时期都有具体的政策。"[2]

西方学者并不否认"革命"政策的存在，但总体上表现出对"革命"的排斥。如罗蒂所言，在美国，建设一个无阶级社会的希望体现在两个方案之中。第一个方案是大家熟悉的马克思主义无产阶级革命的方案。第二个方案是第二次世界大战即将结束时主导着大多数西方知识分子头脑的方案。这些知识分子认为，和平和技术进步将使得以前做梦也想不到的在自由市场框架内的经济繁荣成为可能。今天的知识分子和官员都已经不太相信这两个方案中的任何一个。[3] 阿伦特也指出，大多数所谓的革命根本就没能构建自由，甚至也无法产生对公民权利和公民自由的宪法保障这一"有限政府"之福。[4] 奥尔森则强调，从任何方面看，政策处方都不是为了猎奇或革命。[5] 戴伊认为，美国的精英集团明白，需要一种反应灵敏的政策机制，但他们推崇的是渐进型的变革而不是革命，是政策的调适而不是政策被取而代之。[6] 从这些论点不难看出，政策的革命属性应该是马克思主义经典作家的"专利"，西方学者对这样的属性总体上抱的是质疑甚至反对的态度。

（五）政策的群众属性

政策的"群众属性"也是马克思主义经典作家关注的重要的政策政

---

[1] 列宁:《"约·菲·贝克尔等致弗·阿·左尔格等书信集"俄译本序言》,《列宁全集》,第15卷,第197—198、210页。
[2] 毛泽东:《在中国共产党第七次全国代表大会上的口头政治报告》,《毛泽东文集》,第3卷,第320—321页。
[3] [美]罗蒂:《后形而上学希望》,第326—327页。
[4] [美]汉娜·阿伦特:《论革命》,第126、203页。
[5] [美]曼瑟·奥尔森:《国家的兴衰——经济增长、滞胀和社会僵化》,第144、238—240页。
[6] [美]托马斯·R.戴伊:《自上而下的政策制定》,第3页。

治属性，这样的属性不仅仅表现为关注群众利益，还强调了群众对政策的理解和支持，或者是坚持以群众路线的方法解决政策问题。如列宁所言："正是为了使一定阶级的群众能够学会认识自己的利益、自己的处境，学会推行自己的政策，正是为了这个目的，才必须立即建立而且无论如何也要建立这个阶级先进分子的组织，即使起初这些人只占本阶级的极少部分也无妨。为了为群众服务和代表他们正确地意识到的利益，先进队伍即组织必须在群众中开展自己的全部活动，毫无例外地吸收他们中间的一切优秀力量，并且要随时随地仔细客观地检查：是否同群众保持着联系，联系是否密切。这样，也只有这样，先进队伍才能教育和启发群众，代表他们的利益，教他们组织起来，使群众的全部活动沿着自觉的阶级政策的道路前进。"[1]

斯大林从党与群众的关系，论证了政策的群众属性："没有这些条件，党的威信和工人阶级内部铁的纪律不是空话就是夸大和侥幸。（1）无产阶级专政所必需的党的威信和工人阶级的铁的纪律，并不是建筑在群众对党的恐惧上，也不是建筑在党的'无限'权力上，而是建筑在工人阶级对党的信任上，工人阶级对党的拥护上；（2）工人阶级对党的信任不是一下子取得的，不是靠对工人阶级使用暴力来取得的，而是靠党在群众中的长期工作，靠党的正确政策，靠党善于使群众根据本身经验来确信党的政策的正确，靠党善于保证自己得到工人阶级的拥护并善于引导工人阶级群众来取得的；（3）没有以群众斗争经验为基础的党的正确政策，没有工人阶级的信任，就没有而且不可能有党的真正领导。"[2]

毛泽东则着重从群众要求的角度，说明了政策应具有的群众属性："二十四年的经验告诉我们，凡属正确的任务、政策和工作作风，都是和当时当地的群众要求相适合，都是联系群众的；凡属错误的任务、政策和工作作风，都是和当时当地的群众要求不相适合，都是脱离群众的。"[3] "在我们工作中起决定性作用的因素是我们经常去了解我们哪些政策为群众所接受，哪些政策受到群众的批评或拒绝。只有那些受群众欢迎的政策才能成为我们党继续实行的政策。"[4]

---

[1] 列宁：《维·查苏利奇是怎样毁掉取消主义的》，《列宁全集》，第24卷，第41—42页。
[2] 斯大林：《论列宁主义的几个问题》，《斯大林全集》，第8卷，第45—46页。
[3] 毛泽东：《论联合政府》，《毛泽东选集》，第3卷，第1043—1044页。
[4] 毛泽东：《同英国记者斯坦因的谈话》，《毛泽东文集》，第3卷，第188页。

邓小平则将政策的群众属性与群众路线联系在了一起，强调"党的正确的路线、政策是从群众中来的，是反映群众的要求的，是合乎群众的实际的，是实事求是的，是能够为群众所接受、能够动员起群众的，同时又是反过来领导群众的，这就叫群众路线"①。"优势主要从依靠于我党主张的正确，能为广大群众所接受、所拥护、所信赖的政治声望中去取得。确切地说，党的优势不仅在于政权中的适当数量，主要在于群众的拥护。"②

西方学者也注意到了群众可以影响政策的现象，如海涅曼等人所言，在价值观方面，当选的政府官员必须获得公众支持才能再次当选，因此即使群众价值观并不总是明智的或者连贯的，它们也能够推翻政策分析。当选官员和落选官员都遵循公众意见的变化。在这类政策环境中，如果政治的旋涡趋势不能与公众信念的当前方向保持一致，它们能够很快扫除纯粹的"客观"分析。③ 但就总体而言，西方学者往往带有不信任"群众"的政策倾向，并形成了一些具有代表性的看法。

一是群众只是统治者利用的对象。帕累托指出，如今人们有一种幻觉，认为统治阶级把人民群众摆在首位。事实并非如此，对于位居统治阶级的那些未来的新精英分子，人民群众只是他们的利用对象。④

二是只有极权主义才注意群众运动。阿伦特指出，极权主义运动将目标定在组织群众，并且获得了成功。极权主义运动在群众中的成功，意味着对一般民主统治的国家，尤其是欧洲民族国家和政党制度两种幻想的终结。⑤

三是群众不能决策。李普曼指出，依靠群众行动不可能构思、筹划、协商或者实施任何事情。直接行动的极限就是人人有在某个呈现在大众面前的争端中出于各自的实际目的而说"是"或者说"不"的权利。⑥ 勒庞也指出，由于受到集体无意识力量的推动，群众常常说不清自己的真实意图，结果往往投票赞成了那些他们原本不赞同的动议。⑦

---

① 邓小平：《提倡深入细致的工作》，《邓小平文选》，第1卷，第287—288页。
② 邓小平：《党与抗日民主政权》，《邓小平文选》，第1卷，第8—9页。
③ [美] 罗伯特·海涅曼等：《政策分析师的世界：理性、价值观念和政治》，第50、57页。
④ [意] 帕累托：《精英的盛衰》，第13、69页。
⑤ [美] 汉娜·阿伦特：《极权主义的起源》，第405—408页。
⑥ [美] 沃特尔·李普曼：《民意》，第219—222页。
⑦ [法] 勒庞：《乌合之众》，第78、173—179页。

四是群众社会无法进行有效的决策。亨廷顿指出，在群众社会里，政治参与是无结构的、无常规的、漫无目的和杂乱无章的。群众社会缺乏能够把民众的政治愿望和政治活动与他们领袖们的目标和决定联系起来的组织结构。①

应该看到，西方学者更关注的是作为个体的公民，而不是作为集体的群众，因此带来的对政策群众属性的质疑，也就不足为怪了。

列出对政策政治属性的不同看法，就是要强调在"政策"的认识上，除了注意政策的计划性、行动性和资源性特征外，还要特别注意政策的政治特征，并且在运用相关的政策理论时，慎重地看待政策的政治属性。

三　把握政策的基本标准

政策的制定、执行、监督和评估，需要遵循一些基本的标准。从马克思主义经典作家和西方学者的论点中，可以归纳出十条重要的标准。

（一）预见性标准

制定政策和执行政策，需要一定的洞察力和预见性，如恩格斯所言："在国际中，到处都遵循了这种政策。……这种政策要求洞察力和坚强意志，但是什么政策不要求这些呢？"② 毛泽东也指出："如果现在没有正确的政策，那末极端的困难还在后头。普通的人，容易为过去和当前的情况所迷惑，以为今后也不过如此。他们缺乏事先看出航船将要遇到暗礁的能力，不能用清醒的头脑把握船舵，绕过暗礁。"③ "什么叫做领导？领导和预见有什么关系？预见就是预先看到前途趋向。如果没有预见，叫不叫领导？我说不叫领导。……凡是政策上犯错误的，一定是大东西看不见。"④

西方学者也很重视政策洞察力或预见性标准，如雷蒙·阿隆所言，理解政治家很像一个领航员，心中无数，不知道该去的港口是什么模样。理

---

① ［美］塞缪尔·亨廷顿：《变化社会中的政治秩序》，第67—69页。
② 《恩格斯致格·特利尔（1889年12月18日）》，《马克思恩格斯全集》，第37卷，第321—322页。
③ 毛泽东：《一个极其重要的政策》，《毛泽东选集》，第3卷，第837页。
④ 毛泽东：《在中国共产党第七次全国代表大会上的结论》，《毛泽东文集》，第3卷，第394—395页。

智政治家则恰恰相反，他至少能预见短期的演变。① 韦恩加斯特也指出，这种一般性原则——决策者能够预见到自己行为带来的后果并由此考虑随后可能介入的行为主体的利益——表明能够适用于各种各样的情形。②

西方行政学家还特别提出了"有预见的政府"的概念。如奥斯本和盖布勒所言，有预见的政府做两件根本性的事情。它们使用少量钱预防，而不是花大量钱治疗；它们在作出决定时，尽一切可能考虑未来。在利益集团不断迫使政府领导人作出短期决定的政治环境中，上述两件事情没有一件是容易做到的。尽管是这样的政治环境，还是有办法使预见渗入决策过程。在最近20年中，有预见的政治程序变得越来越普通。在一个政治环境中最简单的方法是成立未来委员会。战略规划并不保证决定都将是正确的，只保证计划的制订是有预见的。③

（二）原则性标准

政策要体现一定的原则，由此需要注意的是五方面的要求。

一是原则的立场性和阶级性要求，即必须坚持决策者本身的政策立场。恩格斯指出："因为我的对手说黑的，我就说白的——这纯粹是服从对手的规则，这是一种幼稚的政策。"④"无产阶级政策的原则和目的就总是一样的。"⑤

二是原则的指导性要求，即确定一些指导政策制定和执行的基本原则。列宁指出："只有革命马克思主义的政策，才是唯一从好的意义而不是从庸俗的意义来理解的现实政策。……无原则的实际主义政策是最不实际的政策。"⑥"根据马克思主义的原则和革命的教训来检查我们的策略，这对那些不愿局限于口头的劝说，而想切实造成策略上的一致，从而为俄

---

① ［法］雷蒙·阿隆：《雷蒙·阿隆回忆录——五十年的政治反思》，第109页。
② ［美］巴里·韦恩加斯特：《政治制度：理性选择的视角》，载《新制度主义政治学译文精选》，第95—120页。
③ ［美］戴维·奥斯本、特德·盖布勒：《改革政府：企业家精神如何改革着公共部门》，第164—165页。
④ 《恩格斯致保·拉法格（1883年2月16日—17日）》，《马克思恩格斯全集》，第35卷，第436—437页。
⑤ 恩格斯：《致国际工人协会西班牙联合会委员会》，《马克思恩格斯全集》，第17卷，第304页。
⑥ 列宁：《政府伪造杜马和社会民主党的任务》，《列宁全集》，第14卷，第198—200页。

国社会民主工党全党将来的完全统一奠定基础的人来说，也是必要的。"①哈耶克则强调，民主政府必须认识到，为了达致公正，它的行动就必须受到一般性原则的指导。②

三是原则的运用性要求，即在政策过程中善于区分和应用原则。列宁认为不能把政策问题分成原则的和琐碎的，由不同的机构处理不同的问题，因为这样做会破坏民主集中制的基础。"没有琐碎事务的国家机构是不存在的，也是不可能存在的。……如果我们试图在一般只规定原则的机关中分出一个解决琐碎的实际事务的机关，我们就会把事情搞糟，因为我们这样做就会使概括脱离事实，而概括一旦脱离事实就成了空想和不严肃的事情。中央委员会不能把问题分成原则的和琐碎的，因为每一件琐碎的事务都可能有原则的方面。"③ 斯大林也指出："我党历史证明，意见分歧的问题不是在辩论中，而主要是在工作的过程中，在使用原则的过程中解决的。"④ 毛泽东也强调："在原则性的问题上，在同志之间，对于违反党的原则的言论、行动，应当经常注意保持一个距离。……对其他的问题，符合党的原则的，……以及各种正确的政策，正确的党内法规，当然要积极支持，打成一片。"⑤ 西方学者也强调了原则的应用性要求，如密尔所言，最熟悉原则的当局在原则问题上应该是最高的，而在具体问题上最有能力的当局应该负责处理具体问题。中央当局的主要任务应该是发指示，地方当局的主要任务应该是把指示应用到具体问题。⑥ 达尔也指出，民主的主张只是认为，选择一个民主的国家要比其他任何类型的国家或无国家好，各种决策要求人们针对审慎的备选方案、原则和可能性进行判断。⑦

四是原则的政体性要求。西瑟指出，传统政治学不将政体等同于它的政策。政体指的是一种比具体的政策更为深层的结构，这一结构产生了一般的政策原则，但并不产生某一政策。政体本身并不随政策的变化（包

---

① 列宁：《社会民主党在民主革命中的两种策略》，《列宁全集》，第11卷，第4页。
② ［英］哈耶克：《自由秩序原理》，下册，第81、141页。
③ 列宁：《全俄苏维埃第八次代表大会文献：在俄共（布）党团会议讨论关于对外对内政策的报告时的讲话》，《列宁全集》，第40卷，第163—165页。
④ 斯大林：《自索里维切果茨克流放地寄给党中央的信》，《斯大林全集》，第2卷，第200页。
⑤ 毛泽东：《在中国共产党全国代表会议上的讲话》，《毛泽东文集》，第6卷，第400页。
⑥ ［英］约翰·密尔：《代议制政府》，第217—219页。
⑦ ［美］罗伯特·达尔：《民主及其批评者》，第55页。

括那些与自身倾向相异的政策）而变化。因此顺理成章的是，必须有两个层次上的分析。一个是分析政府的形式，另一个是分析政策。不认识这两个层次之间的区别并分别加以对待，就会产生两种不同的错误。一是过分强调政体的重要性，以为每一主要的政策必须反映它的原则或逻辑。另一错误是过低估计政体的影响力，把一些直接的政策当作政治分析的唯一真实的因素。①

五是原则的限定性要求。哈耶克指出，我们在普遍适用自由的政策性原则方面遭遇到了一种限制（如跨越国家自由迁徙权的限制），然而恰恰是在当下世界中所存在的各种事实性情形才使得这种限制变得不可避免。对于一个自由人组成的大社会来说，一个政府能够给予的最美好的东西都是否定性的。和平、自由和正义这三个伟大的否定性理想，实是人类文明得以维系的唯一不可或缺的基础，也是政府必须提供的基础。人们所需要的最高权力机构职能是一个对其他人说"不"而本身并不享有任何"肯定性"权力的机构。②

从政策原则性标准的解释可以看出，尽管马克思主义经典作家和西方学者都认可原则对政策的指导性和运用性要求，但所持的论点却有明显的区别。

（三）明确性标准

政策要有明确的内容和指向，如列宁所言："革命无产阶级既然意识到自己的具有全世界历史意义的目标，既然不仅力求从政治上而且也从经济上解放劳动者，既然一分钟也没有忘记自己的社会主义任务，它的政策就应当特别坚定、清楚和明确。"③ "方针明确的政策是最好的政策。原则明确的政策是最实际的政策。"④ 毛泽东也指出"无论做什么事，凡关涉群众的，都应有界限分明的政策。我感觉各地所犯的许多错误，主要的（坏人捣乱一项原因不是主要的）是由于领导机关所规定的政策缺乏明确性，未将许可做的事和不许可做的事公开明确地分清界限。其所以未能明确分清界限，是由于领导者自己对于所要做的事缺乏充分经验（自己没

---

① ［美］西瑟：《自由民主与政治学》，第116—118页。
② ［英］哈耶克：《法律、立法与自由》，第2、3卷，第351、460—462页。
③ 列宁：《两次会战之间》，《列宁全集》，第12卷，第49—50页。
④ 列宁：《彼得堡社会民主党的选举运动》，《列宁全集》，第14卷，第298页。

有执行过某种政策的充分经验），或者对于他人的经验不重视，或者由于不应有的疏忽以致未能分清政策的界限。"①

西方学者对于政策的明确性标准，有四个主要的论点，前两个是肯定性的论点，后两个则是带有一定"质疑性"的论点。

第一，政策本身应具有明确的目标和基础。柯武刚、史漫飞认为，个人的人类价值是评价制度和公共政策的准则。它们描述着个人眼光中的好社会，它们反映着将人类长期福祉变成评价制度和公共政策的尺度这样一种思维方式。政策制定者有时会将这些价值作为明确的政策目标，甚至将这些目标载入宪法和政治纲领。② 富里迪也认为，政策不再被称作"好的"，而是被称作"建立在明确的基础上"。它们基本上不再来自某种世界观，而是源于"最好的实践"③。

第二，"明确性"应与"公开性"密切结合。彼得斯指出，政府决策公开的一个信条是，那些非常明确影响公民的决策，例如土地使用的决定等，应该在实施前服从公众的意见。④

第三，"明确性"在决策过程中可能面临难题。西蒙指出，首先，出于政治原因，立法机构往往希望避免制定明确的政策，而把政策制定工作转交给行政管理机构来做。其次，行政管理者可能不是个中立顺从的人，他可能（而且往往如此）有自己一套明确的个人价值观，而且希望他的管理型组织按照其意图行事，他也可能会抵制立法机关独揽政策制定权的做法，或通过执行政策的个人方式，故意破坏立法机关的决定。⑤

第四，对"明确政策"不应抱过高期望。韦伯指出，一个问题的社会政策性质的标志就是：它无法根据从确定的目的出发的纯粹技术上的考虑而得到解决。所涉及的问题越"一般"，问题的文化意义越广泛，通过经验认识获知一个明确答案就越不容易。⑥ 波普尔也指出，以"制度化"的方法选择的明确政策，一般很难为人接受。当我们的心中为一定的目标萦绕时，它只允许我们通过经验和分析，发现我们实际在做什么。它们都

---

① 毛泽东：《政策和经验的关系》，《毛泽东文集》，第5卷，第74页。
② [德] 柯武刚、史漫飞：《制度经济学：社会秩序与公共政策》，第89页。
③ [英] 弗兰克·富里迪：《恐惧的政治》，第12—14页。
④ [美] 盖伊·彼得斯：《官僚政治》，第262页。
⑤ [美] 赫伯特·A. 西蒙：《管理行为》，第57页。
⑥ [德] 马克斯·韦伯：《社会科学方法论》，第7页。

是短期的政策，它们甚至不能被公开讨论，一方面是由于缺乏必要的信息，另一方面是由于采纳决策所依赖的原则是含糊的；即使它们全然存在，它们通常也不能被制度化。①

（四）灵活性标准

政策的"灵活性"是有效解决政策问题的重要方法，如列宁所言："我们的敌人把我们叫作'硬骨头'和'碰硬政策'的代表不是没有道理的。但是我们也学会了——至少是在一定程度上学会了革命所必需的另一种艺术：灵活机动，善于根据客观条件的变化而迅速急剧地改变自己的策略，如果原先的道路在当前这个时期证明不合适，走不通，就选择另一条道路来达到我们的目的。"②邓小平也指出："我们要继续坚持计划经济与市场调节相结合，这个不能改。实际工作中，在调整时期，我们可以加强或者多一点计划性，而在另一个时候多一点市场调节，搞得更灵活一些。"③

西方学者也注意到了"灵活性"对政策的重要作用，如奥斯本和盖布勒所言，政府机构需要有灵活性来对复杂的迅速变化的情况作出反应。④弗林也指出，政策在执行过程中得以修正，不仅管理过程需要考虑服务消费者的反应，就是政策的制定过程也需要考虑之。如果不允许提供或使用服务的人参与政策制定过程，那么这些政策将缺乏灵敏性和灵活性。⑤

（五）经验性标准

制定政策，必须注重经验和教训。如列宁所言："为了更好地了解今天的政策，有时不妨回顾一下昨天的政策。"⑥"我觉得（或者说，至少我的习惯是如此），作中央委员会的政治报告，不应当光谈报告年度内做过

---

① ［英］波普尔：《开放社会及其敌人》，第2卷，第208—210页。
② 列宁：《十月革命四周年》，《列宁全集》，第42卷，第175—176页。
③ 邓小平：《在接见首都戒严部队军以上干部时的讲话》，《邓小平文选》，第3卷，第306页。
④ ［美］戴维·奥斯本、特德·盖布勒：《改革政府：企业家精神如何改革着公共部门》，序，第13页。
⑤ ［英］诺曼·弗林：《公共部门管理》，第249—250页。
⑥ 列宁：《小丑大臣的计划》，《列宁全集》，第12卷，第21页。

什么事情，而且应当指出报告年度内有哪些主要的、根本的政治教训，以便正确规定我们下一年的政策，从过去一年里学到一点东西。"① 毛泽东也指出："政策是革命政党一切实际行动的出发点，并且表现于行动的过程和归宿。一个革命政党的任何行动都是实行政策。不是实行正确的政策，就是实行错误的政策；不是自觉地，就是盲目地实行某种政策。所谓经验，就是实行政策的过程和归宿。"② "惟政策与经验的关系一点，似应了解为凡政策之正确与否及正确之程度，均待经验去考证；任何经验（实践），均是从实行某种政策的过程中得来的，错误的经验是实行了错误政策的结果，正确的经验是实行了正确政策的结果。"③ 毛泽东还特别提出了不能照搬国外政策经验的主张："各国应根据自己国家的特点决定方针、政策，把马克思主义同本国特点结合起来。中国的经验，有好的也有不好的，有成功的也有失败的。即使是好的经验，也不一定同别的国家的具体情况相适合。照抄是很危险的，成功的经验，在这个国家是成功的，但在另一个国家如果不同本国的情况相结合而一模一样地照搬就会导向失败。照抄别国的经验是要吃亏的，照抄是一定会上当的。这是一条重要的国际经验。"④

西方学者注重的，则是对政策"经验"的五种要求。（1）经验环境的要求。罗西瑙指出，要使政策目标以符合人们感情需要的方式实现，它们就必须与最低限度的经验环境相联系，在这一环境中可以采取任何措施来实现上述政策目标。⑤（2）政府活动的要求。阿普特指出，意义是行动的计划，政策是计划的表述。政策成为政府的经验活动，政策分析引导我们去研究欲望，欲望的条件在目的价值和工具价值中均可以被发现。⑥ 弗里德里克森也指出，行政人员无疑地同时执行和制定政策，政策——行政连续体在经验上的正确性远胜于仅乞求于理论上的琐碎问题。⑦（3）对领

---

① 列宁：《俄共（布）第十一次代表大会文献：俄共（布）中央委员会政治报告》，《列宁全集》，第43卷，第72页。
② 毛泽东：《关于工商业政策》，《毛泽东选集》，第4卷，第1229页。
③ 毛泽东：《政策和经验的关系》，《毛泽东文集》，第5卷，第74页。
④ 毛泽东：《要团结一切可以团结的力量》，《毛泽东文集》，第7卷，第64页。
⑤ ［美］詹姆斯·罗西瑙：《21世纪的治理》，载《国将不国：西方著名学者论全球化与国家主权》，第370—405页。
⑥ ［美］戴维·阿普特：《现代化的政治》，第176页。
⑦ ［美］弗里德里克森：《新公共行政学》，第9页。

导者的要求。毕塞特指出，合理的公共政策需要的不仅仅是对个人野心的追求，它还需要能够就"共同体长久和总体利益"形成集体协商、具有广博知识和丰富经验的领导者。①（4）政策观点交流的要求。艾丽丝·马里恩·扬指出，当人们与他人就观点和经验进行交流时，他们的政治观点常常发生改变。②（5）政策学习的要求。林德布洛姆、伍德豪斯指出，不在于企图对原本未知的未来提出正确的预言，而是在刺激政策参与，以构建出足以对抗不确定性的政策能力，这包括：说服他人如何为了避免无法接受的错误，而采取谨慎的措施，如何建立弹性，以及由经验中累积学习。③

需要注意的是，政策的"经验性"标准虽然重要，但掌握这一标准的只是少数人，如阿伦特所言，官僚政治永远是一种专家政治，一种"有经验的少数人"的统治，它必须抵制、而且也了解，来自"没有经验的大多数人"的经常性压力是怎样一回事。每一个人从根本上说属于没有经验的大多数人，因此不能托付以政治和公共事务这样高度专业的事情。④

（六）事实性与实践性标准

政策需要一定的事实依据，并且需要在实践中进行检验，是马克思主义经典作家高度重视的政策标准。

列宁指出："马克思主义是以事实，而不是以可能性为依据的。马克思主义者只能以经过严格证明和确凿证明的事实作为自己的政策的前提。我们的（党的）决议正是这样做的。"⑤ "世界上什么事情都是'可能的'！但是目前它还没有转化。马克思主义的政策是以现实的东西而不是以可能的东西为依据。一种现象转化为另一种现象是可能的，所以我们的策略不是一成不变的。但请对我说现实的东西，而不要说可能的东西。"⑥

---

① ［美］约瑟夫·毕塞特：《协商民主：共和政府的多数原则》，载《协商民主与政治发展》，第35—50页。
② 艾丽丝·马里恩·扬：《交往与他者：超越协商民主》，载《民主与差异：挑战政治的边界》，第116—131页。
③ ［美］林德布洛姆、伍德豪斯：《最新政策制定过程》，第175页。
④ ［美］汉娜·阿伦特：《极权主义的起源》，第293页。
⑤ 列宁：《致尼·达·基克纳泽（1916年12月14日以后）》，《列宁全集》，第47卷，第477页。
⑥ 列宁：《致伊·费·阿尔曼德（1916年12月25日）》，《列宁全集》，第47卷，第493页。

"马克思主义要求我们对每个历史关头的阶级对比关系和具体特点作出经得起客观检验的最确切的分析。我们布尔什维克总是努力按照这个要求去做，因为要对政策作科学的论证，这个要求是绝对必需的。马克思和恩格斯总是说，'我们的学说不是教条，而是行动的指南'，他们公正地讥笑了背诵和简单重复'公式'的做法，因为公式至多只能指出一般的任务，而这样的任务必然随着历史过程中每个特殊阶段的具体的经济和政治情况而有所改变。"①

毛泽东则明确提出了"实事求是"的要求："'实事'就是客观存在着的一切事物，'是'就是客观事物的内部联系，即规律性，'求'就是我们去研究。"②"我们是马克思主义者，马克思主义叫我们看问题不要从抽象的定义出发，而要从客观存在的事实出发，从分析这些事实中找出方针、政策、办法来。"③

邓小平强调的则是实践是检验政策是否正确的唯一标准的要求："党的（十一届）三中全会要求全党解放思想，开动脑筋，实事求是，团结一致向前看，研究新情况，解决新问题。两年来，我们按照这个指导思想，确定了一系列的政策，进行了一系列的改革，取得了显著的成绩。"④"实践是检验真理的唯一标准，实践是检验路线、方针、政策是否正确的唯一标准。"⑤

实事求是和实践检验，也被一些西方学者所认同，如加尔布雷斯所言，真正起作用的是政治决策和行动。必须根据特殊情况的社会和经济价值作出决策，这不是教条的时代，而是实践检验的年代。在一个美好且有智慧的社会里，政策和行动并不服从意识形态或教条。行动必须基于主要事实，实事求是。⑥ 西方学者还就这样的标准，提出了三方面的要求。

一是区分价值判断和事实判断。西蒙指出，没有目的性的管理将毫无意义。只要是导向最终目标选择的决策，就称为"价值判断"；只要是包含最终目标实现的决策，就称为"事实判断"。价值与事实的区别，对于

---

① 列宁：《论策略书》，《列宁全集》，第 29 卷，第 136 页。
② 毛泽东：《改造我们的学习》，《毛泽东选集》，第 2 卷，第 759 页。
③ 毛泽东：《在延安文艺座谈会上的讲话》，《毛泽东选集》，第 3 卷，第 810 页。
④ 邓小平：《贯彻调整方针，保证安定团结》，《邓小平文选》，第 2 卷，第 357 页。
⑤ 邓小平：《建设社会主义的物质文明和精神文明》，《邓小平文选》，第 3 卷，第 28 页。
⑥ ［美］约翰·肯尼迪·加尔布雷斯：《美好社会——人类议程》，第 18—19 页。

保证政策制定和政策实施之间的正确关系,具有根本重要性。①

二是在事实判断方面不应迷信专家。李普曼认为,在理论上说,我们在每个问题上都应选择最好的专家。不过,虽然选择专家比选择事实真相容易些,但也仍然极为困难,经常行不通。专家本身也根本不确定他们当中谁是最专业的专家。②

三是掌握事实是民众政策参与的基本要素。阿尔蒙德指出,公民要掌握足够的事实,以便在一定的情况下决定作出选择。③ 曼海姆也指出,为了从事社会科学研究起见,人们就必须参与社会过程,但是这种参与集体无意识的努力,绝不意味着参与者歪曲了事实或不正确地看待事实。的确,正相反,参与社会生活活生生的场面又是理解这一活生生的场面的前提。思考者喜欢的参与类型决定了他将如何阐述他的问题。④ 弗雷德里克则强调,对于指引行政官员以一种负责任的方式制定公共政策,普通民众的观点和反映变得越来越重要。各种可讨论的观念、事实和批评的摄入,正在成为影响公共政策的一个有利因素。⑤

(七) 反对空谈标准

在马克思主义经典作家看来,反对空谈是与"少谈政治"联系在一起的。如列宁所言:"在没有领会和不能说明什么是共产主义、什么是商品经济的人那里,是不会有共产主义的。我们在处理有关实际经济政策如粮食政策、农业政策或最高国民经济委员会政策的每个问题时,每天都碰到小商品经济给我们造成的困难。"⑥ "这是最幸福的时代的开始,到那个时代政治将越来越少,谈论政治会比较少,而且不会那样长篇大论,讲话更多的将是工程师和农艺师。……今后最好的政治就是少谈政治。"⑦ 邓

---

① [美] 赫伯特·A. 西蒙:《管理行为》,第 3—5 页。
② [美] 沃特尔·李普曼:《民意》,第 214 页。
③ [美] 阿尔蒙德等:《比较政治学——体系、过程和政策》,第 165 页。
④ [德] 卡尔·曼海姆:《意识形态与乌托邦》,第 1—2、48 页。
⑤ [美] 卡尔·弗雷德里克:《公共政策与行政责任的本质》,载《公共行政学百年争论》,第 3—12 页。
⑥ 列宁:《俄共(布)第八次代表大会文献:关于党纲的报告》,《列宁全集》,第 36 卷,第 163 页。
⑦ 列宁:《全俄苏维埃第八次代表大会文献:全俄中央执行委员会和人民委员会关于对外对内政策的报告》,《列宁全集》,第 40 卷,第 154 页。

小平也强调:"讲大话,讲空话,都不行,要有一系列正确的对内对外的方针和政策。"①

(八) 发展生产力标准

马克思主义经典作家重视生产力和生产关系,并强调了政策对于发展生产力的重要作用。如毛泽东所言:"中国一切政党的政策及其实践在中国人民中所表现的作用的好坏、大小,归根到底,看它对于中国人民的生产力的发展是否有帮助及其帮助之大小,看它是束缚生产力的,还是解放生产力的。"② 邓小平也指出:"我们的政策是否有连续性……首先是看政策本身对不对,这是最重要的。如果政策不对,有什么必要连续呢?如果政策对,能推动社会主义社会生产力发展,使人民生活逐步好起来,这种政策本身就保证了它的连续性。"③

(九) 影响力标准

"影响力"也是制定和执行政策的重要标准,如拉斯韦尔和卡普兰所言,政策的制定是由那些有影响力的人对最终行为的预期而作出的,影响力的运用在于对他人的政策产生影响;影响力的权重是政策受到影响的程度,影响力的范围是指受到政策影响的人数的多少,影响力的领域是指在政策实行过程中所牵涉的价值。影响力的发挥在特殊的方式下,其自身就是具有影响力的人的一种政策,是他的人际关系模式。当影响政策的变化与受到影响者的政策变化具有相关性时,影响力就得以发挥。在互动中,当由严厉的制裁来确保由此产生的政策时,权力就形成了。所有的权力和影响力关系的共同点只是对政策的影响。④

归纳西方学者的论点,重点强调的应是以下八种对政策的影响力。

一是领导人、官僚和行政人员的影响力。韦恩加斯特认为,我们不能由政治领导人缺乏直接的政治输入而推论他们缺乏影响力。⑤ 林德布洛

---

① 邓小平:《我们的宏伟目标和根本政策》,《邓小平文选》,第 3 卷,第 77 页。
② 毛泽东:《论联合政府》,《毛泽东选集》,第 3 卷,第 1028 页。
③ 邓小平:《社会主义和市场经济不存在根本矛盾》,《邓小平文选》,第 3 卷,第 150 页。
④ [美]哈罗德·拉斯韦尔、亚伯拉罕·卡普兰:《权力与社会:一项政治研究的框架》,第 78、81、87、96 页。
⑤ [美]巴里·韦恩加斯特:《政治制度:理性选择的视角》,载《新制度主义政治学译文精选》,第 95—120 页。

姆、伍德豪斯也指出，即使政务官、立法者与法院制定最重要政策，但大部分这些政策都已先经过官僚的规划与设计，通常负责实现政策的人员，都拥有实质的影响力。执行政策的主体，可有效地"制定"政策。① 弗里德里克森则强调，公务人员对于影响其工作的政策，有涉入意见和发挥影响力的空间，经验上显示对其有正面的效应。②

二是专家的影响力。罗素指出，我们仅仅把政治权力交给政府官员并不能够避免政治上的邪恶，然而在当前日益复杂的社会当中，当务之急是专家们应具有更大的影响力。③

三是利益集团的影响力。格罗斯曼和赫尔普曼指出，利益集团将自己掌握的政策提案与竞选候选人的知识作为施加政治影响的工具进行使用，讨论问题的焦点开始从信息转向资金。利益集团与政策制定者的相互作用并不涉及对交易物的明确讨论，而是通过双方希望得到认可的微妙交易来进行影响力的买卖。④

四是金钱的影响力。沃尔泽认为，如果设想金钱只在对候选人和官员"说话"时，只在被谨慎地展示在或公开地招摇在权力走廊上时，才有政治影响力，那就错了。它在更贴近家庭时也有政治影响力，在市场上也同样具有政治影响力，这里，也需要边界修订。⑤

五是议会的影响力。蒂利指出，议会决策的绝对影响力和相对影响力的不断提升，使公民的注意力越来越集中于易于实现的、具有潜力的诉求目标，即议会中的本地代表。⑥

六是公民的影响力。阿尔蒙德等人认为，公民的参与越多，他们选择的影响力越大，该体系也就越民主。⑦ 高比率的潜在影响力和较低水平的实际影响力之间的差距，以及认为有参与义务的高频率与参与的实际重要性和数量之间的差距，有助于解释一种民主政治文化能怎样保持政府精英的权力与政府精英的职责之间的平衡（或者是它的补充，在普通百姓的积极性和影响力与普通百姓的被动性和无影响力之间的平衡）。普通人的

---

① ［美］林德布洛姆、伍德豪斯：《最新政策制定过程》，第78页。
② ［美］弗里德里克森：《新公共行政学》，第15页。
③ ［英］伯特兰·罗素：《政治与自由》，第154页。
④ ［美］吉恩·格罗斯曼、［以］埃尔赫南·赫尔普曼：《特殊利益政治学》，第161页。
⑤ ［美］迈克尔·沃尔泽：《正义诸领域：为多元主义与平等一辩》，第157页。
⑥ ［美］查尔斯·蒂利：《社会运动，1768—2004年》，第75页。
⑦ ［美］阿尔蒙德、多尔顿、鲍威尔、斯特罗姆等：《当代比较政治学：世界视野》，第31页。

不积极和对影响决策缺乏能力,有助于政府精英提供他们作决定所需要的权力。但是,这仅仅是把民主系统中相对立的目标之一增加到最大值。精英的权力必须要受到制约,在公民文化中的公民具有一座有影响力的储备库。①

七是平等的影响力。萨托利指出,理想的决策系统必须满足的要求之一是每个人有同样的影响力。② 但是这种平等的影响力并不容易实现,如卡普兰所言,民主让选民自己作出选择,但只给每个人微乎其微的影响力。③ 罗素也认为,即使一个人获得了选举权,他也并非觉得自己成为构成国家权力的有效一分子,并且能够对它的决策施加影响。④

八是能够分享的影响力。莫斯卡指出,公共职能的专业化使许多不同的影响力在政府中得以表达,共同对国家进行控制。⑤ 托马斯也指出,公共管理者必须决定在多大程度上与公众分享影响力。一个极端的情况可能是,公民可能被允许行使行政决策的实质性权力;而另一种极端的情况可能是公民只被授予极有限的咨询顾问的权能。作为一个中间选择,公共决策的影响力必然被公共管理者和公众共同分享。仅仅让公众知晓一项政策可能是完全适当的,但是如果把它伪装成一种公民参与的形式来表明其影响力,那就是不恰当的。管理者如果忽视了公众的影响力需要,特别是当他们过分重视参与,而不太看重决策影响力的分享时,公众参与过程就会面临失败的危险。⑥

马克思主义经典作家对于政策的"影响力"标准,强调的主要是三种影响。(1)劳动者影响决策。列宁指出:"政权应当属于劳动者,不劳动者不得食,谁劳动,谁就在国家里有发言权,谁就可以影响国家大事的决策。这是一个简单的真理,工人阶级中千百万人都懂得这个真理。"⑦ (2)党的影响。邓小平指出:"在中国来说,谁有资格犯大错误? 就是中

---

① [美]阿尔蒙德、维巴:《公民文化——五个国家的政治态度和民主制》,第428页。
② [美]萨托利:《民主新论》,第265页。
③ [美]布赖恩·卡普兰:《理性选民的神话——为何民主制度选择不良政策》,第168—169、240页。
④ [英]伯特兰·罗素:《政治的理想》,第391、413—414页。
⑤ [意]莫斯卡:《政治科学要义》,第203页。
⑥ [美]约翰·克莱顿·托马斯:《公共决策中的公民参与》,第8、24—27页。
⑦ 列宁:《在全俄矿工第一次代表大会上的讲话》,《列宁全集》,第38卷,第323页。

国共产党。犯了错误影响也最大。因此，我们党应该特别警惕。"① （3）领袖的影响。邓小平指出："按照列宁的著名的说法，领袖是'最有威信、最有影响、最有经验'的人们，毫无疑问，他们的这种威信、影响和经验乃是党、阶级和人民的宝贵的财富。对于这一点，我们中国共产党人从自己的切身经验中，是感到特别亲切的。当然，这种领袖是在群众斗争中自然而然地产生的，而不是自封的。"②

（十）政策环境标准

政策必定会受到所在环境的约束，正如维克斯所言，作出决策不仅要凭或大或小的技巧，而且要凭有无"责任感"，并不是对所有决策都要展示"主动性"；每个决策的作出不仅要受限于当时的具体情境，也受限于过去所做决定的情境，并会影响将来的决策。③ 弗雷德里克也指出，所谓的政策，就其通常的含义而言，是关于在既定的情境中去做什么或不做什么的决定。④ 对于"政策情境"或"政策环境"，西方学者重点强调的是五方面的要求。

第一，依据环境变化改变政策。托克维尔曾明确要求以治世的科学取代民情的经验，以对民主的真正利益认知取代其盲目的本能，使民主的政策适合时间和地点，并根据环境和人事修正政策。⑤ 狄骥也指出，国家政策必须由它所处的整个环境来加以决定。⑥

第二，注重影响政策环境的各种因素。辛德斯指出，行为依赖于观念，行动者必须使用一些方法，这些方法反映了行为所发生的环境，并能够估算行为可能造成的影响。在政治行为试图影响政府或执行政府政策的例子中，这些反映了环境的手段包括关于社会政治构成的思想，以及政治与社会生活的其他特征之间相互关系的思想。⑦ 阿尔蒙德等人也指出，政

---

① 邓小平：《共产党要接受监督》，《邓小平文选》，第1卷，第270页。
② 邓小平：《关于修改党的章程的报告》，《邓小平文选》，第1卷，第234页。
③ [英]杰弗里·维克斯：《判断的艺术——政策制定研究》，前言，第38—39页。
④ [美]卡尔·弗雷德里克：《公共政策与行政责任的本质》，载《公共行政学百年争论》，第3—12页。
⑤ [法]托克维尔：《论美国的民主》，上卷，第8页。
⑥ [法]狄骥：《公法的变迁》，第53页。
⑦ [澳]巴里·辛德斯：《现代西方的公民身份》，载《公民身份与社会理论》，第21—40页。

策问题是受具体环境以及政治体系运用其政府性机构从事提取、分配、管制等活动的能力的影响的。①

第三，关注"组织环境"。福山指出，为什么理性会受到组织环境的制约呢？因为组织的成员透过一个由同事编织的社会过滤网来洞察世界并且规划未来。他们用制度判断来取代个人的判断。他们追求最低满意而不是最佳，因为他们的决策空间取决于他们的社会角色和职能。②豪利特和拉米什也指出，要有效制定和推行政策，国家需要主要社会团体对其行动的支持。社会团体内部及社会团体之间的联合能够创造出一个稳定的政策环境。当国家软弱无力和社会分裂的时候，政策效率是最低的。③

第四，注意政策情境中的机会主义。埃里诺·奥斯特罗姆指出，个体说是一码事，做是另一码事，这种机会主义进一步增加了既定情形里的不确定性问题。发生在任一环境下的机会主义行为的水平，不仅受到用于治理此种环境当中相互关系的规范和制度的影响，还受到决策环境自身属性的影响。④

第五，以有限理性应对复杂的政策环境。西蒙指出，完全理性是实质性的理性——它对应的只是实际和客观上的决策环境，只有当环境足够简单，能够被作为决策者的人充分理解的场合，完全——实质理性的方法才会有效。环境一变得复杂，大多数的实际情况都如此，要预测人的行为的话，人类的有限理性就要求我们必须了解决策的过程，有限理性（的假设）对过程理性来说是必需的。⑤

在马克思主义经典作家和西方学者相关论点的基础上，较全面地认识"政策"，是构建"政策民主"理论的一个前提性条件。因此，不仅要强调"政策"的定义，注意政策的计划性、行动性和资源性特征，还要强调从两方面来理解政策。一方面是政策与"政治"有密切的关系，政策具有一些重要的政治属性（尽管对具体属性的看法有所不同，但不能因

---

① ［美］阿尔蒙德等：《比较政治学——体系、过程和政策》，第169页。
② ［美］弗兰西斯·福山：《国家构建：21世纪的国家治理与世界秩序》，第75页。
③ ［加］迈克尔·豪利特、［澳］M. 拉米什：《公共政策研究：政策循环与政策子系统》，第111—112页。
④ ［美］埃里诺·奥斯特罗姆：《制度性的理性选择：对制度分析和发展框架的评估》，载《政策过程理论》，第42—91页。
⑤ ［美］赫伯特·A. 西蒙：《基于实践的微观经济学》，第19—20页。

此否定政策政治属性的存在)。另一方面是掌控政策需要一定的标准,尽管对具体标准的解释有所不同,但预见性、原则性、明确性、灵活性、经验性、事实性(实践性)、影响力等标准,是不可缺少的。有了这样的认识,才能对构建"政策民主"理论的另一个前提性条件即"如何认识民主"作出具体的解释。

第二章 不同形态的"民主"

"政策民主"必然涉及"民主"问题,但如何定义"民主",却有不少的争论。之所以对"民主"有不同的看法,一个重要的原因是古往今来所论证的"民主",并不是单一形态的,而是多种形态的,坚持对某一形态"民主"的解释,可能会形成对其他形态"民主"的质疑甚至否定。为了避免不必要的歧义,可以列出对不同形态"民主"的解释,并且在同一形态下对不同的民主观点进行比较,进而给出"政策民主"的明确定义。梳理马克思主义经典作家和西方学者的论点,可以归纳出统治、国家、革命、政党、选举、政治、社会、阶级、个体、情感、生活、制度、价值、讨论、参与、政策十六种形态的民主,并将不同形态的民主放在政治、社会、制约、政策四个维度下作具体的说明。

一 "政治"维度的民主形态

在"政治"维度下讨论民主,主要涉及统治、国家、革命、政党、选举和政治六种形态的民主。

(一)作为统治形态的民主

马克思主义经典作家和西方学者都认为民主是一种统治形态,并有两点共同认识。

第一点是作为统治形态的民主,最重要的特征是反对专制和独裁。列宁指出:"我们将提出和讨论一切关于民主的问题,并不仅仅局限于无产阶级的问题,我们将提出和讨论一切政治压迫事件和表现,指出工人运动同各种形式的政治斗争的联系,争取一切反对专制制度的正直的人,不管他们持有什么观点,属于什么阶级,争取他们支持工人阶级这个唯一革命的、与专制制度势不两立的力量。"① 毛泽东也指出:"民主是商量办事,不是独裁。"② 波普尔也强调,民主的重点其实是避免独裁,或者换个说法,避免不自由,避免某种统治模式不基于法治。③ 我们现在可以把这个建议,即为了避免专制去创设、发展、保护政治制度,看作是一项民主政策的原则。这项原则并不意味着我们就可以发展出这样的制度,它要么完美无缺,要么完全可靠,要么就能确保民主政府采纳的政策优秀而明智——甚至必然要比一个仁慈专制统治者所采纳的政策更好更明智。不过,就采纳民主原则所隐含的意味我们可以说的是,可以肯定接受民主制度下的哪怕是一项坏政策要比服从哪怕是何等明智何等仁慈的专制制度更加可取。④

第二点是作为统治形态的民主,要求人民掌握权力或控制权力。马克思指出:"'民主的'这个词在德文里意思是'人民当权的'。"⑤ 列宁也强调:"民主制是人民掌握权力(民主制一词按希腊文直译过来,意思是人民掌握权力)。"⑥ 帕伦蒂也认为,民主是一种真正从形式和内容两方面体现大多数人利益的政治统治形式。民主政府的权力一定要来自大众的授予,而且必须成为一个有限政府,这与专制政府形成了最本质的区别。⑦

有一定的共识,不等于没有分歧。围绕"作为统治形态的民主"的争论,主要集中在三个问题上。

第一个问题是作为统治形态的民主,是否意味"人民统治"或"人民同意的统治"。尽管有人强调"民主从字面上看就是由人民统治"⑧,但是在西方学者中早就存在反对意见,如霍布豪斯所言,民主统治(无论是人民直接统治还是代议政体)的固有困难在于它是多数人的统治,而不是全体同意的统治。⑨ 熊彼特也指出,除非实行"直接民主",人民本

---

① 列宁:《"火星报"和"曙光"编辑部声明草案》,《列宁全集》,第4卷,第290页。
② 毛泽东:《关于政协的性质和任务的谈话提纲》,《建国以来毛泽东文稿》,第4册,第633页。
③ [英]波普尔:《二十世纪的教训:波普尔访谈演讲录》,第61页。
④ [英]波普尔:《开放社会及其敌人》,第1卷,第235—236页。
⑤ 马克思:《哥达纲领批判》,《马克思恩格斯全集》,第19卷,第29页。
⑥ 列宁:《论国家》,《列宁全集》,第37卷,第67页。
⑦ [美]迈克尔·帕伦蒂:《少数人的民主》,第41页。
⑧ [英]安德鲁·海伍德:《政治学核心概念》,第155页。
⑨ [英]霍布豪斯:《自由主义》,第122页。

身绝不能真正进行统治或管理。民主政治并不意味也不能意味人民真正在统治。人民实际上从未统治过，但他们总是被定义弄得像在进行统治。① 列宁持的也是反对意见，在说明将社会民主工党改名为共产党的理由时，他特别强调："要向前看正在诞生的新的民主，这种民主已经不成其为民主，因为民主就是人民的统治，而武装的人民是不能自己统治自己的。"② 尽管有反对意见，一些当代的西方学者还是认同"人民统治"的论点。如夏皮罗所言，一直以来，民主的最重要的原则是，当影响到他们的集体生活和利益的事态发生时，人民有权自己统治自己。③ 奥斯特罗姆也指出，民主意味着人民统治，但是"政府"显然不是人民。④

第二个问题是作为统治形态的民主，是否意味"多数人统治"或"多数统治"。卢梭已明确表示过反对"多数统治"的意见，强调就民主制这个名词的严格意义而言，真正的民主制从来就不曾有过，而且永远也不会有。多数人统治而少数人被统治，那是违反自然的秩序的。⑤ 列宁也认为："民主就是多数人的统治。在多数人的意志还不清楚的时候，在这样说似乎还有点道理的时候，人们奉献给人民的是一个挂着'民主'政府招牌的反革命资产者的政府。……这恰恰是把一个显然不可能通过民主的方法，即不可能通过真正自由、真正全民的选举的方法产生出来和维持下去的政府强加给人民。"⑥ 当代西方学者即便赞同"多数统治"的论点，也给出了一些限定性条件。如悉尼·胡克所言，多数统治的原则是一种可行的民主的必要条件，但是多数是可以压迫少数的。一个依靠多数同意的政府并不就能因此成为一个好政府——如少数派受压迫的悲惨历史所证明的。⑦ 哈耶克也指出，自由主义接受多数统治的方式，但只是将其视为一种决策的方式，而不是一种确定决策应当为何的权威根据。我并不认为多数统治是一种目的，相反，我认为它仅仅是一种手段，甚或可以认为它是我们所必须加以选择的诸多种统治形式中所具危害最小的一种形式。实质

---

① ［美］熊彼特：《资本主义、社会主义与民主》，第365—366页。
② 列宁：《无产阶级在我国革命中的任务》，《列宁全集》，第29卷，第179—180页。
③ ［美］夏皮罗：《政治的道德基础》，第227页。
④ ［美］文森特·奥斯特罗姆：《美国联邦主义》，第3页。
⑤ ［法］卢梭：《社会契约论》，第88页。
⑥ 列宁：《全部政权归苏维埃》，《列宁全集》，第30卷，第383页。
⑦ ［美］悉尼·胡克：《理性、社会神话和民主》，第259页。

性的问题不是谁来统治，而是政府有权做什么。①

第三个问题是作为统治形态的民主，是否意味"人民主权"。马克思已明确提出了对"人民主权"的质疑，指出："德国社会主义工人党的纲领（哥达纲领）的政治要求除了陈旧的、人所共知的民主主义的废话，如普选权、直接立法权、人民权利、人民军队等之外，没有任何其他内容。这一切美丽的东西都建立在承认所谓人民主权的基础上，所以它们只有在民主共和国内才是适宜的。"② 勒庞也指出，法国大革命的三个宣言，真正保留下来的内容，就是关于平等和人民主权的那些部分。平等教义的第一个产物就是资产阶级对人民主权的申明，然而，人民主权在整个大革命期间却一直是一种理论上的空谈，他们称之为人民的神秘实体其实不过是几个领袖意志的转化而已。在法国大革命的第一阶段，革命的议题几乎与人民没什么相干。虽然公布了人民主权原则，但人民主权仅仅意味着人们选举代表的权利。在自由、平等、博爱这些口号的背后，大众要摆脱纪律的限制才是真正的动机。这就是革命为什么不久就以失序、暴力、无政府状态而告终的原因。事实上，所谓拥有最高主权的人民主要是由底层的民众构成的。③ 异想天开的人民主权论，十有八九会让我们付出更惨重的代价。④ 米歇尔斯则强调，正是由于认识到大众在政治上的不成熟，以及真正完全实现人民主权是不可能的，所以某些著名的思想家就提出，民主应当受到民主本身的制约。⑤ 雷蒙·阿隆也认为，所谓选举和多党制是比一党制更好地体现人民主权的政治制度的观点，对于某些人来说可能是非常明显的，但是却会引起无尽的争论。⑥ 尽管对"人民主权"有以上反对意见，西方学者还是强调了"人民主权"至少具有四种意义。（1）"民主理念"的意义。如里布所言，协商民主观念强调人民主权是其价值追求所欲达到的理念。人民需要另外一种更清楚反映其心声的权力，我们称这样一种权力部门为公众部门，因为它旨在更具体地展现我们对人民主权的认识。⑦

---

① ［英］哈耶克：《自由秩序原理》，上册，第126页；下册，第195页。
② 马克思：《哥达纲领批判》，《马克思恩格斯全集》，第19卷，第30—31页。
③ ［法］勒庞：《革命心理学》，第40—41、46、132—135页。
④ ［法］勒庞：《乌合之众》，第179—182页。
⑤ ［意］米歇尔斯：《寡头统治铁律——现代民主制度中的政党社会学》，第74页。
⑥ ［法］雷蒙·阿隆：《知识分子的鸦片》，第246—247页。
⑦ ［美］伊森·里布：《美国民主的未来：一个设立公众部门的方案》，"中文版序言"，第1—2页。

（2）"民主信誓"的意义。如鲍尔斯和金蒂斯所言，我们的民主信誓既是对手段的信誓，也是对目的的信誓。我们的信誓包含如下含义：人民所应当学习的，是他们在具有自由权和人民主权的一般环境中做选择时他选择去学习的东西。[1]（3）"权力表达"的意义。阿普特认为通过普遍的投票权和定期选举可以表达人民主权，[2] 蒂利则强调社会运动主张人民主权。[3]（4）"权力控制"的意义。贡斯当指出，权力不受限制的议会比人民更加危险；要把人民主权置于正义的限度之内；必须保留权利，以便当代表背弃了对他们的信任时将其免职，当他们滥用权力时剥夺其权力。[4]

还需要注意的是，马克思主义经典作家将"作为统治形态的民主"与无产阶级的统治和无产阶级专政联系在一起，提出了以下论点。

第一，民主是无产阶级的统治。马克思和恩格斯认为："工人革命的第一步就是无产阶级变成为统治阶级，争得民主。"[5] 恩格斯还特别强调："一切文明国家中民主运动的最终目的都是取得无产阶级的政治统治。"[6] "民主制恰恰意味着工人阶级的统治。"[7]

第二，无产阶级民主要求无产阶级专政。马克思在论述民主的"人民当权的"的定义时已经强调："在资本主义社会和共产主义社会之间，有一个从前者变为后者的革命转变时期。同这个时期相适应的也有一个政治上的过渡时期，这个时期的国家只能是无产阶级的革命专政。"[8] 列宁也指出："向前发展，即向共产主义发展，必须经过无产阶级专政，不可能走别的道路，因为再没有其他人也没有其他道路能够粉碎剥削者资本家的反抗。……人民这个大多数享有民主，对人民的剥削者、压迫者实行强力镇压，即把他们排斥于民主之外，——这就是民主在从资本主义向共产主义过渡时改变了的形态。"[9] 斯大林也认为："无产阶级专政不能是'完全的'民主，不能是对所有人的民主。……即既对富人又对穷人的民主；

---

[1] [美] 塞缪尔·鲍尔斯、赫伯特·金蒂斯：《民主与资本主义》，第269页。
[2] [美] 戴维·阿普特：《现代化的政治》，第333页。
[3] [美] 查尔斯·蒂利：《社会运动，1768—2004年》，第18页。
[4] [法] 贡斯当：《古代人的自由与现代人的自由——贡斯当政论文选》，第80—84页。
[5] 马克思、恩格斯：《共产党宣言》，《马克思恩格斯全集》，第4卷，第489页。
[6] 恩格斯：《瑞士的内战》，《马克思恩格斯全集》，第4卷，第386页。
[7] 恩格斯：《工人党》，《马克思恩格斯全集》，第19卷，第305页。
[8] 马克思：《哥达纲领批判》，《马克思恩格斯全集》，第19卷，第30—31页。
[9] 列宁：《国家与革命》，《列宁全集》，第31卷，第84—85页。

无产阶级专政下的民主是无产阶级的民主,是多数被剥削者的民主,是以限制少数剥削者的权利为基础并以反对这个少数为目标的。"①

第三,先进的民主要求先民主专政、后无产阶级专政。列宁指出:"公社所必须完成的实际任务,首先是实行民主专政而不是社会主义专政,也就是实施我们的'最低纲领'。"②"要强调'先进的民主'的口号,以区别于司徒卢威先生之流的叛卖性的口号。""'革命对沙皇制度的彻底胜利',就是无产阶级和农民的革命民主专政。这当然不是社会主义的专政,而是民主主义的专政。""当民主派资产阶级或小资产阶级再上升一步的时候,当不仅革命成为事实,而且革命的完全胜利也成为事实的时候,我们就会用无产阶级社会主义专政的口号,即完全的社会主义革命的口号,来'调换'民主专政的口号。"③

第四,无产阶级专政即人民民主专政。毛泽东指出:"在人民内部实行民主,对人民的敌人实行专政,这两个方面是分不开的,把这两个方面结合起来,就是无产阶级专政,或者叫人民民主专政。"④ 邓小平也指出"我们已经做了大量的宣传,说明无产阶级专政对于人民来说就是社会主义民主,是工人、农民、知识分子和其他劳动者所共同享受的民主,是历史上最广泛的民主。"⑤

与马克思主义经典作家不同,西方学者强调的不是民主的"专政"功能,而是民主的"控制"功能。如埃尔斯特以最低限度的意义来理解"民主",认为民主就是公民对领袖或政策的一种有效的、正式的控制。"有效的"是指拒绝那种例行公事式的参与形式。"正式的"是指拒绝将叛乱作为一种控制手段。⑥

也就是说,马克思主义经典作家对于"作为统治形态的民主",不仅就"民主"的"统治者"给出了更明确的定义(无产阶级),还强调了

---

① 斯大林:《论列宁主义基础》,《斯大林全集》,第 6 卷,第 102—103 页。
② 列宁:《为阿·瓦·卢那察尔斯基"巴黎公社和民主专政的任务"一文写的结尾》,《列宁全集》,第 11 卷,第 125 页。
③ 列宁:《社会民主党在民主革命中的两种策略》,《列宁全集》,第 11 卷,第 35、38、42—43、113—114 页。
④ 毛泽东:《在扩大的中央工作会议上的讲话》,《建国以来毛泽东文稿》,第 10 册,第 25—26 页。
⑤ 邓小平:《坚持四项基本原则》,《邓小平文选》,第 2 卷,第 168 页。
⑥ [美]约·埃尔斯特:《协商与制宪》,载《协商民主:挑战与反思》,第 97—120 页。

民主与专政的统一；西方学者则只强调来自公民的"控制"而不是"专政"，这是两者之间最根本的区别。

（二）作为国家形态的民主

将民主与国家联系在一起，使用"民主国家"或"民主共和国"等概念，形成了"作为国家形态的民主"。早期西方学者已使用"民主国家"的概念，如托克维尔所言，在民主国家，公众的意见不仅是个人理性的唯一向导，而且拥有比在任何其他国家都大的无限权力；[1] 所有的公民都参加政府的管理工作，而且人人在这方面都有平等的权利，民主国家所追求的，就是要达到这个理想的境地。[2] 当代西方学者依然重视"民主国家"的概念，如达尔所言，在民主国家，政治和官僚精英力量固然强大，远胜于普通公民，但他们还不是专制君主。[3]

马克思主义经典作家对于"作为国家形态的民主"，还重点强调了三点认识。

一是要辩证地认识"民主共和国"。马克思指出："庸俗的民主派把民主共和国看做千年王国，他们完全没有想到，正是在资产阶级社会的这个最后的国家形式里阶级斗争要进行最后的决战。"[4] 恩格斯也指出："资产阶级统治的彻底的形式正是民主共和国，……民主共和国毕竟是资产阶级统治的最后形式，资产阶级统治将在这种形式下走向灭亡。"[5] 列宁则强调："民主就是承认少数服从多数的国家，即一个阶级对另一个阶级、一部分居民对另一部分居民使用有系统的暴力的组织。""在资本主义社会里，在它最顺利的发展条件下，比较完全的民主制度就是民主共和制。但是，这种民主制度始终受到资本主义剥削制度狭窄框子的限制，因此它实质上始终是少数人的即只是有产阶级的、只是富人的民主制度。"[6] 斯大林则认为："我们能不能说民主共和国在各方面都好或是在各方面都坏呢？不，不能这样说。为什么呢？因为民主共和国只有从一方面看，即当

---

[1] ［法］托克维尔：《论美国的民主》，上卷，第100页。
[2] ［法］托克维尔：《旧制度与大革命》，第36页。
[3] ［美］罗伯特·达尔：《论民主》，第122—123页。
[4] 马克思：《哥达纲领批判》，《马克思恩格斯全集》，第19卷，第32页。
[5] 恩格斯：《致爱·伯恩施坦（1884年3月24日）》，《马克思恩格斯全集》，第36卷，第131页。
[6] 列宁：《国家与革命》，《列宁全集》，第31卷，第78、83页。

它破坏封建制度的时候,才是好的,而从另一方面看,即当它巩固资产阶级制度的时候,却是坏的。因此我们说,民主共和国既然破坏封建制度,所以它是好的,我们就要为它而奋斗;但是,民主共和国既然巩固资产阶级制度,所以它是坏的,我们就要和它作斗争。"①

二是应注意民主制的国家也将走向消亡。恩格斯指出:"国家无非是一个阶级镇压另一个阶级的机器,这一点即使在民主共和制下也丝毫不比在君主制下差。国家最多也不过是无产阶级在争取阶级统治的斗争胜利以后所继承下来的一个祸害;胜利了的无产阶级也将同公社一样,不得不立即尽量除去这个祸害的最坏方面,直到在新的自由的社会条件下成长起来的一代能够把这全部国家废物完全抛掉为止。"② 列宁也指出:"人们通常在谈论国家问题的时候,老是犯恩格斯在这里所告诫的而我们在前面也顺便提到的那个错误。这就是:老是忘记国家的消灭也就是民主的消灭,国家的消亡也就是民主的消亡。"③

三是要求建立更民主的新型共和国。马克思指出:"公社就是帝国的直接对立物。""公社存在本身就是对那至少在欧洲是阶级统治的通常累赘和必要伪装的君主制度的否定。公社给共和国奠定了真正民主制度的基础。"④ 列宁也指出:"资产阶级议会制共和国限制并压抑群众自主的政治生活,不让群众自下而上地直接参加全部国家生活的民主建设,工兵代表苏维埃则与此相反。"⑤ "我们想建立更符合人民利益、更民主的另一种共和国。"⑥ "苏维埃,这是任何一个通常类型的资产阶级议会制国家所没有的机构,而且是不可能与资产阶级政府并存的机构。这是一种新的、更民主的国家类型,我们在我们党的决议中把它叫作农民——无产阶级民主共和国,在这样的共和国里,唯一的政权属于工兵代表苏维埃。"⑦ 毛泽东也指出:"西方资产阶级的文明,资产阶级的民主主义,资产阶级共和国

---

① 斯大林:《无政府主义还是社会主义》,《斯大林全集》,第1卷,第282页。
② 恩格斯:《法兰西内战1891年单行本导言》,《马克思恩格斯全集》,第22卷,第228—229页。
③ 列宁:《国家与革命》,《列宁全集》,第31卷,第78页。
④ 马克思:《法兰西内战》,《马克思恩格斯全集》,第17卷,第358页。
⑤ 列宁:《无产阶级在我国革命中的任务》,《列宁全集》,第29卷,第161—162页。
⑥ 列宁:《在伊兹迈洛夫团的大会上对士兵的讲话》,《列宁全集》,第29卷,第186页。
⑦ 列宁:《在全俄工兵代表苏维埃第一次代表大会上的讲话》,《列宁全集》,第30卷,第238页。

的方案，在中国人民的心目中，一齐破了产。资产阶级的民主主义让位给工人阶级领导的人民民主主义，资产阶级共和国让位给人民共和国。这样就造成了一种可能性：经过人民共和国到达社会主义和共产主义，到达阶级的消灭和世界的大同。"①

也就是说，"作为国家形态的民主"显然是存在的，但目标是不同的。西方学者的目标实质上是资产阶级的"民主国家"，马克思主义经典作家的目标则是无产阶级的"民主国家"。

（三）作为革命形态的民主

"作为革命形态的民主"的核心概念是"民主革命"，这样的革命最早是与资产阶级革命相联系的，如托克维尔所言，一场伟大的民主革命正在我们中间进行；人民生活中发生的各种事件，到处都在促进民主。② 由于当代西方学者对"革命"抱有较多疑虑（见本书第一章），所以"民主革命"已经不是一个常用概念，只有少数学者偶尔提及，如李普曼所言，民主革命装配了两部轮流运转的机器，每一部机器都会有几年的时间从另一部机器犯下的错误中收获利益，但机器从不会消失。③

马克思主义经典作家则将"民主革命"与无产阶级革命联系在了一起，提出了以下论点。

第一，暴力的民主革命是实现共产主义的唯一手段。恩格斯认为应把共产主义者的宗旨规定如下："（1）维护同资产者利益相反的无产者的利益；（2）用消灭私有制而代之以财产公有的手段来实现这一点；（3）除了进行暴力的民主的革命以外，不承认有实现这些目的的其他手段。"④

第二，争取民主的斗争必须服从于社会主义革命的斗争。列宁指出："应当善于把争取民主的斗争和争取社会主义革命的斗争结合起来，并使前者服从于后者。全部困难就在这里，全部实质就在这里。……不要忽略主要的东西（社会主义革命）；要把它提到首位；要使一切民主要求服从

---

① 毛泽东：《论人民民主专政》，《毛泽东选集》，第4卷，第1408页。
② ［法］托克维尔：《论美国的民主》，上卷，第4—6页。
③ ［美］沃特尔·李普曼：《民意》，第218页。
④ 《恩格斯致布鲁塞尔共产主义通讯委员会（1846年10月23日）》，《马克思恩格斯全集》，第27卷，第71页。

于它，与它配合，共同隶属于它。"① "如果认为争取民主的斗争会使无产阶级脱离社会主义革命，或者会掩盖、遮挡住社会主义革命等等，那是根本错误的。相反，正象不实现充分的民主，社会主义就不能胜利一样，无产阶级不为民主而进行全面的彻底的革命的斗争，就不能作好战胜资产阶级的准备。"② 毛泽东也指出："中国共产党领导的整个中国革命运动，是包括民主主义革命和社会主义革命两个阶段在内的全部革命运动；这是两个性质不同的革命过程，只有完成了前一个革命过程才有可能去完成后一个革命过程。民主主义革命是社会主义革命的必要准备，社会主义革命是民主主义革命的必然趋势。而一切共产主义者的最后目的，则是在于力争社会主义社会和共产主义社会的最后的完成。"③

第三，应注意民族革命与民主革命的结合。毛泽东在民主主义革命时期曾明确指出："现阶段上中国革命的任务是什么呢？毫无疑义，主要的就是打击这两个敌人，就是对外推翻帝国主义压迫的民族革命和对内推翻封建地主压迫的民主革命，而最主要的任务是推翻帝国主义的民族革命。中国革命的两大任务，是互相关联的。……民族革命和民主革命这样两个基本任务，是互相区别，又是互相统一的。那种把民族革命和民主革命分为截然不同的两个革命阶段的观点，是不正确的。"④

显然，对于大多数西方学者而言，"作为革命形态的民主"已经是一种"过去时"的民主形态，而对于马克思主义经典作家来说，"作为革命形态的民主"仍然是一种"现在进行时"的民主形态。

（四）作为政党形态的民主

将"政党"与民主联系在一起，形成了"作为政党形态的民主"。西方学者主要强调的是两党制或多党制中的政党竞争以及可能涉及的民主问题，如古德诺所言，与其说民主政府实现的是对官员的审慎选择和对政策的积极决定，还不如说实现了否决权和更换政党领袖的权力。⑤

马克思主义经典作家对于"作为政党形态的民主"，重点强调的是两

---

① 列宁：《致伊·费·阿尔曼德（1916年12月25日）》，《列宁全集》，第47卷，第492页。
② 列宁：《社会主义革命和民族自决权》，《列宁全集》，第27卷，第255页。
③ 毛泽东：《中国革命和中国共产党》，《毛泽东选集》，第2卷，第614页。
④ 同上书，第599—600页。
⑤ [美]古德诺：《政治与行政》，第195页。

方面的认识。

第一方面的认识是无产阶级需要民主的政党。恩格斯指出:"任何民主的政党,无论在英国或在其他任何国家,除非具有明显的工人阶级的性质,就不可能取得真正的成就。抛弃这种性质,就只有宗派和欺骗。"①

第二个方面的认识是无产阶级政党需要实行"党内民主"。马克思指出:"支部、区部的领导人和中央委员会的委员全是选举出来的。这种民主制度,固然完全不适用于一个策划阴谋的秘密团体,但至少同一个宣传团体的任务是不矛盾的。"②列宁也指出:"社会民主党尽管后来发生了分裂,但它还是比其他各政党更早地利用了昙花一现的自由时期,来建立一个公开组织的理想的民主制度:实行选举制和按有组织的党员人数选举代表大会的代表。"③斯大林也强调,党内民主不是"广泛民主",而是经常吸引党员群众不仅参加讨论问题,而且参加领导工作的民主。④毛泽东认为:"实现党内民主的办法,是实行代表大会及代表会议的制度。我们党内是有民主的,但还不足或者缺乏,现在要增加。"⑤邓小平也认为:"我们党内一定要有充分的民主。"⑥

也就是说,政党与民主是有一定联系的,但是这样的联系是表现为不同政党之间的竞争(或者说"轮流坐庄"),还是表现为一个政党(无产阶级政党)本身的民主,是有重大区别的。

(五) 作为选举形态的民主

马克思主义经典作家和西方学者都将选举视为一种重要的民主形态,但是在与选举有关的两类问题上,存在不同的看法。

1. 选举的民主标准

对于什么样的选举是真正的民主选举,马克思主义经典作家提出了四条重要的标准。

---

① 恩格斯:《工人党》,《马克思恩格斯全集》,第19卷,第305—306页。
② 马克思:《福格特先生》,《马克思恩格斯全集》,第14卷,第463—464页。
③ 列宁:《"十二年来"文集序言》,《列宁全集》,第16卷,第95页。
④ 参见斯大林《俄共(布)第十三次代表会议》,《斯大林全集》,第6卷,第8—9、36页。
⑤ 毛泽东:《在中共中央政治局会议上的报告和结论》,《毛泽东文集》,第5卷,第137页。
⑥ 邓小平:《在扩大的中央工作会议上的讲话》,《邓小平文选》,第1卷,第306—307页。

第一，民主选举就是普遍、直接、平等、无记名、自由的选举。列宁指出："只有普遍、直接、平等的选举才可以说是民主的选举。"① 斯大林也指出："问题不在于我们的选举将是普遍的、平等的、无记名的和直接的，虽然这一点本身就已经具有重大的意义。问题在于，同世界上其他任何一个国家的选举相比，我们所进行的普遍选举将是最自由的选举，最民主的选举。"② 毛泽东也指出："'自由民主的中国'将是这样一个国家，它的各级政府直至中央政府都由普遍、平等、无记名的选举所产生，并向选举它的人民负责。"③

第二，选举公职人员是改造国家的重大民主措施。列宁指出："一切公职人员毫无例外地完全由选举产生并可以随时撤换，把他们的薪金削减到普通的'工人工资'的水平，这些简单的和'不言而喻'的民主措施使工人和大多数农民的利益完全一致起来，同时成为从资本主义通向社会主义的桥梁，这些措施关系到对社会进行的国家的即纯政治的改造。"④

第三，法官民选是彻底民主的条件。列宁指出："人民的代表参加法庭，这无疑是民主的开端。……在法庭体制方面，实行彻底民主的第二个条件，就是一切文明国家所公认的法官民选制。"⑤

第四，能够实施有效监督的选举。斯大林指出："我们新的选举制度，将对一切机关和团体起督促作用，促使他们改善自己的工作。苏联普遍的、平等的、直接的、无记名的选举制度，将成为人民手中的鞭子，用来鞭笞工作做得不好的政权机关。"⑥ "我认为选举运动就是选民对作为执政党的我国共产党进行裁判的法庭。选举结果便是选民的判决。如果我国共产党害怕批评和检查，那党就没有多大价值了。共产党愿意接受选民的判决。"⑦

---

① 列宁：《立宪民主党的土地问题》，《列宁全集》，第22卷，第53页。
② 斯大林：《在莫斯科市斯大林选区选举前的选民大会上的演说》，《斯大林文集（1934—1952）》，第183页。
③ 毛泽东：《答路透社记者甘贝尔问》，《毛泽东文集》，第4卷，第27页。
④ 列宁：《国家与革命》，《列宁全集》，第31卷，第41—42页。
⑤ 列宁：《国际法官代表大会》，《列宁全集》，第22卷，第76—77页。
⑥ 斯大林：《和美国斯克里浦斯—霍华德报系总经理罗伊·霍华德先生的谈话》，《斯大林文集（1934—1952）》，第95页。
⑦ 斯大林：《在莫斯科市斯大林选区选举前的选民大会上的演说（1946年）》，《斯大林文集（1934—1952）》，第484页。

西方学者强调的，则是选举的八条民主标准。

一是公平的选举。亨廷顿指出，把民主或不民主当作一个两分法的变项，还是持续的变项，许多分析家倾向于后一种看法，而且发展出了测量民主的方法，这些方法把选举的公平、对政党的限制和新闻的自由等其他标准结合在一起。① 塞特拉也指出，重要的问题是，何种公民投票和选举是公平的，以及在哪些国家确实提升了民主的价值。②

二是公正、定期的选举。达尔指出，公民选举产生的官员，具有对政府政策制定的支配权。如果高层官员是由公民选举产生的，而且公民还可以在以后的选举中把他们撤换掉，这样，借助选举，官员不得不多多少少地担负种种责任。这么一种办法，虽然远没有尽善尽美，但却是唯一可行的办法。上述的官员都是在定期的、公正的、强制极为罕见的选举中选拔出来的。③

三是公开的选举。蒂利认为，选举提供了一种模式，人们可以像公开支持某个竞选的候选人那样，公开地支持某个竞选纲领。一旦政府允许人们公开讨论选举所涉及的重要议题，便很难禁止这种讨论在选举之外进行。④

四是竞争的选举。亨廷顿认为，不民主的国家没有选举上的竞争和普遍的选举投票参与。⑤ 蒂利也指出，正是借助于竞争性选举和它的协商形式，公民才得以将对公民自由的保护——如通过结社和联合以传播大众的诉求——融合到社会行动的形式之中。⑥

五是授权的选举。富里迪指出，不论议会民主有什么样的局限，人们至少享有选举代表并保证其负责任的权利。人们至少有一份正式的权利，可以用来选举代表为自己发言。一个民选的政治家与政党至少得到了可以代表公众发言的授权。⑦

六是自由选择的选举。雷蒙·阿隆指出，如果选举不包含选择的可能性，那么选举就没有任何意义。用唯一的选举名单替代非投票形式的选

---

① ［美］塞缪尔·亨廷顿：《第三波——20世纪后期民主化浪潮》，第10页。
② ［芬兰］塞特拉：《公民投票与民主政府》，第2页。
③ ［美］罗伯特·达尔：《论民主》，第94页；《论政治平等》，第7—9页。
④ ［美］查尔斯·蒂利：《社会运动，1768—2004年》，第78—79页。
⑤ ［美］塞缪尔·亨廷顿：《第三波——20世纪后期民主化浪潮》，第10页。
⑥ ［美］查尔斯·蒂利：《社会运动，1768—2004年》，第17—18页。
⑦ ［英］弗兰克·富里迪：《恐惧的政治》，第96、102页。

举，如同用邪恶向美德表示敬意，或者换句话说，用以唯有未来才能证明的一种使命的名义垄断选举的人向民主思想表示敬意。① 萨托利也指出，选举必须是自由选举，正像不经投票的代表几乎毫无意义一样，没有自由选择的投票也不能产生代议制的统治。②

七是真实的选举。加塞特认为，当一种选举系统已经变得虚假的时候，它就是僵化的、毫无价值的。当真正的选举无法进行时，整个选举必然就会遭到扭曲。没有一种真实的选举制度的支持，民主政治制度必将变得虚无缥缈，不切实际。③

八是公民广泛参与的选举。阿尔蒙德等人指出，选举、竞争性政党、自由的大众媒体和代议制使得一定程度的民主成为可能。这种间接的代议制民主并非是彻底的、或者理想的民主，但是公民的参与越多，他们选择的影响力越大，该体系也就越民主。④

比较马克思主义经典作家和西方学者设定的选举的民主标准，可以看出具有共识的应是普遍性、直接性、真实性、参与性等标准，有所不同的是马克思主义经典作家更注重指标性（官员和法官民选）和监督性的标准，西方学者强调的则是公开性、竞争性和选择性等标准。

2. 选举与民主的关系

列宁强调应以阶级斗争的视角看待选举与民主的关系，并提出了一些重要的论点。"（1）普选制是测量各个阶级对自己任务的理解是否成熟的标尺。它表明各个阶级想要怎样完成自己的任务。这些任务的完成本身不是用投票表决所能达到的，而是要通过各种形式的阶级斗争，直到进行国内战争才能达到的。（2）第二国际的社会党人和社会民主党人站在庸俗的小资产阶级民主派的观点上，赞同它的偏见，以为投票表决能够解决阶级斗争的根本问题。（3）为了通过选举和各党派在议会中的斗争达到教育群众的目的，参加资产阶级的议会活动，对革命无产阶级的政党来说是必要的。但是，把阶级斗争局限于议会内的斗争，或者认为议会内的斗争是最高的、决定性的、支配着其余一切斗争形式的斗争，那就是实际上倒

---

① [法]雷蒙·阿隆：《论自由》，第91、126页。
② [美]萨托利：《民主新论》，第33页。
③ [西班牙]奥尔特加·加塞特：《大众的反叛》，第158页。
④ [美]阿尔蒙德、多尔顿、鲍威尔、斯特罗姆等：《当代比较政治学：世界视野》，第31页。

向资产阶级反对无产阶级。"① "至于普选权、立宪会议和议会，那不过是形式，不过是一种空头支票，丝毫也不能改变事情的实质。……资本既然存在，也就统治着整个社会，所以任何民主共和制、任何选举制度都不会改变事情的实质。"② "忘记了只要资本家所有制还存在，普选制就始终是资产阶级国家的一种工具，——如果这样，那就是无耻地背叛无产阶级，跑到它的阶级敌人资产阶级那边去，成为变节分子和叛徒。"③

西方学者在选举与民主的关系方面，主要有两种不同的看法。

第一种看法使用了"选举型民主"的概念，强调的是选举就是民主或者没有选举就没有民主。如戴蒙德所言，将民主视为一种深浅不等的政治体系。在最低层次上，如果一个国家的公民能够以自由公正的定期选举选出和更换他们的领导人，那么它就实现了"选举型民主"。它只是意味着，选民中的多数想要变更领袖和政策，并能根据规则有效地组织起来，他们就可以变更。④ 雷蒙·阿隆也指出，在民主制下的执政者明白，他们的地位全靠选举，他们事先就心甘情愿地同意，如果下次投票结局对他不利，就放弃他的职务。⑤ 亨廷顿则强调，根据选举来界定民主是一种最简单的定义。公开、自由和公平的选举是民主的实质，而且是不可或缺的条件。若是到了最有权势的集体决策者不是通过选举产生的地步，那么该政治体制就是不民主的。⑥

认同这种看法中的学者，也存在着一定的意见分歧，如缪勒所言，对于选举在民主过程中的作用和功能，存在着分歧。一种观点认为，选举主要是为了选择政府，而只是次要地反映公民的偏好。另一种观点认为，选举主要是从公众手中表达其对相互竞争的代表的偏好或观点的工具，而只是次要地履行选择政府的功能。⑦

第二种看法使用的是反对"选举主义"的概念，强调不能将选举等同于民主或者说民主就是选举。菲利普·施密特指出，仅把民主等同于选举这种谬见被称为"选举主义"。不管选举对民主政治有多么的关键，也

---

① 列宁：《立宪会议选举和无产阶级专政》，《列宁全集》，第38卷，第22页。
② 列宁：《论国家》，《列宁全集》，第37卷，第71—73页。
③ 列宁：《给欧美工人的信》，《列宁全集》，第35卷，第445页。
④ ［美］拉里·戴蒙德：《民主的精神》，第8—10页。
⑤ ［法］雷蒙·阿隆：《阶级斗争——工业社会新讲》，第109—110页。
⑥ ［美］塞缪尔·亨廷顿：《第三波——20世纪后期民主化浪潮》，第8—9页。
⑦ ［英］丹尼斯·缪勒：《公共选择理论》，第288页。

仅仅周期性地举行。在两次选举的间歇期，公民可以通过如利益联合体、社会性、地区性团体、恩庇性的安排等其他方式寻求影响公共政策。① 库珀也指出，民主并不与选举同义，理解选举可以和不可以做什么至关重要。选举远不能保证足够的民主代议。为约束政治权力的滥用，要么我们必须找到选举多边机制，要么我们必须找到非选举的机制，它与国家为基础的选举机制协同运行，保证我们的观点和利益的充分代表。② 林德布洛姆和伍德豪斯则强调，利用选举以促成民主、明智政策的可能性，存在着先天性严重限制。选举在将公民的需求与判断转换到政策上，相对而言是一种较软弱的机制。③

也就是说，"作为选举形态的民主"所要强调的是选举对于民主而言确实很重要，但即便重要，也不能说选举就是民主的全部内容，这应该是较多人能够接受的论点。

（六）作为政治形态的民主

将民主视为一种政治形态，产生了"民主政治"和"政治民主"的概念。对于这样的概念，马克思主义经典作家和西方学者既有一些共同的看法，也有一些不同的看法。

1. 对民主政治的基本理解

马克思主义经典作家在"民主政治"的认识方面，主要强调了六个方面的看法。

第一，财产对民主政治的影响。恩格斯指出："只要民主因素本身确实是民主的，那末，在下院这样独掌大权的情况下，英国就应当体现出纯粹的民主政治——尽管立法机关的其他两个部门名义上还会存在。但却完全不是这么一回事。""实质上究竟是谁统治着英国呢？是财产。"④

第二，反独裁和反专制的人民民主政治。毛泽东指出："人民已经有了充分的经验，有了明亮的眼睛。他们要一个人民大众的民主的统一，不要独裁者的专制的统一。""没有人民的自由，没有人民的民主政治，能

---

① ［美］菲利普·施密特：《民主是什么，不是什么》，载《民主与民主化》，第20—40页。
② ［美］安德鲁·库珀：《重新建构全球治理：八项革新》，载《全球化理论——研究路径与理论论争》，第265—282页。
③ ［美］林德布洛姆、伍德豪斯：《最新政策制定过程》，第59页。
④ 恩格斯：《英国状况：英国宪法》，《马克思恩格斯全集》，第1卷，第684、687—688页。

够统一吗？有了这些，立刻就统一了。"①

第三，宪政就是民主政治。毛泽东指出："宪政是什么呢？就是民主的政治。……但是我们现在要的民主政治，是什么民主政治呢？是新民主主义的政治，是新民主主义的宪政。它不是旧的、过了时的、欧美式的、资产阶级专政的所谓民主政治；同时，也还不是苏联式的、无产阶级专政的民主政治。"②

第四，民主政治依赖民主运动。毛泽东指出："民主政治的实现，依赖民主运动，没有广大人民的要求与推动民主运动，则民主政治不会实现。"③

第五，在民主政治斗争中要坚持党的正确主张。邓小平指出："党的优势更基本的是从民主政治斗争中去取得，即是说，主要从依靠于我党主张的正确，能为广大群众所接受、所拥护、所信赖的政治声望中去取得。确切地说，党的优势不仅在于政权中的适当数量，而且主要在于群众的拥护。民主政治斗争可以使党的主张更加接近群众，可以使群众从自己的政治经验中更加信仰我党。所以，只有民主政治斗争，才能使我党取得真正的优势。"④

第六，政治生活"民主化"。斯大林指出："所有这一切的结果，就是我国政治生活的充分民主化，就是新宪法的制定。"⑤邓小平也强调要"从制度上保证党和国家政治生活的民主化、经济管理的民主化、整个社会生活的民主化。"⑥

西方学者重点强调的，则是十种与民主有关的"政治"。

一是人民掌权的政治。孟德斯鸠认为，共和国的全体人民握有最高权力时，就是民主政治。⑦

二是争取选票的政治家的政治。熊彼特指出，民主政治就是政治家的统治，政治不可避免地是一种职业。⑧唐斯则认为，如果以自私公理作为

---

① 毛泽东：《论联合政府》，《毛泽东选集》，第3卷，第1020页。
② 毛泽东：《新民主主义的宪政》，《毛泽东选集》，第2卷，第690页。
③ 毛泽东：《抗日民主与北方青年》，《毛泽东文集》，第1卷，第500页。
④ 邓小平：《党与抗日民主政权》，《邓小平文选》，第1卷，第8—9页。
⑤ 斯大林：《在党的第十八次代表大会上关于联共（布）中央工作的总结报告》，《斯大林文集（1934—1952）》，第247页。
⑥ 邓小平：《党和国家领导制度的改革》，《邓小平文选》，第2卷，第335—336页。
⑦ [法]孟德斯鸠：《论法的精神》，上册，第8页。
⑧ [美]熊彼特：《资本主义、社会主义与民主》，第415—416页。

分析的基石，民主政治中的政党可以类比为一个追求利润的经济中的企业家。为了达到它们的私人目的，它们采取任何它们认为将获得最多选票的政策。①

三是控制权力的政治。奥克肖特（又译欧克肖特）指出，如果统治样式是信念论式的，那么就只能将"制度"理解成一种能够赋予政府以权力的东西，而"大众"制度的优势则被认为它们向政府提供巨大权力的能力远胜于其他任何制度。"民主政治"优越于"君主专制"是因为前者能形成更大的权力，在权力的来源上，"君权神授"无法与公民投票授权在这方面争锋，公民权的每一次扩展都被看作是政府支配权的增加。而从另一方面来讲，如果统治样式是怀疑论式的，那么，我们所考虑的"制度"便主要是关于它们对政府的控制能力，而"大众"制度的优势在于它们具有一种假定的、能有效和经济地控制政府的卓越能力。"民主政治"优越于"君主政治"是因为它能更有效地防止政府追求自己中意的规划，从而保护社会；作为一种持续控制政府的行使手段，公民投票远远比不上国会（下院）来得有效，公民权的每一次扩展都被认为是赋予这种控制以更广泛的基础的更大的权威。②

四是具有共同体意识的政治。霍布豪斯指出，民主政治不是单单建立在个人的权利或私人利益上面的，民主政治同样也建立在个人作为社会一员的职责上，它把共同利益建立在共同意志上。③ 民主除了自由和平等之外还含有第三个原则，这个原则我们可称为共同体原则。任何可行的民主政治，都需要有某种共同体意识。④

五是包容反对派的政治。罗尔斯认为，没有忠诚的反对派的观念，没有对表达和保护这一观念的宪法条款的坚持，民主政治就不能被恰当地引导或长久地维持。⑤ 夏皮罗也指出，民主政治有两个重要的向度，一个是集体自治，另一个是制度化的反对党。⑥

六是受控和制衡的政治。奥尔森指出，在民主政治体制中，在许多关

---

① ［美］唐斯：《民主的经济理论》，第270页。
② ［英］欧克肖特：《信念论政治与怀疑论政治》，第39—40、50—56页。
③ ［英］霍布豪斯：《自由主义》，第115页。
④ ［英］霍布豪斯：《社会正义要素》，第152、154页。
⑤ ［美］罗尔斯：《正义论》，第220—221页。
⑥ ［美］夏皮罗：《民主理想的构成要素》，载《理解民主——经济的与政治的视角》，第227—272页。

键的决策上,需要依赖制衡以及更大多数人支持的原则,因此,最低数量的多数人常常并不能自行其是,在民主国家,常常只有更大的共容利益群体才会得人心。① 罗尔斯也指出,民主政治过程充其量只是一种受控的竞争过程,它甚至在理论上也不具有价格理论赋予真正的竞争市场的那种值得向往的性质。②

七是尊重宪法的政治。达尔指出,宪法可能在许多方面影响一个国家的民主政治:稳定、基本权利、中立、责任、公平的代表、知情下的共识、有效统治、明智的政策、透明易懂、弹性、合法性。③

八是合作的政治。菲利普·施密特认为,现代民主政治是一种管理体制,其中统治者在公共领域中的行为要对公众负责,公民的行为通过他们选举产生的代表的竞争与合作来完成。合作一直是民主政治的重要特征之一。④ 蒂利也认为,从大多数政治参与者的视角来看,民主本来就是比其他体制更具风险、更具偶然性的体制;因此只有对民主政治的结果非常信任的参与者才会和这种体制合作。⑤

九是互惠的政治。古特曼和汤普森指出,与以公平或审慎为基础的观点——它们偏爱的是政治利益之间的讨价还价策略——相比,互惠性原则是民主政治更为恰当的基础。互惠性的基础是人们为了他们自己而寻求社会合作的公平条件的能力。互惠性设置的标准是,所给出的理由必须在这个意义上是彼此可以接受的,即它们能够被每一个公民在平等有利的情况下接受(甚至能够被那些不同意这些理由所意欲证明的结论的公民接受)。⑥

十是有效解决冲突的政治。金里卡认为,必须通过真诚地谈判和民主政治的平等交换在政治上解决冲突问题。⑦ 奥菲则强调,民主政治是国家与公民之间的桥梁。这一桥梁的作用是双重的。从国家宪法或宪法实

---

① [美]曼瑟·奥尔森:《权力与繁荣》,第18页。
② [美]罗尔斯:《正义论》,第224页。
③ [美]罗伯特·达尔:《论民主》,第133—136页。
④ [美]菲利普·施密特:《民主是什么,不是什么》,载《民主与民主化》,第20—40页。
⑤ [美]查尔斯·蒂利:《民主》,第21、90—91页。
⑥ [美]阿米·古特曼、丹尼斯·汤普森:《民主与分歧》,第7、60、63页。
⑦ [加]威尔·金里卡:《多元文化公民权:一种有关少数族群权利的自由主义理论》,第168—169页。

践所准予进入这一桥梁的个体角度看,这座桥梁给他们提供了进行利益表达、利益冲突、缔结联盟、赢得多数以及最终决定公共政策的机会。如果我们从桥梁的另一端来看待同一过程,例如从作为公共权力制度化秩序的国家角度来看,政治就是解决争端,使最高公共权威得到广泛的承认。①

西方学者还强调了"公民参与的政治"和"自治的政治",在下文的相应民主形态的解释中将涉及这两种政治。

2. 政治民主与其他民主的区别

"政治民主"是一种侧重于区别的概念,强调的是与经济、社会、文化等领域的民主所不同的政治领域中的民主。

毛泽东重点说明了政治民主与经济民主、文化民主等的区别:"中国是有缺点的,而且是很大的缺点,这种缺点,一言以蔽之,就是缺乏民主。中国人民非常需要民主。""民主必须是各方面的,是政治上的、军事上的、经济上的、文化上的、党务上的以及国际关系上的,一切这些,都需要民主。""经济民主,就是经济制度要不是妨碍广大人民的生产、交换与消费的发展,而是促进其发展的。文化民主,例如教育、学术思想、报纸与艺术等,也只有民主才能促进其发展。党务民主,就是在政党的内部关系上与各党的相互关系上,都应该是一种民主的关系。在国际关系上,各国都应该是民主的国家,并发生民主的相互关系,我们希望外国及外国朋友以民主态度对待我们,我们也应该以民主态度对待外国及外国朋友。""政治民主有其自己的内容,经济是其物质基础,而不就是政治民主的内容。文化是精神的东西,它有助于政治民主,也不就是政治的内容。"②

西方学者也强调了政治民主与其他民主的区别。如萨托利所言,民主一词形成于公元前5世纪,此后大约直到一个世纪以前,它一直是个政治概念。也就是说,民主只意味着政治民主。但是,今天我们也从非政治或准政治的意义上谈论民主。例如我们听到过社会民主、工业民主和经济民主。社会民主是指其民族精神要求它的成员认为自己有平等社会地位的民

---

① [德]克劳斯·奥菲:《福利国家的矛盾》,第29页。
② 毛泽东:《会见中外记者西北参观团的讲话》,《毛泽东文集》,第3卷,第167—170页;《给谢觉哉的信》,《毛泽东文集》,第3卷,第232—233页。

主。工业民主本质上是指工厂里的民主。既然政治民主主要局限于政治和法律上的平等，社会民主强调的是地位平等，那么经济民主所关心或反映的便是财富的平等。因此，经济民主的第一个定义可以是：该名称指这样的民主，它的政策目标是重新分配财富并使经济机会与条件平等化。这样理解的经济民主可以是政治民主的一个补充，也可以是政治民主的简单扩大。经济民主也从工业民主的意义上使用，这时它较少指财富的平等或接近平等的分配，而是更多地指劳动者对经济的控制。在这方面可以说经济民主是由经济生产过程控制权的平等构成的。优先者必须优先，作为一种方法、一种程序的政治民主，必须先于我们可以要求于民主的其他任何基本成就而存在。① 悉尼·胡克则认为，真正的政治民主必须包含着被统治者有通过他们的代表来控制经济政策的权利。很明显，现代的经济组织今天在社会生活中起着这样的一种统治作用，以致不能控制经济政策就不可能实现政治民主。所谓经济的民主，就意味着由作为生产者和消费者组织起来的社会权力来决定经济发展目标的基本问题。正如政治民主没有某种形式的经济民主就不完全一样，没有政治民主也就不可能有真正的经济民主。②

3. 不同取向的政治改革

在"作为政治形态的民主"下，马克思主义经典作家和西方学者都提出了政治改革的要求，但改革的基本取向有所不同。

列宁指出："真正民主的政治改革，尤其是政治革命，无论何时，无论在何种情形和何种条件下，都不会模糊或削弱社会主义革命口号。相反，它们总是在促使社会主义革命早日到来，为它扩展基础，吸引更多的小资产阶级和半无产阶级群众参加社会主义斗争。"③ 邓小平也指出："我们各种政治制度和经济制度的改革，要坚定地、有步骤地继续进行。这些改革的总方向，都是为了发扬和保证党内民主，发扬和保证人民民主。"④ "进行政治体制改革的目的，总的来讲是要消除官僚主义，发展社会主义民主，调动人民和基层单位的积极性。"⑤

---

① ［美］萨托利：《民主新论》，第9—12页。
② ［美］悉尼·胡克：《理性、社会神话和民主》，第252、256页。
③ 列宁：《论欧洲联邦口号》，《列宁全集》，第26卷，第364—365页。
④ 邓小平：《贯彻调整方针，保证安定团结》，《邓小平文选》，第2卷，第372—373页。
⑤ 邓小平：《关于政治体制改革问题》，《邓小平文选》，第3卷，第177页。

西方学者也要求进行政治改革，但这样的改革往往更侧重于政策层面而不是制度层面。如马奇和奥尔森所言，把政治改革集中于实际政策层面，会减缓政治制度层面的变革，接下来会减缓宪政层面的改革。较大的改革被分割成较小的计划性步骤，以便于政治系统进行处理。[①] 彼得斯也指出，政治家可以制定或影响那些由"非政治的"、不用承担公众责任的机构宣布的重要政策。在公共生活中政治和技术性决策可以分离的观念，允许政治改革以使许多重要的公众决策尽可能脱离"政治"的领域。这样做法导致很多政府功能从党派政治的控制转移到独立机构、官僚和政治统治精英。[②]

通过比较可以看出，在"作为政治形态的民主"的大前提下，即便是使用相同的"民主政治""政治民主"和"政治改革"等概念，也可以出现有所不同甚至完全不同的解释。我们当然要注意到这样的差异，但这并不妨碍我们承认"作为政治形态的民主"是一个值得追求的目标。在此基础上还可以有更进一步的认识，即作为统治、国家、革命、政党、选举形态的民主，都可以被广义的"作为政治形态的民主"所包容，成为以政治为"总类型"的民主形态下的具体形态的民主。

二 "社会"维度的民主形态

在"社会"维度下讨论民主，主要涉及的是社会、阶级、个人、情感和生活五种形态的民主。

（一）作为社会形态的民主

民主作为一种社会形态，需要说明的是与民主相联系的是什么样的社会。在这个方面，马克思主义经典作家与西方学者的着力点明显不同。

马克思主义经典作家所指的"作为社会形态的民主"，主要是资本主义、社会主义和共产主义三种不同社会性质的民主，并且重点强调的是对共产主义民主和社会主义民主的认识。

[①] ［美］詹姆斯·马奇、［挪威］约翰·P. 奥尔森：《重新发现制度：政治的组织基础》，第170页。

[②] ［美］盖伊·彼得斯：《官僚政治》，第189页。

在共产主义民主方面，马克思主义经典作家看重的是"民主就是共产主义"的论点。这一论点是恩格斯提出的，并有三个限定性的解释：一是对时间的限定，这样的论点出自无产阶级向资产阶级夺权的特定时间内。"民主在今天就是共产主义。""民主已经成了无产阶级的原则，群众的原则。即使群众并不总是很清楚地懂得民主的这个唯一正确的意义，但是他们全都认为民主这个概念中包含着社会平等的要求，虽然这种要求还是模糊的。""当各民族的无产阶级政党彼此联合起来的时候，他们完全有权把'民主'一词写在自己的旗帜上。""所以我断言，现代的民主主义就是共产主义。"① 二是对斗争方式的限定，即无产阶级还需要在斗争中联合非无产阶级的民主主义者。"在各文明国家，民主主义的必然结果就是无产阶级的政治统治，而无产阶级的政治统治是实行一切共产主义措施的首要前提。因此，在民主主义还未实现以前，共产主义者和民主主义者就要并肩战斗，民主主义者的利益也就是共产主义者的利益。"② 三是政治口号的限定，即"民主是无产阶级的统治"，已见前述。列宁也指出，"只有在共产主义社会中，……真正完全的、真正没有任何例外的民主才有可能，才会实现。也只有在那个时候，民主才开始消亡。""只有共产主义才能提供真正完全的民主，而民主愈完全，它也就愈迅速地成为不需要的东西，愈迅速地自行消亡。"③

在社会主义民主方面，马克思主义经典作家强调的是"彻底的民主要求实行社会主义"的论点。列宁指出："把公职人员，'社会公仆'，社会机关，变为社会的主人。……恩格斯在这里接触到了一个有趣的界限，在这个界限上，彻底的民主变成了社会主义，同时也要求实行社会主义。"④ 斯大林也指出："新宪法草案的民主主义，并不是'通常的''公认的'一般民主主义，而是社会主义的民主主义。"⑤ 毛泽东在抗日战争时就明确指出："全世界将来都要实行社会主义的民主。但是这种民主，在现在的中国，还行不通，因此我们也只得暂时不要它。到了将来，有了

---

① 恩格斯：《在伦敦举行的各族人民庆祝大会》，《马克思恩格斯全集》，第2卷，第664、676页。
② 恩格斯：《共产主义者和卡尔·海因岑》，《马克思恩格斯全集》，第4卷，第306页。
③ 列宁：《国家与革命》，《列宁全集》，第31卷，第85—86页。
④ 同上书，第74页。
⑤ 斯大林：《关于苏联宪法草案》，《斯大林文集（1934—1952）》，第110—111页。

一定的条件之后,才能实行社会主义的民主。"① 在社会主义建设时期,毛泽东则强调:"我们的这个社会主义的民主是任何资产阶级国家所不可能有的最广大的民主。"② 邓小平也认为:"中国人民今天所需要的民主,只能是社会主义民主或称人民民主,而不是资产阶级的个人主义的民主。一定要把社会主义民主同资产阶级民主、个人主义民主严格地区别开来。"③

西方学者论证的"作为社会形态的民主",侧重的是对"民主社会"的解释。托克维尔应该是"民主社会"的首创者,他认为在民主社会,享乐将不会过分,而福利将大为普及。民主并不给予人民以最精明能干的政府,但能提供最精明能干的政府往往不能创造出来的东西,使整个社会洋溢持久的积极性。④ 当代西方学者也普遍使用"民主社会"的概念,如雷蒙·阿隆强调"现代社会是民主社会,不可能不走向更加民主化"⑤;卡尔·科恩也认为民主是一种社会管理体制,在该体制中社会成员大体上能直接或间接地参与或可以参与影响全体成员的决策。⑥

"民主社会"还与"社会民主"和"公民社会"联系在了一起,如罗奇所言,与其他模式相比,社会民主模式最能充分地发展和实现公民社会权利。⑦ 赫尔德则认为,民主要想繁荣,就必须被重新设想为一个双重的现象。一方面,它牵涉国家权力的改造;另一方面,它牵涉公民社会的重新建构。只有认识到一个双重民主化过程的必然性,自治原则才能得以确定。⑧ 约翰·基恩也指出,公民社会与国家的分离以及二者的民主化——即实现民主政治制度指导下的后资本主义公民社会——乃是促成个人和群体真正的多元化的必要条件,从而使得人们能够公开地对他人的理想和生活方式表示赞同或提出异议。⑨ 福克斯则强调了国家的民主化、公

---

① 毛泽东:《新民主主义的宪政》,《毛泽东选集》,第 2 卷,第 690—691 页。
② 毛泽东:《关于正确处理人民内部矛盾问题》,《毛泽东文集》,第 7 卷,第 207 页。
③ 邓小平:《坚持四项基本原则》,《邓小平文选》,第 2 卷,第 175—176 页。
④ [法] 托克维尔:《论美国的民主》,上卷,第 11、280 页。
⑤ [法] 雷蒙·阿隆:《阶级斗争——工业社会新讲》,第 231 页。
⑥ [美] 卡尔·科恩:《论民主》,第 10 页。
⑦ [英] 莫里斯·罗奇:《公民身份、大众文化与欧洲》,载《文化与公民身份》,第 105—141 页。
⑧ [英] 戴维·赫尔德:《民主的模式》,第 312 页。
⑨ [英] 约翰·基恩:《民主与传播媒介》,载《民主的再思考》,第 272—302 页。

民社会的民主化、治理的民主化"三重民主化"的要求。①

民主必须有与之适应的社会基础,马克思主义经典作家所强调的,是社会主义社会和共产主义社会对民主的基础性作用。西方学者以不区分社会性质的"民主社会"作为民主的社会基础,既强调了构建民主社会的目标(国家与公民社会的民主化,或者国家、公民社会、治理的民主化),也强调了社会建设的重要方法(社会民主)。也就是说,要理解"作为社会形态的民主",关键在于民主的对象是一般意义的社会,还是具有特定性质的社会。

(二) 作为阶级形态的民主

"作为阶级形态的民主"是马克思主义经典作家特别强调的一种民主形态,对于这种民主形态,应着重于四个方面的理解。

首先,需要强调的是没有"纯粹民主",只有阶级的民主。如列宁所言:"如果不是嘲弄理智和历史,那就很明显:只要有不同的阶级存在,就不能说'纯粹民主',而只能说阶级的民主(附带说一下,'纯粹民主'不仅是既不了解阶级斗争也不了解国家实质的无知之谈,而且是十足的空谈,因为在共产主义社会中,民主将演变成习惯,消亡下去,但永远不会是'纯粹的'民主)。'纯粹民主'是自由主义者用来愚弄工人的谎话。历史上有代替封建制度的资产阶级民主,也有代替资产阶级民主的无产阶级民主。"②"无产阶级不相信一般民主主义的口号,而应当提出自己彻底的无产阶级民主主义的口号同它们相对抗。"③

其次,需要了解资产阶级民主的表现和本质。恩格斯指出,纯粹民主派"作为整个资产阶级经济、甚至封建经济的最后一个救生锚,在短时间内暂时起作用。在这样的时刻,全部反动分子都给它撑腰,增强它的力量:一切反动的东西那时都将戴上民主的假面具。"④ 列宁则着重说明了资产阶级民主所具有的资产阶级专政、基于资本的民主、形式上的民主、不能坚持到底的民主等重要特征。

---

① [英] 基思·福克斯:《政治社会学》,第134页。
② 列宁:《无产阶级革命和叛徒考茨基》,《列宁全集》,第35卷,第243页。
③ 列宁:《革命无产阶级的民主主义任务》,《列宁全集》,第10卷,第264页。
④ 《恩格斯致奥·倍倍尔(1884年12月11日—12日)》,《马克思恩格斯全集》,第36卷,第252页。

再次，需要明确无产阶级民主的基本诉求。恩格斯强调了无产阶级民主的两个主要诉求：一是无产阶级革命将建立民主制度，从而直接或间接地建立无产阶级的政治统治。二是假如无产阶级不能立即利用民主来实行直接侵犯私有制和保证无产阶级生存的各种措施，那么，这种民主对于无产阶级就会毫无用处。① 列宁对于无产阶级的民主即苏维埃的民主，强调的则是五点要求。（1）争取"民主的和平"，这种和平如果没有许多国家的无产阶级革命，是实现不了的。（2）真正实现大多数人享受的民主制度，使大多数人即劳动者实际参加国家的管理。（3）实现真正的民主制度，即一切劳动者的真正平等。（4）劳动群众广泛、经常、普遍、简便地行使选举权。（5）无产者任何时候都不应当跟一般民主运动"合流"。列宁还特别指出："民主实行到一般所能想象的最完全最彻底的程度，就由资产阶级民主转化成无产阶级民主，即由国家（＝对一定阶级实行镇压的特殊力量）转化成一种已经不是原来意义上的国家的东西。"②

最后，需要明确人民民主是建立在无产阶级民主制基础上的。毛泽东指出："在我们国家，如果不充分发扬人民民主和党内民主，不充分实行无产阶级的民主制，就不可能有真正的无产阶级的集中制。"③ "我们的民主不是资产阶级的民主，而是人民民主，这就是无产阶级领导的、以工农联盟为基础的人民民主专政。"④

（三）作为个体形态的民主

与"作为阶级形态的民主"不同，在西方的政治学论著中，可以看到的是"民主公民"和"个人主义民主"等概念。

"民主公民"的概念来自比瑟姆，他认为民主公民是任何宗奉平等的民主权利、通过公开讨论和协商来消除差异的人，以及接受这些宗奉所要求的实践的人。民主公民的立场是一种批判的立场，尤其是对那些依靠故意隐瞒或歪曲真相和压制他人权利来行使其权力的权势人物来说，更是

---

① 参见恩格斯：《共产主义原理》，《马克思恩格斯全集》，第4卷，第367页。
② 列宁：《国家与革命》，《列宁全集》，第31卷，第40页。
③ 毛泽东：《在扩大的中央工作会议上的讲话》，《建国以来毛泽东文稿》，第10册，第24—25页。
④ 毛泽东：《关于中华人民共和国宪法草案》，《毛泽东文集》，第6卷，第326页。

如此。①

布坎南则明确提出"个人主义民主"（个体民主）的概念，并作了具体的解释。（1）"个人主义民主模型"与"既成权力模型"或强迫模型一样，都有解释"民主"的某种潜力。（2）除非在非常有限的范围内，我们一般不愿意让当选的政治"领导人"为我们作出决定；将最终决定权委托给专家或所谓的专家，也同我们自由社会的观念是格格不入的。（3）在某种程度上，被选出的代表在任何较大的民主国家都为选民们进行选择，然而，只要他们的选择受到选民最终愿望的制约和引导，民主模型就仍然有效。（4）有效的民主进程和有用的理论建设，并不要求每一个公民觉得他自己是连续的公民投票的参与者。个人可能而且也的确意识到了，许多复杂的政府机构超出了他控制或影响的范围。不过，他必须认识到，一些最终决策权还是取决于他及其伙伴。如果个人同国家的疏远超出了这一点，如果个人完全不再感到自己能决定政治行动的范围，有效的民主进程将不复存在。（5）分析应当适当地从"投票人—公民—纳税人—受益人"的行为，转向决策人和决策执行人的行为。②

无论是"民主公民"的概念，还是"个人主义民主"的概念，都将"民主"与"人"联系在了一起，强调的是"人"的"个体性"而不是"集体性"，并由此形成了"作为个体形态的民主"，以区别于强调"集体性"的"作为阶级形态的民主"。

（四）作为情感形态的民主

"民主"应该代表一种情感，并可发展出"情感的民主"等概念。斯宾塞已经指出，代议制是在拥有无限权力的君主制与"感情占优势的民主制状态"之间的中间形式的政治组织。③霍布豪斯也认为，民主所有的，大都是促成一些情感的决议。民主除了自由和平等之外还含有第三个原则，这个原则我们可称为共同体原则。任何可行的民主政治，都需要有某种共同体意识。④马歇尔和吉登斯则特别使用了与"对话民主"相对应的"情感的民主"的概念，指出"情感的民主"依靠的是把自主与团结

---

① ［英］比瑟姆：《科层制》，第116—117页。
② ［美］詹姆斯·布坎南：《民主财政论》，第4—6页。
③ ［英］斯宾塞：《社会静力学》，第238—239页。
④ ［英］霍布豪斯：《社会正义要素》，第152、154页。

结合在一起。它认为，在其中动员和维持积极信任的个人关系是通过讨论和观点的交换，而不是某种武断的权力来实现和发展的。就情感民主出现而言，它对于正式的、公共民主的生活具有重要的意义。理解自己情感形成的个人以及能够有效地在个人层面上与他人沟通的个人都会为承担更广泛的公民任务和责任做好准备。①

"作为情感形态的民主"对"作为个体形态的民主"应该有重要的补充，因为它强调了民主的个体如何对待他人，如何形成一些共同的意识和情感，并使之成为带有普遍性意义的政治认同乃至文化认同的因子。

（五）作为生活形态的民主

民主还可以与"生活"紧密联系在一起，形成"作为生活形态的民主"。对于这种形态的民主，马克思主义经典作家和西方学者有不同的解释。

马克思主义经典作家重点关注的是劳动者的民主和民主作风问题，并提出了四点要求。

一是反对富人民主，要求穷人和劳动者的民主。恩格斯指出："单纯的民主制并不能治愈社会的痼疾。民主制的平等是空中楼阁，穷人反对富人的斗争不能在民主制或单是政治的基础上完成。因此这个阶段只是一个过渡，但从中马上就会发展出一种新的因素，一种超出现行政治范围的原则。这个原则就是社会主义的原则。"②列宁也指出："极少数人享受民主，富人享受民主，——这就是资本主义社会的民主制度。"③"苏维埃政权使民主第一次为群众为劳动者服务，不再是富人的民主。"④斯大林则强调："人们谈论民主，但什么是民主呢？民主在有对抗阶级的资本主义国家中，归根到底是给有势力的人享受的民主，是给有财产的少数人享受的民主。相反的，民主在苏联却是给劳动者享受的民主，也就是说给所有人享受的民主。"⑤

二是要求发扬民主作风。毛泽东指出："我们工作作风中的一项极大

---

① ［英］马歇尔、吉登斯等：《公民身份与社会阶级》，第231—234页。
② 恩格斯：《英国状况：英国宪法》，《马克思恩格斯全集》，第1卷，第705页。
③ 列宁：《国家与革命》，《列宁全集》，第31卷，第83页。
④ 列宁：《给美国工人的信》，《列宁全集》，第35卷，第60—61页。
⑤ 斯大林：《关于苏联宪法草案》，《斯大林文集（1934—1952）》，第118页。

的毛病，就是有些工作人员习惯于独断专行，而不善于启发人们的批评讨论，不善于运用民主作风。……我们队伍中确有许多人尚未学会运用民主作风，旧社会传染来的官僚主义作风，依然存在。别人提不得不同的意见，提了就不高兴。只爱听恭维话，不爱听批评话。因为怕碰钉子，受打击，遭报复，人们不敢大胆提意见。这是一种很不好的作风，这种作风阻塞着我们事业的进步，也阻塞着工作人员的进步。我提议各地对此点进行教育，在党内，在党外，都大大地提倡民主作风。"①

三是要求进行民主教育和保护人民。毛泽东指出："人民的国家是保护人民的。有了人民的国家，人民才有可能在全国范围内和全体规模上，用民主的方法，教育自己和改造自己，使自己脱离内外反动派的影响（这个影响现在还很大，并将在长时期内存在着，不能很快地消灭），改造自己从旧社会得来的坏习惯和坏思想，不使自己走入反动派指引的错误路上去，并继续前进，向着社会主义社会和共产主义社会前进。"② 邓小平也指出："随着民主政治的开展，民主教育比任何时候还要迫切，无论在党内或在群众中，过去这点都是极其不够的。"③

四是要求解放思想和调动积极性。邓小平指出："现在，我们提倡解放思想，重申毛泽东主席提出的'百花齐放、百家争鸣'的方针，目的就是创造条件调动全民的积极性，使中国人的聪明智慧充分地发挥出来。我们现在加强民主、发展民主也是为了这个目的。"④"把权力下放给基层和人民，在农村就是下放给农民，这就是最大的民主。我们讲社会主义民主，这就是一个重要内容。"⑤"调动积极性是最大的民主。至于各种民主形式怎么搞法，要看实际情况。"⑥

西方学者重点关注的是"生活方式"和"生活质量"问题，至少有五种倾向的表述。

第一种倾向是要求民主的生活。萨特认为，民主不仅是一种权力的政治形式或者授予权力的政治形式，而且是一种生活，一种生活方式。我们

---

① 毛泽东：《一九四五年的任务》，《毛泽东文集》，第3卷，第242页。
② 毛泽东：《论人民民主专政》，《毛泽东选集》，第4卷，第1413页。
③ 邓小平：《党与抗日民主政权》，《邓小平文选》，第1卷，第20页。
④ 邓小平：《社会主义也可以搞市场经济》，《邓小平文选》，第2卷，第232—233页。
⑤ 邓小平：《一切从社会主义初级阶段的实际出发》，《邓小平文选》，第3卷，第252页。
⑥ 邓小平：《改革的步子要加快》，《邓小平文选》，第3卷，第242页。

民主地生活着,而且,在我看来,必须是这种生活方式而不是别的生活方式,此时此刻对我们来说,才是人们的生活方式。我们必须看出人们是否确实生活在民主政治之中,是否确实民主地生活着,我们必须看出民主到底意味着什么。①

第二种倾向是避免邪恶的生活。米歇尔斯指出,民主的内在缺陷是显而易见的,不过,我们之所以选择民主作为我们的社会生活方式,是因为它是最少邪恶的社会生活方式。②

第三种倾向是保护少数人。悉尼·胡克指出,民主是这样一种生活方式,普遍同意只有在不同的意见能通过自由的、批判性的讨论而得到磋商的时候才能发扬光大,而在这种讨论中,那些无论在什么时候和在什么问题上原来是一个少数派的人,要可以在他们服从民主程序的条件下成为多数派。③

第四种倾向是注重生活经验。杜威认为,民主是一种私人的、个人的生活方式,只有通过在个人心中创造出一些私人的态度,才能对付民主的那些在目前颇有势力的敌人。民主是唯一的这样一种生活方式,它全心全意地把经验过程看作是目的和手段,因此民主的任务就永远是要创造一种更加自由、更加合乎人性的经验,所有的人都分享这种经验,都对这种经验做出自己的贡献。④

第五种倾向是关注生活质量。林茨和斯特潘指出,民主制的政府和立法者所作的政策决定确实会影响到生活的质量,从长远看尤其如此。但社会的总体质量仅仅有一小部分在于民主制的作用。认为民主政治应当为其他所有问题负责的感觉可能会极为强烈,民主派越表明民主政治的成就会导致所有其他目标的实现,最后人们的失望就越甚。民主政治的品质确实会对社会的品质有正面负面的作用,但这两种品质不应当混淆。作为学者,在研究中应当对生活质量的这两种维度都加以探索。⑤

"社会"和"生活"有紧密的联系("社会生活方式"概念的使用,表达的就是两者之间的紧密关系),因此"作为生活形态的民主"可以被

---

① [法]萨特:《今天的希望:与萨特的谈话》,载《存在主义是一种人道主义》,第54—55页。
② [意]米歇尔斯:《寡头统治铁律——现代民主制度中的政党社会学》,第357—358页。
③ [美]悉尼·胡克:《理性、社会神话和民主》,第9—10页。
④ [美]约翰·杜威:《杜威文选》,第415—418页。
⑤ [美]胡安·林茨、[英]阿尔弗雷德·斯特潘:《走向巩固的民主制》,载《变动中的民主》,第56—81页。

视为"作为社会形态的民主"的具体化,聚焦于"如何民主地生活",并提出一些具体的方法和标准。马克思主义经典作家强调的是"社会主义民主",重点关注的是生活形态中的劳动者的民主以及党和政府的民主作风。西方学者强调的是"民主社会"和"社会民主",重点关注的是民主的生活方式和生活质量。也就是说,对"社会"关注点的分歧,在生活形态上同样会出现有重大分歧的论点。

三 "制约"维度的民主形态

"民主"往往受两个方面的制约,一方面是制度的制约,另一方面是价值判断的制约,因此在"制约"维度下讨论民主问题,涉及的应是制度和价值两种形态的民主。

(一) 作为制度形态的民主

"作为制度形态的民主"将不同的"制度"概念与"民主"相联系,形成了一些不同的概念。对于这些概念,马克思主义经典作家与西方学者有不同的解释。

1. 民主政体

"民主"与"政体"相结合,形成了"民主政体"的概念。对于这样的概念,马克思主义经典作家重点强调的是民主政体与独裁政体的对立以及所具有的民主集中制的特征。如毛泽东曾强烈要求"将政治制度上国民党一党派一阶级的反动独裁政体,改变为各党派各阶级合作的民主政体";[1] 并明确指出:"国体——各革命阶级联合专政。政体——民主集中制。这就是新民主主义的政治,这就是新民主主义的共和国,这就是抗日统一战线的共和国,这就是三大政策的新三民主义的共和国,这就是名副其实的中华民国。"[2]

西方学者则强调了"民主政体"的四个基本特征。(1) 反专制和控制权力特征。拉斯韦尔和卡普兰指出,通过权力过程的三个特征可以定义"自由的、法治的民主政体"。一是权力是在自身责任最大化的基础上行

---

[1] 毛泽东:《中国共产党在抗日时期的任务》,《毛泽东选集》,第1卷,第236页。
[2] 毛泽东:《新民主主义论》,《毛泽东选集》,第2卷,第638页。

使的,民主政体不能容忍任何形式的威权主义,不论这样的责任集中会带来多少利益。二是权力过程不是绝对的、自给的;决定是有条件的,可接受质疑的。三是权力过程的利益在政治统一体中进行分配,民主政体不允许特权等级的存在。①(2)控制民主特征。密尔指出,两院制应该是一院代表民主,另一院代表控制民主。在民主政体中应该有一个反抗民主的核心。②(3)表达和参与特征。丹尼斯·朗认为,不受政府控制的出版和网络自由,在民主政体中被恰当地认为对维护公开政治竞争和保有对政府权力的限制是至关重要的。③珍妮特·登哈特和罗伯特·登哈特也强调,在一个民主政体中,需要做的正确事情恰恰是更多的参与。④(4)选举特征。熊彼特指出,在民主政体里,选民投票的首要作用是产生政府,产生政府实际上等于决定领导人应该是谁。⑤奥菲也指出,在现代民主政体中,这些正式原则迫使(未来)官员通过大选的检验,使之在掌权期间遵守宪法原则,而且一旦反对党精英赢得了选举胜利,它就必须马上辞职。同时,民主政体的宪法原则也约束了公民的行为,使之服从政府的权威。⑥

尽管对"民主政体"有不同的论述,但在"民主政体"与独裁或威权对立方面,马克思主义经典作家与西方学者显然是有共同认识的。

2. 民主政府

将"民主"与"政府"联系在一起,形成了"民主政府"的概念。对于这一概念,马克思主义经典作家强调的是民主革命要求建立民主政府。如列宁所言:"夺得了政权的无产阶级没有经过任何特别复杂的立法手续,就简单而切实地实行了社会制度的民主化,废除了官僚制度,实行了官吏由人民选举的制度。"⑦"也许公社是为了强调自己真正民主的、无产阶级的政府的性质,决定行政机关和政府全体官员的薪金不得高于正常

---

① [美]哈罗德·拉斯韦尔、亚伯拉罕·卡普兰:《权力与社会:一项政治研究的框架》,第210—211页。
② [英]约翰·密尔:《代议制政府》,第184—186页。
③ [美]丹尼斯·朗:《权力论》,第38—39页。
④ [美]珍妮特·V. 登哈特、罗伯特·B. 登哈特:《新公共服务:服务,而不是掌舵》,第70页。
⑤ [美]熊彼特:《资本主义、社会主义与民主》,第400—401页。
⑥ [德]克劳斯·奥菲:《福利国家的矛盾》,第131页。
⑦ 列宁:《公社的教训》,《列宁全集》,第16卷,第436页。

的工人工资。"① 毛泽东则强调新民主主义革命的改革:"应从改变国民大会的选举和召集上违反民主的办法,实行民主的选举和保证大会的自由开会做起,直到制定真正的民主宪法,召集真正的民主国会,选举真正的民主政府,执行真正的民主政策为止。"②

西方学者对于"民主政府"寄予厚望,并强调民主政府应该成为符合以下要求的政府。(1) 理智的政府。哈林顿认为,民主政府的利益最接近全人类的利益,民主政府的理智最接近正确的理智。③ 沃尔泽也认为,不仅只包容性导致民主政府,同样重要的还有我们称之为理性的统治的东西。④ (2) 优良的政府。密尔指出,理性民主制的理念不是人民亲自进行统治,而是可以保证他们拥有优良政府。⑤ (3) 多数统治的政府。托克维尔指出,民主政府的本质,在于多数对政府的统治是绝对的,因为在民主制度下,谁也对抗不了多数。⑥ 哈耶克也指出,我们之所以将这种决策权委托给民主政府或"多数"政府,那也是因为我们希望这种政府更可能为公共利益提供服务。⑦ (4) 保障公民自由的政府。哈耶克指出,民主政府与任何其他形式的政府一样,都需要对个人自由加以切实的保障。⑧ (5) 顺从民意的政府。罗尔斯认为,一旦立法和社会政策明确表达了公众意志,政府若还是民主政府就不可能凌驾于它之上。⑨ (6) 鼓励民众参与的政府。佩特曼指出,参与民主理论要求建立一个民主政府的必要条件必须是建立一个参与的社会,这一要求并不是不现实的。⑩ (7) 负责任的政府。弗雷德里克指出,技术责任并不足以保证一项公共政策是健康的、积极的,而在一个民主政府中,为了作出真正负责任的政策,政治责任也是必需的。⑪

---

① 列宁:《纪念公社》,《列宁全集》,第 20 卷,第 223—224 页。
② 毛泽东:《中国共产党在抗日时期的任务》,《毛泽东选集》,第 1 卷,第 236—237 页。
③ [英] 詹姆士·哈林顿:《大洋国》,第 22 页。
④ [美] 迈克尔·沃尔泽:《正义诸领域:为多元主义与平等一辩》,第 406—407 页。
⑤ 《密尔论民主与社会主义》,第 29 页。
⑥ [法] 托克维尔:《论美国的民主》,上卷,第 282 页。
⑦ [英] 哈耶克:《法律、立法与自由》,第 2、3 卷,第 10 页。
⑧ [英] 哈耶克:《自由秩序原理》,上册,第 131 页。
⑨ [美] 罗尔斯:《正义论》,第 296 页。
⑩ [美] 卡罗尔·佩特曼:《参与和民主理论》,第 92 页。
⑪ [美] 卡尔·弗雷德里克:《公共政策与行政责任的本质》,载《公共行政学百年争论》,第 3—12 页。

也就是说，除了对"民主政府"的阶级性判断外（不同阶级要求不同的"民主政府"），对于"民主政府"的具体标准，马克思主义经典作家与西方学者也有明显的区别。

3. 民主制度

将"民主"与"制度"联系在一起，形成了"民主制"或"民主制度"的概念。马克思主义经典作家对于"民主制"或"民主制度"，强调的是五方面的看法。

第一，民主制是人民的自我规定。马克思指出："在民主制中任何一个环节都不具有本身意义以外的意义。每一个环节都是全体民众的现实的环节。""在民主制中，国家制度本身就是一个规定，即人民的自我规定。""在民主制中，国家制度、法律、国家本身只是人民的自我规定和特定内容，因为国家就是一种政治制度。""民主因素应当成为在整个国家机体中创立自己的合理形式的现实因素。"①

第二，争取穷人和多数人拥有的民主制度。列宁既强调把民主制度大规模地扩大，使它第一次成为穷人的、人民的而不是富人的民主制度；②也强调了真正实现大多数人享受的民主制度，就是使大多数人即劳动者实际参加国家的管理；实现真正的民主制度，就是一切劳动者的真正平等，使劳动群众广泛、经常、普遍、简便地行使选举权。③

第三，既需要地方的民主制，更需要中央的民主制。列宁指出："应使群众的注意力集中于资产阶级革命获得胜利的真正条件，使他们了解到，要保证这种胜利不但需要有地方的民主制，而且一定要有'中央的'民主制，即国家中央政权的民主制——不只是一般的民主制，而且一定要是最完全最高级形式的民主制，因为没有这样的民主制，俄国的农民土地革命就会成为空想的革命。"④

第四，资产阶级民主制度具有欺骗性和伪善性特征。恩格斯指出："民主制和其他任何一种政体一样，归根到底也是自相矛盾的，骗人的，

---

① 马克思：《黑格尔法哲学批判》，《马克思恩格斯全集》，第1卷，第280—282、389—390页。
② 参见列宁：《国家与革命》，《列宁全集》，第31卷，第84页。
③ 参见列宁：《俄共（布）党纲草案》，《列宁全集》，第36卷，第83—86页。
④ 列宁：《社会民主党在1903—1907年俄国第一次革命中的土地纲领》，《列宁全集》，第16卷，第297页。

也无非是一种伪善（或者像我们德国人所说的——神学）。政治自由是假自由，……政治平等也是这样。""人们发现，民主制度不能实现真正平等，于是就要求共产主义制度对它进行帮助。"①

第五，无产阶级更重视民主集中制。列宁指出："真正民主的集中制共和国赋予的自由比联邦制共和国要多。"②"民主集中制只是说，各地代表在一起开会并选出负责机关来进行管理。但是怎样管理呢？这要看有多少合适的人选，有多少好的管理人员。民主集中制就是：由代表大会检查中央的工作，免除中央的职务并任命新的中央。"③ 毛泽东也指出："要实行民主集中制。它是民主的，又是集中的；最有力量的政府是这样的政府。"④

西方学者不仅强调民主是一种制度安排，⑤ 还从两个不同的角度对"民主制"或"民主制度"作出了解释。

第一个角度是侧重于"应然"的解释，即"民主制"或"民主制度"应该是什么样的，主要强调的是十一个要素。（1）反独裁。波普尔指出，民主不是多数人的统治，而是一种让大家不受独裁控制的制度。⑥ 缪勒也指出，"民主制"一词让人想到公民主权的图景。公民决定国家的政策，只有他们的偏好有价值。与此相对，"独裁制"一词意味着民主制的对立面，只有独裁者的偏好有价值。民主制与独裁制相比，最大的优势可能不在于民主制比独裁制在大部分时候做得更好，而在于民主制很少堕落到人们在独裁者下常常见到的那种悲惨程度。⑦（2）控权。哈耶克指出，只要民主制度不再受法治传统的约束，那么它们就不仅会导向"全权性民主"，而且有朝一日还会导向一种"平民表决的独裁"⑧。（3）代表。彭茨认为，民主制度使得决策权力不再掌握在君主或内阁的手中，而是被掌握在被选出来的代表手中；不再由个人专断而是根据大多数人的意

---

① 恩格斯：《大陆上社会改革运动的进展》，《马克思恩格斯全集》，第 1 卷，第 576、581 页。
② 列宁：《国家与革命》，《列宁全集》，第 31 卷，第 70 页。
③ 列宁：《俄共（布）第九次代表大会文献》，《列宁全集》，第 38 卷，第 290 页。
④ 毛泽东：《反对日本进攻的方针、办法和前途》，《毛泽东选集》，第 2 卷，第 319 页。
⑤ [美] 熊彼特：《资本主义、社会主义与民主》，第 359 页。
⑥ [英] 波普尔：《二十世纪的教训：波普尔访谈演讲录》，第 104 页。
⑦ [英] 丹尼斯·缪勒：《公共选择理论》（第 3 版），第 459—460 页。
⑧ [英] 哈耶克：《法律、立法与自由》，第 2、3 卷，第 272 页。

志来决定。① （4）表达。诺齐克指出，在民主制度的运作过程中，我们也希望表达与我们相关并将我们结合起来的价值观。② （5）参与。哈耶克指出，民主制度的存在，对于人们普遍了解公共事务具有极大的影响力，这个观点似乎最强有力。民主的主要优长，并不在于它是一种遴选统治人员的方法，而是在于这样一个事实，即由于大部分人都积极参与了形成意见的活动，所以有相当数量的人员可供遴选。③ （6）选择。布坎南指出，实行民主制度下的个人态度与实际非民主制度下的个人态度之间的显著区别，在于个人是否拥有潜在的选择权。④ （7）选举。帕特南指出，一个高效的民主制度应该既是回应性的又是有效率的：对选民的需要很敏感，同时，在应用有限的资源解决这些问题的时候富有效率。⑤ 丹尼斯·朗也指出，民主制给每个人一种特殊的政治资源，即选举权，不管他或她可能拥有其他什么资源，当集合起来作为选举政府的集体选举选择时，民主制还给这种资源以专门的优先权。⑥ （8）责任。奥唐奈指出，在制度化的民主制下，责任不仅是纵向的，也就是使被选举的官员对投票箱负责；而且也是横向的，即通过一套能提出质疑的相对自治的权力网络的检测，最终惩罚那些不正当地推卸责任的在职官员。⑦ （9）纠错。韦默和维宁指出，民主制并不总能导致好的政策，更不用说最好的了，但是它提供了纠正最坏错误的机会。⑧ （10）多元。墨菲指出，在允许反对派存在的民主制度中，人们总还可以指望能够使多数派发生转变。但是，民主制也可能是不宽容的。多元民主制的特质不在于没有控制和暴力，而在于建立了一套限制和反驳它们的制度。⑨ （11）自由。密尔（又译穆勒）指出，民主制如果不在小事情上贯彻民主原则，而只在中央政府一级实行民主原则，则不仅不会保障政治自由，反而会造成一种完全相反的气氛。⑩

---

① ［德］埃伯哈德·彭茨：《政治与人类尊严——德国自由主义者的解决途径》，第26—27页。
② ［美］诺齐克：《经过省察的人生——哲学沉思录》，第267页。
③ ［英］哈耶克：《自由秩序原理》，上册，第131—132页。
④ ［美］詹姆斯·布坎南：《民主财政论》，第13、17页。
⑤ ［美］罗伯特·帕特南：《使民主运转起来——现代意大利的公民传统》，第9页。
⑥ ［美］丹尼斯·朗：《权力论》，第235—237页。
⑦ ［美］基尔摩·奥唐奈：《论委任制民主》，载《民主与民主化》，第46—70页。
⑧ ［美］戴维·L.韦默、［加］艾丹·R.维宁：《政策分析——理论与实践》，第158页。
⑨ ［英］墨菲：《政治的回归》，第8—10、196页。
⑩ ［英］约翰·穆勒：《政治经济学原理》，下卷，第539页。

第二个角度是侧重于"实然"的解释,即"民主制"或"民主制度"实际是什么样的,至少可以看到七种对"民主制"的描述。(1)官僚化的民主制。韦伯指出,在大规模国家中,民主制到处都在变成一种官僚化的民主制,因为民主制正在用一个带薪官员群体取代贵族官员或者其他荣誉官员。① (2)少数人决策的民主制。韦伯认为,重大的政治决策——尤其在民主制条件下——不可避免总是由少数人作出。② (3)利益集团主导政策的民主制。奥菲指出,通过这种决策模式,重大国家政策的一致性因而不是来自民主制度所正式提供的民主过程,而是来自功利团体的代表之间的协商。这种一致性是对民主机制的置换。③ (4)政党不负责的民主制。罗素认为,在一个民主国家中,一个政党要想执政,本身应该具备某种吸引力,通过它对全国的大部分产生影响。但在现在的民主制度下,由于在辩论中出现的种种原因,本来是很有益处的吸引力往往变得对自己不利,这样一来,没有一个大的政党能有一个行之有效的计划,而且即使某些有效措施被通过,也不是由执政党的政府而是通过其他机构来进行的。④ (5)不同内容的民主制。海哥德和考夫指出,世界上并不存在通往稳定的民主资本主义体制的唯一途径,也没有巩固的民主制度的唯一模式。⑤ 雷蒙·阿隆也指出,如果我们比较英国的民主制度和美国的民主制度,那么可以看到有两种明显的差异:一种民主制度与为了行使权力的竞选有关;另一种民主制度与当选者、部长和高级官员之间的对话有关。⑥ (6)处于危机的民主制。卡尔·施米特指出,今天人们可以分辨出三种危机:民主制的危机、现代国家的危机、议会制的危机。现代国家的危机源于这样一个事实:一种大众的——所有人的民主制根本就不能成其为一种国家形式,遑论成其为一个民主制国家。⑦ (7)有缺陷的民主制。米歇尔斯指出,纯粹的民主制具有两个最为严重的缺陷:缺乏稳定;无法进行

---

① [德] 马克斯·韦伯:《社会主义》,载《韦伯政治著作选》,第 223 页。
② [德] 马克斯·韦伯:《新政治秩序下的德国议会与政府》,载《韦伯政治著作选》,第 179 页。
③ [德] 克劳斯·奥菲:《福利国家的矛盾》,第 32—33 页。
④ [英] 伯特兰·罗素:《政治与自由》,第 150 页。
⑤ [美] 斯迪芬·海哥德、罗伯特·考夫:《民主化转型的政治经济分析》,第 15 页。
⑥ [法] 雷蒙·阿隆:《论自由》,第 97 页。
⑦ [德] 卡尔·施米特:《政治的浪漫派》,第 169—171 页。

有效的政治动员。[①] 卡普兰也认为应注意"民主制度产生不良政策"的因果链条或"选民自愿选择下策"的制度缺陷。[②]

通过比较可以看出,将民主视为一种制度安排,马克思主义经典作家与西方学者具有共同点。有所区别的是,马克思主义经典作家着重强调的是这种制度安排的阶级属性,并且在这一意义上排斥了资产阶级的民主制度安排,强调了西方学者极少涉及的"民主集中制"的制度安排。西方学者并没有一味赞扬民主制度,而是指出了"应然"的民主制度与"实然"的民主制度存在较大的差距。也就是说,理论上论证的民主制度在实际上并一定能够完全实现。

4. 代议制

在与民主有关的"代议制"问题上,马克思主义经典作家强调的是两个方面的看法。

一是在民主革命中无产阶级可以利用民主的代议制。列宁指出:"议会制度有助于教育和组织比先前积极参加政治事变的人多得多的广大居民群众,但是这不会消除危机和政治革命,只会在这种革命发生时使国内战争达到最激烈的程度。……谁不懂得议会制度和资产阶级民主制度的不可避免的内在的辩证法会导致比先前更激烈地用群众的暴力去解决争执,那他就永远不能在这种议会制度的基地上去进行坚持原则的宣传鼓动工作,真正培养工人群众去胜利地参加这种'争执'。"[③] 毛泽东也指出:"我们将支持成立一个有国会的代议制政府,一个抗日救亡的政府——一个保护和支持一切人民爱国力量的政府。如果这样一个共和国成立了,苏维埃政府将成为它的一部分。我们的地区将和国内其他地区一样,采取同样的措施以建立民主的代议制政府。"[④]

二是建立民主的人民代表机关和相应的制度。恩格斯指出:"有一点在我看来应该而且能够写到纲领里去,这就是把一切政治权力集中于人民代议机关之手的要求。"[⑤] 列宁也指出:"摆脱议会制的出路,当然不在于

---

① [意]米歇尔斯:《寡头统治铁律——现代民主制度中的政党社会学》,第88页。
② [美]布赖恩·卡普兰:《理性选民的神话——为何民主制度选择不良政策》,序,第1页。
③ 列宁:《马克思主义和修正主义》,《列宁全集》,第17卷,第16—17页。
④ 毛泽东:《和美国记者斯诺的谈话》,《毛泽东文集》,第1卷,第408页。
⑤ 恩格斯:《1891年社会民主党纲领草案批判》,《马克思恩格斯全集》,第22卷,第274—275页。

取消代表机构和选举制,而在于把代表机构由清谈馆变为'工作'机构。""没有代表机构,我们不可能想象什么民主,即使是无产阶级民主;而没有议会制,我们却能够想象和应该想象。"① 毛泽东则强调:"我们不采取资产阶级共和国的国会制度,而采取无产阶级共和国的苏维埃制度。……'苏维埃'这个外来语我们不用,而叫做人民代表会议。"② 邓小平也指:"西方的民主就是三权分立,多党竞选,等等。我们并不反对西方国家这样搞,但是我们中国大陆不搞多党竞选,不搞三权分立、两院制。我们实行的就是全国人民代表大会一院制,这最符合中国实际。如果政策正确,方向正确,这种体制益处很大,很有助于国家的兴旺发达,避免很多牵扯。当然,如果政策搞错了,不管你什么院制也没有用。"③

西方学者将民主与代议制联系在一起,形成了"代议制民主"的概念。如罗素·哈丁所言,在一个巨大规模的社会中,直接民主是不可能的,某种形式的代议制民主是我们所能成就的最好形式。从其被运用之始起,关于什么是代议制民主以及它如何运作就存有争议。乐观主义者宣称大众参与和商讨的可能性。而悲观主义者则断言这两个方面的不可操作性,他们专注于把民主当作一种确定由谁来治理的方法,而放弃了在许多境况下任何宣称民主选举有意义的观点。充分的政治平等在许多方面是不切实际的。如果我们必须拥有代议制政府,那么那些被选举担任公职的人就远不是平等的。即使如此,我们仍需要代表以实现多种目的。因此,我们不得不牺牲充分的政治平等,以交换那些目的的更大希望。④ 钱伯斯也指出,协商民主通常并不被认为是代议制民主的替代品,而只是丰富和扩展了代议制民主。⑤ 邓恩则强调,现代宪政的代议制民主,在它有效运作的地方,不管时间长短,大体上已经取得了三个不同的、在人类范围内引人注目的、有益的政治物品。(1)它提供了现代政府一种统治体系,这种政府体制能够将政府权力对国民个人和群体的自然安全所造成的直接风险减到最小。(2)它为它的公民提供了一种评价政府对其被统治者的职

---

① 列宁:《国家与革命》,《列宁全集》,第 31 卷,第 44—45 页。
② 毛泽东:《在中共七届二中全会上的总结》,《毛泽东文集》,第 5 卷,第 265—266 页。
③ 邓小平:《会见香港特别行政区基本法起草委员会委员时的讲话》,《邓小平文选》,第 3 卷,第 220 页。
④ [美] 罗素·哈丁:《自由主义、宪政主义和民主》,"中文版序言"第 8 页;正文,第 58—59 页。
⑤ [加] 西蒙·钱伯斯:《协商民主理论》,载《协商民主与政治发展》,第 83—107 页。

责的适度标准。(3)代议制民主对于现代国家来说，是一种较为安全的民主。①

从"代议制"的有关论述可以看出，关键问题不在于要不要"代议制"，而是需要什么性质的"代议制"，是马克思主义经典作家所坚持的无产阶级民主性质的代议制，还是西方学者注重的资产阶级民主性质（或不强调阶级属性）的代议制。

5. 行政民主

将"民主"与"行政"或"管理"联系在一起，形成了"民主行政""行政民主""管理民主化"等概念。如德怀特·沃尔多所言，对于"民主行政理论"的发展来说，最大的障碍并不在于对于效率的过分强调，而在于关于人类组织的"权威主义"观念的力量上。像所有民主政治理论一样，民主行政理论的中心问题，就是如何去调和对民主的渴望与对权威的要求。② 罗伯特·B. 登哈特则认为，公共组织应采取同民主程序相一致的行动并寻求民主的结果，民主行政理论这个在公共行政理论中几乎被忽略的对称物现在必须被放在首要位置。③ 伊兰·维戈达强调的是"行政民主"的迷失，会导致公民对政府的疏远、不满、怀疑以及持续的嘲讽。④ 罗素则指出，要使庞大的组织机构能够容纳尽可能多的个人创造力，必须采取的一个重要步骤，就是促进各种机构的管理民主化。⑤

西方学者还将民主与组织或组织制度联系在一起，形成了"组织民主"的概念。如迈克尔·哈曼所言，社会公平的观念要求组织民主（或参与性管理）的公众义务必须是毫不含糊的。组织民主以非常不同于官僚形式的组织形式以及组织成员间的平等地位，并非小心地在一个临时基础上或出于仁慈之心而得到推进，而是被看作从罗尔斯的亚里士多德主义原则中生长出来的。⑥

---

① ［英］约翰·邓恩编：《民主的历程》，第249—251页。
② ［美］德怀特·沃尔多：《民主行政理论的发展》，载《公共行政学百年争论》，第59—82页。
③ ［美］罗伯特·B. 登哈特：《公共组织理论》，第221页。
④ ［美］伊兰·维戈达：《从回应走向合作：治理、公民和下一代公共行政》，载《公民参与》，第69—91页。
⑤ ［英］伯特兰·罗素：《政治的理想》，第390页。
⑥ ［美］迈克尔·哈曼：《社会公平和组织人：动机和组织民主》，载《公共行政学中的伦理话语》，第16—26页。

列宁认为："即使在英国，我们也看到，有势力的社会集团总是支持官僚特权地位，不让这个机关完全民主化。这是由于什么原因呢？由于这个机关的完全民主化仅仅有利于一个无产阶级；于是连资产阶级最先进的阶层，也拥护官吏的某些特权，反对一切官吏由选举产生，反对完全废除资格限制，反对官吏直接对人民负责，等等，因为他们感觉到，这种彻底的民主化将被无产阶级用来反对资产阶级。俄国的情况也是这样，……除了无产阶级以外，没有一个阶级会容许官僚机构完全民主化。"①

也就是说，"行政民主"或"行政机关民主化"显然是必要的，关键在于由谁来推动这样的民主。

6. 自治民主

列宁指出："一个民族成分复杂的大国只有通过地区的自治才能够实现真正民主的集中制。"②"我们维护集中制只是维护民主集中制。民主集中制不仅不排斥地方自治以及有独特的经济和生活条件、民族成分等的区域自治，相反的，它必须既要求地方自治，也要求区域自治。"③"'自决权'意味着这样一种民主制度，即在这种制度下不仅有一般的民主，而且特别不能有用不民主的方式来决定分离问题的事情。……自决权正是意味着不由中央议会，而由实行分离的少数民族的议会、国会和全民投票来决定问题。"④ 斯大林也指出："国家愈民主，对'民族自由'的'侵犯'就愈少，免受'侵犯'的保障就愈多。""现在和将来的运动就是争取完全民主化的运动。民族问题也应该同这个运动联系起来加以考察。总之，国家完全民主化是解决民族问题的基础和条件。……俄国马克思主义不能不主张民族自决权。自决权是解决民族问题的一个必要条件。"⑤

西方学者将民主与自治制度联系在一起，形成了"自治民主"或"民主自治"概念。如加尔布雷斯所言，强调自治，也即民主，是一件劳神费力的事。⑥ 赫尔德则开发了一种"自治民主"的理论模式，强调民主自治试图通过给人们创造机会，塑造他们的"作为公民的能力"⑦。罗素

---

① 列宁：《俄国社会民主主义者的任务》，《列宁全集》，第 2 卷，第 437—438 页。
② 列宁：《关于民族政策问题》，《列宁全集》，第 25 卷，第 72—73 页。
③ 列宁：《关于民族问题的批评意见》，《列宁全集》，第 24 卷，第 148—149 页。
④ 列宁：《论俄国社会民主工党的民族纲领》，《列宁全集》，第 24 卷，第 238 页。
⑤ 斯大林：《马克思主义和民族问题》，《斯大林全集》，第 2 卷，第 331—332、352 页。
⑥ [美] 约翰·肯尼迪·加尔布雷斯：《美好社会——人类议程》，第 59 页。
⑦ [英] 戴维·赫尔德：《民主的模式》，第 318 页。

则强调，民主政治的精义在于，当任何一群国民的利益和愿望上完全独立于其他国民时，就让他们自由地处理其内部事务。一个普遍适用的原则是，在任何政治上重要的团体内实行自治，而以一个中立势力来解决包括团体之间关系在内的问题。①

马克思主义经典作家与西方学者要求的，显然是不同的"自治"制度。马克思主义经典作家强调的是地区自治和民族区域自治，并承认各民族在民主的制度安排下享有"自决权"。西方学者侧重的不是民族的自治和自决，而是公民的自治或社会团体的自治。

（二）作为价值形态的民主

"作为价值形态的民主"不仅涉及自由、平等与民主的关系，还涉及对民主程度、民主功能等的认识。

1. 自由、平等的民主价值取向

在自由的民主价值取向方面，马克思主义经典作家强调的是"民主是自由的保证"。如恩格斯所言："政治自由——特别是结社、集会和出版的自由——是我们进行宣传鼓动工作的手段；我们的这些手段是否会被夺走，难道是无所谓的吗？如果有人侵犯这些手段，难道我们不应当起而反抗吗？"②列宁则强调："需要自下而上的民主，需要没有官吏、没有警察、没有常备军的民主。由全民的普遍武装的民兵来担任公务——这就是无论沙皇、威武的将军或资本家都夺不走的那种自由的保证。"③毛泽东也指出："抗战需要全国的和平与团结，没有民主自由，便不能巩固已经取得的和平，不能增强国内的团结。抗战需要人民的动员，没有民主自由，便无从进行动员。"④

在平等的民主价值取向方面，马克思主义经典作家更注重的是平等的义务。如恩格斯所言："平等义务，对我们来说，是对资产阶级民主的平等权利的一个特别重要的补充，而且使平等权利失去道地资产阶级的含义。"⑤

西方学者强调的是自由、平等、博爱的民主价值观。如沃尔多所言，

---

① [英]伯特兰·罗素：《政治的理想》，第410、417页。
② 恩格斯：《关于工人阶级的政治行动》，《马克思恩格斯全集》，第17卷，第445页。
③ 列宁：《农民代表大会》，《列宁全集》，第29卷，第271页。
④ 毛泽东：《中国共产党在抗日时期的任务》，《毛泽东选集》，第1卷，第236页。
⑤ 恩格斯：《1891年社会民主党纲领草案批判》，《马克思恩格斯全集》，第22卷，第271页。

民主的中心含义存在于一种伦理准则、一套价值体系中,自由、平等、博爱构成了民主"真实"内容的绝大部分,如果没有上述概念,那么当代民主的全部装备,如代表大会、公民权利、普选权、司法独立等,就是毫无意义的。①

2. 对民主程度的价值判断

民主的真假、高低或强弱,需要作出必要的价值判断,不同的价值判断会导致不同的民主。

马克思主义经典作家强调要"真民主"而不是"假民主"。马克思和恩格斯坚决反对"庸俗的民主","因为庸俗的民主即给予工人政治权利以保持中等和上等阶级的社会特权。"②列宁也强调:"既然称为'民主主义者',就绝不能容忍伪造民主的行为。要是容忍这种事情,我们就不是民主主义者,而是一些没有原则的人。"③"这是用穷人的民主代替富人的民主。这是用大多数人即劳动者的集会和出版自由代替少数人即剥削者的集会和出版自由。这是民主在世界历史上空前地扩大,是假民主变为真民主,是人类摆脱资本的桎梏。"④

马克思主义经典作家还认为,与资产阶级民主相比,可以有以下更高形态和最高形态的民主。(1) 这个机构(苏维埃)国家的成员不是经过官僚主义的手续而是按照人民的意志选举产生的,并且可以撤换,所以它比从前的机构民主得多。⑤(2) 无产阶级民主比任何资产阶级民主要民主百万倍;苏维埃政权比最民主的资产阶级共和国要民主百万倍。⑥(3) 废除了资产阶级议会制,而代之以在接近"人民"方面、在"民主"的程度上比最民主的资产阶级议会高出一千倍的民主组织苏维埃。⑦(4) 国家机构同被资本主义联合起来的先进无产者群众的这种更为紧密的联系,除了建立起更高的民主制外,也为实现深刻的社会主义改造提供了可能性。

---

① [美]德怀特·沃尔多:《民主行政理论的发展》,载《公共行政学百年争论》,第59—82页。
② 《恩格斯致卡·卡菲埃罗(1871年7月28日)》,《马克思恩格斯全集》,第33卷,第268页。
③ 列宁:《关于在群众组织中违反民主的现象》,《列宁全集》,第32卷,141页。
④ 列宁:《论"民主"和专政》,《列宁全集》,第35卷,第388页。
⑤ 参见列宁:《布尔什维克能保持国家政权吗》,《列宁全集》,第32卷,第297页。
⑥ 参见列宁:《无产阶级革命和叛徒考茨基》,《列宁全集》,第35卷,第249—250页。
⑦ 同上书,第105—106页。

苏维埃制度是供工人和农民享受的最高限度的民主制。①（5）苏联宪法是世界上唯一彻底民主的宪法。②（6）我们进行社会主义现代化建设，是要在经济上赶上发达的资本主义国家，在政治上创造比资本主义国家的民主更高更切实的民主。③

西方学者强调以民主的强弱、深浅、人数多少作为判断标准，出现了巴伯所称的"强势民主"（参与型民主）与"弱势民主"（自由主义民主）的概念，④以及约翰斯顿提出的"深度民主化"的概念。"深度民主化"不仅要求选举，而且要求对人们以及集团中存在的实际问题进行积极的争论。⑤利普哈特则提出了"多数民主"与"共识民主"的概念，指出现代民主国家都可以在以"多数民主"为一端、以"共识民主"为另一端的范围之内进行测量。共识民主模式仅仅把多数原则视为最低限度的要求：它努力使"多数"的规模最大化，而不是满足于获得做出决策所需的狭隘多数。⑥

3. 形式民主与实质民主

以民主的形式和实质为标准，出现了"形式民主"与"实质民主"的区别。列宁指出："选举形式、民主形式是一回事，这个机构的阶级内容却是另一回事。"⑦邓小平也指出："中国正处在特别需要集中注意力发展经济的进程中。如果追求形式上的民主，结果是既实现不了民主，经济也得不到发展，只会出现国家混乱、人心涣散的局面。"⑧

哈贝马斯则指出，在合法性系统方面，借助于资本主义意识形态的普遍主义价值系统，公民权利，包括参与政治选举的权利，普及开来。因此，只有在特殊情况下，才能暂时地把创造合法性同选举机制脱离开来。由此而出现的问题是通过"形式民主"系统来加以解决的。公民参与政治意志形成过程，即"实质民主"，必定会使人们意识到社会化管理的生

---

① 参见列宁：《十月革命四周年》，《列宁全集》，第42卷，172页。
② 参见斯大林：《关于苏联宪法草案》，《斯大林文集（1934—1952）》，第118、129页。
③ 参见邓小平：《党和国家领导制度的改革》，《邓小平文选》，第2卷，322页。
④ [美]本杰明·巴伯：《强势民主》，第145—148页。
⑤ [美]迈克尔·约翰斯顿：《腐败症候群：财富、权力与民主》，第3页。
⑥ [美]阿伦·利普哈特：《民主的模式：36个国家的政府形式和政府绩效》，"前言"，第6页；正文，第1—2页。
⑦ 列宁：《无产阶级革命和叛徒考茨基》，《列宁全集》，第35卷，270页。
⑧ 邓小平：《压倒一切的是稳定》，《邓小平文选》，第3卷，284页。

产与私人对剩余价值的继续占有和使用之间所存在的矛盾。① 福山也指出,判断一个国家是否民主,可以依据民主及其形式的定义。人民基于成年人平等的普通参政权,经由多数政党制的定期无记名投票,选择自己的政府,人民拥有这种权利,这个国家就是民主。的确,只依靠形式上的民主,未必能保证平等的政治参与和各种权利。民主程序有时会由精英分子巧妙运作,未必能经常反映人民的意志与真正利益。不过,一旦脱离这种形式定义,就会产生民主原则到处乱用的可能性。预防独裁的真正制度安全阀,正是形式上的民主,而且最后也以此较为可能产生"实质民主"②。

4. 民主是手段还是目的

恩格斯指出:"德国的资产者是一些目光短浅的人,他们只是'出版自由'、'陪审制'、'宪法对人民的保障'、'人民的权利'、'人民代议制'等的热烈崇拜者,而且他们不是把这一切当作手段,而是当作目的。"③ "无产阶级为了夺取政权也需要民主的形式,然而对于无产阶级来说,这种形式和一切政治形式一样,只是一种手段。但是,如果在今天,有人要把民主看成目的,那他就必然要依靠农民和小资产者,也就是要依靠那些注定要灭亡的阶级,而这些阶级只要想人为地保全自己,那他们对无产阶级说来就是反动的。"④ 毛泽东也指出:"要求抽象的自由、抽象的民主的人们认为民主是目的,而不承认民主是手段。民主这个东西,有时看来似乎是目的,实际上,只是一种手段。"⑤

西方学者既有人强调民主是手段而不是目的,如米歇尔斯所言,某种程度上的权威也是必不可少的,还应当允许某种程度的专断,这样,就必然偏离真正的民主原则。从民主的原则看,这也许是一种不幸,但这种不幸是必要的。民主只是目的,而非手段;⑥ 哈耶克也指出,民主很可能是实现某些目的的最佳手段,但其本身却不是目的。⑦ 也有人强调手段和目

---

① [德] 哈贝马斯:《合法性危机》,第41页。
② [美] 弗兰西斯·福山:《历史的终结》,第1页。
③ 恩格斯:《德国状况》,《马克思恩格斯全集》,第2卷,第651页。
④ 恩格斯:《致爱·伯恩施坦(1884年3月24日)》,《马克思恩格斯全集》,第36卷,第131页。
⑤ 毛泽东:《关于正确处理人民内部矛盾的问题》,《毛泽东选集》,第5卷,第367—368页。
⑥ [意] 米歇尔斯:《寡头统治铁律——现代民主制度中的政党社会学》,第76页。
⑦ [英] 哈耶克:《自由秩序原理》,上册,第129页。

的的统一，如鲍尔斯和金蒂斯所言，我们的民主信誓既是对手段的信誓，也是对目的的信誓。①

从本节论述的内容可以看出，马克思主义经典作家与西方学者只是对于"作为制度形态的民主"有一定的共识，即认可民主是人类的一种制度安排、民主政体与独裁或专制政体对立；对于"作为价值形态的民主"，则除了在民主是手段而不是目的方面有一定的一致性外，对于自由、平等、形式民主与实质民主等基本概念，马克思主义经典作家和西方学者都给出了不同的解释。

四 "政策"维度的民主形态

在"政策"维度下讨论民主，应涉及参与、讨论和政策三种形态的民主，因为参与和讨论两种形态的民主，主要涉及的都是与政策有关的问题。

（一）作为讨论形态的民主

"民主"应该是与"辩论"、"讨论"、"交往"、"话语"或"协商"等相关的形态，由此产生了一些不同的解释或定义。

1. 讨论、批评、说服和交往

马克思主义经典作家往往将讨论、批评和说服教育结合在一起，形成综合性的民主方法。如斯大林所言："有两种方法，强迫方法（军事方法）和说服方法（工会方法）。""工会内的民主，即通常称为'工会内部无产阶级民主的正常方法'，是群众性的工人组织所固有的自觉的民主，这种民主是以认识到对组织在工会内的千百万工人群众经常采用说服的方法是必要的和有益的这一点为前提的。不认识到这一点，民主就会变成空谈。"② 毛泽东也指出："我们主张有领导的自由，主张集中指导下的民主，这在任何意义上都不是说，人民内部的思想问题、是非的辨别问题，可以用强制的方法去解决。……凡属于思想性质的问题，凡属于人民内部的争论问题，只能用民主的方法去解决，只能用讨论的方法、批评的

---

① ［美］塞缪尔·鲍尔斯、赫伯特·金蒂斯：《民主与资本主义》，第269页。
② 斯大林：《我们的意见分歧》，《斯大林全集》，第5卷，第6、8—9页。

方法、说服教育的方法去解决，而不能用强制的、压服的方法去解决。"①邓小平也强调："必须健全党的和国家的民主生活，使党的和政府的下级组织，有充分的便利和保证，可以及时地无所顾忌地批评上级机关工作中的错误和缺点，使党和国家的各种会议，特别是各级党的代表大会和人民代表大会，成为充分反映群众意见、开展批评和争论的讲坛。"②

西方学者一方面指出了"讨论"的局限性，如孟德斯鸠所言，"代表的最大好处，在于他们有能力讨论事情，人民是完全不适宜于讨论事情的，这是民主政治重大困难之一"③。另一方面，在"讨论"的基础上发展出了"交往民主"的概念。④ 哈贝马斯认为在涉及公共交往中的以话语形式进行的价值与规范的形成过程时，民主概念的规范内涵不仅仅指民主法治国家中恰当的机制安排，它更超出成文的交往和决策过程之外。只有当意愿形成过程（此过程最终导向政策，并以团体组织形式出现）对围绕它的政治交往的自由价值、观点、贡献和辩论是开放的，它才能实现共同寻求真理的目标。⑤ 艾丽丝·马里恩·扬则使用了"交往民主"的概念，她认为需要对民主沟通概念进行扩充，除了论证之外，礼节、修辞和叙事都应该是对政治讨论有所裨益的交往形式。不同于以利益为基础的民主观，交往民主强调，当人们与他人就观点和经验进行交流时，他们的政治观点常常发生改变。严重的相互依赖、郑重其事的平等尊重和程序上的共识这三个条件，都是交往民主所必需的一致性。在这种最低程度的一致性条件（这也是交往民主的特征）下，如果将社会地位及身份上的差异视为公共理性的资源而非其必须予以消除的分歧，我们就会对民主讨论的过程有更为丰富的理解。⑥

2. "讲真话"与"话语民主"

毛泽东指出："解决人民内部矛盾，不能用咒骂，也不能用拳头，更

---

① 毛泽东：《关于正确处理人民内部矛盾的问题》，《毛泽东文集》，第 7 卷，第 209—210 页。
② 邓小平：《关于修改党的章程的报告》，《邓小平文选》，第 1 卷，第 223—224 页。
③ [法] 孟德斯鸠：《论法的精神》，上册，第 158 页。
④ [德] 哈贝马斯：《作为"意识形态"的技术与科学》，第 92 页。
⑤ [德] 哈贝马斯：《公共领域的结构转型》，"1990 年版序言"，第 27 页。
⑥ [美] 艾丽丝·马里恩·扬：《交往与他者：超越协商民主》，载《民主与差异：挑战政治的边界》，第 116—131 页；《作为民主交往资源的差异》，载《协商民主：论理性与政治》，第 284—303 页。

不能用刀枪,只能用讨论的方法,说理的方法,批评和自我批评的方法,一句话,只能用民主的方法,让群众讲话的方法。……如果不向群众和干部说明情况,不向群众和干部交心,不让他们说出自己的意见,他们还对你感到害怕,不敢讲话,就不可能发动他们的积极性。""要使全党、全民团结起来,就必须发扬民主,让人讲话。在党内是这样,在党外也是这样。一切党的领导人员都要发扬党内民主,让人讲话。我们不怕公开的反对派,只怕秘密的反对派,这种人,当面不讲真话,当面讲的尽是些假的、骗人的话,真正的目的不讲出来。只要不是违反纪律的,只要不是搞秘密集团活动的,我们都允许他讲话,而且讲错了也不要处罚。讲错了话可以批评,但是要用道理说服人家。说而不服怎么办?让他保留意见。"①邓小平也指出:"发扬民主可以经过很多渠道来实现。比如党内政治生活的准则就规定,要讲真话,有意见摆到桌面上。……哪有什么金口玉言,即席讲几句话就句句准确?我们全会的风气很好,发扬这样的民主风气,就有利于维护和发展安定团结、生动活泼的政治局面。"②

在"讲话"方面,西方学者强调的是"话语民主"或"对话民主"。如墨菲希望在尽可能多的社会关系中,发展和增进那些产生民主的"主体地位"的话语、实践以及"语言游戏",目标是建立民主价值和实践的霸权。③利奥塔也认为,实行自由民主政策还是需要基本的对话的,这并不是什么新鲜事。如果人们承认没有什么能替代自由民主——我认为今后就是这种情况,我甚至看不出有什么理由反对对话。④马歇尔和吉登斯更明确地指出,"对话民主"指的是这样一种情况:那里有发达的交往自主权,这种交往构成对话,并通过对话形成政策和行为。⑤德雷泽克则指出,"话语民主"并不是一种民主模式,因为它没有给出一个详细而确定的制度体系;相反,我们最好把话语民主看作一种民主化策略。话语民主应该是多元的,它意味着有必要在不消除差异的情况下进行交往;话语民主应该是反思性的,它质疑既有传统(包括协商民主本身的传统);话语

---

① 毛泽东:《在扩大的中央工作会议上的讲话》,《建国以来毛泽东文稿》,第10册,第21、39—40页。
② 邓小平:《坚持党的路线,改进工作方法》,《邓小平文选》,第2卷,第276—277页。
③ [美]墨菲:《政治的回归》,第202—203页。
④ [法]利奥塔:《后现代道德》,第86页。
⑤ [英]马歇尔、吉登斯等:《公民身份与社会阶级》,第231—234页。

民主应该是超越国家的，它有能力超越国家，进入没有宪政框架的情景；话语民主应该是生态的，它与非人类的自然的交往是开放的；话语民主应该是动态的，它对民主化的约束和机会是不断变化的。①

3."商量政府"与协商民主

"商量"或"协商"是"讨论"的特定形式，马克思主义经典作家着重强调的七种"商量"或"协商"。

一是"党内商量"。马克思指出："形势可能不久又要临近危机。在这种情况下，我们党内应当在两者之中择其一：要么任何人不同别人商量，均不得代表党讲话；要么每个人都有权发表自己的意见，而不管其他人。然而，最好是不采取后一种方法，因为在人数这样少的党内进行公开辩论（而应当希望党通过它的努力来弥补其数量上的不足）在任何情况下都是不利的。"②

二是"政治协商"。毛泽东指出，政协的协商主要是协商国际问题、商量候选人名单和提意见等。③ 邓小平也指出："中国的社会主义现代化建设事业，继续需要政协就有关国家的大政方针、政治生活和四个现代化建设中的各项社会经济问题，进行协商、讨论，实行互相监督，发挥对宪法和法律实施的监督作用。"④

三是"政策协商"。毛泽东指出："我们的方针是统筹兼顾、适当安排。无论粮食问题，灾荒问题，就业问题，教育问题，知识分子问题，各种爱国力量的统一战线问题，少数民族问题，以及其他各项问题，都要从对全体人民的统筹兼顾这个观点出发，就当时当地的实际可能条件，同各方面的人协商，作出各种适当的安排。"⑤ 邓小平也指出："属于政策、方针的重大问题，国务院也好，全国人大也好，其他方面也好，都要由党员负责干部提到党中央常委会讨论，讨论决定之后再去多方商量，贯彻执行。"⑥

四是"商量办事"。毛泽东指出："我们的国家制度是人民民主专政，

---

① ［澳］约翰·德雷泽克：《协商民主及其超越：自由与批判的视角》，"中文版序"，第1—2页；"前言"第1—4页。
② 《马克思致斐·拉萨尔（1859年11月22日）》，《马克思恩格斯全集》，第29卷，第616页。
③ 参见毛泽东：《关于政协的性质和任务的谈话提纲》，《建国以来毛泽东文稿》，第4册，第633—635页。
④ 邓小平：《新时期的统一战线和人民政协的任务》，《邓小平文选》，第2卷，第187页。
⑤ 毛泽东：《关于正确处理人民内部矛盾的问题》，《毛泽东文集》，第7卷，第227—228页。
⑥ 邓小平：《改革开放政策稳定，中国大有希望》，《邓小平文选》，第3卷，第319页。

民主是商量办事，不是独裁，但集中是必要的。"① "比如工作安排和政治安排是否妥当等，会有些问题发生。但是经过商量，经过考虑，经过调查研究，总可以实事求是地求得解决的。"② 邓小平也指出："要同人民一起商量着办事，决心要坚定，步骤要稳妥，还要及时总结经验，改正不妥当的方案和步骤，不使小的错误发展成为大的错误。"③

五是"同群众商量"。毛泽东指出："都要坚决走群众路线，一切问题都要和群众商量，然后共同决定，作为政策贯彻执行。"④ "以后干部要分别到下面去走一走，看一看，遇事多和群众商量，做群众的小学生。"⑤ 邓小平也指出："每一个党员必须养成为人民服务、向群众负责、遇事同群众商量和同群众共甘苦的工作作风。"⑥ "每个地方、每个单位遇到任何问题，都应该主动向群众宣传和解释，做好工作。要注意听取群众的呼声，同群众商量办事，共同克服困难。"⑦

六是"同地方商量"。毛泽东指出："我们要提倡同地方商量办事的作风。党中央办事，总是同地方商量，不同地方商量从来不冒下命令。在这方面，希望中央各部好好注意，凡是同地方有关的事情，都要先同地方商量，商量好了再下命令。"⑧

七是"商量政府"。毛泽东指出："政府跟人民商量办事。现在是协商办事，这样大的事情，与全国人民有关的大事，当然要协商办理。如果大家不赞成，那就没有办法做好。"⑨ "我们政府的性格，你们也都摸熟了，是跟人民商量办事的，是跟工人、农民、资本家、民主党派商量办事的，可以叫它是个商量政府。"⑩

---

① 毛泽东：《关于政协的性质和任务的谈话提纲》，《建国以来毛泽东文稿》，第 4 册，第 633—634 页。
② 毛泽东：《在资本主义工商业社会主义改造问题座谈会上的讲话》，《毛泽东文集》，第 6 卷，第 494—495 页。
③ 邓小平：《在改革中保持生产的较好发展》，《邓小平文选》，第 3 卷，第 268 页。
④ 毛泽东：《转发张平化关于农村调查来信的批语》，《建国以来毛泽东文稿》，第 9 册，第 494 页。
⑤ 毛泽东：《视察华北、中南和华东地区时的谈话》，《建国以来毛泽东文稿》，第 12 册，第 388 页。
⑥ 邓小平：《关于修改党的章程的报告》，《邓小平文选》，第 1 卷，第 217 页。
⑦ 邓小平：《高级干部要带头发扬党的优良传统》，《邓小平文选》，第 2 卷，第 229 页。
⑧ 毛泽东：《论十大关系》，《毛泽东文集》，第 7 卷，第 31—32 页。
⑨ 毛泽东：《工商业者要掌握自己的命运》，《毛泽东文集》，第 6 卷，第 488 页。
⑩ 毛泽东：《同工商界人士的谈话》，《毛泽东文集》，第 7 卷，第 178 页。

西方学者将"协商"视为民主形态，形成了"协商民主""商议民主"等概念。埃尔斯特归纳的"协商民主"定义是：所有人都同意该观念涉及集体决策，而所有将受到这一决策影响的人或其代表都参与了该集体决策，这是其民主的部分。同样，所有人还同意该观念涉及经由争论进行的决策，这些争论既来自参与者，又面向参与者，而这些参与者具备了理性和公正这样的品德，这是其协商的部分。[①] 古特曼、汤普森对"商议民主"的定义则是"当公民或他们的代表存在道德上的分歧时，他们应当继续一起讲道理，以便达成彼此都能接受的决策"[②]。德雷泽克则特别指出了"协商民主"与"话语民主"的区别："协商民主"（deliberative democracy）的路径强调的是政治领袖意识中的协商。"话语民主"（discursive democracy）强调的是交往。[③]

无论是在马克思主义经典作家中，还是在西方学者中，都还没有看到"讨论民主"的说法，但是从已经出现的"交往民主""对话民主""话语民主""协商民主""商量政府"等概念的解释不难看出，主要涉及的都是以"讨论"为基本形态的民主，而这样的"讨论"，往往会涉及政策问题。也就是说，"作为讨论形态的民主"确实与政策有密切的联系。

（二）作为参与形态的民主

"民主"重视参与，尤其是民众或公民的参与，而这样的参与，不仅仅是参与"讨论"和参与选举，还有管理参与、服务参与、政策参与等其他参与行为。"作为参与形态的民主"，相比"作为讨论形态的民主"和"作为选举形态的民主"，不仅要求更广泛和更多的参与行为，还要求为参与提供必要的保障。

1. 民主要求广泛的参与

马克思主义经典作家认为参与是民主的基本要求，并强调了以下三点基本认识。

第一，民主就是群众平等、普遍地参与一切国家事务。列宁指出：

---

① ［美］约·埃尔斯特主编：《协商民主：挑战与反思》，"导言"，第9—10页。
② ［美］阿米·古特曼、丹尼斯·汤普森：《民主与分歧》，第3页。
③ ［澳］约翰·德雷泽克：《协商民主及其超越：自由与批判的视角》，"中文版序"，第1页。

"无产阶级专政把对付资产阶级即少数居民的暴力同充分发扬民主结合起来,而民主就是全体居民群众真正平等地、真正普遍地参与一切国家事务,参与解决有关消灭资本主义的一切复杂问题。"[1]

第二,人民有政治自决的自由。列宁指出:"马克思主义者对工人说:为了真正有成效地争取'自己的'政治自决的自由,你们就应当争取全体人民的政治自决的自由,向人民指出他们的国家生活的彻底的民主的形式,把群众和劳动人民中的落后阶层从自由派的影响下争取过来。"[2]

第三,苏维埃民主和社会主义民主最接近人民,最要求人民的参与。列宁指出:"苏维埃所以是民主制的最高形式和最高类型,正因为它把工农群众联合起来,吸引他们参与政治,它是最接近'人民'(指马克思在1871年谈到真正的人民革命时所说的'人民')、最灵敏地反映群众在政治上阶级上的成熟发展到什么程度的晴雨表。""巴黎公社类型的国家,苏维埃国家,则公开地直截了当地对人民说真话,声明它是无产阶级和贫苦农民的专政,并且正是用这样的真话把在任何民主共和制下都是受压抑的千百万新公民吸引到自己方面来,通过苏维埃吸引他们参与政治、民主和国家管理。"[3]斯大林也指出:"苏维埃是群众本身的直接组织,是最民主的因而也是群众的最有威信的组织,这种组织能尽量便利群众参加国家的建设和管理。"[4]邓小平则强调:"政治上,充分发扬人民民主,保证全体人民真正享有通过各种有效形式管理国家、特别是管理基层地方政权和各项企业事业的权力,享有各项公民权利。"[5]

西方学者提出了"参与民主"或"参与型民主"等概念,并强调了三种参与的诉求。

第一种是参与普遍事务的民主诉求。黑格尔已经提出了"民众参与普遍事务上的民主制"的说法;[6]艾伦·沃尔夫则将民主定义为一种政治理想,这种理想倡导所有公民最大限度地参与,从而建立一个朝着共同赞

---

[1] 列宁:《对彼·基辅斯基(尤·皮达可夫)的回答》,《列宁全集》,第28卷,第111页。
[2] 列宁:《选举运动的几个原则问题》,《列宁全集》,第21卷,第121—122页。
[3] 列宁:《无产阶级革命和叛徒考茨基》,《列宁全集》,第35卷,第302、304—305页。
[4] 斯大林:《论列宁主义基础》,《斯大林全集》,第6卷,第106页。
[5] 邓小平:《党和国家领导制度的改革》,《邓小平文选》,第2卷,第322页。
[6] 《黑格尔政治著作选》,第138页。

成的目标迈进的，基于相互尊重的社会。①

第二种是以参与为基础的民主政治诉求。对于公民参与与民主政治的关系，西方学者着重强调的是五个方面的认识。（1）参与的必要性。罗尔斯指出，除非民主政治中存在着公民的广泛参与，而这些公民是充满活力的和信息灵通的，并且其动机在很大程度上是由对政治正义和公共善的关切所决定的，否则即使是设计最好的政治制度也会最终落入这样一些人手中，这些人渴望权力和军事荣耀，或者追求狭窄的阶级利益和经济利益，而不顾别的任何东西。②（2）参与形成的政治压力。米歇尔斯指出，民主政治的一个基本特点是每个人都各自怀揣一根警棍，现任领袖必须时刻注意大众意见和情绪的变化，因为后者决定着他能否保住自己的位子。③（3）公民都是潜在的参与者。沃尔泽认为，公民/选民对民主政治的生存是至关重要的，但公民/政客对民主政治的活力和完整性是至关重要的。在民主政治中，所有的目的地都是暂时的。每个公民都是一个潜在的参与者，一个潜在的政客。④（4）平等参与的规则。菲利普·施密特指出，民主政治的巩固就是把局部出现的特别的政治关系转化为稳定的结构，从而使得继之而来的进入渠道、包容的模式、行动的资源和决策规范都符合一个首要的标准，即公民身份的标准，这包括在制定集体决策时他有权得到与其他同胞同等的对待。⑤（5）注重参与的实际作用。李普塞特指出，参与率和投票率的高低，本身对民主政治无所谓好坏；重要的是，参与的程度和性质反映其他因素，而这些因素最深刻地制约着制度发展或生存的机会。⑥

第三种是政策参与的民主诉求。巴伯强调的与"弱势民主"（只注重选举的多元民主）不同的"强势民主"，实际上是"参与型民主"，重点是政策的参与：强势民主被界定为参与模式中的政治：从字面上讲，它是公民的自治政府而不是冒用公民名义的代议制政府，在这里，积极的公民进行直接的自我管理，他们没必要在每个层次和每个事件上进行具体管

---

① ［美］艾伦·沃尔夫：《合法性的限度——当代资本主义的政治矛盾》，第21页。
② ［美］罗尔斯：《作为公平的正义：正义新论》，第112、175页。
③ ［意］米歇尔斯：《寡头统治铁律——现代民主制度中的政党社会学》，第139页。
④ ［美］迈克尔·沃尔泽：《正义诸领域：为多元主义与平等一辩》第412—414页。
⑤ ［美］菲利普·施密特：《有关民主之巩固的一些基本假设》，载《变动中的民主》，第25—41页。
⑥ ［美］李普塞特：《政治人：政治的社会基础》，第162—163页。

理，但在作出基本决策和进行重大权力部署的时候他们必须经常充分的参与。自治政府是通过一系列制度展开工作，这些制度的设计要促进对议程设置、审议、立法和政策执行的不间断的公民参与。① 佩特曼也认为参与必须是一种在一些事情中的参与过程，即决策活动中的参与，并强调这是"参与民主理论"的定义。"参与"指在决策过程中的（平等）参加，"政治平等"指在决定决策结果方面的权力平等。② 林德布洛姆和伍德豪斯也指出，民主政治拥有特定增加智慧的过程与策略。民主政治体系设定了使政治参与者能经由彼此互动以形成的政策的过程。③

2. 为参与提供必要的保障

民众的参与需要一定的保障，马克思主义经典作家为此提出了四点看法。

一是只有社会主义才能保障民众的充分参与。列宁指出："只是从社会主义实现时起，社会生活和个人生活的各个领域才会开始出现迅速的、真正的、确实是群众性的即有大多数居民参加然后有全体居民参加的前进运动。"④

二是需要建立人民参与管理的制度。列宁指出："由全民的、真正是男女都参加的民兵，由能够部分地代替官吏的民兵来担任公务，同时，一切当权者不仅通过选举产生，不仅随时可以撤换，而且他们的劳动报酬不是同'老爷'一样，不是同资产阶级一样，而是同工人一样——这就是工人阶级的理想。"⑤

三是民众参与需要与集中制结合。列宁指出："必须组织来自工农的实际组织工作者互相展开竞赛。必须反对知识分子所爱好的一切死套公式和由上面规定划一办法的企图。无论是死套公式或者由上面规定划一办法，都与民主的、社会主义的集中制毫无共同之点。……巴黎公社作出了把来自下面的首创精神、独立性、放手的行动、雄伟的魄力和自愿实行的、与死套公式不相容的集中制互相结合起来的伟大榜样。我们的苏维埃

---

① ［美］本杰明·巴伯：《强势民主》，第180—181页。
② ［美］卡罗尔·佩特曼：《参与和民主理论》，第39、65页。
③ ［美］林德布洛姆、伍德豪斯：《最新政策制定过程》，第31—32页。
④ 列宁：《国家与革命》，《列宁全集》，第31卷，第95—96页。
⑤ 列宁：《论无产阶级民兵》，《列宁全集》，第29卷，第287页。

走的也是这条道路。"①

四是正确对待人民群众提出的意见。邓小平指出:"人民群众提出的意见,当然有对的,也有不对的,要进行分析。党的领导就是要善于集中人民群众的正确意见,对不正确的意见给以适当解释。对于思想问题,无论如何不能用压服的办法,要真正实行'双百'方针。一听到群众有一点议论,尤其是尖锐一点的议论,就要追查所谓'政治背景'、所谓'政治谣言',就要立案,进行打击压制,这种恶劣作风必须坚决制止。"②

西方学者也提出了以民主保障参与的诉求,如蒂利所言,当一个国家和它公民之间的关系呈现出广泛的、平等的、有保护的和相互制约的协商这些特点,我们就说其政权在这个程度上是民主的。"广泛"是从只有少数人口享受广泛的权利,而其他人在很大程度上被排除在公共政治之外,到在国家管辖范围内的非常广泛的人们的政治参与。"平等"是从在公民范畴内极大的不平等到广泛的在两个方面(权利和义务)的平等。"保护"是从很少到很多的防止国家专断行为的保护。"相互制约的协商"是从没有制约的或者极端地不对称的制约到相互制约。③

马克思主义经典作家和西方学者对于"作为参与形态的民主"的解释,显然是把"参与"作为重要的民主标准,坚持的应是"没有参与就没有民主"的基本准则,由此强调的平等的参与、真实的参与、自觉的参与、受到保护的参与等,都成了这样的民主形态所要遵循的重要原则。

(三)作为政策形态的民主

马克思主义经典作家和西方学者都从"民主的政策过程"和"符合民主精神的政策"两个方面,对"作为政策形态的民主"作了说明。

1. 民主的政策过程

在"民主的政策过程"(强调"过程"的"政策的民主")方面,马克思主义经典作家重点关注的是四个方面的问题。

一是在民意机关决策方面,强调比例代表制适用于民主决策机关,不适用于政策执行机关。列宁指出:"为了召开作为决策机关的党代表会议

---

① 列宁:《怎样组织竞赛》,《列宁全集》,第33卷,第209—210页。
② 邓小平:《解放思想,实事求是,团结一致向前看》,《邓小平文选》,第2卷,第145页。
③ [美] 查尔斯·蒂利:《民主》,第6—7、12—13页。

或党代表大会,实行代表比例制是必要的。但是,建立一个进行实际工作的执行机关,从来没有采用过代表比例制,而且这样做也不见得正确。"①

二是在党和政府决策方面,强调民主集中制是一种基本的方法。毛泽东指出:"一方面,我们所需求的政府,必须是能够真正代表民意的政府;这个政府一定要有全中国广大人民群众的支持和拥护,人民也一定要能够自由地去支持政府,和有一切机会去影响政府的政策。这就是民主制的意义。另一方面,行政权力的集中化是必要的;当人民要求的政策一经通过民意机关而交付与自己选举的政府的时候,即由政府去执行,只要执行时不违背曾经民意通过的方针,其执行必能顺利无阻。这就是集中制的意义。"② "没有民主,不可能有正确的集中,因为大家意见分歧,没有统一的认识,集中制就建立不起来。什么叫集中?首先是要集中正确的意见。在集中正确意见的基础上,做到统一认识,统一政策,统一计划,统一指挥,统一行动,叫做集中统一。如果大家对问题还不了解,意见还没有发表,有气还没有出,你这个集中统一怎么建立得起来呢?没有民主,就不可能正确地总结经验。没有民主,意见不是从群众中来,就不可能制定出好的路线、方针、政策和办法。"③

三是在政策选择方面,强调用民主的方法征求意见和不同的政策方案。邓小平指出:"民主政治的好处,正在于它能够及时反映各阶级各方面的意见,使我们能够正确地细心地去考虑问题决定问题;它能够使我们从群众的表现中去测验我党的政策是否正确,是否为群众所了解所拥护。"④ "有不同意见不要紧,各种方案可以比较。办什么事也得走群众路线。人民内部要有充分的民主,这样才能拿出好的主意来。"⑤

四是在民众的政策参与方面,既强调民众参与决策,也强调民众参与政策执行和政策监督。列宁指出:"我们一方面决不停止训练群众参加对社会一切事务的国家管理和经济管理,决不妨碍群众十分详尽地讨论新的任务(相反,应当想方设法帮助他们进行这种讨论,使他们能够独立地

---

① 列宁:《在俄共(布)莫斯科省代表会议上的讲话》,《列宁全集》,第40卷,第38—39页。

② 毛泽东:《和英国记者贝特兰的谈话》,《毛泽东文集》,第2卷,第354页。

③ 毛泽东:《在扩大的中央工作会议上的讲话》,《建国以来毛泽东文稿》,第10册,第21—22页。

④ 邓小平:《党与抗日民主政权》,《邓小平文选》,第1卷,第12页。

⑤ 邓小平:《在全国教育工作会议上的讲话》,《邓小平文选》,第2卷,第110页。

作出正确的决定），同时，我们应当开始严格区分民主的两种职能：一种是辩论和开群众大会；另一种是对各项执行的职能建立最严格的责任制和无条件地在劳动中有纪律地、自愿地执行各项必要的指令和命令，以便使经济机构真正像钟表一样工作。……民主的组织原则，其最高级形式就是由苏维埃建议和要求群众不仅积极参加一般规章、决议和法律的讨论，不仅监督它们的执行，而且还要直接执行这些规章、决议和法律；这就是说，要给每一个群众代表、每一个公民提供这样的条件，使他们既能参加国家法律的讨论，也能参加选举自己的代表，参加执行国家的法律。"[1]

西方学者使用了与"民主的政策过程"有关的"决策民主"等概念，并产生了五种具有代表性的说法。

第一种是"民主政策说"。托克维尔应是这种说法的首倡者，他强调的是"使民主的政策适合时间和地点，并根据环境和人事修正政策"[2]。伍德罗·威尔逊则强调建立在美国行政科学基础之上的原则必须是在本质上包含民主政策的原则。[3] 波普尔把为了避免专制去创设、发展、保护政治制度，看作是一项民主政策的原则。[4] 林德布洛姆和伍德豪斯使用的"民主政策"概念，强调的是在政策制定的基本态度上，产生了根本性冲突。人们要求政策须以充分的资讯与良善的分析作为制定基础，要具备正确性与科学性；然而，他们同时也要求政策制定应合乎民主。[5]

第二种是"决策网络说"。这一说法来自萨托利，由他提出来的"决策民主论"，重点考虑的是影响决策的各种要素是否带有民主的成分。[6]

第三种是"决策程序说"。这一说法来自哈耶克，他认为民主所指涉的乃是确定政府决策的一种方法或一种程序。它既不指称某种实质性的善或政府的某个目的（例如某种实质性的平等），也不是一种能够被恰当地适用于非政府组织（如教育机构、医疗机构、军事机构或商业机构）的方法。[7]

第四种是"自由决策说"。这一说法来自彭茨，他认为民主是政治上

---

[1] 列宁：《"苏维埃政权的当前任务"一文初稿》，《列宁全集》，第4卷，第142—143页。
[2] ［法］托克维尔：《论美国的民主》，上卷，第8页。
[3] ［美］威尔逊：《行政之研究》，载《政治与行政》，第209—246页。
[4] ［英］波普尔：《开放社会及其敌人》，第1卷，第235页。
[5] ［美］林德布洛姆、伍德豪斯：《最新政策制定过程》，第8—9页。
[6] ［美］萨托利：《民主新论》，第15页。
[7] ［英］哈耶克：《法律、立法与自由》，第2、3卷，第273页。

参与决定权力的一种制度,这种制度可使公民影响政治决策;自由就是以多种方式进行决策的可能性;自由即决策自由,不自由就是丧失了决策的可能性。①

第五种是"宪法决策说"。这一说法来自罗素·哈丁,他指出据其希腊缘起,民主的意义仅在于所有人一起决策(通常通过多数票决),并希望保留民主这一术语为"宪法下的决策"②。

2. 符合民主精神的政策

在"符合民主精神的政策"(强调"结果"的"民主的政策"或"民主政策")方面,马克思主义经典作家强调的是三种"民主政策"。

一是国际主义的"民主政策"。恩格斯指出:"为了使德国人不再违反德国本身的利益,为压迫其他民族而流血牺牲和浪费金钱,我们就应当争取建立真正的人民政府,彻底摧毁旧的建筑。只有到那时,重新恢复起来的旧制度的血腥而又怯懦的政策才会被国际主义的民主政策所代替。当国内民主备受压制的时候,怎么能对外实行民主政策呢?"③

二是不同阶级的"民主政策"。列宁指出:"只有在阶级斗争过程中,只有当革命经过了一个相当长的历史发展时期以后,才能看出各个阶级对这个'民主'的不同理解。同时,还能看出,不同的阶级有着截然不同的利益,需要它们为了实现同一个'民主'而采取不同的经济措施和政治措施。"④

三是适合本国国情的"民主政策"。毛泽东指出,中国共产党提出的各项政策,都是为着团结一切抗日的人民,顾及一切抗日的阶级,而特别是顾及农民、城市小资产阶级以及其他中间阶级的。共产党提出的使各界人民都有说话机会、都有事做、都有饭吃的政策,是真正的革命三民主义的政策。……这样的政策我们叫作新民主主义的政策。这是真正适合现在中国国情的政策。"⑤

西方学者对于"符合民主精神的政策",至少有三种值得注意的

---

① [德]埃伯哈德·彭茨:《政治与人类尊严——德国自由主义者的解决途径》,第7、26—27页。
② [美]罗素·哈丁:《自由主义、宪政主义和民主》,中文版序言,第8页;正文,第155页。
③ 恩格斯:《德国的对外政策》,《马克思恩格斯全集》,第5卷,第179页。
④ 列宁:《谈谈全民革命的问题》,《列宁全集》,第15卷,第293页。
⑤ 毛泽东:《在陕甘宁边区参议会的演说》,《毛泽东选集》,第3卷,第766页。

说法。

第一种也是"民主政策说"。这样的说法来自古特曼和汤普森,他们认为公民对民主决策中实施的商议程度越高,他们对自己所制定的民主政策也越信任。①

第二种是"亲多数政策说"。这样的说法来自阿塞莫格鲁和罗宾逊,他们认为非民主是权贵和享有特权者的政权,相对而言,民主是更有利于多数人的政权,会制定对多数人更为有利的政策。②

第三种是"偏好转化说"。这样的说法来自猪口孝等人,他们认为民主是一种把公共偏好转化为公共政策的机制。没有公民方面的积极参与,民主制度不可能产生预期的政策结果。③

从本小节论述的内容可以看出,对于"作为政策形态的民主",尽管在具体论述上有所不同,但是马克思主义经典作家和西方学者在总体层面上都认同既需要"民主的政策过程",也需要"符合民主精神的政策"。

除了以上列出的各种民主形态外,还有一些更理论化的民主形态,如萨托利已经指出的"规范的民主论"与"经验的民主论"的划分、"横向民主"和"纵向民主"的区别等,都没有列入我们引述的民主形态中,因为这些对民主的解释涉及的主要不是民主的定义问题,而是不同民主之间的关系问题,我们将在本书的第十三章专门讨论此类问题。

五 "政策+民主"的政策民主

如前所述,在各种形态的民主中,已经有一种与政策有直接关系的"作为政策形态的民主",并且出现了"决策民主""民主决策""民主政策"等概念,但始终未出现过"政策民主"的概念。我们认为应该明确提出"政策+民主"的"政策民主"概念,并在此基础上构建出一套与之相关的理论体系。

---

① [美]阿米·古特曼、丹尼斯·汤普森:《民主与分歧》,第248页。
② [美]达龙·阿塞莫格鲁、詹姆士·罗宾逊:《政治发展的经济分析——专制和民主的经济起源》,第19页。
③ [日]猪口孝、[英]纽曼、[美]基恩编:《变动中的民主》,第5页。

(一) 广义的"民主"

狭义地理解"民主",还是广义地理解"民主",是构建"政策民主"理论必须面对的问题。通过前面的梳理,我们认为不能拘泥于狭义的"民主"定义,即只注重单一的民主形态,而不顾及其他民主形态。实际上马克思主义经典作家和西方学者在使用"民主"概念时,都已经涉及了不同形态的民主。"政策民主"理论所要求的,也应该是建立在多种民主形态基础上的民主理念。

在前文归纳出的各种民主形态的基础上,尤其是参考马克思主义经典作家与西方学者对民主的一些共同认识,我们认为可以对"民主"作出更具有广泛性、包容性的定义,这样的定义应包含以下要点。

第一,民主是控制权力和保障权利的学说,这样的学说既涉及与专制统治形态有着本质区别的民主统治形态,也涉及民主的政治形态,强调"民主政治"或"政治民主"应具有控制权力和保障权利的基本特征。

第二,民主是一种具有法治意义的制度安排,这样的安排既可以统称为民主制度,也可以用民主政体、民主政府、民主管理体制等来说明不同的制度形态。

第三,民主要求参与,参与既可以带来与"讨论"有关的"交往民主""话语民主""协商民主"和"商量政府",也可以营造更具广泛性意义的"参与型民主",甚至可以强调"没有参与就没有民主"的基本标准。

第四,民主是改造人和改造社会的重要手段或工具,既应该注重群众的民主诉求和通过调动积极性所形成的改造社会的集体性的民主动力,也应该注重个体性的"民主公民"的塑造和"情感的民主"的培养,最终目标应该都是形成影响社会的民主作风或"民主的生活方式"。

第五,民主是一种价值判断,这样的价值判断不仅与自由、平等有关,还与民主的真实性有关。

第六,民主需要与之相应的政策过程,这样的政策过程不仅仅体现为民主是决策的一种方式或一种有效的程序,还体现为有利于民众的民主政策。

(二)"政策民主"的定义

在明确了广义的民主定义后,可以对"政策民主"给出基本的定义。

"政策民主"的英文词汇,应该是 policy democracy,即将 policy(政策)和 democracy(民主)合在一起("政策+民主"),形成一个新的民主概念。从关系上来讲,政策和民主是并重的,既需要代表"过程"的"政策的民主",也需要代表"结果"的"民主的政策"。

"政策民主"的最简洁定义,就是用民主的方式制定和执行符合民主要求的公共政策。这样的定义,既强调了政策的公共性、民主性特征,也强调了民主对政策过程的影响。这样的定义显然过于简单,如果要将"政策民主"发展成一种理论,还应该说明"政策民主"的一些基本要求和特征。

一是区别性特征。"政策民主"是由政策反映出来的一种民主形式,或者说是将民主用于政策的形式,这样的形式既区别于政策制定和执行的其他形式(如专制的政策制定和执行形式),也区别于其他民主形式(如选举的民主形式)。

二是拓展性和涵盖性特征。"政策民主"要实现的是政策的全方位民主,不仅要求决策民主和政策执行民主,还要求对政策的民主监控和民主评估,并要求政策本身符合民主精神和基本的民主原则,由此将重点关注决策过程的"决策民主",扩展成了覆盖政策的全方位的民主。"政策民主"还是一个充分吸纳不同政策议题和各种政策意见的过程,强调以讨论、协商等民主方法解决公共问题,使"政策领域的民主"能够渗入人们的生活之中。从这一意义上讲,"政策民主"也是一种生活方式和重要的社会建设手段。

三是实用性、有效性和适用性特征。"政策民主"要求为公共政策建立必要的制度保障,以公开、透明的政策模式,取代封闭性的政策模式,不仅具有提升公共政策水平的实用性特征,也应该具有及时发现和解决问题的有效性特征。为"政策民主"建立的一系列制度、程序和规制等,既能够适用于发达国家,也能够适用于不发达国家或发展中国家;并且不仅适用于一个国家的中央政府,也可以适用于地方政府和基层的社会组织等。

四是参与性和回应性特征。"政策民主"既鼓励民众的政策参与,并可以为民众在不同层级上的政策参与提供不同的途径，使民众的政策意见有充分表达的机会；也要求决策者（无论是选举产生的领导人、议员，还是负有决策责任的党的领导人和行政官员等）积极作出回应，并在整个政策过程中始终注意倾听来自各方的意见和建议，即时纠正错误的政策或不当的政策行为。只有将参与和回应紧密地结合起来，才能保证"政策民主"的真实性。

五是合法性和正当性要求。"政策民主"要求控制决策者和政策执行者的权力和保障公民的政策权利，要求按照"法治"而不是"人治"的原则制定和执行政策，不仅使政策过程符合"合法性"的要求，并能正当地行使政策强制手段，而且能够使政策本身具有必不可缺的"公正性"。

六是公共性和评判性要求。什么是"好政策"或"坏政策"，什么是"明智的政策"或"愚蠢的政策"，需要按照公共性的标准和"政策民主"的要求作出评判。这样的评判，有时只是技术性或客观性的事实评价，但更多的时候可能带有价值判断或道德判断。最重要的评判者，应该是政策受众，而不是决策者。由此可以反映出"政策民主"的基本价值诉求，一方面注重的是公民的价值取向和对政策结果的评判；另一方面注重的应是有限理性的政策选择，不追求最好的政策，而是追求大多数人能够满意的政策。

（三）"政策民主"的基本范畴

如果可以在"政策民主"概念的基础上，发展出"政策民主"的理论，这一理论至少涉及十个方面的问题，并由此构成了"政策民主"的十个基本范畴。

第一个是"权力"范畴。政策民主能否起到控制权力、尤其是控制各种政策权力的作用，防止出现"专制"或"极权"的政策，涉及的应是"权力"范畴的问题。在这一范畴内，不仅要考虑各种政策控权的方法，还要考虑政策权力有效运作的方法。

第二个是"权利"范畴。政策民主能否有效地保障公民的政策权利，不仅仅是保证公民享有政策参与的权利，还要保证公民享有公正的政策待遇的权利，涉及的是"权利"范畴的问题。在这一范畴内，还会涉及公民身份、责任、义务等与权利相关的问题。

第三个是"价值"范畴。政策民主是否具有明确的价值取向，如注重公共性和公共服务，注重公民自由，注重民意，注重政策的公平，涉及的是"价值"范畴的问题。能否树立政策民主的价值观，应是这一范畴需要认真讨论的问题。

第四个是"社会"范畴。政策民主是否具有调节社会关系的功能，涉及的是"社会"范畴的问题，由此不仅需要解释公共领域、社区、社会组织、利益集团、群众以及公民社会的政策作用，还要说明社会运动、大众民主等对政策的影响力。

第五个是"信息"范畴。政策民主能否通过信息交流，实现民众与决策者的沟通，涉及的是"信息"范畴的问题，由此凸显的，不仅是媒体（包括互联网）与公共舆论的作用，还有"政策沟通"或"政策联系"的各种基本要求。

第六个是"参与"范畴。政策民主能否保证民众的意见表达，并实现政策过程中的民众参与，涉及的是"参与"范畴的问题。在这一范畴内，既要区分直接参与政策和间接参与政策的不同形式，也要认真评估不同参与形式的适用范围，并探讨建立"政策参与型社会"是否具有可行性。

第七个是"法治"范畴。如何按照法治的要求或在法治框架内实现政策民主，涉及的是"法治"范畴的问题。在这一范畴内，不仅要说明如何形成宪法对政策的约束、如何将"人治"的政策变为"法治"的政策、如何理解政策合法性、如何区分法律与政策的区别、如何缩小文本制度和实际制度的差距，还要说明如何通过政策教育，使公民具有与政策相关的法治意识和法治观念。

第八个是"制度"范畴。政策民主需要什么样的制度保障，涉及的是"制度"范畴的问题，由此需要说明政策民主与不同国家的政治制度以及代议制度、政党制度、行政管理制度的关系，并在此基础上构建"政策民主制度化"的基本框架。

第九个是"程序"范畴。用什么样的办法或程序，使政策的制定和执行具有民主性，涉及的是"程序"范畴的问题，但程序所涉及的，不仅仅是决策和政策执行，还有监督和评估。更为重要的是，在不同的层级上，如中央、地方、基层，可能需要为政策民主确定不同的程序和规则。

第十个是"文化"范畴。政策所需要的广泛认同和支持，涉及的是

"文化"范畴的问题,由此不仅需要讨论政策民主要求的是政策满意度,还是选择满意度,也要对如何构建"政策文化"作出必要的解释。

本书的以下各章,将逐个讨论政策民主各范畴所涉及的问题。通过这样的讨论,不仅可以进一步阐释"政策民主"的定义,还可以确定"政策民主"的一些重要标准和实施政策民主所需要的条件,进而说明政策民主理论与其他民主理论的联系和区别。

第三章　控制权力的政策民主

无论是什么样的民主，都会包含控制权力的学说，这样的学说不仅仅是对统治者、管理者权力的限制，更重要的是对专制权力的反对和控制，并由此使民主成为专制的对立面。作为民主理论的一种，政策民主也同样面临控制权力的问题，但政策民主侧重的应该是对"政策权力"的控制，并围绕这样的权力控制展开其具体学说。

一　"政策权力"的界定

政策民主所要控制的权力，应该主要是与政策有关的权力，即所谓"政策权力"，由此需要对"政策权力"作出明确的界定。从权力与政策的关系看，"政策权力"应该包含"基础性权力"和"运行性权力"两类权力。

（一）基础性权力

公共权力、政治权力、社会权力和经济权力，应该是政策的基础性权力，即无论是强调"政策的民主"还是"民主的政策"，都可能涉及与这些权力有关的问题。

1. 公共权力

公共权力在每一个国家都存在，并且是支持政策的重要权力。如恩格斯所言："国家是以一种与全体固定成员相脱离的特殊的公共权力为前提的。""国家与旧的氏族组织不同的地方，第一点就是它按地区来划分它的国民。""第二点是公共权力的设立。""这种公共权力在每一个国家里都存在。构成这种权力的，不仅有武装的人，而且还有物质的附属物，如监狱和各种强制机关。""为了维持这种公共权力，就需要公民缴纳费用——捐税。""官吏既然掌握着公共权力和征税权,他们就作为社会机关而凌驾于社会之上。"①

西方学者则强调了在现代化的背景下,公共权力应具有四种重要特征。

一是公共性特征。哈贝马斯指出,国家是"公共权力机关"。它之所以具有公共性,是因为它担负着为全体公民谋幸福这样一种使命。②

二是治理性特征。赫尔德指出,一种新的政府和治理形式正浮出水面,它用不可分割的、领土上排他的公共权力形式取代了国家权力的传统概念。③

三是全局性特征。赫斯特和汤普逊指出,作为全局性的公共权力,它们对拥有各种管理和共同体标准的多元"民族"社会的生存是必不可少的。④

四是共享性特征。加塞特指出,"国家"意味着公共权力与其所统治的集合体之间的"实质性联合"⑤。阿伦特也指出,不参与和分享公共权力就不能说是幸福和自由的。⑥

需要注意的是,除了国家掌握公共权力外,"大众"或者"公民群体"也可能掌握公共权力。如勒庞所言,群体不善推理,却急于采取行动。群体的这种易变性使它们难以统治,当公共权力落到它们手里时尤其如此。⑦ 加塞特也指出,公共权力落入了大众代表的手掌之中,他们之强大足以摧毁一切可能的反对势力。当大众直接行使公共权力的时候,它通常是无所不能又如昙花一现,尽管它拥有无限的潜能和力量,最终却一事无成。⑧

---

① 恩格斯:《家庭、私有制和国家的起源》,《马克思恩格斯全集》,第21卷,第110、194—198页。
② [德]哈贝马斯:《公共领域的结构转型》,第2页。
③ [英]戴维·赫尔德:《世界主义:观念、现实与不足》,载《国将不国:西方著名学者论全球化与国家主权》,第312—341页。
④ [英]保罗·赫斯特、格雷厄姆·汤普逊:《民族国家的未来》,载《国将不国:西方著名学者论全球化与国家主权》,第190—236页。
⑤ [西班牙]奥尔特加·加塞特:《大众的反叛》,第168页。
⑥ [美]汉娜·阿伦特:《论革命》,第238页。
⑦ [法]勒庞:《乌合之众》,第37、56页。
⑧ [西班牙]奥尔特加·加塞特:《大众的反叛》,第42—43页。

2. 政治权力

政治权力可以通过政策影响经济运行。如马克思所言:"政治权力是统治阶级的集体权力。"[①] "政治权力又是经济权力的产物;使寡头政治让出经济权力的那个阶级必然也会争得政治权力。"[②] 恩格斯也指出:"一切政治权力起先总是以某种经济的、社会的职能为基础的,随着社会成员由于原始公社的瓦解而变成私人生产者,因而和社会公共职能的执行者更加疏远,这种权力加强了。""在政治权力对社会独立起来并且从公仆变为主人之后,它可以朝两个方向起作用。或者按照合乎规律的经济发展的精神和方向去起作用,在这种情况下,它和经济发展之间就没有任何冲突,经济发展就加速了。或者违反经济发展而起作用,在这种情况下,除去少数例外,它照例在经济发展的压力下陷于崩溃。"[③] "政治权力能给经济发展造成巨大的损害,并能引起大量的人力和物力的浪费。"[④]

西方学者对政治权力有较多的讨论,大致可以归纳出七种与政策相关的看法。

第一,少数人掌控的政治权力。莫斯卡指出,政治权力从来不是、将来也不会建立在多数人的明确同意基础之上。它始终是掌握在那些有组织的少数人手里的,他们始终能够在不同的情势下主导多数民众。[⑤]

第二,以选举为来源的政治权力。哈贝马斯指出,如果社会再生产依赖于消费决定,如果政治权力实施依赖于私人的选举决定,那么,对公众施加影响就是必要的。[⑥] 沃尔泽也指出,政治权力和影响不能买卖,公民们不能出售他们的选票,官员们不能出售他们的决定,贿赂是一种非法交易。[⑦]

第三,在集体中行使的政治权力。迪韦尔热指出,不要把政治权力看成在整体社会中行使的权力,而把它看作是在一切集体(集团或整体社

[①] 《马克思致弗·波尔特(1871年11月23日)》,《马克思恩格斯全集》,第33卷,第337页。
[②] 马克思:《君士坦丁堡的乱子》,《马克思恩格斯全集》,第9卷,第80页。
[③] 恩格斯:《反杜林论》,《马克思恩格斯全集》,第20卷,第198—199页。
[④] 《恩格斯致康·施米特(1890年10月27日)》,《马克思恩格斯全集》,第37卷,第487页。
[⑤] [意]莫斯卡:《政治科学要义》,第359页。
[⑥] [德]哈贝马斯:《公共领域的结构转型》,第201页。
[⑦] [美]迈克尔·沃尔泽:《正义诸领域:为多元主义与平等一辩》第128页。

会）中行使的完整权力。也就是说，与本集体每个个别部门中的相对权力比较而言，这是一个能够组织、维持和发展这个集体并保护它不受其他集体侵犯的权力。①

第四，受行政权力影响的政治权力。哈贝马斯指出，行政权力只要一直都与一种民主的意见形式和意志形式联系在一起，就会不断发生变化，因为这种意见形式和意志形式后来不仅左右着政治权力的运作，而且在一定程度上也规划了政治权力的运作。②

第五，受约束和可以课责的政治权力。维克斯指出，无论机制怎样不完善，长期以来我们接受了这样的原则，即政治权力在此意义上成为可说明的、可课责的；辩论是政策得以形成的最基本的过程。政治权力的掌控者通过辩论作出他们的课责，并通过辩论来争取产生足够维持他们官位的支持。③

第六，作用于经济生活的政治权力。滕尼斯指出，越是认识到政治权力对于经济生活的重要意义，也就产生围绕着政治权力争执的越来越高的频率。④

第七，表现为政策能力的政治权力。沃尔泽指出，政治权力，准确地说，是制定跨时间决策、变更法规、应付紧急情况的能力；不经其对象不间断的同意，这种权力就不能以民主方式行使，而其对象包括所有在领土范围内受决策影响的男女。⑤ 阿塞莫格鲁和罗宾逊也指出，区分法定政治权力和事实政治权力是有益的。将配置法定政治权力的社会、政治安排称为政治制度。最重要的政治制度是那些决定哪些人参与政治决策过程的政治制度（即民主和非民主）。政策和制度之间的主要区别是制度的"持久性"和制度影响未来政治权力分配的能力。政策更容易逆转，而制度则较为持久。⑥

3. 社会权力

社会权力是与"人"有关的权力，如恩格斯所言："无产阶级将取得

---

① ［法］莫里斯·迪韦尔热：《政治社会学——政治学要素》，第106—107页。
② ［德］哈贝马斯：《哈贝马斯精粹》，第245—246页。
③ ［英］杰弗里·维克斯：《判断的艺术——政策制定研究》，第118、136页。
④ ［德］斐迪南·滕尼斯：《新时代的精神》，第107页。
⑤ ［美］迈克尔·沃尔泽：《正义诸领域：为多元主义与平等一辩》，第73页。
⑥ ［美］达龙·阿塞莫格鲁、詹姆士·罗宾逊：《政治发展的经济分析——专制和民主的经济起源》，第21—22页。

社会权力，并且利用这个权力把脱离资产阶级掌握的社会化生产资料变为公共财产。"①

西方学者则强调了社会权力的以下三个发展趋势。

一是公共性趋势。哈贝马斯指出，不仅国家机关，而且一切在政治公共领域中具有公开影响的机构，都要求具有公共性，因为社会权力转变为政治权力的过程就像政治权力在社会中的正当运作一样需要加以批判和监督。②

二是政策塑造社会趋势。奥菲指出，国家社会政策"塑造社会"的功能被限制在对主题、时间和冲突模式等的界定上，因此，被限制在社会权力过程形成的政治制度框架内，而不是结果上。如果公民和政治精英在竞争中仅追求自己的利益，民主国家会堕落成事务国家，决策就不能为大多数人所接受，政府也会失去作用。③

三是影响民主政治趋势。奥菲指出，民主政治既可以看作是由社会权力所决定，同时也是社会权力的一个潜在决定因素。④

4. 经济权力

马克思指出："在我们面前有两种权力：一种是财产权力，也就是所有者的权力，另一种是政治权力，即国家的权力。""权力也统治着财产"。"这就是说：财产的手中并没有政治权力，甚至政治权力还通过如任意征税、没收、特权、官僚制度加于工商业的干扰等办法来捉弄财产。"⑤

西方学者注意的是精英或利益集团对经济权力控制的现实状况。如多姆霍夫所言，权力精英立基于他们结构性的经济权力，他们储备的专家政策意见，以及在选举领域中，他们能够就其关心的议题成功地主导联邦政府。⑥ 戴维·杜鲁门也指出，这些集团中的权力就像其他社会关系中的权力一样，垄断权力总是构成对民主过程的破坏，因为这些权力否定了人们参与重要决策的过程。大集团，通过对经济权力的集中，对小的经济集团

---

① 恩格斯：《社会主义从空想到科学的发展》，《马克思恩格斯全集》，第19卷，第247页。
② ［德］哈贝马斯：《公共领域的结构转型》，第243—244页。
③ ［德］克劳斯·奥菲：《福利国家的矛盾》，第116页。
④ 同上书，第15页。
⑤ 马克思：《道德化的批评和批评化的道德》，《马克思恩格斯全集》，第4卷，第330—331页。
⑥ ［美］多姆霍夫：《谁统治美国：权利、政治和社会变迁》，第323页。

产生直接或间接的影响。① 桑德尔则认为，为削弱精英或利益集团对经济权力的控制，西方学者提出了掌控经济权力的民主思路：进步主义时代的政治争论集中在两种反应上：有些人试图分散经济权力，让经济权力顺从于民主控制来保持自治；另一些人则认为经济集中不能倒转，而试图扩大全国性民主机构的能力来控制经济权力。② 悉尼·胡克则强调，在经济权力的差别是那么大，以致一个集团可以用非政治手段来决定另一个集团祸福的地方，一种政治的民主就不可能发挥适当的功能。因此，真正的政治民主必须包含着被统治者有通过他们的代表来控制经济政策的权利。③

对本小节的内容作一个简单的归纳，强调的应是四点基本认识。一是公共权力的产生，使国家成为能够制定政策的公共权力机关；尽管当代出现了公共权力的多种变化，但并没有改变公共权力对政策的支撑作用。二是对于政治权力的来源、特征以及如何取得和控制政治权力，可以有不同的看法；但对于政治权力能够作用于政策（既表现为介入政策的直接作用，也表现为影响经济、社会发展的间接作用），应该是没有分歧的。三是社会权力既着重于人的塑造，也着重于社会的塑造，而这样的塑造，往往是借助政策（尤其是社会政策）完成的。四是经济权力会对政策形成重要的挑战，如何有效地控制经济权力，是民主机制必须面对的难题。

（二）应用性权力

在政策运行过程中使用的具体权力，可以称为"应用性权力"。综合马克思主义经典作家和西方学者的论点，"应用性权力"应包括八种权力。

1. 决策权

政策权力首先应该是一种决策权力，即对政策作出决定的权力。马克思主义经典作家重点关注的是谁掌握决策权的问题，并强调了三种取向。一是劳动者拥有决策权。列宁指出："士兵和工人认为，政权应当属于劳动者，不劳动者不得食，谁劳动，谁就在国家里有发言权，谁就可以影响

---

① ［美］戴维·杜鲁门：《政治过程——政治利益与公共舆论》，第277—278页。
② ［美］迈克尔·桑德尔：《民主的不满：美国在寻求一种公共哲学》，第247页。
③ ［美］悉尼·胡克：《理性、社会神话和民主》，第252、256页。

国家大事的决策。这是一个简单的真理，工人阶级中千百万人都懂得这个真理。"① 二是代表机构掌握决策权。列宁指出："劳动者同志们！请记住，现在是你们自己管理国家。如果你们自己不团结起来，不把国家的一切事务自己担当起来，谁也帮不了你们。你们的苏维埃从现在起就是国家政权机关，即拥有全权的决策机关。"② 三是斯大林所强调的，无产阶级政党的中央委员会应有应对事变的决策权。③

西方学者对决策权的认知，主要涉及三个层面的问题。

第一个层面是厘清决策权的性质和作用，重点强调的是四个方面的认识。（1）决策权是一种人际关系。拉斯韦尔和卡普兰指出，根据决策来界定权力，补充了"产生对他人的预期影响"的重要因素。权力仅仅使得对政策的有效控制成为必要。权力是一种服从价值，拥有权力就是将其他人的行为（政策）考虑进去。在相互作用中权力形成的结果是一项决策。相互作用总是以互动中的参与者实行的政策为特征的。在互动中，当由严厉的制裁来确保由此产生的政策时，权力就形成了。所有的权力和影响力关系的共同点只是对政策的影响。④（2）决策权是一种责任。阿普特指出，决策过程是对政府组成单位的具体、重要的权力关系的描述。责任代表了权力对称的程度，即权力在那些对决策者进行信息控制的人们中间分享的程度。⑤（3）决策权应建立在信任关系基础上。彼得斯指出，当代公共行政决策权力的增长不完全取决于随机的和非理性的力量，相反，它至少部分反映了这些国家的政治文化模式。政治信任，或者对应的政治犬儒主义，意味着政治家在做决策时应该将公众的要求考虑进去。⑥（4）决策权可能成为一种专制权力。丹尼斯·朗认为，专制或寡头政体更多地运用了广延性、综合性以及强度更大的权力。现代技术，特别是新的通信媒体使得对国民生命的更加高度集中化的官僚控制成为可能，从而将决策集中于少数人手中，甚至可以通过包含从上到下更多中间层次的权力结构来

---

① 列宁：《在全俄矿工第一次代表大会上的讲话》，《列宁全集》，第38卷，第323页。
② 列宁：《告人民书》，《列宁全集》，第33卷，第62页。
③ 参见斯大林：《在俄国社会民主工党（布尔什维克）第六次代表大会上的讲话》，《斯大林全集》，第3卷，第157—158页。
④ ［美］哈罗德·拉斯韦尔、亚伯拉罕·卡普兰：《权力与社会：一项政治研究的框架》，第83—85、96页。
⑤ ［美］戴维·阿普特：《现代化的政治》，第98—99页。
⑥ ［美］盖伊·彼得斯：《官僚政治》，第59、63页。

加以实现。[①]

第二个层面是说明决策权的来源，主要涉及两种对立的观点。一是决策权来自民主。如科恩所言，民主社会中任何成员都不能保证他在参与的争执中一定稳占上风，但可以肯定（如果是真正的民主）他能公正地享有一份决策权。[②] 二是不同意决策权来自民主的说法。哈耶克指出，我们今天所说的那种民主政府，实际上并不为多数的意见服务，而是在为压力集团所拥有的各种利益服务。享有决策权的并不是多数。[③]

第三个层面是阐释决策权如何运用，主要涉及四个方面的认识。(1) 决策权需要分散和受到限制。雷蒙·阿隆认为，经济越发展，它就变得越复杂，越会出现分散决策权力的趋向。[④] (2) 决策权需要适度的转移。达尔指出，民主的单位越小，公民参与的可能性就越大，公民把政府决策权力移交给代表的必要性就越小；而单位越大，处理各种重大问题的能力就越强，公民把决策权移交给代表的必要性就越大。[⑤] (3) 公民有分享决策权的可能。托马斯指出，公共管理者必须决定在多大程度上与公众分享影响力。一个极端的情况可能是，公民可能被允许行使行政决策的实质性权力；而另一种极端的情况可能是公民只被授予极有限的咨询顾问的权能。作为一个中间选择，公共决策的影响力必然被公共管理者和公众共同分享。[⑥] (4) "决策权"与"反决策权"并存。海伍德指出，权力有时被理解为决策，即作出以某种方式谋划行动或影响决议的自觉判断。权力也可以采取议事日程设定的形式，即防止作出决定的能力，实际上也就是"反决策"的能力，这种权力包括防止某些议题和提案被提出来的能力。[⑦]

2. 命令权

"决定"或"决策"会产生"命令"，"命令"本身也就构成了一种权力。对于这样的权力，应该清晰地表述出其合理的来源。从西方学者的论述中，至少可以看到两个范畴的权力来源。

第一个是"依据"范畴，涉及的是"命令"产生的合理依据，主要

[①] ［美］丹尼斯·朗：《权力论》，第19页。
[②] ［美］卡尔·科恩：《论民主》，第219页。
[③] ［英］哈耶克：《法律、立法与自由》，第2、3卷，第459、472—473页。
[④] ［法］雷蒙·阿隆：《阶级斗争——工业社会新讲》，第7—8页。
[⑤] ［美］罗伯特·达尔：《论民主》，第119页。
[⑥] ［美］约翰·克莱顿·托马斯：《公共决策中的公民参与》，第8、24—27页。
[⑦] ［英］安德鲁·海伍德：《政治学核心概念》，第42—43页。

有四种解释。(1) 命令来自公众利益。斯宾诺莎指出，公民服从统治权的命令，命令是为公众的利益。最坚强的统治是属于最能左右国民之心的统治者。① (2) 命令来自法律。洛克指出，政府所有的一切权力，既然只是为社会谋幸福，因而不应该是专断的和凭一时高兴的，而是应该根据既定的和公布的法律来行使。② (3) 命令来自政治系统。哈贝马斯指出，政治系统需要尽可能投入各种不同的大众忠诚，所产出的则是由权力机构贯彻的行政决定。产出危机表现为合理性危机，即行政系统不能成功地协调和履行从经济系统里获得的控制命令。③ (4) 命令来自暴力。尼采指出，国家是作为组织化的暴力行为。通过分散责任，分开命令与执行，通过置人服从、义务、祖国之爱和王侯之爱等德性，维护所有与群盲类型相冲突的典型特性。④

第二个是"行为者"范畴，强调的是"命令来自谁"，主要有五种解释。(1) 命令来自权威。涂尔干指出，每一种带有强制性的事物都有其社会根源。每一种义务都暗含着一种命令以及发出命令的权威。为了能够加强规范，权威必须支配个体。权威可以通过一个人、一个阶级、一个口号表现出来，但不管权威采取什么样的形式，都是不可或缺的。权威是商定的。负责维护国家利益的权威是用来发布号令的，人们必须服从。⑤ (2) 命令来自当选官员。达尔指出，在选举的投票后阶段，应出现的情况是拥有最多票数的选择（领导人或具体的政策）代替拥有较少票数的任何选择（领导人或具体的政策），当选官员的命令得到实施。⑥ (3) 命令来自官僚。林德布洛姆和伍德豪斯指出，所有与政策制定直接相关的行为：抉择、说服、达成协议、威吓与承诺及权威性命令的发布与收受，几乎每一个行为都有官僚的介入。⑦ (4) 命令来自集团成员的承认。迪韦尔热指出，权力的存在取决于下述事实，即所有社会集团都明确或不明确地承认一些首领、统治者、领导人——正式称呼如何无所谓——有权向本集

---

① ［荷兰］斯宾诺莎：《神学政治论》，第217—219页。
② ［英］洛克：《政府论》，第10、86页。
③ ［德］哈贝马斯：《合法性危机》，第53页。
④ ［德］尼采：《权力意志》，下卷，第785、898页。
⑤ ［法］爱弥尔·涂尔干：《乱伦禁忌及其起源》，第83、241页。
⑥ ［美］罗伯特·达尔：《民主理论的前言》，第96页。
⑦ ［美］林德布洛姆、伍德豪斯：《最新政策制定过程》，第77页。

团的其他成员发布命令，推动他们做一些没有命令就不会做的事情。①
(5) 命令来自国民。蒲鲁东指出，如果国民不是最高权力机关，如果立法的权力不是来自国民，那么国民是什么呢？唯有国民才有权利说，让我们发布命令。② 需要注意的是，"命令来自成员承认"和"命令来自国民"，只是学者的理论阐释，未必能够得到来自实证的支持。

马克思主义经典作家从反对"命令主义"的角度，说明了"命令权"的存在。如斯大林所言："现在不能用老一套办法了，不能仅仅用命令和指示来领导了。"③ 毛泽东也指出："先做学生，然后再做先生；先向下面干部请教，然后再下命令。"④ 邓小平则强调："确认这个关于党的观念，就是确认党没有超乎人民群众之上的权力，就是确认党没有向人民群众实行恩赐、包办、强迫命令的权力，就是确认党没有在人民群众头上称王称霸的权力。"⑤

3. 服从权

"命令"与"服从"是紧密联系的，有"命令"就有"服从"，要求服从也就成了一种不可或缺的权力。对于这样的权力，可以称为"服从权"。

马克思主义经典作家重点强调的是两种服从。一是服从于权威。恩格斯指出："一方面是一定的权威，不管它是怎样造成的；另一方面是一定的服从，这两者，不管社会组织怎样，在产品生产和流通赖以进行的物质条件下，都是我们所必需的。"⑥ "不强调某些人接受别人的意志，也就是说没有权威，就不可能有任何的一致行动。"⑦ 列宁也指出："我们应该学会把这种民主精神同劳动时的铁的纪律结合起来，同劳动时无条件服从苏维埃领导者一个人的意志结合起来。"⑧ 二是不要强迫的服从。邓小平指

---

① [法] 莫里斯·迪韦尔热：《政治社会学——政治学要素》，第 98 页。
② [法] 蒲鲁东：《什么是所有权》，第 289 页。
③ 斯大林：《在联共（布）莫斯科省第十五次代表会议上的演说》，《斯大林全集》，第 9 卷，第 143 页。
④ 毛泽东：《党委会的工作办法》，《毛泽东选集》，第 4 卷，1379 页。
⑤ 邓小平：《关于修改党的章程的报告》，《邓小平文选》，第 1 卷，第 218 页。
⑥ 恩格斯：《论权威》，《马克思恩格斯全集》，第 18 卷，第 343 页。
⑦ 《恩格斯致保·拉法格（1871 年 12 月 30 日）》，《马克思恩格斯全集》，第 33 卷，第 368 页。
⑧ 列宁：《苏维埃政权的当前任务》，《列宁全集》，第 34 卷，第 182—183 页。

出:"有些同志以为天下是我们打下的,一切要服从我们。这是非常错误的。实际上,群众不一定会服从你。领导不是自封的,要看群众承认不承认,批准不批准。领导作风恶劣,群众就不会服从;领导犯了错误,群众就不批准。"[1]

在西方学者的论述中,则可以看到"刚性服从""柔性服从"(或有条件服从)、"不服从"三类不同的解读。

"刚性服从"主要体现为四种重要理念。(1)服从的必然性。休谟指出,你如果询问国内大部分的人们,他们是否曾经同意于他们的统治者们的权威或者曾经许诺服从他们,那么他们会认为你这个人很奇怪,并且一定会回答说,这件事不依靠他们的同意,而他们生来就是这样服从的。[2] 狄骥也指出,国家成员同时具有公民和臣民两种身份。作为行使主权权力的民族集体中的一分子,他们是公民;但他们服从于一个以国家的名义行使主权的政府,他们又是臣民。[3] (2)服从的正当性(合法性)和自愿性。阿罗指出,仅当权力为众望所归时,权力才是可行的。一个人所以服从权力,是因为他预期其他人也会服从权力。[4] 戴蒙德则指出,比起威权体制,民主体制的稳定要更多地依赖于合法性和自愿服从。[5] (3)服从于法律或宪法。滕尼斯指出,个人服从个人不再适用,而是只有普遍服从法律,服从法制。[6] 奥斯特罗姆也指出,行使统治权力的期限和条件要服从法律的规定,宪政选择的过程是由这样的政府官员所无法企及的决策过程来作出的。[7] (4)服从规范。英格尔哈特指出,政府是一个国家的决策系统。它的民众服从政府的决定,要么出于外部强制,要么因为他们已将一系列规范内化,从而将其服从行为合理化。在现实世界里,所有的政权都在一定程度上依仗强制,但是要民众服从政策,更廉价、更安全的依靠应是内化的价值观及规范,而不是赤裸裸的武力。[8]

---

[1] 邓小平:《克服目前西南党内的不良倾向》,《邓小平文选》,第1卷,第157页。
[2] [英]休谟:《人性论》,第578—579、588页。
[3] [法]狄骥:《公法的变迁》,第9页。
[4] [美]肯尼斯·阿罗:《组织的极限》,第89页。
[5] [美]拉里·戴蒙德:《民主的精神》,第99—100页。
[6] [德]斐迪南·滕尼斯:《新时代的精神》,第10、215页。
[7] [美]文森特·奥斯特罗姆:《美国联邦主义》,第152—153页。
[8] [美]罗纳德·英格尔哈特:《现代化与后现代化——43个国家的文化、经济与政治变迁》,第55—56页。

对服从的"柔化"或"柔性服从",重点强调的是两个观点。一是防止"崇拜式"的服从。葛德文指出,服从可能是对的,但是要谨防崇拜。对于一个要求我们尊重政治权威和对长上表示敬意的政权,我们的回答应当是服从和外表的屈从是你有资格要求的一切,你没有权利强迫我们尊重和命令我们不去发现并反对你的错误。我们并不因之就应该对政权的一切措施都表示反对;但只要有严格的政治服从的问题,也就一定会有对政府的非难。① 二是合作高于服从。弗雷德里克指出,执行命令的观念现在要让位于使得政策有效的观念。对现代政府的绝大多数政策来说,为了保障它们的实施,在民主条件下,需要的是合作而不是强力。②

对于"不服从",则有几种程度不同的解释。(1)反对服从。这样的观念主要来自无政府主义者,如巴枯宁所言,因为任何国家权力和任何政府就其实质和地位来说,都是被置于人民之外和凌驾于人民之上的,必然要力图使人民服从那种与自己无关的制度和目的,所以我们宣布自己是任何政府权力、国家权力的敌人,是一切国家制度的敌人。③ (2)承认和尊重公民的不服从。阿伦特指出,公民不服从虽然常常和多数人意见相左,他却是以群体的名义并为了群体的利益而行事。把不服从的少数人当成造反派和卖国贼,违背了宪法的文字和精神,而宪法的缔造者们尤其警惕多数人暴政的危险。在我们的政治制度中确立公民不服从,或许最有可能疗救司法复审的最终失败。第一步是为公民不服从的少数派争取获得承认,下一步就是需要一项与公民不服从有关的新的宪法修正案。④ (3)"政策失败"带来的不服从。托马斯指出,由于受到藐视的公民可能拒绝服从那些没有征求他们意见和征得他们同意的政策,所以,政策的执行还可能导致失败的结局。如果公共政策执行要想达到期望的结果,那么公民要做的就必须很多,而不是仅仅拘泥于服从政策。⑤ (4)可以给予公民"抵制"权。诺齐克指出,每一个个人都确实拥有要求获得公共的信息或他可以得到的信息的权利。当信息是可以公开得到的或者是他可以得到的时

---

① [英]威廉·葛德文:《政治正义论》,第155、160、402页。
② [美]卡尔·弗雷德里克:《公共政策与行政责任的本质》,载《公共行政学百年争论》,第3—12页。
③ [俄]巴枯宁:《国家制度和无政府状态》,第166页。
④ [美]汉娜·阿伦特:《共和的危机》,第56—57、75页。
⑤ [美]约翰·克莱顿·托马斯:《公共决策中的公民参与》,第5页。

候，他就处于一种能够知道该程序是否具有可靠性和公平性的位置。他要检验这种信息，如果他发现这种制度处于可靠和公平的范围内，那么他就必须服从它；如果发现它是不可靠的和不公平的，那么他就可以抵制它。①

西方学者对服从的三类解释，构成了一个轴线。在轴线的一端，显示的是"刚性服从"，包括服从的必然性、服从的正当性和自愿性、服从法律、服从规范等论点；在轴线的中段，是对刚性服从的柔化，包括防止"崇拜式"服从、合作高于服从等论点；在轴线的另一端，则是"不服从"，包括反对服从、承认和尊重公民的不服从、"政策失败"带来的不服从、可以给予公民"抵制"权等论点。由此提醒我们，要求服从的权力，尤其是要求服从政策的权力，既可能是绝对权力，也可能是相对权力，只有在具体的政策情境或政治环境下，才能作出客观的判断。

4. 执行权

公共政策的推行，涉及大量的行政管理问题，并且使政策"执行权"的问题变得较为突出。西方学者对于政策"执行权"，重点强调了三个方面的看法。

第一，政策执行必须有充分的赋权。汉密尔顿指出，倘若把最重要的国民利益的管理交付给一个政府，而又不敢把适当而有效地管理所需要的权力交付给它，就必然是永远荒谬的。政府的更大能力对社会的幸福和繁荣是必不可少的。一个政府应该拥有全面完成交给它管理的事情和全面执行它应负责任所需要的各种权力，除了关心公益和人民的意见之外，不受其他控制。国家权力的执行越是混合在政府的日常实践中，公民越是习惯于在日常的政治生活中接触到这种权力。②

第二，政策执行权具有强制性和非争论性的特征。对于有人就政策执行提出的三个建议："不论我们采取什么政策，都必须有力地加以执行"；"为了这个目的，就必须有人来负责执行和不断进行指导"；"政策一旦决定，对它的争论就得停止，全体都要同意和遵守"；林肯的态度是：总的政治路线一经采纳，就不至于无缘无故地改变，或把它继续作为无谓辩论的题目。对于执行过程中出现的问题，林肯希望并相信他有权利听取全体

---

① ［美］诺齐克：《无政府、国家与乌托邦》，第121—122页。
② ［美］汉密尔顿、杰伊、麦迪逊：《联邦党人文集》，第117、128、134—135页。

阁员的意见。① 罗西瑙则指出，政府统治意味着由正式权力和警察力量支持的活动，以保证其适时制定的政策能够得到执行。②

第三，对政策执行权的法治限制。哈耶克指出，法治的基本点是很清楚的，即留给执掌强制权力的执行机构的行动自由，应当减少到最低限度。③

马克思主义经典作家则强调了两种"执行权"理念。一是个人独裁的执行权。列宁指出："现在我们愈是要坚决主张有绝对强硬的政权，主张在一定的工作过程中，在履行纯粹执行的职能的一定时期实行个人独裁，就愈是要有多种多样的自下而上的监督形式和方法，以便消除苏维埃政权的一切可能发生的弊病，反复不倦地铲除官僚主义的莠草。"④ 二是给予下级不执行错误政策的权力。毛泽东指出："根据主观主义设想根本不符合实际情况的任何上级的命令指示，必须加以废止或修改者，地方党政有权提出意见。"⑤ "中央曾经发过一个通知，说地方有权制止中央部门发出的行不通的一切命令和指示。这里是说行不通的，你不能一切都制止。"⑥

5. 干预权

政策往往具有一定的干预权力，对于这样的权力，不少人是有疑虑的。按照密尔（又译穆勒）的说法，干预权的行使，需要以下条件。（1）干预能够带来普遍便利。（2）有经费才能干预。（3）尽量减少对公民个体的干预。（4）区分命令式干预与非命令式干预。⑦

其他西方学者也大多倾向于对干预权抱消极看法，并形成了限制干预权的几种有代表性的看法。

第一种看法强调的是无限制干预的危害。加塞特指出，当一个国家的

---

① 《林肯选集》，第189—190页。
② ［美］詹姆斯·罗西瑙：《世界政治中的治理、秩序和变革》，载《没有政府的治理》，第1—31页。
③ ［英］哈耶克：《通往奴役之路》，第74页。
④ 列宁：《苏维埃政权的当前任务》，《列宁全集》，第34卷，第186页。
⑤ 毛泽东：《中央关于同意推迟执行群众性戒烟运动的指示的电报》，《建国以来毛泽东文稿》，第4册，第172页。
⑥ 毛泽东：《在中共中央政治局扩大会议上的总结讲话》，《毛泽东文集》，第7卷，第53—54页。
⑦ ［英］约翰·穆勒：《政治经济学原理》，下卷，第530—532页。

公共生活出现困难、冲突和危机时，大众就会倾向于求助国家的即刻干预，凭借其巨大无比、不可抗拒的手段直接加以解决。这就是当前威胁文明的最大的危险：国家干预、国家对一切自发的社会力量的越俎代庖——这就等于说取消了历史的自发性。①

第二种看法强调的是干预具有的风险和责任。狄骥指出，如果国家的干预在任何制度下都是令人遗憾的，那么它在民主政体中也是如此。不论履行公共服务的过程中是否存在过错，都可能涉及政府责任的问题。国家就是由政府为着共同利益所实施的公共服务的总和。一旦公共服务的履行涉及对个体公民所造成的特别损害，国家的财政部必须承担支付赔偿金的责任。行政风险导致了行政责任。②

第三种看法强调的是为干预设定一些必要的限制条件。哈耶克指出，没收和强制购买是政府为了履行某些职能必须拥有的一项权力，但必须做到下述三点：（1）这种权力的使用被严格限定在那些能够由一般性法律规则予以界定的场合；（2）法律必须对全值赔偿的问题作出明确的规定；（3）行政当局所作的决策必须受制于独立法院的审查。③

第四种看法强调的是应该限制对自由的干预。罗素·哈丁指出，最低限度上正确的似乎是政治和经济自由主义是相互加强的：政府在一个领域进行干预的权力越多，它在另一个领域的权力也越多。④

第五种看法强调的是应该限制对经济或市场的干预。简·莱恩指出，新公共管理坚持自己的效率理论，因为在一个放松管制的经济中，在政府干预程度最低，所有的市场参与者都按照同一种制度规则进行竞争的情况下，通过合同制，自然就会产生效率。⑤

第六种看法强调的是应该限制对社会组织和公民社会的干预。达仁道夫指出，在公民社会里，至关重要的是让很多不受（中央集权）国家干预的组织和机构存在，让它们虽杂乱无章，但具有创造性。⑥

综观从密尔到现代西方学者的论点，总体显示的是对政策干预权的审

---

① ［西班牙］奥尔特加·加塞特：《大众的反叛》，第114—116页。
② ［法］狄骥：《公法的变迁》，第56、197—198页。
③ ［英］哈耶克：《法律、立法与自由》，第2、3卷，第360页。
④ ［美］罗素·哈丁：《自由主义、宪政主义和民主》，第8页。
⑤ ［英］简·莱恩：《新公共管理》，第16、204—205页。
⑥ ［英］拉尔夫·达仁道夫：《现代社会冲突》，第58—59页。

慎态度。这样的审慎态度，大体上由三个维度构成。第一个维度可以称为"合理干预"，应包括干预能够带来普遍便利、命令式干预与非命令式干预、间接干预与直接干预、有经费才能干预、为干预设立限制条件等要素。第二个维度可以称为"干预风险"，应包括无限制干预的危害、干预风险和干预责任等要素。第三个维度可以称为"限制干预"，包括限制对自由的干预、限制对私人事务的干预、限制对经济和市场的干预、限制对社会组织和公民社会的干预等要素。

6. 说服权

政策要被其他人接受，需要解释、说服、教导或引导，并使得解释、说服、教导等成为施加于其他人的权力。这些权力，可以统称为政策的"说服权"。

明确把"说服"列为权力的一种形式（另外的形式是武力和操纵）是丹尼斯·朗，他认为说服代表一种手段，参与者可以用它来对他人行为取得预期结果。当我们考虑到现代社会中的大众传媒时，说服手段分配不均就更为明显。通信技术革命已经建立了新颖、复杂的说服工具，使用这些工具构成至关重要的权力来源。说服也许能比大多数其他权力形式有更大的广延性，但综合性和强度有限，因为说服完全取决于权力对象对说服者意见的自由接受。从掌权者的观点来说，如果要求少花资源，少冒引起权力对象敌对或反对的危险，则说服是最可靠的权力形式之一。①

7. 监督权

对公共政策的执行进行监督或监控，也是一项重要的权力。如邓恩所言，被采纳的政策由掌握财政和人力资源的行政机构付诸实施。"监控"是政策执行的核心要素，是对先前所采纳的政策的执行结果进行监督和控制。监控有助于考察政策的顺从程度，发现政策项目没有考虑到的结果，识别政策执行的障碍和限制，确定政策偏离的责任归属。②戴蒙德也指出，平行问责制赋予政府的某些机构以监督其他机构、官员或者政府部门之作为的权力与责任。当与政府平行问责制相关的政府机构有系统地相互联结并交叉重叠时，政府的公开与透明就会得到最佳的体现。③

---

① ［美］丹尼斯·朗：《权力论》，第38—39页。
② ［美］威廉·N. 邓恩：《公共政策分析导论》，第13—17页。
③ ［美］拉里·戴蒙德：《民主的精神》，第355—356、359页。

监督权也可以表现为罢免权。如列宁所言:"改选问题,这是一个真正实现民主原则的问题。一切先进国家的惯例,只有当选者可以就国家立法问题说话。资产阶级虽然给了选举代表来开动国家机器的权利,但是故意不给罢免权,即真正的监督权。然而,在历史上所有的革命时期,对宪法的一切修改都贯穿着这样一个基本精神:要求得到罢免权。""我们曾经告诉人民,苏维埃是权力机关,人民相信并且实现了这一点。必须继续执行民主化的路线,实现罢免权。"①

监督权还可以表现为质询权。如韦伯所言,一个实际有效的议会乃是持续分担政府工作并监督行政的议会。为了有效控制议会,没有什么能够替代专家在议会委员会面前召唤有关部门官员到场进行系统的(口头)盘问,这是保障控制行政并全面质询的唯一方式。质询权是一种间或使用的必要辅助手段,此外它还是一条鞭子,单纯有它的存在,即可迫使行政首脑为了不让鞭子必须被应用起来而对自己的行动作出说明。有效的议会监督和控制体系将迫使行政当局保持公开性。②

8. 自由裁量权

无论是政策制定还是政策执行,都可能面临"自由裁量权"带来的问题。对于这样的权力,西方学者有五种不同的看法。

第一种看法是承认自由裁量权的作用。珍妮特·登哈特和罗伯特·登哈特指出,由于政策执行中有并且必须有自由裁量权的行使,所以那种裁量权应该通过公民参与来为人们所知晓。③

第二种看法是要求扩大自由裁量权的范围。简·莱恩指出,为了有效地提供公共物品和服务,新公共管理赋予公共经理人诸多的自由裁量权,并把契约制作为有效提供物品和服务的机制。④

第三种看法是应该解决自由裁量权的授权问题。福山指出,所有组织要解决的核心问题都是自由裁量权的授权问题。确定组织目标时的有限理性、代理人行为监控方法的多样性、自由裁量权授权程度的不确定性,均

---

① 列宁:《在全俄中央执行委员会会议上关于罢免权的报告》,《列宁全集》,第33卷,第106、108页。

② [德]马克斯·韦伯:《新政治秩序下的德国议会与政府》,载《韦伯政治著作选》,第145—147页。

③ [美]珍妮特·V.登哈特、罗伯特·B.登哈特:《新公共服务:服务,而不是掌舵》,第75、83—85页。

④ [英]简·莱恩:《新公共管理》,第225页。

与这个核心问题有关。①

第四种看法是对自由裁量权应持警惕态度。大卫·格林指出，在由国家提供社会福利的地方，能够避免行政自由裁量权吗？自由裁量权越大，权力滥用的可能性就越大。② 海哥德和考夫也指出，许多民主体制都会碰到这种矛盾情形：一方面行政官员需要迅速作出决策；另一方面还要照顾到参与和协商原则，这种矛盾在新建立的民主政权中可能尤其尖锐。即使通过扩大行政机关实施政策的自由裁量权及使政策决策免受短期政治压力的影响，宪政安排可以增强行政机关的权力，此类机制却无法在长期内为政策协调及分配性矛盾的解决提供有效基础。相反，行政机关强大的自由裁量权却可能会削弱政党、立法及利益集团领袖为政策建议提供政治支持的动力。行政机关的强势权力对代议机构的有效性和合法性可能会产生重要的间接影响。赋予行政机关以广泛的立法自由裁量权可能削弱政党领袖们在经济议题上达成妥协的动力，行政官员们还会通过诉诸媒体和个人化运动来获取公众的普遍授权，而不是依靠与立法议员和利益集团的制度化协商管道。代议制政府的巩固就意味着需要减少行政官员个人的自由裁量权以及让民选代表和利益集团领袖承担更多的问责义务。③

第五种看法是要求限制自由裁量权。哈耶克指出，直接影响法治的自由裁量权的问题，并不是一个限制政府特定机构权力的问题，而是一个限制整个政府权力的问题。行政机构的决定必须能从法律的规则中推演出来，也必须能从法律所指涉的和能为有关当事人所知道的境况中推演出来。即便是在决策机构的自由裁量权受到严格限制的领域，其最终的结果可能还是要取决于该机构在其自由裁量权范围内的所作所为。④ 戴蒙德也指出，稳定的民主体制需要法治。有效的治理机制必须建立起来，以约束统治者几乎不受限制的自由裁量权，将他们的决定和交易公开以供检验，以及使他们对法律、宪法和公众利益负责。⑤

毛泽东和邓小平也带有控制"自由裁量权"的倾向，但并没有使用

---

① ［美］弗兰西斯·福山：《国家构建：21世纪的国家治理与世界秩序》，第74页。
② ［英］大卫·格林：《再造市民社会——重新发现没有政治介入的福利》，第156—158页。
③ ［美］斯迪芬·海哥德、罗伯特·考夫：《民主化转型的政治经济分析》，第178—181、375、379—381页。
④ ［英］哈耶克：《自由秩序原理》，上册，第270—271页；下册，第110页。
⑤ ［美］拉里·戴蒙德：《民主的精神》，第184、355页。

"自由裁量权"的概念。

在决策方面,重点强调的是反对"分散主义"。毛泽东指出:"还有些同志老是很喜欢分散主义,闹独立性,甚至闹独立王国,觉得独裁很有味道。"① 邓小平也指出:"党内也曾经存在过另一种偏向,就是分散主义的偏向。我们党内时常出现这样一种干部,他们在自己的工作岗位上,爱好自成系统,自成局面,在政治上自由行动,不喜欢党的领导和监督,不尊重中央和上级的决定,甚至在他们处理一些应当由中央统一决定的重要问题的时候,也事前既不向中央和上级机关请示,事后又不向中央和上级机关报告,违背党的政策和纪律,危害党的统一。"②

在政策执行方面,重点强调的是反对"上有政策下有对策"。毛泽东指出:"特别是关于'有许多民主人士说我们说话不算数,上边的规定,下边可以任意改变,这种状况必须纠正'。……这些观点是完全正确的,务望各地同志注意。"③ 邓小平也指出:"当前在经济改革中出现了一些歪门邪道。'你有政策,我有对策。'违反法纪和政策的种种'对策',可多了。遵守纪律的最高标准,是真正维护和坚决执行党的政策,国家的政策。"④ "各行其是,怎么行呢?不能搞'你有政策我有对策',不能搞违背中央政策的'对策',这话讲了几年了。党中央、国务院没有权威,局势就控制不住。中央定了措施,各地各部门就要坚决执行,不但要迅速,而且要很有力,否则就治理不下来。"⑤

综合对"运行性权力"的各种看法,可以看出尽管对决策权、命令权、服从权、执行权、监督权、自由裁量权六种政策运行所涉及的具体权力有不同的解释,但无论是马克思主义经典作家还是西方学者,都不否认这六种权力的存在。至于干预权和说服权,也是应该能够被接受的与政策有关的权力。

将影响政策的"基础性权力"和"运行性权力"结合起来,可以对"政策权力"给出一个基本的定义:政策权力是能够影响政策的权力,与

---

① 毛泽东:《农业合作化的全面规划和加强领导问题》,《毛泽东文集》,第6卷,第479页。
② 邓小平:《关于修改党的章程的报告》,《邓小平文选》,第1卷,第226—227页。
③ 毛泽东:《中央转发中南局关于减租总结的批语》,《建国以来毛泽东文稿》,第1卷,第313页。
④ 邓小平:《一靠理想二靠纪律才能团结起来》,《邓小平文选》,第3卷,第112页。
⑤ 邓小平:《中央要有权威》,《邓小平文选》,第3卷,第277页。

政策有关的权力问题,都应属于政策权力的范畴。

为全面理解政策权力,还需要把笼统的"权力"问题区分为三个层面的问题。第一个层面是政策所依赖的公共权力、政治权力、社会权力和经济权力等"基础性权力",要想使政策成为有效解决问题的重要手段,必须获得并支配这些权力。第二个层面是将"基础性权力"(尤其是公共权力和政治权力)细化,运用于具体的政策过程,由此产生了决策权、命令权、服从权、执行权、干预权、说服权、监督权、自由裁量权八种"运行性权力"。正是因为"基础性权力"可以细化或者具体化为"运行性权力",才使得权力的运作更为明晰和有效,才可能承担具体权力所应承担的具体责任。正是在这一意义上,我们强调政策的"运行性权力"不是单一权力(如只表现为决策权力),而是一组权力。这组权力所包括的八种权力,与政策过程形成了一定的对应关系:在决策过程(议程建立、政策形成、政策采纳)中,起主要作用的是决策权、干预权和自由裁量权;在政策执行过程中,起重要作用的是命令权、服从权、执行权和说服权;在政策监督和政策评估过程中,起主要作用的是监督权。当然,这样的对应关系并不是绝对的,有些权力可以跨越不同的政策过程发挥作用。第三个层面是"基础性权力"和"运行性权力"会在政策过程中聚合出新的权力问题,如"行政权"与"立法权"的关系问题、集权与分权的关系问题等,下面我们将会专门讨论这些问题。

二 控制政策权力的目标

以民主的方式控制政策权力,可能需要达到两类目标,一类是"体制取向目标",另一类是"政策过程目标",需要对这两类目标分别加以说明。

(一)体制取向目标

在马克思主义经典作家看来,控制政策权力的"体制取向目标",重点在于反对专制权力和专制制度。如马克思所言:"政治革命打倒了专制权力,把国家事务提升为人民事务,把政治国家确定为普遍事务,即真正的国家;这种革命必然要摧毁一切等级、公会、行帮和特权,因为这些都是使人民脱离自己政治共同体的各种各样的表现。……任何一种解放都是把人的世界和人的关系还给人自己。"① 列宁也指出:"君主制是一人掌握权力,共和制是不存在任何非选举产生的权力机关;贵族制是很少一部分人掌握权力,民主制是人民掌握权力(民主制一词按希腊文直译过来,意思是人民掌握权力)。所有这些区别在奴隶制时代就产生了。"② "专制制度(专制政体,无限君主制)是一种最高权力完全地整个地(无限制地)由沙皇一人独占的管理形式。沙皇颁布法律,任命官吏,搜刮和挥霍人民的钱财,人民对立法和监督管理一概不得过问。因此,专制制度就是官吏和警察专权,而人民无权。……推翻专制制度究竟是什么意思呢?这就是说,要沙皇放弃无限权力,人民有权选举自己的代表来颁布法律,监督官吏的行为,监督国家资财的收支。"③

马克思主义经典作家还强调以"革命"手段来实现控制权力的"体制取向目标"。如马克思所言:"巴黎的无产者,目睹统治阶级的失职和叛变行为,已经了解到:由他们自己亲手掌握公共事务的领导权以挽救时局的时刻已经到来……他们已经了解到,夺取政府权力以掌握自己的命运,是他们必须立刻履行的职责和绝对权利。"④ "无产者本身必须成为权力,而且首先是革命的权力。"⑤ 恩格斯也指出:"我们要消灭阶级,唯一的手段是无产阶级掌握政治权力。"⑥ 列宁则强调:"权力的来源不是议会预先讨论和通过的法律,而是来自下面地方上人民群众的直接的创举,用流行的话来说,就是直接的'夺取。'"⑦

在西方学者看来,控制政策权力的"体制取向目标",主要涉及的是防范由体制带来的专制、专权和擅权等问题,应包括五种具体的目标。

第一,反暴君。"反暴君"是资产阶级革命的产物,在法国资产阶级革命前和革命中,都有强烈反对暴君政策的论点。如霍尔巴赫所言,国王的政策常常是各种罪过的大杂烩。暴君的原则和利益同正确的政策是完全不相容的。在治国事业上正确的政策以理性、法律和显而易见的社会利益

---

① 马克思:《论犹太人问题》,《马克思恩格斯全集》,第 1 卷,第 441、443 页。
② 列宁:《论国家》,《列宁全集》,第 37 卷,第 67 页。
③ 列宁:《俄国社会民主党中的倒退倾向》,《列宁全集》,第 4 卷,第 220—221 页。
④ 马克思:《法兰西内战》,《马克思恩格斯全集》,第 17 卷,第 355 页。
⑤ 马克思:《道德化的批评和批评化的道德》,《马克思恩格斯全集》,第 4 卷,第 331 页。
⑥ 恩格斯:《关于工人阶级的政治行动(发言提纲)》,《马克思恩格斯全集》,第 17 卷,第 445—446 页。
⑦ 列宁:《两个政权》,《列宁全集》,第 29 卷,第 132 页。

为指针，这种政策无须以欺骗作为使人们服从的手段。①

第二，反暴政。暴君会带来暴政，但非暴君也可能带来暴政，因此反暴君和反暴政是有一定区别的。西方学者首先强调的是反对来自政府的暴政，如雪莱所言，任何不能表示意见的现象本身意味着，在政府方面是赤裸裸的暴政，在被统治者方面则是无知的奴性。② 来自多数人或多数意见的"暴政"，也早已引起西方学者的注意。如密尔所言，"多数人暴政"已经被普遍的包含在社会需要提防的各种祸害之中。仅仅防御地方官员的暴政是不够的，还需要防御占优势的意见和感觉。③ 阿伦特也指出，在美国革命者看来，公共意见的统治是暴政的一种形式。④ 布坎南则强调，如果用任何一种关于自由和自治的实际意义的措施来解释个人的政治上的平等的话，"宪法"必须置于"民主"一词的前面，多数人的暴政如其他形式的暴政一样真实，而且实际上它可能更为危险。⑤ 需要注意的是，对于"多数人暴政"有人持不同的看法，如达尔所言，如果多数人的统治几乎完全是一个神话，多数人暴政也几乎完全是一个神话。多元政体的特征大大扩展了少数人的规模、数量和多样性，它们的偏好将影响政府政策的产生。⑥

第三，反专制。反对专制尤其是反对政策专制，在西方学者看来，主要涉及两个层次的问题。

第一个层次是对专制权力的界定，强调的是两个论点。（1）专制权力不合法。基佐指出，真正正当的统治权理论是代议制政府原理，亦即所有的专制权力不论以什么名称和在什么地方出现，都是完全不合法的。正当的统治权理论的必然结果是，所有的实际权力都是负责任的。任何时候，它都要追求永远制约着现有权力的理性、正义和真理。⑦（2）缺乏制衡的权力就是专制权力。涂尔干指出，当统治权在其他社会职能部门中没有遇到可以制衡和有效限制它的东西，它就是专制的。如果政府允许自己沉溺于无节制的状态，那么它所迫害的各种社会力量就会联合起来，反对

---

① ［法］霍尔巴赫：《自然政治论》，第243、408页。
② 《雪莱政治论文选》，第35、66页。
③ ［英］约翰·密尔：《论自由》，第6—7页。
④ ［美］汉娜·阿伦特：《论革命》，第79页。
⑤ ［美］詹姆斯·布坎南：《财产与自由》，第59页。
⑥ ［美］达尔：《民主理论的前言》，第183—184页。
⑦ ［法］弗朗索瓦·基佐：《欧洲代议制政府的历史起源》，第239页。

和限制政府。政府专制主义并不是根据政府职能的数量和重要性来变化的。尽管政府可能有无数的职能,只要它不是集中在一个人的手里,就不会是专制的。①

第二个层次是政策专制的表象,西方学者列出了四种可能带来专制的权力表现。(1)"包办政策"的专制。密尔指出,即便在最温和的专制君主下,人们在实际事务上最多只能被容许提建议,也只有被认为优秀或以优秀出名的人才能指望他们的建议能被管理事务的人们知道,至于重视就更说不上了。②(2)"感情决策"的专制。彭茨指出,唤起感情作为决策的载体,那是专制的方法。自由主义者没有进行操纵,它不诉诸公民的感情,而是求之于他们的智力和理性。他不是规劝,而是令人心悦诚服。他要的是自由的赞成,而不是骗取的同意。③(3)"选举专制"或"多数决策"的专制。阿伦特指出,多数原则是决策这一过程所固有的,故而存在于一切政府形式之中,包括专制。唯一可能被排除在外的就是暴政。只有多数在决策之后,紧接着就在政治上并且在极端情况下在肉体上对少数进行清洗,多数决策的技术装置才沦为多数统治。在共和政府形式中,这些决策的制定,这些政治生命所受的引导,都是在一部宪法的框架内以其规定为依据的。在美国,宪法之拟定,就是竭尽人之所能,防止多数决策的程序演变为多数统治的"选举专制"④。(4)"知识分子民主"的专制。勒庞指出,知识分子民主的唯一目标就是要建立一个选择机制,以便从他们当中选择精英,充当领导阶级。不幸的是,知识分子民主只能导致一小撮专制寡头的神圣权力取代国王的神圣权力。它的狭隘与暴虐有过之无不及。⑤

第四,反独裁。独裁与专制经常被作为同义词使用,但独裁更强调的是个人控制绝对权力。尤其是在政策领域,个人享有不受控制的决定权,就被视为独裁。独裁与民主是相对立的。正如波普尔所言,民主不是多数人的统治,而是一种让大家不受独裁控制的制度。民主的重点其实是避免

---

① [法]爱弥尔·涂尔干:《乱伦禁忌及其起源》,第328—330页。
② [英]约翰·密尔:《代议制政府》,第38页。
③ [德]埃伯哈德·彭茨:《政治与人类尊严——德国自由主义者的解决途径》,第39—40页。
④ [美]汉娜·阿伦特:《论革命》,第148—149页。
⑤ [法]勒庞:《革命心理学》,第243—244页。

独裁，或者换个说法，避免不自由，避免某种统治模式不是法治。① 既然有"多数人暴政"，也就可能有来自平民表决的独裁。如哈耶克所言，宪政的根本就在于用恒定的政制原则限制一切权力。只要民主制度不再受法治传统的约束，那么它们就不仅会导向"全权性民主"，而且有朝一日还会导向一种"平民表决的独裁"②。

第五，反极权主义。极权主义也是与民主对立的，如雷蒙·阿隆所言，极权的两种意义，一是国家吃掉公民社会，二是神化国家要推行的主义，变成教条。极权主义把反对派拒之于共同体之外，把反对派当成叛逆，所以反对派就认为自己已经解除了对国家担负的一切任务。③ 极权主义往往与"动员体系"的政策过程有密切的关系，如阿普特所言，当动员体系中的决策异常复杂，要求改革政府的基本结构时，存在着几种选择。一种选择是创建一个更狭隘的、更集权的权威性决策体系；这一决策体系远离人们日益关心的事务，也不负责任；这一选择导致向极权主义的发展，强制手段加强，效率低下。④

在控制政策权力的"体制取向目标"上，马克思主义经典作家与西方学者显然有共同之处，就是都将反对专制权力和专制制度作为重要的目标，只是实现目标的路径有所不同，前者强调的是"革命"的路径，后者强调的是"民主"的路径。

（二）政策过程目标

控制政策权力的"政策过程目标"，强调的是在政策过程中如何防止权力被滥用，主要涉及五个具体目标。

1. 反权力垄断

对权力（包括政策权力）的垄断，是产生独裁、专制、极权的基础，因此反对权力垄断，成为民主的一种强烈要求。如戴维·杜鲁门所言，垄断权力总是构成对民主过程的破坏，因为这些权力否定了人们参与重要决策的过程。⑤

---

① ［英］波普尔：《二十世纪的教训：波普尔访谈演讲录》，第61—62、104页。
② ［英］哈耶克：《法律、立法与自由》，第2、3卷，第269—270、272页。
③ ［法］雷蒙·阿隆：《雷蒙·阿隆回忆录——五十年的政治反思》，第135、340页。
④ ［美］戴维·阿普特：《现代化的政治》，第335页。
⑤ ［美］戴维·杜鲁门：《政治过程——政治利益与公共舆论》，第277页。

马克思主义经典作家强调的是以人民权利限制权力垄断。如马克思所言："工人阶级的解放斗争不是要争取阶级特权和垄断权，而是要争取平等的权利和义务，并消灭任何阶级统治。……一个人有责任不仅为自己本人，而且为每一个履行自己义务的人要求人权和公民权。"[①]

西方学者则指出政策领域中可能出现的权力垄断，主要有以下四种表现。（1）官僚对政策的垄断。阿尔蒙德等人指出，从某种意义上说，官僚机构垄断了政治体系的输出方面。官僚机构还大大地影响着决策过程。[②]（2）政府、公共部门或企业对"公共服务"或"社会福利"的垄断。哈耶克指出，对于服务性活动，人们必须毫不妥协地反对政府持有任何垄断性权力，即使这样的垄断有望为我们提供较高质量的服务。真正具有危害的，实际上并不是垄断本身，而是对竞争的禁止。[③]（3）利益集团的政策垄断。杜鲁门指出，增加接触政府的活动成为所有集团共同的策略，并往往导致排除其他竞争性集团同样接触政府或政府提出新的被特定集团垄断了的决策问题。利益集团活动的共同特征是有效地影响决策过程。[④]（4）对信息的官方垄断。悉尼·胡克指出，"自由地表示同意"的进一步的结论是不要有教育方面的垄断，这里教育包括一切文化传播的媒介，尤其包括报刊在内。对一种民主制来说，多数原则是重要的，而大多数人如果不能接近消息的来源，如果只能读到官方的解释，如果在课堂、讲台和无线电广播中只能听到一种声音，他们的表示同意就不是自由的。[⑤]

2. 反特权

特权表现的是一种超越一般民众的权力形态，西方学者尤其关注的是如何以民主的方式防止权贵阶层拥有政策特权。如拉斯韦尔和卡普兰所言，权力过程的利益在政治统一体中进行分配，民主政体不允许特权等级的存在。[⑥] 阿塞莫格鲁和罗宾逊也指出，非民主是权贵和享有特权者的政权，相对而言，民主是更有利于多数人的政权，会制定对多数人更为有利

[①] 马克思：《协会临时章程》，《马克思恩格斯全集》，第16卷，第15—16页。
[②] ［美］阿尔蒙德等：《比较政治学——体系、过程和政策》，第290—291页。
[③] ［英］哈耶克：《法律、立法与自由》，第2、3卷，第485页。
[④] ［美］戴维·杜鲁门：《政治过程——政治利益与公共舆论》，第287页。
[⑤] ［美］悉尼·胡克：《理性、社会神话和民主》，第253页。
[⑥] ［美］哈罗德·拉斯韦尔、亚伯拉罕·卡普兰：《权力与社会：一项政治研究的框架》，第210—211页。

的政策。①

马克思主义经典作家重点强调的是反对以下三种特权。

一是资产阶级的特权。恩格斯指出:"充分的结社权利也仍然是富人的特权。……人身保护的权利也仍然是富人的特权。……每个人都有权由和自己同类的人来审讯,而这一个权利也同样是富人的特权。"②"资产阶级实行这一切改良,只是为了用金钱的特权代替以往的一切个人特权和世袭特权。"③"必须加以消灭的不仅是阶级特权,而且是阶级差别本身。"④"资产者的平等(消灭阶级特权)完全不同于无产者的平等(消灭阶级本身)。"⑤

二是管理特权。马克思指出:"当巴黎公社亲自领导起革命的时候,当普通工人第一次敢于侵犯自己的'天然尊长'的管理特权,在空前艰难的条件下虚心、诚恳而卓有成效地执行了这个工作……这终究是工人阶级被公认能够发挥社会首创作用的唯一阶级的第一次革命。"⑥

三是官僚和干部的特权。马克思指出:"从公社委员起,自上至下一切公职人员,都只应领取相当于工人工资的薪金。国家高级官吏所享有的一切特权以及支付给他们的办公费,都随着这些官吏的消失而消失了。"⑦列宁也指出:"官僚是专干行政事务并在人民面前处于特权地位的一个特殊阶层的机关。"⑧"大多数人可以代替享有特权的少数人(享有特权的官吏、常备军长官)的特殊机构,自己来直接行使这些职能。……这里恰巧最明显地表现出一种转变:从资产阶级的民主转变为无产阶级的民主,从压迫者的民主转变为被压迫阶级的民主。"⑨邓小平则强调:"也还有一些干部,不把自己看作人民的公仆,而把自己看作人民的主人,搞特权、特殊化,引起群众的强烈不满,损害党的威信,如不坚决改正,势必使我

---

① [美]达龙·阿塞莫格鲁、詹姆士·罗宾逊:《政治发展的经济分析——专制和民主的经济起源》,第19页。
② 恩格斯:《英国状况:英国宪法》,《马克思恩格斯全集》,第1卷,第696—697页。
③ 恩格斯:《德国状况》,《马克思恩格斯全集》,第2卷,第648页。
④ 恩格斯:《社会主义从空想到科学的发展》,《马克思恩格斯全集》,第19卷,第207页。
⑤ 恩格斯:《反杜林论的准备材料》,《马克思恩格斯全集》,第20卷,第671页。
⑥ 马克思:《法兰西内战》,《马克思恩格斯全集》,第17卷,第366页。
⑦ 同上书,第358页。
⑧ 列宁:《俄国社会民主主义者的任务》,《列宁全集》,第2卷,第437页。
⑨ 列宁:《国家与革命》,《列宁全集》,第31卷,第40页。

们的干部队伍发生腐化。我们今天所反对的特权，就是政治上经济上在法律和制度之外的权利。搞特权，这是封建主义残余影响尚未肃清的表现。……克服特权现象，要解决思想问题，也要解决制度问题。"①

3. 反腐败

约翰斯顿把"腐败"界定为"追求私人利益而滥用公共角色或资源"。他指出，如何追求财富和权力，如何使用和交换财富与权力，是当代政策制定中鲜有的一场争论，所有这些问题都围绕着人类拥有过上好生活以及参与影响他们生活的决策的基本权利。②

对腐败与政策的关系，约翰斯顿提出了以下看法。（1）从一个视角来观察，腐败只不过是影响力、决策、交换和"发展"的另一种表现形式。（2）腐败总体上延误和扭曲了政治和经济的发展。通过传递信息和提供优惠条件，腐败交易会波及整个经济或政治系统。（3）腐败使政府的政策成了一种欺骗。腐败的权钱关系影响着决策，民主价值观和参与变得毫不相干，许多人急需机遇但机遇却被剥夺了。（4）公开、竞争的政治程序——包括（但不局限于）选举——也因腐败受到削弱，并殃及那些无形的反腐力量。③

马克思主义经典作家也要求与腐败作斗争。如斯大林所言："国家机关问题是我国整个建设中最重要的问题之一。国家机关是廉洁奉公，还是贪污受贿；是实行节约，还是浪费人民财富；是在工作中弄虚作假，还是全心全意为国家服务；是劳动者的累赘，还是帮助劳动者的机关；是培植无产阶级的法制思想，还是以否定这个思想的精神腐化人民的意识；是在向过渡到没有国家的共产主义社会这个方向前进，还是向普通的资产阶级国家的腐朽官僚制度倒退——正确地解决这一切问题，对于党和社会主义不能没有决定意义。"④ 邓小平也指出："我们要反对腐败，搞廉洁政治。不是搞一天两天、一月两月，整个改革开放过程中都要反对腐败。"⑤ "要惩治腐败，并体现我们不但不会改变改革开放的政策，而且要继续深化改

---

① 邓小平：《党和国家领导制度的改革》，《邓小平文选》，第 2 卷，第 332 页。
② [美] 迈克尔·约翰斯顿：《腐败征候群：财富、权力与民主》，第 12、228 页。
③ 同上书，第 23—31 页。
④ 斯大林：《关于俄共（布）第十三次代表大会的总结》，《斯大林全集》，第 6 卷，第 217 页。
⑤ 邓小平：《我们有信心把中国的事情做得更好》，《邓小平文选》，第 3 卷，第 327 页。

革、扩大开放。"①

4. 限制权威

以限制权威的方式控制政策权力,是西方学者重点强调的目标,并提出了一些值得注意的看法。

第一,"研究权威"而不是"限制权威"。迪韦尔热指出,权威的决定不仅反映了他本人的意志,而且是相当长时间的过程所导致的结果,在这个过程中有许多人进行干预,每个人都从不同的角度施加压力以便赢得对他有利的决定。目前,社会学家研究的方向侧重于这种政策过程,而不是集中力量研究掌权者及其权力。这种研究方法使人能更好地了解在什么情况下权威才真正地行使它所享有的权力。②

第二,权威具有暂时性的特征。利奥塔指出,在制度下,更在后现代制度下,权威是受争论的问题。可以这样说,权威向来只是归于并让于个人或团体的,个人或团体只在一段有限的时间内占据着权威场所。这个场所原则上是空闲着的。权威是由一个契约确定的,虽然权威的话起最终决定性作用。③

第三,减少对权威的要求。沃尔多指出,对于民主行政理论的发展来说,最大的障碍并不在于对于效率的过分强调,而在于关于人类组织的"权威主义"观念的力量上。像所有民主政治理论一样,民主行政理论的中心问题,就是如何去调和对民主的渴望与对权威的要求。在一个民主社会里,只有民主本身才是唯一能使权力合法化的东西。④

第四,寻求有秩序的权威。派伊指出,强有力的控制和有效的行政管理不应看作是民主发展的对立面,倒是权威和参与在现代国家的建设上应该携手共进。要想有民主的政府,就必须有一个政府和有秩序的权威。⑤

第五,降低对权威专断的疑虑。西蒙指出,虽然权威的重要职能之一,就是在出现意见分歧时,能保证决策的制定和顺利的执行,但对权威

---

① 邓小平:《组成一个实行改革的有希望的领导集体》,《邓小平文选》,第 3 卷,第 298 页。
② [法] 莫里斯·迪韦尔热:《政治社会学——政治学要素》,第 108 页。
③ [法] 利奥塔:《后现代道德》,第 51—52 页。
④ [美] 德怀特·沃尔多:《民主行政理论的发展》,载《公共行政学百年争论》,第 59—94 页。
⑤ [美] 鲁恂·W. 派伊:《政治发展面面观》,第 107 页。

专断性的强调可能还是过分了。权威在组织中最重要的用途之一就是导致决策制定工作的专业化,以便在组织里最恰当的地方熟练地制定每个政策。①

第六,民主可以使权力转变为权威。福克斯指出,民主是使权力转化为权威的最可靠的方式,因为民主是在征得了公民同意的前提下才以他们的名义进行决策。②

也就是说,在权威问题上,一定的限制可能是需要强调的,但更应该强调的是如何用民主的手段使权力转化为权威并建立"秩序的权威"。

5. 反对官僚主义

马克思主义经典作家重点关注的不是如何限制权威的问题,而是反对官僚主义的问题,并指出了官僚主义在权力方面的以下表现。(1)以权力服务于利益。列宁指出:"不论在君主国或在最民主的资产阶级共和国,官僚主义是随时随地把国家权力同地主和资本家的利益连在一起的。"③(2)滥用权力。邓小平指出:"我们党内还有一种人,他们把党和人民的关系颠倒过来,完全不是为人民服务,而是在人民中间滥用权力,做种种违法乱纪的坏事。"④(3)权力过分集中。邓小平指出:"因为民主集中制受到破坏,党内确实存在权力过分集中的官僚主义。这种官僚主义常常以'党的领导'、'党的指示'、'党的利益'、'党的纪律'的面貌出现,这是真正的管、卡、压。许多重大问题往往是一两个人说了算,别人只能奉命行事。"⑤(4)忽视实际政策问题。列宁指出:"如果官僚主义地解释问题,那么'批准'就是意味着大官们的刚愎自用,官场拖拉习气,玩弄审查委员会之类的把戏,一句话,就是用纯粹的官僚态度葬送实际工作。"⑥毛泽东也指出:"官僚主义的表现,一种是不理不睬或敷衍塞责的怠工现象;……另一种是命令主义。"⑦

西方学者也注意到了在政策过程中控制官僚主义的问题。如威尔逊所

---

① [美]赫伯特·A. 西蒙:《管理行为》,第8、28页。
② [英]基思·福克斯:《政治社会学》,第134页。
③ 列宁:《俄共(布)党纲草案》,《列宁全集》,第36卷,第85页。
④ 邓小平:《关于修改党的章程的报告》,《邓小平文选》,第1卷,第222页。
⑤ 邓小平:《解放思想,实事求是,团结一致向前看》,《邓小平文选》,第2卷,第141—142页。
⑥ 列宁:《论统一的经济计划》,《列宁全集》,第40卷,第351页。
⑦ 毛泽东:《必须注意经济工作》,《毛泽东选集》,第1卷,第110—111页。

言，只有当国家的全部行政机构与民众、机构官员和基层成员的共同政治生活相分离时，官僚制度才能生存下去，其动力、目标、政策以及标准必定充斥着官僚主义习气。① 阿伦特也指出，在政府内部，一方面是官僚主义，一方面是社会生活，它们使得自欺相对容易。②

从以上列出的控制政策权力的"政策过程目标"可以看出，尽管对具体目标的解释有所不同，但反对权力垄断、反特权、反腐败和反对官僚主义，是马克思主义经典作家和西方学者都认可的目标。

三　两种权力关系的协调

政策权力的行使，不可避免地会遇到两种权力关系协调的问题，一种是集权与分权的关系，另一种是"立法权"与"行政权"的关系。

（一）政策集权的重要性

对一个国家而言，政策集权显然是必要的，马克思主义经典作家从四个方面强调了集权的重要性。

第一，集权是国家的本质。恩格斯指出："集权所具有的矛盾是无可争辩的，但是我们也承认集权有其存在的历史的和合理的权利！集权是国家的本质、国家的生命基础，而集权之不无道理正在于此。每个国家必然要力求实现集权，每个国家，从专制君主政体起到共和政体止，都是集权的。美国是这样，俄国也是这样。没有一个国家可以不要集权，联邦制国家需要集权，丝毫也不亚于已经发达的集权国家。只要存在着国家，每个国家就会有自己的中央，每个公民只是因为有集权才履行自己的公民职责。……国家集权的实质并不意味着某个孤家寡人就是国家的中心，就象在专制君主政体下那样，而只意味着有一个人位于中心，就象共和国中的总统那样。就是说，别忘记这里主要的不是身居中央的个人，而是中央本身。""集权是国家的一条原则，但也正因为集权，才不可避免地使国家超越自己的范围，使国家把自己这个特殊的东西规定为普遍物、至高无上

---

① ［美］威尔逊：《行政之研究》，第240页。
② ［美］汉娜·阿伦特：《共和的危机》，第28页。

者,并希图取得只有历史才具有的权限和地位。"①

第二,中央集权有利于无产阶级。恩格斯指出:"资产阶级已经有了相当的中央集权。无产阶级根本不认为自己因此而受到了损害;恰恰相反,正是这种中央集权才使无产阶级有可能联合起来,感到自己是一个阶级,发现民主是适当的政治世界观并且最后战胜资产阶级。民主主义的无产阶级不仅需要资产阶级最初实现的那种中央集权,而且还应当使这种中央集权在更大的范围内得到实行。……民主主义的无产阶级如果要重新确立自己的统治,就应当不仅使各个国家也都中央集权化,而且应当尽快地使所有文明国家统一起来。"②

第三,中央集权有利于政策的统一。马克思指出:"'国家权力是否应当从一个点出发',也就是说,一个点是否应当成为行政管理的中心,或者说每个省等是否应当自己管理自己的事务,而中央政府只有在对外政策上才应当作为'对外'的整体的权力起作用——集权的问题绝不能这样提出来。"③ 毛泽东也指出:"革命形势要求我党缩小(不是废除)各地方各兵团的自治权,将全国一切可能和必须统一的权力统一于中央,而在各地区和各部分则统一于受中央委托的领导机关(据我们所知,各地区和各部分的内部对于受中央委托的机关存在着极大的极不正常的和极有害的不统一状态)。"④ 邓小平则强调:"宏观管理要体现在中央说话能够算数。……我们讲中央权威,宏观控制,深化综合改革,都是在这样的新的条件下提出来的。现在中央说话,中央行使权力,是在大的问题上,在方向问题上。"⑤

第四,中央集权可以集中资金"办大事"。邓小平指出:"中央如果不掌握一定数额的资金,好多应该办的地方无力办的大事情,就办不了,一些关键性的只能由中央投资的项目会受到影响。……现在一提就认为中央集中过多下放太少,而没有考虑该集中的必须集中的问题。中央必须保证某些集中。"⑥

---

① 恩格斯:《集权与自由》,《马克思恩格斯全集》,第41卷,第396—397页。
② 恩格斯:《瑞士的内战》,《马克思恩格斯全集》,第4卷,第391—392页。
③ 马克思:《集权问题》,《马克思恩格斯全集》,第40卷,第289页。
④ 毛泽东:《将全国一切可能和必须统一的权力统一于中央》,《毛泽东文集》,第5卷,第87页。
⑤ 邓小平:《中央要有权威》,《邓小平文选》,第3卷,第278页。
⑥ 邓小平:《关于经济工作的几点意见》,《邓小平文选》,第2卷,第200—201页。

西方学者则从五个方面肯定了政策集权所具有的重要作用。

一是中央集权可以保证国家的统一政策。托克维尔指出，民主革命扫荡了旧制度的众多体制，却巩固了中央集权制。大家都认为，若是国家不介入，什么重要事务也搞不好。① 黑格尔也认为，现在的国家幅员广大，实现每个自由人应参与决定和普遍讨论国家事务的理想完全不可能，为要作为政府作出决定，并付诸实施，国家权力都必须集中到一个中心。② 诺齐克则强调，即便是最弱意义上的国家，如何来决定行为总体阈限以下的哪一个分支应该被允许，对每一个行为都征税，要求有一个中央的或统一的税收和决策机构。由社会来决定哪些行为是有价值的，应该允许哪些是应该被禁止的，以使行为总体削减到恐惧阈限以下，也需要同样的机构。③

二是中央集权能够保证政策的连续性和责任性。古德诺指出，正式的政府体制具有一个特点，即政府官员对政府政策承担的责任并不明确。如果仅有集权的行政而无负责任的政党，那就无法保证行政高效。在美国政治体制中，不负责任的党魁使公共事务的管理也变得不负责任，迅速导致维系民众所需要的政策连续性变得几乎不可能。如果我们希望美国确立民治政府和高效行政，那么就有必要建立一套适度集权的行政体制。④

三是中央集权能够较好发挥中央机构的决策作用。密尔指出，地方代表机关及其官员几乎肯定在才能和知识程度上比不上议会和中央行政部门，监督他们的以及他们应对之负责的舆论也较弱。最熟悉原则的当局在原则问题上应该是最高的，而在具体问题上最有能力的当局应该负责处理具体问题。中央当局的主要职务应该是发指示，地方当局的主要职务应该是把指示应用到具体问题。⑤

四是中央集权可以及时应对危机局面。拉斯韦尔指出，危机要求专政、集权、集中、服从和倾向性。危机的间歇期则允许对民主、分权、分散、首创性和客观性作出让步。⑥

---

① ［法］托克维尔：《旧制度与大革命》，第102、109页。
② 《黑格尔政治著作选》，第33页。
③ ［美］诺齐克：《无政府、国家与乌托邦》，第88页。
④ ［美］古德诺：《政治与行政》，第141、203—205页。
⑤ ［英］约翰·密尔：《代议制政府》，第217—219页。
⑥ ［美］拉斯韦尔：《政治学：谁得到什么？何时和如何得到？》，第66页。

五是中央集权照顾的是国家的总体利益而不是局部利益。美国联邦党人杰伊曾力主各州联合起来建立一个有效的政府，因为一个政府能够集中和利用在联邦任何地方发现的最优秀人物的才能和经验，它能按全国一致的政策原则行事。假如美国人民分为三四个国家，它们的政策和所追求的唯一目的，将是每个联邦的局部利益，而不是整个美国的整体利益。① 托克维尔也认为，有一些与全国利益相关的问题，只有交给一个总的当局才能得到有效的处理。民主国家关于政府的观点有利于中央集权；民主时代的人，可以不用深思就会想出关于由政府直接领导全体公民的单一的中央权力的观念；他们厌恶复杂的制度，认为一个大国由同一模式的公民组成和由一个权力当局领导最好。个人独立和地方自由将永远是艺术作品，而中央集权化则是政府的自然趋势。使领导民主国家的中央政权积极和强大，这既是必需的，也是人们所希望的，但要完全阻止它滥用其机智和权力。②

也就是说，中央集权是国家的本质性要求并且能够带来统一的政策，是马克思主义经典作家和西方学者都同意的论点。有所不同的是，马克思主义经典作家强调了集权对"革命"的重要作用，西方学者强调的则是集权对"总体利益"的保证作用。

（二）政策分权的不可缺性

马克思主义经典作家从"过分集权"和"权力过分集中"的角度，说明了适度分权的必要性。

首先，过分集权影响地方积极性。毛泽东指出："中央和地方的关系也是一个矛盾。解决这个矛盾，目前要注意的是，应当在巩固中央统一领导的前提下，扩大一点地方的权力，给地方更多的独立性，让地方办更多的事情。这对我们建设强大的社会主义国家比较有利。我们的国家这样大，人口这样多，情况这样复杂，有中央和地方两个积极性，比只有一个积极性好得多。我们不能像苏联那样，把什么都集中到中央，把地方卡得死死的，一点机动权也没有。"③ "过分的集中是不利的，不利于调动一切

---

① ［美］汉密尔顿、杰伊、麦迪逊：《联邦党人文集》，第17、20—21页。
② ［法］托克维尔：《论美国的民主》，上卷，第128—129页；下卷，第840、874页。
③ 毛泽东：《论十大关系》，《毛泽东文集》，第7卷，第31页。

力量来达到建设强大国家的目的。"①

其次，过分集权可能带来错误的决策。邓小平指出："我们历史上多次过分强调党的集中统一，过分强调反对分散主义、闹独立性，很少强调必要的分权和自主权，很少反对个人过分集权。……社会主义建设的任务极为繁重复杂，权力过分集中，越来越不能适应社会主义事业的发展。对这个问题长期没有足够的认识，成为发生'文化大革命'的一个重要原因，使我们付出了沉重的代价。"②

再次，权力过分集中妨碍民主的实行。邓小平指出："权力过分集中，妨碍社会主义民主制度和党的民主集中制的实行，妨碍社会主义建设的发展，妨碍集体智慧的发挥，容易造成个人专断，破坏集体领导，也是在新的条件下产生官僚主义的一个重要原因。"③"权力过分集中于个人或少数人手里，多数办事的人无权决定，少数有权的人负担过重，必然造成官僚主义，必然要犯各种错误，必然要损害各级党和政府的民主生活、集体领导、民主集中制、个人分工负责制等。"④

西方学者则强调，中央集权可能为政策带来四个方面的问题。

一是中央集权往往要面对集中与风险冲突的困境。达尔指出，只要政策的统一施行是可取的，没有集权就不能获得一致性，而且集权要求权力和资源的集中，那么人们要么必须放弃合理的一致性，要么必须接受集中。任何人，只要不是无政府主义者，都有可能同意，集中的危险有时候被统一政策的优点抵消了。集中的优点和风险之间的冲突是真实的，在任何民主国家，公民和领导人都无法逃避这一困境的力量。⑤

二是中央集权可能不够灵活和易于出现错误政策。阿尔蒙德等人指出，如果中央决策者负责评价所有的信息并制定所有的决策，而不仅是负责作出基本政策选择，那么他们在一个庞大而复杂体系中的功效就会由于以下因素而削弱。（1）中央决策者只能读到或听到，或了解到数量有限的信息。（2）由于一个集权的决策结构的信息系统包括许多环节，发生

---

① 毛泽东：《在中共中央政治局扩大会议上的总结讲话》，《毛泽东文集》，第7卷，第52页。
② 邓小平：《党和国家领导制度的改革》，《邓小平文选》，第2卷，第329页。
③ 同上书，第321页。
④ 同上书，第329页。
⑤ ［美］罗伯特·达尔：《多元主义民主的困境：自治与控制》，第93页。

错误和失实的可能性也加倍增长。（3）大量有关信息不断增加的技术复杂性，使得高级官员都要受他们手下专家们的支配。（4）政府行政等级结构所起的歪曲作用，在有效的政策收集和发布信息方面也造成了许多困难。①

三是中央集权可能带来大量低效率的政策。海涅曼等人指出，在民主精神对制度影响方面，三权分立的联邦政府体制极大地限制了政府通过中央集权方式达成高效率工作的可能性，对社会利益的分裂侵蚀导致了政策过程的进一步瓦解。②

四是中央计划可能难以达到既定目标。弗里德曼指出，第二次世界大战之后经济政策决定性的改变，其特点是对集中"计划"和"方案"依靠的减少，对种种控制的取消和对私营市场的重视。这些政策变更的大致原因是中央计划的成就不大，或完全没有达到既定的目标。③

针对集权带来的问题，西方学者强调分权是制衡集权的有效方法，并指出分权之所以不可缺少，至少有五条理由。

第一条理由是分权可以防止越权。贡斯当指出，国家权力、地区权力和公社权力，每一种权力都必须恪守本分，这一点将指引我们确立一个我们认为十分重要的真理。全体居民或它的代表拥有国家的合法管辖权，假如他们干涉地区、公社或个人的利益，那就是越权。④

第二条理由是分权有利于制约政府。罗素·哈丁指出，自由民主的真正魅力通常在于它分散决策，使政府行动的能力更弱而不是更强的趋势，有时需要克服障碍。市场化的分权政策解决了一个实际上不可能发生的信息问题。许多人抱怨当代民主政府在面对国内和国际问题，尤其是福利和分配问题时的无效率。但是，可以证明，这种无能的收益可能超过它的代价。在自由民主型政府中的权力扩散通常妨碍作出忽视许多人利益的决策的能力。⑤

第三条理由是分权能选择更好的政策。林德布洛姆和伍德豪斯指出，

---

① [美]阿尔蒙德等：《比较政治学——体系、过程和政策》，第170—175页。
② [美]罗伯特·海涅曼等：《政策分析师的世界：理性、价值观念和政治》，第111页。
③ [美]米尔顿·弗里德曼：《资本主义与自由》，第15页。
④ [法]贡斯当：《古代人的自由与现代人的自由——贡斯当政治论文选》，第152—153页。
⑤ [美]罗素·哈丁：《自由主义、宪政主义和民主》，第72—73页。

当分权化与互动式的调适成为官僚协调活动的主要方式时，则没有任何一个机关能以其正式行动单独决定政策。相反的，政策是在所有官僚、民选官员、利益集团代表及其他参与者之间，经过复杂与互惠的互动关系所衍化而成。其结果是不可预期的，并不在所有参与者的意料之中。经由此种方式产生的政策，较之层级节制协调的方式，明智与民主程度均较高，因为有较多元的意见被纳入考量，且没有任何单一的参与者或集团能主导政策。①

第四条理由是分权可以增强民众对政府的信任并更有利于政策纠错。大卫·格林指出，当福利严格来说是政府事务的时候，把权力分散给地方和把中央政府的补贴转嫁给地方政府，可以增加政府的可信度。这样做的结果会使地方纳税人更好地认识到自己纳税的理由，以及通过缩小社会实验范围，增加错误在造成更大危害之前就被发现的纠正的可能性。②

第五条理由是分权体制更容易被民众接受。彭茨指出，自由主义的国家是地方分权制和联邦制的国家。为了保证每个人最高限度地享有自由的权力而付出的努力与在各个最基层的决策单位作出决策的倾向是相一致的，它们自身并没有统一的愿望。③ 海涅曼等人也指出，美国人对于协调一致或集权化的政府制度仍然表现出极少的热情。与对中央集权政府的不信任同时并存的是一种美国人中普遍存在的强烈的民主精神，美国人不仅偏爱于分散的政府机构，而且坚持认为这些分散了的机构更易被人们接受。④

从以上叙述可以看出，马克思主义经典作家和西方学者都重视"分权"，但侧重点明显不同。马克思主义经典作家主要关注的是集权与分权的"结合"关系，既不能"过分集权"和"权力过分集中"，也不能过度分权，带来"分散主义"，由此需要找到一个最恰当的"结合点"。西方学者主要关注的是集权与分权的"制衡"关系，需要找到的则是如何使集中的权力和分散的权力相互制约的有效机制。

（三）协调政策集权与分权的主要方法

尽管对集权和分权的认识有所不同，但在协调政策集权与分权关系的

---

① ［美］林德布洛姆、伍德豪斯：《最新政策制定过程》，第 86—88 页。
② ［英］大卫·格林：《再造市民社会——重新发现没有政治介入的福利》，第 184 页。
③ ［德］埃伯哈德·彭茨：《政治与人类尊严——德国自由主义者的解决途径》，第 2 页。
④ ［美］罗伯特·海涅曼等：《政策分析师的世界：理性、价值观念和政治》，第 111 页。

方法上，马克思主义经典作家和西方学者有较多共同的看法，我们可以在四个维度上列出一些重要的方法。

在中央维度上处理政策集权与分权的关系，可以考虑五种方法。(1) 建立既集权又适度分权的机制。毛泽东要求："中央集权和地方分权同时存在，能集的则集，能分的则分。"① 亨廷顿则强调，什么样的政治条件，更具体地说，什么样的权力组合状况有助于现代化社会的政策创制呢？一般证据表明，在复杂的政治体制中，既非高度集中也非十分分散的权力，有助于政策创制。② (2) 界定不同机构的权力。毛泽东指出："关于中央同地方分权的问题，中央要设多少部门，它们有多大的权力，地方有哪些部门，管哪些事，有多大权力，恐怕在几个月之内就可以搞出一个草案来。"③ 邓小平也指出："过去在中央和地方之间，分过几次权，但每次都没有涉及党同政府、经济组织、群众团体等之间如何划分职权范围的问题。"④ 库珀则认为，权力分离可以通过引导制度彼此制衡，解决公民与统治者间权力与信息的不对称问题。基本理念是针对不同的和潜在冲突的政府功能，为不同的机构明确界定的权力；同时如果这些机构要完成各自的功能，它们必须相互依赖，那么它们有强烈的理由去达成一整套的法律和政策。⑤ (3) 中央下放权力。邓小平指出："现在我国的经济管理体制权力过于集中，应该有计划地大胆下放，否则不利于充分发挥国家、地方、企业和劳动者个人四个方面的积极性，也不利于实行现代化的经济管理和提高劳动生产率。"⑥ "权力要下放，解决中央和地方的关系。"⑦ 哈耶克也指出，把中央政府的大多数服务性活动都转交给地方政府去承担，确实是大有助益的。还应该把制定对内政策的权力下放给地方政府。⑧ (4) "改变管理方式"或"放松管制"。邓小平指出："我们的各级领导

---

① 毛泽东：《在成都会议上的讲话》，《毛泽东文集》，第7卷，第371页。
② [美] 塞缪尔·亨廷顿：《变化社会中的政治秩序》，第117—119页。
③ 毛泽东：《在中共中央政治局扩大会议上的总结讲话》，《毛泽东文集》，第7卷，第53页。
④ 邓小平：《党和国家领导制度的改革》，《邓小平文选》，第2卷，第329页。
⑤ [美] 安德鲁·库珀：《重新建构全球治理：八项革新》，载《全球化理论——研究路径与理论论争》，第265—282页。
⑥ 邓小平：《解放思想，实事求是，团结一致向前看》，《邓小平文选》，第2卷，第145页。
⑦ 邓小平：《关于政治体制改革问题》，《邓小平文选》，第3卷，第177页。
⑧ [英] 哈耶克：《法律、立法与自由》，第2、3卷，第464、483—484页。

机关，都管了很多不该管、管不好、管不了的事，这些事只要有一定的规章，放在下面，放在企业、事业、社会单位，让他们真正按民主集中制自行处理，本来可以很好办，但统统拿到党政领导机关、拿到中央部门来，就很难办。谁也没有这样的神通，能够办这么繁重而生疏的事情。"① 彼得斯则指出，在集权与分权问题上有两种不同的解决方法。方法之一是中央政府试图控制和监督全国的政策执行。方法之二是放松管制，主要是指各种行政授权和联邦主义的制度安排，这样的行政分权体系提出了许多有关政策责任的问题，以及是否可以对政策和行政进行公共控制。②（5）建立"多中心体制"。奥斯特罗姆指出，在一个因势而变情况下运作的社会中，认为政策出自多个权力中心的互动比认为它们由某个单一的最终权力中心制定更加合适。"多中心政治体制"包括：许多形式上相互独立的决策中心（自治单位）；选择按照考虑他人的方式行动（它们在竞争性关系中相互重视对方的存在，相互签订各种各样的合约，并从事合作性的活动）；通过合作、竞争、冲突和冲突解决程序（利用核心机制来解决冲突）。冲突解决不必依赖"中央机构"，解决冲突的非中央机构亦存在。③

在地方维度上处理政策集权与分权的关系，则有四种方法值得考虑。（1）给一些地方特殊政策。邓小平指出："要让一部分地方先富裕起来，搞平均主义不行。这是个大政策，大家要考虑。"④ "能发展就不要阻挡，有条件的地方要尽可能搞快点，只要是讲效益，讲质量，搞外向型经济，就没有什么可以担心的。"⑤（2）强化地方政策和增加次级决策单位。古德诺指出，仅仅是投票这一项优势，城市居民将足以迫使政党在他们的地方组织中制定地方政策，或迫使他们退出地方政策，让位于城市政党。在考虑地方政策时，应该使它们摆脱与州和联邦的关系。地方政策将为地方政治共同体表达和执行地方意志提供机会。⑥阿普特则认为，分权可以采取增加次级决策单位的形式，这样，集权政府模式可以通过大量的地方政府得到扩散，地区或地方事务的决策更为有效。建立在地区基础上的次级

---

① 邓小平：《党和国家领导制度的改革》，《邓小平文选》，第 2 卷，第 328 页。
② ［美］盖伊·彼得斯：《官僚政治》，第 155—157 页。
③ ［美］文森特·奥斯特罗姆：《美国联邦主义》，第 16、231 页。
④ 邓小平：《办好经济特区，增加对外开放城市》，《邓小平文选》，第 3 卷，第 52 页。
⑤ 邓小平：《在武昌、深圳、珠海、上海等地的谈话要点》，《邓小平文选》，第 3 卷，第 375 页。
⑥ ［美］古德诺：《政治与行政》，第 44—45、51 页。

决策单位提供了公众对于与他们的利益相关事务进行参与的机会,并发展出一种公民责任的传统;由此导致了强制手段的下降,决策的分享和责任的扩张。① (3) 开展各级政府之间的协商。帕特南指出,许多项目的责任并不是明确分配给某一级政府的,其责任事实上是由中央、地区和地方政府共同承担的。所有三个级别政府的政治家和行政官员不断地进行非正式的磋商,互相之间要进行谈判,这些磋商与谈判经常是非常激烈的,即使在主要的决策责任明确属于某一级政府的时候也是如此。② 海涅曼等人也指出,在地方决策方面,政策议题权力向州政府的转移与智囊机构的地理分布一起,打开了远远超越二十年前情形的政策对话。这种扩展的对话将使政策过程的许多方面变得更加复杂化,政策的分散和不连续性看来注定要扩展至华盛顿的政治圈之外。③ (4) 小型分权。弗里德里克森指出,以分权为例,新公共行政要求的是管理者的任务是确定组织内部做成的政策是否可以畅通无阻,以小型分权的层级节制加上大型方案,不发展组织,而是把组织分化成数个由蜕变后的人员所组成的自主单位。④ 邓小平也强调,要加大地方的权力,特别是企业的权力。⑤ 地方各级也都有一个权力下放问题。⑥

在社会和基层组织维度上,西方学者认为可以用三种方法来处理政策集权与分权的关系问题。(1) 将公民社会作为权力场所。福克斯指出,公民社会不是国家的工具,公民社会本身也是重要的权力场所。国家与公民社会共存于一种充满活力又不乏紧张的关系之中。⑦ (2) 为自治充权。达仁道夫指出,自治首先必须理解为独立于一个权力中心。凡是社区自治得到严肃对待的地方,乡镇的行政管理(自治管理)就能够变为公民的社会的一部分。即使由反对财政拨款维系的机构,如大学,也能实行自治。⑧ (3) 授权给社区。奥斯本和盖布勒指出,今天的环境要求各种体制

---

① [美] 戴维·阿普特:《现代化的政治》,第335页。
② [美] 罗伯特·帕特南:《使民主运转起来——现代意大利的公民传统》,第36—57页。
③ [美] 罗伯特·海涅曼等:《政策分析师的世界:理性、价值观念和政治》,第154—155页。
④ [美] 弗里德里克森:《新公共行政学》,第111页。
⑤ 邓小平:《用先进技术和管理方法改造企业》,《邓小平文选》,第2卷,第131页。
⑥ 邓小平:《关于政治体制改革问题》,《邓小平文选》,第3卷,第177页。
⑦ [英] 基思·福克斯:《政治社会学》,第8—9页。
⑧ [英] 拉尔夫·达仁道夫:《现代社会冲突》,第58—59页。

机构不是简单地替公民们服务，还要把权力赋予公民。为了改变普遍的"庇护现象"，在美国公共生活中的每一个方面都出现了同样的社区所有权和授权的主题，各级政府开始把所有权和管理权从官僚和专业人士手中夺回来交给社区。政府组织可以创造一整套各种各样的机会，不同的社区只要作好准备就可以来利用。当政府把所有权和控制交给社区时，它们的责任并不因此而结束。政府也许不再直接提供服务，但是仍然对保证满足居民需要负有责任。①

在公民维度上协调政策集权与分权的关系，值得注意的是三种方法。（1）依靠公民的集体力量。托克维尔指出，个人的努力与社会力量结合，常会完成最集权和最强大的行政当局所完不成的任务。公民的集体力量永远会比政府的权力创造出更大的社会福利。② 莫斯卡也指出，革除议会体制之弊害的最稳妥、最有效的办法是进行广泛的有机的去中心化，这不仅意味着权力从中央官僚机构向地方官僚机构、国家议会向地方议会转移，还意味着许多目前由官僚和立法机构行使的职能将转移到公民阶层手中。③（2）以争论或讨论控制政策集权。弗里德曼指出，我们怎么能从政府的有利之处取得好处而同时又能回避对自由的威胁呢，在我们宪法中体现两大原则给予了迄今能保护我们自由的答案：首先政府的职责范围必须具有限度，其次是政府的权力必须分散。对于一个自由主义者而言，合适的手段是自由讨论和自愿合作。这也就意味着，任何强制的形式都是不合适的。理想的情况是，在自由和充分讨论的基础上具有责任心的个人之间取得一致的意见。④（3）向人民下放权力。邓小平指出："把权力下放给基层和人民，在农村就是下放给农民，这就是最大的民主。"⑤ "这些年来搞改革的一条经验，就是首先调动农民的积极性，把生产经营的自主权力下放给农民。"⑥

---

① ［美］戴维·奥斯本、特德·盖布勒：《改革政府：企业家精神如何改革着公共部门》，第24、39—40页。
② ［法］托克维尔：《论美国的民主》，上卷，第100页；下卷，第526—528页。
③ ［意］莫斯卡：《政治科学要义》，第307页。
④ ［美］米尔顿·弗里德曼：《资本主义与自由》，第5—6、27页。
⑤ 邓小平：《一切从社会主义初级阶段的实际出发》，《邓小平文选》，第3卷，第252页。
⑥ 邓小平：《关于政治体制改革问题》，《邓小平文选》，第3卷，第180页。

(四) 处理"立法权"与"行政权"关系的不同思路

"立法权"与"行政权"之间的关系，又可以表述为"决策权"与"执行权"之间的关系，或者是"政治"与"行政"之间的关系。对于如何处理这类关系，马克思主义经典作家和西方学者有不同的思路。

马克思主义经典作家倾向于以"议行合一"的方式处理"立法权"与"行政权"之间的关系，重点强调的是以下论点。

第一，现代国家不能根本解决行政权与政策的矛盾问题。马克思指出："所有国家都在行政机关无意地或有意地办事不力这一点上去寻找原因，于是它们就把行政措施看作改正国家缺点的手段。为什么呢？就因为行政是国家的组织活动。要消除在行政机关的任务、它的善良意愿和它所能够采取的手段、办法之间的矛盾，国家就必须消灭自己，因为国家本身就是以这个矛盾为基础的。国家是建筑在社会生活和私人生活之间的矛盾上，建筑在公共利益和私人利益之间的矛盾上的。因此，行政机关不得不限于形式上的和消极的活动；因为哪里有了市民生活和市民活动，行政机关的权力就要在哪里告终。……现代国家要消灭自己的行政机关的无能，就必须消灭现在的私人生活。而要消灭私人生活，国家就必须消灭自己，因为国家纯粹是作为私人生活的对立物存在的。"①

第二，以"社会解放"摆脱立法与行政之争。马克思指出："公社才是帝国本身的真正对立物，也就是国家政权、集中化行政权力的对立物。……这次革命不是一次反对哪一种国家政权形式——正统的、立宪的、共和的或帝制的国家政权形式的——革命。它是反对国家本身、这个社会的超自然的怪胎的革命，是人民为着自己的利益重新掌握自己的社会生活。……它不是阶级统治的行政权形式和议会形式之间所进行的无聊斗争，而是同时对这两种形式进行的反抗。""公社应该公开宣布'社会解放'为共和国的伟大目标，从而以公社的组织形式来保证这种社会改造。"②

第三，确立立法权和行政权结合的国家制度。列宁指出："苏维埃

---

① 马克思：《评"普鲁士人"的"普鲁士国王和社会改革"一文》，《马克思恩格斯全集》，第1卷，第479—480页。

② 马克思：《法兰西内战初稿》，《马克思恩格斯全集》，第17卷，第586—587、600页。

组织还摈弃了资产阶级民主制消极的一面，即立法权和行政权分立的议会制，这一制度巴黎公社已开始废除，其狭隘性和局限性马克思主义早已指出。苏维埃把两种权力合而为一，使国家机构接近劳动群众而拆除了资产阶级议会这道围墙。""苏维埃宪法保证工农劳动群众比在资产阶级民主和议会制下有更大的可能用最容易最方便的方式来选举和罢免代表，同时也就消灭自巴黎公社时起就已暴露出来的议会制的缺点，特别是立法权和行政权分离、议会脱离群众等缺点。"①"废除议会制（立法和行政的分立），把国家的立法工作和行政工作结合起来，把管理和立法合在一起。"②

"立法权"与"行政权"之间的关系，是否可以用"政治——行政二分法"来概括，在西方学者中有不同的看法，尤其是当代的行政学、政策学的学者，不少人是否定"二分法"的。尽管有这样的分歧，但是要求用"权力制衡"的方式来处理"立法权"与"行政权"之间的关系，在西方学者中基本形成了共识，并强调了五种可能出现的情况。

一是议会权对行政权的控制。韦伯指出，如果没有一个能够对行政的实质和人事进行干预的民主化议会，就不可想象怎么才能实现民主。大概任何人都愿意看到议会作为一个权威继续存在，以迫使行政公开、决定预算以及审议和通过立法，这些功能在任何民主制度中都是不可替代的。行政领袖必须直接从议会成员中产生（一种真正意义的议会制），或者他们需要议会多数明确表示信任才能继续任职，至少也必须在失去议会信任时辞职（由议会选择领袖）。因此，他们必须详尽无遗地对议会说明自己的行动，服从议会或其委员会的核查（领袖对议会负责）；进而，他们必须按照议会认可的指导方针施政（行政由议会控制）。有效的议会监督和控制体系将迫使行政当局保持公开性。必须有一个使官员有效对其负责的议会，没有任何其他权力能够替代这种议会。③

二是议会权对行政权的指导。哈耶克指出，代议机构的绝大部分工作不是制定和批准一般行为规则，而是指导政府在解决特定问题时采取何种

---

① 列宁：《俄共（布）党纲草案》，《列宁全集》，第36卷，第84—85、100页。
② 列宁：《党纲草案草稿》，《列宁全集》，第34卷，第67页。
③ ［德］马克斯·韦伯：《新政治秩序下的德国议会与政府》，载《韦伯政治著作选》，第136、148、166页。

行政措施。一个代议机构集政府治理与立法这两项权力于一身，不仅与权力分立原则相抵触，而且也与法律下的政府的理想和法治的理想不相容。① 熊彼特也指出，议会里的政治家一定要克制自己，不要在看来做得到的时候就不能抗拒颠覆政府、破坏政府的诱惑。要是他们反向而行，那就不会有行之有效的政策。政府的支持者务必接受它的领导，允许它制定政纲和执行政纲。②

三是议会权（决策）与行政权（执行）的分工。缪勒指出，在制宪民主中，议会是人民决定应当采取何种政府行为的代理人，行政部门则是议会的代理人，负责贯彻它的决定。③ 格罗斯曼和赫尔普曼也指出，根据代议民主制度，公民选举其代表，并授予代表根据公民利益进行政策决定的权力。当然，存在多种代议民主制度。有时，单个决策者进行政策选择。在更多场合，代表不同地区或不同类型选民的个人群体行使政策决定的权力。根据某些国家的政治制度，立法机构具有行使制定政策或废除政策的最终决定权，也有将制定政策与废除政策的权力分别赋予立法机构与行政执行机构的政治制度。④

四是议会向行政机构转交政策制定权。西蒙指出，"决策"工作同"执行"工作一样渗透整个管理型组织中，事实上这两者紧密相连、缺一不可。因此一般管理理论既要包括保证决策正确制定的组织原则，又要包括保证决策有效执行的组织原则。出于政治原因，立法机构往往希望避免制定明确的政策，而把政策制定工作转交给行政管理机构来做。行政管理者可能不是个中立顺从的人，他可能（而且往往如此）有自己一套明确的个人价值观，而且希望他的管理型组织按照其意图行事，他也可能会抵制立法机关独揽政策制定权的做法，或通过执行政策的个人方式，故意破坏立法机关的决定。⑤

五是议会权与行政权相互制约。莫里斯指出，一种在立法、行政和司法机关之间制衡的制度，就是立意要防止政权落到任何一个政府机构

---

① ［英］哈耶克：《法律、立法与自由》，第 2、3 卷，第 302—306 页。
② ［美］熊彼特：《资本主义、社会主义与民主》，第 428 页。
③ ［英］丹尼斯·缪勒：《制宪民主：一个解释》，载《理解民主——经济的与政治的视角》，第 63—88 页。
④ ［美］吉恩·格罗斯曼、［以］埃尔赫南·赫尔普曼：《特殊利益政治学》，第 31—32、39—40 页。
⑤ ［美］赫伯特·A. 西蒙：《管理行为》，第 2、6、54—57 页。

手里。① 海哥德和考夫也指出，强有力的行政机构对克服与严重经济危机相关联的集体行动难题可能是重要的，但它们必须最终要对代表机构负责并接受它们的制衡。代议制政府的巩固就意味着需要减少行政官员个人的自由裁量权以及让民选代表和利益集团领袖承担更多的问责义务。②

四 控制政策权力的主要途径

要有效地控制政策权力，除了拿出解决集权与分权问题和协调"立法权"与"行政权"关系的各种办法外，还需要一些有效的民主途径。综合马克思主义经典作家和西方学者的论点，可以归纳出一些主要的途径。

（一）注重权力来源

马克思主义经典作家和西方学者都认为，明确和注重权力的来源是控制权力的一个重要途径，但对权力的具体来源却给出了不同的解释。

毛泽东强调的是权力来自人民的论点："去年有个美国记者问我：'你们办事，是谁给的权力？'我说：'人民给的。'……我们的责任，是向人民负责。每句话，每个行动，每项政策，都要适合人民的利益，如果有了错误，定要改正，这就叫向人民负责。……人民要解放，就把权力委托给能够代表他们的、能够忠实为他们办事的人，这就是我们共产党人。我们当了人民的代表，必须代表得好。"③ "我们的权力是谁给的？是工人阶级给的，是贫下中农给的，是占人口百分之九十五以上的广大劳动群众给的。"④

西方学者则强调了政策权力的四种来源。

第一，权力来自授权。授权有不同的方式，西方学者重点强调的是

---

① ［美］查尔斯·威廉·莫里斯：《莫里斯文选》，第 320—321、326—327 页。
② ［美］斯迪芬·海哥德、罗伯特·考夫：《民主化转型的政治经济分析》，第 178—181、375 页。
③ 毛泽东：《抗日战争胜利后的时局和我们的方针》，《毛泽东选集》，第 4 卷，第 1074 页。
④ 毛泽东：《共产党基本的一条就是直接依靠广大人民群众》，《建国以来毛泽东文稿》，第 12 册，第 581 页。

五种方式。(1) 人民授权。卡斯腾和贝克曼指出,民主制度在定义上必然是一个集体主义社会,背地里它就是社会主义制度,基本概念就是所有社会上的实体组织、经济组织和社交组织的重大决策都要集体地(即由人民)作决定。人民于是授权他们的代表在议会——换句话说,即政府——去帮他们作决定。[1] (2) 宪法授权。罗素·哈丁指出,宪政主义是一切关于事先授权和约束的事情。[2] (3) 选举授权。埃里诺·奥斯特罗姆指出,在规模大一些的群体中,关于基础设施的决策,一般是通过诸如投票或者授权给政府官员等机制来决定的。[3] (4) 规则授权。哈耶克指出,权力分立始终意味着,政府的每一项强制行为都必须得到某项普遍的正当行为规则的授权,而这种普遍的正当行为规则是由一个并不关注特定且即时性政府目的的机构所制定的。[4] (5) 紧急授权。悉尼·胡克指出,民主有效地行使的另一个要求,就是在危急的情势中具有可以通过授予的职权来迅速行动的机构。但是,不论发生哪一种危险,都必须由被统治者或其委托的代表来对一种危机作出承认;权力的授予必须用民主方法来更新;而且被统治者要不破坏他们的民主就不可能宣布危机永久存在。[5]

第二,权力来自同意。缪勒指出,在无限制的多数民主的相反一极的"制宪民主",最终主权在于人民——所有公民,它的行使只有在所有人同意它应当如何行使时才是可能的。[6] 福克斯也指出,民主还是使权力转化为权威的最可靠的方式,因为民主是在征得了公民同意的前提下才以他们的名义进行决策。[7]

第三,权力来自委托。哈耶克指出,为了使政府更好地履行这些任务,人们赋予了政府以一定的手段并允许它雇佣由它自己支付工资的公务

---

[1] [荷兰] 法兰克·卡斯腾、卡洛·贝克曼:《民主以外——关于民主的十三个问题》,第 22 页。
[2] [美] 罗素·哈丁:《自由主义、宪政主义和民主》,第 173—175 页。
[3] [美] 埃里诺·奥斯特罗姆:《制度性的理性选择:对制度分析和发展框架的评估》,载《政策过程理论》,第 42—91 页。
[4] [英] 哈耶克:《法律、立法与自由》,第 2、3 卷,第 304—305、308 页。
[5] [美] 悉尼·胡克:《理性、社会神话和民主》,第 254—255 页。
[6] [英] 丹尼斯·缪勒:《制宪民主:一个解释》,载《理解民主——经济的与政治的视角》,第 63—88 页。
[7] [英] 基思·福克斯:《政治社会学》,第 134 页。

人员。被委托执行这些特殊任务的机构,不能为了自己的目的而运用任何最高权力,而只能限于运用专门赋予它们的手段。① 巴伯也指出,代议制对于选择而言起着决定性的作用,因为通过代议制的方式,人们可以计算选票,可以对各种态度进行量化处理,同时也可以将权力委托给代表行使。②

第四,权力来自竞争。毕塞特认为,权力竞争是民主不可或缺的。③ 马奇也认为,以权力争夺为基础的决策论,关注的问题是谁得到了什么,什么时候得到的,如何得到的?这样的决策论对民主的标准假设是权力的平等,对个人抱负的假设是对权力的追求,对决策标准的假设是对权力的争夺,通过运用权力得到自己想要的结果。④ 夏皮罗则强调,政治竞争有意义,不仅是指那些追逐权力的人提供了不同选择方向,还必然包括来自于公众选民的不同政策要求,选民们可以批判地思考这些选择,并评估政治论证是否充分。⑤

(二) 明确权力责任

有权力就要负相应的责任,如邓小平所言:"我们的党政机构以及各种企业、事业领导机构中,长期缺少严格的从上而下的行政法规和个人负责制,缺少对于每个机关乃至每个人的职责权限的严格明确的规定,以致事无大小,往往无章可循,绝大多数人往往不能独立负责地处理他所应当处理的问题,只好成天忙于请示报告,批转文件。"⑥

西方学者也强调了为权力赋予相应的责任,是以民主的方法控制权力的重要途径。如拉斯韦尔和卡普兰所言,权力是在自身责任最大化的基础上行使的,民主政体不能容忍任何形式的威权主义,不论这样的责任集中会带来多少利益。⑦ 彭茨也指出,人在哪里作出决策,就要为其决策的后

---

① [英]哈耶克:《自由秩序原理》(又译《自由宪章》),上册,第272—273页。
② [美]本杰明·巴伯:《强势民主》,第230页。
③ [美]约瑟夫·毕塞特:《协商民主:共和政府的多数原则》,载《协商民主与政治发展》,第35—50页。
④ [美]詹姆斯·马奇:《决策是如何产生的》,第101—103页。
⑤ [美]夏皮罗:《政治的道德基础》,第238—243、251页。
⑥ 邓小平:《党和国家领导制度的改革》,《邓小平文选》,第2卷,第328页。
⑦ [美]哈罗德·拉斯韦尔、亚伯拉罕·卡普兰:《权力与社会:一项政治研究的框架》,第210—211页。

果承担责任。谁若作出了错误的决策，他就将为此付出代价。人在决策时无法通观其决策的后果，这就免除不了他的罪责。① 罗伯特·登哈特和珍妮特·登哈特则强调责任包含了一系列专业责任、法律责任、政治责任和民主责任。责任机制在民主政策中的最终目的在于确保政府对公民偏好和需要的回应。这种责任可以通过承认并关注那些能够并且应该影响行政官员行动的多种冲突性规范和因素的公共服务来得到最好的实现。以一种负责并且是对民众负责的方式来平衡这些因素的关键在于公民参与、授权以及对话。②

西方学者承认，在权力责任方面依然存在一些需要解决的问题，如维克斯所言，我们的政治系统被设计来约束那些对民众不负责任的权力的运用，而不是被设计来确保对于国民的负责任的权力的运用。③ 奥斯本和盖布勒也指出，我们接受规章和繁文缛节以防止发生坏事，但同样这些规章会妨碍出现好事，它们会使政府的办事效率慢得像蜗牛一样。照章办事的政府有可能防止某种腐败，但要以巨大的浪费作为代价。④

（三）权力相互制衡

权力相互制衡是西方学者强调的一种控制权力的途径，如涂尔干所言，当统治权在其他社会职能部门中没有遇到可以制衡和有效限制它的东西，它就是专制的。⑤ 就政策权力的制衡而言，至少需要三种重要的机制。

第一种机制是以政策分权制衡政策集权，本章第三节已经对此作了说明，无须赘述。

第二种机制是不同政策权力之间的制衡，最重要的是决策权、执行权、监督权的分立和相互制衡，而这种制衡的文本意义的制度，如戴维·杜鲁门所言，就是立法机关制定政策、行政机关执行政策、法院对政策执

---

① ［德］埃伯哈德·彭茨：《政治与人类尊严——德国自由主义者的解决途径》，第 7 页。
② ［美］珍妮特·V. 登哈特、罗伯特·B. 登哈特：《新公共服务：服务，而不是掌舵》，第 95—99 页。
③ ［英］杰弗里·维克斯：《判断的艺术——政策制定研究》，第 193—201 页。
④ ［美］戴维·奥斯本、特德·盖布勒：《改革政府：企业家精神如何改革着公共部门》，第 72 页。
⑤ ［法］爱弥尔·涂尔干：《乱伦禁忌及其起源》，第 328—330 页。

行过程中的争议进行仲裁。① 莫里斯也指出，一种在立法、行政和司法机关之间制衡的制度，就是立意要防止政权落到任何一个政府机构手里。②

第三种机制是精英之间的相互制衡，如达尔所言，政治和官僚精英在达成协议的过程中，彼此也会存在相互的影响和制约，精英的讨价还价有它自己的一套相互制衡的制度。在民主国家，政治和官僚精英力量固然强大，远胜于普通公民，但他们还不是专制君主。③

（四）舆论监督权力

由舆论或媒体监督权力，是西方学者较为重视的民主控权途径，如贝克所言，言论和传媒的"监督"功能涉及两个层次，一是传媒具有揭露政府不当行为的权力，二是借由增加报道不当行为的机会，产生吓阻这些行为的作用。④ 古德诺也指出，培养健全的公共舆论可以防止政治对行政控制的不适当扩展；公共舆论可以很好地防止过度集权，也可以抑制能够导致国家走向解体的明显趋向。⑤

互联网普及带来的新媒体，是否也具有监督权力的功能，西方学者有不同的看法。丹尼斯·朗持肯定态度，他认为不受政府控制的出版和网络自由，在民主政体中被恰当地认为对维护公开政治竞争和保有对政府权力的限制是至关重要的。⑥ 博格斯则持否定态度，在他看来，因为网络使信息流动民主化，现在更多的人有条件去表达自己的看法，批评权力结构，甚至渴望在开放的电子社区"发表"他们的观点。毫无疑问，技术远非一个简单的中立性工具，它总是受更大的社会力量更广的社会过程所左右。⑦

（五）司法约束权力

以司法权力约束政策权力（既包括立法机关行使的政策权力，也包括行政机关行使的政策权力），是一些西方学者强调的民主控权方式。但

---

① ［美］戴维·杜鲁门：《政治过程——政治利益与公共舆论》，第285页。
② ［美］查尔斯·威廉·莫里斯：《莫里斯文选》，第327页。
③ ［美］罗伯特·达尔：《论民主》，第122—123页。
④ ［美］查尔斯·埃德温·贝克：《媒体、市场与民主》，第67页。
⑤ ［美］古德诺：《政治与行政》，第35、40—41页。
⑥ ［美］丹尼斯·朗：《权力论》，第38—39页。
⑦ ［美］卡尔·博格斯：《政治的终结》，第343—349页。

是即便在西方的体制之下，以司法手段干预政策权力，在大多数情况下只能是一种备用的权力控制方法。詹姆斯·Q. 威尔逊指出，"政策"是一系列行动，由政府的"政治"部门、总统和国会决定，并且只要它不违反宪法和法律赋予个人的明确的权利，政策就几乎可以按照总统和国会的意愿来决定。政策必须包括自主决定权，即在众多行动路线中选择其一的权力。自主决定权足以将任何法院干涉拒之门外。如果门没有关上，所有人都将会在法官面前为每一个政策问题而争论不休；而且，如果法院变得太多管闲事，许多法官担心他们会被指责为违背民主的原则。很明显，司法干涉经常决定了行政部门采纳的政策。为了改变政策，人们走进法庭，法官作出判决。但是，人们往往不了解，在法院的干涉下被采纳的政策并不总是最好的政策。所有政治行动都会出现并非出于初衷的结果，法官实践的政治行动也不例外。[①] 戴伊也指出，政策的执行要求政府行政官僚部门的高效、负责和政令畅通，但实际上这种效果很难达到。通常法院不会关心或理睬行政机构作出的政策决定。如果行政机构的政策决定是在国会的授权范围之内所作出的，同时如果这些决定的作出又都符合程序规定，那么这种情况下法院就不会找麻烦。[②]

（六）公民掌控权力

由公民掌控政策权力，是政策过程中的直接民主途径。对于这样的途径，西方学者有七种不同的看法。

第一种看法是公民对政策具有最终决定权。亚里士多德是这种看法的首创者，他强调的是最高治权属于公民大会，军国大事必须由公民大会裁决。[③]

第二种看法是公民享有对政策的否决权。这种看法的倡导者是西塞罗，他强调的是最高权力给予人民，而实际权力给予元老院；"应尊重否决权，否决一个坏议案的人应视为服务出色的公民"[④]。

第三种看法是公民掌控权力只表现为公民对政策的参与。杰斐逊所持的应是这样的看法，他认为如果人民大众中每一个人都参与根本的权力，

---

① ［美］詹姆斯·Q. 威尔逊：《官僚机构：政府机构的作为及其原因》，第378、387页。
② ［美］托马斯·R. 戴伊：《自上而下的政策制定》，第200—201页。
③ ［古希腊］亚里士多德：《政治学》，第215、313页。
④ ［古罗马］西塞罗：《法律篇》，第239、246页。

政体就会安全可靠；人民是统治者唯一的审查者。① 巴伯也指出，积极的公民进行直接的自我管理，他们并不必要在每个层次和每个事件上进行具体管理，但是，在作出基本决策和进行重大权力部署的时候他们必须经常充分和详尽地参与。②

第四种看法是公民掌控权力是通过选举对政策的影响来实现的。韦默和维宁强调的就是这样的看法，他们认为通过给选民一定机会去推翻负担过重的政策和罢免不受欢迎的决策者，提供了一种对权力滥用的制约。正是这种"开除无赖"的能力从根本上赋予了民主制内在的价值。民主制并不总能导致好的政策，更不用说最好的了，但它提供了纠正最坏错误的机会。③

第五种看法是公民掌控权力只是表现出对各种扩权行为的必要戒心。这一看法出自悉尼·胡克，他认为一种可行的民主的积极要求是明智地不信任它的领导，对一切扩大权力的要求抱顽强而非盲目的怀疑态度，并在教育和社会生活的一切方面着重批判的方法。④

第六种看法是公民掌控权力只是起到"引导"政策的作用。哈贝马斯是这一看法的论述者，他指出公众意见经过民主程序成为交往权力，它自身不能发挥"宰制力量"，而只能把行政权力的行使引导到一定的路线上来。⑤

第七种看法是为公民掌控权力建立专门的部门。里布特别提出了建立"第四部门"既"公众部门"的构想：在行政、立法、司法三权之外，人民需要另外一种更清楚反映其心声的权力，我们称这样一种权力部门为公众部门，因为它旨在更具体地展现我们对人民主权的认识。在实践中，这一权力部门应取代公民创制和复决，它建立的制度应解决公民创制和复决等形式的直接民主所存在的缺陷。⑥

这七种看法反映出对公民掌控政策权力，既有"刚性"或"直接控制"的论点（公民对政策具有决定权或否决权，或者建立代表公众权力

---

① ［美］托马斯·杰斐逊：《杰斐逊选集》，第266、405页。
② ［美］本杰明·巴伯：《强势民主》，第180—181页。
③ ［美］戴维·L. 韦默、［加］艾丹·R. 维宁：《政策分析——理论与实践》，第157—158页。
④ ［美］悉尼·胡克：《理性、社会神话和民主》，第255页。
⑤ ［德］哈贝马斯：《哈贝马斯精粹》，第246页。
⑥ ［美］伊森·里布：《美国民主的未来：一个设立公众部门的方案》，第15页。

的"第四部门"），也有比较"柔性"或"间接控制"的论点（公民掌控权力只表现为政策参与或通过选举影响政策），还有更加"软化"或"不能控制"的论点（公民对各种扩权保持戒心或公民只能"引导"政策）。由此提醒我们，对于这种控权途径，确实需要抱有谨慎的态度。

（七）发挥政策优势

"发挥政策优势"是马克思主义经典作家倡导的控制权力的重要民主途径。如恩格斯所言："历史的领导权已经转到无产阶级手中，……以便建立这样一种制度，使社会的每一成员不仅有可能参加生产，而且有可能参加社会财富的分配和管理，并通过有计划地组织全部生产，使社会生产力及其所制成的产品增长到能够保证每一个人的一切合理的需要日益得到满足的程度。"[①] 列宁则指出："保持领导不是靠权力，而是靠威信，毅力，靠比较丰富的经验、比较渊博的学识以及比较卓越的才能。"[②] 毛泽东则强调："所谓领导权，不是要一天到晚当作口号去高喊，也不是盛气凌人地要人家服从我们，而是以党的正确政策和自己的模范工作，说服和教育党外人士，使他们愿意接受我们的建议。"[③] 邓小平也强调："这些同志误解了党的优势，以为党员包办就是绝对优势，不了解真正的优势要表现在群众拥护上。把优势建筑在权力上是靠不住的。"[④]

（八）党政分开

"党政分开"是专门针对社会主义国家的民主控权途径。如邓小平所言："这些同志误解了党的领导，把党的领导解释为'党权高于一切'，遇事干涉政府工作，随便改变上级政府法令；不经过行政手续，随便调动在政权中工作的干部；有些地方没有党的通知，政府法令行不通，形成政权系统中的混乱现象。甚有把'党权高于一切'发展成为'党员高于一切'者，党员可以为非作歹，党员犯法可以宽恕。……结果群众认为政府是不中用的，一切要决定于共产党。于是，要钱的是共产党，要粮的是共产党，政府一切法令都是共产党的法令，政府一切错误都是共产党的错

[①] 恩格斯：《卡尔·马克思》，《马克思恩格斯全集》，第19卷，第123—124页。
[②] 列宁：《就我们的组织任务给一位同志的信》，《列宁全集》，第7卷，第9页。
[③] 毛泽东：《抗日根据地的政权问题》，《毛泽东选集》，第2卷，第700页。
[④] 邓小平：《党与抗日民主政权》，《邓小平文选》，第1卷，第10页。

误,政府没有威信,党也脱离了群众。这实在是最大的蠢笨!结果党的各级指导机关日趋麻木,不细心地去研究政策,忙于事务上的干涉政权,放松了政治领导。"① "现在提出党政分开,但不管怎样还是共产党领导,是为了更好地加强和改善党的领导。"② "中央一部分主要领导同志不兼任政府职务,可以集中精力管党,管路线、方针、政策。这样做,有利于加强和改善中央的统一领导,有利于建立各级政府自上而下的强有力的工作系统,管好政府职权范围的工作。""今后凡属政府职权范围内的工作,都由国务院和地方各级政府讨论、决定和发布文件,不再由党中央和地方各级党委发指示、作决定。政府工作当然是在党的政治领导下进行的,政府工作加强了,党的领导也加强了。"③

(九) 民主集中制

马克思主义经典作家注重的民主集中制,也是控制权力的重要民主途径,因为民主集中制具有以下三种功能。

一是反对"过分集权"和"权力过分集中",已见前述。

二是反对"家长制"。邓小平指出:"不少地方和单位,都有家长式的人物,他们的权力不受限制,别人都要唯命是从,甚至形成对他们的人身依附关系。""革命队伍内的家长制作风,除了使个人高度集权以外,还使个人凌驾于组织之上,组织成为个人的工具。""不彻底消灭这种家长制作风,就根本谈不上什么党内民主,什么社会主义民主。"④

三是大权独揽、小权分散。毛泽东指出:"'大权独揽,小权分散。党委决定,各方去办。办也有决,不离原则。工作检查,党委有责'。这几句话里,关于党委的责任,是说大事由它首先作出决定,并且在执行过程中加以检查。'大权独揽'是一句成语,习惯上往往指的是个人独断。我们借用这句话,指的却是主要权力应当集中于中央和地方党委的集体,用以反对分散主义。难道大权可以分揽吗?……所谓'各方去办',不是说由党员径直去办,而是一定要经过党员在国家机关中、在企业中、在合作社中、在人民团体中、在文化教育机关中,同非党员接触、商量、研

---

① 邓小平:《党与抗日民主政权》,《邓小平文选》,第 1 卷,第 11 页。
② 邓小平:《我们干的事业是全新的事业》,《邓小平文选》,第 3 卷,第 257 页。
③ 邓小平:《党和国家领导制度的改革》,《邓小平文选》,第 2 卷,第 321、339—340 页。
④ 同上书,第 329、331 页。

究，对不妥当的部分加以修改，然后大家通过，方才去办。第三句话里所说的'原则'指的是：党是无产阶级组织的最高形式，民主集中制，集体领导和个人作用的统一（党委和第一书记的统一），中央和上级的决议。"①

上面列出的各种控制政策权力的民主途径，既有侧重于"前端"控制的"注重权力来源""明确权力责任""党政分开"等途径，也有侧重于"终端"控制的"发挥政策优势""舆论监督权力""司法约束权力"等途径，还有覆盖整个过程的"公民掌控权力""权力相互制衡""民主集中制"等途径。需要注意的是，在各种民主途径中，一般都是既有"柔性"的控权要求，也有"刚性"的控权手段。

（十）构建有效控制权力的政策民主

从本章叙述的内容可以看出，在以民主的方式控制政策权力方面，马克思主义经典作家与西方学者尽管有不少相同或接近的看法，但是总体上有明显的区别。

马克思主义经典作家对政策权力的定位，偏重的是"基础性权力"，而不是"运行性权力"，强调的是对权力问题的宏观掌控。在控制政策权力的目标方面，马克思主义经典作家重点强调的是以革命手段实现反专制的"体制取向目标"，并按照社会主义的要求实现反权力垄断、反特权、反腐败和反对官僚主义的"政策过程目标"。在"集权与分权"问题上，马克思主义经典作家强调集权是国家的本质、中央集权有利于无产阶级革命和国家的政策统一、中央集权可以"办大事"，并指出过分集权影响地方积极性并可能带来错误的政策，权力过分集中妨碍民主的实行；从集权与分权"结合"的特征，要求在中央层级上建立既集权又适度分权的机制、界定不同机构的权力、中央下放权力和改变管理方式，在地方层级上给一些地方特殊政策，对于社会和基层的人民，都要做到真正的下放权力。在"立法权与行政权的关系"方面，马克思主义经典作家要求抛弃资产阶级的代议制民主，以"议行合一"的方式解决人民代表大会与政府之间的权力关系问题。在控制政策权力的民主途径方面，马克思主义经典作家看重的是"注重权力来源""明确权力责任""发挥政策优势"

---

① 毛泽东：《工作方法六十条（草案）》，《建国以来毛泽东文稿》，第7册，第57—58页。

"党政分开"和"民主集中制"等途径。

西方学者对于政策权力的定位,虽然也重视"基础性权力",但更重视的是"运行性权力",将注意力集中于控制权力的细节问题,强调以权力的微观控制来支持权力的宏观控制。在控制政策权力的目标方面,西方学者强调的是以民主手段实现反暴君、反暴政、反专制、反独裁和反极权主义的"体制取向目标",以及反权力垄断、反特权、反腐败和限制权威的"政策过程目标"。在"集权与分权"问题上,西方学者认为中央集权可以保证国家政策的统一性、连续性和责任性,能够较好发挥中央机构的决策作用并应对危机局面,能够照顾国家的整体利益;但中央集权往往要面对集中与风险冲突的困境,可能不够灵活和易于出现错误政策,或者带来大量低效率的政策,因此分权是必要的,分权可以防止越权、有利于制约政府、能选择更好的政策、可以增强民众对政府的信任并更有利于政策纠错;分权的办法,在中央的维度上,除了建立既集权又适度分权的机制、界定不同机构的权力和下放权力外,还有"放松管制"和建立"多中心体制"等;在地方维度上,要求强化地方政策和增加次级决策单位,开展各级政府之间的协商并实施小型分权;在社会维度上,要将公民社会作为权力场所,为自治充权和授权给社区;在公民维度上,要依靠公民的集体力量,并以争论或讨论来控制政策集权。在"立法权与行政权的关系"方面,西方学者强调的是用"权力制衡"或权力相互制约的方式来处理相关问题,但对于议会权与行政权是控制、指导关系,还是分工、转交关系,有不同的看法。在控制政策权力的民主途径方面,西方学者不仅看重"注重权力来源""明确权力责任"的途径,也看重"权力相互制衡"、"舆论监督权力"、"司法约束权力"和"公民掌控权力"等途径。

构建政策民主理论,当然要注意到这些差异,但更重要的是使政策民主能够起到有效控制政策权力的作用,由此需要特别强调四个基本论点。

第一个论点是政策民主所要控制的"政策权力",既包括公共权力、政治权力、社会权力和经济权力等政策的"基础性权力",也包括决策权、命令权、服从权、执行权、干预权、说服权、监督权和自由裁量权等政策的"运行性权力"。区分不同的政策权力,不仅有利于权力运行,也有利于针对不同的权力确立不同的监控权力手段。

第二个论点是控制政策权力,既有反专制、反暴君、反暴政、反独裁、反极权主义等"体制取向目标",也有反权力垄断、反特权、反腐败、限制权威、反对官僚主义等"政策过程目标"。只有目标显然是不够的，还要有相应的理念。有效地控制政策权力，应该成为决策者和公众都认同的理念，因为缺乏共同的理念和基本准则，任何控权的民主手段最终都难以奏效。

第三个论点是政策权力的行使，不可避免地会遇到两种权力关系协调的问题，一种是集权与分权的关系，另一种是"立法权"与"行政权"的关系。为处理这两种关系所提出的各种建议，都具有重要的参考价值，但更重要的是应根据国情采用适合于本国的有效方法。

第四个论点是政策民主不仅强调了控制政策权力的必要性，还强调了控制政策权力的可能性。通过多种民主途径而不是只依靠一种途径，确实有可能实现控制政策权力的既定目标。尤其需要注意的是，政策民主要求的是常态和"刚性"的控制权力，并承认这样的目标并不容易实现。

对民主而言，权力问题既是老问题，也是新问题，尤其是对"政策权力"的控制，更是新问题。要想用民主的方法有效地控制政策权力，不仅要有新思维，还要有新的总体思路和具体要求，我们所尝试的，只是归纳马克思主义经典作家和西方学者的论点，划出一个基本轮廓并提出一些基本要求，细节问题还需要依据实践作进一步的补充。

第四章　保障权利的政策民主

民主除了注重权力学说外，还注重权利学说，要求以民主的方式保障公民的权利，政策民主也毫无例外地具有这样的权利保障内容。由此，不仅要说明与权利有关的公民身份等问题，还要对权利本身和如何保障权利作出必要的解释。

一　注重"公民身份"

对公民身份的界定，是保障权利的前提性条件，也是政策民主得以运行的基础性条件，因为没有真正意义的公民，也就不可能有真正意义的民主。

（一）公民与臣民的区别

臣民与公民应是两种不同的身份。在西方学者看来，这两种身份至少在三个方面表现出明显的不同。

首先，臣民具有服从特征，公民则具有主动行使权利的特征。狄骥指出，国家成员同时具有公民和臣民两种身份。作为行使主权权力的民族集体中的一分子，他们是公民；但他们服从于一个以国家的名义行使主权的政府，他们又是臣民。① 雷蒙·阿隆也指出，公民服从法律，服从他所尊重的政权，不管临时执政者是谁。如果公民以机会主义的方式服从一种不合法的制度，那么他就沦为臣民。他是担心自己利益的消费者，而不是关心公共事务和对之负责任的公民。②

---

① ［法］狄骥：《公法的变迁》，第9页。
② ［法］雷蒙·阿隆：《论自由》，第9页。

其次，臣民较少参与政治，公民则是积极的政治参与者。派伊指出，政治发展的确包括大众对政治活动的普遍参与和介入。参与既可以是民主的也可以是极权动员方式的，主要的看法是臣民必须成为积极的公民，或至少表面上的大众统治是必要的。目前，在过渡社会中仍然有大量的人，他们应该改变自己的地位，从旁观的臣民转变为参与的公民。①

最后，就政策而言，臣民主要扮演的是默认者角色，公民扮演的则是讨论者角色。伯纳德·克里克指出，历史上的大多数国家曾压制人民对政策的公开辩论，喜欢鼓励"好的臣民"，而不是好的或积极的公民，但这种行径在现代社会越来越难以存在了。②

马克思主义经典作家既注重"公民"的概念，也注重"群众"尤其是"劳动群众"的概念，强调的是以阶级和阶级斗争的视角阐释"人"的身份变化。如马克思所言："生产者的政治统治不能与他们的社会奴隶地位的永久不变状态同时并存。因此，公社应该成为根除阶级的存在所赖以维持、从而阶级统治的存在所赖以维持的那些经济基础的工具。劳动一被解放，大家都会变成工人，于是生产劳动就不再是某一阶级的属性了。"③列宁也指出："既然这种压迫是落在社会的各个不同阶级的身上，既然这种压迫表现在生活和活动的各个不同的方面，包括职业、一般公民、个人、家庭、宗教、科学以及其他等方面，那么我们如果不负起责任组织对专制制度的全面政治揭露，就不能完成我们发展工人的政治意识的任务。"④"消灭阶级——这就是使全体公民在同整个社会的生产资料的关系上处于同等的地位，这就是说，全体公民都同样可以利用公有的生产资料、公有的土地、公有的工厂等进行劳动。"⑤

（二）公民身份要素

马歇尔、吉登斯等人将公民身份分为公民的要素、政治的要素、社会的要素，对应于公民权利、政治权利、社会权利三种不同的权利。⑥为归

---

① ［美］鲁恂·W. 派伊：《政治发展面面观》，第63、191页。
② ［英］伯纳德·克里克：《民主的沉思》，载《变动中的民主》，第297—311页。
③ 马克思：《法兰西内战》，《马克思恩格斯全集》，第17卷，第362页。
④ 列宁：《怎么办》，《列宁全集》，第6卷，第55页。
⑤ 列宁：《自由派教授论平等》，《列宁全集》，第24卷，第392—393页。
⑥ ［英］马歇尔、吉登斯等：《公民身份与社会阶级》，第10—11、13、16页。

纳西方学者对公民身份要素的解释，可以采纳马歇尔的分类方法，但要增加"文化要素"的类别。

公民身份的"公民要素"，应该包括七个具体要素。（1）国籍。国籍是一种区别性要素。如茱迪·史珂拉所言，公民身份始于对一特定民族——国家的成员身份的确定。在任何一个现代国家，尤其是一个移民社会，公民资格一定总是首先与国籍相关联的。作为国籍的公民资格是国内和国际上对一个人的法律认同，认同他是一个国家的成员，或是土生土长的，或是加入国籍的归化民。[①]（2）公民权利。公民权利应是一种内在性要素。达尔指出，每一个在这个国家永久居住、并且遵守它的法律的成年人，都应该拥有与他人同等的权利，拥有各项政治制度所必需的权利。[②]（3）法律保障。法律保障应是一种外在性要素。如史密斯所言，在现代世界中，我们通常将"公民权"看作是一种更纯粹的法律地位。"公民"是指那些在法律上被承认为某种特定的、具有正式独立主权的政治共同体之成员的人们。因此，他们拥有得到该共同体政府保护的某些基本权利，无论这些权利是否包括政治参与的权利。[③]（4）忠诚。忠诚应是一种联系性要素。科恩认为，在民主国家中政府是我的政府——不只是按一般意义而言，它管理我，而是有更深一层的意义，即我是它不可分割的一部分。而我之所以是它必不可少的一部分，是因为民主的实质要求我和所有公民一样有同样权利参与社会的指导性决策。因此，民主可以赢得其公民自然的而且合乎理性的忠诚。[④]（5）平等。平等要素带有一定的价值取向，西方学者比较注意的是三种取向。一是平等表现为不受奴役。冈斯特仁指出，公民身份并不要求社会平等，公民身份的对立面不是不平等而是奴役。[⑤]二是平等主要表现为争取选举权和收入权。茱迪·史珂拉指出，对于遭受排斥的男女而言，选举权和收入权这两大公共身份象征的重要意义，似乎清楚得不能再清楚了。在他们眼中，选举权和收入权不仅等同于获取利益、收入的

[①]［美］茱迪·史珂拉：《美国公民权：寻求接纳》，第5页。
[②]［美］罗伯特·达尔：《论民主》，第94页。
[③]［美］罗格斯·史密斯：《现代公民权》，载《公民权研究手册》，第142—156页。
[④]［美］卡尔·科恩：《论民主》，第232页。
[⑤]［美］赫曼·冈斯特仁：《公民身份的四种概念》，载《公民身份的条件》，第44—57页。

能力，而且是美国公民的标志。那些未被赋予上述公民尊严标志的人不仅感到无依无靠、一贫如洗，而且感到颜面无光。他们也会遭到其他公民同胞的蔑视。① 三是平等表现为权利和义务的平衡。雅诺斯基和格兰认为，公民权利是一种平等的表述，其权利和义务在一定限度内保持平衡；这种平等主要是程序性的——如都能够进入法院、议会、政府机构等——但也可能包括会直接影响实质性平等的有关费用交付和服务提供的担保。②（6）自由。与公民身份有关的自由要素，主要强调的是以下自由。一是政治自由，指公民的参政行为，主要包括集体行使多数人的主权、共同讨论公共福利、决定战争与和平、制定法律、参加审判、选举公职人员等。二是个人（公民）自由，包括人身自由、思想自由、选择职业、处置财产、行动自由、与他人合作自由、宗教信仰自由、贸易和经营自由。③ 三是经济自由，经济自由是公民和政治自由的一个必要条件，政治自由在某种情况下会促进经济和公民自由，而在另外一些情况下，它却会约束经济和公民自由。④ 四是表达自由即表达意见的自由，对范围广泛的政治事务，无论是官员、政府、体制、社会经济秩序，还是主流意识形态，都享有自由表达意见的权利，而不必担心遭到任何严厉的惩罚。⑤（7）自主。沃尔泽指出，自主与责任和法治有密切关系。有自尊心的公民是一个自主的人。他在他的共同体中是自主的，一个自由的负责任的人，一个参与的成员。公民必须自己统治自己。⑥

公民身份的"政治要素"，应该包括五个具体要素。（1）主体。雷蒙·阿隆指出，公民们是政权的主体又是客体。说是主体，是因为他们直接或间接地选举民主制度的文职领袖；说是客体，是因为他们服从国家统治。⑦（2）政治权利。史密斯指出，无论是在古代，还是在现代共和民主

---

① [美] 茱迪·史珂拉：《美国公民权：寻求接纳》，第4页。
② [美] 托马斯·雅诺斯基、布雷恩·格兰：《政治公民权：权利的根基》，载《公民权研究手册》，第17—72页。
③ [法] 贡斯当：《古代人的自由与现代人的自由——贡斯当政治论文选》，第26、32—46页。
④ [美] 米尔顿·弗里德曼：《资本主义与自由》，"2012年版序言"，第3—4页。
⑤ [美] 罗伯特·达尔：《论民主》，第91—108页；《论政治平等》，第7—9页。
⑥ [美] 迈克尔·沃尔泽：《正义诸领域：为多元主义与平等一辩》第375页。
⑦ [法] 雷蒙·阿隆：《阶级斗争——工业社会新讲》，第108页。

体制下，所谓公民即是指一个具有参与人民在自我治理过程的政治权利的人。①（3）参与。勒鲁指出，现代人就其本质来说，他们感到自己不仅是他们出生的这个国家的公民，而且也是这个国家的主人翁。今天总不会有人能拒不承认各种智慧合法参与社会管理是一个既成事实。②（4）自治。巴伯指出，实现公民身份的承诺的方式就是使得公民身份不仅仅意味着纳税和选举。公民是管理者，也是自治者、共治者与自己命运的主宰者。监督者、选民、委托人——这些都是对民主状态中的公民的不充分定义。③（5）批判。比瑟姆也指出，民主公民的立场是一种批判的立场，尤其是对那些依靠故意隐瞒或歪曲真相和压制他人权利来行使其权力的权势人物来说，更是如此。④

公民身份的"社会要素"，应该包括三个具体要素。（1）道德。罗蒂认为，想办法教育公民养成一种尽可能不具有这些强制性兴趣、信念、欲望的公德，想办法使他们对民主共识的重视超过对任何其他事情的重视。通过鼓励他们宽容地对待他们以前认为是无法妥协的事情，想办法使他们尽可能不倾向于迁移或搞分离。程序共和制度设法向其公民灌输妥协和宽容的德性，教育他们抛弃有可能妨碍妥协和宽容的其他德性（如武士的德性或修女的德性）。⑤（2）利益。达尔认为，卷入政治冲突的不同公民的利益通常既不是完全协调的，也不是完全冲突的，而是互补的。尽管公民的利益并不一致，但如果每个人实现自己目标的行动能够在不给其他人造成损失的情况下为自己带来利益，那么他们的利益就是完全互补的。完全互补的利益无疑是罕见的，但对每个角色来说，从与其他人的合作中得到的收益大于损失这个意义上说，他们得到的往往是不完全互补。冲突的利益使政治生活成为必要，但互补利益使之成为可能。⑥（3）生活模式。辛德斯认为，那种宣称人们因共同拥有一系列公民的、政治的和社会的权利而使得人们能够相对平等地参与社会生活的观点，揭示了一个观察社会自身的特殊视角——更确切地说，

---

① ［美］罗格斯·史密斯：《现代公民权》，载《公民权研究手册》，第142—156页。
② ［法］皮埃尔·勒鲁：《论平等》，第42、263页。
③ ［美］本杰明·巴伯：《强势民主》，"1990年版序言"，第7—8页。
④ ［英］比瑟姆：《科层制》，第116—117页。
⑤ ［美］罗蒂：《后形而上学希望》，第263—267页。
⑥ ［美］罗伯特·达尔：《多元主义民主的困境：自治与控制》，第141、165—167页。

它包括一种普遍分享的生活模式。①

公民身份的"文化要素"是政治社会学家新增的要素,这种要素对应的是公民的文化权利。尼克·史蒂文森指出,为公民身份加上文化的维度,表明与日常生活政治化有关的问题在深化和扩大。对话极有可能进行交锋的场地是在大众资讯媒体内。要享有文化公民身份,就得能够介入地方、国家和全球的公共领域。另外,还出现了一个新的社会发展形态,它在引发文化公民身份问题上起着重要的作用,这就是全球化。一个多元和电子化的公共领域的出现似乎是对此作出的回应。②

以上列举出的四类公民身份要素(其中有的具体要素如自由要素和平等要素在类别上可能有所交叉),可能有所遗漏,但是已经能够对西方学者所解释的公民身份,形成一个基本完整的认识。

对于公民身份,马克思主义经典作家重点强调的是七个要素。(1)阶级要素。马克思指出:"旧派共和党人把法兰西全国人民,或至少是把大多数人民看作具有同一利益和同一观点等等的公民。这是他们的一种对人民的偶像崇拜。但是,选举所表明出来的并不是他们的想象中的人民,而是真正的人民,即人民所分类成的各个不同阶级的分子。"③ (2)职责要素。恩格斯指出:"为了维持公共权力,就需要公民缴纳费用——捐税。"④ "只要存在着国家,每个国家就会有自己的中央,每个公民只是因为有集权才履行自己的公民职责。"⑤ (3)平等要素。恩格斯认为:"一切人,或至少是一个国家的一切公民,或一个社会的一切成员,都应当有平等的政治地位和社会地位。""平等应当不仅是表面的,不仅在国家的领域中实行,它还应当是实际的,还应当在社会的、经济的领域中实行。"⑥ (4)自由要素。斯大林指出:"女工和农妇同男工和农夫一样是自由的公民。"⑦ 毛

---

① [澳]巴里·辛德斯:《现代西方的公民身份》,载《公民身份与社会理论》,第21—40页。

② [英]尼克·史蒂文森主编:《文化与公民身份》,第1—14页。

③ 马克思:《1848年至1850年的法兰西阶级斗争》,《马克思恩格斯全集》,第7卷,第32页。

④ 恩格斯:《家庭、私有制和国家的起源》,《马克思恩格斯全集》,第21卷,第195页。

⑤ 恩格斯:《集权与自由》,《马克思恩格斯全集》,第41卷,第396—397页。

⑥ 恩格斯:《反杜林论》,《马克思恩格斯全集》,第20卷,第113、116页。

⑦ 斯大林:《纪念女工和农妇第一次代表大会五周年》,《斯大林全集》,第5卷,第285页。

泽东则强调:"所谓有公民权,在政治方面,就是说有自由和民主的权利。"①"我们的国家所以能够关心到每一个公民的自由和权利,当然是由我国的国家制度和社会制度来决定的。任何资本主义国家的人民群众,都没有也不可能有我国人民这样广泛的个人自由。"②(5)权利要素。马克思指出:"在国家的权利没有得到承认的时候,个别公民的权利是毫无意义的。"③列宁也指出:"民主意味着在形式上承认公民一律平等,承认大家都有决定国家制度和管理国家的平等权利。"④(6)参与要素。列宁指出:"谁参加选举,谁就会意识到自己是个公民;他就势必会投身到政治生活中去,就会更自觉地对待政治生活。"⑤"巴黎公社类型的国家,苏维埃国家,则公开地直截了当地对人民说真话,……通过苏维埃吸引公民参与政治、民主和国家管理。"⑥(7)共享要素。斯大林指出:"由于苏联国民经济方面发生了这一切变化,我们现在有了社会主义的经济,这个经济不会有危机和失业,不会有贫困和破产,而公民们有一切可能享受富裕的有文化的生活。"⑦

(三) 积极公民与消极公民

在解读公民身份要素的基础上,西方学者对"积极公民"和"消极公民"作了区分。这样的区分,主要是基于参与行为的划分,即积极参与的公民或是消极参与的公民,并且因为参与的不同,形成了四种不同的解释。

第一种解释针对的是选举参与,以对选举的态度或行为区分"积极公民"和"消极公民"。康德应是这种解释的首创者,他指出公民具有三种不可分离的权利,一是宪法规定的自由,二是公民的平等,三是政治上

---

① 毛泽东:《关于正确处理人民内部矛盾的问题》,《毛泽东文集》,第7卷,第207—208页。
② 毛泽东:《对刘少奇"关于中华人民共和国宪法草案的报告"(草稿)的批语和修改》,《建国以来毛泽东文稿》,第4册,第549页。
③ 马克思:《第六届莱茵省议会的辩论(第一篇论文)》,《马克思恩格斯全集》,第1卷,第85页。
④ 列宁:《国家与革命》,《列宁全集》,第31卷,第96页。
⑤ 列宁:《选举为期不远了,大家行动起来吧》,《列宁全集》,第21卷,第378页。
⑥ 列宁:《无产阶级革命和叛徒考茨基》,《列宁全集》,第35卷,第304—305页。
⑦ 斯大林:《关于苏联宪法草案》,《斯大林文集(1934—1952)》,第102页。

的独立（自主）。这三种性质中的最后一种性质，必然涉及构成积极公民身份和消极公民身份的区别。并非所有的人，根据该国宪法都具有平等资格去行使选举权，并成为这个国家完全的公民。[1] 与只是针对选举权的"积极公民"和"消极公民"不同的是，当代学者大多关注的是选民参与选举是否积极。如哈贝马斯所言，选民作为公众整体的瓦解具体表现为大多数选民事实上已经陷于僵化状态。当然，某一政党的核心选民是由两个截然不同的群体构成的。一方面是可以根据某些依据称作"积极"公民的少数人，他们或者是政党及其他社会组织的成员，或者是无组织但熟悉情况且关涉很深的选民，后者通常也是有影响的舆论领袖。另一方面是占多数的公民，他们的选择当然同样死板，日常的政治争论在他们身边如流沙一般流过，没有留下任何痕迹。[2]

第二种解释针对的是政策参与行为（这样的行为，既可以是通过选举表现的政策参与行为，也可以是非选举的政策参与行为），以对政策的影响力来区分不同的公民，可以列出一些具有代表性的看法。（1）公民的行动类型。雅诺斯基和格兰指出，按照行动立场和价值介入，可以发现不同类型的公民。首先，存在着两种参与型的公民：全身心投入的公民和激进主动的公民，前者通常是精英的一部分，后者常常与当权精英发生冲突。其次，有三类非参与型的公民：恭敬顺从的公民、玩世不恭的公民和边缘旁观的公民；恭敬顺从的公民一般不参与政治，而将此留给精英，但他们一般会参加投票，当其陷入困境时，也会到从政者那里去寻求帮助；玩世不恭的公民往往只关注自身的利益，他们的姿态是消极的，但往往又是现实政治和国家的尖刻批评者；边缘旁观的公民很少参加选举或志愿活动，他们中的许多人是政策制定者关注的目标。再次，还有一种特殊的机会主义公民，他们最关心的是对影响到他们短期的、直接的利益的物质利益问题做出理性的决定；这种类型的公民如今被称为"索取型公民"，并且被认为应该对社群和其他社会制度的瓦解负责。[3] （2）消极公民的地位。哈贝马斯指出，"形式民主"的制度与程序安排，使得行政决策一直独立于公民的具体动机之外。这是通过合法化过程实现的：合法化过程诱

---

[1] ［德］康德：《法的形而上学原理——权利的科学》，第139—141页。
[2] ［德］哈贝马斯：《公共领域的结构转型》，第245—255页。
[3] ［美］托马斯·雅诺斯基、布雷恩·格兰：《政治公民权：权利的根基》，载《公民权研究手册》，第17—72页。

发了普遍化的动机,即内容各不相同的大众忠诚,但同时避免了群众的参与。资产阶级公共领域的结构转型为形式民主的制度和程序创造了应用条件,在这些条件下,公民在一种客观的政治社会中享有的是消极公民的地位,只有不予喝彩的权利。①(3)参与中的积极者与不积极者。达尔指出,少数人(至少是政治积极分子)几乎永远在一个多元政治体系中"行使统治",构成"多重少数人的统治"。在社会中,绝大部分的政治积极分子对政策问题通常存在着共识,这在政治中是第一位的,构成政治的基础,它包含着政治,限制着政治,构成政治的条件。一个多元整体组织中的政治不积极成员,显然不可能影响决策的产出。②(4)参与成员不足问题。彭茨指出,在现代民主政体中,很少有公民决心尽可能地利用他们参与决定的可能性,到处都存在着成员不足的问题,至少是缺乏积极的成员。贪图方便省事已经阻碍了人们行使自我决定的权力,它又以下面两个借口使人们拒绝参与决定。一是个人作为集体的一分子,对整体的路线方针"的确不会产生影响"。二是有意表现出对领导者的无限信任。希望通过当逍遥派以摆脱责任的想法,同样影响参与决定的领域。③

第三种解释针对的是一般意义的"政治行动者",并不在意这些行动者在什么领域展开行动。如加塞特所言,国家的本质是一个群体为了实现某种共同的事业而向另一些群体发出的邀请。每一个人都感到自己是国家的积极公民,既是一个参与者,也是一个合作者。"国家"意味着公共权力与其所统治的集合体之间的"实质性联合"④。特纳也认为,公民身份可以定义为各种实践的集合(司法的、政治的、经济的和文化的),通过这些实践,人们获得了成为社会成员的能力,并相应形塑了资源在个人与社会群体之间的流动。公民身份的类型指公民身份是消极还是积极,公民身份的参与形式相应限定了主体在现代政治中的性质。⑤

第四种解释针对的是社区层面或自治的参与,并以此来区分不同的公民角色。如博克斯将公民分为"积极参与者"(积极参与到各种各样社区

---

① [德] 哈贝马斯:《合法性危机》,第38—41、80页。
② [美] 达尔:《民主理论的前言》,第180—182页。
③ [德] 埃伯哈德·彭茨:《政治与人类尊严——德国自由主义者的解决途径》,第13—16页。
④ [西班牙] 奥尔特加·加塞特:《大众的反叛》,第168页。
⑤ [英] 布赖恩·特纳:《公民身份理论的当代问题》,载《公民身份与社会理论》,第1—20页。

事务和社区组织中的公民)、"看门人"(这些人想要参与社区事务,但他们往往只参与少数直接关系他们自身的关键议题)、"搭便车者"(指那些很少关心社区事务的人,他们让别人来行使公民资格的职责)。并不是每个人每时每刻都会参与公共事务,很多人往往选择旁观,要么完全不参与,要么偶尔对其他社区居民提点批评意见。即便如此,还是有许多公民在决定重大变化的关键时刻选择参与。①

(四) 政策视角下的"好公民"

西方学者以公民的参与行为作为标准划分出来的"积极公民"和"消极公民",不能直接对应"好公民"和"坏公民",因为可以说"积极公民"是"好公民",但不能说"消极公民"就是"坏公民"。进一步说,"好公民"除了在参与方面有积极表现外,在其他方面还有一些要求。

一是"既能治理,也能被治理"要求。这是一条古老的要求,亚里士多德是这种要求的首创者,他认为理想政体中的公民应该是以道德优良的生活为宗旨而既能治理又乐于受治的人们,"他应该懂得作为统治者,怎样治理自由的人们,而作为自由人之一又须知道怎样接受他人的统治——这就是一个好公民的品德"②。

二是"积极参与国事和政策"要求。这是与"积极公民"相符合的要求。如茱迪·史珂拉对积极参与国事意义上的或称"好"公民的品德的解释是:作为政治参与的好公民的品德,其中心在于政治实践,适用于在社区中始终参与公共事务的人们。民主政体下的好公民是定期积极参与当地政治和国内政治的政治力量,他们对政治的参与不仅仅限于初选日和大选日。积极的公民有个人见解,对自己认为不公正、不明智或仅仅是奢侈的公共措施敢于直言。他们也公开支持自己认为正义的、审慎的政策。虽然他们并不克制追求自身利益或相关集团的利益,但是,他们会毫无偏见地努力权衡其他人的要求,认真听取这些人的理由。他们是公共集会的参加人,是志愿组织的参加者,他们与其他人一起讨论和斟酌那些将会影

---

① [美] 理查德·博克斯:《公民治理:引领21世纪的美国社区》,第47、99页。
② [古希腊] 亚里士多德:《政治学》,第124、154页。

响到全体参与者的政策。①

三是"具有公共精神"要求。达格指出,公共性质可以从两个方面显示出来。首先,好公民是一个具有公共精神的人,他将共同体的利益置于个人利益之前。其次,显示出对于公共利益之责任承诺的第二个方面是公民参与。好公民在受到吁请时固然会承担公共责任,他们还会主动地参与公共事务。政治是公共事务,而好公民,按照共和主义的观点,将在这一事务的行使中扮演一个见识广博明达、富有公共精神的角色。②

四是"以宪法和民主准则行事"要求。茱迪·史珂拉指出,"好公民"一词经常用于指代在工作和左邻右舍中间表现出色的人们。"公民权"一词的用法之一,就是它没有政策的含义,而是民主政体内在的一部分,民主政体依靠的是公民的自我引导和责任感,而不是单纯的顺从。无论是在私下场合还是在公共场所,好公民都会为支持民主习惯和宪法秩序做些事情。③

对本节叙述的内容,可以作一个小结。首先,政策民主所依靠的,一定是"公民"而不是"臣民"。其次,要使臣民变成公民,必须注意支持公民身份的各种要素(既要注意马克思主义经典作家强调的七个要素,也要注意西方学者强调的公民要素、政治要素、社会要素和文化要素四类要素)。最后,西方学者以公民的参与行为为标准,区分"积极公民"和"消极公民",并强调"好公民"应具有公共精神、以宪法和民主准则行事并积极参与国事和政策;马克思主义经典作家则并不看重这样的区分和要求。

二　公民责任与义务

公民的责任和义务既有联系也有区别,责任主要针对的是权力问题,义务主要涉及的是权利问题。公民的责任和义务都是涉及面很广的问题,我们重点讨论的,只是西方学者论述的与政策民主有关的公民政策责任与政策义务(马克思主义经典作家论述的权利与义务的关系,将在后面作专门的讨论)。

---

① ［美］茱迪·史珂拉:《美国公民权:寻求接纳》,第5—6页。
② ［美］理查德·达格:《共和主义公民权》,载《公民权研究手册》,第196—214页。
③ ［美］茱迪·史珂拉:《美国公民权:寻求接纳》,第6页。

(一) 公民的政策责任

钱伯斯指出,责任已经取代了同意成为合法性的概念核心。一个合法的政治秩序对于所有那些生活于其法律之下的人都是正当的。因此,责任主要应该从对某事物"给予解释"方面来理解,即公开阐明、解释公共政策,最重要的是证明其合理性。[①]

对于一般意义上的公民责任,西方学者主要强调的是公民身份、政治自由、参与公共事务、保护环境等方面的责任。我们重点关注的是公民的政策责任,归纳西方学者的看法,这样的责任可以细化为五种。

第一种是拥有政策责任。拉斯韦尔指出,目光远大的思想家们已经预测出,终有一天共同控制的机制将与一体化的全国性政策的要求相适应。他们已经预见到这样一种可能性,在"美利坚合众国股份有限公司"中"每一个公民都是股票持有者";每一个公民都由于对这项国家经济事业承担一份固定的责任而享有一份有保证的基本收入(按其参加这项国家事业的符合要求的程度而定),每一个公民都属于一些能够对政策施加正式的而不是神秘的或形式上的影响的职能——地区性集团。[②]

第二种是裁决政策责任。鲍桑葵指出,全体选民和代表大会的作用是不同的。全体选民的作用无疑是决定一般的政策,而代表大会和政府的作用是具体执行政策。如果有人教育选民说,他的责任不在于裁决政策并决定他认为可靠的和能够执行政策的人选,而是集合一群与他有同样倾向的人,选出一个与他们有同样想法的代表,那就会抹杀这种区别。[③]

第三种是政策交往责任。沃尔泽指出,有自尊心的公民是一个自主的人。他在他的共同体中是自主的,一个自由的负责任的人,一个参与的成员。当他的机会到来时,公民们必须是准备就绪和有能力与他的同胞商谈的,他听取同胞们的意见,而他的意见也被同胞们听取,并且他为他所说的和所做的负责任。[④]

第四种是参与政策责任。维克斯指出,在一个政治选择越来越普遍以及越来越负责任的领域里,越来越多的人或以代理人的身份参加进来,或

---

① [加]西蒙·钱伯斯:《协商民主理论》,载《协商民主与政治发展》,第83—107页。
② [美]拉斯韦尔:《政治学:谁得到什么?何时和如何得到?》,第143—144页。
③ [英]鲍桑葵:《关于国家的哲学理论》,第15、293页。
④ [美]迈克尔·沃尔泽:《正义诸领域:为多元主义与平等一辩》第375、415页。

以直接或间接参与形成政策或挫败政策的方式参加进来，或以政策结果的受益者身份、受害者身份参加进来。这是他们可能参与到这个领域中来的四种身份。我们社会中的每一个人都经常以一种或多种方式参与政策制定过程，无论是自觉的参与还是不自觉的参与，并负有相应的责任。①

第五种是政策评价责任。科恩指出，如最终要由公民自己来决定政策，他们应受的教育必然会更有可能超越技术性范围而扩及评价政策的问题。由于评价政策是普遍的责任，着重教育必然会更有可能得到鼓励在多数人中推广。②

（二）公民的政策义务

公民义务是西方学者早已关注的问题，并且形成了义务学说的三个基本论点：一是公民必须承担对国家的义务；二是权利与义务有紧密的关系；三是公民彼此之间负有义务。我们更关注的，则是公民的六种"政策义务"。

一是服从政策决定义务。赫尔德指出，在许多情况下，公民有必须接受民主决定的义务，除非能证明这些决定损害了他们的利益。③

二是承担政策后果义务。雅赛指出，"权利最大化"的必然结果是"义务最大化"。如果有一个理论，它不准备对某一干涉主义政策在各个后果加以"全面权衡"的判断（因为这样的政策很少只会带来好处而不会给任何人带来代价），就对这一政策加以认可，那么这样的理论大概是无可接受的。另一个答案是，一个人如果对政策感兴趣，他就不能拒绝考虑后果，而如果这样做牵涉要同权利的伦理道义问题妥协，这就必须放手去实行这样的妥协。④

三是政策参与义务。斯廷博根指出，公民身份不仅关注权利和授权，而且也关注职责、义务与责任。⑤ 彭茨也指出，公民要在更大程度上承担自己的参与义务，并且以此方式得到其他防止弊端的途径。⑥

---

① ［英］杰弗里·维克斯：《判断的艺术——政策制定研究》，第193、201页。
② ［美］卡尔·科恩：《论民主》，第240页。
③ ［英］戴维·赫尔德：《民主的模式》，第318—319页。
④ ［英］雅赛：《重申自由主义——选择、契约、协议》，第49—52、62—63页。
⑤ ［英］巴特·斯廷博根：《公民身份的状况》、《迈向全球生态公民身份》，载《公民身份的条件》，第1—11页、160—173页。
⑥ ［德］埃伯哈德·彭茨：《政治与人类尊严——德国自由主义者的解决途径》，第118页。

四是听取意见义务。彭茨指出,讨论使得有可能检验自己的意见的影响能力。在讨论中获悉他人的观点、新的观察方式,会令人充实。凡是有说话权利的地方,那里就有听取意见的义务。①

五是解释政策义务。罗尔斯指出,公民的理想给公民们强加了一种能够相互对那些根本性问题作出解释的道德义务(即公民义务)而不是法律义务。也就是说,他们要相互解释清楚,他们所拥护和投票支持的那些原则和政策怎样才能获得公共理性之政治价值的支持。这一义务也包含了一种倾听他人意见的态度,和一种在他们应该对别人的观点做出理性回应时于决策过程中保持的公平心。②

六是遵从政策道德义务。库伯指出,公共利益在一种规范的行政伦理建构中有一席之地,它可以作为我们的道德指南,确立我们基本的义务取向。在每一个行政和政策决策前,通过提出一个重要问题传达出一种象征性目的:"你是真正代表广泛的共享利益还是有限的特殊利益行动?"公共利益的概念是最为有用的,它在提醒我们作为公共管理者,我们的道德义务是针对前者而不是后者。③

综合西方学者对公民政策责任和政策义务的看法,可以看出两者之间尽管有一定的交叉(如都要求政策参与),但总体来说区别还是相当明显的。政策责任偏重的是以权力为基础的拥有政策、裁决政策、评价政策和进行必要的政策交往,政策义务偏重的是以权利为基础的服从政策决定、承担政策后果、听取他人的政策意见、解释政策以及遵从政策道德等。只有分清了政策责任和政策义务的不同,才能进一步讨论与政策权利相关的问题。

三 公民的政策权利

政策民主需要重点保障的,应该是公民的政策权利。为了全面理解政策权利,需要梳理马克思主义经典作家和西方学者的有关论点,提出一些明确的看法。

---

① [德]埃伯哈德·彭茨:《政治与人类尊严——德国自由主义者的解决途径》,第35—37页。
② [美]罗尔斯:《政治自由主义》,第230页。
③ [美]特里·库伯:《行政伦理中的大问题:需要集中与共同的努力》,载《公共行政学中的伦理话语》,第137—158页。

（一）权利的基本分类

西方学者对权利问题有很多的研究，综合相关的研究成果，对权利主要有四种分类方法。

第一种是根据权利使用领域的不同划分权利类别。如马歇尔划分的是公民权利、政治权利、社会权利三种不同的权利。[①] 雅诺斯基和格兰则区分了法律权利、政治权利、社会权利、参与权利四类权利。[②] 罗格斯·史密斯在"公民权"之下，区分的是政治权利、法律权利、成员资格、好成员四种定义。[③]

第二种是与公民身份有关的自由权、平等权、自主权三类权利区分方法。这样的分类方法来自康德，他认为公民具有三种不可分离的权利，一是宪法规定的自由，二是公民的平等，三是政治上的独立（自主）。[④]

第三种是积极权利（肯定性权利）与消极权利（否定性权利）的分类。葛德文指出，人的真正权利或假定权利分为积极权利和消极权利。一切民族都有选择自己的政府形式的权利属于积极权利，但这些权利已经为正义的更高的要求所代替而失效。[⑤] 哈耶克则认为，由于我们都是在被要求的情况下去支持政府组织的，所以根据决定政府组织的诸原则，我们便取得了某些权利，亦就是人们常说的那种政治权利。否定性权利虽说只是对那些保护个人领域的规则的一个补充，但却经由政府组织规章的规定而得到了制度化；而公民的肯定性权利则是公民参与指导政府组织的权利。[⑥]

第四种是支配权利（合作性权利、解决权利）和要求权利（应得权利）的分类。雅诺斯基和格兰认为，政治和参与权利属于支配权，这是个人和群体必须合作努力方能实施的合作性权利。社会权利属于要求权，直接依赖于其他人为建立失业和公共援助福利金而交付的税金。[⑦] 巴特·

[①] ［英］马歇尔、吉登斯等：《公民身份与社会阶级》，第10—11、13、16页。
[②] ［美］托马斯·雅诺斯基、布雷恩·格兰：《政治公民权：权利的根基》，载《公民权研究手册》，第17—72页。
[③] ［美］罗格斯·史密斯：《现代公民权》，载《公民权研究手册》，第142—156页。
[④] ［德］康德：《法的形而上学原理——权利的科学》，第139—141页。
[⑤] ［英］威廉·葛德文：《政治正义论》，第107、111—113页。
[⑥] ［英］哈耶克：《法律、立法与自由》，第2、3卷，第180—183页。
[⑦] ［美］托马斯·雅诺斯基、布雷恩·格兰：《政治公民权：权利的根基》，载《公民权研究手册》，第17—72页。

斯廷博根则认为，公民身份一方面是解决权利与应得权利的问题，另一方面是解决义务的问题。①

受第四种权利分类方法的启发，我们可以把"政策权利"分为两大类。一类是公民参与政策所应具有的各种权利；另一类是公民通过政策应该得到的权利或者说是为公民提供基本保障的权利。前一类权利可以称为"支配权利"或"合作性权利""解决权利"，与公民的"积极权利"（肯定性权利）接近，主要涉及政治权利和参与权利；后一类权利可以称为"应得权利"或"要求权利"，应与公民的消极权利（否定性权利）接近，主要涉及公民权利、法律权利、经济权利、社会权利、文化权利等。马克思主义经典作家也强调"政治权利"是"主导性"或"支配性"的权利，并将以"公民权利"为代表的法律权利、经济权利和社会权利等视为"保证性"或"保障性"权利，与我们的两大类权利分类并不矛盾。下文将按照这样的分类，说明支配权利和应得权利所包含的具体权利。

（二）支配权利

公民参与政策所应具有的各种权利，即"支配权利"（也可称为"主导性权利"或"合作性权利""解决权利"等），主要属于"政治权利"范畴，并要特别注意政治权利的三点基本要求。一是不能按照财产划分政治权利。如恩格斯所言："按照财产来规定政治权利的办法，并不是国家不可缺少的设施。虽然这种办法在国家制度的历史上起过很大的作用，但许多国家，而且恰好是最发达的国家，都是不需要它的。"② 二是要争得经济解放，必须争得政治权利。如列宁所言："一切经济斗争都必然要成为政治斗争，所以社会民主党应该把这两种斗争紧密地结合成一种无产阶级统一的阶级斗争，这种斗争的首要目的应该是争取政治权利，争取政治自由。"③ "'无产阶级的解放应当是无产阶级自己的事情'——这就是马克思和恩格斯经常教导的。而无产阶级要争取经济上

---

① ［英］巴特·斯廷博根：《公民身份的状况》、《迈向全球生态公民身份》，载《公民身份的条件》，第1—11、160—173页。
② 恩格斯：《家庭、私有制和国家的起源》，《马克思恩格斯全集》，第21卷，第132页。
③ 列宁：《为"工人报"写的文章：我们的纲领》，《列宁全集》，第4卷，第162—163页。

的解放，就必须争得一定的政治权利。"① 三是政治权利包含一些具体的权利。如史密斯所言，所谓公民即是指一个具有参与人民自我治理过程的政治权利的人。这些政治权利包括投票的权利，担任选举产生的或任命的政府职务的权利，在各种不同的陪审团中担任陪审员的权利，以及作为平等的社群成员参与政治辩论的权利。② 雅诺斯基和格兰也指出，政治权利，包括个人政治权利（投票权、竞选公职权、信息自由权、抗议权）、组织权利（成立政党、社会运动/反对权等）、成员资格权利（移民和定居权、避难权、文化权利等）。③ 对一些重要的政治权利，可以作简要说明。

1. 选举权

选举权（普选权、投票权）是政治权利中一个具有代表性的权利，马克思主义经典作家重点强调的是普选权体现的是统治阶级意志，在专制形态下不可能有真正意义的普选权，资产阶级民主并没有实现普遍、平等的选举权，无产阶级要积极争取选举权，民主要求普遍、平等和不受限制的选举权，注重妇女的选举权和被选举权，要使民众便于行使选举权。西方学者重点强调的则是普遍、平等、独立行使、带来竞争和彰显公民身份的选举权。也就是说，马克思主义经典作家重点强调的是选举权的阶级属性，西方学者较为看重的是选举权的功能属性。尽管有这样的区别，马克思主义经典作家和西方学者还是都强调了需要普遍、平等和不受限制的选举权。

2. 罢免权

马克思主义经典作家既重视选举权，也重视罢免权。马克思指出："从前有一种错觉，以为行政和政治管理是神秘的事情，是高不可攀的职务。……现在这种错觉已经消除。彻底清除了国家等级制，以随时可以罢免的勤务员来代替骑在人民头上作威作福的老爷们，以真正的负责制来代替虚伪的负责制，因为这些勤务员经常是在公众监督之下进行工作的。"④ 列宁也指出："任何由选举产生的机关或代表会议，只有承认和实行选举

---

① 列宁：《弗里德里希·恩格斯》，《列宁全集》，第 2 卷，第 11 页。
② ［美］罗格斯·史密斯：《现代公民权》，载《公民权研究手册》，第 142—156 页。
③ ［美］托马斯·雅诺斯基、布雷恩·格兰：《政治公民权：权利的根基》，载《公民权研究手册》，第 17—72 页。
④ 马克思：《法兰西内战初稿》，《马克思恩格斯全集》，第 17 卷，第 589—590 页。

人对代表的罢免权,才能被认为是真正民主的和确实代表人民意志的机关。真正民主制的这一基本原则,毫无例外地适用于一切代表会议,同样也适用于立宪会议。比多数选举制更民主的比例选举制,要求采取比较复杂的措施来实现罢免权,也就是说,使人民的代表真正服从人民。"① 斯大林也强调:"我们要求实行工作人员的选举制和罢免制,不要不负责任的官僚。"② 邓小平也认为:"要有群众监督制度,让群众和党员监督干部,特别是领导干部。凡是搞特权、特殊化,经过批评教育而又不改的,人民就有权依法进行检举、控告、弹劾、撤换、罢免,要求他们在经济上退赔,并使他们受到法律、纪律的处分。"③

西方学者也论及了罢免权的行使问题,如韦默和维宁所言,也许最接近直接民主制的社会是一个当选的决策者服从选民罢免的社会。通过给选民一定机会去推翻负担过重的政策和罢免不受欢迎的决策者,提供了一种对权力滥用的制约。正是这种"开除无赖"的能力从根本上赋予了民主制内在的价值。④

尽管马克思主义经典作家和一些西方学者都肯定了罢免权所具有的民主价值,但是应该看到,多数西方学者并不是十分看重罢免权,因为从广义上看,选举权就包含了罢免权,不需要特别突出罢免权的作用。

3. 参与权

参与权可以表现为参与国家管理的权利,如列宁所言:"人民要有政治权利,也就是说,人民要有参加国家管理的权利,有权不仅在报纸上、而且在人民集会上公开申述人民的需要。"⑤ 阿伦特也强调,政治自由一般而言,意味着"成为一名政府参与者"的权利,否则就什么也不是。⑥ 参与权也可以表现为参与政策的权利,如雅诺斯基和格兰强调的"组织参与权利",就包括了劳动力市场干预权利、建议/决定权利(集体谈判权、共同决策权等)、资本监控权利,也就是从个体通过共同决策机制和劳资联席会而参与工作决策,一直到社区参与医疗卫生和环境保护决策的

---

① 列宁:《罢免权法令草案》,《列宁全集》,第33卷,第102—103页。
② 斯大林:《论立宪会议的选举》,《斯大林全集》,第3卷,第145页。
③ 邓小平:《党和国家领导制度的改革》,《邓小平文选》,第2卷,第332页。
④ [美]戴维·L. 韦默、[加]艾丹·R. 维宁:《政策分析——理论与实践》,第157—158页。
⑤ 列宁:《论工业法庭》,《列宁全集》,第4卷,第249—250页。
⑥ [美]汉娜·阿伦特:《论革命》,第204页。

一系列权利。[1]

4. 发言权

发言权是政策参与中必不可少的权利,如密尔所言,在一切人类事务中,每个有直接利害关系而又不是在别人保护下的人,都有公认的发言权,并且不能正当地加以排除。但是,完全排除对共同事务的发言权是一回事,根据其对共同利益的管理的较大能力有较大分量的发言权则是另一回事。[2] 罗尔斯也指出,参与政治生活并不使个人成为他自己的主人,倒不如说是给了他在决定如何安排社会的基本条件时,与其他人有同等的发言权。进行商讨和把每个人的信仰和利益都考虑进来的公共意愿,奠定了公民友谊的基础,形成了政治文化的精髓。[3]

西方学者还重点阐释了在政策过程中发言权的使用范围。(1)决策制定中的发言权。赫尔德指出,受公共决策影响的人应当在决策的制定中拥有发言权。[4] 科恩特指出,每一个人都可以为议程提出议题,可以就议程上的议题提出解决方案,可以给出理由来支持或者批评所提出的解决方案,而每个人在决议中都拥有平等的发言权。[5] (2)政策讨论中的发言权。彼得斯指出,协商民主希望更加持续地与公众发生关联,允许公众在讨论的议题上有一定的发言权。[6] (3)对社区事务的发言权。博克斯指出,社区的每一个成员对怎样管理社区都有发言权,这种发言权由两个方面来平衡,其一是必须保证其他成员拥有平等的自由权,其二是必须保证社区成员能够进入社区决策过程。[7] (4)通过社会运动取得的发言权。蒂利指出,社会运动得力于公民协商,这是因为社会运动有关价值、统一、规模和奉献的展示,其分量将随着这种可能性——即社会运动的行动者或支持者在政府决策过程中真正获得发言权——的增加而增加。[8] (5)能够

---

[1] [美]托马斯·雅诺斯基、布雷恩·格兰:《政治公民权:权利的根基》,载《公民权研究手册》,第17—72页。
[2] [英]约翰·密尔:《代议制政府》,第132、134页。
[3] [美]罗尔斯:《正义论》,第231页。
[4] [英]戴维·赫尔德:《重构全球治理:未来其实或者改串》,载《全球化理论——研究路径与理论论争》,第283—308页。
[5] [美]乔舒亚·科恩:《民主与自由》,载《协商民主:挑战与反思》,第184—229页。
[6] [美]盖伊·彼得斯:《官僚政治》,第262页。
[7] [美]理查德·博克斯:《公民治理:引领21世纪的美国社区》,第57页。
[8] [美]查尔斯·蒂利:《社会运动,1768—2004年》,第184页。

决定分配的发言权。沃尔夫指出，消除积累与合法化的矛盾就要在两个方面都实行民主原则——进行投资和分配决定时也要给予人们发言权，就像在更直接的政治决策中人们理论上拥有的发言权一样。①

5. 表达权

言论自由、出版自由和思想自由的权利，实质上都属于与政治权利有关的表达权。马克思主义经典作家对于这样的权利，主要强调的是两点认识。（1）人民享有独立思考和述说真理的权利。马克思指出："如果人民像美好的旧时代的各国人民那样只让宫廷丑角享有思考和述说真理的权利，这样的人民就只能是依赖他人、不能独立的人民。"②（2）出版自由是发表意见的权利。恩格斯指出："（英国人的）第一个权利是，每个人都可以不经国家事先许可而自由无阻地发表自己的意见，这也就是出版自由。"③ 马克思也指出："问题不在于出版自由是否应当存在，因为出版自由向来是存在的。问题在于出版自由是个别人物的特权呢，还是人类精神的特权。问题在于一面的有权是否应当成为另一面的无权。"④ 毛泽东也明确要求"取消一切镇压人民的言论、出版、集会、结社、思想、信仰和身体等项自由的反动法令，使人民获得充分的自由权利。"⑤

西方学者也认为表达权是一种综合性的权利，它不仅可以包含发言权，还可以包括发言、讨论以外的表达方式所应具有的权利。如诺齐克对表达权给出的解释是：民主制度和与它们同样重要的自由不只是实现控制政府的权力，并将其导向共同关注的问题的有效途径，它们自身也——以一种具有针对性的官方方式——表达和象征我们的同等人类尊严，表达和象征我们的自主性和自我导向的权利。⑥

6. 集会权和结社权

集会和结社是人民通过集体行为进行自我表达的权利，如恩格斯所言："英国人的第二个'天生的权利'是人民集会的权利。……如果集会

---

① [美]艾伦·沃尔夫：《合法性的限度——当代资本主义的政治矛盾》，第491页。
② 马克思：《第六届莱茵省议会的辩论（第一篇论文）》，《马克思恩格斯全集》，第1卷，第41页。
③ 恩格斯：《英国状况：英国宪法》，《马克思恩格斯全集》，第1卷，第695页。
④ 马克思：《第六届莱茵省议会的辩论（第一篇论文）》，《马克思恩格斯全集》，第1卷，第63页。
⑤ 毛泽东：《论联合政府》，《毛泽东选集》，第3卷，第1012页。
⑥ [美]诺齐克：《经过省察的人生——哲学沉思录》，第267—268页。

的结果不是请愿,那末这个集会既使不算直接违法,但无论如何也是很值得怀疑的。"① "政治自由——特别是结社、集会和出版的自由——是我们进行宣传鼓动工作的手段;我们的这些手段是否会被夺走,难道是无所谓的吗?如果有人侵犯这些手段,难道我们不应当起而反抗吗?"② 列宁也指出,苏维埃政权推行了更民主的各种措施(如保障群众的集会权利、由工农苏维埃选举法官等)。"苏维埃政权把成千上万座最好的建筑物一下子从剥削者手里夺过来,就使群众的集会权利更加'民主'百万倍,而没有集会权利,民主就是骗局。"③

西方学者也强调了集会权和结社权的重要作用。如雪莱所言,政府不会允许任何集会公开地就政府的原则来进行和平而合理的讨论,但是人类有没有权利来集会谈谈他们愿意谈的题目呢?人们讨论政府能采用什么手段以便更有效地达到它的目的,还有什么题目比这个更有意义、更有用呢?尽管我很不赞成使用暴力,然而我决不认为连集会议论形势的发展,也属于暴力或暴乱性质的活动。④ 比瑟姆也指出,把民主的基本原则规定为社团所有成员都享有参与决定社团的规则和政策的平等权利,以及界定这一原则所包含的种种自由:思想、言论、结社和集会等,这是一个比较简短的问题。远为棘手的是,确定民主实际上能够在何种条件下,以没有自相矛盾的方式得到实现的程度。⑤

7. 知情权和"信息权"

知情权的一个重要内容是对政策的知情,如达尔对知情权的界定是:在合理的时间范围内,所有成员都有同等的有效的机会来了解各种备选的政策及其可能的结果。⑥ 博克斯也指出,为了保证关于政策议题决策的高质量,公民必须能够拥有获取信息的途径,并且参与审慎的、深思熟虑的决策,这个过程是公开的,公民是受到欢迎和充分知情的,在这里每一个人的贡献都有价值,而不管其身份或地位如何。⑦

与"知情权"接近的是"信息权",即接触独立信息来源的权利。如

---

① 恩格斯:《英国状况:英国宪法》,《马克思恩格斯全集》,第1卷,第696—697页。
② 恩格斯:《关于工人阶级的政治行动》,《马克思恩格斯全集》,第17卷,第445页。
③ 列宁:《无产阶级革命和叛徒考茨基》,《列宁全集》,第35卷,第249页。
④ 《雪莱政治论文选》,第35页。
⑤ [英]比瑟姆:《科层制》,第97页。
⑥ [美]罗伯特·达尔:《论民主》,第44页。
⑦ [美]理查德·博克斯:《公民治理:引领21世纪的美国社区》,第99页。

戴蒙德所言，公民必须拥有要求并获得有关政府所有职能与决策之信息的合法权利——这样的信息应与国家安全问题无关，而且也不会侵犯个人的隐私。① 诺齐克也指出，每一个个人都确实拥有要求获得公共的信息或他可以得到的信息的权利。②

8. 决策权与管理权

"决策权"和"管理权"是否既可以表现为权力，也可以表现为权利，马克思主义经典作家持的是肯定性的论点。如列宁所言："民主意味着在形式上承认公民一律平等，承认大家都有决定国家制度和管理国家的平等权利。"③ 毛泽东也指出："这里讲到苏联劳动者享受的各种权利时，没有讲劳动者管理国家、管理军队、管理各种企业、管理文化教育的权利。实际上，这是社会主义制度下劳动者最大的权利，最根本的权利。没有这种权利，劳动者的工作权、休息权、受教育权等权利，就没有保证。"④

西方学者也有将"决策权"视为"权利"的论点。如夏皮罗所言，民主被认为是合理的，因为人们应该在涉及他们的一些决策中有权表达自己的意愿。如果你受到某项决策结果的影响，你就应该有权发表自己的意见。⑤ 布坎南也指出，公民必须认识到，一些最终决策权还是取决于他及其伙伴。如果个人同国家的疏远超出了这一点，如果个人完全不再感到自己能决定政治行动的范围，有效的民主进程将不复存在。⑥ 哈贝马斯则强调，只要公众与公共相关，那么，他们作为消费者和选民依然保有的决策权就必定会受到经济力量和政治力量的影响。⑦

9. 公决权

公决权或全民公决权应是决策权的一种，但比一般意义的决策权的作用更强。对于主要用于政策的公决权，西方学者有不同的看法。

赫费是公决权的赞同者，他认为有一种经过实验的防止出现参与性民主制度的专制化危险的手段：人民直接参与国家意志和决策的形成，以民

---

① ［美］拉里·戴蒙德：《民主的精神》，第360页。
② ［美］诺齐克：《无政府、国家与乌托邦》，第121—122页。
③ 列宁：《国家与革命》，《列宁全集》，第31卷，第96页。
④ 毛泽东：《读苏联"政治经济学教科书"的谈话》，《毛泽东文集》，第8卷，第129页。
⑤ ［美］夏皮罗：《政治的道德基础》，第263页。
⑥ ［美］詹姆斯·布坎南：《民主财政论》，第4—6页。
⑦ ［德］哈贝马斯：《公共领域的结构转型》，第201页。

众表决、民意调查、大众请愿和人民决断等形式的公决，其中有的是投票权，有的是公决权。全民公决有助于解决巨大的社会冲突，全民公决会提升民众的信息水平及其参与的积极性。①

莫斯卡对全民公决持的是保留态度，他认为多数统治这一民主理想并未因实行全民公决而得以实现。即使全民公决确实有助于限制统治阶级的专断，但它同样也经常严重阻碍政治有机体的改良。②

阿伦特则是公决权的反对者，她认为全民公决是唯一与无拘无束的公共意见统治密切呼应的制度。正如公共意见是意见的死亡，全民公决也使公民投票、选择和控制自己政府的权利走向终结。③

10. 议程控制权和机会平等权

对于公民能够享有的"议程的最终控制权"，达尔有较详细的说明：民众有排他性的机会，决定它的成员如何（或如果）选择哪些事情被讨论。政策将永远由民众来控制变化，如果它的成员选择这样做的话。如果剥夺人们讨论议程上的各项建议的机会，就会造成政策的决定权实际掌握在极少数成员手里。理想民主每个必需的特征规定了一种权利，这个权利本身就是理想民主秩序必需的一部分：参与权、与其他人平等的计票权、为理解问题而寻找知识的权利以及平等基础上的参与控制最后议程的权利。民主不仅仅是由政治过程构成的，它也必须是一种根本权利的制度。④ 巴伯也指出，将议程设置移交给精英或某些假想的"自然"过程就是对权利和责任的放弃。⑤

机会平等权或"机会权利"既可能是政治权利，也可能是社会权利。此处所讨论的，是与政策参与有关的机会平等权。达尔所强调的"大规模民主的政治制度有效运行所不可缺少的各种自由和机会方面的权利"⑥，罗尔斯所强调的机会平等原则，⑦ 针对的都是这样的权利。尽管有人强调了机会平等的重要性，如蒂利要求"接近政治资源的途径和国家之外的

---

① ［德］奥特弗里德·赫费：《全球化时代的民主》，第187页。
② ［意］莫斯卡：《政治科学要义》，第215页。
③ ［美］汉娜·阿伦特：《论革命》，第214页。
④ ［美］罗伯特·达尔：《论政治平等》，第6页；《论民主》，第45—46页。
⑤ ［美］本杰明·巴伯：《强势民主》，第212—214页。
⑥ ［美］罗伯特·达尔：《论民主》，第93—95页。
⑦ ［美］罗尔斯：《作为公平的正义：正义新论》，第55—64页。

机会平等化"①;约翰·肖特要求"人们要以同等机会参与政治"②;但是,绝对的平等显然是不可能的。如哈耶克所言,对大多数来说,绝对平等仅仅意味着以平等的方式把大众置于某些操纵着他们事务的精英的命令之下。尽管"机会平等"这个说法乍一听来颇具吸引力,但一旦这个观念被扩展适用于那些出于某些其他原因而不得不由政府予以提供的便利条件的范围之外,那么机会平等的主张就会变成一种完全虚幻的理想。政策的目标所旨在实现的必须是一种能够尽可能多地增进每个人的机会的秩序——当然,这并不是一种在每时每刻而只是"在整体上"且从长远来讲会尽可能多地增进每个人的机会的秩序。③ 从"有机会"的角度来阐释"机会权利",应该是一种更好的选择,如爱德华兹所强调的"首要任务是增加穷人、妇女、儿童以及在政策制定中未被充分代表的其他团体的声音,以便所有人拥有同样的参与机会"④;以及韦默和维宁所强调的"通过给选民一定机会去推翻负担过重的政策和罢免不受欢迎的决策者,提供了一种对权力滥用的制约"⑤。也就是说,机会权利最重要的不是表现为一种平等权,而是一种被允许或可能获得的权利。

11. 不信任权

"不信任"也是一种重要的权利,如列宁所言:"大家知道,在所有立宪制国家,公民都有权对这个或那个公职人员或机关表示不信任。他们的这种权利是不能剥夺的。"⑥ 西方学者也有这方面的认识,如涂尔干完全否定伟人的作用,指出有些国家把自身完全交付给伟人来掌握,而其他国家恰恰相反,他们不信任伟人。⑦ 悉尼·胡克也指出,一种可行的民主的积极要求是明智地不信任它的领导,对一切扩大权力的要求抱顽强而非盲目的怀疑态度,并在教育和社会生活的一切方面着重批判的方法。⑧

---

① [美] 查尔斯·蒂利:《民主》,第 75 页。
② [美] 约翰·肖特:《心理学与公民身份:认同与归属》,载《公民身份与社会理论》,第 131—162 页。
③ [英] 哈耶克:《法律、立法与自由》,第 2、3 卷,第 146—148、199—200 页。
④ [美] 迈克尔·爱德华兹:《积极的未来》,第 174—175 页。
⑤ [美] 戴维·L. 韦默、[加] 艾丹·R. 维宁:《政策分析——理论与实践》,第 157—158 页。
⑥ 列宁:《俄国社会民主工党第三次代表大会文献》,《列宁全集》,第 10 卷,第 93 页。
⑦ [法] 爱弥尔·涂尔干:《乱伦禁忌及其起源》,第 144—148 页。
⑧ [美] 悉尼·胡克:《理性、社会神话和民主》,第 255 页。

上面列出的各种具有"支配性"或"主导性"的政治权利,依照在政策过程中充分保证权利行使的要求,都可以归入宽泛意义的"政策参与权"中,因为政策参与不仅需要知情(信息)、发言、表达,还需要选举、罢免、决策(管理)、公决甚至表示不信任,并要求议程控制、机会平等和集会、结社等组织形式,而这些需要和要求都与具体的权利联系在一起。之所以细分各种权利,就是希望人们能对影响政策的"支配权利"有更全面的了解。

(三) 应得权利

公民通过政策应该得到的权利,或者说为公民提供基本保障的权利,即"应得权利"或"要求权""供给的权利",主要包括公民权利、法律权利、经济权利、社会权利、文化权利等,可以具体说明不同权利的情况。

1. 公民权利

对于"公民权"或"公民权利",首先应该重视的是马克思主义经典作家强调的五点基本认识。(1)公民权是与公民"无权"相对抗的权利。斯大林指出:"罪恶滔天的沙皇制度把我国引到了毁灭的边缘。……全体居民毫无权利可言,层出不穷的专横暴虐笼罩着生活的各方面,公民的生命财产完全没有保障。"[1] (2) 公民权是与"特权"相对抗的权利。列宁指出:"社会民主党人无条件地赞同这种要求:完全恢复农民的公民权利,完全废除一切贵族特权,取消官僚对农民的监护,给予农民自治权。"[2] (3) 公民权是重要的斗争武器。斯大林指出:"我们非常了解公民权利对于无产者有多么大的意义。公民权利是一种斗争武器,剥夺这些权利就等于剥夺武器,谁不知道没有武器的无产者就不能很好的进行斗争呢?……因此我们无论现在和将来都要用全力为俄国各民族的公民权利平等而斗争。"[3] (4) 公民权是需要物质保证的权利。毛泽东指出:"比如公民权利的物质保证,将来生产发展了,比现在一定扩大,但我们现在写

---

[1] 斯大林:《公民们》,《斯大林全集》,第1卷,第168页。
[2] 列宁:《什么是"人民之友"以及他们如何攻击社会民主主义者》,《列宁全集》,第1卷,第254页。
[3] 斯大林:《社会民主党怎样理解民族问题》,《斯大林全集》,第1卷,第36—37页。

的还是'逐步扩大'。这也是灵活性。"①（5）公民权是必须使人民享有并得到保障的权利。邓小平指出："政治上充分发扬人民民主，保证全体人民真正享有通过各种有效形式管理国家、特别是管理基层地方政权和各项企业事业的权力，享有各项公民权利。"②"宪法和党章规定的公民权利、党员权利、党委委员的权利，必须坚决保障，任何人不得侵犯。"③

公民权利主要包含"平等权"和"自由权"两种权利，我们重点关注的，只是与政策有密切关系的平等权和自由权。

需要通过政策来保证的公民的平等权，应注意四点基本要求。

第一，平等权不仅是表面的，还应当是实际的。恩格斯指出，一切人，或至少是一个国家的一切公民，或一个社会的一切成员，都应当有平等的政治地位和社会地位。"当经济关系要求自由和平等权利时，政治制度却每一步都以行会的束缚和特殊的特权同它相对立。""平等应当不仅是表面的，不仅在国家的领域中实行，它还应当是实际的，还应当在社会的、经济的领域中实行。"④ 尼采也指出，对于平等权利的意图，说到底是对于平等需求的意图。⑤

第二，平等权要求消灭阶级差别。恩格斯指出："平等的要求已经不再限于政治权利方面，它也扩大到个人的社会地位方面了；必须加以消灭的不仅是阶级特权，而且是阶级差别本身。"⑥

第三，追求幸福生活的平等权利要靠物质手段来实现。恩格斯指出："追求幸福的欲望只有极微小的一部分可以靠理想的权利来满足，绝大部分却要靠物质的手段来实现，而由于资产阶级生产所关心的，是使绝大多数权利平等的人仅有最必需的东西来勉强维持生活，所以资本主义对多数人追求幸福的平等权利给予的尊重，即使一般说来多些，也未必比奴隶制或农奴制所给予的多。"⑦ 伊辛和特纳也指出，公民权是一个与一系列政

---

① 毛泽东：《关于中华人民共和国宪法草案》，《毛泽东文集》，第6卷，第326—327页。
② 邓小平：《党和国家领导制度的改革》，《邓小平文选》，第2卷，第322页。
③ 邓小平：《解放思想，实事求是，团结一致向前看》，《邓小平文选》，第2卷，第144页。
④ 恩格斯：《反杜林论》，《马克思恩格斯全集》，第20卷，第113、115—116页。
⑤ [德]尼采：《权力意志》，下卷，第754页。
⑥ 恩格斯：《社会主义从空想到科学的发展》，《马克思恩格斯全集》，第19卷，第207页。
⑦ 恩格斯：《路德维希·费尔巴哈和德国古典哲学的终结》，《马克思恩格斯全集》，第21卷，第332页。

策领域相关联的重大主题，从福利、教育、劳动力市场，一直到国际关系、移民等，公民权之所以与这些问题相关联，是因为它将三个基本的问题纳入了它的轨道：即如何确定一个政治体内的成员资格的边界以及政治体之间的边界（外延）；如何分配安排成员的权益和义务（内涵）；如何了解和调适成员之身份认同的"强度"（深度）。现代公民权背后的动力是去创建一个福利国家，以达致公民之间的平等。①

第四，平等权既表现为政治方面的权利平等，也表现为经济方面的消灭阶级和社会方面的社会地位平等。列宁指出："社会民主党人所理解的平等，在政治方面是指权利平等，在经济方面是指消灭阶级。至于确立人类在力气和才能（体力和智力）上的平等，社会主义者连想也没有想过。……社会主义者说平等，一向是指社会的平等，指社会地位的平等，绝不是指个人体力和智力的平等。"②

在政策领域保障公民的自由权，则需要注意两点基本要求。

一是自由有时表现为特权，有时表现为普遍权利。马克思指出："自由确实是人所固有的东西，连自由的反对者在反对实现自由的同时也实现着自由。……没有一个人反对自由，如果有的话，最多也是反对别人的自由，可见各种自由向来就是存在的，不过有时表现为特权，有时表现为普遍权利而已。""自由的一种形式制约着另一种形式，正像身体的这一部分制约着另一部分一样。只要某一种自由成问题，那末，整个自由都成问题。只要自由的某一种形式受到排斥，也就是整个自由受到排斥——自由的存在注定要成为泡影。"③

二是自由权应是一种受限制的权利。鲍曼指出，倘若是民主政治的政治技艺，那就是将限制公民自由的樊篱拆除；不过，它自己也要设立樊篱：让公民获得自由，为的就是让他们能够个别地或集体地为他们自身设立樊篱。个体自由只能是集体活动之结果（其安全和保障只能是集体性的）。成为一个个体并不必然意味着自由。有待提供的个体这一形式在晚期现代社会或后现代社会中乃是最普遍的，这也就是私人化的个体性，它

---

① ［英］恩靳·伊辛、布鲁恩·特纳：《公民权研究：导论》，载《公民权研究手册》，第1—14页。
② 列宁：《自由派教授论平等》，《列宁全集》，第24卷，第391—393页。
③ 马克思：《第六届莱茵省议会的辩论（第一篇论文）》，《马克思恩格斯全集》，第1卷，第63、94—95页。

们都意味着本质上的不自由。①

2. 法律权利

"法律权利"或"司法权利"既要求对公民的权利给予必要的法律保障，也要求公民本身享有必要的法律手段，因此需要注意以下基本要求。

第一，权利应得到法律提供的保障。马克思指出："各种最自由的立法在私权方面，只限于把已有的权利固定起来并把它们提升为某种具有普遍意义的东西。而在没有这些权利的地方，它们也不去制定这些权利。"② 史密斯也指出，特别是在现代世界中，我们通常也将"公民权"看作是一种更纯粹的法律地位。"公民"是指那些在法律上被承认为某种特定的、具有正式独立主权的政治共同体之成员的人们。因此，他们拥有得到该共同体政府保护的某些基本权利，无论这些权利是否包括政治参与的权利。③ 狄骥则强调，公民个人并不、而且也不能要求国家必须确保公共服务的正常运行，他所能要求的只是将非法的行政行为予以撤销。每一位公民都是政府的代理人，他们都可以帮助维护法律，也可以要求法院撤销不合法的行政行为。不论一个行政机构享有多么广泛的权力，普通公民总是有权去探寻它的动机。④

第二，公民应享有司法公正权利。恩格斯指出："这些个人权利中的最后一个，就是每个人都有权由和自己同类的人来审讯，而这一个权利也同样是富人的特权。"⑤ 毛泽东也指出："保证一切抗日人民（地主、资本家、农民、工人等）的人权，政权，财权及言论、出版、集会、结社、信仰、居住、迁徙之自由权。除司法系统及公安机关依法执行其职务外，任何机关、部队、团体不得对任何人加以逮捕、审问或处罚，而人民则有用无论何种方式控告任何公务人员非法行为之权利。"⑥ 马歇尔则强调，公民的要素由个人自由所必需的权利组成，包括人身自由，言论、思想和信仰自由，拥有财产和订立有效契约的权利以及司法权利，与公民权利最

---

① ［英］齐格蒙·鲍曼：《寻找政治》，"导言"，第4页；正文，第55页。
② 马克思：《第六届莱茵省议会的辩论（第三篇论文）》，《马克思恩格斯全集》，第1卷，第144页。
③ ［美］罗格斯·史密斯：《现代公民权》，载《公民权研究手册》，第142—156页。
④ ［法］狄骥：《公法的变迁》，第61、164、167页。
⑤ 恩格斯：《英国状况：英国宪法》，《马克思恩格斯全集》，第1卷，第697页。
⑥ 毛泽东：《陕甘宁边区施政纲领》，《毛泽东文集》，第2卷，第335页。

直接相关的机构是法院。①

第三，惩罚思想方式的法律是反动的法律。马克思指出："我的行为就是我同法律打交道的唯一领域，因为行为就是我为之要求生存权利、要求现实权利的唯一东西，而且因此我才受到现行法的支配。可是追究倾向的法律不仅要惩罚我所做的，而且要惩罚我所想的，不管我的行为如何。……惩罚思想方式的法律不是国家为它的公民颁布的法律，而是一个党派用来对付另一个党派的法律。追究倾向的法律取消了公民在法律面前的平等。这不是团结的法律，而是一种破坏团结的法律，一切破坏团结的法律都是反动；这不是法律，而是特权。"②

3. 经济权利

经济权利应包括纳税权、所有权、财产权、资本权、收入权、消费权、就业权、经济自由权、经济平等权、产品支配权等权利。尽管一些西方学者倾向于将经济权利与社会权利归为一类权利，称为"社会或经济权利"，但经济政策毕竟与社会政策有所不同，与经济政策相关的"经济权利"或"与经济有关的权利问题"也不同于社会权利问题，如马歇尔所言，社会科学家和技术人员与经济政策（"资本主义"要素）联系在一起，而专业福利政策则通常与政治行政机构中的官僚联系在一起。③ 西方学者还特别强调了对经济权利的三点认识。

一是需要在市场经济环境下界定权利。奥尔森指出，可以导致经济成功的市场经济仅仅要求两个一般性条件：要求有可靠而界定清晰的个人权利，不存在任何形式的巧取豪夺。④ 沃尔泽则明确要求重新确定所有权的权利范围，以便排除某种被认为只能由作为一个整体的政治共同体来作出的决策。这种重新界定确定了如今社会生活得以组织的关键的分界线。一方面是被称为"政治的"活动，包括对目的地和风险的控制；另一方面是被称为"经济的"活动，包括货币和商品的交换。⑤

二是不同的政策模式对公民经济权利有不同的影响。达仁道夫论证了两种不同的政策模式。第一种是重视经济增长忽视公民权利的政策模式。

---

① ［英］马歇尔、吉登斯等：《公民身份与社会阶级》，第10—11、13、16页。
② 马克思：《评普鲁士最近的书报检查令》，《马克思恩格斯全集》，第1卷，第17—18页。
③ ［英］马歇尔、吉登斯等：《公民身份与社会阶级》，第110—116、127页。
④ ［美］曼瑟·奥尔森：《权力与繁荣》，第151—153页。
⑤ ［美］迈克尔·沃尔泽：《正义诸领域：为多元主义与平等一辩》，第394页。

用简单的公式概括之，这就是没有公民的应得权利而有经济增长的后果。第二种是重视公民权利和福利但可能无法得到经济发展保障的政策模式。新任务要求越来越高的税收和越来越多的官员。国家守夜人的角色，变成为施主，施主没有一时一刻不把眼睛盯住他的公民。在这种情况下，民主正在变成一种正数和博弈，倘若经济数字相加不再能够正好得出正数和，这种博弈就有危险。①

三是应尊重"私人选择"。卡普兰指出，不仅普通大众低估了市场的作用，就连经济学家也低估了市场相对于民主制度的优越性。与市场原教旨主义的不同之处在于，民主原教旨主义遍地都是。非民主政治不是民主政治之外的唯一选择。生活的很多方面都处于政治或"集体选择"领域之外。当法律沉默时，决策权可以"交给个人"或"留给市场"。可以把私人选择叫作"第三条道路"——民主与独裁之外的选择。应该更多地依靠私人选择和自由市场，减少或取消增加选民投票率的努力。②

4. 社会权利

按照西方学者的看法，公民的社会权利至少应该包括以下七种权利：一是生存权；二是社会尊重权（尊严权）；三是促进能力的权利；四是机会权利；五是再分配权；六是补偿权；七是各种社会福利权。马克思主义经典作家则强调，劳动权、休息权、受教育权、社会保障权等，都是重要的社会权利。如斯大林所言："劳动权，即每个公民有得到有保障的工作的权利；休息权；受教育权；以及其他等等"。③ 毛泽东也指出："人民各项权利，在我们这里，只能说实现了几个重要部分，例如，管理政府，工作权，在现有物质条件限制下的言论、出版、集会权等。至于休息权，中国目前大体上还谈不到，工农更是如此。教育权、老病保养权，还在走头一步。"④ 此外，妇女解放也是重要的权利问题，如列宁所言："女工和农妇受着资本的压迫，不仅如此，她们甚至在最民主的资产阶级共和国里也仍然没有享受充分的权利，因为法律不允许她们同男子平等。……在我们

---

① [英] 拉尔夫·达仁道夫：《现代社会冲突》，第169—175页。
② [美] 布赖恩·卡普兰：《理性选民的神话——为何民主制度选择不良政策》，第4、230—237、242—243页。
③ 斯大林：《关于苏联宪法草案》，《斯大林文集（1934—1952）》，第109页。
④ 毛泽东：《给谢觉哉的信》，《毛泽东文集》，第3卷，第232页。

苏维埃俄国，法律上男女的不平等已经完全取消了。"① 毛泽东也指出："什么叫做女子有自由、有平等？就是女子有办事之权，开会之权，讲话之权，没有这些权利，就谈不上自由平等。我们共产党是提倡这种权利的。"② "妇女的权利在宪法中虽然有规定，但是还需要努力执行才能全部实现。"③

以政策尤其是社会政策处理公民的社会权利问题，在西方学者看来，至少需要处理五个方面的关系。

第一，社会权利与政治权利的关系。鲍曼指出，社会权利的撤销往往紧跟着就是许多人放弃或滥用他们的政治权利。单个的公民正在变成或正在被变成单个的消费者，他可能非常乐意"用脚投票"。基本的转移是从获得关心的权利到作为一种回报的社会权利的转移。在社会结构转型上，已从一个能产生对马歇尔"权利逻辑"几乎普遍支持的社会转向攻击这种支持的社会，如果不是在理论上的话也是在实践中导致了否定对于社会权利的普遍权利，这些社会权利不仅包括生存的权利，而且还包括获得社会尊重和人的尊严的权利。如果没有团结，没有制度化的、受法律保护并由权威推动的团结，社会权利就几乎没有机会存在。除非续之以有效的社会权利，对于一个民族的大部分人来说，政治权利和个人权利将被证明最多是一场梦。④

第二，社会权利与公民权利的关系。南希·弗雷泽和琳达·戈登指出，我们的分析不支持公民权利与社会权利是彼此不相容的结论，我们主张两种公民身份形式间的调和对理论家来说代表一种紧迫的任务。在"民主胜利"的修辞与经济恶化相伴而至的今天，正是坚持没有社会权利就不可能有民主权利的时候到了。⑤

第三，社会权利平等与相对平等的关系。马歇尔指出，社会地位上的差异从民主公民身份角度看可以获得合法性的印记，其前提是这些差距不能过分悬殊。这就意味着，在一个大致平等的社会中，不平等是可以容忍

---

① 列宁：《国际劳动妇女节》，《列宁全集》，第 40 卷，第 380—381 页。
② 毛泽东：《妇女们团结起来》，《毛泽东文集》，第 2 卷，第 171 页。
③ 毛泽东：《同南斯拉夫妇女代表团的谈话》，《毛泽东文集》，第 7 卷，第 150 页。
④ [英] 齐格蒙·鲍曼：《免于国家干预的自由、在国家中的自由和通过国家获得的自由：重探马歇尔的权利三维体》，载《公民身份与社会阶级》，第 320—336 页。
⑤ [美] 南希·弗雷泽、琳达·戈登：《公民权利反对社会权利》，载《公民身份的条件》，第 103—122 页。

的,只要这些不平等不属于对抗性的。① 莫里斯也认为,应该追求"差别的平等权利":保卫不同的人的共同权利,政教分离,这样就没有一种人格理想可能作为一项公民权条件而强加给任何人。②

第四,社会政策与社会权利的关系。对于是否存在某种只针对物质本身——即福利——的权利,这种权利观念是如何影响社会政策的,马歇尔的回答是:享有某些援助或服务的权利,并不必然表示它就完全不要履行某种责任,它仅仅意味着这些服务不应当以支付能力为条件。只有在一种非常有限的程度上,福利才称得上是社会服务或社会政策的结果。③

第五,社会权利与社会责任的关系。福克斯指出,公民权利并不是单纯指一种法律身份,拥有公民权利往往还会带来可观的经济利益,这些利益关乎公共卫生保障、教育和社会保险等方方面面,一言以蔽之,就是"社会的公民权"。公民权利为所有拥有此种身份的人提供了一种普遍的认同感,能够促进公民社会的团结,并把个人与国家联系在一起。公民权利不仅意味着一系列权利,而且包含着一连串责任。过于强调公民权利这个综合体中的某一个侧面(如自由主义者偏好权利,或者如社群主义者重视责任),会导致权利和责任之间的相互依赖关系丧失。要实现公民权利,最重要的是创造出行使这些权利、履行这些责任的环境。有效的公民权利不是被动的,它要求所有人都能参与政治,并且尽其所能。④

5. 文化权利

公民的文化权利作为一类权利,近年来得到越来越多西方学者的认可。归纳西方学者的论点,文化权利应该是与知识(教育)、信息、宗教、习俗、语言文字有关的权利,⑤ 并且重点关注的是三个方面的问题。

一是塑造公民和文化认同问题。托比·米勒指出,文化公民权关注的是通过教育、习俗、语言、宗教而维护和发展文化的谱系,以及主流社会对于差异的正面承认。大多数文化公民权的支持者认为,身份认同是通过文化背景而形成与获得的。文化政策负有塑造公民的使命,今天,无论是

---

① [英] 马歇尔、吉登斯等:《公民身份与社会阶级》,第33、54页。
② [美] 查尔斯·威廉·莫里斯:《莫里斯文选》,第321、327页。
③ [英] 马歇尔、吉登斯等:《公民身份与社会阶级》,第62、73页。
④ [英] 基思·福克斯:《政治社会学》,第102—103、111、117页。
⑤ [美] 托比·米勒:《文化公民权》,载《公民权研究手册》,第316—334页。

政治上的左翼还是右翼，都将文化政策与公民权联系了起来。①

二是民主文化问题。乔姆斯基指出，要获得权利始终要求我们每人都亲身去创造，或再创造有效民主文化的根基，使公众能在政治和重要经济领域的决策中发挥一定的作用。②

三是社会团结和反两极化问题。特纳指出，公民权对于确立友谊是必不可少的，没有有效的团结纽带，礼貌教养将不可能存在。③ 吉登斯也认为，今天特别需要一种新的"和解"，但是不能采用过去那种利益从上至下分配的形式。相反，目的是清除两极分化效应（毕竟现在还是阶级社会）的福利措施必须是授权的，而不仅仅是"分配的"。它们必须关注家庭以及更广的公民文化之上的社会团结的重建。"积极福利"更重视使用生活政治措施，目标再一次集中在把自主与个人和集体的责任联系在一起。④

马克思主义经典作家在讨论权利问题时，也涉及了"文化权利"问题，主要关注的是两种权利。

一是宗教信仰权。列宁指出："俄国人民也应该要求每个庄稼人都有贵族所有的一切权利。""社会民主党人要求每人都有充分的、完全自由的随便信仰哪种宗教的权利。"⑤

二是民族平等权。马克思主义经典作家高度重视民族平等权问题，并强调这样的权利应体现在以下几个方面。（1）各民族自由安排自己生活的权利。斯大林指出："我们主张给俄国各民族以自由安排自己生活的权利，使这些民族不受压迫。"⑥（2）民族平等权利。斯大林指出："和资产阶级宪法不同，苏联新宪法草案具有深刻的国际主义性质。……它的出发点是，一切民族和种族，不管它们过去和现在的状况如何，不管它们强或弱，都应当在社会一切经济生活、社会生活、国家生活和文化生活方面享受同等的权利。"⑦（3）民族自决权利。列宁指出："正是从大俄罗斯

---

① ［美］托比·米勒：《文化公民权》，载《公民权研究手册》，第316—334页。
② ［美］诺姆·乔姆斯基：《失败的国家：滥用权力和践踏民主》，第333—334页。
③ ［英］布鲁恩·特纳：《宗教与政治：公民权的基本形式》，载《公民权研究手册》，第354—375页。
④ ［英］安东尼·吉登斯：《超越左与右——激进政治的未来》，第256页。
⑤ 列宁：《告贫苦农民》，《列宁全集》，第7卷，第147、150页。
⑥ 斯大林：《论立宪会议的选举》，《斯大林全集》，第3卷，第145页。
⑦ 斯大林：《关于苏联宪法草案》，《斯大林文集（1934—1952）》，第110页。

无产阶级的利益出发,必须长期教育群众,使他们以最坚决、最彻底、最勇敢、最革命的态度去捍卫一切受大俄罗斯人压迫的民族的完全平等和自决的权利。"① 斯大林也强调:"应立即宣布俄国各民族有自决的权利。"②
(4) 民族自治权利。毛泽东明确要求"改善国内少数民族的待遇,允许各少数民族有民族自治的权利。"③"依据民族平等原则,实行蒙、回民族与汉族在政治经济文化上的平等权利,建立蒙、回民族的自治区,尊重蒙、回民族的宗教信仰与风俗习惯。"④

(四) 支配权利与应得权利的关系

通过归纳马克思主义经典作家和西方学者的论点,我们区分了政策民主必须涉及的两类公民权利。第一类权利是"支配权利"或"主导性权利",包括可以归入宽泛意义的"政策参与权"下的选举权、罢免权、发言权、讨论权、表达权、知情权、决策权、公决权、集会权、结社权、议程控制权、机会平等权和不信任权等政治权利。第二类是"应得权利"或"保障性权利",在这一类权利下,可以区分五个子类的权利:一是公民权利,包括自由权、平等权两种权利;二是法律权利或司法权利;三是经济权利,包括纳税权、所有权、财产权、资本权、收入权、消费权、就业权、经济自由权、经济平等权、产品支配权等权利;四是社会权利,包括生存权、劳动权、休息权、受教育权、社会尊重权(尊严权)、社会保障权(各种社会福利权利)、妇女解放权、再分配权、补偿权以及促进能力的权利、机会权利等权利;五是文化权利,包括宗教信仰、民族平等权以及与知识、信息、习俗、语言文字等有关的各种权利。

就公民的政策权利而言,"支配权利"和"应得权利"应该有四个方面的区别。

一是从权利的获得而言,"支配权利"显示的主要是公民的主动性,因为此类权利往往要求公民主动行使甚至去积极争取;"应得权利"显示的主要是公民的被动性,即便公民没有行动,也应该并且可以得到。从这一意义上讲,"支配权利"具有的应是积极权利或肯定性权利的特征,

---

① 列宁:《论大俄罗斯人的民族自豪感》,《列宁全集》,第26卷,第112页。
② 斯大林:《我们的要求》,《斯大林全集》,第3卷,第249页。
③ 毛泽东:《论联合政府》,《毛泽东选集》,第3卷,第1013页。
④ 毛泽东:《陕甘宁边区施政纲领》,《毛泽东文集》,第2卷,第337页。

"应得权利"具有的应是消极权利或否定性权利的特征。

二是就整体与个体而言,"支配权利"显示的主要是公民的整体性或集体性特征,因为此类权利往往需要多个公民而不是单一公民的行动,并且只能在整体性或集体性参与中才能发挥作用;"应得权利"显示的主要是公民的个体性特征,即每个公民都应该平等地获得权利保障,而不是以集体形式获取保障。从这一意义上讲,"支配权利"具有的应是"合作性权利"的特征,"应得权利"具有的应是"独立性权利"的特征。

三是就政策而言,"支配权利"主要反映的通过公民的政策参与,可以改变政策走向并解决公民所关注的政策问题;"应得权利"主要反映的是政策给予公民的各种益处,以满足公民的要求。从这一意义上讲,"支配权利"具有的应是"解决权利"的特征,"应得权利"具有的应是"供给性权利"和"要求权利"的特征。

四是就政府而言,"支配权利"涉及的主要是"统治方式"问题,即政府是否允许以民主的方式来处理政策问题;"应得权利"涉及的主要是"统治责任"问题,即便政府并不民主,也不能不承担其对公民的责任。从这一意义上讲,"支配权利"更具有"柔性"权利的特征,"应得权利"则更具有"刚性"权利的特征。

尽管"支配权利"和"应得权利"有明显的区别,还应该从三个方面来理解这两类权利的关联性。

首先,正是因为有这两类权利,才构成了公民权利的完整性。马克思主义经典作家和西方学者使用的"公民权利"概念,实际上都含有对"支配权利"和"应得权利"两类权利的解释。

其次,"支配权利"和"应得权利"涉及的具体权利,尤其是平等权、自由权等,往往是相互交叉或重合的,并且各种权利之间,尤其是政治权利、法律权利、经济权利、社会权利、文化权利之间,都具有密切的联系,很难截然拆开并在实践中作出明确的区隔。

最后,从两类权利的逻辑关系上讲,既可以说"支配权利"是"应得权利"的基础,公民只有积极地行使"支配权利",才能获得更多的"应得权利";也可以说,"应得权利"是"支配权利"的动力来源,只有公民认识到了"应得权利"的重要性并依据此类权利提出越来越多的"要求",才使得公民有合理的动机去采取行动并行使"支配权利"。无论认可哪一种逻辑关系,表现的都是两类权利缺一不可,两者之间的互动关系是任何人都不能忽视的。

四 行使支配权利的基本路径

以政策民主的视角讨论"支配权利"如何有效行使的问题,不必拘泥于各具体权利怎样运行,而是要在总体上说明有两种不同的民主路径。

(一) 社会主义民主路径

马克思主义经典作家强调的是在社会主义民主的基本条件下,解决"支配权利"的行使问题,并提出了以下基本要求。

第一,权利和义务的统一。马克思指出:"工人阶级的解放斗争不是要争取阶级特权和垄断权,而是要争取平等的权利和义务,并消灭任何阶级统治。……一个人有责任不仅为自己本人,而且为每一个履行自己义务的人要求人权和公民权。没有无义务的权利,也没有无权利的义务。"① 邓小平也指出:"民主和集中的关系,权利和义务的关系,归根结底,就是以上所说的各种利益的相互关系在政治上和法律上的表现。"② "不论是担负领导工作的党员,或者是普通党员,都应以平等态度互相对待,都平等地享有一切应当享有的权利,履行一切应当履行的义务。"③

第二,注意权利行使的短暂性特征。马克思和恩格斯指出:"革命派和反动派都曾不止一次地说过,在民主制度下,每个个人只是在一瞬之间行使了自己的主权,跟着便退出了统治。"④

第三,行使权利是手段而不是目的。恩格斯指出,德国的资产者是一些目光短浅的人,他们只是"'出版自由'、'陪审制'、'宪法对人民的保障'、'人民的权利'、'人民代议制'等的热烈崇拜者,而且他们不是把这一切当作手段,而是当作目的。"⑤

第四,以阶级力量为权利提供保证。马克思指出:"工人阶级必须在战场上争得自身解放的权利。国际的任务就是把工人阶级的力量组织起

---

① 马克思:《协会临时章程》,《马克思恩格斯全集》,第15卷,第15—16页。
② 邓小平:《坚持四项基本原则》,《邓小平文选》,第2卷,第176页。
③ 邓小平:《党和国家领导制度的改革》,《邓小平文选》,第2卷,第331页。
④ 马克思、恩格斯:《德意志意识形态》,《马克思恩格斯全集》,第3卷,第383页。
⑤ 恩格斯:《德国状况》,《马克思恩格斯全集》,第2卷,第651页。

来、团结起来，以迎接即将到来的斗争。"① 列宁也指出："无产阶级争取政治自由的斗争是革命的，因为这种斗争力求争得完备的民权制度。"② "什么是宪法？宪法就是一张写着人民权利的纸。真正承认这些权利的保证在哪里呢？在于人民中那些意识到并且善于争取这些权利的各阶级的力量。"③ 毛泽东也认为："人民得到的权利，决不允许轻易丧失，必须用战斗来保卫。"④

第五，使人民认识自己的权利。列宁指出："政府所以委派新的官吏而不设立工业法庭，是因为工业法庭会提高工人的觉悟，促进他们认识自己的权利，认识自己作为一个人和一个公民应该有的尊严，并且会使他们习惯于独立思考国家事务和整个工人阶级的利益。"⑤ "有了这种法庭，工人和全体贫苦农民就会比较容易捍卫自己的权利，就会比较容易联合起来并了解清楚，哪些人能够忠实可靠地支持贫苦农民和工人。"⑥

第六，使人民享有批评政策的权利。毛泽东指出："任何愿与我党合作的党外人员，对我党和我党党员及干部都有批评的权利。……党外人员对于违犯政府法令或党的政策的党员及干部，除得向法庭或行政机关依法控诉外，并有权向各级党委控告，直到党的中央。"⑦ 邓小平也指出："应该让群众有充分的权利和机会，表达他们对领导的负责的批评和积极的建议。"⑧

（二）西方学者倡导的民主路径

西方学者也要求通过民主的路径使"支配权利"能够有效行使，但是所采用的民主方式有所不同，可资参考的是七种民主方式。

第一种是"直接民主"方式。这种方式要求的是以"直接参与"的形式来行使"支配权利"，强调公民不仅有权参与政策，还可以直接行使决策权或公决权。为达到这样的目的，需要一些必要的条件。（1）公民

---

① 马克思：《纪念国际成立七周年》，《马克思恩格斯全集》，第 17 卷，第 468 页。
② 列宁：《为政权而斗争和为小恩小惠而"斗争"》，《列宁全集》，第 13 卷，第 219 页。
③ 列宁：《两次会战之间》，《列宁全集》，第 12 卷，第 50 页。
④ 毛泽东：《抗日战争胜利后的时局和我们的方针》，《毛泽东选集》，第 4 卷，第 1073 页。
⑤ 列宁：《论工业法庭》，《列宁全集》，第 4 卷，第 248 页。
⑥ 列宁：《告贫苦农民》，《列宁全集》，第 7 卷，第 162 页。
⑦ 毛泽东：《关于共产党员与党外人员的关系》，《毛泽东文集》，第 2 卷，第 397 页。
⑧ 邓小平：《目前的形势和任务》，《邓小平文选》，第 2 卷，第 257 页。

保护。蒂利认为,借助于民主化,政治制度的发展体现出如下特色:相对广泛和平等的公民权利;围绕政府的政策、人事和资源而展开的有拘束力的公民协商;以及使公民免受政府专断权力侵害的公民保护。①(2)合法性。曼宁指出,因为政治决策要施于众人,所以,作为合法性的基本条件,寻求众人的协商,或者更准确地说,寻求众人参与协商的权利,是合法性最主要的条件。②(3)改造决策过程。夏皮罗指出,在决策过程中,允许那些基本利益遭受极大威胁的人参与,我们的目标应该是改造决策过程,以使其更好地体现利益相关人群的参与。③

第二种是"代议制民主"方式。这种方式强调的是公民以授权或委托的方式行使"支配权利",核心问题是如何使人民的代表真正成为伸张人民权利的代言人。由此,需要解决两个层面的问题。一是委托问题。奥唐奈指出,制度赞同把潜在的、来自选民的众多声音转变成为由他们的代表来主张表达的较少的声音。一方面,代议制包含着为某些相关的其他人代言的公认权利;另一方面,它也包含着使其他人服从于与代议制有关的决策的能力。④ 二是罢免问题。富里迪指出,不论议会民主有什么样的局限,人们至少享有选举代表并保证其负责任的权利。即使没有别的好处,人们至少处于这样一个地位:可以向根植于他们自己的区域或领土里的公共机构施加压力。而在一些特殊情况下,如果他们的代表被证明是顽固的、迟钝的,公众可以作出直接的反应:抗议、反抗或清除他们。⑤

第三种是"决策民主"方式。这种方式强调的是在决策过程中增加民主成分,以保证公民"支配权利"的行使,并明确提出了一些基本的权利保障原则。(1)宪政原则。罗尔斯指出,"立宪民主"要求法律和法规必须同某些基本的权利和自由相一致。⑥(2)权利有限性原则。哈耶克指出,由于我们都是在被要求的情况下去支持政府组织的,所以根据决定政府组织的诸原则,我们便取得了某些权利,亦就是人们常说的那种政治权利。具有强制性的政府组织及其组织规则的存在,的确为人们创制了一

---

① [美]查尔斯·蒂利:《社会运动,1768—2004年》,第17—18页。
② [法]伯纳德·曼宁:《论合法性与政治协商》,载《协商民主与政治发展》,第111—141页。
③ [美]夏皮罗:《政治的道德基础》,第266—267页。
④ 基尔摩·奥唐奈:《论委任制民主》,载《民主与民主化》,第46—70页。
⑤ [英]弗兰克·富里迪:《恐惧的政治》,第96、102页。
⑥ [美]罗尔斯:《作为公平的正义:正义新论》,第241页。

种分享政府组织所提供服务的正当要求，甚至还为人们要求平等地参与决定政府所作所为的做法提供了正当性理据。但是，这样的事实却不能够为人们要求政府提供它并不向所有的人提供或不可能向所有的人提供的那种东西提供任何理据。只要政府的权力是有限的，那么这些政治和公民的权利也就不可能使政府去承担促成某种特定事态的义务。① （3）权利保障原则。阿伦特指出，国家作为一种机构，它的最高任务是保护和保障人作为人的权利、作为公民的权利，以及作为民族成员的权利。② （4）保护少数原则。萨托利指出，由于决策过程并且为了作出决策，人民才分成了多数和少数，民主就是多数统治这一口号是不正确的，只有尊重和保护少数的权利，才能维护民主的力量和机制。③ （5）共识原则。诺斯等人指出，公民权利和暗含的对政府的限制必然是政治官员们自我实施的。从某种程度上说，决定在某个社会中是否出现共识性政治秩序的主要因素是政治领导者是否掌握了集中解决一致问题的方案。这一方案必须具有以下特点。一是它必须就调控政治决策、公民权利和对政府的限制等方面的法规达成详细的协议。二是该协议必须说明相关的战斗策略，以告诉公民何时该反抗那些试图侵犯协议中明确说明条款的政治官员。三是当占主导的政治团体能够对其他团体施加影响时，共享信念体系和共识很少形成，因此，该协议必须在各对抗的精英中达成妥协。共识的政治秩序对公民有三个条件：公民中必须有足够的共识，认为他们的政治制度是称心的；公民必须接受这些制度制定的政策的合法性，乐意生活在由这些制度确定的政策下；公民必须相信他们的权利应该受到保护，乐意去保护这些制度不被政治官员滥用。④ （6）暂停原则。奥菲指出，只有在特定政治权利的行使不至于损害其他公民政治权利的条件下，它才可以被授予某些公民。因此，自由民主国家的任何政治体制，或者说国家与公民个体间的任何联系桥梁，都存在一种暂停规则，这种规则把冲突限定在它所引起的范围之内。⑤ （7）成员资格原则。沃尔泽指出，分配的正义理论从对成员资格权利的解释开

---

① ［英］哈耶克：《法律、立法与自由》，第2、3卷，第180—183页。
② ［美］汉娜·阿伦特：《极权主义的起源》，第313—314页。
③ ［美］萨托利：《民主新论》，第36—37页。
④ ［美］道格拉斯·诺斯、威廉·萨默希尔、巴里·韦恩加斯特：《秩序、无序和经济变化：拉美对北美》，载《繁荣的治理之道》，第18—63页。
⑤ ［德］克劳斯·奥菲：《福利国家的矛盾》，第29页。

始,它必须在某一时期且在同一时期维护(有限的)封闭权利,没有封闭权利,将根本不存在共同体和现有共同体的政治包容性。公民资格的经验要求承认每个人都是公民。每个公民都有同样的法律和政治权利,每个人的选票是以同样的方式计算的。每个公民都是一个潜在的参与者,一个潜在的政客。这种潜在性是公民自尊的必要条件。当他的原则要求他这样做时,公民就把自己作为一个有能力参加政治斗争、在追逐和行使政治权力过程中能够与别人合作和竞争的人来尊敬。而他也把自己当作不仅在政治领域,而且在其他分配领域能够抵抗权利侵犯的人来尊敬。①

第四种是"多元民主"方式。这种方式重点关注的也是保障公民权利的"原则",并强调了与"决策民主"方式不同的一些原则。(1)根本(基本)权利原则。达尔指出,理想民主为每个必需的特征规定了一种权利,这个权利本身就是理想民主秩序必需的一部分:参与权、与其他人平等的计票权、为理解问题而寻找知识的权利以及平等基础上的参与控制最后议程的权利。民主不仅仅是由政治过程构成的,它也必须是一种根本权利的制度。②(2)形式民主原则。福山指出,只依靠形式上的民主,未必能保证平等的政治参与和各种权利。民主程序有时会由精英分子巧妙运作,未必能经常反映人民的意志与真正利益。不过,一旦脱离这种形式定义,就会产生民主原则到处乱用的可能性。预防独裁的真正制度安全开关,正是形式上的民主,而且最后也以此较为可能产生"实质民主"。③

第五种是"行政民主"方式。这种方式强调的是以民主的行政方法来保证公民"支配权利"的行使,并为这样的行政方法确定了四个要素。(1)契约。简·莱恩指出,在新公共管理体制下,政府既是一个签约者、所有者,也是一个仲裁者。真正的契约蕴含着明确的互惠允诺,必须在短时期内予以兑现。合同中所规定的权利和责任的实现,以对履约失败的处罚威胁为前提。④(2)"民主公民"。比瑟姆指出,民主公民的立场是一种批判的立场,尤其是对那些依靠故意隐瞒或歪曲真相和压制他人权利来

---

① [美]迈克尔·沃尔泽:《正义诸领域:为多元主义与平等一辩》,第78、372—376、414—415页。
② [美]罗伯特·达尔:《论政治平等》,第6页;《论民主》,第45—46页。
③ [美]弗兰西斯·福山:《历史的终结》,第236—244、383页。
④ [英]简·莱恩:《新公共管理》,第196、227页。

行使其权力的权势人物来说，更是如此。① （3）"政策配合"。博克斯指出，"行政效率"假定成本—效率的执行是公共行政的主旨，替代选择是将控制的天平从政治和经济精英转向更广泛的全体市民，因为市民拥有除了投票之外的参与到他们的政府之中的权利。② （4）权利与义务结合。贝内斯特指出，公民拥有权利的同时也意味着应当履行相应的义务。公民有关心社会公众事务的责任，也有与其他公民、地方政府合作解决公共问题的责任。当人们质问"政府应当为我们做什么"的时候，政府领导者应当强烈反问"作为生活利益的共同体，我们大家又应该做什么"③。

第六种是"民主政策科学"方式。这种方式强调的是以民主的政策方式保障公民"支配权利"的行使，并要求满足三个方面的要求。（1）责任。维克斯指出，我们社会中的每一个人都经常以一种或多种方式参与政策制定过程，无论是自觉的参与还是不自觉的参与，并负有相应的责任。④ （2）利益。斯通指出，民主理论在如何认定弱小和强大的利益、要求政府如何保护弱小利益方面各不相同。但是，它们在以下两个核心假定上是相同的：至少有一些重要而良好的利益过于弱小无法靠自身的力量显示出来，政府至少有一项重要的功能就是要支持这些弱小的利益。假如权利不能对增进民主发生作用，那因为这些权利不够强大以确保为穷人和无权的人提供足够的保障，以便让他们参与到公共事务中来。⑤ （3）说服。科布指出，共同体主义的标准形式寻求的是对个人权利的关怀和共同体幸福之间的平衡。它希望的是主要通过道德说服而非国家强制使行为趋向社会的建设性行为。⑥

第七种是"个体民主"方式。这种方式是布坎南提出来的，强调的是将"投票人—公民—纳税人—受益人"的行为，转向决策人和决策执行人的行为。有效的民主进程和有用的理论建设，并不要求每一个公民觉

---

① ［英］比瑟姆：《科层制》，第116—117页。
② ［美］理查德·博克斯：《代表优先与行政效率的替代选择》，载《公共行政学中的批判理论》，第85—101页。
③ ［美］弗兰克·贝内斯特：《重建公民间联系：地方政府的角色是什么》，载《公民参与》，第1—11页。
④ ［英］杰弗里·维克斯：《判断的艺术——政策制定研究》，第193—194页。
⑤ ［美］德博拉·斯通：《政策悖论：政治决策中的艺术》，第224—225、343页。
⑥ ［美］小约翰·B.科布：《后现代公共政策——重塑宗教、文化、教育、性、阶级、种族、政治和经济》，第176、183页。

得他自己是连续的公民投票的参与者。个人可能而且也的确意识到了，许多复杂的政府机构超出了他控制或影响的范围。不过，他必须认识到，一些最终决策权还是取决于他及其伙伴。如果个人同国家的疏远超出了这一点，如果个人完全不再感到自己能决定政治行动的范围，有效的民主进程将不复存在。①

五 保障应得权利的基本路径

针对公民应得权利所包含的公民权利、经济权利、社会权利、文化权利四类权利（法律权利可以包含在公民权利之内），可以重点考虑的是民主公民权、经济民主、社会民主、文化民主四种基本的权利保障路径。

（一）民主公民权路径

"民主公民权"是新公共服务理论提出来的概念，可以借用这一概念，说明要保障应得权利中的公民权利，应注意四种要求。

一是"提供服务"要求。珍妮特·登哈特和罗伯特·登哈特指出，新公共服务始于公共服务的概念，而公共服务的概念又是与民主公民权的责任互相盘绕的。民主公民权的理想自早期就已经意味着公民为了促进社区的改善而应该承担的某种责任或义务。从根本上说，在公共服务中，提供服务是拓宽公共参与和扩大民主权的第一步。②

二是"责任承诺"要求。伊辛指出，最有希望的可能性，是将公民权设想成一系列辩论竞争的过程，这些过程逐步地变得具有政治意义，并产生出对于多种多样的身份认同、政治体和实践的权利要求，以及与此相关联的责任承诺。③ 珍妮特·V.登哈特和罗伯特·B.登哈特也指出，新公共服务强调要提高公民权的重要地位和中心地位并且把公众视为负责任的公共行政的基础，责任被广泛地界定为包含了一系列专业责任、法律责任、政治责任和民主责任。责任机制在民主政策中的最终目的在于确保政府对公民偏好和需要的回应。这种责任可以通过承认并关注那些能够并且应该影响行政官员行动

---

① ［美］詹姆斯·布坎南：《民主财政论》，第4—6页。
② ［美］珍妮特·V.登哈特、罗伯特·B.登哈特：《新公共服务：服务，而不是掌舵》，第32、36页。
③ ［英］恩斯·伊辛：《东方主义之后的公民权》，载《公民权研究手册》，第157—173页。

的多种冲突性规范和因素的公共服务来得到最好的实现。①

三是"民主支持"要求。博克斯指出,公民权具有了新的意义,它包括更广泛的参与和对政府决策机构的民主支持。只有通过公共领域内普遍的公民参与,市民社会和国家内的民主变革,我们才能够想象那种需要维持"普遍的公民权"和面对主要社会问题的政治复兴。②

四是"公民再生产"要求。冈斯特仁指出,政府并不等候个体作为公民自发地表达自我,它也把人们的构成形态汇聚成独立且能干的公民。个体不是自然给予的,而是社会形成的。共和国不仅仅把公民的"再生产"留给既定的共同体,而且也证明那些共同体所钟情的社会形态是否允许承认公民身份。在每一个政府行动中都表明公民再生产的任务。公民身份的再生产问题可以出现在一切领域。尤其是在公共领域,可以看得出每一个行动在它为公民身份而实施的各方面。公民身份提供一种规范且增长见识的观点,在忠诚的冲突中,这种观点把适合的责任归因于独立判断且能够治理和被治理的公民。③

(二) 经济民主路径

如何以经济民主和经济政策来保障公民的经济权利,西方学者提出了四点看法。

第一,政治民主与经济民主并重。悉尼·胡克指出,一切公开形式的经济压迫,既然它是直接为个人所体验的,而且因为他的生活的其他许多方面都依靠着经济上的安全,这就是对民主的一种公开挑战。凡是经济控制在社会中发挥作用的地方,就存在着对民主的经常的威胁。因为在这样的一个社会中,便存在有这样的可能,即经济的压力能强烈地影响着同意的表示。在经济权力的差别是那么大,以致一个集团可以用非政治手段来决定另一个集团祸福的地方,一种政治的民主就不可能发挥适当的功能。因此,真正的政治民主必须包含着被统治者有通过他们的代表来控制经济政策的权利。很明显,现代的经济组织在社会生活中起着这样的一种统治

---

① [美] 珍妮特·V. 登哈特、罗伯特·B. 登哈特:《新公共服务:服务,而不是掌舵》,第95—99页。

② [美] 卡尔·博格斯:《政治的终结》,第136、140、327页。

③ [美] 赫曼·冈斯特仁:《公民身份的四种概念》,载《公民身份的条件》,第44—57页。

作用，以致不能控制经济政策就不可能实现政治民主。所谓经济的民主，就意味着由作为生产者和消费者组织起来的社会权力来决定经济发展目标的基本问题。正如政治民主没有某种形式的经济民主就不完全一样，没有政治民主也就不可能有真正的经济民主。①

第二，反政治自由可能导致反经济自由。罗素·哈丁指出，政治自由主义包含在宗教观念和实践，以及参与政治决策的机会方面得到实施的自由放任政策。当经济自由主义也包含得到实施的很大程度的自由放任政策时，它似乎能最好地发挥作用。反自由主义的经济可能导致反自由主义的政治。②

第三，注重经济平等与政治平等的相互作用。拉里·巴特尔斯指出，不断加剧的经济不平等，有可能造成不断加剧的、政治回应上的不平等，政治回应上的不平等转而带来了对贫穷民众的利益越来越有害的公共政策；接下来，这又会造成更大的经济不平等，如此等等。③

第四，注重与经济民主有关的改革。奥唐奈等人指出，改革中的一部分还可能着眼于我们俗称的"社会"或"经济"民主：社会福利，公共医疗体系，必须男女同工同酬，对工会的承认，工人在企业管理中的代表权，学生对于教育管理的参与，儿童权利，等等。④

马克思主义经典作家也注意到了以经济民主保障权利的问题。如毛泽东所言："经济民主，就是经济制度要不是妨碍广大人民的生产、交换与消费的发展，而是促进其发展的。"⑤邓小平也指出："我想着重讲讲发扬经济民主的问题。现在我国的经济管理体制权力过于集中，应该有计划地大胆下放，否则不利于充分发挥国家、地方、企业和劳动者个人四个方面的积极性，也不利于实行现代化的经济管理和提高劳动生产率。应该让地方和企业、生产队有更多的经营管理的自主权。"⑥

---

① ［美］悉尼·胡克：《理性、社会神话和民主》，第252、256页。
② ［美］罗素·哈丁：《自由主义、宪政主义和民主》，第69、79页。
③ ［美］拉里·巴特尔斯：《不平等的民主：新镀金时代的政治经济学分析》，第296页。
④ ［美］吉列尔莫·奥唐奈、［美］菲利普·施密特：《威权统治的转型：关于不确定性民主的试探性结论》，第60页。
⑤ 毛泽东：《会见中外记者西北参观团的讲话》，《毛泽东文集》，第3卷，第170页。
⑥ 邓小平：《解放思想，实事求是，团结一致向前看》，《邓小平文选》，第2卷，第145页。

（三）社会民主路径

社会民主和社会政策可以起到保障公民社会权利的作用，是一些西方学者坚持的看法，他们还提出了三项具体要求。

注重"公民期望"是第一项要求。马歇尔认为可以构建一个"权利—政策—期望—标准"的等级体系。在这一体系中，第一等级是被精确界定且有法律强制力的权利，它可以通过法律的解释而得到调节，而不是自由裁量权。第二等级是依据现行的政策，通过行使自由裁量权来评估某人需要的权利。官员们能够做到的可能就是对规则加以解释，而且在这样做的过程中，往往还加入了个人的判断。第三等级是"合法的期望"，它们以公开承认的政策目标为基础，更精确和更概括地说，它们是承诺提供给公民的援助或服务。如果期望没有得到满足，所形成的抱怨并不会转化为诉讼，而是表现为对服务的不满意。第四个等级是一些普遍接受的标准，通过它们，社会政策及其绩效状况可以得到判断。[①]

发挥"社会运动"的积极作用是第二项要求。蒂利指出，民主化可以从以下几个方面促进社会运动。（1）政府与国民之间更加规范、无条件的关系的形成。（2）公共政治中权利与义务的扩大。（3）公共政治中权利与义务的平等化。（4）在政府政策、资源和人事变动方面，增加有拘束力的公民协商。[②]

实现"社会民主模式"是第三项要求。罗奇指出，社会政策比较研究一直认为，与其他模式相比，社会民主模式最能充分地发展和实现公民社会权利。在经济方面，社会民主模式继续与其他模式一样发挥作用，而在推动社会权利和公民权的社会维度的切实实现方面，则继续比其他模式表现得更为出色。社会民主模式以斯堪的纳维亚的国家为典型，这种模式追求平等、普遍、包容的理想和价值，因而允诺人民，作为现代公民，他们可以合法地要求享有充分的资源保障的社会权利。跟法团主义模式一样，这种模式要促进高水平的就业，同时推动政策制定方面的社会对话。在未来更新社会权利的过程中，下述两个方面的联系必须加以重新肯定和重新制度化：一方面是社会权利与社会义务之间原初的、基本的联系；另

---

① ［英］马歇尔、吉登斯等：《公民身份与社会阶级》，第76—78页。
② ［美］查尔斯·蒂利：《社会运动，1768—2004年》，第183—186页。

一方面是社会权利与公民更一般的市民的、政治的、文化的权利和义务之间的联系。①

（四）文化的民主化路径

"文化的民主化"是尼克·史蒂文森使用的概念，借用这一概念，可以解释如何以民主的思路，通过文化政策等来保障公民的文化权利。

首先，"民主文化"强调的应是公民的政策态度。鲍尔斯和金蒂斯指出，我们所谓的民主文化是指个人决策和参与能力，他们对民主程序的信誓，他们的联合和政治组织的形式。②

其次，"公民文化政策"要求的是带有维护权利特征的新型文化政策。祖德·布卢姆菲尔德和弗郎哥·比安契尼指出，强化公民身份的文化政策必须抵制城市空间两极化的发展，对抗集中在"被强迫的社区"和禁区的贫困。为了更进一步地贴近新的公民身份概念，还需要采用更一体化的城市文化政策制定方法。它跨越了非官方的、公共的和私人部门间，不同机构的事务间和不同职业的秩序间的分界线，促使政策制定方法更加具有协商性、开放性，为政策制定者的培训形式提供更广泛的基础。如果文化政策使地方媒体和城市规划面向大众的参与，以此促使地方政治本身复兴，那么它们将最终复兴公民身份。③

最后，"多元文化公民权"强调对少数族群的权利保障，金里卡认为，必须通过真诚的谈判和民主政治的平等交换在政治上解决冲突问题，这意味着我们不仅需要考虑具体的有群体差别的权利的公平性，还要考虑对这些权利加以界定和解释的决策程序的公平性。决策程序中的公平性意味着少数族群的利益和看法要得到聆听和考虑。共同的公民权利所提供的标准的政治权利，对于实现这一点无疑具有关键作用。拥有政治上组织起来的权利并且拥有公开地倡导自己观点的权利的地方，这些权利常常足以保证它们的利益得到公正的倾听。然而，就像个体性公民权利有时不足以保证公正地包容群体差别那样，个体性政治权利有时也不足以保证这些差

---

① ［英］莫里斯·罗奇：《社会公民权：社会变迁的基础》，载《公民权研究手册》，第94—116页。
② ［美］塞缪尔·鲍尔斯、赫伯特·金蒂斯：《民主与资本主义》，第241页。
③ ［英］祖德·布卢姆菲尔德、弗郎哥·比安契尼：《文化公民身份与西欧的城市治理》，载《文化与公民身份》，第142—179页。

别得到公正的代表。① 林茨和斯特潘也指出，多民族国家更需要探索各种非多数至上、非全民公决的原则，少一些多数至上而多一些共同接受的政策。②

（五）为权利提供保障的政策民主

本章所述的保障权利的政策民主，可以对两个基本问题作出明确的回答。第一个问题是政策民主具有保障权利的基本功能吗？回答是肯定的，政策民主作为一种民主形态，不仅需要对公民权利提供保障，而且能够提供这样的保障。第二个问题是政策民主如果能够提供权利保障，那么是以政策来保障公民的权利，还是在政策过程中保障公民参与的权利，或者是两者兼而有之呢？回答是两者兼而有之，而不是只关注一种保障而忽视另一种保障。

综合马克思主义经典作家和西方学者的论点，对于能够为权利提供保障的政策民主理论强调的应是六个基本论点。

第一个论点是权利保障的对象是公民而不是臣民。公民身份的认知对于统治者与被统治者、领导者与被领导者、决策者与政策受众等而言，都是极为重要的。强调构成公民身份的不同要素，就是希望能够强化而不是弱化公民在政策民主形态下的地位和相应的身份认知。

第二个论点是公民既有明确的政策责任，也有明确的政策义务。前者强调的是以权力为基础的拥有政策、裁决政策、评价政策和进行必要的政策交往，后者强调的是以权利为基础的服从政策决定、承担政策后果、听取他人的政策意见、解释政策以及遵从政策道德等。政策责任和政策义务的结合，是保障权利的重要基础。

第三个论点是将"支配权利"（主导性权利）和"应得权利"（保障性权利）的权利分类方法引入政策民主理论，可以更清晰地区分政策所面对的权利问题。与"支配权利"对应的政治权利，尤其是宽泛意义上的"政策参与权"，重点解决的是政策过程中的权利保障问题，即如何通过"支配权利"的行使来影响决策和政策执行、政策监控等。"应得权

---

① ［加］威尔·金里卡：《多元文化公民权：一种有关少数族群权利的自由主义理论》，第168—169页。
② ［美］胡安·林茨、［英］阿尔弗雷德·斯特潘：《走向巩固的民主制》，载《变动中的民主》，第56—81页。

利"所涉及的公民权利、法律权利、经济权利、社会权利和文化权利，大多要通过政策才能得到保障，既可以表现为对政策提出的要求，也可以表现为政策目标和政策结果。"支配权利"和"应得权利"既有区别也有联系，共同构成了政策民主理论的权利认识基础。

第四个论点是可以采用不同的路径保证"支配权利"的行使。在行使"支配权利"方面，马克思主义经典作家强调的是社会主义民主的基本路径，西方学者强调的民主路径则包含了不同的民主方式。路径和方式可以不同，但所要面对的权利问题往往是一致的，因此可以相互借鉴，并选择符合本国国情的方式和方法。

第五个论点是保障"应得权利"也有不同的路径。为有效保障"应得权利"，马克思主义经典作家和西方学者都注意到了"经济民主"的路径，西方学者还提出了"民主公民权""社会民主"和"文化的民主化"等路径。这些路径未必能够起到全面保障"应得权利"的作用，但至少为解决相关的权利问题提供了可供选择的方式和方法。

第六个论点是权利问题的复杂性带来了民主问题的复杂性，保障权利的政策民主由于涉及两类权利，不得不涉及两类不同的表现。对"支配权利"的民主保证，主要作用于"政策的民主"或"民主的政策过程"；对"应得权利"的民主保障，则主要作用于"民主的政策"或"符合民主精神的政策"。由此所要强调的是，必须以民主的方式而不是以其他方式（如纯粹说教的方式或者专制的方式）来解决政策所涉及的权利问题，这正是政策民主理论在权利问题上所要论证的核心内容。

第五章　政策民主的价值取向

由于政策大多具有一定的价值取向，使得政策民主也必须彰显出其特有的价值取向。与一般意义上的民主所要表现的自由、平等的价值取向略有不同的是，政策民主重点关注的是与公共性、公共福利、公共利益、公共服务、理性、正义、公平、公正等有关的价值取向，因为自由、平等的价值取向，已经归入权利范畴的问题，在本书第四章作了具体的说明。

一　公共性与公共幸福

政策涉及的公共性问题，不仅需要对公共性本身作出解释，还可能涉及公共幸福等问题，需要分别加以说明。

（一）政策的公共性指向

从马克思主义经典作家和西方学者对"公共性"的解释，可以归纳出与政策"公共性"有关的四个维度。

第一个维度是目标指向的公共性，强调的是公共性的目标载体，主要有四种解释。（1）公共事务具有的"公共"性质。如马基雅维里所言，公共事务应是公众注意的问题。① 斯宾诺莎也认为一个不能管好自己和私人事务的人更不能管好公共事务。② 马克思则强调："政治革命打倒了这种专制权力，把国家事务提升为人民事务，把政治国家确定为普遍事务，即真正的国家。……公共事务本身反而成了每个人的普遍事务，

---

① ［意］尼科洛·马基雅维里：《论李维》，第44页。
② ［荷兰］斯宾诺莎：《政治论》，第122页。

政治职能成了每个人的普遍职能。……任何一种解放都是把人的世界和人的关系还给人自己。"① (2)"公共生活"具有的"公共"性质。列宁指出:"人们既然摆脱了资本主义奴隶制,摆脱了资本主义剥削制所造成的无数残暴、野蛮、荒谬和丑恶的现象,也就会逐渐习惯于遵守多少世纪以来人们就知道的、千百年来在一切行为守则上反复谈到的、起码的公共生活规则,而不需要暴力,不需要强制,不需要服从,不需要所谓国家这种实行强制的特殊机构。"② 博格斯也指出,政治使全体人民参与公共生活重要事务,作出决策,以及影响决定他们生活的问题的能力扩大成为必要。③ (3)"公共服务"体现的公共性。狄骥指出,一项行政行为如果要获得合法性,关键在于这项行为应当具有某个与这个国家的客观法相符合的、具有社会价值的目标,并且这一目标职能与公共服务相关。这一目标必须是带有公共性的。④ (4)"公共幸福"体现的公共性。哈贝马斯指出,国家是"公共权力机关",它之所以具有公共性,是因为它担负着为全体公民谋幸福这样一种使命。⑤

第二个维度是行为指向的公共性,强调的是公共性的行为模式,有两种解释。(1)将公共性解读为公共审议、公共协商或公共决策。博曼指出,公共协商的两个主要特征,一是协商是一个话语过程,二是协商具有公共性。"公共性"指的不仅仅是公民协商的方式,还是他们在协商中所给出的理性类型。⑥ 古特曼和汤普森也指出,商议民主观念由三个规范和主导着政治进程的原则——互惠性、公共性和问责制以及另外三个指导着政治内容的原则——基本自由、基本机会和机会公平构成。互惠性、公共性和问责制这三个原则构成了一个寻求商议性协议的过程——这种政策上的协议对于受这些政策约束的公民来说,能够暂时是正当的。⑦ (2)将公共性解读为公共批判和公共展示。哈贝马斯指出,原先,公共性确保公共批判对统治作出合理的解释,同时,对统治的实施进行批判监督。随着议会功能的转变,公共性作为国家制度组织原则的可疑

---

① 马克思:《论犹太人问题》,《马克思恩格斯全集》,第1卷,第441、443页。
② 列宁:《国家与革命》,《列宁全集》,第31卷,第85页。
③ [美] 卡尔·博格斯:《政治的终结》,第119—120页。
④ [法] 狄骥:《公法的变迁》,第121、129—130页。
⑤ [德] 哈贝马斯:《公共领域的结构转型》,第2页。
⑥ [美] 詹姆斯·博曼:《公共协商:多元主义、复杂性与民主》,第16—17页。
⑦ [美] 阿米·古特曼、丹尼斯·汤普森:《民主与分歧》,第11页。

性彻底暴露出来了。公共性的功能已经从一种（源自公众的）批判原则转变成一种（源自展示机制，如权力机关、组织特别是政党的）被操纵的整合功能。①

第三个维度是过程指向的公共性，强调的是公共性的场域和环境，也有两种解释。（1）将公共性等同于公开性。古特曼和汤普森指出，公民和官员为了证明各种政治行动的正当性而给出的各种理由，和评价这些理由所必需的信息，都应该公之于众。这种公共性原则，是商议民主的一项基本原则。公共性的主要贡献并不是使政治变得具有公益精神，而只是把政治公开以便公民能够一起决定他们需要何种政治。②（2）将公共性与公共领域联系在一起。诺齐克指出，公共领域只是一个共同表达自我的问题，我们也希望通过这一点在现实中完成某事物，从而改变现状；如果我们认为某些政策不会起到帮助或支持他人的作用，我们就不会发现这些政策充分表达了与他人的团结。③

第四个维度是共识指向的公共性，强调的是公共性的主观认知，主要有两种解释。（1）将公共性解读为公共承认的后果。罗尔斯认为，公共性要求当事人按照公民之公共承认的后果——政治的、社会的和心理的——来评价正义原则。秩序良好的社会可能达到公共性的三个层次：第一个层次是公民对正义原则和公共知识（或理性信仰）的相互承认；第二个层次是公民对一般事实的相互承认；第三个层次是对作为公平的正义基于自身而得到的安全证明的相互承认。④（2）将公共性解读为公民的公共精神。里查德·达格指出，共和主义强调的公共性，其含义有两重。首先是政治作为公共事务必须公开地当众进行；其次是"公众"不仅仅是指一群人，而且还是一个有其自身的要求和所要考虑的事情的生活方面或领域。公共性质可以从两个方面显示出来。首先，好公民是一个具有公共精神的人，他将共同体的利益置于个人利益之前。其次，显示出对于公共利益之责任承诺的第二个方面是公民参与。好公民在受到呼请时固然会承担公共责任，他们还会主动地参与公共事务。政治是公共事务，而好公民，按照共和主义的观点，将在这一事务的行使中扮演一个见识广博明

---

① ［德］哈贝马斯：《公共领域的结构转型》，第202—203、241页。
② ［美］阿米·古特曼、丹尼斯·汤普森：《民主与分歧》，第107、125、137页。
③ ［美］诺齐克：《经过省察的人生——哲学沉思录》，第268页。
④ ［美］罗尔斯：《作为公平的正义：正义新论》，第146—148页。

达、富有公共精神的角色。①

"公共性"是需要深入讨论的问题。区分四个维度的公共性指向，只是表明我们对"政策公共性"的重视，而不是要全面讨论公共性对政策的影响。

（二）公共幸福与公共政策

马克思主义经典作家将"幸福"（而不是"公共幸福"）视为一种重要的政策价值取向，提出了三个方面的看法。

一是追求幸福生活的平等权利要靠物质手段来实现。恩格斯指出："追求幸福的欲望只有极微小的一部分可以靠理想的权利来满足，绝大部分却要靠物质的手段来实现。"②"'政治权力是我们的手段，社会幸福是我们的目的'，这就是宪章主义者现在明确地喊出来的口号。"③

二是少谈政治是最幸福的时代。列宁指出："这是最幸福的时代的开始，到那个时代政治将愈来愈少，谈论政治会比较少，而且不会那样长篇大论，讲话更多的将是工程师和农艺师。……今后最好的政治就是少谈政治。"④

三是争取人民群众的幸福。毛泽东指出："共产党、国民党、全国人民，应当共同一致为民族独立、民权自由、民生幸福这三大目标而奋斗。"⑤"我们应该走到群众中间去，向群众学习，把他们的经验综合起来，成为更好的有条理的道理和办法，然后再告诉群众（宣传），并号召群众实行起来，解决群众的问题，使群众得到解放和幸福。"⑥邓小平也指出："各项工作都要有助于建设有中国特色的社会主义，都要以是否有助于人民的富裕幸福，是否有助于国家的兴旺发达，作为衡量做得对或不对的标准。"⑦

---

① ［美］里查德·达格：《共和主义公民权》，载《公民权研究手册》，第196—214页。
② 恩格斯：《路德维希·费尔巴哈和德国古典哲学的终结》，《马克思恩格斯全集》，第21卷，第332页。
③ 恩格斯：《英国工人阶级现状》，《马克思恩格斯全集》，第2卷，第523—524页。
④ 列宁：《全俄苏维埃第八次代表大会文献：全俄中央执行委员会和人民委员会关于对外对内政策的报告》，《列宁全集》，第40卷，第154页。
⑤ 毛泽东：《中国共产党在抗日时期的任务》，《毛泽东选集》，第1卷，第239页。
⑥ 毛泽东：《组织起来》，《毛泽东选集》，第3卷，第887页。
⑦ 邓小平：《各项工作都要有助于建设有中国特色的社会主义》，《邓小平文选》，第3卷，第23页。

西方学者将幸福与"公共性"联系在一起,使用的是"公共幸福"概念,并主要关注了两个层面的问题。

第一个层面涉及"公共幸福是什么"的问题,西方学者对此给出了两种答案。(1) 公共幸福或公众利益与个人幸福具有"一体性"或"关联性"特征。阿奎那指出,无论是谁,只要他促进社会的公共幸福,他就是促进他自己的个人幸福。① 孔德也指出,谋求公众利益将不断地被视为是通常确保个人幸福的最合适方式。② (2) 不分享权力就没有公共幸福。阿伦特指出,不享有公共幸福就不能说是幸福的,不体验公共自由就不能说是自由的,不参与和分享公共权力就不能说是幸福和自由的。③

第二个层面涉及"公共幸福如何得到"或"公共幸福的来源"问题,西方学者为此提出了五种论点。

一是幸福来自政府。洛克指出,因为政府所有的一切权力,既然只是为社会谋幸福,因而不应该是专断的和凭一时高兴的,而是应该根据既定的和公布的法律来行使。④ 美国联邦党人也强调,政府的更大能力对社会的幸福和繁荣是必不可少的。一个好的政府应该做到两点,一是信守政权的宗旨,亦即人民的幸福;二是了解实现其宗旨之最佳途径。⑤ 边沁则认为,当一项政府措施之增大共同体幸福的倾向大于它减少这一幸福的倾向时,它就可以说符合或服从功利原理。政府的业务在于通过赏罚来促进社会幸福。一项行动越趋于破坏社会幸福,越具有有害倾向,它产生的惩罚要求就越大。⑥

二是幸福来自正确的政策。弗雷德里克指出,通过会聚许多不同利益和观点,民主政府就可以继续提供一个最近似于达成"正确"结果的政策制定过程。正确的政策是这样的:它们对于大多数社群来讲是正确的,同时也不违背"客观的"科学准则。只有这样,公共政策才能有益于人民所希望的幸福。⑦

---

① 《阿奎那政治著作选》,第 137 页。
② [法] 奥古斯特·孔德:《论实证精神》,第 53、63 页。
③ [美] 汉娜·阿伦特:《论革命》,第 238 页。
④ [英] 洛克:《政府论》,第 10、86 页。
⑤ [美] 汉密尔顿、杰伊、麦迪逊:《联邦党人文集》,第 128、316 页。
⑥ [英] 边沁:《道德与立法原理导论》,第 59、122 页。
⑦ [美] 卡尔·弗雷德里克:《公共政策与行政责任的本质》,载《公共行政学百年争论》,第 3—12 页。

三是幸福来自民主。赫费指出，基本民主指的是一种不可放弃的最起码的民主，是不能往后推延，不能等待现代化的。基本民主的普遍命令是"每种统治都必须是以人民的名义和为了人民的幸福"。[1]

四是幸福来自公意。卢梭指出，主权就是公意的运用，唯有公意才能够按照国家创制的目的，即公共幸福，来指导国家的各种力量。[2]

五是幸福要求对公民权的保障。史密斯在20世纪末指出，尽管21世纪的公民权在某些方面看起来会非常不同于今天的公民权，但无论对于那些完整地、牢固地拥有它的人们来说，还是对于那些不拥有它的人们来说，它都是获得幸福生活的一种非常重要的政治地位。[3]

对"幸福"或"公共幸福"可以有不同的理解，但有一点应该是没有异议的，即公共政策与人们的幸福有密切关系。承认这一点，对于全面理解政策民主的价值观显然有重要的帮助。

二 公共福利与福利国家

公共福利既是公共性可能涉及的问题，也与公共幸福有密切的关系。从政策视角解读公共福利，需要重点讨论的是五个方面的问题。

（一）公共福利的定义

马克思主义经典作家主要使用的是"福利"概念，"公共福利"则是西方学者经常使用的概念。按照西方学者的解释，"公共福利"至少包括以下四种福利。

一是被统治者的福利。洛克指出，政府是为被统治者的福利，而不是为统治者独自的利益而设的。[4] 雪莱也认为，被统治者的福利是政府的根源和意义。一切为其他人的幸福而存在的政府，其合法性仅仅在于它的存在是得到人们同意的，而其有效性仅仅在于它的活动是为他们谋福利。[5]

二是公民的福利。这种福利与第一种福利有类似之处，但强调的福利

---

[1] [德] 奥特弗里德·赫费：《全球化时代的民主》，第92—94页。
[2] [法] 卢梭：《社会契约论》，第35页。
[3] [美] 罗格斯·史密斯：《现代公民权》，载《公民权研究手册》，第142—156页。
[4] [英] 洛克：《政府论》，第79页。
[5] 《雪莱政治论文选》，第23、54页。

受益者是公民而不是被统治者。孟德斯鸠指出，在一个小的共和国内，公共的福利较为明显，较为人们所了解，和每一个公民的关系都比较密切。① 彭茨也指出，政治上的诚实在于，公民的福利就是行动的目的，是委托政治家的社会福祉。② 阿伦则强调，我们今天叫作民主制的东西，据说至少是一种代表多数利益的少数统治的政府形式。这种政府是民主的，因为平民福利和私人幸福是它的主要目标。③

三是最大多数人的福利。托克维尔指出，民主的真正好处，并非像人们所说是促进所有阶级的兴盛，而只是对最大多数人的福利服务。④

四是表现为社会安宁的福利。阿奎那指出，国王的职责就在于殚心竭虑地增进公共福利，并有三项任务：一是他必须首先确立他所统治的社会的安宁；二是他必须保证不让任何事情来破坏这样地建立起来的安宁；三是他必须费尽心机继续扩大这种福利。⑤ 罗素·哈丁也指出，可以认为政府应当首先使经济繁荣、安全和各种其他方面的福利这些事情得到保护，然后再关心民主参与，因为这些事情而不是政治参与，才是对大多数人实现自主权必不可少的。⑥ 安德鲁·海伍德也认为，福利，从其简单的形式来看，就是总体上的幸福、繁荣或安宁。它不只意味着肉体上的生存，还意味着一定程度的健康和满意。⑦

（二）福利国家的政策取向

在西方学者看来，由公共福利导出的福利国家，在政策上可能体现出四种重要取向。

第一种是政府保障公民"应得权利"的取向。奥菲指出，二战以来，福利国家已成为发达资本主义民主国家的主要和平原则。风险是市场社会的典型特征，公民将遭受风险之苦并由此产生特定需要，而国家则负有为他们提供援助和支持（不管是用钱还是用物）的明确义务，并且这种援

---

① ［法］孟德斯鸠：《论法的精神》，上册，第124页。
② ［德］埃伯哈德·彭茨：《政治与人类尊严——德国自由主义者的解决途径》，第43页。
③ ［美］汉娜·阿伦特：《论革命》，第253页。
④ ［法］托克维尔：《论美国的民主》，上卷，第266页。
⑤ 《阿奎那政治著作选》，第70、87页。
⑥ ［美］罗素·哈丁：《自由主义、宪政主义和民主》，第184—185页。
⑦ ［英］安德鲁·海伍德：《政治学核心概念》，第188页。

助是作为公民的合法权利而提供的。①

第二种是分配与需要相匹配的取向。沃尔泽指出，每个政治共同体在原则上都是一个"福利国家"的意义。每个政治共同体都必须根据其成员集体理解的需要来致力于满足其成员的需要；所分配的物品必须分配得与需要相称；并且，这种分配必须承认和支持作为成员资格基础的平等。②

第三种是福利紧缩取向。皮尔逊指出，福利国家的紧缩可以分为"项目性紧缩"和"制度性紧缩"。项目性紧缩是支出削减或者福利国家项目重新调整的结果。制度性紧缩则是政策变化改变了未来支出决策的情境。假如政府希望协调政策议案和选民意见的话，支持紧缩的政府就有可能进退两难，政策目标和选举雄心会相互攻讦。③

第四种是官僚或专家支配福利政策取向。马歇尔指出，福利决策在本质上是利他性的，它们并不是个人主义偏好的结合物，也不是假想的多数人表决的产物。福利决策的决定本质上是威权主义的，本质上是家长制的。社会科学家和技术人员与经济政策（"资本主义"要素）联系在一起，而专业福利政策则通常与政治行政机构中的官僚联系在一起。④

（三）反福利国家的论点

一些西方学者带有强烈的"反福利国家"倾向，并提出了以下反对福利国家的说法。

一是"损害私人利益说"。洪堡指出，国家关心公民的正面福利是有害的，因为这种关心阻碍个人的道德生活、自由和个性的发展。国家越是清闲无事，违法行为的数目就越小。政治的宪法应强化公民的私人利益，使之数倍增加；这样一来公共利益似乎被削弱，但公共利益是建立在私人利益基础之上的。⑤

二是"福利欺骗说"。蒲鲁东指出，当局无论采取什么方式都绝对无法保障人民获得福利，光是因为它是一个政权，也就是说，是神权和私有

---

① ［德］克劳斯·奥菲：《福利国家的矛盾》，第1—2页。
② ［美］迈克尔·沃尔泽：《正义诸领域：为多元主义与平等一辩》，第84、105—106页。
③ ［英］保罗·皮尔逊：《拆散福利国家——里根、撒切尔和紧缩政治学》，第1—20页。
④ ［英］马歇尔、吉登斯等：《公民身份与社会阶级》，第110—116、127页。
⑤ ［德］洪堡：《论国家的作用》，第47—49、108、171页。

权的代表,是强制机构,就必然在这方面无能为力,它的一切措施都必然具有深刻的欺骗性。①

三是"无共同福利说"。熊彼特指出,不存在人民的共同意志或共同福利。既然共同福利是政策的指路明灯,就必须同意存在人民的共同意志,但实际上不存在全体人民能够同意或者用合理论证的力量可使其同意的独一无二地决定的共同福利;即使有一种充分明确的共同福利证明能够为所有人接受,这并不意味着对这个问题都能有同等明确的回答。任何时候把个人意志分割成许多份,由此产生的政治决定不但可以想象而且非常可能不会符合"人民真正的需要"②。

四是"降低公民责任说"。鲍尔斯和金蒂斯指出,福利国家和凯恩斯主义的经济政策并没有受到仔细的限定:它们没有赋予公民以承担至关重要的经济功能的能力,它们也没有提供一种公共竞技场,在那里面公民能够发展他们促使经济政策负起民主责任的能力。③ 大卫·格林也认为,需要避免的首要危险是福利国家的"排挤"效应。随着国家福利日益增长,它已经挤走了许多自愿性组织和减弱了个人责任精神,而这正是一个生机勃勃的市民社会的基石。④

五是"福利国家危险说"。达仁道夫指出,在重视公民权利和福利但可能无法得到经济发展保障的政策模式下,民主化意味着建立新的决议机构和召开很多会议,然而决议机构和会议不仅要花费很多时间,而且也需要消耗很多纸张。如果民主对于多数派阶级来说,成为政治化的企业家们争取选票的一种竞争,而在这个竞争中的成就则取决于是否有能力至少提供若干许诺过的物品,那么,供给的增长也是这种博弈发挥作用的一个必要的条件。在这种情况下,民主正在变成一种正数和博弈,倘若经济数字相加不再能够正好得出正数和,这种博弈就有危险。⑤

六是"治疗性福利说"。富里迪指出,行为政治的倡导者们无法改变迫切需要决定性政策的环境,就试图改变个人的生活方式。福利国家对自

---

① [法] 蒲鲁东:《贫困的哲学》,第339—340页。
② [美] 熊彼特:《资本主义、社会主义与民主》,第372、376页。
③ [美] 塞缪尔·鲍尔斯、赫伯特·金蒂斯:《民主与资本主义》,第10—11页。
④ [英] 大卫·格林:《再造市民社会——重新发现没有政治介入的福利》,第163、178页。
⑤ [英] 拉尔夫·达仁道夫:《现代社会冲突》,第169、172页。

身进行重新定位，转向关注公众的治疗性的需求。治疗性政策的目的是通过控制人们的内在生活在政府和个人之间搭起联系。人们与其说是被加入，还不如说是"被治疗""被扶持"或者"被协商"。当然，只要公众还在疏离政治，他们就有可能被当作原子化的个体来对待，行为的政治也确认并巩固了这种状况。政治的终结激发了一个过程，在这套程序里公众的怨愤被系统地改造成容易接受治疗性干预的私人小麻烦。①

七是"民主国家建立福利国家不可能说"。罗蒂指出，繁荣导致在所有民主国家建立福利国家成为可能。这些福利国家的制度将保证将来几代人的机会平等。今天的知识分子和官员都已经不太相信这样的方案了。②

（四）公共福利与公共政策

尽管有一些西方学者存在反"福利国家"的倾向，但是更多西方学者关注的不是否定福利国家，而是如何改革福利制度或调整福利政策，使之更符合政策的"公共性"价值。我们至少可以归纳出与此有关的七种发展公共福利的意见。

一是强调福利国家与民主发展的紧密联系。沃尔夫指出，那些主张在社会项目上减少政府开支的人知道自己在做什么，因为假如国家要行使积累功能，唯一一个减少政府行动的方式就是攻击最民主的方面，亦即社会福利政策。然而，有争论的不是类似"支出"或"政策"这样的抽象名词，而是人们在现实生活中实实在在的需要。因此，对普通民众而言，最急切的政治策略应该针对如何保留或扩大政府服务这个问题。那些希望收回福利政策的人才是真正的极端分子。福利国家能否继续存在成为民主梦想能否实现的关键。③

二是要求发展福利社会。简·莱恩指出，新公共管理偏重于福利社会而不是福利国家。世界上的发达社会所面临的基本政治选择，就是在福利社会和福利国家之间进行选择。福利社会一直积极地从事公共部门改革，尤其是与新公共管理相关的途径。④

三是要求实施"积极福利"。吉登斯指出，应该为从根本上反思福利

---

① ［英］弗兰克·富里迪：《恐惧的政治》，第138—139页。
② ［美］罗蒂：《后形而上学希望》，第326—327页。
③ ［美］艾伦·沃尔夫：《合法性的限度——当代资本主义的政治矛盾》，第484—485页。
④ ［英］简·莱恩：《新公共管理》，第127页。

国家做好准备。今天特别需要一种新的"和解",但不能采用过去那种利益从上至下分配的形式。相反,其目的是清除两极分化效应(毕竟现在还是阶级社会)的福利措施必须是授权的,而不仅仅是"分配的"。它们必须关注家庭以及更广的公民文化之上的社会团结的重建。"积极福利"更重视使用生活政治措施,目标再一次集中在把自主与个人和集体的责任联系在一起。①

四是要求区分救助对象。彭茨指出,社会福利政策的中心点应该定在冷酷无情和溺爱纵容之间,它可将寄生虫从需要资助的人中区分出来,可以减轻人们的困难,但不会令人生活舒适。自由主义的社会政策是要平衡不同的生活条件,救助处于不利地位的人,使他们能够独立生存。自由主义的社会政策是促进自助,这并不是说要建立终身的救济制度,而是要努力促使人们能尽快地摆脱救济,生活独立。任何社会福利政策所面临的最艰巨任务是必须分清,谁需要帮助是因为他无法自助,谁过着寄生生活,而没有充分利用自身所具有的自助潜能。②

五是强调以劳动力换取福利。奥菲指出,政策分析及其实际建议领域已形成一种重要的趋势,即以一种明确的方式与现代政策设计耦合,也就是削减对某些有"需要"人群进行物质施舍和提供服务的慈善性福利国家措施,替之以期望通过出卖其劳动力来满足自身需要的措施。③ 帕特里夏·休伊特也认为,在重建福利国家的过程中,必须遵循三种原则:一是它应当促进人们对社会机构、尤其是劳动市场的参与;二是它应当针对个人能力的发展;三是社会方案应当尽可能由个人、家庭和地方社区所"拥有",而不是由遥远的地方机构或民族国家所控制。④

六是要求提供有限福利。卡普兰指出,当公众系统性地误解社会实现福利最大化的途径时——如同他们所经常认为的那样——他们则点燃了迅速燃烧的连接相应错误政策的导火索,这将使所有人都会对民主更加失望。⑤ 吉登斯也认为,只有在一种非常有限的程度上,福利才称得上是社

---

① [英] 安东尼·吉登斯:《超越左与右——激进政治的未来》,第 256 页。
② [德] 埃伯哈德·彭茨:《政治与人类尊严——德国自由主义者的解决途径》,第 3、20 页。
③ [德] 克劳斯·奥菲:《福利国家的矛盾》,第 133—134 页。
④ 转引自 [英] 马歇尔、吉登斯等《公民身份与社会阶级》,第 250 页。
⑤ [美] 布赖恩·卡普兰:《理性选民的神话——为何民主制度选择不良政策》,第 240 页。

会服务或社会政策的结果。①

七是要求更关注公民的生活质量。英格尔哈特指出，西方公众价值观业已从过于强调物质福利和身体安全而转向更加强调生活质量。越来越多的民众开始对国内和国际政治拥有足够的兴趣和理解力，从而能够参与到这些决策层面中去。②

（五）社会主义国家的福利取向

马克思主义经典作家对于如何在社会主义国家的政策中体现出一定的福利价值取向，提出了以下要求。

第一，以合理税收保证全社会的真正福利。恩格斯指出："我们要求国家实行一种只考虑每一个人的纳税能力和全社会的真正福利的征税办法。"③

第二，无产阶级政权要为人民（劳动者）谋福利。列宁指出："在实际上使被剥削的劳动者能够真正享受文化、文明和民主的福利，这正是苏维埃政权一项最重要的工作，而且今后应当坚定不移地把这项工作继续下去。"④

第三，必须为人民福利创造必要的条件。毛泽东指出："没有工业，便没有巩固的国防，便没有人民的福利，便没有国家的富强。"⑤

第四，人民创造福利。毛泽东指出："人民群众有无限的创造力。他们可以组织起来，向一切可以发挥自己力量的地方和部门进军，向生产的深度和广度进军，替自己创造日益增多的福利事业。"⑥

第五，重视"集体福利"。毛泽东指出："拿工人讲，工人的劳动生产率提高了，他们的劳动条件和集体福利就需要逐步有所改进。"⑦ 邓小平也指出："为国家创造财富多，个人的收入就应该多一些，集体福利就应该搞得好一些。"⑧

---

① ［英］马歇尔、吉登斯等：《公民身份与社会阶级》，第62、73页。
② ［美］罗纳德·英格尔哈特：《发达工业社会的文化转型》，第2—3页。
③ 恩格斯：《在爱北斐特的演说》，《马克思恩格斯全集》，第2卷，第615页。
④ 列宁：《俄共（布）党纲草案》，《列宁全集》，第36卷，第86页。
⑤ 毛泽东：《论联合政府》，《毛泽东选集》，第3卷，第1029页。
⑥ 毛泽东：《"中国农村的社会主义高潮"按语选》，《毛泽东文集》，第6卷，第457页。
⑦ 毛泽东：《论十大关系》，《毛泽东文集》，第7卷，第28—29页。
⑧ 邓小平：《解放思想，实事求是，团结一致向前看》，《邓小平文选》，第2卷，第146页。

第六，不走福利国家的道路。邓小平指出："我们也反对现在要在中国实现所谓福利国家的观点，因为这不可能。我们只能在发展生产的基础上逐步改善生活。发展生产，而不改善生活，是不对的；同样，不发展生产，要改善生活，也是不对的，而且是不可能的。"①

从本节的论述不难看出，在福利问题上存在着一定的价值分歧。将福利问题纳入政策民主理论，确实需要注意质疑福利国家的各种论点，但更为重要的是应该继续强调政策的福利价值取向，并且认识到马克思主义经典作家与西方学者有三点重要的共识：一是"发展性"的共识，即提升福利水平需要一定的经济社会条件；二是"创造性"的共识，即人民或公民个人可以成为创造福利的重要力量；三是"有限性"的共识，即量力而行，对福利进行一定的限制。

三 公共利益与公共政策

与"公共幸福"相比，公共利益与公共政策的关系更为密切。马克思主义经典作家和西方学者对公共利益的讨论涉及了多个方面的问题，现分述于下。

（一）公共利益与私人利益

"公共利益"应该是区别于"私人利益"的群体性、共同性利益，之所以要区分公共利益和私人利益，西方学者提出了四条理由。

第一条理由强调的是公共利益对政治的正面作用和私人利益对政治的负面作用。按照柏拉图的解释，真正的政治技能的合适对象并不是个别的私人利益，而是公共利益。就是这种公共利益把国家团结在一起，而私人利益则会弄得国家分崩离析。②

第二条理由强调的是私人利益可能影响人们的总体利益。密尔认为，每当人民普遍倾向于只注意个人的私利而不考虑或关心他在总的利益中的一份时，在这样的事态下好的政府是不可能的。③

---

① 邓小平：《目前的形势和任务》，《邓小平文选》，第2卷，第257—258页。
② ［古希腊］柏拉图：《法律篇》，第309页。
③ ［英］约翰·密尔：《代议制政府》，第26页。

第三条理由强调公共利益是一种道德义务。库伯指出，公共利益在一种规范的行政伦理建构中有一席之地，它可以作为我们的道德指南，确立我们基本的义务取向。在每一个行政和政策决策前，通过提出一个重要问题传达出一种象征性的目的："你是真正代表广泛的共享利益还是有限的特殊利益行动？"公共利益的概念是最为有用的，它在提醒我们作为公共管理者，我们的道德义务是针对前者而不是后者。①

第四条理由强调的是个人利益与共同利益的竞争性。奥尔森指出，有理性的、寻求自我利益的个人不会采取行动以实现他们共同的或集团的利益。在一个组织中个人利益和共同利益相结合的情况与竞争性市场类似。②

正是因为区分公共利益与私人利益非常重要，有的西方学者明确指出两者之间界限不清的问题。如约翰斯顿所言，在责任缺失情况下，决定权与强大和高效率的政治和市场制度相对立，政治与经济之间的界线、公共利益与私人利益之间的界线变得模糊或被扰乱，公平游戏规则也被破坏，使得接近决策者的机会成了市场上的商品，市场、政治和政策都会被扭曲。③

也有人认为应该重点强调个人利益。罗素指出，政治理想必须根植于个人的生活理想。使每一个人都能获得最大的利益——政治学的使命就是按照这个原则来调整人们之间的关系。④ 滕尼斯也认为，越来越多的个人利益，不管是作为单一的个人也好，还是与随从或伙伴一起也好，都在经济的领域、政治的领域以及精神的或道德的领域发挥作用。当政治的统治会出现在一种包罗万象的、深入干预私人生活、干预各种个人的交往的法律状况的立法时，围绕作为政治统治的争吵就会更多。⑤

如何协调公共利益和私人利益之间的关系，已经成为政策领域经常遇到的问题，西方学者为此提出了四种说法。

第一种是"公私利益结合说"。这样的说法来自霍布斯，他认为公私

---

① [美] 特里·库伯：《行政伦理中的大问题：需要集中与共同的努力》，载《公共行政学中的伦理话语》，第137—158页。
② [美] 曼瑟·奥尔森：《集体行动的逻辑》，第2、8页。
③ [美] 迈克尔·约翰斯顿：《腐败征候群：财富、权力与民主》，第26页。
④ [英] 伯特兰·罗素：《政治的理想》，第381、408页。
⑤ [德] 斐迪南·滕尼斯：《新时代的精神》，第23、62页。

利益结合得最紧密的地方，其公共利益所得的推进就最大。① 布坎南也指出，如果把个人适当地放在要求他们在"立宪"上进行选择的位置，他们就会在他们自己利益的引导下，表现的似乎是在促进某种非常有意义的一般利益或公共利益。在这种背景下，私人效用最大化行为和政治义务之间毫无冲突。②

第二种是"私人利益是公共利益基础说"。这样的说法来自洪堡，他认为政治的宪法应强化公民的私人利益，使之数倍增加；这样一来公共利益似乎被削弱，但公共利益是建立在私人利益基础之上的。③

第三种是"公共利益与私人利益互惠说"。这样的说法来自古特曼和汤普森，他们认为互惠性是首要原则，因为它形塑公共性和问责制的意义。在公民互惠地推理时，他们为他们自己的目标追求公平的社会合作条件，他们努力找到彼此可接受的方法来解决道德分歧。与以公平或审慎为基础的观点——它们偏爱的是政治利益之间的讨价还价策略——相比，互惠性原则是民主政治更为恰当的基础。④

第四种是"公共利益优先说"。这一说法来自里查德·达格，他认为公共性质可以从两个方面显示出来。首先，好公民是一个具有公共精神的人，他将共同体的利益置于个人利益之前。其次，显示出对于公共利益之责任承诺的第二个方面是公民参与。⑤

马克思主义经典作家看重的是"公共利益"与"私人利益"结合的走向，并提出了以下论点。一是要注意公共利益与私人利益的矛盾。如马克思所言："国家是建筑在社会生活和私人生活之间的矛盾上，建筑在公共利益和私人利益之间的矛盾上的。"⑥ 二是只有到了共产主义社会，才能消灭公共利益和私人利益之间的差别。恩格斯指出："文明甚至在现在就已经教人们懂得，只有维护公共秩序、公共安全、公共利益，才能有自己的利益，从而尽可能地使警察机构、行政机关和司法机关变成多余的东西，那末，在共同利益已经成为基本原则、公共利益和私人利益已经没有

---

① ［英］霍布斯：《利维坦》，第53、144页。
② ［美］詹姆斯·布坎南：《民主财政论》，第233页。
③ ［德］洪堡：《论国家的作用》，第171页。
④ ［美］阿米·古特曼、丹尼斯·汤普森：《民主与分歧》，第60—63页。
⑤ ［美］里查德·达格：《共和主义公民权》，载《公民权研究手册》，第196—214页。
⑥ 马克思：《评"普鲁士人"的"普鲁士国王和社会改革"一文》，《马克思恩格斯全集》，第1卷，第479—480页。

什么差别的社会里，情况还不知要好多少倍呵。"① 三是应注意私人利益与公共利益的结合。斯大林指出："把集体农庄庄员的个人利益同集体农庄的公共利益集合起来，这就是巩固集体农庄的关键所在。"②

（二）集体利益与个人利益

马克思主义经典作家还重点关注了与"公共利益"相关的"集体利益"和"国家利益"等问题。

斯大林强调的是个人利益与集体利益的结合："个人和集体之间、个人利益和集体利益之间没有而且也不应当有不可调和的对立。不应当有这种对立，是因为集体主义、社会主义并不否认个人利益，而是把个人利益和集体利益结合起来。社会主义是不能撇开个人利益的。只有社会主义社会才能给这种个人利益以最充分的满足。此外，社会主义社会是保护个人利益的唯一可靠的保证。"③

毛泽东强调的是个人利益、集体利益、国家利益的结合："有些群众往往容易注意当前的、局部的、个人的利益，而不了解或者不很了解长远的、全国性的、集体的利益。"④ "必须兼顾国家、集体和个人三个方面，也就是我们过去常说的'军民兼顾'、'公私兼顾'。"⑤

邓小平则强调个人利益、集体利益、国家利益、社会利益的结合："在艰难的时候，人们都很守纪律，照顾大局，把个人利益放在集体利益当中，放在国家利益、社会利益当中，自觉地同国家一道来渡过困难。"⑥ "在社会主义制度之下，个人利益要服从集体利益，局部利益要服从整体利益，暂时利益要服从长远利益，或者叫作小局服从大局，小道理服从大道理。我们提倡和实行这些原则，决不是说可以不注意个人利益，不注意局部利益，不注意暂时利益，而是因为在社会主义制度之下，归根结底，个人利益和集体利益是统一的，局部利益和整体利益是统一的，暂时利益和长远利益是统一的。我们必须按照统筹兼顾的原则来调节各种利益的相互关系。如

---

① 恩格斯：《在爱北斐特的演说》，《马克思恩格斯全集》，第2卷，第609页。
② 斯大林：《在全苏集体农庄突击队员第二次代表大会农业劳动组合示范章程草案审查委员会的讲话》，《斯大林文集（1934—1952）》，第40页。
③ 斯大林：《和英国作家赫·乔·威尔斯的谈话》，《斯大林文集（1934—1952）》，第13页。
④ 毛泽东：《关于正确处理人民内部矛盾的问题》，《毛泽东文集》，第7卷，第236页。
⑤ 毛泽东：《论十大关系》，《毛泽东文集》，第7卷，第28页。
⑥ 邓小平：《社会主义也可以搞市场经济》，《邓小平文选》，第2卷，第233页。

果相反，违反集体利益而追求个人利益，违反整体利益而追求局部利益，违反长远利益而追求暂时利益，那么，结果势必两头都受损失。"①

西方学者也注意到了"集体利益"与"个人利益"的关系问题，并形成了两种对立的看法。

第一种看法认为集体利益与个人利益可以结合，主要强调了以下论点。（1）存在个人与集体相关的利益决策关系。萨托利指出，个人、团体和集体的决策都涉及某个主体，涉及决策者，而影响到集体的决策则是适用、实施于某个集体的决策，无论它们是一个人、少数人或许多人作出的决策。定义的标准不再是谁在决策，而是决策的影响面：无论是谁在决策，他都是在为大家决策。②（2）集体会考虑个人利益。科恩指出，根据聚合的民主观念，决议只有在如下情况才是集体性的：它们产生于具有约束力的集体选择的安排，这种安排会平等地考虑受该决议约束的每个人的利益。③（3）个人会理性考虑集体利益。米勒指出，协商的观点依靠的是一个人受理性观点支配的能力和将不同于整体公平和集体性的共同利益的特殊利益和观点搁置在一边的能力。④（4）政策参与有助于个人利益和集体利益的表达。珍妮特·登哈特和罗伯特·登哈特指出，通过对公民事务的广泛参与，公民们能够帮助确保个人利益和集体利益不断得到政府官员的倾听和关注。⑤（5）维护"集体主义"和集体利益观念。鲍曼指出，那些"完全放弃集体主义观念"的个人也放弃了他们的公民身份。社会权利的撤销往往紧跟着的就是许多人放弃或滥用他们的政治权利。⑥ 珍妮特·登哈特和罗伯特·登哈特也指出，公务员对于帮助公民明确地表达公共利益具有一种极为重要的作用，反过来，共同的价值和集体的公民利益也应该指导公共官员的决策和行为。⑦（6）局部利益与总体利益可以协

---

① 邓小平：《坚持四项基本原则》，《邓小平文选》，第2卷，第175—176页。
② [美] 萨托利：《民主新论》，第241—242页。
③ [美] 乔舒亚·科恩：《民主与自由》，载《协商民主：挑战与反思》，第184—229页。
④ [美] 戴维·米勒：《协商民主和社会选择》，载《协商民主争》，第195—213页。
⑤ [美] 珍妮特·V. 登哈特、罗伯特·B. 登哈特：《新公共服务：服务，而不是掌舵》，第36页。
⑥ [英] 齐格蒙·鲍曼：《免于国家干预的自由、在国家中的自由和通过国家获得的自由：重探马歇尔的权利三维体》，载《公民身份与社会阶级》，第320—336页。
⑦ [美] 珍妮特·V. 登哈特、罗伯特·B. 登哈特：《新公共服务：服务，而不是掌舵》，第57页。

调。德雷泽克指出，局部利益也是合法的，消除局部利益不应该是一个有争议的话题。我们应该依靠协商的内在机制来在个人利益和公共利益、局部利益以及整体利益之间取得一个合适而且接受的平衡关系。①

第二种看法强调的是集体利益与个人利益的冲突，或者个人难以对集体产生实质性的影响，主要有以下论点。（1）个人对集体的影响很小。布坎南和塔洛克指出，如果个人很有把握地知道，不管他自己的行动如何，影响到他的那种社会或集体决策都将被作出，那么他就得到了一个更大的机会，或则有意识地完全回避作出肯定的抉择，或则还没有对其他可供选择的方案慎加考虑便作出抉择。②（2）个人不会为公众利益操劳。雷蒙·阿隆指出，集体只有在向所有人提供参与的机会的条件下才是人道的。但是，从政体的更迭交替中，我们可以得出这样的一种基本准则：不可能有奇迹使"政治人"全心全意地为公众利益操劳，也不可能有奇迹让"政治人"获得这样一种智慧，使之满足于靠机会或功绩而获得的现有地位。③（3）集体解决方式的缺乏。鲍曼指出，在公共援助所提供的众多项目中，最明显的就是完全缺乏集体用来"处理/解决"个体问题的集体方式。作为个体聚合的公众，所能做的只是鼓掌或吹口哨，赞扬和责骂，羡慕或嘲弄，怂恿或阻挠，纠缠或唠叨，煽风点火或泼冷水，他们绝不可能承诺去做个体自身无法做的事：即替满腹牢骚的个体解决问题，为他们担当责任。④（4）反对"集体主义"。科布指出，在任何情况下，集体化都很难很好地发挥作用，因为它低估了个体。⑤ 桑德斯也指出，越是把集体主义强加到人们头上，越会产生事与愿违的结果。⑥

（三）公共利益为政策带来的问题

公共政策需要重点解决的就是公共利益问题，而这样的问题，在西方

---

① ［澳］约翰·德雷泽克：《协商民主及其超越：自由与批判的视角》，160页。
② ［美］詹姆斯·布坎南、戈登·塔洛克：《同意的计算——立宪民主的逻辑基础》，第42页。
③ ［法］雷蒙·阿隆：《知识分子的鸦片》，第101—102页。
④ ［英］齐格蒙·鲍曼：《寻找政治》，第56—58页。
⑤ ［美］小约翰·B. 科布：《后现代公共政策——重塑宗教、文化、教育、性、阶级、种族、政治和经济》，第170页。
⑥ ［英］彼得·桑德斯：《自由社会的公民身份》，载《公民身份与社会理论》，第66—103页。

学者看来，主要表现为七个方面的问题。

一是"期望性"问题。约翰斯顿指出，民主化进程不仅表达不同的私人利益，而且也把它们汇入广泛认可的公共政策之中。众多"公共"方面——外部性——不在市场考量之内，它们只在政府的政策中得到重视。问题不仅仅在于政策选择，而且在于各种期望。[1]

二是"表达性"问题。派伊指出，政治作为一个过程，其中互相冲突的利益能够公开表达，并由此可以作出调整从而使各派利益都能得到最大程度的实现。而若要如此，就必须存在一个公开的过程，使利益能够得到表达并综合成为公共政策。[2]

三是"利益综合"问题。阿尔蒙德等人指出，把各种要求转变成重大政策选择的功能，称作利益综合。利益综合过程的一个重要结果就是缩小了政策选择的范围。通过利益综合，公民的愿望和要求最终转化为少数可行的政策。[3]

四是"分配性"问题。梅斯奎塔等人指出，利益有两种表现形式，一些以私人物品的形式来分配，其他的利益则主要体现在公共政策上，这些政策会影响到国家中每一个人的福利。所有人都关心公共政策，至少在政府必须提供最起码的安全来保障公民享用私人物品和所获收入这一问题上如此。领导者面临两个问题：一个是分配问题，另一个是政治承诺问题。[4]

五是"变动性"问题。甘布尔指出，公共利益不可能是固定不变的事物，它总是处于争论中，总是处于谈判的进程中，总是由政治来决定的。[5]

六是"选择性"问题。以什么样的方式作出符合公共利益的政策选择，西方学者论证了不同的思路。（1）由决策者选择。卢梭指出，决策者应按照处事公正原则自行选择符合公意的政策。[6] 珍妮特·登哈特和罗伯特·登哈特也指出，追求公共利益并不意味政府的决策者将会以某种方

---

[1] ［美］迈克尔·约翰斯顿：《腐败征候群：财富、权力与民主》，第8—9页。
[2] ［美］鲁恂·W. 派伊：《政治发展面面观》，第99页。
[3] ［美］阿尔蒙德等：《比较政治学——体系、过程和政策》，第209—210页。
[4] ［美］布鲁斯·布恩诺·德·梅斯奎塔等：《政治制度、政治生存与政策成功》，载《繁荣的治理之道》，第64—90页。
[5] ［英］安德鲁·甘布尔：《政治和命运》，第99页。
[6] ［法］卢梭：《政治经济学》，第14—15页。

式制定出所有公民都会同意的政策。① （2）由政党选择。奥菲指出，寻求"选票最大化"和"全方位"的政党能够而且必须拒绝政纲的前后一致性，否认公众利益是个独立的概念，以便在现代大众民主社会的无尽选举战中取得胜利，维护大多数人的利益。② （3）通过选举选择。格罗斯曼和赫尔普曼指出，民主的理想境界是赋予所有公民偏好以相同的权重，于是就可以期望得到符合公众利益的政策，并且可以通过中位投票者或平均投票者的偏好来确定公众利益。选举过程并不保证得到成为唯一均衡的中位投票者偏好的政策，但政治竞争给予候选者和政党一定的压力，促使候选者和政党迎合公众利益。③ （4）通过协商选择。毕塞特指出，合理的公共政策需要的不仅仅是对个人野心的追求，它还需要能够就"共同体长久和总体利益"形成集体协商、具有广博知识和丰富经验的领导者。④

七是"共识性"问题。解决公共利益问题的政策往往需要达成共识，如哈耶克所言，在较为广泛的政府治理领域中，亦即在政府向公民提供各种各样的其他服务的领域中，政府在运用它所掌控或支配的资源的时候也必须持续不断地对那些应予服务的特定目的作出选择，而这样的决策在很大程度上则必定是一个权益的问题。如果采用民主的方式来解决这样的问题，那么这些决策就会变成决定谁的利益应当压倒谁的利益的决策。显而易见，通过管理和运用公共资产去实现公共目的，不仅需要人们将正当行为规则达成共识，而且还需要人们就特定目的的相对重要性达成共识。⑤

（四）协调利益关系的政策原则

针对公共利益为政策带来的各种问题，西方学者提出了协调利益关系的八条基本原则。

第一条是利益表达途径有效原则。本哈比指出，程序主义的民主模式

---

① ［美］珍妮特·V.登哈特、罗伯特·B.登哈特：《新公共服务：服务，而不是掌舵》，第57页。
② ［德］克劳斯·奥菲：《福利国家的矛盾》，第144—145页。
③ ［美］吉恩·格罗斯曼、［以］埃尔赫南·赫尔普曼：《特殊利益政治学》，第53、69页。
④ ［美］约瑟夫·毕塞特：《协商民主：共和政府的多数原则》，载《协商民主与政治发展》，第35—50页。
⑤ ［英］哈耶克：《法律、立法与自由》，第2、3卷，第304页。

允许在各方都可以接受的社会条件下表达利益上的冲突。① 夏皮罗也指出，民主被认为是合理的，因为人们应该在涉及他们的一些决策中有权表达自己的意愿。利益相关性这个原因性的原则暗示，理论上决策规则应该根据权力关系的结构而不是成员资格或是公民资格的状况而定：如果你受到某项决策结果的影响，你就应该有权发表自己的意见。②

第二条是制度化原则。亨廷顿指出，一个拥有高度制度化的统治机构和程序的社会，能更好地阐明和实现其公共利益。③

第三条是公开辩论原则。威尔逊指出，我们可以将一项巨大的荣誉授予民主，即凡是影响公共利益的重大问题都通过辩论的方式最终决定，在大多数人意志的基础之上建立起一切政策框架。④

第四条是照顾弱者的差别原则。罗尔斯指出，诉诸公共利益是一种民主社会的政治常规。这一常规比效率原则更为重要，我们不能假设政府平等地影响着每一个人的利益。既然从不止一个观点来看追求最大值都是不可能的，那么，按照一个民主社会的精神，人们自然就挑选出最不利者的观点，并且以与平等自由和公平机会相容的最好方式来促进他们的长远前景。看来，我们最信任的正义政策至少在以下意义上是朝这个方向发展的：即如果这些政策被取消，那么社会的最弱势阶层的生活会更差。这些政策即使不是完全正义的，也是始终正义的。因此，一旦我们正视采纳一种合理完善的正义观的必要性，差别原则就可以解释为一种民主的政治常规的合理延伸。⑤

第五条是利益互补原则。达尔指出，卷入政治冲突的不同公民的利益通常既不是完全协调的，也不是完全冲突的，而是互补的。尽管公民的利益并不一致，但如果每个人实现自己目标的行动能够在不给其他人造成损失的情况下为自己带来利益，那么他们的利益就是完全互补的。完全互补的利益无疑是罕见的，但对每个角色来说，从与其他人的合作中得到的收益大于损失这个意义上说，他们得到的往往是不完全互补。冲突的利益使

---

① ［美］塞拉·木哈比：《走向协商模式的民主合法性》，载《民主与差异：挑战政治的边界》，第71—95页。
② ［美］夏皮罗：《政治的道德基础》，第263页。
③ ［美］塞缪尔·亨廷顿：《变化社会中的政治秩序》，第19页。
④ ［美］威尔逊：《行政之研究》，第241页。
⑤ ［美］罗尔斯：《正义论》，第319页。

政治生活成为必要,但互补利益使之成为可能。①

第六条是利益竞争原则。墨菲指出,西方社会之所以是民主的,这是因为它们已能保护的利益多元化并允许在它们之间存有竞争。②悉尼·胡克也指出,始终会发现有利益的多样性,那就必须使任何一种利益的要求都不被排除,纵使这些要求在民主的评议过程中也许会达成妥协或是被拒绝。③

第七条是非平等主义原则。巴特尔斯指出,在把特定政策提案与其自身价值观和利益相联系方面,普通民众面对着极大的困境。平等主义冲动通常都没能转化为政策,这是因为普通民众没能掌握其平等主义价值观的寓意。④马歇尔也指出,社会地位上的差异从民主公民身份角度看可以获得合法性的印记,其前提是这些差距不能过分悬殊。这就意味着,在一个大致平等的社会中,不平等是可以容忍的,只要这些不平等不属于对抗性的。⑤

第八条是相互尊重原则。古特曼和汤普森指出,如果有约束力的决策是在公民——不管他们的社会或政治地位如何——把彼此当作寻求共同善的平等者的过程中,而不是公民利用他们高人一等的权力和财富赢得私人利益的过程中作出的,那么它们就是更能够得到辩护的。当公民相互为决策辩护时,他们应当努力去找到把与对手的分歧最小化的理由,并寻求在对之有更大一致性的相关政策上进行合作的方式。相互尊重不仅要求公民正直,还要求公民雅量。当民主公民就公共政策在道义上产生分歧时,可能时就寻求道德一致,而不可能时,就维持相互尊重。⑥

马克思主义经典作家除了强调个人利益、集体利益、国家利益、社会利益结合和局部利益服从整体利益外,还提出了通过政策协调利益关系的一些具体要求。

一是"根本利益"要求。毛泽东指出:"我们从来相信,占人口百分之九十五以上的人民群众是要革命的,是要社会主义的,或者是可以勉强

---

① [美]罗伯特·达尔:《多元主义民主的困境:自治与控制》,第141、167页。
② [美]墨菲:《政治的回归》,第133页。
③ [美]悉尼·胡克:《理性、社会神话和民主》,第253—254页。
④ [美]拉里·巴特尔斯:《不平等的民主:新镀金时代的政治经济学分析》,第25页。
⑤ [英]马歇尔、吉登斯等:《公民身份与社会阶级》,第33、43—44、54页。
⑥ [美]阿米·古特曼、丹尼斯·汤普森:《民主与分歧》,"中文版序言",第1—2页;正文,第376页。

跟着走的,是坚决拥护或者是可以勉强地拥护我们党所制定的符合全国人民根本利益的路线和政策的。"① 邓小平也指出:"我们要向人民说清楚,不进一步调整为什么不行,调整中可能出现什么问题,调整好了会带来什么效果。这样,人民才会理解进一步调整的必要,才会相信党和政府确实是为全体人民的根本利益着想,是为稳步实现现代化的利益着想,才会支持我们。"②

二是"长远利益"要求。恩格斯指出:"为了眼前暂时的利益而忘记根本大计,只图一时的成就而不顾后果,为了运动的现在而牺牲运动的未来,这种做法可能也是出于'真诚的'动机。但这是机会主义,始终是机会主义,而且'真诚的'机会主义也许比其他一切机会主义更危险。"③

三是"实际利益"要求。列宁指出:"衡量自己的意图是否取得成效,不是看为'社会'和'国家'拟定的建议,而是看这些理想在一定社会阶级中传播的程度;如果你不善于把理想与经济斗争参加者的利益密切结合起来,与该阶级的'公平的劳动报酬'这类'狭隘'琐碎的生活问题,即自命不凡的民粹主义者不屑理睬的问题结合起来,那么,最崇高的理想也是一文不值的。"④

四是"物质利益"要求。邓小平指出:"不讲多劳多得,不重视物质利益,对少数先进分子可以,对广大群众不行,一段时间可以,长期不行。革命精神是非常宝贵的,没有革命精神就没有革命行动。但是,革命是在物质利益的基础上产生的,如果只讲牺牲精神,不讲物质利益,那就是唯心论。"⑤

五是"人民利益"和"群众利益"要求。毛泽东指出:"我们的责任,是向人民负责。每句话,每个行动,每项政策,都要适合人民的利益,如果有了错误,定要改正,这就叫向人民负责。"⑥ "涉及人民利益的

---

① 毛泽东:《对政府工作报告稿的批语和修改》,《建国以来毛泽东文稿》,第11册,第273页。
② 邓小平:《贯彻调整方针,保证安定团结》,《邓小平文选》,第2卷,第356页。
③ 恩格斯:《1891年社会民主党纲领草案批判》,《马克思恩格斯全集》,第22卷,第273—274页。
④ 列宁:《民粹主义的经济内容及其在司徒卢威先生的书中受到的批评》,《列宁全集》,第1卷,第353页。
⑤ 邓小平:《解放思想,实事求是,团结一致向前看》,《邓小平文选》,第2卷,第146页。
⑥ 毛泽东:《抗日战争胜利后的时局和我们的方针》,《毛泽东选集》,第4卷,第1074页。

政策必须持慎重态度。"①"我们对于广大群众的切身利益问题,群众的生活问题,就一点也不能疏忽,一点也不能看轻。"②"一定要每日每时关心群众利益,时刻想到自己的政策措施一定要适合当前群众的觉悟水平和当前群众的迫切要求。凡是违背这两条的,一定行不通,一定要失败。"③

利益问题是个复杂的问题,通过本节叙述的内容,可以理出两种利益观的基本线索。

马克思主义经典作家强调"共同利益"的阶级性,即资产阶级有本阶级的共同利益,无产阶级也有本阶级的共同利益。"公共利益"与"私人利益"不仅可以结合,而且到了共产主义,"公共利益"与"私人利益"的差别将会消失。在社会主义形态下,应强调个人利益、集体利益、国家利益、社会利益等的结合,并注重局部利益服从整体利益。在实际政策运作方面,则应该注意根本利益、长远利益、实际利益、物质利益、人民利益、群众利益等方面的要求。

西方学者不仅有"公共利益"等同于"共同利益"的倾向,还强调了区分"公共利益"与"私人利益"的重要理由,并就如何协调公共利益和私人利益提出了公私利益结合、私人利益是公共利益基础、公共利益与私人利益互惠、公共利益优先等说法。在集体利益与个人利益的关系方面,则既有集体利益与个人利益可以结合的看法,也有集体利益不能与个人利益结合的看法。针对公共利益为政策带来的期望性、表达性、利益综合、选择性、分配性、变动性、共识性等问题,西方学者提出了解决问题的利益表达途径有效、照顾弱者、政策程序化、公开辩论、利益互补、利益竞争、非平等主义、注重结果、相互尊重等基本政策原则。

四 公共服务与为人民服务

由政策提供服务,尤其是为公民或为人民提供服务,也是一种重要的价值取向,由此需要解决的,是为什么提供服务、给谁提供服务、提供什么服务、由谁提供服务、以什么方式服务等问题。

---

① 毛泽东:《涉及广大群众利益的事项未经允许不得下达》,《建国以来毛泽东文稿》,第4册,第278页。
② 毛泽东:《关心群众生活,注意工作方法》,《毛泽东选集》,第1卷,第122页。
③ 毛泽东:《党内通信》,《建国以来毛泽东文稿》,第8册,第123—124页。

（一）政策的"服务需要"

为什么要通过公共政策提供公共服务，或者说为什么政策要将公共服务确定为重要的目标，西方学者强调了八种"需要"。

一是"国家的需要"。狄骥指出，国家不再是一种发布命令的主权权力，它是由一群个人组成的机构，这些个人必须使用他们所拥有的力量来服务于公共需要。公共服务的概念是现代国家的基础，没有什么概念比这一概念更加深入地根植于社会生活的事实。①

二是"公共利益的需要"。哈耶克指出，我们之所以将这种决策权委托给民主政府或"多数"政府，那也是因为我们希望这种政府更可能为公共利益提供服务。②珍妮特·登哈特和罗伯特·登哈特也指出，新公共服务的核心原则之一就是重新确定公共利益在政府服务中的中心地位，明确地表达和实行公共利益是政府存在的主要理由之一。③

三是"公民的需要"。弗里德里克森指出，社会公平强调的是政府提供平等的服务，鼓吹回应公民的需求优先于组织的需求。公共行政学的基本课题之一是对待公民应一视同仁，公共行政是为提供公共服务而存在。④

四是"解决问题的需要"。文蒂斯指出，增进公共参与的公共服务，是一个逐渐认知以下命题的过程，即由于社会问题是共通的，所以问题的解决方案也是共通的。⑤

五是"美好社会的需要"。加尔布雷斯指出，实现美好社会的首要任务是尽可能充分表达民主意志。对于穷人而言，要得到他们所需的公共服务，提高他们必要的报酬，制定广泛的政策来减轻贫困。⑥

六是"政府义务的需要"。狄骥指出，公共服务就是指那些政府有义务实施的行为。对一项公共服务可以给出如下定义：任何因其与社会团结

---

① ［法］狄骥：《公法的变迁》，第 13 页。
② ［英］哈耶克：《法律、立法与自由》，第 2、3 卷，第 10 页。
③ ［美］珍妮特·V. 登哈特、罗伯特·B. 登哈特：《新公共服务：服务，而不是掌舵》，第 47 页。
④ ［美］弗里德里克森：《新公共行政学》，第 7—9、43 页。
⑤ ［美］克里斯·文蒂斯：《朝向公共行政的公共哲学：公众的公民视角》，载《公共行政学中的伦理话语》，第 27—40 页。
⑥ ［美］约翰·肯尼迪·加尔布雷斯：《美好社会——人类议程》，第 119—120 页。

的实现与促进不可分割、而必须由政府来加以规范和控制的活动,就是一项公共服务,只要它具有除非通过政府干预,否则便不能得到保障的特征。①

七是"治理的需要"。简·莱恩指出,公共治理理论是关于政府运作方式的一系列理论,它不仅仅是分析政府政治决策方式的一个理论框架,政府提供社会服务方式的研究也是公共治理理论的重要内容。② 福山也指出,"善治"与民主政治之间并不那么容易区别,好的国家制度应当是以透明和高效的方式为其顾客(国家的公民)的需要服务。③

八是"政策本身的需要"。奥斯本和盖布勒指出,政府是我们用来作出公共决策的一种机制,政府向我们大家提供有益服务的方式,政府是我们解决共同问题的方式,我们通过政府采取集体行动。④

(二) 政策的服务对象

公共服务的对象,或者说政策的服务对象,应该是公民,本来是没有争议的问题,但自奥斯本和盖布勒倡导"服务于顾客"的论点后,在行政学中出现了两种对立的观点。奥斯本和盖布勒认为,民主政府是为它们的公民服务而存在的。在政府里几乎从来没有人使用顾客这个词,大多数公共组织甚至不知道谁是它们的顾客。传统的公共制度都是旨在便利管理人员和服务提供者,不是便利顾客的。为了应付这些巨大的变化,有企业家精神的政府已经开始转变它们自己。它们通过顾客调查、重点群体调查和各种各样的其他方法,开始仔细听取顾客的意见,它们已开始向顾客提供选择,它们为顾客建立后果负责机制。使公益服务提供者对它们顾客需要作出灵敏反应的最好办法,是把资源放在顾客手里让他们挑选。⑤ 罗伯特·登哈特和珍妮特·登哈特则提出了反对意见,指出新公共服务理论强调的是服务于公民,而不是服务于顾客。新公共服务始于公共服务的概念,而公共服务的概念又是与民主公民权的责任互相盘绕的。从根本上

---

① [法] 狄骥:《公法的变迁》,第 50、53 页。
② [英] 简·莱恩:《新公共管理》,第 2—4 页。
③ [美] 弗兰西斯·福山:《国家构建:21 世纪的国家治理与世界秩序》,第 26—27、81—82 页。
④ [美] 戴维·奥斯本、特德·盖布勒:《改革政府:企业家精神如何改革着公共部门》,前言,第 3 页。
⑤ 同上书,第 119—121 页。

说，在公共服务中，提供服务是拓宽公共参与和扩大民主权的第一步。①

（三）公共服务的提供者和途径

对于"由谁提供公共服务"和"怎样提供公共服务"的问题，西方学者提出了十种服务途径以及与之相应的服务提供者。

第一种是政府的行政服务途径。由政府的行政部门执行政策和提供服务，是最普遍的政策服务途径。如简·莱恩所言，政府所必须做的是指导首席执行官去实现政府希望在提供公共服务过程中实现的目标，并向首席执行官支付工作报酬，其他的则是管理者的任务。这等于是对政治和合同制进行区分。② 狄骥也指出，行政权的分散化是我们这个时代的特征之一，其主要特征就是让行政部门的公务员自己管理自己所提供的服务。③

第二种是地方政府的服务途径。将公共服务的职责转移到地方政府，可能是一种更有效率的服务途径。哈耶克指出，把中央政府的大多数服务性活动都转交给地方政府去承担，确实是大有助益的。④ 彼得森也指出，大部分地方政府在制定和实施经济发展政策方面都具有一定能力。由地方政府来提供公共基础服务，也有利于搜集如何以最佳形式提供公共服务的信息。每一个市或县都是一个政策"试验田"，如果成功了，可以将这种政策在其他地方政府推广；如果失败了，这样的政策大可以废弃。⑤

第三种是政府的契约化服务途径。通过契约制或合同制来推进公共服务，也是政府提供公共服务的重要途径。如简·莱恩所言，为了有效地提供公共物品和服务，新公共管理赋予公共经理人诸多的自由裁量权，并把契约制作为有效提供物品和服务的机制。在新公共管理体制下，政府既是一个签约者、所有者，也是一个仲裁者。真正的契约蕴含着明确的互惠允诺，必须在短时期内予以兑现。合同中所规定的权利和责任的实现，以对履约失败的处罚威胁为前提。以真正的契约为手段的新公共管理，应该看成是解决传统的治理模式内在困难的一种尝试。⑥

---

① [美]珍妮特·V. 登哈特、罗伯特·B. 登哈特：《新公共服务：服务，而不是掌舵》，第32、44—46页。
② [英]简·莱恩：《新公共管理》，第29、248页。
③ [法]狄骥：《公法的变迁》，第96页。
④ [英]哈耶克：《法律、立法与自由》，第2、3卷，第464页。
⑤ [美]保罗·彼得森：《联邦主义的代价》，第17页。
⑥ [英]简·莱恩：《新公共管理》，第196、224—228页。

第四种是市场服务途径。奥斯本和盖布勒指出，规范市场同建立行政管理的官僚机构提供服务事业是恰好相反的，它是第三种方式，既不同于自由派所主张的行政管理计划，也不同于保守派所要求的政府置身于市场之外的做法。这是一种运用政府力量来影响私人作出决定以达到集体目标的方法，是一种典型的企业化治理的方法，没有官僚主义统治的有活力的政府。为了使市场机制更有效和更有用，我们需要家庭、街坊和社区的热情和关切。当企业化的政府脱离行政性的官僚机构时，它既需要市场也需要社区。① 哈耶克则指出，人们必须毫不妥协地反对政府持有任何垄断性权力，即使这样的垄断有望为我们提供较高质量的服务。在依靠市场提供服务中应采用的做法，一方面是用中央决策这种强制性措施来实现筹措资金的目的，另一方面是尽可能把组织这些服务之生产的工作和在不同的生产者当中分配这些可供使用的资金的工作交由市场所具有的各种力量去决定。一旦大企业的经营管理部门被认为不仅有权利而且有义务在决策过程中对那些被人们视作是公共利益或社会利益的东西进行考虑，或者说必须支持有益事业而且在一般意义上还必须为公共利益服务，那么它就确实谋得了一种无法约束的权力。只要公司有全力为某些群体提供好处，那么仅规模本身也会成为影响政府的一个因素。要控制这样的权力，必须根除政府为这样的公司提供的保护。真正具有危害的，实际上并不是垄断本身，而是对竞争的禁止。②

第五种是私营部门服务途径。彼得森指出，应该尽可能地让私营部门承担更多为大城市提供公共服务的职能。③ 大卫·格林也指出，假如政府的目的不是要取代私营福利部门，而是要支持和补充私营福利，那么我们可以有效地运用四个问题来考量当前的政府服务。一是私营社团能够提供更好的服务吗？如果可以的话，那么福利提供现在为什么全都隶属于公共部门？二是即使政府能够更为有效地提供福利保障，是否还存在一种情况，即把私营部门的福利提供作为一种手段，通过体验人民的"道德、思想和行动"品质来提高福利水平。三是在由国家提供社会福利的地方，国家是否具有垄断行为？一切垄断，尤其是公共部门的垄断，会压制进步

---

① ［美］戴维·奥斯本、特德·盖布勒：《改革政府：企业家精神如何改革着公共部门》，第213、233页。
② ［英］哈耶克：《法律、立法与自由》，第2、3卷，第338、387—389、485页。
③ ［美］保罗·彼得森：《联邦主义的代价》，第170页。

所依凭的多样性。设计公共政策时特有的假定应当是反对由公共部门提供社会福利,而且首先反对公共部门的垄断。四是在由国家提供社会福利的地方,能够避免行政自由裁量权吗?自由裁量权越大,权力滥用的可能性就越大。①

第六种是社区服务途径。奥斯本和盖布勒指出,为了改变普遍的"庇护现象",在美国公共生活中的每一个方面都出现了同样的社区所有权和授权的主题,各级政府开始把所有权和管理权从官僚和专业人士手中夺回来交给社区。政府组织可以创造一整套各种各样的机会,不同的社区只要做好准备就可以来利用。②博克斯也指出,社区居民是他们自己社区的"所有者",所以他们应该作出必要的决定以确定应该提供什么样的公共服务以及如何运营这些公共服务。③林登则强调,无缝隙组织的顾客与服务提供者直接接触,以一种整体的而不是各自为政的方式提供服务。无缝隙组织要求建立自我管理的团队、职能交叉的团队、一次到位的服务、伙伴关系并侧重于社区政策,强调为顾客提供服务的速度。④

第七种是公民服务途径。托马斯指出,如果公民能够辅助公共服务的提供,那么公共部门提供的服务就会更有效率和效益。⑤奥斯本和盖布勒也指出,今天的环境要求各种体制机构不是简单地替公民们服务,而且要把权力赋予公民。一个有事业心的政府把其补助公之于众,依仗公众的压力来废除补助,然后想办法以有关服务来赚钱。⑥

第八种是利益集团服务途径。比瑟姆指出,民主原则本身为克服问题提供了一系列的方法,如对技术问题和政策目标进行公开讨论;有关利益集团有节制地公开介入政策探讨;地方代表和消费代表介入公益服务的供应,以及公民在多种制度内行使民主权利。⑦

---

① [英]大卫·格林:《再造市民社会——重新发现没有政治介入的福利》,第156—158页。
② [美]戴维·奥斯本、特德·盖布勒:《改革政府:企业家精神如何改革着公共部门》,第23—24页。
③ [美]理查德·博克斯:《公民治理:引领21世纪的美国社区》,第14页。
④ [美]拉塞尔·M.林登:《无缝隙政府:公共部门再造指南》,第3—11、42页。
⑤ [美]约翰·克莱顿·托马斯:《公共决策中的公民参与》,第115页。
⑥ [美]戴维·奥斯本、特德·盖布勒:《改革政府:企业家精神如何改革着公共部门》,序,第13页;正文,第160页。
⑦ [英]比瑟姆:《科层制》,第104页。

第九种是公民社会服务途径。戴蒙德指出,公民社会可以下述方式深化民主体制并赋予它活力:制约和扭转对国家权力的滥用、招募和培训新的政治领袖、设计新的改革计划,以及提高公民的权利和责任意识。另外,通过打破附庸和依附关系的垂直纽带,培育平行的政治参与和信任形式,形成跨越不同组群和地方认同的新利益纽带,并将公民组织起来以要求更有效的服务。①

第十种是混合型途径。容纳不同的公共服务途径,可以形成混合型途径。弗林认为社会政策的改变对管理的影响,有六个方面的主题,实际上就是混合了不同的服务途径。一是从平等对待到对不同人的区别对待。二是从提供的普遍服务到有选择性的、更理性的服务。三是促进公营、私营和志愿性组织提供的"混合型经济的服务"。四是增加服务的使用者的选择。五是形成更强有力的中央政策控制。六是允许实行更多的地方管理自治和权责,或在资助政府实现绩效和进行竞争方面作出改变。②

从各种公共服务途径中,可以归并出四个维度的服务提供者:第一个维度是政府(中央政府和地方政府);第二个维度是"市场",包括市场、私营部门和利益集团;第三个维度是"组织",包括社区(无缝隙组织)和公民社会;第四个维度是公民。要有效地提供公共服务,必须在这四个维度下考虑公共服务提供者之间的关系问题。

(四)"为人民服务"的价值取向

马克思主义经典作家重点强调的不是"公共服务",而是"为人民服务"的政策价值取向,并形成了与之相关的一些论点。

第一,工人阶级的代表要为人民服务。马克思指出:"公社是由巴黎各区普选出的城市代表组成的。这些代表对选民负责,随时可以撤换。其中大多数自然都是工人,或者是公认的工人阶级的代表。""普选制不是为了每三年和六年决定一次,究竟由统治阶级中的什么人在议会里代表和压迫人民,而是应当为组织在公社里的人民服务。"③列宁也指出:"如果我们是人民的代表,我们就应该表达人民的意愿和人民的要求,而不是看

---

① [美]拉里·戴蒙德:《民主的精神》,第115—116、366页。
② [英]诺曼·弗林:《公共部门管理》,第71—73页。
③ 马克思:《法兰西内战》,《马克思恩格斯全集》,第17卷,第358、360页。

上面或者别的什么'政治条件'喜欢什么才说什么。""通过说明问题、明确提出问题、充分阐明真理、彻底清除各种模棱两可和含混不清的提法来帮助人民,这是我们能够做到的,而且是我们应该做到的,只要我们愿意真正成为人民的代表而不是自由派的官吏,只要我们愿意真正为人民的利益和自由服务的话。"①

第二,确立为群众服务、为人民服务的政策观念。列宁指出:"为了为群众服务和代表他们正确地意识到的利益,先进队伍即组织必须在群众中开展自己的全部活动。"② 毛泽东也指出:"因为我们是为人民服务的,所以,我们如果有缺点,就不怕别人批评指出。不管是什么人,谁向我们指出都行。只要你说得对,我们就改正。你说的办法对人民有好处,我们就照你的办。"③ 邓小平也强调:"许多人并非在主观上没有为人民服务的愿望,但他们仍然把工作做坏了,使群众受到重大的损失。这是因为他们自以为是先进分子,是领导者,比群众懂得多,因而遇事不向群众学习,不同群众商量,因而他们出的主意,经常在群众中行不通。"④

第三,建立为劳动者服务、为人民服务的政权。列宁指出:"工农苏维埃,这是新的国家类型,新的最高的民主类型,这是无产阶级专政的一种形式,是在不要资产阶级和反对资产阶级的情况下来管理国家的一种方式。在这里,民主第一次为群众为劳动者服务,不再是富人的民主。"⑤ 斯大林也指出:"我们想使国家机关成为为人民群众服务的工具,但是这个国家机关中的某些人想把它变成他们一项收入的来源,这就是整个机关不协调的原因。"⑥ 毛泽东则强调:"我们的人民政府是真正代表人民利益的政府,是为人民服务的政府。""国家机关实行民主集中制,国家机关必须依靠人民群众,国家机关工作人员必须为人民服务。"⑦

第四,坚持全心全意为人民服务的正确政策。毛泽东指出:"我们需要一个正确的政策。这个政策的基本点,就是放手发动群众,壮大人民的

---

① 列宁:《在第二届国家杜马中关于土地问题的发言稿》,《列宁全集》,第15卷,第148—149页。
② 列宁:《维·查苏利奇是怎样毁掉取消主义的》,《列宁全集》,第24卷,第41—42页。
③ 毛泽东:《为人民服务》,《毛泽东选集》,第3卷,第954页。
④ 邓小平:《关于修改党的章程的报告》,《邓小平文选》,第1卷,第218页。
⑤ 列宁:《给美国工人的信》,《列宁全集》,第35卷,第60—61页。
⑥ 斯大林:《俄共(布)第十二次代表大会》,《斯大林全集》,第5卷,第168—169页。
⑦ 毛泽东:《关于正确处理人民内部矛盾的问题》,《毛泽东文集》,第7卷,第205、207页。

力量，在我们党领导之下，打败侵略者，建设新中国。……我们应该谦虚、谨慎、戒骄、戒躁，全心全意地为中国人民服务。"① 邓小平也指出："当一个共产党员，就要自觉服从党的路线和政策，全心全意为人民服务，做好工作，并经常准备吃亏和遇到麻烦，工作做坏了，还要受批评，而且终生都应该如此。"②

无论是"公共服务"，还是"为人民服务"，都需要一定的原则支持其既定的价值取向，也需要一些具体的做法来实现原则的要求。在提供具体做法方面，西方学者着力较多，对于社会主义国家如何通过政策改进"服务"，应有一定的启示作用。

五　政策的理性取向

"理性"作为一种价值判断标准，对政策有重要的影响。对于资产阶级所宣扬的"理性"价值取向，马克思主义经典作家表现出的是明确的批判立场。如恩格斯所言："这个理性的王国不过是资产阶级的理想化的王国；永恒的正义在资产阶级的司法中得到实现；平等归结为法律面前的资产阶级的平等；被宣布为最主要的人权之一的是资产阶级的所有权；而理性的国家，卢梭的社会契约在实践中表现为而且也只能表现为资产阶级的民主共和国。""当法国革命把这个理性的社会和理性的国家实现了的时候，新制度就表明，无论它较之旧制度如何合理，却绝不是绝对合乎理性的。理性的国家完全破产了，理性的社会的遭遇也并不更好一些。"③ 如果不仅从"批判"角度看问题，还可以从"借鉴"角度看问题，那么归纳西方学者在"理性"价值取向上的一些重要论点，还是有意义的事情。

（一）统治理性

西方学者最早关注的是"统治理性"问题，而这样的理性涉及的首先是"权力理性"问题。如基佐所言，正当的统治权理论的必然结果是，

---

① 毛泽东：《两个中国之命运》，《毛泽东选集》，第 3 卷，第 976 页。
② 邓小平：《克服目前西南党内的不良倾向》，《邓小平文选》，第 1 卷，第 156 页。
③ 恩格斯：《反杜林论》，《马克思恩格斯全集》，第 20 卷，第 20、281 页。

所有的实际权力都是负责任的。任何时候，它都要追求永远制约着现有权力的理性、正义和真理。① 密尔也指出，理性民主制的理念是，不是人民亲自进行统治，而是可以保证他们拥有优良政府。②

权力理性应该与制度理性相匹配，基佐认为代议制就是一种理性的制度，代议制政府迫使整个社会——行使权利的人和拥有权力的人——来共同寻找理性和正义，它促使大众向整体化靠拢，并从多元中引出单元。③ 密尔也明确指出，完善政府的理性类型一定是代议制政府。④

当代学者更关注的是影响统治理性的因素，如沃尔泽所言，不仅只有包容性导致民主政府，同样重要的还有我们称之为理性的统治的东西。公民步入论坛所依靠的只是他们的论点，所有非政治性的善都被排斥在外面：武器、金钱、头衔和学位。⑤

(二) 政策理性

与"统治理性"相比，我们更应该关注的是"政策理性"问题。归纳西方学者的论点，"政策理性"或"理性的政策"，应包括以下要求。

第一，政策不能建立在欺骗基础上。霍尔巴赫指出，在治国事业上正确的政策以理性、法律和显而易见的社会利益为指针，这种政策无须以欺骗作为使人们服从的手段。⑥ 彭茨也指出，自由主义者没有进行操纵，它不诉诸公民的感情，而是求之于他们的智力和理性。他不是规劝，而是令人心悦诚服。他要的是自由的赞成，而不是骗取的同意。⑦

第二，政策需要理性的理由。博曼指出，在公民（及其代表）做出决策之前，要在公共论坛中检验他们的利益与理性。协商过程促使公民通过诉诸公共利益，或者以在公共辩论中"所有人都能接受"的理性话语，来证明他们的决定和决策的正当性。不管这种民主观念的精确表述为何，

---

① ［法］弗朗索瓦·基佐：《欧洲代议制政府的历史起源》，第239页。
② 《密尔论民主与社会主义》，第29页。
③ ［法］弗朗索瓦·基佐：《欧洲代议制政府的历史起源》，第58—59页。
④ ［英］约翰·密尔：《代议制政府》，第55页。
⑤ ［美］迈克尔·沃尔泽：《正义诸领域：为多元主义与平等一辩》，第406—407页。
⑥ ［法］霍尔巴赫：《自然政治论》，第243、408页。
⑦ ［德］埃伯哈德·彭茨：《政治与人类尊严——德国自由主义者的解决途径》，第39—40页。

它预设的都是这样一种思考,即公共协商的过程怎样使得决策理由更理性,结果更公平。① 博克斯也指出,在制定公共政策和公共项目的决定过程中,公民、选任代议者和公共服务职业者应该努力地理解和清晰地表达他们作出选择凭借的价值、假定和理由。理性观念是要人们认识到,公共政策是一项重要的事业,它需要时间、审慎的思考,需要公民有表达自己意见及使自己的意见被听取的机会,以及尊重他人观点的态度。②

第三,理性的决策方式是必要的。哈耶克认为,有关的决策程序应当使人们能够以理性的方式对公共开支额度作出限制性的决策。这个论点似乎提出了这样两项要求。(1) 应当把个人据以分摊税额的原则事先确定下来。(2) 所有投票赞同某项特定开支的人都应当知道,他们必须按照前定的比率为这项特定的开支交纳费用,进而做到收支平衡。③ 彼得斯则指出,民主国家所进行的很多改革都非常重视政策制定的程序以及政策的实际内容。治理模式应该变得更为"理性",从而使政府能够不断地制定出有效的政策,以保持社会经济的持续进步。④

第四,理性政策要求"利益理性"和利益调和。"利益理性"强调的是公共利益应该反映或代表理性,如罗蒂所言,通往更合乎理性制度的过程是通往更多人民利益将得到考虑的社会的过程,因为更多人民参与到了什么需要应当被满足的决策之中。所以,更民主的社会理所当然地说更合乎理性的社会。⑤ 与"利益理性"相对应的,应该是必要的利益调和,如杜鲁门所言,一个相对可行的立法决策,通常必然涉及不同利益之间的协调和妥协。调和利益集团之间的要求以及广泛期望之间的努力,可能形成一种缺乏理性的政策模式。但是,这些政策具有它们自己的道理,对相当一部分有组织的人群而言,这些调和努力是政府政策和对政治过程的深刻期望之间达成更紧密一致的方式。此外,模糊性也许延迟或加速了摊牌的必要性,从而具有重要的政治功能。⑥

第五,理性政策应考虑"服务理性"。"服务理性"强调的是由政策

---

① [美] 詹姆斯·博曼:《公共协商:多元主义、复杂性与民主》,第4—5页。
② [美] 理查德·博克斯:《公民治理:引领21世纪的美国社区》,第13—14、93—96页。
③ [英] 哈耶克:《法律、立法与自由》,第2、3卷,第345—346页。
④ [美] 盖伊·彼得斯:《政府未来的治理模式》,第1—3、135页。
⑤ [美] 罗蒂:《后形而上学希望》,"作者序",第4页。
⑥ [美] 戴维·杜鲁门:《政治过程——政治利益与公共舆论》,第426—429页。

提供理性的服务，如迈克尔·哈曼所言，虽然公共组织被创造出来是为了普遍利益或特定的主顾服务的，它们服务的平等自由的正义目的也是组织成员确认彼此是平等而自主的理性的手段。① 弗林也明确提出了"从提供的普遍服务到有选择性的、更理性的服务"的要求。②

第六，理性政策需要理性分析。斯通指出，在理性分析背后的思想范畴本身是在政治斗争的过程中构造起来的，而非暴力的政治冲突首先是通过理性分析来引导的。这不仅仅是以参与者的方式或者出于政治的目的而采取的分析，理性分析必定是政治的。由于政治理性是一种束缚过程，它也就是寻找标准和为选择论证其合理性的过程。平等、效率、自由、安全、民主、公正以及其他诸如此类的目标都仅仅是一个共同体的渴求。③

第七，意识形态决策是非理性的决策。阿普特认为政府有两类决策，第一类是社会分层的决策，第二类是意识形态的决策。第一类关于权力和声望（分层）的决策，可以被看作是政府运用理性进行决策的过程。第二类意识形态决策超越了理性而体现非理性的特点。任何一个稳定的政权均需要这两类决策。如果政府被界定为社会中的关键性组织，那么政府的失败意味着整个社会的失败。假设这一关系是正确的，如果政府改变社会分层的决策不足以维持公众对政权的忠诚，或者政府权威的非理性因素不再被理解，那么政府就会遭到失败。④

（三）意见理性

"意见理性"强调的是交往过程中的理性，与政策有密切的关系。由于这样的理性包括不同名目即侧重点不同的理性，所以需要做专门的解释。

"意见理性"的提出，可以追溯到托克维尔，他认为在民主国家，公众的意见不仅是个人理性的唯一向导，而且拥有比在任何其他国家都大的无限权力。⑤ 阿伦特对这样的理性作了进一步解释，强调如果我们中十个

---

① ［美］迈克尔·哈曼：《社会公平和组织人：动机和组织民主》，载《公共行政学中的伦理话语》，第16—26页。
② ［英］诺曼·弗林：《公共部门管理》，第7页。
③ ［美］德博拉·斯通：《政策悖论：政治决策中的艺术》，第369—371、375页。
④ ［美］戴维·阿普特：《现代化的政治》，第171—172页。
⑤ ［法］托克维尔：《论美国的民主》，上卷，第100页；下卷，第526—528页。

人开会，每一个都表达自己的意见，每一个都聆听他人的意见，那么，意见的理性产物就会通过意见交换而出现。①

"交往理性"强调的是交往对理性结果的影响，如哈贝马斯所言，与自由主义民主和共和主义两种模式不同的第三种民主模式，正是建立在一些交往前提之上，有了这些交往前提，政治过程就可以预测到它会带来的理性后果，因为它在一种广泛意义上表现为话语样式。②

"话语理性"强调的是表现在话语、对话或讨论中的理性，如罗蒂所言，对我们"后现代主义者"来说，理性在对话的意义上得到了理解。我们把理性仅仅当作就各种事情展开讨论，倾听另一方意见，尝试达成和平共识的意愿的另一个名称。对我们来说，成为理性的，也就是成为可以对话的，而不是成为愿意服从的。③

"协商理性"是协商民主论者强调的理性形式，如博曼所言，公民们试图说服其他人采用特定政策，这些政策是以在相互交换意见的协商对话过程中涌现出来的公共理性为基础的。④ 奥斯特罗姆也指出，当决策者和利益相关者有机会挑战占主导地位的假设时，有机会提出另外的构想时，有机会参与理性协商时，纠正错误之策略就有了美好的前景。⑤

"交换理性"应是协商理性的另一种表述方法，如博曼所言，交换理性的对话性过程，目的是解决那些只有通过人际间的协作与合作才能解决的问题情形。⑥ 乔舒亚·科恩也指出，社团成员认为彼此都具有协商的能力，即进入公开交换理性并根据这些公开推理结果行动所需要的能力。⑦

（四）个人理性与公共理性

个人理性与公共理性的关系，可以通过政策表现出来，主要涉及三个层次的问题。

第一个层次的问题是如何定义"个人理性"，西方学者提出了两种具

---

① ［美］汉娜·阿伦特：《共和的危机》，第178—179页。
② ［德］哈贝马斯：《哈贝马斯精粹》，第240—242页。
③ ［美］罗蒂：《后形而上学希望》，第113—114页。
④ ［美］詹姆斯·博曼：《公共协商：多元主义、复杂性与民主》，第6、14页。
⑤ ［美］文森特·奥斯特罗姆：《复合共和制的政治理论》，第159页，
⑥ ［美］詹姆斯·博曼：《公共协商：多元主义、复杂性与民主》，第25页。
⑦ ［美］乔舒亚·科恩：《协商与民主合法性》，载《协商民主：论理性与政治》，第50—67页。

有代表性的说法。(1)"手段说"。唐斯指出,"理性的"这一术语绝不是用于一个行为者的目的,而仅仅应用于他的手段。当我们讨论每个个人什么样的行为算是有理性的时候,我们便不再考虑他的整个人格。政治中的理性人必须能够大致预测其他公民和政府的行为。① (2)"效用说"。布坎南指出,"集体决策"和与之相关的集体选择理论,强调的是以个体行为作为理性选择的核心特征,理性选择理论就是从那些在组织群体选择的过程中行动或决策的个人开始。个人是唯一有意义的决策单位,这些个人的动机是效用最大化的考虑。②

第二个层次的问题是如何理解"公共理性",西方学者重点讨论了三个问题。(1)多数人理性问题。多数人理性能否代表公共理性,在西方学者中有不同的看法。孔多塞持的是肯定性看法,他认为人们感到要确保每个人的权利的办法,便是在每个社会里都要服从共同的规则,而选择这些办法、决定这些规则之权就只能是属于这同一个社会的成员的大多数;因为每个个人在这类选择中既然不可能追随自己的理性而又使别人并不是屈从,所以大多数人的意愿就成为了可以被所有的人所采纳而又不损害平等这条真理的唯一特征了。正是要由大多数来决定哪些人才是所有的人可以信赖他们的理性的,并且也要由大多数来规定他们要更准确地达到真理所应遵循的方法。③ 夏皮罗则提出了不同的看法,强调应该区分两种不同的说法,多数人统治产生威胁个人权利的结果和多数人统治产生非理性的后果。④ (2)大众理性问题。这一问题是由孔德提出来的,他认为大众理性不言而喻地倾向于接受实证精神,以此作为真正解决精神与道德大混乱的唯一可行基础。谋求公众利益将不断地被视为是通常确保个人幸福的最合适方式。实证学派直接以巨大的精神运动来代替毫无结果的政治骚乱,它以系统的考察解释并认可今天公众的理性与政府的审慎态度对于一切认真、直接本意上的制度所一致表示的冷漠或反感。⑤ 勒庞则提出了不同的看法,他认为全体无疑总是无意识的,但也许就在这种无意识中间,隐藏

---

① [美]唐斯:《民主的经济理论》,第4、6、9页。
② [美]詹姆斯·布坎南、戈登·塔洛克:《同意的计算——立宪民主的逻辑基础》,第2、13、323页。
③ [法]孔多塞:《人类精神进步史表纲要》,第113—114页。
④ [美]夏皮罗:《政治的道德基础》,第249页。
⑤ [法]奥古斯特·孔德:《论实证精神》,第39、53—54页。

着它力量强大的秘密。无意识在我们的所有行为中作用巨大,而理性的作用无几。① (3)公共理性问题。西方学者并没有刻意定义公共理性,而是重点关注这样的理性应当承担的功能。如罗尔斯强调的是公共理性的义务功能,指出公民的理想给公民们强加了一种能够相互对那些根本性问题作出解释的道德义务(即公民义务)而不是法律义务。也就是说,公民们要相互解释清楚,他们所拥护和投票支持的那些原则和政策怎样才能获得公共理性之政治价值的支持。② 艾丽丝·马里恩·扬强调的则是公共理性的资源禀赋,指出如果将社会地位及身份上的差异视为公共理性的资源而非其必须予以消除的分歧,我们就会对民主讨论的过程有更为丰富的理解。③

第三个层次的问题是个人理性对公共理性是否既有积极意义,也有消极意义,西方学者有不同的看法。

强调个人理性对公共理性具有积极意义的学者,提出了四种具有代表性的说法。(1)"个人理性扩展说"。阿罗指出,社会系统不仅能够实现有效率的分配,而且它不要求经济体的参与者有多少市场知识。他们只需要知道他们自己的需要就行了。集体行为能够扩展个人理性的范围。④ (2)"理性选民说"。唐斯指出,任何选民,如果他的行动使他能够在有效地挑选一个政府中发挥作用,那么他相对于选举而言就是理性的。投票人在作出决定时所考虑的利益是从政府活动中得到的效用流。理性人感兴趣的并不是政策本身,而是他们自己的效用收入。⑤ 罗尔斯也指出,公共理性的理想不仅支配着选举的公共辩谈——在其所辩谈的问题包含那些根本性问题的范围内——而且也支配着公民怎样对这些问题投出他们的选票。否则,公共辩谈就会有落入假设的危险,即公民们都会当面说一套,背后投票却是另一套。⑥ (3)"相互合作说"。沃尔夫指出,一个由理性地自利的个人所组成的共同体可能发现,只有通过维持全体一致的状态,他们才能收获合作的果实。⑦ (4)"公民与精英互动说"。阿尔蒙德和维

---

① [法]勒庞:《乌合之众》,第33页。
② [美]罗尔斯:《政治自由主义》,第230页。
③ [美]艾丽丝·马里恩·扬:《交往与他者:超越协商民主》,载《民主与差异:挑战政治的边界》,第116—131页。
④ [美]肯尼斯·阿罗:《组织的极限》,第11页。
⑤ [美]唐斯:《民主的经济理论》,第21、33、38页。
⑥ [美]罗尔斯:《政治自由主义》,第228页。
⑦ [美]罗伯特·沃尔夫:《为无政府主义申辩》,第23页。

巴指出，与有人主张的"理性——主动性"的理想公民参与模型不同，在公民文化中，个人并不必然是理性的、积极的公民。他的行动模式是较复杂和较有节制的。他与政府的关系，不是一种纯粹的理性关系，因为这种关系包括坚持（他的和决策者的）我们称之为公民能力的民主神话。在公民文化中的公民具有一座有影响力的储备库。他并非不断地卷入政治，他并不主动地监督政治决策者的行为。但是，如果需要，他便有发挥作用的潜能。公民卷入，精英给予回答，然后公民后退，这样的循环可能趋向于巩固对民主政治所需要的对立平衡。①

强调个人理性对公共理性具有消极意义的学者，提出了三种具有代表性的说法。（1）"个体理性有限说"。布坎南和塔洛克指出，选择者——投票者会认识到，任何计划的公共行动都存在收益与成本这两个方面。但是，无论他自己分享的收益份额还是他自己所分担的成本份额，都不可能像在可以比较的市场选择中那样容易地予以估计。由于参与群体选择的个人所不可避免的无知，这种不确定因素是必定会起作用的。容易理解，这个不确定因素限制了理性计算的范围。②（2）"投票悖论说"。缪勒指出，解决"投票悖论"（理性的、自私的个人都不会去投票，但成千上万的选民确实投了票）的基本方式有三种：一是重新说明理性选民的计算，以使投票现在成为理性行为；二是放宽理性假定；三是放宽自私假定。③（3）"选民非理性说"。卡普兰指出，民主失灵的原因在于，选民比无知更糟糕，他们是非理性的，而且投票时也是如此。当人们在一些感觉良好的错误理念影响下投票时，民主就会不断地出台糟糕的政策。民主具有固有的外部性，一个非理性的选民伤害的不仅仅是他自己，还会波及受非理性误导而产生的错误政策所影响的每一个人。④

（五）完全理性与有限理性

从理性主义的角度看问题，必然会碰到所谓"理性"到底是"完全

---

① ［美］阿尔蒙德、维巴：《公民文化——五个国家的政治态度和民主制》，第421—434页。
② ［美］詹姆斯·布坎南、戈登·塔洛克：《同意的计算——立宪民主的逻辑基础》，第42页。
③ ［英］丹尼斯·缪勒：《公共选择理论》（第3版），第147—148、335页。
④ ［美］布赖恩·卡普兰：《理性选民的神话——为何民主制度选择不良政策》，第2—3、166、255—256页。

理性"还是"有限理性"的问题,这一问题在政策领域也引起过争论。

与完全理性相适应的政策模式,有一些基本的特征,如达尔所言,整体性战略有时被认为是完全理性的理想战略,它可以被描述如下。(1)面对给定的问题。(2)理性的决策者先得阐明目标、价值或目的,继而再根据它们之间的关系来对其进行排序和组合。(3)接着,决策者要列举出实现目标的所有重要且可能的方法(即政策)。(4)然后要考量每个供选政策将会引起的所有重要后果。(5)这时,决策者就处在了一种可以比较每种政策的结果和目标的位置上。(6)至此,就可以选出结果与目标最为匹配的那种政策。①

完全理性和有限理性是有区别的,如西蒙所言,完全理性假定决策者的效用函数是全面的、一贯的,决策者了解选择的所有可能性,能够算出与每一可行办法相联系的期望效用,进而选择其中能使期望效用最大化的办法。有限理性则假定决策者必须通过搜寻才能获得选择的可行办法,对行动所能产生的结果的知识很不完备且不准确,并采取期望中满意的行动(在满足约束的条件下达到目标)。完全理性是实质性的理性——它对应的只是实际和客观上的决策环境,只有当环境足够简单,能够被作为决策者的人充分理解的场合,完全——实质理性的方法才会有效。环境一变得复杂,大多数实际情况都如此,要预测人的行为的话,人类的有限理性就要求我们必须了解决策的过程,有限理性(的假设)对过程理性来说是必需的。②达尔等人也指出,鉴于我们的知识有限,决策是——而且必定是——在种种不确定中作出的。如果我们把决策推迟到我们接近完全理性之时,那么我们就永远作不出任何一项决策。③

在有限理性观念的基础上,可以形成有限理性政策模式。归纳西方学者的观点,这样的政策模式应该包括以下基本原则。

第一,决策值最大化原则。诺齐克指出,理性决策原则不一定是预期效用最大化原则,按照决策值最大化原则,最大化决策值是因果预期效用、证据预期效用和象征预期效用的加权总和。④

第二,渐进决策原则。达尔等人指出,有限理性战略是一种渐进主义

---

① [美]罗伯特·达尔、布鲁斯·斯泰恩布里克纳:《现代政治分析》,第205—206页。
② [美]赫伯特·A. 西蒙:《基于实践的微观经济学》,第17—20页。
③ [美]罗伯特·达尔、布鲁斯·斯泰恩布里克纳:《现代政治分析》,第206页。
④ [美]诺齐克:《苏格拉底的困惑》,第226页。

的战略。由于政府的选择常常笼罩着不确定性,一些决策研究者试图提出可以真正适应有限知识情景的决策方法。在实践中,政府决策者或任何人都可以采取许多有效的方法来应付不确定性。决策者可以找到令人满意但并非十全十美的解决问题的方法,他可以作出试探性的决定,看看到底会发生什么。一些重要的政府决策,常常都是采取一种渐进的方式,而不是盲目的冒进。①

第三,满意即止原则。马奇指出,有限(或有界限)理性的核心观点是个体都试图理性,尽管决策者试图作出理性的决策,但他们被有限的认知能力和不完全的信息所束缚,因此,虽然他们有美好的愿望,也付出了巨大的努力,但他们的行动却不是完全理性的。决策者似乎更倾向于选择"满意化"而不是"最大化"。他们要寻找一个"足够好"的行动,而不是寻求"最佳可能"的行动。②西伦和斯坦默也指出,政治行为者并不是知道所有信息的理性最大化者,而在更大程度上是遵循"满意而止"的规则。即使在制度置身其中的政治经济环境发生剧变的条件下,制度也倾向于保持"惰性"。人们既为制度而斗,也为政策结果而斗。③

第四,有限参与和同意原则。林德布洛姆和伍德豪斯指出,一个社会能否制定出既理性又民主的政策,需要注意"民主政策"的两个要求。一是以同意代替完全的理解。只要有效的多数同意新政策或修正的政策,此政策便可被认为包含了一种新的理解:一种共同的同意。二是政策参与的有限角色。政治之所以具有影响力,主要在于制度上,责任是划分于不同的参与者上。换言之,每个参与者都只能扮演有限的角色;每个人从不同的角度针对复杂问题进行论述,经由多元建议与理念的交换,呈现出一个较完整的图像。当然,这并不保证良善政策的出现。但每一个参与者扮演有限角色的结果,使分析的任务更具可行性。④

第五,不被"真实行为"蒙蔽原则。西蒙指出,真实行为至少在三个方面不符合客观理性的概念。一是按照理性的要求,行为主体必须完全了解并预期每项政策产生的结果,而实际上我们对决策结果的了解总是零

---

① [美]罗伯特·达尔、布鲁斯·斯泰恩布里克纳:《现代政治分析》,第206—207页。
② [美]詹姆斯·马奇:《决策是如何产生的》,第6—7页。
③ [美]凯瑟琳·西伦、斯温·斯坦默:《比较政治学中的历史制度主义》,载《新制度主义政治学译文精选》,第141—173页。
④ [美]林德布洛姆、伍德豪斯:《最新政策制定过程》,第9、35、41页。

零碎碎、不完整的（知识的不完备性）。二是由于决策产生的结果未来才会发生，所以在给它们赋值时就必须用想象力来弥补缺乏真实体验的不足，但是要完整地预期价值是不可能的（预期的难题）。三是按照理性的要求，行为主体要在所有可行的备选行为中作出选择，而在真实情况下，主体只可能想到有限的几个可行方案而已（行为的可行性范围）。①

第六，减少有限理性影响原则。费伦指出，一个群体想就某些事情进行讨论而不是简单地进行投票，其原因之一就是想减少有限理性的影响，讨论可以实现这个目标，即使该群体中存在着众所周知的利益冲突。尽管在有些例子里，投票体制是一种获得私人信息的有效方式，但它很可能不是克服有限理性的好方法。②

综合本节的论点，在政策的"理性"取向上，显然不应追求"完全理性"，而是应该注意"有限理性"的各种标准和具体运作方法。

六 政策的正义性

正义问题是西方政治学重点探讨的问题，我们主要关注的，是与政策有关的各种正义观点以及马克思主义经典作家对正义问题的看法。

（一）分配正义

分配正义是政策的重要道德取向，西方学者重点关注的是与之有关的四个问题。

第一个问题是分配正义与权力、政治的关系。沃尔泽指出，作为国家权力，它也是管理所有不同追求——包括对权力本身的追求在内——的手段，它是分配正义至关重要的代理人，它警戒着每一种社会的善在其中得以分配和配置的领域的边界，因此就同时出现了两个要求：即权力必须维系和权力必须受到约束，权力必须被动员、被分割、被制衡。政治正义的原则就是这样的：一个民主国家用以设计其国内生活的自决过程必须开放，并且平等地向所有生活在其领土内、在当地经济中工作和服从当地法律的男女开放。③

---

① ［美］赫伯特·A.西蒙：《管理行为》，第75—76、84—86 页。
② ［美］詹姆斯·费伦：《作为讨论的协商》，载《协商民主：挑战与反思》，第45—67 页。
③ ［美］迈克尔·沃尔泽：《正义诸领域：为多元主义与平等一辩》，第75、377 页。

第二个问题是分配正义与公职分配的关系。罗尔斯强调的正义的机会平等原则,就是它们所从属的公职和职位应该在公平的机会平等条件下对所有人开放。①

第三个问题是分配正义与公民的关系。沃尔泽指出,分配的正义理论从对成员资格权利的解释开始,它必须在某一时期且在同一时期维护(有限的)封闭权利,没有封闭权利,将根本不存在共同体和现有共同体的政治包容性。因为只有作为某个地方的成员,男人们和女人们才有希望分享所有其他社会物品——安全、福利、荣誉、职务和权力——而这些公共物品都是公共生活可以提供的。②

第四个问题是如何确定分配正义的基本原则。诺齐克指出,对于一种比最低限度国家更多功能的国家,只有当它是达到分配正义所必需的,或者它是达到分配正义的最合适工具,它才能够得到辩护。按照我们所提出的持有正义的资格观念,给予分配正义的头两个原则,即获取原则和转让原则,没有任何证据支持这样一种更多功能的国家。③

(二) 程序正义

程序正义关系到政策的合法性问题,在本书第九章将重点讨论这一问题,此处需要说明的,只是正义政策需要什么样的程序正义。归纳西方学者的论点,以下几种程序正义应该是必不可少的。

第一种是公民可以接受的程序正义。罗尔斯指出,关于宪法根本和基本正义的问题,基本结构及其公共政策都可以向全体公民证明其正当合理,这是政治合法性原则所要求的。合法性是一个比正义更弱的理念。民主决策和民主法律之所以合法,并不是因为它们是正义的,而是因为它们是按照一种为人们所接受的合法的民主程序而合法地制定出来的。④

第二种是与民主选择相关的秩序正义。罗素·哈丁认为,任何民主选择都必然或是事先的或是事中的,或是关于制度结构的或是关于即时政策的。在对民主控制(作为秩序的正义事务)的结构的两阶段理解中,民

---

① [美] 罗尔斯:《正义论》,第 82—83 页。
② [美] 迈克尔·沃尔泽:《正义诸领域:为多元主义与平等一辩》,第 78 页。
③ [美] 诺齐克:《无政府、国家与乌托邦》,第 277 页。
④ [美] 罗尔斯:《政治自由主义》,第 238、454—457 页。

主和作为秩序的正义之间没有冲突,只是在运用民主选择之前和过程中有冲突。如果事先的选择控制,那么它通过按这种方式设置机构必定阻碍事中的选择。如果事中的选择是可能的,那么它就会无视事先的选择,使其不相关——因为它不起决定性作用。宪政主义是一切关于事先授权和约束的事情。①

第三种是可以预期的结果正义。罗尔斯认为,评判任何一种程序的基本标准是程序可能产生的结果的正义性。一切都依赖于结果是否可能正义。凡是涉及正义的地方,都不应考虑欲望的强度。大多数参与理想程序并执行它的规定的人都将赞成某一法律和政策,那么这个法律或政策就是足够正义的,或至少不是不正义的。在这一理想的程序中,所达到的决定不是一种妥协,一项为达到各自目的的对立双方达成的交易。我们不应该把立法讨论看成是一场利益的争夺,而应看成是一种寻找由正义原则所规定的最好政策的意愿。②

第四种是需要认真对待的准程序正义。罗尔斯指出,政治过程充其量不过是一种不完善的程序正义。以四个阶段的序列来考虑正义原则的运用可能是有益的。一是设计一种正义程序。二是从正义的、可行的程序安排中推选出那种最能导致正义的、有效的立法的程序安排。三是从立法代表者的见解来评判各种议案,以这个视角来评价法律和政策的正义。四是法官和行政官员把制定的规范运用于具体案例,而公民们则普遍地遵循这些规范。为了解决社会、经济政策的各种问题,我们必须转而回溯一种准程序正义的观念,即只要各种法律和政策处在允许的范围内,并且一种正义宪法所授权的立法机构事实上制定了这些法律和政策的话,这些法律和政策就是正义的。③

(三) 政策正义

"政策正义"应是分配正义和程序正义在政策中的体现,按照西方学者的解释,政策正义应包括以下标准或者要素。

一是政策与正义的统一性。柏克指出,要把政策与正义分开来是极其

---

① [美] 罗素·哈丁:《自由主义、宪政主义和民主》,第 173—175、179、198 页。
② [美] 罗尔斯:《正义论》,第 228—229、356—358 页。
③ 同上书,第 195—199 页。

困难的。正义本身便是公民社会的重大的、经常性的政策；在任何情况下对正义的任何背离，都会使人怀疑根本没有政策。①

二是政策参与的正义性。茱迪·史珂拉指出，积极的公民有个人见解，对自己认为不公正、不明智或仅仅是奢侈的公共措施敢于直言。他们也公开支持自己认为正义的、审慎的政策。②

三是公民判断和服从政策的正义性。罗尔斯指出，运用正义原则，一个公民必须作出三种判断。第一，他必须判断立法和社会政策的正义，他的观点可能与其他人的观点大相径庭，特别是当涉及他们的利益的时候。因而第二，为了解决上述关于正义意见的冲突，一个公民必须决定哪一种宪法制度是正义的，我们可以把政治过程看成一部机器，当代表和选民的意见被输入时，它就作出一些社会决策。一个公民会认为这种机器的设计方法比其他方法更正义。所以，一个完整的正义观不但能够设计法规和政策，而且也能评价用于选择要被制定为法律的某种政治观的程序。此外，还有第三个问题，这个公民总是把某种制度当作正义而接受下来，并认为某些传统程序——比如，受到适当限制的多数裁决规则的程序——是合适的。③

四是相对正义的政策。罗尔斯认为，我们最信任的正义政策至少在以下意义上是朝这个方向发展的：即如果这些政策被取消，那么社会的最弱势阶层的生活会更差。这些政策即使不是完全正义的，也是始终正义的。因此，一旦我们正视采纳一种合理完善的正义观的必要性，差别原则就可以解释为一种民主的政治常规的合理延伸。关键在于，应该真诚地承诺不诉诸至善主义价值来解决宪法实质问题和基本正义问题。必须首先达到基本正义。对于差别原则的一种担心是，差别原则是否要求我们在每一个政策问题上都要考虑它对最不利者的前景会产生什么影响。一种实用的回答是这样：一旦整个政策家族是既定的，我们就会选择几个为数不多的几种手段，而这些手段能够加以调整以满足差别原则的要求，这样做就可以使我们不至于在每一个政策问题上都必须考虑差别原则。④

---

① [英] 柏克：《法国革命论》，第 203 页。
② [美] 茱迪·史珂拉：《美国公民权：寻求接纳》，第 5—6 页。
③ [美] 罗尔斯：《正义论》，第 193—194 页。
④ 同上书，第 319 页；《作为公平的正义：正义新论》，第 184—185、194—196 页。

(四) 具有阶级性的正义

马克思主义经典作家对于资产阶级的"正义"观念，表明了否定的态度。如恩格斯所言："一切社会变迁和政治变革的终极原因，不应当在人们的头脑中，在人们对永恒的真理和正义的日益增进的认识中去寻找，而应当在生产方式和交换方式的变更中去寻找。"[①] "马克思的第二个重要发现，就是彻底弄清了资本和劳动的关系。这样一来，有产阶级的所谓现代社会制度中占支配地位的公道、正义、权利平等、义务平等和利益普遍协调这一类虚伪的空话，就失去了最后的根据。"[②] 为了得出'平等＝正义'这个命题，几乎用了以往的全部历史，而这只有在有了资产阶级和无产阶级的时候才能做到。……如果想把'平等＝正义'当成是最高的原则和最终的真理，那是荒唐的。平等仅仅存在于同不平等的对立中，正义仅仅存在于同非正义的对立中，因此，它们还摆脱不了同以往旧历史的对立，就是说摆脱不了旧社会本身。这就已经使得它们不能成为永恒的正义和真理。在共产主义制度下和资源日益增多的情况下，经过不多几代的社会发展，人们就一定会认识到：侈谈平等和权利，如同今天侈谈贵族等等的世袭特权一样，是可笑的；对旧的不平等和旧的实在法的对立，甚至对新的暂行法的对立，都要从现实生活中消失；谁如果坚持要人丝毫不差地给他平等的、公正的一份产品，别人就会给他两份以资嘲笑。……平等和正义，除了在历史回忆的废物库里可以找到以外，哪儿还有呢？"[③]

无产阶级显然需要自身的"正义"观念，正如毛泽东所言："以中国最广大人民的最大利益为出发点的中国共产党人，相信自己的事业是完全合乎正义的，不惜牺牲自己个人的一切，随时准备拿出自己的生命去殉我们的事业。"[④] 邓小平也指出："对人民实行民主，对敌人实行专政，这就是人民民主专政。运用人民民主专政的力量，巩固人民的政权，是正义的事情，没有什么输理的地方。"[⑤]

---

① 恩格斯：《反杜林论》，《马克思恩格斯全集》，第 20 卷，第 292 页。
② 恩格斯：《卡尔·马克思》，《马克思恩格斯全集》，第 19 卷，第 124—125 页。
③ 恩格斯：《反杜林论的准备材料》，《马克思恩格斯全集》，第 20 卷，第 669—670 页。
④ 毛泽东：《论联合政府》，《毛泽东选集》，第 3 卷，第 1045—1046 页。
⑤ 邓小平：《在武昌、深圳、珠海、上海等地的谈话要点》，《邓小平文选》，第 3 卷，第 379 页。

也就是说，对于可能影响政策的"正义"价值取向，既要注意马克思主义经典作家所强调的正义所具有的阶级属性，也要注意西方学者所论述的正义对政策的实用价值。

七 公平与公正

"公平"与"公正"是既有联系也有区别的两个概念，我们可以分别介绍马克思主义经典作家和西方学者为政策公平确定的标准，以及西方学者对政策公正的阐释。

（一）政策公平的重要维度

马克思主义经典作家认可公平对政策的重要作用，并强调了三点看法。

第一，没有绝对的公平。毛泽东指出："我们就是力争求得一个比较的公平。……凡事都是有比较的，不是绝对的。如果地方的同志说中央搞得不好，那末，地方同志的事情是不是搞得十全十美，一点不公平都没有？我就不相信。有些事情想不到，有些事情想错了，有些事情安排不恰当，是难免的。"①

第二，公平涉及具体政策问题。列宁指出："如果你不善于把理想与经济斗争参加者的利益密切结合起来，与该阶级的'公平的劳动报酬'这类'狭隘'琐碎的生活问题，即自命不凡的民粹主义者不屑理睬的问题结合起来，那末，最崇高的理想也是一文不值的。"② 毛泽东也指出："在土地税和支援战争的负担上，必须采取公平合理的原则。这些，就是我党在执行巩固地联合中农这一战略任务时所必须采取的具体政策。"③

第三，以公平的态度对待批评。毛泽东指出："我们党是最公平的，最讲道理的，大多数的人是公平的。"④ "正确的批评，应加接受，即使其批评有不确当者，亦只可在其批评完毕，并经过慎重考虑之后，加以公平

---

① 毛泽东：《关于第八届中央委员会的选举问题》，《毛泽东文集》，第7卷，第107页。
② 列宁：《民粹主义的经济内容及其在司徒卢威先生的书中受到的批评》，《列宁全集》，第1卷，第353页。
③ 毛泽东：《目前形势和我们的任务》，《毛泽东选集》，第4卷，第1195—1196页。
④ 毛泽东：《在中国共产党第七次全国代表大会上的结论》，《毛泽东文集》，第3卷，第399页。

的与善意的解释。"①

西方学者也认为公平对政策具有重要意义,如海涅曼等人所言,一个被政策制定者认真考虑的因素是公平,因为公众认为公平是一个重要的政策评价标准。②为体现政策的公平性,西方学者重点讨论的是两类既有联系又有区别的公平。

第一类强调的是政策过程的公平性,可以称为"政策的公平",应包括五方面的要求。(1)公平合作。古特曼和汤普森指出,互惠性原则是面对分歧时一种相互依存方式。互惠性是首要原则,因为它形塑公共性和问责制的意义。在公民互惠地推理时,他们为他们自己的目标追求公平的社会合作条件,他们努力找到彼此可接受的方法来解决道德分歧。与以公平或审慎为基础的观点——它们偏爱的是政治利益之间的讨价还价策略——相比,互惠性原则是民主政治更为恰当的基础。互惠性的基础是人们为了他们自己而寻求社会合作的公平条件的能力。③(2)公平竞争。罗尔斯指出,以一部正义宪法为行政公职和权力建立公平竞争的形式,通过提出公共善的观点和旨在实现社会目标的政策,竞争各方在确保政治自由的公平价值的思想自由、集会自由的背景下,按照正义程序的规则来寻求公民的赞同。④(3)公平参与。诺齐克指出,这种每个人在涉及所有其他人的生活方面(在某种规定的限度内)都拥有一种平等的发言权的制度,就可以想象的而言,是最好的和最公平的。⑤(4)程序公平。诺齐克指出,每一个个人都确实拥有要求获得公共的信息或他可以得到的信息的权利。这些信息足以表明将用于他的正义程序是可靠的和公平的(或者其可靠性和公平性不亚于所使用的其他程序)。⑥金里卡也指出,必须通过真诚的谈判和民主政治的平等交换在政治上解决冲突问题。这意味着我们不仅需要考虑具体的有群体差别的权利的公平性,还要考虑对这些权利加以界定和解释的决策程序的公平性。⑦(5)过程公平。彭茨指出开放性体

---

① 毛泽东:《关于共产党员与党外人员的关系》,《毛泽东文集》,第2卷,第397页。
② [美] 罗伯特·海涅曼等:《政策分析师的世界:理性、价值观念和政治》,第57页。
③ [美] 阿米·古特曼、丹尼斯·汤普森:《民主与分歧》,第60、63页。
④ [美] 罗尔斯:《正义论》,第225页。
⑤ [美] 诺齐克:《无政府、国家与乌托邦》,第347页。
⑥ 同上书,第121—122页。
⑦ [加] 威尔·金里卡:《多元文化公民权:一种有关少数族群权利的自由主义理论》,第168—169页。

现在公平的决策过程当中：在该作出决策的地方就作出决策。与会人员的选择，议事日程，演讲，表决程序，骗局和压力不能操纵和摆布决策机构。开放性体现在透明度上：决策机构以透明方式经过选举产生，根据可能性公开举行会议，作出可靠的会议纪要。开放性保障公民有机会获取信息和参与决定：谁将自由置于一系列价值的最高位置，他就必须优先致力于建立公开的信息和决策程序。①

第二类强调的是政策结果的公平性，或者是由政策带来的公平，可以称为"公平的政策"，应包括四个方面的要求。(1) 公平意味平等。罗素指出，像食物、住所这类东西都是生活必需品，对于它们的需求在人与人之间不会有大的区别，也不会引发太多的争论，因此，这比较适合于政府通过民主制度采取措施。在这类事务中，公平将是统领一切的首要原则。在现代民主社会中，公平意味着平等。②（2）公平分配。哈耶克指出，一个负责指导经济活动的政府，将必定用它的权力来实现某种公平分配的理想。③（3）社会公平。弗里德里克森指出，社会公平强调的是政府提供平等的服务，侧重公共管理者在决策和方案执行上的责任。分权、授权、终结、方案、契约、评估、组织发展、责任扩大化、面对面接触以及服务对象的投入等，在本质上都表现了反官僚的观念，充分体现出新公共行政的特质。此等观念系设计来强化官僚体制变革的潜能，以便进一步达成政策变革、促进社会公平的可能性。④（4）机会公平。古特曼和汤普森指出，一个关于机会的商议观是由指导机会的两个原则组成的。第一个基本原则我们称为基本机会原则，强迫政府保证所有公民都能得到他们需要的资源，过一种体面的生活和享受我们社会的其他（非基本的）机会。第二个原则我们称为公平机会原则，它指导着对于具有重要价值的善的分配，社会对于在个体间公平分配这些善具有合法的兴趣。⑤

（二）政策公正的基本特征

公正作为一种价值取向，用于政策，可以产生政策公正。在西方学者

---

① [德] 埃伯哈德·彭茨：《政治与人类尊严——德国自由主义者的解决途径》，第85—86页。
② [英] 伯特兰·罗素：《社会中的自由》，第220页。
③ [英] 哈耶克：《通往奴役之路》，第106页。
④ [美] 弗里德里克森：《新公共行政学》，第8、10—11页。
⑤ [美] 阿米·古特曼、丹尼斯·汤普森：《民主与分歧》，第11、237页。

看来，政策公正也包含既有联系又有区别的两类公正。

第一类强调的是政策过程的公正性，可以称为"政策公正性"，重点强调的是五个特征。（1）参与的公正性。埃尔斯特指出，所有人都同意"协商民主"观念涉及集体决策，而所有将受到这一决策影响的人或其代表都参与了该集体决策，这是其民主的部分。同样，所有人还同意该观念涉及经由争论进行的决策，这些争论既来自参与者，又面向参与者，而这些参与者具备了理性和公正这样的品德，这是其协商的部分。[1]（2）政府的公正性。马布利指出，如果我们想使执政者公正，就应当使国家的需求不多；而为了使执政者更习惯于公正，就应当使法律不给予执政者以可以比其他公民有更多需要的条件。[2] 哈耶克也指出，民主政府必须认识到，为了达致公正，它的行动就必须受到一般性原则的指导。[3]（3）行政的公正性。哈贝马斯指出，话语理论吸收了自由主义和共和主义两方面的因素，用一种理想的商谈和决策程序把它们融合了起来。这种民主程序在协商、自我理解的话语及公正话语之间建立起了一种有机的联系，并证明了这样一种假设，即在这些前提下，合理乃至公正的结果是可以得到的。通过对民主程序的结构描述，也为国家和社会的概念规范化明确了方向，但前提必须是一种公共行政。[4]（4）政策过程的公正性。费伦指出，如果讨论总的来说会促进意见一致，那么它会比简单投票更合意，因为它有利于决策的实施和可能更广泛的社会团结。在人们将公正程序与拥有发表意见的机会联系在一起的文化或社会下，讨论因为同样的理由而是合意的。[5]（5）垄断影响公正。约翰斯顿指出，在推动国家内部民主政治的时候，要提倡在多边关系之间的公正平等，避免民主成为操纵的工具。虽说腐败在形式上是非法的，但不能因此认为被批准的程序和制度肯定是道德的或有效率的。官方政策可能根本就是不公正的，一个奉行完全错误政策的发展部门即使没有腐败也无法完成其使命。当垄断与决定权结合时，垄断就破坏了竞争，支持那些奖励关系户的是操纵的程序而不鼓励公开、公正的

---

[1] [美] 约·埃尔斯特主编：《协商民主：挑战与反思》，"导言"，第 9—10 页。
[2] 《马布利选集》，第 61—62 页。
[3] [英] 哈耶克：《自由秩序原理》，下册，第 81 页。
[4] [德] 哈贝马斯：《哈贝马斯精粹》，第 242、244—245 页。
[5] [美] 詹姆斯·费伦：《作为讨论的协商》，载《协商民主：挑战与反思》，第 45—67 页。

决策。①

第二类强调的是政策结果的公正性,或者是由政策带来的公正,可以称为"公正的政策",强调的是两个主要特征。(1) 公共利益的公正性。密尔指出,公正意味着只受公共利益考虑的影响,如在候选人中选择政府部门工作人员时。② 桑德尔也指出,政府不是要培养道德高尚的公民,而是要把人民的需要和欲求当作预先决定的、并通过尽可能充分、公正地满足这些需求和欲求来推行政策。③ (2) 待遇的公正性。科恩指出,所有政体之中,民主是最可能保证社会各成员及各阶层获得公正待遇的。民主还具有明确的争取公正决定的倾向,因为所有参与者的利益都必须给予一定的考虑。民主是一回事,公正是另一回事,但较之任何其他途径,我们更有可能通过前者取得后者。④ 古特曼和汤普森也指出,政治决策是具有集体性约束力的,因此应该尽可能公正地对待每一个受到约束的人。⑤

将公平性与公正性强调的各种要素放在一起,可以看到两者之间既有一定的共性,如都涉及参与、程序和待遇等问题,也有一定的区别。更为重要的是,"公平"更偏向于"应然"或道德层面的价值评判,"公正"更偏向于"实然"或行为层面的价值评判,这应该是最具本质性的区别,当然这样的区别并不是绝对的。

八 具有借鉴意义的政策价值观

在基本的价值判断基础上,西方学者形成了一些重要的政策价值观,这些价值观对我们来说,应该具有一定的借鉴意义。

(一) 否定"价值中立"的政策观

在西方学者中,已经形成一种较强的否定"价值中立"或"行政中立"的思潮。在这样的思潮下形成的政策价值观,侧重于三方面的论述。

首先,在行政伦理层面否定了"中立伦理"。丹尼斯·汤普森指出,

---

① [美] 迈克尔·约翰斯顿:《腐败征候群:财富、权力与民主》,第 23—31 页。
② [英] 约翰·密尔:《论自由》,第 15—16 页;《功利主义》,第 105 页。
③ [美] 迈克尔·桑德尔:《民主的不满:美国在寻求一种公共哲学》,第 319 页。
④ [美] 卡尔·科恩:《论民主》,第 218—219、227 页。
⑤ [美] 阿米·古特曼、丹尼斯·汤普森:《民主与分歧》,第 12 页。

有两种论点构成行政伦理学成立的障碍。一是"中立伦理",宣称行政管理者应该是中立的,他们遵守的不是自身的道德原则,而是组织的决定和政策。二是"结构伦理",宣称不是行政管理者,而是组织应该对其决定的政策负责。"中立伦理"压制了个体的道德判断,提前排除了道德上接受组织内部反对决策(至少是组织的"最后决策")的可能性。考虑到不服从与其他不同意的形式,最重要的任务是发展一个标准,能有助于决定在不同状态下每种不服从的合理性。中立伦理使这样的任务成为不必要的,但行政中立自身既不可能也不令人满意。[①] 凯瑟琳·登哈特也指出,通过抛弃政治中立的观点(对他们要负责实施的政策和价值,行政管理者不是中立的),政治伦理是民主和官僚理念的基本要素,但我们要清楚理解他们所能扮演的政治角色的准确本质。这种角色在宪法上是从属性的,并且要阻止他们卷入党派选举,但允许卷入政治争论和决策。因此,公共行政的政治伦理认为卷入政治环境是合理的,只要卷入的目的是追求民主理念,而且在大体上违背官僚理念,并不会损害公共信任以及政治信念制度。[②]

其次,在实践层面论证了"价值中立"的不可行性。舒克指出,国家的中立最终被证明是不可能的。无论所辩论的政策针对的是公立学校的课程、仇恨言论的管制、税收、福利政策、外交事务、平权行动、私立教会学校可赎的担保,还是其他数不胜数的问题,国家总会普遍地认为支持了某一方,促进了某些价值和群体而抑制了其他的价值和群体,并声称自己拥有实施这种政策所必需的权威和资源。自由主义公民最终会认识到,作为国家存在之理由的原则性的中立不过是一种虚饰和错觉。[③] 桑德尔也指出,分享自治要求公民拥有或者逐步获得某些品质或公民德行,而这就意味着共和主义的政治不能对其公民所赞同的价值与目的保持中立。由此民主过程可能产生与中立性不一致的政策——假定了某些类型的人或某些类型的生活方式本质上不如其他类型有价值的政策。[④] 弗林也认为,政治

---

① [美]丹尼斯·汤普森:《行政伦理学的可能性》,载《公共行政学中的伦理话语》,第41—52页。
② [美]凯瑟琳·登哈特:《管理理念:政治视角中的伦理分析》,载《公共行政学中的伦理话语》,第69—79页。
③ [美]彼特·舒克:《自由主义公民权》,载《公民权研究手册》,第177—195页。
④ [美]迈克尔·桑德尔:《民主的不满:美国在寻求一种公共哲学》,第6、60页。

不仅在政策上、而且在管理上也影响着公营部门。政策与管理之间的界限经常是模糊不清的。管理的概念既不是技术性的，也不是价值中立的。①

最后，明确指出了行政人员的非中立性特征。西蒙指出，行政管理者可能不是个中立顺从的人，他可能（而且往往如此）有自己一套明确的个人价值观，而且希望他的管理型组织按照其意图行事，他也可能会抵制立法机关独揽政策制定权的做法，或通过执行政策的个人方式，故意破坏立法机关的决定。② 弗里德里克森也指出，行政人员不再是中立的，他们应把优良管理与社会公平内化为恒久的价值、终极的目标或是立足的基石。行政人员不是也不应是"中立"的机器人，以致执行公共政策时缺乏任何的参与。他们的工作不是裁判员或仲裁者的角色，他们应该是参与者。这样的公务人员绝非在窃取全民主权，他们反而能将主权向所有公民做最彻底的表达。③

（二）否定"特定价值"的政策观

一些西方学者主张的否定"特定价值"的政策观，强调的是两个方面的要求。

第一个方面的要求是放弃对特定价值的追求。雅赛指出，政治权威既无职也无权去给予一个价值。没有哪一条原则会留下来迫使一个一心一意追求选举得利的政府去自我克制。一个政府如果扶植某一特定的价值，那么，它哪怕是努力想限制自己，也是限制不了的。④

第二个方面的要求是改变"富人政策"取向。乔姆斯基指出，保守的集权主义者手握的政治权力较小，他们是一群尽心尽力的斗士，其始终如一充满激情的程度已经到了滑稽的地步。他们的政策都是为富人阶层服务的，而且通常只针对富人中的一小部分，对于底层人民和后代则置之不理或损害其利益。⑤ 帕伦蒂也指出，民主制度的效率并不体现在它能为富人提供多少便利和特权上，而是体现在它能在多大程度上代表民众（尤其是穷人）的切身利益。资本主义民主的悖论在于，它尽管贯彻了政治

---

① ［英］诺曼·弗林：《公共部门管理》，第 3、249—250 页。
② ［美］赫伯特·A. 西蒙：《管理行为》，第 57 页。
③ ［美］弗里德里克森：《新公共行政学》，第 9—10、138—139 页。
④ ［英］雅赛：《重申自由主义——选择、契约、协议》，第 19—20 页。
⑤ ［美］诺姆·乔姆斯基：《失败的国家：滥用权力和践踏民主》，第 298—299 页。

平等的政治理念，却在经济上加剧了贫富的不均等状态，从而在根本上销蚀了政治的民主性。①

（三）强调"民主价值"的政策观

尽管对民主有不同的理解，但可以将"民主价值"引入政策，是不少西方学者认同的观点，并且重点引入的是以下九种"民主价值"。

一是"自由、平等"的民主价值。戴伊指出，民主的基础的价值理念——自由和平等，界定了个人的尊严。民主和自由是基本的道德价值理念，不是政府的恩赐，而是属于个人的自然权利。②

二是"选票影响政策"的民主价值。海涅曼等人指出，在价值观方面，当选的政府官员必须获得公众支持以再次当选，因此即使群众价值观并不总是明智的或者连贯的，它们也能够推翻政策分析。③

三是"公民参与"的民主价值。巴伯指出，在强势民主模式中，通过要求参与者依据不可避免的他者，也就是公众，来重新审视他们的价值和利益，判断评价激活了参与者的想象力。至关重要的不在于纯粹的和简单的同意，而在于参与分享的公民的能动同意，这些公民通过对他人价值的认同和移情的过程富有想象力地将他们自己的各种价值重构为政治规范。④

四是"民主生活方式"的民主价值。悉尼·胡克指出，民主是对某种态度和价值的一种肯定，这些态度和价值由于它们必须对制度的变革充当敏感的操纵控制器，就比任何一套特殊的制度更为重要。有三种有关的价值对于作为一种生活方式的民主来说是占有中心地位的：一是应当为实现个人的天资与能力提供平等的发展机会；二是在一种民主制度中，利益和成就的差异不仅必须加以容忍，而且还必须加以鼓励；三是一种民主制度最终所专心致力的必须是相信某种方法可用来解决冲突，明智的方法是民主程序的主要的东西。⑤ 赫尔德也指出，民主并不以不同价值的一致为

---

① ［美］迈克尔·帕伦蒂：《少数人的民主》，第42—43页。
② ［美］托马斯·R.戴伊：《自上而下的政策制定》，第2—3页。
③ ［美］罗伯特·海涅曼等：《政策分析师的世界：理性、价值观念和政治》，第50、57页。
④ ［美］本杰明·巴伯：《强势民主》，第165页。
⑤ ［美］悉尼·胡克：《理性、社会神话和民主》，第256—257、259—262页。

先决条件，它只是为把价值相互联系起来并把解决价值冲突放到公共过程之中提供一种方法。①

五是"价值共识"的民主价值。彼得斯指出，民主社会的稳定依赖于规则执行者和公众之间的价值共识。② 布坎南和塔洛克也指出，在一个缺少其成员对基本价值的某种根本性的意见一致的社区中，集体地组织活动的相对成本会大得多，集体活动的范围将更加显著地被缩小。③

六是"非强制"的民主价值。斯通指出，赤裸裸的物质性强制是超出民主的价值体系。如许多人所说的，民主就是通过讨论的政府。理性的说服是与自愿相联系的。如果人民能够得到教育，他们就不需要被强制，甚至不需要被引导。他们会为自己的、共同的善保持协调的行为。④

七是"纠错"的民主价值。韦默和维宁指出，通过给选民一定机会去推翻负担过重的政策和罢免不受欢迎的决策者，提供了一种对权力滥用的制约。正是这种"开除无赖"的能力从根本上赋予了民主制内在的价值。民主制并不总能导致好的政策，更不用说最好的了，但它提供了纠正最坏错误的机会。⑤

八是"课责"的民主价值。黑尧指出，任何有关政策过程探讨的背后，都存在着两大重要的价值关怀，其中一个主题是效率，另一个是民主。虽然它们经常被视为各自独立的关怀，而且有时候还被认为彼此冲突，然而一旦漠视民主的课责，则也有可能出现人民因抗拒对他们所施加的不合理负担，从而破坏政策效率性。⑥

九是"竞争"的民主价值。李普塞特指出，如果一种政治系统不以允许权力"竞赛"的价值体系为特征，民主就会变得混乱无序。如果政治"博弈"的结果不是把实权定期授予某一集团，那么出现的与其说是民主，不如说是一种不稳定的、不负责任的政体。如果缺乏使有效的反对

---

① ［英］戴维·赫尔德：《民主的模式》，第297、307页。
② ［美］盖伊·彼得斯：《官僚政治》，第56页。
③ ［美］詹姆斯·布坎南、戈登·塔洛克：《同意的计算——立宪民主的逻辑基础》，第125、327—328页。
④ ［美］德博拉·斯通：《政策悖论：政治决策中的艺术》，第259、301页。
⑤ ［美］戴维·L.韦默、［加］艾丹·R.维宁：《政策分析——理论与实践》，第157—158页。
⑥ ［美］米切尔·黑尧：《现代国家的政策过程》，第244—245页。

派继续存在的条件,执政者的权力将会不断增强,而公众对政策的影响将处于最低限度。①

(四) 以政策为核心的价值观

与强调"民主价值"政策观有所不同的是,一些西方学者侧重的是以政策为核心来构建价值观。

第一,强调政治价值对政策具有关键性作用。伊斯顿指出,有关政治价值观一致程度的实际含义是经验的,而不是一件理论上的事。任何系统都具备一定的主导性政治价值,它们会给政治行为、规范和结构排列确立基调和方向。政府或许会不触犯构成现有基础的主导性价值前提,去实行差别很大的具体政策;政府甚至会认为,所有的系统成员都是足够明智或老练的,他们能够看到典则的目标和典则的价值之间的差别。即使我们不把系统的所有成员看成是共同具有同一整套政治价值,或者是拥护某些共同的政治原则的话,至少我们可以说,政治上占统治地位的价值对人们所采取的行为施加广泛的限制,甚至就政府结构的行为也是如此。②

第二,强调基本价值问题不能用票决的方法解决。柯武刚、史漫飞指出,个人的人类价值是评价制度和公共政策的准则。政策制定者有时会将这些价值作为明确的政策目标,甚至将这些目标载入宪法和政治纲领。然而,基本价值本身并不是抽象的目标,它们永远固定于个人的人类愿望之中。③ 弗里德曼则认为,有关基本价值的根本性的差异如果不是永远不可能,那也很少能用投票的方法得以解决。④

第三,强调决策者对价值观的影响。彼得斯指出,合法性或许能通过效率获得,如果大多数官僚决策能够产生公众认为有价值的结果,那么官僚机构将会被认为是合适的决策者。它们可能缺乏正式的合法性,但在拥有运行合法性方面,它们可能成为集体分配价值的适当选择。⑤

---

① [美] 李普塞特:《政治人:政治的社会基础》,第24页。
② [美] 戴维·伊斯顿:《政治生活中的系统分析》,第228—235页。
③ [德] 柯武刚、史漫飞:《制度经济学:社会秩序与公共政策》,第38、88—89、190—191页。
④ [美] 米尔顿·弗里德曼:《资本主义与自由》,第28—29页。
⑤ [美] 盖伊·彼得斯:《官僚政治》,第262页。

第四，强调在基层构建新型的政策价值体系。博克斯指出，"社区的政策导向"关注的是公民参与的可进入性及其过程，涉及四类问题：（1）可进入性、开放性治理制度还是排他性、封闭性的治理制度；（2）作为市场的社区还是作为生活场所的社区；（3）期望作用巨大的政府还是期望作用有限的政府；（4）接受公共职业主义还是抵制公共职业主义。这四组相反的价值有助于我们理解公民、代议者和职业者可以获得的行动选择范围，这些价值观往往在政策过程和政策结果中起支配作用。这些政策导向存在很多潜在的组合，不同的组合对于个人生活和社区的未来都有巨大的影响。①

第五，强调在政策过程中区分"目的价值"和"工具价值"。阿普特指出，合法性来自于这两类价值，即目的价值和工具价值。合法性的目的价值可以被描述为团结和认同，合法性的工具价值可以从政策制定的有效性方面进行讨论。如果这两种合法性提供了政府活动的边界这一说法正确的话，那么加强合法性或至少防止合法性衰落，就成为政府最终的政治目标。因此，政府目标的实现，取决于政府作出充分的选择以维持合法性，即从道德和效率的角度最终被社会所接受。政府对工具目的的操纵可以从影响权力和声望等级的决策中发现。政府政策通过操纵意识形态影响目的价值而非工具价值。②

第六，强调在政策领域"去意识形态化"。加尔布雷斯指出，真正起作用的是政治决策和行动。必须根据特殊情况的社会和经济价值作出决策，这不是教条的时代，而是实践检验的年代。在一个美好且有智慧的社会里，政策和行动并不服从意识形态或教条。行动必须基于主要事实，实事求是。③ 马奇和奥尔森则强调，规则控制着参与者、问题和解决方案的形成。较大的改革被分割成较小的计划性步骤，以便于政治系统进行处理。通常的趋势是，要么回避意识形态争斗，要么在无法区别分歧与认同的一般水平上讨论意识形态。④

第七，强调政策对政治稳定的作用。派伊指出，政治稳定的实质是一

---

① ［美］理查德·博克斯：《公民治理：引领21世纪的美国社区》，第39—41页。
② ［美］戴维·阿普特：《现代化的政治》，第176—177、199、234页。
③ ［美］约翰·肯尼迪·加尔布雷斯：《美好社会——人类议程》，第11、18—19页。
④ ［美］詹姆斯·马奇、［挪威］约翰·P.奥尔森：《重新发现制度：政治的组织基础》，第105页。

种实现有目的变迁的能力,因此稳定意味着在对付变迁着的情况时的一种适应能力。与之截然相反的是,政治不稳定则意味着这样一种公共政策,它要么过于僵硬呆板无法促成社会中各种价值的动态平衡,要么就过于游移不定无法向一种目标前进。①

(五)"好政策"的观念

如何区分"好政策"与"坏政策"、"正确政策"与"错误政策"、"明智政策"与"愚蠢政策",西方学者尽管有不同的看法,但大致可以归纳出与"好政策"观念有关的九条标准。

第一条是有限理性标准。西蒙认为,若管理者要对自己的决策负责,这种全力关注有限价值要素的做法几乎是必不可少的。广义地说,一项决策如果与一般的社会价值标准相吻合,如果从社会角度来看其后果是可取的,决策就是"正确的"。狭义地说,一项结果如果与组织给决策者制定的参考框架保持一致,决策就是"正确的"②。维克斯也认为,做决策常见的路线是通过一种过程尽快使备选方案限定在可管理的数量上,然后围绕管理周期作出安排,直到发现一种解决办法而且通过检验被认定是"足够好的"为止。③ 弗里德里克森则强调。行政人员所面临的决策问题,很少在伦理内容和结果上是非黑即白的单纯问题,经常亦不存在着所谓的"最佳方法",而是寻求在有限资源的情况下达成最佳成果并且尽力消除负面影响的决定。④

第二条是民主评判标准。弗雷德里克指出,通过会聚许多不同利益和观点,民主政府就可以继续提供一个最近似于达成"正确"结果的政策制定过程。正确的政策是这样的:它们对于大多数社群来讲是正确的,同时也不违背"客观的"科学准则。只有这样,公共政策才能有益于人民所希望的幸福。⑤ 科恩也指出,所有政体中,民主最可能产生从长远来说是明智的政策。这一论点表明了对普通人的能力具有信心,它相信这些人

---

① [美] 鲁恂·W. 派伊:《政治发展面面观》,第93页。
② [美] 赫伯特·A. 西蒙:《管理行为》,第9、243页。
③ [英] 杰弗里·维克斯:《判断的艺术——政策制定研究》,第63—64页。
④ [美] 弗里德里克森:《新公共行政学》,第7—8、43页。
⑤ [美] 卡尔·弗雷德里克:《公共政策与行政责任的本质》,载《公共行政学百年争论》,第3—12页。

处理共同事务时协调的行动,在民主条件能得到适当满足的情况下,可以产生最符合所在社会长远利益的指导性决策。犯错误是民主所不可避免的,但民主主义者认为指导性的决定,凡由受决定影响的人普遍参与而后作出的,经过一段时间以后,可以证明民主体制是对的。政策是否明智,最终要依据所有社会成员的利益来判断,只有社会成员自己最适合于探求明智的政策。①

第三条是教育公民标准。霍尔巴赫指出,健全合理的政策负有教育人民的使命,它应该指导人民,培养人民的理智和热情,使他们公正无私、讲人道,把他们培养成为社会人。错误的政策或者忽视教育公民,或者坚决反对教育。②

第四条是尊重事实标准。西蒙指出,对决策中的纯评价要素来说,"正确性"准则毫无意义。民主国家承担着对这些要素进行大众控制的职责。价值与事实的区别,对于保证政策制定和政策实施之间的正确关系,具有根本重要性。③

第五条是体制或制度标准。亚里士多德指出,想包揽并尽可能地加强有利于自己一方面的势力,并非良好的政策;凡能维护其所创政体于久远者,才可说是良好的政策。④ 约翰斯顿也指出,在制度化完善的体系里,国家、政治组织和公民社会既要缓和政治要求又要有助于表达心声,通过制定正确的政策以提高政府应对能力。⑤

第六条是"否定性权力"标准。哈耶克指出,对于一个自由人组成的大社会来说,一个政府能够给予的最美好的东西都是否定性的。和平、自由和正义这三个伟大的否定性理想,实是人类文明得以维系的唯一不可或缺的基础,也是政府必须提供的基础。人们所需要的最高权力机构职能是一个对其他人说"不"而本身并不享有任何"肯定性"权力的机构。⑥

第七条是合法性与效率标准。奥菲指出,许诺与感觉、国家政策的内容与形式之间产生的越来越明显的冲突,将使政治权力赖以维系的合法性

---

① [美] 卡尔·科恩:《论民主》,第212—215页。
② [法] 霍尔巴赫:《自然政治论》,第133—134、243页。
③ [美] 赫伯特·A. 西蒙:《管理行为》,第38—39页。
④ [古希腊] 亚里士多德:《政治学》,第323页。
⑤ [美] 迈克尔·约翰斯顿:《腐败征候群:财富、权力与民主》,第38、207页。
⑥ [英] 哈耶克:《法律、立法与自由》,第2、3卷,第460—462页。

原则越来越难以为社会所接受，这也是合法性与效率这个二分概念的基本假说。这种结构导致"好"的政策制定标准出现双重性和不连贯性。在这种标准下，政策从两个向度得到衡量：一是通过它们所创造出来的劳动力与资本之间的接换率得到衡量；二是通过满足人们需要的许诺得到衡量。①

第八条是纠错标准。奥斯特罗姆指出，我们假设任何决策的基础可能是错误的概念，没有适当地计算过对个人的后果是什么，对社群的结果是什么。当决策者和利益相关者有机会挑战占主导地位的假设时，有机会提出另外的构想时，有机会参与理性协商时，纠正错误之策略就有了美好的前景。②

第九条是政策协商标准。德雷泽克指出，认识论观点的正当性依赖于协商民主区分好坏观点的能力，而不是取决于协商民主使所有理性发挥作用的能力。③ 博曼也指出，一个合法的政治制度应当鼓励协商，从而增加达成正确的（或有效的、公平的或真正的）决策机会。④

（六）政策民主的两类价值标准

强调政策民主，必然会碰到价值问题，而这样的价值，显然不能只以"民主的价值"或"公正的价值"来概括，而是要对政策民主理论涉及的价值问题有全面的理解，并且区分注意两类不同的价值标准。

第一类价值标准来自马克思主义经典作家，此类标准将政策价值判断的取向划分成了两个基本范畴。第一个范畴是"区别"型的价值取向，即对已经普遍存在的一些价值观念作出新的解释，尤其是区别于资产阶级理论家的解释；在这一范畴中，包括了对"公共""公平""正义"等的不同解释。第二个范畴是"建构"型的价值取向，即建构出了马克思主义的四种重要的政策价值观。一是"幸福观"，要求以物质手段来实现人民群众的幸福。二是"福利观"，重视的是"福利不可不谋，不可多谋"的人民整体福利或群众的集体福利。三是"利益观"，既强调公共利益与私人利益的结合，也强调个人利益、集体利益、国家利益、社会利益的结

---

① ［德］克劳斯·奥菲：《福利国家的矛盾》，第134、140页。
② ［美］文森特·奥斯特罗姆：《复合共和制的政治理论》，第158—159页。
③ ［澳］约翰·德雷泽克：《协商民主及其超越：自由与批判的视角》，第164页。
④ ［美］詹姆斯·博曼：《公共协商：多元主义、复杂性与民主》，第6、14页。

合,还强调局部利益服从整体利益、暂时利益服从长远利益。四是"服务观",提出了"社会公仆"要全心全意地为人民服务的明确要求。

第二类价值标准来自西方学者,在政策价值取向上也涉及两个范畴的问题。第一个范畴是既定价值的"有无"问题,即重点关注的是如何使政策具有这样的价值,而不是争论这些价值的对错,公共性、公共幸福、公共福利、公共利益、公共服务等,主要显示的都是这一范畴的价值标准。第二个范畴强调的是既定价值的"是非"判断,即什么样的价值是正确的或好的并需要坚持的,什么样的价值是错误的或坏的和需要反对的,理性、正义、公平、公正等,主要显示的是这一范畴的价值标准。

政策民主理论不仅要求明显区分马克思主义经典作家与西方学者的不同价值取向,也要求对价值取向有一些基本的认识。综合本章的内容,我们认为应该强调以下八点认识。

第一,政策的"公共性"要求明确的"公共"价值取向,由此既需要考虑政策目标和政策结果的"公共"指向,也需要考虑政策行为和政策过程的"公共"要求。

第二,追求幸福生活是公认的政策价值取向,可以通过不同的途径争取幸福生活,但需要强调的是,正确的政策无疑是带来幸福的一种重要的途径。

第三,对"福利国家"的价值取向可以持怀疑和批判的态度,但不能因此而否定政策是提供和保障福利的重要手段。无论在什么样的社会形态下,提升福利水平都需要一定的经济社会条件,由此需要特别强调的是"有限福利"的基本取向。

第四,政策一定会带有鲜明的利益取向,公共政策主要关注的与公共利益相关的问题,但强调个人利益与公共利益、集体利益的结合,而不是"个人利益至上"或"集体利益至上",应该是多数人都能认可的价值标准。

第五,政策要有明确的服务取向,无论是"公共服务"还是"为人民服务",都要注意政府不是唯一的服务提供者,而是应该在政府、市场、组织、公民四个维度中综合考虑服务提供者问题,并且在多种服务途径中作出适当的选择。

第六,尽管马克思主义经典作家和西方学者对"理性"和"正义"

有不同的看法，但显然不能忽视"有限理性"和"正义政策"的重要作用。

第七，政策要求公平和公正的价值衡量标准，但没有绝对的公平和公正，由此不仅需要注意"政策的公平"（政策过程的公平性）和"公平的政策"（由政策带来的公平），也需要注意"政策公正性"（政策过程的公正性）和"公正的政策"（政策结果的公正性，或者是由政策带来的公正）。

第八，对"民主价值"可以有不同的理解，也可以说没有"放之四海而皆准"的"民主价值评判标准"。但重要的不是争论"民主价值"是什么，而是应该具体说明政策的具体价值取向，可能都与"民主"有密切的关系，这恰是本章所要强调的观点。

第六章　植根于社会的政策民主

政策民主必须扎根于社会（无论将这样的社会理解为阶级社会还是"大众社会"等），由此不能不考虑政策民主与社会的种种关系，并且注意马克思主义经典作家与西方学者对社会的不同看法。

一　社会改造与社会解放

在与政策有关的社会问题上，马克思主义经典作家首先强调的是国家与社会的关系，指出了共产主义目标和社会主义的社会基础，并明确提出了社会改造和社会解放的要求。

（一）国家与社会的关系

在国家与社会的关系方面，马克思主义经典作家重点强调的是两个方面的论点。

一方面要认清国家是社会发展的产物。恩格斯指出："国家是以一种与全体固定成员相脱离的特殊的公共权力为前提的。""国家是社会在一定发展阶段上的产物；国家是表示：这个社会陷入了不可解决的自我矛盾，分裂为不可调和的对立面而又无力摆脱这些对立面。而为了使这些对立面、这些经济利益互相冲突的阶级，不至于在无谓的斗争中把自己和社会消灭，就需要有一种表面上凌驾于社会之上的力量，这种力量应当缓和冲突，把冲突维持在'秩序'的范围之内；这种从社会中产生但又自居于社会之上并且日益同社会脱离的力量，就是国家。""所以，国家并不是从来就有的。曾经有过不需要国家、而且根本不知道国家和国家权力为何物的社会。在经济发展到一定阶段而必然使社会分裂为阶级时，国家就由于这种分裂而成为必要了。""随着阶级的消失，国家也不可避免地要消失。"①

另一方面要强调统治阶级对社会的统治。马克思和恩格斯指出："一个阶级是社会上占统治地位的物质力量，同时也是社会上占统治地位的精神力量。"② 恩格斯还特别指出："一切以往的道德论归根到底都是当时的社会经济状况的产物。而社会直到现在还是在阶级对立中运动的，所以道德始终是阶级的道德；它或者为统治阶级的统治和利益辩护，或者当被压迫阶级变得足够强大时，代表被压迫者对这个统治的反抗和他们的未来利益。"③

（二）实现共产主义的理想

马克思主义经典作家高度重视实现共产主义的远大目标，如邓小平所言："一定要让我们的人民，包括我们的孩子们知道，我们是坚持社会主义和共产主义的，我们采取的各方面的政策，都是为了发展社会主义，为了将来实现共产主义。"④ 共产主义的政策取向，主要表现在八个方面。

第一，废除私有制。恩格斯强调用消灭私有制而代之以财产公有的手段来实现共产主义者的宗旨，⑤ "废除私有制甚至是工业发展所必然引起的改造整个社会制度的最简明扼要的说法，所以共产主义者提出废除私有制为自己的主要要求是完全正确的。"⑥

第二，各尽所能，按需分配。马克思指出："在共产主义社会高级阶段上，……才能完全超出资产阶级法权的狭隘眼界，社会才能在自己的旗帜上写上：各尽所能，按需分配。"⑦ 毛泽东也指出："到了物质产品、精神财富都极为丰富和人们的共产主义觉悟极大提高的时候，就可以进入共

---

① 恩格斯：《家庭、私有制和国家的起源》，《马克思恩格斯全集》，第21卷，第110、194—198页。
② 马克思、恩格斯：《德意志意识形态》，《马克思恩格斯全集》，第3卷，第52页。
③ 恩格斯：《反杜林论》，《马克思恩格斯全集》，第20卷，第103页。
④ 邓小平：《一靠理想二靠纪律才能团结起来》，《邓小平文选》，第3卷，第112页。
⑤ 参见《恩格斯致布鲁塞尔共产主义通讯委员会（1846年10月23日）》，《马克思恩格斯全集》，第27卷，第71页。
⑥ 恩格斯：《共产主义原理》，《马克思恩格斯全集》，第4卷，364—365页。
⑦ 马克思：《对德国工人党纲领的几点意见》，《马克思恩格斯全集》，第19卷，第22—23页。

产主义社会了。"① 邓小平则强调:"共产主义的高级阶段要实行各尽所能、按需分配,这就要求社会生产力高度发展,社会物质财富极大丰富。"②"没有穷的共产主义,按照马克思主义观点,共产主义社会是物质极大丰富的社会。因为物质极大丰富,才能实现各尽所能、按需分配的共产主义原则。"③

第三,无偿服务于公共利益。列宁指出:"所谓共产主义,是指这样一种制度,在这种制度下,人们习惯于履行社会义务而不需要特殊的强制机构,不拿报酬地为公共利益工作成为普遍现象。……在经济制度中暂时还没有什么共产主义的东西。……'共产主义的东西'只是在出现星期六义务劳动时,即出现个人为社会进行的大规模的、无报酬的、没有任何权力机关和任何国家规定定额的劳动时,才开始产生。"④

第四,密切联系群众的共产主义精神。斯大林指出:"为了从国家机关中清除官僚主义就必须有系统地改善国家机关,使它和群众接近,依靠新的忠实于工人阶级事业的人才来革新它,以共产主义的精神来改造它,而不是把它搞垮,不是使它威信扫地。"⑤ 毛泽东也指出:"官气是一种低级趣味,摆架子、摆资格、不平等待人、看不起人,这是最低级的趣味,这不是高尚的共产主义精神。以普通劳动者的姿态出现,则是一种高级趣味,是高尚的共产主义精神。"⑥

第五,以实现共产主义为最高理想。毛泽东指出:"共产党人决不抛弃其社会主义和共产主义的理想,他们将经过资产阶级民主革命的阶段而达到社会主义和共产主义的阶段。"⑦ 邓小平也指出:"把我们的国家建设成为社会主义的现代化强国,才能更有效地巩固社会主义制度,对付外国侵略者的侵略和颠覆,也才能比较有保证地逐步创造物质条件,向共产主义的伟大理想前进。"⑧

---

① 毛泽东:《读苏联"政治经济学教科书"的谈话》,《毛泽东文集》,第 8 卷,第 116 页。
② 邓小平:《建设有中国特色的社会主义》,《邓小平文选》,第 3 卷,第 63 页。
③ 邓小平:《答美国记者迈克·华莱士问》,《邓小平文选》,第 3 卷,第 171 页。
④ 列宁:《在俄共(布)莫斯科市代表会议上关于星期六义务劳动的报告》,《列宁全集》,第 38 卷,第 36—38 页。
⑤ 斯大林:《联共(布)第十五次代表会议》,《斯大林全集》,第 10 卷,第 274 页。
⑥ 毛泽东:《干部要以普通劳动者的姿态出现》,《毛泽东文集》,第 7 卷,第 378 页。
⑦ 毛泽东:《中国共产党在抗日时期的任务》,《毛泽东选集》,第 1 卷,第 239 页。
⑧ 邓小平:《在全国科学大会开幕式上的讲话》,《邓小平文选》,第 2 卷,第 86 页。

第六,坚持辩证唯物主义的世界观。毛泽东指出:"共产主义的宇宙观是辩证唯物论和历史唯物论,……共产主义者是理论和实践一致的,即有革命彻底性。"①

第七,反对直接过渡到共产主义和"共产风"。列宁指出,在内战的压力下,苏维埃政权不得不实行以'余粮收集制'为代表的'战时共产主义'政策。一方面,"'战时共产主义'是战争和经济破坏迫使我们实行的。它不是而且也不能是一项适应无产阶级经济任务的政策。它是一种临时的办法。"②另一方面,这样的政策也是"直接过渡到共产主义"的产物,不仅是错误的政策并且遭到了失败。③毛泽东则强调:"河南提出四年过渡到共产主义,马克思主义'太多'了,不要急于在四年搞成。"④"公社在一九五八年秋季成立之后,刮起了一阵'共产风'。主要内容有三条:一是穷富拉平;二是积累太多,义务劳动太多;三是'共'各种'产'。即是说,在某种范围内,实际上造成了一部分无偿占有别人劳动成果的情况。"⑤

第八,强调务实的共产主义政策态度。列宁指出:"你比资本家占优势,因为你手中有国家政权,有多种经济手段,只是你不善于利用这些东西,观察事物要清醒一些,扔掉华而不实的东西,脱去华丽的共产主义外衣,老老实实地学着做些平凡的工作,这样我们就能战胜私人资本家。"⑥"在没有领会和不能说明什么是共产主义、什么是商品经济的人那里,是不会有共产主义的。我们在处理有关实际经济政策如粮食政策、农业政策或最高国民经济委员会政策的每个问题时,每天都碰到小商品经济给我们造成的困难。"⑦

(三) 社会主义社会的基本要求

马克思主义经典作家既注重共产主义理想,也高度重视社会主义社会

---

① 毛泽东:《新民主主义论》,《毛泽东选集》,第 2 卷,第 649 页。
② 列宁:《论粮食税》,《列宁全集》,第 41 卷,第 208—209 页。
③ 参见列宁《新经济政策和政治教育委员会的任务》,《列宁全集》,第 42 卷,第 182—183 页。
④ 毛泽东:《关于社会主义商品生产问题》,《毛泽东文集》,第 7 卷,第 440 页。
⑤ 毛泽东:《在郑州会议上的讲话》,《建国以来毛泽东文稿》,第 8 册,第 71—72 页。
⑥ 列宁:《俄共(布)第十一次代表大会文献:俄共(布)中央委员会政治报告》,《列宁全集》,第 43 卷,第 90—91 页。
⑦ 列宁:《俄共(布)第八次代表大会文献:关于党纲的报告》,《列宁全集》,第 36 卷,第 163 页。

的建设,并对如何建设社会主义社会提出了一些原则性的要求。

一是解放和发展生产力的要求。恩格斯指出:"社会生产力已经发展到资产阶级不能控制的程度,只等待联合起来的无产阶级去掌握它,以便建立这样一种制度,使社会的每一成员不仅有可能参加生产,而且有可能参加社会财富的分配和管理,并通过有计划地组织全部生产,使社会生产力及其所制成的产品增长到能够保证每一个人的一切合理的需要日益得到满足的程度。"① 毛泽东也指出:"党在过渡时期的总路线的实质,就是使生产资料的社会主义所有制成为我国国家和社会的唯一的经济基础。我们之所以必须这样做,是因为只有完成了由生产资料的私人所有制到社会主义所有制的过渡,才利于社会生产力的迅速向前发展。"② "社会主义革命的目的是为了解放生产力。"③ 邓小平也认为:"社会主义阶段的最根本任务就是发展生产力,社会主义的优越性归根结底要体现在它的生产力比资本主义发展得更快一些、更高一些,并且在发展生产力的基础上不断改善人民的物质文化生活。"④ "过去,只讲在社会主义条件下发展生产力,没有讲还要通过改革解放生产力,不完全。应该把解放生产力和发展生产力两个讲全了。"⑤

二是解放劳动者的要求。列宁指出:"革命无产阶级既然意识到自己的具有全世界历史意义的目标,既然不仅力求从政治上而且也从经济上解放劳动者,既然一分钟也没有忘记自己的社会主义任务,它的政策就应当特别坚定、清楚和明确。"⑥

三是社会主义现代化的要求。毛泽东指出:"建设社会主义,原来要求是工业现代化,农业现代化,科学文化现代化,现在要加上国防现代化。"⑦ 邓小平也指出:"我们党在现阶段的政治路线,概括地说,就是一

---

① 恩格斯:《卡尔·马克思》,《马克思恩格斯全集》,第19卷,第123—124页。
② 毛泽东:《对过渡时期总路线宣传提纲的批语和修改》,《建国以来毛泽东文稿》,第4册,第405—406页。
③ 毛泽东:《社会主义革命的目的是解放生产力》,《建国以来毛泽东文稿》,第6册,第22—23页。
④ 邓小平:《建设有中国特色的社会主义》,《邓小平文选》,第3卷,第63页。
⑤ 邓小平:《在武昌、深圳、珠海、上海等地的谈话要点》,《邓小平文选》,第3卷,第370页。
⑥ 列宁:《两次会战之间》,《列宁全集》,第12卷,第49—50页。
⑦ 毛泽东:《读苏联"政治经济学教科书"的谈话》,《毛泽东文集》,第8卷,第116页。

心一意地搞四个现代化。这件事情,任何时候都不要受干扰,必须坚定不移地、一心一意地干下去。许多问题,不搞四个现代化解决不了。国民经济的发展,国民收入的增加,人民生活的逐步提高,国防相应地得到巩固和加强,都要靠搞四个现代化。"①

四是按劳分配、多劳多得的要求。毛泽东指出:"所谓平均主义倾向,即是否认各个生产队和各个个人的收入应当有所差别。而否认这种差别,就是否认按劳分配、多劳多得的社会主义原则。"② 邓小平也指出:"按照马克思说的,社会主义是共产主义第一阶段,这是一个很长的历史阶段,必须实行按劳分配,必须把国家、集体和个人利益结合起来,才能调动积极性,才能发展社会主义的生产。"③

五是提高人民生活水平的要求。恩格斯指出:"我们的目的是要建立社会主义制度,这种制度将给所有的人提供健康而有益的工作,给所有的人提供充裕的物质生活和闲暇时间,给所有的人提供真正的充分的自由。"④ 邓小平则强调:"我们引进先进技术,是为了发展生产力,提高人民生活水平,是有利于我们的社会主义国家和社会主义制度。"⑤ "社会主义经济政策对不对,归根到底要看生产力是否发展,人民收入是否增加。这是压倒一切的标准。空讲社会主义不行,人民不相信。"⑥

六是共同富裕的要求。邓小平指出:"社会主义财富属于人民,社会主义的致富是全民共同致富。社会主义原则,第一是发展生产,第二是共同致富。我们允许一部分人先好起来,一部分地区先好起来,目的是更快地实现共同富裕。正因为如此,所以我们的政策是不使社会导致两极分化,就是说,不会导致富的越富,贫的越贫。坦率地说,我们不会容许产生新的资产阶级。"⑦ "没有贫穷的社会主义。社会主义的特点不是穷,而

---

① 邓小平:《坚持党的路线,改进工作方法》,《邓小平文选》,第2卷,第276页。
② 毛泽东:《在郑州会议上的讲话》,《建国以来毛泽东文稿》,第8册,第69—71页。
③ 邓小平:《答意大利记者奥琳埃娜·法拉奇问》,《邓小平文选》,第2卷,第351页。
④ 恩格斯:《对英国北方社会主义联盟纲领的修正》,《马克思恩格斯全集》,第21卷,第570页。
⑤ 邓小平:《实行开放政策,学习世界先进科学技术》,《邓小平文选》,第2卷,第133页。
⑥ 邓小平:《社会主义首先要发展生产力》,《邓小平文选》,第2卷,第314页。
⑦ 邓小平:《答美国记者迈克·华莱士问》,《邓小平文选》,第3卷,第172页。

是富，但这种富是人民共同富裕。"①

七是安定团结的要求。邓小平指出："我们过去在社会主义改造完成以后，仍然搞这个运动、那个运动，一次运动耽误多少事情，伤害多少人。发挥社会主义的优越性，归根到底是要大幅度发展社会生产力，逐步改善、提高人民的物质生活和精神生活。如果没有一个安定团结的政治局面，这一切都不可能，连生动活泼也不可能。……在我国目前的情况下，可以说没有安定团结，就没有一切。反之，我们在社会主义安定团结的基础上，就一定能够有计划、有步骤地实现可能实现的一切，最大限度地满足人民的要求。"②"中国的问题，压倒一切的是需要稳定。没有稳定的环境，什么都搞不成，已经取得的成果也会失掉。"③

（四）社会改造和改革

马克思主义经典作家认为社会主义国家必须进行社会改造，如恩格斯不仅强调"由无产阶级夺取政权作为改造社会的手段"④，还指出"废除私有制甚至是工业发展所必然引起的改造整个社会制度的最简明扼要的说法。"⑤列宁也指出："在任何一个有农民的资本主义国家（这样的资本主义国家占大多数），大多数农民是受政府压迫而渴望推翻这个政府、渴望有一个'廉价'政府的。能够实现这一要求的只有无产阶级，而无产阶级实现了这一要求，也就是向国家的社会主义改造迈进了一步。"⑥"国家机构同被资本主义联合起来的先进无产者群众的这种更为紧密的联系，除了建立起更高的民主制外，也为实现深刻的社会主义改造提供了可能性。"⑦毛泽东则强调："有了人民的国家，人民才有可能在全国范围内和全体规模上，用民主的方法，教育自己和改造自己，使自己脱离内外反动派的影响（这个影响现在还是很大的，并将在长时期内存在着，不能很快地消灭），改造自己从旧社会得来的坏习惯和坏思想，不使自己走入反动派指引的错误道路上去，并继续前进，向着社会主义社会和共产主义社

---

① 邓小平：《思想更解放一些，改革的步子更快一些》，《邓小平文选》，第3卷，第265页。
② 邓小平：《目前的形势和任务》，《邓小平文选》，第2卷，第251—252页。
③ 邓小平：《压倒一切的是稳定》，《邓小平文选》，第3卷，第284页。
④ 恩格斯：《未来的意大利革命和社会党》，《马克思恩格斯全集》，第22卷，第516页。
⑤ 恩格斯：《共产主义原理》，《马克思恩格斯全集》，第4卷，第365页。
⑥ 列宁：《国家与革命》，《列宁全集》，第31卷，第42页。
⑦ 列宁：《俄共（布）党纲草案》，《列宁全集》，第36卷，第84页。

会前进。"① "我们不要迷信，认为在社会主义国家里一切都是好的。事物都有两面：有好的一面，有坏的一面。在我们的社会里，一定有好的东西，也有坏的东西，有好人，也有坏人，有先进的，也有落后的。正因为是这样，我们才要进行改造，把坏的东西改造成为好的东西。"②

与社会改造密切结合的是改革，如恩格斯所言："所谓'社会主义社会'不是一种一成不变的东西，而应当和任何其他社会制度一样，把它看成是经常变化和改革的社会。"③ 邓小平也指出："改革是社会主义制度的自我完善，在一定的范围内也发生了某种程度的革命性变革。这是一件大事，表明我们已经开始找到了一条建设有中国特色的社会主义的路子。"④ "十一届三中全会决定进行改革，就是要选择好的政策。改革的性质同过去的革命一样，也是为了扫除发展社会生产力的障碍，使中国摆脱贫穷落后的状态。从这个意义上说，改革也可以叫革命性的变革。"⑤

（五）社会解放的政策作用

马克思主义经典作家还强调无产阶级建立的国家要求社会解放，如马克思所言："公社才是帝国本身的真正对立物，也就是国家政权、集中化行政权力的对立物。这次革命……是人民为着自己的利益重新掌握自己的社会生活。" "公社应该公开宣布'社会解放'为共和国的伟大目标，从而以公社的组织形式来保证这种社会改造。"⑥ 列宁也指出："工兵代表苏维埃再现了巴黎公社所创造的那种国家类型，马克思曾把这种国家类型叫作'终于发现的、可以使劳动在经济上获得解放的政治形式。'"⑦ 马克思主义经典作家还特别提出了以下七种"解放"的要求。

第一种是人民群众的社会解放。马克思指出："公社——这是社会把国家政权重新收回，把它从统治社会、压迫社会的力量变成社会本身的生命力；这是人民群众把国家政权重新收回，他们组成自己的力量去代替压

---

① 毛泽东：《论人民民主专政》，《毛泽东选集》，第4卷，第1413页。
② 毛泽东：《不要迷信在社会主义国家里一切都是好的》，《毛泽东文集》，第7卷，第69—70页。
③ 《恩格斯致奥·伯尼克（1890年8月21日）》，《马克思恩格斯全集》，第37卷，第443页。
④ 邓小平：《在中国共产党全国代表会议上的讲话》，《邓小平文选》，第3卷，第142页。
⑤ 邓小平：《对中国改革的两种评价》，《邓小平文选》，第3卷，第135页。
⑥ 马克思：《法兰西内战初稿》，《马克思恩格斯全集》，第17卷，第586—587、600页。
⑦ 列宁：《无产阶级在我国革命中的任务》，《列宁全集》，第29卷，第161—162页。

迫他们的有组织的力量；这是人民群众获得社会解放的政治形式。"① 斯大林也指出："无政府主义以个人为基础，认为解放个人是解放群众、解放集体的主要条件，因此它的口号是'一切为了个人'。而马克思主义则以群众为基础，认为解放群众是解放个人的主要条件。这就是说，在马克思主义看来，群众没有解放之前，个人的解放是不可能的，因此它的口号是'一切为了群众。'"② "人民只应当信赖自己，只应当依靠本身的力量，人民的解放必须由人民亲手来完成。"③ 毛泽东则强调："要解放中国人民，谁人敢讲不要解放呢？……有些人会骂我们'称王称霸'，我们就是称王称霸，是称解放之王，称解放之霸。什么人敢不要我们解放。"④

第二种是无产阶级的解放。列宁指出："'无产阶级的解放应当是无产阶级自己的事情'——这就是马克思和恩格斯经常教导的。而无产阶级要争取经济上的解放，就必须争得一定的政治权利。"⑤ "公社的事业是社会革命的事业，是劳动者谋求政治上和经济上彻底解放的事业，是全世界无产阶级的事业。"⑥ 毛泽东则强调："马克思说无产阶级要解放自己，就要解放整个人类。如果地主、资产阶级、小资产阶级不解放，无产阶级本身就不能解放，必须全人类都解放，变成一个新制度，无产阶级才能最后解放自己。"⑦ 邓小平也强调："工人阶级必须依靠本阶级的群众力量和全体劳动人民的群众力量，才能实现自己的历史使命——解放自己，同时解放全体劳动人民。"⑧

第三种是劳动解放。马克思指出："公社的真正秘密在于，它本质上是工人阶级的政府，是生产者阶级同占有者阶级斗争的结果，是终于发现的、可以使劳动在经济上获得解放的政治形式。……劳动一被解放，大家都会变成工人，于是生产劳动就不再是某一阶级的属性了。"⑨ "公社以下

---

① 马克思：《法兰西内战初稿》，《马克思恩格斯全集》，第 17 卷，第 588 页。
② 斯大林：《无政府主义还是社会主义》，《斯大林全集》，第 1 卷，第 272 页。
③ 斯大林：《告全体工人书》，《斯大林全集》，第 1 卷，第 172 页。
④ 毛泽东：《在中国共产党第七次全国代表大会上的口头政治报告》，《毛泽东文集》，第 3 卷，第 335 页。
⑤ 列宁：《弗里德里希·恩格斯》，《列宁全集》，第 2 卷，第 11 页。
⑥ 列宁：《纪念公社》，《列宁全集》，第 20 卷，第 223—224 页。
⑦ 毛泽东：《工商业者要掌握自己的命运》，《毛泽东文集》，第 6 卷，第 491 页。
⑧ 邓小平：《关于修改党的章程的报告》，《邓小平文选》，第 1 卷，第 217 页。
⑨ 马克思：《法兰西内战》，《马克思恩格斯全集》，第 17 卷，第 362 页。

述措施来开始解放劳动——它的伟大目标：一方面取缔国家寄生虫的非生产性活动和为非作歹的活动，杜绝把大宗国民产品浪费在供养国家恶魔上的根源；另一方面，以工人的工资执行地方性和全国性的实际行政职务。由此可见，公社是以大规模的节约，不但以政治改造，而且以经济改革来开始其工作的。"①

第四种是农民解放。恩格斯指出："在德国，反对封建的和官僚的反动派的斗争——这二者在我们这里现在是分不开的——就等于争取农村无产阶级的精神解放和政治解放的斗争；在农村无产阶级还没有卷入运动的时候，德国的城市无产阶级就不可能得到而且一定得不到丝毫成功。"②毛泽东也指出："实行土地改革，解放农民，发展现代工业，建立独立、自由、民主、统一和富强的新中国，只有这一切，才能使中国社会生产力获得解放，才是中国人民所欢迎的。"③

第五种是民族解放。列宁指出："取得胜利的社会主义必将实现充分的民主，因而，不但要使各民族完全平等，而且要实现被压迫民族的自决权，即政治上的自由分离权。任何社会主义政党，如果不能在目前和在革命时期以及革命胜利以后，用自己的全部行动证明它们将做到解放被奴役的民族并在自由结盟的基础上——没有分离自由，自由结盟就是一句谎话——建立同它们的关系，那就是背叛社会主义。"④

第六种是妇女解放。列宁指出："苏维埃政权彻底消灭了婚姻法和家庭法上的特别可耻、卑鄙、伪善的不平等，消除了在对子女关系上的不平等。这只是妇女解放的第一步。……第二步，也是主要的一步，就是废除土地和工厂的私有制。这样，也只有这样，才有可能使妇女获得真正彻底的解放。"⑤毛泽东也指出："这样办他十年八年，那时候，全中国人民都能得到解放，二万万二千五百万的男子得到了解放，二万万二千五百万女子也得到了解放。"⑥

第七种是思想解放。毛泽东指出："一九五六年，斯大林受到批判，

---

① 马克思：《法兰西内战初稿》，《马克思恩格斯全集》，第17卷，第593页。
② 恩格斯：《普鲁士问题和德国工人政党》，《马克思恩格斯全集》，第16卷，第82—83页。
③ 毛泽东：《论联合政府》，《毛泽东选集》，第3卷，第1028页。
④ 列宁：《社会主义革命和民族自决权》，《列宁全集》，第27卷，第254—255页。
⑤ 列宁：《国际劳动妇女节》，《列宁全集》，第40卷，第380—381页。
⑥ 毛泽东：《妇女们团结起来》，《毛泽东文集》，第2卷，第171页。

我们一则以喜，一则以忧。揭掉盖子，破除迷信，去掉压力，解放思想，完全必要。但一棍子打死，我们就不赞成。""讲这些，是为了解放思想，把思想活泼一下。……要多想，不要死背经典著作，而要开动脑筋，使思想活泼起来。"① 邓小平批评了"两个凡是"，提出了"解放思想，开动脑筋"的口号，强调只有解决好思想路线问题，才能提出新的正确政策。② "不解放思想，不实事求是，不从实际出发，理论与实践不相结合，不可能有现在的一套方针、政策，不可能把人民的积极性统统调动起来，也就不可能搞好现代化建设，显示出社会主义制度的优越性。"③

从以上七种"解放"的论点可以看出，马克思主义经典作家要求从四个角度理解"解放"的政策意义。一是"解放"是重要的政策目标，无产阶级及其政党的政策就是要促成各种"解放"。二是"解放"要求一系列具体的政策措施，不落实这些政策措施，就不可能实现真正意义的"解放"。三是"解放"是一种集体性的政策行为，而不是个体的行为；但是作为行为结果的"整体性"的"解放"，却作用于个体或全体成员。四是"解放"带来新的政策思维，尤其是只有通过"思想解放"，才能制定正确的政策。

二 公共领域与公共政策

公共领域与公共政策的关系，是一些西方学者重点关注的问题，可以归纳出一些具有代表性的论点。

（一）公共领域与私人领域的关系

按照哈贝马斯的解释，资产阶级公共领域可以理解为一个由私人集合而成的公众的领域。④ 这样的"集合"，需要重点关注以下几个问题。

首先，需要确定公共领域的界限。甘布尔指出，公共利益概念的关键之处不仅在于如何定义公与私以及它们之间的关系，而且在于如何定义公

---

① 毛泽东：《在成都会议上的讲话》，《毛泽东文集》，第7卷，第370、375页。
② 参见邓小平：《一心一意搞建设》，《邓小平文选》，第3卷，第10—11页。
③ 邓小平：《思想路线政治路线的实现要靠组织路线来保证》，《邓小平文选》，第2卷，第191页。
④ ［德］哈贝马斯：《公共领域的结构转型》，第32页。

共领域、如何定义超出公共领域之外的政治领域概念,以及适合于规划和评估公共政策和公共行动的标准和价值。① 雅赛则强调,集体选择的特点是具有两个参数。一个参数说明谁有权选择,谁是在为之作出选择的集体中"起决定作用的小集体"(或称为"得胜的联盟")。另一个参数说明什么样的方案可以(或不可以)以集体的方式选择,这是个人领域与公共领域之间的界限。②

其次,需要强调公共领域是私人领域的一部分。哈贝马斯指出,资产阶级公共领域是在国家和社会间的张力场中发展起来的,但它本身一直都是私人领域的一部分。只要经济和社会条件使得一切人都享有同等入门条件,具体说,就是获得有教养、有财产的人所需要的私人自律的资格,公共领域也就有了保障。③

最后,应该认识到政府不能随意改造私人领域。冈斯特仁指出,当共和国的功能需要某些标准的时候,这些必须在公共领域中执行,但这并不表明政府以诸如它开始"自发地"产生标准这样一种方式来改造私人领域。④

(二) 公共领域的政策作用

公共领域在政策过程中可能扮演重要的角色,西方学者特别强调了公共领域对政策的八种作用。

第一种是公开批判作用。哈贝马斯指出,私人要求受上层控制的公共领域反对公共权力本身,以便就基本上已属于私人,但仍然具有公共性质的商品交换和社会劳动领域中的一般交换规则等问题同公共权力机关展开讨论。这种政治讨论手段,即公开批判,的确是前所未有。⑤

第二种是意见交流(讨论、对话)作用。阿伦特指出,反对公共意见,也就是反对潜在的全体一致性,成为美国革命者们取得高度一致的众多事情之一。他们知道,共和国的公共领域是由平等者之间的意见交流所

---

① [英] 安德鲁·甘布尔:《政治和命运》,第99页。
② [英] 雅赛:《重申自由主义——选择、契约、协议》,第126—127页。
③ [德] 哈贝马斯:《公共领域的结构转型》,第170页。
④ [美] 赫曼·冈斯特仁:《公民身份的四种概念》,载《公民身份的条件》,第44—57页。
⑤ [德] 哈贝马斯:《公共领域的结构转型》,第32页。

构建的，一旦所有平等者都正好持相同的意见，从而使意见交流变得多余，公共领域就将彻底消失。[1] 马歇尔和吉登斯指出，在今天关于民主形式和组成的各种争论的文献中，民主秩序的两个主要维度被区别开来。一方面，民主是代表利益的机器。另一方面，它是创造公共领域的途径，在公共领域通过对话，而不是既定的权力形式，能够（原则上）解决或者至少处理矛盾。[2]

第三种是政策交往作用。德雷泽克指出，公共领域是一个必不可少的政治活动空间，在这里，人们围绕公共事务进行交往，并且这种交往是指向公共政策的。这种交往可能发生在各个层级上，既可以发生在地方层级，也可以发生在国家层级，还可以发生在国际层级上。[3]

第四种是公民参与作用。阿伦特指出，自由的实质内容是参与公共事务，获准进入公共领域。美国人知道公共自由在于分享公共事务，与之有联系的活动决不构成一种负担。这样做不仅仅是出于一种职责，也不是、甚至更不能是服务于自身利益，大多是因为他们享受讨论、协商和决策的乐趣。[4]

第五种是自我表达作用。诺齐克指出，公共领域只是一个共同表达自我的问题，我们也希望通过这一点在现实中完成某事物，从而改变现状；如果我们认为某些政策不会起到帮助或支持他人的作用，我们就不会发现这些政策充分表达了与他人的团结。社会有时候以我们的名义发表看法。[5]

第六种是团结公民作用。哈贝马斯指出，团结作为一种社会一体化的力量，不再是仅仅来源于交往行为，它必须通过自主的公共领域以及民主意见和意志在法治国家制度中的形成程序进一步释放出来，并且在面对其他两种资源（金钱和行政权力）的时候能够捍卫自己的地位。[6]

第七种是支持代议性政策表达作用。菲利普·施密特指出，现代民主政治是一种管理体制，其中统治者在公共领域中的行为要对公众负责，公

---

[1] [美] 汉娜·阿伦特：《论革命》，第79页。
[2] [英] 马歇尔、吉登斯等：《公民身份与社会阶级》，第231—234页。
[3] [澳] 约翰·德雷泽克：《协商民主及其超越：自由与批判的视角》，"中文版序"，第1—2页。
[4] [美] 汉娜·阿伦特：《论革命》，第21、103页。
[5] [美] 诺齐克：《经过省察的人生——哲学沉思录》，第268、270页。
[6] [德] 哈贝马斯：《哈贝马斯精粹》，第245页。

民的行为通过他们选举产生的代表的竞争与合作来完成。①

第八种是政党动员作用。哈贝马斯指出，只要资产阶级公共领域的合法化制度依然有效，这个新公共性就和资产阶级公共领域一直保持着联系。只有在令人信服地利用选民表决的潜在资本或真正使之得到兑现时，这种展示的公共性才能发挥政治影响。当然，"兑现"永远都是政党的任务。这种功能转变涉及整个具有政治功能的公共领域，公众与政党、议会的核心关系也受到影响。②

公共领域对政策的八种作用，公开批判、意见交流、自我表达和公民参与偏重于"个人"或"私人"所起的作用，政策交往、团结公民、支持代议制政策表达和政党动员四个方面则偏重于"集体"或"群体"所起的作用。也就是说，即便在对政策的作用上，公共领域也无法完全摆脱私人领域的影响。

（三）政策过程中公共领域缺失的主要表象

在政策过程中，经常会面临公共领域缺失问题，西方学者重点强调了这种缺失的四大表象。

公共领域失去批判性的公共性是第一个重要表象。哈贝马斯指出，原先，公共性确保公共批判对统治作出合理的解释，同时，对统治的实施进行批判监督。批判的公共性遭到操纵的公共性的排挤。公共性原则变化了，与此同时，具有政治批判功能的公共领域这一思想以及公共领域的实际功能也发生了变化。公共性的功能已经从一种（源自公众的）批判原则转变成一种（源自展示机制，如权力机关、组织特别是政党的）被操纵的整合功能。为了发挥展示功能，公共性失去了其批判功能，甚至争论也蜕变成了象征，对此，人们无需争论，只能认同。③

"排挤"公共领域的政策过程是第二个重要表象。阿伦特指出，代议制有两种情形。一种是作为人民直接行动单纯的替代品，另一种是人民代表对人民实施的大众化控制式统治。在第一种情形中，政府堕落为单纯的行政机关，公共领域消失了，既不存在让人在行动中看与被看的那个空间，也不存

---

① ［美］菲利普·施密特：《民主是什么，不是什么》，载《民主与民主化》，第20—40页。
② ［德］哈贝马斯：《公共领域的结构转型》，第236页。
③ 同上书，第202—203、241页。

在讨论与决策的空间。政治问题就是必然性支配的东西，由专家来决策，而不是向意见和名副其实的政策选择开放。第二种情形更加接近现实，人民再度被拒于公共领域大门之外，政府事务再度成为少数人的特权。①

选民的瓦解是第三个重要的表象。哈贝马斯指出，在一个受到制度保障的公共领域当中，竞选再也不是意见冲突的结果了。选民作为公众整体的瓦解具体表现为大多数选民事实上已经陷于僵化状态，报刊和广播"以通常方式"施加影响已经毫无效果。与报刊一道，政党聚会这第二种古典的舆论形成工具也失去了其意义。在操纵的公共领域里，随时准备欢呼的情绪，一种舆论氛围取代了公众舆论。公民作为公众被宣传手段降低、剥夺了权利，一方面要求公民批准政治妥协，另一方面又不让他们有效地参与决策，他们甚至连参与能力都没有。②

公共领域非政治化是第四个重要的表象。博格斯认为非政治化的公共领域使民主参与变成了一种幻想。非政治化的公共领域一般来说具有五个特征：（1）明确地逃避政治领域；（2）公民权和民主参与价值的衰落；（3）公共话语的萎缩和独立思想被腐蚀；（4）通过权术或社会治理实现社会变革的能力的削弱；（5）缺乏对什么是独一无二的公共领域、竞争的个人和地方性要求之间相互影响中形成的普遍利益的社会理解。一个完全非政治化的公共领域有助于公司的统治，在这种公共领域中，华丽的奇观和声色犬马取代了严肃的政治讨论，取代了真正的民众参与，而这种参与可以为更大程度的自治开辟道路。公共领域的终结及其对社会政策的影响，已经成了当代生活不争的事实。③ 哈贝马斯也指出，广大居民的非政治化和政治的公共领域的衰落，是一种倾向于把实际问题从公开的讨论中排除出去的统治制度的组成部分。④

（四）发展公共领域政策功能的主要思路

针对政策过程中的公共领域缺失问题，西方学者提出了发展公共领域政策功能的六种重要思路。

一是压缩官僚决策。哈贝马斯指出，具有政治功能的公共领域的两个

---

① ［美］汉娜·阿伦特：《论革命》，第221—223页。
② ［德］哈贝马斯：《公共领域的结构转型》，第245—254页。
③ ［美］卡尔·博格斯：《政治的终结》，第15、29页。
④ ［德］哈贝马斯：《作为"意识形态"的技术与科学》，第110—111页。

前提是客观上官僚决策的最小化和根据能够认识到的普遍利益使利益结构冲突相对化。①

二是发挥微观公共领域的作用。博曼指出,协商民主利用授权协商和决策的"微观公共领域",提供了超越内部咨询和外部争论困境的策略。微观公共领域力图包括所有的利益相关者或者召集公民团体作出决策而不是依靠现存的代议形式。民主性的公共领域不是一个结构,而是一个过程,这是一个涌现出的集体行动者以符合平等、非专制和公共性要求的方式诉诸其他公民的过程。②

三是强化公共领域的公共性与开放性。哈贝马斯指出,不仅国家机关,而且一切在政治公共领域中具有公开影响的机构,都要求具有公共性,因为社会权力转变为政治权力的过程就像政治权力在社会中的正当运作一样需要加以批判和监督。③

四是将公共领域视为重要的政策协商场所。德雷泽克指出,在公共领域里,决定本身是由行动者来作出的。如果有足够多的行动者认为一个问题需要关注,那么这个问题也就有充分的理由被提到协商日程上来。协商可以发生在代议制及法律体系中,但它并不是进行协商的唯一场所。协商最重要的替代场所是公民社会或公共领域。④

五是构建文化公共领域。布卢姆菲尔德和比安契尼指出,在建构地方公民认同和公共领域方面,作为一个具有包容性的政治空间的市政当局,不能再声称代表着"整个共同体",好像共同体是单一而不是混合的共同体那样。这个公共领域必须既是一个多元文化的空间,也是一个文化交互空间。在这中间,可以听到各种不同的声音,个体替自己说话,尽量克制自己不代表他人,解构并重建共同文化,同时传播自己有特色的文化。它跨越了非官方的、公共的和私人部门间,不同机构的事务间和不同职业的秩序间的分界线,促使政策制定方法更加具有协商性、开放性,为政策制定者的培训形式提供更广泛的基础。⑤

---

① [德]哈贝马斯:《公共领域的结构转型》,第266页。
② [美]詹姆斯·博曼:《公共协商:多元主义、复杂性与民主》,"中文版序",第6页。
③ [德]哈贝马斯:《公共领域的结构转型》,第244页。
④ [澳]约翰·德雷泽克:《协商民主及其超越:自由与批判的视角》,第161、164页。
⑤ [英]祖德·布卢姆菲尔德、弗郎哥·比安契尼:《文化公民身份与西欧的城市治理》,载《文化与公民身份》,第142—179页。

六是建立积极信任关系。吉登斯指出,能动性政治虽然是对公共领域的维护,但没有把自己置于旧的国家与市场对立之中。它通过为更广的社会中的个人和团体所作的生活和政治决定提供物质条件和组织框架来发挥作用,这样一种政治依靠的是在政府机构和相关的代理机构中建立积极的信任。①

西方学者对公共领域与公共政策关系的分析,为理解社会问题提供了一个重要的角度,并且可以使我们认真考虑在社会主义社会中是否存在公共领域发展的空间。

三　组织化的影响

各种"组织"对政策都会有一定的影响,但本节讨论的主要是社会组织或社会团体的政策作用,政党组织和行政组织等与政策的关系问题,将放到本书第十章讨论。

(一)　组织与"政策的组织化"

"组织"可以有不同的定义,西蒙从组织决策的角度给出的"组织"的定义是:一群人彼此沟通和彼此关系的模式,包括制定及实施政策的过程。这种模式向个体成员提供大量决策信息,许多决策前提、标的和态度;它还预测其他成员目前的举动以及他们对某个体成员言行的反应,并向该成员提供一系列稳定的易于理解的预期值。对组织的科学描述,就是尽可能说明每个组织成员制定了哪些决策,以及制定每项决策时所受到的影响。② 这样的定义,最符合"政策民主"理论对社会组织政策功能的阐释。

"组织化"是与"组织"有关的概念,对于这样的概念,可以有不同的理解。首先,"组织化"可以是暴力的组织化,如尼采所言,国家是作为组织化的暴力行为;③ 以及阿伦特所指,暴民的反复无常是天下闻名的,暴民的组织化以及其领袖所享有的英雄崇拜是令人惊奇的。④ 其次,

---

① [英] 安东尼·吉登斯:《超越左与右——激进政治的未来》,第97页。
② [美] 赫伯特·A. 西蒙:《管理行为》,第15、37页。
③ [德] 尼采:《权力意志》,下卷,第785页。
④ [美] 汉娜·阿伦特:《极权主义的起源》,第164、168页。

"组织化"也可以是与利益有关的"政策组织化",如詹姆斯·威尔逊所指,组织化的利益对机构行为的影响作用至少取决于四个因素:立法机构所需要和希望的影响作用的程度,机构成员拥有的自主决断权的大小,机构环境中各种利益的对比情况,以及理想的行为和客户动机之间的关系。该机构政策的成本和利益的分配方式也许会形成一个包括客户、创制者、利益集团的环境,也许形成的环境中什么力量也没有。① 我们所重视的,主要是后一种"组织化",即"政策的组织化"。

"政策的组织化"需要组织成员接受共同的规则,如奥斯特罗姆所言,如果个人要分享从社会组织中能够得到的好处,有规则的有序的发展就有赖于集体决策安排。集体行动总是隐含着在相互依赖的、有规则的、有序关系中存在着组织化的不平等,因此规则既约束治人者,也约束治于人者。②

"政策的组织化"还应该为利益表达和参与提供保障,如马歇尔、吉登斯所言,不论是自由主义民主制度或是其他的民主形式,民主都包含两个彼此部分分离的维度。其中之一是利益的表达,民主作为一种制度,它为不同的利益提供了表达的渠道,同时也为它们的代表提供了某些组织化的手段。但是,民主也意味着提高了个人的话语权。换句话说,它意味着对话的可能性。③

"政策的组织化"还可能涉及利益分配或利益保障,如奥斯特罗姆所言,公共组织规则的另一个准则要求在决策安排中包含适当的政治利益。公共组织通过使卷入作出公共决策及控制公共事务中的各种利益内在化谋求来考虑对第三方的影响。在决定于组织内将被内在化的系列利益时,标明任何政治管辖权的边界或规模条件是十分重要的。④

"政策的组织化"在一定程度上反映出"自组织"的能力,如奥斯特罗姆所言,多中心体制的自治特征意味着自组织能力,人们可以形成众多的能够作出集体决策的自治关系,这些决策适于不同的表达人类社会的方式。对自组织和自治能力的基本检验标准不是依赖投票表决和特殊的请

---

① [美] 詹姆斯·Q. 威尔逊:《官僚机构:政府机构的作为及其原因》,第 119 页。
② [美] 文森特·奥斯特罗姆:《民主的意义及民主制度的脆弱性——回应托克维尔的挑战》,第 150 页。
③ [英] 马歇尔、吉登斯等:《公民身份与社会阶级》,第 231—234 页。
④ [美] 文森特·奥斯特罗姆:《美国联邦主义》,第 152—153 页。

求，而是依赖对于完成某项任务相关事业的组织的参与。①

（二）社会组织的政策功能

我们可以用"社会组织"统称不同于政府组织、政党组织的各种组织，包括社会团体、"第三部门"等。归纳西方学者的论点，社会组织应当具有以下政策功能。

第一，保障权利功能。达尔指出，公民有权利结成相对独立的社团或组织，包括独立的政治党派和利益集团，以便实现自己的各种权利，包括民主政治制度的有效运行所需要的那些权利。②

第二，利益代表功能。拉斯韦尔指出，如果中等收入的技能集团想要站在自己的立场去影响国家的政策，他们就必须在全国范围内组织起来，必须做到能够独立地坚持自己的主张，他们必须具有一批代表自己利益的发言人。③

第三，利益表达功能。阿尔蒙德等人指出，利益表达同把利益成功地转换为权威性政策，是完全不同的两码事。除以个人方式进行利益表达外，我们还能从组织的角度出发，把利益集团分为四种类型：（1）非正规的，就是无组织的暴徒和骚乱；（2）非社团性的，建立在共同意识形态的种族、语言、宗教、地区和职业利益的基础之上；（3）机构性的，存在于诸如政党、公司、立法部门、军队、政府行政机构和教会组织之内；（4）社团性的，为了表达某些特定集团的目标而专门建立起来的。社区团体、志愿协会，甚至宗教团体，还有通过大众媒体和因特网对免费通信和信息的获取方式，都是公民社会的重要部分。公众积极参与多种多样的利益集团，为民主政治的发展提供了坚实的基础。④

第四，政策对话功能。吉登斯指出，社会运动和自助团体的民主特点很大程度上来自于这样的事实：他们在自己关注的问题上为公共对话打开了空间，他们能够闯入以前没有被讨论过，或者是通过传统惯例"解决"的社会行动领域中，他们有助于对事物的"官方"定义发起挑战。⑤

---

① ［美］文森特·奥斯特罗姆：《美国联邦主义》，第233、259、262页。
② ［美］罗伯特·达尔：《论民主》，第94页。
③ ［美］拉斯韦尔：《政治学：谁得到什么？何时和如何得到？》，第144页。
④ ［美］阿尔蒙德等：《比较政治学——体系、过程和政策》，第179—182页。
⑤ ［英］安东尼·吉登斯：《超越左与右——激进政治的未来》，第124—125页。

第五,参与决策功能。珍妮特·登哈特和罗伯特·登哈特指出,作为引导社会的政策,当今的公共政策是一系列涉及多种团体和多重利益的复杂互动的结果,这些团体最终以一种巧妙的并且不可预见的方式联合在一起,政府不再充当"主管"。公共政策的产生和执行都直接地涉及许多团体和利益集团。①

第六,政策支持功能。豪利特和拉米什指出,要有效制定和推行政策,国家需要主要社会团体对其行动的支持。社会团体内部及社会团体之间的联合能够创造出一个稳定的政策环境。当国家软弱无力和社会分裂的时候,政策效率是最低的。②

第七,培育公民功能。文蒂斯指出,公共行政的实践必须要被扩大到作为个人和国家之中介的公民的和志愿的社团,这些社团因此可能会被转变为公民参与和责任的活的民主实验室。作为培育公民权的潜在教育工具,这些公民社团可以作为至关重要的公共论坛(在公共管理者的支持下),以促进与公共事务的相关特征和政治实体同公众相互依存含义的批判性讨论。官员的未来公共职责包括了在相互依存和复杂的条件之下增强公众对政策的理解。③

第八,组织弱者功能。布卢姆菲尔德和比安契尼指出,为了应对社会两极化和政治排他性的问题,城市不得不积极地鼓励少数族裔团体和其他弱势社会团体自我组织起来,鼓励他们参与政策制定过程,这样他们就可以为城市整体发展贡献自己的思想、热情和技术。④

社会组织对政策也可能带来一些负面影响,如达尔所言,虽然由于种种原因,独立组织是可取的,但它们也会卷入到民主多元主义的四个问题当中:它们可能有助于固化政治不平等、扭曲公民意识、歪曲公共议程并且让渡对议程的最终控制权。⑤

---

① [美]珍妮特·V.登哈特、罗伯特·B.登哈特:《新公共服务:服务,而不是掌舵》,第61页。
② [加]迈克尔·豪利特、[澳]M.拉米什:《公共政策研究:政策循环与政策子系统》,第111—112页。
③ [美]克里斯·文蒂斯:《朝向公共行政的公共哲学:公众的公民视角》,载《公共行政学中的伦理话语》,第27—40页。
④ [英]祖德·布卢姆菲尔德、弗郎哥·比安契尼:《文化公民身份与西欧的城市治理》,载《文化与公民身份》,第142—179页。
⑤ [美]罗伯特·达尔:《多元主义民主的困境:自治与控制》,第36页。

马克思主义经典作家对于社会组织的政策地位，重点强调的是两个方面的看法。

一是权威对于社会组织介入政策过程具有重要作用。恩格斯指出："这里所说的权威，是指把别人的意志强加于我们；另一方面，权威又是以服从为前提的。""一方面是一定的权威，不管它是怎样造成的，另一方面是一定的服从，这两者，不管社会组织怎样，在产品生产和流通赖以进行的物质条件下，都是我们所必需的。"①

二是非党的社会团体可以承担一定的政策功能。列宁指出："德、法等国的工人除了出版报纸以外，还有许多公开活动的形式和组织运动的方法，如议会活动、竞选鼓动、人民的集会、参加地方社会团体（乡村的和市镇的）、公开领导手工业者联合会（工会、行业工会），等等。"② 毛泽东则强调："许多人，许多事，可以由社会团体想办法，可以由群众直接想办法，他们是能够想出很多好的办法来的。而这也就包括在统筹兼顾、适当安排的方针之内，我们应当指导社会团体和各地群众这样做。"③

（三）组织民主

由于"组织"在政策中可以扮演重要的角色，有西方学者提出了"组织民主"以及与之相关的"民主组织"等概念。归纳西方学者的论点，"组织民主"应包括以下五个要素。

一是公民平等要素。哈曼指出，社会公平的观念要求组织民主（或参与性管理）的公众义务必须是毫不含糊的。组织民主以非常不同于官僚形式的组织形式以及组织成员间的平等地位，并非小心地在一个临时基础上或出于仁慈之心而得到推进，而是被看作从罗尔斯的亚里士多德主义原则中生长出来的。虽然公共组织被创造出来是为了普遍利益或特定的主顾服务的，它们服务的平等自由的正义目的也是组织成员确认彼此是平等而自主的理性的手段。④

---

① 恩格斯：《论权威》，《马克思恩格斯全集》，第 18 卷，第 341—342 页。
② 列宁：《为"工人报"写的文章：迫切的问题》，《列宁全集》，第 4 卷，第 174 页。
③ 毛泽东：《关于正确处理人民内部矛盾的问题》，《毛泽东文集》，第 7 卷，第 228 页。
④ ［美］迈克尔·哈曼：《社会公平和组织人：动机和组织民主》，载《公共行政学中的伦理话语》，第 16—26 页。

二是抵制精英决策要素。迪韦尔热指出,民主组织对精英决策的"寡头铁律"倾向的抵制胜过其他组织。这首先是因为民主组织有产生和监督领导人的正式程序,由本组织成员选举领导人,无记名投票,定期更换当选者,由全体大会或代表大会监督"小圈子"的决定等,这一切都限制了寡头政治的发展。①

三是政策参与要素。本哈比指出,在多元的联合中,所有将受政策影响的人都有权表达自己的观点。从政党、公民倡议到社会运动、自愿团体,一直到各种增强自我意识的团体都囊括在这种多元的联合之中。正是通过多元化的组织、网络和联合形式之间的交互作用,一种匿名的"公共对话"浮现出来。②

四是团体认同要素。敦利威指出,团体认同途径可以有效解释团体内部民主的重要地位,并可起到"塑造政策"的作用。团体认同(觉察到与别人共享、由某个团体代表的利益)在概念上是独立于普通主观利益的变量。团体认同也极大地影响了人们对团体规模和团体生存能力的认知。因为在自由民主的政治制度下,不断增长的团体规模通常增强了团体的生存能力,它对参与决策也有着模糊的影响。③

五是团体间不平等要素。阿塞莫格鲁和罗宾逊指出,团体间不平等越严重,民主化的可能性就应该越大。④

"组织民主"尽管是在西方语境下提出来的民主概念,但可以被我们接受,因为要发挥社会组织的政策作用,不仅要强调"组织化",更要强调"组织化"的民主取向,"组织民主"即代表了这样的取向。尤其需要强调的是,"组织民主"既要求社会组织本身所具有的民主性质,也要求为社会组织的发展创造必要的民主氛围,尤其是决策者对社会组织的包容和支持。换言之,缺乏"组织民主"的"组织化",显然不符合政策民主理论的要求。

---

① [法]莫里斯·迪韦尔热:《政治社会学——政治学要素》,第143页。
② [美]塞拉·本哈比:《走向协商模式的民主合法性》,载《民主与差异:挑战政治的边界》,第71—95页。
③ [英]帕特里克·敦利威:《民主、官僚制与公共选择——政治科学中的经济学阐释》,第88—89页。
④ [美]达龙·阿塞莫格鲁、詹姆士·罗宾逊:《政治发展的经济分析——专制和民主的经济起源》,第33—35页。

四　社会运动的影响

社会运动能够对政策带来何种影响，是政策民主理论不能不关注的问题，需要归纳马克思主义经典作家和西方学者的论点，作出一定的解释。

（一）"运动"与"社会运动"

按照安德鲁·海伍德的解释，"运动"与自发的大众行动（例如暴动和叛乱）不同，因为它含有这样的意思，即它在一定程度上是有意识与有计划地追求公认的社会目标的行动。[1]

"运动"可以有不同的表述，如马克思主义经典作家提出过社会主义运动、共产主义运动、革命运动、工人运动、工会运动、苏维埃运动、政治运动、社会运动等概念，西方学者则使用了政治运动、民主运动（协商民主运动）、极权主义运动、选举运动、新启蒙运动、行政改革运动（放松规制运动、新公共管理运动、新公共服务运动等）、抗议运动、公民权利运动、社会运动、新公民参与运动等概念。

马克思强调政治运动也是社会运动："不能说社会运动排斥政治运动。从来没有哪一种政治运动不同时又是社会运动的。只有在没有阶级和阶级对抗的情况下，社会进化将不再是政治革命。"[2] 即便以社会为基础讨论政策问题，也还是要注意到"社会运动"与"政治运动"的密切关系。

对于社会运动的基本特征，可以参考蒂利的下述看法。（1）社会运动结合了三类诉求：纲领诉求、身份诉求和立场诉求。（2）在社会运动和社会运动的诉求者中，以及在社会运动各个阶段，纲领诉求、身份诉求和立场诉求的相对特色会发生显著变化。（3）与以地方为根基的大众政治形式相比，社会运动的范围、强度和效果严重依赖于运动中的政治企业家。（4）一旦社会运动在一种政治环境中安家落户，就能通过模式化运作和彼此的沟通合作，促使社会运动被其他相关的政治环境所接受。（5）社会运动的形式、组成和诉求，是随着历史而变化和发展的。（6）作为人类创造

---

[1] ［英］安德鲁·海伍德：《政治学核心概念》，第288—289页。
[2] 马克思：《哲学的贫困》，《马克思恩格斯全集》，第4卷，第197—198页。

的制度形式，社会运动有可能消亡或转化成为其他截然不同的政治形式。①

(二) 社会运动对政策的积极影响

马克思主义经典作家认为社会运动或民主运动等，可以从四个方面对无产阶级要求的政策带来积极影响。

一是以运动反对并敌视反动统治阶级的政策。马克思指出："工人阶级的政治运动自然是以夺得政权作为最终目的。……在工人阶级在组织上还没有发展到足以对统治阶级的集体权力即政治权力进行决定性攻击的地方，工人阶级无论如何必须不断地进行反对统治阶级政策的鼓动（并对这种政策采取敌视态度），从而使自己在这方面受到训练。"② 恩格斯也指出："一切文明国家中民主运动的最终目的都是取得无产阶级的政治统治。因此，只有存在着无产阶级，存在着占统治地位的资产阶级，存在着产生无产阶级并使资产阶级走上统治地位的工业，才可能有这一运动。"③

二是以运动来争取民主。列宁指出："至于特别说到政治斗争，那正是'阶级观点'要求无产阶级把一切民主运动推向前进。"④ "无产者任何时候都不应当跟一般民主运动'合流'"。……我们社会民主党人始终拥护民主，但不是'为了资本主义'，而是为了给我们的运动扫清道路。"⑤ 毛泽东也指出："要知道，在人民方面来说，历史上一切大的民主运动，都是用来反对阶级敌人的。"⑥ "民主政治的实现，依赖民主运动，没有广大人民的要求与推动民主运动，则民主政治不会实现。"⑦

三是以运动提高人民的觉悟。列宁指出："民主运动的真实情况不应当使我们看不到资产阶级民主派经常忽略的一种情况：在资本主义国家里，代表机构必然会产生资本对国家政权施加影响的种种特殊形式。……

---

① ［美］查尔斯·蒂利：《社会运动，1768—2004 年》，第 16—20 页。
② 《马克思致弗·波尔特（1871 年 11 月 23 日）》，《马克思恩格斯全集》，第 33 卷，第 337 页。
③ 恩格斯：《瑞士的内战》，《马克思恩格斯全集》，第 4 卷，第 386 页。
④ 列宁：《关于俄国社会民主工党纲领的文献》，《列宁全集》，第 6 卷，第 251—252 页。
⑤ 列宁：《致伊·费·阿尔曼德（1916 年 11 月 25 日）》，《列宁全集》，第 47 卷，第 459—460 页。
⑥ 毛泽东：《在中共八届二中全会小组长会议上的发言》，《建国以来毛泽东文稿》，第 6 册，第 245—246 页。
⑦ 毛泽东：《抗日民主与北方青年》，《毛泽东文集》，第 1 卷，第 500 页。

工人如果想学会利用代表机构来提高工人阶级的觉悟,加强工人阶级的团结和发挥工人阶级的真正作用,就应该很好地懂得这个真理。"①

四是以运动获得人民的理解和支持。列宁指出:"或者是建立起一个无产阶级的有组织的政权,那我们就会取得胜利,而先进的工人和少数先进的农民是会理解这项任务,会在自己周围组织起人民运动的。或者是我们不能做到这一点,那么在技术上比我们强大的敌人就一定会把我们打垮。"② 毛泽东也指出:"在任何群众运动中,群众积极拥护的有多少,反对的有多少,处于中间状态的有多少,这些都必须有个基本的调查,基本的分析,不可无根据地、主观地决定问题。"③ 邓小平则强调:"政权的责任是服从于党的政治路线和政策的领导,扶植群众运动和照顾基本群众利益。""不懂得诱导群众运动逐渐由低级向高级发展,就会使运动脱节,就不能逐步地提高群众到自为阶级的阶段,也就不能保卫其既得的利益。"④

正是因为运动有这些积极的作用,马克思主义经典作家强调了积极推动或引导运动的四条基本要求。

第一条是注重理论与运动的关系。列宁指出:"没有革命的理论,就不会有革命的运动。"⑤ 每个马克思主义者对于考察斗争形式问题,应当提出些什么基本要求呢?第一,马克思主义同一切原始形式的社会主义不同,它不把运动限于某一种固定的斗争形式。它承认各种各样的斗争形式,并且不是'臆造'这些形式,而只是对运动进程中自然而然产生的革命阶级的斗争形式加以概括、组织,并使其带有自觉性。……第二,马克思主义要求我们一定要历史地来考察斗争形式的问题。……不详细考察某个运动在它的某一发展阶段的具体环境,要想对一定的斗争手段问题作肯定或否定的回答,就等于完全抛弃马克思主义的立脚点。这就是我们应当遵守的两个基本理论原理。"⑥

第二条是领袖对于运动具有重要的意义。列宁指出:"在任何一个政

---

① 列宁:《资本主义和"议会"》,《列宁全集》,第 21 卷,第 370 页。
② 列宁:《新经济政策和政治教育委员会的任务》,《列宁全集》,第 42 卷,第 188 页。
③ 毛泽东:《党委会的工作办法》,《毛泽东选集》,第 4 卷,第 1381 页。
④ 邓小平:《根据地建设与群众运动》,《邓小平文选》,第 1 卷,第 66、68 页。
⑤ 列宁:《怎么办》,《列宁全集》,第 6 卷,第 23 页。
⑥ 列宁:《游击战争》,《列宁全集》,第 14 卷,第 1—2 页。

治运动或社会运动中,在任何一个国家里,一定阶级的群众或人民群众同该阶级或人民的少数知识分子代表之间的关系,只能是这样的:无论什么时候什么地方,一个阶级的领袖永远是该阶级最有知识的先进代表人物。"①

第三条是认真领导和规划运动。邓小平指出:"对每一个民主运动都要精细地布置,不可丝毫草率,要使之完全符合民主政治的要求,真正动员起广大民众来参加,动员起全党来领导。如此,才会使运动本身收到效果,也才能教育党教育群众。"②"党不是要发展群众运动中的自流性,而是要使党的方针在群众运动中获得实现。这就说明了党的指导的作用。"③

第四条是领导要走在运动的前头。毛泽东指出:"领导不应当落在群众运动的后头。而现在的情况,正是群众运动走在领导的前头,领导赶不上运动。这种情况必须改变。"④

西方学者则指出社会运动可能为政策带来多方面的积极影响。

社会运动可以促进政策对话和协商,如蒂利所言,社会运动得力于公民协商,这是因为社会运动有关价值、统一、规模和奉献的展示,其分量将随着这种可能性——即社会运动的行动者或支持者在政府决策过程中真正获得发言权——的增加而增加。⑤ 伊森·里布也指出,我们要研究的是普通公民如何通过社会运动和公共讨论的方式,来促进全社会不同阶层就有关政策展开对话的可能。⑥

社会运动可以推动公民的政策参与,如菲利普·施密特所言,在最稳定的民主国家里的利益联合体,而非政党,加上越来越频繁的社会运动干预,已经成了市民社会最主要的表达渠道。⑦ 托马斯也指出,新公民参与运动对公共管理者工作的有效性提出了有力的挑战。当公民参与成功时,它能够给公共管理带来一些实质性的益处,如更加有效的公共政策,感到

---

① 列宁:《论"宣言书"》,《列宁全集》,第4卷,第277页。
② 邓小平:《党与抗日民主政权》,《邓小平文选》,第1卷,第20—21页。
③ 邓小平:《根据地建设与群众运动》,《邓小平文选》,第1卷,第72页。
④ 毛泽东:《关于农业合作化问题》,《毛泽东文集》,第6卷,第419页。
⑤ [美]查尔斯·蒂利:《社会运动,1768—2004年》,第184页。
⑥ [美]伊森·里布:《美国民主的未来:一个设立公众部门的方案》,"中文版序言",第4页。
⑦ [美]菲利普·施密特:《民主是什么,不是什么》,载《民主与民主化》,第20—40页。

满意的和支持政策的公民。①

社会运动可以争取到政策对权利的保障，如米勒所言，文化政策给激进主义者提供了将社会运动中提出的权利要求与切实可行的政策相联系的途径，这是一种新的有价值的权利获得形式，它既防范了市场的侵蚀，也杜绝了国家社会主义。②

社会运动可以起到约束或影响集体决策的作用，如斯沃茨所言，相较州政府和全国政府而言，地方政府议程更容易受到地方组织的影响，地方组织不仅能够否决某些建议，而且能够开展积极的社会运动，提出一些惠及成千上万选民的建议。因此，公民组织能够帮助制定城市政策，自下而上筛选出来的议题有助于激发公众参与某些有助于防止参与者受到媒体和反对者策略的影响。③

社会运动可以与代议制和选举形成良性互动或互补关系，如蒂利所言，议会化有力推动了社会行动的形成。正是借助于竞争性选举和它的协商形式，公民才得以将对公民自由的保护——如通过结社和联合以传播大众的诉求——融合到社会行动的形式之中。选举和社会运动具有重要的相似性并相互依赖。成功的社会运动积极分子通常以个人或作为新政党成员参加选举政治，他们关注的话题出现在政党的纲领中，他们的支持者在未来的选举中逐渐壮大为重要力量。结果，建立在对政治生活日益重要的公民投票基础上的选举活动中，社会运动在组织、范围、影响方面逐渐扩大。④

社会运动与民主化有相互促进作用，如蒂利所言，民主化可以从以下方面促进社会运动。（1）政府与国民之间更加规范、无条件的关系的形成。（2）公共政治中权利与义务的扩大。（3）公共政治中权利与义务的平等化。（4）在政府政策、资源和人事变动方面，增加有拘束力的公民协商。（5）扩大对国民的保护，使国民免受政府机构专断行为的伤害。（6）建立辅助性机制，民主化常常能培育发展出一些至关紧要的机制，这些机制又反过来独立的推动了社会运动的动员。社会运动与民主化在生

---

① ［美］约翰·克莱顿·托马斯：《公共决策中的公民参与》，第2—3页。
② ［美］托比·米勒：《文化公民权》，载《公民权研究手册》，第316—334页。
③ ［美］海迪·斯沃茨：《制定国家议事日程——美国城市政治中的基督教社区组织》，载《国家、政党与社会运动》，第54—80页。
④ ［美］查尔斯·蒂利：《社会运动，1768—2004年》，第16—17、50—52、200—204页。

成逻辑、实际发展和形成原因上有着明显的不同。就生成逻辑而言，社会运动的蓬勃发展并不必然伴随着民主化。在实际发展方面我们也见识了反民主运动的不断产生。在社会运动的形成原因方面，它与民主化在一定程度上是相互独立发展的。①

（三）社会运动对政策的消极影响

运动也可能对政策带来负面的影响，如邓小平所言："这几年有没有群众路线呢？不能说没有，但至少相当多的群众运动不是群众自愿的，是违反群众路线的。"② "群众运动是实行群众路线的一种形式。群众运动搞得好不好，也是要看我们经常的工作基础搞得好不好。这几年，我们搞了许多大运动，差不多是把大运动当作我们群众路线的唯一的形式，天天运动，这是不好的。"③ "历史经验证明，用大搞群众运动的办法，而不是用透彻说理、从容讨论的办法，去解决群众性的思想教育问题，而不是用扎扎实实、稳步前进的办法，去解决现行制度的改革和新制度的建立问题，从来都是不成功的。"④

西方学者也注意到了社会运动可能对政策带来四个方面的消极影响。

首先，社会运动可能制造猜疑和仇恨。鲍曼指出，抗议运动领导人意图在公共空间长久占据一席之地，并以管理空间的方式来要求永远获得话语权。尽管任何一位经验丰富的政治家都清楚，"运动的大联合""把各种微弱的声音联合起来"既难实行又罕有可能，但在无论哪一个目前掌管公共空间的政治家看来，这种意图无疑不是好兆头。公共空间的管理者的确认真关注这些微弱的声音，亦即愿意采取某种措施，铲除产生这些微弱呼声的根源。那些缺乏共同体归属感的担惊受怕的孤独者们将继续寻找一个没有恐惧的共同体，而在冷漠的公共空间中，主政者也会继续对此作出承诺。但障碍在于，孤独者们渴望营建的、公共空间的主政者们能够真正地、负责任地提供的共同体，只能是由恐惧、猜疑和仇恨构成的。曾经是营建共同体的主要成分的友爱和团结，对这一目标而言，已变得太脆

---

① ［美］查尔斯·蒂利：《社会运动，1768—2004 年》，第 79—80、168、183—191 页。
② 邓小平：《重要的是做好经常工作》，《邓小平文选》，第 1 卷，第 293—294 页。
③ 邓小平：《在扩大的中央工作会议上的讲话》，《邓小平文选》，第 1 卷，第 314 页。
④ 邓小平：《党和国家领导制度的改革》，《邓小平文选》，第 2 卷，第 336 页。

弱、太不牢靠、太贫乏了。①

其次，社会运动可能带来政策参与失败的危险。托马斯指出，当公民参与并不成功，甚至遭遇失败的时候，而且它也经常失败，随之而来的便是社会不满意，甚至是躁动不安、难以控制的民众，无效的政策，以及遭到削弱的民主参与基础。②

再次，社会运动往往忽略政治正确性。萨义德指出，许多关于"政治正确性"的讨论，真相是反对政治正确性运动的人士，主要是各式各样的保守分子和其他提倡家庭价值的人，他们的运动完全忽略了在涉及军事、国家安全、外交和经济政策时惊人的一致性和政治正确性。③

最后，社会运动可能形成"否定性政治"并具有反民主的特性。富里迪指出，新的政治或新的社会运动，不断地扩展"参与"的含义，以至于一个网络谈话组、一个病人自助小组或者一份请愿书上的签名全都成了最高公民道德的表现形式，这一反应突出表现为"否认的政治"。被动的、原子化的公众参与方式反映出我们时代的特征。相较于传统形式的代议制民主，新的抗议政治没有表现出任何进步。一个行动只要制造了新闻就可以认为是有效的。实际上，游说者/活动分子对代议制民主的批判是一种反民主的观点。它建立在这样的前提之上：未经选举的拥有崇高道德目标的个人，比通过一种并不完美的政治程序选举出来的政治家有着更大的权力代表公众行事。同民选的政治家相比，从倡议团体自己挑选的网络中获得授权的活动者只能作为一群范围窄得多的支持者的代表。④

对社会运动政策作用的正面和负面的评价，提醒我们面对社会运动时，应该保持的是谨慎的态度，既要注意挖掘社会运动对政策的正面影响，也要防止社会运动负面影响的扩散，而不是急于对社会运动是否具有民主性作出评判。

---

① [英] 齐格蒙·鲍曼：《寻找政治》，第4—6页。
② [美] 约翰·克莱顿·托马斯：《公共决策中的公民参与》，第2页。
③ [美] 爱德华·萨义德：《知识分子论》，第68—69页。
④ [英] 弗兰克·富里迪：《恐惧的政治》，"前言"，第3页；正文，第32—33、99—104页。

五　大众民主与大众政策

西方学者还专门对"大众政治""大众民主"以及"大众政策"涉及的问题（这些问题大都与社会运动有密切关系），提出了一些重要的看法。

（一）对"大众政治"的基本理解

"大众政治"不是指一般的"大众参与"或者"大众政治参与"，而是具有特定含义的政治形态。从西方学者的论述中，我们至少可以看到四种对"大众政治"及相关概念的解释，并且这些解释强调的都是对"大众政治"的否定而不是肯定。

第一种解释关注的是与精英政治对立的大众政治及"大众的反叛"。巴伯指出，如果没有公民，那么就只会有精英政治或者大众政治。[1] 加塞特以"大众的反叛"突出显示了大众对精英政治的挑战，指出最近发生的变革全然意味着大众对政治生活的支配。我们必须详加考察的现象可能会沿着两个方向发展：首先，今天大众在社会生活中所发挥的作用与过去只为少数精英人物所独占的作用并无二致；其次，大众与此同时已经开始变得难以驾驭，桀骜不驯，他们不再顺从、追随、尊重那些天然的精英，他们把这些精英推到一边，取而代之。大众无论出于何种目的参与公共生活，他们都会采取"直接行动"的方式，一切诉诸"间接"权威的行为都受到了压制。[2] 滕尼斯强调的则是"大众的反抗"，他认为总是可以预计人民或者大众会有某种反抗，不过也可以预计，这种反抗的意见一致的可能性很低。[3]

第二种解释关注的是与议会制政府对立的"大众政府"。奥克肖特指出，政府样式可以有两个完全不同的理解，一个是由个体性的愿望产生的"议会制政府"，另一个是在"大众人"影响下它改变为"大众政府"。"大众政府"不是一种已经建立和实践的具体的政府样式，它是一种要把

---

[1] ［美］本杰明·巴伯：《强势民主》，第244页。
[2] ［西班牙］奥尔特加·加塞特：《大众的反叛》，第9、15页。
[3] ［德］斐迪南·滕尼斯：《新时代的精神》，第152—153页。

某些变型加在"议会制政府"上,以便将它变为一种适合"大众人"愿望的样式的倾向。这种倾向第一个伟大的计划是确立普遍的成人普选权;其次要求在议会代表的特性上要有变化:他必须不是一个个人,而是一个负有强加"大众人"要求的人类处境的实质性条件任务的受委托人;"议会"必须成为一个"车间"而不是一个争论的集会。①

第三种解释关注的是与参与社会对立的"群众社会"或"群众运动"。亨廷顿指出,群众社会和参与社会两者都具有高水平的政治参与,它们的区别在于各自政治组织和程序的制度化程度。在群众社会里,政治参与是无结构的、无常规的、漫无目的和杂乱无章的。群众社会缺乏能够把民众的政治愿望和政治活动与他们领袖们的目标和决定联系起来的组织结构。而参与社会则不是这样,它的民众高度参政是通过政治制度来进行组织和安排的。大众参与政治并不一定意味着大众控制政府。②李普曼也指出,依靠群众行动不可能构思、筹划、协商或者实施任何事情。直接行动的极限就是人人都在某个呈现在大众面前的争端中出于各自的实际目的而说"是"或者说"不"的权力。我们很少有意识地对超出我们眼界的事件作出什么决定,而且每个人能够去落实的决定都是不足挂齿的,我们难得碰上实际的争端,因此没有人养成作出重大决定的习惯。在以达成表面一致为目的而冲突依旧的场合,向大众发出呼吁时运用愚民政策是屡见不鲜的。在所有错综复杂的问题上都诉诸大众的做法,其实在很多情况下都是想借助并无机会知情的多数人的介入,来逃避那些知情人的批评。③

第四种解释关注的是与法律、行政对立的大众政治。派伊指出,政治社会中变迁和稳定的核心是法律、行政和大众参与之间的相互关系,现代化和政治发展要求这三个方面要有微妙然而稳固和确定的平衡。在创造现代国家时法律本身是不够的,甚至当法律通过行政体系得到执行的时候,国家发展也不会自动实现。大众政治的发展是国家建立的第三个必不可少的因素,通过它可以让人们表达他们的愿望和价值观。如若加入大众政治将摧毁其他二者——法律和行政——的话,那么现代政治体的建立就会以另一种方式而步履艰难,如果不是被摧毁的话。④

---

① [英]奥克肖特:《政治中的理性主义》,第98—102页。
② [美]塞缪尔·亨廷顿:《变化社会中的政治秩序》,第67—69页。
③ [美]沃特尔·李普曼:《民意》,第219—222、361—363页。
④ [美]鲁恂·W. 派伊:《政治发展面面观》,第146—147页。

（二）对"大众民主"的否定

基于对"大众政治"的否定，不少西方学者对于与"大众政治"有密切关系的"大众民主"，也持否定态度，并提出了五条具有代表性的反对理由。

一是大众政治只能带来所谓的"超级民主"或"极端民主"。加塞特指出，民主与法律——法律之下的共同生活——的含义是一致的。然而，今天我们正在目睹一场"超级民主"的胜利。在这种民主当中，大众无视一切法律，直接采取行动，借助物质上的力量把自己的欲望和喜好强加给社会。我怀疑历史上还没有哪个时期的大众比我们这个时代的大众更加直接地进行统治，这就是我把它称之为超级民主的原因。我们这个时代的典型特征就是，平庸的心智尽管知道自己是平庸的，却理直气壮地要求平庸的权利，并把它强加于自己触角所及的一切地方。[1] 缪勒也指出，在根本上是民主的政治体制的家族之中，一极是大众民主之极端形式，"多数"乃是政府决策所有领域中的决定性力量。在无限制的多数民主的相反一极的"制宪民主"，最终主权在于人民——所有公民，它的行使只有在所有人同意它应当如何行使时才是可能的。[2]

二是大众民主化具有一定的专制倾向。韦伯指出，能动的大众民主化意味着政治领袖不再因为他在某个显贵圈子中证明了自己的能力而被宣布为候选人，然后因为他在议会中的业绩而成为领袖，而是意味着他利用大众煽动手段赢得了大众对他个人的信任和信仰并获得了权力。实质上，这意味着对领袖的选择转入了恺撒制方向。实际上，任何民主都会出现这种趋势。[3]

三是大众民主缺乏自由和博爱。勒庞指出，大众民主决不会以产生统治者为目标，它完全被平等精神和改变工人命运的渴望所支配。因此，大众民主拒绝接受博爱的观念，在自由方面，它也没有多少热情。民主平等与天赋不平等之间的调和问题是当今时代最难解决的问题。嫉妒和仇恨似

---

[1] ［西班牙］奥尔特加·加塞特：《大众的反叛》，第9—10页。
[2] ［英］丹尼斯·缪勒：《制宪民主：一个解释》，载《理解民主——经济的与政治的视角》，第63—88页。
[3] ［德］马克斯·韦伯：《新政治秩序下的德国议会与政府》，载《韦伯政治著作选》，第178页。

乎在任何时候都与民主理论脱不了干系。①

四是大众民主制只表现为欢呼或喝彩。哈贝马斯指出，现代大众民主制下进行的民主选举，与其说表现为公众的讨论，不如说表现为欢呼和喝彩。这种理论把民主政治意志形成过程最终归结为对经过挑选被任命来进行统治的领袖人物的正常的喝彩过程。②

五是大众民主可能带来民主制和议会制的危机。卡尔·施米特指出，今天人们可以分辨出三种危机：民主制的危机、现代国家的危机、议会制的危机。议会体系和议会制度的危机，其实来自现代大众民主的环境，这首先导致了民主制本身的危机，因为民主制所必需的实质性平等和同质性问题，不可能通过人人普遍平等而得到解决，它也导致了议会制的危机。现代国家的危机源于这样一个事实：一种大众的——所有人的民主制根本就不能成其为一种国家形式，遑论成其为一个民主制国家。③

（三）对"大众政策"的不同看法

从"大众政治"或"大众民主"，可能发展出"大众政策"。对于"大众政策"，西方学者着重的是三种解释。

第一种解释将大众政策理解为对大众或大众阶级有影响的政策。如莫斯卡所言，不管是什么类型的政治有机体，处于被统治地位的大众阶级，他们的不满和由此所爆发出来的情绪，对统治（政治）阶级的政策产生一定的影响。当伤及大多数被统治者的情感、信念和倾向时，或者要求他们作出无法接受的金钱上的牺牲时，即使最专制的政府也不得不小心从事。而任何在政府行政机构中举足轻重的代表都深知，民众的不满时刻都会使自己的对手处于优势地位，所以他们会更加小心不能冒犯民众。④ 皮尔逊也指出，事实上，政策对大众的影响是巨大的，然而，除非政策反馈会引起公开的政治行动，否则它就不太可能引起政治学家们的注意。⑤

第二种解释将大众政策理解为大众管理的政策结果。威尔逊指出，以

---

① ［法］勒庞：《革命心理学》，第244—245页。
② ［德］哈贝马斯：《作为"意识形态"的技术与科学》，第103页。
③ ［德］卡尔·施米特：《政治的浪漫派》，第169—171页。
④ ［意］莫斯卡：《政治科学要义》，第120、213页。
⑤ ［英］保罗·皮尔逊：《拆散福利国家——里根、撒切尔和紧缩政治学》，第48页。

前是大多数人听命于政府，而现在则是大多数人管理着政府。在所有高度发展的现有体制中，政府经历了三个发展阶段。第一个发展阶段是专制统治时期，其行政体制服务于专制统治；第二个阶段是制定宪法，废除专制统治，由大众管理取而代之的时期，在这一阶段，因为人们有更高层次的关注而忽视了行政；第三个阶段是拥有主权权力的人们着手发展行政的时期，他们拥有新宪法所赋予的权力。①

第三种解释叫大众政策理解为受"大众政治"影响的"大众决策"。加塞特指出，在大众政治下，政策选择发生了重要的变化。30年前，反对派的政治家们习惯于在群众面前发表冗长的演说，对政府的政策和措施横加指责，说长道短。在我们这个时代，占统治地位的是大众，因此，作出选择和决定的正是大众。不能简单地说，这就是民主时代、普选时代一开始就发生的现象。在普选制度下，大众并没有作出决定，他们的角色仅仅是服从这个少数群体或那个少数群体所作出的决定。今天正在发生的事情与此截然不同，公共权力落入了大众代表的股掌之中，他们之强大足以摧毁一切可能的反对势力。当大众直接行使公共权力的时候，它通常是无所不能又如昙花一现，尽管它拥有无限的潜能和力量，最终却一事无成。然而，在我们这个时代作出决策的恰恰是这种类型的人。大众在政策选择方面有不同的表现。一方面，平庸之辈从不会想到，哪怕是模模糊糊地意识到，自己应该对某一个公共事物作出决策；另一方面，在公共生活领域，尽管大众依然愚昧无知，但他们却处处插手，频频干预，强制推行自己的观点。② 西瑟也指出，1982年以来，西方决策结构中有"改革至上"的倾向，改革者喜欢诸如大众决策取代代表大会决策、代表大会的思考面对公众检查之类的措施，并且一个重要的变革是决策结构的非制度化；产生可预见的某一类行为的程序被取消，以利于一些产生短期或瞬间影响的程序。③

从对"大众政策"的三种解释可以看出，西方学者并没有全面否定"大众政策"，前两种解释对"大众政策"持的是基本肯定态度，只有第三种解释持的是对"大众政策"的否定态度。

---

① ［美］威尔逊：《行政之研究》，第220、224页。
② ［西班牙］奥尔特加·加塞特：《大众的反叛》，第24、42—43、66—67页。
③ ［美］西瑟：《自由民主与政治学》，第236—237页。

（四）大众忠诚与控制大众

从"大众政策"的肯定性意义看，一定的"大众忠诚"显然是需要的。如哈贝马斯所言，政治系统需要尽可能投入各种不同的大众忠诚，所产出的则是由权力机构贯彻的行政决定。[1] 萨托利则强调，决定性的因素不是实际的竞争，并且更不是高度的竞争，而是竞争是否是可能的。因而，只要新的竞争者可能进入市场，只要大众可能转移他们的忠诚，只要政策的决策者对此保持警觉并影响到其政策，那么，从结构上讲，这个体制就是竞争性的。[2] 当然，政策需要的"大众忠诚"是有条件的，正如梅斯奎塔等人所言，独裁政府讲求忠诚规则，而在民主国家中，支持者在政策失败时就会不忠诚。小规模获胜联盟制度中的领导者不大可能在负责对政策进行重新评估和政策选择的建议者和官僚身上投资重金，而只是一味取悦于关键的选民。大规模获胜联盟和大规模党团相结合的政治制度并不鼓励政治忠诚，恰恰相反，他们鼓励对政策事实失败的领导者进行惩罚，这就意味着这种制度下的领导者更关注政策执行的情况。[3]

大众忠诚与大众感情显然是有密切关系的，如李普曼所言，政策的影响范围决定着领导者与追随者的关系。如果领导者的计划中所需要的是人们远离采取行动的场合，如果成效隐而不显或者显露得很迟，如果个人的义务是间接的而且并非应尽的，如果人们的同意是出于某种快乐的感情，领导人就会放手大干，那么计划就会成为最得人心的计划。在地方事务中，政策的代价容易看到，因此领导人一般都宁可实施那些代价尽可能间接的政策。但是，在人们乐于相信某项政策在无法想象的将来，在一个看不见的地方将使他们获益时，这种政策的付诸实施，一种和他们想法不同的逻辑就会接踵而至，会出现不同的暗示。如果始终把暗示的效果排除在外，那么大众的感情就会空无一物，而这种感情最后决定着对一切具体政策的选择。大众感情所要求的一切，就是政策的产生与实施即便不能在逻辑上，那也应当能够通过模拟和联想与最初的感情联系在一起。所以，当

---

[1] ［德］哈贝马斯：《合法性危机》，第 41 页。
[2] ［美］萨托利：《政党与政党体制》，第 304 页。
[3] ［美］布鲁斯·布恩诺·德·梅斯奎塔等：《政治制度、政治生存与政策成功》，载《繁荣的治理之道》，第 64—90 页。

一项新政策付诸实施时,最初都会需要一种感情共同体。如果确立了地位的当权者机敏而见识广博,如果他们显然想满足大众感情,并切实消除某些导致不满的原因,他一定要注意不去召唤那种不可能注入纲领中去的感情,因为纲领要面对的事实乃是特定感情所系。①

从"大众政策"的否定性意义看,一定程度的"大众控制"是必需的。如米歇尔斯所言,正是由于认识到大众在政治上的不成熟,以及真正完全实现人民主权是不可能的,所以某些著名的思想家就提出,民主应当受到民主本身的限制。在所有管理事务中,作出决断需要具有专门的知识,而且为了执行这些决断,某种程度上的权威也是必不可少的,还应当允许某种程度的专断,这样,就必然偏离真正的民主原则。从民主的原则看,这也许是一种不幸,但这种不幸是必要的。②马奇和奥尔森也强调,在一个日益增长的行政治理结构中,应将许多有效的大众控制置于超越民选官员之上的地位。③

为回应"大众政治"和"大众民主"的挑战,可以在正面意义上发展"大众政策",西方学者提出了两种重要思路。

第一种思路是建立所谓的"第四部门"即"大众部门"。这种思路是由伊森·里布提出来的,他认为在行政、立法、司法三权之外,人民需要另外一种更清楚反映其心声的权力,我们称这样一种权力部门为公众部门,因为它旨在更具体地展现我们对人民主权的认识。在实践中,这一权力部门应取代公民创制和复决,它建立的制度应解决公民创制和复决等形式的直接民主所存在的缺陷。④

第二种思路是以完善现有制度来应对大众政治对政策选择的挑战。这种思路来自加塞特,他认为应以五种做法完善现有制度:改革代议制、真实的选举、明确谁行使权力、实行恺撒式的政策和改变大众政治的方向,并强调大多数人是没有自己意见的,他们的意见必须由外界灌输进去。⑤

在现代化的条件下,社会往往要接受"大众政治"甚至"大众民主"

---

① [美] 沃特尔·李普曼:《民意》,第229—236页。
② [意] 米歇尔斯:《寡头统治铁律——现代民主制度中的政党社会学》,第74—77、88页。
③ [美] 詹姆斯·马奇、[挪威] 约翰·P. 奥尔森:《重新发现制度:政治的组织基础》,第113页。
④ [美] 伊森·里布:《美国民主的未来:一个设立公众部门的方案》,第15页。
⑤ [西班牙] 奥尔特加·加塞特:《大众的反叛》,第129页。

的挑战，并且可能面临"大众政策"的选择。只有对相应的问题有一定的认识，才能有效地应对这样的挑战并作出正确的选择。

六 "公民社会"与"民主社会"

政策与社会的关系，不仅在公共领域、社会组织、社会运动或"大众政治"中有所表现，还要通过社会本身表现出来，而社会本身既会涉及公民社会（市民社会）问题，还会涉及个人与社会、"民主社会"等问题。

（一）个人与社会的关系

个人与社会的关系是个经典性的问题，以政策的视角看问题，重点关注的应是四种关系。

首先需要注意的是个人与社会的依赖关系。有人重视的是社会对个人的依赖关系，如葛德文所言，个人是一切，而减去组成社会的个人所余的社会就什么也不是。[①] 有人重视的是个人对社会的依赖关系，如涂尔干所言，由于社会是个体的综合，所以社会无限地高于每一个体。面对社会时，我们自己处于永恒的依赖状态。事实上，当个体形成社会时，他也会受到他自己帮助形成的社会状态的影响。社会状态的形成过程也是影响个体的过程，在受到社会形态影响的同时，个体也可以改变社会状态的性质。个人生活与社会生活是同步发展的，任何形式的集体活动都会以这种方式被个人化。我们每个人都有自己的道德准则、个人观点，尽管这些准则和观念来源于社会的共同道德和普遍观点，但两者还是不同的。除了纯粹的个人生活之外，在我们的当代社会中还存在着真正意义的集体活动。[②] 还有人注重的是个人与社会的相互依赖关系，如狄骥所言，不要去做那些可能损害社会的相互依赖的事情，无论这种相互依赖是由于相似形成的，还是由于劳动分工而形成的；而要在自己的权限范围内，在自己现有的处境和能力所允许的范围内，去做那些保障和加强社会的相互依赖的

---

① [英] 威廉·葛德文：《政治正义论》，第427页。
② [法] 爱弥尔·涂尔干：《乱伦禁忌及其起源》，第83、87、254页。

事情。① 莫里斯也认为，对个人和社会之间完全相互依赖的认识，是实用主义思潮最为重要的成就之一。② 萨特则强调社会是由一种比政治更为基本的个人与个人之间的连接造成的，那么，人民应该有、或者能够有、或者确实有某种原始的东西，那就是兄弟关系。③

其次需要注意的是个人利益与社会利益的整合关系。霍布豪斯指出，民主政治不是单单建立在个人的权利或私人利益上面的，民主政治同样也建立在个人作为社会一员的职责上，它把共同利益建立在共同意志上。④ 弗里德曼也认为，什么形式的教育有最大的社会利益和社会的有限资源的多大部分应花费在它之上必须取决于通过社会认可的渠道所表示的公众的意见。我们的分析的目的不是替社会来决定这些问题，而是澄清在做出决定时所涉及的问题，特别是作出的决定是否能以社会的而不是个人的利益为基础。⑤

再次是需要关注个人与社会之间的委托关系。滕尼斯指出，国家就是社会本身，或者就是社会的理智。因此，就形成个人的积极界定作为自然秩序，取代消极的界定；若干个人通过国家被赋予一种进行统治的委托，他们有能力把这种委托再继续授予他人，这就是说，最后每一个个人都在间接的依附中参与国家的意志。⑥ 柯武刚和史漫飞也指出，与自上而下的集权主义政策不同，在抱个人主义社会观的人看来，公共政策被视为由公民们集体选出的代理人的活动，其目的是要造就一种秩序，这种秩序能使个人有很好的机会去获取他们所希冀的事物。⑦

最后需要厘清个人与社会决策的消极或积极关系。有人强调的是个人对政策形成的消极关系，如贡斯当所言，国家规模的扩大导致每一个人分享政治的重要性相应降低，他的个人影响仅是决定政府方向的社会意志之难以察觉的组成部分。个人淹没在广大民众之中，他几乎从来感觉不到自己的影响，他个人的意志也不会给集体留下任何印记；在他自己眼中，没

---

① [法] 狄骥：《法律与国家》，第438页。
② [美] 查尔斯·威廉·莫里斯：《莫里斯文选》，第230页。
③ [法] 萨特：《今天的希望：与萨特的谈话》，《存在主义是一种人道主义》，第55—58页。
④ [英] 霍布豪斯：《自由主义》，第115页。
⑤ [美] 米尔顿·弗里德曼：《资本主义与自由》，第97页。
⑥ [德] 斐迪南·滕尼斯：《共同体与社会：纯粹社会学的基本概念》，第319—320页。
⑦ [德] 柯武刚、史漫飞：《制度经济学：社会秩序与公共政策》，第190—191页。

有任何东西可以证实他自己的合作。他们最多被要求通过代议制，以一种假定的方式行使主权。① 有人强调的则是个人对政策形成的积极关系，如维克斯所言，我们社会中的每一个人都经常以一种或多种方式参与政策制定过程，无论是自觉的参与还是不自觉的参与，并负有相应的责任。人们参与政策制定过程中扮演的这些角色不仅限制了政策制定者，而且也通过参与活动的对话方式对政策制定作出贡献，这两方面都赋予了这些角色扮演者以责任。②

（二）公民社会的政策地位

马克思和恩格斯集中讨论过"市民社会"的问题，并对如何理解市民社会的政策功能提出了三点看法。

第一，市民社会的需求决定国家政策走向。恩格斯指出："任何政治斗争都是阶级斗争，而任何争取解放的阶级斗争，尽管它必然地具有政治的形式，归根到底都是围绕着经济解放进行的。因此，至少在这里，国家、政治制度是从属的东西，而市民社会、经济关系的领域是决定性的因素。从传统的观点看来（这种观点也是黑格尔所尊崇的），国家是决定性的因素，市民社会是被国家决定的因素。……这是问题的形式方面。……在寻求这个问题的答案时，我们就发现，在现代历史中，国家的愿望总的说来是由市民社会的不断变化的需要，是由某个阶级的优势地位，归根到底，是由生产力和交换关系的发展决定的。"③

第二，政治革命消灭了市民社会的政治性质。马克思指出："政治革命打倒了这种专制权力，把国家事务提升为人民事务，把政治国家确定为普遍事务，即真实的国家；这种革命必然要摧毁一切等级、公会、行帮和特权，因为这些都是使人民脱离自己政治共同体的各种各样的表现。于是，政治革命也就消灭了市民社会的政治性质。它把市民社会分成两个简单组成部分：一方面是个人，另一方面是构成这些个人生活内容的物质要素和精神要素。……特定的生活活动和特定的生活地位只有个人意义。它

---

① ［法］贡斯当：《古代人的自由与现代人的自由——贡斯当政治论文选》，第30、33、305页。
② ［英］杰弗里·维克斯：《判断的艺术——政策制定研究》，第193—194页。
③ 恩格斯：《路德维希·费尔巴哈和德国古典哲学的终结》，《马克思恩格斯选全集》，第21卷，第345—346页。

们已经不再构成个人和国家整体的普遍关系。公共事务本身反而成了每个人的普遍事务，政治职能成了每个人的普遍职能。……任何一种解放都是把人的世界和人的关系还给人自己。"①

第三，市民社会政策功能的悖论。马克思指出："政治国家是一个脱离市民社会的组织。一方面，假如一切人都成了立法者，那末市民社会就自行消灭了。另一方面，和市民社会相对立的政治国家只有在符合自己的尺度的形式之下，才能容忍市民社会的存在。换句话说，市民社会通过议员参加政治国家，这正是它们互相分离的表现，并且也只是二元论的统一的表现。""选举是真正的市民社会对立法权的市民社会、对代表要素的关系。……选举构成了真正市民社会的最重要的政治利益。由于有了无限制的选举权和被选举权，市民社会第一次真正上升到脱离自我的抽象，上升到作为自己的真正的、普遍的、本质的存在的政治存在。但是，这种抽象的完成同时也就是它的消灭。……一方面，议员是市民社会的全权代表，另一方面，他们相反地又表现出这一社会的政治存在，即国家政治形式内部的某种特殊存在。"②

西方学者对"公民社会"或"市民社会"的政策地位，提出了十种值得注意的论点。

一是公民社会要求正义政策。柏克指出，要把政策与正义分开来是极其困难的。正义本身便是公民社会的重大的、经常性的政策；在任何情况下对正义的任何背离，都会使人怀疑根本没有政策。③

二是公民社会要求平等的政策。托克维尔指出，身份平等对政府的钳制作用绝不亚于对公民社会的这种作用。④

三是公民社会要求保障自由的政策。阿克顿指出，不是为了良好的公共管理才需要自由，而是为了保障人们追求公民社会与私人生活的最高目标。首要的问题不是发现政府规定什么，而是政府应该规定什么；因为，任何违背人类良知的规定都是无效的。⑤

四是公民社会要求反极权主义（威权主义）。戴蒙德指出，有三种因

---

① 马克思：《论犹太人问题》，《马克思恩格斯全集》，第1卷，第441—443页。
② 马克思：《黑格尔法哲学批判》，《马克思恩格斯全集》，第1卷，第394、396页。
③ ［英］柏克：《法国革命论》，第203页。
④ ［法］托克维尔：《论美国的民主》，上卷，第4页。
⑤ ［英］阿克顿：《自由的历史》，第23—24页。

素使公民社会不再容忍威权统治的延续：一是政治价值观已经向民主方向转移；二是社会利益的整合；三是曾经轻松地处于主导和控制地位的威权政府被迫处于防守地位。① 雷蒙·阿隆则强调，极权的两种意义，一是国家吃掉公民社会，二是神化国家要推行的主义，变成教条。②

五是公民社会要求政策参与和政策协商。德雷泽克指出，协商最重要的场所是公民社会或公共领域。③ 博格斯也指出，政治使全体人民参与公共生活重要事务，作出决策，以及影响决定他们生活的问题的能力扩大成为必要，它意味着民众在政治共同体中实现真正的、积极的公民权的全部努力，并且使普通人进入精英统治、官僚机构，以及各种社会等级的极权的、压制性领域。虽然政治一直是精英的领域，但在公民权时代，对广大民众来说，它现在必将成为越来越普遍的现实，在很大程度上，这是因为普遍的投票权、宪法保证，以及开放的、动态的市民社会的发展。④

六是公民社会要求带有中间管理阶层的政策。菲利普·施密特指出，在最好的情况下，市民社会提供了一种介于个人和国家间的中间管理阶层，它可以无须公共强制力就能解决冲突，控制成员的行为，它并不会让决策者承载起更多的要求而使整个体制难以管理。⑤

七是公民社会要求调节公共领域中的关系。哈贝马斯指出，按照实用主义的模式，把技术成果和战略成果有效地转变为实践，有赖于政治公众社会作中介。⑥ 资产阶级公共领域的政治使命在于调节市民社会（和国家事务不同）。⑦

八是公民社会要求培育公民能力的教育。巴伯指出，因为权利是建立公民身份的产物而不是其条件，所以，把关于权利的华丽言辞与享有公民教育、公民身份和建立公民社会的基本策略联系起来可能是很明智的。当我们考虑新兴社会的民主的时候，在构建一种只有通过拥有公民能力的全体公民才能真正发挥作用的组织严密的制度之前，确立起教育机制和公民

---

① ［美］拉里·戴蒙德：《民主的精神》，第115—116、366页。
② ［法］雷蒙·阿隆：《雷蒙·阿隆回忆录——五十年的政治反思》，第133页。
③ ［澳］约翰·德雷泽克：《协商民主及其超越：自由与批判的视角》，第157—158页。
④ ［美］卡尔·博格斯：《政治的终结》，第119—120页。
⑤ ［美］菲利普·施密特：《民主是什么，不是什么》，载《民主与民主化》，第20—40页。
⑥ ［德］哈贝马斯：《作为"意识形态"的技术与科学》，第104页。
⑦ ［德］哈贝马斯：《公共领域的结构转型》，第55页。

的社会地位对于正在形成的公民身份是极其重要的。参与的首要功能是进行判断力的教育,公民是学会怎样作出各种公共判断并且能够运用各种术语来评价各种善的个体。①

九是公民社会要求公民权的支持。伊辛和特纳指出,重建市民社会(或公共领域)的任务若离开了公民权的动力形式是不可能完成的。对于任何有关全球治理问题的回答和政策来说,公民权问题必将是一个核心的成分。②

十是公民社会要求社会组织的自治。达仁道夫指出,在公民社会里,至关重要的是让很多不受(中央集权)国家干预的组织和机构存在,让它们虽杂乱无章,但具有创造性。作为自由的媒介物的公民社会,有其专有的特征,应该强调的是其中的三个特征。公民社会的第一个重要的特征是它的要素的多样性,有很多的组织和机构,人们能够在其中实现他们在各方面的生活利益。公民社会的第二个重要的特征是很多组织和机构的自治。公民社会的第三个重要的特征与人的行为举止有关系。在这里我们遇到公民身份地位的另一方面,即公民个人的一面,也就是说,公民意识。③

在肯定公民社会政策地位的同时,也有西方学者指出了与公民社会有关的两个消极因素。

第一个消极因素是公民的政治冷漠。鲍曼指出,随着现存政治制度不再能够减缓资本的流通速度,权力正逐渐从政治中转移——这种情况可以同时解释何以政治冷漠在日益增长;除了对众目睽睽之下的高层人士的绘声绘色的丑闻、选民对所有"政治"事务都越来越不关心;对来自政府大楼的救助的希望日益渺茫,不管谁掌权,都一样。在政府大楼中所做或可能做的事,对在日常生活中打拼的个体而言,越来越没有意义。公民对政治的无兴趣与冷漠,国家撤回了推动公共之善的义务,都是市民社会的令人不快而又正当的产物。一旦国家承认市场法则的法律优先性和优越性,公民就变成了消费者,而消费者"要求越来越多的保护,同时越来

---

① [美]本杰明·巴伯:《强势民主》,"20周年纪念版序言",第8—9页;正文,第187页。
② [英]恩斯·伊辛、布鲁恩·特纳:《公民权研究:导论》,载《公民权研究手册》,第1—14页。
③ [英]拉尔夫·达仁道夫:《现代社会冲突》,第58—59页。

越不需要参与到"国家管理中去，总的后果就是当前出现在各个方面的"普遍失序及排斥规则的动荡时局"①。

第二个消极因素是怀疑公民社会具有普适性的意义。爱德华兹指出，在国际发展的背景下，公民社会被探讨得太多，仅仅追求做一些鸡毛蒜皮的小事，人们期望穷人（这里通常指妇女）现在组织社会服务，治理她们的社区，评估各种项目，解决失业问题以及拯救环境。但是，大多数穷人要忙于生计，以致做不了这些事情，而绝大多数的其他人则太懒了。大多数发展中国家是否存在着公民社会，有人对此表示怀疑，他们把西方的热衷看作是把自由民主的价值观散布到其他国家的一个圈套。事实确实如此，是那些西方国家的作家使公民社会这个概念通俗化的。治理的目标并不仅仅是一个强有力的公民社会，而是一个方方面面真正公正文明的社会。②

（三）与"民主"相联系的公民社会

公民社会也需要"民主"，或者是需要一个"民主化"的过程，是不少西方学者认同的观点。但是，如何确定公民社会是"民主"的，或公民社会如何"民主化"，在政策的视角下，西方学者有八种看法。

第一种看法将公民社会看作民主政治和决定公共政策的桥梁。奥菲指出，民主政治是国家与公民之间的桥梁。这一桥梁的作用是双重的。从国家宪法或宪法实践所准予进入这一桥梁的个体角度看，这座桥梁给他们提供了进行利益表达、利益冲突、缔结联盟、赢得多数以及最终决定公共政策的机会。从市民社会内部存在的利益冲突的角度来看，这座桥梁是进行"民主阶级斗争"的舞台。③

第二种看法强调的是与决策有关的国家和公民社会的"双重民主化"。赫尔德指出，民主要想繁荣，就必须被重新设想为一个双重的现象。一方面，它牵涉到国家权力的改造；另一方面，它牵涉公民社会的重新建构。只有认识到一个双重民主化过程的必然性，自治原则才能得以确定。所谓双重民主化过程，必须接受以下原理和观念：（1）国家和公民

---

① ［英］齐格蒙·鲍曼：《寻找政治》，第11、144—147页。
② ［美］迈克尔·爱德华兹：《积极的未来》，第176—178、251页。
③ ［德］克劳斯·奥菲：《福利国家的矛盾》，第29—32、160页。

社会的划分必然是民主生活的核心特征;(2)决策权力必须不受资本和其他资源的私人流动所施加的不合法的限制。① 约翰·基恩也指出,公民社会与国家的分离以及二者的民主化——即实现民主政治制度指导下的后资本主义公民社会——乃是促成个人和群体真正的多元化的必要条件,从而使得人们能够公开地对他人的理想和生活方式表示赞同或提出异议。如果从这样一个新的角度去理解,民主化的概念和经过改革的公共服务媒介模型也就可以携手并进。②

第三种看法强调的是与决策有关的国家、公民社会、治理的"三重民主化"。福克斯提出了国家的民主化、公民社会的民主化、治理的民主化的诉求:对政治社会学来说,以国家为中心的方法暗示着,如果政治行为能被理解,国家中心论观点必须得到承认。正是国家,而不是其他机构,能集中一些权力资源去影响公民行为,塑造政治议程和改变公民社会行为的背景。国家被视为最基本的权力场所,公民社会被界定为包括一些机构和社团,如媒体、经济组织、政党和社会运动。显然,公民社会不是国家的工具,公民社会本身也是重要的权力场所。国家与公民社会共存于一种充满活力又不乏紧张的关系之中。民主理论的核心观点是只有个人才能对自己的利益作出最佳的判断,公民社会的不断个人主义化必然要求治理的民主化。然而,除了表达个人的自主权之外,民主还必须表示一种相互关系,民主包括对他人的妥协和容忍以及对彼此冲突的观点加以调和。因此,民主为我们提供了使日益多样化的公民社会走向和谐的最好的机会。民主还是使权力转化为权威的最可靠的方式,因为民主是在征得了公民同意的前提下才以他们的名义进行决策。民主能够以同样的尺度来衡量公民社会中全体成员的贡献。因而,民主要求任何决定都应由公民自己作出。③

第四种看法强调的是与公民社会密切相关的民主化公共领域中的政策参与。博格斯指出,如果没有一个开放的、充满活力的公共领域,对任何类似真正的民主的认知都是不可能的。公民权具有了新的意义,它包括更广泛的参与和对政府决策机构的民主支持。民主化的公共领域为社会运动

---

① [英]戴维·赫尔德:《民主的模式》,第312页。
② [英]约翰·基恩:《民主与传播媒介》,载《民主的再思考》,第272—302页。
③ [英]基思·福克斯:《政治社会学》,第8—9、134页。

与变革性政治、公民话语与参与的公民、解放观念与新出现的自治形式之间的重要联系留有余地。只有通过公共领域内普遍的公民参与，市民社会和国家内的民主变革，我们才能够想象那种需要维持"普遍的公民权"和面对主要社会问题的政治复兴。①

第五种看法强调的是公民社会自治中的决策者与政策受众的关系。赫尔德指出，鉴于公民社会自治包含着破坏有效的集体决策的因素，所以，必须对之予以关注。一个民主的国家和一个民主的公民社会与那些强有力的社会关系和组织都是不相容的。在政治决策者和政治决策的接受者之间存在着一种"均衡"和"对等"的关系：（1）在参加投票的公民和他们原则上所能使之承担责任的决策者之间存在着均衡和对等的关系；（2）在决策的"输出"（种种决策和政策等）和他们的选民之间存在着均衡和对等的关系。②

第六种看法强调的是为公民社会制定正确的政策。约翰斯顿指出，建立一个强大的、活跃的公民社会将是一个循序渐进的过程，需要根本的变革，因此迂回的策略也值得考虑。业已建立的民主制度得益于强大的公民社会，对制定公平游戏规则、限定政治和经济影响范围、提倡独立司法以及建立反对派达成共识，还得益于选举人所具有的撵走政府而保存立宪政体的能力。在制度化完善的体系里，国家、政治组织和公民社会既要缓和政治要求又要有助于表达心声，通过制定正确的政策以提高政府应对能力。③

第七种看法强调的是政府对公民社会的主导性作用。福山指出，国家构建是当今国际社会最重要的命题之一，过去几年世界政治的主流是抨击"大政府"，力图把国家部门的事务交给自由市场或公民社会，但特别是在发展中国家，政府软弱、无能或者无政府状态，却是严重问题的祸根，因此需要建立的一种"小而强的国家"④。自由市场、充满活力的公民社会、自发的"群众智慧"，都是良好民主制的重要组件，但不能替代强大且等级分明的政府。⑤

---

① ［美］卡尔·博格斯：《政治的终结》，第132、136、140、327页。
② ［英］戴维·赫尔德：《民主的模式》，第316、327页。
③ ［美］迈克尔·约翰斯顿：《腐败征候群：财富、权力与民主》，第220、227页。
④ ［美］弗兰西斯·福山：《国家构建：21世纪的国家治理与世界秩序》，"序"，第1页。
⑤ ［美］弗兰西斯·福山：《政治秩序的起源：从前人类时代到法国大革命》，第11、14页。

第八种看法强调的是公民社会的保障民主作用。阿塞莫格鲁和罗宾逊指出,一个组织完好的市民社会不仅对争取民主是必要的,而且对保护民主也是必要的。①

(四)"民主社会"的基本要求

西方学者除了关注"公民社会"问题外,更关注的是构建"民主社会"的问题。从西方学者提出过的各种"民主社会"的要求中,可以归纳出与政策有关的十条基本标准。

第一条是服务民众标准。托克维尔指出,在民主社会,享乐将不会过分,而福利将大为普及。民主有利于增加国内的资源,使人民生活舒适,发展公益精神。民主的真正好处,并非像人们所说是促进所有阶级的兴盛,而只是对最大多数人的福利服务。②

第二条是平等标准。沃尔泽指出,复合平等理论通过政策制定的方式能够从特定共同体延伸到国家组成的社会中,并且这一延伸有这样一个优势:它将不会践踏地方性共识和决策。政治正义的原则就是这样:一个民主国家用以设计其国内生活的自决过程必须开放,并且平等地向所有生活在其领土内、在当地经济中工作和服从当地法律的男女开放。③

第三条是自由标准。鲍曼指出,正如"市场上的看不见的手"无法产生富足的生存,"民主的看不见的手"要在一个正义社会中产生出可靠的个体,这一前景亦远未有一个可以预告的结论。除非个体自由地建立起一个促进并保障其自由的社会,除非他们共同建立起一个有能力达到该目标的代行机构,否则个体就不可能获得自由。④

第四条是非暴力标准。科恩指出,所有政治社会,每隔一定时期都会面临急剧而重大的变革,在实行民主的社会中,这种变革较少可能产生暴力的反应。⑤

第五条是理智或理性标准。悉尼·胡克指出,在一个民主社会中理智

---

① [美]达龙·阿塞莫格鲁、詹姆士·罗宾逊:《政治发展的经济分析——专制和民主的经济起源》,第30页。
② [法]托克维尔:《论美国的民主》,上卷,第261、266、280页。
③ [美]迈克尔·沃尔泽:《正义诸领域:为多元主义与平等一辩》,第37、75页。
④ [英]齐格蒙·鲍曼:《寻找政治》,第55、96—97页。
⑤ [美]卡尔·科恩:《论民主》,第231页。

越被解放，它对自然的富源的支配也就越大，它对自然的支配越大。① 罗蒂也指出，通往更合乎理性制度的过程是通往更多人民利益将得到考虑的社会的过程，因为更多人民参与了什么需要应当被满足的决策之中。所以，更民主的社会理所当然地被认为是更合乎理性的社会。②

第六条是公民政策参与标准。乔姆斯基指出，一国的决策层让该国的公众意愿对其公共政策的形成起了多大的作用，是确认民主社会的一条独特标准。③ 雷蒙·阿隆也指出，社会是民主的，因为人们可能就任何问题展开讨论。但是，由于大家对国家机构本身所给予的原则一致同意或几乎一致同意，果然政权是稳定的。④ 涂尔干则强调，在民主社会中，人们始终保持着潜能，这种能量可以突然地、奇迹般地显现出来。这是因为，在民主社会中，社会最无足轻重的要素都会充满活力。同样，控制集体活动的原则也不是不确定的一般化或模糊的相似性，而是实实在在的法律、一劳永逸地得到明确描述的规定。公众的角色并不是纯粹的服从，他们也参与这种活动，尽管无法指导这种活动。⑤

第七条是政策同意标准。悉尼·胡克指出，一个民主的社会是政府依靠被统治者自由地表示同意的一种社会。在这一初步定义中，每一个名词都带有某种的歧义。最少歧义的，是"被统治者"一词。所谓"被统治者"，就是指那些参与社会共同体的成年成员以及他们的家属，他们的生活方式都是受着政府的作为或不作为的影响。所谓"政府"，主要是指制定法律和政策的立法机构、行政机构和司法机构，它们的各种活动支配着社会的生活。说政府依靠被统治者的"同意"，是意味着在某种规定的期间内，它的各项政策都要服从被统治者的批准或不批准。所谓被统治者"自由地表示"同意，是意味着不用直接或间接的强制，来影响被统治者表明他们的批准或不批准。⑥

第八条是反对政策强迫标准。诺齐克认为，如果民主社会中的多数人希望以合作、符号化的方式表达关注和团结一致的最严肃的关系，喜欢其

---

① ［美］悉尼·胡克：《理性、社会神话和民主》，第262页。
② ［美］罗蒂：《后形而上学希望》，"作者序"，第4页。
③ ［美］诺姆·乔姆斯基：《失败的国家：滥用权力和践踏民主》，第289页。
④ ［法］雷蒙·阿隆：《阶级斗争——工业社会新讲》，第112—113页。
⑤ ［法］爱弥尔·涂尔干：《乱伦禁忌及其起源》，第83、240—243页。
⑥ ［美］悉尼·胡克：《理性、社会神话和民主》，第251—252、259页。

他方式的少数人就得参与进来,以便使自己的看法得到充分表达。不过,多数派也可能表达它对少数派的关注以及团结一致的联系,其方式是不去迫使少数派像多数派自己希望的那样进行参与。只要有可能,社会应该允许由于道德原因对公共政策认真地持反对意见的人选择退出该政策——即使其他人希望将他包括进他们的共同符号化行为时也是如此。这一考虑应该服从这个一般性原则:在我们力所能及的情况下,我们应该避免强迫人们参与旨在实现他们认为在道德上不可取或者极其可恨的目标的活动。[1]

第九条是"自上而下"的政策制定标准。戴伊指出,我们说一个民主社会的公共政策是自上而下制定的,并不是为了贬低和毁谤民主。在任何社会中权力的分配都是不平等的,没有什么政府能够保证让其公民全部有效地参与影响他们生活的所有政策制定。自上而下的政策制定并不一定意味着对民众的压迫或者剥削,国家精英集团会进行广泛的改革,以保持现有的政策体制,维护他们在此体制中的角色地位,保证民众对此政策体制的支持,由此避免民众的不安定。[2]

第十条是"美好社会"的民主标准。加尔布雷斯指出,美好社会的主要缺陷不在于民主制度自身,而在于这里的民主还不完善。只有当所有的人都参加投票——除去个别反常的人——美好社会才能实现其紧迫的目标。真正起作用的是政治决策和行动。必须根据特殊情况的社会和经济价值作出决策,在一个美好且有智慧的社会里,政策和行动并不服从意识形态或教条。民主是人类的基本权利,但它是教育和经济发展的自然结果。受过良好教育的人不会屈从于独裁统治。[3]

(五)政策民主的基本社会取向

从本章的论述可以看出,在社会问题上,既要注意马克思主义经典作家的基本观点,也要注意西方学者的论点。

马克思主义经典作家对政策的社会基础,除了强调共产主义理想和建设社会主义社会的基本要求外,还重点解释了三个层次的问题。第一个层次是"关系",着重以"国家与社会的关系"和"市民社会的政策功能"

---

[1] [美]诺齐克:《经过省察的人生——哲学沉思录》,第270—271页。
[2] [美]托马斯·R. 戴伊:《自上而下的政策制定》,第2—3、17页。
[3] [美]约翰·肯尼迪·加尔布雷斯:《美好社会——人类议程》,第118—122页。

说明政策与社会的基础性关系（对于这样的关系，也可以视为对政策所依赖的"社会结构"的解释）。第二个层次是"功能"，强调的是社会解放、社会改造和改革等，作为功能性的杠杆，对政策具有不可忽视的作用。第三个层次是"载体"，指明"社会运动"和"社会组织"是可以代表社会参与政策的重要载体。尤其需要注意的是两种对社会的重要要求：一是思想解放对于回应社会政策需求的积极和正面的作用，二是"运动"对于以政策保证社会稳定的消极和负面的作用。

西方学者对政策的社会基础，有两种取向的解释。第一种是肯定性取向，不仅肯定公共领域的政策功能，强调政策的"组织化"要求和"组织民主"的必要性，注重社会运动对政策的积极影响并肯定"大众政策"的一定积极意义，还强调"公民社会"具有重要的政策功能，并对理想型的"民主社会"提出了多方面的要求。第二种是否定性取向，不仅明确否定"大众政治"和"大众民主"，还对公民社会的政策作用提出质疑，并要求高度警惕社会运动对政策带来的各种消极影响。以政策民主的视角看待社会，"民主社会"显然比"公民社会"更为重要，所以应该特别注意西方学者提出的服务民众、理智、非暴力、社会讨论、公民参与、政策同意、反对政策强迫等"民主社会"的标准。

综合马克思主义经典作家和西方学者的观点，政策民主理论需要强调的，是构建四种社会的基本取向。

第一种是"保持活力的社会"。无论是强调社会解放和社会改造，还是要求发展民主社会、公民社会，所注重的都是为社会注入活力，并且用民主的方法来调动人民群众或者是公民的积极性。因为一个僵化的、没有活力的社会，尤其是缺乏社会发展动力的社会，不仅无法有效解决重要的政策问题，还可能遭遇重大的社会危机。

第二种是"注重政策支持的社会"。政策扎根于社会，应有四方面的含义。一是需要政策重点解决的问题，大量地来自社会。二是政策的影响，往往覆盖全社会。三是政策具有"建构社会"的功能，并且能够规划出社会发展的宏大目标。四是社会制约着政策，使政策必须符合相应的经济社会条件。由此，需要特别强调政策所需要的社会支持，无论是人民群众对政策的理解和支持，还是公民对政策的"同意"以及"反对政策强迫"，都是一个社会不可缺少的要素。当然，要求获得支持的政策，应该是正确的政策，而不是任意而为的错误政策。

第三种是"组织化的社会"。社会的"组织化"也是支持政策的重要因素，无论是发展社会团体和社会组织，还是强调公民社会的组织作用，重点关注的都应该是如何通过"组织化"的手段，调动民众参与和支持政策的积极性，而这恰是"组织民主"的最基本要求。尤其需要注意的是，"组织化的社会"与政府并不是对立甚至对抗的关系，而应该是合作和相互支持的关系。

第四种是"有节制的社会"。社会是需要节制的，无序的社会不符合民主的要求。由此突出了两个方面的节制要求。一方面是对社会运动的节制，使社会运动处于对政策"有利"的可控状态之下。另一方面是对"大众政治"和"大众民主"的节制，因为它们不仅不利于社会稳定，也挑战既有的民主的政策模式，实际上是反民主或破坏民主的形式，因此必须加以节制。

社会问题是极为复杂的，本章只是就政策民主理论所面临的社会问题作了概要的介绍。要系统地说明政策民主与社会的关系，显然还需要更系统和更深入的研究。

第七章 以信息交流为基础的政策民主

政策民主的重要表现是决策者与民众可以就政策问题展开对话和交流，而这样的对话和交流需要一定的信息基础，由此需要讨论的是政策民主需要什么样的信息，以及如何保证信息交流等问题。

一 作为"政策处理"的信息

与政策有关的信息应该分为两大类。第一类是作为"政策处理"的信息，强调的是信息的"技术性""系统性"及"内部性"特征，即此类信息必须经过一定的技术处理，才可以转换为政策。第二类是作为"政策知情"的信息，强调的是信息的"传播性""可知性"及"外部性"特征，即此类信息需要通过相应的政策过程扩散出去，使民众尤其是政策受众对政策有所了解。本节主要讨论的是作为"政策处理"的信息，第二类信息将放在下一节讨论。

（一）对政策信息系统的基本理解

政策信息需要由专门的系统进行处理，西方学者对这样的系统有不少研究，可以引证三种有代表性的表述。

第一种是"政治系统"的表述。此种表述来自伊斯顿，他强调了信息处理的两个主要过程。一是信息输入和转换为政策的过程。可以把一个政治系统想象成为一个巨大的通讯网络，信息以要求的形式流入其中，从中产生出我们称之为决策的种种不同的信息。如果系统能够生产这种输出，那就肯定存在着各种中间过程，这些过程的作用是允许进入系统的信息通过、分离、组合和再组合，以便它们在数量上和种类上都适宜决策者加以处理。如果要求实质上需要花费过多时间来加以处理，或者如果它们超过了某个经验上可以把握的容量,出现"输入超载"或者"过分容量的压力",以及由决策者处理信息的无能造成的"反应失败"等,那么一个系统所作出的约束性决策的能力就会受到威胁。① 二是信息反馈对政策的影响过程。反馈对于政策具有以下作用。(1) 学习。因为它们能够通过记忆系统而储存信息、有选择地召回储存的信息以供仔细审查,并运用决策规划以对它们进行评价,所以这些系统就能够学习。(2) 纠错。关于系统状况、关于它与所欲目标的距离和关于已经采取行动的过去的和现存的影响的回归信息,能使系统的决策中心从事任何被认为是达到目标所切实可行的和必需的纠正行动。(3) 知识。由有关其后果的信息反馈紧随其后的、表现为输出形式的每一个与其环境的变动,都增加了一个系统经由其决策中心而必需取得的知识。(4) 方法。反馈能使一个系统探索和发现新的处理问题的方法,基于有关现存的和以往的行为的信息之上,一个系统就能够选择、排斥某种模式和强调相应有利的模式。(5) 革新。在历史地界定的边限内的每个系统,都会发现其决策中心起码不拘泥于采用全新的和革新的策略,来处理任何实际境况,甚至创造新的目标。②

第二种是"信息沟通渠道"的表述。此种表述来自阿罗,他认为各种决定,不论在哪里采用,都是所接受信息的一个函数。当信息保持不变时,任何决定都不会作出。与信息渠道及其使用相关的不确定性、不可分割性和资本强度,它们合起来暗示着:(1) 一个组织的实际结构和行为可能极大地依赖随机事件,换句话说依赖历史;(2) 对效率的追求可能导致刚性,对进一步的变化不作反应。要想使信息对组织有任何用处,就必须对信息作调整。用更正式的话说,必须在组织内部建立沟通渠道。在组织设计中,头等的要求是提高组织处理大量事项的能力。等到信息和信息处理成为个人资本的积累这个地步时,所需要的就是帕累托所称的"精英循环",即决策者的吐故纳新、更新换代。在设计决策制度时,目标应该是能够尽最大可能地促进信息的流动。为了使权力即决策的集中化起到使信息的传递和处理更经济化,需要注意由四个要点组成的一个系列:一是联合决定优于分散的决定;二是最优的联合决定取决于分散在社会中各个体手上的信息;三是将所有信息一次性地传递到中心位置更有效

---

① [美] 戴维·伊斯顿:《政治生活中的系统分析》,第 42、65—69 页。
② 同上书,第 439—443 页。

率；四是由处于这样的个人或办公室作出集体决定并传递，可能要比把决策据以作出的所有信息进行再传输更为便宜。①

第三种是"组织决策"的表述。此种表述来自西蒙，他强调的是信息处理的两个要素。一个要素是组织。组织是一群人彼此沟通和彼此关系的模式，包括制定及实施政策的过程。这种模式向个体成员提供大量决策信息，许多决策前提、标的和态度；它还预测其他成员目前的举动以及他们对某个体成员言行的反应，并向该成员提供一系列稳定的易于理解的预期值。对组织的科学描述，就是尽可能说明每个组织成员制定了哪些决策，以及制定每项决策时所受到的影响。另一个要素是沟通。沟通就是一个组织成员向另一个组织成员传输政策前提的过程。没有沟通就没有组织，因为没有沟通，群体不可能影响个人的行动。组织中的沟通通常是双向过程：它既包括向决策中心（也就是负责制定决策的个人）传输命令、信息和建议，也包括把决策从决策中心传输到组织的其他部分。信息和建议在组织中的流向不只是自上而下的，还是全方位的流动。与决策有关的许多依据有稍纵即逝的特点，只有在决策时刻才能完全确定，而且只有操作人员才能确定。②

（二）政策信息处理面临的主要问题

在政策信息处理过程中既要面对一些技术性问题，也要面对一些政治性问题。归纳西方学者的论点，政策信息处理主要面临的是五大问题。

第一，信息不足问题。波普尔指出，当我们的心中为一定的目标萦绕时，它只允许我们通过经验和分析，发现我们实际在做什么。它们都是短期的政策，它们甚至不能被公开讨论，一方面是由于缺乏必要的信息，另一方面是由于采纳决策所依赖的原则是含糊的。③ 马奇也指出，尽管决策者试图作出理性的决策，但他们被有限的认知能力和不完全的信息所束缚，因此，虽然他们有美好的愿望，也付出了巨大的努力，但是他们的行动却不是完全理性的。④

第二，信息超载问题。阿普特指出，高度的信息体系存在一个"超

---

① ［美］肯尼斯·阿罗：《组织的极限》，第51—52、59、69—70、82—86页。
② ［美］赫伯特·A. 西蒙：《管理行为》，第15、37、182—183页。
③ ［英］波普尔：《开放社会及其敌人》，第2卷，第208—210页。
④ ［美］詹姆斯·马奇：《决策是如何产生的》，第7页。

载"的问题。决策者面对如此之多的信息以至于难以采取行动。而且，信息可能被预先进行了筛选，信息的来源和重点已经不对称了。因此，充分的信息体系中的困难在于评价信息，这就导致了不确定性。①

第三，信息失实问题。阿尔蒙德等人指出，政府行政机构直接干预和发展综合性的政策规划，这些困难与信息失实有关，既包括决策者所获信息的失实，也包括决策者在致力执行已定政策过程中的失实。如果中央决策者负责评价所有的信息并制订所有的决策，而不仅是负责作出基本政策选择，那么他们在一个庞大而复杂体系中的功效就会由于以下因素而削弱。（1）中央决策者只能读到或听到和了解到数量有限的信息。（2）由于一个集权的决策结构的信息系统包括许多环节，发生错误和失实的可能性也加倍增长。（3）大量有关信息不断增加的技术复杂性，使得高级官员都要受他们手下专家们的支配。（4）政府行政等级结构所起的歪曲作用，在有效的政策收集和发布信息方面也造成了许多困难。②

第四，信息控制问题。斯通指出，民主政治的理论以及政策分析界都表示支持不限制地获取信息的原则，以及在决策中的信息的完备性。尽管在口头上都表示无保留的信息，在人类事务的所有方面，控制信息却是一种战略的一个基本、基础的组成部分。被界定为有意识地对舆论和人们的倾向加以操纵的灌输，同样出现在自由民主的政体中。在这样的政体中，它也同样掌控信息，或者操纵信息。③ 彼得斯也指出，公共官僚通过控制信息、政策提案和有关可行性知识的能力，官僚即便不是决定政策，也绝对有能力影响政策，需要一个非同寻常的政治家才能克服部门内的这种控制。政治家一向被认为处于最重要的决策位置，而官僚仅仅处于执行决策位置。但是，存在两个要素符合传统的预设。首先，官僚实质性地影响那些对决策至关重要的信息和技术。其次，在界定政策时政策执行更具分量。官僚所具有的资源，一是信息和专业技术，在特定的问题领域的决策上，他们比那些相对无知的政治执行者和立法机关可能（在技术上）做得更好，官僚所处的位置至少能够含蓄地用政策信息交换对政策的影响力；二是决策的权力，官僚机构几乎没有与自由讨论相关的程序规则，例

---

① ［美］戴维·阿普特：《现代化的政治》，第 28 页。
② ［美］阿尔蒙德等：《比较政治学——体系、过程和政策》，第 170—172 页。
③ ［美］德博拉·斯通：《政策悖论：政治决策中的艺术》，第 313—315 页。

如选举或类似的程序，在很多问题上他们相比立法机关行动更加迅速，官僚机构在决策时也不必对来自选民的政治压力过于敏感。[①]

第五，"信息互利"问题。奥菲指出，经常出现的情况是，关键政治问题的决策等形成于代表之间高度非正式交涉，这些代表来自公共部门和私人部门的战略团体。咨询、交涉、互通信息以及对特定政策可能遇到抵制或得到支持而进行的评估技术等等，在公共政策制定过程中都假定具有其相应的作用，而且绝不限于补充性的作用。除了高度非正式的特征外，这种公共政策制定模式还有其他两个方面的特征：一方面是强烈的功利性表现；另一方面是缺乏民主合法性。这种决策模式的参与者也有种种理由使他们之间交换的各种精细的建议、信息和威胁等，尽可能远离普通大众的眼睛或远离他们所代表的选区。通过这种决策模式，重大国家政策的一致性因而不是来自民主制度所正式提供的民主过程，而是来自功利团体的代表之间的协商。这种一致性是对民主机制的置换。[②] 格罗斯曼和赫尔普曼也指出，特殊利益集团很自然地基于以下两个原因进行信息操纵活动。(1) 特殊利益集团的成员通过从事日常活动收集有关政策问题的信息。(2) 特殊利益集团可能具有研究其成员利益的积极性。游说明显地降低但不能完全消除政策制定者面临的不确定性。更重要的是，大部分情况下的信息共享同时有利于政策制定者和特殊利益集团。政策问题的维度也会影响集团可信地交流信息的能力，与只考虑单维政策参数的信息传递相比，游说者的多维政策信息传递使得政策制定者获益更多。政策制定者从游说的努力程度推知更多信息，并且能够更好地进行政策选择。[③]

（三）政策信息处理的"民主"思路

为避免专断或滥用权力，决策者对政策信息的处理需要采用"民主"的方法，西方学者提出了五种政策信息处理的民主思路。

第一种是"以讨论应对信息不对称"思路。科恩指出，一种协商的民主观念将公共推理置于政治合法性的核心。在任何民主观点看来——事实上在任何关于明智的政治决策的观点看来，讨论都是重要的，只是因为

---

① ［美］盖伊·彼得斯：《官僚政治》，第22、244—247页。
② ［德］克劳斯·奥菲：《福利国家的矛盾》，第32—33页。
③ ［美］吉恩·格罗斯曼、［以］埃尔赫南·赫尔普曼：《特殊利益政治学》，第73—74、98页。

在私人信息的分布不对称的背景下，它在集中这些信息方面发挥着必不可少的作用。①

第二种是"通过参与获得信息"思路。托马斯指出，公共管理者花费一定时间邀请各个行动者参与公共决策，可以减少政策执行过程中所花费的时间。凭借各方行动者的力量参与最初的决策，更可能达到广泛支持甚至促进政策执行的功效。如果学习过程能够成功完成，公民参与可以实现一些优势。对于行政管理者而言，这些优势包括获得有关公共服务需求的更完善的信息，以更节约资金的方式提供公共服务，以及行政管理者形成对自身管理工作的良好情感。②

第三种是"合意决策"思路。阿罗指出，在信息广泛分散和要求决策速度的情况下，战术层面的权力控制对于成功是必不可少的。可用以替代权力的另一极是合意。只有当一个组织的所有成员拥有完全相同的利益和完全相同的信息，自发的合意才是有效率的。当组织成员间的利益和信息均不相同时，达成合意的成本将上升。因而合意作为一种组织决策方式，其价值相对权力的价值将下降。③

第四种是"信息共享"思路。杰弗里·卢克指出，"催生化领导"包含四项具体的工作任务：（1）通过把该问题提上公共议程和政策议程来集中注意力；（2）通过把处理该问题所需要的不同人员、机构和利益集团召集起来使人们参与这种活动；（3）促成多种行动战略和行动选择；（4）通过恰当的制度化以及迅速的信息化共享和反馈来管理这些相互联系进而继续行动和保持势头。④

第五种是"重信息、轻强制"思路。密尔（又译穆勒）指出，我们应当区分两种干预，一种是命令式干预，另外一种干预可以称为非命令式的，政府不发布命令或法令，而是给予劝告和传播信息（这是一种政府本来可以加以广泛利用但实际上很少采用的方法）。⑤ 阿普特也认为，民主是一个要求人们高度自我节制的协调政府体系。如果一个国家想以最有

---

① [美] 乔舒亚·科恩：《民主与自由》，载《协商民主：挑战与反思》，第184—229页。
② [美] 约翰·克莱顿·托马斯：《公共决策中的公民参与》，第21—22页。
③ [美] 肯尼斯·阿罗：《组织的极限》，第84—86页。
④ 转引自 [美] 珍妮特·V. 登哈特、罗伯特·B. 登哈特《新公共服务：服务，而不是掌舵》，第109—110页。
⑤ [英] 约翰·穆勒：《政治经济学原理》，下卷，第530—532页。

效率的方式进行现代化，它就需要建立一种政体，这一政体能够在强制与信息之间形成一种合理关系，以最低的成本实现现代化目标。协调体系不得不在很大程度上依赖信息来确定自己的目标和实现目标的手段，它不可能过多地依靠强制——如果这样，它就转变为动员体系。它的显著特征是其团体参与生活，以及激励民众更充分地参与经济过程。[1]

综合西方学者的看法，对于作为"政策处理"的信息，首先需要了解政策系统如何处理这样的信息，其次应该明白在信息处理中会面临信息不足、信息超载、信息失实、信息控制、信息互利等问题，然后需要针对这些问题，理出用民主的方法解决问题的思路。这样的基本逻辑，应该成为"政策民主"处理政策信息的一种基本要求。

二 作为"政策知情"的信息

作为"政策知情"的信息，不仅涉及信息传播和政策信息公开等问题，还涉及公民与政策信息的直接或间接关系，现分述于下。

（一）需要"开放"或公开传播的政策信息

哪些政策信息需要"开放"或者公开传播，西方学者大致框定了一个范围，应该包括以下六种信息。

第一种是选举中的政策信息。唐斯指出，选民收集政治信息主要出于两个原因，帮助他们决定如何投票，形成在选举之间能够影响政府政策制定的观点。[2] 罗尔斯也指出，各种选举的公共经费负担和确保有关政策问题的公共信息之有效性，使被选代表和官员足以独立于特殊的经济利益和经济利益，并提供知识和信息，正是依据这些知识和信息，各种政策才能形成并接受公民利用公共理性对之进行理智评判。[3]

第二种是公共信息。帕伦蒂指出，统治阶层的决策并不完全对大众屏蔽，他们为了更好地贯彻政策并减少阻力，往往会吸取民众意见，使其参与决策过程。他们决策的细节也大部分为报纸等媒体所报道。不过，他们

---

[1] ［美］戴维·阿普特：《现代化的政治》，第257、291、306页。
[2] ［美］唐斯：《民主的经济理论》，第217页。
[3] ［美］罗尔斯：《政治自由主义》，平装本导论，第46—47页。

这些公开的决策基本都是公共信息为主,当涉及当权阶层的核心利益时,他们会尽量减少知情者人数,杜绝媒体介入。① 贝克也指出,信息公开与接近的范围应该扩展得更大一些。政府决策必须以公开可得的信息为基础,借此才能制定与捍卫政策。②

第三种是表明政策正当性的信息。古特曼和汤普森指出,公民和官员为了证明各种政治行动的正当性而给出的各种理由,和评价这些理由所必需的信息,都应该公之于众。公民和官员给出的理由应当是公共的,这种公共性既是部分地用来保证这些理由是互惠的,也部分地是为了实现政府公开性的独立道德价值。③

第四种是与民众参与决策有关的信息。彭茨指出,开放性保障公民有机会获取信息和参与决定:谁将自由置于一系列价值的最高位置,他就必须优先致力于建立公开的信息和决策程序。④ 戴蒙德也指出,公民必须拥有要求并获得有关政府所有职能与决策之信息的合法权利——这样的信息应与国家安全问题无关,而且也不会侵犯个人的隐私。⑤

第五种是对民众有直接影响的政策信息。彼得斯指出,讨论政府政策公开,通常是在政策达成后公众获得信息的途径的意义上。对于了解政府做了什么决策、谁做的以及为什么,政策公开很重要,但它无助于改变政策制定的实际方式。政府决策公开的一个信条是,那些非常明确地影响公民的决策,例如土地使用的决定等,应该在实施前服从公众的意见。⑥

第六种是由利益集团提供的政策信息。格罗斯曼和赫尔普曼指出,在一定程度上,特殊利益集团能够以低成本或无成本向选民提供有关政策的信息,选民也希望获得政策问题的信息。特殊利益集团愿意提供有利于自身的政策问题的信息。通过向选民提供信息,利益集团试图采用有利于自己的方式来阐述政策问题。⑦

---

① [美] 迈克尔·帕伦蒂:《少数人的民主》,第328—329页。
② [美] 查尔斯·埃德温·贝克:《媒体、市场与民主》,第268页。
③ [美] 阿米·古特曼、丹尼斯·汤普森:《民主与分歧》,第107—108页。
④ [德] 埃伯哈德·彭茨:《政治与人类尊严——德国自由主义者的解决途径》,第85—86页。
⑤ [美] 拉里·戴蒙德:《民主的精神》,第360页。
⑥ [美] 盖伊·彼得斯:《官僚政治》,第262页。
⑦ [美] 吉恩·格罗斯曼、[以] 埃尔赫南·赫尔普曼:《特殊利益政治学》,第132页。

(二)"知情"信息的传播途径

需要民众"知情"的政策信息,应该通过多元的途径传播,而不只是依靠政府的信息发布。如达尔所言,公民有权利从其他公民、专家、报纸、杂志、书籍、电讯等那里,寻找替代的、独立的信息来源。此外,必须存在不受政府控制、也不受其他某个试图影响公众的政治信仰和政治态度的政府团体控制的、替代的信息来源。并且,这些来源都得到法律的有效保护。如果公民获得的信息,都是出自同一个来源,比方说政府,或者是某一个党派、派系或利益群体,他们怎么可能有效地参与到政治生活中去。① 阿尔蒙德等人也指出,社区团体、志愿协会,甚至宗教团体,还有通过大众媒体和因特网对免费通讯和信息的获取方式,都是公民社会的重要部分。②

(三) 民众了解政策信息面临的困难

即便在西方的政治形态下,民众了解政策信息也面临不少困难,西方学者重点指出了四个方面的问题。

一是公众对政策问题的隔膜或冷漠,影响公众对信息的了解。阿尔蒙德等人指出,即使在民主政体下,要获得公众得以控制的信息也由于种种原因而变得复杂起来,一是政府活动涉及技术的复杂性以及为理解这些复杂性需要越来越专门的知识;二是公众对许多政治问题非常隔膜。当然,如果政策结果不好的话,选民能够运用并且确实也用了投票这个方法来反对现任领导人。但尽管如此,如果所有的任职者表现都恶劣的话,那么究竟谁负责的问题还是不能解决。③

二是公众难以得到真实的政策信息。罗素指出,在现代国家中,政府官员权力日益扩大的危险产生的原因是,能节制官员的大多数选民通常对于一种特别问题都不大感兴趣。大部分公众听不到所争论问题的实情。也许他们能听到,但往往只能依靠不充分的信息作出草率的论断,而且这些信息大多来自于官方,而非来自受争论中的问题所影响的那个社会阶

---

① [美] 罗伯特·达尔:《论民主》,第 94 页;《论政治平等》,第 7—9 页。
② [美] 阿尔蒙德等:《比较政治学——体系、过程和政策》,第 191 页。
③ 同上书,第 166—168 页。

层。① 乔姆斯基也指出，幸运的是，美国还是一个相当自由的社会，所以对于它的公民来说获取信息是可能的；但不幸的是，他们得靠自己去调查收集，因为从媒体中根本得不到所需的信息。②

三是选举可能面临一定的政策信息困境。布坎南和塔洛克指出，关于理性主义民主的种种概念，都是基于以下假定：一旦全体选民都得到了充分的信息，个人利益冲突就会并且应该消失。我们并不否认这种概念的偶然的有效性，然而我们却要对这种政治过程观的普遍的或者甚至是典型的有效性提出质疑。③ 巴伯则强调，将决策制定还原为投票的问题是将信息最小化，也是将各种过度选项的悖论最大化。④

四是存在信息传播失败的危险。马尔库塞指出，决策者"制造"的信息可能遭遇失败，因为单向度思想是由政策的制定者及其新闻信息的提供者系统地推进的，它们的论域充满着自我生效的假设，这些被垄断的假设不断重复，最后变成令人昏昏欲睡的定义和命令。⑤ 杜鲁门也指出，由于各种原因，利益集团的宣传活动往往难免犯错误和缺乏效果。在特定情况下，宣传活动无效的其他主要原因是：目标人口无法按照宣传者期望的那样接受集团的信息，集团无力激发起合适的态度，宣传活动没有产生它所期望的活动。⑥

（四）获得公众得以控制的信息的路径

为使"知情"的政策信息成为"公众得以控制的信息"，西方学者提出了一些重要的路径。

第一种路径是构建与信息有关的载体和规制。诺齐克指出，任何人都可以开创他们向往的、任何种类的（与这种框架之运行相容的）新共同体，而其他任何人也都可以不进入它（不可以基于家长制的理由而排除任何共同体，也不可以强加一些更弱的家长制限制——例如强制性的信息

---

① ［英］伯特兰·罗素：《政治的理想》，第410—411页。
② ［美］诺姆·乔姆斯基：《失败的国家：滥用权力与践踏民主》，第288、297页。
③ ［美］詹姆斯·布坎南、戈登·塔洛克：《同意的计算——立宪民主的逻辑基础》，第3—4、26页。
④ ［美］本杰明·巴伯：《强势民主》，第237页。
⑤ ［美］马尔库塞：《单向度的人：发达工业社会意识形态研究》，第13、17页。
⑥ ［美］戴维·杜鲁门：《政治过程——政治利益与公共舆论》，第242—245页。

发布程序和等待期——来消除人们决策过程中的一些所谓缺点)。① 博曼也指出,"公众"不但意味的是公民体,而且还意味的是原则上对每个人都开放的决策、商讨以及信息收集的重叠领域的存在。②

第二种路径是以积极的公民参与来获取信息。珍妮特·登哈特和罗伯特·登哈特认为,更多的参与能够有助于满足公民追求的期望,使公民的声音受到关注,使公民的需要和利益得到满足;随着政府对更加广泛的信息来源、创造力来源以及解决方案来源的开发,更多的参与能够改进公共政策的质量。更多的参与能够有助于迎接一个正在出现的信息社会的挑战。③ 托马斯也指出,由于公民或公民团体的参与为决策带来了更多的有效信息,这使得决策质量有望提高,公民提供的信息可以避免决策因建议不当而造成的失误。④

第三种路径是以讨论取代投票方式,达到充分揭示私人信息的目的。费伦指出,如果投票程序不能使私人信息的揭示像自由讨论做到的那样细致,如果个人对于可能结果的偏好不是存在如此分歧,以至于使得讨论没有信息性和价值的话,那么,希望作此集体决策的群体可能更想进行讨论而不仅仅是投票。⑤ 博克斯也指出,能否保证公共政策制定获得"最好的"结果,取决于公民是否能获得信息,并能对公共政策问题进行自由而公开的讨论,而不是依赖于精英集团的偏好或者局限于选任代议者的审慎决断。⑥

第四种路径是在自治形态下实现公民对信息的掌控。赫尔德指出,在"民主自治"下,需要采用多种形式的机制来了解公众偏好、检验其凝聚力并获取公众意见的信息。⑦ 人们可以获取公开和免费的信息,以确保在公共事物中采取信息充分的决定。⑧

---

① [美]诺齐克:《无政府、国家与乌托邦》,第389页。
② [美]詹姆斯·博曼:《公共协商:多元主义、复杂性与民主》,第23页。
③ [美]珍妮特·V.登哈特、罗伯特·B.登哈特:《新公共服务:服务,而不是掌舵》,第70页。
④ [美]约翰·克莱顿·托马斯:《公共决策中的公民参与》,第115—116页。
⑤ 詹姆斯·费伦:《作为讨论的协商》,载《协商民主:挑战与反思》,第45—67页。
⑥ [美]理查德·博克斯:《公民治理:引领21世纪的美国社区》,第14页。
⑦ [英]戴维·赫尔德:《重构全球治理:未来其实或者改革》,载《全球化理论——研究路径与理论论争》,第283—308页。
⑧ [英]戴维·赫尔德:《民主的模式》,第317页。

综合西方学者的看法,对于"政策知情"的信息,既需要明确哪些信息可以公开并需要民众知情,并强调信息传播的多元化途径,也应该了解民众在掌握政策信息方面存在的主要困难,以及可能以什么样的途径来面对这样的困难。尤其是在"信息化"的时代,忽视"政策知情"信息的传播所带来的负面影响可能更大。

三 对"民意"的不同看法

即便是作为"政策处理"的信息,也不能忽视民意,因为民意是重要的信息来源;作为"政策知情"的信息,也要通过民意表达出来。由此,需要对公意、民意与政策的关系做概要的说明。

(一) 对"公意"的理解

西方学者使用的"公意"概念,应该有两种不同的含义。

"公意"的第一种含义指的是"公共意志"。在这样的含义下,西方学者强调了"公意"与政策的以下关系。

一是公意代表公共利益或者人民的意志。卢梭指出,公意永远是公正的,并且永远以公共利益为依归。使意志得以公意化的与其说是投票的数目,倒不如说是把人们结合在一起的共同利益。有两种公意,一种是对全体公民而言的,另一种是仅只对行政机构的成员而言的。尽管政府可以随自己的意思规划自己内部的政策,但是除非是以主权者的名义,也就是除非是以人民本身的名义,政府是决不能号令人民的。[①] 需要注意的是,在西方学者中还有一些与"公意"或"公共意志"含义接近或类似的表述方式,如达尔使用的是"公民的意志",他指出,如果公民不同意某些政策,应当以谁的观点为主呢?在民主制度中,标准答案是,决定必须遵从大多数公民的意志。[②]

二是公意是政策选择的依据。巴伯指出,强势民主是以意志而不是以选择为依据,以判断而不是以偏好为依据。强势民主将决策理解为人具有作为创造者的一面,所以它关注公共意志,通过形成某种共同意志来选择

---

① [法]卢梭:《社会契约论》,第39、43、90页。
② [美]罗伯特·达尔:《论政治平等》,第9—10页。

某个共同的世界。在这里,合法性并不是使得道德高尚者获得利益而是裁决公益,问题不是"我想要"和"你想要"之间的竞争,而是"我想要"与"我们愿意"之间的竞争。在强势民主的决策程序中,"我们愿意"也就宣布某种已经获得共同的承认。① 伯纳德·曼宁则强调,合法性的来源不是业已决定的个人意志,而是意志的形成过程,即协商本身。一个合法的决策不代表众意,但它源自众人的协商。它是每个人的意志形成的过程,这个过程将其合法性归结于结果,而不是已经形成的意志的总和。我们有理由肯定,作为合法性基础的不是他们业已确定的意志,而是他们决定他们意志的过程,这就是协商的过程。②

三是公意需要不受阻挠的表达。古德诺指出,民治政府会不会消失,主要取决于我们是否有能力防止政治对行政施加过多影响,以及是否有能力防止控制行政的政党利用行政对表达公共意志施加不当影响。③ 罗尔斯也认为,一旦立法和社会政策明确表达了公众意志,政府若还是民主政府就不可能凌驾于它之上。④

四是公意可能被少数人掌握。古德诺指出,虽然政府形式上是民主的,但在很大程度上,公共意志的实际确定掌握在少数人手中,这些人运用精明的手段,甚至在一些情况下通过颇受质疑的方式,成功迫使或说服选民服从他们的领导。⑤ 马奇和奥尔森也指出,政治领导人即使在民主体制下也有很大的自主性。公意不可以任意摆布,但领导者在采取行动方面确有很大空间。⑥

五是公意可能是制造出来的。熊彼特指出,所谓人民意志或"公意"是被制造出来的。典型的公民一旦进入政治领域,他的精神状态就跌落到较低水平上。即使没有试图影响他的政治集团,典型公民在政治问题上往往会听任超理性或不合理的偏见和冲动的摆布。公众心理过程中的逻辑成分越弱,合理批评以及个人经验和责任心所施展的合理影响消失得越干

---

① [美] 本杰明·巴伯:《强势民主》,第230—231页。
② [法] 伯纳德·曼宁:《论合法性与政治协商》,载《协商民主与政治发展》,第111—141页。
③ [美] 古德诺:《政治与行政》,第103页。
④ [美] 罗尔斯:《正义论》,第296页。
⑤ [美] 古德诺:《政治与行政》,第128页。
⑥ [美] 詹姆斯·马奇、[挪威] 约翰·P. 奥尔森:《重新发现制度:政治的组织基础》,第32页。

净，而某些别有企图的集团机会越多。这些集团能够在很大程度上改变甚至制造人民的意志。人民的意志不会是政治过程的动力，只能是它的产物。在政治决策问题上同样没有有效的保证。实际上人民既不提出问题也不决定问题，决定他们命运的问题是经常由别人为他们提出和决定的。①

"公意"的第二种含义指的是"公共意见"，卢梭使用的"公意"概念中已包括了这样的涵义，他指出如果当人民能够充分了解情况并进行讨论时，公民彼此之间没有任何勾结，那么从大量的小分歧中总可以产生公意，而且讨论的结果总会是好的。但是当形成了派别的时候，形成了以牺牲大集体为代价的小集团的时候，投票者的数目已经不再与人数相等，而只与集团的数目相等。为了很好地表达公意，最重要的是国家之内不能有派系存在，并且每个公民只能是表示自己的意见。②布赖斯也指出，投票不过是表示人民意见之一种显明的方法罢了。公意大概不外赞成或反对某种主义或政策，或者我们可以把全体国民的意见当作许多不同的论调之总和，每种论调都包括或维持一种主张、主义或实际的政策。③

（二）民意与政策关系的积极论点

与"公意"一样，"民意"的概念也包含"人民（公民）的意志"或"人民（公民、民众）的意见"两种不同的含义。我们可以不拘泥于在何种涵义上使用民意的概念，而是列出民意与政策能够形成积极关系的一些具有代表性的论点。

马克思主义经典作家强调的是从四个方面认识民意对政策的正面影响或作用。

第一，民意表现为多数人意志。马克思指出："议员们经常诉诸民意，就使民意有理由在请愿书中表示自己的真正的意见。"④列宁也指出："要使大多数真正能够决定国家大事，必须具备一定的现实条件。这就是：必须巩固地建立一种有可能按照大多数的意志决定问题并保证把这种可能性变成现实的国家制度、国家政权。这是一方面。另一方面，必须使这个大多数在阶级成分上，在其内部（和外部）各阶级的对比关系上，

---

① ［美］熊彼特：《资本主义、社会主义与民主》，第386—389页。
② ［法］卢梭：《社会契约论》，第39—41、135—136页。
③ ［英］布赖斯：《现代民治政体》，第153—154页。
④ 马克思：《路易·波拿巴的雾月十八日》，《马克思恩格斯全集》，第8卷，第166页。

能够协力地有效地驾驭国家这辆马车。任何一个马克思主义者都清楚，在关于人民大多数以及按照这个大多数的意志处理国家事务的问题上，这两个现实条件起着决定性的作用。"①

第二，民意体现为人民的意志和要求。毛泽东指出："本军（中国人民解放军——引者）是中国人民的军队，一切以中国人民的意志为意志。本军的政策，代表中国人民的迫切要求。"② 邓小平也指出："共产党——这是工人阶级和劳动人民中先进分子的集合体，它对于人民群众的伟大的领导作用，是不容怀疑的。但是，它之所以成为先进部队，它之所以能够领导人民群众，正因为，而且仅仅因为，它是人民群众的全心全意的服务者，它反映人民群众的利益和意志，并且努力帮助人民群众组织起来，为自己的利益和意志而斗争。"③

第三，人民代表机关应成为民意机关。列宁指出："为了建立'真正代表民意的'新制度，单是把代表会议叫作立宪会议是不够的。必须使这个会议拥有'立'的权力和力量。"④ "任何由选举产生的机关或代表会议，只有承认和实行选举人对代表的罢免权，才能被认为是真正民主的和确实代表人民意志的机关。……这就是说，不能让当选人因为要保持自己的代表资格而阻挠人民实现罢免自己代表的意志。"⑤ 毛泽东则强调："我们提议召集临时国民大会。……我们认为抗战已到了紧急的转变关头，只有迅速召集这种有权力而又能代表民意的国民大会，才能一新政治面目，挽救时局危机。"⑥

第四，无产阶级的政府必须顺应和代表民意。列宁指出："这个政权（苏维埃）对大家都是公开的，它办理一切事情都不回避群众，群众很容易接近它；它直接来自群众，是直接代表人民群众及其意志的机关。"⑦ "这个机构的成员不是经过官僚主义的手续而是按照人民的意志选举产生

---

① 列宁：《论立宪幻想》，《列宁全集》，第32卷，第22页。
② 毛泽东：《中国人民解放军宣言》，《毛泽东选集》，第4卷，1181页。
③ 邓小平：《关于修改党的章程的报告》，《邓小平文选》，第1卷，第218页。
④ 列宁：《社会民主党在民主革命中的两种策略》，《列宁全集》，第11卷，第9—10页。
⑤ 列宁：《罢免权法令草案》，《列宁全集》，第33卷，第102—103页。
⑥ 毛泽东：《和英国记者贝特兰的谈话》，《毛泽东选集》，第2卷，第356页。
⑦ 列宁：《立宪民主党人的胜利和工人政党的任务》，《列宁全集》，第12卷，第286—287页。

的,并且可以撤换,所以它比从前的机构民主得多。"① 毛泽东也指出:"一方面,我们所要求的政府,必须是能够真正代表民意的政府;这个政府一定要有全中国广大人民群众的支持和拥护,人民也一定要能够自由地去支持政府,和有一切机会去影响政府的政策。这就是民主制的意义。另一方面,行政权力的集中化是必要的;当人民要求的政策一经通过民意机关而交付与自己选举的政府的时候,即由政府去执行,只要执行时不违背曾经民意通过的方针,其执行必能顺利无阻。这就是集中制的意义。"②

对于民意在政策方面的积极作用,西方学者则有三种代表性的论点。

第一种论点是政策必须顺应民意。古德诺指出,必须使党魁对政党负责,政党对民意负责。如果政府是民治政府,那么民众有权否决政党领袖的提案,有权剥夺其领导权,并将政事委托给其他更能顺应民意的人。③威尔逊也指出,以前是大多数人听命于政府,而现在则是大多数人管理着政府。政府曾经唯宫廷的异想天开是从,而现在必须顺应一国民意。我们可以将一项巨大的荣誉授予民主,即凡是影响公共利益的重大问题都通过辩论的方式最终决定,在大多数人意志的基础之上建立起一切政策框架。④

第二种论点是民意可以改变政府和政策。林肯指出,我们的政府是信赖民意的。谁能改变民意,实际上也能在同样程度上改变政府。⑤ 卡普兰也指出,有批评者认为,民意调查会损害民主,主要的原因在于民意调查缺乏让人们认真权衡政策后果的激励。不同于选举,民意调查并不能改变政策,是这样吗?错!政客们常常根据民意调查来采取行动,你的回答可能让他们在政策上采取冒险行为。⑥

第三种论点是民意可以创造良好的政策环境。贝克指出,消费传媒内容的效应之一在于人们的消息经常更为灵通,以及让人们成为更为积极的(或转为消极的)选民或政治参与者。人们所珍视(或轻视)者,不仅只是响应民意之后政治决策是好是坏,也包括了生活于活跃的且成功运作的

---

① 列宁:《布尔什维克能保持国家政权吗》,《列宁全集》,第32卷,第297页。
② 毛泽东:《和英国记者贝特兰的谈话》,《毛泽东选集》,第2卷,第354页。
③ [美] 古德诺:《政治与行政》,第205页。
④ [美] 威尔逊:《行政之研究》,第220、241页。
⑤ 《林肯选集》,第87页。
⑥ [美] 布赖恩·卡普兰:《理性选民的神话——为何民主制度选择不良政策》,第158页。

民主社会。①

(三) 民意与政策关系的消极论点

"民意"既可能对政策有积极的影响,也可能有消极的影响。马克思主义经典作家明确指出了两种具有消极影响的民意。

一是由全民投票带来的"伪造的民意"。马克思指出:"现在他们就能够通过一次反动恐怖时期的真正波拿巴式的全民投票,使这个政权得到一个伪造的民意批准。"② 列宁也指出:"旧式的立宪会议和旧式的全民投票的任务是统一整个民族的意志,创造狼同羊、剥削者同被剥削者和睦共处的条件。"③

二是专制制度下的虚假的民意或被忽视的民意。列宁指出:"在资产阶级社会的人们看来,既然有'民主',既然资本家和无产者都参加这个选举,那么,这就是'人民的意志',这就是'平等',这就是人民愿望的表现。我们知道,……这种论调是极其卑鄙的欺人之谈。"④ "资产阶级专政是既不依靠法律,也不依靠预先表示出来的民意,而是依靠暴力夺取的一种政权,而且这种夺取是由一定的阶级即资产阶级来实现的。"⑤ 毛泽东也指出:"路易乔治压迫英国人民不许说反对帝国主义战争的话,任何表现这种民意的机关和集会都不许存在;即使仍然有国会,那也是奉令通过战争预算的国会,也是一群帝国主义者的机关。"⑥

一些西方学者也对"民意"持的是消极甚至否定的论点,并形成了七种具有代表性的说法。

第一种是"民意不可得说"。霍布豪斯指出,民主的困难在于得不到任何民意,得不到任何稳定的意见,以制定一些连贯的原则,可以让专家安全地去施行。⑦

第二种是"无民意说"。李普曼指出,"民意"被认为是民主政治的

---

① [美] 查尔斯·埃德温·贝克:《媒体、市场与民主》,第61—62、67页。
② 马克思:《法兰西内战初稿》,《马克思恩格斯全集》,第17卷,第581页。
③ 列宁:《在全俄中央执行委员会会议上关于解散立宪会议的讲话》,《列宁全集》,第33卷,第244—245页。
④ 列宁:《在全俄工会第二次代表大会上的报告》,《列宁全集》,第35卷,第433页。
⑤ 列宁:《为论证四月提纲写的要点》,《列宁全集》,第29卷,第123—124页。
⑥ 毛泽东:《和英国记者贝特兰的谈话》,《毛泽东选集》,第2卷,第355页。
⑦ [英] 霍布豪斯:《社会正义要素》,第150页。

原动力，但自我中心的民意不足以成就良好统治。民主的谬误在于它只关心统治的起源，却忽视了过程和结果。如果想完全从源头控制政府，那么所有的重大决策就必定会变成隐形决策。因为，既然没有什么本能可以自动作出带来美好生活的政治决策，那么实际行使权力的人就不仅不能表达人民的意志——因为在绝大部分问题上根本不存在什么意志，而且他们还会依据完全不为选民所知的见解去行使权力。任何时候我们都无法想象会有这样的前景：所有人都能清楚地看明白整个无形的环境，因而在全部政府事务上自发形成明确的民意。即使有这种可能性，我们中间很多人是否愿意惹这个麻烦或者花费时间去形成对影响我们的"任何社会行为方式"的看法，也是大可怀疑的。在实际生活中，谁也不会按照在每一个公共问题上都会有一个民意这种推测去行事。局外人——除了在现代生活的少数方面以外，我们每个个人几乎总是局外人——却没有时间、精力、兴趣，也没有进行判断的手段来从事政策研究。①

第三种是"多数人意志非民意说"。熊彼特指出，相信民主方法能保证根据人民意志决定问题和制定政策，他必定因下面的事实而吃惊：即使人民意志无可否认的真实和明确，简单多数作出的决定在许多情况下歪曲人民意志而不是实施人民意志。显然，多数人的意志是多数人的意志而不是"人民"的意志。②

第四种是"民意与政策错位说"。希尼克和芒格指出，民主的方法（广泛地参与和分享权力）同民主的目的（前后一致的"人民意愿"的存在）有可能南辕北辙。③乔姆斯基也认为，一国的决策层让该国的公众意愿对其公共政策的形成起了多大的作用，是确认民主社会的一条独特标准。美国出现了公众意愿与公共政策的严重错位。大多数美国公民都认为公众意愿对政府决策的影响很小，很少有人相信国会能尊重"大多数美国人会作出的决定"④。亨廷顿也指出，政治体制被弄得看上去比实际情况更开放，更加响应民意，政治领袖也必须显得比实际情况更能考虑人民的意愿。他们别无选择，只能向民主的衣冠叩头。对政府民主的要求产生了更多的民主，也产生了更多的欺骗。由于美国人希望政府达到的民主超

---

① ［美］沃特尔·李普曼：《民意》，第240、289—292、344、360—363页。
② ［美］熊彼特：《资本主义、社会主义与民主》，第399—400页。
③ ［美］梅尔文·希尼克、迈克尔·芒格：《解析政治学》，第26—27页。
④ ［美］诺姆·乔姆斯基：《失败的国家：滥用权力和践踏民主》，第171、289页。

出其所能，政府只得显示出比其实际上更民主的样子。①

第五种是"投票不代表民意说"。布赖斯指出，公共投票的结果，有时不足以作为民意的真正表示，因为人民有时被议案内特别的句法所颠倒，被种种不相干的论点所迷惑，且有时因不满意某一论点，遂致否决全案。②

第六种是"塑造民意说"。李普曼指出，与我们的民意有关的环境是透过许多管道折射出来的：透过源头上的检查和保密，透过另一端的物质与社会障碍，透过飘忽的注意力，透过贫乏的语言，透过涣散的精神，透过无意识的情感丛，透过损耗、暴力和千篇一律。这是一些妨碍我们进入环境的限制因素，此外还有事实本身的朦胧与复杂，它们共同损害着感性认识的清晰度和公正性，用混淆视听的虚构替代切实可行的理念。③ 多姆霍夫则指出大型公司的民意塑造过程是试图影响公共舆论并将一些议题从公共议程中排除出去。它通过大型公司的公共关系部门、一般性公关公司以及许多小型民意塑造组织来运转，主要方式则经常是利用政策研制过程中形成的政策立场、基本原理和报告声明，它的主攻方向是中产阶级的志愿组织、教育机构和大众传媒。④

第七种是"精英不回应民意说"。巴特尔斯指出，评估和解读民意在政策制定过程中的角色，首先需要对民意是什么有一定程度的清晰认识。对于特定的公共政策事务，民众会有明确的观点——或他们不会。如果民众的确拥有目标明确的政策偏好，这些偏好会与他们范围更广的政治价值观保持内在一致的合理相关——或它们不会。在把特定政策提案与其自身价值观和利益相联系方面，普通民众面对着极大的困境。既然民意的局限性是民主的政策制定必须面对的起始条件，为理解新镀金时代的政治经济学分析而进行的任何严肃的尝试，都需要与美国选民的政治心理，以及民意的真实局限性搏斗一番。理论上讲，在民主政治系统内，民意限制着政治精英的意识形态奇想。然而，在实践中，选任官员却有大量的政治回旋余地。在民意分化、不稳定、混乱不堪，或简直可以说并不存在的地方，选举产生的领导人实施的独立行动的范围或许会特别大。精英对民意的回

---

① [美] 塞缪尔·亨廷顿：《失衡的承诺》，第94—95页。
② [英] 布赖斯：《现代民治政体》，第398页。
③ [美] 沃特尔·李普曼：《民意》，第81页。
④ [美] 多姆霍夫：《谁统治美国：权利、政治和社会变迁》，第33—34页。

应的之稀少，导致所涉民意看上去通常都是坚定不移和稳定不变的议题。①

从本节叙述的内容可以看出，"公意"和"民意"都具有"意志"和"意见"两重含义。马克思主义经典作家和西方学者都认为民意可以对政策带来积极的作用，尤其是民意所具有的信息功能，并重点强调了政府和政策要顺从民意；也都认为民意可能对政策带来一定的消极影响，尤其是可能出现"伪造民意"或者"塑造民意"等现象。

四　舆论与政策的关系

"舆论"或"公共舆论"既与"民意"有密切关系，更与政策有密切关系。马克思主义经典作家和西方学者都对舆论与政策的关系提出了一些重要的看法。

（一）侧重于"工具"功能的解释

马克思主义经典作家强调的是将舆论作为影响政策的一种重要"工具"，并要求注意以下六种功能。

第一，作为统治工具的舆论。舆论是一种维护阶级统治的重要工具，由此需要注意舆论的两个重要特征。（1）舆论是愚民政策的助推者。恩格斯指出："德国的舆论界显然已经发生了巨大的变化。……在批评德国政治进步迟缓时，任何人都不应该不看到：在德国要得到对任何问题的正确认识都是困难的。在这里，一切知识的来源都在政府控制之下，从贫民学校、主日学校以至报纸和大学，没有官方的事先许可，什么也不能说，不能教，不能印刷，不能发表。就以维也纳为例，维也纳居民在从事劳动和经营工业生产的能力方面在全德国可以说是首屈一指，但他们对于自身的真正利益，却比别人更为无知，他们在革命中犯的错误也比别人更多。这在很大程度上是由于他们对于最普通的政治问题也几乎一无所知，而这乃是梅特涅政府愚民政策的成果。"②（2）舆论具有明确的阶级性。列宁

---

① ［美］拉里·巴特尔斯：《不平等的民主：新镀金时代的政治经济学分析》，第2—4、127—129页。

② 恩格斯：《德国的革命与反革命》，《马克思恩格斯全集》，第8卷，第17页。

指出:"无产阶级受到的政治压迫最厉害,这个阶级的地位不可能有丝毫改变,它既没有接近最高政权的机会,甚至也没有接近官吏的机会,也无法影响社会舆论。"①

第二,作为斗争工具的舆论。舆论是重要的斗争工具或斗争武器,无产阶级政党要积极争取有利于人民的舆论。毛泽东指出:"'训政'多年,毫无结果。物极必反,宪政为先。……政府宜即开放党禁,扶植舆论,以为诚意推行宪政之表示。昭大信于国民,启新国之气运,诚未有急于此者。"②"我们共产党人声明:不管国民党当局现在还是怎样坚持其错误政策和怎样借谈判为拖延时间、搪塞舆论的手段,只要他们一旦愿意放弃其错误的现行政策,同意民主改革,我们是愿意和他们恢复谈判的。"③

第三,作为意见工具的舆论。毛泽东指出:"我们要习惯听闲话,准备多听闲话,把听闲话当作收集舆论的机会。……我们需要像拣破铜烂铁一样地将不同意见收集起来,经过熔化,准备修正我们思想上、工作上的毛病和错误。……我们多收集各种意见,认清自己工作中的缺点错误,这样就可以减少盲目性。"④

第四,作为监督工具的舆论。列宁指出:"我们还拥有在俄国(以及国际)革命队伍中由来已久的相当普遍的舆论,这种舆论对于一切偏离同志关系的义务的行为,都要予以严厉的谴责。"⑤

第五,作为宣传和导向工具的舆论。邓小平指出:"《人民日报》对上访问题发表过两篇文章,时间相隔不久。第一篇是九月十七日,文章一出去,上访人员'呼噜呼噜'地都上来了;第二篇是十月二十二日,文章把道理讲清楚了,上访人员很快就减少了。这说明什么呢?说明单单是报纸的舆论就可以发生这样大的影响。……所以,我们的工作一定要跟上,包括我们的舆论工具也要跟上。每个地方、每个单位遇到任何问题,都应该主动向群众宣传和解释,做好工作。"⑥

---

① 列宁:《俄国社会民主主义者的任务》,《列宁全集》,第2卷,第436页。
② 毛泽东:《向国民党的十点要求》,《毛泽东选集》,第2卷,第681—682页。
③ 毛泽东:《论联合政府》,《毛泽东选集》,第3卷,第1018页。
④ 毛泽东:《在西北野战军前委扩大会议上的讲话》,《毛泽东文集》,第5卷,第28—29页。
⑤ 列宁:《怎么办》,《列宁全集》,第6卷,第134页。
⑥ 邓小平:《高级干部要带头发扬党的优良传统》,《邓小平文选》,第2卷,第228—229页。

第六,作为政策评估工具的舆论。毛泽东指出:"现在艾森豪威尔、杜勒斯不让美国的新闻记者到中国来,实际上就是承认我们的政策有这个好处。如果我们这里是一塌糊涂,他们就会放那些人来,横直是写骂人文章。他们就是怕写出来的文章不专门骂人,还讲一点好话,那个事情就不好办。"① 邓小平也指出:"中国本来是个穷国,为什么有中美苏'大三角'的说法?就是因为中国是独立自主的国家。……现在国际舆论压我们,我们泰然处之,不受他们挑动。但是,我们要好好地把自己的事情搞好。"② "西方许多舆论也认为,像中国这样一个大国,如果没有中国共产党来领导,许多事情很难办,首先吃饭问题就解决不了。"③

(二) 侧重于"意见"功能的解释

西方学者更看重的,是公共舆论反映出的"民意"或者不同的政策意见,并形成了几种不同的看法。

第一种看法强调公共舆论是散乱意见的集合,并不代表真正的民众意见。萨托利指出,公共舆论首先是一个政治概念,可以把公共舆论定义为一群公众或数群公众的散乱思想(意见)状态同有关公共事务状况的信息流的相互作用。舆论并不仅仅在选举中表达,有些特殊群体,如传播界、经济利益集团和思想团体,随时都表达意见,而且可以相信,他们比选民更有影响。不起作用的公共舆论是没有的,但无所不能的公共舆论也是没有的。④ 杜鲁门也认为,公共舆论是由组成公众的个人观点的集合构成的。它不包括一群特定的人群所持有的所有观点,而只是那些关于特定公众的问题或情况的观点。公共舆论,严格地讲,属于一系列特定条件下的观点。多数人的存在不是公共舆论的前提,而是其中一个特点。公共舆论的政治效果与公众的规模几乎很少有关联。⑤

第二种看法强调公共舆论只能在一定程度上反映民众观点。哈贝马斯指出,在一个名副其实的民主社会里,法律上已经获得制度化的政治意志形成过程——包括选民意愿等,必然会在尽可能地用论证加以操纵的舆论

---

① 毛泽东:《增强党的团结,继承党的传统》,《毛泽东文集》,第7卷,第87页。
② 邓小平:《第三代领导集体的当务之急》,《邓小平文选》,第3卷,第311—312页。
③ 邓小平:《改革的步子要加快》,《邓小平文选》,第3卷,第242页。
④ [美]萨托利:《民主新论》,第100、138页。
⑤ [美]戴维·杜鲁门:《政治过程——政治利益与公共舆论》,第238—239页。

形成过程中得到反馈。那些经常参与讨论的人（相对地说是最了解情况的人）往往不过是相互肯定彼此的观点，至多只能影响那些动摇不定或涉足较少的人。这也表明他们对公众舆论的形成过程的贡献是多么微不足道。通常恰恰是那些最想避开那种通过讨论而形成的公共舆论的人最可能在观点上受到左右——但此时他们是受到选举组织者通过展示或操纵所制造出来的公共性的左右。选民作为公众整体的瓦解表现为报刊和广播"以通常方式"已经毫无效果。与报刊一道，政党聚会这第二种古典的舆论形成工具也失去了其意义。在操纵的公共领域里，随时准备欢呼的情绪，一种舆论氛围取代了公众舆论。政治意志的这种形成方法一方面确保了形成一种要求政府满足民众实际需求以避免声名扫地的非公众舆论压力，另一方面，它也阻碍了严格意义上的公众舆论的形成。[①]

第三种看法强调公民表决能够形成或代表公共舆论。莫斯卡指出，那些在很大程度上奉行代议制原则的政府中，全民公决有时是一种非常有效的手段。通过全民公决，民众的好恶、喜怒，只要影响广泛进而形成一般所说的公共舆论，那么他们就能够抵制处于统治地位的少数人的行为和计划。[②]

这种看法往往遭到当代学者的质疑，如马奇和奥尔森所言，通过政治制度形成公众舆论对于政治平等来说是必需的。但另一方面，它对于人民主权和组织化利益群体的权力都产生了威胁。如果有大量制度行为能够确保得到公众的认可，公众控制机制就失效了。极端性的例子是，政府对已经采取过的行动寻求全民公决，经验表明，这种公决对于许多政策方案来说是恰当的，但并非总是如此。[③]

第四种看法强调公民集会或公共协商是形成公共舆论的有效方法。罗蒂指出，在自由民主社会里，公民集会既是公共舆论的源泉，也是公共政策的源泉，所以是决定公共政策的最合乎理性的方式。[④] 德雷泽克则认为，协商同公共领域的话语竞争联系在一起，从而有由此而产生的公共舆论可以转换为行政权力。大量的公共舆论转达机制是可以获得的，包括话

---

① ［德］哈贝马斯：《公共领域的结构转型》，第 243—247、250—255 页。
② ［意］莫斯卡：《政治科学要义》，第 214—215 页。
③ ［美］詹姆斯·马奇、［挪威］约翰·P. 奥尔森：《重新发现制度：政治的组织基础》，第 166 页。
④ ［美］罗蒂：《后形而上学希望》，"作者序"，第 4 页。

语机制。选举并不是唯一一种将公共舆论转达给国家的方式,或者甚至不能说是最重要的方式。[1]

公共舆论对政策的影响,既可能有正面作用,也可能有负面作用。在西方学者看来,公共舆论之所以能够影响政策,是因为公共舆论具有五种重要特性。

一是舆论的政策导向性特征。布赖斯指出,投票能否发生功用,全靠它前面是否有一个成熟的舆论做先驱。内阁或议会如果觉得舆论的趋势已经不赞成他们的政策了,他们一定要变更方针。选民的政治知识全是从报纸上得来的。议会如为演说家所操控,自然有鲁莽浮躁的危险;但是民众如为报纸所操控,也必有同样的危险。[2] 滕尼斯也指出,宗教凌驾于公团之上,公共舆论凌驾于国家之上。公众舆论赞同政策和立法,认为它们是正确的和英明的或者谴责它们,认为它们是不正确的和愚蠢的。公众舆论本身提出要确立普遍的和适用的准则要求,而且不是建立在一种盲目信仰的基础之上的。它首先是针对社会和国家生活和交往的,所有参与这种生活和交往的、有觉悟的参加者,必然会对这类概念和观点感兴趣,帮助它们形成,同错误的、有害的概念和观点作斗争。歌功颂德正好不是公众舆论的事情。在舆论中有很多是无足轻重的,再也没有什么舆论比政治的舆论更加无关宏旨了。因为国家颁布或保留什么样的法律,它将推行何种对内对外政策,似乎最终取决于此。公众舆论具有坚定的倾向,会排斥国家,利用国家的不可抗拒的政权,强迫大家去兴利除弊,做有益之事,不做有害之事。[3]

二是舆论的政策回应性特征。弗朗西斯·斯图克斯·贝瑞和威廉·D.贝瑞指出,社会科学家经常假设选任官员的主要目标是赢得连任,这个假设意味着在决定是否采用一项新政策时,选任官员应该对公众舆论有所回应。但是,可以预测,这种回应性随着州官员的选举安全水平而变化的,当他们感觉越不安全时,他们越可能采纳选民欢迎的新政策,他们越不可能采纳不受广泛欢迎的或者至少被认为和部分选民相冲突的新政策。[4]

---

[1] [澳] 约翰·德雷泽克:《协商民主及其超越:自由与批判的视角》,第 161 页。
[2] [英] 布赖斯:《现代民治政体》,第 100—101、110、160 页。
[3] [德] 斐迪南·滕尼斯:《共同体与社会:纯粹社会学的基本概念》,第 322—326、338 页。
[4] [美] 弗朗西斯·斯图克斯·贝瑞、威廉·D.贝瑞:《政策研究中的创新和传播模型》,载《政策过程理论》,第 225—267 页。

三是舆论的政策干预性特征。涂尔干指出，绝大多数的集体决议都是舆论直接准备好的，甚至几乎是强加的。① 威尔逊也指出，我们将公众舆论推上帝王的宝座，一群君主即公众，却持有无数不同的政见，他们绝不可能在任何事情上轻易就能达成一致。如果尊重公共舆论是政府的第一准则，那么践行改革必会迟缓，所有的改革也会充满妥协。不管是谁，如果他想要在现代宪政政府中进行改革，他必须首先使公众愿意倾听意见，然后务必确保公众倾听正确的意见；他必须鼓动大家寻求一种舆论，然后树立正确的舆论。公共舆论在行政管理中应充分发挥权威评论家的作用。自治并不意味着事事都要染指。我们不仅要使公众舆论具有效力，还要免受它的好管闲事之苦。当公众舆论直接监督政府的日常事务和选择政府的日常工作方法时，公众的评论就像一个令人讨厌的家伙。但是，当对诸如像政治和行政的各式政策所具有的巨大力量进行监督时，公众的评论是完全可靠且有益的，同时也是必不可少的。②

四是舆论的不稳定性或不可靠性特征。托克维尔指出，舆论的力量是一切力量中最难于驾驭的力量，因为无法说清它的界限，而且界限以内的危险，也总是不亚于界限以外的危险。③ 舆论的力量就连那些常常压制它的人也不得不承认，但这种力量强弱无常，大起大落，毫无节制，变化多端；它是人民主权的影子，而非人民主权本身。④ 鲍曼也指出，为了逃避不可靠性，人们不再运用与公共舆论保持一致这一古老策略，原因是人们已经无法指望公共舆论在公开之后就会坚定不移，而且，在公共舆论被说出的时刻，对它的判断，不可能是唯一的，不可能没有质疑和争论。⑤

五是舆论影响政策的时间性特征。哈耶克指出，从公众舆论接受一理想到该理想为政策所完全体现，其间存在着很大的距离，或者说需要很长的时间。⑥

（三）公共舆论的制造者

公共舆论并不是自发的，而是被"制造"出来的。西方学者至少指

---

① ［法］爱弥尔·涂尔干：《乱伦禁忌及其起源》，第242页。
② ［美］威尔逊：《行政之研究》，第228—230、237—239页。
③ ［法］托克维尔：《论美国的民主》，上卷，第169页。
④ ［法］托克维尔：《旧制度与大革命》，第315页。
⑤ ［英］齐格蒙·鲍曼：《寻找政治》，第15页。
⑥ ［英］哈耶克：《自由秩序原理》，上册，第215页。

出了六种公共舆论的制造者。

第一种舆论制造者是政府或权力精英。滕尼斯指出,国家或政府本身,对"制造"公众舆论,"加工"公众舆论,为公众舆论定调和使公众舆论改变调门,同样有着强烈的兴趣。因此,"新闻媒介"是公众舆论的真正的手段,是一切善于利用它、必须利用它的人手中的武器和工具。① 多姆霍夫也指出,权力精英们担心普通民众的意见可能会催生他们不喜欢的政策,权力精英尽其所能影响公共舆论以保证对他们有利的政策占上风。在企业共同体所关心的大多数立法议题上,任何带有清晰目标的公共舆论都不太可能发出自己的声音。因此,权力精英和政治家在大部分政策问题上拥有充分的回旋余地。②

第二种舆论制造者是政党或政党领袖。滕尼斯指出,任何的政党都必须力争把它的舆论提到公众舆论的高度,以便能达到掌握国家的"航舵",或者掌握开启"立法大门的门把"③。布赖斯也指出,在民治政府,特别是议院制的民治政府,领袖人物是万不可缺少的,有做领袖的人物,而后可以创造那紧密的、坚固的政党,以及那坚定的、一致的政策。领袖政客的政纲宣传的增加,减少了国会辩论形成舆论的重要性。④

第三种舆论制造者是学者、知识分子或智库。西瑟指出,在民主国家,公共舆论不能避免一种主要的道德和政治权力。但是,在决定谁、何种因素形成公共舆论,以及公共舆论的准确范围方面有大量的选择余地。在谁形成公共舆论方面有两种基本的可能:或是由向公众头脑灌输其思想的知识分子形成,或是由人民的利益和感情形成。公共舆论的这两个来源可能是民主的,但它们之间的差异显然多于共同点。知识分子形成的舆论要求平等和统一,他们以系统的语言提出这些要求并为行动制订了明确的计划。知识分子的舆论倾向于僵化和教条。电视新闻记者和为全国性大报写稿的作家今天在社会上享有极高的地位,并被广泛认为是专家。减少集中的新闻机构对公共舆论的影响,这一战略对于保护自由民主的思想习惯

---

① [德] 斐迪南·滕尼斯:《共同体与社会:纯粹社会学的基本概念》,第322—326、338页。
② [美] 多姆霍夫:《谁统治美国:权利、政治和社会变迁》,第254、287页。
③ [德] 斐迪南·滕尼斯:《共同体与社会:纯粹社会学的基本概念》,第322—326、338页。
④ [英] 布赖斯:《现代民治政体》,第321—322页。

来说仍然是重要的，目标依然是保留一个阻止知识分子直接影响的自上而下的舆论的形成。① 多姆霍夫则认为，政策研制网络中最深刻、最关键的思想是在各种智库中产生的。它们通过书籍、期刊、政策声明、新闻稿和发言人等方式来影响华盛顿和全美的舆论气氛。②

第四种舆论制造者是利益集团。杜鲁门指出，在美国，所有政治利益集团，首要关注的是社会中存在的公共舆论。集团领导者，不管他们如何疏忽，也不能无视针对自己组织立场和目标的广泛社会态度。领导者必须估计公共舆论的方向和影响，或多或少应该引导和控制公共舆论。一个利益集团正式组织的首要目标是从事其宣传计划，旨在影响关于新集团的利益与要求的舆论。③

第五种舆论制造者是资本家。沃拉斯指出，在那些通过报纸将一应激发政治行为的事情传达给选民的现代大国，报纸对感情的刺激作用会很快消失。现代报纸财产是集中掌握在资本家手里的，他们可能利用他们控制的报纸为赤裸裸的金钱的目的服务。④

第六种舆论制造者是公众群体。勒庞指出，目前，群体中易变的意见比以往任何时候都多，这有三个不同的原因。第一个原因是昔日的信仰正在日甚一日地失去影响力，普遍信仰的衰落，为一大堆既无历史也无未来的偶然意见提供了场所。第二个原因是群众的势力在不断增长，这种势力越来越没有制衡力量。第三个原因是报业最近的发展，以及政府在领导舆论上的无能。过去，政府的措施、少数作家和寥寥几家报纸的影响，就是公众舆论的真正的反映者。而今天作家已经没有任何影响力，报纸则只反映意见。对于政客而言，他们莫说是引导各种意见，追赶意见还怕来不及。他们害怕意见，有时甚至变成了恐惧，这使他们采取了极不稳定的行动路线。于是，群体的意见越来越倾向于变成政治的最高指导原则。⑤ 西塞则指出，来自人民的舆论不免粗俗，但它反映了对物质满足和某些平等的毫不做作的愿望。来自社会底层的舆论更顺从于政治经验作出的修正，以及政治领袖的暗示。它在社会中留下了更多的空间来贯彻有助于自由民

---

① ［美］西塞：《自由民主与政治学》，第190、196—197页。
② ［美］多姆霍夫：《谁统治美国：权利、政治和社会变迁》，第227、230—231页。
③ ［美］戴维·杜鲁门：《政治过程——政治利益与公共舆论》，第231—242页。
④ ［英］沃拉斯：《政治中的人性》，第26—27、142—143页。
⑤ ［法］勒庞：《乌合之众》，第151—153页。

主的思想习惯,并提高公民就其力所能及的事进行推理的能力。①

(四) 对舆论自由的看法

尽管西方学者对于公共舆论是否代表或反映民众的政策意见有不同看法,但要保证舆论自由,是他们的普遍看法,并明确指出舆论自由具有六大功能。

一是舆论自由有助于反对暴君和强权。罗伯斯比尔指出,一切钳制出版自由的桎梏在暴君手中都是按照自己个人利益操纵社会舆论和把自己权力建立在愚昧与普遍腐化的基础之上的手段。社会舆论是对个人意见的唯一有资格的判断者,是对各种作品的唯一合法的检查员;社会舆论对于个人意见的影响是温和的、良好的、自然的、不可阻挡的。不是执政者应当使社会舆论服从自己和制造舆论,而是社会舆论应当裁判执政者。② 贡斯当也指出,政府希望以自己的能动性替代被禁锢的舆论的天然能动性,无异于自找麻烦。对心怀不满的舆论进行血腥镇压,是某些精明强干的政治家特别喜爱的手段,然而舆论是压不住的。有人认为很难精确了解舆论的动态以及它的要求。我的回答是,首先,如果你允许舆论自由表达,你就不难了解它的感情。如果权力只是沉默不语,个人就会畅所欲言,思想的碰撞就会带来启示,而误解舆论将不复可能。其次,舆论实际上会不知不觉地修改那些妨碍它的法律和制度。③

二是舆论自由有助于分权和讨论多中心化。阿克顿指出,通过使政府多中心化和讨论多中心化,分散权力可以促进政治知识的传播,以及维持健康和独立的舆论。④ 莫斯卡也指出,所谓的新闻自由只有到晚近才成为司法防护的新手段。在代议制政府中,真正意义的司法防护在于代议机构中进行的公开辩论。自由原则的一个优势是代表应当向被代表者负责,另一个优势是统治者的行为可以作为公开讨论的话题。这样的讨论或是在政治集会或行政会议上,或是在每天的出版物或期刊上。然而,假如这一最终的也是最为有效的控制手段真正能够启蒙公共舆论,那么报纸就不应当

---

① [美] 西瑟:《自由民主与政治学》,第 190 页。
② [法] 罗伯斯比尔:《革命法制和审判》,第 59—61、157—158 页。
③ [法] 贡斯当:《古代人的自由与现代人的自由——贡斯当政治论文选》,第 338、360、377 页。
④ [英] 阿克顿:《自由的历史》,第 21 页。

是某些政治或金融机构的附庸机构。对政府行为的诚恳批评包括那些基于基本政治理念和政治原则的差异的批评,只要不是蓄意诽谤,造谣中伤,就应该使其有表达的机会。①

三是舆论自由有助于公民之间的合作。基佐指出,凭借公开辩论和新闻自由,公民私人之间甚至可以合作。通过舆论自由,它激发公民自己来寻求真理,并将所寻求的真理告诉政权。归功于新闻,它们在不扰乱会议的情况下提供了公开性。代议制政府的目的,是让社会中的主要利益和各种舆论具有公开性。②

四是舆论自由有助于形成讲真话的风气。葛德文指出,政权一般是不适宜监督民意的。真话是应该讲的。如果把一切对于出版和言论自由的限制都取消,如果鼓励人们尽量公开地宣布他们所想的一切,也许所有刊物最初都会充满诽谤和中伤,但是正是由这些报道的各不相同,它们就会自相抵消。③

五是舆论自由有助于减少政府的不当干预。古德诺指出,培养健全的公共舆论可以防止政治对行政控制的不适当扩展;公共舆论可以很好地防止过度集权,也可以抑制能够导致国家走向解体的明显趋向。④

六是舆论自由有助于形成负责任的政策。威尔逊指出,坚定而全心全意忠诚于他们服务的政府所提出的政策就是良好的品行,而政府的政策并未沾染官僚习气,它并非是常任文官的发明,而是对公众舆论直接负责且必须负责的政治家的创造。⑤ 哈贝马斯也指出,公共舆论是社会秩序基础上共同公开反思的结果;公共舆论是对社会秩序的自然规律的概括,它没有统治力量,但开明的统治者必定会遵循其中的真知灼见。⑥

对于"舆论"或者"公共舆论",无论是侧重于"工具"功能的解释,还是侧重于"意见"功能的解释,都认可舆论具有汇集信息、收集意见、回应民众、宣传政策、引导政策、监督政策、评估政策等重要作用。当然,"舆论"往往是被"制造"出来的,从这一意义上讲,绝对的

---

① [意] 莫斯卡:《政治科学要义》,第 203、214、432、495 页。
② [法] 弗朗索瓦·基佐:《欧洲代议制政府的历史起源》,第 58、75、366 页。
③ [英] 威廉·葛德文:《政治正义论》,第 452—453、490—492 页。
④ [美] 古德诺:《政治与行政》,第 35、40—41 页。
⑤ [美] 威尔逊:《行政之研究》,第 240 页。
⑥ [德] 哈贝马斯:《公共领域的结构转型》,第 113—114 页。

"舆论自由"是不存在的；由此应该重视的是政策相关者如何"制造舆论"，并在相对意义上注意"舆论自由"的基本要求。

五 媒体的作用

媒体在政策过程中扮演什么样的角色，需要厘清一些基本关系，才能作出明确的回答。

(一) 媒体与民意、公共舆论的关系

是民意左右媒体，还是由媒体来组织或制造民意，西方学者可能比较倾向于后者。如李普曼所言，如果民意要想发出声音，那就必须利用新闻界加以组织，而不是像今天的情况那样由新闻界加以组织。进行这样的组织首先是政治科学的任务，它应当得到作为策划者的适当地位，并走在实际决策之前，而不是充当决策作出之后的评论员和辩护人。新闻机构被当成了一个直接民主的机构，在更大规模上日复一日地担负着本该由提案、公决或罢免等程序完成的功能。[1] 戴伊则对民意的制造过程做了更明确的说明，指出在自上而下的政策制定过程中，国家的媒体精英们扮演着双重角色，一方面是大众传媒的领导者本身就是国家精英集团的主要组成部分之一，另一方面他们要把精英集团的观点传达给政府里的政策决策者以及民众。在政策制定过程中，媒体的权力体现在"制造"问题，并将这些问题进行装扮，使之变成"危机"问题。使人们开始关注并讨论这些问题，最终迫使政府官员不得不采取措施解决这些问题。媒体不关心的问题也就是政府可以忽略不计的问题。大众传媒也许不能成功地告诉我们如何去思考，然而它在引导和告诉我们该思考什么方面，却做得惊人地成功。[2]

即便是在选举中，民意也不会被媒体真实地表达。勒庞早已指出，至于理性对选民的头脑可能产生的影响，要想对这个问题不生任何疑心，千万别去读那些有关选民集会的报道。在不管是什么样的无名称的集会中，即使参与者全是受过高等教育的人，会上的争论也没什么两样。选民的意

---

[1] [美] 沃特尔·李普曼：《民意》，第 38、331—333 页。
[2] [美] 托马斯·R. 戴伊：《自上而下的政策制定》，第 8—9、133—142 页。

见和选票是操在选举委员会的手里的。①

相对于民意而言,媒体与公共舆论的关系要复杂一些。在媒体能否代表公共舆论问题上,西方学者有"认同"与"否定"两派不同的意见。

持"认同"论点的学者,一方面强调了媒体是公共舆论的重要载体,如密尔所言,古代世界不存在形成和传播舆论的物质条件,克服这一障碍需要有出版物甚至新闻报纸;② 滕尼斯则指出"新闻媒介"是公众舆论的真正的手段。③ 另一方面,强调了媒体可以启蒙或塑造公共舆论,如萨巴蒂尔和简金斯—史密斯所言,通过大众传媒影响公共舆论,是政策的一个潜在的、强有力的外部因素。④

持"否定"论点的学者,一方面强调了媒体只反映意见而不再反映公共舆论,已见前引勒庞的论述;另一方面,则明确提出了控制媒体对公共舆论影响的论点,如西瑟所言,减少集中的新闻机构对公共舆论的影响,这一战略对于保护自由民主的思想习惯来说仍然是重要的。⑤

(二) 媒体对政策的积极影响

马克思主义经典作家不仅强调要由媒体来组织民意,还要求媒体能够代表舆论,并认为媒体(主要是报刊)应该通过十种途径对政策产生积极的影响。

第一种是"思想斗争"途径。马克思指出:"使报刊变成人民的文化和精神教育的强大杠杆的,正是报刊可使物质斗争变成思想斗争,使血肉斗争变成精神斗争,使需求、欲望和经验的斗争变成理论、理性和形式的斗争。"⑥ "如果报刊无权唤起人们对现存法定秩序的不满,它就不可能忠诚地参与国家的发展。"⑦

第二种是"从事政治"途径。恩格斯指出:"绝对放弃政治是不可能

---

① [法] 勒庞:《乌合之众》,第78、173—179页。
② [英] 约翰·密尔:《代议制政府》,第10页。
③ [德] 斐迪南·滕尼斯:《共同体与社会:纯粹社会学的基本概念》,第322—326、338页。
④ [美] 保罗·A. 萨巴蒂尔、汉克·C. 简金斯—史密斯:《支持联盟框架:一项评价》,载《政策过程理论》,第150—221页。
⑤ [美] 西瑟:《自由民主与政治学》,第197页。
⑥ 马克思:《论普鲁士等级委员会》,《马克思恩格斯全集》,第40卷,第329页。
⑦ 马克思:《评内阁训令的指控》,《马克思恩格斯全集》,第40卷,第352页。

的；主张放弃政治的一切报纸也在从事政治。问题只在于怎样从事政治和从事什么样的政治。"① 列宁也指出："工人阶级正是政治揭露的理想听众，因为他们首先需要而且最需要全面的和生动的政治知识，因为他们最能把这种知识变成积极的斗争，哪怕这种斗争不能产生任何'显著结果'。而能够成为全民的揭露的讲坛的，只有全俄报纸。'没有政治机关报，在现代欧洲就不能有配称为政治运动的运动'，而俄国在这一点上无疑也是应当归入现代欧洲的。报刊在我国早已成了一种力量，否则政府就不会拿成千上万的卢布来收买它。"②

第三种是"讨论政策"途径。列宁指出："必须出版一个共同的党的刊物，所谓共同并不是仅仅在于：它是为全俄国的运动服务，而不是为个别地区服务；它讨论的是整个运动的问题，并且帮助有觉悟的无产者进行斗争，而不只是讨论一些地方性的问题。所谓共同还在于它能够联合现有的一切写作力量，反映俄国社会民主党人（他们不是彼此隔绝的工作人员，而是由共同的纲领和共同的斗争联合在一个组织中的同志）的各种不同的意见和观点。……在这些刊物上应当用很多篇幅来讨论理论问题，即讨论社会民主主义的一般理论以及怎样把这一理论同俄国实际结合起来。"③

第四种是"发表意见"途径。毛泽东指出："《新华日报》《解放日报》及各抗日根据地的报纸刊物，应吸收广大党外人员发表言论，使一切反法西斯反日本帝国主义的人都有机会在我党党报上说话，并尽可能吸收党外人员参加编辑委员会，使报纸刊物办得更好。党报工作者必须学会善于吸引党外人员在党报上写文章、写通讯的方式和方法。"④

第五种是"批评政策"途径。邓小平指出："现在报纸的影响比过去大了，有些不正确的东西在报上一表扬，就糟了。前几年很多干部不看报，现在不同了，报纸有威信，看到报纸讲什么就要照着去做。很多地方看到报纸批评了的做法，就秘密地改，这就是报纸的作用。""报纸最有力量的是批评与自我批评。中央过去表扬了几个报纸，主要因为他们实现

---

① 恩格斯：《关于工人阶级的政治行动（发言摘要）》，《马克思恩格斯全集》，第17卷，第449—450页。
② 列宁：《怎么办》，《列宁全集》，第6卷，第85页。
③ 列宁：《〈火星报〉和〈曙光〉编辑部声明草案》，《列宁全集》，第4卷，第285—286页。
④ 毛泽东：《关于共产党员与党外人员的关系》，《毛泽东文集》，第2卷，第397页。

了批评与自我批评，是非弄得很清楚，应该做的和不应该做的弄得很明确。报纸搞批评，要抓住典型，有头有尾，向积极方面诱导，有时还要有意识地作好坏对比。这样的批评与自我批评才有力量，才说明是为了改进工作，而不是消极的。什么叫生动活泼？不在文字长短，而是要写出生动的过程，而且有结果。我们有的批评往往只是把问题摆出来了，没有下文。描写过程也不能冗长。批评与自我批评要大大发扬，我们还很不够。领导上，党委和政府，要全力支持通讯员写批评稿，现在敢说话的人太少，要鼓励说话。对有些与事实不符的批评，必要时也要提醒和说明。从领导来看，办报是大家办报，从新闻工作者自己来看，也是大家办报。报纸真的同实际、同群众联系好了，报纸办好了，对领导是最大的帮助。常常有这样的情况：党和政府听不到的，报纸能听到，它能摸到社会的脉搏。目前最突出的问题是什么，把读者来信加以综合研究，常常就能看出来。"①

第六种是"经验交流"途径。毛泽东指出："各省要选择恰当的人，办好刊物，改善刊物，迅速交流经验。"② 邓小平也指出："恐怕再有三十年的时间，我们才会在各方面形成一整套更加成熟、更加定型的制度。在这个制度下的方针、政策，也将更加定型化。现在建设中国式的社会主义，经验一天比一天丰富。经验很多，从各省的报刊材料看，都有自己的特色。这样好嘛，就是要有创造性。"③

第七种是"宣传政策"途径。邓小平指出："社会上很多人看报，看共产党什么态度，人民政府政策如何，要从报上找自己需要的东西，解决自己的问题。正因为干部群众都重视报纸，我们就要很慎重。"④

第八种是"组织动员"途径。列宁指出："报纸的作用并不只限于传播思想、进行政治教育和争取政治上的同盟者。报纸不仅是集体的宣传员和集体的鼓动员，而且是集体的组织者。就后一点来说，报纸可以比作脚手架，它搭在正在建造的建筑物周围，显示出建筑物的轮廓，便于各个建筑工人之间进行联络，帮助他们分配工作和观察有组织的劳动所获得的总

---

① 邓小平：《在西南区新闻工作会议上的报告》，《邓小平文选》，第1卷，第147、150页。
② 毛泽东：《农业合作化的全面规划和加强领导问题》，《毛泽东文集》，第6卷，第479页。
③ 邓小平：《在武昌、深圳、珠海、上海等地的谈话要点》，《邓小平文选》，第3卷，第372页。
④ 邓小平：《在西南区新闻工作会议上的报告》，《邓小平文选》，第1卷，第147页。

成绩。依靠报纸并通过报纸自然而然会形成一个固定的组织,这个组织不仅从事地方性工作,而且从事经常的共同性工作,教育自己的成员密切注视政治事件,思考这些事件的意义及其对各个不同居民阶层的影响,拟定革命的党对这些事件施加影响的适当措施。"①

第九种是"政策监督"途径。列宁指出:"这种拖拉作风在莫斯科各机关和中央各机关尤其屡见不鲜。因此,应当更加注意同这种现象作斗争。……对失职人员既要在报刊上申斥,又要严加惩办。……发表一封关于反对拖拉作风的写得好、道理讲得透彻、非官样文章的信(作为司法人民委员部的通告)。责成司法人民委员和副人民委员亲自负责完成这项极重要的任务。"② 毛泽东也指出:"凡典型的官僚主义、命令主义和违法乱纪的事例,应在报纸上广为揭发。其违法情形严重者必须给以法律的制裁,如是党员必须执行党纪。"③

第十种是"政策教育"途径。毛泽东指出:"要提倡干部与学生看报,指导看报方法,指导他们分析时局的每一变动。要供给干部与学生关于国内外、省内外、县内外各种情况的实际材料,把讲授与研究这些材料及其结论当作正式课程,给予必要时间,并实行考绩。"④

在西方学者看来,媒体对政策的正面的或积极的影响,应主要表现在以下六个方面。

第一,提供政策讨论机会。罗伯斯比尔指出,道义责任的原则要求政府工作人员在一定时期和很短时限内提出有关管理工作的准确和详细的报告,要通过报刊公布这些报告并使之受到一切公民的讨论。因此,要把这些报告发到各省、各管理机关和各公社。必须使公开达到最大的广度。⑤ 尼克·史蒂文森则强调,对话极有可能进行交锋的场地是在大众资讯媒体内。在印刷品和无线广播中,重要的政治争论和主导媒体电视逐渐成形。这是20世纪主要的"文化"变革之一。大量复杂的视觉符号和节目的发展打断了更具支配性的制度和文化的议事日程,这是符号社会中一种基本

---

① 列宁:《从何着手》,《列宁全集》,第5卷,第8—9页。
② 列宁:《给德·伊·库尔斯基的信(1921年9月3日)》,《列宁全集》,第51卷,第275—276页。
③ 毛泽东:《中央关于反对官僚主义、反对命令主义、反对违法乱纪的指示》,《建国以来毛泽东文稿》,第4册,第8—9页。
④ 毛泽东:《中共中央关于调查研究的决定》,《毛泽东文集》,第2卷,第363页。
⑤ [法]罗伯斯比尔:《革命法制和审判》,第158、161—163页。

力量。①

第二，引导公众关注政策。猪口孝等人指出，一个熟悉情况的公民是民主政治健康运行的基础，而媒介的作用即在于交流观点，培育公民意识和公共话语。此外，媒介对于多数人是最优影响力的公共辩论舞台，也是民众和政府之间一种最为直接的交流形式。因此，它有助于政治民主的创立和维系，有利于市民社会。② 达尔也指出，国际组织应当让民众充分地关注、了解它的政策决定，政治和传媒的精英对各种替代方案进行争辩、讨论时，应当采用能够引起公众的注意和热情的方式。③

第三，为公众提供不同的政策信息。悉尼·胡克指出，对一种民主制来说，多数原则是重要的，而大多数人如果不能接近消息的来源，如果只能读到官方的解释，如果在课堂、讲台和无线电广播中只能听到一种声音——总之，如果一切批判性的反对意见都被打上叛逆的烙印而为异端的审判、为集中营的思想改造和行刑队所根除的话，他们的表示同意就不是自由的。④

第四，对政策进行监督。贝克指出，言论和传媒的"监督"功能涉及两个层次，一是传媒具有揭露政府不当行为的权力，二是借由增加报道不当行为的机会，产生吓阻这些行为的作用。⑤ 约翰·基恩也指出，民主程序一旦得到不受检查的、多元化媒介的支持，便优越于所有其他类型的决策方式，这样说不仅仅是因为民主程序足以保证达成一致意见，作出"好"的决策，而且因为它们能为将受到此决定的影响的公民提供机会，重新考虑决策的优劣以及可能发生什么意想不到的结果。唯有以多元化传播媒介为辅的民主程序能够公开地、公平地引导公众注意到若干危险，小心翼翼地监督那些负责管理有风险的组织的人士，从而将失误降到最低限度，力求避免灾难性的大错。⑥ 弗雷德里克则强调，只需意识到代议机构能够终止一项政策向前发展，或意识到公共媒体的一行字能够使得行政官员失去启动一项他们希望开展的活动的机会，就会使得行政官员对于公众

---

① ［英］尼克·史蒂文森主编：《文化与公民身份》，第 6 页。
② ［日］猪口孝、［英］纽曼、［美］基恩编：《变动中的民主》，第 19 页。
③ ［美］罗伯特·达尔：《论民主》，第 124—125 页。
④ ［美］悉尼·胡克：《理性、社会神话和民主》，第 253 页。
⑤ ［美］查尔斯·埃德温·贝克：《媒体、市场与民主》，第 61—62、67 页。
⑥ ［英］约翰·基恩：《民主与传播媒介》，载《民主的再思考》，第 272—302 页。

和议会或者国会的预期反应变得敏锐和感兴趣。政治的影响通过这样的预期而最有效地发挥作用,而不是通过政策被采用之后的推倒重来发挥作用。①

第五,协助政策说服和教育公民。丹尼斯·朗指出,当我们考虑到现代社会中的大众传媒时,说服手段分配不均就更为明显。通信技术革命已经建立了新颖、复杂的说服工具,使用这些工具构成至关重要的权力来源。不受政府控制的出版和网络自由,在民主政体中被恰当地认为对维护公开政治竞争和保有对政府权力的限制是至关重要的。②奥菲也指出,政治层面的第一个也是最为明显的舞台,是国家机构内部的决策制定舞台,其演员是为选举胜利或稀缺资源而激烈竞争的政治精英,他们决定社会政策方案、立法和预算。这是最为表面化、最为明显的政治层面,它经常为媒体所公开,而且无论什么时候,都在呼吁公民去履行其政治功能,如履行作为选民的功能。③

第六,建立有效的政策传播过程。派伊指出,在政治领域内传播过程具有一种根本性的功能,如果没有一个能够扩充和放大个人言辞和选择的网络,那就不会有能够覆盖一个国家的政治。传播过程还为大众政治中的理性提供必要的基础。传播过程能帮助一个社会建立其政治因果关系的法则和确立其似乎可能的范围。这一过程以最简单和最自然的形式,涉及那些确定自己的政策与已降临社会的一切美好事物之间联系的掌权者,涉及那些对无情地与同样这些政策俱来的一切罪恶作出解释的在野者。传播过程为限制和弄清政治因果关系的恰当范围提供了一个基础,以使领导者和公民都能强制接受同样似乎合理的意识。同时,通过确定适宜的责任原则,它能将政治行为者紧紧地把握在因果关系的网络中。传播过程因此给予了政治过程以形式和结构,一方面是不断地对政治家发出暗示,提醒他政治行为是具有结果的,而人民对政治会有无法满足的期望;另一方面是告诫他们,无所不能的幻想总是危险的。④

---

① [美] 卡尔·弗雷德里克:《公共政策与行政责任的本质》,载《公共行政学百年争论》,第3—12页。
② [美] 丹尼斯·朗:《权力论》,第38—39页。
③ [德] 克劳斯·奥菲:《福利国家的矛盾》,第13—15页。
④ [美] 鲁恂·W. 派伊:《政治发展面面观》,第175—178、191—192页。

(三) 媒体对政策的消极影响

媒体对政策除了有正面、积极的影响外，还可能只是有限的影响甚至是负面、消极的影响。如马克思所言："在过去，公开的讨论没有做到坦率，而坦率的讨论也没有做到公开。这种坦率的讨论没有超出内容贫乏的地方报纸的范围。"[1] "英国人民靠阅读《泰晤士报》参加对自己国家的管理。"这是一位出名的英国作者就所谓英国的自治制度发表的意见。这一意见只有在涉及王国的对外政策时才是正确的。至于国内改革，就从来没有在《泰晤士报》的支持下实现过；相反，《泰晤士报》在确信自己完全无力阻挠实现这些改革之前，是从不停止反对它们的。这家报纸对舆论的真正影响只限于对外政策的范围。[2] "大陆上的政治家，总以为伦敦的报刊可以作为英国人民情绪的温度计，因而他们目前就不可避免地要做出错误的结论。"[3]

西方学者主要关注的，是媒体对政策的以下不利影响。

第一，过滤和控制信息。猪口孝等人指出，媒介不可避免地会对信息进行过滤，会传达它们自己的议程安排；它们也会成为控制的工具或者是动乱与颠覆的工具，在冲突中与冲突后的情形尤其如此。[4] 卡尔·施米特也指出，只有极少数人还认为，能够通过报纸文章、示威演说和议会辩论获得公正的法律和正确的政策。[5]

第二，强化精英体制。博格斯指出，通过承担许多政治决策功能，公司网络控制着国家机器，拥有和掌握着大众传媒，决定着教育和医疗的发展。在很大程度上，是这些精英控制着国家，而不是国家控制着精英。[6]

第三，信息庸俗化。甘布尔指出，由于媒介对个人品格和政治流言的"胃口"丝毫没有消减的迹象，决策的集权化程度看来是在增长，而非相反。这是宫廷政治，它会永远存在。缺少了冲突和严肃的争论，谁在掌权

---

[1] 马克思：《摩塞尔记者的辩护》，《马克思恩格斯全集》，第1卷，第234页。
[2] 参见马克思：《伦敦"泰晤士报"和帕麦斯顿勋爵》，《马克思恩格斯全集》，第15卷，第335—338页。
[3] 马克思：《报刊的意见和人民的意见》，《马克思恩格斯全集》，第15卷，第454页。
[4] [日] 猪口孝、[英] 纽曼、[美] 基恩编：《变动中的民主》，第19页。
[5] [德] 卡尔·施米特：《政治的浪漫派》，第200页。
[6] [美] 卡尔·博格斯：《政治的终结》，第84—85页。

和他们制定什么政策的问题也就变得无关紧要了。①

第四，媒体被边缘化。豪利特和拉米什指出，大众媒体在政策过程中的角色使他们能够强烈影响着政府和社会在公共问题及其解决方案方面的偏好，但与此同时，他们在政策过程中的作用又是零散的，并且通常是很边缘性的。②

（四）对"网络民主"的不同看法

对于由新技术带来的以互联网为代表的"新媒体"是否会带来"电子民主"或者"网络民主"，西方学者有不同的看法。

赞同"网络民主"的学者，强调的是以下两个理由。（1）新技术可以更好地实现直接民主。罗伯特·沃尔夫指出，可以依托电视系统建立即时直接民主制，被人称为"电视民主"；进入计算机时代之后，直接民主或者建立在公民投票基础上的民主在技术上的障碍业已克服，利用"即时直接民主制"管理其事务的政治共同体，跟我们当今任何所谓的民主国家的做法比起来，显然要更为接近于实现真正民主的理想。③（2）"网络民主"可以带来新型的共同体。特纳指出，由于全球电子通讯体系的出现，在现代社会，一致参与的大民主政治传统已经发生了变革。在现代电子世界中，"共同体"的本质变成了政治理论和公共争论中至关紧要的问题。对于深入分析来说，"密"与"疏"共同体的区分也许是有用的。传统的（密）礼俗社会是建立在热烈交往基础上的有机共同体。当代互联网可以看作是陌生人交换信息的全球市场，也是创造稀疏共同体的必然结果。④

反对"网络民主"的学者，则强调了三个理由。（1）应避免技术决定论。蒂利认为，仅仅发明一种新的传播媒介并不足以自行改变社会运动的性质。绝大多数社会运动的新特点都来自于社会背景和政治背景的变迁，而不仅仅出于技术革新。⑤（2）计算机网络并没有带来真正的民主。

---

① ［英］安德鲁·甘布尔：《政治和命运》，第107页。
② ［加］迈克尔·豪利特、［澳］M. 拉米什：《公共政策研究：政策循环与政策子系统》，第102—103页。
③ ［美］罗伯特·沃尔夫：《为无政府主义申辩》，"1998年版前言"，第25页；正文，第33页。
④ ［英］布赖恩·特纳：《文化公民身份的理论概要》，载《文化与公民身份》，第15—45页。
⑤ ［美］查尔斯·蒂利：《社会运动，1768—2004年》，第118、135页。

博格斯指出，出现在电脑空间中的"公民权"，不管多么开放和普遍地获得支持，都可能会缺少实际参与感和直觉性，而长期以来，它们被奉为民主参与和决策的先决条件。由现代技术民主化的支配地位（及宏大要求）所提出的关键问题是：在公共参与面对如此多的结构和意识形态障碍，公共领域被如此贬损，巨大的社会挑战被忽略或淡化，实际上整个技术议事日程变得如此商品化的背景中，民主价值意味着什么？如果现存模式保持不变，那么，电脑空间中的信息乌托邦成为另一个相互作用但非政治化的领域，其中，选择和辩论与日常的消费者决定，与一系列个人的、与职业相关的、仅仅是随意的电子联系毫无二致。①（3）不能用抽签或票决的方式解决政策问题。沃尔泽指出，从来没有人建议说每个公民都应该被允许用一般性抽签"提名"一项政策或起草一部法律，那对决定共同体的目标和风险来说，将似乎是一种不负责任的专断的程序。正确地讲，抽签分配管理权但并不分配政治权力。现代技术使这种事情成为可能：单个的公民与政策制定和公职候选人之间相联系如同直接相联系一样，可以对关键问题组织公民按钮投票，我们还可以以同样的方式在国家范围内组织任命和选举。这是一种错误的和最终可耻地分享决策的方法。②

（五）以积极的态度应对媒体问题

从马克思主义经典作家和西方学者对媒体的政策作用的各种评价可以看出，在基本问题上都呈现出了一定的分歧，由此提醒我们，当"政策民主"面临媒体问题时，应该保持的是既积极又慎重的态度，对各方面的论点，都需要认真考虑和对待，不能草率地作出结论。

在政府如何对待媒体的问题上，也不能一概而论地要求"政府远离媒体"或者"政府严控媒体"。如贝克所言，民主是个基本的规范价值，值得敬重，"自由传媒"当然是民主的一个关键要件。没有自由传媒，就没有民主。这是否意味政府之手得远离传媒？假使信守民主，是否也得同样要求政府之手远离媒体？贝克对这两个问题的回答都是"不"。应有典章制度（包括传媒机构）协助各群体，让他们知悉自己利益身陷风险之中，也要能协助各群体动员其成员。传媒机构支持群体的内部论述和反

---

① ［美］卡尔·博格斯：《政治的终结》，第343—349页。
② ［美］迈克尔·沃尔泽：《正义诸领域：为多元主义与平等一辩》，第408—411页。

思，借此才能让各群体自决并发展文化及廓清价值。复合民主论必然恪守的关键原则，就在于追求和营造机会推进政府的支持质量，让新的、非商业形式的传媒言说能够立足。市场是会失灵的，市场若非造成传媒流于过度同质，就是使传媒流于过度多样，或者市场会让不同的同质或多样陷入堕落的境地。"传媒条款"的真正意义在于，政府有权利以其最佳的判断倡导民主需要但市场却无法提供的传媒结构。信息公开与接近的范围应该扩展得更大一些。政府决策必须以公开可得的信息为基础，借此才能制定与捍卫政策。①

六 "政策沟通"与"政策联系"

在信息交流方面，西方学者偏重的是"沟通"，马克思主义经典作家偏重的是"联系"，可以分别对这两种不同的交流方式作简要说明。

（一）政治沟通与政策沟通

政治沟通最重要的是信息沟通，并且这样的信息沟通会影响政策，因此"政策沟通"不仅是需要的，也是可能的。如达尔所言，多元政体的特征大大扩展了少数人的规模、数量和多样性，它们的偏好将影响政府政策的产生。而且，这些特征显然对政府的若干重要方面产生了相互作用的影响：新领袖的种类、合法的与不合法的政治活动类型、政策向领袖们开放的范围和种类、传递信息与沟通的社会过程。②

政治沟通尤其是"政策沟通"，涉及谁与谁沟通的问题，从西方学者的论点看，需要重点关注的应是以下几类沟通。

一是统治者与被统治者的沟通。阿伦特指出，尽管代表与投票人之间，国民与议会之间有沟通，可是这种沟通从来就不是平等者之间的沟通，而是渴望统治者与同意被统治者之间的沟通。③

二是公民与决策者的沟通。谢里尔·西姆瑞尔·金等人指出，真正的参与和传统参与之间存在着明显的差异，真正的参与将公民置于紧贴议题

---

① [美] 查尔斯·埃德温·贝克：《媒体、市场与民主》，第4、167、268—273页。
② [美] 达尔：《民主理论的前言》，第183—184页。
③ [美] 汉娜·阿伦特：《论革命》，第252—253、259—260页。

的位置，行政系统和过程则位于相对远处，行政人员仍是沟通二者的桥梁。①

三是公民与政策"帮助者"的沟通。博克斯指出，"帮助者"通过为代议者解释公众意愿，向公民和代议者提供组织和技术的专业知识，以及对政策制定和执行进行监控，以保证公民有机会参与等方式，在政策制定和执行过程中发挥积极作用。"帮助者"角色是公民治理的核心特征，因为帮助者不会追逐更大的权力、自制和认同，相反他们会把相关知识和由此产生的决策权力，让渡给那些将受到这些决策影响的人们。他们与公民的沟通成为治理制度的本质，这包括提供可行性的政策选择，帮助公民通过增加话语权来达成政策结果，而这种结果不仅为大多数人所接受，同时也尊重了弱势人群的利益。②

四是公民与公共组织的沟通。罗伯特·登哈特指出，既然公共组织牵涉到对社会价值的表达，所以在决策过程中必须给予组织成员更多的参与机会。于是，公共组织就必然要强调决策过程中广泛沟通和参与的必要性。③ 西蒙也指出，沟通对决策过程具有重要的影响作用。沟通就是一个组织成员向另一个组织成员传输政策前提的过程。没有沟通就没有组织，因为没有沟通，群体不可能影响个人的行动。④

五是公民之间的沟通。杜威指出，民主并不只是一种生活形态，主要乃是一种共同生活的模式，一种协同沟通的经验。本来是空间距离相隔的人们，因为参与共同的兴趣利益而彼此行为互相参照，自己的行为因考虑到他人行为而有要点和方向，这等于打破原来的阶级、种族和国家领土之间的屏障，使人们能够看到他人行为的重要性。⑤ 吉登斯也认为，理解自己情感形成的个人以及能够有效地在个人层面上与他人沟通的个人都会为承担更广泛的公民任务和责任做好准备。⑥

六是政府与社会团体的沟通。阿普特指出，信息的一个来源是社会中政府对其负责的各种团体，信息假定在政府与这些团体之间进行沟通；另一个

---

① ［美］谢里尔·西姆瑞尔·金、凯瑟琳·费尔蒂、布丽奇特·奥尼尔·苏赛尔：《参与问题：通向公共行政中真正的公民参与》，载《公民参与》，第49—68页。
② ［美］理查德·博克斯：《公民治理：引领21世纪的美国社区》，第87—89页。
③ ［美］罗伯特·B. 登哈特：《公共组织理论》，第175、190、200页。
④ ［美］赫伯特·A. 西蒙：《管理行为》，第182页。
⑤ ［美］约翰·杜威：《民主与教育》，第78—79页。
⑥ ［英］安东尼·吉登斯：《超越左与右——激进政治的未来》，第123页。

来源也许可以被称为政策反馈,即关于政府所采取行动的结果的信息。①

(二)"政策联系"的民主诉求

马克思主义经典作家强调的不是"政治沟通"或"政策沟通",而是"联系"尤其是"政策联系",并指出了六种含有明确民主诉求的重要"联系"。

第一种是共产党与群众的联系。列宁指出:"为了为群众服务和代表他们正确地意识到的利益,先进队伍即组织必须在群众中开展自己的全部活动,毫无例外地吸收他们中间的一切优秀力量,并且要随时随地仔细客观地检查:是否同群众保持着联系,联系是否密切。这样,也只有这样,先进队伍才能教育和启发群众,代表他们的利益,教他们组织起来,使群众的全部活动沿着自觉的阶级政策的道路前进。"② 毛泽东则强调:"我们共产党人区别于其他任何政党的又一个显著的标志,就是和最广大的人民群众取得最密切的联系。……二十四年的经验告诉我们,凡属正确的任务、政策和工作作风,都是和当时当地的群众要求相适合,都是联系群众的;凡属错误的任务、政策和工作作风,都是和当时当地的群众要求不相适合,都是脱离群众的。"③

第二种是共产党员与群众的联系。邓小平指出:"努力,表示想把事情办好,这是共产党员必须具备的起码的品质,但最主要的还是看努力的结果。有两种努力,一种是执行了政策,联系了群众,做好了工作,完成了任务;另一种是工作看起来忙得很,但实行的是命令主义,违反了政策,脱离了群众,完成不了任务,损害了党的信誉。我们要区别这两种努力,提倡正确的努力,不赞成那种不正确的努力。……努力加上方法正确,才能完成任务。这里面包括政策与作风两个问题,而总的是联系群众的问题。"④

第三种是领导与群众的联系。毛泽东指出:"共产党和社会主义国家的各种领导人物的责任是要尽量减少错误,尽量避免某些严重的错误,注意从个别的、局部的、暂时的错误中吸取教训,力求使某些个别的、局部

---

① [美]戴维·阿普特:《现代化的政治》,第178页。
② 列宁:《维·查苏利奇是怎样毁掉取消主义的》,《列宁全集》,第24卷,第41—42页。
③ 毛泽东:《论联合政府》,《毛泽东选集》,第3卷,第1043—1044页。
④ 邓小平:《克服目前西南党内的不良倾向》,《邓小平文选》,第1卷,第152—153页。

的、暂时的错误不至于变成全国性的、长时期的错误。而要达到这一点，就要求每个领导者都十分谨慎和谦逊，密切地联系群众，遇事和群众商量。"①"然而人民的信任与否，密切地联系于干部的信任与否，因此主要的和首先的任务，是说服干部。"②

第四种是政府与人民群众的联系。列宁指出："同大多数人民有极其密切的、不可分离的、容易检查和更新的联系，这样的联系从前的国家机构是根本没有的。"③"使整个国家政权机关和国家管理机关同群众的联系比过去的民主制形式更加密切。"④

第五种是工作人员之间的联系。斯大林指出："各部门的负责工作人员，尽管他们在自己的工作中各有专业，但他们相互之间还是要有联系，他们都是一个整体的不可分割的部分。"⑤ 毛泽东也指出："党委各委员之间要把彼此知道的情况互相通知、互相交流。这对于取得共同的语言是很重要的。有些人不是这样做，而是象老子说的'鸡犬之声相闻，老死不相往来'，结果彼此之间就缺乏共同的语言。"⑥

第六种是国内与国外的联系。邓小平指出："实行关闭政策的做法对我们极为不利，连信息都不灵通。现在不是讲信息重要吗？确实很重要。做管理工作的人没有信息，就是鼻子不通，耳目不灵。"⑦"不搞市场，连世界上的信息都不知道，是自甘落后。"⑧

（三）政策民主的基本信息取向

信息是各种民主形态的基础性因素，无论是什么形态的民主，都不可能建立在信息垄断和信息闭塞的基础之上。在政策信息问题上，政策民主理论重点关注的是与信息有关的六大要素。

---

① 毛泽东：《对"无产阶级专政的历史经验"稿的批语和修改》，《建国以来毛泽东文稿》，第 6 册，第 61 页。
② 毛泽东：《中国革命战争的战略问题》，《毛泽东选集》，第 1 卷，第 198 页。
③ 列宁：《布尔什维克能保持国家政权吗》，《列宁全集》，第 32 卷，第 297 页。
④ 列宁：《党纲草案草稿》，《列宁全集》，第 34 卷，第 67 页。
⑤ 斯大林：《关于党的任务》，《斯大林全集》，第 5 卷，第 292—293 页。
⑥ 毛泽东：《党委会的工作办法》，《毛泽东选集》，第 4 卷，第 1379 页。
⑦ 邓小平：《在接见首都戒严部队军以上干部时的讲话》，《邓小平文选》，第 3 卷，第 306—307 页。
⑧ 邓小平：《善于利用时机解决发展问题》，《邓小平文选》，第 3 卷，第 364 页。

第一个是信息的"处理"要素。要使信息成为政策要求并转变为政策，或者说政策必须以必要的信息为基础，不仅要有处理信息的有效政策系统，还要依靠民主途径（如信息分享和信息合作等途径）广泛吸收信息，并在此基础上认真解决信息不足、信息超载、信息失实、信息控制等问题。

第二个是信息的"知情"要素。作为"政策知情"的信息不能与作为"政策处理"的信息混为一谈。前者的主要对象是政策执行者和政策受众，后者的主要对象是决策者。为使政策有效地执行并能够及时解决政策执行中的问题，不仅需要提出"信息公开"的明确民主要求，还要使传播媒介传达可靠的信息，以防止信息传播失败、信息不真实等引起的不必要的麻烦。

第三个是信息的"民意"要素。无论是在信息基础上汇聚的"民意"，还是集中反映意见或意志的"民意"，都涉及一个关键性的问题，就是在处理政策问题时，是将"民意"看作"决定性"因素还是"影响性"因素。如果强调的是"决定性"因素，即所有政策都要来自民意或者完全符合民意，不仅大大增加了决策的难度，还可能带来"大众民主"或"极端民主"的恶果。如果只是强调"影响性"因素，即政策既要充分考虑民意或者注意顺应民意，使政策具有一定的民主取向，也不能被民意"完全绑架"，使决策者有一定的政策选择空间。我们坚持的是注重民意的"影响性"因素，因为决策者尊重民意、重视民意并在一定程度上顺从民意，已经是一种重要的民主态度，而不必强求决策者无法做到的一切遵从民意。也就是说，在处理民意问题上，应该坚持的是"有限"的民主理性，而不是"完全"甚至"极端"的民主理性，才能使民意真正发挥其应有的政策作用。

第四个是信息的"舆论"要素。无论"舆论"或者"公共舆论"是制造出来的还是自然形成的，都要承认它对政策的"信息"干预功能（这样的功能，既可能是积极的，也可能是消极的），并要强调政策所需要的，是与之配合而不是对抗的"舆论氛围"。

第五个是信息的"媒体"要素。从政策民主的视角看待媒体（包括以互联网为代表的新媒体），强调的是"善用"信息传播手段，既要注意媒体的讨论政策、发表意见、批评政策、宣传政策、监督政策、政策教育等正面功能，也要注意媒体带来的控制信息、信息庸俗化、信息个人化等消极影响，并且要尽可能避免"政府远离媒体"和"政府严控媒体"两种错误倾向。

第六个是信息的"交流"或"互动"要素。信息的交流，应该是决策者、政策执行者、政策受众以及广大民众之间的广泛的信息"互动"过程，在这样的过程中，既可以强调"政治沟通"和"政策沟通"，也可以强调"政策联系"。无论是"沟通"还是"联系"，重点强调的都是真实的信息交往。正是有了这样的"沟通"或者"联系"，才使得信息交流或信息互动成为不可或缺的民主特征。也就是说，任何阻碍信息交流的做法，都不符合政策民主的要求；政策民主理论所要求的"民主"的一个重要标准，就是为信息交流或互动提供更广泛的空间，而不是压缩这样的空间。

信息的流动，还涉及大量的技术性问题。各种科学手段的应用，已经大大提高了信息在政策中的地位，但无论技术如何发展，最终还是要服务于基本的民主要求，而不是躲避甚至抛弃这样的要求。

第八章 重视表达和参与的政策民主

政策民主要求公民的政策参与，但是这样的参与是一种"决定性"的参与，还是一种"影响性"的参与，或是两种参与兼而有之，需要在区分不同参与的政策作用的基础上，才能给出明确的回答。

一 选举式的政策参与

公民的选举参与，无论是选举领导人，还是选举议员或代表，对政策的形成会带来何种影响或能起什么样的作用，涉及一些基本的看法，需要分别加以说明。

（一）强调"选票决定政策"的选举参与

有些西方学者注重"选票决定政策"或者"选举产生政策"的政策参与方式，并提出了由"刚性"到"弹性"的七种不同论点。

第一种是最具刚性的论点，强调选举具有决定政策的功能。布赖斯指出，假如选举最好的人及主张最好的政策，就是个人或阶级政治能力之实际的表现，那么在许多国内，一般民众的政治能力并不一定不及所谓的"知识阶级"的政治能力。公意大概不出赞成或反对某种主义或政策，或者我们可以把全体国民的意见当作许多不同的论调之总名，每种论调都包括或维持一种主张、主义或实际的政策。人民的意见只需表示出来，即被认为是至高无上的，在形式和法律上虽必经投票的手续才能表现，而在实际上却时时刻刻可表现的。人人既配得用投票决定政策，那么，人人必定也配得执行政策。[①]

---

① ［英］布赖斯：《现代民治政体》，第66、80、145、154页。

第二种是较具刚性的论点,强调选举能够明确表现出对政策的同意或反对。尼古拉斯·扎哈里尔迪斯指出,任何一种选举胜利,无论其胜出的优势多么微弱,都会被即将上台的政府认为是同意颁行相应政策的一种允诺。当然,这种胜利也许是对上届政府所持政策的一种惩罚,或是对反对派政策的一种认可。① 皮埃尔·赛蒙也指出,无论选民最终将经济表现不良归咎于执政者还是自己错误的投票,不良表现仍会引起他们对现有政策和安排的不满,当这种不满到达或接近极限时,就会有极强的趋势促使政策的改变。②

第三种也是较具刚性的论点,强调选民可以罢免决策者。韦默和维宁指出,多数派专制的危险使公民投票民主制不如人意,现代公共政策的复杂性使得它难以实施。也许最接近直接民主制的社会是一个当选的决策者服从选民罢免的社会。直接民主制还是显示了一些优点。一是参与机会鼓励公民了解公共事务,实际参与可以使公民更愿意接受他们曾反对的社会选择,因为他们有过被倾听和参与的机会。二是通过给选民一定机会去推翻负担过重的政策和罢免不受欢迎的决策者,提供了一种对权力滥用的制约。③

第四种是刚性更弱于第二种和第三种的论点,只强调选举具有政策选择的明确指向。雷蒙·阿隆指出,如果选举不包含选择的可能性,那么选举就没有任何意义。公民用他们的选票即使不是在两种政策之间,也至少在两个团体之间作出选择。④ 政治抉择会引出对整个社会的选择。而且,决定关系到当事人,同时关系到当事人的处境。⑤

第五种是较具弹性的论点,强调选举具有控制政策责任的功能。赫尔曼·芬纳指出,公众的主人地位需要一种使之能够表达以及使得它的权威得到行使的制度,尤其是需要选举机构的中心作用。公众与民选机构的功能,不仅仅是通过告诉工作人员什么是他们所想要的从而展现其

---

① [美]尼古拉斯·扎哈里尔迪斯:《模糊性、时间与多源流分析》,载《政策过程理论》,第92—122页。
② [法]皮埃尔·赛蒙:《民主政府、经济增长与收入分配》,载《理解民主——经济的与政治的视角》,第151—168页。
③ [美]戴维·L.韦默、[加]艾丹·R.维宁:《政策分析——理论与实践》,第152—158页。
④ [法]雷蒙·阿隆:《论自由》,第91、126页。
⑤ [法]雷蒙·阿隆:《雷蒙·阿隆回忆录——五十年的政治反思》,第110页。

主人地位，更是一种能够对后者的施政方针施加影响的权威和权力。应该通过民治，使得政府违背自身的意愿而与人民的意愿相一致，这一点构成了民主政府中的责任。公众和议会是足够睿智的，他们能够指导政策。①

第六种也是较具弹性的论点，强调选举可以迫使政府作出政策回应。弗朗西斯·斯图克斯·贝瑞和威廉·D.贝瑞指出，社会科学家经常假设选任官员的主要目标是赢得连任，这个假设意味着在决定是否采用一项新政策时，选任官员应该对公众舆论有所回应。②

第七种是最具弹性的论点，强调"回顾选举"对决策者具有重大影响。海涅曼等人指出，回顾选举产生了压力，要做一些事情让公众看到在职者最近都为他们做了什么，短期（或战术）决策压倒长期考虑将成为现实。③

从最"刚性"的论点到最"弹性"的论点，显示的是即便赞同"选票决定政策"的西方学者，也不能不承认选举与政策的"直接"关系难以建立，不得不将其转换为"间接"的关系。

（二）侧重于"影响政策"的选举参与

马克思主义经典作家显然不同意"选票决定政策"的说法，而是强调选举只能对政策产生一定的影响，并提出了与选举有关的六种参与取向。

第一种是"斗争性"的参与取向，强调以选举作为斗争武器，在选举中宣扬无产阶级及其政党的政策主张，为选举注入表现阶级利益和阶级意志的重要内容。马克思指出："英国是唯一的这样一个国家，它的工人阶级的发展程度和组织程度，足能使这个阶级利用普选权来真正地为本身谋利益。"④ 恩格斯也指出："当进行竞选鼓动时，它给了我们最好的手段到民众还远离我们的地方去接触人民群众，并迫使一切政党在全体人民面

---

① [美]赫尔曼·芬纳：《民主政府的行政责任》，载《公共行政学百年争论》，第13—32页。
② [美]弗朗西斯·斯图克斯·贝瑞、威廉·D.贝瑞：《政策研究中的创新和传播模型》，载《政策过程理论》，第225—267页。
③ [美]罗伯特·海涅曼等：《政策分析师的世界：理性、价值观念和政治》，第98页。
④ 马克思：《纪念国际成立七周年》，《马克思恩格斯全集》，第17卷，第468页。

前回答我们的进攻，维护自己的观点和行动；此外，它在帝国国会中给我们的代表提供了讲坛，我们的代表在这讲坛上可以比在报刊上和集会上更有威望和更自由得多地向自己在议会中的敌人和议会外的群众讲话。"①列宁也强调："只有革命马克思主义的政策，才是唯一从好的意义而不是从庸俗的意义来理解的现实政策。""要回答伪造杜马的行为，工人阶级应当不是松懈而是强化自己的革命鼓动，在自己的选举运动中同可耻的立宪民主党叛徒分道扬镳。"②

第二种是"代议性"的参与取向，强调通过选举人民代表来代表人民决策。列宁指出："代表应该由全体人民选举，不分等级，不分贫富。选举应该是自由的，不受官吏的任何干扰；监督选举的应该是人民代理人，而不是巡官和地方官。到那个时候，全体人民的代表就能讨论人民的一切需要，就能在俄国建立起更好的制度。"③毛泽东也指出："新民主主义的政权组织，应该采取民主集中制，由各级人民代表大会决定大政方针，选举政府。它是民主的，又是集中的，就是说，在民主基础上的集中，在集中指导下的民主。只有这个制度，才既能表现广泛的民主，使各级人民代表大会有高度的权力；又能集中处理国事，使各级政府能集中地处理被各级人民代表大会所委托的一切事务，并保障人民的一切必要的民主活动。"④

第三种是"选择性"的参与取向，强调通过选举来选择作为"决策者"和政策执行者的公职人员或政府。列宁指出："'充分自由'，这就是说管理社会和国家大事的官吏和公职人员要由选举产生。'充分自由'，这就是说彻底消灭那种不是完全和绝对依靠人民的、不是由人民选举产生的、不是向人民汇报工作的、不能由人民撤换的国家政权。'充分自由'这就是说不是人民应当服从官吏，而是官吏必须服从人民。"⑤

第四种是"表达性"的参与取向，强调选举可以表达出人民最关心的政策问题。马克思指出："选举是一种政治形式，即使在最小的俄国公社和劳动组合中也是这样。选举的性质并不取决于这些名称，而是取决于

---

① 恩格斯：《"法兰西阶级斗争"导言》，《马克思恩格斯全集》，第22卷，第602—603页。
② 列宁：《政府伪造杜马和社会民主党的任务》，《列宁全集》，第14卷，第198、200页。
③ 列宁：《告贫苦农民》，《列宁全集》，第7卷，第145—146页。
④ 毛泽东：《论联合政府》，《毛泽东选集》，第3卷，第1006页。
⑤ 列宁：《无产阶级和农民》，《列宁全集》，第12卷，第89页。

经济基础，取决于选民之间的经济联系。"① 斯大林则强调："竞选一定会有，而且我预料会很热烈。我们有不少机关工作做得不好。有时某个地方政权机关，不善于满足城乡劳动者各方面的与日俱增的需求。你有没有建立好的学校呢？你有没有改善居住条件呢？你是不是一个官僚呢？你有没有帮助我们，使得我们的劳动功效更大，使得我们的生活更文明呢？这将是一种标准，千万选民将用这个标准去衡量候选人，抛开不适当的候选人，把他们从候选人名单中取消，提出最优秀的人来充当候选人。是的，竞选将是热烈的，它将围绕许多极其尖锐的问题，主要是实际的、对于人民有头等意义的问题来进行。"②

第五种是"监督性"的参与取向，强调以选举作为监督工具，对政策实行监督，并在必要的时候行使罢免的权利。斯大林指出："人民是在选举苏联政权机关时，用普遍的、平等的、直接的、无记名的投票，来审查自己的国家领导者。任务就在于把自上而下的审查和自下而上的审查结合起来。"③ "我们新的选举制度，将对一切机关和团体起督促作用，促使他们改善自己的工作。苏联普遍的、平等的、直接的、无记名的选举制度，将成为人民手中的鞭子，用来鞭笞工作做得不好的政权机关。"④ "我认为选举运动就是选民对作为执政党的我国共产党进行裁判的法庭。选举结果便是选民的判决。如果我国共产党害怕批评和检查，那它就没有多大价值了。共产党愿意接受选民的判决。"⑤

第六种是"教育性"的参与取向，强调选举作为一种重要的教育手段，可以提高群众的政治觉悟。列宁指出："对于工人来说，选举所以重要，是因为可以把选举作为政治上教育群众和团结群众的手段。谁参加选举，谁就会意识到自己是个公民；他就势必会投身到政治生活中去，就会

---

① 马克思：《巴枯宁国家制度和无政府状态一书摘要》，《马克思恩格斯全集》，第18卷，第699页。
② 斯大林：《和美国斯克里浦斯—霍华德报系总经理罗伊·霍华德先生的谈话》，《斯大林文集（1934—1952）》，第95页。
③ 斯大林：《论党的工作缺点和消灭托洛斯基两面派和其他两面派的办法》，《斯大林文集（1934—1952）》，第166页。
④ 斯大林：《和美国斯克里浦斯—霍华德报系总经理罗伊·霍华德先生的谈话》，《斯大林文集（1934—1952）》，第95页。
⑤ 斯大林：《在莫斯科市斯大林选区选举前的选民大会上的演说（1946年）》，《斯大林文集（1934—1952）》，第484页。

更自觉地对待政治生活，就会更加有兴趣地阅读自己的工人民主派的报纸，就会更加理解报上所讲的问题，就会更加慎重地对待自己参加各种工人团体的义务。"① "对那些希望在选举中捍卫真正最广大的居民群众的利益的人来说，提高群众的政治觉悟是摆在第一位的任务。而居民群众根据各个阶级的真正利益更明确地组合是同这一觉悟的提高分不开的。一切非党性，即使在最好的情况下也总是表明，候选人也好，支持他的集团或政党也好，选举他的群众也好，他们的政治觉悟都是模糊的和不高的。"②

这六种参与取向所要体现的，显然都是选举参与行为如何"影响"政策，而不是如何"决定"政策。

（三）侧重于"政策代议"的选举参与

不同意"选票决定政策"的西方学者，大多主张通过议员或代表的选举建立政策代议关系，是选民参与选举并使选举产生政策功能的重要途径。对于这样的途径，西方学者着重强调的是八个方面的认识。

第一，选举的首要任务是选出决策者。熊彼特指出，选举代表对民主制度的最初目标而言是第二位的，最初目标是把决定政治问题的权力授予全体选民。假如我们把这两个要素的作用倒转过来，把选民决定政治问题放在第二位，把选举作出政治决定的人作为最初目标，即人民的任务是产生政府，或产生用以建立全国执行委员会或政府的一种中介体。同时我们规定，民主方法就是那种为作出政治决定而实行的制度安排，在这种安排中，某些人通过争取人民选票取得作决定的权力。在民主政体里，选民投票的首要作用是产生政府，产生政府实际上等于决定领导人应该是谁。③

第二，选民委托当选者决策。希尼克和芒格指出，大众的直接民主是罕见的，因为公民很少有机会通过公民投票来决定预算和政策。绝大多数大众民主是通过代议制实现的：选民选择他们的代表，而后者接下来决定政策问题。④ 富里迪也指出，议会民主并不完美，并且总是屈从于既得利益集团，绝大多数人对于如何管理社会并无发言权。然而，人们至少有一份正式的权利，可以用来选举代表为自己发言。一个民选的政治家与政党

---

① 列宁：《选举为期不远了，大家行动起来吧》，《列宁全集》，第 21 卷，第 378 页。
② 列宁：《再论党性和非党性》，《列宁全集》，第 18 卷，第 108 页。
③ ［美］熊彼特：《资本主义、社会主义与民主》，第 395—396、400—401 页。
④ ［美］梅尔文·希尼克、迈克尔·芒格：《解析政治学》，第 212—213、244—245 页。

至少得到了可以代表公众发言的授权。①

第三，选民应该信任自己选出的代表。熊彼特指出，议会外边的投票人必须尊重他们本身与他们所选政治家之间的劳动分工，他们必不要在两次选举之间过早收回对当选人的信任。他们必须理解，一旦他们选出一个人，政治行动是这个人的事情，不是他们的事情。在庞大而复杂的社会里，成功的民主做法无不仇视在后面指手画脚的人。②

第四，议员或代表是选民利益的代言人。哈耶克指出，选举办法、选举周期、议会构成、议会程序等，所有这一切都趋于把议员变成他们各自选民利益的代言人，而不是公众意见的代表。③ 奥唐奈则认为，制度赞同把潜在的、来自选民的众多声音转变成为由他们的代表来主张表达的较少的声音。一方面，代议制包含着为某些相关的其他人代言的公认权利；另一方面，它也包含着使其他人服从于与代议制有关的决策的能力。④

第五，选举有重要的赋权决策作用。格罗斯曼和赫尔普曼指出，根据代议民主制度，公民选举其代表，并授予代表根据公民利益进行政策决定的权力。⑤

第六，选举体现的政策合法性。戴伊指出，在自上而下的政策制定过程中，合法性并不是通过全民参与的大选（普选）而取得。政策的合法性是通过选举产生的国家领导人（包括国会议员和总统）来实现的。选举的基本功能是赋予政府权威的合法性，并赋予民众遵守和执行政府所制定政策的责任义务。⑥

第七，需要在代议制下保留民众的一定的决策权。罗素·哈丁指出，据其希腊缘起，民主的意义仅在于所有人一起决策（通常通过多数票决）。民主像社会一样经历了复杂的变化，这一术语里仍然有一个似乎核心的含义，尽管其对象在更替：从事实上几乎每个合格公民都能参与对政策直接投票的小社会，更替为如此庞大以至于连我们选出的代表也不能有意义地被称作在制定多数政策时扮演了有实质性因果影响角色的社会。应

---

① [英] 弗兰克·富里迪：《恐惧的政治》，第 96、102 页。
② [美] 熊彼特：《资本主义、社会主义与民主》，第 428—429 页。
③ [英] 哈耶克：《法律、立法与自由》，第 2、3 卷，第 309 页。
④ [美] 基尔摩·奥唐奈：《论委任制民主》，载《民主与民主化》，第 46—70 页。
⑤ [美] 吉恩·格罗斯曼、[以] 埃尔赫南·赫尔普曼：《特殊利益政治学》，第 31—32、39—40 页。
⑥ [美] 托马斯·R. 戴伊：《自上而下的政策制定》，第 151—152 页。

该保留民主这一术语为"宪法下的决策",或者更恰当地说是宪法下的决策的一部分,即通过某种方式付诸投票的决策。①

第八,可以对议员或代表进行政策问责。古特曼和汤普森指出,代议制向普遍问责制提出了两个挑战,一个与谁给出理由有关,另一个与应该向谁给出理由有关。要满足民主问责制的要求,代表们必须不但考虑他们选举上选民的要求,而且要考虑我们称之为他们道德上选民的要求,后者不但包括其他国家的公民,而且包括未来世代的成员。② 帕伦蒂则强调,这些被大众选出的执行他们意志的代表,必须切实接受民众的监督,接受公众批评,并接受定期选举的考验,承担失职带来的被解职的风险。③

在建立"政策代议"关系的选举中,就选民的选择而言,重点是选择政党(简称"选党"),还是选择候选人(简称"选人"),甚或是选择政党与候选人的政策主张或政纲(简称"选政策"),西方学者有不同的看法。

第一种看法强调的是选举重在"选人"。哈贝马斯指出,选举和确认掌握政权的人,或者具有执政能力的人,在通常情况下是公民投票表决的活动;只因为公民投票表决的是关于分配拥有决断权的职位,而不是关于今后决断本身的方针和路线,所以,现代大众民主制下进行的民主选举,与其说表现为公众的讨论,不如说表现为欢呼和喝彩。④ 哈耶克也指出,民主的主要优长,并不在于它是一种遴选统治人员的方法,而是在于这样一个事实,即由于大部分人都积极参与了形成意见的活动,所以有相当数量的人员可供遴选。⑤

第二种看法强调的是选举重在"选党"。持这种看法的学者,提出了六条理由。(1)政党为选举而生。韦伯认为,现代国家的政治党派是从起点上(依法)"自由"征募支持者的组织,它们的目标是借助支持者的数量决定政策。所有现代政党政治的最后手段都是——投票。⑥ (2)挑选政府主要是选择政党。唐斯指出,在一个民主制度中,选举的主要目的是

---

① [美]罗素·哈丁:《自由主义、宪政主义和民主》,"中文版序言",第8页;"序言",第24—25页。
② [美]阿米·古特曼、丹尼斯·汤普森:《民主与分歧》,第145—146、177—178页。
③ [美]迈克尔·帕伦蒂:《少数人的民主》,第41页。
④ [德]哈贝马斯:《作为"意识形态"的技术与科学》,第103—104页。
⑤ [英]哈耶克:《自由秩序原理》,上册,第131—132页。
⑥ [德]马克斯·韦伯:《德国的选举权与民主》,载《韦伯政治著作选》,第81页。

挑选出一个政府。每一个政府寻求最大化政治支持。政府存在于一个定期举行选举的民主社会中，它的首要目标是连任，而当选则是那些在野党的目标。在每次选举中，得到最多选票（虽然不一定是多数票）的政党控制整个政府直至下次选举，没有由全体选民或国会进行的中间投票。执政党在宪法规定的界限内享有不受限制的行动自由。政党是为了赢得选举而制定政策，而不是为制定政策去赢得选举。政党的所有行动都是以选票最大化为目的的，而政策仅仅被视为达到这一目的的手段。[①]（3）选举是对政党精英的选择。奥菲指出，正式政治层面是最为明显的舞台，是国家机构内部的决策制定舞台，其演员是为选举胜利或稀缺资源而激烈竞争的政治精英，他们决定社会政策方案、立法和预算。决定政治权威合法性的唯一标准在于它是否完成了普遍和正式规则（如选举规则）的要求。在现代民主政体中，这些正式原则迫使（未来）官员通过大选的检验，使之在掌权期间遵守宪法原则，而且一旦反对党精英赢得了选举胜利，它就必须马上辞职。同时，民主政体的宪法原则也约束了公民的行为，使之服从政府的权威。[②]（4）候选人需要依托政党参选。沃拉斯指出，政党和政治冲动之间的整个关系也许用广告艺术来解释最为适宜。一部分选民会投票选举他们党的"正规"候选人而不问其纲领如何，然而对于其余的选民，这位候选人必须同时提出一个能够代表党的政策的纲领，这个纲领对于提名委员会更是永远必不可少的。但是无论如何，他和他的听众之间隔着一张政党的面具，这张面具比他自己的脸大而呆板。[③]（5）政党限制着选民的选择。古德诺指出，政党组织发展的结果是，普通公民的政治功能被限定，他们只能对由政党组织控制的提名或选举政治官员或政党官员的提议说"同意"或"不同意"。与其说民主政府实现的是对官员的审慎选择和对政策的积极决定，还不如说实现了否决权和更换政党领袖的权力。[④]（6）政党形象影响选民的选择。萨托利指出，由议题或对政党政策立场的反应决定的投票选择，是非常少的。政党形象是选民认同政党的机制，而政党形象反过来又与其基本的议题取向相关。[⑤]

---

① [美] 唐斯：《民主的经济理论》，第6、10、25、31页。
② [德] 克劳斯·奥菲：《福利国家的矛盾》，第13—15、131页。
③ [英] 沃拉斯：《政治中的人性》，第55、58页。
④ [美] 古德诺：《政治与行政》，第130、195页。
⑤ [美] 萨托利：《政党与政党体制》，第457—458页。

第三种看法强调的是选举重在"选政策"。希尼克和芒格指出，无论是将既定公民的偏好包括在决策中（公民普选权），还是决定以某种特定的方法对这些偏好加以汇总（汇总机制）都会影响决策。投票决策本身只是一系列决策过程中的最后一环，或者说公民对投票的成本和限制的反应。在大众选举中，一旦选民将政党的名字和一系列的政策立场画了等号，政党就很难改变立场。① 格罗斯曼和赫尔普曼也指出，选举过程并不保证得到成为唯一均衡的中位投票者偏好的政策，但政治竞争给予候选者和政党一定的压力，促使候选者和政党迎合公众利益。②

第四种看法强调的是选举既要"选党"和"选人"，也要"选政策"。杜鲁门指出，最熟悉的政策发布，是全国性的政党纲领。对选民关心的是政策还是候选人这一实质上是错误的问题的讨论，无助于探讨党纲的意义。选民不可能完全不顾政策而选择官员，也不可能只考虑政策而不顾执行政策的人员。选民通常具有高度的同质性，主要关心选择"最合适"的人来执行人们一致达成的政策。③ 多姆霍夫也指出，选举意味着公民有可能通过支持与他们的政策取向一致的候选人来塑造公共政策。选举使得并不富裕的公民至少能够表达点什么，而且选举为批评社会系统提供一个机会。④ 戴蒙德则强调，如果一个国家的公民能够以自由公正的定期选举选出和更换他们的领导人，那么它就实现了"选举型民主"。这只是意味着，选民中的多数想要变更领袖和政策，并能根据规则有效地组织起来，他们就可以变更。最好的问责机制就是真正民主的选举，在这样的选举中，公民们对官员的行为进行评估，并撤换那些表现不佳的官员。⑤

尽管已经有学者指出区分"选人""选党"还是"选政策"是错误地理解选举，但还是应注意选举中确实可能有不同的倾向，所以区分不同的选项并非毫无意义。

（四）选举与政策之间无紧密关系

有些西方学者持的是选举与政策没有紧密关系的观点，并形成了三种

---

① ［美］梅尔文·希尼克、迈克尔·芒格：《解析政治学》，第25、109、164页。
② ［美］吉恩·格罗斯曼、［以］埃尔赫南·赫尔普曼：《特殊利益政治学》，第53、69页。
③ ［美］戴维·杜鲁门：《政治过程——政治利益与公共舆论》，第308—310页。
④ ［美］多姆霍夫：《谁统治美国：权利、政治和社会变迁》，第289—290页。
⑤ ［美］拉里·戴蒙德：《民主的精神》，第9—10页。

具有代表性的看法。

第一类看法是否定"选票决定政策",包括三个主要论点。(1)投票并不是决策。拉斯韦尔和卡普兰指出,由于决策是政策的有效决定,因此它涉及产生一个特定行为的所有过程。在作出决策时只有参与者的行为才是真正相关的。投票并不是我们所说的决策——只能算作一种行为——如果所投的票没有被计数的话。因为决策过程包括了政策的阐述、颁布和执行,那些行为受到影响的人也参与到决策过程中,通过确认或无视这项政策,他们有助于判断它是否是一项决策。① (2)政策问题不适合投票。英格尔哈特指出,对公民来说,投票本身不一定是一种使他们能够支配全国性决策的有效方法,它可以被精英操纵,而且也确实这样发生了。投票可以是实现赋权于民的一个有效步骤,但它不是很有区分能力的那种。② (3)投票不是解决政策问题的最终方法。梅斯奎塔和鲁特指出,民主经常被评价为在一国领导层内为了提供成功的政策而采取的竞争机制。其前提是,选民会解散政策失败的政府。第三世界最持续和稳定的民主提供了一个令人信服的例子,能解释为什么民主——选举——不足以形成政策责任,以及为什么政党不能通过成功的政策增强社会福利而连任。③

第二类看法是否定"选举表现明确的政策取向",包括四个主要论点。(1)选举不表达人民意志。莫斯卡指出,在民主选举中,那些最终赢得选举的候选人几乎总是世袭的拥有政治力量的人。不能认为普选通常是人民意志的表达,或者大多数人民意志的表达,不论在这种普选中选举权是多么自由。④ 巴特尔斯也指出,作为优秀的民主主义者,我们倾向于认为政府政策,直接或间接,源自人民的意志。不过,对民主保持乐观的人会提出,选举绝非人民意志型构公共政策的唯一一条可能的途径。⑤ (2)选举带来理性困境。巴伯指出,将决策制定还原为投票

---

① [美]哈罗德·拉斯韦尔、亚伯拉罕·卡普兰:《权力与社会:一项政治研究的框架》,第82—88、96页。
② [美]罗纳德·英格尔哈特:《现代化与后现代化——43个国家的文化、经济与政治变迁》,第44、192页。
③ [美]布鲁斯·布恩诺·德·梅斯奎塔、希尔顿·鲁特:《当坏的经济成为好的政治》,载《繁荣的治理之道》,第1—17页。
④ [意]莫斯卡:《政治科学要义》,第129、212—214页;《统治阶级》,第109、119页。
⑤ [美]拉里·巴特尔斯:《不平等的民主:新镀金时代的政治经济学分析》,第127页。

的问题是将信息最小化,也是将各种过度选项的悖论最大化。投票使我们陷入了理性的困境。①（3）投票的不确定性。阿罗指出,就其本质而言,选举无法在海量的具体事务中间进行区分,而是就某种平均标准来作决定。进一步的,选举过程就必然要加以简化,即使只是为了把普通投票者的信息成本控制在合理的范围之内,从而必须大幅削减可供选择的考虑事项的数量。② 林德布洛姆和伍德豪斯也指出,民主政治的成功,亦无法以选举现象作基本解释。利用选举以促成民主、明智政策的可能性,存在着先天性严重限制。由于选民对候选人政治态度的无知、选民对政治议题的无知、并非所有议题皆呈现于选民面前、单一面向投票及一次投票面对多项政策等因素,选举在将公民的需求与判断转换到政策上,相对而言是一种较软弱的机制。③（4）精英操控选举。戴伊指出,当今的领导人选举机制和过程严重依赖于大款的精英集团,并相应地使精英阶层强烈地作用于国家的政策制定,这种状况不会也不可能有任何重要的变化。④ 李普曼也指出,选举技巧验证了由不同见解组成的民意是如何变得模糊不清的,其含义是如何从五光十色的混合体接近了中间色调的。在以达成表面一致为目的而冲突依旧的场合,向大众发出呼吁时运用愚民政策是屡见不鲜的。人们所设想出的最复杂的投票形式就是选择投票制,在这种制度下,选民从列出的诸多候选人中间排定自己的选择次序,而不是赞成一位候选人并反对其他候选人。但即使这里有了很大的灵活性,大众的行动仍然取决于别人提供的选项的品质,而全部选项都由那些乐此不疲的小圈子提供。⑤

第三类看法是将"非选举政策途径"视为一种替代性的选择。帕伦蒂指出,政治绝不仅仅是选举运动和政府行为。让像廉租房或医疗保健这样的事情停留在私有市场中的决策,也带有高度的政治性。选举制度也不见得是民主的最完美体现。⑥ 菲利普·施密特也指出,仅把民主等同于选举这种谬见被称为"选举主义"。不管选举对民主政治有多么地关键,也

---

① ［美］本杰明·巴伯:《强势民主》,第237页。
② ［美］肯尼斯·阿罗:《组织的极限》,第79页。
③ ［美］林德布洛姆、伍德豪斯:《最新政策制定过程》,第31、58—60页。
④ ［美］托马斯·R. 戴伊:《自上而下的政策制定》,第106页。
⑤ ［美］沃特尔·李普曼:《民意》,第197、219—222页。
⑥ ［美］迈克尔·帕伦蒂:《少数人的民主》,第2—3、42—43页。

仅仅周期性地举行。在两次选举的间歇期，公民可以通过如利益联合体，社会性、地区性团体，恩庇性的安排等其他方式寻求影响公共政策。① 安德鲁·库珀也强调，民主并不与选举同义，理解选举可以和不可以做什么至关重要。选举远不能保证足够的民主代议。为约束政治权力的滥用，要么我们必须找到选举多边机制，要么我们必须找到非选举的机制，它与国家为基础的选举机制协同运行，保证我们的观点和利益的充分代表。②

指出选举与政策之间没有紧密关系，重点不在于彻底否定选举的政策作用，而是要强调不能过分"迷信"选举，需要认清选举只能对政策产生有限影响的事实。

（五）选举中的选民参与行为

选举中的选民参与行为，尤其是与政策选择有关的参与行为，涉及五个基本问题，可以归纳西方学者的相关论点，现分别作出说明。

1. 不同类型的选民

米歇尔斯指出了一般性的政治参与分层结构：民主体制中政治群体参与政党活动往往呈梯形排列，在最底端是广大的普通选民，其上是政党各地方组织的正式成员，再往上是那些人数更少的经常参加党的集会的人，再往上是党的公职人员，处于最高层的包括公职人员的一部分和大约半打在行政委员会中任职的人。实际掌握的权力与行使这种权力的人数成反比。③

雅诺斯基和格兰则认为，按照行动立场和价值介入，可以发现不同类型的公民。首先，存在着两种参与型的公民：全身心投入的公民和激进主动的公民，前者通常是精英的一部分，后者常常与当权精英发生冲突。其次，有三类非参与型的公民：恭敬顺从的公民、玩世不恭的公民和边缘旁观的公民；恭敬顺从的公民一般不参与政治，而将此留给精英，但他们一般会参加投票，当其陷入困境时，也会到从政者那里去寻求帮助；玩世不恭的公民往往只关注自身的利益，他们的姿态是消极的，但往往又是现实

---

① ［美］菲利普·施密特：《民主是什么，不是什么》，载《民主与民主化》，第20—40页。

② ［美］安德鲁·库珀：《重新建构全球治理：八项革新》，载《全球化理论——研究路径与理论论争》，第265—282页。

③ ［意］米歇尔斯：《寡头统治铁律——现代民主制度中的政党社会学》，第47页。

政治和国家的尖刻批评者;边缘旁观的公民很少参加选举或志愿活动,他们中的许多人是政策制定者关注的目标。最后,还有一种特殊的机会主义公民,他们最关心的是对影响到他们短期的、直接的利益的物质利益问题作出理性的决定;这种类型的公民如今被称为"索取型公民",并且被认为应该对社群和其他社会制度的瓦解负责。[1]

2. 与政策有关的参与行为

公民参与选举,除了正式的投票以外,还应该有其他的参与,西方学者比较看重的是以下三种参与。

第一种是参加选举前的讨论。费伦提出了支持选举前讨论的六个主要原因或理由。(1)揭示私人信息。(2)减少或克服有限的理性带来的影响。(3)推动或鼓励一种为需求或要求进行正当性辩护的特殊模式。(4)有助于产生在该群体看来是合法的最终决议,以便加强该群体的团结或促进该决议的有效实施。(5)提高参与者的道德素养和知识水平。(6)做"正确的事情"而不受讨论结果的约束。[2]

第二种是收集选举或政策信息。唐斯指出,选民收集政治信息主要出于两个原因,帮助他们决定如何投票,形成在选举之间能够影响政府政策制定的观点。[3]

第三种是参与政策评估。豪利特和拉米什指出,政治评估仅在特殊场合才会进入政策过程。民主社会中最重要的场合之一就是在选举的时候。此时公民有机会对政府的表现作出评估。当公民在选举中表达他们的偏好情绪时,作出的评估通常是对于一届政府的表现的总的判断,而非针对特定政策的效果和作用。尽管如此,公众对于政府行为的无效或有害效果的感知能够并且确实影响选举行为,这是政府在它们的选举危险中忽略的现实。[4]

3. 影响选民参与的消极因素

在选举中,可能出现一些影响选民参与的消极因素,西方学者重点指

---

[1] [美]托马斯·雅诺斯基、布雷恩·格兰:《政治公民权:权利的根基》,载《公民权研究手册》,第17—72页。

[2] [美]詹姆斯·费伦:《作为讨论的协商》,载《协商民主:挑战与反思》,第45—67页。

[3] [美]唐斯:《民主的经济理论》,第86—87、217页。

[4] [加]迈克尔·豪利特、[澳]M.拉米什:《公共政策研究:政策循环与政策子系统》,第300—301页。

出的是影响选民政策参与的九种因素。

一是个人影响力有限。巴特尔斯指出，普通民众的观点对公共政策只有非常小的影响。作为民众，不管是富人还是穷人，其特定政策观点，对政策制定过程，都有着较之于对选任官员的信念要小的影响。① 卡普兰也指出，民主让选民自己作出选择，但只给每个人微乎其微的影响力。从个体选民的立场来说，结果如何与自己的选择并没有关系。②

二是被塑造的选择。熊彼特指出，实际上人民既不提出问题也不决定问题，决定他们命运的问题是经常由别人为他们提出和决定的。选民的选择不是出于选民的主动，而是被塑造出来的，对选择的塑造是民主过程的本质部分。③

三是被雇佣者的地位。哈耶克指出，绝大多数选民都处于被雇佣的地位，由于现在是他们的意见在很大程度上支配着政策，所以在这一方面使得被雇佣的地位相对来讲具有了更大的吸引力，而在另一方面则使得独立人士的境况的吸引力日趋减少。由于被雇佣者能够不作此类决策就可以生活（当然他们也是不得不承受这种情况），所以他们也就意识不到自行决策的必要性，而且由于被雇佣者在生活中几乎没有进行决策的机会，所以他们也往往低估这些机会的重要性。④

四是形式上的参与。奥菲指出，在大选中，尽管绝大多数公民的确参加了投票，但这种行为的本质似乎更多是形式主义的，而非目的性的。⑤

五是信息不对称。罗素指出，在现代国家中，政府官员权力日益扩大的危险产生的原因是，能节制官员的大多数选民通常对于一种特别问题都不大感兴趣。大部分公众听不到所争论问题的实情。也许他们能听到，但往往只能依靠不充分的信息作出草率的论断，而且这些信息大多来自于官方，而非来自受争论中的问题所影响的那个社会阶层。⑥

六是群体无意识。勒庞认为，由于受到集体无意识力量的推动，群众常常说不清自己的真实意图，结果往往投票赞成了那些他们原本不赞同的

---

① ［美］拉里·巴特尔斯：《不平等的民主：新镀金时代的政治经济学分析》，第298—299页。
② ［美］布赖恩·卡普兰：《理性选民的神话——为何民主制度选择不良政策》，第168—169页。
③ ［美］熊彼特：《资本主义、社会主义与民主》，第389、412页。
④ ［英］哈耶克：《自由秩序原理》，上册，第146页。
⑤ ［德］克劳斯·奥菲：《福利国家的矛盾》，第34页。
⑥ ［英］伯特兰·罗素：《政治的理想》，第410—411页。

动议。有关大众心理的那些规律还向我们表明，所谓的普选权实际上纯属一个幻想。除了极个别的情况之外，群众只会唯领袖马首是瞻，他们根本就没有自己的主见。①

七是怕麻烦的选民。罗素·哈丁指出，难道理性的选民将会冒着麻烦去投票吗？并且选民会冒着麻烦去充分了解哪一位候选人的立场是与他们自己最接近的吗？如果个人因不能影响选举结果而没有理由参加投票，那么他们如果参加投票的话也将没有理由为了明智地参加投票而知道得足够多。②

八是非理性的选民。卡普兰认为，民主失灵的原因在于，选民比无知更糟糕，他们是非理性的，而且投票时也是如此。当人们在一些感觉良好的错误理念影响下投票时，民主就会不断地出台糟糕的政策。表达性选民更关心的是政策听起来如何，而不关心政策的效果；理性胡闹的选民相信感觉良好的政策是有效的。③

九是有钱人的民主。加尔布雷斯指出，富有舒适的人有钱又有势，而且他们投票。关心社会的人和穷人在人数上占优，但是很多穷人都不投票。这就是民主，但在很大程度上是有钱人的民主。④ 乔姆斯基也指出，只要选举仍被操纵在少数人手中，绕开公共事务并排斥下层人民，那上面的问题就无足轻重了，被选上的领导层就能随心所欲地为富人服务了，事实的确如此。不管是谁当选，我们都无法从选举结果中对这个国家的情况和公众所关心的问题有丝毫的了解。⑤

4. 对理性选民的基本看法

西方学者对"理性选民"有较多讨论，归纳他们的论点，对"理性选民"主要有以下看法。

第一，可以帮助选民进行"理性计算"。如缪勒所言，解决"投票悖论"（理性的、自私的个人都不会去投票，但是成千上万的选民确实投了票）的基本方式有三种，一是重新说明理性选民的计算，以使投票现在

---

① [法] 勒庞：《革命心理学》，第78、255—256页。
② [美] 罗素·哈丁：《自由主义、宪政主义和民主》，第180—181页。
③ [美] 布赖恩·卡普兰：《理性选民的神话——为何民主制度选择不良政策》，第2—3、166页。
④ [美] 约翰·肯尼迪·加尔布雷斯：《美好社会——人类议程》，第7—8页。
⑤ [美] 诺姆·乔姆斯基：《失败的国家：滥用权力和践踏民主》，第271、277页。

成为理性行为；二是放宽理性假定；三是放宽自私假定。选民不论是真心地还是策略性地投票，都是为了获得许诺给他们以最大收益的那种结果。一些人通过投票来表达他们对特定候选人的偏好，从而获得效用（好表达的选民假设），一些人的伦理偏好告诉她要投票（伦理选民假设）。①

第二，选民看重的，应是选举的实际效用。如唐斯所言，任何选民，如果他的行动使他能够在有效地挑选一个政府中发挥作用，那么他相对于选举而言就是理性的。投票人在作出决定时所考虑的利益是从政府活动中得到的效用流。理性人感兴趣的并不是政策本身，而是他们自己的效用收入。②

第三，应该相信选民能够理智地行事。如诺齐克所言，政治理论家们常常被政治领域中的"立场"所吸引，他们感到惋惜，认为民主选民缺乏理论方面的恒定不变性——选民先让一个政党掌权，在数年后又让另一个政党上台。选民们知道自己所投选票的意义。选民们想要看到这种 Z 字形运行轨迹。他们是明智的人，意识到在政治领域中没有哪一个立场能充分包括一个人希望追求的所有价值和目标。所以，这些价值和目标只得找机会轮流表现出来。即使相当数量的人无论出现什么变故，依旧信奉他们原来的目标和所青睐的计划，但是，选民们在总体上是以这种明智的方式行事的。③

第四，对于选民而言，"理性无知"应是普遍现象。如奥尔森所言，既然一个选民的一票改变选举结果的可能性非常小，典型的公民通常就会表现出对公共事物的"理性无知"。典型选民会发现，他们的收入或生存机会不会因为对公共事物或其他集体物品的热心研究而有所改善。④

第五，选举中的个体理性，显然是有限度的。如布坎南和塔洛克所言，选择者——投票者会认识到，任何计划的公共行动都存在收益与成本这两个方面。但是，无论他自己分享的收益份额还是他自己所分担的成本份额，都不可能像在可以比较的市场选择中那样容易地予以估计。由于参与群体选择的个人所不可避免的无知，这种不确定因素是必定会起作用

---

① [英] 丹尼斯·缪勒：《公共选择理论》，第 335、362 页。
② [美] 唐斯：《民主的经济理论》，第 21、33、38 页。
③ [美] 诺齐克：《经过省察的人生——哲学沉思录》，第 272—276 页。
④ [美] 曼瑟·奥尔森：《国家的兴衰——经济增长、滞胀和社会僵化》，第 24—25 页。

的。容易理解，这个不确定因素限制了理性计算的范围。①

5. 对选民参与的客观评估

对于投票中的选民参与，需要作客观地评估，为此，西方学者提出了客观认识选民行为需要注意的几个问题。

一是投票率高低没有实际意义。李普塞特指出，组织成员或社会公民对政治事务参与，对于一般人员发挥对组织和政府政策的影响，既不是必要条件，也不是充分条件。一方面，成员可以显示对组织和社会的低水平参与，但却因为他们能收回或给予竞争权力的这个或那个不同的官僚机构以选举支持而影响政策。另一方面，成员或公民可以定期参加会议，大部分人加入各种政治组织，甚至参与投票的比率很高，但却对政策没有或几乎没有影响。参与率和投票率的高低，本身对民主政治无所谓好坏；重要的是，参与的程度和性质反映其他因素，而这些因素最深刻地制约着制度发展或生存的机会。②

二是不要期待"自下而上"的政策模式。戴伊指出，民主过程的核心内容在于公开竞选，但是通过公开竞选将公民的要求转化为公共政策需要几个条件：（1）候选人必须向选民清楚地阐明自己的政策选择；（2）选民必须根据自己的政策取向进行投票；（3）选举结果必须反映出一种主流政策倾向；（4）赢得竞选者必须努力兑现自己竞选时所承诺的政策。这样的政策模式将所有政策制定活动的内容都限定在政府之内。没有多少证据或者事实来支持"自下而上"的政策制定观点。③

三是降低对政策的期望值。富里迪指出，今天的政府不再试图鼓舞选民，而似乎更乐于劝告民众降低期望值。政策问题上的争吵极少具有危急紧迫的特征，因而经常显得像是拌嘴，而不是辩论。④

四是避免"观众民主"与"公司民主"的不利影响。罗素·哈丁指出，从制度上来说，我们可以通过增加投票站数目以及方便缺席投票等方式，减少投票的成本和乏味性。但是，我们仍然轻易地要求选民们去了解他们应当知道的东西。其中的两个问题已经被视为"观众民主"和"公

---

① [美] 詹姆斯·布坎南、戈登·塔洛克：《同意的计算——立宪民主的逻辑基础》，第40—42、145—146 页。
② [美] 李普塞特：《政治人：政治的社会基础》，第162—163 页。
③ [美] 托马斯·R. 戴伊：《自上而下的政策制定》，第12—14、152 页。
④ [英] 弗兰克·富里迪：《恐惧的政治》，第12—14 页。

司民主"而得到分析。"观众民主"是伯纳德·曼南提出的术语。他论证说，政治竞选活动的性质已经改变，它更加鼓励在舞台上的表演甚于对问题的立场。阿道夫·伯利和加德勒·米恩斯的"公司民主"好有一比，国家变得像是松散控制的公司，选举产生的官员像是代表公民——他们"拥有"国家——的"职业化的"经理。官员与公民一起是共同所有者，但是他们从管理中得到的报酬通常远远超过他们从其对政府的贡献所产生的普遍利益中分得的好处。①

对"选举式"的政策参与作一个小结，强调的是选举尽管重要，但是并不一定直接"产出"政策，应该是马克思主义经典作家和多数西方学者都认同的看法。在这样的大前提下，选民的政策参与实际上是一种"受限"的参与，既受到选举与政策关系的限制，也受到政党、候选人以及选民本身的限制。"受限"的参与并不是要贬低选举参与，而是希望将关注点引向选举参与带来的政策意见表达，而不是相信选民的参与能够决定政策。

二 表决式的政策参与

"表决式的政策参与"也需要投票，但所投的票不是选举中的选票，而是对某项政策具有决定性意义的表决票。对于"表决式的政策参与"能否成为通行的政策参与形式，马克思主义经典作家和西方学者都有不同的看法，可以就三个问题作重点说明。

（一）表决式参与的场域

表决式的政策参与应该在什么样的场域进行，西方学者提出了三种场域的说法。

第一种场域是人民集会（公民集会）。托克维尔指出，在美国新英格兰的乡镇没有采用代议制，凡涉及居民利益的事务，均在公共场所召开公民大会讨论决定。人们试图以巧妙的方法打碎权力，以使最大多数人参与公共事务，结果选民的任务是经常开会审议乡镇的管理措施。②

---

① ［美］罗素·哈丁：《自由主义、宪政主义和民主》，"中文版序言"第9—11页。
② ［法］托克维尔：《论美国的民主》，上卷，第45、75页。

第二种场域是大众社会。罗伯特·古丁指出，在大规模的大众社会里，通过广泛的内在思考协商，并最终进行非协商的投票，协商民主的必要条件也可以达到。并且，思考越具民主协商性，那么在大规模的大众社会中存在的，外在集体决策过程不具有直接协商民主性这一问题，就越是变得不重要了。①

第三种场域是全民表决、全民公决或公民投票。霍布豪斯指出，真正需要的是让人民有机会去重新考虑一项议案，这可以用两个方法中随便哪一个来实现：一是允许上院行使中止否决权，把一项议案推迟到下届议会讨论；二是允许下院提出议案，最后让人民直接投票表决。② 彭茨也指出，在大国中实行直接的民主是不可能的，相反，可以通过直接的形式来补充有代议制的民主，如关于举行公民投票的建议、公民投票表决、市民表决、市长和州议会的预选、承认公民的各种积极性等。③

马克思主义经典作家则认为可以就两种问题进行全民投票。第一种是国家的统一与分离问题。马克思指出，如在美国，对南北战争期间的脱离运动的历史作进一步研究，就可以看出，"脱离运动、宪法（在蒙哥马利通过的）、国会（同上）等，所有这一切都是篡夺。他们无论在什么地方都没有举行过全民投票。"④ 第二种是民族自决问题。列宁指出："'为了不违犯自决权'，我们不应当象机灵的谢姆科夫斯基先生考虑的那样'投票赞成分离'，而应当赞成让实行分离的区域自己去决定这个问题。自决权正是意味着不由中央议会，而由实行分离的少数民族的议会、国会和全民投票来决定问题。"⑤

（二）全民公决的政策效用

赞同全民公决的西方学者，着重从四个方面强调了全民公决或全民投票对政策制定的决定性作用。

第一，全民公决只针对最重要的政策议案。霍布豪斯指出，有许多议案是不适宜进行公民表决的。财政议案绝对不适宜进行全民公决。财政控

---

① ［美］罗伯特·古丁：《内在的民主协商》，载《协商民主论争》，第57—83页。
② ［英］霍布豪斯：《自由主义》，第123—124页。
③ ［德］埃伯哈德·彭茨：《政治与人类尊严——德国自由主义者的解决途径》，第28页。
④ 《马克思致恩格斯（1861年7月1日）》，《马克思恩格斯全集》，第30卷，第181页。
⑤ 列宁：《论俄国社会民主工党的民族纲领》，《列宁全集》，第24卷，第238页。

制和行政控制是并驾齐驱的，使其中哪一项脱离下院多数掌握，这不是改革我们的制度，而是把制度彻底毁掉。公民表决要奏效，只能是关于第一流的议案，而且只有在极其难得的情况下才能向公民请教。超越政党的一般界限，我们的制度无法应付的议案，直接付诸人民就是最恰当的解决方法。①

第二，全民公决有助于解决社会冲突。赫费指出，有一种经过实验的防止出现参与性民主制度的专制化危险的手段：人民直接参与国家意志和决策的形成，以民众表决、民意调查、大众请愿和人民决断等形式的公决，其中有的是投票权，有的是公决权。直接的民主制度不一定要取代代表制，它甚至可以保留合法的优先地位。经验表明，全民公决有助于解决巨大的社会冲突，全民公决会提升民众的信息水平及其参与的积极性。②

第三，全民公决能够影响公共舆论。莫斯卡指出，那些在很大程度上奉行代议制原则的政府中，全民公决有时是一种非常有效的手段。通过全民公决，民众的好恶、喜怒，只要影响广泛进而形成一般所说的公共舆论，那么他们就能够抵制处于统治地位的少数人的行为和计划。③

第四，全民公决希望达到基本正义。罗尔斯指出，至善主义价值并不是在任何情况下都不能加以考虑，譬如当立法者必须思考特定问题的范围的时候，或者当涉及某些政策问题的时候（如要求拨付公共基金保护美妙自然风景，随着宪法实质的深入人心，可以通过适当的全民投票来解决）。④

（三）表决式参与的反对意见

对表决式的政策参与，尤其是全民公决，不少西方学者持的是反对态度。归纳他们的论点，主要强调的是表决具有以下影响正常决策的特性。

第一，表决具有"独裁性"特征。阿伦特指出，全民公决是唯一与无拘无束的公共意见统治密切呼应的制度。正如公共意见是意见的死亡，全民公决也使公民投票、选择和控制自己政府的权利走向终结。⑤ 哈耶克

---

① [英] 霍布豪斯：《自由主义》，第124页。
② [德] 奥特弗里德·赫费：《全球化时代的民主》，第187页。
③ [意] 莫斯卡：《政治科学要义》，第214页。
④ [美] 罗尔斯：《作为公平的正义：正义新论》，第184—185页。
⑤ [美] 汉娜·阿伦特：《论革命》，第214页。

也指出，只要民主制度不再受法治传统的约束，那么它们就不仅会导向"全权性民主"，而且有朝一日还会导向一种"平民表决的独裁"①。

第二，表决具有"误导性"特征。波普尔指出，多数人永远是对的，不能被视为民主的原则，"大多数表决"还是可能会犯下最严重的错误；投票的结果甚至还会引进专制统治。所谓的"全民创制"只是误导，只是一种宣传手段而已。它还是少数人的创见，最多只是向大众公开，寻求评估而已。②

第三，表决具有"有限参与"特征。特纳指出，在公民表决的民主中，虽然家庭生活在个人伦理发展领域具有优先权，个体公民还是淹没在国家的神圣中。③茱迪·史珂拉也认为，自世纪之交以来，一直有人指出，治愈民主政府之痼疾的最佳良药不是削弱民主制，而是加强民主制。通过公民表决、罢免和提案等程序稳定发展更直选的政府，就建立在这一假定的基础之上，同时产生了相当不确定的结果。上述政治表现机会并没有给真正参与民主制度的提倡者留下深刻印象，因为上述机会仍然只是对法案投票的方式，投票人没有亲身经历参与议事的机会。④

第四，表决具有"不可行性"特征。古德诺指出，从瑞士的经验可以看出，变革就是越来越频繁地运用全民投票（公投）。全民投票于1874年引入，在对重大问题决策方面，这种方法似乎已经对减轻政党工作产生了影响。公投在多大程度上适应美国国情，这是一个很严肃的问题，确保立即普遍采用全民投票的前景并不光明。⑤卡尔·施米特则强调，全民直接民主的意志表达的意义不是规范化，而是通过一种意志做出的决断——如"全民公决"这个词恰如其分多表达的那样。全民直接民主只能偶然为之，被大量引用的（每日的全民直接民主），在现实中几乎是不会组织的。人民只能说赞同或反对，人民不能建议、协商或者讨论；人民不能统治、不能管理；人民也不能制定规范，只能用自己的赞同来批准摆在自己面前的规范化草案。尤其人民不能提问题，只能用赞同或反对来回答对自

---

① [英]哈耶克：《法律、立法与自由》，第2、3卷，第269—270、272页。
② [英]波普尔：《二十世纪的教训：波普尔访谈演讲录》，第62、106—107页。
③ [英]布赖恩·特纳：《公民身份理论概要》，载《公民身份与社会阶级》，第284—319页。
④ [美]茱迪·史珂拉：《美国公民权：寻求接纳》，第9页。
⑤ [美]古德诺：《政治与行政》，第165—166页。

己提出的问题。把全民直接民主正当性的工具看作比其他更无害,绝对是一个危险的失误。①

第五,表决具有"非公民性"特征。阿伦特指出,因为暴民憎恨将他们排斥在外的社会,以及他们未占领代表席位的国会。所以近代暴民领袖利用公民投票来取得辉煌成果,公民投票是依靠暴民的政治家的旧观念。②巴伯也指出,乌合之众不是选民,暴民不是公民群体。只有自由的选择者才能算作政治行动者。"群众"看起来也不能算作是公民——即使他们能够"投票表决"的时候也不能算作公民。③

第六,表决具有"局限性"特征。马歇尔指出,福利决策在本质上是利他性的,它们并不是个人主义偏好的结合物,也不是假想的多数人表决的产物。福利决策的决定本质上是威权主义的,本质上是家长制的。④弗里德曼也指出,重大政策问题不能采用多数决的方法。有关基本价值的根本性的差异如果不是永远不可能,那也很少能用投票的方法得以解决。⑤

第七,表决具有"非妥协性"特征。韦伯指出,所谓直接民主制,从技术上说仅仅在一个小邦国(州)才是可能的。世界上没有哪个国家采取公民直接投票的办法完成由定期的议会活动来执行的那个最重要的任务:预算。在一个大规模国家实行公民直接投票,如果用之于任何极为复杂的安排民族文化实质内容的法律和方法,就等于给一切进步安装了一副强有力的机械制动器。它排除了政党妥协的可能性。公民直接投票并不懂得妥协,而在任何一个大规模国家,由于内部结构存在根深蒂固的地区、社会、宗教以及其他对立,多数法律都是建立在妥协基础之上。⑥沃尔夫也指出,受全体一致规则支配的直接民主制,就是在一个政治共同体中,每人都对每一个问题投票。根据全体一致规则,单单一张否决票就可以击败任何动议,所以在重要问题上,最微弱的异议将使整个社会的活动

---

① [德] 卡尔·施米特:《政治的概念》,第252—254页。
② [美] 汉娜·阿伦特:《极权主义的起源》,第162页。
③ [美] 本杰明·巴伯:《强势民主》,第154—155、189页。
④ [英] 马歇尔、吉登斯等:《公民身份与社会阶级》,第110—116、127页。
⑤ [美] 米尔顿·弗里德曼:《资本主义与自由》,第28—29页。
⑥ [德] 马克斯·韦伯:《德国的选举权与民主》、《新政治秩序下的德国议会与政府》,载《韦伯政治著作选》,第104—106、181页。

停止。①

第八，表决具有"简单性"特征。奥克肖特指出，公民投票不是"大众人"将他的选择强加给他的统治者们的方法，它是产生一个有着无限权威，代表他作选择的政府的方法。在公民投票中，"大众人"最终解除了个体性的负担，他被断然告知选择什么。作为一种持续控制政府的行使手段，公民投票远远比不上国会（下院）来得有效。② 彼得斯也指出，参与式政府最简单的形式是公民投票，就是让公民通过直接投票的方式来决定政策议题所要采用的方法。虽然这种方式企图达到集思广益的效果，但公民投票只允许公众对政治家们所设定的选项上选择"是"或"否"③。

马克思主义经典作家对于全民公决或全民投票，也提出了三点否定性的看法。

第一点看法是强调全民投票带有强烈的欺骗性特征。马克思指出："路易·波拿巴利用法国的阶级斗争篡夺了政权，并且以不时进行的对外战争来延长了自己的统治，无怪他一开始就把国际看做危险的敌人。……国际的法国各个支部的真正罪过究竟何在呢？就在于它们曾经公开而断然地告诉法国人民：参加全民投票，就等于投票赞成对内专制和对外战争。的确，由于它们的努力，在法国所有的大城市，所有的工业中心，工人阶级都一致起来反对全民投票。不幸的是，农村地区的极端愚昧无知占了上风。欧洲各国的交易所、政府、统治阶级和报刊都欢庆全民投票的成功，认为这是法国皇帝对法国工人阶级的辉煌胜利；实际上，全民投票并不是要杀害某一个人的信号，而是要杀害几国人民的信号。"④ "现在他们就能够通过一次反动恐怖时期的真正波拿巴式的全民投票，使这个政权得到一个伪造的民意批准。"⑤

第二点看法是全民公决具有操纵性的特征。列宁指出："俄国的'人民立法'有蜕化成帝国主义的'全民投票'的严重危险。"⑥ "立宪会议

---

① ［美］罗伯特·沃尔夫：《为无政府主义申辩》，第20—23页。
② ［英］奥克肖特：《政治中的理性主义》，第98—102页。
③ ［美］盖伊·彼得斯：《政府未来的治理模式》，第67页。
④ 马克思：《国际工人协会总委员会关于普法战争的第一篇宣言》，《马克思恩格斯全集》，第17卷，第3—4页。
⑤ 马克思：《法兰西内战初稿》，《马克思恩格斯全集》，第17卷，第581页。
⑥ 列宁：《我们党的纲领草案》，《列宁选集》，第4卷，第194—195页。

和全民投票都是按照资产阶级议会制的旧模式搞起来的,而且由于资本占统治地位,人民投票就不得不考虑它,同它讨价还价。……我们需要的不是资产阶级的代表机构,而是能同剥削者进行无情斗争的被剥削者和被压迫者的代表机构。这就是苏维埃政权的主张;它既不要议会,也不要全民投票。"①

第三点看法是全民公决不能解决实际问题。列宁指出:"要在报纸上(而不是在通俗小册子上)谈城市和国家的情况,就需要有新鲜的、各方面的、由能干的人收集并整理过的材料。而为了收集和整理这样的材料,靠那种大家一起管理一切、以全民投票的儿戏作为消遣的原始小组所实行的'原始的民主',当然是不够的。"②

也就是说,"表决式"参与确实是比"选举式"参与更直接、更有效的政策参与方式,但是正是有效和直接的特征,使得这样的参与受到日益复杂的政策过程的制约,无论是在议题上还是在范围上,都受到了更严格的限制。

三 表达式的政策参与

"表达式的政策参与"或"意见交流式的政策参与",强调的是以公民个体政策意见表达为内容的参与行为,这种参与行为既不同于侧重于投票的"选举参与行为"和"表决参与行为",也不同于侧重于以集体为基础的"组织参与行为"和侧重于行动的"社会运动参与行为"。

(一) 公民意见表达对政策的重要作用

公民的政策意见表达,或者决策者与政策受众之间的意见交流,在西方学者看来,对政策至少能够起到七个方面的作用。

第一,政策优化作用。马基雅维里指出,在作出决定之前,每个公民无论赞成还是反对,都能对它发表意见。公民良善,此种制度亦可称良善,因为能够提出动议的每个人都是出于良好的公心,而且人人都能表达

---

① 列宁:《在全俄铁路员工非常代表大会上关于人民委员会工作的报告》,《列宁全集》,第33卷,第305—306页。
② 列宁:《怎么办》,《列宁全集》,第6卷,第141—142页。

自己的看法，在听取各方的意见后，人民可以择善而从。人民对事情作出判断时，如果听到两个辩论家各执一词，他们的德行又不相上下，则人民鲜有不接受更好的意见、不相信他们听到的真理的时候。优秀的公民，即使看到民众的狂热有害，也绝不会杯葛决策，尤其是那些刻不容缓的决策。①

第二，政策取向作用。卢梭指出，如果当人民能够充分了解情况并进行讨论时，公民彼此之间没有任何勾结，那么从大量的小分歧中总可以产生公意，而且讨论的结果总会是好的。尽管政府可以随自己的意思规划自己内部的政策，但是除非是以主权者的名义，也就是除非是以人民本身的名义，政府是绝不能号令人民的。②

第三，政策理解作用。达尔指出，对范围广泛的政治事务，无论是官员、政府、体制、社会经济秩序，还是主流意识形态，都享有自由表达意见的权利，而不必担心遭到任何严厉的惩罚。首先，公民对政治生活的有效参与，需要这种表达自由；自由的表达不仅意味着我们有权利说出自己的观点，它还意味着我们有权利听到别人的观点。其次，要对政府各种可能的行为和政策有充分的知情，也必须有表达的自由；要培养基本的公民能力，公民需要相互学习，讨论和协商，而这些方式都离不开表达的自由。最后，公民一旦丧失了表达自由，很快就会对政府的决策议程无能为力。在适当的时间内，每个成员都有平等而有效的机会，知晓相关政策及其可能的结果。③

第四，政策期望作用。约翰斯顿指出，倘若人们意欲自由地表达其优先选择，并且决策者非常重视他们的选择，那么公开、竞争性的参与是极其重要的。民主化进程不仅表达不同的私人利益，而且也把它们汇入广泛认可的公共政策之中。问题不仅仅在于政策选择，而且在于各种期望。在制度化完善的体系里，国家、政治组织和公民社会既要缓和政治要求又要有助于表达心声，通过制定正确的政策以提高政府应对能力。④

第五，政策安抚作用。达尔指出，民众中所有积极的和合法的群体都可以在决策过程的某个阶段表达自己的意见。政府决策的制定并不是就某

---

① ［意］尼科洛·马基雅维里：《论李维》，第99、195页。
② ［法］卢梭：《社会契约论》，第39、90页。
③ ［美］罗伯特·达尔：《论民主》，第94、105页。
④ ［美］迈克尔·约翰斯顿：《腐败征候群：财富、权力与民主》，第7—8、38页。

些基本政策事宜统一起来的多数人的庄严进程，它是对相对少的群体的安抚。①

第六，政策"泄愤"作用。马基雅维里指出，共和国于法律中设置让民众对某个公民泄愤的渠道，是多么的有用而必要。这种正常渠道的阙如，会使众人诉诸反常的渠道。消除谣言的上策，就是广开指控的言路。策略若有懦弱或损失的外表，尽管背后潜藏着安全与收益，那也很难让人信服。②

第七，政策的民主作用。杜威指出，由于相信把分歧意见表达出来，这不仅是对方的权利，而且是一种使自己的生活经验丰富起来的手段，因此要给予分歧双方一个表达自己意见的机会，这一点是民主的个人生活方式所固有的。③加尔布雷斯也指出，实现美好社会的一个关键步骤，是使民主制度成为真实的、包容的制度。实现美好社会的首要任务是尽可能充分表达民主意志。对于穷人而言，要得到他们所需的公共服务，提高他们必要的报酬，制定广泛的政策来减轻贫困，公共部门的候选人将倾听他们的声音。④

（二）需要表达的内容

在政策领域，"表达什么"或"什么需要表达"，马克思主义经典作家强调的是三种重要的"表达"。

第一种是政策要求的表达。列宁指出："如果我们是人民的代表，我们就应该表达人民的意愿和人民的要求，而不是看上面或者别的什么'政治条件'喜欢什么才说什么。""通过说明问题、明确提出问题、充分阐明真理、彻底清除各种模棱两可和含糊不清的提法来帮助人民，这是我们能够做到的，而且是我们应该做到的，只要我们愿意真正成为人民的代表而不是自由派的官吏。"⑤

第二种是不同意见的表达。邓小平指出："要让群众能经常表达自己

---

① [美] 达尔：《民主理论的前言》，第 199 页。
② [意] 尼科洛·马基雅维里：《论李维》，第 66、69、180 页。
③ [美] 约翰·杜威：《杜威文选》，第 417 页。
④ [美] 约翰·肯尼迪·加尔布雷斯：《美好社会——人类议程》，第 118—122 页。
⑤ 列宁：《在第二届国家杜马中关于土地问题的发言稿》，《列宁全集》，第 15 卷，第 139、148—149 页。

的意见,在人民代表大会上,政协会议上,职工代表大会上,学生代表大会上,或者在各种场合,使他们有意见就能提,有气就能出。""只有搞'百花齐放、百家争鸣',各种意见表达出来,进行争辩,才能真正发展马克思主义,发展辩证唯物主义。"①

第三种是批评和建议的表达。邓小平指出:"应该让群众有充分的权利和机会,表达他们对领导的负责的批评和积极的建议。"②

西方学者主要强调的,则是以下五种内容的"表达"。

一是价值观的表达。诺齐克指出,在民主制度的运作过程中,我们也希望表达与我们相关并将我们结合起来的价值观。在某种程度上,我们对个人自主性和自由的关注本身也是一种明确表达的关注。我们相信这种东西是有价值的,其原因并非仅仅在于它们使人能够选择,产生具体行动,也不在于它们能够使人获得益处,而是在于它们使人能够参与有针对性的、复杂的自我表达、自我符号化的活动,而这些活动会使人得到进一步提高和发展。③

二是政治观点的表达。巴伯认为,一种健康的民主共同体会为人们表达不信任、异议或者是完全反对留下空间,甚至在那些明显处于少数派地位的持异议者注定要失败的情形下也是如此。④

三是利益的表达。夏皮罗指出,民主被认为是合理的,因为人们应该在涉及他们的一些决策中有权表达自己的意愿。利益相关性这个原因性的原则暗示,理论上决策规则应该根据权力关系的结构而不是成员资格或是公民资格的状况而定:如果你受到某项决策结果的影响,你就应该有权发表自己的意见。⑤

四是差异的表达。米勒指出,文化资本主义民主制擅长于"远距离的行动"。这种体制希望,不仅仅通过国家的制度机构,而且还通过大量的知识,包括公共卫生、社会工作、审计、会计和其他现代调节方式,把社会组织起来。在如此分散的一系列行动中,差异总存在表达的机会。⑥

---

① 邓小平:《共产党要接受监督》,《邓小平文选》,第1卷,第272—273页。
② 邓小平:《目前的形势和任务》,《邓小平文选》,第2卷,第257页。
③ [美]诺齐克:《经过省察的人生——哲学沉思录》,第267—271页。
④ [美]本杰明·巴伯:《强势民主》,第223—224页。
⑤ [美]夏皮罗:《政治的道德基础》,第263页。
⑥ [美]托比·米勒:《文化公民权》,载《公民权研究手册》,第316—334页。

五是要求的表达。伊斯顿指出，我们不应该将期望与政治要求相混淆。公众意向未必代表公众要求。动机会引起要求，但未必就是要求。就某件事表达自己的利益与将要求输入系统并不是一回事，要想把利益变成要求，就必须提请当局采取与之相关的行动。①

（三）表达式参与的形式

表达式的政策参与包含不同的参与形式。从马克思主义经典作家和西方学者的论述中，可以归纳出需要注重的十一类形式。

1. 集会

"集会"是民众"表达"意见的重要方式，如列宁所言："开始做任何一件事之前都非经过大家讨论不可，因为几十年几百年来，人民一直被禁止讨论任何事情，而革命不经过一段普遍开群众大会讨论各种问题的时期，是不能得到发展的。这造成了许多混乱现象。确实是这样，这是不可避免的，但应该说这并不危险。我们只有及时学会区分哪些事需要开群众大会讨论，哪些事需要管理，才能使苏维埃共和国达到应有的水平。"②

西方学者则对民众的"集会"参与，提出了三点要求。（1）"和平性"要求。雪莱指出，政府不会允许任何集会公开地就政府的原则来进行和平的、合理的讨论，但是人类有没有权利来集会谈谈他们愿意谈的题目呢？人们讨论政府能采用什么手段以便更有效地达到它的目的，还有什么题目比这个更有意义、更有用呢？尽管我很不赞成使用暴力，然而我决不认为连集会议论形势的发展，也属于暴力或暴乱性质的活动。③（2）"自由性"要求。罗伯斯比尔指出，在广大的政治社会中，每一个成员可以尽其所能，推动别的成员来采取他觉得是最符合于共同利益的决定。集会上的每一部分人民都应当享有充分自由表达自己意志的权利。要设法使人民能够出席公共集会，因为只有人民才是自由和正义的支柱。④（3）"理性"要求。阿伦特指出，如果我们中十个人开会，每一个都表达自己的意见，每一个都聆听他人的意见，那么，意见的理性产物就

---

① ［美］戴维·伊斯顿：《政治生活中的系统分析》，第47—54页。
② 列宁：《新经济政策和政治教育委员会的任务》，《列宁全集》，第42卷，第191页。
③ 《雪莱政治论文选》，第35页。
④ ［法］罗伯斯比尔：《革命法制和审判》，第61、148、163页。

会通过意见交换而出现。① 罗蒂也认为，在自由民主社会里，公民集会既是公共舆论的源泉，也是公共政策的源泉，所以是决定公共政策的最合乎理性的方式。我们把理性仅仅当作就各种事情展开讨论，倾听另一方意见，尝试达成和平共识的意愿的另一个名称。对我们来说，成为理性的，也就是成为可以对话的，而不是成为愿意服从的。②

2. 讨论

"讨论"也是重要的政策意见表达方式，马克思主义经典作家对"讨论"有以下四点认识。

第一，讨论不是单个人的参与。马克思指出："'一切人'都可'单独''参与一般国家事务的讨论和决定'，这意思就是：'一切人'都应该不作为全体，而作为'单个的'人去参加。这个问题在两方面都带有内部矛盾。一般国家事务就是国家的事务，是作为现实事物的国家。讨论和决定就等于有效地肯定国家是现实事务。因此，国家的全体成员同国家的关系就是他们自己同自己的现实事务的关系，这一点似乎是不言而喻的。国家成员这一概念就已经有了这样的含义，他们是国家的成员，是国家的一部分，国家把他们作为自己的一部分包括在本身中。他们既然是国家的一部分，那末他们的社会存在自然就是他们实际参加了国家。不只是他们参与国家大事，而且国家也参与他们的事情。……因此，参与一般国家事务和参加国家是一回事。……另一方面，如果谈的是特定的事务，是单一的国家活动，那么依然非常明显，不是一切人都单独去进行这种活动。否则每一个单个的人都成了真正的社会，而社会就成为多余的了。"③

第二，需要坦率和公开的讨论。马克思指出："在过去，公开的讨论没有做到坦率，而坦率的讨论也没有做到公开。"④ 毛泽东也指出："我们工作作风中的一项极大的毛病，就是有些工作人员习惯于独断专行，而不善于启发人们的批评讨论，不善于运用民主作风。我提议各地对此点进行教育，在党内，在党外，都大大地提倡民主作风。"⑤

第三，鼓励群众讨论政策问题。列宁指出："我们一方面决不停止训

---

① ［美］汉娜·阿伦特：《论革命》，第177—179页。
② ［美］罗蒂：《后形而上学希望》，"作者序"，第4页；正文，第113—114页。
③ 马克思：《黑格尔法哲学批判》，《马克思恩格斯全集》，第1卷，第391—392页。
④ 马克思：《摩塞尔记者的辩护》，《马克思恩格斯全集》，第1卷，第234页。
⑤ 毛泽东：《一九四五年的任务》，《毛泽东文集》，第3卷，第242—243页。

练群众参加对社会一切事务的国家管理和经济管理,决不妨碍群众十分详尽地讨论新的任务(相反,应当想方设法帮助他们进行这种讨论,使他们能够独立地作出正确的决定),同时,我们应当开始严格区分民主的两种职能:一种是辩论和开群众大会,另一种是对各项执行的职能建立最严格的责任制和无条件地在劳动中有纪律地、自愿地执行各项必要的指令和命令,以便使经济机构真正像钟表一样地工作。"① 毛泽东也指出:"现在有些同志,很怕群众开展讨论,怕他们提出同领导机关、领导者意见不同的意见。一讨论问题,就压抑群众的积极性,不许人家讲话。这种态度非常恶劣。"②

第四,重大问题的全民讨论。斯大林指出:"从苏联宪法的起草到最后润色,全民讨论无疑带来巨大的好处。"③ 毛泽东也指出:"这个宪法草案,结合了少数领导者的意见和八千多人的意见,公布以后,还要由全国人民讨论,使中央的意见和全国人民的意见相结合。这就是领导和群众相结合,领导和广大积极分子相结合的方法。过去我们采用了这个方法,今后也要如此。一切重要的立法都要采用这个方法。"④

西方学者重点关注的,则是公民参与政策讨论需要注意的一些基本标准。

一是自由表达意见标准。弗里德曼指出,对于一个自由主义者而言,合适的手段是自由讨论和自愿合作。这也就意味着,任何强制的形式都是不合适的。理想的情况是,在自由和充分讨论的基础上具有责任心的个人之间取得一致的意见。⑤ 悉尼·胡克也指出,一种民主的有效行使要求有若干其他的条件存在,其中首要的是被统治者积极参与政府的工作过程。所谓积极参与,意思不是指企图去做官员的特殊工作,而是指对各项公共政策作自由的讨论和商议,并在执行通过民主程序所达成的各项委托时进行自愿的合作。⑥

---

① 列宁:《"苏维埃政权的当前任务"一文初稿》,《列宁全集》,第4卷,第142—143页。
② 毛泽东:《在扩大的中央工作会议上的讲话》,《建国以来毛泽东文稿》,第10册,第20页。
③ 斯大林:《全苏苏维埃第八次(非常)代表大会审定委员会的报告》,《斯大林文集(1934—1952)》,第131页。
④ 毛泽东:《关于中华人民共和国宪法草案》,《毛泽东文集》,第6卷,第324—325页。
⑤ [美]米尔顿·弗里德曼:《资本主义与自由》,第27页。
⑥ [美]悉尼·胡克:《理性、社会神话和民主》,第253—254页。

二是不受压制标准。葛德文指出,只有独立和公正的讨论而不是喧嚣的集会,才是真正的进步。真正仁爱为怀的人,不会压制讨论,而会热情地参加讨论。①

三是知识准备标准。孔德指出,知性缺乏条理、疏于准备的群体是无法合理地参与讨论的。②

四是理性讨论标准。罗尔斯指出,在产生重大政治问题的场合,公民必须能够为他们的政治观点互相出示可供接受的理由。他们要相互解释清楚,他们所拥护和投票支持的那些原则和政策怎样才能获得公共理性之政治价值的支持。这一义务也包含了一种倾听他人意见的态度,和一种在他们应该对别人的观点作出理性回应时于决策过程中保持的公平心。一种在许多人中间理想地进行的讨论(如果需要,可进行投票),要比任何一个人自己的审慎思考更可能得出正确的结论。与其他人交流意见克服了我们的偏见,扩大了我们的视野,我们被要求从他们的观点来看问题。③

五是尊重少数派标准。悉尼·胡克指出,民主是这样一种生活方式,普遍同意只有在不同的意见能通过自由的、批判性的讨论而得到磋商的时候才能发扬光大,而在这种讨论中,那些无论在什么时候和在什么问题上原来是一个少数派的人,要可以在他们服从民主程序的条件下成为多数派。④

六是情感交流标准。吉登斯指出,"情感的民主"依靠的是把自主与团结结合在一起。它认为,在其中动员和维持积极信任的个人关系是通过讨论和观点的交换,而不是某种武断的权力来实现和发展的。⑤ 米勒也指出,讨论本身就是参与者之间建立信任的一个好方式。⑥

3. 辩论

辩论是讨论的一种特别形式,讨论注重的是各种意见的表达,辩论强调的则是不同意见的交锋。

邓小平特别强调了"真理是辩出来的"论点:"大家对经济问题的看

---

① [英]威廉·葛德文:《政治正义论》,第198—199、663页。
② [法]奥古斯特·孔德:《论实证精神》,第41页。
③ [美]罗尔斯:《正义论》,第228—229页;《作为公平的正义:正义新论》,第112、175页;《政治自由主义》,第230页。
④ [美]悉尼·胡克:《理性、社会神话和民主》,第9—10页。
⑤ [英]安东尼·吉登斯:《超越左与右——激进政治的未来》,第123—124页。
⑥ [美]戴维·米勒:《协商民主和社会选择》,载《协商民主论争》,第195—213页。

法不一致,这是很自然的。……我主张采取辩论的方法,面对面,不要背靠背,好好辩论辩论。真理就是辩出来的。有同志已提出这个意见,希望能够把中央各部门的设想,各省市同志的设想都摆出来,这次会议不一定完全能够解决,把这些问题摆出来以后,梳几个辫子,权衡利弊,该怎么办就怎么办。切不要以为我们原来脑子里考虑的就是完全对的。"[1]

西方学者主要关注的,是辩论尤其是政策辩论的以下重要特征。

一是辩论的传统性特征。克里克指出,通过公民间的政治辩论来统治这一发明,即后来的传统,在希腊城邦与古罗马共和国的实践和思想中都有其根基。历史上的大多数国家曾压制人民对政策的公开辩论,喜欢鼓励"好的臣民",而不是好的或积极的公民,但这种行径在现代社会越来越难以存在了。[2]

二是辩论的公开性特征。罗伯斯比尔指出,让辩论公开进行,要紧的是,任何时候都不许哪一个现存的政权来干涉会议的程序和辩论。[3] 卡尔·施米特也指出,公开性和辩论是两条原则,宪政思想和议会制都取决于这两条原则。[4]

三是辩论的指向性特征。杜鲁门指出,正式的辩论推动了最终决策的接受,但这并不一定是指被那些直接的参与者接受,而是指被那些边缘人士接受。[5] 沃尔泽则强调,我们通常认为真理来自讨论——就像我们认为政策来自政治辩论的交锋一样。而分享讨论和辩论,即便是不平等的,也比为简单平等之目的而废除它们要好得多,要更令人满意。[6]

四是辩论的教育性特征。罗尔斯指出,有争议的决定通过吸引公民参与公共辩论而发挥了一种及其重要的教育作用。[7] 达尔也指出,公民教育,需要的不仅是正规的学校,还要有公共的讨论、协商、辩论、争鸣,需要能够方便地获得可靠的信息,以及一个自由社会拥有的其他制度。[8]

---

[1] 邓小平:《关于经济工作的几点意见》,《邓小平文选》,第 2 卷,第 201 页。
[2] [英] 伯纳德·克里克:《民主的沉思》,载《变动中的民主》,第 297—311 页。
[3] [法] 罗伯斯比尔:《革命法制和审判》,第 163 页。
[4] [德] 卡尔·施米特:《政治的浪漫派》,第 199 页。
[5] [美] 戴维·杜鲁门:《政治过程——政治利益与公共舆论》,第 428 页。
[6] [美] 迈克尔·沃尔泽:《正义诸领域:为多元主义与平等一辩》,第 413 页。
[7] [美] 罗尔斯:《作为公平的正义:正义新论》,第 176—179 页。
[8] [美] 罗伯特·达尔:《论民主》,第 86 页。

五是辩论的程序性特征。达格指出，因为政治是公众的事务，因此需要公开的辩论和决定，这反过来又需要有正式的、确定的程序——也即关于何人可以发言，何时可以发言，如何达成决定等等的规则。① 马奇和奥尔森也指出，理智辩论的能力在实践中难以维持，存在与参与有关的几个问题。（1）我们如何安排辩论途径，从而能够审慎地获得参与能力？对参与途径和参与内容的规则进行平衡，使其既不过于排他，也不过于开放，这显然是困难的。（2）我们如何使参与动机和参与能力相一致？没有理由相信，一定要考虑动机和个人价值，从而格外吸引那些贡献最具价值的人参与到政策辩论中来。（3）我们如何以增强而不是削弱参与能力的方式利用政策辩论过程？论辩不仅是决策过程的一个环节，也是教化过程的一个环节，有益于长远的制度能力。②

4. 协商

"协商"也是一种重要的政策意见表达方式，但需要注意的是，马克思主义经典作家对于"协商"的一些解释，如不同民族之间的"协商"，沙皇统治时期的"协商"骗局和所谓的资本家与工人之间的"协商运动"，以及中国的政治协商制度，都与作为民众政策意见表达方式的"协商"有一定的距离。毛泽东强调的"商量政府"和就政策问题开展"协商"，则是符合政策意见表达方式的概念："我们政府的性格，你们也都摸熟了，是跟人民商量办事的，是跟工人、农民、资本家、民主党派商量办事的，可以叫它是个商量政府。我们不是板起面孔专门教训人的，不是意见提得不对就给他一棒子，打得他头向下、脚朝天。我们叫人民政府，你们有话尽可以讲，不会借故整人的。"③ "现在是协商办事，这样大的事情，与全国人民有关的大事，当然要协商办理。如果大家不赞成，那就没有办法做好。"④ "无论粮食问题，灾荒问题，就业问题，教育问题，知识分子问题，各种爱国力量的统一战线问题，少数民族问题，以及其他各项问题，都要从对全体人民的统筹兼顾这个观点出发，就当时当地的实际可能条件，同各方面的人协商，作出各种适当的安排。绝不可以嫌人多，嫌

---

① ［美］里查德·达格：《共和主义公民权》，载《公民权研究手册》，第196—214页。
② ［美］詹姆斯·马奇、［挪威］约翰·P.奥尔森：《重新发现制度：政治的组织基础》，第134页。
③ 毛泽东：《同工商界人士的谈话》，《毛泽东文集》，第7卷，第178页。
④ 毛泽东：《工商业者要掌握自己的命运》，《毛泽东文集》，第6卷，第488页。

人落后，嫌事情麻烦难办，推出门外了事。"①

西方学者经常将"讨论"和"协商"看作同一种参与方式，但是一些主张"协商民主"的学者，还是就"协商"提出了一些具体标准。

第一，政策协商标准。菲什金和拉斯金指出，我们把协商视为通过讨论加以权衡相互竞争的考虑。（1）知情的（和告知的）。论证应该是被适当的和相当准确的事实主张所支持。（2）平衡的。论证应该是有相反的论证。（3）有责任心的。参与者应该有礼貌和尊敬对方，愿意真情诉说和用心倾听。（4）实质的。论证应该是真诚地考虑其价值，而不是考虑怎样提出的或谁提出的。（5）广泛的。分布在不同人群的所有观点都将得到注意。②

第二，协商理念标准。米勒指出，如果我们认真考虑社会选择，我们能够努力将民主实践向协商理念的方向转变，鼓励人们不仅要表达他们的政治观点（通过民意测验、公民投票等诸如此类的方法），而且要通过公共环境中的辩论，形成政治观点。③ 古特曼和汤普森也指出，当公民和负有责任的官员产生分歧并且同时也认识到他们正在寻求商议性协议时，他们彼此之间会愿意带着实现暂时性正当政策的目的而继续进行辩论，而且他们所有人都能够彼此承认对方正在这样做。④

第三，理性协商标准。曼宁指出，协商不只是一个发现的过程，参与各方都不会满足于提出各种相互冲突的主题，他们还试图说服他人。他们认为，辩论是连续地提出各种主张，目标在于促进或强化倾听者的认同。在这个意义上，它是一个争议和理性化的过程。⑤

第四，非自利性标准。博曼指出，根据多数协商民主的支持者的说法，当政策通过公共商讨和辩论的途径制定出来，且参与其中的公民和公民代表超越了单纯的自利和有局限的观点，反映的是公共利益和共同利益的时候，政治决策才是合法的。⑥

---

① 毛泽东：《关于正确处理人民内部矛盾的问题》，《毛泽东文集》，第 7 卷，第 227—228 页。
② ［美］詹姆斯·菲什金、罗伯特·拉斯金：《民主理想的实验：协商民意测验与舆论》，载《协商民主与政治发展》，第 313—331 页。
③ ［美］戴维·米勒：《协商民主和社会选择》，载《协商民主论争》，第 195—213 页。
④ ［美］阿米·古特曼、丹尼斯·汤普森：《民主与分歧》，第 14 页。
⑤ ［法］伯纳德·曼宁：《论合法性与政治协商》，载《协商民主与政治发展》，第 111—141 页。
⑥ ［美］詹姆斯·博曼：《公共协商：多元主义、复杂性与民主》，第 4—5 页。

第五，平等参与标准。利奥塔指出，启蒙运动认定的理想境界是一个由平等而有学识的公民组成的集体，大家都自由地讨论公共事务，协商该作出什么样的决策。① 比瑟姆也指出，"民主公民"是任何宗奉平等的民主权利，通过公开讨论和协商来消除差异的人，以及接受这些宗奉所要求的实践的人。②

第六，政策理解标准。博曼指出，公民们试图说服其他人采用特定政策，这些政策是以在相互交换意见的协商对话过程中涌现出来的公共理性为基础的。协商的质量在决定结果或决策的合理性上所起的作用很关键，利害相关者聚在一起讨论所带来的启发，能使公民们更好地理解决策及其影响。③

第七，修正偏好标准。钱伯斯指出，我们可以说协商是指向产生合理的、充分知情的观点的辩论和讨论，在其过程中参与者愿意根据讨论、新的信息以及由高级参与者提出的要求来修正偏好。协商民主理论家对下面这些问题很有兴趣：协商怎样或可能怎样形成偏好、节制自我利益、授权边缘人员、调和差异、促进融合与团结、加强认同、合理的意见与政策以及尽可能达成共识。④

5. 建议和意见

对于与政策有关的"建议"和"意见"，马克思主义经典作家提出了以下看法。

第一，鼓励群众提出政策意见和建议。毛泽东指出："政府的基础建设在人民的自愿支持之上，所以政府不但不惧怕人民，而且必须唤起人民，引导人民发表意见。"⑤ 邓小平也指出："关键在于不断地总结经验，使我们党的生活民主化，使我们国家的政治生活民主化。这样就能听到更多人的意见，特别是人民群众的意见。"⑥

第二，疏通群众提意见的渠道。毛泽东指出："如果党的领导者真正是为广大人民群众的利益而工作，如果他们在这方面的努力是诚心诚意

---

① ［法］利奥塔：《后现代道德》，第130—131页。
② ［英］比瑟姆：《科层制》，第116—117页。
③ ［美］詹姆斯·博曼：《公共协商：多元主义、复杂性与民主》，第6、14页。
④ ［加］西蒙·钱伯斯：《协商民主理论》，载《协商民主与政治发展》，第83—107页。
⑤ 毛泽东：《和英国记者贝特兰的谈话》，《毛泽东选集》，第2卷，第355页。
⑥ 邓小平：《十三大的两个特点》，《邓小平文选》，第3卷，第259页。

的，那末他们听取群众意见的机会是非常多的。我们十分注意倾听人民的意见。我们通过村、乡镇、区、县的群众大会，也就是我们区域内任何地方的群众大会，通过党员同各阶层人士的交谈，通过各种会议、报纸和群众的来电来信等等一切能听到人民呼声的渠道，总是能发现群众的真正的意见。实际上我们也是这样做的。"①

第三，不能压制群众意见。毛泽东指出："我们是干革命的，还怕民主？还怕人家发表意见？你说对了就可以说出一个正确的道理来，说错了也不要紧，说错了还可以让人知道一条错误的道理，所以要实行高度的民主。""大家有意见，有气，就应该打开窗户，让他们把气出完，把意见都说出来。"② 邓小平也指出："各级领导同志要善于倾听反面意见，倾听不同意见；要听老实人的话，要听老实话。"③ "我们要广开言路，广开才路，坚持不抓辫子、不扣帽子、不打棍子的'三不主义'，让各方面的意见、要求、批评和建议充分反映出来，以利于政府集中正确的意见，及时发现和纠正工作中的缺点、错误，把我们的各项事业推向前进。"④

第四，从听取意见中产生政策。毛泽东指出："在我党的一切实际工作中，凡属正确的领导，必须是从群众中来，到群众中去。这就是说，将群众的意见（分散的无系统的意见）集中起来（经过研究，化为集中的系统的意见），又到群众中去作宣传解释，化为群众的意见，使群众坚持下去，见之于行动，并在群众行动中考验这些意见是否正确。""从群众中集中起来又到群众中坚持下去，以形成正确的领导意见，这是基本的领导方法。"⑤ 邓小平也指出："要经过调查研究，把下面的意见集中起来，然后制定一个切合实际的政策，制订一个切合实际的计划，再到群众中去贯彻实行，并且在实践中加以检验。解决具体问题，也应该如此。"⑥ "有不同意见不要紧，各种方案可以比较。办什么事也得走群众路线。人民内部要有充分的民主，这样才能拿出好的主意来。"⑦

---

① 毛泽东：《同英国记者斯坦因的谈话》，《毛泽东文集》，第 3 卷，第 189 页。
② 毛泽东：《在中国共产党第七次全国代表大会上的结论》，《毛泽东文集》，第 3 卷，第 399—400 页。
③ 邓小平：《在扩大的中央工作会议上的讲话》，《邓小平文选》，第 1 卷，第 308 页。
④ 邓小平：《新时期的统一战线和人民政协的任务》，《邓小平文选》，第 2 卷，第 187 页。
⑤ 毛泽东：《关于领导方法的若干问题》，《毛泽东选集》，第 3 卷，第 854—855 页。
⑥ 邓小平：《在扩大的中央工作会议上的讲话》，《邓小平文选》，第 1 卷，第 306 页。
⑦ 邓小平：《在全国教育工作会议上的讲话》，《邓小平文选》，第 2 卷，第 110 页。

第五，以群众意见检查政策效果。邓小平指出："民主政治的好处，正在于它能够及时反映各阶级各方面的意见，使我们能够正确地细心地去考虑问题决定问题；它能够使我们从群众的表现中去测验我党的政策是否正确，是否为群众所了解所拥护。"①

西方学者对于"建议"的参与形式，重点关注的是五个方面的问题。

一是注重建议的性质。霍布斯指出，要注意建议与命令的区别，命令是为了本人的利益，建议是为了别人的利益。②

二是注重提出建议的机会。达尔指出，如果剥夺人们讨论议程上的各项建议的机会，就会造成政策的决定权实际掌握在极少数成员手里。③

三是注重建议的可接受性。米勒指出，达成协议的需要迫使每一个参与者在普遍原则和政策考虑的要求下，提出别人可以接受的建议。④ 艾丽丝·马里恩·扬也指出，在就集体行动或公共政策进行公共讨论的过程中，如果人们只说他们要什么，而不诉诸正义和正当性时，他们就不会受到认真的对待。相反，他们必须声称自己提出的建议是正义的、有根据的、其他人可以接受的，以此来吸引他人的注意。⑤

四是注重建议的多元性。林德布洛姆和伍德豪斯指出，政治之所以具有影响力，主要在于制度上，责任是划分于不同的参与者上。换言之，每个参与者都只能扮演有限的角色；每个人从不同的角度针对复杂问题进行论述，经由多元建议与理念的交换，呈现出一个较完整的图像。⑥

五是注重区分不同的建议者。托马斯指出，公共管理者既可以进行分散式的公众协商，管理者分别与不同的公众团体探讨问题、听取其观点和建议，然后制定反映这些团体要求的决策；也可以进行整体式的公众协商，管理者与作为一个单一集合体的公众探讨问题，听取其观点和建议，然后制定反映公民团体要求的决策（这种方法只要求所有的公众成员都有参与的机会，比如获得参与组织良好的公众听证会的机会，但并不要求每个人都实际参与）；还可以进行真正意义的公共决策，管理者同整合起

---

① 邓小平：《党与抗日民主政权》，《邓小平文选》，第1卷，第12页。
② ［英］霍布斯：《利维坦》，第198页。
③ ［美］罗伯特·达尔：《论政治平等》，第6页。
④ ［美］戴维·米勒：《协商民主和社会选择》，载《协商民主论争》，第195—213页。
⑤ 艾丽丝·马里恩·扬：《交往与他者：超越协商民主》，载《民主与差异：挑战政治的边界》，第116—131页。
⑥ ［美］林德布洛姆、伍德豪斯：《最新政策制定过程》，第41页。

来的公众探讨问题，管理者和公众试图在问题解决方案上取得共识。由于公民或公民团体的参与为决策带来了更多的有效信息，这使得决策质量有望提高，公民提供的信息可以避免决策因建议不当而造成的失误。①

6. 听证

听证是决策者主动为公民提供的表达政策意见的方式，对于这样的方式，西方学者重点关注的是六个方面的问题。

一是听证与政策开放性有密切关系。彼得斯指出，政府公开意味着制定政策时对公众开放决策过程，这可以用很多方式来完成，一个最基本的方法是公众听证。②

二是听证可以缩短决策过程。维克斯指出，做决策常见的路线是通过一种过程尽快使备选方案限定在可管理的数量上，然后围绕管理周期作出安排，直到发现一种解决办法而且通过检验被认定是"足够好的"为止。公众对政府决策有意见，政府可以为公众就决策提的反对意见而举行听证。③

三是听证可以带来问责。戴蒙德认为，有效的垂直问责机制包括公众听证会、公民审计以及信息自由法。④

四是听证往往是利益集团参与决策的重要方式。杜鲁门指出，公开听证会的功能或其使用可以分为三类。（1）听证会是一种在技术上和政治上，不同的利益集团向议会委员会传递信息的方式。（2）作为一种宣传的渠道，通过它公众的规模得到扩大。（3）为调整集团间冲突提供一种半正式的手段，为受到冲击的利益集团提供一种安全阀。对于有效接近立法机关的利益集团而言，听证会并不是进行说服工作的最好场所。⑤

五是听证可能存在形式化的问题。博克斯指出，一个试图阻止公民自主决定的地方政府，其结构往往具有下列特征：采用会议或听证方式只用于告知公民正在发生什么，或给公民一个表达意见的机会，但绝少赋予公民拥有真正富有意义的参与决策的机会；公民大会的时间不便于公民参与，会议议程和程序冗长烦琐；决策程序过于专业化，使得被选出来参与

---

① ［美］约翰·克莱顿·托马斯：《公共决策中的公民参与》，第24—27页。
② ［美］盖伊·彼得斯：《官僚政治》，第262页。
③ ［英］杰弗里·维克斯：《判断的艺术——政策制定研究》，第63—64页。
④ ［美］拉里·戴蒙德：《民主的精神》，第355页。
⑤ ［美］戴维·杜鲁门：《政治过程——政治利益与公共舆论》，第404页。

的代表几乎无法表达自己的独立想法，从而不得不听从那些全职工作人员的意见；使用复杂的官僚体系，其规则众多，对公民所作的解释却少之又少。①

六是听证并不一定是解决特定政策问题的有效手段。卡罗尔·埃布登指出，根据以往的经验，期望公民定期参加公共预算听证会或公开会议的想法是不现实的，如果结合其他的方法则可以有效提高预算过程中公民参与的水平。②

7. 民意调查

民意调查也是公民表达政策意见的重要方式。民意调查的组织者，既可以是政府，也可以是非政府人士，包括学者、专门的调查机构或社会团体等。西方学者对于民意调查，重点强调的是它可能起到三个方面的作用。

一是民意调查可以影响政策结果。如卡普兰所言，有批评者认为，民意调查会损害民主，主要的原因在于民意调查缺乏让人们认真权衡政策后果的激励。不同于选举，民意调查并不能改变政策，是这样吗？错！政客们常常根据民意调查来采取行动，你的回答可能让他们在政策上采取冒险行为。接受调查者具有与选民一样多、或一样少的动机去认真地思考。③奥斯本和盖布勒也指出，有企业家精神的政府已经开始转变它们自己。它们通过顾客调查、重点群体调查和各种各样的其他方法，开始仔细听取顾客的意见，它们已开始向顾客提供选择，它们为顾客建立后果负责机制。④

二是民意调查可以提供有用的政策信息。如卡罗尔·埃布登所言，通过任何一种手段——调查、公开、选举竞争、演讲和辩论——政治机构能促使"公众"与官僚作战。专题小组和民意调查可以部分消除公民参与的障碍，而且可以向政府官员提供有价值的资讯以帮助他们设计预算优先项目。⑤

---

① [美] 理查德·博克斯：《公民治理：引领21世纪的美国社区》，第26页。
② [美] 卡罗尔·埃布登：《超越公共听证会：地方政府预算过程中的公民参与》，载《公民参与》，第32—48页。
③ [美] 布赖恩·卡普兰：《理性选民的神话——为何民主制度选择不良政策》，第158页。
④ [美] 戴维·奥斯本、特德·盖布勒：《改革政府：企业家精神如何改革着公共部门》，第121页。
⑤ [美] 卡罗尔·埃布登：《超越公共听证会：地方政府预算过程中的公民参与》，载《公民参与》，第32—48页。

三是民意调查可以影响民众的政策参与态度。如赫尔德所言，充分利用"协商民意调查"带"选民反馈"的协商民主的机制和程序，可以促进有见识的参与过程。① 赫费也指出，有了政治的公开性，间歇补充以常设性的民意调查，人民就不再是临时性的选举公民，而是成为政治的载体，尽管始终不对一切作出直接的决定。②

8. 批评

马克思主义经典作家不仅重视"批评"，也重视"自我批评"，但作为政策意见表达方式的"批评"，可以不包括"自我批评"，并且主要强调的是五个方面的批评。

第一，批评官员和政府。恩格斯指出："还要使人们不要再总是过分客气地对待党内的官吏——自己的仆人，不要再总是把他们当做完美无缺的官僚，百依百顺地服从他们，而不进行批评。"③ 毛泽东也就批评问题指出："不要怕，百花齐放，百家争鸣。马克思主义是不怕批评的，应允许互相批评，批评政府不犯罪。老干部不怕批评。"④

第二，批评党的领导人。毛泽东指出："各级党委，特别是坚决站在中央正确路线方面的负责同志，要随时准备挨骂。人们骂得对的，我们应当接受和改正。"⑤ 邓小平也指出："毛泽东同志提倡对党的任何负责同志（毛泽东同志经常说，包括他自己在内）的批评，但是这种批评必须根据党的原则在一定场合下进行，或者向他本人提出。这样的批评是应该的，不可少的。中央的主要负责同志过去经常讲到这一点，他们是欢迎别人批评的。"⑥

第三，批评官僚主义。毛泽东指出："我们队伍中确有许多人尚未学会运用民主作风，旧社会留下的官僚主义作风，依然存在。别人提不得不同的意见，提了就不高兴。只爱听恭维话，不爱听批评话。为怕碰钉子，受打击，遭报复，人们不敢大胆提意见。这是一种很不好的作风，这种作

---

① ［英］戴维·赫尔德：《民主的模式》，第 317 页。
② ［德］奥特弗里德·赫费：《全球化时代的民主》，第 101 页。
③ 《恩格斯致卡·考茨基（1891 年 2 月 11 日）》，《马克思恩格斯全集》，第 38 卷，第 33 页。
④ 毛泽东：《在第十一次最高国务会议作结束语的提纲》，《建国以来毛泽东文稿》，第 6 册，第 361 页。
⑤ 毛泽东：《工作方法六十条（草案）》，《建国以来毛泽东文稿》，第 7 册，第 56 页。
⑥ 邓小平：《骄傲自满是团结的大敌》，《邓小平文选》，第 1 卷，第 205 页。

风阻塞着我们事业的进步,也阻塞着工作人员的进步。"① 邓小平也指出:"官僚主义也表现在有一些干部有严重的骄傲自满情绪。他们夸大个人的作用,强调个人的威信,只能听人奉承赞扬,不能受人批评监督,甚至有些品质恶劣的人,还对批评者实行压制和报复。"②

第四,批评政策。毛泽东指出:"在我们工作中起决定性作用的因素是我们经常去了解我们哪些政策为群众所接受,哪些政策受到群众的批评或拒绝。只有那些受群众欢迎的政策才能成为我们党继续实行的政策。"③

第五,批评马克思主义者。毛泽东指出:"人们问:在我们国家里,马克思主义已经被大多数人承认为指导思想,那末,能不能对它加以批评呢?当然可以批评。马克思主义是一种科学真理,它是不怕批评的。如果马克思主义害怕批评,如果可以批评倒,那末马克思主义就没有用了。……马克思主义者不应该害怕任何人批评。相反,马克思主义者就是要在人们的批评中间,就是要在斗争的风雨中间,锻炼自己,发展自己,扩大自己的阵地。"④

西方学者重点强调的,则是三种与政策有关的"批评"。

一是批评政府。莫斯卡指出,对政府行为的诚恳批评包括那些基于基本政治理念和政治原则的差异的批评,只要不是蓄意诽谤,造谣中伤,就应该使其有表达的机会。⑤ 夏皮罗也指出,真正的政治竞争中要求一定要有反对党存在,他们批评政府,并为选民们提供(与执政党不同的)潜在的其他政策方向。⑥

二是批评政治家。彭茨指出,公民对政治家要信任,也要有所批评,并不能要求他们是完人。⑦ 达尔也指出,公民有权对广义的政治事务表达自己的看法而没有受任何严重惩罚的危险,包括批评官员、政府、政府形式、社会经济体制以及流行的意识形态。⑧

三是批评行政官员。弗雷德里克指出,对于指引行政官员以一种负责

---

① 毛泽东:《一九四五年的任务》,《毛泽东文集》,第 3 卷,第 242 页。
② 邓小平:《关于修改党的章程的报告》,《邓小平文选》,第 1 卷,第 222 页。
③ 毛泽东:《同英国记者斯坦因的谈话》,《毛泽东文集》,第 3 卷,第 188 页。
④ 毛泽东:《关于正确处理人民内部矛盾的问题》,《毛泽东文集》,第 7 卷,第 231—232 页。
⑤ [意] 莫斯卡:《政治科学要义》,第 495 页。
⑥ [美] 夏皮罗:《政治的道德基础》,第 239 页。
⑦ [德] 埃伯哈德·彭茨:《政治与人类尊严——德国自由主义者的解决途径》,第 118 页。
⑧ [美] 罗伯特·达尔:《多元主义民主的困境:自治与控制》,第 10 页。

任的方式制定公共政策，普通民众的观点和反映变得越来越重要。各种可讨论的观念、事实和批评的摄入，正在成为影响公共政策的一个有力的因素。①

9. 批判

"批判"是比"批评"更激烈或更激进的政策意见表达方式，一些西方学者强调应该重视这样的方式，并指出了批判具有的五个特性。

一是批判的"自由性"特征。悉尼·胡克指出，如果一切批判性的反对意见都被打上叛逆的烙印而为异端的审判、为集中营的思想改造和行刑队所根除的话，他们的表示同意就不是自由的。普遍同意只有在不同的意见能通过自由的、批判性的讨论而得到磋商的时候才能发扬光大。②

二是批判的"公共性"特征。哈贝马斯指出，公共性确保公共批判对统治作出合理的解释，同时，对统治的实施进行批判监督。不仅国家机关，而且一切在政治公共领域中具有公开影响的机构，都要求具有公共性，因为社会权力转变为政治权力的过程就像政治权力在社会中的正当运作一样需要加以批判和监督。③

三是批判的"反思性"特征。鲍曼指出，批判性的反思是一切真正的政治的基础，这种真正的政治有别于哪种仅仅是"政治的"活动，亦即仅仅是与权力的操作有关的活动。民主是批判性反思之所在，通过这种反思以获得独特的认同。④

四是批判的"公开性"特征。赫费指出，公开性也是一种批判制度。由于公开性也让反对派发表意见，所以其作用也有助于内部的和平。⑤

五是批判的"对抗性"特征。比瑟姆指出，民主公民的立场是一种批判的立场，尤其是对那些依靠故意隐瞒或歪曲真相和压制他人权利来行使其权力的权势人物来说，更是如此。⑥

10. 人民来信

"人民来信"也是一种重要的意见表达方式。毛泽东指出："必须重

---

① ［美］卡尔·弗雷德里克：《公共政策与行政责任的本质》，载《公共行政学百年争论》，第3—12页。
② ［美］悉尼·胡克：《理性、社会神话和民主》，第253页。
③ ［德］哈贝马斯：《公共领域的结构转型》，第243—244页。
④ ［英］齐格蒙·鲍曼：《寻找政治》，第74—75页。
⑤ ［德］奥特弗里德·赫费：《全球化时代的民主》，第101页。
⑥ ［英］比瑟姆：《科层制》，第116—117页。

视人民的通信,要给人民来信以适当的处理,满足群众的正当要求,要把这件事看成是共产党和人民政府加强和人民联系的一种方法,不要采取掉以轻心置之不理的官僚主义态度。如果人民来信很多,本人处理困难,应当设立适当人数的专门机构或专门的人,处理这些信件。"① "这些人民来信大都是有问题要求我们给他们解决的,其中许多是控告干部无法无天的罪行而应当迅速处理的。"② 邓小平也指出:"目前最突出的问题是什么,把读者来信加以综合研究,常常就能看出来。"③

11. 群众上访

马克思主义经典作家还注意到了"群众来访"或"群众上访"的表达政策意见的方式。

列宁指出:"为了同拖拉作风作斗争,为了更有成效地揭发营私舞弊行为,为了揭露和清除混入苏维埃机关负责人员中的坏人,特作如下规定:每个苏维埃机关,都要张贴接待群众来访日期和时间的告示,不仅贴在室内,而且贴在大门外面,使没有出入证的群众都能看到。接待室必须设在可以自由出入、根本不需要什么出入证的地方。每个苏维埃机关都要设登记簿,要有简要的记载,记下来访者的姓名、申诉要点、交谁办理。星期日和节日必须规定接待时间。国家监察部的负责人员有权参加所有的接待,并有责任随时视察接待工作,检查登记簿,把视察、检查登记簿和询问群众的情况作成记录。劳动、国家监察、司法等人民委员部必须在各地设立星期日也保证接待的问事处,把接待的日期和时间通告居民,并规定任何人都可以自由出入,不需要出入证,也不收费。这些问事处不仅要就群众询问的问题一一作出口头或书面的答复,而且要替不识字的人和写不清楚的人免费代写申诉。这些问事处不仅必须吸收一切加入苏维埃的党派的代表以及没有加入政府的党派来参加,而且必须吸收非党的工会和非党的知识分子联合会的代表参加。"④

邓小平也指出:"工作不深入,不跟群众接近,不跟下面干部接近,

---

① 毛泽东:《转发中央办公厅秘书室关于处理群众来信的报告的批语》,《建国以来毛泽东文稿》,第 2 册,第 310 页。
② 毛泽东:《中央关于反对官僚主义、反对命令主义、反对违法乱纪的指示》,《建国以来毛泽东文稿》,第 4 册,第 8—9 页。
③ 邓小平:《在西南区新闻工作会议上的报告》,《邓小平文选》,第 1 卷,第 150 页。
④ 列宁:《关于苏维埃机关管理工作的规定草稿》,《列宁全集》,第 35 卷,第 360—361 页。

就不能解决这些问题。现在发生的许多问题，有许多群众上访，往往是由于我们工作跟不上，没有做好工作引起的。"①

上面列出的"表达式"参与的十一种形式，人民来信和群众上访是社会主义国家较注重的参与方式，批判、民意调查、听证是西方学者较关注的参与方式，集会、讨论、辩论、协商、建议与意见、批评等方式则是马克思主义经典作家与西方学者都认同的参与方式，并且对参与的要求也较为接近。也就是说，政策意见的表达方式是多种多样的，但都有两个关键性的要素，一是表达的渠道是否畅通，二是决策者或领导者是否鼓励和支持政策意见表达，这一要素往往对前一要素起决定性的作用。换言之，"表达式"参与能否成为重要的政策参与方式，并不取决于公民的态度，而是取决于决策者或领导者的态度。

四 "组织式"的政策参与

"组织式"的政策参与，强调的是公民依托各种非政府、非政党的组织形式，在政策过程中开展的各种参与活动。这样的参与不仅涉及社会组织的参与形式，还涉及社区、自治等参与形式。

（一）以"组织群众"为重心的参与

马克思主义经典作家认为"组织群众"是一项重要的工作，并需要注意三项基本要求。

第一项要求是从群众中选拔领导者和组织者。列宁指出："我们在组织方面的任务，就是要从人民群众中选拔出领导者和组织者。这一项巨大的工作，现在已经提到日程上来了。如果没有苏维埃政权，没有这种能够选拔人才的过滤器，那么，要想完成这个任务是不可能的。"②

第二项要求是党员和领导者要以"组织者"的身份深入基层。列宁指出："为了向工人灌输政治知识，社会民主党人应当到居民的一切阶级中去，应当派出自己的队伍分赴各个方面。""我们应当既以理论家的身份，又以宣传员的身份，既以鼓动员的身份，又以组织者的身份'到居

---

① 邓小平：《高级干部要带头发扬党的优良传统》，《邓小平文选》，第 2 卷，第 229 页。
② 列宁：《关于人民委员会工作的报告》，《列宁全集》，第 33 卷，第 276—277 页。

民的一切阶级中去。'"① 毛泽东也指出:"我们是革命战争的领导者、组织者,我们又是群众生活的领导者、组织者。组织革命战争,改良群众生活,这是我们的两大任务。"②"如果只有广大群众的积极性,而无有力的领导骨干去恰当地组织群众的积极性,则群众积极性既不可能持久,也不可能走向正确的方向和提到高级的程度。"③

第三项要求是让群众自己组织起来。毛泽东指出:"我们新民主主义的基本政策是正确的。这个基本政策是让人民群众自己组织起来,为实现民族独立,为建立民主制度,为在私有制基础上提高人民生活水平而进行革命。"④"人民群众有无限的创造力。他们可以组织起来,向一切可以发挥自己力量的地方和部门进军,向生产的深度和广度进军,替自己创造日益增多的福利事业。"⑤

对于工人通过参加工人组织(尤其是工会)参与政策,马克思主义经典作家提出了以下要求。(1)以工会作为工人的代表。列宁指出:"专制制度谈论工人代表机构了。我们就利用这个机会传播关于真正代表机构的正确思想,只有包括许多工厂和许多城市的自由的工会才能成为工人的代表。"⑥(2)建立工会的民主生活。列宁指出:"我们将在工人组织内扩大民主,但是决不把民主变成偶像;我们将极其注意同官僚主义作斗争的工作;对于任何无用而有害的官僚主义极端行为,无论是谁指出的,我们都会十分认真地加以纠正。"⑦ 斯大林也指出:"工会内的民主,即通常称为'工会内部无产阶级民主的正常方法',是群众性的工人组织所固有的自觉的民主,这种民主是以认识到对组织在工会内的千百万工人群众经常采用说服的方法是必要的和有益的这一点为前提的。不认识到这一点,民主就会变成空谈。"⑧ 邓小平则强调:"建立工会的民主生活,克服官僚主义。工会一经初步整理,就应开代表大会或会员大会,选举工会领导机

---

① 列宁:《怎么办》,《列宁全集》,第6卷,第76、79页。
② 毛泽东:《关心群众生活,注意工作方法》,《毛泽东选集》,第1卷,第125页。
③ 毛泽东:《关于领导方法的若干问题》,《毛泽东选集》,第3卷,第853页。
④ 毛泽东:《同英国记者斯坦因的谈话》,《毛泽东文集》,第3卷,第190页。
⑤ 毛泽东:《"中国农村的社会主义高潮"按语选》,《毛泽东文集》,第6卷,第457页。
⑥ 列宁:《改革的时代》,《列宁全集》,第7卷,第302—303页。
⑦ 列宁:《再论工会、目前局势及托洛斯基和布哈林的错误》,《列宁全集》,第40卷,第302页。
⑧ 斯大林:《我们的意见分歧》,《斯大林全集》,第5卷,第8—9页。

关。工会必须充分听取工人的意见和建议,并作认真而妥善的处理。"①
(3) 工会是培育参与者的学校。列宁指出:"工会包括了全体产业工人,把他们吸收到自己的组织中,它是一个掌权的、统治的、执政的阶级的组织,是实现专政的阶级的组织,是实行国家强制的阶级的组织。但是,工会却不是国家组织,不是实行强制的组织,它是一个教育的组织,是吸引和训练的组织,它是一所学校,是学习管理的学校,是学习主持经济的学校,是共产主义的学校。"② (4) 注重工会参与政策的方式。列宁指出:"应当为工会参加无产阶级国家经济机关和国家机关规定以下几种基本形式。一是工会用推荐候选人、提供咨询的方式参与一切经济机关以及同经济有关的国家机关的人事安排;工会也参加这些机关,但不是直接参加,而是通过由它们推举并经共产党和苏维埃政权批准的领导人选来参加。二是工会最重要的任务之一,就是从工人和一般劳动群众中提拔和培养行政管理人员。三是工会参加无产阶级国家一切计划机关的工作同样重要。四是在建设社会主义和参加工业管理方面,工会工作的一个必要组成部分就是制定工资标准和供给标准等。最重要的是,工会要自觉地坚决地放弃对管理工作进行没有准备的、外行的、不负责任的、危害不浅的直接干预,而去进行顽强的、切实的、预计需要做许多年的工作:实地训练工人和全体劳动者管理全国的国民经济。"③ 邓小平也指出:"工会要教育全体会员维护企业实行高度集中的行政领导,维护生产指挥系统的高度权威。……工会工作的好坏怎么样,影响着工人当家做主的权利行使得怎么样,也影响着企业管理的好坏怎么样,影响着集中领导能否顺利进行。这就是说,一个企业管理得好,不仅是企业党政干部的成绩,也是全企业工人群众的成绩,也是工会工作的成绩。"④ "各企业事业单位普遍成立职工代表大会或职工代表会议。这是早已决定了的,现在的问题是推广和完善化。职工代表大会或职工代表会议有权对本单位的重大问题进行讨论,作出决定,有权向上级建议罢免本单位的不称职的行政领导人员,并且逐步实行选举

---

① 邓小平:《在西南局城市工作会议上的报告提纲》,《邓小平文选》,第 1 卷,第 179 页。
② 列宁:《论工会、目前局势及托洛茨基同志的错误》,《列宁全集》,第 40 卷,第 199—200 页。
③ 参见列宁:《关于工会在新经济政策条件下的作用和任务的提纲草案》,《列宁全集》,第 42 卷,第 370—371 页。
④ 邓小平:《工人阶级要为实现四个现代化作出优异贡献》,《邓小平文选》,第 2 卷,第 137 页。

适当范围的领导人。"①

对于妇女通过妇女组织（妇联）参与政策，马克思主义经典作家也提出了一些明确的要求。（1）为妇女参与政治提供必要的保障。列宁指出："我们的任务是要使政治成为每个劳动妇女都能参与的事情。……这里，不仅需要党员女工和觉悟的女工，而且需要非党女工和觉悟最低的女工都来参加。这里，苏维埃政权为女工开辟了广阔的活动场所。"②（2）妇联要管本行、议大事。邓小平指出："妇女工作一定要管本行，议大事。管事要管本行，议事要议大事，要把眼界搞开阔些。这不单是指做妇女工作的干部，妇女群众也要关心政治。经常工作中有政治，有思想，勤俭建国就是大事，这里就有思想。只看到一个家，不看到国，那怎么行。妇女干部要看世界，农村妇女也要看世界。开各种会议，要谈形势，听了报告，要发表点议论，养成风气。这叫务虚，这个虚，实际上是实，思想认识会反映到实际中去，反映到工作劲头上去。一定要议论大事，不要搞得狭窄得很。在培养妇女干部方面，要注意这个问题。以后定个章程，包括县在内，开妇联会，要议大事。"③

马克思主义经典作家也注意到了社会团体、群众组织和基层组织在民众的政策参与方面的作用，并提出了以下看法。（1）无产阶级政党愿意联合和发展其他社会团体和群众组织。列宁指出："我们联合所有的革命政党，号召一切愿意为自由、为我们提出的保证人民起码权利和要求的纲领而斗争的居民团体的代表参加我们的行列。"④ 斯大林也指出："我们国家机关的力量在哪里呢？就在于它通过苏维埃把政权和千百万工农群众联系起来。在于苏维埃是供数十万工人和农民学习管理的学校。就在于苏维埃机关不是和千百万人民群众隔绝，而是通过许许多多环绕着苏维埃并因而支持着政权机关的群众组织、各种委员会、各种团体、各种会议和代表大会等等来与人民群众打成一片。"⑤（2）通过社会团体和群众组织反映不同的利益。斯大林指出："我们的社会，仅仅由城乡自由劳动者——工人、农民、知识分子组成。这些阶层中的每一个阶层会有自己特殊的利

---

① 邓小平：《党和国家领导制度的改革》，《邓小平文选》，第2卷，第340—341页。
② 列宁：《论苏维埃共和国女工运动的任务》，《列宁全集》，第37卷，第193页。
③ 邓小平：《重要的是做好经常工作》，《邓小平文选》，第1卷，第296页。
④ 列宁：《我们的任务和工人代表苏维埃》，《列宁全集》，第12卷，第62页。
⑤ 斯大林：《联共（布）第十五次代表大会》，《斯大林全集》，第10卷，第273—274页。

益,而且经过现存的很多社会团体反映这种利益。"① (3) 社会团体和群众组织等可以提出解决政策问题的办法。毛泽东指出:"许多人,许多事,可以由社会团体想办法,可以由群众直接想办法,他们是能够想出很多好的办法来的。而这也就包括在统筹兼顾、适当安排的方针之内,我们应当指导社会团体和各地群众这样做。"② (4) 调动基层组织的积极性。邓小平指出:"我们要精兵简政,真正下放权力,扩大社会主义民主,把人民群众和基层组织的积极性调动起来。"③

(二) 以"组织公民"为重心的参与

西方学者更重视的是公民如何借助组织形式参与政策过程,或者说在组织形态下公民有多大的政策参与空间并需要采用什么样的参与方式。由此,需要重点讨论的是两个问题。

1. 可行性问题

对于公民依托组织参与政策的可行性问题,西方学者既有积极论者,也有消极论者和有限论者。

积极论者强调的是公民依托组织参与政策的积极取向。圣西门指出,在一个依靠科学、艺术和工艺组织起来以达到繁荣这一积极目的的社会里,决定社会应当遵循前进的方向的最重要的政治行动,不再由身居公职的人员来完成,而是由社会组织本身来实施。④ 哈贝马斯也指出,只有当意愿形成过程(此过程最终导向政策,并以团体组织形式出现)对围绕它的政治交往的自由价值、观点、贡献和辩论是开放的,它才能实现共同寻求真理的目标。⑤

消极论者强调的是组织的寡头化特征和个人参与的有限性,以及政党制度对社会组织参与的排斥作用。米歇尔斯指出,在小型协会中,个人的影响力更是决定性的。而在大规模组织中,在那些事关全局的重大问题上,虽然不具有当初的个人化及其特征,但同样是少数人首先提出这些问

---

① 斯大林:《和美国斯克里浦斯—霍华德报系总经理罗伊·霍华德先生的谈话》,《斯大林文集(1934—1952)》,第94页。
② 毛泽东:《关于正确处理人民内部矛盾的问题》,《毛泽东文集》,第7卷,第227—228页。
③ 邓小平:《在听取经济情况汇报时的讲话》,《邓小平文选》,第3卷,第160页。
④ 《圣西门选集》,第一卷,第245页。
⑤ [德] 哈贝马斯:《公共领域的结构转型》,第27页。

题，从而使这些问题在一定程度上具有了个人化色彩。"正是组织使当选者获得了对于选民、受委托者对于委托者、代表对于被代表者的统治地位。组织处处意味着寡头统治"①。加塞特也认为，大众生来就是被指导、被影响、被代表、被组织的——甚至可以说就是为了不再成为大众，或者至少说以这种可能性为目标。但是，它来到这个世界上并不是为单靠自己就可以做任何事情的，它需要把自己的生活托付给一个更高的权威，也就是少数精英。若没有了精英，人类将丧失其本质。② 阿伦特则指出，大多数人在一切政党和其他政治组织之外，对任何人来说都不重要，对这个阶级和对那个阶级也没什么两样。从一开始，党派作为一种制度就预设了要么由其他公共组织来保障公民参与公共事务，要么那种参与就是不必要的。③

有限论者强调的是公民依托组织参与政策，存在着有限的可行性，并提出了相应的理由。（1）个人应该通过组织表达意见，但这种表达的影响力是有限的。霍布豪斯指出，一个共同体的政治自由是有条件的，它不仅要独立于其他的共同体，而且它自己的组织也是建立在广泛的尽管不是普遍的参政权上。政治权利的行使尽管是必需的、附随的，却是偶然的，而表达意见的自由和在规定限度内的行动自由，是持续起作用的因素。政治自由，不过是受决议所约束的每个人对于这些决议的形成和修改，有贡献其所能的权利。这只能在保证在形成决议时，他的意志能与其他人的意志一同考虑，而约束共同体全体的是在共同体中的主流意志。④（2）组织寡头化是可以得到抑制的。迪韦尔热不同意米歇尔斯所强调的精英决策的"寡头铁律"，指出民主组织对这种倾向的抵制胜过其他组织。这首先是因为民主组织有产生和监督领导人的正式程序，由本组织成员选举领导人，无记名投票，定期更换当选者，由全体大会或代表大会监督"小圈子"的决定等，这一切都限制了寡头政治的发展。失去民心的领导人终究要被清除掉。全体大会和代表大会的监督作用有时是很有效的。通过民主程序和依靠多数成员的支持，新的领导人可能脱颖而出并上台执政，因为他们多少反映了本成员组织的愿望。这种情况在非民主组织中是决计没

---

① ［意］米歇尔斯：《寡头统治铁律——现代民主制度中的政党社会学》，第130、351页。
② ［西班牙］奥尔特加·加塞特：《大众的反叛》，第111—112页。
③ ［美］汉娜·阿伦特：《论革命》，第255—256页；《极权主义的起源》，第410页。
④ ［英］霍布豪斯：《社会正义要素》，第44、61—65页。

有的。① （3）精英政治已经发生重大变化。英格尔哈特指出，政治参与的门槛要求越高，新政治参与模式就越有具体问题针对性，就越有可能发挥功用。说它新是指直到最近，人口中的很大比例才具备这种参与模式所要求的技能。说它新还在于它使公众更少依赖于永久性寡头组织。旨在影响具体政策制定的引导精英型参与模式变得越来越普遍，寡头政治的铁律正逐渐被废除。引导精英型政治行为的潜能在不断增长——这种行为旨在取得具体政策的变化，而不是仅仅为了支持某一组精英。政治在西方社会逐渐变得更加非制度化和更难预测，但它越来越密切地受到公众的监督。② （4）来自合法性的限制。雷蒙·阿隆指出，群众领袖们的目的越是不雄心勃勃，民主制度的运转就越顺利。在安定的民主国家中，非特权者的组织不是革命组织，他们的请愿不超出制度允许的范围，精神权利的分离不表现为不可调和的斗争。民众的政权因固有的合法性即选举的合法性被大家所接受。③ （5）不确定因素带来的限制。菲利普·施密特指出，民主制并不打算把所有造成不确定性的因素都予以排除。哪些候选人会获胜，获胜者会采取什么政策，哪些团体可能对政策造成影响，在所有这些问题上几乎没有任何不确定性的政治组织很难被冠以"民主"之名。对于行动者来说，他进入竞争性的斗争，提出问题，与他人合作，以及任职和施加影响的愿望，都存在限制。每一种程序能够决定的内容，哪怕是反映了多数意志并且在决策中体现了少数的意愿，也都存在限制。民主在转型期着手要做的是，借助正式规定和非正式的惯例把"异常"的不确定性化约为"正常"的不确定性。④

2. 参与条件与参与方法

对于公民依托组织参与政策的必要条件和有效的方法，西方学者提出了六条建议。

一是注重参与的分工和规则。奥斯特罗姆指出，如果个人要分享从社会组织中能够得到的好处，有规则的有序的发展就有赖于集体决策安排。集体行动意味着，有些人有权力阐释规则、解决冲突、实施决策、改变影

---

① ［法］莫里斯·迪韦尔热：《政治社会学——政治学要素》，第142—144页。
② ［美］罗纳德·英格尔哈特：《发达工业社会的文化转型》，第340—345、374—375页。
③ ［法］雷蒙·阿隆：《阶级斗争——工业社会新讲》，第112—113页。
④ ［美］菲利普·施密特：《有关民主之巩固的一些基本假设》，载《变动中的民主》，第25—41页。

响他人的法律关系，他们必然被赋予了这样一种权力。如果与服从这种统治权力的那些人的权力相比较的话，它是极端不平等的。集体行动总是隐含着相互依赖的、有规则的、有序关系存在着组织化的不平等，因此规则既包括治人者，也包含治于人者。在决定于组织内将被内在化的系列利益时，标明任何政治管辖权的边界或规模条件是十分重要的。① 西蒙也指出，组织剥夺了个人的一部分决策自主权，而代之以组织的决策制定过程。组织代替个人制定的政策，通常包括确定组织成员的职能、职权分配、对组织成员的自主选择设置协调其他成员活动的必要限制。②

二是注重不同的参与机制。彼得斯指出，参与模式倡导的是四种机制。（1）如果公民和员工认为政府服务不佳或制度运作不当，他们有权申诉。（2）增强员工独立决策和影响组织政策方向的能力。（3）公共政策应该让有政策影响力的公众通过对话过程来作出。（4）构建公民能够投入政策选择及服务的政治过程。在政策过程中，参与式治理方法显然更倾向于由下而上。如果员工与顾客能通过像全面质量管理这样的方式来参与组织政策的制定，那么他们的决策将更有理论和实践意义。也就是说，凭借因参与的管理方法所建构的开放性政治过程的优势，使决策成为组织的集体共识。③

三是注重"多元联合"的参与。本哈比指出，现代社会不可能按照公民大会集体协商的想象来组织其社会生活。程序主义的协商民主模式并不需要借助普通的公民大会集体协商的想象，其原因在于这种模式程序规范赋予多元的联合以优先地位，在这种多元的联合中，所有将受政策影响的人都有权表达自己的观点。从政党、公民倡议到社会运动、自愿团体，一直到各种增强自我意识的团体都囊括在这种多元的联合之中。正是通过多元化的组织、网络和联合形式之间的交互作用，一种匿名的"公共对话"浮现出来。④

四是注重"决定再造"的参与。林登指出，我们希望积极参与，而

---

① ［美］文森特·奥斯特罗姆：《民主的意义及民主制度的脆弱性——回应托克维尔的挑战》，第148—153页。
② ［美］赫伯特·A.西蒙：《管理行为》，第6页。
③ ［美］盖伊·彼得斯：《政府未来的治理模式》，第80—84页。
④ ［美］塞拉·本哈比：《走向协商模式的民主合法性》，载《民主与差异：挑战政治的边界》，第71—95页。

不是被动地接受。我们希望与自己相近的人进行交流，我们想要听到问题争论的各个方面，而不是精心挑选出来让我们接受的部分。有意义的混乱意味着人们有时间和空间与别人交流对新方法的看法，在这个时候非正式组织的领导比正式组织的领导对大家的想法有更大的影响，这意味着需要让非正式组织的领导（包括工会代表）等参与决定再造的讨论。我们要用灵活激动的过程小组来取代僵化的职能部门，我们必须创造新的机制来支持这些小组，我们必须创造一种基本结构支持这些新的机制。①

五是注重包容公民组织。托马斯指出，新公民参与运动一反传统公民参与中具有的精英主义倾向，它扩展了相关参与的公民的范围，这个参与过程包括了那些低收入阶层的公民，并进一步包容了公民组织。②

六是强调"水平性组织"的参与水平高于"等级性组织"。帕特南指出，参与的特征随着不同地区政治状况的巨大差异而不同。一些地区，政治行为人认为政治是对公共事务的集体论辩。而另一些地区，政治是等级化地组织起来的，是比较狭隘地集中于个人利益。意大利一些地区有许多合唱团、足球队、鸟类观察俱乐部和扶轮社。这些地区的大多数国民都通过日报热切地关心社区事务。他们为公共事物所吸引，而不是为个人化的或庇护——附庸——型的政治所吸引。居民们相互信任、行为公允、遵守法律。这些地区的领导人比较诚实。他们相信民众政府，始终愿意与自己的政治对手达成妥协。这里的国民与领导人认为平等是合意的，社会网络和政治网络的组织方式是水平式的，不是等级制。社区鼓励团结、公民参与、合作和诚实的品质，政府是有效的。另一端是"公民性弱"的地区，可以很恰当地用"无公民品质"来概括。这些地区公共生活的组织方式是等级化的而非水平型的。"国民"的概念被严重扭曲。在个体居民的眼里，公共事务是别人的事务——即高级人士的事务，"老板们的"、"政治家们的"——不是自己的事务。很少有人去参加关于共同利益的思考，提供给他们的这种机会也不多。横向的公民参与网络有助于参与者解决集体行动困境，一个组织的建构越具有横向性，它就越能够在更广泛的共同体内促进制度的成功。③

---

① ［美］拉塞尔·M. 林登：《无缝隙政府：公共部门再造指南》，第 150—152、161 页。
② ［美］约翰·克莱顿·托马斯：《公共决策中的公民参与》，第 3 页。
③ ［美］罗伯特·帕特南：《使民主运转起来——现代意大利的公民传统》，第 74—83、91、206—208 页。

(三) 以"自治"为重心的参与

"自治"参与和"组织"参与有密切的联系,因为大多数组织尤其是社会组织应该是自治的,参与组织在一定意义上就意味着参与自治;但自治不仅仅是组织的自治,还有其他自治,因此这两种参与还是有重要的区别。对于公民以"自治"为重心的政策参与,西方学者重点关注的是三个问题。

1. 自治的分类

自治有不同的形态,在讨论政策问题中,西方学者至少涉及了以下八种自治形态。

一是地方自治。地方自治是相对于中央而言的一种自治形态,如弗林要求实行更多的地方管理自治和权责,或在资助政府实现绩效和进行竞争方面作出改变。① 帕特南则指出,地方政治家善于要求自治,但不善于在得到自治权后建立完善的自治。②

二是区块自治。区块自治与地方自治的含义接近,只不过是与其形成相关性的不是中央而是联盟,如利普哈特所言,区块自治带来少数统治,在少数专属的事务领域,由少数自己来统治,这是大联盟原则在逻辑上的必然。与共同利益相关的一切事务,都应该由所有区块根据各自大致的影响力比例作决定。而其他的所有事务,一切决策及其执行都可以交由各区块去作。③

三是少数族群自治。少数族群自治是多民族国家的一种自治形态,如金里卡所言,自治权是有差别的公民身份的最彻底的例子,承认自治权的多民族民主国家本质上就是不稳定的。一种共同公民身份的体制意味着,少数族群没有办法保护自己不受多数族群的经济与政治决定的伤害,这是因为在界定内部政治单位的边界和权力时,目的就是为了符合多数族群的管理方便,而不是为了满足少数族群的自治要求。④

四是集体自治。集体自治强调的是自治的集体性,如杰斐逊所言,世

---

① [英] 诺曼·弗林:《公共部门管理》,第 7 页。
② [美] 罗伯特·帕特南:《使民主运转起来——现代意大利的公民传统》,第 56 页。
③ [美] 阿伦·利普哈特:《多元社会中的民主:一项比较研究》,第 34—35、39—40 页。
④ [加] 威尔·金里卡:《多元文化公民权:一种有关少数族群权利的自由主义理论》,第 233 页。

界上每一个人和每一个集体都有自治的权利，他们的这种权利是与生俱来的，个人通过独自一人的意志行使这种权利，集体通过多数的意志行使这种权利。① 夏皮罗也指出，民主政治有两个重要的向度，一个是集体自治，另一个是制度化的反对党。②

五是社团自治。社团自治既包括社会团体的自治，也包括各种社会组织的自治，如达尔所言，"多元主义"强调的就是组织的多元，即在国家领域中大量相对自治（独立）的组织（子系统）的存在。③ 罗素也指出，一个普通适用的原则是，在任何政治上重要的团体内实行自治，而以一个中立势力来解决包括团体之间关系在内的问题。④

六是邻里自治和社区自治。邻里自治和社区自治强调的都是以公民居住区域为单位的自治，如弗里德里克森所言，新公共行政的其他倡议则强调政策制定过程中的公民参与，公民参与、邻里自治、分权及民主的工作环境都是新公共行政的标准课题。⑤ 达仁道夫则指出，自治首先必须理解为独立于一个权力中心。凡是社区自治得到严肃对待的地方，乡镇的行政管理（自治管理）就能够变为公民的社会的一部分。⑥

七是公民自治。公民自治强调的是以公民为基础的相对于国家或政府的自治，而不是公民个人的自治。博曼指出，协商民主的魅力就在于它清晰地允诺超越自由主义的局限以重新把握民主理想的凤愿，即政府应该代表由公民的公共推理而得出"人民的意愿"。广义地讲，协商民主因此相信自由而平等的公民的公共协商是合法的政策决策和公民自治的核心组成部分。⑦

八是群众自治。群众自治应该是公民自治的代名词，如米歇尔斯所言，大众直接民主无论在机制上，还是在技术上都是不可能的。理想的民主在实践中包括群众自治，即通过民众集会决定公共事务。由于这种体制

---

① ［美］托马斯·杰斐逊：《杰斐逊选集》，第 312、318 页。
② ［美］夏皮罗：《民主理想的构成要素》，载《理解民主——经济的与政治的视角》，第 227—272 页。
③ ［美］罗伯特·达尔：《多元主义民主的困境：自治与控制》，第 5—6 页。
④ ［英］伯特兰·罗素：《政治的理想》，第 417 页。
⑤ ［美］弗里德里克森：《新公共行政学》，第 15 页。
⑥ ［英］拉尔夫·达仁道夫：《现代社会冲突》，第 58—59 页。
⑦ ［美］詹姆斯·博曼：《协商民主时代的来临》，载《协商民主与政治发展》，第 51—82 页。

中民众直接行使公共职能,必然使公职人员丧失其基本的行为能力;直接民主非但不能帮助人们对问题进行审慎的、有意义的讨论,而且使那些能够随机应变的少数人有了可乘之机。多数人永远不可能实现自治。①

在这些自治形态中,地方自治、区块自治、少数族群自治都涉及专门的自治领域,不在此处讨论。社团自治牵涉到"组织自治"和"参与组织"的问题,已经在上一小节作了说明。社区自治和邻里自治作为特定意义的形态,将在下一小节作专门论述。本小节所要讨论的,主要是与集体自治、公民自治和群众自治有关的政策参与问题。

2. 对自治及其参与的质疑

一些西方学者对自治及与自治有关的公民参与,抱的是质疑态度,并提出了以下反对理由。

一是群众自治和直接民主的不可行性。前文已经引述了米歇尔斯的相关论点,约翰·邓恩也指出,民主,作为一种公民自治的政治体制,本身并没有提供控制这种挑战的范围的秘诀。我们已经不能希望再用直接的、连续的自治方式来进行自治了,不能对每一件事情发表自己的意见,做出独立的选择。但我们现在所能希望做的,是永远的保护并扩大我们自己选择的权力——个人的和地方的。② 罗伯特·沃尔夫也认为,不管什么样的代议制制度,都是对自律的自治这一理想的让步。既能实现集体自治又能保持个人自律的唯一办法就是实行全体一致的直接民主制。很少有政治理论家确实真心诚意地相信民主;大多数公共事务评论者都宁愿信任由职业政治家与政策专家组成的精英阶层。③

二是自治难以控制。彼得斯指出,按过程自治的机构,可以建立相互竞争的政策和多个中心,但它是难以控制的。④

三是自治面临一定的风险。蒂利指出,在任何时间和地方促进民主的基本的过程包括信任网络和公共政治融合程度的增加,使公共政治和分类上的不平等隔离的程度的增加和大的权力中心相对于公共政治的自治程度的降低。从大多数政治参与者的视角来看,民主本来就是比其他体制更具风险、更具偶然性的体制;因此只有对民主政治的结果非常信任的参与者

---

① [意]米歇尔斯:《寡头统治铁律——现代民主制度中的政党社会学》,第19—23页。
② [英]约翰·邓恩:《民主的历程》,第264、267页。
③ [美]罗伯特·沃尔夫:《为无政府主义申辩》,"1998年版前言",第19页。
④ [美]盖伊·彼得斯:《官僚政治》,第345—346页。

才会和这种体制合作。①

3. 发展自治参与的重要思路

尽管有人对自治参与提出质疑，还是有一些西方学者提出了发展自治参与的重要思路。

第一种是"共和主义"的"共享自治"思路。这一思路来自桑德尔，包括以下要点。(1) 自由取决于共享自治，这一看法本身与自由主义的自由并非不相容。(2) 共享自治意味着与公民伙伴就共同善展开协商，并致力于塑造共同体的命运。(3) 分享自治要求公民拥有或者逐步获得某些品质或公民德行，而这就意味着共和主义的政治不能对其公民所赞同的价值与目的保持中立，共和主义的自由观要求一种塑造性政治，即在公民中培养自治所需之品质的政治。(4) 按照共和主义的观点，自由被理解为自治的一个结果。我之所以是自由的，是因为我是一个掌握自己命运的政治共同体的成员，并且参与了支配其事务的决策。自由主义首先问政府如何对待其人民，而共和主义首先问公民如何能够自我统治，它寻求的政治形式与社会条件是那些能够促进自治之有意义实践的形式和条件。(5) 自治要求一种展现在多重环境中的政治，从邻里到民族到作为整体的世界。这样的自治要求公民能够以多重处境中的自我来思考和行动。(6) 除非公民有理由相信共享自治在本质上是重要的，否则他们牺牲个人利益以维护共同善的意愿就可能受到政治参与的成本和收益之工具性算计的侵蚀。(7) 共和主义政治的成功复兴不会消除政治争论，最好的情况是，激发政治争论，更直接地面对并努力克服我们时代对自治的障碍。②

第二种是"强势民主"的"公民教育"思路。这一思路来自巴伯，包括以下要点。(1) 强势民主是参与型民主的一种独特的现代模式，它依赖于一种自治的公民共同体的理念，使公民联合起来的不是同质的利益而是公民教育，使其公民的共同目的和互助行动成为可能的不是他们的利他主义和其他美好的性格，而是他们的公民态度和参与制度。公民并不是有生俱来的，而是在自由的国家中实施公民教育和政治参与的结果。(2) 积极的公民进行直接的自我管理，他们并不必要在每个层次和每个

---

① [美] 查尔斯·蒂利：《民主》，第 21、90—91 页。
② [美] 迈克尔·桑德尔：《民主的不满：美国在寻求一种公共哲学》，第 377—395 页。

事件上进行具体管理，但是，在作出基本决策和进行重大权力部署的时候他们必须经常充分地和详尽地参与。（3）公民是管理者，也是自治者、共治者与自己命运的主宰者。民主既不是多数人的统治，也不是代表的统治，它是公民的自治。（4）强势民主将民主过程自身置于界定公民身份的中心位置：公民是结合在一起的邻里，他们既不是通过血缘也不是通过契约结合起来，而是通过共同关注和共同参与联系起来的，这些共同关注和共同参与是为了寻求解决各种共同冲突的共同方案。[1]

第三种是"复合共和制"的"多中心体制"思路。这一思路来自奥斯特罗姆等人，包括以下要点：（1）建立许多形式上相互独立的决策中心（自治单位）；（2）选择按照考虑他人的方式行动；（3）冲突解决不必依赖"中央机构"，解决冲突的非中央机构亦存在；（4）民主是这样一种状况，人们在其中学会如何应对冲突，如何对问题情境加以研究，以便通过解决问题的自觉努力去解决冲突，在与他人的不同关系中获得共同知识、相互理解、社会责任与信任；（5）多中心体制的自治特征意味着自组织能力。对自组织和自治能力的基本检验标准不是依赖投票表决和特殊的请求，而是依赖对于完成某项任务相关事业的组织的参与。民主的生活方式的关键在于自我组织和自我治理的能力，而不是假定所谓"政府"统治。[2]

第四种是"双重民主化"的"民主自治"思路。这一思路来自赫尔德，他认为在"双重民主化"下的"民主自治"应符合以下具体要求。（1）人们可以获取公开和免费的信息，以确保在公共事物中采取信息充分的决定。（2）将公共和私人生活中的不负责任的权力中心减到最少。（3）维持易于进行组织形式试验的制度框架。（4）宪法和权利法案应该将自治原则视为神圣原则。（5）鉴于公民社会自治包含着破坏有效的集体决策的因素，所以，必须对之予以关注。一个民主的国家和一个民主的公民社会与那些强有力的社会关系和组织都是不相容的。（6）全体公民都有权参与和协商公共事务。公民可以作出判断，在某些情况下，广泛的参与是不必要的。在许多情况下，公民有必须接受民主决定的义务，除非

---

[1] ［美］本杰明·巴伯：《强势民主》，第145—148、180—181、260页。
[2] ［美］文森特·奥斯特罗姆：《民主的意义及民主制度的脆弱性——回应托克维尔的挑战》，第2—3、92—94页；《美国联邦主义》，第16、227—265页；埃莉诺·奥斯特罗姆、帕克斯、惠特克：《公共服务的制度建构》，"中文版序言"，第11—12页。

能证明这些决定损害了他们的利益。(7) 相对于高度分化的社会、经济和政治环境,直接参与民主制的可能性在社区和工区无疑会大大增加。(8) 民主自治是有限自治。民主自治并不铲除所有权威,也不铲除那些提供熟练的、可靠的行政管理的机构。①

(四) 以"社区"为重心的参与

以"社区"为重心的公民政策参与,既与"社区自治"有密切关系,也与"社区政策""社区建设"等有密切关系,需要说明西方学者的一些基本观点。

1. 社区政策参与所表达的需求

在社区层面的政策参与,应涉及哪些内容,或者应满足哪些需求,西方学者重点强调的是以下六种需求。

第一种是公共利益需求。珍妮特·登哈特和罗伯特·登哈特指出,公共利益最好被视为社区对话和参与的一个过程,这个过程既可以使人们了解政策制定的情况,又可以培育公民意识。②

第二种是社区成员服务需求。斯宾塞指出,人们必须遵守同等自由法则,因为他们自己是社区的成员,无论什么事物影响社区都会影响他们。社区服务于他们需要的效率之大小视其状态好坏而定,社区加于他们身上的祸害大小也是如此。③ 珍妮特·登哈特和罗伯特·登哈特也指出,民主公民权的理想自早期就已经意味着公民为了促进社区的改善而应该承担的某种责任或义务。政府为公民提供的服务质量应通过便利、保障、可靠性、个人关注、解决问题的途径、公正、财政责任、公民影响八个标准进行测量。从根本上说,在公共服务中,提供服务是拓宽公共参与和扩大民主权的第一步。④

第三种是保障权利需求。马歇尔和吉登斯指出,社会权利是经济领域中的公民权利的伙伴,而不必然是对手。社会方案应当尽可能由个人、家庭和地方社区所"拥有",而不是由遥远的地方机构或民族国家所控制。⑤

---

① [英]戴维·赫尔德:《民主的模式》,第312—327页。
② [美]珍妮特·V. 登哈特、罗伯特·B. 登哈特:《新公共服务:服务,而不是掌舵》,第58页。
③ [英]斯宾塞:《社会静力学》,第251页。
④ [美]珍妮特·V. 登哈特、罗伯特·B. 登哈特:《新公共服务:服务,而不是掌舵》,第39、44—46页。
⑤ [英]马歇尔、吉登斯等:《公民身份与社会阶级》,第250页。

雅诺斯基和格兰也指出，组织参与权利包括从个体通过共同决策机制和劳资联席会而参与工作决策，一直到社区参与医疗卫生和环境保护决策的一系列权利。①

第四种是市场机制需求。奥斯本和盖布勒指出，为了使市场机制更有效和更有用，我们需要家庭、街坊和社区的热情和关切。当企业化的政府脱离行政性的官僚机构时，它既需要市场也需要社区。②

第五种是社区建设和控制自由裁量权需求。珍妮特·登哈特和罗伯特·登哈特指出，按照新公共服务的观点，执行的主要焦点是公民参与社区建设。公民参与被视为民主政体中政策执行恰当且必要的组成部分。由于政策执行中有并且必须有自由裁量权的行使，所以那种裁量权应该通过公民参与来为人们所知晓。在新公共服务中，公民和行政官员共同承担责任并且一起为执行项目而工作。执行政策的唯一办法就是为修改自利个体的选择而进行激励或抑制。③

第六种是社区治理需求。博克斯指出，治理包含着参与社区公共政策制定和执行的公民、选任代议者和公共服务职业者的全部活动，有效的治理模型强调在效率、理性的公共服务与允许公民参与社区治理的开放的、民主的过程之间达成有机的平衡。④

2. 发展社区政策参与的不同思路

西方学者在发展公民的社区政策参与方面，也有一些不同的思路，可以列举几种具有代表性的思路。

第一种是"给社区授权"思路。这一思路来自奥斯本和盖布勒，他们强调今天的环境要求各种体制机构不是简单地替公民们服务，而且要把权力赋予公民。为了改变普遍的"庇护现象"，在美国公共生活中的每一个方面都出现了同样的社区所有权和授权的主题，各级政府开始把所有权和管理权从官僚和专业人士手中夺回来交给社区。政府组织可以创造一整套各种各样的机会，不同的社区只要作好准备就可以来利用。当政府把所

---

① [美] 托马斯·雅诺斯基、布雷恩·格兰：《政治公民权：权利的根基》，载《公民权研究手册》，第17—72页。

② [美] 戴维·奥斯本、特德·盖布勒：《改革政府：企业家精神如何改革着公共部门》，第233页。

③ [美] 珍妮特·V.登哈特、罗伯特·B.登哈特：《新公共服务：服务，而不是掌舵》，第75、83—85页。

④ [美] 理查德·博克斯：《公民治理：引领21世纪的美国社区》，第1—2页。

有权和控制交给社区时，它们的责任并不因此而结束。政府也许不再直接提供服务，但仍然对保证满足居民需要负有责任。①

第二种是"无缝隙组织"思路。这一思路来自林登，他强调"无缝隙组织"是指可以用流动的、灵活的、完整的、透明的、连贯的词语来形容的组织。无缝隙组织的顾客与服务提供者直接接触，以一种整体的而不是各自为政的方式提供服务。无缝隙组织要求建立自我管理的团队、职能交叉的团队、一次到位的服务、伙伴关系并侧重于社区政策，强调为顾客提供服务的速度。无缝隙组织要求的决策过程是：从政策或政策变动的需求，到了解最终用户的需求及其重要程度，到备择政策的研究，到明确各种政策的利弊，到建议政策的提出，再到决策。②

第三种是"社区治理"思路。这一思路来自博克斯，他强调公民在社区层面的政策参与，主要涉及四个基本问题。一是实施公民治理模式（政策执行）应采用使结构正式化、培训工作人员、培训委员会成员、解决问题、进行中期修改五个步骤。二是"社区的政策导向"关注的是公民参与的可进入性及其过程。三是社区内有不同的参与者，如"积极参与者""看门人""搭便车者"等。四是建立"社区代议制"，管理当局不再作为社区利益政策的核心决策者，而是将界定、讨论政策和执行政策的基本责任委托给作为公民代表机构的"社区协调委员会"。在这样的治理体系中，决策在"最低"层次作出（规模原则），有可能为公民参与提供充分的机会（民主原则），民选代议者更侧重于协调和联合共同行动并始终关注最广泛的民众利益（责任原则），管理当局的角色转换以及与民众关系的改善能够促使他们作出更理性的决策（理性原则）。③

第四种是"共同解决问题"思路。这一思路来自贝内斯特，他认为政府应该与人民携手解决问题，地方政府领导者应当关注社区的发展问题，并要求人们履行作为公民的义务。真正的社区是由以下互相关联的因素构成的：归属感、归根意识和传统感、地域感、认同感、包容性、付出和收获、多样化的贡献、自我管理、面对面的交流、通过社区进行学习。在社区开展的社会活动，应包括公共建造工程、发展调解机构、发展邻里

---

① ［美］戴维·奥斯本、特德·盖布勒：《改革政府：企业家精神如何改革着公共部门》，第 23—24 页。
② ［美］拉塞尔·M. 林登：《无缝隙政府：公共部门再造指南》，第 4—11、42 页。
③ ［美］理查德·博克斯：《公民治理：引领 21 世纪的美国社区》，第 93—100 页。

组织、以重要的社会问题为中心组建机构、使邻里组织开展自我服务、重建代际关系、庆祝活动等。公民有关心社会公众事务的责任，也有与其他公民、地方政府合作解决公共问题的责任。当人们质问"政府应当为我们做什么"的时候，政府领导者应当强烈反问"作为生活利益的共同体，我们大家又应该做什么"。①

第五种是"有效参与"思路。这一思路来自谢里尔·西姆瑞尔·金等人，他们倡导的是通过聚合地方参与过程中人民的意愿、呼声和三方改革路径（授权和教育社区成员、重新培训行政人员、优化行政体制和过程）来实现真正的公民参与。② 有效参与可能面临一定的难题，如爱德华兹所言，仅仅追求做一些鸡毛蒜皮的小事，人们期望穷人（这里通常指妇女）现在组织社会服务，治理她们的社区，评估各种项目，解决失业问题以及拯救环境。但是，大多数穷人要忙于生计，以致做不了这些事情，而绝大多数的其他人则太懒了。③ 桑德斯也指出，权力下放、民主结构以及参与机会，这些事实上都不能转移最终的控制与责任，因而它们也不能带来个人与社区自我实现的可能性。④ 吉登斯则认为，在前现代背景下，基本信任被植于社区、亲缘纽带和个人化信任关系之中。现代化情境下，解释人们怎样追求自我认同时的分歧，大致与关于社区衰落观点分歧的情形相类似，而且这两类分歧也相互关联。某些人把自我发展的前提看成是这样一种事实，那就是昔日的社区秩序崩溃了，产生出一种自恋式的享乐主义。其他人也得出了大致相同的结论，但他们把这一结果归咎于社会支配的形式：把大多数人从制定最终政策和作出最后决定的领域中排挤出去，迫使人们不得不去关心自我，也就是大多数人所感受到的无权无势。⑤

第六种是"弱势群体参与"思路。这一思路来自祖德·布卢姆菲尔德和弗郎哥·比安契尼，他们强调应赋予处于劣势的个人和群体权利，让

---

① ［美］弗兰克·贝内斯特：《重建公民间联系：地方政府的角色是什么》，载《公民参与》，第1—11页。
② 谢里尔·西姆瑞尔·金、凯瑟琳·费尔蒂、布丽奇特·奥尼尔·苏赛尔：《参与问题：通向公共行政中真正的公民参与》，载《公民参与》，第49—68页。
③ ［美］迈克尔·爱德华兹：《积极的未来》，第177页。
④ ［英］彼得·桑德斯：《自由社会的公民身份》，载《公民身份与社会理论》，第66—103页。
⑤ ［英］安东尼·吉登斯：《现代性的后果》，第104、107页。

他们发出自己的声音,把自己组织成有自我意识的社区,使他们呈现自己在复兴的公共领域的感受。①

(五) 以"委员会"为重心的参与

以民间的"委员会"(而不是代议机构的专门委员会或者政府机构的各种委员会)为重心的公民政策参与,带有一定的"代议"特点,但"代议者"并不一定是按照严格的选举程序产生的,并且能够更经常性的轮换,使公民可能获得更多的参与机会。

在西方学者的论述中,可以看到对不同的"委员会"的解释,我们只列出三种有代表性的"委员会"。

第一种是议事委员会。阿伦特指出,议事会(委员会)体系的自发组织出现在每一场革命之中。议事会体系看起来对应于、并且来自于政治行动经验即使它们一开始很小——比如,社区议事会、职业议事会,工厂、公寓等中的议事会——有各种各样的议事会。议事会说:我们想参与,我们想争论,我们想让我们的声音在公共场合中去被听到,我们想有可能决定我们国家的政治事务。因为对我们走到一起来决定我们的命运来说,国家是太大了,所以,我们需要国家中的一些公共空间。不必一个国家中的每一个居民都是议事会的成员,不是每一个人都想或者关心公共事务。自选过程由此而得以可能,它将在国家中会集真正的精英。任何对公共事务不感兴趣的人都不得不满足于并非由他作出的决定,但是每一个人都必须给予机会。② 委员会制度是一种全新的政府形式,是一种为了自由构建的新的公共空间。委员会实际上是不属于任何党派的人民的唯一政治组织,委员会就是自由的空间。坐在委员会中的人也是精英,但他们不是自上而下提名的,也不是自下而上获得支持的,他们是自我遴选。从"初级共和国"中,委员会委员接着就为下一个更高级的委员会选出了他们的委托人。毫无疑问,这种政府形式如果充分发展起来,又将具有一种金字塔形式,但权威却既不是产生于顶端,也不是产生于底部,而是在金字塔的每一层中产生的。基层拥有一种不是被选出来而是自我构建的

---

① 祖德·布卢姆菲尔德、弗郎哥·比安契尼:《文化公民身份与西欧的城市治理》,载《文化与公民身份》,第 142—179 页。

② [美] 汉娜·阿伦特:《共和的危机》,第 178—179 页。

"精英",而委员会是将大众社会分散到基层的最好、最自然的办法。①

第二种是市民委员会。古特曼和汤普森指出,中层民主的商议论坛不仅包括立法会议、法庭审理和政府所有层次上的行政听证会,也包括各种草根组织、职业联盟、股东大会、医院和其他类似机构中的市民委员会。②

第三种公民评判委员会。福克斯指出,近年来在政治参与方面最有趣的进展,是公民评判委员会的运用。这一机制的运用者是一些提供公共服务(如医疗保健)的部门,或者是地方政府就本地正在筹划的一些问题征求意见。公民评判委员会作为一种参与手段有许多优点。由于有待解决的问题经过了几天的讨论,因而这种参与是高强度的、慎重的。公民评判委员会提出的建议也颇有见地,因为他们可以聆听相关专家的意见并发问,可以增强公民对各种政策问题的理解。全面评价公民评判委员会的作用需要更多的观察,但是迄今为止的实验结果都是非常积极的,证明了精英决策必然更优越的观点是站不住脚的。公民在许多问题上都提出了有见地的观点,丝毫不比国会或者议会的议员们逊色。在任何一种有效的民主制度下,侧重以公民为中心的政治参与(如公民评判委员会和公民投票)同强调比例性、授权的责任的代议机构都有可能同时存在。③

对"委员会"的参与体制,萨托利还作了特别的说明,他认为委员会是个相互作用、面对面的团体,是个长期存在的制度化的团体,是一个面对一系列问题的决策团体。委员会决策是正和决策。如果从产出角度评价民主,就可以看出委员会系统并不是阻碍民主前进的抗体,而是支持着民主分配的决策系统。④

马克思主义经典作家和西方学者尽管都认可"组织式"参与是重要的政策参与形式,但是给出的参与路径在方向上是完全不同的。马克思主义经典作家强调的是"自上而下"的"组织群众"路径,西方学者强调的是"自下而上"的"组织公民"或"公民自治"路径。在倡导"组织式"参与时,需要注意这两种不同的路径,因为两种路径都有与之配合的具体参与方式。尽管可以将不同路径下的参与方式借用过来(如在

---

① [美]汉娜·阿伦特:《论革命》,第255—262页。
② [美]阿米·古特曼、丹尼斯·汤普森:《民主与分歧》,第11页。
③ [英]基思·福克斯:《政治社会学》,第132—136页。
④ [美]萨托利:《民主新论》,第256—267页。

"组织群众"路径下借用西方学者倡导的社区、自治甚至"委员会"的方法),但是借用来的方式是否适应本路径的要求,显然是值得担心的问题,因为给定的路径往往具有相当强的"排斥功能",使外来的其他方式最多只能起到点缀作用,而不可能起到替代性的作用。

五 "行动式"的政策参与

"组织式"的政策参与,可能不仅是意见的交流,也可能包括一定的行动,但是这些行动基本被限制在组织之内。"行动式"的政策参与,则是以整个社会为载体、以行动影响政策的参与形式。"行动式"参与不仅仅是社会运动的参与,还包括其他参与形式。

(一) 对政策参与行动的不同理解

对政策过程中的公民行动,或者说公民的政策参与"行动",一些西方学者强调的是以下几个方面的正面理解。

首先是行动应有明确的责任,如哈耶克所言,最为重要的一项原则就是个人自由的原则,将这种个人自由的原则视作一种政治行动的道德原则最为恰当。自由不仅意味着个人拥有选择的机会并承受选择的重负,而且还意味着他必须承担其行动的后果。自由提出的要求是:(1)个人责任的范围只能以他被认为可以作出判断的情形为限;(2)他在采取行动时必须考虑他的预见力所及的责任对他行动的影响;(3)他应当只对他自己的行动负责(或对那些由他监管的人的行动负责)。责任必须是个人的责任,在一个自由的社会中,不存在任何由一个群体的成员共同承担的集体责任,除非他们通过商议而决定他们各自或分别承担责任。①

其次是行动与政策支持应有一定关系,如伊斯顿所言,为了保证领导人内部的起码的团结,支持也是极端重要的。以行动来支持是"显性支持",以一种态度或情绪来支持是"隐性支持"②。

最后是行动应带有反馈政策特征,如皮尔逊所言,事实上,政策对大众的影响是巨大的,然而,除非政策反馈会引起公开的政治行动,否则它

---

① [英]哈耶克:《自由秩序原理》,上册,第79、83、99页。
② [美]戴维·伊斯顿:《政治生活中的系统分析》,第183—185页。

就不太可能引起政治科学家们的注意。政策可能会鼓励个人调整路线而"锁定"在政策发展的特定道路上。①

有的西方学者则对政策参与"行动"有所怀疑，并提出了一些具有代表性的理由。

一是公民群体不具有理性，难以形成理性的政策行动。勒庞指出，群体不善推理，却急于采取行动。个体可以接受矛盾，进行讨论，群体是绝对不会这样做的。在政治事务上不可感情用事，过去这样说也许还算正确，但是当政治越来越多受到多变的群众冲动的支配，而他们又不受理性的影响，只受情绪支配时，还能再这样说吗？②

二是群众运动难以解决政策问题。李普曼指出，依靠群众行动不可能构思、筹划、协商或者实施任何事情。直接行动的极限就是人人都在某个呈现在大众面前的争端中处于各自的实际目的而说"是"或者说"不"的权力。我们很少有意识地对超出我们眼界的事件作出什么决定，而且每个人能够去落实的决定都是不足挂齿的，我们难得碰上实际的争端，因此没有人养成作出重大决定的习惯。③

三是社会行动并没有实质性的进步。富里迪指出，相较于传统形式的代议制民主，新的抗议政治没有表现出任何进步。和过去真正的抗议运动不同，今天高度制度化的社会运动提供的参与空间是狭窄的。对这些活动而言，重要的不是动员草根阶层的支持，而是一份有效的媒体策略。许多激进分子感到他们的个体行动代表了一种有效的参与方式。毫无疑问，他们做到了。但是，参与要具有社会和政治的维度，就必须以影响更为广泛的公众为指归。它不仅是一种个人的宣言，而且是一个更为广泛的公共计划的一部分。抗议者对社会的参与并不比那些在家里电视上观看他们行动的人更深入。他们所干的，大体上也只是做了一个个人宣言。④

四是过分参与可能带来不良结果。罗素·哈丁指出，在实际的民主中，参与严重地受制于个人利益偶然的意念。大多数个人能在政治之外的其他方面发现他们的利益，因此，他们没有动力去高度参与，从而他们也没有动力为了良好参与而足够获知。对我们大多数人来说，长期地过分激

---

① ［英］保罗·皮尔逊：《拆散福利国家——里根、撒切尔和紧缩政治学》，第48页。
② ［法］勒庞：《乌合之众》，第37、69、152页。
③ ［美］沃特尔·李普曼：《民意》，第219—222页。
④ ［英］弗兰克·富里迪：《恐惧的政治》，第30—33、38、41页。

情地参与政治必会导致凄惨的结果。①

(二) 不同的政策参与行动

政策参与可能涉及多种的行动,我们重点列举的,是与公民参与有关的几种具有代表性的行动。

1. 社会运动中的参与行动

社会运动的政策作用,在本书第六章已经作了说明,本处所要补充的,主要是西方学者对社会运动中的公民参与的三种重要认识。

第一种认识强调的是选举行为和社会运动行为之间的区别。蒂利指出,在若干重要方面,社会运动不同于选举。选举首先将人们的注意力聚焦于为职位而竞争的候选人身上;其次,选举使人们关注政党或政党的纲领。社会运动通常首要关注的是纲领甚至是特殊要求。选举的成功取决于人数。社会运动的挑战者总是寻求更复杂的目标,单靠数量不能保证社会运动活动的成功。一次选举活动不仅在过程方面、而且在结果方面相似,在大多数时候,选举的过程和投票变化不大。相比之下,社会运动的参加者投入巨大的努力,使本次活动与上一次活动或下一次活动之间显示出差异。选举以内部政治为轴心,社会运动以外部政治为轴心。社会运动得力于公民协商,这是因为社会运动有关价值、统一、规模和奉献的展示,其分量将随着这种可能性——即社会运动的行动者或支持者在政府决策过程中真正获得发言权——的增加而增加。记住以下这些将社会运动与其他政治形式区别开来的因素:持续的挑战;针对有权者的挑战的方向;以特殊群体交易开展的活动;不断地公开显示某个特殊群体或其倡导者是有价值的、团结的、规模巨大的、信念坚定的。②

第二种认识强调的是社会运动对地方政策的影响。斯沃茨指出,社会运动组织并不总是把眼光瞄着全国政府,甚至也不总是瞄着州政府。当抗议团体瞄着州政府或地方政府或其官员时,会出现影响多数人的政策改变。③

---

① [美]罗素·哈丁:《自由主义、宪政主义和民主》,第189—190页。
② [美]查尔斯·蒂利:《社会运动,1768—2004年》,第183—186页;《社会运动研究者的议程》,载《国家、政党与社会运动》,第219—228页。
③ [美]海迪·斯沃茨:《制定国家议事日程——美国城市政治中的基督教社区组织》,载《国家、政党与社会运动》,第54—80页。

第三种认识强调的是社会运动可以扩大对话空间。吉登斯指出,社会运动和自助团体的民主特点很大程度上来自于这样的事实:他们在自己关注的问题上为公共对话打开了空间,他们能够闯入以前没有被讨论过,或者是通过传统惯例"解决"的社会行动领域中,他们有助于对事物的"官方"定义发起挑战。[1] 伊森·里布也指出,重要的是探讨一下如何通过社会运动和制度创新的互动来建立一种民主机制。也就是说,我们要研究的是普通公民如何通过社会运动和公共讨论的方式,来促进全社会不同阶层就有关政策展开对话的可能。[2]

2. 抗议

"抗议"是一种比较激烈的行动,这样的行动经常与社会运动联系在一起,当然社会运动不仅只有抗议一种形式,非社会运动也可能有抗议行为。

抗议具有随时性、专题性、表演性等特征。如戈德斯通所言,对于绝大多数普通公民而言,制度化政治活动是高度间歇性的过程,集中在选举期间,社会抗议和结社活动则可以不受季节和年份限制持续进行。绝大多数传统政治参与活动仅仅限于相当粗泛的选项表达,社会抗议和结社活动却可以专注于某个特定的社会问题,赋予活动以特异性。一个社会运动的影响是如此广泛,以至于如果要答应其政策需求或者使其观点合法化,就会改变政党和政府制度结构的基本要素。不过,那些业已获得了常规政治参与者、甚至掌控了一些政府部门以执行其政策主张的社会运动,并不会因此而停止周期性的抗议活动和社会动员活动。相反的是,周期性的动员活动和抗议活动继续成为他们影响政治活动的部分内容,这些周期性活动是为了在政治家和公众面前进一步凸显其关注的社会问题的重要性,或者是为了追求特定的政策目标的议事日程。[3]

传统性抗议与后现代抗议有明显不同,如英格尔哈特所言,后物质主义的抗议者无法控制决策过程,但却可以干扰它,所以他们使用了非传统的政治抗议的技术手段。截至1980年,后物质主义者作为专家、国会工

---

[1] [英]安尔尼·古登斯:《超越左与右——激进政治的未来》,第108—128页。
[2] [美]伊森·里布:《美国民主的未来:一个设立公众部门的方案》,"中文版序言",第4页。
[3] [美]杰克·戈德斯通:《跨越制度化政治与非制度化政治》,载《国家、政党与社会运动》,"序言",第16—39页。

作人员和部级机构成员,已经直接接触到了社会政治系统的领导职位,抗议已经不再是他们最有效的工具了。后物质主义者的影响力也不再是以学生拿着抗议标语牌为主要标志了,转而以公益律师或论述环保影响的技术专家为标志。①

决策者应该善于应对抗议行动,如鲍曼所言,抗议运动领导人意图在公共空间长久占据一席之地,并以管理空间的方式来要求永远获得话语权。尽管任何一位经验丰富的政治家都清楚,"运动的大联合""把各种微弱的声音联合起来"既难实行又罕有可能,但在无论哪一个目前掌管公共空间的政治家看来,这种意图无疑不是好兆。公共空间的管理者的确在认真关注这些微弱的声音,亦即愿意采取某种措施,铲除产生这些微弱呼声的根源。②皮尔逊则指出,紧缩倡导者可以用三个宽泛的策略来把政治抗议降低到最低层次:模糊、分化和补偿。通过模糊消极影响,模糊消极影响与公共政策之间的联系,或者说消极影响与某人对这些政策应担负的责任之间的联系,政治家们可以很大程度上降低他们为推行紧缩议程而付出的政治代价。一种紧缩斗争的共同机制包括这样两方面:政府要采用相互对立的措施让一个群体反对另一个群体,而项目支持者则要努力"合力对外"。给紧缩政治学的牺牲品提供一些积极的东西,将有可能减少白热化的抗议。③

3. 示威与游行

示威和游行曾是无产阶级反对资产阶级的重要武器,如马克思所言:"所谓外界压力,按照英国人的理解,是指巨大的、议会外的人民示威,这种示威没有工人阶级的积极参加自然是无法实现的。"④列宁也指出:"和消极回避相反,积极抵制就是要十倍地加强鼓动,到处组织集会,利用选举集会,甚至用强力打入这些集会,组织游行示威和政治罢工,等等。"⑤

邓小平则认为:"游行、示威影响安定团结和政策的顺利推行,要求对其有所限制:中国人多,如果今天这个示威,明天那个示威,三百六十

---

① [美]罗纳德·英格尔哈特:《发达工业社会的文化转型》,第70、336页。
② [英]齐格蒙·鲍曼:《寻找政治》,第4—6页。
③ [英]保罗·皮尔逊:《拆散福利国家——里根、撒切尔和紧缩政治学》,第13—20页。
④ 马克思:《伦敦的工人大会》,《马克思恩格斯全集》,第15卷,第480页。
⑤ 列宁:《抵制布里根杜马和起义》,《列宁全集》,第11卷,第163页。

五天,天天会有示威游行,那末就根本谈不上搞经济建设了。"①"发展经济要有一个稳定的局势,中国搞建设不能乱。今天来一个示威,明天来一个大鸣大放大字报,就没有精力搞建设。"②

西方学者重点关注的则是与"示威"有关的三个问题。(1)示威是公民的重要权利。戴蒙德强调个人应拥有以下方面的实质性自由:信仰、观念、讨论、言论、出版、广播、集会、示威以及使用互联网。③ 斯蒂芬·卡尔伯格也指出,公民身份应被理解为不仅包括投票在内的整个一系列活动,诸如给国会议员和报纸编辑写信,加入政党和参与运动,请求罢免当选官员,推动公民复决制度的形成,以及组织利益集团和示威活动。④(2)利益集团可能成为示威的组织者。格罗斯曼和赫尔普曼指出,许多利益集团不仅通过广告媒体和大量邮寄宣传品的方式来影响社会舆论,有时还会组织一些示威抗议活动。⑤ 萨巴蒂尔和简金斯—史密斯也指出,利益集团可以通过示威或联合抵制试图去改变目标组织的行为。⑥ (3)示威的政策作用可能有限。卡尔·施米特指出,只有极少数人还认为,能够通过报纸文章、示威演说和议会辩论获得公正的法律和正确的政策。⑦

4. 请愿

与"抗议"和"示威"相比,"请愿"是较为温和的政策参与行动。对于这样的行动方式,西方学者强调的是它应具有的三个特征。

一是请愿的"合理性"特征。福克斯指出,一些非传统的政治参与活动也属于积极参与行为,如签署请愿书、参加和平示威等公认的合法行为,又如暴力反抗或者拒绝纳税等非法行为。只有建立起更加完善的、保障公民参与的、民主的治理机制,国家与公民社会关系的问题才能得到

---

① 邓小平:《压倒一切的是稳定》,《邓小平文选》,第 3 卷,第 285 页。
② 邓小平:《结束严峻的中美关系要由美国采取主动》,《邓小平文选》,第 3 卷,第 332 页。
③ [美]拉里·戴蒙德:《民主的精神》,第 8 页。
④ [美]斯蒂芬·卡尔伯格:《现代公民身份的文化基础》,载《公民身份与社会理论》,第 104—130 页。
⑤ [美]吉恩·格罗斯曼、[以]埃尔赫南·赫尔普曼:《特殊利益政治学》,第 132、153 页。
⑥ [美]保罗·A. 萨巴蒂尔、汉克·C. 简金斯—史密斯:《支持联盟框架:一项评价》,载《政策过程理论》,第 150—221 页。
⑦ [德]卡尔·施米特:《政治的浪漫派》,第 200 页。

解决。①

二是请愿的"集体性"特征。丹尼斯·朗指出，行动者必须自愿作出约束整个政治体的集体决策。为了竞争他们必须合作。为了荐举候选人、阐述观点、向当局请愿、给政策施加影响，他们必须做到通过政党、社团、运动来集体行动。②

三是请愿的"影响性"特征。福克斯指出，公民投票不一定要由政党来主导，公民只需通过请愿的方式征集到一定数量的支持者即可迫使政府的某一项政策接受公民投票，他们甚至可以要求对自己选择的问题进行公民投票。有人担心公民投票会干扰政府的工作，但从瑞士的经验看这种担忧并无根据。③

5. 服务

"服务"也应该是一种重要的政策参与行动，并且主要针对的是政策执行过程中公民参与的公共服务活动。在西方学者看来，公民重点参与的应该是四种服务行动。

第一种是公民服务。公民服务是在政策允许的范围内由公民提供的服务，在社区或社群中应鼓励这样的服务，如里查德·达格即强调"好社群"应具有充分的参与公共事务，包括公民服务的机会；④巴伯则强调"强势民主"要求国家公民身份和共同行动，普遍的公民服务、相关训练和就业机会。⑤这样的服务对于改进公共服务具有积极作用，如托马斯所言，对于公民而言，公民参与的优势包括保证公共服务更适合他们的需求，促进一个更开放、更具有回应性的公共官员体系形成，以及建立对政府和公民自身更加积极和正面的认识和情感。⑥

第二种是辅助服务或自愿合作。托马斯指出，如果公民能够辅助公共服务的提供，那么公共部门提供的服务就会更有效率和效益。⑦悉尼·胡克也指出，一种民主的有效行使要求有若干其他的条件存在，其中首要的是被统治者积极参与政府的工作过程。所谓积极参与，意思不是指企图去

---

① [英] 基思·福克斯：《政治社会学》，第 17、119 页。
② [美] 丹尼斯·朗：《权力论》，第 12—13 页。
③ [英] 基思·福克斯：《政治社会学》，第 129—130 页。
④ [美] 里查德·达格：《共和主义公民权》，载《公民权研究手册》，第 196—214 页。
⑤ [美] 本杰明·巴伯：《强势民主》，第 337 页。
⑥ [美] 约翰·克莱顿·托马斯：《公共决策中的公民参与》，第 21—22 页。
⑦ 同上书，第 115 页。

做官员的特殊工作，而是指对各项公共政策作自由的讨论和商议，并在执行通过民主程序所达成的各项委托时进行自愿的合作。①

第三种是自我服务。贝内斯特指出，在社区开展的社会活动，应包括公共建造工程、发展调解机构、发展邻里组织、以重要的社会问题为中心组建机构、使邻里组织开展自我服务、重建代际关系、庆祝活动等。公民拥有权利的同时也意味着应当履行相应的义务。公民有关心社会公众事务的责任，也有与其他公民、地方政府合作解决公共问题的责任。②

第四种是志愿服务。托马斯指出，"志愿主义"是公民参与的高级形式之一。③公民的志愿服务，既可以借助组织化的手段，如弗林所指的公营、私营和志愿性组织提供的"混合型经济的服务"④，以及文蒂斯所指的公民的和志愿的社团、志愿协会提供的服务；⑤也可以表现为公民自身的志愿活动，如茱迪·史珂拉所言，民主政体下的好公民是公共集会的参加人，是志愿组织的参加者，他们与其他人一起讨论和斟酌那些将会影响到全体参与者的政策。⑥

6. 管理参与

"管理参与"也应该是一种"行动式"的参与，马克思主义经典作家对于这样的参与方式，提出了一些明确的要求。

第一，民众参与国家管理是可能的。列宁指出："如果真是所有的人都参加国家管理，那么资本主义就不能支持下去。而资本主义的发展又为真是'所有的人'能够参加国家管理创造了前提。这种前提就是：在一些最先进的资本主义国家中已经做到的人人都识字，其次是千百万工人已经在邮局、铁路、大工厂、大商业企业、银行业等等巨大的、复杂的、社会化的机构里'受了训练并养成了遵守纪律的习惯。'"⑦

---

① [美] 悉尼·胡克：《理性、社会神话和民主》，第253—254页。
② [美] 弗兰克·贝内斯特：《重建公民间联系：地方政府的角色是什么》，载《公民参与》，第1—11页。
③ [美] 约翰·克莱顿·托马斯：《公共决策中的公民参与》，第98、104—105页。
④ [英] 诺曼·弗林：《公共部门管理》，第7、71—73页。
⑤ [美] 克里斯·文蒂斯：《朝向公共行政的公共哲学：公众的公民视角》，载《公共行政学中的伦理话语》，第27—40页。
⑥ [美] 茱迪·史珂拉：《美国公民权：寻求接纳》，第5—6页。
⑦ 列宁：《国家与革命》，《列宁全集》，第31卷，第96页。

第二，民众参与国家管理需要一定的条件。列宁指出："要使大多数真正能够决定国家大事，必须具备一定的现实条件。……如果国家政权掌握在同大多数的利益一致的阶级手中，那么就能够真正按照大多数的意志来管理国家。如果政权掌握在同大多数的利益不一致的阶级手中，那么任何按照大多数的意志进行的管理都不可避免地要变成对这个大多数的欺骗或压制。"①

第三，参与国家管理是人民的权利。毛泽东指出："这里讲到苏联劳动者享受的各种权利时，没有讲劳动者管理国家、管理军队、管理各种企业、管理文化教育的权利。实际上，这是社会主义制度下劳动者最大的权利，最根本的权利。没有这种权利，劳动者的工作权、休息权、受教育权等等权利，就没有保证。"②

第四，社会主义国家使民众参与国家管理成为现实。列宁指出："正是那些过去在法律上有平等权利、实际上被用各种手法加以排挤而不能参加政治生活、不能享受民主权利和自由（甚至在最民主的资产阶级共和国也是这样）的群众，现在经常被吸引来而且一定要吸引来参加对国家的民主管理并在其中起决定作用。……旧式民主即资产阶级民主和议会制被组织得尽量使劳动群众远离管理机构。相反地，苏维埃政权即无产阶级专政则组织得能使劳动群众同管理机构接近起来。"③

第五，使多数人参与管理转变为全体参与管理。列宁指出："为了进一步发展苏维埃国家组织，应该使每一个苏维埃成员除参加苏维埃的会议外，都必须担负管理国家的经常工作；然后逐步做到使全体居民都来参加苏维埃组织（在服从劳动者组织的条件下）并担负管理国家的职务。"④

第六，民众参与地方和基层的管理。斯大林指出："只有在围绕着农村实际需要而进行群众工作的过程中，在农村进行广泛的苏维埃建设的过程中，通过吸引农民参加管理乡、区、县、省的工作，才能在党的周围培养广大的非党农民积极分子。"⑤ 邓小平也指出："农村改革是权力下放，

---

① 列宁：《论立宪幻想》，《列宁全集》，第32卷，第22页。
② 毛泽东：《读苏联"政治经济学教科书"的谈话》，《毛泽东文集》，第8卷，第129页。
③ 列宁：《共产国际第一次代表大会文献：关于资产阶级民主和无产阶级专政的提纲和报告》，《列宁全集》，第35卷，第493页。
④ 列宁：《党纲草案草稿》，《列宁全集》，第34卷，第68页。
⑤ 斯大林：《关于党在农村中的当前任务》，《斯大林全集》，第6卷，第265页。

城市经济体制改革也要权力下放,下放给企业,下放给基层,同时广泛调动工人和知识分子的积极性,让他们参与管理,实现管理民主化。"①

第七,民众参与经济管理。恩格斯指出:"社会生产力已经发展到资产阶级不能控制的程度,只等待联合起来的无产阶级去掌握它,以便建立这样一种制度,使社会的每一成员不仅有可能参加生产,而且有可能参加社会财富的分配和管理。"②

本小节列出的六种"行动式"参与方式,代表的是两类不同的"行动"取向。第一类是"配合性"的行动取向,包括"服务"和"管理参与"两种方式,重点都在于对政策给予必要的行动上的配合。第二类是"对抗性"的行动取向,包括社会运动、抗议、示威与游行、请愿等参与方式,重点在于以行动表示对决策者或者政策的不满。对于前一类行动取向,马克思主义经典作家和西方学者持的都是肯定的态度。对于后一类行动取向,马克思主义经典作家在游行和示威方面已有不同的看法,西方学者也有一定的保留,并没有对这些参与方式给予全面的肯定。

六 政策参与的交往、对话、话语和共识基础

无论是何种政策参与形式,都需要一定的基础。按照西方学者的解释,交往、对话、话语和共识,不仅是政策参与的基础要素,还形成了一些与之相关的民主概念。

(一)"政策交往"与"交往民主"

各类政策参与方式都会有一个共同的要求,就是在决策者与民众之间建立起一定的"政策交往"关系,因为按照拉斯韦尔和卡普兰的解释,作出决策就是一种人际交往的过程。③着重于"政策交往"的西方学者,还明确提出了"交往民主"的概念,需要特别注意的是三位学者的论点。

---

① 邓小平:《关于政治体制改革问题》,《邓小平文选》,第3卷,第180页。
② 恩格斯:《卡尔·马克思》,《马克思恩格斯全集》,第19卷,第123—124页。
③ [美]哈罗德·拉斯韦尔、亚伯拉罕·卡普兰:《权力与社会:一项政治研究的框架》,第83页。

第一位学者是哈贝马斯，他提出了"意见交往的民主"的诉求，这样的诉求包括以下要点。（1）"民主"是制度上得到保障的普遍的和公开的交往方式。在涉及公共交往中的以话语形式进行的价值与规范的形成过程时，民主概念的规范内涵不仅仅指民主法治国家中恰当的机制安排，它更超出成文的交往和决策过程之外。（2）与自由主义民主和共和主义两种模式不同的第三种民主模式，正是建立在一些交往前提之上，有了这些交往前提，政治过程就可以预测到它会带来的理性后果，因为它在一种广泛意义上表现为话语样式。（3）话语理论在更高的层次上提出了一种关于交往过程的主体间性，它一方面表现为议会中的商谈制度形式，另一方面则表现为政治公共领域交往系统中的商谈制度形式。这些无主体的交往，无论是在作出决策的政治实体之外或之内，都构成了一个舞台，好让关于整个社会重大议题和需要管理的内容的意见和意志能够形成，并且多少具有合理性。（4）团结作为一种社会一体化的力量，不再是仅仅来源于交往行为，它必须通过自主的公共领域以及民主意见和意志在法治国家制度中的形成程序进一步释放出来，并且在面对其他两种资源（金钱和行政权力）的时候能够捍卫自己的地位。（5）按照实用主义的模式，把技术成果和战略成果有效地转变为实践，有赖于政治公众社会作中介，因为专家同政治决断当局之间的交往，必须以一个给定的社会生活世界的社会利益和价值导向为出发点；政治决断从实际需求的、受传统制约的自我理解出发，决定着技术进步的方向，反过来，它又以实际需求得到满足的技术上可能的机遇来衡量和批评这种自我理解。这种交往可以在公民大众中以公开讨论的民主形式制度化。[①]

第二位学者是德雷泽克，他对交往的理解，应包括以下要点。（1）公共领域是一个必不可少的政治活动空间，在这里，人们围绕公共事务进行交往，并且这种交往是指向公共政策的。（2）这种交往本身并不涉及国家权力或者公共权威的正式运用；这种交往可能发生在各个层级上，既可以发生在地方层级，也可以发生在国家层级，还可以发生在国际层级上。（3）只要交往是非强制性的，有能力把特殊与一般结合起来，

[①] ［德］哈贝马斯：《作为"意识形态"的技术与科学》，第92—99、103—104页；《公共领域的结构转型》，"1990年版序言"，第27页；《哈贝马斯精粹》，第235—248、516页；《公民身份与民族认同》，载《公民身份的条件》，第25—43页。

那么，所有的交往都是可以接受的。（4）其他替代性的交往形式是有价值的，同时也是强制性的，它们遵循的标准是理性的。（5）如果我们将协商运用到各种交往中而不是仅仅局限于讨论中，那么唯一的权力应该是"最好的交往，最少的强制"①。

第三位学者是艾丽丝·马里恩·扬，她明确提出了"交往民主"的概念：不同于以利益为基础的民主观，交往民主强调，当人们与他人就观点和经验进行交流时，他们的政治观点常常发生改变。严重的相互依赖、郑重其事的平等尊重和程序上的共识这三个条件，都是交往民主所必需的一致性。在这种最低程度的一致性条件（这也是交往民主的特征）下，如果将社会地位及身份上的差异视为公共理性的资源而非其必须予以消除的分歧，我们就会对民主讨论的过程有更为丰富的理解。②

三位学者的论点，侧重点有所不同。哈贝马斯强调的是"意见和意志"的交往形式，德雷泽克强调的是以协商为重要载体的非强制性、多元的交往途径，艾丽丝·马里恩·扬强调的则是不同观点之间的交往。关注交往问题的其他西方学者，还注意到了以下几个方面的问题。

第一，政策交往的结果。唐斯指出，为了避免失败，政府或者在每一个问题上代表多数人的立场；或者是政府感兴趣的不是它的每一行动，而是其全部行动合在一起对投票人的效用收入产生的净影响。民主社会不可能达到帕累托最优，也很少能有选民在与政府的交往中达到边际均衡。③

第二，规制对交往的作用。桑斯坦指出，规制常常可以解决在众多个体相互交往的过程中满足个人愿望所遇到的难题。④

第三，倾听"他者"是交往的重要责任。利奥塔指出，我们在忙于合理合法地在共同体中与他者进行交往的同时，逐渐忽视了倾听这个"他者"的责任。⑤ 曼海姆也指出，整个思想结构的差别在有关参与者交往的背景下仍是模糊不清的，所以"绕开话题"便成了"平等化时代"

---

① ［澳］约翰·德雷泽克：《协商民主及其超越：自由与批判的视角》，"中文版序"，第1—2页；"前言"，第1—7页；正文，第77、95、106—130、157—165页。
② ［美］艾丽丝·马里恩·扬：《交往与他者：超越协商民主》，载《民主与差异：挑战政治的边界》，第116—131页；《作为民主交往资源的差异》，载《协商民主：论理性与政治》，第284—303页。
③ ［美］唐斯：《民主的经济理论》，第51、63页。
④ ［美］凯斯·桑斯坦：《权利革命之后：重塑规制国》，第2—3页。
⑤ ［法］利奥塔：《后现代道德》，第78页。

不可避免的现象。另一方面，也可以这样来使不同的参与者接近，即利用双方在理论上的每一个接触点，通过弄清分歧的根源来消除误解。①

第四，交往有助于形成公共舆论。滕尼斯指出，公众舆论本身提出要确立普遍的和适用的准则要求，而且不是建立在一种盲目信仰的基础之上的。它首先是针对社会和国家生活和交往的，所有参与这种生活和交往的、有觉悟的参加者，必然会对这类概念和观点感到兴趣，帮助它们形成，去同错误的、有害的概念和观点作斗争。②

此外，交往还涉及"交往自由"③ "交往反馈"④ 等问题，并且与"对话民主"有密切的联系，详见下述。

（二）"对话的政治"与"对话民主"

"对话"既是重要的交往形式，也具有重要的政治意义和政策意义，由此在西方学者中，出现了从"对话的政治"到"对话民主"的理论演进，并重点关注了九个方面的问题。

第一，多元的对话。雷蒙·阿隆指出，自由民主制（多元立宪制）包含三种在理论上非暴力的但充满争论和激情的对话：利益集团之间的对话，政党之间的对话，高级官员（专家）或部长和议会之间的对话。⑤

第二，民主的对话。利奥塔指出，实行自由民主政策还是需要基本的对话的，这并不是什么新鲜事。如果人们承认没有什么能替代自由民主——我认为今后就是这种情况，我甚至看不出有什么理由反对对话。⑥

第三，公共的对话。珍妮特·登哈特和罗伯特·登哈特指出，公共利益是就共同利益进行对话的结果，而不是个人利益的聚合。公务员具有一种独一无二的接触公民和为公共对话创建平台的重要职责。⑦

---

① ［德］卡尔·曼海姆：《意识形态与乌托邦》，第285—286页。
② ［德］斐迪南·滕尼斯：《共同体与社会：纯粹社会学的基本概念》，第322—326、338页。
③ ［美］詹姆斯·博曼：《公共协商：多元主义、复杂性与民主》，"中文版序"，第1、4页。
④ ［德］托马斯·瑞斯：《社会建构主义遭遇全球化》，载《全球化理论——研究路径与理论论争》，第141—166页。
⑤ ［法］雷蒙·阿隆：《论自由》，第96页。
⑥ ［法］利奥塔：《后现代道德》，第86页。
⑦ ［美］珍妮特·V.登哈特、罗伯特·B.登哈特：《新公共服务：服务，而不是掌舵》，第32、57页。

第四，政策的对话。彼得斯指出，公共政策应该让有政策影响力的公众通过对话过程来作出。① 巴伯也指出，在审议（公开讨论各种选择）、讨价还价（交换利益）和决策制定（选择目标）中，讨论的各种功能被更复杂、更开放式的对话艺术所补充。通过对话来探索相互关系是讨论的一大功能，这种讨论的功能不同于促进感情和亲密关系。对话能使我们相互认识甚至彼此理解。② 伊森·里布也认为，我们要研究的是普通公民如何通过社会运动和公共讨论的方式，来促进全社会不同阶层就有关政策展开对话的可能。③

第五，理性的对话。罗蒂指出，对我们"后现代主义者"来说，理性在对话的意义上得到了理解。我们把理性仅仅当作就各种事情展开讨论，倾听另一方意见，尝试达成和平共识的意愿的另一个名称。④

第六，内在思考的对话。罗伯特·古丁指出，协商并不是使人们"通过对话在场"，而是使人们以协商者的思想"通过想象在场"。如果社会还没有小到足以让所有相关的公众都参与到真正的对话交流中来，内在思考对话就可能有利于了解外在的集体对话。至少这一办法与协商民主论者为了克服大规模社会的时间、人数、距离上的限制而提出的其他建议一样有用。并且，正是因为它不要求人们代表自己说话，内在思考的协商可能比外在集体的协商更好地代表那些不善交流或交流有障碍的人。⑤

第七，对话能力。博曼指出，公民们要想有效地参与公共协商与对话，许多"自主能力"也是不可少的，包括理解力、想象力、评估力、欲求力、讲述力，以及对修辞和辩论的运用能力，等等。⑥

第八，对话的政治。爱德华兹希望建立的"对话的政治"，强调的是分权的、民主的治理形式，为人民超越权力的偏见和市场去行使他们的各种公民权利提供了一个最好的框架。权力分散化之所以重要，是因为各种新的取舍必须反映每一个人的意见，以便保持经济的持续发展，而这在讨

---

① ［美］盖伊·彼得斯：《政府未来的治理模式》，第82页。
② ［美］本杰明·巴伯：《强势民主》，第215—218页。
③ ［美］伊森·里布：《美国民主的未来：一个设立公众部门的方案》，"中文版序言"，第4页。
④ ［美］罗蒂：《后形而上学希望》，第113—114页。
⑤ ［美］罗伯特·古丁：《内在的民主协商》，载《协商民主论争》，第57—83页。
⑥ ［美］詹姆斯·博曼：《公共协商：多元主义、复杂性与民主》，第6页。

论和政策制定中不是人人都有发言权的政治机制的情况下，是不可能发生的。随着政治参与的增加，国家权威的合法性与有效性也在加强，这同时也为保护那些在社会权力体系中遭受歧视的或者在经济舞台上被剥削的人的权利，提供一个强有力的手段。民主政治教给人民对话和合作的技巧，而这些技巧是社会和经济生活中新型伙伴关系的基础。①

第九，对话民主。吉登斯明确提出了"对话民主"的概念，并强调这样的民主应包括以下要点。（1）"对话民主"指的是这样一种情况：那里有发达的交往自主权，这种交往构成对话，并通过对话形成政策和行为。（2）民主意味着提高了个人的话语权，换句话说，它意味着对话的可能性。经验条件下的对话通常并不能直接解决有争议的问题，然而，讨论可以允许我们去接受不同的意见，从而成为一种强大的宽容和妥协的媒介。对话民主或者其可能性不应当局限于民主参与的正式背景。对话民主的机制需要在其他多个社会生活——不管是地方性的还是更加全球性的——的重大领域建立起来。（3）对话民主的扩展会成为所谓的民主制的民主化的组成部分（尽管不是唯一的部分）。政府的更大透明度会有助于民主制的民主化，但是这个原则也可以用于正式的政治领域之外的其他领域。在国家领域之外，对话民主能够在一些主要领域中得到推进。（4）对话民主与理想的讲话场所不是一回事。首先，对话民主与先验哲学原理无关。其次，对话民主并不一定要达成共识。对话民主仅仅意味着公共场合的对话提供了与他人在一种彼此宽容的关系中相处的手段。②

（三）"话语理论"与"话语民主"

"话语理论"是哈贝马斯提出来的提论体系，除了前述与"交往"的关系外，还包括以下主要论点。（1）话语理论吸收了自由主义和共和主义两方面的因素，用一种理想的商谈和决策程序把它们融合了起来。这种民主程序在协商、自我理解的话语及公正话语之间建立起了一种有机的联系，并证明了这样一种假设，即在这些前提下，合理乃至公正的结果是可

---

① ［美］迈克尔·爱德华兹：《积极的未来》，第 174—175 页。
② ［英］马歇尔、吉登斯等：《公民身份与社会阶级》，第 231—234 页；吉登斯：《超越左与右——激进政治的未来》，第 108—128 页。

以得到的。通过对民主程序的结构描述,也为国家和社会的概念规范化明确了方向,但前提必须是一种公共行政。(2)话语理论同意共和主义的看法,认为应当把政治意见和意志的形成过程放在核心地位,但又不能把政治国家的宪法看作是次要的东西。(3)在一个名副其实的民主社会里,法律上已经获得制度化的政治意志形成过程——包括选民意愿等,必然会在尽可能地用论证加以操纵的舆论形成过程中得到反馈。为此,需要在国家化的政党、非权力化的媒介和不偏不倚的利益集团等组织内部形成一个自由联合网络。(4)多数同真理并非必然相一致。但少数服从多数的意志是有所保留的,即多数人的决定是在通过话语公开形成意见的条件下作出的,因此只要理由充分,永远都可以更改。这听起来很像是旧自由派的腔调,的确也就是旧自由派的论调;但是,如果没有这种话语方法,就不会有民主的意志形成。①

其他西方学者对"话语"的理解,尤其是指出"话语"的特性,可以视为对"话语理论"的重要补充。

一是话语的"公共领域性"特征。博格斯认为非政治化的公共领域具有公共话语的萎缩和独立思想的腐蚀特征,当公共话语和行为的政治影响已经缩小时,公民权、授权、民主——这些人们长期渴望的价值表现出一种虚幻的特征。"公共领域"的概念包含着那些话语和行为模式,与我们已经界定的政治,即国家权力的运作、治理、公民参与、公民社会意识存在着某种联系。如果没有一个开放的、充满活力的公共领域,对任何类似真正的民主的认知都是不可能的。民主化的公共领域为社会运动与变革性政治、公民话语与参与的公民、解放观念与新出现的自治形式之间的重要联系留有余地。②

二是话语的"伦理性"特征。本哈比指出,话语伦理模式为协商民主模式的有效性诉求提供了最普遍的原则和道德直觉。这一模式的基本思想是:只有当各项规范得到受其影响的所有人的同意时,这些规范才能说是有效的。而且,这种同意是协商的结果。③

三是话语的"组织性"特征。彼得·莱文、阿休·冯和约翰·盖斯

---

① [德]哈贝马斯:《哈贝马斯精粹》,第235—248、516—518页。
② [美]卡尔·博格斯:《政治的终结》,第49、132、140页。
③ [美]塞拉·本哈比:《走向协商模式的民主合法性》,载《民主与差异:挑战政治的边界》,第71—95页。

特尔指出,为了实现高质量的协商,必须有人来组织一个话语进程、选择一个主题、征召参与者、准备背景材料或邀请发言人、提供主持人、查你从事这些事情所必需的资金。更大的危险是协商根本没有充分的组织。①

四是话语的"权利保障性"特征。博克斯认为应帮助公民通过增加话语权来达成政策结果。②吉登斯也指出,民主意味着提高了个人的话语权,换句话说,它意味着对话的可能性。③

德雷泽克明确提出的"话语民主"思路,除了前述与"交往"有关的内容外,还包括以下内容。(1) 话语民主并不是一种民主模式,因为它没有给出一个详细而确定的制度体系;相反,我们最好把话语民主看作一种民主化策略。(2) 话语民主应该是多元的,它意味着有必要在不消除差异的情况下进行交往;话语民主应该是反思性的,它质疑既有传统(包括协商民主本身的传统);话语民主应该是超越国家的,它有能力超越国家,进入没有宪政框架的情景;话语民主应该是生态的,它与非人类的自然的交往是开放的;话语民主应该是动态的,它对民主化的约束和机会是不断变化的。(3) 个人之间的协商能力从来不会是完全平等的,作为话语竞争,话语民主甚至可能需要一定程度的不平等,因为这些不平等有利于争论。(4) 话语民主在当今有助于解决复杂社会问题的政治手段中可能是最有效的一个,因为它提供了将作为复杂性特征而存在的各种不同观点连成一体的手段。④

(四)"政策共识"与"共识民主"

政策需要有一定的"共识"基础,如萨托利所言,共识不是实际的同意,它不是指每个人对某件事的主动同意。共识包括三个对象或层次。一是基本共识,决定着既定社会是否从整体上分享同样的价值信仰和价值目标,它有利于建立民主的合法性。二是程序的共识,它建立了

---

① [美] 彼得·莱文、阿休·冯、约翰·盖斯特尔:《公共协商的未来》,载《协商民主与政治发展》,第369—391页。
② [美] 理查德·博克斯:《公民治理:引领21世纪的美国社区》,第86—87页。
③ [英] 马歇尔、吉登斯等:《公民身份与社会阶级》,第231—234页。
④ [澳] 约翰·德雷泽克:《协商民主及其超越:自由与批判的视角》,"中文版序",第1—2页;"前言",第1—7页;正文,第157—165页。

所谓的游戏规则。三是对政策和政府的共识，引出了作为异见的共识，对于政策的异见和对政府的反对，所针对的是统治者，不是统治的形式。① 基于萨托利区别的三类共识，可以归纳出西方学者对政策共识的五个侧重点。

第一点是政策博弈的共识。李普塞特指出，如果没有共识，即没有一种允许对政权进行和平"博弈"、允许"在野党"维护"执政党"的决策、允许"执政党"承认"在野党"的权利的政治系统，就不可能有民主。② 多姆霍夫也指出，经济利益和社会凝聚为政策共识的形成提供了基础，但如果没有调查研究、咨询和辩论的话，光靠这两者还不足以形成受到普遍认可的政策。③

第二点是政策合作的共识。萨托利指出，在一端为"始终是多数至上"而另一端为"始终不是多数至上"的连续体中，具体的民主制度越是具有共识性和（文化上的）同质性，越是（分裂体结构方面）没有分化，则有可能更多地表现出多数至上。如果它较少具备这些特点，则它的多数至上也会较少（即合作论）。④ 奥斯特罗姆也指出，在一个因势而变情况下运作的社会中，认为政策出自多个权力中心的互动比认为它们由某个单一的最终权力中心制定更加合适。民主社会中的政府不仅仅要命令和控制，而且要提供有关各种问题解决方法的多元结构。开放公共领域的运作及其与政府决策结构联系的方式是一种有多重共识的社会的源泉，这种社会是一个民族在合作解决问题方面发展的。⑤

第三点是政策规则或政策程序的共识。赫尔德指出，民主预设了一个非强制性的政治过程，在这一进程当中人们能够追求和谈判相互联通、相互依赖和差异的条款。在民主的思维当中，"共识"构成了集体协议和治理的基础；为了使人民得到自由和平等，一定存在基于公共生活的治理决策上达成共识的机制。⑥ 马奇和奥尔森也指出，我们如何设置讨论过程以产生有效共识，从而使慎思和论辩的过程有助于参与能力的提升？具有相

---

① ［美］萨托利：《民主新论》，第 101—103 页。
② ［美］李普塞特：《政治人：政治的社会基础》，第 1 页。
③ ［美］多姆霍夫：《谁统治美国：权力、政治和社会变迁》，第 214 页。
④ ［美］萨托利：《民主新论》，第 267—270 页。
⑤ ［美］文森特·奥斯特罗姆：《美国联邦主义》，第 16、223 页。
⑥ ［英］戴维·赫尔德：《重构全球治理：未来其实或者改革》，载《全球化理论——研究路径与理论论争》，第 283—308 页。

关性、显著性和逻辑性的规则是必不可少的。①

第四点是公民的民主共识。罗蒂认为，实用主义的最低纲领的自由主义是这样一个立场：想办法教育公民养成一种尽可能不具有这些强制性兴趣、信念、欲望的公德，想办法使他们对民主共识的重视超过对任何其他事情的重视。②

第五点是形成政策共识的条件。诺斯等人指出，共识的政治秩序对公民有三个条件：公民中必须有足够的共识，认为他们的政治制度是称心的；公民必须接受这些制度制定的政策的合法性，乐意生活在由这些制度确定的政策下；公民必须相信他们的权利应该受到保护，乐意去保护这些制度不被政治官员滥用。③

利普哈特还明确提出了"共识民主"的概念，认为现代民主国家都可以在以"多数民主"为一端、以"共识民主"为另一端的范围之内进行测量。共识民主模式仅仅把多数原则视为最低限度的要求；它努力使"多数"的规模最大化，而不是满足于获得作出决策所需的狭隘多数。在共识民主模式下，各种规则的制定、各类机构的设置旨在使人们广泛地参与政府，并就政府推行的政策达成普遍的一致。共识民主模式通过多种手段试图分享、分割和限制权力，以包容、交易和妥协为特征，因此也可以被定义为"谈判式民主"④。

七 构建"参与社会"

"参与社会"是西方学者提出来的概念，如亨廷顿所言，参与社会的民众高度参政是通过政治制度来进行组织和安排的，大众参与政治并不一定意味着大众控制政府。⑤ 卡罗尔·佩特曼也指出，参与民主理论要求建立一个民主政府的必要条件必须是建立一个参与的社会，这一要求并不是

---

① [美]詹姆斯·马奇、[挪威]约翰·P. 奥尔森：《重新发现制度：政治的组织基础》，第134页。
② [美]罗蒂：《后形而上学希望》，第265页。
③ [美]道格拉斯·诺斯、威廉·萨默希尔、巴里·韦恩加斯特：《秩序、无序和经济变化：拉美对北美》，载《繁荣的治理之道》，第18—63页。
④ [美]阿伦·利普哈特：《民主的模式：36个国家的政府形式和政府绩效》，"前言"，第6页；正文，第1—2页。
⑤ [美]塞缪尔·亨廷顿：《变化社会中的政治秩序》，第67—68页。

不现实的。如果存在一个参与性社会，个人能够更好地评价国会议员的行为；如果有机会，他将更有能力作出全国性的决策，也更有能力评价国会议员在关于他们自己的生活和周围环境出事务方面所作出的决策的效果。在一个参与性社会中，个人投票的意义将有所不同，作为私人个体，他将享有各种机会成为一个有教养的公民。① 从"政策民主"的角度看，确实需要构建与政策有关的"参与社会"，并且需要说明构建这样的社会面临什么样的困难，以及按什么样的标准来构建"参与社会"。

（一）公民政策参与面临的普遍性问题

除了前文所述各种政策参与方式中出现的不同问题外，在公民的政策参与中还会面临一些具有普遍性意义的问题，这些问题可以归纳为六个"不足"。

一是参与不足。雷蒙·阿隆指出，积极参与的公民向来是少数群体，将来也仅仅是少数群体。② 阿尔蒙德和维巴也指出，政治参与是比较少的，它对个人来说相对缺乏重要性。③ 墨菲则强调，民主已变成一种纯粹用来挑选和授权政府的机制，它已沦为精英分子之间的一种竞争，而公民则被看成政治市场中的一些消费者，因而，今天在许多西方社会的民主进程中看到很低的参与率也就不会令人吃惊了。④

二是理解不足。罗素·哈丁指出，尽管我们可能克服缺乏参与的问题，但我们或许不能克服愚昧参与的问题。⑤ 罗素也指出，一项措施要想获得成功，在经过专家们的讨论和传播之后，还必须能被市民普遍认同。但在目前，在很多事情上，普通市民不知道专家们经过深思熟虑后的意见，另一方面也没什么机构能够了解市民的集中意见或多数意见。尤为重要的是，除了某些特殊场合和通过非政治的方法，一般来说，市民并不能够在大众中宣扬自己的观点。⑥

三是能力不足。林德布洛姆和伍德豪斯指出，人们了解政策的个别能

---

① ［美］卡罗尔·佩特曼：《参与和民主理论》，第92、103页。
② ［法］雷蒙·阿隆：《论自由》，第121—122页。
③ ［美］阿尔蒙德、维巴：《公民文化——五个国家的政治态度和民主制》，第422—424页。
④ ［美］墨菲：《政治的回归》，第161页。
⑤ ［美］罗素·哈丁：《自由主义、宪政主义和民主》，第182页。
⑥ ［英］伯特兰·罗素：《政治与自由》，第162页。

力、自信能影响政策的信念,及其对政策所能发挥的效果大不相同。在政策制定过程中,需要培养一般公民思考社会问题的能力。① 彼得斯也指出,人们教育水平的提高以及他们对自己参与政治决策能力的自信的增强,可能导致后工业社会的冲突增加。一种情况就是,将有足够多的人有充足的能力对政策和行政施加实实在在的影响。如果悲观一点假设,对技术要求的增长将超过公众能力的增长,因此公众产生对政治体系的疏离感。根据不同的政策事件,两种假设都可能出现。②

四是动力不足。罗素·哈丁指出,在实际的民主中,参与严重地受制于个人利益偶然的意念。大多数个人能在政治之外的其他方面发现他们的利益,因此,他们没有动力去高度参与,从而他们也没有动力为了良好参与而足够获知。③ 彭茨也指出,贪图方便省事已经阻碍了人们行使自我决定的权力,它又以下面两个借口使人们拒绝参与决定。(1)个人作为集体的一分子,对整体的路线方针"的确不会产生影响"。(2)有意表现出对领导者的无限信任。注意到利用参与决定的可能性的一个障碍是,人们在行使参与决定权力时,缺乏足够的技巧。希望通过当逍遥派摆脱责任的想法,同样影响参与决定的领域。④

五是作用不足。罗素·哈丁指出,在一个巨大的政治体中任何重要层次上的参与对大多数公民来说都是不可取的。实质上,人民被告知,一旦他们选举了代表,他们的政府将不用他们的进一步赞同也有能力工作。⑤ 阿伦特也指出,两党制最大的成就也就是使被统治者对统治者形成某种控制,但它绝没有让公民成为公共事务的"参与者"。公民最多也只能希望被"代表"⑥。

六是关联性不足。谢里尔·西姆瑞尔·金等人指出,传统模式下的参与是无效和充满冲突的,参与活动在行政过程中发生得太晚,参与是在议题已经被确定、大多数决策已经敲定后发生的;在这样的模式下,公民被放置在议题的最外层,行政结构和过程位居最内层,行政人员是行政体系

---

① [美]林德布洛姆、伍德豪斯:《最新政策制定过程》,第138—139页。
② [美]盖伊·彼得斯:《官僚政治》,第57页。
③ [美]罗素·哈丁:《自由主义、宪政主义和民主》,第189页。
④ [德]埃伯哈德·彭茨:《政治与人类尊严——德国自由主义者的解决途径》,第14—16页。
⑤ [美]罗素·哈丁:《自由主义、宪政主义和民主》,第38页。
⑥ [美]汉娜·阿伦特:《论革命》,第252页。

和公民之间的中介。①

(二)"参与社会"的基本要求

要构建"参于社会",既需要解决公民政策参与面临的普遍性问题,也需要克服一些具体的困难。西方学者就发展公民政策参与提出的各种建议,大体上可以归纳为对"参与社会"的七方面要求。

1. 包容

珍妮特·登哈特和罗伯特·登哈特指出,参与和包容的方法是建立公民意识、责任意识和信任的最好办法。②对公民政策参与的包容,西方学者主要提出了三点要求。(1)对所有人平等参与的包容。米勒指出,理想的民主具有包容性,意指所有相关的政治共同体成员在平等的基础上参与决策。③(2)对社会团体的包容。德雷泽克指出,民主化在极大程度上(尽管并非绝对地)是社会政治生活中的不同团体的积极认知和包容过程。④(3)对参与影响政策的包容。赫尔德指出,在民主理论当中,包容原则经常被视为澄清根本标准的概念手段,这些标准是为那些应当参与特定领域决策的人和那些应当向特定人群负责的人,划定适当边界并解释原因。简单来说,它说明那些明显受到公共决策、问题或程序影响的人,应当拥有平等的机会直接或间接地通过被选举的代表去影响和制定政策。受公共决策影响的人应当在制定决策的过程中拥有发言权。有些人的寿命和生活机会被强大的实体所决定,当民主最接近并包括这些人的时候,民主就得到了最好的定位,从而使利益相关者和决策制定者的范围更加接近。⑤

2. 信任

"信任"应该是"参与社会"的重要基础,没有这样的基础,政策很

---

① [美]谢里尔·西姆瑞尔·金、凯瑟琳·费尔蒂、布丽奇特·奥尼尔·苏赛尔:《参与问题:通向公共行政中真正的公民参与》,载《公民参与》,第49—68页。

② [美]珍妮特·V.登哈特、罗伯特·B.登哈特:《新公共服务:服务,而不是掌舵》,第120—121页。

③ [美]戴维·米勒:《协商民主不利于弱势群体》,载《作为公共协商的民主:新的视角》,第139—159页。

④ [澳]约翰·德雷泽克:《协商民主及其超越:自由与批判的视角》,第106页。

⑤ [英]戴维·赫尔德:《重构全球治理:未来其实或者改革》,载《全球化理论——研究路径与理论论争》,第283—308页。

难得到民众的支持。综合西方学者的论点，需要重点构建的是六种信任关系。

第一种是民众与政治家之间的信任关系。这样的信任关系，应该强调的是四方面的要求。(1) 不信任"伟人"。涂尔干指出，有些国家把自身完全交付给伟人来掌握，而其他国家恰恰相反，他们不信任伟人。我们必须为了个人的幸福而献出一切，因为一个民族不是由一两个偶然降生的伟人创造出来的。[1] (2) 具有批判性的信任。悉尼·胡克指出，一种可行的民主的积极要求是明智地不信任它的领导，对一切扩大权力的要求抱顽强而非盲目的怀疑态度，并在教育和社会生活的一切方面着重批判的方法。[2] (3) 信任应该建立在说服的基础上。葛德文指出，权威是依靠它所说服的人的信任来取得其效力的。[3] (4) 以信任文化约束领导人。马奇和奥尔森指出，通过契约对主要政治领导人产生足够约束的同时，又限制了领导能力的有效发挥。替代性的思路是建立信任文化，信任无所不在并得到社会赞赏，因为这就是良好政治人物的良好品行。急功近利的政治领导人将政治文化搞得异常紧张，在有深刻社会裂痕、传统上对政治冲突缺乏规范的众多异质化社会中，这种信任文化是不可能持续存在的。[4]

第二种是民众与政府之间的信任关系。这样的信任关系，一方面强调政府应该信任民众，如彼得斯所言，政治信任，或者对应的政治犬儒主义，意味着政治家在作决策时应该将公众的要求考虑进去。[5] 另一方面强调的是民众对政府的信任，如奥斯本和盖布勒所言，一个政府与其公民的关系愈密切，公民也就愈信任政府。关系愈密切，政府官员就可能更负责任并更有可能逐项提出解决问题的方法，而不是炮制一张包治百病的药方。[6] 威尔逊也指出，行政管理组织者的职责在于使行政管理与职责明确的责任相匹配，而这种职责明晰的责任能保证人们获得信任感。[7]

---

[1] [法] 爱弥尔·涂尔干：《乱伦禁忌及其起源》，第 144、147 页。
[2] [美] 悉尼·胡克：《理性、社会神话和民主》，第 255 页。
[3] [英] 威廉·葛德文：《政治正义论》，第 156 页。
[4] [美] 詹姆斯·马奇、[挪威] 约翰·P. 奥尔森：《重新发现制度：政治的组织基础》，第 31—33 页。
[5] [美] 盖伊·彼得斯：《官僚政治》，第 63 页。
[6] [美] 戴维·奥斯本、特德·盖布勒：《改革政府：企业家精神如何改革着公共部门》，第 207 页。
[7] [美] 威尔逊：《行政之研究》，第 236 页。

第三种是民众对政策的信任关系。弗林指出，开支计划、竞争机制、顾客导向、绩效管理、人事管理以及组织结构等方面的安排，都是采取一种基于低度信任和高度控制的方法。高度信任和通过共享的价值观进行管理以及由此形成的高度自决权，还不常见。如果在公共管理中，能够多一份尊重和合作，少一份不信任和顾虑，那么公共服务机构将会为经济的健康发展和社会生活水平的提高作出更有价值的贡献。① 古特曼和汤普森也指出，公民对民主决策中实施的商议程度越高，他们对自己所制定的民主政策也越信任。②

第四种是政策参与者之间的信任关系。米勒指出，为了协商民主良好运行，人们必须实行一种民主自制：他们必须认识到达成的决定应当是真正的民主的决定，而不是他们自己支持的决定。这反过来要依靠协商团体内存在的信任水平：人们将会以一种民主精神行事，如果他们相信其他人也可以做到的话。讨论本身就是参与者之间建立信任的一个好方式。③

第五种是政策与信任网络之间的关系。蒂利认为，民主化需要信任作出两个方面的转变。一方面，在政治舞台上，公民充分信任政府的协商和保护机构能够弥补个体的短期劣势，而不至于立即转向非政府的手段。另一方面，公民在从事有风险的长期事业时心存一个假定，即政府能够持续实现并最终兑现它的承诺。原本罕见的信任转变一旦发生，则信任网络将通过以下三种中的任何一种途径，实现它与公共政治的结合：一是原先与公共政策相隔绝的、曾经发挥作用的信任网络瓦解了；二是政府机构与公民之间有拘束力的、直接委托机制形成了；三是在主要的政治角色与公民成员或委托人之间形成了类似的委托机制。把信任网络融入公共政治有三个重要过程：解散相互隔离的信任网络、整合以前的信任网络以及创造新的信任网络。④

第六种是团结和积极信任的关系。吉登斯指出，在一个解传统化的社会中，增强团结依靠的是积极信任，以及复兴个人和社会对他人的责任感。积极信任意味着能动性政治的理念，它通过为更广的社会中的个人和

---

① ［英］诺曼·弗林：《公共部门管理》，第254页。
② ［美］阿米·古特曼、丹尼斯·汤普森：《民主与分歧》，第248页。
③ ［美］戴维·米勒：《协商民主和社会选择》，载《协商民主论争》，第195—213页。
④ ［美］查尔斯·蒂利：《社会运动，1768—2004年》，第179—180页；《民主》，第93—94页。

团体所作的生活和政治决定提供物质条件和组织框架来发挥作用,这样一种政治依靠的是在政府机构和相关的代理机构中建立积极的信任。积极信任意味着多种情况:(1)培育能够实现预想结果的条件——把想要的东西作为黑箱暂时放起来,"上级"不去确定哪些是想要的东西,或不去实现那些结果;(2)在政府机构本身或在相关的机构中,创造建立和保持积极信任的环境;(3)给那些受到特定纲领或政策影响的人以自主权——实际上是多方面地发展这种自主权;(4)创造提高自主权的资源,包括物质财富;(5)政治权力的分权,分权和政治集中之间并非零和博弈,分权时能提高中心的权威;(6)动员和维持积极信任的个人关系是通过讨论和观点的交换,而不是某种武断的权力来实现和发展的。[1]

3. 教育

"教育"是提升公民政策参与水平的重要手段,西方学者重点强调的是以下几个方面的教育。

一是公益精神教育。密尔(又译穆勒)指出,应克服缺乏教育和缺乏公共事务讨论、参与带来的政治冷漠。大家商量和处理集体事务,可以很好地培养公益精神,有效地产生处理公众事务的智慧。[2] 科恩也指出,民主的参与,尤其是积极地参与,而且社会不大时,可以作为培养公益精神的学校,提高公民公共与私人两种生活的道德水平。[3]

二是判断力教育。巴伯认为,参与的首要功能是进行判断力的教育,公民是学会怎样作出各种公共判断并且能够运用各种术语来评价各种善的个体。[4]

三是心理和技能教育。佩特曼指出,参与民主理论中参与的主要功能是教育功能,最广义的教育功能,包括心理方面和民主技能、程序的获得。个人的参与越是深入,他们就越具有参与能力。[5]

四是知识和能力教育。克里斯·文蒂斯指出,公共学习包括通过促进公众与官员之间政治上的教育互动增加公众的能力和知识。如果公共学习

---

[1] [英]安东尼·吉登斯:《超越左与右——激进政治的未来》,第 12—19、94—97、256 页。
[2] [英]约翰·穆勒:《政治经济学原理》,下卷,第 538—539 页。
[3] [美]卡尔·科恩:《论民主》,第 240、244 页。
[4] [美]本杰明·巴伯:《强势民主》,第 187 页。
[5] [美]卡罗尔·佩特曼:《参与和民主理论》,第 39—40 页。

的需要被严肃地对待，那么为公共对话和辩论所设计的一种新的公共语言就显得异常重要。①

五是政策教育。霍尔巴赫指出，健全合理的政策负有教育人民的使命，它应该指导人民，培养人民的理智和热情，使他们公正无私、讲人道，把他们培养成为社会人。错误的政策或者忽视教育公民，或者坚决反对教育。② 加尔布雷斯也指出，政府所面对的问题的复杂性和多样性都在增加，很可能是以几何级数而非算术级数增加，因而需要受过教育的公民群体通晓这些事务和决定，或者是有一个在国家或其行政系统中大体能够代表他们总体的代表群体，否则人们将会听任于无知和错误的声调，而这些正是社会和政治结构本身的破坏因素。教育不仅使得民主成为可能，并且使得它成为必需。③

六是公民教育。达尔指出，公民教育需要的不仅是正规的学校，还要有公共的讨论、协商、辩论、争鸣，需要能够方便地获得可靠的信息，以及一个自由社会拥有的其他制度。④

七是机会均等和平等教育。沃尔泽指出，民主教育是从简单平等开始的，但这种简单性很快就消失了——因为没有一种教育制度能够做到一视同仁——不过它确定了民主国家的学校政策。学生的简单平等与公民的简单平等相关：在教育体系中，一人/一票，一个孩子/一个位子。我们可以把教育平等当作一种福利供给的形式，其中，所有孩子都被当作未来的公民，同样需要学习知识；其中，如果教以同样的东西，成员资格的理想就得到了最好的实现。⑤

4. 均衡

"均衡"强调的是对公民政策参与的"度"的把握问题，从西方学者的论点看，需要重点考虑的是四种尺度。

第一种是参与多少的尺度。这样的尺度既要求避免参与不足现象，也要求避免过度或过分参与现象。如李普塞特所言，政治参与问题也可以从

---

① [美]克里斯·文蒂斯：《朝向公共行政的公共哲学：公众的公民视角》，载《公共行政学中的伦理话语》，第27—40页。
② [法]霍尔巴赫：《自然政治论》，第133—134、243页。
③ [美]约翰·肯尼迪·加尔布雷斯：《美好社会——人类议程》，第59—61页。
④ [美]罗伯特·达尔：《论民主》，第86页。
⑤ [美]迈克尔·沃尔泽：《正义诸领域：为多元主义与平等一辩》，第268—269页。

不同角度看，这取决于你是关心分歧，还是关心共识。相信高度参与永远有利于民主的观点是没有根据的。民主制理论的一个主要问题是：在什么条件下社会可以有维护民主制的"充分的"参与，而不引入削弱社会凝聚力的分歧根源。① 托马斯也认为，在太多的公民参与和太少的公民参与之间找到一个适宜点，体现了公民参与面对的最大挑战。②

第二种是成功与失败的尺度，"均衡"要求对参与成功与参与失败有一定的预期。如托马斯所言，新公民参与运动对公共管理者工作的有效性提出了有力的挑战。当公民参与成功时，它能够给公共管理带来一些实质性的益处，如更加有效的公共政策，感到满意的和支持政策的公民，最为重要的是，它更加强有力地促进了民主。但是，当公民参与并不成功，甚至遭遇失败的时候，而且它也经常失败，随之而来的便是社会不满意，甚至是躁动不安、难以控制的民众，无效的政策，以及遭到削弱的民主参与基础。管理者如果忽视了公众的影响力需要，特别是当他们过分重视参与，而不太看重决策影响力的分享时，公众参与过程就会面临失败的危险。③

第三种是适当的期望值。杰拉尔德·米勒和林恩·埃弗斯指出，在政治领域，公民可能会对政府的应然作为或自身的政策参与活动有过分的期望，这种不切实际的理想显然构成了对政府预算的挑战。④

第四种是适度改革的尺度。约翰斯顿指出，在制度化完善的体系里，国家、政治组织和公民社会既要缓和政治要求又要有助于表达心声，通过制定正确的政策以提高政府应对能力。因此需要强调加强参与和各项制度并且取得新的平衡，强调选择适合特定社会的对策并且遵循适当原则贯彻这些对策，还强调要避免弊多益少的改革。⑤

5. 积极

"参与社会"需要"积极"的要素，西方学者重点关注的是"积极"的以下要求。

---

① ［美］李普塞特：《政治人：政治的社会基础》，第11页。
② ［美］约翰·克莱顿·托马斯：《公共决策中的公民参与》，第2页。
③ 同上书，第2、8、24—27页。
④ 杰拉尔德·米勒、林恩·埃弗斯：《预算结构与公民参与》，载《公民参与》，第158—185页。
⑤ ［美］迈克尔·约翰斯顿：《腐败征候群：财富、权力与民主》，第207页。

一是经常性的积极参与行为。杰斐逊指出,每个人都应参与领导他的共和政体,或领导大一些的共和政体,感到自己在参与管理国家大事,不仅仅是在每年一次的选举中参与,而是天天都参与。① 阿伦特也指出,当考虑共和国公民的安全时,问题就是如何使每个人都感到他是政府事务的参与者,不仅仅是选举年的选举日,而且天天如是。②

二是积极的享受参与。罗尔斯指出,进行商讨和把每个人的信仰和利益都考虑进来的公共意愿,奠定了公民友谊的基础,形成了政治文化的精髓。由于社会期待他去投票,社会也就期待他有各种政治观点,这种活动本身是一种积极的享受活动。③

三是积极的参与身份。加塞特指出,国家的本质是一个群体为了实现某种共同的事业而向另一些群体发出的邀请。每一个人都感到自己是国家的积极公民,既是一个参与者,也是一个合作者。"国家"意味着公共权力与其所统治的集合体之间的"实质性联合"④。

四是积极的态度。斯廷博根指出,参与的概念可能有助于我们阐述公民的新态度。参与指的是"作为一部分"以及积极并充分负责。⑤ 英格尔哈特则认为,当人们感觉到在民主制度下自己的生活在整体上过得很幸福时,随之产生的就是对这一制度的较深层的、弥散化的以及长久的支持基础。高水平的生活满意度、政治满意度、人际信任度、议政率和对现有社会秩序的维护,往往都是联系在一起的——它们构成了对所有世界之积极态度的征候群。⑥

五是积极的参与目的。托马斯指出,对于公民而言,公民参与的优势包括保证公共服务更适合他们的需求,促进一个更开放、更具有回应性的公共官员体系形成,以及建立对政府和公民自身更加积极和正面的认识和情感。⑦

六是政策的积极塑造者。唐斯指出,形成观点的决策则意在影响政府

---

① [美] 托马斯·杰斐逊:《杰斐逊选集》,第651—652页。
② [美] 汉娜·阿伦特:《论革命》,第237页。
③ [美] 罗尔斯:《正义论》,第231—232页。
④ [西班牙] 奥尔特加·加塞特:《大众的反叛》,第168页。
⑤ [英] 巴特·斯廷博根:《公民身份的状况》载《公民身份的条件》,第1—11页。
⑥ [美] 罗纳德·英格尔哈特:《现代化与后现代化——43个国家的文化、经济与政治变迁》,第201页。
⑦ [美] 约翰·克莱顿·托马斯:《公共决策中的公民参与》,第22页。

在任期内的政策,它不是对政府决策的被动反应,而是它们的积极塑造者。①

七是积极的作用。福克斯指出,公民积极参与的好处数不胜数,可以增强自信心、强化公民的权利感以及决策的合法性。今日的技术进步为全面实现参与式民主提供了机遇。一方面公民投身(广义上的)政治的意愿更加强烈;另一方面,参与行为反过来又对公民的参与能力起着越来越积极的作用。只有通过这样的参与,公民的权利和责任才能达成一致。②

6. 有效

"参与社会"应该认真关注政策参与所起的真实作用,西方学者重点强调的是三个方面的有效性。

第一个方面是政策参与过程的有效性。这样的有效性,应包括以下四点基本要求。(1)真实而不是形式的参与,如埃尔斯特所言,民主就是公民对领袖或政策的一种有效的、正式的控制。"有效的"是指拒绝那种例行公事式的参与形式。"正式的"是指拒绝将叛乱作为一种控制手段。③(2)全过程的政策参与而不是只参与决策,托马斯的相关论点已见前述。(3)有效的参与机会,如富里迪所言,真正的民主并非民众获得肯定的礼物作为赏赐,那是一种政治生活的方式,它为人们提供机会,让其参与和影响那些会影响到其生活的决定。④(4)有效的参与模式,如马奇所言,参与模式影响到决策效率、决策结果和决策的可接受程度。在参与决策方面,三个主观因素颇具吸引力:一是特色,决策对偏好或身份来说很重要;二是效能,参与对结果有影响;三是效率,没有更好的方案能够满足偏好或实现身份。当前的参与对以后的参与有两点重要影响:一点是参与很可能令人失望;另一点是参与会产生大量正面的副结果。参与也会影响对决策过程和结果的满意度。⑤

第二个方面是控制或影响政策结果的有效性,西方学者强调的是四

---

① [美]唐斯:《民主的经济理论》,第217页。
② [英]基思·福克斯:《政治社会学》,第133、135页。
③ [美]约·埃尔斯特:《市场与论坛:政治理论的三种形态》,载《协商民主:论理性与政治》,第3—26页。
④ [英]弗兰克·富里迪:《恐惧的政治》,第108页。
⑤ [美]詹姆斯·马奇:《决策是如何产生的》,第119—121页。

点要求。(1)有效控制政策。奥斯本和盖布勒指出,美国人确实渴望的是对直接影响他们生活的事物有更多的控制,正是在这些领域里美国政府内的参与式民主真正可以实现。①(2)有效影响政策结果。戴蒙德指出,如果人们愿意参与,他们需要具有某些信息和知识,并且具有某种程度的信心认为自己的个别参与会产生影响,就是说参与是"有效的"②。贝淡宁也指出,如果想让"最低限度的民主"——指的是人们在日常生活中很少参与公共事务——可行的话,就必须要让社会中所有的群体都关心政策的后果。③(3)有效贴近政策议题。勒妮·欧文和约翰·斯坦斯伯里指出,政府应该搞清楚两个问题:一是公民是否真正乐意参与公共政策,资源是否应直接投向政策执行过程而不是公民参与的决策阶段;二是公民参与活动是否会为经济团体提供更多的机会控制公共决策。④谢里尔·西姆瑞尔·金等人则指出,真正的参与将公民置于紧贴议题的位置,行政系统和过程则位于相对远处。⑤(4)有效的政策执行。珍妮特·登哈特和罗伯特·登哈特指出,满足公共需要的政策和项目可以通过集体努力和合作过程得到最有效并且最负责的实施。人们必须逐渐认识到,无论是在政策形成的过程中,还是在政策执行的过程中,政府都是开放的并且是可以接近的。执行政策的唯一办法就是为修改自利个体的选择而进行激励或抑制。⑥

第三个方面是政策评价的有效性。阿普特指出,我们需要将政府作出的决策作为样本。这些决策也许出现于公共演讲、宣言或其他的政府文件,或者出现于发展计划中。我们需要评估成本,即实现目标的支出。我们需要评估决策者为了维护政治体系所获得的关于决策结果的信息——不是技术信息,而是关于忠诚和支持的情况,最难获得的是关于决策对民众

---

① [美]戴维·奥斯本、特德·盖布勒:《改革政府:企业家精神如何改革着公共部门》,序,第13页。
② [美]拉里·戴蒙德:《民主的精神》,第172页。
③ [加]贝淡宁:《超越自由民主》,第15页。
④ [美]勒妮·欧文、约翰·斯坦斯伯里:《公民参与决策:劳有所获吗》,载《公民参与》,第12—31页。
⑤ [美]谢里尔·西姆瑞尔·金、凯瑟琳·费尔蒂、布丽奇特·奥尼尔·苏赛尔:《参与问题:通向公共行政中真正的公民参与》,载《公民参与》,第49—68页。
⑥ [美]珍妮特·V.登哈特、罗伯特·B.登哈特:《新公共服务:服务,而不是掌舵》,第75、83—85页。

期望产生的影响和关于民众满足的信息。①

7. 转变

"转变"强调的是"参与社会"可能需要面对不同的变化或转变,及时进行调整。西方学者重点关注的,主要是三种转变。

第一种是参与形式的转变。甘布尔指出,把 20 世纪上半叶确立起来的某些参与形式视为理所当然,并想象为某种标准的代表,据此对当今的情形做出判断,这其实是一个错误。参与形式改变了,何者为公及其怎样实现也都发生了变化。如今,明显存在着威胁到公和公共空间观念的趋势,但我们也要认识到新的参与形式和新的公共议程出现的方式。与信息革命密切相关的新技术正在开创公民未来参与的新途径,这种新途径将适应正在崛起的新型社会和社会交往。② 特纳也指出,由于全球电子通讯体系的出现,在现代社会,一致参与的大民主政治传统已经发生了变革。鉴于空间的限制是民主对话的传统限制,新的电子技术可以原则上克服这种空间的限制。③ 吉登斯则强调,我们有理由期望民主参与的新形式崭露头角,例如,促进在车间、地方性协会、媒介组织以及各种类型的跨国组织中的民主参与程度。④

第二种是参与时代的转变。英格尔哈特指出,参与源自两个根本不同的进程:一个是政治参与的旧模式,另一个是新模式。传统官僚组织的成员身份似乎主要鼓励的是"精英主导型"参与方式,它们带来的是较低层次的政治参与,一般就是简单的投票行为。因此,与其说它反映的是公众偏好对精英的影响,不如说反映的是精英对公众的成功控制。"引导精英型"参与源于那些在现存机制(不包括那些为处理具体问题而临时设置的机构)中没有特别作用的普通公民。议政率的上升、非传统政治参与形式的增加和新社会运动的兴起都是引导型政治参与兴起的表现。在表达个体偏好上,新的"引导精英型"参与模式要比旧模式更加精确和详细。它以议题为导向,并且立足于临时性团体,而非现有的官僚组织。它旨在造成特定政策的变化,而不是简单地支持既定团体的代表。这种新参

---

① [美] 戴维·阿普特:《现代化的政治》,第 282—283 页。
② [英] 安德鲁·甘布尔:《政治和命运》,第 93—94 页。
③ [英] 布赖恩·特纳:《文化公民身份的理论概要》,载《文化与公民身份》,第 15—45 页。
④ [英] 安东尼·吉登斯:《现代性的后果》,第 146—147 页。

与模式要求有较高的政治技能水平。① 福克斯也指出，自由民主国家的政治参与正处在转型期，选民受教育的程度更高，掌握的信息更多，他们对于精英的能力如何以及现有政治机构能否满足自己的期望的怀疑也逐渐加深。传统政治参与形式越来越得不到人们的信任就证明了这一点。公民正在日益抛弃公民社会和国家内部的精英主义治理形式。②

第三种是政策取向的转变。甘布尔指出，治理使我们重新注意社会得以管理的复杂模式，以及已建立起来的社会互动的稳定模式。尤其是它对所有的、非国家的网络和市场的关注，这些网络和市场联系着个体，而无须政府或是公司的官僚机构的调解。多层次的复杂治理模式显而易见，但并不意味着政府工作必然削减。这种向调节型国家而非向干预式国家的转变并不预示着政府的终结，它甚至可能意味着"政府"的增加，只是这种政府并非一定是国家层面上的政府。③ 林德布洛姆和伍德豪斯则认为，民主的统治是将小派系或寡头集体统治的体系，转变为较复杂、难以理解、难以经由人为的设计活动来决定可预测的产出以及难以有效参与的多元政策制定过程。④ 珍妮特·登哈特和罗伯特·登哈特也指出，政府从控制者的角色转变为议程创立者的角色。当我们目睹政策责任在社会中的分裂时，我们也必须认识到传统的政府控制机制已经不再切实可行了。⑤

（三）注重参与的政策民主

我们之所以用较多篇幅说明政策参与问题，要表达的就是"政策民主"理论对参与的高度重视，强调该理论有十一个基本论点。

第一个论点是政策民主并不依赖于单一参与形式，而是要求多种参与形式的结合。因此，不仅要注意本章重点论述的选举式、表决式、表达式、组织式、行动式五类政策参与形式，还要注意各类形式下的具体参与方式。

---

① ［美］罗纳德·英格尔哈特：《发达工业社会的文化转型》，第 2—3、340—345、374—375 页。

② ［英］基思·福克斯：《政治社会学》，第 128—129、182 页。

③ ［英］安德鲁·甘布尔：《政治和命运》，第 86—88 页。

④ ［美］林德布洛姆、伍德豪斯：《最新政策制定过程》，第 63 页。

⑤ ［美］珍妮特·V. 登哈特、罗伯特·B. 登哈特：《新公共服务：服务，而不是掌舵》，第 61—62 页。

第二个论点是选举式参与无疑是重要的政策参与形式,但马克思主义经典作家和多数西方学者并不认同"选票决定政策"或"选举决定政策"的论点,而是强调选民在选举中的各种行为,可能对政策有轻微的或间接的影响。如果说"选民投票＝政策参与行为"在一定程度上可以成立,也只是强调选民可以影响政策,而不能决定政策。

第三个论点是对于表决式的政策参与形式尽管有一些正面的描述,但是马克思主义经典作家和西方学者表述更多的是质疑甚至否定的看法,尤其是指出了对于政策具有决定性意义的公民表决或者公民投票,具有欺骗性、操纵性、独裁性、误导性、有限参与性、不可行性、局限性、非妥协性、简单性等特征。这就提醒我们,表决式的政策参与,应该不是具有代表性或普适性的政策参与形式。换言之,以直接民主的方式决定国家层级的重要政策,只适应于小国寡民的形态,其他形态的国家未必能够有效地采用这样的形式。

第四个论点是表达式参与既要求具体政策意见的表达,也要求价值观、政治观点、利益、差异和期望的表达,因为这些表达可以产生政策优化作用、政策取向作用、政策理解作用、政策期望作用、政策安抚作用和政策泄愤作用。表达可以有不同的方式或途径,为使这些方式或途径真正发挥作用,不仅要注意这些参与方式的基本特征,还要注意特定参与方式的基本要求和标准,并认识到有的参与方式(如"听证")可能既有正面影响,也有一定的负面影响。

第五个论点是组织式参与有两种不同的取向,马克思主义经典作家强调的是"组织群众",西方学者强调的是"组织公民"。尽管取向不同,但要依托各种社会组织、社会团体和基层组织来进行政策参与,可以采用一些相同的做法。尤其需要注意的是,组织式参与作为一种"集体性"参与行为,不仅仅针对组织、自治体或者社区内部的政策,还大量涉及国家或地方性的政策问题,因此不能低估或忽视此类参与方式的作用。

第六个论点是尽管对行动式的政策参与形式有一些质疑的论点,但更多西方学者持的是肯定态度,强调不同的行动方式可以发挥不同的政策功能。决策者可能不喜欢"行动",或者对"行动"有不少疑虑,但无可否认的是,"行动"确实可能发生,并且会对政策带来一定的影响,因此全面理解"行动"显然是必要的。

第七个论点是以投票与否作为划分标准,可以区分出两组政策参与形式。第一组是"投票的"参与形式,包括选举式参与和表决式参与两类形式。第二组是"非投票的"参与形式,包括表达式参与、组织式参与、行动式参与三类形式(在这三类参与形式下,可能也有需要投票的场合,但主要形态是不依赖投票的)。公民的政策参与,最终是否一定需要"票决",既是理论上存在争议的问题,也是实践中需要解决的问题。马克思主义经典作家和多数西方学者并没有完全反对针对政策的"票决",但也明确指出了绝大多数政策问题并不适合"票决"。因此,在"非投票的"参与形式能够发生作用的政策问题上,应该尽量避免采用"投票的"参与形式,可能是多数人认可的做法。

第八个论点是按照不同参与形式对政策所起的作用,也可以区分出两组不同的政策参与形式。第一组是"决定性"的政策参与形式,强调参与必须作出决定,只包括表决式参与一类形式。第二组是"影响性"的政策参与形式,强调参与只是对政策有一定的影响,而不具有决定的功能,这一组参与形式应包括选举式参与、表达式参与、组织式参与、行动式参与四类参与形式。政策民主既认同"决定性"的参与,也认同"影响性"的参与,但需要强调的是"决定性"的政策参与形式只能在小范围决策中使用,不适用于大的共同体中的决策。这就提醒我们,在公民的政策参与中,更多使用的应是各种"影响性"的政策参与形式,而不是"决定性"的政策参与形式。

第九个论点是不同类型的政策参与形式,对政策的影响力不同。一般意义上讲,由于表决式参与对政策具有"决定性"的作用,因此这类参与形式对政策的影响力是最强的。选举式参与以选出决策者为主要目标,行动式参与可能对决策者造成较大压力甚至挑战决策者的权威,这两类参与形式都对政策有较强的影响力,但毕竟不带来直接的、决定性影响,因此可以视为"中"影响程度的参与形式。表达式参与和组织式参与主要是政策意见层面的沟通和交流,尽管有的具体方式带有一定的"激烈"色彩,但最多是改变政策,甚至只是改变政策执行中的一些具体做法,既不会颠覆政策机构,也较少颠覆决策者,因此这两类参与形式对政策的影响力偏弱,主要的影响表现为建设性、建议性、接受性方面,而不是否定性方面。

第十个论点是尽管有不同类别的政策参与方式,也还会出现"参与不足"等问题,由此需要注意西方学者对"参与社会"提出的包容、信任、教育、均衡、积极、有效、转变七方面的要求。

　　第十一个论点是重视表达和参与的政策民主，既然可以容纳五类政策参与形式，也就可以"包容"不同参与形式所代表或体现的民主取向或民主形态。我们不仅要认同政策参与的多元途径，也要对这些途径后面的民主诉求有清楚的认知。

第九章　法治化的政策民主

民主与法治的关系，反映到政策层面，体现的应当是政策民主的法治化要求，并且绝不是仅仅涉及"依法决策"的问题，还涉及宪政原则等重大问题。

一　政策民主的宪法保证

政策与法律尤其是政策与宪法、宪政的关系，是法治的基础性问题，需要综合马克思主义经典作家与西方学者的论点作必要的说明。

（一）法律对政策的基础性作用

马克思主义经典作家对法律提出了一些基本的看法，从这些看法中，可以看到马克思主义经典作家强调的是法律对政策的基础性作用。

第一，法律是人民的自我规定。马克思指出："在民主制中，不是人为法律而存在，而是法律为人而存在；在这里人的存在就是法律，而在国家制度的其他形式中，人却是法律规定的存在。民主制的基本特点就是这样。""在民主制中，国家制度、法律、国家本身只是人民的自我规定和特定内容，因为国家就是一种政治制度。""民主因素应当成为在整个国家机体中创立自己的合理形式的现实因素。"①

第二，法律建立在一定的经济基础之上。恩格斯指出："一切政府，甚至最专制的政府，归根到底都只不过是本国状况所产生的经济必然性的执行者。它们可以通过各种方式——好的、坏的或不好不坏的——来

---

① 马克思：《黑格尔法哲学批判》，《马克思恩格斯全集》，第1卷，第281—282、389—390页。

执行；它们可以加速或延缓经济发展及其政治和法律的结果，可是最终它们还是要遵循这种发展。"① "在现代国家中，法不仅必须适应于总的经济状况，不仅必须是它的表现，而且还必须是不因内在矛盾而自己推翻自己的内部和谐一致的表现。而为了达到这一点，经济关系的忠实反映便日益受到破坏。……'法发展'的进程大部分只在于首先设法消除那些由于将经济关系直接翻译为法律原则而产生的矛盾，建立和谐的法体系，然后是经济进一步发展的影响和强制力又经常摧毁这个体系，并使它陷入新的矛盾。"② "经济状况是基础，但是对历史斗争的进程发生影响并且在许多情况下主要是决定这一斗争的形式的，还有上层建筑的各种因素：阶级斗争的各种政治形式和这个斗争的成果——由胜利了的阶级在获胜以后建立的宪法等等，各种法权形式以及所有这些实际斗争在参加者头脑中的反映，政治的、法律的和哲学的理论，宗教的观点以及它们向教义体系的进一步发展。这里表现出这一切因素的交互作用，而在这种交互作用中归根到底是经济运动作为必然的东西通过无穷无尽的偶然事件向前发展。"③

第三，法律不依个人意志转移。马克思和恩格斯指出："那些决不依个人'意志'为转移的个人的物质生活，即他们相互制约的生产方式和交往形式，是国家的现实基础，而且在一切还必需有分工和私有制的阶段上，都是完全不依个人意志为转移的。这些现实的关系决不是国家政权创造出来的，相反地，它们本身就是创造国家政权的力量。在这种关系中占统治地位的个人除了必须以国家的形式组织自己的力量外，他们还必须给予他们自己的由这些特定关系所决定的意志以国家意志即法律的一般表现形式。这种表现形式的内容总是决定于这个阶级的关系，这是由例如私法和刑法非常清楚地证明了的。这些个人通过法律形式来实现自己的意志，同时使其不受他们之中任何一个单个人的任性所左右，这一点之不取决于他们的意志，如同他们的体重不取决于他们的唯心主义的意志或任性一

---

① 《恩格斯致尼·弗·丹尼尔逊（1892年6月18日）》，《马克思恩格斯全集》，第38卷，第364—365页。
② 《恩格斯致康·施米特（1890年10月27日）》，《马克思恩格斯全集》，第37卷，第488页。
③ 恩格斯：《致约·布洛赫（1890年9月21日）》，《马克思恩格斯全集》，第37卷，第460—461页。

样。他们的个人统治必须同时是一个一般的统治。他们个人的权力的基础就是他们的生活条件，这些条件是作为对许多个人共同的条件而发展起来的，为了维护这些条件，他们作为统治者，与其他的个人相对立，而同时却主张这些条件对所有的人都有效。由他们的共同利益所决定的这种意志的表现，就是法律。……对被统治的阶级来说也是如此，法律和国家是否存在，这也不是他们的意志所能决定的。"①

第四，法律体现统治阶级的意志。恩格斯指出："只要国政和立法一转到资产阶级的控制之下，官僚就不再是一支独立的力量；也正是从这时候起，迫害资产阶级的人变成了它的恭顺的仆从。过去那些专门为了便于官吏对付工业资产者的规章和诏令退位了，新制定的规章是便于工业家对付官吏的。""使关税体系和官僚机构服从工业资产阶级的利益——这就是资产阶级所最迫切希望实现的两项措施。可是它的需要远远不止于此。它要根本改变差不多德国所有各邦政府的整个立法、行政和司法制度，因为这一整套制度纯粹是用来维护和支持资产阶级一向力图加以摧毁的社会制度的。"②"资产阶级和财产统治着一切；穷人是无权的，他们备受压迫和凌辱，宪法不承认他们，法律压制他们。"③

第五，以无产阶级法律代替资产阶级法律。恩格斯指出："对资产者说来，法律当然是神圣的，因为法律本来就是资产者创造的，是经过他的同意并且是为了他和他的利益而颁布的。……工人有足够的体验知道得十分清楚，法律对他说来是资产阶级给他准备的鞭子。……因为工人并不尊重法律，而只是在无力改变它的时候才屈服于它，所以，他们至少也要提出修改法律的建议，他们力求以无产阶级的法律来代替资产阶级的法律，这是再自然不过的事情。"④ 列宁也指出："推翻专制制度究竟是什么意思呢？这就是说，要沙皇放弃无限权力，人民有权选举自己的代表来颁布法律，监督官吏的行为，监督国家资财的收支。这种由人民参与立法和管理的管理形式叫作立宪管理形式（宪法是人民代表参与立法和管理国家的法律）。"⑤

---

① 马克思、恩格斯：《德意志意识形态》，《马克思恩格斯全集》，第3卷，第377—378页。
② 恩格斯：《德国的制宪问题》，《马克思恩格斯全集》，第4卷，第62—63页。
③ 恩格斯：《英国状况：英国宪法》，《马克思恩格斯全集》，第1卷，第705页。
④ 恩格斯：《英国工人阶级现状》，《马克思恩格斯全集》，第2卷，第515—516页。
⑤ 列宁：《俄国社会民主党中的倒退倾向》，《列宁全集》，第4卷，第119—120页。

之所以强调法律对政策的基础性作用，是因为法律具有的人民性（法律是人民的自我规定）、规律性（法律建立在一定的经济基础之上并且不依个人意志转移）和阶级性（法律体现统治阶级意志）等特征，对政策起着重要的限定性作用，并为政策选择提供了基本的准则。

（二）政策对法律的依赖性

如果使用狭义的政策概念，即不将立法视为决策，可以列出西方学者所强调的政策对法律的以下依赖关系。

一是法律是规范政策的准绳。洛克指出，如果以公众的集体力量给予一个人或少数人，并迫使人们服从这些人根据心血来潮或直到那时还无人知晓、毫无拘束的意志而发布的苛刻和放肆的命令，而同时又没有可以作为他们行动的准绳和根据的任何规定，那么人类就处在比自然状态还要坏的状况中，因为政府所有的一切权力，既然只是为社会谋幸福，因而不应该是专断的和凭一时高兴的，而是应该根据既定的和公布的法律来行使。①

二是法律限制决策者的范围和活动。马布利指出，如果我们想使执政者公正，就应当使国家的需求不多；而为了使执政者更习惯于公正，就应当使法律不给予执政者以可以比其他公民有更多需要的条件。活动受到限制的政府，在国家的需要有节制的条件下，不可能使财政发生混乱。凡是用来增加国家或其执政者的需要的东西，按它们的本质来说，都是罪恶的东西；相反地，能够减少需要的一切法律，都是济世救民和英明的法律。②豪利特和拉米什也指出，一个政策子系统的成员是由宪法和法律的条文，以及所涉及参与者的权力和知识资源所决定的。③

三是法律支持和规范行政部门的政策行为。美国联邦党人指出，使行政部门能够强有力的四个因素是统一、稳定、充分的法律支持、足够的权力。④豪利特和拉米什也指出，民主、自由社会中官方机构做事往往以缺乏灵活性为特征，他们注重法律规则的价值，信守正规的操

---

① [英] 洛克：《政府论》，下篇，第 10、86 页。
② 《马布利选集》，第 61—62 页。
③ [加] 迈克尔·豪利特、[澳] M. 拉米什：《公共政策研究：政策循环与政策子系统》，第 126 页。
④ [美] 汉密尔顿、杰伊、麦迪逊：《联邦党人文集》，第 356 页。

作程序。① 杜鲁门则认为，法律法规可以进行引导，但不能确切规定所有或大部分行政官员的日常决定。这种自主决策的影响可能是很宽泛的。在授权法律的宽泛条件下，行政部门的官员正式承担了对政府所涉及领域的大量事务做出重要政策选择的职能。② 彼得斯也认为，官僚机关可以通过其对政府议事日程的影响获得某些权力，尤其是通过颁布第二法律（行政法规）对政策议程的某一方面实施实质性的控制。被迫遵守通行的政策信条实际上就是试图使公务员制度和政策制定政治化。③

四是政策是法律意图的表述。阿尔蒙德等人指出，公共政策是经政府行政部门和议会批准实施的法律意图的表述。它们为实现这些目标而分配资源和确定责任。④

五是具体决策需要依据专门的法律。哈耶克指出，除了某些极少的境况（如制宪会议）以外，民主式的讨论及多数决策的程序，必定只涉及整个法律及政府体系的某个部分，这一程序所引发的渐进且部分的变革，只有在它受到某种关于可欲的社会秩序的一般性观念的指导时，才会产生可欲的、切实可行的结果。⑤

六是法律对政策强制行为的限制。哈耶克指出，没收和强制购买是政府为了履行某些职能必须拥有的一项权力，但必须做到下述三点：（1）这种权力的使用被严格限定在那些能够由一般性法律规则予以界定的场合；（2）法律必须对全值赔偿的问题作出明确的规定；（3）行政当局所作的决策必须受制于独立法院的审查。⑥

七是以司法程序判定政策是否合法。戴伊指出，在美国，公共政策如果不经过司法程序的挑战和检验，那么它们就不会取得完全的合法地位。通过宣布其他政府决策制定者的行动是否符合美国的宪法和法律，法院不仅发挥了使其他政府决策制定者的行动合法化的功能，而且它们本身还致力于政策的决策。⑦

---

① ［加］迈克尔·豪利特、［澳］M. 拉米什：《公共政策研究：政策循环与政策子系统》，第 157 页。
② ［美］戴维·杜鲁门：《政治过程——政治利益与公共舆论》，第 431、463 页。
③ ［美］盖伊·彼得斯：《政府未来的治理模式》，第 33 页。
④ ［美］阿尔蒙德等：《当代比较政治学：世界视野》，第 115 页。
⑤ ［英］哈耶克：《自由秩序原理》，上册，第 139 页。
⑥ ［英］哈耶克：《法律、立法与自由》，第 2、3 卷，第 360 页。
⑦ ［美］托马斯·R. 戴伊：《自上而下的政策制定》，第 173—175 页。

八是以法律为基础的制度化政策选择。波普尔以国家推行经济干预的两种方法为例,对制度化的政策选择作了说明。第一种方法是设计一种保护制度"法律框架",可以称为"制度化的"或"间接的"干预;第二种方法是授权给国家机构,让它们(在一定限度内)视统治者所承担的目标必须随时采取行动,可以称为"个人的"或"直接的"干预。从民主控制的观点看,只要可能的话,明显的政策必然是使用第一种方法,并把第二种方法限制在第一种方法不适应的情形中(如财政预算)。①

在马克思主义经典作家看来,法律对政策的制约作用,主要体现在两个方面。

第一个方面是以颁布法律或法令的形式来作出政策性的规定,体现了法律内容与政策内容的"合一性"。如列宁所言:"在纯粹社会方面,(巴黎)公社来得及做的事情不多,但这些不多的事情毕竟足以清楚地揭示公社这样一个人民的、工人的政府的性质:禁止面包坊做夜工;废除了罚款这种法律规定的掠夺工人的制度;最后,颁布了一项著名的法令(指令),规定把所有被业主抛弃或停业的工厂和作坊转交给工人协作社以恢复生产。也许公社是为了强调自己真正民主的、无产阶级的政府的性质,决定行政机关和政府全体官员的薪金不得高于正常的工人工资,一年的薪金无论如何不得超过6000法郎(每月不到200卢布)。"② '革命公社',即革命政权,即使是在一个城市建立的,也不可避免地要执行(哪怕只是临时地、'局部地、暂时地'执行)一切国家事务;把脑袋藏在翅膀底下,闭眼不看这个问题,就是愚蠢到极点。这个政权要用法律规定八小时工作制,建立工人监督工厂的制度,举办免费的普及教育,实行法官选举制,成立农民委员会,等等,——总而言之,它一定要实行许多改革。"③

第二个方面是通过代议制的形式立法和决定政策,体现了决定法律和决定政策的方式"合一性",即立法和决策可以有所区别,但都是由人民选出的代表机关作出的。如列宁所言:'公社不应当是议会式的,而应当是工作的机构,兼管行政和立法的机构'。……在公社用来代替资产阶级社会贪污腐败的议会的那些机构中,发表意见和讨论的自由不会流为骗

---

① [英]波普尔:《开放社会及其敌人》,第2卷,第208—210页。
② 列宁:《纪念公社》,《列宁全集》,第20卷,第223页。
③ 列宁:《社会民主党在民主革命中的两种策略》,《列宁全集》,第11卷,第64页。

局，因为议员必须亲自工作，亲自执行自己通过的法律，亲自检查实际执行的结果，亲自对自己的选民直接负责。"① "政治自由就是人民有权选举自己的议员（代表）进国家杜马（议会）。一切法律都只应由人民自己选举的这个国家杜马（议会）来讨论和颁布，一切赋税都只应由它来决定。"②

综合上述说法，政策对法律的依赖，除了两者可以"合一"以外，还要注意三方面的关系。一是法律对政策的"支持"关系，不仅表现为法律给予的制定和执行政策的权力，还表现为政策对法律意图的表述。二是法律对政策的"规范"关系，既表现为法律对政策的常规性规范要求，也表现为适用于具体决策的专门法律。三是法律对政策的"裁决"关系，表现为政策是否合法可以通过司法途径来判定。

（三）宪法对政策的约束

宪法不同于一般的法律，对政策具有的是更宏观的约束，西方学者重点强调的是以下五方面的要求。

第一，遵从政策符合宪法的原则。雅赛指出，一条最根本的规则，就是政策必须符合该国的宪法（宪法的实质内容可以由一个辅助性的理论勾勒出来）。③ 罗尔斯也指出，在宪法指导下，民主地作出的集体决策决定了经济的一般面貌。④

第二，宪法确定政策基本规则。阿尔蒙德等人指出，宪法是关于决策制定、权利和政治体系中权威分配的基本规则。政策制定是社会利益和要求转换为官方的公共政策的过程，宪法确定了该过程的规则。宪法把政策建议权赋予特定的集团或机构，又赋予另一些集团或机构以权力，来修正、拒绝或批准这些建议，或者贯彻、监督或评判这些建议。⑤ 达尔也指出，"宪法的"一词意指政策决定过程的决定因素，包括那些影响着政府官员中控制权合法分配、类型与方法的先赋规则。宪法规则之所以具有重要的意义，是因为它有助于决定哪一个特定的群体

---

① 列宁：《国家与革命》，《列宁全集》，第31卷，第44—45页。
② 列宁：《告贫苦农民》，《列宁全集》，第7卷，第114—115页。
③ ［英］雅赛：《重申自由主义——选择、契约、协议》，第22页。
④ ［美］罗尔斯：《正义论》，第281页。
⑤ ［美］阿尔蒙德等：《当代比较政治学：世界视野》，第114—116页。

将在政治斗争中被赋予优势或者障碍。依据宪法,对政府政策的控制掌握在当选官员手中。[1]

需要注意的是,宪法可能并不涉及具体政策程序的规定。西瑟指出,宪法本身没有通过涉及决策本身来界定政府。决策过程所包括的工作——如计划、创制、动员支持、立法以及执行——只有后两者包含在分权学说内,或由宪法详细规定。其他一些工作既未被宪法明确加以界定,也未单独地分配给某一机构。对宪法勾画的决策功能而言,并不存在一种单一的模式,而是存在着一些宪法限制,决策模式必须在这些限制中加以建构。宪法对于决策过程的准确的特征和结构未加界定,而把它留给了低于宪法一级的安排去决定。[2]

第三,宪法要求理性和正义的决策。布坎南和塔洛克指出,拥有一部宪法是理性的,亦即对于个人来说,选择一种以上的集体决策规则,在正常情况下,是理性的行为。[3] 罗尔斯则指出,只要各种法律和政策处在允许的范围内,并且一种正义宪法所授权的立法机构事实上制定了这些法律和政策的话,这些法律和政策就是正义的。[4]

第四,宪法赋予公民政策参与权利。奥菲指出,民主政治是国家与公民之间的桥梁。这一桥梁的作用是双重的。从国家宪法或宪法实践所准予进入这一桥梁的个体角度看,这座桥梁给他们提供了进行利益表达、利益冲突、缔结联盟、赢得多数以及最终决定公共政策的机会。民主政体的宪法原则也约束了公民的行为,使之服从政府的权威。[5]

第五,宪法约束政策的基本原则。为保证宪法对政策的有效约束,西方学者主要强调了宪法约束的四个原则。

一是反专制、反暴政原则。阿伦特指出,在共和政府形式中,这些决策的制定,这些政治生命所受的引导,都是在一部宪法的框架内以其规定为依据的。在美国,宪法之拟定,就是竭尽人之所能,防止多数决策的程

---

[1] [美] 罗伯特·达尔:《民主理论的前言》,第186、188页;《民主及其批评者》,第322页。
[2] [美] 西瑟:《自由民主与政治学》,第220—221页。
[3] [美] 詹姆斯·布坎南、戈登·塔洛克:《同意的计算——立宪民主的逻辑基础》,第86页。
[4] [美] 罗尔斯:《正义论》,第199页。
[5] [德] 克劳斯·奥菲:《福利国家的矛盾》,第29页。

序演变为多数统治的"选举专制"①。布坎南也指出,"宪法"必须被置于"民主"一词的前面,多数人的暴政比其他形式的暴政一样真实,而且实际上它可能更为危险。②

二是有限政府原则。弗里德曼指出,在我们宪法中体现两大原则给予了迄今能保护我们自由的答案,首先政府的职责范围必须具有限度,其次是政府的权力必须分散。③沃尔泽也指出,政府在他们的所有活动中,他们约束自己的权力,使自己服从于宪法的限制。有限政府就像受阻的交换一样,是复合平等的一个重要手段。④

三是限制风险原则。诺斯等人指出,成功的宪法可以限制政治风险,成功的社会必须限制政治决策制定的风险。⑤韦默和维宁也指出,框架性规则能被用于解决政府失灵的相关问题,例如在直接民主制和代议制民主制下,宪法确定的个人权益能保护少数人免受多数人的专制;同样,对代表们能得到的馈赠和特权等方面的限制有助于避免他们明目张胆地采用寻租行为。⑥

四是有效约束原则。宪法对政策的有效约束,包括以下内容:(1)对立法机构的约束,如罗尔斯所言,宪法可以从许多方面来约束立法机构,宪法条文规定着它作为立法机构的行为。⑦(2)对行政机构的约束,如威尔逊所言,执行一部宪法要比制定一部宪法困难多了,这就是我们如今为什么要谨慎而系统地精心调适行政工作,使之适应已经校正的政策标准的原因。⑧(3)对反对派的约束,如罗尔斯所言,没有忠诚的反对派的观念,没有对表达和保护这一观念的宪法条款的坚持,民主政治就不能被恰当地引导或长久地维持。⑨(4)对决策者的约束,如西瑟所言,宪法禁止国会议员同时在行政部门任职。在分权体制中,所有行政机构为两

---

① [美]汉娜·阿伦特:《论革命》,第148—149页。
② [美]詹姆斯·布坎南:《财产与自由》,第59页。
③ [美]米尔顿·弗里德曼:《资本主义与自由》,第5—6页。
④ [美]迈克尔·沃尔泽:《正义诸领域:为多元主义与平等一辩》,第377—378、381页。
⑤ [美]道格拉斯·诺斯、威廉·萨默希尔、巴里·韦恩加斯特:《秩序、无序和经济变化:拉美对北美》,载《繁荣的治理之道》,第18—63页。
⑥ [美]戴维·L.韦默、[加]艾丹·R.维宁:《政策分析——理论与实践》,第207—209页。
⑦ [美]罗尔斯:《正义论》,第220页。
⑧ [美]威尔逊:《行政之研究》,第219页。
⑨ [美]罗尔斯:《正义论》,第220—221页。

个主人服务。虽然这给了它们一些活动的余地,但这也使它们面临更多的政治控制。①

(四) 适用于公共政策的宪政原则

马克思主义经典作家对于"全民立宪"或"宪政"问题有较多论述,我们主要关注的,是维系"宪政"的五种重要基础。

第一种是"选举基础"。列宁指出:"我们的纲领也把全民立宪会议(为了简略起见,我们用'全民'这个词来表示普遍……的选举权)的口号放在重要的位置上。……什么是'全民立宪'会议呢?它是这样一种会议,第一,它真正表达人民的意志;为此就需要普遍……的选举制并充分保障选举前的鼓动自由。第二,它确实有实力和权力'确立'保证人民专制的国家秩序。象大白天一样清楚,缺少这两个条件,这个会议既不可能是真正全民的,也不可能是真正立宪的。"② "从人民专制论的观点看,首先必须切实保障充分的鼓动自由和选举自由,然后召开真正全民的立宪会议,就是说,这个会议应当通过普遍、直接、平等和无记名投票的选举产生,应当掌握全部权力,即完整的、统一的和不可分割的权力,应当真正体现人民专制。"③ "毛泽东也指出,国民大会的选举,应由人民参加,它的召集与开会,应予以充分的自由,其任务应不限于谈宪法,而须扩展到彻底而具体的讨论抗日救亡的方针。"④

第二种是"权力基础"。列宁指出:"为了建立'真正代表民意的'新制度,单是把代表会议叫作立宪会议是不够的。必须使这个会议拥有'立'的权力和力量。考虑到这一点,代表大会的决议也就不以'立宪会议'这个形式上的口号为限,而是补充了唯一能保证这个会议真正执行它的任务的物质条件。……立宪会议必须有人来召集;选举的自由和公正必须有人来保证;这个会议必须有人赋予它全部力量和权力。"⑤ 毛泽东也指出:"必须迅速地认真地实行政治改革,结束国民党一党专政,召集

---

① [美] 西瑟:《自由民主与政治学》,第230页。
② 列宁:《革命无产阶级的民主主义任务》,《列宁全集》,第10卷,第260—262页。
③ 列宁:《"沙皇与人民和人民与沙皇的一致"》,《列宁全集》,第11卷,第177页。
④ 毛泽东:《抗日民主与北方青年》,《毛泽东文集》,第1卷,第500页。
⑤ 列宁:《社会民主党在民主革命中的两种策略》,《列宁全集》,第11卷,第9—10页。

真正代表民意的有权力的国民大会,制定宪法,实行宪政。"①

第三种是"宪法基础"。列宁指出:"什么是宪法?宪法就是一张写着人民权利的纸。真正承认这些权利的保证在哪里呢?在于人民中那些意识到并且善于争取这些权利的各阶级的力量。"②"苏维埃宪法不是按照什么'计划'写出的,不是在书斋里制定的,也不是资产阶级的法学家强加给劳动群众的东西。不,这个宪法是在阶级斗争发展进程中随着阶级矛盾的成熟而成长起来的。"③毛泽东也指出:"'训政'多年,毫无结果。物极必反,宪政为先。然而言论不自由,党禁未开放,一切犹是反宪政之行为。以此制宪,何殊官样文章。以此行宪,何异一党专制。"④"世界上历来的宪政,不论是英国、法国、美国,或者是苏联,都是在革命成功有了民主事实之后,颁布一个根本大法,去承认它,这就是宪法。"⑤"抗战胜利后,共产党的主要任务,一句话,是建立一个自由平等的民主国家。在这个国家内,有一个独立的民主的政府,有一个代表人民的国会,有一个适合人民要求的宪法。"⑥

第四种是"民主基础"。列宁指出:"应该更确切地指出我们在理解'民主原则'方面的彻底性和坚定性(同资产阶级民主相比较),例如,用某种方法描述'民主宪法'的概念和内容,或者说明我们要建立民主共和国的'原则性'要求。"⑦毛泽东也指出:"宪政是什么呢?就是民主的政治。"⑧

第五种是"专政基础"。斯大林指出:"新宪法草案确实保留了工人阶级专政制度,同样也毫无变动地保留了苏联共产党现在的领导地位,……我们布尔什维克认为这是宪法草案的优点。"⑨毛泽东也指出:"什么是新民主主义的宪政呢?就是几个革命阶级联合起来对于汉奸反动

---

① 毛泽东:《目前形势和我们的任务》,《毛泽东选集》,第2卷,第580页。
② 列宁:《两次会战之间》,《列宁全集》,第12卷,第50页。
③ 列宁:《无产阶级革命和叛徒考茨基》,《列宁全集》,第35卷,第302页。
④ 毛泽东:《向国民党的十点要求》,《毛泽东选集》,第2卷,第681页。
⑤ 毛泽东:《新民主主义的宪政》,《毛泽东选集》,第2卷,第693页。
⑥ 毛泽东:《同世界学联代表团的谈话》,《毛泽东文集》,第2卷,第134页。
⑦ 列宁:《给"俄国社会民主工党北方协会"的信》,《列宁全集》,第6卷,第352页。
⑧ 毛泽东:《新民主主义的宪政》,《毛泽东选集》,第2卷,第690页。
⑨ 斯大林:《关于苏联宪法草案》,《斯大林文集(1934—1952)》,第117页。

派的专政。"① "就人民政府关于镇压反动派的权力来说,千真万确地是这样的。这个权力,现在写在我们的纲领上,将来还要写在我们的宪法上。……共产党领导的人民民主专政的政府,对于人民内部来说,不是专政或独裁的,而是民主的。这个政府是人民自己的政府。这个政府的工作人员对于人民必须是恭恭敬敬地听话的。"②

研究政策问题的西方学者,除了注重宪政的"宪法至上""法律面前人人平等"等重要原则外,还重点强调了适用于公共政策的一些宪政(或"立宪民主""宪政民主")原则。

一是控制权力原则。哈耶克指出,宪政的根本就在于用恒定的政制原则限制一切权力。③ 罗素·哈丁也指出,宪政主义是一切关于事先授权和约束的事情。④ 奥斯特罗姆则认为,美国权力分立的立宪体制意味着立法、执行和司法三个不同机关的官员都服从选举。一个关键的问题就是,有规则的有序关系的原则能否被扩展,通过依靠宪政层面的选择,对那些行使统治特权的人加以限制。行使统治权力的期限和条件要服从法律的规定,宪政选择的过程是由这样的政府官员所无法企及的决策过程来作出的。只要对统治特权的行使能够维持适当的限制,就可以说公民们制定了"政治法律"。是否适当地履行公民特权和公职人员的特权,只有在立宪分析层次才能作出判断。当行使政府特权者不受制约时,民主就死亡了。⑤ 丹尼斯·朗强调,权力对象对完整权力掌权者的权力在广延性(权力对象的数量)、综合性(领域的数量)和强度上设定限制,是建立立宪政府的努力。⑥

二是有限政府原则。阿伦特指出,立宪政府那时是,现在依然是有限政府。大多数所谓的革命根本就没能构建自由,甚至也无法产生对公民权利和公民自由的宪法保障这一"有限政府"之福。⑦

三是公开和辩论原则。卡尔·施米特指出,公开性和辩论是两条原则,

---

① 毛泽东:《新民主主义的宪政》,《毛泽东选集》,第 2 卷,第 691 页。
② 毛泽东:《为什么要讨论白皮书》,《毛泽东选集》,第 4 卷,第 1439—1440 页。
③ [英]哈耶克:《法律、立法与自由》,第 2、3 卷,第 269—270 页。
④ [美]罗素·哈丁:《自由主义、宪政主义和民主》,第 198 页。
⑤ [美]文森特·奥斯特罗姆:《复合共和制的政治理论》,第 176、209、221 页;《民主的意义及民主制度的脆弱性——回应托克维尔的挑战》,第 153 页。
⑥ [美]丹尼斯·朗:《权力论》,第 13 页。
⑦ [美]汉娜·阿伦特:《论革命》,第 126、203 页。

宪政思想和议会制都取决于这两条原则。① 罗尔斯也指出，在立宪政体下，如果有争议的司法决定引起了细致的政治讨论，而在讨论过程中是按照宪法原则来理性地辩论它们的是非曲直，那么这些有争议的决定通过吸引公民参与公共辩论而发挥了一种及其重要的教育作用。立宪政体更有可能实现正义原则，也更有可能实现自由的公共理性的理想和审议民主的理想。②

四是政策公正原则。哈贝马斯指出，一种民主宪政的建立，能够使我们的公正原则得以制度化。关于分配公正的特殊原则的斗争及辩论，应该成为民主评估的目标，而不是与市场的运作或机能障碍的唯一可变因素相关联的理论反映。③

五是政策改革优先原则。马奇和奥尔森指出，当表面平淡无奇、不会成为政治关注点的行政效率成为政治过程的核心关注点时，政体就可能被引向作为社会政治组织之基础的宪政原则问题，从而导致民主治理的道德困境。根据宪法原则，我们认为具有上述特征的政体在日常政治决策中并不遵循各种形式的多数原则。把政治改革集中于实际政策层面，会减缓政治制度层面的变革，接下来会减缓宪政层面的改革。民主政体中的行为规则进一步强化了这些变数，而我们假定这些规则在宪政和一般制度中是稳定不变的，只是在实际政策层面进行改革争论。④

六是规则优先原则。布坎南等人指出，民主政府在财政以及非财政方面的实际操作，要求它的公民坚持所谓的"立宪态度"。只有当个人（或他们的代表）不是作为转瞬即逝的生物，而是作为整体的潜在受益人的复合概率分布而能够为自己作选择时，才能较有把握指望得到"正义""效率""公平"。不论是政治游戏还是其他游戏的规则，都必须在游戏开始之前确定，并要由游戏参加者自己确定。不同于通行的公共选择模型，我们明确作出的关键性假设是，预算支出和税收是通过立宪后期的一个民主投票过程决定的。有效设计的专款专用制度，可以限制政府剥削纳税公众的程度。⑤

---

① ［德］卡尔·施米特：《政治的浪漫派》，第199页。
② ［美］罗尔斯：《作为公平的正义：正义新论》，第176—179页。
③ ［德］哈贝马斯：《对话论理学与真理的问题》，第36—37、58页。
④ ［美］詹姆斯·马奇、［挪威］约翰·P.奥尔森：《重新发现制度：政治的组织基础》，第112、170页。
⑤ ［美］詹姆斯·布坎南：《民主财政论》，第312—313页；［澳］布伦南、［美］布坎南：《征税权——财政宪法的分析基础》，第181页。

从本节论述的内容可以看出，要厘清政策与法律的关系，不仅需要强调政策对法律的依赖性，还要明确如何通过宪法对政策进行宏观约束，并且对马克思主义经典作家和西方学者强调的适用于公共政策的宪政要求和一些宪政原则有全面的了解。需要说明的是，"法治"也是公共政策必须坚持的宪政原则，我们将在下一节专门讨论这一问题。

二 "法治"而不是"人治"的政策要求

"法治"是与"人治"相对立的概念，坚持"法治"原则，应该是政策民主的一个重要的内在要求。如邓小平所言："进行政治体制改革的目的，总的来讲是要消除官僚主义，发展社会主义民主，调动人民和基层单位的积极性。要通过改革，处理好法治和人治的关系，处理好党和政府的关系。"① 但是总体而言，马克思主义经典作家重点论述的是"法制"问题，我们将在下一节作专门的说明，本节论述的只是西方学者的论点。

（一）法治与人治的区别

西方学者对于"法治"和"人治"，重点强调的是三个方面的区别。

一是道德判断的区别。哈林顿指出，如果说共和国是法治的政府而不是人治的政府，那么这种国家便是以德治理的王国而不是以人治理的王国。② 雷蒙·阿隆也指出，用法治取代人治的理想属于西方自由主义的传统。但是，这种理想并不是人人都能理解的，也不是与社会的整个存在同外延的。不管人们愿意不愿意，社会的政府始终允许一些人对另一些人的支配权：在危机时期，面对其他的团体，统治者作出使所有公民受到约束的决定，因而不可避免地把所有公民当作其工具。③

二是能否依法决策的区别。弗里德曼指出，迄今提出的唯一有希望的方法是通过立法而成立一个法治的政府，而不是人治的政府来执行货币政策，这种货币政策能使公众通过政治当局对货币政策进行控制，同时又可使货币政策不受政治当局的经常出现的胡思乱想的支配。④

---

① 邓小平：《关于政治体制改革问题》，《邓小平文选》，第3卷，第177页。
② ［英］詹姆士·哈林顿：《大洋国》，第38页。
③ ［法］雷蒙·阿隆：《论自由》，第80页。
④ ［美］米尔顿·弗里德曼：《资本主义与自由》，第57—58页。

三是统治类型的区别。韦伯指出，原则上有三个能使任何支配获得正当性的依据。首先是"永恒的昨日"的权威，即习俗的权威，它由于无法追溯的悠久性和人们习于遵从而被神圣化了。还有一种不同寻常的"个人神宠"（我称之为"超凡魅力"）权威，它来自极端的个人献身精神、个人对救赎、对英雄业绩的信念，或者其他一些体现在个人身上的领袖素质。最后，是凭借"法制"、凭借对法律条款的效力和理性规则基础上的实质性司法"权能"的信任，这种支配类型依靠的是在履行法定职责时得到的服从。①

（二）政策的法治标准

为使政策符合"法治"而不是"人治"的要求，西方学者提出了七条基本标准。

第一条标准是避免政策独裁。波普尔指出，民主不是多数人的统治，而是一种让大家不受独裁控制的制度。民主的重点其实是避免独裁，或者换个说法，避免不自由，避免某种统治模式不是法治。② 拉斯韦尔和卡普兰也指出，民主政体是自由的、法治的。民主政体是通过权力过程的三个特征来定义的：（1）权力是在自身责任最大化的基础上行使的，民主政体不能容忍任何形式的威权主义，不论这样的责任集中会带来多少利益。（2）权力过程不是绝对的、自给的；决定是有条件的，可接受质疑的。（3）权力过程的利益在政治统一体中进行分配，民主政体不允许特权等级的存在。③

第二条标准是建立分权的政策体制。哈耶克指出，代议机构的绝大部分工作不是制定和批准一般行为规则，而是指导政府在解决特定问题时采取何种行政措施。一个代议机构集政府治理与立法这两项权力于一身，不仅与权力分立原则相抵触，而且也与法律下的政府的理想和法治的理想不相融合。④

---

① ［德］马克斯·韦伯：《经济与社会》，上卷，第242—283、297—302页；《以政治为业》，载《韦伯政治著作选》，第247—296页。
② ［英］波普尔：《二十世纪的教训：波普尔访谈演讲录》，第61—62、104页。
③ ［美］哈罗德·拉斯韦尔、亚伯拉罕·卡普兰：《权力与社会：一项政治研究的框架》，第210—211页。
④ ［英］哈耶克：《法律、立法与自由》，第2、3卷，第302、306页。

第三条标准是确立限制权威的政策体制。奥克肖特指出,当仔细思考和制定"政策"的权威与事情被置于仔细思考和制定法律的权威与事情之上,当追求和管理一个"政策"的权威和事情被置于裁定的权威和事情之上时,作为一个依据法治的联合的国家的特性是受限制的。①

第四条标准是限制政策的强制权力。哈耶克指出,法治是这样一种原则,它关注法律应当是什么,亦即关注具体法律所应当拥有的一般属性。法治的含义不止于宪政,因为它还要求所有的法律符合一定的原则。法治只关注政府的强制性活动。法治的基本点是很清楚的,即留给执掌强制权力的执行机构的行动自由,应当减少到最低限度。②

第五条标准是建立政策问责机制。戴蒙德指出,稳定的民主体制需要法治。有效的治理机制必须建立起来,以约束统治者几乎不受限制的自由裁量权,将他们的决定和交易公开以供检验,以及使他们对法律、宪法和公众利益负责。这就意味着要建立垂直与水平问责的机制。③

第六条标准是实行公民的自我治理。里查德·达格指出,共和主义强调法治,以及可能最显示出共和主义之与众不同的特点的公民美德。因为政治是公众的事务,因此需要公开的辩论和决定,这反过来又需要有正式的、确定的程序——也即关于何人可以发言,何时可以发言,如何达成决定等等的规则。政治决定因而必须采取正式颁布的规则或法令的形式,以指导公众成员的行为。对于公共性的坚持强调,必然导致对法治的要求。自我治理和法治之间的联系至少同样紧密和直接。假如公民要实现自我治理,他们就不能受制于绝对的或专横的统治。自我治理也要求自我的治理。一个共和主义的公民不是一个任意妄为地、冲动地或鲁莽地行动的人,而是按照他或她参与制定的法律行事的人,这显然又表明了对于法治的需要。④

第七条标准是注意文本制度与实际制度的差别。杜鲁门指出,我们对政府过程的规范化的、正式的一面的认识如此强烈,尤其对我们自己的政府,以至常常落入简单化思维的僵化过程:立法机关制定政策、行政机关执行政策、法院对政策执行过程中的争议进行仲裁,只有这些机关,并总

---

① [英]奥克肖特:《政治中的理性主义》,第192页。
② [英]哈耶克:《自由秩序原理》,上册,第260—261、270—271页;下册,第110页。
③ [美]拉里·戴蒙德:《民主的精神》,第184、355—356页。
④ [美]里查德·达格:《共和主义公民权》,载《公民权研究手册》,第196—214页。

是按照这样的顺序，构成了政治过程，这就是政府应该的活动。在任何情况下，对制度的正确描述仅仅从正式法律的角度是不够的，必须进一步观察人们之间的互动。重要的决策问题由政府正式依法提出，也有可能处于正式结构的间隙之中，受到习惯的保护或者半隐蔽性的保护。分权制度和制衡机制给政府活动留下了许多替代性的方法，许多重要决策并不是按照正式的、坚实的等级制程序作出的，非正式的、法律外的方式也提供了重要的决策基础。①

上面列出的七条政策法治标准，大致可以分为"目的性标准""体制性标准"和"受众标准"三类标准。"目的性标准"强调的是避免政策独裁、限制政策的强制权力等法治目标，"体制性标准"强调的是分权的、问责的、限制权威的、注重文本制度要求的法治手段，"受众标准"强调的则是法治化的政策对公民行为（尤其是公民自我治理）的影响。

三 政策的法制要求

马克思主义经典作家重点强调的是"法制"与政策的关系，并提出了五方面的要求。

（一）法制要求有效的立法机制

法制要求在立法层面为政策提供有效的保证，由此需要建立有效的立法机制，并注意马克思主义经典作家提出的以下要求。

第一，法制是革命的产物。恩格斯指出："欧洲各国现有的政治制度，都是革命的产物。法制基础、历史性的法、法制到处被千百次地破坏着或者是整个被抛弃。但是所有通过革命取得政权的政党或阶级，就其本性说，都要求由革命创造的新的法制基础得到绝对承认，并被奉为神圣的东西。"②

第二，慎重讨论法律草案。列宁指出："应该使全俄中央执行委员会更加有力地工作，使常会能够正常地举行，会期应当长一些。常会应当讨论法律草案，有时法律草案没有必要地匆忙提交到人民委员会去。最好把

---

① ［美］戴维·杜鲁门：《政治过程——政治利益与公共舆论》，第285—288、436页。
② 《恩格斯致奥·倍倍尔（1884年11月18日）》，《马克思恩格斯全集》，第36卷，第238页。

这些草案搁置一下,让地方工作人员去仔细考虑,并且对法律的起草人要求得更严格些,这些我们现在都没有做。"①

第三,以法律规范社会关系和社会行为。邓小平指出:"我们好多年实际上没有法,没有可遵循的东西。"② "应该集中力量制定刑法、民法、诉讼法和其他各种必要的法律,例如工厂法、人民公社法、森林法、草原法、环境保护法、劳动法、外国人投资法等等,经过一定的民主程序讨论通过,并且加强检察机关和司法机关,做到有法可依,有法必依,执法必严,违法必究。国家和企业、企业和企业、企业和个人等等之间的关系,也要用法律的形式来确定;它们之间的矛盾,也有不少要通过法律来解决。"③

(二) 法制要求依法制定政策和依法办事

列宁指出:"我们共产党负责工作人员的决定是否执行了呢?他们会不会办这件事呢?不,不会,正因为如此,我们国内政策的关键就和以前不同了。我们的会议和委员会是怎么一回事呢?它们往往是一种儿戏。……因此,我们在国内政策特别是经济政策方面的主要任务改变了。我们需要的不是新的法令、新的机构和新的斗争方式。我们需要的是考查用人是否得当,检查实际执行情况。下次清党就要轮到那些以行政官员自居的共产党员了。凡是只知道设立各种委员会,只知道开会、谈话而连简单的事也不做的人,最好都到宣传鼓动部门或其他有益的工作部门去。有人正在编造一些稀奇古怪的东西,他们辩解说,既然是新经济政策,就应该想出一些新花样。而委托给他们的事情却没有做。他们不关心节省他们得到的每一个戈比,更不设法把一个戈比变成两个戈比,而是去制定开支数十亿乃至数万亿苏维埃卢布的计划。对这种坏现象,我们必须进行斗争。考查人和检查实际执行情况——现在全部工作、全部政策的关键就在于此,全在于此,仅在于此。"④ "法制应当加强(或得到最严格的遵

---

① 列宁:《俄共(布)第十一次代表大会文献:俄共(布)中央委员会政治报告》,《列宁全集》,第43卷,第112—113页。
② 邓小平:《民主和法制两手都不能削弱》,《邓小平文选》,第2卷,第189页。
③ 邓小平:《解放思想,实事求是,团结一致向前看》,《邓小平文选》,第2卷,第146—147页。
④ 列宁:《论苏维埃共和国所处的国际和国内形势》,《列宁全集》,第43卷,第12、14—15页。

守），因为俄罗斯联邦法律的基本原则已经确定。……共和国的任何一个公民对苏维埃政权的负责人员或机关的任何措施（或拖拉作风，等等）提出控告时，该负责人员或机关必须写出同上面一样的简要记录。记录一定要抄送提出控告的公民，还要抄报上级机关。"①

邓小平也指出："一个共产党员如果不熟悉共同纲领和政府法令，不懂得运用这些武器去团结和教育人民同敌人作斗争，那末不仅说不上什么领导，而且还会做出违反共同纲领和政策的事情，做出违法乱纪的事情，使自己完全居于无理和被动的地位。今天的不幸情况，恰恰是有些共产党员不学习不运用共同纲领。党外人士把共同纲领背得烂熟，在讨论工作和政策时，能够引经据典，充分说理。而我们的一些共产党员却往往瞠目不知所对，有的甚至最后拿出蛮不讲理的本事来。试问，这还说得上领导吗？"②

(三) 法制要求反对官僚主义和克制腐败现象

列宁指出："只要有贪污受贿这种现象，只要有贪污受贿的可能，就谈不上政治。在这种情况下甚至连搞政治的门径都没有，在这种情况下就无法搞政治，因为一切措施都会落空，不会产生任何结果。在容许贪污受贿和此风盛行的条件下，实施法律只会产生更坏的结果。在这种条件下不能搞任何政治，这里没有搞政治的基本条件。"③

斯大林也指出："国家机关是廉洁奉公，还是贪污受贿；是实行节约，还是浪费人民财富；是在工作中弄虚作假，还是全心全意为国家服务；是劳动者的累赘，还是帮助劳动者的机关；是培植无产阶级的法制思想，还是以否定这个思想的精神腐化人民的意识；是在向过渡到没有国家的共产主义社会这个方向前进，还是向普通的资产阶级国家的腐朽官僚制度倒退——正确地解决这一切问题，对于党和社会主义不能没有决定意义。"④

邓小平则强调："纠正不正之风、打击犯罪活动中属于法律范围的问

---

① 列宁：《关于切实遵守法律的决定提纲草稿》，《列宁全集》，第35卷，第130页。
② 邓小平：《克服目前西南党内的不良倾向》，《邓小平文选》，第1卷，第157页。
③ 列宁：《新经济政策和政治教育委员会的任务》，《列宁全集》，第42卷，第199—200页。
④ 斯大林：《关于俄共（布）第十三次代表大会的总结》，《斯大林全集》，第6卷，第217页。

题，要用法制来解决，由党直接管不合适。党要管党内纪律的问题，法律范围的问题应该由国家和政府管。党干预太多，不利于在全体人民中树立法制观念。这是一个党和政府的关系问题，是一个政治体制的问题。……现在从党的工作来说，重点是端正党风，但从全局来说，是加强法制。我们国家缺少执法和守法的传统，从党的十一届三中全会以后就开始抓法制，没有法制不行。"①

（四）法制要求进行全面的纪律教育和法制教育

邓小平指出："我们现在搞两个文明建设，一是物质文明，一是精神文明。实行开放政策必然会带来一些坏的东西，影响我们的人民。要说有风险，这是最大的风险。我们用法律和教育这两个手段来解决这个问题。只要不放松，认真抓，就会有办法。对贪污、行贿、盗窃以及其他乌七八糟的东西，人民是非常反感的，我们依靠人民的力量，一定能够逐步加以克服。"② "在党政机关、军队、企业、学校和全体人民中，都必须加强纪律教育和法制教育。没有规定纪律或规定得不完善不合理的，要迅速规定和改善。大中小学的学生从入学起，工人从入厂起，战士从入伍起，工作人员从到职起，就要学习和服从各自所必须遵守的纪律。对一切无纪律、无政府、违反法制的现象，都必须坚决反对和纠正。否则我们就决不能建设社会主义，也决不能实现现代化。合理的纪律同社会主义民主不但不是互相对立的，而且是互相保证的。"③ "法制观念与人们的文化素质有关。现在这么多青年人犯罪，无法无天，没有顾忌，一个原因是文化素质太低。所以，加强法制重要的是要进行教育，根本问题是教育人。法制教育要从娃娃开始，小学、中学都要进行这个教育，社会上也要进行这个教育。纠正不正之风中属于法律范围、社会范围的问题，应当靠加强法制和社会教育来解决。我们要把经验好好总结一下，使这方面工作来一个改善。"④

（五）明确民主与法制的关系

邓小平对于社会主义民主与社会主义法制之间的关系，重点强调的是

---

① 邓小平：《在全体人民中树立法制观念》，《邓小平文选》，第3卷，第163页。
② 邓小平：《拿事实来说话》，《邓小平文选》，第3卷，第156页。
③ 邓小平：《贯彻调整方针，保证安定团结》，《邓小平文选》，第2卷，第360页。
④ 邓小平：《在全体人民中树立法制观念》，《邓小平文选》，第3卷，第163页。

六点认识。

第一,吸取破坏法制的教训。"斯大林严重破坏社会主义法制,毛泽东同志就说过,这样的事件在英、法、美这样的西方国家不可能发生。他虽然认识到这一点,但是由于没有在实际上解决领导制度问题以及其他一些原因,仍然导致了'文化大革命'的十年浩劫。这个教训是极其深刻的。不是说个人没有责任,而是说领导制度、组织制度问题更带有根本性、全局性、稳定性和长期性。这种制度问题,关系到党和国家是否改变颜色,必须引起全党的高度重视。"[1]

第二,破除个人迷信、家长制的影响。"我们过去的一些制度,实际上受了封建主义的影响,包括个人迷信、家长制或家长作风,甚至包括干部职务终身制。我们现在正在研究避免重复这种现象,准备从改革制度着手。我们这个国家有几千年封建社会的历史,缺乏社会主义的民主和社会主义的法制。现在我们要认真建立社会主义的民主制度和社会主义法制。只有这样,才能解决问题。"[2]

第三,不能把领导人说的话当作"法"。"现在的问题是法律很不完备,很多法律还没有制定出来。往往把领导人说的话当做'法',不赞成领导人说的话就叫做'违法',领导人的话改变了,'法'也就跟着改变。"[3]

第四,社会主义民主和社会主义法制是不可分的。"中国的民主是社会主义民主,是同社会主义法制相辅相成的。"[4]"社会主义民主和社会主义法制是不可分的。不要社会主义法制的民主,不要党的领导的民主,不要纪律和秩序的民主,决不是社会主义民主。相反,这只能使我们的国家再一次陷入无政府状态,使国家更难民主化,使国民经济更难发展,使人民生活更难改善。"[5]

第五,通过法制使民主制度化、法律化。"为了保障人民民主,必须加强法制。必须使民主制度化、法律化,使这种制度和法律不因领导人的

---

[1] 邓小平:《党和国家领导制度的改革》,《邓小平文选》,第2卷,第333页。
[2] 邓小平:《答意大利记者奥琳埃娜·法拉奇问》,《邓小平文选》,第2卷,第348页。
[3] 邓小平:《解放思想,实事求是,团结一致向前看》,《邓小平文选》,第2卷,第146页。
[4] 邓小平:《我国方针政策的两个基本点》,《邓小平文选》,第3卷,第249页。
[5] 邓小平:《贯彻调整方针,保证安定团结》,《邓小平文选》,第2卷,第359—360页。

改变而改变，不因领导人的看法和注意力的改变而改变。"①

第六，法制和民主两手都要强。"民主和法制，这两个方面都应该加强，过去我们都不足。要加强民主就要加强法制。没有广泛的民主是不行的，没有健全的法制也是不行的。我们吃够了动乱的苦头。……民主要坚持下去，法制要坚持下去。这好像两只手，任何一只手削弱都不行。"② "我相信，随着经济的发展，随着科学文化和教育水平的提高，随着民主和法制建设的加强，目前社会上那些消极的现象也必然会逐步减少并最终消除。"③

本节所述马克思主义经典作家对法制的要求，立法机制重点解决的是政策的法律依据和法制基础问题，依法制定政策和依法办事重点解决的是政策原则和方法问题，反对官僚主义和反腐败重点解决的是政策环境问题，法制教育重点解决的是政策理解和政策支持问题，民主与法制关系重点解决的则是为政策提供保障的问题，即正确的政策必须得到来自民主和法制的保障。

四 政策的合法性

合法性与法治是相辅相成的关系，由此在讨论法治问题时，可以一并讨论合法性的问题。我们重点关注的，是与政策有关的合法性问题。这样的合法性，可以从权力、制度、程序、参与、接受、有效六个维度作出具体的解释。

（一）基于权力的政策合法性

基于权力尤其是政策权力的合法性，或者说由权力带来的合法性，不仅要说明权力的合法来源，还要说明权力如何运作，因此至少涉及四类合法性的解释。

1. 来自同意的合法性

来自"同意"的合法性，强调的是对决策权力的同意，即以"普遍同意"或"一致同意"为基础的决定或决策的合法性。对于这样的合法

---

① 邓小平：《解放思想，实事求是，团结一致向前看》，《邓小平文选》，第2卷，第146页。
② 邓小平：《民主和法制两手都不能削弱》，《邓小平文选》，第2卷，第189页。
③ 邓小平：《社会主义和市场经济不存在根本矛盾》，《邓小平文选》，第3卷，第149页。

性，有几种侧重点不同的解释。

第一种解释侧重的是"同意者"即公民的合法行为带来的权力。霍布斯指出，没有合法的会众的权力为根据，聚会的一群人所作出的任何行为都是当时在场并协助其实现的每一个人的个别行为，而不像一个整体所作的行为那样是他们全体的行为；对于不在场或在场而不愿作出这种行为的人说来，就更不能算是他们的行为。① 博曼也指出，如果决策不是强加给公民的话，他们之间的协商肯定是必不可少的。毕竟，同意是民主的主要特征，公民们给自己制定法律，不但使得法律具有合法性，而且给公民们提供了他们有义务遵从的理由。②

第二种解释侧重的是建立在同意基础上的政府和政策。悉尼·胡克指出，一个民主的社会是政府依靠被统治者自由地表示同意的一种社会。说政府依靠被统治者的"同意"，是意味着在某种规定的期间内，它的各项政策都要服从被统治者的批准或不批准。所谓被统治者"自由地表示"同意，是意味着不用直接或间接的强制，来影响被统治者表明他们的批准或不批准。一个"依靠"被统治者自由地表示同意的政府，是一个在事实上遵从这种批准或不批准的表示的政府。这个定义的一个直接结论可能就是在世界上的任何地方都没有完全的民主，这并不阻止我们明智地使用这一名词并作出比较的评价。③

第三种解释侧重的是对政府活动原则的同意。哈耶克指出，正当性或合法性最终是以全体人民对某些支撑并限制政府活动的基本原则的同意为基础的，而不是以他们对特定措施的同意为基础的。多数决策的权威性并非源于即时多数的意志，而是源于对某些共同原则的广泛同意。④

第四种解释侧重的是必须由"全体一致"带来的同意。沃尔夫指出，全体一致明显被看作一种其合法性显而易见的决策方法，其他决策形式是作为对这种理想的让步被提出来的。⑤

2. 来自选举的合法性

与政策相关的来自选举的合法性，强调的是选举对决策者的授权作

---

① ［英］霍布斯：《利维坦》，第 372—373 页。
② ［美］詹姆斯·博曼：《公共协商：多元主义、复杂性与民主》，第 4—5 页。
③ ［美］悉尼·胡克：《理性、社会神话和民主》，第 251—252 页。
④ ［英］哈耶克：《自由秩序原理》，上册，第 129 页；《法律、立法与自由》，第 2、3 卷，第 319 页。
⑤ ［美］罗伯特·沃尔夫：《为无政府主义申辩》，第 24 页。

用,西方学者从两个角度对这样的合法性作出了解释。

一是强调权威的合法性来自选举。马奇和奥尔森指出,通过赢得公共选举,政治领袖们获得了充当社会建筑师所必需的权威、合法性和权力。① 奥菲也指出,任何权威要获得合法性,都必须以承担相应的政治义务为前提,不论这种义务是要达到何种目的。决定政治权威合法性的唯一标准在于它是否完成了普遍和正式规则(如选举规则)的要求。这种法理原则赋予政治权力以合法性,而不论这种权力是何种要素所组成。这种控制通往政治权威并使之承载合法性负担的选举原则朝两个方向运作,它们是统治者与被统治者之间方向的结合。在现代民主政体中,这些正式原则迫使(未来)官员通过大选的检验,使之在掌权期间遵守宪法原则,而且一旦反对党精英赢得了选举胜利,它就必须马上辞职。同时,民主政体的宪法原则也约束了公民的行为,使之服从政府的权威。② 戴伊则强调,政策的合法化过程是政策制定的最直接过程,是一个公开的、公共的过程。使政策合法化是政府的政策制定者们——国会、总统和法院——的任务,这些部门是最直接的政策制定者。民主政府具有独特的合法性权力。在自上而下的政策制定过程中,合法性并不是通过全民参与的大选(普选)而取得。政策的合法性是通过选举产生的国家领导人(包括国会议员和总统)来实现的。选举、政党、利益代表集团以及所有其他保障民主的机制,都向公民提供了一种"符号性的"(象征性)保证,即法律具有合法性。选举的基本功能是赋予政府权威的合法性,并赋予民众遵守和执行政府所制定政策的责任义务。③

二是强调选举为政策带来合法性的礼仪性作用。迪韦尔热指出,任何决策都是经过一个复杂过程得出的结果,在这个过程中要受到许多因素的干扰,最后作决策的掌权者也要受到多种因素的压力,但这并不妨碍掌权者在其中起主要作用。在不少文化制度中,选举制实际上不过是一种门面装潢。更准确地说,选举制在其中起着一种表示全体一致的仪礼作用,象征性地显示一下集体对领导自己的掌权者予以承认,并授予他们合法

---

① [美] 詹姆斯·马奇、[挪威] 约翰·P. 奥尔森:《重新发现制度:政治的组织基础》,第114页。
② [德] 克劳斯·奥菲:《福利国家的矛盾》,第131页。
③ [美] 托马斯·R. 戴伊:《自上而下的政策制定》,第9、151—152页。

地位。①

3. 统治或统治权力的合法性

"统治"的合法性，核心问题是"统治权力"的合法性，有四种侧重点不同的解释。

第一种解释侧重于否定专制权力的合法性。基佐指出，所有的专制权力不论以什么名称和在什么地方出现，都是完全不合法的。② 波普尔也指出，大家都认为只要是取得了合法性，政府就有统治的权力——也就是说，根据宪法，只要政府是通过大多数人或其代表选出，就拥有合法的统治基础。但是，我们不要忘记希特勒就是通过合法选举上台的，而使得他成为独裁者的授权法案，也是议会多数通过的。所以，单凭合法化原则是不够的。③

第二种解释侧重于合法配置权力。沃尔泽指出，民主是一种配置权力并使其使用合法化的途径——或更好地说，它是配置权力的政治途径。④ 伊兰·维戈达也指出，一个民主社会里，只有民主本身才是唯一能使权力合法化的东西。⑤

第三种解释侧重于权力限制。韦伯指出，任何需要持续进行行政管理的统治运作，一方面需要使人的行为适应于服从那些有权要求认为自己是合法权力的体现者的统治者；另一方面，需要支配那些必要时要应用有形的暴力所需要的履行职责的手段：人的行政管理班子和物的行政管理手段。⑥ 阿普特也指出，现代化社会中的政府试图使不同阶层的成员得到最大满意，推动权力的现代化，为了获得民众的忠诚和使政府活动合法化，权力必须受到限制。⑦ 吉登斯则强调，分权和政治集中之间并非零和博弈，分权时能提高中心的权威，或者是因为政治换位，或者是因为它创造了更大的合法性。⑧

---

① [法] 莫里斯·迪韦尔热：《政治社会学——政治学要素》，第111、113—114页。
② [法] 弗朗索瓦·基佐：《欧洲代议制政府的历史起源》，第239页。
③ [英] 波普尔：《二十世纪的教训：波普尔访谈演讲录》，第129页。
④ [美] 迈克尔·沃尔泽：《正义诸领域：为多元主义与平等一辩》，第406—407页。
⑤ 伊兰·维戈达：《从回应走向合作：治理、公民和下一代公共行政》，载《公民参与》，第69—91页。
⑥ [德] 马克斯·韦伯：《经济与社会》，下卷，第733页。
⑦ [美] 戴维·阿普特：《现代化的政治》，第171—172页。
⑧ [英] 安东尼·吉登斯：《超越左与右——激进政治的未来》，第97页。

第四种解释侧重于统治或权力的合法来源。赫费指出，"统治合法性的民主"包括两个要素。（1）奠基于统治概念，政治统治意志源自相关法伙伴的总体，即源自人民。（2）民主服务于人民。这两个要素加在一起就构成了基本民主。它限制了所有国家权力机关决定权，也限制了民主多数的决定权。① 迪韦尔热则指出，权力的存在取决于下述事实，即所有社会集团都明确或不明确地承认一些首领、统治者、领导人——正式称呼如何无所谓——有权向本集团的其他成员发布命令，推动他们做一些没有命令就不会做的事情。本集团的成员服从这种影响，因为他们认为这种影响是合法的，即符合本集团的标准和价值系统。②

4. 行政行为（管理行为）的合法性

"管理"或"行政行为""管理行为"，彰显的是"管理权"而不是"统治权"。西方学者对于管理或行政行为的合法性，有几种不同的解释。

第一种解释侧重于限定合法管辖权的范围。贡斯当指出，全体居民或它的代表拥有国家的合法管辖权，假如他们干涉地区、公社或个人的利益，那就是越权。③

第二种解释侧重于行政行为合法性的公共性目标。狄骥指出，一项行政行为如果要获得合法性，关键在于这项行为应当具有某个与这个国家的客观法相符合的、具有社会价值的目标，并且这一目标只能与公共服务相关。这一目标必须是带有公共性的。任何一项行政行为都是由一位以确保某项公共服务的运营为目的的行政官员来实施的，并且该项行政行为的实施也必须与法定的要求所符合。④

第三种解释强调行政决策合法性与民主性的结合。凯瑟琳·登哈特指出，行政管理者不能单独依靠官僚规则和程序使其权威运作合法化，他们必须按照民主理念和原则来判断角色所从事的事务。行政管理者也不能单独依赖民主理念来使其决策合法化，他们必须关注民主理念是否以一种由更大信念制度所确立的与权力运作规范相一致的方式得到贯彻执行。采用公共行政中的"政治伦理"，将基本上重新定义公共管理者与政治过程之间的关系，这将确立行政管理者作为合法性的权威，使他在追求民主理念

---

① ［德］奥特弗里德·赫费：《全球化时代的民主》，第92—93页。
② ［法］莫里斯·迪韦尔热：《政治社会学——政治学要素》，第98页。
③ ［法］贡斯当：《古代人的自由与现代人的自由——贡斯当政治论文选》，第152—153页。
④ ［法］狄骥：《公法的变迁》，第129—131页。

中运用政治判断。①

第四种解释强调的是决策合法性受到挑战时的应对方法。弗林指出，如果公共部门的工作人员——包括管理者和专家——不是简单地服从命令，那么他们就需要合法性的可选择来源。如果他们制定决策的合法性受到政治家的挑战，他们需要的是要么坚定自己的专家意见，要么是坚定关于什么才是"正确"的一套信念。② 彼得斯则认为，政治机构所具有的资源，首先是合法性，其次是钱袋的权力，再次是在政策领域寻求决策的空间。合法性或许能够通过效率获得，如果大多数官僚决策能够产生公众认为有价值的结果，那么官僚机构将会被认为是合适的决策者。它们可能缺乏正式的合法性，但在拥有运行合法性方面，它们可能成为集体分配价值的适当选择。③

在与权力有关的四类合法性中，"来自同意"和"来自选举"的合法性，既被较多人提及，也受到不少的质疑；相较之下，"统治权力"和"行政行为"的合法性，应该是更容易被人们接受的政策合法性理念。

（二）基于制度的政策合法性

基于制度的政策合法性，或者说由制度、规则等赋予政策的合法性，不仅要说明什么样的制度或规则是合法的，还要说明这样的制度、规则与政策有什么样的关系，由此至少可以看到西方学者的两类合法性解释。

1. 典则的合法性

伊斯顿指出，传统上合法性一直被运用于政治当局者的权力，但合法性同样也归于典则的规范和结构。合法性可以分为支持典则的和支持特定的当局者两类，并且有三个可变来源：意识形态、结构的或个人的来源。通常的合法性概念意味着相信在合法原则界限内当局的统治权利和成员的服从权利。只要成员相信当局者和典则不但应该努力维护公共利益，而且实际上也是这样做的，那么这本身便是散布性支持输入的一个至关重要的促动因素。④

---

① ［美］凯瑟琳·登哈特：《管理理念：政治视角中的伦理分析》，载《公共行政学中的伦理话语》，第69—79页。
② ［英］诺曼·弗林：《公共部门管理》，第253页。
③ ［美］盖伊·彼得斯：《官僚政治》，第246—247页。
④ ［美］戴维·伊斯顿：《政治生活中的系统分析》，第345—347页。

2. 代议制的合法性

对于代议制的合法性,应该注意三种侧重点不同的解释。

第一种解释侧重于代议制所表现的"集体合法性"。阿普特指出,在协调体系中,集体合法性来自于代议制原则。维护平等、责任和实践现实主义的方式包括:一是不断地将价值冲突转化为利益冲突;二是议会对行政机关进行控制;三是通过代议原则确保合法的、正式的反对派;四是通过普遍的投票权和定期选举表达出来的人民主权。从结构上看,民主社会发挥功能要求具有比现有的更为精细的代议形式,以获取充分的信息。①

第二种解释侧重于行政机关与代议机关的关系。海哥德和考夫指出,行政机关的强势权力对代议机构的有效性和合法性可能会产生重要的间接影响。赋予行政机关以广泛的立法自由裁量权可能减弱政党领袖们在经济议题上达成妥协的动力,行政官员们还会通过诉诸媒体和个人化运动来获取公众的普遍授权,而不是依靠与立法议员和利益集团的制度化协商管道。②

第三种解释侧重于代议制应具有的"要求权"。邓恩指出,代议制民主作为一种政体形式,要拥有对合法的政治权威的唯一的要求权,仍然面临三个重大的问题。第一个问题是关于代议制民主与经济运作之间的因果关系,即现代经济究竟怎样运作以及限制经济有效运作的因素怎样影响政府的有效行动。第二个问题是对民主制度下的每一个公民提出的,我们应该怎样看待科学知识,与人们要进行统治、或要在不同的可能的统治者的优势之间作出选择的权利要求之间的关系。民主,作为一种公民自治的政治体制,本身并没有提供控制这种挑战的范围的秘诀。第三个问题是代议制民主能否使其所有的、扩展的极其巨大的公民共同体实现那一直被强烈要求的价值。③

典则的合法性和代议制的合法性之所以重要,是因为这两种合法性都对政策运行起着重要的限定作用,使之不得不依赖于既定的制度基础和规范性要求。

---

① [美] 戴维·阿普特:《现代化的政治》,第 332—335 页。
② [美] 斯迪芬·海哥德、罗伯特·考夫:《民主化转型的政治经济分析》,第 379—381 页。
③ [英] 约翰·邓恩编:《民主的历程》,第 262—267 页。

（三）政策程序的合法性

政策程序的合法性，强调的是合法的程序产生合法的政策，由此不仅涉及整体性的程序要求，还涉及一些具体程序和政策手段的要求。

1. 合法的民主程序

罗尔斯指出，关于宪法根本和基本正义的问题，基本结构及其公共政策都可以向全体公民证明其正当合理，这是政治合法性原则所要求的。合法性是一个比正义更弱的理念。民主决策和民主法律之所以合法，并不是因为它们是正义的，而是因为它们是按照一种为人们所接受的合法的民主程序而合法地制定出来的。合法民主程序之结果的不正义，会破坏其合法性。从各种各样的委员会和立法实体，到普选和复杂精密的宪法修正程序，一种合法的程序也就是在人民必须作出集体性决定而又在正常情况下难以达于一致的时候，全体自由而平等的公民都可以理性地予以接受的程序。①

哈贝马斯强调的则是"形式民主"的合法性，他认为在合法性系统方面，借助于资本主义意识形态的普遍主义价值系统，公民权利，包括参与政治选举的权利普及开来。因此，只有在特殊情况下，才能暂时把创造合法性同选举机制脱离开来。由此而出现的问题是通过"形式民主"系统来加以解决的。公民参与政治意志形成过程，即"实质民主"，必定会使人们意识到社会化管理的生产与私人对剩余价值的继续占有和使用之间所存在的矛盾。为了不让这种矛盾暴露出来，行政关系系统就必须充分独立于具有合法性功能的意志形成过程。在失去政治结构的公共领域里，合法性被压缩成了两个剩余的需求：（1）公民私人性，即对政治冷漠，而转向关注事业、休闲和消费；（2）结构失去政治意义本身就需要证明，或是用精英理论，或是用科技专家治国论。"形式民主"的制度与程序安排，使得行政决策一直独立于公民的具体动机之外。这是通过合法化过程实现的：合法化过程诱发了普遍化的动机，即内容各不相同的大众忠诚，但同时避免了群众的参与。②

2. 多数原则的合法性

萨托利指出，多元主义和多数统治是相敌对的，这并不是说多元主义

---

① ［美］罗尔斯：《政治自由主义》，第238、454—457页。
② ［德］哈贝马斯：《合法性危机》，第38—41、80页。

不承认多数原则是一个规章性原则,也就是说,是一个决策的技术,多元主义是有限多数原则——即多数应该尊重少数权利的原则——得以存在并合法化的最好的基石。①

3. 政策责任的合法性

钱伯斯指出,责任取代了同意成为合法性的概念核心。一个合法的政治秩序对于所有那些生活于其法律之下的人都是正当的。因此,责任主要应该从对某事物"给予解释"方面来理解,既公开阐明、解释公共政策,最重要的是证明其合理性。同意(当然还有投票)并不会消逝。在设计与计划协商论坛过程中,学者们大脑中一般有四个目标:通过责任和参与来增加合法性;通过合作来鼓励有关政策问题的具有公共精神的观点;通过包容与礼貌来促进协商各方之间的相互尊重;通过通报情况和实质性辩论来加强决策(意见)的质量。②

阿普特也指出,政府的结构条件,最基本的有两个。所有政府必须具有权威性决策的结构以及责任的结构。权威性决策是指组织中成员认为是合法的决策。责任是指作为决策者的政府必须向社会团体或民众作出回应。不同的社会体系将决策和责任在不同程度上结合起来,以适应强制和信息之间的关系。权威性决策越具有等级性,政治体系就越缺乏责任;政府越具有责任,政治结构的等级性就越弱。③

4. 政策手段的合法性

对于政策手段的合法性,西方学者重点关注的是以下七种"合法的"手段。

第一种是"说服"手段。雅赛指出,如果人们或不同集团的人们在某些问题上怀有强烈的感情,并且认为其他人也怀有同样的感情很重要,他们唯一可以诉诸的合法手段是说服,而不是表决。④

第二种是"诚信"手段。夏皮罗指出,在政治中诚信是合法性的一个组成部分。揭露腐败和欺诈行为的机制也必须成为任何合法的政治体制的一个组成部分。民主比现行其他政治体制要好,就是因为它将这种机制制度化,鼓励有政治抱负的人把阳光引入黑暗的角落里,揭露彼此的错误

---

① [美]萨托利:《政党与政党体制》,第38页。
② [加]西蒙·钱伯斯:《协商民主理论》,载《协商民主与政治发展》,第83—107页。
③ [美]戴维·阿普特:《现代化的政治》,第181页。
④ [英]雅赛:《重申自由主义——选择、契约、协议》,第131页。

和虚伪。①

第三种是"公开"手段。戴蒙德指出,公民必须拥有要求并获得有关政府所有职能与决策之信息的合法权利——这样的信息应与国家安全问题无关,而且也不会侵犯个人的隐私。② 瑞斯也指出,透明性通常被视为增强跨国治理民主合法性的必要元素。③

第四种是"舆论"手段。罗伯斯比尔指出,社会舆论是对个人意见的唯一有资格的判断者,是对各种作品的唯一合法的检查员;社会舆论对于个人意见的影响是温和的、良好的、自然的、不可阻挡的。不是执政者应当使社会舆论服从自己和制造舆论,而是社会舆论应当裁判执政者。④

第五种是"弹性治理"手段。彼得斯指出,"弹性治理"也有较高的合法性,能对政策结果施加更多的影响。该方法强调弹性,主张不断撤销现有组织。不断撤销现有组织可以避免因组织僵化所造成的困扰,能够快速地对不断变化的社会和经济情况作出反映。弹性方法的提倡者企图建立"摧毁组织"的原则,而不是根据评估结果对既有的组织进行改头换面。⑤ 甘布尔也指出,重要的是不同治理模式间的平衡,这才是政治的关键所在,因为所有的治理模式,包括市场,都要求政治上的合法性和政治上的支持。⑥

第六种是"限制强制"手段。布坎南和康格尔顿指出,无论公民们是否愿意玩政治游戏,政府的合法性是决策分配的结果。坚持普遍性原则的政治体制将会更为一贯性,不会那么专横,统治成本也会少些。换句话讲,比不坚持普遍性原则的政治体制更受欢迎。⑦ 斯通也指出,当强力在民主政治中得到合法的使用时,它是作为意见表达的权利和规则的执行。赤裸裸的物质性强制是超出民主的价值体系的。在围绕着政府能否合法地

---

① [美] 夏皮罗:《政治的道德基础》,第238、274页。
② [美] 拉里·戴蒙德:《民主的精神》,第172—173、360页。
③ [德] 托马斯·瑞斯:《社会建构主义遭遇全球化》,载《全球化理论——研究路径与理论论争》,第141—166页。
④ [法] 罗伯斯比尔:《革命法制和审判》,第59—61、157—158页。
⑤ [美] 盖伊·彼得斯:《政府未来的治理模式》,第92—95页。
⑥ [英] 安德鲁·甘布尔:《政治和命运》,第85—88页。
⑦ [美] 詹姆斯·布坎南、罗杰·康格尔顿:《原则政治,而非利益政治——通向非歧视性民主》,第200页。

干预公民的选择和活动的公共政策领域中，不断地会冒出有关自由的悖论。① 戴蒙德则强调，所有政府在某种程度上同时依赖合法性和强制性，比起威权体制，民主体制的稳定要更多地依赖于合法性和自愿服从。一方面，民主就其本质来说是一种有关公众认可的体制。另一方面，当我们依旧称一个政权为民主体制时，它可以使用强制力的程度是有限制的。②

第七种是"司法保障"手段。戴伊指出，法院自身以它们特殊的司法决策方式，来维护和加强它们自己的立法权威，这些方式主要有表面上的客观公正性、不参与任何政党、介入政治的特殊规则、合法的程序和风格。③

需要注意的是，政策程序和政策责任的合法性，对合法的政策手段（说服、诚信、公开、治理、限制强制、司法保障等）有着重要的限定作用，或者说合法的政策手段，实际上就是合法的政策程序和政策责任的具体表现。

（四）政策参与的合法性

对于公民政策参与的合法性问题，西方学者重点关注的是参与、讨论等方式对合法性的影响，马克思主义经典作家则强调了意见表达的合法性。

1. 政策参与合法性的不同解释

对公民政策参与带来的政策合法性问题，西方学者至少有四种不同的解释。

第一种解释强调的是公民政策参与本身具有合法性。勒鲁指出，现代人就其本质来说，他们感到自己不仅是他们出生的这个国家的公民，而且也是这个国家的主人翁。今天总不会有人能拒不承认各种智慧合法参与社会管理是一个既成事实。④ 达尔也指出，"合法的"，意指其活动为政治积极分子的绝大多数认为是正确的、恰当的。民众中所有积极的和合法的群体都可以在决策过程的某个阶段表达自己的意见。⑤ 德雷泽

---

① ［美］德博拉·斯通：《政策悖论：政治决策中的艺术》，第108、259、301页。
② ［美］拉里·戴蒙德：《民主的精神》，第99—100页。
③ ［美］托马斯·R.戴伊：《自上而下的政策制定》，第173—175页。
④ ［法］皮埃尔·勒鲁：《论平等》，第42、263页。
⑤ ［美］达尔：《民主理论的前言》，第189页。

克则强调,民主的合法性取决于所有参与决策的个体之间进行真正协商的能力。①

第二种解释强调的是基于公民参与的政策过程具有合法性。米勒指出,理想的民主应至少满足以下三个条件:它具有包容性,意指所有相关的政治共同体成员在平等的基础上参与决策;它是理性的,意指达成的协议是由协商过程中提出的理由决定,或在无共识情况下由解决争端的程序决定;它具有合法性,意指尽管他或她本人并不信服那些支持论点的观点,但每个参与者都能理解最后结果是如何达成及达成的原因。②

第三种解释强调的是公民参与为政府的行为尤其是政策行为增强了合法性。伊森·里布指出,公民自身必须积极参与到政治意志的形成过程中,从而使政府行使的强制权得到合法化。③ 珍妮特·登哈特和罗伯特·登哈特也指出,民主参与可以增强政府的合法性,参与决策的人们更有可能支持那些制定与执行那些决策的机构。④

第四种解释是否定性的,强调的是政策参与可能带来合法性的幻觉。马奇指出,参与对以后的参与有两方面重要的影响:一方面参与很可能令人失望;另一方面参与会产生大量正面的副结果。参与也会影响对决策过程和结果的满意度。参与与决策合法性之间的关系产生了一系列管理策略,这些策略使人们产生了参与决策的幻觉,而实际上对决策没有任何真正的影响。在很多情况下,举行会议是为了为已经作出的决策"寻求意见",或者会议举行时,各种问题距离形成有意义的解决方案还为时尚早。个人参与决策时,所发表的看法也都是在确认那些已经形成的决议的重要性。这种对参与的腐化反过来又导致人们对参与主动性的严重怀疑。经验告诉人们参与实际上是一个骗局,也是一种浪费。⑤

2. 政策讨论与政策协商的合法性

政策讨论和政策协商是政策参与的具体形式,有些西方学者特别看重

---

① [澳]约翰·德雷泽克:《协商民主及其超越:自由与批判的视角》,第77页。
② [美]戴维·米勒:《协商民主不利于弱势群体》,载《作为公共协商的民主:新的视角》,第139—159页。
③ [美]伊森·里布:《美国民主的未来:一个设立公众部门的方案》,"中文版序言",第1—2页。
④ [美]珍妮特·V. 登哈特、罗伯特·B. 登哈特:《新公共服务:服务,而不是掌舵》,第36页。
⑤ [美]詹姆斯·马奇:《决策是如何产生的》,第120—125页。

这样的形式带来的合法性,并提出了侧重点不同的几种解释。

第一种解释强调的是讨论和协商带来的理论上的合法性。巴伯指出,没有持续的讨论就不存在强势民主的合法性。强势民主是以意志而不是以选择为依据,以判断而不是以偏好为依据。强势民主将决策理解为人具有作为创造者的一面,所以它关注公共意志,通过形成某种共同意志来选择某个共同的世界。在这里,合法性并不是使得道德高尚者获得利益而是裁决公益,问题不是"我想要"和"你想要"之间的竞争,而是"我想要"与"我们愿意"之间的竞争。在强势民主的决策程序中,"我们愿意"也就宣布某种已经获得共同的承认。① 古特曼和汤普森也指出,学术讨论不必以证明一项实际政策的合法性为目标,而商议必须以此为目标。商议民主要求公民和官员通过给出能够被那些受到公共政策限制的人们接受的理由来证明这种政策的正当性。政治决策是具有集体性约束力的,因此应该尽可能公正地对待每一个受到约束的人。②

第二种解释强调的是讨论或协商能够为决策带来合法性。博曼指出,当政策通过公共商讨和辩论的途径制定出来,且参与其中的公民和公民代表超越了单纯的自利和有局限的观点,反映的是公共利益和共同利益的时候,政治决策才是合法的。协商民主因此相信自由而平等的公民的公共协商是合法的政策决策和公民自治的核心组成部分。一个合法的政治制度应当鼓励协商,从而增加达成正确的(或有效的、公平的或真正的)决策机会。③

第三种解释强调的是讨论和协商本身所具有合法性。科恩指出,社团的成员都认为,恰当的社团条件为他们的协商提供了框架,或者是其协商的结果:即他们共同承诺,在那些使协商成为可能的制度中,根据他们借助协商而达成的规范来协调自身的行为。对他们来说,平等公民之间的自由协商是合法性的基础。④ 米勒也指出,协商观念的重点在于,通过公开讨论使所有的观点都被听到,这一方式可以使结果具有合法性,从而可以

---

① [美]本杰明·巴伯:《强势民主》,第164、232—235页。
② [美]阿米·古特曼、丹尼斯·汤普森:《民主与分歧》,第3、12、60页。
③ [美]詹姆斯·博曼:《公共协商:多元主义、复杂性与民主》,第4—6、23—24页;《协商民主时代的来临》,载《协商民主与政治发展》,第51—82页。
④ [美]乔舒亚·科恩:《协商与民主合法性》、《协商民主中的程序与实质》,载《协商民主:论理性与政治》,第50—67、304—323页。

将这一结果看作对之前进行的讨论的反映，而不是将协商看作一个寻找正确答案的探索程序。① 曼宁也认为，合法性的来源不是业已决定的个人意志，而是意志的形成过程，即协商本身。从特征上讲，因为政治决策要施于众人，所以，作为合法性的基本条件，寻求众人的协商，或者更准确地说，寻求众人参与协商的权利，是合法性最主要的条件。一个合法的决策不代表众意，但它源自众人的协商。它是每个人的意志形成过程，这个过程将其合法性归结于结果，而不是已经形成的意志的总和。我们有理由肯定，作为合法性基础的不是他们业已确定的意志，而是他们决定他们意志的过程，这就是协商的过程。因为在现代社会中，合法性关心的问题均来自于自由的个人。② 瑞斯则强调，民主最终是那些利益相关者，通过特定的社会规则，对特定规则的规范合法性相互说服的一种协商进程。一旦行为体达成了合理的共识，这将大大加强规则的合法性，因此也保证了在缺乏约束情况下的自觉遵守。③ 本哈比则认为，在协商式的民主模式看来，合法性和合理性是一个政体集体决策过程的必要条件，政治制度的安排必须使公共利益的考量均出自于自由而平等的公民所进行的合理而公平的集体的协商过程。在协商模式看来，是协商的程序产生了合法性，并保证了某种程度的实践理性。这种协商式的民主模式是程序性的，因为它首先强调的就是制度化的程序和实践，并将其置于最重要的位置，旨在借此达成对所有人都有约束力的决策。④

第四种解释强调的是讨论或协商中的讨价还价、相互辩护或者"公共论争"的合法性。古特曼和汤普森指出，商议民主为讨价还价留出了充裕的空间，只要一场政治争议中的各方把道德互惠性原则接受为他们行动理由的一个限制条件，讨价还价就是一种解决冲突的商议性合法方式。相互辩护表示一种广泛共享的道德理想：即使公民和他们的代表持续地存在分歧，他们也应当按每个人都能合理接受的方式为政治决策提供辩护。在任何政治体制中，如果决策是在一种公民按照公共精神的理由行动的过

---

① ［美］戴维·米勒：《协商民主和社会选择》，载《协商民主论争》，第 195—213 页。
② ［法］伯纳德·曼宁：《论合法性与政治协商》，载《协商民主与政治发展》，第 111-141 页。
③ ［德］托马斯·瑞斯：《社会建构主义遭遇全球化》，载《全球化理论——研究路径与理论论争》，第 141—166 页。
④ ［美］塞拉·本哈比：《走向协商模式的民主合法性》，载《民主与差异：挑战政治的边界》，第 71—95 页。

程中，而不是公民进行自利交易的过程中作出的，那么我们就有可能是更为明达和更为合法的。① 林茨和斯特潘也指出，民主制中，对于政府制定的优先方案和政策都要进行自由的公共论争。把这么一些公共政策从合法的公共论争议程上拿走，这在理论上是反民主的。②

第五种解释强调的是公共推理的合法性。科恩指出，关于民主的、政治合法性的基本观点是，对行使国家权力的授权必须源自受该权力支配的社会成员的集体决策。一种协商的民主观念将公共推理置于政治合法性的核心。民主的协商概念提出的阐释说明了在民主制度中作出的决议在何时具有政治合法性，以及为了作出合法决议该如何形成论证的机制和形式。③

3. 意见表达的合法性

马克思主义经典作家重视的是意见表达尤其是表达不同政策意见的合法性，并提出了两方面的要求。

一是合法表达与共产党不同的意见。斯大林指出："代表团的目的是要弄清楚工人阶级和农民跟共产党不同的意见怎样才能合法地表达出来。……目前苏联的工人和劳动农民群众中间有没有不同意见的争论呢？无疑是有的。……这种争论会在会议上、工会中、合作社中、苏维埃选举时以及其他场合得到合法的表现。……现在，在无产阶级专政条件下，不同意见的争论不是围绕着推翻苏维埃政权的问题，不是围绕着摧毁苏维埃制度的问题，而是围绕着改进苏维埃政权机关的问题，改进它们工作的问题。……我们党是国内唯一合法的政党（共产党的垄断），它的这种地位并不是一种人为的故意假造出来的。这种地位决不可能是人为地用行政手腕等等制造出来的。我们党的垄断是在实际生活中成长起来的，是在历史进程中形成起来的。……这样的不同意见的争论只能是巩固共产党，十分明显，这样的不同意见的争论只能增强共产党的垄断。十分明显，这样的不同意见的争论不会在工人阶级和劳动群众内部造成其他政党形成的基础。"④

---

① ［美］阿米·古特曼、丹尼斯·汤普森：《民主与分歧》，第78—80页。
② ［美］胡安·林茨、［英］阿尔弗雷德·斯特潘：《走向巩固的民主制》，载《变动中的民主》，第56—81页。
③ ［美］乔舒亚·科恩：《民主与自由》，载《协商民主：挑战与反思》，第184—229页。
④ 斯大林：《和第一个美国工人代表团的谈话》，《斯大林全集》，第10卷，第101—102、105页。

二是使"闲话"和"小广播"合法。毛泽东指出:"我们要习惯听闲话,准备多听闲话,把听闲话当作收集舆论的机会。党校闲话很多,我们让他讲,这叫合法的闲话(军队里叫作怪话)。"① 我们现在是开工厂,七大就是开政治工厂,我们中央也是开政治工厂,这个工厂没有原料怎么行呢?原料贫乏制出的东西就不像样子,所以我们要收集原料。打开窗户就使原料有来源,我们还要登广告:'知无不言,言无不尽;言者无罪,闻者足戒;有则改之,无则加勉。'登广告就是为了要收集原料,为了使我们的政治工厂的原料多一些,其中包括小广播这种原料在内。如果我们扩大民主,把小广播合法化,把'黑市'变成合法的,原料就会多起来。大家有意见,有气,就应该打开窗户,让他们把气出完,把意见都说出来。"②

政策参与的形式可以有所不同,但合法地表达政策意见的宗旨应该是一致的。在强调"参与合法性"时,认清这一点是非常重要的。

(五) 接受政策的合法性

政策受众是否接受政策,也涉及不同层次的合法性问题,西方学者在这方面关注的主要是以下两类合法性问题。

1. 期望的合法性

马歇尔指出,社会地位上的差异从民主公民身份角度看可以获得合法性的印记,其前提是这些差距不能过分悬殊。这就意味着,在一个大致平等的社会中,不平等是可以容忍的,只要这些不平等不属于对抗性的。公共政策已经毫不含糊地给予公民一个合法的期望,即让每一个家庭都各安其所。在不断实现集体社会权利的过程中,可能会出现个人之间的不平等这一暂时性的后果。③ 马歇尔还强调构建一个权利和期望的等级体系是完全可能的。在这一体系中,第一等级是被精确界定且有法律强制力的权利。第二等级是依据现行的政策,通过行使自由裁量权来评估某人需要的权利。第三等级是"合法的期望",它们以公开承认的政策目标为基础,更精确和更概括地说,它们是承诺提供给公民的援助或服务。如果期望没

---

① 毛泽东:《在西北野战军前委扩大会议上的讲话》,《毛泽东文集》,第5卷,第28页。
② 毛泽东:《在中国共产党第七次全国代表大会上的结论》,《毛泽东文集》,第3卷,第400页。
③ [英] 马歇尔、吉登斯等:《公民身份与社会阶级》,第33、43—44、54页。

有得到满足,所形成的抱怨并不会转化为诉讼,而是表现为对服务的不满意。第四个等级是一些普遍接受的标准,通过它们,社会政策及其绩效状况可以得到判断。①

其他学者关注的则是表现为"应得权利"期望的合法性。莫里斯·罗奇指出,社会民主模式以斯堪的纳维亚的国家为典型,这种模式追求平等、普遍、包容的理想和价值,因而允诺人民,作为现代公民,他们可以合法地要求享有充分的资源保障的社会权利。跟法团主义模式一样,这种模式要促进高水平的就业,同时推动政策制定方面的社会对话。②桑德斯也指出,我们被悉心照料,不是因为集体关心我们每个人身上发生了什么,而是因为我们有合法的权利。③皮尔逊则强调,福利国家在第二次世界大战之后变成了所有发达工业民主国家的一个内在组成部分。社会保护的允诺为西方民主国家提供了政治合法性。④

2. 合法性要求的大众忠诚、支持和共识

哈贝马斯指出,政治系统需要尽可能投入各种不同的大众忠诚,所产出的则是由权力机构贯彻的行政决定。产出危机表现为合理性危机,即行政系统不能成功地协调和履行从经济系统里获得的控制命令。投入危机则表现为合法性危机,即合法性系统无法在贯彻来自经济系统的控制命令时把大众忠诚维持在必要的水平上。国家机构同时面临着两个任务,一方面,它必须从利润和个人收入中来征集必要的税收,并合理地使用可供支配的税收,以此来避免经济成长过程中的危机。另一方面,有选择的征税,税收使用的明显次序以及行政运作本身,都应该满足随时会出现的合法性需求。如果国家不能完成前一项任务,那么就会出现行政合理性的欠缺;如果不能完成后一项任务,就会出现合法性的欠缺。⑤

诺斯等人则指出,共识的政治秩序对公民有三个条件:公民中必须有足够的共识,认为他们的政治制度是称心的;公民必须接受这些制度制定的政策的合法性,乐意生活在由这些制度确定的政策下;公民必须相信他

---

① [英]马歇尔、吉登斯等:《公民身份与社会阶级》,第76—78页。
② [英]莫里斯·罗奇:《公民身份、大众文化与欧洲》,载《文化与公民身份》,第105—141页。
③ [英]彼得·桑德斯:《自由社会的公民身份》,载《公民身份与社会理论》,第66—103页。
④ [英]保罗·皮尔逊:《拆散福利国家——里根、撒切尔和紧缩政治学》,引言,第1、4页。
⑤ [德]哈贝马斯:《合法性危机》,第52—57、68—69页。

们的权利应该受到保护,乐意去保护这些制度不被政治官员滥用。①

"接受政策的合法性"和"政策参与的合法性",都是主要基于权利而不是基于权力的合法性。有所不同的是,"接受政策的合法性"侧重的是"应得权利","政策参与的合法性"侧重的则是"支配权利"。

(六) 注重有效性的合法性

西方学者还将有效性与合法性联系在一起,使有效性成为合法性的一个重要维度,并重点关注了五方面的问题。

1. 制度有效性与合法性的结合

雷蒙·阿隆指出,当民主制度被视为合法,当民主制度有一种充分有效性的时候,它被认为是稳定的。而民主制度要求政党的竞争能产生一个相对稳定的多数派执政党,一种体现在某个团体中的共同意志,最后,这种有组织的竞争必须以竞争的各党派对游戏规则的基本认同为前提。即使不通过多党制和我们在西方认为政治自由不可或缺的反对党的合法性,其他国家仍然有可能实现它们所向往的具体民主(安全、福利、晋升的机会、集体生活的参与)。② 如果公民以机会主义的方式服从一种不合法的制度,那么他就沦为臣民。民众的政权因固有的合法性即选举的合法性被大家所接受。③

2. 有效统治与合法统治的结合

韦伯指出,对日常生活的有效统治既不是通过议会的演说,也不是通过君主的文告,而是通过日常的行政管理。向官僚制官员进步是衡量国家现代化的标准,绝对主义国家和民主国家都会以带薪官员取代显贵统治,带薪官员就是对我们的所有日常需求和抱怨作出决定的人。在大规模联合体的行政中,具有专业素养的常任官员始终是这个行政机器的核心,而且它的"纪律性"是获得成功的绝对前提。④ 达尔则强调,宪法可能在许多方面影响一个国家的民主政治:稳定、基本权利、中立、责任、公平的代表、知情下的共识、有效统治、明智的政策、透明易懂、

---

① [美] 道格拉斯·诺斯、威廉·萨默希尔、巴里·韦恩加斯特:《秩序、无序和经济变化:拉美对北美》,载《繁荣的治理之道》,第18—63页。
② [法] 雷蒙·阿隆:《阶级斗争——工业社会新讲》,第112—113页。
③ [法] 雷蒙·阿隆:《论自由》,第9页。
④ [德] 马克斯·韦伯:《新政治秩序下的德国议会与政府》,第120、127页。

弹性、合法性。①

3. 有效决策与合法决策的结合

将有效决策与合法决策密切结合，需要注意西方学者的以下论点。

第一，注意目的价值和工具价值的区分。阿普特指出，合法性来自两类价值，即目的价值和工具价值。合法性的目的价值可以被描述为团结和认同，合法性的工具价值可以从政策制定的有效性方面进行讨论。合法性的两个方面，即目的合法性和工具合法性，设定了政府活动可行性的条件。其他团体阻止这两种合法性的努力提供了政府活动的"动机"，推动政府制定政策。如果这两种合法性提供了政府活动的边界这一说法正确的话，那么加强合法性或至少防止合法性衰落，就成为政府最终的政治目标。因此，政府目标的实现，取决于政府作出充分的选择以维持合法性，即从道德和效率的角度最终被社会所接受。政府对工具目的的操纵可以从影响权力和声望等级的决策中发现。政府政策通过操纵意识形态影响目的价值而非工具价值。②

第二，注重权威的合法性与有效性。爱德华兹指出，随着政治参与的增加，国家权威的合法性与有效性也在加强，这同时也为保护那些在社会权力体系中遭受歧视的或者在经济舞台上被剥削的人的权利，提供一个强有力的手段。③

第三，注重政策过程中有效性与合法性的关系。奥斯特罗姆指出，有效政策来自各种程序的正当审议。④ 布坎南和康格尔顿则强调，普遍性原则的标准必须在操作层面予以界定，因为普遍性原则的最终目的是制约多数主义政治。政治制度明确了参与集体决策过程的各种方法的有效性。⑤

第四，注意合法性与有效性的平衡。托马斯指出，伴随着公民参与决策的不断发展，公共决策的合法性与效能性之间的平衡关系就成了一个重要的问题。如果管理者更多地借助于公民参与决策，与公共管理者自主决策相比，无疑会增加政策的合法性。在良好规划和管理的基础上，公民参

---

① [美] 罗伯特·达尔：《论民主》，第133—136页。
② [美] 戴维·阿普特：《现代化的政治》，第176—177、199、234页。
③ [美] 迈克尔·爱德华兹：《积极的未来》，第174—175页。
④ [美] 文森特·奥斯特罗姆：《美国联邦主义》，第16页。
⑤ [美] 詹姆斯·布坎南、罗杰·康格尔顿：《原则政治，而非利益政治——通向非歧视性民主》，第135、153、181、200页。

与可以促进公共管理工作的有效性和决策的有效性,并给我们带来很多好处:(1)由于公民或公民团体的参与为决策带来了更多的有效信息,这使得决策质量有望提高,公民提供的信息可以避免决策因建议不当而造成的失误;(2)伴随着公民参与公共决策过程,公民对决策的接受程度大大提高,从而促进了决策的成功执行;(3)如果公民能够辅助公共服务的提供,那么公共部门提供的服务就会更有效率和效益;(4)公民参与将会增强公民对于政府行为的理解,从而减轻人们对政府机构的批评,改善官僚遭到围攻的困境。公民参与带来的最重要的回报是它对于民主价值发挥的作用。不断增强的公民参与通过发展公民与政府间新的沟通渠道来保证对政府的监督,来增进政府以及公共管理者的责任性,而更加有力的公民参与还促进了公民对政府决策的接受性,这就为政府提供了合法性的基础。[①]

第五,注意领导者对合法性和有效性的态度。马奇和奥尔森指出,在社团交易型国家,国家的作用是要根据美好社会的政治偏好、规划和愿景对社会进行塑造。通过赢得公共选举,政治领袖们获得了充当社会建筑师所必需的权威、合法性和权力。公民是国家的选民或附属。官僚机构是中立性的工具,其任务是贯彻政治目标和计划。政治领袖设计行政机构,以使其更加具有效率和效能。标准的组织模式是机构的部门化,并被科层化的影响力、责任和控制所裹挟,而与其他影响隔离开来。领袖可能不关心决策所导致的社会效应,但是他们有权威和权力作出决策。[②]

4. 合法决策与有效政策结合

雪莱指出,被统治者的福利是政府的根源和意义。一切为其他人的幸福而存在的政府,其合法性仅仅在于它的存在是得到人们同意的,而其有效性仅仅在于它的活动是为他们谋福利。[③]

奥菲也指出,那些旨在重组、维持和普及市场交换关系等总体目标的政策,依赖于政治手段所产生的特定结果。这些政治调节手段可以归纳为如下类型:(1)财政刺激等调节措施;(2)名目繁多的公共建设投资;(3)各种共同决策、共同投资方案的引入;尽管国家政策必须组织因私

---

① [美]约翰·克莱顿·托马斯:《公共决策中的公民参与》,第49、115—116页。
② [美]詹姆斯·马奇、[挪威]约翰·P.奥尔森:《重新发现制度:政治的组织基础》,第114页。
③ 《雪莱政治论文选》,第23、54页。

人生产所导致的功能失调这一后果,但它又不能侵犯私人生产的首要地位。如果国家政策想要充分有效,它又被迫依赖于这样一些手段,要么违反处于支配地位的资本关系,要么破坏政府管理自身的功能性要求——合法性和行政能力。[①]

5. 有效政策带来的合法性

英格尔哈特指出,政治系统积极的输出为执政者带来民众支持,从短期看,这种支持建立在成本收益计算的基础上,即关于"你最近为我做了些什么"。如果某个政权的输出在很长一段时间里都被认定是积极的,那么这个政权会发展出"弥散化支持"。与对政治体系本身的好评相比,整体上对个人生活感到满意更能极大地提升政治的合法性。因为对大多数人来说,政治只是生活的边缘领域,其满意度可以在一夜之间升降。但是,当人们感觉到在民主制度下自己的生活在整体上过得很幸福时,随之产生的就是对这一制度的较深层的、弥散化的以及长久的支持基础。高水平的生活满意度、政治满意度、人际信任度、议政率和对现有社会秩序的维护,往往都是联系在一起的——它们构成了对所有世界之积极态度的征候群。长期有效性可能就是产生合法性的最可靠方式,因为公众会将他们在社会化早期对该政体的长期正面态度稳固下来。[②]

"有效性"是合法性的一个重要维度,这个维度之所以往往被忽视,就是因为它的"载体"不够清晰。一旦将"有效性"与政策联系在一起,与"有效性"相关的合法性就有了指向明确的"载体",并可以提供更具有说服力的理由。

(七) 对政策正当性的理解

在一些西方学者看来,正当性与合法性具有相同含义,但是也有一些学者认为合法性和正当性具有不同含义。我们可以先列出西方学者对各种正当性的解释,再说明合法性与正当性是否有明显的区别。

1. 正当要求

政策需要满足民众的正当性要求,对于这样的要求,主要有五种不同

---

① [德] 克劳斯·奥菲:《福利国家的矛盾》,第 23、68 页。
② [美] 罗纳德·英格尔哈特:《现代化与后现代化——43 个国家的文化、经济与政治变迁》,第 186、201 页。

的解释。

第一种解释侧重的是正当利益的要求。雪莱指出,一个人对公众的感情越深,对他自己的正当利益的关心也会随之融化到对公众利益的关怀中去。[1]

第二种解释侧重的是正当服务的要求。哈耶克指出,具有强制性的政府组织及其组织规则的存在,的确为人们创制了一种分享政府组织所提供服务的正当要求,甚至还为人们要求平等地参与决定政府所作所为的做法提供了正当性理据。但是,这个事实却不能够为人们要求政府提供它并不向所有的人提供或不可能向所有的人提供的那种东西提供任何理据。[2]

第三种解释侧重的是正当救济的要求。洛克指出,公民政府是针对自然状态的种种不方便情况而设置的正当救济方法。[3]

第四种解释侧重的是正当干预的要求。密尔（又译穆勒）指出,同非命令式的政府干预相比,命令式的政府干预所具有的正当活动范围要小得多。在某一时期或某一国家的特殊情况下,那些真正关系到全体利益的事情,只要私人不愿意做（而并非不能高效率地做）,就应该而且必须由政府来做。[4]

第五种解释侧重的公民获得知识的正当性理由。罗素·哈丁指出,民主制度中公民责任的关键是公民角色的因果性功效和个人要求获得相关知识的正当性理由。如果其角色是完全无效的,那么就没有社会理由去获得知识,公民就可能理性地维持无知状态。[5]

2. 正当统治

西方学者对"正当统治"既有综合性的解释,也有"专指性"的解释,可以列举四种具有代表性的说法。

第一种是对三类不同的正当统治形态的说明。这样的说法来自韦伯,他认为原则上有三个能使任何支配获得正当性的依据,即传统型统治、魅力型统治和合法（法制）型统治各有不同的依据,已见前述。

第二种是对代议制政府正当性的说明。基佐指出,真正正当的统治权

---

[1] 《雪莱政治论文选》,第47页。
[2] [英] 哈耶克:《法律、立法与自由》,第2、3卷,第180—183页。
[3] [英] 洛克:《政府论》,下篇,第10页。
[4] [英] 约翰·穆勒:《政治经济学原理》,下卷,第531、570页。
[5] [美] 罗素·哈丁:《自由主义、宪政主义和民主》,第181页。

理论是代议制政府原理。正当的统治权理论的必然结果是,所有的实际权力都是负责任的。任何时候,它都要追求永远制约着现有权力的理性、正义和真理。①

第三种是对多数统治原则正当性的说明。达尔指出,多数统治原则只有作为获得政治平等的手段才是正当的。②

第四种是对最低限度国家正当性的说明。诺齐克指出,能够得到证明的是一种最低限度的国家,其功能仅限于保护人们免于暴力、偷窃、欺诈以及强制履行契约等等;任何更多功能的国家都会侵犯人民的利益,都会强迫人们去做某些事情,从而也都无法得到证明;这种最低限度的国家既是令人鼓舞的,也是正当的。③

3. 正当政策

什么样的政策可以被视为"正当政策",归纳西方学者的论点,应该有以下六条标准。

第一条标准是公正对待每个人。古特曼和汤普森指出,商议民主要求公民和官员通过给出能够被那些受到公共政策限制的人们接受的理由来证明这种政策的正当性。政治决策是具有集体性约束力的,因此应该尽可能公正地对待每一个受到约束的人。证明一种优先雇佣政策或某种非歧视政策的正当性,需要对被该政策置于最不利地位的公民说明理由——说服他们即使真的不同意也要遵守政策。在思考这些理由的过程中,全体公民能逐渐更好地理解公平机会的道德意义与政策内涵。④

第二条标准是政策公开。古特曼和汤普森指出,公民和官员为了证明各种政治行动的正当性而给出的各种理由,和评价这些理由所必需的信息,都应该公之于众。⑤

第三条标准是正当结果。哈耶克指出,民主之所以为正当,其赖以为据的乃是三种主要论点。第一种论点认为,当相互冲突的意见并存且只能有一种意见胜出的时候,以点人头的方式(即投票的方式)来确定何种意见得到了更大的支持,要比采取战斗的方式成本更低。第二种论点认为

---

① [法]弗朗索瓦·基佐:《欧洲代议制政府的历史起源》,第239页。
② [美]罗伯特·达尔:《论政治平等》,第10页。
③ [美]诺齐克:《无政府、国家与乌托邦》,第399—400页。
④ [美]阿米·古特曼、丹尼斯·汤普森:《民主与分歧》,第60、371页。
⑤ 同上书,第107页。

民主是个人自由的重要保障。第三种论点指出，民主制度的存在，对于人们普遍了解公共事务具有极大的影响力，这个观点似乎最强有力。① 科恩也指出，民主鼓励和平解决争端，因为民主从来不会作出任何决定使少数派有正当理由诉诸暴力。②

第四条标准是正当责任。古特曼和汤普森指出，商议性问责制使得民主变得更具有正当性。在商议论坛中，每个人都是对所有人负责的。③ 奥唐奈也指出，在制度化的民主制下，责任不仅是纵向的，也就是使被选举的官员对投票箱负责；而且也是横向的，即通过一套能提出质疑的相对自治的权力网络的检测，最终惩罚那些不正当地推卸责任的在职官员。④

第五条标准是正当行为。哈贝马斯指出，具有一定知识和判断能力的选民能够在公共讨论中承担一种积极的角色，从而能够有助于发现具有合理性形式并引起广泛关注的正当而公正的政治行为的约束标准。⑤

第六条标准是正当改革。葛德文指出，当局部改革出于正当的根源，这种改革通常是可以得到我们赞扬的。在某种意义上，逐步改革是改革和不改革之间的唯一被选择的出路。⑥

4. 正当审议

对于政策的正当审议，西方学者重点关注的是六方面问题。

第一，政策建议的正当性。埃尔斯特指出，协商背景能够超越参与者的动机而影响结果。因为存在有力反对赤裸裸地诉诸利益或偏见的规范，所以发言者必须根据公共利益来证明其建议的正当性。一般而言，听众的作用是用理性的语言取代利益的语言，用带有感情的动机代替不偏不倚的动机。公众的存在使代表极难表现出自己纯粹受个人利益的驱动。⑦ 艾丽丝·马里恩·扬也指出，在就集体行动或公共政策进行公共讨论的过程中，如果人们只说他们要什么，而不诉诸正义和正当性时，他们就不会受到认真的对待。相反，他们必须声称自己提出的建议是正义的、有根据

---

① [英] 哈耶克：《自由秩序原理》，上册，第131—132页。
② [美] 卡尔·科恩：《论民主》，第229页。
③ [美] 阿米·古特曼、丹尼斯·汤普森：《民主与分歧》，第145—146、177—178页。
④ [美] 基尔摩·奥唐奈：《论委任制民主》，载《民主与民主化》，第46—70页。
⑤ [德] 哈贝马斯：《公共领域的结构转型》，第245页。
⑥ [英] 威廉·葛德文：《政治正义论》，第734—735页。
⑦ [美] 约·埃尔斯特：《协商与制宪》，载《协商民主：挑战与反思》，第97—120页。

的、其他人可以接受的，以此来吸引他人的注意。[①]

第二，公共辩论的正当性。博曼指出，协商过程促使公民通过诉诸公共利益，或者以在公共辩论中"所有人都能接受"的理性话语，来证明他们的决定和决策的正当性。[②]

第三，讨论程序的正当性。费伦指出，为讨论的正当性进行辩护的一个完全不同的路径，就是论证该程序本身就是好的或正确的，它不受任何所期望的结果的约束。即使我们预料讨论可能产生负面的结果，但我们仍旧想要讨论，因为这只是所要做的道德上正确的事情，或者因为没有其他过程能够产生政治上合法的决议。[③]

第四，绝对多数决定的正当性。霍布豪斯指出，要证明任何一项重要的新政策是正当的，必须有一样不止是勉强多数的东西，必须要么有绝对的多数，三分之二或四分之三的选民，要么必须克服一种阻力。[④]

第五，认识论的正当性。德雷泽克指出，认识论观点的正当性依赖于协商民主区分好坏观点的能力，而不是取决于协商民主使所有理性发挥作用的能力。任何把协商和解决集体问题联系在一起的做法，都需要有这种认识维度。[⑤]

第六，政策协议的暂时正当性。古特曼和汤普森指出，互惠性、公共性和问责制这三个原则构成了一个寻求商议性协议的过程——这种政策上的协议对于受这些政策约束的公民来说，能够暂时是正当的。负有责任的行为者公开地努力寻找其他受到激发来寻求商议性协议的人也能够接受的理由。当公民和负有责任的官员产生分歧并且同时也认识到他们正在寻求商议性协议时，他们彼此之间会愿意带着实现暂时性正当政策的目的而继续进行辩论，而且他们所有人都能够彼此承认对方正在这样做。[⑥]

比较政策合法性与政策正当性的各种表述，可以看出"正当要求"中的各种要求，与"期望的合法性"应有密切的联系；"正当统治"的

---

① [美]艾丽丝·马里恩·扬：《交往与他者：超越协商民主》，载《民主与差异：挑战政治的边界》，第116—131页。
② [美]詹姆斯·博曼：《公共协商：多元主义、复杂性与民主》，第4—5页。
③ [美]詹姆斯·费伦：《作为讨论的协商》，载《协商民主：挑战与反思》，第45—67页。
④ [英]霍布豪斯：《自由主义》，第122—124页。
⑤ [澳]约翰·德雷泽克：《协商民主及其超越：自由与批判的视角》，第164页。
⑥ [美]阿米·古特曼、丹尼斯·汤普森：《民主与分歧》，第11、14页。

"多数统治原则的正当性"和"代议制政府的正当性",与"多数原则的合法性""代议制的合法性"有一定的重合;"正当政策"的"正当责任"和"政策公开",与"政策责任的合法性""政策手段的合法性"有一定的重合;"正当审议"的"公共辩论的正当性""政策建议的正当性"和"讨论程序的正当性",与"参与合法性"和"政策讨论与协商的合法性"的要求有一定的重合。也就是说,尽管政策正当性可以有一些不同的表述,但是在核心内容上,正当性与合法性应当是相通的甚至是相同的,因此我们更应该关注的是两者的共性,而不是差异性。

(八) 政策民主的法治化要求

以政策合法性的六个维度,结合政策对法律的依赖性、宪法对政策的约束、适用于公共政策的宪政原则和政策法治标准及法制要求,可以为政策民主理论理出"政策民主法治化"的六条基本标准。

第一条是"目的性标准",强调"政策民主法治化"的目标是避免政策独裁、限制政策强制权力、反对官僚主义、克服腐败现象、依法制定政策和依法办事。为实现这样的目标,要求建立"权力型规范"。支持这种规范的,主要是"基于权力的合法性"(具体表现为与统治、同意、选举和管理行为等有关的合法性)。在法律层面上,既要注意马克思主义经典作家强调的法律是人民的自我规定、法律不依个人意志转移等论点,也要注重法律对决策者(包括行政部门)和自由裁量权的限制。在宪法和宪政层面上,则不仅要坚持宪法指导决策、政策服从宪法、反专制等原则,还要特别注意宪政的权力基础和选举基础,并高度重视宪政的控制权力原则和有限政府原则。

第二条是"体制性标准",要求通过"制度型规范"建立有效的立法机制和分权政策体制,明确民主与法制的关系并通过法制使民主制度化、法律化。支持这一标准和相应规范的,主要是"基于制度的合法性"(即与典则和具体制度有关的合法性)。在法律层面上,重点关注的应是法律对政策的规范和以法律为基础的制度化选择(尤其需要注意的是在代议制方面有不同的制度选择)。在宪法和宪政层面上,则既要遵从宪法为政策确定的有效约束立法机构、行政机构、决策者、反对派等原则,也要注重宪政的民主基础和专政基础,并维护宪政的规则优先原则。

第三条是"运行性标准",要求通过"程序型规范"建立政策问责机制和严格的政策监控机制。支持这一标准和相应规范的，主要是"政策程序的合法性"（既强调合法的民主程序，也强调政策责任、政策手段的合法性）。在法律层面上，不仅要注意法律作出的政策规定，还要注意法律对强制行为的限制，并强调具体决策需要依据专门法律，在特定情况下可以通过司法程序判定政策是否合法。在宪法和宪政层面上，则应遵从宪法的限制政策风险原则和宪政的限制多数原则。

第四条是"人民性标准"，要求通过"参与型规范"实现群众的自我管理或公民自我治理。支持这一标准和相应规范的，主要是"政策参与的合法性"（具体表现为参与、讨论、协商、意见表达等的合法性）；需要注重的则是宪法赋予公民的参与权利，并应遵从宪政的公开和辩论原则。

第五条是"支持性标准"，要求通过"接受型规范"使政策交往制度化并对公民进行全面纪律教育和法制教育。支持这一标准和相应规范的，主要是"接受政策的合法性"（包括期望的合法性和大众忠诚及支持）。在法律层面，既需要注重法律对政策的利益和正义取向的保障，也要注重政策对法律意图的表述。在宪法和宪政层面，则要重视宪法对理性和正义决策的要求，并要坚持宪政的政策公正原则。

第六条是"满意性标准"，要求通过"有效性规范"使政策在法治约束下既合法又有效，并能带来社会的稳定和健康发展。支持这一标准和相应规范的，主要是"注重有效性的合法性"（既强调有效的政策可以带来合法性，也强调在统治、制度、决策等方面有效性与合法性的结合）；需要注重的，是法律对政策体系的有效支持，维系宪法对政策的有效约束，并遵从宪政的政策改革优先原则。

六条标准对应的六种规范和六类合法性，以及相关的法律、宪法和宪政要求，表明实现法治化的政策民主或"政策民主法治化"并不是简单的问题，而是要有综合性或系统性的要求和具体的标准。只有明确了这样的要求和标准，才有可能展开相应的政策实践，才会有真正的法治。

第十章　制度化的政策民主

制度化的政策民主，强调政策需要以良好的制度形态作为基础，而这样的制度形态，不仅仅指代议制、政党制度、行政管理制度，还有政体和国家定位的影响，需要分别加以说明。

一　社会主义国家政策体系的制度基础

马克思主义经典作家对于无产阶级政权和社会主义国家政策体系的制度基础，重点关注的是七方面的问题。

（一）国家的基本定位

对于国家学说，马克思主义经典作家有系统的论述，我们重点关注的是与政策有关的社会主义国家的基本定位。

第一，国家消亡是历史发展的趋势。恩格斯指出："国家是社会在一定发展阶段上的产物；国家是表示：这个社会陷入了不可解决的自我矛盾，分裂为不可调和的对立面而又无力摆脱这些对立面。而为了使这些对立面，这些经济利益互相冲突的阶级，不致在无谓的斗争中把自己和社会消灭，就需要有一种表面上驾于社会之上的力量，这种力量应当缓和冲突，把冲突维持在'秩序'的范围之内；这种从社会中产生但又自居于社会之上并且日益同社会脱离的力量，就是国家。""由于国家是从控制阶级对立的需要中产生的，同时又是在这些阶级的冲突中产生的，所以，它照例是最强大的、在经济上占统治地位的阶级的国家，这个阶级借助于国家而在政治上也成为占统治地位的阶级，因而获得了镇压和剥削被压迫阶级的新手段。""曾经有过不需要国家、而且根本不知道国家和国家权力为何物的社会。在经济发展到一定阶段而必然使社会分裂为阶级时，国家就由于这种分裂而成为必要了。随着阶级的消失，国家也不可避免地要消失。"① "国家无非是一个阶级镇压另一个阶级的机器，这一点即使在民主共和制下也丝毫不比在君主制下差。国家最多也不过是无产阶级在争取阶级统治的斗争胜利以后所继承下来的一个祸害；胜利了的无产阶级也将同公社一样，不得不立即尽量除去这个祸害的最坏方面，直到在新的自由的社会条件下成长起来的一代能够把这全部国家废物完全抛掉为止。"② 列宁也指出："国家就在这个意义上开始消亡。大多数人可以代替享有特权的少数人（享有特权的官吏、常备军长官）的特殊机构，自己来直接行使这些职能，而国家政权职能的行使愈是全民化，这个国家政权就愈不需要了。"③

第二，无产阶级不能利用现成的国家机器。马克思指出："工人阶级不能简单地掌握现成的国家机器，并运用它来达到自己的目的。"④ 恩格斯也指出："公社一开始就得承认，工人阶级在获得统治时，不能继续运用旧的国家机器来进行管理。"⑤ "胜利了的无产阶级在能够利用旧的官僚的、行政集中的国家机构来达到自己的目的之前，必须把它加以改造。"⑥ 列宁也强调："公社用来代替被打碎的国家机器的，似乎'仅仅'是更完全的民主：废除常备军，一切公职人员完全由选举产生并完全可以撤换。……民主实行到一般所能想象的最完全最彻底的程度，就由资产阶级民主转化成无产阶级民主，即由国家（＝对一定阶级实行镇压的特殊力量）转化成一种已经不是原来意义上的国家的东西。"⑦

第三，无产阶级还要在一定时期内维持国家的存在。恩格斯指出："无产阶级在取得胜利以后遇到的唯一现成的组织正是国家。这个国家可

---

① 恩格斯：《家庭、私有制和国家的起源》，《马克思恩格斯全集》，第 21 卷，第 110、194—198 页。

② 恩格斯：《法兰西内战 1891 年单行本导言》，《马克思恩格斯全集》，第 22 卷，第 228—229 页。

③ 列宁：《国家与革命》，《列宁全集》，第 31 卷，第 40 页。

④ 马克思：《法兰西内战》，《马克思恩格斯全集》，第 17 卷，第 355 页。

⑤ 恩格斯：《法兰西内战 1891 年单行本导言》，《马克思恩格斯全集》，第 22 卷，第 227 页。

⑥ 《恩格斯致爱·伯恩施坦（1884 年 1 月 1 日）》，《马克思恩格斯全集》，第 36 卷，第 81 页。

⑦ 列宁：《国家与革命》，《列宁全集》，第 31 卷，第 40 页。

能需要作很大的改变，才能完成自己的新职能。但是在这种时刻破坏它，就是破坏胜利了的无产阶级能用来行使自己刚刚获得的政权、镇压自己的资本家敌人和实行社会经济革命的唯一机构，而不进行这种革命，整个胜利最后就一定会重归于失败，工人就会大批遭到屠杀，巴黎公社以后的情形就是这样。"①

第四，社会主义国家是无产阶级专政的国家。恩格斯指出："当无产阶级还需要国家的时候，它之所以需要国家，并不是为了自由，而是为了镇压自己的敌人，一到有可能谈自由的时候，国家本身就不再存在了。"②毛泽东也指出："巩固无产阶级的专政或人民的专政，正是准备着取消这种专政，走到消灭任何国家制度的更高阶段去的条件。"③

第五，社会主义国家是人民掌握政权的国家。马克思指出："公社——这是社会把国家政权重新收回，把它从统治社会、压迫社会的力量变成社会本身的生命力；这是人民群众把国家政权重新收回，他们组成自己的力量去代替压迫他们的有组织的力量（即被人民群众的压迫者所篡夺的力量）。"④列宁也指出："如果人民群众不能掌握全部国家政权，如果在国家中保留某种不是由人民选出的、人民不能更换的、人民完全不能做主的政权，那就不可能真正满足大家都感到的迫切需要。"⑤

第六，社会主义国家是公有制的国家。恩格斯指出："无产阶级将取得国家政权，并且首先把生产资料变为国家财产。""国家不是'被废除'的，它是自行消亡的。""无产阶级将取得社会权力，并且利用这个权力把脱离资产阶级掌握的社会化生产资料变为公共财产。"⑥邓小平也指出："基本的生产资料归国家所有，归集体所有，就是说归公有。国家富强了，人民的物质、文化生活水平提高了，而且不断提高，这有什么坏处！在本世纪内

---

① 《恩格斯致菲·范一派顿（1883年4月18日）》，《马克思恩格斯全集》，第36卷，第10页。

② 《恩格斯致奥·倍倍尔（1875年3月18日—28日）》，《马克思恩格斯全集》，第34卷，第123页。

③ 毛泽东：《矛盾论》，《毛泽东选集》，第1卷，第304页。

④ 马克思：《法兰西内战初稿》，《马克思恩格斯全集》，第17卷，第588页。

⑤ 列宁：《为政权而斗争和为小恩小惠而"斗争"》，《列宁全集》，第13卷，第218—219页。

⑥ 恩格斯：《反杜林论》，《马克思恩格斯全集》，第20卷，第292、305—306页；《社会主义从空想到科学的发展》，《马克思恩格斯全集》，第19卷，第247页。

最后的十六年,无论怎么样开放,公有制经济始终还是主体。"①

第七,社会主义国家要求社会解放和社会改造。马克思指出:"公社应该公开宣布'社会解放'为共和国的伟大目标,从而以公社的组织形式来保证这种社会改造。"② 毛泽东也指出:"我们不要迷信,认为在社会主义国家里一切都是好的。事物都有两面:有好的一面,有坏的一面。在我们的社会里,一定有好的东西,也有坏的东西,有好人,也有坏人,有先进的,也有落后的。正因为是这样,我们才要进行改造,把坏的东西改造成为好的东西。"③

第八,社会主义国家要求民众的政策参与。列宁指出:"政权应当属于劳动者,不劳动者不得食,谁劳动,谁就在国家里有发言权,谁就可以影响国家大事的决策。这是一个简单的真理,工人阶级中千百万人都懂得这个真理。"④

第九,社会主义国家要求推行无产阶级的政策。马克思指出:"如果在一个国家还没有发展到能让社会主义政府首先采取必要的措施把广大资产者威吓住,从而赢得首要的条件,即持续行动的时间,那么社会主义政府就不能在那个国家取得政权。"⑤ 斯大林也指出:"无产阶级国家之所以必要,是为了镇压剥削者的反抗,组织社会主义经济,消灭阶级等等。我们政府之所以必要,除了这一切以外,还为了规定种种方法和手段(即日常政策),没有这些方法和手段,要在我们无产阶级占少数而农民占大多数的国家中完成上述各项任务是不可想像的。"⑥

第十,社会主义国家要求以正确的政策获得人民支持。邓小平指出:"我们要向世界说明,我们现在制定的这些方针、政策、战略,谁也变不了。为什么?因为实践证明现在的政策是正确的,是行之有效的。人民生活确实好起来了,国家兴旺发达起来了,国际信誉高起来了,这是最大的

---

① 邓小平:《在中央顾问委员会第三次全体会议上的讲话》,《邓小平文选》,第3卷,第91页。
② 马克思:《法兰西内战初稿》,《马克思恩格斯全集》,第17卷,第600页。
③ 毛泽东:《不要迷信在社会主义国家里一切都是好的》,《毛泽东文集》,第7卷,第69—70页。
④ 列宁:《在全俄矿工第一次代表大会上的讲话》,《列宁全集》,第38卷,第323页。
⑤ 《马克思致斐·多·纽文胡斯(1881年2月22日)》,《马克思恩格斯全集》,第35卷,第154页。
⑥ 斯大林:《论工农政府问题》,《斯大林全集》,第9卷,第165页。

事情。改变现在的政策,国家要受损失,人民要受损失,人民不会赞成,首先是八亿农民不会赞成。"①

第十一,社会主义国家要有独立自主的政策。邓小平指出:"一个国家要取得真正的政治独立,必须努力摆脱贫困。而要摆脱贫困,在经济政策和对外政策上都要立足于自己的实际。"②"我们社会主义的国家机器是强有力的。一旦发现偏离社会主义方向的情况,国家机器就会出面干预,把它纠正过来。"③

马克思主义经典作家既强调了政策的基础是国家,由此需要正确把握国家的走向(在国家消亡的历史进程中无产阶级要维系国家和改造国家,并使之与公有制联系在一起);也强调了政策是国家的需要,由此要确立与社会主义国家相符合的政策体系,这样的政策体系,不仅要推行无产阶级的政策和独立自主的政策,还要在民众政策参与的基础上获得人民对政策的支持。这就是马克思主义经典作家对国家与政策关系的基本定位。

(二) 政体的主要特征

对于与国家关系密切的"政体",马克思主义经典作家重点强调的是五个主要特征。

一是政体的集权特征。恩格斯指出:"每个国家必然要力求实现集权,每个国家,从专制君主政体起到共和政体止,都是集权的。"④

二是"专制政体"的独裁特征。列宁指出:"专制制度(专制政体,无限君主制)是一种最高权力完全地整个地(无限制地)由沙皇一人独占的管理形式。沙皇颁布法律,任命官吏,搜刮和挥霍人民的钱财,人民对立法和监督管理一概不得过问。因此,专制制度就是官吏和警察专权,而人民无权。"⑤

三是"民主政体"的不平等特征。恩格斯指出:"在自发的公社中,平等是不存在的,或者只是非常有限地、对个别公社中掌握全权的成员来

---

① 邓小平:《在中央顾问委员会第三次全体会议上的讲话》,《邓小平文选》,第3卷,第83—84页。
② 邓小平:《坚持四项基本原则教育,坚持改革开放政策》,《邓小平文选》,第3卷,第202页。
③ 邓小平:《改革是中国发展生产力的必由之路》,《邓小平文选》,第3卷,第139页。
④ 恩格斯:《集权与自由》,《马克思恩格斯全集》,第41卷,第396页。
⑤ 列宁:《俄国社会民主党中的倒退倾向》,《列宁全集》,第4卷,第119—120页。

说才是存在的,而且是与奴隶制交织在一起的。在古希腊罗马的民主政体中也是如此。"①

四是"共和政体"的共产主义特征。恩格斯指出:"人们发现,民主制度不能实现真正平等,于是就要求共产主义制度对它进行帮助。因此,大部分法国共产主义者还是共和主义者,他们想建立一个共和政体的共产主义。"②

五是政体的政权构成形式特征。毛泽东指出:"至于还有所谓'政体'问题,那是指的政权构成的形式问题,指的一定的社会阶级采取何种形式去组织那反对敌人保护自己的政权机关。没有适当形式的政权机关,就不能代表国家。中国现在可以采取全国人民代表大会、省人民代表大会、县人民代表大会、区人民代表大会直到乡人民代表大会的系统,并由各级代表大会选举政府。……'非少数人所得而私'的精神,必须表现在政府和军队的组成中,如果没有真正的民主制度,就不能达到这个目的,就叫做政体和国体不相适应。国体——各革命阶级联合专政。政体——民主集中制。"③

在政体问题上,马克思主义经典作家偏重的显然是"共和政体",并强调了政体要适合本国的国情。

(三) 政府形态的影响

政府形态也是一种制度形态,马克思主义经典作家重点关注的是六类政府形态对政策的影响。

1. 工人政府

"工人政府"或"工人阶级政府",主要指的是巴黎公社的政府形态。马克思指出:"人们对公社有不同的解释以及公社代表不同的利益,证明公社是一种高度灵活的政治形式,而一切旧有的政治形式在本质上都是压迫性的。公社的真正秘密在于,它本质上是工人阶级的政府,是生产者阶级同占有者阶级斗争的结果,是终于发现的,可以使劳动在经济上获得解放的政治形式。如果没有最后这个条件,公社制度就没有实

---

① 恩格斯:《反杜林论的准备材料》,《马克思恩格斯全集》,第20卷,第668—669页。
② 恩格斯:《大陆上社会改革运动的进展》,《马克思恩格斯全集》,第1卷,第581页。
③ 毛泽东:《新民主主义论》,《毛泽东选集》,第2卷,第637—638页。

现的可能，而是一个骗局。生产者的政治统治不能与他们的社会奴隶地位的永久不变状态同时并存。因此，公社应该成为根除阶级的存在所赖以维持、从而阶级统治的存在所赖以维持的那些经济基础的工具。劳动一被解放，大家都会变成工人，于是生产劳动就不再是某一阶级的属性了。""既然公社是法国社会的一切健全成分的真正代表，也就是真正的国民政府，那么，由于它同时又是工人的政府，是争取劳动解放的勇敢战士，它就是十足国际性的。"① 列宁也强调："巴黎公社是工人的政府，有管理能力。"②

2. 苏维埃政府

苏维埃政府是俄国无产阶级革命的产物，正如列宁所言："要向群众说明，工人代表苏维埃是革命政府唯一可能的形式。"③ "这个革命的意义首先在于我们将拥有一个苏维埃政府，一个绝无资产阶级参加的我们自己的政权机关。被压迫的群众将亲自建立政权。旧的国家机构将被彻底打碎，而新的管理机构即苏维埃组织将建立起来。"④ "俄国除了苏维埃政府以外，不应当有别的政府。……在全俄苏维埃第二次代表大会上布尔什维克党占了多数。因此，只有这个党组织的政府才是苏维埃政府。"⑤ 斯大林也指出："'苏维埃政权'是什么，它和其他各种政权有什么区别呢？有人说，把政权交给苏维埃，这就是说组织'清一色的'民主政府，组织由'社会主义的'部长组成的新'内阁'，总之，就是'大大改变'临时政府的成员。但这是不对的。这里问题绝不在于用另一批人来代替临时政府的这一批人，问题在于使新的革命阶级成为国家的主人，问题在于使政权转到无产阶级和革命农民手中。"⑥

3. 工农政府

"工农政府"或"工农民主共和国""工农兵政府"等，既可以指俄国的苏维埃政府，也可以指中国抗日战争以前由中国共产党建立的政府。列宁指出："全俄工兵农代表苏维埃代表大会决定：成立工

---

① 马克思：《法兰西内战》，《马克思恩格斯全集》，第17卷，第362、366页。
② 列宁：《关于公社的报告的三个提纲》，《列宁全集》，第8卷，第185页。
③ 列宁：《论无产阶级在这次革命中的任务》，《列宁全集》，第29卷，第115页。
④ 列宁：《彼得格勒工兵代表苏维埃会议文献》，《列宁全集》，第33卷，第2页。
⑤ 列宁：《俄国社会民主工党（布尔什维克）中央委员会宣言》，《列宁全集》，第33卷，第67页。
⑥ 斯大林：《苏维埃政权》，《斯大林全集》，第3卷，第354页。

农临时政府,在立宪会议召开以前管理国家,临时政府定名为人民委员会。设立各种委员会,主持国家生活各部门的事务,其成员应与工人、水兵、士兵、农民和职员等群众组织紧密团结,保证实行代表大会所宣布的纲领。"① 斯大林也指出:"我们的政府,按它的性质、纲领和策略来说,是工人的、无产阶级的、共产主义的政府。……这是不是说,我们的政府就不同时是工农政府了呢?不,不是这个意思。我们的政府虽然按它的纲领和工作来说,是无产阶级的政府,但同时又是工农政府。为什么呢?因为在我国的条件下,基本农民群众的根本利益是同无产阶级的利益完全一致的。农民的利益就在无产阶级的纲领中,即苏维埃政府的纲领中得到了充分的反映。因为苏维埃政府所依靠的是工农联盟。最后,因为在政府机关的成员中,在苏维埃的成员中,除了工人以外,还有在工人领导下和工人一起反对共同敌人、一起建设新生活的农民。"② 毛泽东则强调:"现在民众普遍知道的'工农兵政府',是指委员会,因为他们尚不认识代表会的权力,以为委员会才是真正的权力机关。"③ "工农民主共和国的口号,不是违背资产阶级民主革命任务的,而是坚决地执行资产阶级民主革命任务的。我们在实际斗争中没有一项政策不适合这种任务。"④

4. 民主政府

尽管列宁和斯大林都使用过"民主政府"或"民主的政府"的概念,但是作为一种运作形态的"民主政府",主要指的是中国共产党在抗日战争和解放战争时期建立的政府。毛泽东指出:"没有革命民主政府,要领导抗日胜利是不可能的。"⑤ "由这个人民大众所建立的国家和政府,就是中华人民共和国和无产阶级领导的各民主阶级联盟的民主联合政府。"⑥ "政府如果是真正的国防政府,它就一定要依靠民众,要实行民主集中制。它是民主的,又是集中的;最有力量的政府是这样的政府。"⑦ "中国

---

① 列宁:《全俄工兵代表苏维埃第二次代表大会文献:关于成立工农政府的决定》,《列宁全集》,第33卷,第22页。
② 斯大林:《问题和答复》,《斯大林全集》,第7卷,第151—152页。
③ 毛泽东:《井冈山的斗争》,《毛泽东选集》,第1卷,第71页。
④ 毛泽东:《中国共产党在抗日时期的任务》,《毛泽东选集》,第1卷,第239页。
⑤ 毛泽东:《反投降提纲》,《毛泽东文集》,第2卷,第221页。
⑥ 毛泽东:《在晋绥干部会议上的讲话》,《毛泽东选集》,第4卷,第1256页。
⑦ 毛泽东:《反对日本进攻的方针、办法和前途》,《毛泽东选集》,第2卷,第319页。

急需把各党各派和无党无派的代表人物团结在一起,成立民主的临时的联合政府,以便实行民主的改革。"① 邓小平也指出:"敌后抗日民主政府,是统一战线的政权,是在我党政治领导之下的政权,它的施政纲领和法令,是符合于党的政策的,是既照顾了工人、农民又照顾了地主、资本家的,所以是有利于基本群众的。"②

5. 人民政府

马克思主义经典作家对"人民政府"的提法,可以追溯到恩格斯,他指出:"为了使德国人不再违反德国本身的利益,为压迫其他民族而流血牺牲和浪费金钱,我们就应当争取建立真正的人民政府,彻底摧毁旧的建筑。"③ 中国共产党在夺取全国政权前后,都强调了建立"人民政府"的要求。如毛泽东所言:"我们是人民民主专政,各级政府都要加上'人民'二字,各种政权机关都要加上'人民'二字,如法院叫人民法院,军队叫人民解放军,以示和蒋介石政权不同。"④ "我们的人民政府是真正代表人民利益的政府,是为人民服务的政府。"⑤ "共产党领导的人民民主专政的政府,对于人民内部来说,不是专政或独裁的,而是民主的。这个政府是人民自己的政府。这个政府的工作人员对于人民必须是恭恭敬敬地听话的。同时,他们又是人民的先生,用自我教育或自我批评的方法,教育人民。"⑥

6. 廉价政府和廉洁政府

马克思主义经典作家还明确提出了两个重要的政府概念,一个是"廉价政府",另一个是"廉洁政府"。

马克思和列宁都明确表示出了对"廉价政府"的重视。马克思认为:"公社的第一个法令就是废除常备军而用武装的人民来代替它。""公社实现了所有资产阶级革命都提出的廉价政府的口号,因为它取消了两项最大的开支,即常备军和官吏。但是,无论廉价政府或'真正共和国',都不

---

① 毛泽东:《论联合政府》,《毛泽东选集》,第3卷,第978页。
② 邓小平:《根据地建设与群众运动》,《邓小平文选》,第1卷,第74页。
③ 恩格斯:《德国的对外政策》,《马克思恩格斯全集》,第5卷,第179页。
④ 毛泽东:《在中共中央政治局会议上的报告和结论》,《毛泽东文集》,第5卷,第135—136页。
⑤ 毛泽东:《关于正确处理人民内部矛盾的问题》,《毛泽东文集》,第7卷,第205—206页。
⑥ 毛泽东:《为什么要讨论白皮书》,《毛泽东选集》,第4卷,第1440页。

是它的终极目的，而只是伴随它出现的一些现象。""公社一定会使农民免除血税，一定会给他们一个廉价政府，一定会用他们自己选举出来并对他们负责的雇佣的公社官吏去代替现今吸吮他们血液的公证人、律师、法警和其他法庭吸血鬼。"① 列宁也指出："在任何一个有农民的资本主义国家（这样的资本主义国家占大多数），大多数农民是受政府压迫而渴望推翻这个政府、渴望有一个'廉价'政府的。能够实现这一要求的只有无产阶级，而无产阶级实现了这一要求，也就是向国家的社会主义改造迈进了一步。"②

毛泽东和邓小平重视的则是"廉洁政府"的诉求。毛泽东指出："县政治必须农民起来才能澄清，广东的海丰已经有了证明。这回在湖南，尤其得到了充分的证明。在土豪劣绅霸占权力的县，无论什么人去做知事，几乎都是贪官污吏。在农民已经起来的县，无论什么人去，都是廉洁政府。"③ 全国广大人民之渴望一个抗日的、给人民以自由的、民主集中制的与廉洁的政府有如望岁。④ "废除蒋介石统治的腐败制度，肃清贪官污吏，建立廉洁政治。"⑤ 邓小平也指出："我们要反对腐败，搞廉洁政治。不是搞一天两天、一月两月，整个改革开放过程中都要反对腐败。我们前进的步伐会更稳健，更扎实，更快。我很相信这一点。"⑥

政府形态对政策之所以重要，是因为它既强调了政府的基础（工人、工农或人民），而这样的基础同时也是政策的重要基础；也强调了政府的组织形式和动作形式（苏维埃或其他的民主组织形式以及廉价或廉洁政府的运作形式），政策则必须"依赖"于这样的组织形式和运作形式。

（四）无产阶级政党和民主集中制

马克思主义经典作家不仅提出了系统的无产阶级建党学说，还强调了政策的政党属性（详见本书第一章）。主导社会主义国家政策的共产党，在制度层面上主要依赖的是"民主集中制"，由此需要注意与政策（而不

---

① 马克思：《法兰西内战》，《马克思恩格斯全集》，第17卷，第358、361、364—365页。
② 列宁：《国家与革命》，《列宁全集》，第31卷，第42页。
③ 毛泽东：《湖南农民运动考察报告》，《毛泽东选集》，第1卷，第29页。
④ 毛泽东：《反投降提纲》，《毛泽东文集》，第2卷，第221页。
⑤ 毛泽东：《中国人民解放军宣言》，《毛泽东选集》，第4卷，第1182页。
⑥ 邓小平：《我们有信心把中国的事情做得更好》，《邓小平文选》，第3卷，第327页。

是"党内民主")有关的"民主集中制"的一些重要取向。

一是民主集中制的国家取向。列宁指出:"我们主张民主集中制。因此必须弄明白,民主集中制一方面同官僚主义集中制,另一方面同无政府主义有多么大的区别。反对集中制的人常常提出自治和联邦制作为消除集中制的差错的方法。实际上,民主集中制不但丝毫不排斥自治,反而以必须实行自治为前提。实际上,甚至联邦制,只要它是在合理的(从经济观点来看)范围内实行,只要它是以真正需要某种程度的国家独立性的重大的民族差别为基础,那么它同民主集中制也丝毫不抵触。在真正的民主制度下,尤其是在苏维埃国家制度下,联邦制往往只是达到真正的民主集中制的过渡性步骤。俄罗斯苏维埃共和国的例子特别清楚地表明,我们目前实行的和将要实行的联邦制,正是使俄国各民族最牢固地联合成一个统一的民主集中的苏维埃国家的最可靠的步骤。"①

二是民主集中制的政权取向。列宁指出:"苏维埃政权的民主制和它的社会主义性质表现在:最高国家政权是由以前受资本压迫的群众自由选出和随时都可以撤换的劳动人民(工人、士兵和农民)的代表组成的苏维埃;地方苏维埃根据民主集中制原则,自由联合成俄罗斯苏维埃共和国这一统一的、结合为联邦的全国性苏维埃政权。"② 毛泽东也指出:"关于建立民主集中制的各级人民代表会议制度问题,我们政权的制度是采取议会制呢,还是采取民主集中制?……我们采用民主集中制,而不采用资产阶级议会制。"③

三是民主集中制的社会主义制度取向。邓小平指出:"民主集中制是社会主义制度的一个不可分的组成部分。"④ "没有民主,就没有集中;而这个集中,总是要在民主的基础上,才能真正地正确地实现。没有无产阶级的民主和无产阶级的集中,也就没有社会主义,资本主义就要复辟。" "如果搞得不好,特别是民主集中制执行得不好,党是可以变质的,国家也是可以变质的,社会主义也是可以变质的。干部可以变质,个人也可以变质。"⑤

---

① 列宁:《"苏维埃政权的当前任务"一文初稿》,《列宁全集》,第4卷,第139—140页。
② 列宁:《关于苏维埃政权的民主制和社会主义性质》,《列宁全集》第34卷,第448页。
③ 毛泽东:《在中共中央政治局会议上的报告和结论》,《毛泽东文集》,第5卷,第131—150页。
④ 邓小平:《坚持四项基本原则》,《邓小平文选》,第2卷,第175页。
⑤ 邓小平:《在扩大的中央工作会议上的讲话》,《邓小平文选》,第1卷,第303—304页。

四是民主集中制的自治取向。列宁指出:"一个民主国家必须承认各地区的自治权,特别是居民的民族成分复杂的地区和专区的自治权。这种自治同民主集中制一点也不矛盾;相反地,一个民族成分复杂的大国只有通过地区的自治才能够实现真正民主的集中制。"①"我们维护集中制只是维护民主集中制。民主集中制不仅不排斥地方自治以及有独特的经济和生活条件、民族成分等等的区域自治,相反,它必须既要求地方自治,也要求区域自治。"②

五是民主集中制的领导方法取向。毛泽东指出:"也有不少同志不蹲点,不调查,不研究,有事不同群众商量,高高在上,独断专行,一人说了算数,满足于发号施令,严重地脱离实际,脱离群众。像这样的'同志',一点共产党员的气味也没有,就不可能做到领导同群众相结合,就不可能实行民主集中制。"③邓小平也指出:"从领导方法来说,只有从群众中来,才能到群众中去。没有民主基础上的集中制,既不能实行真正的从群众中来,也不能实行真正的到群众中去。不实行民主集中制,不但脱离人民群众,脱离党员群众,而且上级脱离下级,甚至在同级里也势必造成少数人或个人脱离多数,少数人或个人专断的局面。"④"在党内生活和国家政治生活中,要真正实行民主集中制和集体领导。一言堂、个人说了算,集体做了决定少数人不执行等等毛病,都要坚决纠正。"⑤

六是民主集中制的决策方式取向。列宁指出:"中央委员会不能把问题分成原则的和琐碎的,因为每一件琐碎的事务都可能有原则的方面。……中央委员会有书记处,有组织局,有政治局,最后还召开中央全会,甚至最琐碎、最枯燥、一连讨论几个小时简直叫人想去跳水自杀的这么一些问题都经常提交中央全会。但是,把问题分成琐碎的和原则的,就意味着根本破坏民主集中制的基础。同时,也不能说中央委员会把琐碎事务都堆在别的机构头上。"⑥毛泽东则强调:"这是一个开会的方法问题。

---

① 列宁:《关于民族政策问题》,《列宁全集》,第25卷,第72—73页。
② 列宁:《关于民族问题的批评意见》,《列宁全集》,第24卷,第148—149页。
③ 毛泽东:《对政府工作报告稿的批语和修改》,《建国以来毛泽东文稿》,第11册,第272—273页。
④ 邓小平:《在扩大的中央工作会议上的讲话》,《邓小平文选》,第1卷,第304—305页。
⑤ 邓小平:《贯彻调整方针,保证安定团结》,《邓小平文选》,第2卷,第360页。
⑥ 列宁:《全俄苏维埃第八次代表大会文献:在俄共(布)党团会议讨论关于对外对内政策的报告时的讲话》,《列宁全集》,第40卷,第164—165页。

先把报告草稿发下去,请到会的人提意见,加以修改,然后再作报告。报告的时候不是照着本子念,而是讲一些补充意见,作一些解释。这样,就更能充分地发扬民主,集中各方面的智慧,对各种不同的看法有所比较,会也开得活泼一些。采用这种方法,要有充裕的时间。我们的人民代表大会的会议,有时也许可以采用这种方法。省委、地委、县委的同志们,你们以后召集会议,如果有条件的话,也可以采用这种方法。这个方法是一个什么方法呢?是一个民主集中制的方法,是一个群众路线的方法。先民主,后集中,从群众中来,到群众中去,领导同群众相结合。"①

七是民主集中制的分工取向。毛泽东指出:"新民主主义的政权组织,应该采取民主集中制,由各级人民代表大会决定大政方针,选举政府。它是民主的,又是集中的,就是说,在民主基础上的集中,在集中指导下的民主。只有这个制度,才既能表现广泛的民主,使各级人民代表大会有高度的权力;又能集中处理国事,使各级政府能集中地处理被各级人民代表大会所委托的一切事务,并保障人民的一切必要的民主活动。"②

八是民主集中制的运行取向。列宁指出:"把民主集中制同官僚主义和公式化混为一谈,是再错误不过的了。我们目前的任务就是要在经济方面实行民主集中制,保证铁路、邮电和其他运输部门等经济企业在发挥其职能时绝对的协调和统一;同时,真正民主意义上的集中制的前提是历史上第一次造成的这样一种可能性,就是不仅使地方的特点,而且使地方的首创性、主动精神和达到总目标的各种不同的途径、方式和方法,都能充分地顺利地发展。"③

九是民主集中制的管理取向。列宁指出:"通过'一长制'管理人员进行管理是正确的,至于究竟由谁来充当这种管理人员,由专家来充当还是由工人来充当,就要看我们有多少旧管理人员和新管理人员。这是最简单的道理。……民主集中制只是说,各地代表在一起开会并选出负责机关来进行管理。但是怎样管理呢?这要看有多少合适的人选,有多少好的管理人员。民主集中制就是:由代表大会检查中央的工作,免除中央的职务并任命新的中央。""苏维埃社会主义民主制同个人管理和独裁毫不抵触,

---

① 毛泽东:《在扩大的中央工作会议上的讲话》,《建国以来毛泽东文稿》,第10册,第17页。
② 毛泽东:《论联合政府》,《毛泽东选集》,第3卷,第1006页。
③ 列宁:《"苏维埃政权的当前任务"一文初稿》,《列宁全集》,第34卷,第139—140页。

阶级的意志有时是由独裁者来实现的,他一个人有时可以做更多的事情,而且一个人行事往往是更为必要的。"①

十是民主集中制的批评取向。毛泽东指出:"批评和自我批评是一种方法,是解决人民内部矛盾的方法,而且是唯一的方法。除此以外,没有别的方法。但是,如果没有充分的民主生活,没有真正实行民主集中制,就不可能实行批评和自我批评这种方法。"②

十一是民主集中制的纪律取向。毛泽东指出:"在人民内部,不可以没有自由,也不可以没有纪律;不可以没有民主,也不可以没有集中。这种民主和集中的统一,自由和纪律的统一,就是我们的民主集中制。在这个制度下,人民享受着广泛的民主和自由;同时又必须用社会主义的纪律约束自己。这些道理,广大人民群众是懂得的。"③

十二是民主集中制的民主取向。邓小平指出:"我们强调加强集中统一和反对分散主义,更应坚持民主集中制的原则。不应该误解,以为强调集中统一,就可以抛弃民主集中制的那个民主。为了加强集中统一,反对分散主义,就更要坚持民主集中制的民主这一方面。有了这一方面,集中就有了基础,就可以真正集中统一起来。"④ "解放思想,开动脑筋,一个十分重要的条件就是要真正实行无产阶级的民主集中制。我们需要集中统一的领导,但是必须有充分的民主,才能做到正确的集中。当前这个时期,特别需要强调民主。因为在过去一个相当长的时间内,民主集中制没有真正实行,离开民主讲集中,民主太少。现在敢出来说话的,还是少数先进分子。"⑤

十三是民主集中制的发展和完善取向。毛泽东指出:"要真正实现民主集中制,是要经过认真的教育、试点和推广,并经过长期反复进行,才能实现的,否则在大多数同志当中,始终不过是一句空话。"⑥ 邓小平也

---

① 列宁:《俄共(布)第九次代表大会文献》,《列宁全集》,第38卷,第290、302—303页。
② 毛泽东:《在扩大的中央工作会议上的讲话》,《建国以来毛泽东文稿》,第10册,第20页。
③ 毛泽东:《关于正确处理人民内部矛盾的问题》,《毛泽东文集》,第7卷,第208—209页。
④ 邓小平:《在扩大的中央工作会议上的讲话》,《邓小平文选》,第1卷,第305—306页。
⑤ 邓小平:《解放思想,实事求是,团结一致向前看》,《邓小平文选》,第2卷,第144页。
⑥ 毛泽东:《关于重新印发毛泽东在七千人大会上讲话的批语》,《建国以来毛泽东文稿》,第12册,第9页。

指出:"从遵义会议到社会主义改造时期,党中央和毛泽东同志一直比较注意实行集体领导,实行民主集中制,党内民主生活比较正常。可惜,这些好的传统没有坚持下来,也没有形成严格的完善的制度。例如,党内讨论重大问题,不少时候发扬民主、充分酝酿不够,由个人或少数人匆忙作出决定,很少按照少数服从多数的原则实行投票表决,这表明民主集中制还没有成为严格的制度。"①

马克思主义经典作家阐释的民主集中制的各种取向,对于政策而言,既有制度层面的要求(表现为民主集中制的国家、政权、社会主义制度、自治等取向),也有机制方面的要求(表现为民主集中制的领导方法、决策方式、分工、运行、管理、批评等取向)。区分这两类要求,有助于全面理解民主集中制的政策功能。

(五)人民代表大会制度的政策功能

马克思主义经典作家明确要求摒弃资产阶级的"代议制"或"议会制",为无产阶级政权或社会主义国家建立人民代表大会制度,并强调了这种制度所具有的重要政策功能。

第一,掌握权力功能。恩格斯指出:"有一点在我看来应该而且能够写到纲领里去,这就是把一切政治权力集中于人民代议机关之手的要求。如果我们不能再多走一步,暂时做到这一点也够了。"②列宁也指出:"人民根据经验认识到,如果人民代表机关没有充分的权力,如果它是由旧政权召集的,如果同它并存的旧政权还是完整无损的,那么人民代表机关就等于零。""过去,这种直接面临的任务是建立(或召集)一般人民代表机关。现在,这种任务则是保证政权归人民代表机关。而这就是说,要消灭、破坏和推翻旧政权,推翻专制政府。如果这个任务不能全部完成,那么人民代表机关也就不能成为有充分权力的机关。"③ 毛泽东则强调:"只有基于真正广大群众的意志建立起来的人民代表会议,才是真正的人民代表会议。……这样的人民代表会议一经建立,就应当成为当地的人民的权

---

① 邓小平:《党和国家领导制度的改革》,《邓小平文选》,第2卷,第330页。
② 恩格斯:《1891年社会民主党纲领草案批判》,《马克思恩格斯全集》,第22卷,第274—275页。
③ 列宁:《杜马的解散和无产阶级的任务》,《列宁全集》,第13卷,第308—309页。

力机关,一切应有的权力必须归于代表会议及其选出的政府委员会。"①

第二,议行合一功能。马克思指出:"公社不应当是议会式的,而应当是同时兼管行政和立法的工作机关。"② "它不是阶级统治的行政权形式和议会形式之间所进行的无聊斗争,而是同时对这两种形式进行的反抗。"③ 列宁也指出:"摆脱议会制的出路,当然不在于取消代表机构和选举制,而在于把代表机构由清谈馆变为'工作'机构。"④ "苏维埃能够把议会制的长处和直接民主制的长处结合起来,就是说,把立法的职能和执法的职能在选出的人民代表身上结合起来。同资产阶级议会制比较起来,这是在民主发展过程中具有全世界历史意义的一大进步。"⑤ 邓小平则强调:"我们实行的就是全国人民代表大会一院制,这最符合中国实际。如果政策正确,方向正确,这种体制益处很大,很有助于国家的兴旺发达,避免很多牵扯。当然,如果政策搞错了,不管你什么院制也没有用。"⑥

第三,代表人民功能。马克思指出:"如果说在人民代表制中有政府官员参加不是一个矛盾,那么在等级代表制中这就是一个矛盾了。" "要有代表——一般说来这是受动的东西;只有物质的、无生气的、不独立的、无保护的东西才需要代表权;但是,国家的任何一个成分都不应是物质的、无生气的、不独立的、无保护的。不应当把代表权看作某种并非人民本身的特殊事物的代表权,而只应看作人民自身的代表权,看作这样一种国务活动,即它不是人民唯一的、独特的国务活动,跟人民的国家生活的其他表现不同的只是它的内容的普遍性。不应当把代表权看作对无保护的软弱、无能为力所作的让步,而应当相反,把它看作最高力量的一种自信的生机活动。"⑦ 列宁也指出:"只有当人民的代表能够参与颁布法律和管理整个国家的时候才有可能保证人身不受侵犯

---

① 毛泽东:《在晋绥干部会议上的讲话》,《毛泽东选集》,第4卷,第1251页。
② 马克思:《法兰西内战》,《马克思恩格斯全集》,第17卷,第358页。
③ 马克思:《法兰西内战初稿》,《马克思恩格斯全集》,第17卷,第586—587页。
④ 列宁:《国家与革命》,《列宁全集》,第31卷,第44页。
⑤ 列宁:《布尔什维克能保持国家政权吗》,《列宁全集》,第32卷,第297页。
⑥ 邓小平:《会见香港特别行政区基本法起草委员会委员时的讲话》,《邓小平文选》,第3卷,第220页。
⑦ 马克思:《论普鲁士等级委员会》,《马克思恩格斯全集》,第40卷,第340、344页。

(和结社自由)。"①

第四，选举政府功能。毛泽东指出："人民民主专政的国家，是以人民代表会议产生的政府来代表它的。"②"中国现在可以采取全国人民代表大会、省人民代表大会、县人民代表大会、区人民代表大会直到乡人民代表大会的系统，并由各级代表大会选举政府。"③

第五，讨论和决定政策功能。恩格斯指出："因为参加公社的差不多都是工人或公认的工人代表，所以它通过的决议也就完全是无产阶级性质的。有些决议把共和派资产阶级只是由于怯懦才不肯实行的、然而是工人阶级自由活动的必要基础的那些改革以法令形式确定下来。"④毛泽东也指出："人民政府的一切重要工作都应交人民代表会议讨论，并作出决定。必须使出席人民代表会议的代表们有充分的发言权，任何压制人民代表发言的行动都是错误的。"⑤

第六，代表民意功能。马克思指出："设在专区首府里的代表会议，应当主管本专区所有一切农村公社的公共事务，而这些专区的代表会议则应派代表参加巴黎的全国代表会议；代表必须严格遵守选民的明确训令，并且随时可以撤换。"⑥列宁也指出："为了建立'真正代表民意的'新制度，单是把代表会议叫作立宪会议是不够的。必须使这个会议拥有'立'的权力和力量。"⑦

第七，组织群众功能。列宁指出："党的全部工作当然都是通过不分职业而把劳动群众团结在一起的苏维埃来进行的。县苏维埃代表大会这种民主机构，就是在资产阶级世界最好的民主共和国里也是前所未见的；通过这种代表大会（党对这种代表大会极为关注），以及通过经常把觉悟工人派往乡村担任各项职务的办法，来实现无产阶级对农民的领导作用。"⑧

---

① 列宁：《"哈尔科夫的五月"小册子序言》，《列宁全集》，第4卷，第330页。
② 毛泽东：《在中共中央政治局会议上的报告和结论》，《毛泽东文集》，第5卷，第136页。
③ 毛泽东：《新民主主义论》，《毛泽东选集》，第2卷，第638页。
④ 恩格斯：《法兰西内战1891年单行本导言》，《马克思恩格斯全集》，第22卷，第223页。
⑤ 毛泽东：《为争取国家财政经济状况的基本好转而斗争》，《毛泽东文集》，第6卷，第71页。
⑥ 马克思：《法兰西内战》，《马克思恩格斯全集》，第17卷，第359页。
⑦ 列宁：《社会民主党在民主革命中的两种策略》，《列宁全集》，第11卷，第9—10页。
⑧ 列宁：《共产主义运动中的"左派"幼稚病》，《列宁全集》，第39卷，第28—29页。

邓小平也曾明确要求："用代表会议的方法去组织、团结和教育市民，参加城市的管理和建设工作。"①

第八，服务人民功能。马克思指出："公社是由巴黎各区普选出的城市代表组成的。这些代表对选民负责，随时可以撤换。其中大多数自然都是工人，或者是公认的工人阶级的代表。""普选制不是为了每三年和六年决定一次，究竟由统治阶级中的什么人在议会里代表和压迫人民，而是应当为组织在公社里的人民服务。"②

第九，限制代表功能。列宁指出："任何由选举产生的机关或代表会议，只有承认和实行选举人对代表的罢免权，才能被认为是真正民主的和确实代表人民意志的机关。真正民主制的这一基本原则，毫无例外地适用于一切代表会议，同样也适用于立宪会议。比多数选举制更民主的比例选举制，要求采取比较复杂的措施来实现罢免权，也就是说，使人民的代表真正服从人民。但是，任何以此为理由而拒绝实行罢免权、阻挠行使罢免权以及限制罢免权的行为都是违反民主制的，是完全背离俄国已经开始的社会主义革命的基本原则和任务的。"③ 斯大林也指出："我们的宪法估计到了这一点，它制定了一项法律，这项法律规定，如果代表开始要滑头，如果他们离开正路，如果他们忘记自己从属于人民，那么选民有权在任期未满前撤回自己的代表。……代表应当知道，他是人民的勤务员，是人民派到最高苏维埃的使者，他应该遵循人民给他的委托书所指出的那条路线。如果他离开了正路，选民就有权要求重新选举，就有权使离开正路的代表落选。……我的劝告，代表候选人对自己选民的劝告，就是要记住选民的这个权利，即在任期未满前撤回代表的权利，要你们监督和检查代表，如果他们想离开正路，就把他们轰走，要求重新选举。"④

第十，监督政府功能。列宁指出："在俄国，则完全地彻底地打碎了官吏机构，赶走了所有的旧法官，解散了资产阶级议会，建立了正是使工农更容易参加的代表机关，用工农苏维埃代替了官吏，或者由工农苏维埃

---

① 邓小平：《在西南局城市工作会议上的报告提纲》，《邓小平文选》，第1卷，第175页。
② 马克思：《法兰西内战》，《马克思恩格斯全集》，第17卷，第358、360页。
③ 列宁：《罢免权法令草案》，《列宁全集》，第33卷，第102—103页。
④ 斯大林：《在莫斯科市斯大林选取选举前的选民大会上的演说》，《斯大林文集（1934—1952）》，第185—186页。

监督官吏。"① "正是苏维埃同劳动'人民'的亲密关系,造成一些特殊的罢免形式和另一种自下而上的监督,这些现在应该大力加以发展。例如,国民教育委员会,作为苏维埃选民及其代表为讨论和监督苏维埃政权在这方面的工作而举行的定期会议,是应该得到充分的赞同和支持的。"②

按照马克思主义经典作家的要求,人民代表大会制度既要体现民主性(选举、罢免政府和代表)与代表性(代表人民和代表民意),也要体现主导性(掌握权力、议行合一、决定政策)、监督性(监督政府)和人民性(组织群众和服务人民)。只有落实这样的要求,才能使人民代表大会制度真正成为政策的坚实基础。

(六) 政治协商制度的政策作用

政治协商制度是中国共产党根据中国国情确立的一种制度,毛泽东和邓小平强调了政治协商会议对政策的六方面作用。

一是协商候选人名单。对全国人民代表大会代表和地方同级人民代表大会代表的候选人名单以及政协各级委员会组成人员的人选进行协商,它有这种权利。全国人民代表大会的代表是人民选举的,但各党派、团体要先进行协商。

二是提意见。社会主义改造是很纷繁的,各种工作就要协商。宪法的实施问题,巩固人民民主制度问题,政协可以向人大常委会和国务院提意见。政协委员提意见,特别是发议论,说闲话,只要不是破坏性的意见,只要是建设性的意见,即使是错误的,提了也有好处。提意见是合乎章程的。

三是政策协商。像过去的抗美援朝,现在的美国占领台湾问题,包括将来如发生外国侵略等,都需要商量。这类事大概每年都会有。这些事国务院要办,外交部和国防部要办,但有些问题,比如艾德礼、尼赫鲁、吴努要来访问,我们需要先商量商量,取得一致方针,召集什么会好呢?人大常委会不太好,还是政协常委会好。国务院的人都可以去参加,不是以机关资格,而是以个人资格。过去经过政协,各民主党派发表了支持抗美援朝斗争的联合宣言,还为解放台湾发表了联合宣言。反对战争,保卫和

---

① 列宁:《无产阶级革命和叛徒考茨基》,《列宁全集》,第35卷,第249—250页。
② 列宁:《苏维埃政权的当前任务》,《列宁全集》,第34卷,第186页。

平,这一条有很多文章可做,有些人大常委会不好做,国务院做不完,要由政协来做。

四是协调各方面关系。政协要协调各民族、各党派、各人民团体和社会民主人士领导人员之间的关系。

五是联系群众和教育群众。新时期统一战线和人民政协的任务,就是要调动一切积极因素,努力化消极因素为积极因素,团结一切可以团结的力量,同心同德,群策群力,维护和发展安定团结的政治局面。人民政协是发扬人民民主、联系各方面人民群众的一个重要组织。为了实现四个现代化,在坚持对极少数反社会主义分子实行无产阶级专政的同时,需要在人民内部广泛地加强思想政治教育。政协在这一工作中无疑将继续发挥重要作用。统一战线和人民政协要发扬自我教育、自我改造的传统,按照团结、批评、团结的公式,继续进行思想改造的工作,帮助各方面的人士和群众在为社会主义服务的共同基础上不断增强团结,取得新的进步。

六是实施监督。中国的社会主义现代化建设事业,继续需要政协就有关国家的大政方针、政治生活和四个现代化建设中的各项社会经济问题,进行协商、讨论,实行互相监督,发挥对宪法和法律实施的监督作用。[①]

与人民代表大会制度相比,政治协商制度主要起的是政策咨询和政策建议的作用,是一种辅助性的制度安排。

(七) 行政管理的基本要求

马克思主义经典作家对于与政策密切相关的行政管理问题,提出了以下看法。

第一,行政机关面临难以摆脱的政策困境。马克思指出:"所有国家都在行政机关无意地或有意地办事不力这一点上去寻找原因,于是它们就把行政措施看作改正国家缺点的手段。为什么呢?就因为行政是国家的组织活动。要消除在行政机关的任务、它的善良意愿和它所能够采取的手段、办法之间的矛盾,国家就必须消灭自己,因为国家本身就是以这个矛盾为基础的。国家是建筑在社会生活和私人生活之间的矛盾上,建筑在公

[①] 参见毛泽东《关于政协的性质和任务的谈话提纲》,《建国以来毛泽东文稿》,第4册,第633—635页;邓小平《新时期的统一战线和人民政协的任务》,《邓小平文选》,第2卷,第187—188页。

共利益和私人利益之间的矛盾上的。因此,行政机关不得不限于形式上的和消极的活动;因为哪里有了市民生活和市民活动,行政机关的权力就要在哪里告终。……现代国家要消灭自己的行政机关的无能,就必须消灭现在的私人生活。而要消灭私人生活,国家就必须消灭自己,因为国家纯粹是作为私人生活的对立物存在的。"①

第二,无产阶级要求官僚机构的完全民主化。列宁指出:"我们就拿官僚这个专干行政事务并在人民面前处于特权地位的一个特殊阶层的机关来说,从专制的、半亚洲式的专制的俄国起,到有文化的、自由的、文明的英国止,我们到处都可以看到这种资产阶级不可或缺的官僚机关。与俄国的落后性及其专制制度相适应的,是人民在官吏面前完全无权,特权官僚完全不受监督。在英国,人民对行政机关实行强有力的监督,然而即使在那里,这个监督也远不是完全的。官僚仍然保持着不少特权,他们往往是人民的主人,而不是人民的公仆。即使在英国,我们也看到,有势力的社会集团总是支持官僚特权地位,不让这个机关完全民主化。这是由于什么原因呢?由于这个机关的完全民主化,仅仅有利于一个无产阶级;于是连资产阶级最先进的阶层,也拥护官吏的某些特权,反对一切官吏由选举产生,反对完全废除资格限制,反对官吏直接对人民负责等等,因为他们感觉到,这种彻底的民主化将被无产阶级用来反对资产阶级。俄国的情况也是这样。……除了无产阶级以外,没有一个阶层会容许官僚机构完全民主化。"②

第三,无产阶级的政府应建立有效的行政负责制。马克思指出:"从前有一种错觉,以为行政和政治管理是神秘的事情,是高不可攀的职务。……现在这种错觉已经消除。彻底清除了国家等级制,以随时可以罢免的勤务员来代替骑在人民头上作威作福的老爷们,以真正的负责制来代替虚伪的负责制,因为这些勤务员经常是在公众监督之下进行工作的。"③

第四,注重培养专业化的行政管理人员。列宁指出:"精明能干的经济学家不会去编制毫无意义的提纲,而会去细心研究事实、数字和材料,分析我们自己的实际经验,然后指出:我们在某某地方犯了错误,要如此

---

① 马克思:《评"普鲁士人"的"普鲁士国王和社会改革"一文》,《马克思恩格斯全集》,第1卷,第479—480页。
② 列宁:《俄国社会民主主义者的任务》,《列宁全集》,第2卷,第437—438页。
③ 马克思:《法兰西内战初稿》,《马克思恩格斯全集》,第17卷,第589—590页。

这般来加以改正。……精明能干的行政管理人员一定会根据这种研究，提出建议或自行采取措施，来调换工作人员，改变汇报制度，改组机构等等。在我们这里还没有看到过有人用这两种切实的态度来对待统一的经济计划。毛病就在于，人们不正确地处理共产党员对待专家的态度问题和行政管理人员对待学者及著作家的态度问题。在统一的经济计划问题上，也象其他任何问题一样，有些事情（而且总是会出现一些新的事情）只需要共产党员来解决，或只需要用行政手段来解决。这是不容争辩的。但这完全是抽象的说法。而目前在我们这里对这个问题持错误态度的正是共产党员著作家和共产党员行政管理人员，他们不能理解，这方面应该多向资产阶级专家和学者学习，少玩弄些行政手段。""如果某个共产党员是行政管理人员，那么他的首要职责就是防止热中于发号施令，首先要考虑到科学界已经取得的研究成果，首先要问一问事实是否经过检验，首先要研究（通过报告、报刊、会议等等）我们究竟在什么地方犯了错误，然后才能在这个基础上来纠正已经在进行的工作。"①

第五，反对行政管理中的"命令主义"。毛泽东指出："必须特别注意坚持群众路线的工作方法，不允许用简单化的行政命令手段去处理有关广大群众切身利益的问题。"②"为着维持社会秩序的目的而发布的行政命令，也要伴之以说服教育，单靠行政命令，在许多情况下就行不通。"③

第六，精简机构和行政开支。毛泽东指出："国防费用在和平时期要少，行政费用在任何时候都要少。"④邓小平也指出："精减行政人员，严格控制人员编制。如果不控制，是很危险的。"⑤"行政费用（包括国防开支和一切企业事业单位的行政管理费用）要紧缩，使财政收支、信贷收支达到平衡。生产建设、行政设施、人民生活的改善，都要量力而行，量入为出。这就是实事求是。"⑥

第七，注重行政效率。邓小平指出："党和行政机构以及整个国家体制要增强活力，就是说不要僵化，要用新脑筋来对待新事物；要真正提高

---

① 列宁：《论统一的经济计划》，《列宁全集》第40卷，第351—354页。
② 毛泽东：《对"郑州会议关于人民公社若干问题的决议"的修改和信件》，《建国以来毛泽东文稿》，第7册，第514页。
③ 毛泽东：《关于正确处理人民内部矛盾的问题》，《毛泽东文集》，第7卷，第210页。
④ 毛泽东：《在成都会议上的讲话》，《毛泽东文集》，第7卷，第370页。
⑤ 邓小平：《财政工作的六条方针》，《邓小平文选》，第1卷，第195页。
⑥ 邓小平：《贯彻调整方针，保证安定团结》，《邓小平文选》，第2卷，第355页。

效率；要充分调动人民和各行各业基层的积极性。"①

第八，学习先进管理经验。邓小平指出："我们要学会用经济方法管理经济。自己不懂就要向懂行的人学习，向外国的先进管理方法学习。"② "至于经济管理、行政管理的效率，资本主义国家在许多方面比我们好一些。"③ "要弄清什么是资本主义。资本主义要比封建主义优越。有些东西并不能说是资本主义的。比如说，技术问题是科学，生产管理是科学，在任何社会，对任何国家都是有用的。我们学习先进的技术、先进的科学、先进的管理来为社会主义服务，而这些东西本身并没有阶级性。"④

第九，坚持"党政分开"的管理要求。毛泽东指出："在行政关系上，党员必须服从行政的领导。在党外人员担负行政领导责任的部门中，该地或该部门的党组织及党员对行政工作有不同意见时，应采取适当方式，与党外人员协商解决，不得直接处理。某些地方党政不分的现象，应该纠正。"⑤ 邓小平也指出："党是阶级组织的最高形式，指出这一点，在今天党已经在国家工作中居于领导地位的时候，特别重要。这当然不是说，党可以直接去指挥国家机关的工作，或者是把各种纯粹行政性质的问题提到党内来讨论，混淆党的工作和国家机关工作所应有的界限。"⑥ "中央认为，从原则上说，各级党组织应该把大量日常行政工作、业务工作，尽可能交给政府、业务部门承担，党的领导机关除了掌握方针政策和决定重要干部的使用以外，要腾出主要的时间和精力来做思想政治工作，做人的工作，做群众工作。如果一时还不能完全做到这一点，至少也必须把思想政治工作放在重要地位上，否则党的领导既不可能改善，也不可能加强。"⑦

马克思主义经典作家对行政管理制度的民主（官僚机构的完全民主化）、责任（建立行政负责制和实行党政分开）、专业（培养专业化的行政管理人员和注重学习先进管理经验）、精干（精简机构）、亲民（坚持

---

① 邓小平：《改革的步子要加快》，《邓小平文选》，第 3 卷，第 241 页。
② 邓小平：《解放思想，实事求是，团结一致向前看》，《邓小平文选》，第 2 卷，第 150 页。
③ 邓小平：《改革的步子要加快》，《邓小平文选》，第 3 卷，第 240 页。
④ 邓小平：《答意大利记者奥琳埃娜·法拉奇问》，《邓小平文选》，第 2 卷，第 351 页。
⑤ 毛泽东：《关于共产党员与党外人员的关系》，《毛泽东文集》，第 2 卷，第 396 页。
⑥ 邓小平：《关于修改党的章程的报告》，《邓小平文选》，第 1 卷，第 236 页。
⑦ 邓小平：《贯彻调整方针，保证安定团结》，《邓小平文选》，第 2 卷，第 365 页。

群众路线)、高效(注重行政效率)等要求,对政策都有不可忽视的作用。强化政策的制度基础,一个重要的任务,就是按照这些要求,优化和完善国家的行政管理制度。

二 资本主义国家政策体系的制度基础

西方学者对政策所依赖的各种制度的解释,主要是以资本主义国家的制度形态为基础,重点强调的也是七方面的问题。

(一) 政体对政策的影响

西方学者也讨论了政体与政策的关系,并形成了一些具有重要参考价值的论点。

1. 以政策作为界定政体的标准

在界定政体时应以政策为标准的说法,来自西瑟。他认为传统政治学并不认真地把政策当一回事。它在界定政体时,没有首先看一下它的一些具体的政策,而正是政策和执行的总和才能最好地界定任何一个政体。执行是被当作政体的一整套一般趋向来分析的。人们通常在三个层面上讨论这些倾向。(1)公正原则,例如民主政体倾向于分配的平等标准,而贵族政体则倾向于一种不平等的标准。(2)决策能力,例如民主政体中的政策常常是变化不定的,不稳定的,而贵族政体中的政策目标则是独断的和一成不变的。(3)外交政策取向,例如法西斯政体倾向于扩张,而传统的专制君主政体则偏向于谨慎。不过,这些只是一般的倾向而已,并不决定每一个政体和每一个输出。当我们观察一些具体的政体时,某一政府执行的政策并不一直受其一般形式的制约,这些政策可能与规范大不相同。此外,政策是由一些个体制定的,它们从来不是由整体的结构决定的。相应的,传统政治学不将政体等同于它的政策。政体指的是一种比具体的政策更为深层的结构,这一结构产生了一般的政策原则,但并不产生某一政策。政体本身并不随政策的变化(包括那些与自身倾向相异的政策)而变化。因此顺理成章的是,必须有两个层次上的分析。一个是分析政府的形式,另一个是分析政策。在政府形式产生政策倾向,以及与政体相异的政策能促成政府形式这一双重意义上,这两个层次是互相联系的。不过,在任何政体中,每一层次的运作都带有某种自主性。不认识这两个层次之间的区别并分别加以对待,就会产生两种不同的错误。一是过分强调政体的重要性,以为每一个主要的政策必须反映它的原则或逻辑。另一错误是过低估计政体的影响力,把一些直接的政策当作政治分析的唯一真实的因素。①

2. 民主政体的政策要求

西方学者专门讨论了民主政体(或自由民主政体)涉及的政策问题,可以归纳出这样的政体对政策的九种要求。

第一种是自我节制要求。斯宾诺莎指出,民主政体的基本与目的在于避免不合理的欲求,竭力使人们受理智的控制,这样大家才能和睦协调相处。② 狄骥也指出,如果国家的干预在任何制度下都是令人遗憾的,那么它在民主政体中也是如此。③

第二种是选举产生决策者要求。熊彼特指出,民主方法就是那种为作出政治决定而实行的制度安排,在这种安排中,某些人通过争取人民选票取得作决定的权力。在民主政体里,选民投票的首要作用是产生政府,产生政府实际上等于决定领导人应该是谁。④

第三种是官僚政治要求。熊彼特指出,国家管理范围太大时倚仗的是官僚机构,官僚机构并不一定与民主是对立的关系。官僚政治对民主政体不是阻碍,而是不可避免的补充,对现代经济也是不可避免的补充。⑤

第四种是自由和法治要求。拉斯韦尔和卡普兰指出,民主政体是自由的、法治的。民主政体是通过权力过程的三个特征来定义的。(1)权力是在自身责任最大化的基础上行使的,民主政体不能容忍任何形式的威权主义,不论这样的责任集中会带来多少利益。(2)权力过程不是绝对的、自给的;决定是有条件的,可接受质疑的。(3)权力过程的利益在政治统一体中进行分配,民主政体不允许特权等级的存在。⑥

第五种是公民政策参与要求。珍妮特·登哈特和罗伯特·登哈特指出,政府不应该像企业那样运作,它应该像一个民主政体那样运作。公民

---

① [美] 西瑟:《自由民主与政治学》,第116—118页。
② [荷兰] 斯宾诺莎:《神学政治论》,第217页。
③ [法] 狄骥:《公法的变迁》,第56页。
④ [美] 熊彼特:《资本主义、社会主义与民主》,第395—396、400—401页。
⑤ 同上书,第311页。
⑥ [美] 哈罗德·拉斯韦尔、亚伯拉罕·卡普兰:《权力与社会:一项政治研究的框架》,第210—211页。

参与被视为民主政体中政策执行恰当且必要的组成部分。在新公共服务中，公民和行政官员共同承担责任并且一起为执行项目而工作。在一个民主政体中，需要做的正确事情恰恰是更多的参与。①

第六种是政策程序要求。墨菲指出，应该把自由民主政体的政治原则的固守看成为民主平等所需要的同质性的基础，关键就在于建立若干机制和程序，通过它们来作出决定，并在围绕如何理解这些原则的问题展开辩论的基础上确定国家意志。程序对于构建一种民主的政治统一体来说并非是一种充分条件，还需要一种更为实体性的同质性；但是普遍意愿离开若干程序的中介是绝对不可能直接就被预先给定的。②

第七种是明智政策要求。科恩指出，所有政体中，民主最可能产生从长远来说是明智的政策，民主是最可能保证社会各成员及各阶层获得公正待遇的，民主更有可能消除以暴力手段解决社会内部争端的必要性。③

第八种是舆论自由要求。丹尼斯·朗指出，不受政府控制的出版和网络自由，在民主政体中被恰当地认为对维护公开政治竞争和保有对政府权力的限制是至关重要的。④

第九种是政治文化要求。阿尔蒙德和维巴指出，民主政体和它的公民文化的现行原则——政治精英决策的方式，他们的规范和态度，普通公民的规范和态度，领袖和政府的关系以及他和他的选民的关系，则是更微妙的文化部分。⑤

3. 政策的政体功能

除了强调政体对政策的要求外，还要注意政策对政体的反作用问题，西方学者重点强调了政策的三种政体功能。

第一，政策可以起到维系政体的作用，如亚里士多德所言，凡能维护其所创政体于久远者，才可说是良好的政策。⑥

第二，政策可以起到充实政体的作用，如菲利普·施密特所言，一种国家政体必须有一些明确的规则以决定集体决策的方式。从而，政体的巩

---

① ［美］珍妮特·V. 登哈特、罗伯特·B. 登哈特:《新公共服务：服务，而不是掌舵》，第1、70页。
② ［美］墨菲:《政治的回归》，第172—174页。
③ ［美］卡尔·科恩:《论民主》，第212、218、227页。
④ ［美］丹尼斯·朗:《权力论》，第38—39页。
⑤ ［美］阿尔蒙德、维巴:《公民文化——五个国家的政治态度和民主制》，第4—5页。
⑥ ［古希腊］亚里士多德:《政治学》，第323页。

固过程反映了，由在转型期胜负难料的斗争中出现的偶然的安排、审慎的规范和权益的解决，向制度以及这种制度的参与者/公民/国民所确知的、反复运用的、并且规范上予以认可了的关系的转变。① 巴伯也指出，即使对劝说的最狭义的界定都使得政体超越了仅仅是完全私人利益表达的讨论，同时成为一种与更强的民主形式连接起来的环节。②

第三，政策可以起到构建政体的作用，如阿普特所言，如果一个国家想以最有效率的方式进行现代化，它就需要建立一种政体，这一政体能够在强制与信息之间形成一种合理关系，以最低的成本实现现代化目标。它的显著特征是其团体参与生活，以及激励民众更充分地参与经济过程。在协调体系中，集体合法性来自代议制原则。因为妥协是协调体系固有的特点，社会发展的步伐由政治领导者和民众所支持的中央政府政策的意愿来决定。发展的步伐从来不会比人们所希望的更快，因为政策必须符合公众需要。③

从西方学者的论点可以看出，政体与政策之间确实存在着一种相互作用的关系，即一方面政体可以要求甚至塑造与之适应的政策和政策范式。另一方面政策不仅可以维系政体，也可以改变政体甚至构建政体。换言之，无论是政体对政策的影响，还是政策对政体的影响，都应该是"制度化"的产物，没有一定的"制度化"，这样的影响都难以持久。

（二）不同类型的"民主国家"定位

西方学者既有对"民主国家"的政策定位，也有对"民主国家"所包含的联邦国家和福利国家的政策定位，可分述于下。

1. 民主国家的制度化标准

在民主国家中，存在着政策制度化的可能，但是要符合西方学者提出的七条基本标准。

第一条是"产生决策者"标准。雷蒙·阿隆指出，民主国家的政治领袖接受自己是"有偏向的"，仅直接代表一部分国民，对于代表另一些

---

① ［美］菲利普·施密特：《有关民主之巩固的一些基本假设》，载《变动中的民主》，第25—41页。
② ［美］本杰明·巴伯：《强势民主》，第212页。
③ ［美］戴维·阿普特：《现代化的政治》，第257、291、306页。

国民的其他人有可能在以后的选举中取代他们,他们是能够接受的。①

第二条是"中央集权"标准。托克维尔指出,民主国家关于政府的观点有利于中央集权;民主时代的人,可以不用深思就会想出关于由政府亲自直接领导全体公民的单一的中央权力的观念;他们厌恶复杂的制度,认为一个大国由同一模式的公民组成和由一个权力当局领导最好。个人独立和地方自由将永远是艺术作品,而中央集权化则是政府的自然趋势。②

第三条是"官僚决策"标准。韦伯指出,向官僚制官员进步是衡量国家现代化的标准,绝对主义国家和民主国家都会以带薪官员取代显贵统治,带薪官员就是对我们的所有日常需求和抱怨作出决定的人。③

第四条是"参与决策"标准。豪利特和拉米什指出,在民主国家,投票是参与政治,基本上是政策过程的最基本方式。它不仅为投票人提供了表达他们选择政府的机会,也赋予了他们对寻求选票的政党和候选人制定有吸引力的一揽子政策施加压力的权力。④

第五条是"利益博弈"标准。达尔指出,民主的主张只是认为,选择一个民主的国家要比其他任何类型的国家或无国家好,各种决策要求人们针对审慎的备选方案、原则和可能性进行判断。在民主国家里解决普遍利益问题的方法,没有一个是令人满意的。具有代表性的方法,或是通过强调人们对普遍利益的奉献,从而能够希望在某种程度上促成更高尚的公民美德;或者是强调一种开明的利己主义。尽管利益完全协调的情形仍然是罕有现象,但是完全冲突的、排他的、竞争性的利益——零和冲突——也不大可能占主导地位。卷入政治冲突的不同公民的利益通常既不是完全协调的,也不是完全冲突的,而是互补的。冲突的利益使政治生活成为必要,但互补利益使之成为可能。⑤

第六条是"政策监督"标准。达仁道夫指出,经典的民主国家正在

---

① [法]雷蒙·阿隆:《阶级斗争——工业社会新讲》,第109—110页。
② [法]托克维尔:《论美国的民主》,上卷,第96—99、128—129页;下卷,第840—847页。
③ [德]马克斯·韦伯:《新政治秩序下的德国议会与政府》,载《韦伯政治著作选》,第120、127页。
④ [加]迈克尔·豪利特、[澳]M.拉米什:《公共政策研究:政策循环与政策子系统》,第93页。
⑤ [美]罗伯特·达尔:《多元主义民主的困境:自治与控制》,第141、165—167页;《民主及其批评者》,第55页。

寻找一些游戏规则，以从根本上遏制政治领导和政治阶级的过分行为。其中的两项任务首当其冲。（1）必须有可能进行革新。这要求要有机构的灵活机动性，执政者们要有明确的职权范围（政策方针、权能、总统制），而且国家要有一种促进多数的选举法，这两者的优点是显而易见的。（2）民主的后援必须能够运作。必须能够监督执政者和吸纳公民及其各种组织的冲力作用。①

第七条是"改进政策"标准。彼得斯指出，民主国家所进行的很多改革都非常重视政策制定的程序以及政策的实际内容。治理模式应该变得更为"理性"，从而使政府能够不断地制定出有效的政策，以保持社会经济的持续进步。② 亨廷顿也指出，政治稳定和政体是两个不同的变项，民主国家为在体制内表达不同意见和反对意见提供了被认可的渠道，政府和反对派都不大可能用武力来相互对抗；民主也通过提供改变政治领袖和公共政策的定期的机会来维持政治稳定；在民主国家很少在一夜之间发生戏剧性的变化，它通常是温和的和渐进的。③

2. 联邦国家的政策要求

联邦国家除了符合民主国家的制度化标准外，还面临一些特定问题，由此一些学者特别提出了联邦国家制定政策的具体要求。

第一，规划影响全国的政策。奥斯本和盖布勒指出，即便进行新公共行政的改革，联邦政府仍旧有责任提供资金，制定全面的政策框架，包括超越州和地方政府能力所及范围的政策、需要对财源最匮乏地区投资的扶贫政策、社会保障和事业补偿之类的社会保险计划、有些投资成本很大以致需要大量增加税收的政策。④

第二，多样化而不是强行统一的政策模式。彭茨指出，自由主义的国家是地方分权制和联邦制的国家。为了保证每个人最高限度地享有自由的权力而付出的努力与在各个最基层的决策单位作出决策的倾向是相一致的，它们自身并没有统一的愿望。⑤ 桑斯坦也指出，要更多地依赖联邦制

---

① ［英］拉尔夫·达仁道夫：《现代社会冲突》，第227—229页。
② ［美］盖伊·彼得斯：《政府未来的治理模式》，第3、135页。
③ ［美］塞缪尔·亨廷顿：《第三波——20世纪后期民主化浪潮》，第28—30页。
④ ［美］戴维·奥斯本、特德·盖布勒：《改革政府：企业家精神如何改革着公共部门》，第208—209页。
⑤ ［德］埃伯哈德·彭茨：《政治与人类尊严——德国自由主义者的解决途径》，第2页。

和权力下放,以取代已经发展成为联邦规制特点的、无效率的且常常不公正的整齐划一。①

第三,为地方决策保留一定空间。海迪·斯沃茨指出,在联邦制国家中,有许多地方都能制定政策。主要政策的制定都控制在州政府和地方政府手里,并由它们提出政策目标,这些政策领域包括婚姻和家庭、经济发展、教育、执法、社会服务、公园和娱乐等。②

第四,发展有利于联邦制的共识民主。利普哈特指出,在"联邦制——单一制维度"上,共识民主国家采用的联邦制对大国来说具有明显的优越性,独立的中央银行则为实现抑制通货膨胀的目的提供了有效的服务。③

第五,改革联邦国家的政策体制。保罗·彼得森指出,在联邦体制内可能和应该改变的事,一是联邦政府应该继续更多地承担为再分配性政策提供财政援助和制定标准的责任;二是福利政策需要在国家范围内统一实施;三是联邦政府应该继续减少为州和地方政府所提供的发展性拨款;四是尽可能地让私营部门承担更多为大城市提供公共服务的职能。④

3. 福利国家的政策功能

无论是民主国家还是联邦制国家,都可能带有福利国家的特征,由此需要了解西方学者就福利国家政策功能提出来的五种论点。

第一种论点强调的是福利国家的"供给"功能。沃尔泽指出,每个政治共同体在原则上都是一个"福利国家"的意义。每个政治共同体都必须根据其成员集体理解的需要来致力于满足其成员的需要;所分配的物品必须分配得与需要相称;并且,这种分配必须承认和支持作为成员资格基础的平等。⑤

第二种论点强调的是福利国家的"社会"功能。马歇尔指出,在福利领域,政府的责任比通常所说的经济事务更为直接,更为紧迫;国家必然使服务扩展到全国,使所有人都能得到福利服务。在一个包括代议制政

---

① [美]凯斯·桑斯坦:《权利革命之后:重塑规制国》,第258页。
② [美]海迪·斯沃茨:《制定国家议事日程——美国城市政治中的基督教社区组织》,载《国家、政党与社会运动》,第54—80页。
③ [美]阿伦·利普哈特:《民主的模式:36个国家的政府形式和政府绩效》,第222—227页。
④ [美]保罗·彼得森:《联邦主义的代价》,第168—171页。
⑤ [美]迈克尔·沃尔泽:《正义诸领域:为多元主义与平等一辩》第84、105—106页。

府、混合经济和福利国家的社会结构中，可以完成社会的变革。① 皮尔逊也指出，福利国家在第二次世界大战之后变成了所有发达工业民主国家的一个内在组成部分。社会保护的允诺为西方民主国家提供了政治合法性。不断扩展的政治活动范围在国家和社会之间产生了一系列联系。与政府决策紧密相连的众多因素促进了众多团体的增长，因为这些团体力图保护他们的成员利益。②

第三种论点强调的是福利国家的"平等"功能。伊辛和特纳指出，现代公民权背后的动力是去创建一个福利国家，以达致公民之间的平等。因此，重建市民社会（或公共领域）的任务若离开了公民权的动力形式是不可能完成的。③

第四种论点强调的是福利国家的"和谐"功能。奥菲指出，二战以来，福利国家已成为发达资本主义民主国家的主要和平原则。尽管有对福利国家的攻击，但是在某种程度上，福利国家已经成为一种不可逆转的结构，废除它与废除整个政治民主、联盟以及从方法上改变政党体系没有什么差别。福利国家大规模提供了住房补贴、公共教育、医疗服务以及广泛强制性社会保障计划，在缺乏这些方面的条件下，工业经济的运转根本是不可想象的。福利国家令人尴尬的秘密在于：尽管它对资本主义积累的影响很可能是破坏性的，然而废除福利国家所带来的影响将简直是毁灭性的。由此产生的矛盾就是：尽管资本主义不能与福利国家共存，然而资本主义又不能没有福利国家。④

第五种论点强调的是福利国家的"控制"功能。富里迪指出，福利国家对自身进行重新定位，转向关注公众的治疗性的需求。治疗性政策的目的是通过控制人们的内在生活在政府和个人之间搭起联系。人们与其说是被加入，还不如说是"被治疗"、"被扶持"或者"被协商"。国家政策代表了一种授权的工具，以一种令人烦扰的制度化的形式重新塑造了病人对治疗者的依赖关系。由公民向病人的转化具有改变公众与社会公共机

---

① ［英］马歇尔、吉登斯等：《公民身份与社会阶级》，第110—116、127页。
② ［英］保罗·皮尔逊：《拆散福利国家——里根、撒切尔和紧缩政治学》，引言，第1、4页。
③ ［英］恩斯·伊辛、布鲁恩·特纳：《公民权研究：导论》，载《公民权研究手册》，第1—14页。
④ ［德］克劳斯·奥菲：《福利国家的矛盾》，第1、6—7页。

构之间关系的潜在能量。①

按照西方学者的理解,国家定位可以是"叠加式"的,即综合考虑不同国家定位的政策要求,选择适合本国的"政策制度化"路径。由此,需要关注的不仅仅是民主国家偏重"政策过程制度化"的标准和联邦国家偏重"多样化政策模式"的标准,还可以考虑福利国家的"制度性紧缩"和宏观政策调整诉求。也就是说,国家定位是制度化的政策民主不能不面临的问题,需要根据不同的国情,进行多种选择或综合性选择,而不是"单一性"选择。

(三) 影响政策的三种政府形态

西方学者重点关注的是影响政策的三种重要的政府形态(也涉及了马克思主义经典作家所述的"人民政府"和"民主政府",但给出了不同的解释)。

1. 民主政府

西方学者对"民主政府"有较多论述,可以归纳出与政策有关的"民主政府"的十五个基本特征。

第一,理智或理性的民主政府。哈林顿指出,人类的共同利益就是共同权利,民主政府的利益最接近全人类的利益,民主政府的理智最接近正确的理智。② 沃尔泽也指出,不仅只包容性导致民主政府,同样重要的还有我们称之为理性的统治的东西。③

第二,反专制和反独裁的民主政府。波普尔指出,我们现在可以把这个建议,即为了避免专制去创设、发展、保护政治制度,看作一项民主政策的原则。这项原则并不意味着我们就可以发展出这样的制度,它要不完善无缺,要不完全可靠,要不就能确保民主政府采纳的政策优秀而明智——甚至必然要比一个仁慈专制统治者所采纳的政策更好更明智。不过,就采纳民主原则所隐含的意味我们可以说的是,可以肯定接受民主制度下的哪怕是一项坏政策要比服从哪怕是何等明智何等仁慈的专制制度更加可取。④

---

① [英] 弗兰克·富里迪:《恐惧的政治》,第137—139页。
② [英] 詹姆士·哈林顿:《大洋国》,第22—23、33—35页。
③ [美] 迈克尔·沃尔泽:《正义诸领域:为多元主义与平等一辩》,第406—407页。
④ [英] 波普尔:《开放社会及其敌人》,第1卷,第234—236、243页;第2卷,第242页。

第三，多数人统治的民主政府。托克维尔指出，民主政府的本质，在于多数对政府的统治是绝对的，因为在民主制度下，谁也对抗不了多数。①

第四，注重控制权力的民主政府。丹尼斯·朗指出，权力对象可用四种方法来反抗或抵触完整权力掌权者的权力：一是可以对他努力行使抵消权力，以便把完整权力转变为分散权力；二是可以对他的权力在广延性（权力对象的数量）、综合性（领域的数量）和强度上设定限制；三是可以摧毁他的全部完整权力，让以前受他控制的行为获得自由和自主选择；四是可以通过获取并行使他的完整权力，设法取代他。涉及现代国家领土管辖内的完整权力，前面三种选择大体上相当于建立民主政府的努力，建立立宪政府的努力，以及消灭政府，或无政府主义。②

第五，具有合法性的民主政府。戴伊指出，政策的合法化过程是政策制定的最直接过程，是一个公开的、公共的过程。使政策合法化是政府的政策制定者们——国会、总统和法院——的任务，这些部门是最直接的政策制定者。民主政府具有独特的合法性权力。在自上而下的政策制定过程中，合法性并不是通过全民参与的大选（普选）而取得。政策的合法性是通过选举产生的国家领导人（包括国会议员和总统）来实现的。选举的基本功能是赋予政府权威的合法性，并赋予民众遵守和执行政府所制定政策的责任义务。③

第六，能够实现政权更换的民主政府。古德诺指出，与其说民主政府实现的是对官员的审慎选择和对政策的积极决定，还不如说实现了否决权和更换政党领袖的权力。④

第七，有能力支配官僚的民主政府。熊彼特指出，民主政府必须有能力支配一个赋有强烈责任感和同样强烈集体精神以及有良好名望和传统的训练有素的官僚机构的工作。⑤

第八，注重民意的民主政府。罗尔斯指出，一旦立法和社会政策明确表达了公众意志，政府若还是民主政府就不可能凌驾于它之上。⑥ 阿尔蒙

---

① ［法］托克维尔：《论美国的民主》，上卷，第282页。
② ［美］丹尼斯·朗：《权力论》，第13页。
③ ［美］托马斯·R. 戴伊：《自上而下的政策制定》，第9、151—152页。
④ ［美］古德诺：《政治与行政》，第195页。
⑤ ［美］熊彼特：《资本主义、社会主义与民主》，第426页。
⑥ ［美］罗尔斯：《正义论》，第296页。

德和维巴也指出，一方面，民主政府必须管理，它必须具有权力和领导层以及制定决策。另一方面，它对它的公民必须是负责任的，因此，民主制度就意味着在某些方面政府精英们必须对公民的愿望和要求作出响应。①

第九，注重服务的民主政府。哈耶克指出，我们之所以将这种决策权委托给民主政府或"多数"政府，那也是因为我们希望这种政府更可能为公共利益提供服务。②

第十，注重民众利益的民主政府。罗素·哈丁指出，民主通常只有在拥有民主政府服务于各种利益之间互利关系的地方才运行良好。在走向更大民主的传统案例中，渐进民主化在长期可能极为有效。③ 奥菲也指出，我们对民主政府的偏好也不是由于其规则本身，而是预期这一政府形式将促进大众和个人的福利，并带来其他可欲的结果。④ 唐斯则强调，民主政府的行动总的来说有利于低收入的选民而不是高收入选民。⑤

第十一，鼓励公民参与的民主政府。佩特曼指出，参与民主理论要求建立一个民主政府的必要条件必须是建立一个参与的社会，这一要求并不是不现实的。⑥

第十二，慎重决策的民主政府。罗素·哈丁指出，许多人抱怨当代民主政府在面对国内和国际问题，尤其是福利和分配问题时的无效率。但是，可以证明，这种无能的收益可能超过它的代价。在自由民主型政府中的权力扩散通常妨碍作出忽视许多人利益的决策的能力。⑦ 弗雷德里克也指出，通过汇聚许多不同利益和观点，民主政府就可以继续提供一个最近似于达成"正确"结果的政策制定过程。正确的政策是这样的：它们对于大多数社群来讲是正确的，同时也不违背"客观的"科学准则。只有这样，公共政策才能有益于人民所希望的幸福。⑧

---

① [美] 阿尔蒙德、维巴：《公民文化——五个国家的政治态度和民主制》，第422—424页。
② [英] 哈耶克：《法律、立法与自由》，第2、3卷，第10页。
③ [美] 罗素·哈丁：《自由主义、宪政主义和民主》，正文，第310、320、340页。
④ [德] 克劳斯·奥菲：《福利国家的矛盾》，第132页。
⑤ [美] 唐斯：《民主的经济理论》，第151—122页。
⑥ [美] 卡罗尔·佩特曼：《参与和民主理论》，第92页。
⑦ [美] 罗素·哈丁：《自由主义、宪政主义和民主》，第72—73页。
⑧ [美] 卡尔·弗雷德里克：《公共政策与行政责任的本质》，载《公共行政学百年争论》，第3—12页。

第十三，承担政策责任的民主政府。弗雷德里克指出，技术责任并不足以保证一项公共政策是健康的、积极的，而在一个民主政府中，为了作出真正负责任的政策，政治责任也是必需的。①

第十四，难以实现长远政策目标的民主政府。熊彼特指出，在民主政府中首先必须注重一项政策、议案或行政措施的政治价值这个事实——也就是说，迫使政府依靠议员和选民的选票这个民主原则的事实——很可能扭曲赞成者和反对者的主见。尤其是，这个事实迫使掌握枢要或参与枢要的人采取短期观点，极难要求他们为远期目标作持久努力，为国家长期利益服务。② 罗素·哈丁也指出，因为民主政府不可能在其政策上保持一致，所以我们有理由怀疑它能在不使经济预期不稳定的情况下微观地管理一个长期的转型。③

第十五，为利益集团服务的民主政府。哈耶克指出，我们今天所说的那种民主政府，实际上并不为多数的意见服务，而是在为压力集团所拥有的各种利益服务。④ 科布也指出，当今大多数国家的民主政府对其公民最关切的问题几乎无能为力。⑤

西方学者阐释的民主政府，在政策表现方面，显然是既有理性、反专制、控制权力、具有合法性、定期更换政权、支配官僚、注重民意、注重服务、注重民众利益、鼓励公民参与、慎重决策、承担政策责任等优点，也有为利益集团服务、难以实现长远政策目标等缺点。只谈优点或只谈缺点，都可能带来对民主政府的曲解。

2. 人民政府与民治政府

西方资产阶级革命时期也曾使用过"人民政府"的概念，如罗伯斯比尔所言，建立政府是为了迫使尊重大众的意志。真正人民政府的本性，就是信任人民和严格要求自己。⑥ 当代西方学者对"人民政府"持的则是否定态度，如雷蒙·阿隆所言，民主政治理想的任何制度表达都是一种对

---

① [美] 卡尔·弗雷德里克：《公共政策与行政责任的本质》，载《公共行政学百年争论》，第3—12页。
② [美] 熊彼特：《资本主义、社会主义与民主》，第21、417—419页。
③ [美] 罗素·哈丁：《自由主义、宪政主义和民主》，第176、288、302页。
④ [英] 哈耶克：《法律、立法与自由》，第2、3卷，第459页。
⑤ [美] 小约翰·B. 科布：《后现代公共政策——重塑宗教、文化、教育、性、阶级、种族、政治和经济》，第155页。
⑥ [法] 罗伯斯比尔：《革命法制和审判》，第152、188页。

理想的背叛。并不存在所谓民治的人民政府；所谓选举和多党制是比一党制更好地体现人民主权的政治制度的观点，对于某些人来说可能是非常明显的，但是却会引起无尽的争论。①

与"人民政府"概念接近的，还有"公民政府"和"民治政府"两个概念。

"公民政府"是洛克使用的概念，他认为政府是为被统治者的福利，而不是为统治者独自的利益而设的；公民政府是针对自然状态的种种不方便情况而设置的正当救济方法。②

对于"民治政府"，西方学者强调的是以下看法。（1）民治政府体现民主的本意。阿尔蒙德等人指出，民主的字面意思是"民治政府"③。利普哈特也指出，把民主定义为"民治和民享的政府"引起了一个基本的问题：政府由谁来治理？④（2）民治政府受公众控制。古德诺指出，如果我们希望美国确立民治政府和高效行政，那么就有必要建立一套适度集权的行政体制。这一体制能够减轻政党的工作，因为工作可以转由政府承担，从而使政府变得更负责任。由于政府准备正大光明地行事，所以它能服从公众控制。民治政府会不会消失，主要取决于我们是否有能力防止政治对行政施加过多影响，以及是否有能力防止控制行政的政党利用行政对表达公共意志施加不当影响。⑤（3）民众不能主导民治政府的决策。古德诺指出，大多数人都认为，民治政府应该是这样一种政府体制，有关政治行为的决策都是民众深思熟虑后作出的决定。然而确凿无疑的是，我们习惯上认为是民治的政府形式，一般不会为民众提供这种深思熟虑的条件。在我们熟知的拥有高度发达文明的国家中，全体民众并不会对公共事务的处理产生重大影响。⑥布赖斯也指出，在民治政府，特别是议院制的民治政府，领袖人物是万不可缺少的，有做领袖的人物，而后可以创造那紧密的、坚固的政党，以及那坚定的、一致的政策。⑦（4）民众可以影响民治

---

① [法] 雷蒙·阿隆：《知识分子的鸦片》，第246—247页。
② [英] 洛克：《政府论》，上篇，第79页；下篇，第10、86页。
③ [美] 阿尔蒙德、多尔顿、鲍威尔、斯特罗姆等：《当代比较政治学：世界视野》，第31页。
④ [美] 阿伦·利普哈特：《民主的模式：36个国家的政府形式和政府绩效》，第1—2页。
⑤ [美] 古德诺：《政治与行政》，第102—103、116—117、141、203—205页。
⑥ 同上书，第121—123页。
⑦ [英] 布赖斯：《现代民治政体》，第321页。

政府的决策。布赖斯指出，凡在一个国家之内，全体人民的意志在重要政策上能有一点操纵的力量，即使这一种力量只不过是一种迟延的势力，或在一定目的一定手续上须按照法律所规定的行动，这种政府就可以称为"民治政体"①。

3. 有限政府

西方学者较少提及"廉价政府"或"廉洁政府"，而是强调了"有限政府"的以下要求。

一是有限政府区别于"无限"的政府。哈耶克指出，民主政制绝不是指无限的政府，民主政府与任何其他形式的政府一样，都需要对个人自由加以切实的保障。有人认为，当公民的需求仅由单个官僚机器统管负责满足的时候，人们只需要采取民主手段对这个官僚机器施以控制，便足以有效地保障公民的自由不遭侵犯，然而我们认为这种观点纯属幻想。② 阿伦特也指出，立宪政府那时是，现在依然是有限政府。大多数所谓的革命根本就没能构建自由，甚至也无法产生对公民权利和公民自由的宪法保障这一"有限政府"之福。③

二是"有限民主"区别于"无限民主"。哈耶克指出，普遍盛行的民主制度所具有的致命缺陷是无限权力。民主远远不是一项最高的政治价值，而且一种"无限民主"也完全可能比一种截然不同形式的有限政府更糟糕。强调"有限民主"的必要性，不是说只有以民主方式运作的政府部门才应当受到限制，而是所有的政府部门（或所有的政府治理工作）都应当受到限制。④

三是有限政府区别于专制政府。沃尔泽指出，政府在他们的所有活动中，他们约束自己的权力，使自己服从于宪法的限制。有限政府就像受阻的交换一样，是复合平等的一个重要手段。但有限政府只告诉我们谁治理，它并不在政治领域内解决权力的分配。权力应该由那些最知道如何使用权力的人拥有；它应该由那些最直接承受其结果的人拥有，或至少由他们来控制。⑤ 帕伦蒂也指出，民主政府的权力一定要来自大众的授予，而

---

① ［英］布赖斯：《现代民治政体》，第22页。
② ［英］哈耶克：《自由秩序原理》，上册，第131页；下册，第14页。
③ ［美］汉娜·阿伦特：《论革命》，第126、203页。
④ ［英］哈耶克：《法律、立法与自由》，第2、3卷，第465—468、471页。
⑤ ［美］迈克尔·沃尔泽：《正义诸领域：为多元主义与平等一辩》，第377—382页。

且必须成为一个有限政府,这与专制政府形成了最本质的区别。①

(四) 官僚制的政策特征

官僚制作为一种制度形态,可能涉及很多方面的问题,我们重点关注的,只是西方学者表述的官僚制的一些基本政策特征。

1. 权力层面的特征

官僚制在权力层面尤其是在政策权力的运行方面,主要表现出三个特征。

第一个特征是官僚决策权力的增长。彼得斯指出,随着政府的增长,公共官僚也成为公共政策制定和执行中越来越重要的一种机制。政策形成在定量和定性方面的趋势让我们认识到,要了解当代政治体系中的政策就要了解公共管理官僚。20世纪末的政府都是大政府,基于四个原因,公共官僚权力稳定上升。(1) 公众关心的问题的数量增多。(2) 公众关心的问题质量提高,要求政府去管理的事情越来越多的是具有较强技术性的问题,公共官僚作为公共部门中高技术含量的主要部门逐渐成为决策的前沿。(3) 立法和行政未能适应政策制定环境的变化。(4) 通过控制信息、政策提案和有关可行性知识的能力,官僚即便不是决定政策,也绝对有能力影响政策,需要一个非同寻常的政治家才能克服部门内的这种控制。②

第二个特征是官员独立决策。韦伯指出,和"领袖"一样,"官员"也是不仅在无数具体事务上,而且在更大的问题上被预期进行独立决策并表现出组织能力和创造性。③ 詹姆斯·威尔逊也指出,对很多政治主管人员来说,影响政策的机会是承担一份政府工作的主要动力。政治主管人员可以改变政策,他们不需要成为他们机构的俘虏,也不需要成为国会监督的工具。成功的决策者是这样一些人,他们努力设法将其希望机构做什么的清晰的憧憬同有效地传达其憧憬并激发关键的公务员去实施的能力结合起来。自由主义者和保守主义者都害怕官僚们的态度左右他们制定和推行政策的方式。④

---

① [美] 迈克尔·帕伦蒂:《少数人的民主》,第41页。
② [美] 盖伊·彼得斯:《官僚政治》,第13—23页。
③ [德] 马克斯·韦伯:《新政治秩序下的德国议会与政府》,载《韦伯政治著作选》,第131—132、147页。
④ [美] 詹姆斯·Q. 威尔逊:《官僚机构:政府机构的作为及其原因》,第68、276—277、287页。

第三个特征是在官僚体制下呈现的少数人决策特征。韦伯指出，重大的政治决策——尤其在民主制条件下——不可避免总是由少数人作出。成功的政治——尤其是成功的民主政治——毕竟要依赖于冷静而清醒的头脑，进行负责任的决策时保持这样的头脑就更需要：（1）参与决策的人数更少；（2）每个参与者以及他们所领导的每个人的责任更清晰。[①] 丹尼斯·朗也指出，专制或寡头政体更多地运用了广延性、综合性以及强度更大的权力。现代技术，特别是新的通信媒体使得对国民生命的更加高度集中化的官僚控制成为可能，从而将决策集中于少数人手中，甚至可以通过包含从上到下更多中间层次的权力结构来加以实现。[②]

2. 政策标准层面的特征

在政策标准层面，官僚制主要表现出两大特征。

一个特征是掌握政策标准。彼得斯指出，为了统治，拥有政策理念的个人必须有能力通过现存政府机构执行其理念，官僚政府在政策过程中需要满足以下标准。（1）组织的工作规则必须体现政策意图。"软性"政策意图指现存程序自身就是一系列官僚偏爱的、通常是沿袭下来的观念；"硬性"政策意图指官僚不仅对维持机构现存的政策感兴趣，还必须对强加一套新的政策优先性感兴趣。（2）达到目标的途径"不是不可行的"。官僚通过界定什么可行，往往能够不仅技术性的而且政策性的塑造政策。（3）在资源分配上存在竞争。统治的一个标准常常与民主相关，党派竞争的资本是选票，官僚竞争的资本是资金。官僚的竞争允许政治的和行政的个人更为直接地选择不同的政策，这种竞争常常不受到选举官员的直接控制。（4）官员必须占据最重要的决策位置，并且，他们必须有足够的人数能够使政策有效。（5）拥有管理能力。政策既必须从上层传达下来，又必须从下层体现出来，这促使官僚位于公共部门和私有部门的连接之处，使得他们的工作更加困难。（6）政策执行的高度优先性。一个政府"真正的"政策是执行的政策，而非议员、政治执行者和其他人所说的政策。在现代政治体系中执行是一个核心问题。执行考虑支配着真正的政策考虑，政府将做它们认为它们所能做的而非它们应该做甚至是想做的。政党提供的是"没有管理的共识"政府，官僚提供的是"没有共识的管理"

---

① ［德］马克斯·韦伯：《新政治秩序下的德国议会与政府》，第149、167、179、185页。
② ［美］丹尼斯·朗：《权力论》，第19页。

政府。①

另一个特征是自利性。敦利威指出，官僚在作出官方决定时，显然会将利己主义的效用最大化。机构的总体政策是根据官员所做个人决定的组合来设定的，或者由机构与赞助机构的互动来设定。所有（政策层次的）官僚都强烈地认同他们的机构。理性官僚会集中精力来发展机构塑造策略。政策层次的官僚可能从机构塑造策略中获益更多，而他们对重组过程的控制更强。②

3. 决策层面的特征

在政策过程中官僚如何作出决策，从体制或制度视角观察，可以理出五个重要特征。

第一个特征是引导政治家。熊彼特指出，国家管理范围太大时倚仗的是官僚机构，官僚机构并不一定与民主是对立的关系，官僚政治对民主政体不是阻碍，而是不可避免的补充，对现代经济也是不可避免的补充。官僚机构或文官制度特有的选择领导人的方法，不一定像有人常说的那样缺乏效率。官僚机构有效率处理行政事务、有能力提供良好意见是不够的，它必须强大得足以引导充当各部部长的政治家。③

第二个特征是控制议会。韦伯指出，现代议会乃是被官僚制手段统治的人们的代表机构。毕竟，被统治者——至少是在社会上具有重要地位的被统治者——某种最低限度的内心同意，才是任何统治、即使是组织得最出色的统治能够维持下去的先决条件，今天的议会就是显示这种最低限度同意的手段。④

第三个特征是专家决策。阿伦特指出，官僚政治永远是一种专家政治，一种"有经验的少数人"的统治，它必须抵制、而且也了解，来自"没有经验的大多数人"的经常性压力是怎样一回事。每一个人从根本上说属于没有经验的大多数人，因此不能托付以政治和公共事务这样高度专门的事情。官僚政治家回避每一种普遍法律，用法令来分别处理每一种具

---

① ［美］盖伊·彼得斯：《官僚政治》，第229—243页。
② ［英］帕特里克·敦利威：《民主、官僚制与公共选择——政治科学中的经济学阐释》，第194、231页。
③ ［美］熊彼特：《资本主义、社会主义与民主》，第311页。
④ ［德］马克斯·韦伯：《新政治秩序下的德国议会与政府》、《以政治为业》，载《韦伯政治著作选》，第113—120、135—136、274—275页。

体情况。一切都要服从法律，这对官僚政治是一种威胁。①

第四个特征是注重政策反馈。皮尔逊指出，政策可能会鼓励个人调整路线而"锁定"在政策发展的特定道路上。政策反馈至关紧要，因为它决定了政策分析者和官僚们如何学习和修正过去的承诺。②

第五个特征是采用合议方法。韦伯指出，合议——除了集权主义的否决的合议外——几乎不可避免地意味着妨碍准确地、明确地、首先是迅速地作出决定。作决定和行动的必要的速度变得越快，合议的原则就越被排斥。合议保障着行政管理考虑的更大的"彻底性"。凡是要牺牲准确和快捷而强调"彻底性"的地方，还会采用它。③

4. 政策运行层面的特征

在政策运行层面，官僚制主要表现出四大特征。

第一，文牍主义。詹姆斯·威尔逊指出，从事汇报工作的外交人员很清楚，书面材料就是政策，要受到很仔细并且往往是不利的审查，这对于他们来说是一个最主要的制约因素。④

第二，专注执行。奥斯本和盖布勒指出，传统的官僚政府专注于提供服务以与问题作斗争。官僚政治的模式使政府全神贯注于提供服务——划船，而集中其主要精力于划船的组织就很少花精力去掌舵了。⑤

第三，层级控制。詹姆斯·威尔逊指出，看待政府机构有两种方式：一种方式是自上而下，另一种方式是自下而上。绝大多数书籍和几乎所有当选的官员都倾向于选择第一种方式来分析问题，将注意力集中在机构高层官员的身份、信仰和决策上，往往会导致我们看不到政府机构在做什么，也无法了解它们做事的方式与实现目标或满足大众之间有何关联。自下而上的视角是一个很有效的修正，但是这种观点若是使用过度的话，会使我们对由总统、政府官员、市长、立法机构和法庭所制定的重要政策和采取的结构选择缺乏判断力。官员采取行动的自由受到其行政上级决策的

---

① [美]汉娜·阿伦特：《极权主义的起源》，第293、295、328—330页。
② [英]保罗·皮尔逊：《拆散福利国家——里根、撒切尔和紧缩政治学》，第43—48、240—241页。
③ [德]马克斯·韦伯：《经济与社会》，上卷，第302—316页。
④ [美]詹姆斯·Q. 威尔逊：《官僚机构：政府机构的作为及其原因》，第57页。
⑤ [美]戴维·奥斯本、特德·盖布勒：《改革政府：企业家精神如何改革着公共部门》，第162页。

重大限制,有时候甚至完全受后者支配。①

第四,自我约束。罗素·哈丁指出,官僚以及司法体制都广泛地包含对行为的许多制约。支撑规范的最重要的激励之一是,别人通常不能从无视或者配合他们的同事和上司的失职行为当中得到好处。是谁使政府职员们适当地从事其工作这一问题的答案,在形式上和为什么我们公民通常默认政府政策这一问题的答案是相同的。我们全都相互控制。然而,对政府官员最重要的控制者,也许典型地是别的官员而不是公民,许多时候甚至对于当选的官员也可证明如此。因此,我们的政府秩序是自我实施的。②

5. 官僚制改革的基本取向

针对官僚制存在的各种问题,西方学者提出了一些与政策有关的改革建议,这些建议大致反映了五种改革取向。

第一种是分散权力取向。墨菲指出,要想有效抵制以技术专家政治和官僚政治的增长为代表的独裁趋势,真正具备决策能力的联合体的多样性以及权力中心的多重性就是必需的。在那些自由和平等的民主原则在其中得到实施的社会关系类型中,所采用的民主形式应当是多元的。在有些情形下,代议制更适合些,而在另一些情形下,直接民主则更适合些;而且,我们还应试着去想象一些新的民主形式。③

第二种是下放权力取向。哈耶克指出,应该把制定对内政策的权力下放给地方政府。对于普通人来说,更为重要的是能够参与当地事务的决策,但是现在这些地方事务却在很大程度上不是由这些普通人所了解并能够信任的人进行决策的,而是由一个地处遥远且较为陌生的官僚机器决定的。④

第三种是修正官僚组织取向。弗里德里克森指出,新公共行政寻找的是一种可变革的结构,因此自然倾向于试验或倡议一种修正的官僚组织形式。分权、授权、终结、方案、契约、评估、组织发展、责任扩大化、面对面接触以及服务对象的投入等,在本质上都表现了反官僚的观念,充分体现出新公共行政的特质。此等观念系设计来强化官僚体制变革的潜能,

---

① [美]詹姆斯·Q.威尔逊:《官僚机构:政府机构的作为及其原因》,第16—17页。
② [美]罗素·哈丁:《自由主义、宪政主义和民主》,第26—29页。
③ [英]墨菲:《政治的回归》,第133、139页。
④ [英]哈耶克:《法律、立法与自由》,第2、3卷,第463—465、481—484页。

以便进一步达成政策变革、促进社会公平的可能性。①

第四种是强化掌舵作用取向。奥斯本和盖布勒指出，大多数美国人要求政府减少官僚主义。制定全面战略的唯一实现途径是把掌舵与划桨分开，这样政策制定者才可以确定一个全面的战略，并且使用许多不同的划船壮丁来执行战略。多掌舵少划桨的政府，是力量更强大的政府。那些集中精力积极掌舵的政府决定其社区、州和国家的发展前途，他们进行更多的决策。②

第五种是合同制取向。简·莱恩指出，合同制意味着配置和技术效率的提高。新公共管理坚持自己的效率理论，因为在一个放松管制的经济中，在政府干预程度最低，所有的市场参与者都按照同一种制度规则进行竞争的情况下，通过合同制，自然就会产生效率。作为提供公共服务的一般模式，理想形态的公共部门合同制，将不仅取代官僚制组织，同时也取代了相当一大部分公共政策。③

政策与官僚制有着必然的联系，制度化的政策民主要求与之对应的良好官僚制，而要使这样的官僚制成为现实，确实不能不关注官僚制的改革。

（五）行政管理制度的政策要求

行政管理制度的政策特征，有的与官僚制的政策特征相同或接近，但毕竟还是有一些不同的要求。归纳西方学者的论点，应该重点关注的是七方面的问题。

1. 与政策权力有关的要求

在行政管理的制度形态下，对政策权力的行使，西方学者提出了四种重要的要求。

第一，明确的管理权力。美国联邦党人指出，倘若把最重要的国民利益的管理交付给一个政府，而又不敢把适当而有效地管理所需要的权力交付给它，就必然是永远荒谬的。政府的更大能力对社会的幸福和繁荣是必不可少的。一个政府应该拥有全面完成交给它管理的事情和全面执行它应

---

① [美] 弗里德里克森：《新公共行政学》，第 10—12、111 页。
② [美] 戴维·奥斯本、特德·盖布勒：《改革政府：企业家精神如何改革着公共部门》，第 9—13 页。
③ [英] 简·莱恩：《新公共管理》，第 233、247、257 页。

负责任所需要的各种权力,除了关心公益和人民的意见之外,不受其他控制。国家权力的执行越是混合在政府的日常实践中,公民越是习惯于在日常的政治生活中接触到这种权力。一直远离人民、又为人民看不到的政府,难以指望引起人民的情感。使行政部门能够强有力的四个因素是统一、稳定、充分的法律支持、足够的权力。①

第二,明确的行政处置权。杜鲁门指出,行政机关的重要性,并不是简单地从它的规模及其活动中得出,更重要的是,这些活动需要在不同的方向之间作出选择,需要运用行政处置权。法律法规可以进行引导,但不能确切规定所有或大部分行政官员的日常决定。这种自主决策的影响可能是很宽泛的。政府传统的和新的功能创造了大量行政裁量权的必要性,明显的趋势是这些权力不断扩展而不是缩减。行政部门自主权的扩张原因很多,但这些原因均来自一个因素:技术复杂性。在授权法律的宽泛条件下,行政部门的官员正式承担了对政府所涉及领域的大量事务作出重要政策选择的职能。②

第三,明确的分权体制。狄骥指出,行政权的分散化是我们这个时代的特征之一。其主要特征就是让行政部门的公务员自己管理自己所提供的服务。但是,这种制度只涉及技术性的行政事务,而不涉及国防和司法等事务。③ 西瑟也指出,宪法禁止国会议员同时在行政部门任职。在分权体制中,所有行政机构为两个主人服务。虽然这给了它们一些活动的余地,但这也使它们面临更多的政治控制。④

第四,明确的法规制定。彼得斯指出,官僚机关可以通过其对政府议事日程的影响获得某些权力,尤其是通过颁布第二法律(行政法规)对政策议程的某一方面实施实质性的控制。⑤

2. 与决策者有关的要求

由于行政部门往往承担决策角色,因此会对决策者提出明确的要求,西方学者强调的应是四种要求。

---

① [美]汉密尔顿、杰伊、麦迪逊:《联邦党人文集》,第117、128、134—135、151、356页。
② [美]戴维·杜鲁门:《政治过程——政治利益与公共舆论》,第431、463页。
③ [法]狄骥:《公法的变迁》,第96页。
④ [美]西瑟:《自由民主与政治学》,第230页。
⑤ [美]盖伊·彼得斯:《政府未来的治理模式》,第33页。

第一,明确的社会架构。米歇尔斯指出,民主体制中政治群体参与政党活动往往呈梯形排列,在最底端是广大的普通选民,其上是政党各地方组织的正式成员,再往上是那些人数更少的经常参加党的集会的人,再往上是党的公职人员,处于最高层的包括公职人员的一部分和大约半打在行政委员会中任职的人。实际掌握的权力与行使这种权力的人数成反比。正是组织使当选者获得了对于选民、受委托者对于委托者、代表对于被代表者的统治地位。组织处处意味着寡头统治。①

第二,明确的政府权威。涂尔干指出,负责维护国家利益的权威是用来发布号令的,人们必须服从。这种权威会集中于某些明确的领域,只属于某些得到明确指任的人。②派伊也指出,强有力的控制和有效的行政管理不应看作民主发展的对立面,倒是权威和参与在现代国家的建设上应该携手共进。我们试图强调通过加强大众政治人物的作用来扩大民主参与。民主发展不仅是只包括对大众参与问题的成功解决。要想有民主的政府,就必须有一个政府和有秩序的权威。③

第三,明确的决策圈子。伊斯顿指出,即使是在最民主的系统中,许多争端也是在人数甚少的圈子里提出讨论的,如行政性争端是由那些在行政组织中形成的要求或在那里酝酿的要求构成的。④

第四,明确的专家位置。罗素指出,我们仅仅把政治权力交给政府官员并不能够避免政治上的邪恶,然而在当前日益复杂的社会当中,当务之急是专家们应具有更大的影响力。⑤

3. 与政策标准有关的要求

对于行政管理部门应该掌握的政策标准,西方学者强调的是四条要求。

第一,明确的利益取向。库伯指出,在每一个行政和政策决策前,通过提出一个重要问题传达出一种象征性目的:"你是真正代表广泛的共享利益还是有限的特殊利益行动?"公共利益的概念是最为有用的,它在提

---

① [意]米歇尔斯:《寡头统治铁律——现代民主制度中的政党社会学》,第44—47、351页。
② [法]爱弥尔·涂尔干:《乱伦禁忌及其起源》,第241页。
③ [美]鲁恂·W. 派伊:《政治发展面面观》,第107页。
④ [美]戴维·伊斯顿:《政治生活中的系统分析》,第171页。
⑤ [英]伯特兰·罗素:《政治与自由》,第154页。

醒我们作为公共管理者,我们的道德义务是针对前者而不是后者。①

第二,明确的政策任务。赛蒙指出,行政机关比选民更能决定一项政策是否服务于长期目标,通过采用长期性政策,执政者就通过行政机关建立起了他们的声誉。②弗林也指出,创建行政机构的一个目的以及在服务中合同的运用,都是为了阐明政策与执行之间的区别。政策的目的是为了界定问题及其解决办法,而管理关注服务。在实践中,这种区分并不是绝对的。政策在执行过程中得以修正,不仅管理过程需要考虑服务消费者的反应,就是政策的制定过程也需要考虑之。③

第三,明确的政策责任。弗雷德里克指出,某项政策没有适当地考虑到关于技术问题或人类知识的现存总量,那么我们有权称之为不负责任的;某项政策没有适当地考虑到社群特别是考虑到大多数人的现有偏好,我们同样有权称之为不负责任的。负责任的行政管理者要对如下两种主导性因素负责:技术知识和公众情感。④

第四,明确的回应要求。米歇尔斯指出,行政机关和立法机关不仅需要善于听取来自上面的要求,而且也要求对来自下面的要求作出回应。⑤西蒙也指出,由于行政管理机构必须作出许多必要的价值判断,所以它必须对远远超出法律明文规定的社会价值作出响应。虽然往往把价值判断的职能委派给行政管理者,但是必须保证在出现意见分歧时他能完全负责。⑥

4. 与管理过程有关的要求

在管理过程中,尤其是对政策的"管理"中,西方学者强调了以下四种要求。

第一,明确的行政伦理。汤普森指出,有两种论点构成行政伦理学成立的障碍。第一种是"中立伦理",宣称行政管理者应该是中立的,他们

---

① [美]特里·库伯:《行政伦理中的大问题:需要集中与共同的努力》,载《公共行政学中的伦理话语》,第137—158页。
② [法]皮埃尔·赛蒙:《民主政府、经济增长与收入分配》,载《理解民主——经济的与政治的视角》,第151—168页。
③ [英]诺曼·弗林:《公共部门管理》,第249—250页。
④ [美]卡尔·弗雷德里克:《公共政策与行政责任的本质》,载《公共行政学百年争论》,第3—12页。
⑤ [意]米歇尔斯:《寡头统治铁律——现代民主制度中的政党社会学》,第315—316页。
⑥ [美]赫伯特·A.西蒙:《管理行为》,第57页。

遵守的不是自身的道德原则，而是组织的决定和政策。第二种是"结构伦理"，宣称不是行政管理者，而是组织应该对其决定的政策负责。① 弗里德里克森也指出，行政人员所面临的决策问题，很少在伦理内容和结果上是非黑即白的单纯问题，经常亦不存在着所谓的"最佳方法"，而是寻求在有限资源的情况下达成最佳成果并且尽力消除负面影响的决定。②

第二，明确的管理职责。涂尔干指出，当统治权在其他社会职能部门中没有遇到可以制衡和有效限制它的东西，它就是专制的。如果政府允许自己沉溺于无节制的状态，那么它所迫害的各种社会力量就会联合起来，反对和限制政府。政府专制主义并不是根据政府职能的数量和重要性来变化的。尽管政府可能有无数的职能，只要它不是集中在一个人的手里，就不会是专制的。③

第三，明确的合法性要求。狄骥指出，一项行政行为如果要获得合法性，关键在于这项行为应当具有某个与这个国家的客观法相符合的、具有社会价值的目标，并且这一目标职能与公共服务相关。这一目标必须是带有公共性的。日常性的行政行为这一术语，适用于政府官员的无数确保公共服务之运作的行为，特别是涉及那些我们通常所说的产业服务的行为。任何一项行政行为都是由一位以确保某项公共服务的运营为目的的行政官员来实施的，并且该项行政行为的实施也必须与法定的要求所符合。④

第四，明确的效率准则。卢梭指出，距离越远行政就越发困难，随着层级的繁多，行政负担也就越来越重；我们应该更加重视一个良好政府所产生的活力。行政官的人数越多，则政府也就越弱；负责的人越多，则处理事务就越慢；随着行政官的增多，政府也就会松弛下来。⑤ 帕特南则指出，实用主义不再是一个口号，而是处理事务的一种方法。他们现在更多是关注行政的、政治的、程序的改革。立法自治和行政效率（或更经常的情况是行政无效率）在他们关于地区事务的讨论中所占的比重要大得多，而早年关注的救星式的"激进社会革新"已经消逝了。⑥

---

① ［美］丹尼斯·汤普森：《行政伦理学的可能性》，载《公共行政学中的伦理话语》，第41—52页。
② ［美］弗里德里克森：《新公共行政学》，第43页。
③ ［法］爱弥尔·涂尔干：《乱伦禁忌及其起源》，第328—330页。
④ ［法］狄骥：《公法的变迁》，第129—130、136—137页。
⑤ ［法］卢梭：《社会契约论》，第63、85页。
⑥ ［美］罗伯特·帕特南：《使民主运转起来——现代意大利的公民传统》，第36—38页。

5. 与政策监督有关的要求

在行政管理体系中如何进行政策监督或者控制政策效果，西方学者提出了三种要求。

第一，明确的强制和干预范围。密尔指出，政府对公民的干涉有三种类型：一是要做的事由个人作出很可能要比政府作出更好一些；二是个人在特定事务上可能不像政府官员做得那么好，但是作为他们心理教育的手段，应该由个人而不是由政府作出；三是不必要地增加政府的权力是巨大的祸害。除非政府干预能带来很大便利，否则便不允许政府进行干预。如果政府不了解所干预的对象，干预必定会带来有害的结果。[①] 罗素也指出，可以把政府看作是由两部分构成的，一个部分是社会或权力机关制定的决议，另一个部分是强迫反对者执行这些决议。靠单纯地压缩政府的作用是不能增大自由的，我们现在要考虑的是在保证政府优点的情况下，如何将它对自由的干预限制在最小范围内。[②]

第二，明确的司法控制。哈耶克指出，行政当局所作的决策必须受制于独立法院的审查。[③] 狄骥也指出，公民个人能够运用法律手段来使公共服务得以正常运行。公民个人并不、而且也不能要求国家必须确保公共服务的正常运行，他所能要求的只是将非法的行政行为予以撤销。每一位公民都是政府的代理人，他们都可以帮助维护法律，也可以要求法院撤销不合法的行政行为。不论一个行政机构享有多么广泛的权力，普通公民总是有权去探寻它的动机。行政法院可以采取措施来审查和判断某一行政行为的动机。动机问题的提出使每一位政府官员的每一项行为都处于法院的制约之下。[④]

第三，明确的监督渠道。吉登斯指出，行政集中化依赖于那些大大超越于传统文明特征的监督能力的发展。监督这里指的是：在政治领域中，对被管辖人口的行为的指导，尽管作为行政权力的基础，监督的重要性决不只限于政治领域。监督可以是直接的（如福柯所讨论过的许多例子，像监狱、学校以及露天工作场），但更重要的特征是，监督是间接的，并

---

① ［英］约翰·密尔：《论自由》，第168—172页；《政治经济学原理》，下卷，第372页。
② ［英］伯特兰·罗素：《自由之路》，第124、214页。
③ ［英］哈耶克：《法律、立法与自由》，第2、3卷，第360页。
④ ［法］狄骥：《公法的变迁》，第58—61、164、167页。

且是建立在对信息控制的基础之上的。①

6. 科层制的政策影响

西方学者对于科层制的政策影响,既有比较消极或否定的看法,也有比较积极和肯定的看法。

对科层制的肯定,主要来自比瑟姆,他提出了以下论点。(1)"民主与科层制的对立"是一种误解,事实上,民主制通过要求扩大政治范围这一压力和对少数人加以强制这一做法,助长了科层制的强行介入。(2)推动科层制朝反民主方面发展的种种压力,并非自发地来自行政体制内部,而是那些需要该体制完成的任务所带来的结果。科层制行政管理本质上并不是反民主的,只是当它借助保密措施来维护其组织能力时,这些组织能力才变得反民主了。(3)把行政看作政策实施工具的概念需要修正,对作为行政和政策实施工具的科层组织的分析,必须通过分析科层组织对政策内容的影响才能完成。将"科层政策"的三种解释模式——不同科层利益之间的妥协、行政结构强加的种种限制、共同文化假设的趋势的共同产物——叠加在一起,可以有一种强有力的论点,即政策的内容,而不仅仅是政策的实施,受到行政管理体制性质的系统影响。如果我们打算充分理解科层制,那么正是在科层制如下两种功能——即对政策形成的影响和把政策转变为组织"第一线"可以操作的指令——之间的复杂的相互作用中,才会找到这种理解。(4)没有任何理由认为科层行政的要求与民主秩序具有内在的矛盾,科层的责任在于确保代表所提供的咨询和贯彻政策法律这些专业服务的质量。当代世界的民主政治的困难之一在于目的和手段之间的明确区分——代表与科层的责任区分就是以此为基础的——在实践中往往被打乱了。(5)作为民主公民,如果我们想要扩大民主实践本身的范围,那么我们既需要理解科层制能力的价值,又需要理解科层制能力的局限。② 彼得斯也指出,治理还寻求其他平衡,其中尤其重要的是寻求政府与公共政策的控制和政府科层机构在决策作用中的平衡。一方面,制度化的民主程序表现为对政策实行直接的党派控制。另一方面,决策所需要的专门知识集中于科层人员手中。一个有效能的民主政权的政治领袖必须在

---

① [英]安东尼·吉登斯:《现代性的后果》,第51、146—147页。
② [英]比瑟姆:《科层制》,第45—52、96—117页。

维护自己的政治承诺的同时，找到利用科层人员专业知识的途径。①

对科层制政策影响的消极或否定，主要有以下看法。（1）以保密的名义忽视事实真相，如阿伦特所言，事实和决策、情报团体和平民、军事部门之间的关系或者毋宁说毫无关系，是保护得最好的秘密。这表现了过度科层化所带来的一个最为严重的危险：不仅人民和他们选出的代表者拒绝接触这些东西，而这些东西却是为了形成看法、作出决定而必须知道的，而且行动者本身最有可能来学习一切相关事实，却很乐意对它们一无所知。②（2）忽视政治责任，如麦金太尔所言，在任何社会里，如果其政府并不体现或代表公民的道德共同体，而是一系列制度安排，以便将一个科层化了的统一体置于一个缺乏真正道德共识的社会之上，那么政治责任的性质就变得全然模糊不清了。③（3）分离政治与治理，如桑德尔所言，通过把决策转交给职业经理人、行政人员还有专家来尽力让政府较少地依靠人民的品德，进步主义者寻求社会科学与科层管理技术来容纳和调整现代社会生活相互冲突的要求，把治理从政治中分离出来，并规制相互冲突的利益。④（4）裹挟政治领袖，如马奇、奥尔森所言，政治领袖设计行政机构，以使其更加具有效率和效能。标准的组织模式是机构的部门化，并被科层化的影响力、责任和控制所裹挟，而与其他影响隔离开来。领袖可能不关心决策所导致的社会效应，但是他们有权威和权力作出决策。⑤（5）科层制已经衰退，如英格尔哈特所言，官僚科层组织的发展曾帮助建构了现代社会，但是已经达到了它的发展极限。后现代主义社会的特征就是科层制度与严厉社会规范的衰退，以及个人选择和民众参与空间的扩展。民众对老牌科层制政党的忠诚度逐日被侵蚀，不再满足于扮演受纪律约束的群体，而变得日渐自治且挑战精英。⑥

7. 领导的政策作用和要求

无论是"领导艺术""领导技术"还是"领导科学"，最重要的应该

---

① ［美］盖伊·彼得斯：《巩固民主过程中的公务员》，载《民主的再思考》，第332—352页。
② ［美］汉娜·阿伦特：《共和的危机》，第16、19、33页。
③ ［美］麦金太尔：《追寻美德：伦理理论研究》，第323—324页。
④ ［美］迈克尔·桑德尔：《民主的不满：美国在寻求一种公共哲学》，第243—244页。
⑤ ［美］詹姆斯·马奇，［挪威］约翰·P. 奥尔森：《重新发现制度：政治的组织基础》，第114页。
⑥ ［美］罗纳德·英格尔哈特：《现代化与后现代化——43个国家的文化、经济与政治变迁》，第26—27、44页。

是"领导政策"。对于作为决策者或政策执行者的"领导",西方学者重点强调了以下要求。

一是引领政策议程和方向。葛德文指出,如果说总统的职位是必要的话,他的工作就应该限于议程方面而绝不应包含着专断地选择和实现他的个人决定。① 圣西门也指出,统治者除了具有按既定方向领导社会的天然职能之外,还兼有另一个同样重要的职能,即决定社会发展方向的职能。② 派伊则认为,如果领导人对于特定利益的分配没有把握的话,他们就不可能执行对各种针对专门利益组合的政策要求进行过系统策划的战略策略。在这种情况下,公共讨论就会从有关社会冲突的严重现实问题上转移出去,而成为一种大而无当的泛泛之论。③

二是引领民主的政策。托克维尔指出,领导社会的人肩负的首要任务是对民主加以引导。使民主的政策适合时间和地点,并根据环境和人事修正政策。④ 林茨和斯特潘则认为,只有政治领导人就一些先发性的政策和决定进行了酝酿、协商和实施,才有可能得到难度可能极大的民主的结果。⑤

三是具有公共精神。威尔逊指出,在一个真正具有公共精神的政治家的领导下,可以将妄自尊大和敷衍塞责的官僚机构转变成公正政府有公共精神的工具。⑥

四是争取政策支持。伊斯顿指出,为了保证领导人内部的起码的团结,支持也是极端重要的。⑦ 阿普特也指出,因为妥协是协调体系固有的特点,社会发展的步伐由政治领导者和民众所支持的中央政府政策的意愿来决定。发展的步伐从来不会比人们所希望的更快,因为政策必须符合公众需要。⑧

五是关心民众意见。乔姆斯基指出,多数选民认为,只要领导人们能

---

① [英]威廉·葛德文:《政治正义论》,第367页。
② 《圣西门选集》,第1卷,第242页。
③ [美]鲁恂·W. 派伊:《政治发展面面观》,第99—102页。
④ [法]托克维尔:《论美国的民主》,上卷,第8页。
⑤ [美]胡安·林茨、[英]阿尔弗雷德·斯特潘:《走向巩固的民主制》,载《变动中的民主》,第56—81页。
⑥ [美]威尔逊:《行政之研究》,第240页。
⑦ [美]戴维·伊斯顿:《政治生活中的系统分析》,第184—185页。
⑧ [美]戴维·阿普特:《现代化的政治》,第306页。

多关心一点公众的意见或民意测验的结果,这个国家就会变得更好。① 亨廷顿也指出,政治领导人没有"迎合"公众意愿,其可以预见的后果有三:公众会失去对政府的信任,会降低对政治的兴趣和参与,还会转而采取政界精英所控制不了的手段来影响政策的制定。②

六是采用多种决策方式。达尔指出,民主并不是我们认为正当的作出集体决策的唯一过程。为了将极其复杂的现实简单化,我们认为有三种主要的替代方案,它们是:等级制,即由领导来决策;协商制,即在领导之间决策;市场,即由领导和顾客决策并且在领导和顾客之间决策。③

七是鼓励民众参与。派伊指出,有能力的民主领导实际上可以鼓励大众参与,而比那些专制独裁的领导实现更多的对经济发展任务的干预。④

八是改变领导方式。罗伯特·登哈特和珍妮特·登哈特指出,领导正在以许多方式发生着变化。一是在当今的世界,越来越多的人将希望参与到影响他们的决策的制定过程中。二是领导正日益被视为不是层级制官僚的机构中的一个职位,而是整个组织中(并且延伸到组织之外)出现的一种过程。三是领导不只是涉及正确地做事,它还涉及做正确的事情;通过这种领导过程,人们共同努力就他们希望朝向的方向而作出选择,他们就自己的未来作出基本的决策。对公共领导的重新概念化被不同地描述为"基于价值观的领导""共同领导"和"催生化领导"。⑤

九是从错误中学习。达尔指出,一些重要的政府决策,常常都是采取一种渐进的方式,而不是盲目的冒进。由于每次只走一步,往往能够避免重大的灾难。公民、专家和领导人从错误中学习,留心需要的矫正措施,对政策加以修改,如此等等。这个过程,如果需要,可以反复进行。⑥

行政管理和行政改革的不同政策思路(这些思路在《政策民主》第二部中已有详细论述),对政策发展有重要的启示作用,如以"政治与行政二分"的思路控制政策权力,以"民主行政"的思路约束决策者,以"新公共行政"的思路调适政策标准,以"新公共管理"的思路改革管理

---

① [美]诺姆·乔姆斯基:《失败的国家:滥用权力和践踏民主》,第285页。
② [美]塞缪尔·亨廷顿:《谁是美国人——美国国民特性面临的挑战》,第243页。
③ [美]罗伯特·达尔:《论政治平等》,第109页。
④ [美]鲁恂·W. 派伊:《政治发展面面观》,第90—92页。
⑤ [美]珍妮特·V. 登哈特、罗伯特·B. 登哈特:《新公共服务:服务,而不是掌舵》,第101—102页。
⑥ [美]罗伯特·达尔:《论民主》,第194页。

过程，以"新公共服务"的思路强化民众参与和政策监督，重要的目标都是使行政与政策走向"制度性的契合"。

（六）代议制的政策功能

代议制作为一种制度形态，对政策有深刻的影响，西方学者对于这样的制度有很多研究，可以归纳出一些基本的看法。

1. 代议制的基本政策程序

对于代议制的政策程序，西方学者有五种不同的解释。

第一种解释强调的是代议制的议行合一程序。斯宾塞指出，在代议制下，选民们向他们的代表发布指示的权利得到充分的承认，由于使全国成为一个审议机构，并使立法会议成为执行机构，这一制度把自治扩张到与一项统治权力的存在可以相容的最大限度。① 哈耶克则对这样的程序提出了质疑，指出代议机构的绝大部分工作不是制定和批准一般行为规则，而是指导政府在解决特定问题时采取何种行政措施。一个代议机构集政府治理与立法这两项权力于一身，不仅与权力分立原则相抵触，而且也与法律下的政府的理想和法治的理想不相融合。②

第二种解释强调的是代议制的议行分离程序。古德诺指出，英国并没有建立民意机构制定政策而由公职人员执行的体制。大臣们将立法权以及中央政府和地方政府的行政权集于一身，他们不但制定政策，而且在这些政策颁布后，他们还负责执行这些政策。美国各州政府的建立证明了民主理想对凝聚力所产生的影响，即政策问题是由民选代议机构——由占相对多数的人选出的立法机关——决定的，这些机构不仅有权否决行政官员向他们提出的议案，而且也有权提出政策，并由自己决定政策的所有具体内容。这些政策由被视为立法机关受托人的其他政府机构执行，但由于这些机构具有独立的地位，所以它们实际上并没有受到有效的立法控制。③

第三种解释强调的是议会决策的通行规则。熊彼特指出了议会决策的三个要点。（1）议会的主要职能是建立和推倒政府。从根本上说，议会不断作出对国家问题的决定就是议会用以保持或拒绝保持当权政府的方

---

① ［英］斯宾塞：《社会静力学》，第238—239页。
② ［英］哈耶克：《法律、立法与自由》，第2、3卷，第302、306页。
③ ［美］古德诺：《政治与行政》，第125、127页。

法，也是议会用以接受或拒绝接受首相人选的方法。政府的选择和领导（不管是不是自由的）是支配议会活动的要素。(2) 议会里的政治家一定要克制自己，不要在看来做得到的时候就不能抗拒颠覆政府、破坏政府的诱惑。要是他们反其道而行，那就不会有行之有效的政策。政府的支持者务必接受它的领导，允许它制定政纲和执行政纲。(3) 议会外边的投票人必须尊重他们本身与他们所选政治家之间的劳动分工，他们必不要在两次选举之间过早收回对当选人的信任。他们必须理解，一旦他们选出一个人，政治行动是这个人的事情，不是他们的事情。在庞大而复杂的社会里，成功的民主做法无不仇视在后面指手画脚的人。①

第四种解释强调的是以政党为核心要素的代议制政策程序。韦伯指出，代议制有五种典型的形式。(1) 占有权利的代议制。领导者（或一位团体行政班子的成员）拥有代议制的被占有的权利。(2) 等级的（固有权利的）代议制。(3) 受约束的代议制。选举的受托人，他们的代表权力受到命令式的委托或对内对外的罢免权的局限，并且受到被代表者的赞同的约束，这种"代表"是由他们所代表的人的官员。(4) 自由的代议制。代表一般是选举的，他不受任何指令的约束，而是自己行为举止的主人。他只有义务笃守自己的关于事务的信仰，而不必去履行他所代表的人的利益。(5) 由利益代表体现的代议制。代表的任命并不是自由的，而是根据职业、等级的或阶级的地位划分，分别任命代表，组成一个"职业等级的代表机构"。没有政党的唯意志的干预，就不能解释议会的职能：政党向政治上被动的公民提出候选人和纲领，并通过在议会之内的妥协和表决，为行政制定准则，监督行政本身，通过它们的信任支持行政，通过它们持久的不信任推翻行政，倘若它们能成功地在选举中获得多数的话。②

第五种解释强调的是代议制的政策监督程序。彼得斯指出，随着政策制定权转移给官僚和政治执行者，立法机关的角色也逐渐转化为监督者；这种情况部分由于选民的不断关注，选举代表将民意转化为了行动；行政执行任务的绝对数量，也意味着需要立法机关进行监督。立法机关的监督

---

① ［美］熊彼特：《资本主义、社会主义与民主》，第 400—412、428—429 页。
② ［德］马克斯·韦伯：《经济与社会》，上卷，第 324—332 页。

措施包括部长责任、基金、调查、选区服务、审查第二法律、事后审计等。①

2. 代议制的政策缺陷

代议制的政策缺陷，既可能是制度层面的，也可能是运作层面的，还可能是人员层面的，应分别作出说明。

代议制在政策推进过程中遇到的制度层面的问题，归纳西方学者的论点，主要表现在以下几个方面。

第一，代议制的虚假性。巴枯宁指出，国家集权制同所谓代议制民主融洽相处，因为这种现代国家形式，是建立在由虚假的人民代表在虚假的人民议会上似乎表达出来的虚假民意的虚假统治基础之上的。② 奥斯本和盖布勒也指出，在理论上，我们的代议制民主体制给我们以政府的所有权。在现实中，几乎没有美国人感觉到他们"拥有"或者"控制"自己的政府。③

第二，代议制不是多数人统治的制度。莫斯卡指出，代议制根本不可能带来多数人的统治，它仅仅是某些社会价值在国家的指导下的参与。绝大多数选民事实上是消极被动的。④

第三，代议制只能带来受限制的委托。葛德文指出，委托，在一切符合于正义的情况下，都要求以普遍福利为目的。受委托的个人，不是由于才能或者由于有充裕的时间，而更有可能以最适当的方式来行使那项职能，就是至少有某种公共的利益要求这项职能应由一个人或少数人而不是由一切个人亲自来行使。无论是在一切政治委托中最初级和最简单的多数表决权上，或者是在一个议院的选举上，以及在公职人员的任命上，都是这种情形。即使组织最完善的政府，特别是在一个巨大的集体中，也不免包含许多规定，不但远没有得到集体中全部成员的同意，甚至在一开始就会遭到有力的虽然是无效的反对。⑤

第四，代表人民与控制人民的制度性矛盾。阿伦特指出，代议制有两

---

① ［美］盖伊·彼得斯：《官僚政治》，第262页。
② ［俄］巴枯宁：《国家制度和无政府状态》，第15页。
③ ［美］戴维·奥斯本、特德·盖布勒：《改革政府：企业家精神如何改革着公共部门》，第41页。
④ ［意］莫斯卡：《政治科学要义》，第213页。
⑤ ［英］威廉·葛德文：《政治正义论》，第146—147、152—153页。

种情形：一种是作为人民直接行动单纯的替代品，另一种是人民代表对人民实施的大众化控制式统治。这两者之间的传统的两可选择，构成了其中一个无法解决的难题。如果民选代表受制于人民的旨意，以至于他们聚集在一起，只是执行他们主人的意志，那么，他们依然可以作出选择：是当一名光荣的信使，还是当一名受雇的专家，就像律师一样，是代表当事人利益的专家。不过在两种情形中，当然都假设了，选民的事务比他们自己的要更加迫切，更加重要；人民出于种种原因，无法或不愿意参加公共事务，他们就是受雇于人民的代理人。如果相反，代表被理解为在一个有限时间内成为选举人的指定统治者——轮流执政，严格说来当然就不存在什么代议制政府了——那么，代议制就意味着投票人让渡自己的权力，虽然这是自愿的；意味着"一切权力属于人民"的古老格言仅仅在选举日是真实的。①

第五，代议制是过分依赖选举的弱势民主制度安排。巴伯指出，弱势民主不过是民主决策的一般形式，它为了选举代表将决策还原为投票，同时它还依赖于多数主义和对抗性政治（单名选区制、两党体制、政党提名大会体制）的制度。投票行为是民主精神最弱的而不是最强的表达方式，多数规则腐蚀了而不是促进了政治判断。②

第六，代议制缺乏必要的政策基础。韦默和维宁指出，代议制的政治体制通常不把仔细衡量社会成本与社会效益作为制定公共政策的基础。③豪利特和拉米什也指出，在议会体系下，立法机构的任务是保证政府忠于公众，而不是制定和执行政策。但该功能的实现为立法机构影响政策提供了机会。立法机构是用以强调社会问题、呼吁解决社会问题政策的重要场所。但是，立法机构的政策潜力在实践中不可能实现，这是因为行政机构享有的控制权和它对立法机构的内部组织及立法委员会的角色所产生的影响。官僚们通常是政策过程的关键力量，也是政策子系统的中心人物。④

代议制下的政策过程，在具体运作层面表现出的问题，可以归纳为十

---

① ［美］汉娜·阿伦特：《论革命》，第160—161、212、221—223页。
② ［美］本杰明·巴伯：《强势民主》，第231、234页。
③ ［美］戴维·L. 韦默、［加］艾丹·R. 维宁：《政策分析——理论与实践》，第169—170页。
④ ［加］迈克尔·豪利特、［澳］M. 拉米什：《公共政策研究：政策循环与政策子系统》，第95—99页。

一种性质的问题。

一是欺骗性。莫里斯指出,议会一方面是一种保护上层阶级利益的看守委员会,另一方面是一种欺骗人民的幌子,使人民相信他们也参与处理他们自己的事务。①

二是利己性。傅立叶指出,立法者的利己主义是代议制议会所传授的,代议制是一种可以收到很多捐税的好办法。②

三是妥协性。韦伯指出,妥协通行于议会政治、党际关系之中,其表现形式是选举的妥协以及立法提案的妥协。妥协是在以下事实的压力下达成的:如果不妥协,随后的选举和投票将很有可能产生所有各方或多或少同样不愿看到的结果。议会的特殊功能在于,它使通过谈判与妥协达成(相对来说)"最佳"解决方案成为可能。③

四是封闭性。卡尔·施米特指出,公开性和辩论是两条原则,宪政思想和议会制都取决于这两条原则。如今,议会与政党的政治生活现实和公众信念,已经远离了这些信念。狭小而封闭的政党或政党派系的委员会关起门来作出决策,大资本家利益集团的代表在极小的委员会里取得的一致,比千百万人民的命运,甚至可能比任何政治决策更重要。面对这样的现实,相信辩论的公众的人肯定会大失所望。只有极少数人还认为,能够通过报纸文章、示威演说和议会辩论获得公正的法律和正确的政策。④

五是极端性。勒庞指出,在议会也可以看到群体的一般特征:头脑简单、多变、易受暗示、夸大感情以及少数领袖人物的主导作用。意见的简单化是他们最重要的特征之一,即根据适用于一切情况的最简单的抽象原则和普遍规律来解决最复杂的社会问题。由此产生的结果是,议会更严重地代表着各种极端意见。⑤

六是扩张性。莫斯卡指出,对代议制政府的反对意见大致可以分为三种:第一种反对意见集中于批评议会整天忙于清谈、冗长的演说、空洞的争吵。第二种反对意见认为由于目前财富分配上的不平等,议会并不能代表大多数人的利益和愿望。第三种反对意见的理由最为充分,它涉及议会

---

① [英]威廉·莫里斯:《乌有乡消息》,第95页。
② 《傅立叶选集》,第3卷,第257页。
③ [德]马克斯·韦伯:《德国的选举与民主》,载《韦伯政治著作选》,第84、106页。
④ [德]卡尔·施米特:《政治的浪漫派》,第199—200页。
⑤ [法]勒庞:《乌合之众》,第184页。

对各种事务的过度干预。①

七是交易性。哈耶克指出，有权给予特定群体以好处的议会，肯定会变成这样一种机构，其间，起决定作用的乃是多数之间所进行的讨价还价或交易，而不是就不同主张的是非曲直所达成的实质性共识。从这个讨价还价过程中拟制出来的"多数之意志"，不过是一种以牺牲同仁利益为代价而有助于其支持者的协议。②

八是寡头性。巴伯指出，让政治更趋向于代议制的努力只会产生一种更加精英主义的零碎的、无效率的系统（这就是所谓的寡头统治铁律）。在弱势民主运作的领域中进行民主化的尝试只会在人民主权的帷幕下掩盖寡头操纵，同时会进一步促进精英与大众的两极化。③

九是疏离性。巴特尔斯指出，尽管"代表"的是同样的选民，参议员却常常追求着很大不同的政策。非常真实的一点是，"谁在真正统治"这一问题的答案是：谁能成功提出要求，谁就赢得了选举。精英对民意的回应的稀少性，甚至扩大到了所涉民意看上去通常都坚定不移和稳定不变的议题。普通民众的观点对公共政策只有非常小的影响。如果说选民的观点的确重要，那么具有政治影响的，看来也只局限于富人和中产阶级。参议员对选区富裕选民的看法一贯有着回应，但对选区低收入选民却完全未作回应。在政策制定过程中，低收入选民一直受到彻底的漠视。④

十是不确定性。彼得斯指出，立法机构具有不稳定性（任期短于官僚机构）和立法行为不确定性的特性；立法委员安全的途径是在不得不投票的时候才投票，把主要精力放在选民服务上。⑤

十一是缺乏理性。葛德文指出，一切以公然侮辱理性和正义的方式，以计算数目来决定真理而告结束。在一切我们常常认为最神圣的事情上，最好也不过是为议会中一些最没有能力的人所决定的。⑥

议员或人民代表，在代议制中的表现可能难以满足人民的要求，并且存在以下突出的问题。

---

① ［意］莫斯卡：《政治科学要义》，第 299 页。
② ［英］哈耶克：《法律、立法与自由》，第 2、3 卷，第 280、309 页。
③ ［美］本杰明·巴伯：《强势民主》，第 238—239 页。
④ ［美］拉里·巴特尔斯：《不平等的民主：新镀金时代的政治经济学分析》，第 3、296—299 页。
⑤ ［美］盖伊·彼得斯：《官僚政治》，第 18—19 页。
⑥ ［英］威廉·葛德文：《政治正义论》，第 446 页。

第一,讨好选民。托克维尔指出,议员几乎不能长期左右选民的思想,因此必须时时刻刻讨好于选民。为讨好选民而发表的言论,未必就是对自己信奉的政治观点有利的言论。结果在这个大机关里进行的辩论,往往是空空洞洞和杂乱无章。① 海涅曼也指出,选举服务极大地增加了个人对个人的基础。国会议员的大量时间都花费在选举服务上,这是国会进一步协调的一个障碍。②

第二,傀儡角色。韦伯指出,一个议会成员的演说如今已不再是他个人信念的陈述,也很少是为了游说反对派改换门庭。毋宁说,那是政党"通过这个窗口"笼统提交给国家的官方说明。在今天的任何地方,甚至包括英国,都不可能是议会本身在"治理"和"决"策。大批议员只是作为"领袖"的追随者或组成内阁的领袖的小群体发挥作用,只要这些领袖干得富有成效,议员们就只是服从,这就是议会的行事方式。③ 勒庞也指出,议员们极度缺乏主动性和独立性,几乎总是堕落成不过是那些选出他们的委员会的传声筒。④

第三,模糊性。斯通指出,立法议员们必定会对再次被选举这一点存有担心,当然也对具有重要意义的问题关心。每一个立法议员都不仅面对与其他选区代表的冲突,还面对着来自他自己选区的利益冲突。回避冲突和避免失去潜在的支持者的一个办法就是避免让成文法明显地对一些人造成伤害。议员们可以用各种办法来取得人们对于自己的支持,如花时间为选区服务,进行互助,以及提供纯粹象征性的立法。但是,当他们被迫去制定一些实质性的规则的时候,模棱两可就成了最好的避难所。⑤

第四,自利性。勒庞指出,当选的代表几乎完全置国家的普遍利益于不顾。民主政治的低劣就体现在当选代表的行为举止当中。⑥

3. 注重政策要素的代议制改革思路

我们可以在四个维度上理解代议制的政策要素。第一个是"权力"

---

① [法] 托克维尔:《论美国的民主》,下卷,第614、617页。
② [美] 罗伯特·海涅曼等:《政策分析师的世界:理性、价值观念和政治》,第118—119页。
③ [德] 马克斯·韦伯:《新政治秩序下的德国议会与政府》、《以政治为业》,载《韦伯政治著作选》,第120、274—275页。
④ [法] 勒庞:《乌合之众》,第37页。
⑤ [美] 德博拉·斯通:《政策悖论:政治决策中的艺术》,第291—292页。
⑥ [法] 勒庞:《革命心理学》,第256—257页。

维度，应包括选举、权威、权力、分权（决定权与执行权分离）、限制代表和议会权力、独立决策等要素。第二个是"代表"维度，应包括以代议民主取代直接民主、委托、代表（代表性）、代言、沟通、公民诉苦和表达意见、人民的理解和支持、服从、选民罢免代表（议员）、选民施压、选民监督议员和官僚等要素。第三个是"功能"维度，应包括制定法律、提出政策建议、讨论、公开辩论、政策决定、政策选择、监督法律执行、监督政府、控制政府等要素。第四个是"公开"维度，应包括廉洁、公信力、公开性、信息公开等要素。为弥补代议制存在的政策缺陷，需要在"制度化"层面考虑代议制的政策要素，理出基本的改革思路。

从代议制的"权力"维度看，应该注重的是选举改革的思路。帕伦蒂对于怎样才能创造一个更多地对选民和大众负责而较少受到权贵操纵的国会，提出以下建议：（1）需要诚实公平的选举，而不是那些哗众取宠、只会拿钱糊人嘴的伪君子；（2）整个选举制度的导向应该是唯才是举而不是唯钱是举；（3）必须严厉禁止院外活动集团以各种方式对议员进行收买和贿赂；（4）公共传媒应给予候选人相对客观公平的报道，不能谁给的钱少就贬损谁。①

从代议制的"功能"维度看，可以考虑以下四种改革思路。（1）注重效率的改革。加塞特指出，历史上还没有任何一种制度能够比19世纪的议会制度创造出更强大、更有效率的国家。议会的最终目标就是解决各个国家的公共问题。我们千万不要把如下两个问题混为一谈：一是为了使立法机关"更加有效率"而对它们进行彻底改革的可能性与紧迫性；二是由此把它们说得一无是处。②（2）注重政策程序的改革。对于如何改造议会的政策程序，西方学者提出了五条建议。一是控制决策速度，如葛德文所言，一种十分简单而看来又充分可以达到目的的牵制办法就是采取一种缓慢的审议程序。代议制国民议会在任何情形下都不应该放弃这种缓慢而渐进的程序。③ 二是公开的政策辩论，如莫斯卡所言，在代议制政府中，真正意义的司法防护在于代议机构中进行的公开辩论。自由原则的一个优势是代表应当向被代表者负责，另一

---

① ［美］迈克尔·帕伦蒂：《少数人的民主》，第256—257页。
② ［西班牙］奥尔特加·加塞特：《大众的反叛》，第148—149页。
③ ［英］威廉·葛德文：《政治正义论》，第434页。

个优势是统治者的行为可以作为公开讨论的话题。这样的讨论或是在政治集会或行政会议上，或是在每天的出版物或期刊上。① 三是有效的质询，如韦伯所言，一个实际有效的议会乃是持续分担政府工作并监督行政的议会。为了有效控制政府，没有什么能够替代专家在议会委员会面前召唤有关部门官员到场进行系统的（口头）盘问，这是保障控制行政并全面质询的唯一方式。② 四是以制定规则取代微观管理，如威尔逊所言，国会由于对行政机构事无巨细地管理而受到普遍的批评。这种微观管理的形式已经发生了变化，今天与过去相比，国会在一定程度上不大可能作出具体管理的决定，更大的可能是对这些决定如何作出施加限制性影响。国会的微观管理逐渐变为制定具体详细的规则。③ 五是注重议会中的本地代表，如蒂利所言，议会决策的绝对影响力和相对影响力的不断提升，使公民的注意力越来越集中于易于实现的、具有潜力的诉求目标，即议会中的本地代表。代表机构定期举行的半公开会议，转而成为临时性的和地域性的伸张诉求的场所。④（3）注重委员会制度的改革。马什指出，唯一可能的办法就是实行一种"强"议会委员会制度。经过挑选的议会能够使政策的制定更为透明，使政策制定的政治过程公开。一个"强"体制至少需要四个条件：它应该形成一种结构，能够覆盖政府主要部门，以及公共政策的重要方面；它应该具备独立进行技术分析的能力；它应该能够鼓动媒体和利益团体的关注；它的组成成员中，至少应该有一些人具有一种"委员会文化"⑤。（4）注重制度选择的改革。莫斯卡指出，疗救议会体制之弊害的最稳妥最有效的办法是进行广泛的有机的去中心化，这不仅意味着权力从中央官僚机构向地方官僚机构、国家议会向地方议会转移，它还意味着许多目前由官僚和立法机构行使的职能将转移到公民阶层手中。一个小康的中产阶级是现代代议体制正常运行所必需的，没有这一阶级的合作，任何形式的代议体制

---

① ［意］莫斯卡：《政治科学要义》，第214、431—432页。
② ［德］马克斯·韦伯：《新政治秩序下的德国议会与政府》，载《韦伯政治著作选》，第145—146页。
③ ［美］詹姆斯·Q.威尔逊：《官僚机构：政府机构的作为及其原因》，第327—328页。
④ ［美］查尔斯·蒂利：《社会运动，1768—2004年》，第75页。
⑤ ［澳］伊恩·马什：《政治代表和经济竞争力：可以设想一种新的民主综合吗》，载《变动中的民主》，第161—188页。

最终都是不可能的。①

从代议制的"公开"维度看,应该注重的是引入协商民主的改革思路,这样的思路主要强调的是三条建议。(1) 建立协商程序。钱伯斯指出,协商民主通常并不被认为是代议制民主的替代品,而只是丰富和扩展了代议制民主。在设计与计划协商论坛过程中,学者们大脑中一般有四个目标:通过责任和参与来增加合法性;通过合作来鼓励有关政策问题的具有公共精神的观点;通过包容与礼貌来促进协商各方之间的相互尊重;通过通报情况和实质性辩论来加强决策(意见)的质量。② (2) 区分协商团体。米勒指出,多元主义可以通过以下两种方式中的任何一种或两种同时发挥作用:决定可以分配给最适于作出决定的或受决定影响的分选区;或者,较低层次的协商团体可以作为较高层次的团体的供应者,为他们提供代表们相互传达的观点和裁决。因此,我们可以设想,在城镇层次的初级大会上决定地方事务,同时由他们的议会代表对国家层面的问题进行辩论:议会代表不会受到结果的约束,因为他们本身会参与到协商过程中,在这一过程中会出现新的观点;此外,他们的部分工作是将地方大会的意见传达给国家机关。③ (3) 注重协商背景。埃尔斯特指出,协商背景能够超越参与者的动机而影响结果。因为存在有力反对赤裸裸地诉诸利益或偏见的规范,所以发言者必须根据公共利益来证明其建议的正当性。一般而言,听众的作用是用理性的语言取代利益的语言,用带有感情的动机代替不偏不倚的动机。公众的存在使代表极难表现出自己纯粹受个人利益的驱动。④

从代议制的"代表"维度要素看,应该注重的是消除议员或人民代表不良表现的改革思路,西方学者强调了对议员或人民代表的五条基本要求。(1) 广泛听取政策意见。弥尔顿指出,议员是由绝对自由的人民选任的,他们具有商讨重大事件的充分权力和权威。议员们应该听取一切有益于他们决定国策的意见。⑤ (2) 向人民报告工作。罗伯斯比尔指出,人民有权了解自己议员的一切行为;议员们应当向人民提出自己管理事务的

---

① [意] 莫斯卡:《政治科学要义》,第 307、412 页。
② [加] 西蒙·钱伯斯:《协商民主理论》,载《协商民主与政治发展》,第 83—107 页。
③ [美] 戴维·米勒:《协商民主和社会选择》,载《协商民主论争》,第 195—213 页。
④ [美] 约·埃尔斯特:《协商与制宪》,载《协商民主:挑战与反思》,第 97—120 页。
⑤ [英] 约翰·弥尔顿:《为英国人民声辩》,第 196 页。

翔实的报告，并很尊敬地服从人民的判断。①（3）当好代言人。美国联邦党人指出，由人民代表发出的公众呼声，要比人民自己为此集会和亲自提出意见更能符合公共利益。②（4）保持积极性。边沁指出，下议院的成员可能希望成为上议院的议员，上议院的成员却没有更高一级的上议院让他们去晋升，因此下议院的成员对事务更有兴趣，更积极。那些能够在辛劳的政务中坚持不懈，除了人民的拥护而不求任何其他报酬的人，当然是人民最愿意挑选的人。这样的人自然是最好的，但为数极少。③（5）明确责任关系。密尔指出，如果人民坚持以绝对符合他们的意见作为代表保持其职位的条件，他们这样做是不明智的。代表是选民的使节的学说是错误的，其实际运用是有害的。④斯通也指出，关于代表的核心检验不是代表与其选民是否具有相同的人口学意义上的特征，而在于他们是否对他们的选民负责。⑤

各种代议制的改革思路，并不一定能够解决代议制在政策层面存在的所有问题，但至少可以对制度层面、运作层面、议员（代表）层面的问题形成一定的回应关系，并展现了与政策民主相适应的代议制"制度化"的基本走向。

（七）政党制度的政策作用

政党制度的研究，涉及多方面的问题，我们重点关注的，只是与该制度的政策作用有关的问题。

1. 不同类型的政党制度

对政党制度的分类，应该注意的是萨托利和雷蒙·阿隆的看法。与传统的一党制、两党制、多党制的分类不同，萨托利将政党体制分为一党制、霸权党制、主导党制、两党制、有限多党制（温和多党制）、极端多党制（极化多党制）、粉碎性体制七种类型。⑥雷蒙·阿隆则重点分析了一党制与多党制的区别。他认为一党制政体只能依靠无法掩盖的暴力和民

---

① ［法］罗伯斯比尔：《革命法制和审判》，第149、155页。
② ［美］汉密尔顿、杰伊、麦迪逊：《联邦党人文集》，第49、178页。
③ ［英］边沁：《政府片论》，第189—190页。
④ ［英］约翰·密尔：《代议制政府》，第174、181页。
⑤ ［美］德博拉·斯通：《政策悖论：政治决策中的艺术》，第353页。
⑥ ［美］萨托利：《政党与政党体制》，第178页。

众沉闷的屈从来维持。替换着把一党制度或多党制作为分类的标准,确有争辩的余地,但在我看来,目前还是说得通的。组织合法竞争,行使政权,的确是现代民主的现实。现代民主不仅要求多党,而且要求获胜的党,事先便容忍自己在下一次选举中失败。此外还要求暂时执政的党,依照宪法行使政权,同时必须尊重普通的法律。这就是为什么,我用一个不雅不驯的词来称呼西方式的体制,我把它叫做"宪法多党制"。这样强调的对立面是一党制,正是苏联代表的完美形式,即一党包办最高权力,世俗的最高权力,宗教的最高权力和意识形态的最高权力。[①] 阿普特也指出,对于西方人而言,反对党的存在或不存在是决定政党角色及其活动的关键因素。毫无疑问,这是非常重要的。对传统决策模式或传统民治的强调并不能掩盖一个事实,即作为现代社会的具体结构特征,两个以上的政党依据特定的宪法规则竞争政治权力,创造了一种与一党政权不同的政体模式。[②]

2. 政党的政策作用

对于在西方的制度背景下政党的政策作用,西方学者有七种侧重点不同的解释。

第一种解释侧重于政党通过意见表达影响政策。萨托利指出,政党首先且最主要的是表达的手段:它们是工具,是代理机构,通过表达人民的要求而代表他们。政党对它感到必须进行反应的要求施加自己的影响。恰恰是因为政党为表达、沟通以及实践被统治者的要求提供了渠道,负责任的政府才成为真正意义上的反应型政府。表达功能是多党制的特点,政党(复数)的次体系允许表达性的交流,使公民能够与国家进行交流。既有选举型政党——夺取选票的单位,也有决策型政党——派别影响党的决策甚至与其他政党的派别做公开协调来讹诈自己的政党。决定性的因素不是实际的竞争,并且更不是高度的竞争,而是竞争是否可能的。由议题或对政党政策立场的反应决定的投票选择,是非常少的。政党形象是选民认同政党的机制,而政党形象反过来又与其基本的议题取向相关。[③]

第二种解释侧重于政党通过赢得选举掌握制定政策的权力。韦伯指

[①] [法]雷蒙·阿隆:《雷蒙·阿隆回忆录——五十年的政治反思》,第109、348、647页。
[②] [美]戴维·阿普特:《现代化的政治》,第144页。
[③] [美]萨托利:《政党与政党体制》,第56、82—85、139、304、457—458页。

出，现代国家的政治党派是从起点上（依法）"自由"征募支持者的组织，它们的目标是借助支持者的数量决定政策。所有现代政党政治的最后手段都是——投票。选票就是唯一的权力手段，它在任何情况下都能给予接受了官僚统治的人民以最低限度的共同决策权去决定他们有义务为之献出生命的共同体的各项事务。① 唐斯也指出，每一个政府寻求最大化政治支持。政府存在于一个定期举行选举的民主社会中，它的首要目标是连任，而当选则是那些在野党的目标。在每次选举中，得到最多选票（虽然不一定是多数票）的政党控制整个政府直至下次选举，没有由全体选民或国会进行的中间投票。执政党在宪法规定的界限内享有不受限制的行动自由。②

第三种解释侧重于政党通过议会影响政策制定和实施。布赖斯指出，在实行代议政治的国家中，政党有两种主要的任务，即宣传政策及办理选举。政党还有一种重大的职务，就是把立法部中同党的议员团结起来，使他们一致主张一种政策。政党是把代议士当作奴隶的，因为属于政党的代议士是不能自由决定政见的。③

第四种解释侧重于政党通过舆论影响政策。滕尼斯指出，任何的政党都必须力争把它的舆论提到公众舆论的高度，以便能达到掌握国家的"航舵"，或者掌握开启"立法大门的门把"④。

第五种解释侧重于政党提供的政策选择机会。阿尔蒙德等人指出，如果有许多政党在于提出不同的政策选择，那么公民们很可能去寻找一个代表他们所赞同的那种综合政策立场的政党。政党向选民提出的那些供选择的政策的制定，是一个复杂的问题，它取决于社会中各种选择倾向的分布，也取决于党的领袖的抱负、资源和策略。⑤

第六种解释侧重于政党代表利益集团主导政策。戴维·杜鲁门指出，政策与人员之间的互相依存表明全国性党纲的重要性。然而，党纲的作用并不在于文件的表面价值，而在于这些文件所要达到的目的及其过程。这

---

① ［德］马克斯·韦伯：《德国的选举权与民主》，载《韦伯政治著作选》，第81、87页。
② ［美］唐斯：《民主的经济理论》，第10、15—17页。
③ ［英］布赖斯：《现代民治政体》，第114、116、118页。
④ ［德］斐迪南·滕尼斯：《共同体与社会：纯粹社会学的基本概念》，第322—326、338页。
⑤ ［美］阿尔蒙德等：《比较政治学——体系、过程和政策》，第220页。

一目的可以从两个方面来看，即政党作为选举工具和作为政治利益集团。[①]

第七种解释强调政党对政策只有有限的影响。豪利特和拉米什指出，政党对公共政策有着重要的影响，但这种影响是间接的，其影响公共政策的程度只能是通过行政机关里的党员、或是立场更弱的立法。[②] 亨廷顿也指出，政党在公共政策的形成和执行中发挥了一定的作用，但从历史上看，这种作用在美国不像在强制社会那么重要。在某些方面，比如在政党决策核心层年资制度的改变方面，政党对于形成公共政策变得更重要，但这些发展都不足以抵消政党进一步弱化之大趋势。[③]

3. 不同的政党政策模式

可能有很多具体的原因影响政党决策，但是从总体上看，选举、政党政治、寡头统治、利益集团是四个主要的因素，并且可以在不同政党制度形态下，出现不同的政党政策模式，我们主要关注的是六种模式。

第一种是"寡头统治"的政策模式。米歇尔斯指出，即使民主政党处于寡头统治之下，它也能够在民主的意义上对国家产生影响。原来在政治上处于特权地位的社会阶级——首先是"国家"本身——被迫对大量的价值进行重新评估，这种评估既是理想层面的也是实践层面的。即便领袖们都是善于蛊惑人心的煽动家，普通民众的影响力也会得到增强。如今政党组织的对内政策具有绝对的保守性，不过这些保守的组织机构对外也可能推行果断的带有革命性的政策。[④]

第二种是"选举党"的政策模式。戴维·杜鲁门指出，一个经常在行政首长选举中获胜以及在立法机关占据多数的政党，将形成一种参与政府活动的特定模式。参与渠道主要存在于政党领导层内部，且参与模式稳定、井然有序。政党纪律提供了一种管理力量，因为纪律可以稳定地控制政党影响政府决策的方式。[⑤] 唐斯也指出，政党是为了赢得选举而制定政策，而不是为制定政策去赢得选举。政党的所有行动都是以选票最大化为

---

① [美] 戴维·杜鲁门：《政治过程——政治利益与公共舆论》，第 308 页。
② [加] 迈克尔·豪利特、[澳] M. 拉米什：《公共政策研究：政策循环与政策子系统》，第 93—94 页。
③ [美] 塞缪尔·亨廷顿：《失衡的承诺》，第 225 页。
④ [意] 米歇尔斯：《寡头统治铁律——现代民主制度中的政党社会学》，第 315—318、357—358 页。
⑤ [美] 戴维·杜鲁门：《政治过程——政治利益与公共舆论》，第 353 页。

目的的，而政策仅仅被视为达到这一目的的手段。每次选举不仅是一个政府选择器，而且也是一种信号器，每一次选举都是对执政党政绩的一个事后的评判。政党会面临决策的不确定性。为了争取选票，各个政党迫于竞争的压力，在政策和意识形态上变得相对诚实和有责任心。民主政治中的政党可以类比为一个追求利润的经济中的企业家。为了达到它们的私人目的，它们采取任何它们认为将获得最多选票的政策。①

第三种是"政党代表制"的政策模式。雷蒙·阿隆指出，政党代表制基于两个概念。第一个概念是，人不仅是生产者或消费者，而且也是公民。否定政党代表制，就是否定公民。第二个概念是，政党代表必须是职业团体和国家之间的中介，任何一个政党都不等同于一种唯一的利益。任何代表制都包含委托的成分。当选者不局限于维护把选票给予它的那些人的利益或表达他们的愿望，他也对遇到的问题的原因作出自己的判断，在某种程度上认为自己是普遍意志的代言人，而不仅仅是他接受其委托的特殊意志（尽管这种意志也具有集体性质）的代言人。在我们的时代，代议制民主在政党竞争中并通过政党竞争表现出来。②

第四种是"议会党"的政策模式。哈贝马斯指出，政党是政治意志形成的工具，但是，它们并不操纵在公众手中，而是掌握在操纵着政党机器的人手中。这就既改变了政党与公众的关系，也改变了政党与议会的关系。恰恰是由于有组织的利益相互交错，由于这些利益被公开转移到政治机制里，从而使得政党具有了突出的地位，在它们面前，议会沦落为一个党团委员会——议会成员本身则沦落为党内组织机制的一分子，在发生冲突时他必须服从党的指示。党内被召来参加形成多数派决议的个别议员最终还是属于某个党团，并且按照党的路线来做抉择。政党把利益集团之间不断达到妥协的这种压力变成一种政党对外展示团结的压力；议员从政党那里获得的实际上是直接授权。议会因此逐渐变成一个能够让依照指示办事政党代理人的聚会场所，把他们已经作出的决定记录在案。议会组织也相应地逐渐不再是一个论战组织，因为议会只是对关起门来作出的决议予以通过而已，这不仅满足了一种形式上的需要，而且也向外界展示了政党

---

① ［美］唐斯：《民主的经济理论》，第 25、31、38、104、270 页。
② ［法］雷蒙·阿隆：《论自由》，第 96—97、112、114、157 页。

的意志。①

第五种是"全方位政党"的政策模式。奥菲指出,在吸收人们的政治能量方面,政党越来越趋于失败的原因是多样的,原因之一是"全方位政党"战略的过度扩张,这一战略试图赢取来自各方面的选票,从而否认其方略和政治的特定阶级基础。政治社会学家已经表明,一个政党越接近于全方位政党模式,它试图赢得选民支持的范围也就越大,政党赖以录用其领袖、议员和政府组成人员的社会背景也就越小。对于某些选区的利益、需要和关注,政党必须能够有选择性地忽视它们,只有这样它才能够回避全体选民与这些选区选民之间形成的冲突,也才能获得议会的多数。换句话说,只有阶级性政党或者高度同质群体的政党才能对其选民或成员高度负责。寻求"选票最大化"和"全方位"的政党能够而且必须拒绝政纲的前后一致性,否认公众利益是个独立的概念,以便在现代大众民主社会的无尽选举战中取得胜利,维护大多数人的利益。人民的意愿一旦通过努力进入政府的竞争性政党表现出来,所表达的东西就不再是人民的意愿,而变成一种人为的形式和驱使进行政党竞争的力量。这种力量反过来又产生三种主要影响。(1)政党意识形态的非激进化;(2)竞争驱使成熟的竞争性政党发展了其高度官僚化的、高度集权的组织形式,导致政党成员的非活跃化;(3)政党的支持者在结构和文化上越来越具有"异质性",消解了集体认同感。②

第六种是"政党互动型"的政策模式。林德布洛姆和伍德豪斯指出,在政策过程中,党派的互动可以使政策达成三个目标:回应公众的观感、有意义之交易、注意相关的资讯。只要有效的多数同意新政策或修正的政策,此政策便可被认为包含了一种新的理解:一种共同的同意。③

4. 政党政策的发展取向

为解决政党制度为政策过程带来的各种问题,西方学者提出了一些改变政党政策方式的建议,我们重点关注的应是三种思路。

第一种思路强调的是对党争的规范和引导。倡导这种思路的学者,提

---

① [德]哈贝马斯:《公共领域的结构转型》,第237—240页。
② [德]克劳斯·奥菲:《福利国家的矛盾》,第35—36、144—145、162—165页。
③ [美]林德布洛姆、伍德豪斯:《最新政策制定过程》,第32—35页。

出了以下建议。(1) 发展和平党派。尼采指出,欧洲经济上的统一过程势在必行,而且同样地作为反应,必将出现和平党派。这个和平党派明白,在思想和行动上放弃敌意,乃是一种区分和保存的条件。它必须通过极端的温和、甜蜜、温厚获胜。① (2) 控制党派政治。彭茨指出,自由主义禁止党派政治。推行党派政治,意味着政党没有把自己理解为平等的一员——整体的一部分和整体的公仆,而是觉得自己就是整体,并把自己提高为行动的目的。推行党派政治,意味不给予整体利益,而是突出自己党派的利益。② (3) 理性的执政党和反对党。李普塞特指出,稳定的民主要求冲突或分析的具体化,以致出现围绕统治地位的斗争,对执政党的挑战和执政党的更替。但是,如果没有共识,即没有一种允许对政权进行和平"博弈",允许"在野党"维护"执政党"的决策,允许"执政党"承认"在野党"的权利的政治系统,就不可能有民主。③

第二种思路强调的是改变政党领袖的行为。敦利威指出,理性的政党领袖有多重动机去采用偏好塑造策略,他们努力按自己喜欢的方式改变投票者偏好的分布。理性的政党领袖会在一切可能的时候采用政府权力,把投票者的观点重塑到有利的方向上来。④ 梅斯奎塔等人也认为,大规模获胜联盟和大规模党团相结合的政治制度并不鼓励政治忠诚,恰恰相反,他们鼓励对政策事实失败的领导者进行惩罚,这就意味着这种制度下的领导者更关注政策执行的情况。⑤

第三种思路强调的是改变政党的政策模式。倡导这种思路的学者,提出了以下建议。(1) 增强政策的公共性。哈贝马斯指出,为了充分实现通过民主形成舆论和共识的功能,它们的内部结构首先应该按照公共性原则加以组织,而且应该在制度上允许有一种政党内部或组织内部的民主存在——即允许顺利交往和公开批判。此外,还必须用政党内部和组织内部事务的公共性来保障这些组织的公共领域和全体公众的公共领域之间的联系。最后,组织本身的活动——它们对国家机器施加的压力,它们彼此之

---

① [德] 尼采:《权力意志》,下卷,第 779—782 页。
② [德] 埃伯哈德·彭茨:《政治与人类尊严——德国自由主义者的解决途径》,第 44 页。
③ [美] 李普塞特:《政治人:政治的社会基础》,第 1 页。
④ [英] 帕特里克·敦利威:《民主、官僚制与公共选择——政治科学中的经济学阐释》,第 9、128 页。
⑤ [美] 布鲁斯·布恩诺·德·梅斯奎塔等:《政治制度、政治生存与政策成功》,载《繁荣的治理之道》,第 64—90 页。

间的权力运作以及多重依附关系和经济纠葛——也需要一种广泛的公共性，包括组织向公共领域提供有关它们财政来源和运用的情况。① （2）在两党制形态下改变政策制定中的两党权力平衡关系。巴特尔斯指出，即使穷人对选任官员的日常决策只有着微不足道的直接影响，但他们——以及更富裕的意识形态盟友——却有可能有着相当大的间接影响，发挥这一影响的渠道则是改变公共政策制定中的民主党和共和党间的权力平衡。就在很大一部分公众仍然不参与政治之时，关注动向的民众已经越来越多地选择某一边，或多或少接受一贯如此的一揽子政策立场和形成对党派的忠诚，而对这些变化作出了反应。② （3）设想更多元化的政党机制。海哥德和考夫指出，政党竞争的特征不可能仅仅从社会结构以及政策议题本身推导而出，这在很大程度上要取决于政党体系的激励机制以及各个政党的内部是如何组织的。我们能够做到的是设想出许多不同的政党体系，如两党体制、组合体制以及分别有中左或中右派支持的多党体制等，这些政党体系可能会为资本主义民主体制的运作提供稳定支持，并避免政治两极化与政治分裂的问题。③ （4）注重政策议题导向的变化。英格尔哈特指出，后物质主义的兴起给现有的政党制度带来了长期压力。在大多数国家，这些政党分化状况既不与支持变革的社会基础相对应，也不与围绕最有争议问题的分化趋势相对应。现有主要政党皆建立在经济问题占主导而且工人阶级是支持社会政治变革的主要基础之时。而今天，最有争议的问题往往是非经济性的，支持在这些问题上实施变革的也是以中产阶级出身为主的后物质主义者。在这样的事实背景下，主要政党的社会基础往往就会与其意识形态立场出现不一致。当"新政治"问题的争论激烈到足以削弱或分裂现有政党的时候，它们就会出现。只要能提供一个对后物质主义者和老左派选民都有吸引力的政策纲领，左派就能赢得年轻人的支持。非经济问题在国家议程中的地位越来越重要，这就产生了政治分化的新轴线。④

---

① ［德］哈贝马斯：《公共领域的结构转型》，第243—244、266页。
② ［美］拉里·巴特尔斯：《不平等的民主：新镀金时代的政治经济学分析》，第298—299、304页。
③ ［美］斯迪芬·海哥德、罗伯特·考夫：《民主化转型的政治经济分析》，第398页。
④ ［美］罗纳德·英格尔哈特：《发达工业社会的文化转型》，第282—283、289—290页。

三 政策民主制度化的基本要求

政策民主的制度化，既需要注意政体和国家定位对政策的影响，也需要注意代议制、政党制、行政管理制度等对政策的作用，还需要强调一般意义上的"制度"（主要是宏观意义的政治制度）对政策形成的制约关系，本节将重点讨论最后一个方面的问题。

（一）"政治制度化"的标准和功能

"政治制度化"是亨廷顿使用的概念，他认为政治制度化的标准包括以下内容：（1）适应性——刻板性。组织和程序的适应性越强，其制度化程度就越高；反之，适应性越差，越刻板，其制度化程度就越低。在一段时间内，某一组织针对某一类型的问题已形成一套行之有效的对策，假如它一旦碰到完全不同类型的问题并需要采用不同的对策，该组织就很可能沦为自己过去成功的牺牲品，应付不了新的挑战。（2）复杂性——简单性。一个组织越复杂，其制度化程度越高。复杂性具有两个含义，一是一个组织必须具有庞大的下属组织，从上到下，隶属明确，职责不同；二是这个组织不同类型的下属组织各具高度专门化水平。完全仰仗一个人的政治体制是最简单的政治体制，这种体制也是最不稳定的。（3）自主性——从属性。缺乏自主性的政治组织和政治程序就是腐败的。（4）内聚力——不团结。一个组织越团结，越具有内聚力，其制度化程度也就越高；相反，组织越不团结，其制度化程度也就越低。当然，某种程度的意见一致是所有社会组织存在的前提。一个拥有高度制度化的统治机构和程序的社会，能更好地阐明和实现其公共利益。[1]

其他西方学者更关注的是"政治制度化"的功能问题，需要注意的是以下八种论点。

第一种论点强调的是制度的"选择"功能。阿普特指出，一种政治制度就是一种选择特定群体的制度。政府就是管理选择的机制。不同的政治制度不仅体现了不同的选择方式，也体现了他们优先秩序的不同。政府将伴随着它们管理选择的方式的不同而发生变化。这样，存在着不同的选

---

[1] ［美］塞缪尔·亨廷顿：《变化社会中的政治秩序》，第10—19页。

择机制,存在着制度之间的不同选择。现代化过程的特征之一就是现代化同时包含了两个方面:改善了选择条件,以及选取了最令人满意的选择机制。① 阿塞莫格鲁和罗宾逊也指出,区分法定政治权力和事实政治权利是有益的。将配置法定政治权力的社会、政治安排称为政治制度。最重要的政治制度是那些决定哪些人参与政治决策过程的政治制度(即民主和非民主)。政策和制度之间的主要区别是制度的"持久性"和制度影响未来政治权力分配的能力。政策更容易逆转,而制度则较为持久。并且,制度决定着各种团体的政治偏好是如何被加总为社会选择的。政治制度不是简单地决定再分配的程度或谁从当今政策受益,它们也发挥着调节政治权力未来分配的作用。②

第二种论点强调的是制度的"控制"功能。蒂利指出,政治制度在两个方面有所不同,它们明显地影响着集体暴力的特性和强度:一个是政府能力,另一个是民主。政府能力意味着在管理范围内,政府机构控制资源、活动和人口的程度。原则上讲,政府能力在几乎零控制(低)与几乎绝对控制(高)之间发生变化。民主意味着在政府权限内,社会成员与政府代理人保持着广泛而平等的关系,他们对政府人员和资源实施集体控制,并且享有政府专有的保护。③

第三种论点强调的是制度的"行为"功能。马奇和奥尔森指出,对作为常规适应系统的制度的研究,需要运用六种基本视角来解释制度中的行为与变迁。(1)将行为看作是标准操作程序的应用,或者是变异和选择过程演化而来的其他规则的应用。(2)将行为看作是解决问题。(3)将行为看作是来源于经验性学习。(4)将行为看作是来源于代表多元利益的个人或团体之间的冲突。(5)将行为看作是从一个制度到另一个制度的接触性传播。(6)将行为看作是产生于行动者的意图和能力,并随着认识变动而变动。④ 肯尼斯·谢普勒斯也指出,政策结果往往随着关键行为者偏好的改变而改变,制度结构和程序赋予他们过度的控制议程

---

① [美]戴维·阿普特:《现代化的政治》,第7页。
② [美]达龙·阿塞莫格鲁、詹姆士·罗宾逊:《政治发展的经济分析——专制和民主的经济起源》,第17—22、156页。
③ [美]查尔斯·蒂利:《集体暴力的政治》,第39页。
④ [美]詹姆斯·马奇、[挪威]约翰·P. 奥尔森:《重新发现制度:政治的组织基础》,第57—58页。

的权力。可以说，所有的"行动"，并非是所有偏好的直接加总，而毋宁是由于对结构和程序的控制而产生有时相当微妙的影响。结构——诱致均衡表现为一套规则的制度过程，可以被勾画为一种广泛的博弈形式。次序之所以重要，是由于它决定着行动的先后，行动的主体和时机。在进行选择时，我们必须对制度选择的过程十分明确，这场博弈的规则是什么，参与者都有谁，何种子系统足以带来制度变迁——即哪个联盟是决定性的。[1]

第四种论点强调的是制度的"能力"或"效力"功能。福山指出，有必要将国家活动的范围和国家权力的强度区别开来。前者主要指政府所承担的各种职能和欲求的目标，后者指国家制定并实施政策和执法的能力特别是干净的、透明的执法能力——现在通常指国家能力或制度能力。[2] 派伊也指出，贯彻的问题是政府为正常制度确立效力，以及在统治者与臣民之间建立信任和良好关系的问题。起初政府发展很难激发人民或改变其价值观和习惯，以获得对国家发展进程的支持。另一方面，政府的效力在破除旧的控制方式方面，经常会引发广泛的更大程度地影响政府政策的要求。[3]

第五种论点强调的是制度的"思考"功能。西瑟指出，制度安排不仅对于它们如何影响决策，而且对于如何影响人们对政治世界的思考方式来说都是重要的。[4]

第六种论点强调的是制度的"责任"功能。林德布洛姆和伍德豪斯指出，政治之所以具有影响力，主要在于制度上，责任是划分于不同的参与者上。换言之，每个参与者都只能扮演有限的角色；每个人从不同的角度针对复杂问题进行论述，经由多元建议与理念的交换，呈现出一个较完整的图像。当然，这并不保证良善政策的出现。[5]

第七种论点强调的是制度的"规则"功能。奥斯特罗姆指出，作为言词，它们不能自动地产生、运用和实施。其结果就是，社会秩序依赖于

---

[1] [美]肯尼斯·谢普勒斯：《制度研究：理性选择理论的启示》，载《新制度主义政治学译文精选》，第121—138页。
[2] [美]弗兰西斯·福山：《国家构建：21世纪的国家治理与世界秩序》，第6—7页。
[3] [美]鲁恂·W.派伊：《政治发展面面观》，第82—83页。
[4] [美]西瑟：《自由民主与政治学》，第226—227页。
[5] [美]林德布洛姆、伍德豪斯：《最新政策制定过程》，第41页。

能够阐释、运用、监督、实施和改变决策规则的行动者。在任何社会，这一条件都是将政府制度与其他制度区别开来的基础。政府制度是专门的决策安排，用来阐释规则，监督对规则的遵循，裁决冲突，实施规则，改变影响人类社会中人际关系的决策规则。因而规则秩序体系总是伴随着治理体系。①

第八种论点强调的是制度的"影响政策"功能，我们在下面的小节将专门讨论这种功能实现的路径问题。

（二）制度影响政策的路径

制度尤其是政治制度对政策的影响，需要一定的"路径依赖"。归纳西方学者的论点，大致有七种重要的路径。

第一种是文官制度路径。威尔逊指出，我们的理想是建立一套文官制度，它具有良好的教养和独立的精神，足以能够按照理性且精力充沛地行事。而且通过选举以及经常与公众协商保持与民众思想的紧密联系，这样就彻底消除了官僚的专横独断或等级倾向。②

第二种是政治家与官僚合作路径。巴里·维恩加斯特指出，理性选择研究方法在强调先后选择次序之重要性的基础上认为，只要政治领导人能够对官僚偏离他们所期望的政策行为保留惩罚的权力，官僚可以不需要得到政治领导人的直接授意而执行某些政策。尽管这并不能说明政治领导人能够支配官僚，但它的确表明我们不能由政治领导人缺乏直接的政治输入而推论他们缺乏影响力。这种一般性原则——决策者能够预见到自己行为带来的后果并由此考虑随后可能介入的行为主体的利益——表明能够适用于各种各样的情形，例如，法院和政治部门之间，以及政党与其领导人之间的关系。③

第三种是政策创制路径。亨廷顿指出，一种政治体制首先必须能够创制政策，即由国家采取行动来促进社会和经济改革，才能成功处理现代化面临的问题。一个政治体制还应当能够成功地同化现代化所造就的获得了新的社会意识的各种社会势力。什么样的政治条件，更具体地说，什么样

---

① ［美］文森特·奥斯特罗姆：《美国联邦主义》，第152—153页。
② ［美］威尔逊：《行政之研究》，第240页。
③ ［美］巴里·维恩加斯特：《政治制度：理性选择的视角》，载《新制度主义政治学译文精选》，第95—120页。

的权力组合状况有助于现代化社会的政策创制呢？一般证据表明，在复杂的政治体制中，既非高度集中也非十分分散的权力，有助于政策创制。那些构成现代化的各种政策创制，其最初的提出只能发生在诸多社会集团都能提出创议的社会中。在那些较晚进行现代化的社会里，政策创制则无须这些条件。在较晚进行现代化的社会中，政策创制的采用而非提出就成了关键。我们有理由得出结论说，在一个进行现代化的社会中，政策的创制与其政治制度中的权力集中或多或少有着直接的关系。[①]

第四种是去赋能路径。罗素·哈丁指出，在一个宪政政权中，制度有两种截然不同的作用。也许最显而易见的是去赋能，以使得各种行动和结果可能发生。制度的第二种作用是去阻碍、去抬高在许多可能的行动和结果上进行即时协作的成本，有时是去使这种协作困难得令人难以问津。在其两种功能中，制度既赋能的又阻碍的，不但是零星变革，而且包括民意。赋能与限制民主之间的紧张状态因此成为民主宪政主义的核心。[②]

第五种是有效性路径。布坎南和康格尔顿指出，政治制度明确了参与集体决策过程的各种方法的有效性。在不受时段性普遍性原则约束的稳定的民主体制中，面对当前中间选民的政治难题是如何预测一批又一批中间选民的意向。无论公民们是否愿意玩政治游戏，政府的合法性是决策分配的结果。坚持普遍性原则的政治体制将会更为一贯性，不会那么专横，统治成本也会少些。换句话讲，比不坚持普遍性原则的政治体制更受欢迎。[③]

第六种是问责制路径。奥斯特罗姆指出，制度性的理性选择集中以经济效率、融资均衡、再分配公平、问责制、与普遍的道德一致、适应性六个标准评估政策结果。在民主政治中，官员应就公共基础设施和自然资源的开发和使用对公民负责。对责任的关注不必与效率和公平的目标有太大的冲突。事实上，实现效率要求决策者能获得关于公民偏好的信息，要实现责任也是如此。有效地聚集这些信息的制度安排，有助于在增强责任和

[①] ［美］塞缪尔·亨廷顿：《变化社会中的政治秩序》，第117—119页。
[②] ［美］罗素·哈丁：《自由主义、宪政主义和民主》，第199—200页。
[③] ［美］詹姆斯·布坎南、罗杰·康格尔顿：《原则政治，而非利益政治——通向非歧视性民主》，第153、181、218—223页。

促进再分配目标实现的同时达到效率。①

第七种是共识性政治秩序路径。诺斯等人指出，有序的制度具有以下特征：（1）一个产生各类机构和建立一系列权利和基本公民权利的制度矩阵；（2）一个稳定的关于政治和经济市场上交易关系的结构；（3）一整套切实促使国家制定一系列政治规范和加强保护组织和交易关系权利的根本制度；（4）由规范内在化和外在强化（对于个人）相结合导致的多数人同意。为维系以社会协作为基础的共识性社会的秩序，应该注意以下原则。第一个原则涉及政府合法性基础的共享信念体系和公民权利范围之间的关系。第二个原则涉及宪法和稳定民主秩序的存在。第三个原则是缺少详尽解释和广泛接受的权利条款，同政治上的高风险相结合，就会导致寻租。第四个原则是降低政治风险要求国家提供可信的承诺和维护公民权利的多样性。②

（三）为政策建立的制度

制度除了可以通过各种路径影响政策外，还可能需要专门为政策建立一些必要的制度，如马克思主义经典作家就强调了民主集中制、集体领导、群众路线等为政策建立的制度。从西方学者的有关论述中，可以看到的是为政策构建的八种制度。

一是平衡政策权力制度。波普尔指出，当日常的政治问题需要一种个人的解决时，一切长期的政策——尤其是一切民主的长期政策——就应该依照非个人的制度来构想。尤其重要的是，控制统治者检查他们的权力的问题，主要的是一个制度的问题，是设计各种不同制度防止即使是坏的统治者也不能造成太大伤害的问题。③

二是议程设置制度。罗素·哈丁指出，任何民主选择都必然或是事先的或是事中的，或是关于制度结构的或是关于即时政策的。实践中的程序公正可能实际上与民主选择冲突，民主选择可能反对程序公正的实际原则，但民主和作为秩序的正义都可能因之而运转得更好。我们的民主选择

---

① ［美］埃里诺·奥斯特罗姆：《制度性的理性选择：对制度分析和发展框架的评估》，载《政策过程理论》，第42—91页。
② ［美］道格拉斯·诺斯、威廉·萨默希尔、巴里·韦恩加斯特：《秩序、无序和经济变化：拉美对北美》，载《繁荣的治理之道》，第18—63页。
③ ［英］波普尔：《开放社会及其敌人》，第2卷，第207—208页。

应当经常在决定政治制度的设计时被应用,而不是在此后决定这些制度采取的特殊行动时被应用。①

三是政策参与制度。约翰斯顿指出,好的制度不会成为自由的政治和经济参与的绊脚石,相反,它会有助于保护这种参与。在制度化完善的体系里,国家、政治组织和公民社会既要缓和政治要求又要有助于表达心声,通过制定正确的政策以提高政府应对能力。因此需要强调加强参与和各项制度并且取得新的平衡,强调选择适合特定社会的对策并且遵循适当原则贯彻这些对策,还强调要避免弊多益少的改革。②

四是政策协商制度。政策协商制度是不少西方学者推崇的制度,但是有不同的侧重点,或是侧重于协商制度和选举制度的结合,或是侧重于协商制度和代议制的结合,或者侧重于社会团体介入协商以及侧重于利益集团的制度化参与等。

五是集体决策制度。菲利普·施密特指出,一种国家政体必须有一些明确的规则以决定集体决策的方式。从而,政体的巩固过程反映了,由在转型期胜负难料的斗争中出现的偶然的安排、审慎的规范和权益的解决,向制度以及这种制度的参与者/公民/国民所确知的、反复运用的、并且规范上予以认可了的关系的转变。民主在转型期着手要做的是,借助正式规定和非正式的惯例把"异常"的不确定性化约为"正常"的不确定性。现代民主制更应该被表述为"局部体制"的混合物,而不是"一种单一的体制"。伴随着民主巩固过程的推进,每一个局部体制都从一种特殊的序列,按照独特的原则,在不同的场所被制度化。③

六是自治制度。赫尔德指出,民主并不以不同价值的一致为先决条件,它只是为把价值相互联系起来并把解决价值冲突放到公共过程之中提供一种方法。自治原则的实现将需要建立一种集体深思的决策制度,这个制度允许公民参与对他们有重要影响的形形色色的政治事务。④

七是政策支持制度。柯武刚和史漫飞指出,公共政策——在追求某些目标上对政治手段的系统应用——通常是在既定的制度约束下展开的,但

---

① [美] 罗素·哈丁:《自由主义、宪政主义和民主》,第 90—91 页。
② [美] 迈克尔·约翰斯顿:《腐败征候群:财富、权力与民主》,第 38、207 页。
③ [美] 菲利普·施密特:《有关民主之巩固的一些基本假设》,载《变动中的民主》,第 25—41 页。
④ [英] 戴维·赫尔德:《民主的模式》,第 297、307 页。

它也可以靠努力改变制度的方式来实施。制度变革既可以通过明确的直接方式来实现，也可以表现为政策行动的一种副效应。因此，制度经济学家普遍关注公共政策与制度之间的互动关系。与自上而下的集权主义政策不同，在抱个人主义社会观的人看来，公共政策被视为由公民们集体选出的代理人的活动，其目的是要造就一种秩序，这种秩序能使个人有很好的机会去获取他们所希冀的事物。根据这种社会观，对公共政策的期望是，专注于维护规则（保护性政府）。个人的人类价值是评价制度和公共政策的准则。政策制定者有时会将这些价值作为明确的政策目标，甚至将这些目标载入宪法和政治纲领。[1]

八是中层制度。凯瑟琳·西伦和斯温·斯坦默指出，历史制度主义的核心特征是强调塑造政治策略的中层制度，制度在相互竞争的各个集团间构造权力关系的方式，尤其是对既定制度背景下政治过程和政策制定集中关注。历史制度主义者倾向于认为，政治行为者并不是知道所有信息的理性最大化者，而在更大程度上是遵循"满意而止"的规则。即使在制度置身其中的政治经济环境发生剧变的条件下，制度也倾向于保持"惰性"。人们既为制度而斗，也为政策结果而斗。在制度问题上展开的斗争是非常重要的，因为在制度选择之后会导出大量的政策路径。[2]

（四）制度影响政策的限度

不少西方学者也注意到了制度对政策影响的有限性问题，并提出了一些值得注意的论点。

第一，制度是结果而非原因。勒庞不同意"国家的进步是改进制度与统治带来的结果"的观点，认为一个民族并没有真正改变其各种制度的能力。深刻影响群体禀性的手段，不能到制度中寻找。我们看到，有些国家，譬如美国，在民主制度下取得了高度繁荣；而另一些国家，譬如那些西班牙人的美洲共和国，在极为相似的制度下，却生活在可悲的混乱状态中。这时我们就应当承认，这种制度与一个民族的伟大和另一个民族的衰败都是不相干的。政治家们在制定法律的时候从未意识到，制度是结果

---

[1] [德] 柯武刚、史漫飞：《制度经济学：社会秩序与公共政策》，第 38、88—89、190—191 页。

[2] [美] 凯瑟琳·西伦、斯温·斯坦默：《比较政治学中的历史制度主义》，载《新制度主义政治学译文精选》，第 141—173 页。

而非原因,人类是依据过去而塑造的,我们根本无法撼动传统的根基。[①]

第二,制度并不一定带来良好的政策选择。卡普兰认为存在"民主制度产生不良政策"或"选民自愿选择下策"的制度缺陷。在理论上,民主是一道防御社会有害政策的堡垒,但在实践中,民主却为后者提供了安全的避风港。民主过分强调了民众的心理报偿,其代价就是他们的物质生活水平。[②]

第三,制度带有不确定或不可靠的因素。希尼克和芒格指出,几乎所有的政治行为都会至少涉及两类变化中的一类:"如果偏好改变,结果可能改变,即使制度本身不变";"如果制度改变,结果可能改变,即使偏好本身不变"。民主的方法(广泛地参与和分享权力)同民主的目的(前后一致的"人民意愿"的存在)有可能南辕北辙。[③] 鲍曼也指出,现行政治制度的本意,就是要帮助人们摆脱这种不可靠的感觉,而事实上却无能为力。在一个迅速全球化的世界中,大部分的权力极其核心部分脱离了政治,政治制度很难提供可靠性和确定性。[④]

第四,制度存在败坏的可能性。雷蒙·阿隆指出,制度处处都有败坏的可能性;政治制度,即政治艺术的特点,是随着时间的流逝而败坏,而受到怀疑主义侵蚀的思想统治能继续存在,因为在这样的一种制度中,民众没有体验到竞选的政治参与,没有在其中看到自由的必不可少的表达。[⑤]

(五) 政策民主的制度化倾向

政策民主的制度化,或者说"作为制度形态的政策民主",应该表现的是两方面的功能。一方面是对具有民主特征的各种制度的"要求"功能,即要求得到这些制度的支持,或者说与这些制度契合。另一方面是对各种制度的"构建"功能,即政策民主可以创造出一些新的制度、程序或者规则,补充和完善既有的制度体系。

---

① [法] 勒庞:《乌合之众》,第 98—101 页;《革命心理学》,第 230、235 页。
② [美] 布赖恩·卡普兰:《理性选民的神话——为何民主制度选择不良政策》,第 2、255—256 页。
③ [美] 梅尔文·希尼克、迈克尔·芒格:《解析政治学》,第 26—27 页。
④ [英] 齐格蒙·鲍曼:《寻找政治》,"导论",第 5 页。
⑤ [法] 雷蒙·阿隆:《论自由》,第 2—3、60 页。

按照政策民主制度化的功能定位，在制度"要求"方面，需要重点强调的是六种基础。

第一种是政策民主的政体基础。各种政体都能影响政策，但政策民主所要求的，应该是民主政体。民主政体可以有不同的形式，民主集中制也是一种重要的民主政体。尤其需要注意的是，政体可以制约政策，政策也可以反作用于政体，即一方面政策能够成为界定政体的标准，另一方面政策还可以起到维系政体、充实政体、构建政体、参与政体等方面的作用。

第二种是政策民主的国家基础。国家是支持政策的基本制度形态，对国家形态的选择影响政策的基本走向。政策民主要求的是"民主国家"，但是"民主国家"似乎已经成了"西方国家"的专利，这实际上是对"民主国家"本意的歪曲。坚持民主的社会主义国家，也应该属于"民主国家"的范畴。只有明确了这一点，才能全面理解国家走向对政策的影响。

第三种是政策民主的政府基础。政府形态决定政策形态，政策民主要求的应该是"民主政府"形态。马克思主义经典作家重点关注的工人政府、工农政府、苏维埃政府、人民政府等，除了无产阶级的阶级取向外，都具有"民主政府"的基本取向。西方学者则为"民主政府"或"民治政府"建立了一套基本要求和标准。对于什么样的政府才能算作"民主政府"，可以有不同的看法，甚至有完全不同的衡量标准，但是要使"民主政府"成为政策民主的一个重要基础，应该是多数人同意的看法。还有两种政府理念需要引起重视，一种是"廉洁政府"的理念，另一种是"有限政府"的理念（"廉价政府"在现实中难以实现，可以不考虑这样的理念），因为无论是在社会主义形态下还是在资本主义形态下，都需要以这两种理念来约束政府，并且约束了政府也就约束了政策。

第四种是政策民主的"代议制"基础。"代议制"作为一种民主的制度形态，无论是马克思主义经典作家强调的人民代表大会制度，还是西方学者强调的议会制度，都会涉及权力、代表、功能等维度的问题。"代议制"的具体制度形式可能不同，但是遇到的问题往往是相同的，因此政策民主所面临的不是抛弃"代议制"的问题，而是如何完善"代议制"的问题。从这样的基点出发，就可以清楚地认识到，各种改革"代议制"的方法，都是可以相互借鉴的。

第五种是政策民主的政党基础。没有民主的政党制度，在宏观意义上的民主制度是难以成型的。但是民主的政党制度，并不专指西方学者倡导的政党制度，马克思主义经典作家对无产阶级政党的要求，以及以党为核心的用于政策的民主集中制，所要构建的也是民主的政党制度。我们并不是要以此来混淆社会主义国家的政党制度与西方国家的政党制度的本质性区别，而是要强调政策民主与民主的政党之间的基本关系。

第六种是政策民主的行政基础。民主行政或者行政民主、管理民主化等，要求的是建立民主的行政管理体制或者民主管理制度，由此既涉及官僚制度或官僚体制问题，也涉及行政管理制度或行政管理体制问题。从政策民主的要求来看，在官僚制度方面，既要注意官僚制的基本政策特征，也要注意分散权力、下放权力、修正官僚组织、合同制等改革官僚制的民主取向，以及马克思主义经典作家强调的反对官僚主义的具体做法；在行政管理制度方面，则不仅要注重依托行政机构提出的各种政策要求和对行政领导的一般性的政策要求，还要注重社会主义形态下的行政民主化和责任制等要求。

在制度"构建"方面，政策民主理论既要关注制度化的选择、控制、行为、效力、思考、责任、规则等功能，以及制度影响政策的文官制度路径、政治家与官僚合作路径、政策创制路径、去赋能路径、有效性路径、问责制路径、共识性政治秩序路径，也要关注为政策建立的制度或者说由政策创建的制度，包括集体领导制度、平衡政策权力制度、议程设置制度、政策参与制度、政策协商制度、集体决策制度、政策支持制度、中层制度等，还要注意制度对政策影响的有限性问题。也就是说，"政策民主的制度化"，显然是一个不容易达到的目标，但无疑是值得去争取的目标。

第十一章　程序化的政策民主

政策民主要求建立覆盖决策、政策执行、政策监督、政策评估的民主程序，马克思主义经典作家和西方学者都就相应的民主程序提出了具体要求，本章将对一些重要的程序作综合性的说明。

一　决策程序

讨论决策问题，需要先厘清决策的基本要素和与民主决策有关的各种说法，进而说明议题选择、议程设定、政策方案讨论和决定、政策发布等程序化的要求。

(一) 决策与民主决策

决策是政策过程中的一种特定行为。按照萨托利的解释，决策分为四种：(1) 个人决策；(2) 团体决策；(3) 集体决策；(4) 影响集体的决策。个人、团体和集体的决策都涉及某个主体，涉及决策者，而影响到集体的决策则是适用、实施于某个集体的决策，无论它们是一个人、少数人或许多人作出的决策。定义的标准不再是谁在决策，而是决策的影响面：无论是谁在决策，他都是在为大家决策。影响到集体的决策这一概念，使得有可能主张政治是由影响到集体的决策构成。一切政治性决策都是影响到集体的决策，但反过来说就不对了，并非一切影响到集体的决策都是政治决策。影响到集体的决策是否是政治决策，取决于它们是：(1) 最高决策；(2) 不留余地；(3) 有惩罚能力。[①]

政策民主理论更关注的是与"影响集体的决策"有关的政府决策。

---

① ［美］萨托利：《民主新论》，第241—242页。

阿普特指出，政府有两类决策。第一类是社会分层的决策，第二类是意识形态的决策。社会分层决策是指政府通过这些决策不断地努力去创造更大的社会流动的条件，要么在社会主要的阶级内部进行，要么通过修改社会分层体系。通过意识形态政策，政府产生比满足社会流动所需要的更大的权威，因为这些决策需要满足精神和审美的需求，它们就会操纵道德。第一类关于权力和声望（分层）的决策，可以被看作政府运用理性进行决策的过程。第二类意识形态决策超越了理性而体现非理性的特点。任何一个稳定的政权均需要这两类决策。如果政府被界定为社会中的关键性组织，那么政府的失败意味着整个社会的失败。假设这一关系是正确的，如果政府改变社会分层的决策不足以维持公众对政权的忠诚，或者政府权威的非理性因素不再被理解，那么政府就会遭到失败。[①]

决策需要一定的成本，如萨托利所言，决策成本是团体内部的成本，它们只涉及进行决策的人。外部风险是团体外部的风险，它们只涉及为其作出决策的群体。三个变量影响外部风险与决策成本：（1）决策者人数；（2）选择（任命）决策者的方式；（3）决策规则。[②]

决策规则对决策具有限定性的作用。阿尔蒙德等人指出，决策规则之所以影响政治活动，是因为它决定了寻求何种政治资源及如何获得和使用这些资源。个人和集团若试图影响政策，也必须在这些规则的框架当中运作。决策规则必须透明和稳定。权威性政策的制定和实施必须有某些固定的决策规则——关于制定规则的规则——以决定谁能在政策制定和实施中从事什么活动。决策规则赋予各种政治资源以特定的价值，决定了决策过程的组织方式：（1）中央和地方权力在区域上的分配；（2）不同政府部门之间决策权的划分和分配；（3）对政府权力限制的程度及方式。[③]

决策在一定的背景下进行，并产生一定的结果。西蒙指出，古典理论缺少决策过程的三项基本要素：（1）对特定时刻制定哪些决策议程的设定过程；（2）对要关注的问题其再现模式的获取或构造过程；（3）可供决策者选择的备选行动方案的一系列产生过程。[④] 萨托利则强调，决策背景可以分为连续性的和不连续性的，当我们面对的是个别的、分离的问题

[①] ［美］戴维·阿普特：《现代化的政治》，第171—172页。
[②] ［美］萨托利：《民主新论》，第244—251页。
[③] ［美］阿尔蒙德等：《比较政治学——体系、过程和政策》，第245—246页。
[④] ［美］赫伯特·A. 西蒙：《管理行为》，第104—105页。

时，背景就是非连续性的；当一系列问题是放在一起解决时，决策背景就是连续性的。决策结果则包括正和模型和零和模型两种类型。①

决策既可以是专制的、半专制的，也可以是民主的，由此产生了"民主决策"或"决策民主"等概念。归纳西方学者的论点，"民主决策"应包含以下八个要素。

第一个是决策者要素，强调民主的目标就是产生决策者。熊彼特指出，民主方法就是那种为作出政治决定而实行的制度安排，在这种安排中，某些人通过争取人民选票取得作决定的权力。在民主政体里，选民投票的首要作用是产生政府，产生政府实际上等于决定领导人应该是谁。②李普塞特也指出，一个复杂社会中的民主，可以定义为一种政治系统，该系统为定期更换政府官员提供合乎宪法的机会；也可以定位为一种社会机制，该机制允许尽可能多的人通过在政治职位竞争者中作出选择，以影响重大决策。③亨廷顿也强调，若是到了最有权势的集体决策者不是通过选举产生的地步，那么该政治体制就是不民主的。隐含在这一民主概念中的是对权力的限制。在民主国家，选举产生的决策者并不拥有巨细无遗的权力，他们与社会中的其他群体分享权力。④

第二个是程序要素，强调民主是决策的一种程序。哈耶克指出，严格地说，民主所指涉的乃是确定政府决策的一种方法或一种程序。它既不指称某种实质性的善或政府的某个目的（例如某种实质性的平等），也不是一种能够被确当地适用于非政府组织（如教育机构、医疗机构、军事机构或商业机构）的方法。⑤

第三个是合法性要素，强调民主决策要求合法的民主程序。罗尔斯指出，民主决策和民主法律之所以合法，并不是因为它们是正义的，而是因为它们是按照一种为人们所接受的合法的民主程序而合法地制定出来的。合法民主程序之结果的不正义，会破坏其合法性。从各种各样的委员会和立法实体，到普选和复杂精密的宪法修正程序，一种合法的程序也就是在人民必须作出集体性决定而又在正常情况下难以达于一致的时候，全体自

---

① [美] 萨托利：《民主新论》，第252—253页。
② [美] 熊彼特：《资本主义、社会主义与民主》，第395—396、400—401页。
③ [美] 李普塞特：《政治人：政治的社会基础》，第24页。
④ [美] 塞缪尔·亨廷顿：《第三波——20世纪后期民主化浪潮》，第9页。
⑤ [英] 哈耶克：《法律、立法与自由》，第2、3卷，第273页。

由而平等的公民都可以理性地予以接受的程序。①

第四个是制度要素，强调民主决策需要一定的制度基础。沃尔夫指出，直接民主是许多传统民主理论背后隐藏着的一种（通常未明示的）理想。全体一致明显被看作一种其合法性显而易见的决策方法，其他决策形式是作为对这种理想的让步被提出来的。② 阿塞莫格鲁和罗宾逊也指出，最重要的政治制度是那些决定哪些人参与政治决策过程的政治制度（即民主和非民主）。在民主中对亲多数政策施加限制的制度，可能有助于巩固民主。③

第五个是平衡要素，强调民主决策要求一定的平衡机制。彼得斯指出，治理涉及公众和私人之间，以及他们对秩序和自由的需要之间进行平衡。治理还寻求其他平衡，其中尤其重要的是寻求政府与公共政策的控制和政府科层机构在决策作用中的平衡。一方面，制度化的民主程序表现为对政策实行直接的党派控制。另一方面，决策所需要的专门知识集中于科层人员手中。一个有效能的民主政权的政治领袖必须在维护自己的政治承诺的同时，找到利用科层人员专业知识的途径。④ 奥尔森也指出，在民主政治体制中，在许多关键的决策上，需要依赖制衡以及更大多数人支持的原则，因此，最低数量的多数人常常并不能自行其是，在民主国家，常常只有更大的共容利益群体才会得人心。虽然长久存在的民主体制在过去最终不得不遭受狭隘的特殊利益的困扰，但不能永远如此。⑤

第六个是妥协要素，强调民主决策需要作出一定的妥协。伯林指出，民主制并非事实上就是多元的。我赞成一种明确的多元的民主制，它要求协商和妥协，承认各集团和个人的要求和权利，除非出现了极端危机的情形，这些集团和个人就绝不能拒绝民主决定的结果。⑥

第七个是机会要素，强调民主决策可以为改变政策提供机会。海哥德和考夫曼指出，民主体制的巩固和经济改革的巩固紧密相连，民主体制是

---

① ［美］罗尔斯：《政治自由主义》，第238、454—457页。
② ［美］罗伯特·沃尔夫：《为无政府主义申辩》，第24页。
③ ［美］达龙·阿塞莫格鲁、詹姆士·罗宾逊：《政治发展的经济分析——专制和民主的经济起源》，第19—22页。
④ ［美］盖伊·彼得斯：《巩固民主过程中的公务员》，载《民主的再思考》，第332—352页。
⑤ ［美］曼瑟·奥尔森：《权力与繁荣》，第18页。
⑥ 《伯林谈话录》，第132页。

这样一个决策体制：它所产生的实际后果有一定的不确定性。民主体制为相互竞争的利益集团提供了挑战和改变政策（包括经济政策）的机会。①

第八个是价值要素，强调民主决策可以体现基本的价值取向。彭茨指出，民主是政治上参与决定权力的一种制度，这种制度可使公民影响政治决策；自由就是以多种方式进行决策的可能性；自由即决策自由，不自由就是丧失了决策的可能性。② 墨菲则强调，自由主义和民主制之间的关联一旦建立起来，自由主义者反复要关注的问题就是如何使个人权利不受多数主义的控制，为此，他们就想对决策的民主过程施加约束。毫无疑问，有必要保全多元主义、个人权利和少数派来反对可能的多数人的专制。③

"民主决策"包含的这八个要素，可以归纳为两类民主标准。一类是"运行性"的民主标准，包括对决策者、决策程序、合法性和制度安排的民主要求。另一类是"结果性"标准，包括的则是对平衡、妥协、机会和价值的民主要求。

（二）议题选择的程序化要求

一个政策往往以议题作为开端，与政策议题选择相关的民主程序，既涉及"要求"的输入程序，也涉及不同类型议题的选择程序。

1. 输入"要求"的民主程序

伊斯顿指出，如果没有输入这一概念，可能就难以描述社会中的各种行为到底是怎样影响政治领域中发生的事情的。输入将起着概括性变量的作用，这种变量集中并反映与政治压力相关的环境中的每件事，因此，输入概念起着有力的工具作用。④

"要求"往往与政策议题有直接的关联，按照伊斯顿的解释，如果没有要求，当局委实不可能对社会作出约束性决策，正是依据这一简单事实，我们才把要求看作核心变量。要求可以定义为意向的表达，其内容为特定事物的权威性分配是否应该由那些担当此责的人们作出。所谓要求就是要实现以自我为核心的目标，或者很可能是意欲寻求某种政治决策，以

---

① ［美］斯迪芬·海哥德、罗伯特·考夫曼：《民主化转型的政治经济分析》，第15页。
② ［德］埃伯哈德·彭茨：《政治与人类尊严——德国自由主义者的解决途径》，第7、26—27页。
③ ［美］墨菲：《政治的回归》，第202—203页。
④ ［美］戴维·伊斯顿：《政治生活中的系统分析》，第31—32页。

便把各种职责和繁多的义务强加于系统的全体成员。①

伊斯顿对输入"要求"的程序,强调的是以下四个基本要素。(1) 系统成员要素。无论系统成员追求的目标是什么,这些成员都必须使负责制定政策的人们注意到就此制定政策的必要。一般说来,只要系统的运行规则和结构允许,系统中任何一名成员都可能向各种决策中心提出问题。(2) 系统能力要素。如果要求实质上需要花费过多时间来加以处理,或者如果它们超过了某个经验上可以把握的容量,出现"输入超载"或者"过分容量的压力",以及由决策者处理信息的无能造成的"反应失败"等,那么一个系统所作出的约束性决策的能力就会受到威胁。(3) 信息要素。我们可以把一个政治系统想象成为一个巨大的通讯网络,信息以要求的形式流入其中,从中产生出我们称之为决策的种种不同的信息。如果系统能够生产这种输出,那就肯定存在着各种中间过程,这些过程的作用是允许进入系统的信息通过、分离、组合和再组合,以便它们在数量上和种类上都适宜决策者加以处理。(4) 途径要素。政治参与者的数量不仅对要求的输入有重要影响,要求输入的大小将随着卷入系统中人的数量的高低而发生直接变化;公众参与的程度也影响到领导本身感受到的压力的大小。为防止要求的输送失败,应使政治性活动专门化,并增加通道数量、增多通道开放时间和进行可选通道的竞争。②

其他学者也对"输入"作了解释,强调了输入的以下程序性特征。

第一,输入是导出政策的重要步骤。罗尔斯指出,我们可以把政治过程看成一部机器,当代表和选民的意见被输入时,它就作出一些社会决策。③ 帕特南也指出,政府制度从它们的社会环境中获得输入,然后输出结果以对那个环境作出反映,最后决定采取一项政策(可能仅仅是象征性的),除非政策是"什么也不做",否则就意味着必须实施。④

第二,政治体系是"要求"转变为政策的媒介。奥菲指出,社会政策的发展不能完全从需要、利益和要求的角度得到解释,"要求"转为"政策"的过程总是以政治体系为媒介,并通过它折射出来。政治体系决

---

① [美] 戴维·伊斯顿:《政治生活中的系统分析》,第 42—55 页。
② 同上书,第 42—69、83—92、105—128、145—150 页。
③ [美] 罗尔斯:《正义论》,第 194 页。
④ [美] 罗伯特·帕特南:《使民主运转起来——现代意大利的公民传统》,第 9 页。

定了"需要"能否会被当作值得处理的议题。①

第三,科层制对输入有重要的影响。比瑟姆指出,政治家将他(或她)自己的信号输入了不断运转的政策过程,这种输入信号可以决定哪一个相互竞争的派别占上风,或者它们之间最终达成的妥协的严格平衡。如果我们打算充分理解科层制,那么正是在科层制如下两种功能——即对政策形成的影响和把政策转变为组织"第一线"可以操作的指令——之间的复杂的相互作用中,才会找到这种理解。②

第四,政策参与是输入的重要形式,并表现出不同的利益取向。阿尔蒙德等人指出,参与者表现出来的是对社会的输入过程,也就是那些促使他们介入政治的过程有一定的认识,并形成了鼓励自己利用各种参与机会的态度,也就是相信只要努力去做就能够影响国家的政治事务。③ 西德尼·维巴则认为,即使满怀公民意识的上层社会的人士可以参与到政治生活中来,并且将一系列支持民主制度的态度输入系统当中,他们仍然会有特殊的利益需求,同时以他们的喜好来扭曲政府的回应性特征,因此无法有效代表那些没有积极参与政治的群体的要求。④

第五,输入需要"加工"才能成为政策。阿尔蒙德等人指出,在过程层次中,要求和支持的输入通过一个转换过程变成了权威性政策的输出。这一转换过程可以看作是由利益表达、利益综合、政策制定、政策实施四个方面的功能组成的。⑤ 彼得斯也指出,在"内部——外部"或"政策——维持"维度的一端,机构内的政治行为尝试从压力集团、党派、政治的执行者以及其他资源中吸收各种不同的输入,形成一项政策。在这个连续谱的另一端,政治行为致力于组织的维持和发展。⑥

2. 选举中的政策议题选择

选举未必是最有效的政策议题选择方式,但是在选举中确实会出现不同的政策议题的交锋,所以应该注意以下论点。

一是政党形象与基本政策议题有关,如萨托利所言,政党形象是选民

---

① [德] 克劳斯·奥菲:《福利国家的矛盾》,第109页。
② [英] 比瑟姆:《科层制》,第50页。
③ [美] 阿尔蒙德等:《比较政治学——体系、过程和政策》,第37页。
④ [美] 西德尼·维巴:《再论公民文化》,见《重访公民文化》,第343页。
⑤ [美] 阿尔蒙德等:《比较政治学——体系、过程和政策》,第15—16页。
⑥ [美] 盖伊·彼得斯:《官僚政治》,第190页。

认同政党的机制,而政党形象反过来又与其基本的议题取向相关。①

二是选举可以提供"政策空间",如希尼克和芒格所言,现代选举的空间理论的假定是,候选人或政党的政策立场被视为"空间"中的某些有意义的点,政策空间可能只有一个议题,但也可以包含若干政策。每一项议题都与空间中的一维相关联,而"维"则是不同议题的一个有序集合。②

三是选举可以反映选民的政策议题取向,如多姆霍夫所言,选举意味着公民有可能通过支持与他们的政策取向一致的候选人来塑造公共政策。由于参加到了选举联盟之中,许多国家中的公民因此能够对经济和社会议题发挥影响。当极端的国内问题导致社会分裂时,选举是引入新政策的一种重要途径。③

四是选举可以带来更广泛的议题讨论,如蒂利所言,一旦政府允许人们公开讨论选举所涉及的重要议题,便很难禁止这种讨论在选举之外进行。选区是按地理方位划分的,因此竞选和投票也使地方性的议题有机会进入公共讨论的领域。④

3. 协商民主的议题选择

西方的协商民主论者,对带有协商民主性质的议题选择程序有较多论述,可以归纳出以下要点。

第一,议题汇集的开放性。哈贝马斯指出,在决策制定的组织内部所推行的各种协商需要对来自非正式环境的议题汇集、价值定位、贡献和规划的开放,并为其所理解。⑤

第二,议题选择的平等参与。科恩指出,每一个人都可以为议程提出议题,可以就议程上的议题提出解决方案,可以给出理由来支持或者批评所提出的解决方案,而每个人在决议中都拥有平等的发言权。⑥

第三,建立话语理论模式。本哈比指出,话语伦理模式为协商民主模式的有效性诉求提供了最普遍的原则和道德直觉。这一模式的基

---

① [美] 萨托利:《政党与政党体制》,第457—458页。
② [美] 梅尔文·希尼克、迈克尔·芒格:《解析政治学》,第12页。
③ [美] 多姆霍夫:《谁统治美国:权利、政治和社会变迁》,第289—290页。
④ [美] 查尔斯·蒂利:《社会运动,1768—2004年》,第78—79页。
⑤ [德] 哈贝马斯:《公民身份与民族认同》,载《公民身份的条件》,第25—43页。
⑥ [美] 乔舒亚·科恩:《民主与自由》,载《协商民主:挑战与反思》,第184—229页。

本思想是，只有当各项规范得到受其影响的所有人的同意时，这些规范才能说是有效的。协商的参与是基于平等和对称性原则，所有人都有发起话题、质疑、询问和辩论的同等机会；所有人都有权质疑协商的主题；所有人都有权对对话程序的原则及其运用或执行方式提出反思性论证。话语模式的程序性约束可以担当起检验标准的重任，对成员标准、议题设置规则和制度内及制度间公共讨论之结构性规范进行评估。①

第四，对知情的明确要求。博克斯指出，为了保证关于政策议题决策的高质量，公民必须能够拥有获取信息的途径，并且参与审慎的、深思熟虑的决策，这个过程是公开的，公民是受到欢迎和充分知情的，在这里每一个人的贡献都有价值，而不管其身份或地位如何。②

4. "顾客型"的议题选择

"顾客型"或"公民型"的议题选择程序，强调的是公民在议题选择中的参与和议题服从于政策受众（"顾客"）的需要，应该注意的是以下论点。

第一个论点强调的是议题应该体现"顾客至上"原则。弗雷德里克指出，有一种值得称赞的倾向，"顾客总是对的"。如果有摩擦发展的话，或者政策有缺陷，或者执行政策的方法有缺陷。③

第二个论点强调的是应该主动向"顾客"征询意见。奥斯本和盖布勒指出，有企业家精神的政府已经开始转变它们自己。它们通过顾客调查、重点群体调查和各种各样的其他方法，开始仔细听取顾客的意见，它们已开始向顾客提供选择，它为顾客建立后果负责机制。使公益服务提供者对它们顾客需要作出灵敏反应的最好办法，是把资源放在顾客手里让他们挑选。只要把我们的公共制度看成一种基础结构，透明化概念就会变得明确起来。④

第三个论点强调的是将公民参与置于紧贴议题的位置。谢里尔·西姆

---

① [美] 塞拉·本哈比：《走向协商模式的民主合法性》，载《民主与差异：挑战政治的边界》，第71—95页。
② [美] 理查德·博克斯：《公民治理：引领21世纪的美国社区》，第99页。
③ [美] 卡尔·弗雷德里克：《公共政策与行政责任的本质》，载《公共行政学百年争论》，第3—12页。
④ [美] 戴维·奥斯本、特德·盖布勒：《改革政府：企业家精神如何改革着公共部门》，第121、130、140页。

瑞尔·金等人指出，传统模式下的参与是无效和充满冲突的，参与活动在行政过程中发生得太晚，参与是在议题已经被确定、大多数决策已经敲定后发生的；在这样的模式下，公民被放置在议题的最外层，行政结构和过程位居最内层，行政人员是行政体系和公民之间的中介。真正的参与和传统参与之间存在着明显的差异，真正的参与将公民置于紧贴议题的位置。①

5."后现代"的议题选择

带有"后现代"色彩的议题选择程序，往往带有挑战精英和颠覆传统模式的特征，需要注意的是以下论点。

第一，政策权力观的变化。卢克斯指出，一维权力观集中于各项（关键的）议题，两维权力观和三维权力观则都集中于"各项议题与潜在的议题"。②

第二，议题权力转移。海涅曼指出，在地方决策方面，政策议题权力向州政府的转移与智囊机构的地理分布一起，打开了远远超越二十年前情形的政策对话。这种扩展的对话将使政策过程的许多方面变得更加复杂化，政策的分散和不连续性看来注定要扩展至华盛顿的政治圈之外。③

第三，自下而上的议题筛选。斯沃茨指出，公民组织能够帮助制定城市政策，自下而上筛选出来的议题有助于激发公众参与某些有助于防止参与者受到媒体和反对者策略的影响。④

第四，以议题为导向的民主政治。英格尔哈特指出，在后现代社会里，民众参与的重点开始从投票转向更活跃的、更针对具体议题的模式上来。在表达个体偏好上，新的引导精英型参与模式要比旧模式更加精确和详细。它以议题为导向，并且立足于临时性团体，而非现有的官僚组织。它旨在造成特定政策的变化，而不是简单地支持既定团体的代表。这种新

---

① [美]谢里尔·西姆瑞尔·金、凯瑟琳·费尔蒂、布丽奇特·奥尼尔·苏赛尔：《参与问题：通向公共行政中真正的公民参与》，载《公民参与》，第49—68页。
② [美]史蒂文·卢克斯：《权力：一种激进的观点》，第17—18页。
③ [美]罗伯特·海涅曼等：《政策分析师的世界：理性、价值观念和政治》，第154—155页。
④ [美]海迪·斯沃茨：《制定国家议事日程——美国城市政治中的基督教社区组织》，载《国家、政党与社会运动》，第54—80页。

参与模式要求有较高的政治技能水平。①

除了上面列出的选举型、协商民主型、顾客型、后现代型的议题选择方式外，还可以采用其他的政策议题选择方式。从程序化的要求看，就是要认真考虑政策议题选择方式的多样性或多元性，而不是固守某一种议题选择方式。

（三）议程设定的民主要求

政策议程的设定，是决策的前提条件，没有民主的议程设定程序，难以保证决策过程的民主质量。西方学者对以民主的方法设定政策议程，提出了三方面的要求。

1. 政策议程的开放性要求

民主的政策议程，应该开放和透明，由此需要强调的是以下四点要求。

一是防止对议程的垄断和控制。罗素·哈丁指出，将许多领域的民主程序制度化的最大价值在于，它们打破了寡头政治领袖对议程和政策进行的任何连贯的控制，或至少是削弱其前景。它们并不严格地要求领导人负有责任，而是在关键时刻或主要问题上能扰乱领导人早已做好的计划，并迫使他们默认我们总体上的协作。②

二是建立全程控制的民主议程功能。巴伯指出，在真正的民主中，议程设置不能先于讨论、审议和决策，而是应当作为讨论自身固定不变的功能。将议程设置移交给精英或某些假想的"自然"过程就是对权利和责任的放弃。强势民主的讨论将议程置于政治的中心，而不是政治的起点。议程设置绝不仅仅是民主的开端，它是民主普遍的和界定性的功能之一。③

三是确立公共输入的开放性机制。博曼指出，协商安排要求具有对公共输入开放议程的制度机制。公共议程必须通过协商的方式被逐渐地和公共地缩小，这样的话就不会有普遍化的利益不经过政党的考虑和尊重而被

---

① ［美］罗纳德·英格尔哈特：《现代化与后现代化——43个国家的文化、经济与政治变迁》，第44、193页。
② ［美］罗素·哈丁：《自由主义、宪政主义和民主》，第199—200页。
③ ［美］本杰明·巴伯：《强势民主》，第214页。

排除出去。①

四是民众享有对议程的最终控制权。达尔指出，民众有排他性的机会，决定它的成员如何（或如果）选择哪些事情被讨论。民众中的每个成员有权有效参与、平等投票、寻找对问题受启发的理解和对议程使用最后的控制权。②

2. 政策议程的分工性要求

在政策议程的设定过程中，需要明确的分工，西方学者强调的主要是五种角色定位。

第一，主政者把握议程。杰弗里·卢克认为"催生化领导"包含四项具体的工作任务：一是通过把该问题提上公共议程和政策议程来集中注意力；二是通过把处理该问题所需要的不同人员、机构和利益集团召集起来使人们参与这种活动；三是促成多种行动战略和行动选择；四是通过恰当的制度化以及迅速的信息化共享和反馈来管理这些相互联系进而继续行动和保持势头。③ 珍妮特·登哈特和罗伯特·登哈特则指出，作为引导社会的政策，当今的公共政策是一系列涉及多种团体和多重利益的复杂互动的结果，这些团体最终以一种巧妙的并且不可预见的方式联合在一起，政府不再充当"主管"。公共政策的产生和执行都直接地涉及许多团体和利益集团。政府从控制者的角色转变为议程创立者的角色。④

第二，政治精英掌握议程的优先性次序。奥菲指出，政治精英赖以决策的可能空间是由社会力量所决定的，这是一个更不可见的层次，它形塑和改变政治精英对于现实的感觉和观点。例如，对于决策所能采取的方案以及每一种方案预期将要导致的结果。政治议程、问题的相对优先性及其解决都是在这一层面得到决定的。这一层面存在着一个社会权力矩阵，根据这一矩阵，社会阶级、集体行动者以及其他社会阶层就比其他社会组织拥有更多的机会来形塑和再形塑政治现实、开启或关闭政治议程。⑤

第三，利益集团介入议程设置。林德布洛姆和伍德豪斯指出，利益集

---

① ［美］詹姆斯·博曼：《公共协商：多元主义、复杂性与民主》，第119页。
② ［美］罗伯特·达尔：《论政治平等》，第6页；《论民主》，第45—46页。
③ 转引自［美］珍妮特·V. 登哈特、罗伯特·B. 登哈特《新公共服务：服务，而不是掌舵》，第109页。
④ ［美］珍妮特·V. 登哈特、罗伯特·B. 登哈特：《新公共服务：服务，而不是掌舵》，第61页。
⑤ ［德］克劳斯·奥菲：《福利国家的矛盾》，第13—15页。

团借由厘清及表达公民们的需求，有助于形成一个可行的议程；他们协助监督政府的行动，直接对相关的官员作出回应，并且也向其他的官员抱怨；他们也是资讯来源的关键，而不只是提供欲求而已；而且他们也有助于建立有效的联盟。①

第四，个人对议程的有限选择。鲍曼指出，个人选择在任何情况下都受两套约束的限制。一套约束取决于选择议程，另一套约束取决于选择法则。政治国家的设立议程的传统功能，如今更狭隘地集中在对某些社会群体的"直接统治"上。至于其他民众有相当广泛的选择范围，他们的选择被宣称（明确或隐含地）在政治上"不起作用"，亦即政治当局根本不予关注。在形成选择的议程的时候，个体并没有更大的发言权，在对选择的法则进行谈判时，个体也没有更多的筹码。它不过是将个体从政治公民转变为市场消费者。②

第五，明确区分议程参与者的作用。豪利特和拉米什指出，一个政策子系统的成员是由宪法和法律的条文，以及所涉及参与者的权力和知识资源所决定的。主管政策领域的部长和官员们是所涉领域政策制定过程的主要政府参与者，立法人员则扮演了次要角色。他们的社会搭档主要选自利益群体和研究组织，而媒体只是在制定议程时参与进来。所有这些参与者都有着自己的通过政策制定过程寻求达成的目标。③

3. 政策议程的参与性要求

公民能否参与政策的议程设定，不少西方学者给出了肯定的答复，并提出了四条具体要求。

第一条要求是议程应留出公民考量的空间。桑德尔指出，主导性的政治议程不能仅仅关注经济增长与分配正义，留给公民考量的空间很小。主导的政治议程没有能力处理自治与共同体的销蚀，反映了暗含在我们公共生活中的贫乏的公民观与自由观。我们当前的困境让人重视共和主义的如下主张：即自由不能与自治及维护自治的德行分离开来，塑造性计划不能够彻底放弃。④

---

① ［美］林德布洛姆、伍德豪斯：《最新政策制定过程》，第 102 页。
② ［英］齐格蒙·鲍曼：《寻找政治》，第 63、65、69 页。
③ ［加］迈克尔·豪利特、［澳］M. 拉米什：《公共政策研究：政策循环与政策子系统》，第 136 页。
④ ［美］迈克尔·桑德尔：《民主的不满：美国在寻求一种公共哲学》，第 237、377—378 页。

第二条要求是在议程设置中应允许公民参与。巴伯指出，自治政府是通过一系列制度展开工作，这些制度的设计要促进对议程设置、审议、立法和政策执行的不间断的公民参与。[①] 夏皮罗也指出，民主不能简约成竞争，它常常还包括其他内容，如众人皆知的参与政治议程设置的权利和公共审议法令。[②]

第三条要求是议程设置中的平等参与。科恩指出，每一个具备协商能力的人被承认在协商过程中的每一个阶段都享有平等的地位。这就是说，每一个人都可以为议程提出议题，可以就议程上的议题提出解决方案，可以给出理由来支持或者批评所提出的解决方案，而每个人在决议中都拥有平等的发言权。[③]

第四条要求是应该注意新的议程参与方式。甘布尔指出，参与形式改变了，何者为公及其怎样实现也都发生了变化。如今，明显存在着威胁到公和公共空间观念的趋势；但是我们也要认识到新的参与形式和新的公共议程出现的方式。与信息革命密切相关的新技术正在开创公民未来参与的新途径，这种新途径将适应正在崛起的新型社会和社会交往。[④] 弗里德里克森也指出，未来的代表形式将有更多的公民和选民涉入其中，如此不但可以影响政策，也能够对部分公共议程加以调适。[⑤]

政策议程的开放性、分工性和参与性要求，是相辅相成的，因此需要特别注意这三类要求之间的密切关系，并以此为基础对政策议程设定提出综合性的要求。

（四）议案选择的民主标准

议案或者政策方案、政策提案、政策建议等如何选择，尤其是如何通过民主的程序来选择，西方学者提出了五类基本的标准。

1. 选择性标准

政策议案的选择性标准，强调的是应该有多种政策方案可供选择，而不是单一的方案。对于这样的标准，西方学者提出了三条要求。

---

① ［美］本杰明·巴伯：《强势民主》，第180—181页。
② ［美］夏皮罗：《政治的道德基础》，第239页。
③ ［美］乔舒亚·科恩：《民主与自由》，载《协商民主：挑战与反思》，第184—229页。
④ ［英］安德鲁·甘布尔：《政治和命运》，第93页。
⑤ ［美］弗里德里克森：《新公共行政学》，第66页。

第一，针对方案的选择权是基本选择权。彼得斯指出，根据"政策市场"的观点，能动的因素显得不足，政策选择不是由人所构成的机关而是由客观的力量在作出的。再者，政策市场所提供的选择权往往只限于某一方案的执行，而不是针对某一方案的提出，针对方案提出的选择权才是更为基本的选择权。①

第二，民众可以插入所偏好的方案。达尔指出，对已经确定的一套备选方案有所了解的任何成员，如果他至少认为有一项其他的备选方案比现在确定下来的任何备选方案都更可偏好，那么他能够在那些为投票所预定的不同备选方案中插入他所偏好的那种方案。②

第三，明确议案选择的基本原则。雅赛指出，自由主义的原则是，选择的意义在于选取不受另一选择方案支配的选择方案。严格的自由主义的基石是：个人能够选择，并且只有个人才能选择（"个人主义"原则）；个人能够为自己选择，为别人选择，或者既为自己也为别人选择（"政治"原则）；选择的意义在于选取所偏爱的选择方案（"无支配"原则）；承诺必须兑现（"契约"原则）；先来后到（"优先"原则）；所有权都是私有的（"排斥"原则）。③

2. 正当性标准

政策议案的正当性标准，强调的是政策方案或议案不仅是合理的、正义的，还是人们可以普遍接受的。这样的标准，可以细化为以下五条要求。

第一条是公共性要求。圣西门指出，每一个政治方案，每一种制度，要想完美无缺，必须满足下列两个条件：一是要有利于社会，即要给社会带来实际效益；二是要同社会现状协调，要正合时宜。④ 普芬道夫也指出，那些辅佐国家统治者商议国家大事的人必须密切关注国家的所有情况，他们应当巧妙地、如实地、公正地提出任何对国家有益的建议；他们考虑公共事务应当有别于考虑私人事务或者娱乐。⑤

第二条是避免伤害要求。彼得森指出，在制定政策建议的时候，首要

---

① ［美］盖伊·彼得斯：《政府未来的治理模式》，第55页。
② ［美］罗伯特·达尔：《民主理论的前言》，第94页。
③ ［英］雅赛：《重申自由主义——选择、契约、协议》，第75页。
④ 《圣西门选集》，第1卷，第216—217页。
⑤ ［德］萨缪尔·普芬道夫：《人和公民的义务》，第130页。

的规则就是努力做到避免造成伤害。①

第三条是可接受要求。艾丽丝·马里恩·扬指出，在就集体行动或公共政策进行公共讨论的过程中，如果人们只说他们要什么，而不诉诸正义和正当性时，他们就不会受到认真的对待。相反，他们必须声称自己提出的建议是正义的、有根据的、其他人可以接受的，以此来吸引他人的注意。②

第四条是现实性要求。哈耶克指出，在民主制度中，政治家的任务就在于发现何为大多数人的意见，而绝不是传播那些在将来的某个时候有可能成为多数意见的新观念。③

第五条是程序正义要求。罗尔斯指出，以四个阶段的序列来考虑正义原则的运用可能是有益的：一是设计一种正义程序。二是从正义的、可行的程序安排中推选出那种最能导致正义的、有效的立法的程序安排。三是从立法代表者的见解来评判各种议案，以这个视角来评价法律和政策的正义。四是法官和行政官员把制定的规范运用于具体案例，而公民们则普遍地遵循这些规范。④

3. 运作性标准

政策议案的运作性标准，强调的是如何使不同的政策建议、方案等进入政策过程，或者如何在众多方案中进行选择，需要注意的是四项要求。

第一项是有限性要求。马奇和西蒙指出，决策者不能同时关注所有目标，不能同时关注所有备选方案，不能同时关注备选方案的所有后果。既然不是所有事情都能关注，那么理解注意力分配的方式对理解决策就十分关键了。组织注意力理论建立在两个已被证明并有很大影响力和吸引力的理念之上。第一个理念是满意，即组织强调目标，并严格区分成功（实现目标）与失败（未实现目标），而不是成功或失败的程度。第二个理念是组织更关注没有达到其目标水平的行为，而不是那些促使其实现目标的行为。⑤ 维克斯也指出，做决策常见的路线是通过一种过程尽快使备选方

---

① ［美］保罗·彼得森：《联邦主义的代价》，第163页。
② ［美］艾丽丝·马里恩·扬：《交往与他者：超越协商民主》，载《民主与差异：挑战政治的边界》，第116—131页。
③ ［英］哈耶克：《自由秩序原理》，上册，第136—137页。
④ ［美］罗尔斯：《正义论》，第193—199页。
⑤ ［美］詹姆斯·马奇、赫伯特·西蒙：《组织》，前言，第19—20页。

案限定在可管理的数量上，然后围绕管理周期作出安排，直到发现一种解决办法而且通过检验被认定是"足够好的"为止。①

第二项是妥协性要求。韦伯指出，妥协通行于议会政治、党际关系之中，其表现形式是选举的妥协以及立法提案的妥协。妥协是在以下事实的压力下达成的：如果不妥协，随后的选举和投票将很有可能产生所有各方或多或少同样不愿看到的结果。议会的特殊功能在于，它使通过谈判与妥协达成（相对来说）"最佳"解决方案成为可能。②

第三项是可行性要求。西蒙指出，从某种重要意义上来说，一切决策都是折中的问题。最终选择的方案，只不过是在当时的情况下可以选择的最佳行动方案而已，不可能尽善尽美地实现各种目标。最终决策将取决于不同目标的相对权重和备选方案实现每个目标的程度。按照理性的要求，行为主体要在所有可行的备选行为中作出选择，而在真实情况下，主体只可能想到有限的几个可行方案而已（行为的可行性范围）。③

第四项是搁置性要求。马奇和西蒙指出，如果诱发的备选行动方案中有一个方案明显优于其他方案，或者优先诱发的备选方案好到足以被接受，那么简单的决策环境就形成了。在这些条件下，决策会被很快作出，而且无须对决策进行事先的评价。另外，如果没有哪个方案明显优于其他方案，或者最好的备选方案不是"足够好"，那么决策会推迟并需要适合的评价和合理化解释。④

4. 参与性标准

政策议案的参与性标准，强调的是公民如何参与政策议案或提出政策建议。托马斯倡导的"公共决策"，要求管理者同整合起来的公众探讨问题，管理者和公众试图在问题解决方案上取得共识。公共管理者必须对拟处理的政策问题的特点提出七个重要问题。（1）在任何决策中，管理者都明确决策的质量要求是什么吗？（2）我有充分的信息作出高质量的决策吗？（3）政策问题是否被结构化了，以致不再需要人们重新界定其他替代方案？（4）公众对决策的接受程度是否对决策的有效执行至关重要？如果没有参与，决策执行是可能的吗？决策者有相当把握来认定公民会接

---

① [英] 杰弗里·维克斯：《判断的艺术——政策制定研究》，第63—64页。
② [德] 马克斯·韦伯：《德国的选举权与民主》，载《韦伯政治著作选》，第84、106页。
③ [美] 赫伯特·A. 西蒙：《管理行为》，第5、83—84页。
④ [美] 詹姆斯·马奇、赫伯特·西蒙：《组织》，第101页。

受政策吗？（5）谁是相关的公众？公众是一个有组织的团体、多个有组织的团体、无组织的公众，还是这三种形式的混合体呢？（6）在解决决策问题时，相关公众能分享公共管理机构欲达成的决策目标吗？（7）在选择优先解决问题的方案时，公众内部可能会产生争议吗？对前四个问题的回答表明，公众不应该参与，因为政策质量问题处于支配地位。对后三个问题的回答，应使用界定相关公众的自上而下或自下而上的技术方法。在要求扩大公民参与的同时，必须认识到其中的局限性，因为过于广泛的撒网会使政策制定过程产生不必要的复杂化，参与决策的人应仅限于那些能够提供重要的信息或能够辅助决策执行的人。公共决策方法并不意味着公共管理者要将所有权力让渡给公众。事实上，他应该为公民参与的整个程序作出安排，在政策质量规定方面发挥权威作用，并对问题结构界定提供权威性的解释。不用说，公共管理者还应在有计划地吸引公民参与决策方案的讨论时发挥积极的作用。[①]

5. 限定性标准

政策议案的限定性标准，强调的是即便通过民主方式选择政策方案，也还是要面临一些限定性的条件，并可能需要一定的控制，由此应该注意六条重要的要求。

第一，官员提出议案的合理性。罗素指出，民主体制可以大大促进政府官员的进取心并使其大出风头，他们有权利——有时也有义务——形成自己的议案，并为自己的利益将之提交公众讨论。[②]

第二，智库是议案的重要来源。帕伦蒂指出，公共政策的主题与经济问题相关。顶层的经济精英人士经常聚在一起讨论天下大事：支持哪些候选人，追求什么样的国内国外政策，以便更好地保护他们共有的阶级利益。同样对美国决策层有深刻影响的还有各种各样的政策建议顾问团，其大多数成员都是过去的政界要人和现今的商业大贾。正因精英阶层不断向政坛输送中意的人才占据要职，使得政府往往不折不扣地执行这些机构的政策建议。[③]

第三，来自制度的约束作用。马奇和奥尔森指出，现代制度的主要作

---

① ［美］约翰·克莱顿·托马斯：《公共决策中的公民参与》，第28、47、58—60页。
② ［英］伯特兰·罗素：《政治与自由》，第161页。
③ ［美］迈克尔·帕伦蒂：《少数人的民主》，第3、180、182页。

用就是以规则约束下的行为替代个人自发的行为。通过规范参与者、政策问题、解决方案的选择机会,有助于减少因开放结构和垃圾桶过程而导致的不确定性。①

第四,无可避免的独裁。希尼克和芒格指出,如果所有公民的偏好都得到同样的考虑,则没有任何确定的方法可以选择一张具有传递性的表格。阿罗悖论强调唯一能够确保传递性的集体选择机制是独裁。如果我们在社会现存的规则中坚持非独裁和帕累托标准,那么只有三个可能的选择:允许非传递性的决策规则;允许无关的备选方案影响其他备选方案成对比较的规则;允许对于被接受的偏好集合加以限制(亦即违反普遍域)。独裁有可能永远伴随我们,因为没有秩序的自由可能比没有自由的秩序更糟糕。②

第五,知识要求。戴维·杜鲁门指出,政治家需要的知识分为两类:界定政策问题的技术知识;平衡不同要求的政治知识以及关于决策替代方案的后果的政治性知识。③ 西蒙也指出,知识在决策制定过程中的作用,就是确定哪些备选方案会产生哪些结果。④

第六,信息要求。阿普特指出,决策者要求获得关于维护或扩大对政府支持的信息,一旦获得这些信息,决策者期望自己的政治方案能够获得民众的支持。⑤ 托马斯也指出,由于公民或公民团体的参与为决策带来了更多的有效信息,这使得决策质量有望提高,公民提供的信息可以避免决策因建议不当而造成的失误。⑥

上述政策议案的选择性、正当性、动作性、参与性、限定性五类标准,针对的都是有限理性的决策过程,不适用于完全理性的决策过程,这一点是需要特别注意的。

(五) 政策决定和政策输出

如何形成政策决定并输出执行命令,也涉及一定的程序安排,需要分

---

① [美]詹姆斯·马奇、[挪威]约翰·P. 奥尔森:《重新发现制度:政治的组织基础》,第20页。
② [美]梅尔文·希尼克、迈克尔·芒格:《解析政治学》,第108、116、133—134页。
③ [美]戴维·杜鲁门:《政治过程——政治利益与公共舆论》,第362页。
④ [美]赫伯特·A. 西蒙:《管理行为》,第70页。
⑤ [美]戴维·阿普特:《现代化的政治》,第292页。
⑥ [美]约翰·克莱顿·托马斯:《公共决策中的公民参与》,第49、115—116页。

别作出说明。

1. 政策决定的民主标准

要民主地作出政策决定，按照西方学者的解释，需要注意六方面的标准。

第一，"排除性"标准。潘恩指出，政策的决定，尤其是对政策方案的表决，需要预设一些"排除性"的要求，即指定什么样的情况不适用于表决。应该被排除的，或者是表决者的不当身份，如潘恩所言，如果投票赞成经费拨付的人就是投票后接受经费的人，同时又负责向那些投赞成票的人说明经费的用途，那就等于自己向自己负责。① 或者是不适于用"票决"方式决定的政策，如马歇尔、吉登斯等人所言，福利决策在本质上是利他性的，它们并不是个人主义偏好的结合物，也不是假想的多数人表决的产物。② 哈耶克也明确指出，民主至少在两个方面几乎始终存在着扩展的可能性：（1）有权投票的人的范围；（2）由民主程序决定问题的范围。但是，恰恰是在这两个方面，我们不能简单地认为对民主所做的任何可能的扩展都会对人类有利，也不能认定民主原则本身就要求其范围应得到无限地扩展。③

第二，"指向性"标准。政策决定的指向应该非常明确，就是只对单一议题进行表决，如西塞罗所言，每次只应将一个问题交给人民表决，给予公民个人和官吏发言的机会。④ 罗素也指出，一项措施尽管值得称道，但对政治家而言，只有他认为其理由能在演讲时说服一般大众时，这项措施才是有用的。因此，政治家们要重点提出某项措施，就必须使之符合两个条件：一是必须得到国内相当一部分人的赞同；二是有关它们的争论必须非常单一。⑤

第三，"多数决"标准。以表决方式作出政策决定，通常遵循的是"多数决定"原则，如达尔所言，如果公民不同意某些政策，应当以谁的观点为主呢？在民主制度中，标准答案是，决定必须遵从大多数公民的意志。或者在代议制度中，应当遵从立法机关大多数代表的意见。多数统治

---

① ［美］潘恩：《人权论》，第 152 页。
② ［英］马歇尔、吉登斯：《公民身份与社会阶级》，第 110—116、127 页。
③ ［英］哈耶克：《自由秩序原理》，上册，第 127—129 页。
④ ［古罗马］西塞罗：《法律篇》，第 247 页。
⑤ ［英］伯特兰·罗素：《政治与自由》，第 151 页。

原则只有作为获得政治平等的手段才是正当的。多数规则尽管有缺陷，但是可以证明的是四种优势：一是自决的最大化；二是合理要求的必然结果；三是更可能产生正确的决策；四是效用最大化。① 在"多数决定"的形态下，也需要明确采用的是"简单多数"标准还是"巨大多数"标准，如霍布豪斯所言，要证明任何一项重要的新政策是正当的，必须有一样不止是勉强多数的东西，必须要么有巨大的多数，三分之二或四分之三的选民。②

第四，"一致同意"标准。有些特别重大的政策决定，需要的是"一致同意"而不是"多数决"，如弗里德曼所言，少数服从多数的办法是个权宜之计，而本身不是一个基本原则。假使事情很少有重要性，而少数人遭受否决又不会引起强烈反应，那么，仅过半数就可以通过。另一方面，假使少数人对牵涉的问题具有强烈的感觉，那么，明确的多数票也无济于事。专门的法律制度中充满了不同问题要求不同程度的多数的事例。重要的原则问题的接受要求类似基本上一致通过的办法，而对这些原则的改变，我们也同样要求类似基本上一致通过的办法。③ 布伦南和布坎南也指出，随着决策团体的规模从选民的一半降至公民中的一小部分，任何统一性限制的严厉程度也会随之下降。提议对现行规则进行变革，至少从理论上有可能得到"一致同意"。批评家们也许会马上指出，"一致同意"散发着荒诞乌托邦的味道。但是我们认为，这种批评等于把讨论推到了错误的道路上。维克塞尔——帕累托标准是一个标尺（维克塞尔从他的理想化的全体一致同意转向符合标准的多数程序，即符合标准的多数批准，至少要得到六分之五的批准；参与70年代讨论的一些人曾提出宪政要求，要有五分之三或三分之二的多数批准立法机构的支出法案），有关建设性的宪政改革的分析和讨论必须以它作为标准。④

第五，"公民表决"标准。有的政策方案，可能需要以"全民公决"

---

① ［美］罗伯特·达尔：《论政治平等》，第9—10页；《民主及其批评者》，第183—192页。
② ［英］霍布豪斯：《自由主义》，第122—124页。
③ ［美］米尔顿·弗里德曼：《资本主义与自由》，第28—29页。
④ ［澳］布伦南、［美］布坎南：《征税权——财政宪法的分析基础》第236页；《规则的理由——宪政的政治经济学》，第31、154—155页。

的方式作出最后决定，但是对"全民公决"需要有一定的限制，如霍布豪斯所言，有许多议案是不适宜进行公民表决的。财政议案绝对不适宜进行全民公决。财政控制和行政控制是并驾齐驱的，使其中哪一项脱离下院多数掌握，这不是改革我们的制度，而是把制度彻底毁掉。公民表决要奏效，只能是关于第一流的议案，而且只有在极其难得的情况下才能向公民请教。超越政党的一般界限，我们的制度无法应付的议案，直接付诸人民就是最恰当的解决方法。①

第六，"开放性"标准。彭茨指出，开放性体现在公平的决策过程当中：在该作出决策的地方就作出决策。与会人员的选择，议事日程，演讲，表决程序，骗局和压力不能操纵和摆布决策机构。开放性体现在透明度上：决策机构以透明方式经过选举产生，根据可能性公开举行会议，作出可靠的会议纪要。开放性保障公民有机会获取信息和参与决定：谁将自由置于一系列价值的最高位置，他就必须优先致力于建立公开的信息和决策程序。②

2. 政策决议的基本特征

为政策形成的决议，既可能是政策文件，也可能是法规文件。文件形式、规格可能有所不同，但政策决议本身，可能具有一些相同的基本特征。

一是公共性特征。达格指出，因为政治是公众的事务，因此需要公开的辩论和决定，这反过来又需要有正式的、确定的程序——也即关于何人可以发言，何时可以发言，如何达成决定等等的规则。政治决定因而必须采取正式颁布的规则或法令的形式，以指导公众成员的行为。对于公共性的坚持强调，必然导致对法治的要求。③古特曼和汤普森也指出，公民和官员为了证明各种政治行动的正当性而给出的各种理由，和评价这些理由所必需的信息，都应该公之于众。具体来讲，它鼓励官员为他们的决定和政策作出解释，并且鼓励他们回应公民对那些解释提出的挑战。公共性的主要贡献并不是使政治变得具有公益精神，而只是把政治公开以便公民能

---

① [英]霍布豪斯：《自由主义》，第124—125页。
② [德]埃伯哈德·彭茨：《政治与人类尊严——德国自由主义者的解决途径》，第85—86页。
③ [美]里查德·达格：《共和主义公民权》，载《公民权研究手册》，第196—214页。

够一起决定他们需要何种政治。① 钱伯斯则强调，一个合法的政治秩序对于所有那些生活于其法律之下的人都是正当的。因此，责任主要应该从对某事物"给予解释"方面来理解，既公开阐明、解释公共政策，最重要的是证明其合理性。②

二是问题导向特征。弗里德曼指出，我们的分析的目的不是替社会来决定这些问题，而是澄清在作出决定时所涉及的问题，特别是作出的决定是否能以社会的而不是个人的利益为基础。③ 诺斯等人也指出，从某种程度上说，决定在某个社会中是否出现共识性政治秩序的主要因素是政治领导者是否掌握了集中解决一致问题的方案。这一方案必须具有以下特点：（1）它必须就调控政治决策、公民权利和对政府的限制等方面的法规达成详细的协议；（2）该协议必须说明相关的战斗策略，以告诉公民何时该反抗那些试图侵犯协议中明确说明条款的政治官员；（3）当占主导的政治团体能够对其他团体施加影响时，共享信念体系和共识很少形成，因此，该协议必须在各对抗的精英中达成妥协。④

三是关联性特征。霍布豪斯指出，政府是一个关联着的整体，一项决议在诸多方面会牵涉到其他决议，这种复杂关系即使是专家和居于事务中心的人员也不能预见。⑤

四是理性化特征。诺齐克指出，理性决策原则不一定是预期效用最大化原则，按照决策值最大化原则，最大化决策值是因果预期效用、证据预期效用和象征预期效用的加权总和。⑥

五是非中立性特征。帕伦蒂指出，政策决定极少会是中立的。它们通常都会有益于一些利益群体而不是另一些利益群体，涉及极少会在所有群体或阶层之间平等分配的社会成本。编写预算、通过法案、当局计划纲要，都是政策决策，而所有的决策都不可能在中立的情感下去执行。⑦

六是奖励失败特征。奥斯本和盖布勒指出，大多数的决策者在通常的

---

① ［美］阿米·古特曼、丹尼斯·汤普森：《民主与分歧》，第125、137页。
② ［加］西蒙·钱伯斯：《协商民主理论》，载《协商民主与政治发展》，第83—107页。
③ ［美］米尔顿·弗里德曼：《资本主义与自由》，第97页。
④ ［美］道格拉斯·诺斯、威廉·萨默希尔、巴里·韦恩加斯特：《秩序、无序和经济变化：拉美对北美》，载《繁荣的治理之道》，第18—63页。
⑤ ［英］霍布豪斯：《社会正义要素》，第149页。
⑥ ［美］诺齐克：《苏格拉底的困惑》，第226页。
⑦ ［美］迈克尔·帕伦蒂：《少数人的民主》，第2页。

政治程序中，从来不花费很多的时间去讨论希望花钱得到怎样的效果。绝大多数的议员和行政长官不知道他们资助的哪些计划成功，哪些失败。奖励成功或许是一种常识，但看重常识并没有使奖励成功得到普遍实行，我们通常奖励失败。①

政策决议的这些特征，既有积极的一面（如公共性、问题导向、关联性、理性化等特征），也有消极的一面（如非中立性、奖励失败等特征）。由此所表明的是即便倡导程序化的民主决策，其结果也未必尽如人意，不一定能够达到民主所秉持的全部标准。

3. 专家决策的限度

对于专家参与决策，甚或真正意义的"专家决策"，西方学者既有正面看法，也有负面看法。

对专家参与决策持正面看法的学者，主要强调的是以下三条理由。（1）民众对专家的信任。罗伯特·沃尔夫指出，很少有政治理论家确实真心诚意地相信民主，大多数公共事务评论者都宁愿信任由职业政治家与政策专家组成的精英阶层。②（2）专家的政策参与具有重要作用。李普曼指出，只要没有一个独立的专家组织为那些必须进行决策的人物挑明种种无形的事实，代议制政府就不可能成功地运转。③（3）知识分子具有独立性的政策作用。萨义德指出，重要的是知识分子作为代表性的人物，在公开场合代表某种立场，不畏各种艰难险阻地向他的公众作清楚有力的表述。这并不总是要成为政府政策的批评者，而是要把知识分子的职责想成是时时维持着警觉状态，永远不让似是而非的事物或者约定俗成的观念带着走。严格说来知识分子不是公务员或雇员，不应完全听命于政府、集团，甚或志同道合的专业人士所组成的行会的政策目标。④

对专家参与决策持负面看法的学者，主要强调的是以下四条理由。（1）专家本身的局限性。罗素指出，专家也不可避免地带有某些缺点：一是他往往会过高估计本部门的重要性；二是喜欢在幕后说服众人；三是他并不能辨别群众的情感，他常常很好地理解某个委员会的意见，但很少

---

① ［美］戴维·奥斯本、特德·盖布勒：《改革政府：企业家精神如何改革着公共部门》，第101—105页。
② ［美］罗伯特·沃尔夫：《为无政府主义申辩》，"1998年版前言"，第19页。
③ ［美］沃特尔·李普曼：《民意》，第37页。
④ ［美］爱德华·萨义德：《知识分子论》，第17、26、75页。

知道普通大众的想法；四是他们往往低估了赞成行政措施的重要性和忽视实施不受欢迎的法律的困难。几乎没有什么专家会经常考虑到大众的懒惰和对政治的冷漠。①（2）专家参与谎言。阿伦特指出，问题解决专家被认为是充满自信的人，他们显然不同于普通的形象制造者，他们还是解决问题的人。专家值得尊敬的道德品格显然不能阻止他们多年来参与欺骗和谎言游戏。各种智库使问题解决专家对生活事实一无所知。问题解决专家显然没有犯意识形态的错，他们相信方法而非"世界观"②。（3）专家不能带来明智的政策。悉尼·胡克指出，对事实的知识来说也许有专家，对政策的明智来说却没有专家。政策的明智取决于我们对利益的认识。③（4）可怀疑的专家角色。奥菲指出，科学家对决策过程的介入，是为这种超议会的决策制定模式提供某些合法性和可接受性的熟悉方法。这种情况尽管可部分归因于问题的复杂性和决策者对专家意见的依赖，但以下问题依然悬而未决：上述顾虑难道就是科学家必须参与这种新合作主义利益调解模式的唯一理由吗？还是另外还履行了抵制"非专家"提出其潜在要求的功能呢？因为一旦某一问题被制度性地界定为需要科学的意见和专门的知识，合法参与者的范围也就被极大地缩小了。④

对专家参与决策提出一些要求或者限定性的条件，可能更有利于民主决策。归纳西方学者的看法，主要有以下七种要求。

第一种要求是专家不确定政治目标。韦伯指出，确定政治目标并非一项专家的事务，政策也不应决定于纯粹的专业官员。⑤

第二种要求是专家不应决定政策。达尔指出，把某些次要的决定权力交给专家，与把重大决定的最终控制权交给专家，不可同日而语。专家有资格做你的代理人，并不意味着他们有资格做你的主人。公共政策往往是那么复杂（而且可能会逐渐越变越复杂），以至政府如果没有知识渊博的专家的帮助，肯定不能作出满意的决定。怎样才能最好地满足民主的标准，把政治平等维持在一个令人满意的程度，而同时，制定决策的人又借

---

① ［英］伯特兰·罗素：《政治与自由》，第152—154页。
② ［美］汉娜·阿伦特：《共和的危机》，第8—9、24、31页。
③ ［美］悉尼·胡克：《理性、社会神话和民主》，第254、258—259页。
④ ［德］克劳斯·奥菲：《福利国家的矛盾》，第33—34页。
⑤ ［德］马克斯·韦伯：《新政治秩序下的德国议会与政府》，载《韦伯政治著作选》，第147页。

第十一章　程序化的政策民主　613

重专家以及他们的知识，这是一个非常重要的问题，一个民主政府的拥护者如果看不到这个问题是愚蠢的。①

第三种要求是专家应保持独立的取向。涂尔干指出，让知识分子在议会的争辩中站出来，是件很有益的事情。他们的修养不仅能够使他们去思考那些人们无法忽视的各种信息要素，而且，他们比所有人都适合于在公共权力面前捍卫艺术和科学的利益。不过，即使需要做到这一点，议会中的知识分子也不必很多。而且，除了几个非同凡响、才华横溢的天才以外，我们也感到很为难，知识分子在当了代表和议员后，是否能够同时保留他们原来作为作家或学者的身份，因为这两类职能具有精神和意志截然不同的取向。②

第四种要求是专家应听取民众意见。悉尼·胡克指出，最明智的政策，在民众的漠不关心或敌意面前也是不可能成功的。即使是那些认为必须由职业上明智的人们或专家们来实行统治的人，要是排斥他们所统治的人们的意见，也得冒自己覆灭的危险。③

第五种要求是专家应扮演"业余者"角色。萨义德指出，专家知识分子既不该是没有争议的、安全的角色，以致只是成为友善的技术人员；也不该试着成为专职的先知。今天的知识分子应该是个业余者。（1）业余意味着选择公共空间。（2）不能因为知识分子的专业资格，把自己排除于公共政策之外。（3）没有人能对所有议题一直不断发言，但是知识分子有特别的责任要向自己所处社会构成的和被授权的权势发言，因为这些权势必须向该社会的公民交代。在我们这样高度掌理的大众社会中，说真话的目标主要是规划一个更好的事物状态。对权势说真话是小心衡量不同的选择，择取正确的方式，然后明智地代表它，使其能实现最大的善并导致正确的改变。（4）最该指责的是知识分子的逃避，所谓逃避就是不愿意显得过分政治化，害怕看来具有争议性，需要老板或权威的允许。（5）在介入的模式上，知识分子并不是登上高山或讲坛，然后从高处慷慨陈词；知识分子显然是要在最能被听到的地方发表自己的意见，而且要

---

① ［美］罗伯特·达尔：《论民主》，第78—80、86页；《民主及其批评者》，第85—87页。
② ［法］爱弥尔·涂尔干：《乱伦禁忌及其起源》，第164—165页。
③ ［美］悉尼·胡克：《理性、社会神话和民主》，第253—254页。

能影响正在进行的实际过程。①

第六种要求是专家应扮演"说服者"角色。林德布洛姆和伍德豪斯指出,政策专家的角色,并不在于保持中立,而是要有具思想而负责任的党派意识;不在于企图对原本未知的未来提出正确的预言,而是在刺激政策参与,以构建出足以对抗不确定性的政策能力,这包括了:说服他人如何为了避免无法接受的错误,而采取谨慎的措施,如何建立弹性,以及由经验中累积学习;并非接受现有的政治经济体系和决策过程,而是对其立论根据加以挑战;不单独对政治精英进行分析,而是了解到改善一般人的思维方式可能是人类最好的希望。②

第七种要求是专家应与决策者建立互动关系。马奇和奥尔森指出,纯粹的专家从事研究,纯粹的政客热衷选票。把忽视政治过程和政治天真区别开来,对于专家来说是很重要的。我们也许会要求专家不能忽视政治过程,要求他们理解政治过程,认识到实践良好公共政策时政治过程的重要性。同时,我们又要求专家保持政治上的天真,尽量不把政治目的作为考量。当专家试图做到政治明智时,是牺牲了智慧,得到了圆滑。有政治野心的专家在政治圈中受到信任的机会是很小的。从社会和专业的立场来看,成功不见得比失败好。如果一个专家在政治活动中"不幸"取得成功,就会逐渐认为自己的作用不仅是做智囊,而且要对政策产生直接影响。地位改变之后,就会逐渐降低对专家建言的质量要求,这不仅会侵蚀专家个人的信誉,也会侵蚀专家咨询制度的信誉。决策者信任那些在专业领域有声望的人士。决策者信任那些价值立场和自己相接近、通常不会误导自己的智囊。智囊没有政治野心,不是先揣摩决策者对其所提建议的态度、决策者的意图或者其他人的态度才提建议。决策者信任那些将政治考虑留给他们的智囊,这样的智囊不寻求影响力,也不寻求殉道名声。③ 李普曼也指出,专家的力量靠的是与决策者保持距离,而不是亲自操心会有什么样的政策产生,掺和决策的人很快就会失去信任,他会越来越片面地看问题。他会利用一种新的环境去面对那些运用物质力量的人,操纵他们的观念和情感,改变他们的立场,以这种最深刻的方式去影响决策。专家

---

① [美] 爱德华·萨义德:《知识分子论》,第 60—62、71—76、83—86 页。
② [美] 林德布洛姆、伍德豪斯:《最新政策制定过程》,第 175 页。
③ [美] 詹姆斯·马奇、[挪威] 约翰·P. 奥尔森:《重新发现制度:政治的组织基础》,第 29—31 页。

因为任由别人决策,所以徒劳无功,这种看法完全不合经验。进入决策的因素越微妙,专家就越能产生影响而不必为此负责任。但专家仍然是人,他们也会喜欢权力,他们会把自己视为审查官,从而摄取真正的决策功能。除非对其职责作出正确定义,否则他们就会对他们认为适当的事实进行裁决,把他们所赞成的决定传递出去,简言之,他们会变成一群官僚。①

4. 政策输出的基本要求

对于政策的输出,需要注意的也是伊斯顿的论点,他所强调的,是政治输出的结果表现为当局的决策和活动。② 当局所产生的输出包括约束性的决策、实施这种决策的行为以及某些相关行为。权威输出和相关输出两者都将典型地采取两种形式:言语陈述和执行,由此可以区分输出的四种基本类型。(1)权威性陈述。权威性陈述是权威性分配采取用言语表示那些引导执行任务的约束性规则的形式。从当局的角度看,它们是关于应当或将要采取某种行动的决策。在一个法定系统中,它们表现为法律、正式立法、规章或行政和司法决策。(2)权威性执行。单就有关将做什么或应当做什么的约束性决策可能是不够的,成员也寻求必备的实际利益或服务,或者当局希望将产生权威性决策所要求的利益和服务。执行可能采取强迫他人做某事的方式。价值的分配就是直接执行言语陈述所想要实现的行动。执行由根据存在于努力去执行正式决议之时的环境而采取的行动组成。执行代表结果,以别于价值的正式分配。执行将采用两种形式,在一种形式中,将提供某些可见的目标或设施;在另一种形式中,将提供某些不可见的服务。(3)相关性陈述。相关性陈述有助于解释或者说明权威性陈述或行动。当局将利用意识形态的陈述去解释、辩护和说明权威性输出,以赢得成员对输出的特定支持。相关性陈述也可能表现为政策。我们习惯于从两种意义上去思考政策。在一种意义上,我们指被当局接纳为行为指导的决策规则,政策仅是一个关于一种权威性言语输出的术语。这个术语也在第二种更广泛的意义上被用于描述当局那些更为一般性的目标,任何特定的约束性输出,可能都是对此的部分表达;通过揭示当局的意图,它们有助于解释权威性输出的含义和方向。(4)相关性执行。相

---

① [美]沃特尔·李普曼:《民意》,第347—349页。
② [美]戴维·伊斯顿:《政治生活中的系统分析》,第32—33页。

关性执行采取与权威行动有关的可见利益和不可见服务的形式，不过它们本身没有任何约束性的性质。①

阿尔蒙德则强调输出包括了四种由政治体系所引起的交往，这些交往通常是与顺从者支持密切相关的。（1）提取。所有的政治体系都从其环境中提取资源，尤其是从其成员中提取。（2）分配。政府不仅索取——它还给予，这就是我们所谓的分配。（3）管制。管制是对社会中的个体和群体行为实施政治控制。在对人类行为的管制上，各政治体系由于以下四个方面的不同而所不同：一是被管制行动的数量和类型；二是受管制的集团；三是在执行管制的程序上的限制；四是用来强迫人们服从的制裁的类型和严厉程度。（4）象征。政治领导人以象征作为沟通形式，包括确立价值观、展示政治象征、阐明各种政策的意图。这种象征输出是为了增强政治体系在其他方面的实际作为，也就是要让人民更乐意和诚实地缴纳税款，更忠诚地服从法律，或承受牺牲、危险和困苦。②

西方学者以民主决策的要求作为起点，强调议题选择、议程设定、议案选择、政策决定的程序性规定，大体是按照由输入到输出的"决策系统"要求，对决策过程加以规范。这些规范主要阐述的是理论方面的要求，在技术层面还有一些特殊的要求，如基于量化的各种决策模型等，则不是本书重点考虑的内容，因此较少提及。

（六）社会主义国家的民主决策标准

马克思主义经典作家根据无产阶级政权和社会主义国家的实践，尤其是在无产阶级政党主导决策的政策范式中，如何做到民主决策，提出了七方面的要求。

1. 决策者的民主作风

马克思主义经典作家对于负有决策职责的无产阶级政党的领导人以及各级领导，重点强调的是民主作风而不是个人决定的作风，并提出了以下要求。

第一，不同他人商量的人不能代表党。马克思指出："我们党内应当在两者之中择其一：要么任何人不同别人商量，均不得代表党讲话；要么

---

① ［美］戴维·伊斯顿：《政治生活中的系统分析》，第419—433页。
② ［美］阿尔蒙德等：《比较政治学——体系、过程和政策》，第12、300页。

每个人都有权发表自己的意见，而不管其他人。然而，最好是不采取后一种方法，因为在人数这样少的党内进行公开辩论（而应当希望党通过它的努力来弥补其数量上的不足）在任何情况下都是不利的。"①

第二，反对"领袖专政"。斯大林指出："从列宁主义的观点来看，那些把党'专政'因而也就是把'领袖专政'和无产阶级专政看做一个东西的同志是不对的。……'党专政'这个公式会在我们的实际工作中造成许多危险和政治缺点。（甲）向非党群众示意，千万别辩驳呀，千万别辩论呀，因为党是无所不能的，因为我们这里是党专政。（乙）向党员干部示意，干得大胆些吧，压制得厉害些吧，不倾听非党群众的呼声也是可以的，因为我们这里是党专政。（丙）向党的上层示意，大可以自满自足了，甚至可以骄傲自大了，因为我们这里是党专政，因而'也就是'领袖专政。"②

第三，反对"个人独裁"。毛泽东指出："许多同志口里赞成集体领导，实际上十分爱好个人独裁，好像不独裁就不像一个领导者的样子。当一个领导者不一定要独裁。资产阶级有个资产阶级民主，它讲究阶级独裁。无产阶级、共产党也要搞阶级独裁，如果搞个人独裁，那就不好。有事情总是应当跟人家商量一下，在一个集体中间通过，集中多数人的智慧，这比较好。"③

第四，反对"个人决定"。斯大林指出："个人的决定总是或是几乎总是片面的。在任何委员会里，在任何集体中，都有发表值得重视的意见的人。在任何委员会里，在集体中，也都有发表不正确的意见的人。根据三次革命的经验，我们知道一百个没有经过集体审查和修改的个人决定中，大约有九十个是片面的。……每个人都有可能改正任何人的个人意见和建议。每个人都有可能提供自己的经验。如果不这样，如果由个人来做决定，那么我们在工作中就会犯极严重的错误。"④ 毛泽东也指出："各级党委是执行集中领导的机关。但是，党委的领导，是集体领导，不是第一

---

① 《马克思致斐·拉萨尔（1859年11月22日）》，《马克思恩格斯全集》，第29卷，第616页。
② 斯大林：《论列宁主义的几个问题》，《斯大林全集》，第8卷，第58—59页。
③ 毛泽东：《农业合作化的全面规划和加强领导问题》，《毛泽东文集》，第6卷，第479页。
④ 斯大林：《和德国作家艾米尔·路德维希的谈话》，《斯大林全集》，第13卷，第95—96页。

书记个人独断。在党委会内部只应当实行民主集中制。第一书记同其他书记和委员之间的关系是少数服从多数。拿中央常委或者政治局来说，常常有这样的事情，我讲的话，不管是对的还是不对的，只要大家不赞成，我就得服从他们的意见，因为他们是多数。听说现在有一些省委、地委、县委，有这样的情况：一切事情，第一书记一个人说了就算数。这是很错误的。哪有一个人说了就算数的道理呢。"①

第五，反对"家长制"作风。毛泽东指出："家长制的定义是：只有个人的命令，没有集体的讨论，只有上级委派，没有群众选举。"② 邓小平也指出："革命队伍内的家长制作风，除了使个人高度集权以外，还使个人凌驾于组织之上，组织成为个人的工具。""不少地方和单位，都有家长式的人物，他们的权力不受限制，别人都要唯命是从，甚至形成对他们的人身依附关系。……不彻底消灭这种家长制作风，就根本谈不上什么党内民主，什么社会主义民主。"③

第六，个人少用"指示"。毛泽东指出："少用'指示'字眼。注意，'教导''指示'这类字面，用于个人，很不好，缺乏民主气氛，使人看了不顺眼，以后不可再用。"④

第七，不能把政策希望寄托在一两个人身上。邓小平指出："一个国家的命运建立在一两个人的声望上面，是很不健康的，是很危险的。不出事没问题，一出事就不可收拾。"⑤

第八，领导威信靠的是民主作风。邓小平指出："我们党的各级领导同志，特别是主要领导人，威信建立在什么地方呢？建立在思想、工作、言论的正确上，建立在民主作风上，建立在批评和自我批评的作风上。领导人不可能什么事都做得百分之百的正确，不可能一点缺点、错误也没有。问题在于对自己的缺点和错误，有没有自我批评的精神，让不让别人批评，听了正确的批评能不能接受和照办。有错误，自己讲，而且讲够，又能倾听别人批评的意见，这就有了主动，就可以使大家心情舒畅。这样

---

① 毛泽东：《在扩大的中央工作会议上的讲话》，《建国以来毛泽东文稿》，第 10 册，第 22 页。
② 毛泽东：《给林彪的信》，《毛泽东文集》，第 1 卷，第 73 页。
③ 邓小平：《党和国家领导制度的改革》，《邓小平文选》，第 2 卷，第 329、331 页。
④ 毛泽东：《对中共中央关于一九五九年国民经济计划的决议草稿的批语和修改》，《建国以来毛泽东文稿》，第 7 册，第 621 页。
⑤ 邓小平：《第三代领导集体的当务之急》，《邓小平文选》，第 3 卷，第 311 页。

做绝不会损害自己的威信,只会提高自己的威信。"①

2. 集体领导的决策机制

马克思主义经典作家强调"集体领导"是一种必不可少的民主决策机制,并为这种机制确立了五条重要的标准。

第一条是党的原则标准。毛泽东指出:"集体领导是我们这一类型的党组织的最高原则,它能防止分散主义,它能防止党内野心家的非法活动,因此必须特别强调和认真实行党组织的集体领导制度,而绝不可以不适当地过分地去强调任何个人的英雄作用,决不可以使共产党员由满腔热情地勤勤恳恳地为人民服务的高贵品质堕落到资产阶级的卑鄙的个人主义。"② 邓小平也指出:"列宁主义要求党在一切重大的问题上,由适当的集体而不由个人作出决定。……很明显,个人决定重大问题,是同共产主义政党的建党原则相违背的,是必然要犯错误的,只有联系群众的集体领导,才符合于党的民主集中制原则,才便于尽量减少犯错误的机会。"③

第二条是党的传统标准。邓小平指出:"在我们党内,从长时期以来,由党的集体而不由个人决定重大的问题,已经形成一个传统。违背集体领导原则的现象虽然在党内经常发生,但是这种现象一经发现,就受到党中央的批判和纠正。"④

第三条是集体讨论标准。列宁指出:"苏维埃机关的管理工作问题一概通过集体讨论来决定,同时应当极其明确地规定每个担任公职的人对执行一定的具体任务和实际工作所担负的责任。"⑤ 毛泽东也指出:"只要是大事,就得集体讨论,认真地听取不同的意见,认真地对于复杂的情况和不同的意见加以分析。要想到事情的几种可能性,估计情况的几个方面,好的和坏的,顺利的和困难的,可能办到的和不可能办到的。尽可能地慎重一些,周到一些。"⑥ 邓小平也强调:"重大问题一定要由集体讨论和决定。决定时,要严格实行少数服从多数,一人一票,每个书记只有一票的

---

① 邓小平:《在扩大的中央工作会议上的讲话》,《邓小平文选》,第1卷,第309页。

② 毛泽东:《对过渡时期总路线宣传提纲的批语和修改》,《建国以来毛泽东文稿》,第4册,第407页。

③ 邓小平:《关于修改党的章程的报告》,《邓小平文选》,第1卷,第229页。

④ 邓小平:《关于修改党的章程的报告》,《邓小平文选》,第1卷,第229页。

⑤ 列宁:《关于苏维埃机关管理工作的规定草稿》,《列宁全集》,第35卷,第359—360页。

⑥ 毛泽东:《在扩大的中央工作会议上的讲话》,《建国以来毛泽东文稿》,第10册,第22页。

权利，不能由第一书记说了算。"①

第四条是反对形式主义标准。邓小平指出："党的集体领导的制度，在实践中还是有许多缺点。有少数党组织的负责人，仍然有个人包办的行为。这些负责人，或者很少召集必要的正式的会议，或者往往也召集党组织的会议，但是，这些会议只是形式主义的。他们既没有使会议的参加者对于所要决定的问题，在会议以前具有思想上的准备，在会议上，又没有造成便于展开讨论的气氛，实际上形成强迫通过。这种以集体领导的外表掩盖个人专断的实质的办法，必须坚决加以反对。"②

第五条是实事求是标准。邓小平指出："我们开会，做报告，作决议，以及做任何工作，都为的是解决问题。我们说的做的究竟能不能解决问题，问题解决得是不是正确，关键在于我们是否能够理论联系实际，是否善于总结经验，针对客观现实，采取实事求是的态度，一切从实际出发。我们只有这样做了，才有可能正确地或者比较正确地解决问题，而这样地解决问题，究竟是否正确或者完全正确，还需要今后的实践来检验。如果我们不这样做，那我们就一定什么问题也不可能解决，或者不可能正确地解决。"③

3. 会议决策的民主途径

体现"集体领导"的决策方式或决策途径，是负有决策使命的会议，马克思主义经典作家对"会议决策"提出了一些具体要求。

一是政治局会议是核心决策机制。列宁指出："我们党每年召开一次代表大会（最近一次代表大会，每1000个党员选代表1人参加），由大会选出19人组成中央委员会领导全党，而且在莫斯科主持日常工作的则是更小的集体，即由中央全会选出的所谓'组织局'和'政治局'，各由5名中央委员组成。这样一来，就成为最地道的'寡头政治'了。我们共和国的任何一个国家机关没有党中央的指示，都不得决定任何一个重大的政治问题或组织问题。"④ 毛泽东也指出："大政方针在政治局，具体部署在书记处。只有一个'政治设计院'，没有两个'政治设计院'。大政方针和具体部署，都是一元化，党政不分。具体执行和细节决策属政府机构

---

① 邓小平：《党和国家领导制度的改革》，《邓小平文选》，第2卷，第341页。
② 邓小平：《关于修改党的章程的报告》，《邓小平文选》，第1卷，第231页。
③ 邓小平：《在全军政治工作会议上的讲话》，《邓小平文选》，第2卷，第113—114页。
④ 列宁：《共产主义运动中的"左派"幼稚病》，《列宁全集》，第39卷，第27页。

及其党组。对大政方针和具体部署,政府机构及其党组有建议之权,但决定权在党中央。"① 邓小平也强调:"中国问题的关键在于共产党要有一个好的政治局,特别是好的政治局常委会。"② "属于政策、方针的重大问题,国务院也好,全国人大也好,其他方面也好,都要由党员负责干部提到党中央常委会讨论,讨论决定之后再去多方商量,贯彻执行。"③

二是应注意"全会决策"的民主方法。斯大林指出:"在这一年(1924年)里,在省委员会特别是中央委员会中,工作重心由常务局或主席团移到全会了。以前中央全会转托政治局解决基本问题。现在已经不是这样了。现在我们政策和我国经济的基本问题由全会解决。"④ "为纪念列宁而吸收党员这件事说明了我们党的深刻民主性,……这仅仅是民主性的一个方面。另一个方面是党的领导本身正在逐步民主化。……在代表大会上已经表明党的领导的重心日益由狭小的上层和各个局向广大的组织,向地方组织和中央组织的全体会议转移,同时这些全体会议本身在扩大,它们的成分在改善。……这一切说明什么呢?说明我们的领导组织已经开始把自己所有的根伸展到无产阶级群众的深处去。"⑤

三是注重"党委会"的决策功能。毛泽东指出:"党委制是保证集体领导、防止个人包办的党的重要制度。近查有些(当然不是一切)领导机关,个人包办和个人解决重要问题的习气甚为浓厚。重要问题的解决,不是由党委会议做决定,而是由个人做决定,党委委员等于虚设。委员间意见分歧的事亦无由解决,并且听任这些分歧长期地不加解决。党委委员间所保持的只是形式上的一致,而不是实质上的一致。此种情形必须加以改变。今后从中央局至地委,从前委至旅委以及军区(军分会或领导小组)、政府党组、民众团体党组、通讯社和报社党组,都必须建立健全的党委会议制度,一切重要问题(当然不是无关重要的小问题或者已经会议讨论解决只待执行的问题)均须交委员会讨论,由到会委员充分发表意见,作出明确决定,然后分别执行。……委员会又须分别为常委会和全

---

① 毛泽东:《对中央决定成立财经、政法、外事、科学、文教各小组的通知稿的批语和修改》,《建国以来毛泽东文稿》,第7册,第268—269页。
② 邓小平:《善于利用时机解决发展问题》,《邓小平文选》,第3卷,第365页。
③ 邓小平:《改革开放政策稳定,中国大有希望》,《邓小平文选》,第3卷,第319页。
④ 斯大林:《俄共(布)第十三次代表大会》,《斯大林全集》,第6卷,第185页。
⑤ 斯大林:《关于俄共(布)第十三次代表大会的总结》,《斯大林全集》,第6卷,第223—224页。

体会两种，不可混在一起。"①

四是区分决策会议和传达政策的会议。毛泽东指出："讨论政策的会议，人数不可太多，只要事先有良好准备，会议的时间亦可缩短。按情况，大约以十几个人，或二三十人，或四五十人，开会一星期左右为适宜。传达政策的会议，人数可以多些，时间亦不可过长。"②"大型会议、中型会议和小型会议，都是必需的，各地和各部门要好好安排一下。小型会议，参加的几个人，一二十人，便于发现问题和讨论问题。上千人参加的大型会议，只能采取先作报告后加讨论的方法，这种会不能太多。"③

五是注重会议的准备工作。毛泽东指出："开会要事先通知，像出安民告示一样，让大家知道要讨论什么问题，解决什么问题，并且早作准备。有些地方开干部会，事前不准备好报告和决议草案，等开会的人到了才临时凑合，好像'兵马已到，粮草未备'，这是不好的。如果没有准备，就不要急于开会。"④"一般说来，不要在几小时内使人接受一大堆材料、一大堆观点，而这些材料和观点又是人们平素不大接触的。一年要找几次机会，让那些平素不大接触本行事务的人们，接触本行事务，给以适合需要的原始材料或者半成品。不要在一个早上突如其来地把完成品摆在别人面前。要下些毛毛雨，不要在几小时内下几百公里的倾盆大雨。'强迫受训'的制度必须尽可能废除，'强迫签字'的办法必须尽可能减少。要彼此有共同的语言，必须先有必要的共同的情报知识。"⑤

六是注重会议材料。毛泽东指出："开会的方法应当是材料和观点的统一。把材料和观点割断，讲材料的时候没有观点，讲观点的时候没有材料，材料和观点互不联系，这是很坏的方法。只提出一大堆材料，不提出自己的观点，不说明赞成什么反对什么，这种方法更坏。要学会用材料说明自己的观点。必须要有材料，但是一定要有明确的观点去统率这些材料。材料不要多，能够说明问题就行，解剖一个或者几个麻雀就够了，不需要很多。自己应当掌握丰富的材料，但是在会上只需要拿出典型性的。

---

① 毛泽东：《关于健全党委制》，《毛泽东选集》，第 4 卷，第 1282—1283 页。
② 毛泽东：《一九四八年的土地改革工作和整党工作》，《毛泽东选集》，第 4 卷，第 1274 页。
③ 毛泽东：《工作方法六十条（草案）》，《建国以来毛泽东文稿》，第 7 册，第 58—59 页。
④ 毛泽东：《党委会的工作办法》，《毛泽东选集》，第 4 卷，1381 页。
⑤ 毛泽东：《工作方法六十条（草案）》，《建国以来毛泽东文稿》，第 7 册，第 58—59 页。

必须懂得，开会同写大著作是有区别的。"①

七是开短会和注重会议质量。列宁指出："无论在委员会人数方面或处理的工作范围方面，都不应超过绝对必需的最低限度，禁止'长篇大论'，要最迅速地交换意见，通过交换意见互通情况并提出切实可行的建议。只要有一点可能，集体管理就应限于在最小范围的委员会内仅就最重要的问题进行最简短的讨论。"② 毛泽东也指出："必须注意每次会议时间不可太长，会议次数不可太频繁，不可沉溺于细小问题的讨论，以免妨碍工作。在会议之前，对于复杂的和有分歧意见的重要问题，又须有个人商谈，使委员们有思想准备，以免会议决定流于形式或不能做出决定。"③ 邓小平也强调："开会要开小会，开短会，不开无准备的会。会上讲短话，话不离题。议这个问题，你就对这个问题发表意见，赞成或反对，讲理由，扼要一点；没有话就把嘴巴一闭。不开空话连篇的会，不发离题万里的议论。即使开短会、集体办公，如果一件事情老是议过去议过来，那也不得了。总之，开会、讲话都要解决问题。"④

4. 联系群众的民主决策方法

马克思主义经典作家强调"联系群众"是重要的民主决策方法，并形成了体现"群众路线"的一些决策要求。

第一，密切联系群众才能作出正确决定。斯大林指出："正确领导是什么意思呢？这绝不是在办公室写指示。正确领导，这就是说：（1）正确地决定问题，而要正确地决定问题，就非考虑群众的经验不可，群众能亲身体验到我们领导的结果；（2）组织对正确决定的执行，但是要做到这一点，就非有群众方面的直接帮助不可；（3）组织对这种决定的执行情况的检查，要做到这一点，还是非有群众方面的直接帮助不可。只有在这种情况下，领导才是正确的。不仅要教育群众，而且要向群众学习，就是这个意思。"⑤

第二，正确的政策来自同群众的联系。毛泽东指出："二十四年的

---

① 毛泽东：《工作方法六十条（草案）》，《建国以来毛泽东文稿》，第 7 册，第 58—59 页。
② 列宁：《大家都去同邓尼金作斗争》，《列宁全集》，第 37 卷，第 41—42 页。
③ 毛泽东：《关于健全党委制》，《毛泽东选集》，第 4 卷，第 1283 页。
④ 邓小平：《坚持党的路线，改进工作方法》，《邓小平文选》，第 2 卷，第 283 页。
⑤ 斯大林：《论党的工作缺点和消灭托洛斯基两面派和其他两面派的办法》，《斯大林文集（1934—1952）》，第 169—170 页。

经验告诉我们,凡属正确的任务、政策和工作作风,都是和当时当地的群众要求相适合,都是联系群众的;凡属错误的任务、政策和工作作风,都是和当时当地的群众要求不相适合,都是脱离群众的。"① "概念、判断的形成过程,推理的过程,就是'从群众中来'的过程;把自己的观点和思想传达给别人的过程,就是'到群众中去'的过程。"② 邓小平也指出:"我们党对于群众路线历来的解释,正如毛主席讲的,无非是从群众中来,到群众中去,集中起来,坚持下去。这就是正确地反映群众的意见,然后正确地领导群众。党的正确的路线、政策是从群众中来的,是反映群众的要求的,是合乎群众的实际的,是实事求是的,是能够为群众所接受、能够动员起群众的,同时又是反过来领导群众的,这就叫群众路线。"③

第三,听取意见并发现群众真正的意见。毛泽东指出:"如果党的领导者真正是为广大人民群众的利益而工作,如果他们在这方面的努力是诚心诚意的,那末他们听取群众意见的机会是非常多的。我们十分注意倾听人民的意见。我们通过村、乡镇、区、县的群众大会,也就是我们区域内任何地方的群众大会,通过党员同各阶层人士的交谈,通过各种会议、报纸和群众的来电来信等等一切能听到人民呼声的渠道,总是能发现群众的真正的意见。实际上我们也是这样做的。"④ 邓小平也指出:"有不同意见不要紧,各种方案可以比较。办什么事也得走群众路线。人民内部要有充分的民主,这样才能拿出好的主意来。"⑤

第四,决策必须依靠群众路线。毛泽东指出:"都要坚决走群众路线,一切问题都要和群众商量,然后共同决定,作为政策贯彻执行。各级党委,不许不作调查研究工作。绝对禁止党委少数人不作调查,不同群众商量,关在房子里,作出害死人的主观主义的所谓政策。"⑥

---

① 毛泽东:《论联合政府》,《毛泽东选集》,第 3 卷,第 1044 页。
② 毛泽东:《工作方法六十条(草案)》,《建国以来毛泽东文稿》,第 7 册,第 60—61 页。
③ 邓小平:《提倡深入细致的工作》,《邓小平文选》,第 1 卷,第 287—288 页。
④ 毛泽东:《同英国记者斯坦因的谈话》,《毛泽东文集》,第 3 卷,第 189 页。
⑤ 邓小平:《在全国教育工作会议上的讲话》,《邓小平文选》,第 2 卷,第 110 页。
⑥ 毛泽东:《转发张平化关于农村调查来信的批语》,《建国以来毛泽东文稿》,第 9 册,第 494 页。

5. "议题"选择的调查研究方法

马克思主义经典作家还要求以"调查研究"的方法发现问题和解决问题,明确提出了与政策"议题"选择相关的一些决策标准。

一是没有调查就没有发言权。毛泽东指出:"党内许多同志,还不了解没有调查就没有发言权这一真理。还不了解系统的周密的社会调查,是决定政策的基础。还不知道领导机关的基本任务,就在于了解情况与掌握政策,而情况如不了解,则政策势必错误。"① 我们的口号是:"一,不做调查没有发言权;二,不做正确的调查同样没有发言权。"②

二是既办公事,也要研究问题。毛泽东指出:"公事要不要办呢?那是必须要办的。不办公事不行,但是,单是办公事,不研究问题,那是危险的。不去接触干部,不去接触群众,或者接触他们的时候老是教训人,而不是跟他们商量,交换意见:'你看究竟我想的对不对,请你谈一谈你的意见。'这样,就嗅不到政治气候,鼻子很迟钝,害政治感冒。鼻子塞了,什么时候有什么气候,闻不到。这种情况需要注意。这种专门办公事,而不注意研究问题,不注意接触群众和干部,对他们不采取商量的态度,是很不好的。"③

三是"走下去"和"请上来"。毛泽东指出:"我希望中央的同志,各省市自治区、各部的主要负责同志都这样做。听说现在许多负责同志不下去了,这不好。中央机关苦得很,在这个地方一点知识也捞不到。你要找什么知识,蹲在机关里是找不到的。真正出知识的地方是工厂、合作社、商店。工厂怎么办,合作社怎么办,商店怎么办,在机关里是搞不清楚的。越是上层越没有东西。要解决问题,一定要自己下去,或者是请下面的人上来。第一不下去,第二不请下面的人上来,就不能解决问题。"④

四是调查研究是决策的基础。毛泽东指出:"我的经验历来如此,凡是忧愁没有办法的时候,就去调查研究,一经调查研究,办法就出来了,

---

① 毛泽东:《中共中央关于调查研究的决定》,《毛泽东文集》,第2卷,第360—361页。
② 毛泽东:《总政治部关于调查人口和土地状况的通知》,《毛泽东文集》,第1卷,第267—268页。
③ 毛泽东:《农业合作化的全面规划和加强领导问题》,《毛泽东文集》,第6卷,第479页。
④ 毛泽东:《在省市自治区党委书记会议上的讲话》,《毛泽东文集》,第7卷,第197—198页。

问题就解决了。调查研究就会有办法，大家回去试试看。"① 邓小平也指出："要经过调查研究，把下面的意见集中起来，然后制定一个切合实际的政策，制定一个切合实际的计划，再到群众中去贯彻实行，并且在实践中加以检验。解决具体问题，也应该如此。"②

6."广开言路"的民主讨论方法

马克思主义经典作家主张就政策问题展开讨论和争论，并以民主的方法解决政策建议的分歧。

第一，"广开言路"的要求。毛泽东指出："要广开言路，打开窗户。封建专制时代还有那么几个开明的皇帝能广开言路，何况我们共产党呢？我们更要广开言路，打开窗户，不要怕打开窗户可能吹进沙子来。进来一点尘土，坏处有一点，但并不大，而开窗户透空气的利益却很大，我们要从这种利害关系上看这个问题。我们是干革命的，还怕民主？还怕人家发表意见？你说对了就可以说出一个正确的道理来，说错了也不要紧，说错了还可以让人知道一条错误的道理，所以要实行高度的民主。""大家有意见，有气，就应该打开窗户，让他们把气出完，把意见都说出来。只有这样，才能团结同志，统一意志，集中意志，形成高度的集中。"③

第二，"商量政府"的决策风格。毛泽东指出："我们政府的性格，你们也都摸熟了，是跟人民商量办事的，是跟工人、农民、资本家、民主党派商量办事的，可以叫它是个商量政府。我们不是板起面孔专门教训人的，不是意见提得不对就给他一棒子，打得他头向下、脚朝天。我们叫人民政府，你们有话尽可以讲，不会借故整人的。"④ 邓小平也指出："要同人民一起商量着办事，决心要坚定，步骤要稳妥，还要及时总结经验，改正不妥当的方案和步骤，不使小的错误发展成为大的错误。"⑤

第三，杜绝"一言堂"现象。毛泽东指出："有事要跟同志们商量，

---

① 毛泽东：《在广州中央工作会议上的讲话》，《毛泽东文集》，第8卷，第260—261页。
② 邓小平：《在扩大的中央工作会议上的讲话》，《邓小平文选》，第1卷，第306页。
③ 毛泽东：《在中国共产党第七次全国代表大会上的结论》，《毛泽东文集》，第3卷，第399—400页。
④ 毛泽东：《同工商界人士的谈话》，《毛泽东文集》，第7卷，第178页。
⑤ 邓小平：《在改革中保持生产的较好发展》，《邓小平文选》，第3卷，第268页。

要充分酝酿，要听各种意见，反对的意见也可以让他讲出来。要讲民主，不要'一言堂'，一开会就自己讲几个钟头，不让人家讲话。不要开会时赞成，会后又翻案，又说不赞成。共产党人要搞民主作风，不能搞家长作风。"① 邓小平也指出："一言堂、个人说了算，集体做了决定少数人不执行等等毛病，都要坚决纠正。"②

第四，政策问题要充分讨论。邓小平指出："一切提到会议上的问题，都必须经过讨论，允许提出异议。如果在讨论中发现重大的意见分歧，而这种分歧并不属于需要立即解决的紧急问题，就应该适当地延长讨论，并且进行个人商谈，以便求得大多数的真正同意，而不应该仓促地进行表决，或者生硬地作出结论。"③

第五，允许政策争论。党的政策是否允许怀疑？对党的政策的怀疑的意见是否允许争论？有人说，根据党章规定，党员对党的政策是可以在党的会议和刊物上讨论的，怀疑的意见也可以提出争论，有人说，党员争论党的政策只限于对政策提出不同的理解和执行方法问题，如果有反对或者怀疑党的政策的意见，是不允许争论的。毛泽东的批语是：为什么不允争论呢？④

第六，以民主的方法解决意见分歧。毛泽东指出："我们党内自然也时常会发生意见分歧，但这些分歧都能通过讨论和分析这种民主的方式加以解决。如果少数人对多数人的决议的正确性仍然不信服，那末，在党的会议上经过彻底辩论以后，他们就会服从决议了。"⑤

7. 注重政策解释和宣传

社会主义国家也有"政策输出"的问题，马克思主义经典作家强调的是以解释、说服、宣传的方法来保证政策的顺利"输出"。

首先是要说服人民相信党和国家的政策。列宁指出："任何一个代表着未来的政党的第一个任务，都是说服大多数人民相信其纲领和策略的正确。"⑥ 毛泽东也指出："我们有一条是好的，就是我们所做的事，使全体

---

① 毛泽东：《培养无产阶级的革命接班人》，《建国以来毛泽东文稿》，第11册，第86页。
② 邓小平：《贯彻调整方针，保证安定团结》，《邓小平文选》，第2卷，第360页。
③ 邓小平：《关于修改党的章程的报告》，《邓小平文选》，第1卷，第231页。
④ 参见毛泽东《在中宣部印发的"有关思想工作的一些问题的汇集"上的批注》，《建国以来毛泽东文稿》，第6册，第411—412页。
⑤ 毛泽东：《同英国记者斯坦因的谈话》，《毛泽东文集》，第3卷，第188页。
⑥ 列宁：《苏维埃政权的当前任务》，《列宁全集》，第34卷，第154—155页。

人民都知道。"①

其次要系统地说明政策界限。毛泽东指出："领导者虽然知道划分政策的界限，但只作了简单的说明，没有作系统的说明。根据经验，任何政策，如果只作简单的说明，而不作系统的说明，即不能动员党与群众，从事正确的实践。我们过去有许多工作，既未能公开地（此点很重要，即是说在报纸上发表，使广大人民知道）明确地分清界限，又未能作系统的说明。"②

再次是强调政策既要使干部知道，也要使广大群众知道。毛泽东指出："我们的政策，不光要使领导者知道，干部知道，还要使广大的群众知道。……在我们一些地方的领导机关中，有的人认为，党的政策只要领导人知道就行，不需要让群众知道。这是我们的有些工作不能做好的基本原因之一。……善于把党的政策变为群众的行动，善于使我们的每一个运动，每一个斗争，不但领导干部懂得，而且广大的群众都能懂得，都能掌握，这是一项马克思列宁主义的领导艺术。我们的工作犯不犯错误，其界限也在这里。"③ 邓小平也指出："党和政府写决议、指示、计划，发电报，这是很重要的，但指示、电报只能传达到一定范围的干部。任何政策如果只同干部见面，不同群众见面，是不能发生效果的。"④

最后是要求报纸和刊物大力展开对政策的宣传。毛泽东指出："有关政策的问题，一般地都应当在党的报纸上或者刊物上进行宣传。报纸的作用和力量，就在于它能使党的纲领路线，方针政策，工作任务和工作方法，最迅速最广泛地同群众见面。"⑤

从以上的叙述可以看出，马克思主义经典作家对决策程序也作了系统性的阐释，其中既有对民主决策的基本要求（重点是对决策者民主作风的要求和联系群众的要求），也有对民主决策机制的具体要求（要求注重调查研究、集体领导、会议决策、民主讨论四大机制），还有对政策"输出"的要求（解释和宣传政策）。需要特别注意的是，马克思主义经典作家注重的是对决策过程的总体把握，并不拘泥于决策的细节安排，因此较

---

① 毛泽东：《在国防委员会第一次会议上的讲话》，《毛泽东文集》，第6卷，第358页。
② 毛泽东：《政策和经验的关系》，《毛泽东文集》第5卷，第74—75页。
③ 毛泽东：《对晋绥日报编辑人员的谈话》，《毛泽东选集》，第4卷，第1261—1263页。
④ 邓小平：《在西南区新闻工作会议上的报告》，《邓小平文选》，第1卷，第145页。
⑤ 毛泽东：《对晋绥日报编辑人员的谈话》，《毛泽东选集》，第4卷，第1261页。

少论及议题选择、议程设置和议案选择等具体问题。

本节所讨论的与决策有关的民主程序，主要是一些原则性的阐述。在具体政策过程中所涉及的决策民主程序，可能需要考虑这些原则，并且在基本原则的约束下，解决与细节有关的程序问题。

二 政策执行程序

政策的执行，往往是不民主的，因此政策民主不仅要强调"决策民主"，也要强调"政策执行民主"，并为此建立一套必要的程序。

（一）政策执行的条件

公共政策的推行，涉及大量的行政管理问题，并且使政策"执行"的问题变得极为突出。归纳马克思主义经典作家和西方学者的论点，政策执行需要三类基本的条件。

1. 先决性条件

政策执行的先决性或基础性条件，强调的主要是制度性要求，即政策执行所需要的制度支持。西方学者重点强调的是三种要求。

一是赋权要求。汉密尔顿指出，一个政府应该拥有全面完成交给它管理的事情和全面执行它应负责任所需要的各种权力。[1]

二是权威要求。米歇尔斯认为，在所有管理事务中，作出决断需要具有专门的知识，而且为了执行这些决断，某种程度上的权威也是必不可少的，还应当允许某种程度的专断，这样，就必然偏离真正的民主原则。从民主的原则看，这也许是一种不幸，但这种不幸是必要的。民主只是目的，而非手段。[2]

三是法治要求。哈耶克指出，法治的基本点是很清楚的，即留给执掌强制权力的执行机构的行动自由，应当减少到最低限度。[3] 弗里德曼也指出，迄今提出的唯一有希望的方法是通过立法而成立一个法治的政府，而不是人治的政府来执行货币政策，这种货币政策能使公众通过政治当局对

---

[1] ［美］汉密尔顿、杰伊、麦迪逊：《联邦党人文集》，第117页。
[2] ［意］米歇尔斯：《寡头统治铁律——现代民主制度中的政党社会学》，第76页。
[3] ［英］哈耶克：《通往奴役之路》，第74页。

货币政策进行控制，同时又可使货币政策不受政治当局的经常出现的胡思乱想的支配。①

马克思主义经典作家对于政策执行的先决性条件，重点强调的是两方面的要求。

第一个方面是对"权威"的要求。恩格斯指出："这里所说的权威，是指把别人的意志强加于我们；另一方面，权威又是以服从为前提的。""一方面是一定的权威，不管它是怎样造成的；另一方面是一定的服从，这两者，不管社会组织怎样，在产品生产和流通赖以进行的物质条件下，都是我们所必需的。……把权威原则说成是绝对坏的东西，而把自治原则说成是绝对好的东西，这是荒谬的。"②"没有一个做最后决定的意志，没有统一的领导，人们究竟怎样开动工厂，管理铁路，驾驶轮船。……多数对少数的权威也将终止。每一个人，每一个乡镇，都是自治的；但是，一个哪怕只由两个人组成的社会，如果每个人都不放弃一些自治权，又怎么可能存在。"③邓小平则强调："中央要有权威。改革要成功，就必须有领导有秩序地进行。没有这一条，就是乱哄哄，各行其是，怎么行呢？不能搞'你有政策我有对策'，不能搞违背中央政策的'对策'，这话讲了几年了。党中央、国务院没有权威，局势就控制不住。"④

第二个方面是对"干部"的要求。斯大林指出："'技术决定一切'这个旧口号，反映了我们十分缺乏技术的过去的时期的口号，现在应当用新口号，用'干部决定一切'的口号来代替了。"⑤"在无产阶级掌握政权的我国条件下做一个领袖和组织者是什么意思呢？就是第一，了解工作人员，善于掌握他们的优缺点，善于使用工作人员；第二，能够这样配备工作人员。（1）使每一个工作人员感到自己适得其所；（2）使每一个工作人员一般能按他们个人的才能对革命作出最大的贡献；（3）这样配备工作人员的结果不是使整个工作停顿，而是使整个工作协调、一致、普遍提高；（4）根据组织起来的工作的总方向是要体现和实现把工作人员配

---

① ［美］米尔顿·弗里德曼：《资本主义与自由》，第57—58页。
② 恩格斯：《论权威》，《马克思恩格斯全集》，第18卷，第341—344页。
③ 《恩格斯致泰·库诺（1872年1月24日）》，《马克思恩格斯全集》，第33卷，第391页。
④ 邓小平：《中央要有权威》，《邓小平文选》，第3卷，第277页。
⑤ 斯大林：《在克里姆林宫举行的红军高等院校学员毕业典礼上的讲话》，《斯大林文集（1934—1952）》，第46—47页。

备到合适岗位上去的那种政治思想。"① 毛泽东也指出:"指导伟大的革命,要有伟大的党,要有许多最好的干部。……我们的革命依靠干部,正象斯大林所说的话:'干部决定一切。'"②

2. 运行性条件

政策执行的"运行性条件",强调的是政策执行中的程序规定、态度、能力等问题,西方学者主要强调的是四种要求。

一是强制性要求。伊斯顿指出,执行可能采取强迫他人做某事的方式。执行由根据存在于努力去执行正式决议之时的环境而采取的行动组成。③ 加塞特则强调,恺撒从来没有阐述过自己的方针政策,相反,他却埋头于这些方针政策的执行。恺撒的政策就是他本人,就政策内容而言,其内容不过如此。如果我们想要理解这一政策的内容,我们必须像恺撒那样行动,并为这些行动冠以恺撒之名。④

二是仲裁性要求。弗里德曼指出,自由市场的存在当然并不排除对政府的需要,相反地,政府的必要性在于,它是"竞赛规则"的制定者,又是解释和强制执行这些已被决定的规则的裁判者。⑤

三是能力性要求。派伊指出,能力意味着公共政策执行中的效力和效率,发达的体系可能不仅能比别的体系做更多的事,而且能做得更快更好。现代化的确蕴涵着一种能够有效地处理更大范围问题的更大的能力,可供政策选择利用的权力水平显然比在传统体系中要高些。⑥

四是参与性要求。布赖斯指出,人人既配得用投票决定政策,那么,人人必定也配得执行政策。⑦ 悉尼·胡克也指出,一种民主的有效行使要求有若干其他的条件存在,其中首要的是被统治者积极参与政府的工作过程。所谓积极参与,意思不是指企图去做官员的特殊工作,而是指对各项公共政策作自由的讨论和商议,并在执行通过民主程序所达成的各项委托

---

① 斯大林:《论雅·米·斯维尔德洛夫》,《斯大林全集》,第 6 卷,第 241—242 页。
② 毛泽东:《为争取千百万群众进入抗日民族统一战线而斗争》,《毛泽东选集》,第 1 卷,第 255 页。
③ [美] 戴维·伊斯顿:《政治生活中的系统分析》,第 425—426 页。
④ [西班牙] 奥尔特加·加塞特:《大众的反叛》,第 158 页。
⑤ [美] 米尔顿·弗里德曼:《资本主义与自由》,第 19 页。
⑥ [美] 鲁恂·W. 派伊:《政治发展面面观》,第 63—64 页。
⑦ [英] 布赖斯:《现代民治政体》,第 66 页。

时进行自愿的合作。①

马克思主义经典作家强调的，则是政策执行的三种"运行性条件"。

第一种是强制性条件。列宁指出："原则上承认一切斗争手段、一切计划和一切方法（只要它们是适当的）是一回事，要求在一定的政治局势下遵循一个坚持不懈地执行的计划（如果想谈策略的话）是另一回事；把这两者混为一谈，那就等于把医学上承认各种疗法同在医治一定的病症时采用一定的疗法混为一谈。"② 毛泽东也指出："中央的一切政策必须无保留地执行，不能允许不得中央同意由任何下级机关自由修改。"③ "必须坚决地克服许多地方存在着的某些无纪律状态或无政府状态，即擅自修改中央的或上级党委的政策和策略，执行他们自以为是的违背统一意志和统一纪律的极端有害的政策和策略；在工作繁忙的借口之下，采取事前不请示事后不报告的错误态度，将自己管理的地方，看成好像一个独立国。"④ 邓小平也强调："我们的方针确定之后，就要一条心，向前看，继续总结各地方、各部门、各单位的经验。对于党和国家的政策和任务，必须千方百计，克服困难，去贯彻执行。决定了就要执行，要一致执行，这是一条纪律，也是我们党的传统。"⑤

第二种是有效性条件。斯大林指出："从管理国家来看，从领导我国整个建设工作来看，我国现状中的主要特点表现在哪里呢？主要的特点表现在党善于找出正确的政策，就是说，党的基本路线是正确的，党的指示是切合实际的。但是，为了战胜我们道路上的种种困难，仅仅有正确的政策是不是就够了呢？不，不够。要做到这一点，至少还要有两个条件。第一个条件，首先必须使党所制定的正确政策真正实行，真正完全实现。有正确的政策，这当然是首要的事情。但是，如果这个政策没有实行，或者实行的时候在实践中被歪曲了，那么这个政策又有什么用处呢？……正因为如此，党应当密切注意，要使我们建设工作的基本工作人员是从忠实执行党和苏维埃政权的政策这个观点挑选出来的。第二个条件，……还必须

---

① ［美］悉尼·胡克：《理性、社会神话和民主》，第253—254页。
② 列宁：《怎么办》，《列宁全集》，第6卷，第45页。
③ 毛泽东：《将全国一切可能和必须统一的权力统一于中央》，《毛泽东文集》，第5卷，第86页。
④ 毛泽东：《一九四八年的土地改革工作和整党工作》，《毛泽东选集》，第4卷，1275页。
⑤ 邓小平：《在扩大的中央工作会议上的讲话》，《邓小平文选》，第1卷，第316页。

努力提高党对群众的领导的质量,从而更顺利地吸引广大工人群众和农民群众参加我们的整个建设工作。……必须使党的领导不是形式主义的领导,不是纸上的领导,而是实际的领导。那就必须使党的领导具有最大限度的灵活性。……现在不能用老一套办法了,不能仅仅用命令和指示来领导了。……现在甚至对最不重要的小事情也要极其细心。……为了加强领导,必须使领导本身更灵活,必须使党对群众的要求有最高度的敏感。"①

第三种是沟通性条件。毛泽东指出:"我们所以规定这项政策性的经常的综合的报告和请示的制度,是因为党的第七次全国代表大会以后,仍然有一些(不是一切)中央局和分局的同志,不认识事先或事后向中央作报告并请求指示的必要和重要性,或仅仅作了一些技术性的报告和请示,以致中央不明了或者不充分明了他们重要的(不是次要的或技术性的)活动和政策的内容,因而发生了某些不可挽救的、或难以挽救的、或能够挽救但已受了损失的事情。而那些事前请示、事后报告的中央局或分局,则避免了或减少了这样的损失。从今年起,全党各级领导机关,必须改正对上级事前不请示、事后不报告的不良习惯。"②邓小平也指出:"关于民主集中制的基本条件,增加了下列的规定:'党的各级领导机关必须经常听取下级组织和党员群众的意见,研究他们的经验,及时地解决他们的问题';'党的下级组织必须定期向上级组织报告工作。下级组织的工作中应当由上级组织决定的问题,必须及时向上级请求指示。'"③

3. 目的性条件

政策执行的目的性条件,强调的是政治执行追求的目标。西方学者强调的主要是五方面的要求。

一是正义性要求。罗尔斯指出,人们的愤怒不管是多么缺少理性,都将为政策的可行性划出界线。大多数参与理想程序并执行它的规定的人都将赞成某一法律和政策,那么这个法律或政策就是足够正义的,或至少不是不正义的。④

二是效率要求。西蒙指出,效率准则不关心要达到什么目的,它对于

---

① 斯大林:《在联共(布)莫斯科省第十五次代表会议上的演说》,《斯大林全集》,第9卷,第139、141—144页。
② 毛泽东:《关于建立报告制度》,《毛泽东选集》,第4卷,第1208页。
③ 邓小平:《关于修改党的章程的报告》,《邓小平文选》,第1卷,第228页。
④ [美]罗尔斯:《正义论》,第229、357页。

价值问题完全持中立态度。任何管理机构成员的决策都会受到一个重大的组织影响,就是要遵守"有效率"的训诫。不应把效率"原则"当作原则,而应看成定义,它是"好的"或"正确的"管理行为的一种定义。执行任务能力和正确制定决策能力的限制,影响效率水平。①

三是避免"执行故障"要求。彼得斯指出,一个政府"真正的"政策是执行的政策,而非议员、政治执行者和其他人所说的政策。在现代政治体系中执行是一个核心问题。执行故障代表了政治体系把政治理念转化为有效行动时的根本失败。执行考虑支配着真正的政策考虑,政府将做它们认为它们所能做的而非它们应该做甚至是想做的。②

四是注意"官员不同意"。丹尼斯·汤普森指出,"中立伦理"压制了个体的道德判断,提前排除了道德上接受组织内部反对决策(至少是组织的"最后决策")的可能性。但是,问题是我们怎样允许官员有机会表示不同意,而不损坏组织实现目标的能力。如果组织正在追求民主共和设定的目标,那组织内个体的不同意会搅乱民主过程。首先,我们必须坚持,那些不同意者要仔细考虑他们对质疑政策不同意的基础。不同意是道德的或仅仅是政治的,是一个不可靠的区分,因为几乎所有重要的政治决策都有道德维度。不同意者必须考虑他们所反对的政策是一时的决策还是一种持续的模式,组织正在追求的其他政策价值是否会超过政策的错误性。而且,不同意见者必须审视他自身涉入的程度与自身的角色:他们如何对政策负责,他们的反对对政策与其他组织的政策有何影响,政策在什么程度上违背了他们负有义务的群体伦理。这些考虑不仅决定官员反对组织政策是否合理,而且也有助于表现官员使用什么方法不同意是合理的。从最极端到最温和,有四种类型的不同意:(1)官员在组织内反抗表示不同意;(2)官员知道其上级意愿但是他反对,他在组织外表达其反对意见,然而同时他也会令人满意地执行其工作;(3)公开阻碍政策;(4)偷偷地阻碍,未经许可的揭露——泄密是最显著的例子。③

五是注意政策意图与政策结果之间的差距。阿尔蒙德等人指出,在政策意图和政策结果之间始终存在着巨大的差距,这个差距有两个重要的原

---

① [美]赫伯特·A.西蒙:《管理行为》,第8—11、38—39页。
② [美]盖伊·彼得斯:《官僚政治》,第240—243页。
③ [美]丹尼斯·汤普森:《行政伦理学的可能性》,载《公共行政学中的伦理话语》,第41—52页。

因。第一个原因是政策要经过一个执行的过程，而在这个过程中，政策会被改变，政策执行功能限制了决策者的创新能力。在政策执行结构中的工作人员，常常会抵制他们所反对的政策，或者受其他集团的收买和控制，而且政策执行的复杂程度简直可以减弱行政官员的能力。第二个原因是，政策是同政策所要影响的国内和国际环境中的社会、经济和文化过程相互作用的。政治体系的实际作为和政治体系所要影响的环境之间的相互作用，常常没有被决策者充分理解，或者这种相互作用受到无法预测的外部因素的影响。①

马克思主义经典作家对于政策执行的"目标性条件"，注重的是三方面的要求。

第一，少当"领导"，多做实际工作。列宁指出："确定不移的口号应当是：少当点'领导'，多做些实际工作，也就是少发一些空泛议论，多提供些事实，特别是经过检验的事实；这些事实要说明：在哪些方面，在什么样的条件下，在何种程度上我们是前进了，或是停滞不前，或是后退了。……如果一个共产党员只会侈谈'领导'，却不善于安排专家做实际工作，不善于使他们在实践中取得成就，不善于利用成千上万的教员的实际经验，那么，这样的共产党员就毫无用处。"②

第二，坚持党的总路线和总政策。毛泽东指出："我党规定了中国革命的总路线和总政策，又规定了各项具体的工作路线和各项具体的政策。但是，许多同志往往记住了我党的具体的个别的工作路线和政策，忘记了我党的总路线和总政策。而如果真正忘记了我党的总路线和总政策，我们就将是一个盲目的不完全的不清醒的革命者，在我们执行具体工作路线和具体政策的时候，就会迷失方向，就会左右摇摆，就会贻误我们的工作。"③

第三，不执行错误政策。毛泽东指出："根据主观主义设想根本不符合实际情况的任何上级的命令指示，必须加以废止或修改者，地方党政有权提出意见。遇到这种情况，地方党政从实际出发提出意见，是正确的；不提意见，将不正确的命令指示，违反群众意见，硬着头皮往下推，则是

---

① ［美］阿尔蒙德等：《比较政治学——体系、过程和政策》，第297页。
② 列宁：《论教育人民委员部的工作》，《列宁全集》，第40卷，第330页。
③ 毛泽东：《在晋绥干部会议上的讲话》，《毛泽东选集》，第4卷，第1259页。

不正确的。当然，除了遇着紧急情况，地方党政有权得先行处理，然后报请上级追认外，一般事件，最后如何处理，均应报告中央或其他原决定的上级机关批准，然后执行。"①

政策执行的三类条件，实际上都是为政策执行确定一些基本的原则，由此需要特别注意先决性条件体现的权威原则、赋权原则、法治原则和干部原则，运行性条件体现的强制原则、仲裁原则、能力原则、参与原则和沟通原则，以及目的性条件体现的正义原则、效率原则、避免执行故障原则和"反对"原则（包括官员不同意政策和不执行错误政策等要求）。

（二）政策执行的民主程序

政策执行要求一定的民主程序，需要重点关注的应是五种执行方式的民主程序。

1. 注重"领导方法"的执行方式

马克思主义经典作家注重的是以正确的"领导方法"来执行政策的方式，并就此提出了一些具体要求。

第一，领导有宣传政策的责任。毛泽东指出："领导的方法可以好一些，也可以差一些。领导要能够适合客观发展的规律。如果领导得好一些，适合客观规律好一些，缺点错误就少一些，工作也就好一些。如果领导得差一些，适合客观规律差一些，工作也就差一些。所以，我们要注意领导方法，各个党派、工商联，中央同地方，都要注意用什么方法使大家更觉悟一些。为什么企业偷税、漏税呢？很重要的原因就是我们领导者对他们宣传教育得不够。学习多一些，偷税、漏税就少一些，没有学习的就偷税、漏税。所以，偷税、漏税也有我们领导者的问题，不能只怪人家。"②

第二，加快工作节奏。列宁指出："我打算这样制定工作计划：把人民委员会和劳动国防委员会的工作节奏加快十倍，就是说，要使人民委员们不敢把琐事带到这两个委员会来，而是自己解决，自己负责。现在关键

---

① 毛泽东：《中央关于同意推迟执行群众性戒烟运动的指示的电报》，《建国以来毛泽东文稿》，第 4 册，第 172 页。
② 毛泽东：《在资本主义工商业社会主义改造问题座谈会上的讲话》，《毛泽东文集》，第 6 卷，第 500—501 页。

就在这里；……不然的话，一切命令和决定不过是些肮脏的废纸而已。"①

第三，落实分工制和责任制。列宁指出："管理的基本原则是，一定的人对所管的一定的工作完全负责。我管（不论时间长短）我负责。某人不是负责人，不是主管人，却妨碍我。这是制造纠纷。这是混乱。这是不适于担任负责工作的人的干扰。"②

第四，注意政策执行的"中间环节"。斯大林指出："无产阶级群众组织的任何一个重要决定都非有党的指示不可，这是完全正确的。但这是不是说无产阶级专政仅仅是党的指示呢？这是不是说因此就可以把党的指示和无产阶级专政看做一个东西呢？当然不是的。无产阶级专政是党的指示加上无产阶级群众组织对这些指示的实行，再加上居民对这些指示的实行。由此可见，这里有一系列的过渡和中间阶段，这些过渡和中间阶段是无产阶级专政很重要的因素。可见在党的指示和这些指示的实施之间有被领导者的意志和行动，本阶级的意志和行动，本阶级决心（或不愿意）拥护这些指示，本阶级善于（或不善于）实行这些指示等等情况。"③

第五，注重"政策试点"。毛泽东指出："不要全面动手，而应选择强的干部在若干地点先做，取得经验，逐步推广，波浪式地向前发展。在整个战略区是如此，在一个县内也是如此。"④ 邓小平也指出："集中力量，创造典型，积累经验，然后普及的领导方法，用之于城市各项工作中，都是灵验的。我们同志在新的工作中往往忘记了这个工作方法，以致走了许多弯路，应引起注意。"⑤

第六，抓两头带中间。毛泽东指出："任何一种情况都有两头，即是有先进和落后，中间的状态又总是占多数。抓住两头就把中间带动起来了。这是一个辩证的方法，抓两头，抓先进和落后，就是抓住了两个对立面。"⑥

第七，组织参观和学习。毛泽东指出："组织干部和群众对先进经验的参观和集中地展览先进的产品和做法，是两项很好的领导方法。用这些

---

① 列宁：《关于改革人民委员会、劳动国防委员会和小人民委员会的工作问题》，《列宁全集》，第42卷，第391—392页。
② 列宁：《致安·伊·叶利扎罗娃（1920年秋）》，《列宁全集》，第50卷，第37页。
③ 斯大林：《论列宁主义的几个问题》，《斯大林全集》，第8卷，第38—39页。
④ 毛泽东：《新解放区土地改革要点》，《毛泽东选集》，第4卷，第1227页。
⑤ 邓小平：《在西南局城市工作会议上的报告提纲》，《邓小平文选》，第1卷，第183页。
⑥ 毛泽东：《工作方法六十条（草案）》，《建国以来毛泽东文稿》，第7册，第50页。

方法可以提高技术水平,推广先进经验,鼓励互相竞赛。许多问题到实地一看就解决了。社和社、乡和乡、县和县、省和省之间,都可以组织互相参观。中央、省、市、专区和县都可以举办生产建设展览会。"①

2. 注重"官僚机构"的执行方式

一些西方学者注重的是"官僚机构""行政机构""组织机构"的政策执行方式,并对这样的方式提出了一些基本要求。

一是职务和运作方式方面的要求。韦伯指出,现代官员特殊的运作方式表现如下:(1)存在着固定的、通过规则即法律或行政规则普遍安排有序的、机关的权限的原则;(2)存在着职务等级的审级的原则;(3)现代职务的执行是建立在文件(案卷)之上;(4)职务工作以深入的专业培训为前提;(5)职务工作要求官员投入他的整个劳动力;(6)官员职务的执行是根据可以学会的规则进行的。②

二是效率和成本方面的要求。威尔逊指出,行政研究的目的在于,首先厘清政府适合做并且能做好的工作,其次研究政府如何尽可能以最高的效率和最低的成本(不管是资金还是精力)完成适合做的工作。执行一部宪法要比制定一部宪法困难多了,这就是我们如今为什么要谨慎而系统地精心调适行政工作,使之适应已经校正的政策标准的原因。③

三是应对选举的要求。古德诺指出,民治政府的最高主宰是广大民众,他们必须对执行和表达其意志的官员进行控制,因此这些执行官员的任期较短,民众可以通过频繁的选举对他们频繁地加以控制。任何一次选举通常都无法在政策决策机关(即政府中的政治机关)和政策执行机关(行政机关)之间达成协调一致的关系。由频繁选举带来"政党分肥制"本身存在两大缺陷。首先,当应用于行政任命的官员时,它严重损害了行政效率。其次,即使应用于选举产生的官员,除了维持政党组织的必要性外,也找不出它存在的理论依据。我们应该鼓励朝着行政集权发展的趋势,集权应该伴随着对政府活动范围的完全承认。民治政府会不会消失,主要取决于我们是否有能力防止政治对行政施加过多影响,以及是否有能力防止控制行政的政党利用行政对表达公共意志施加不当影响。④

---

① 毛泽东:《工作方法六十条(草案)》,《建国以来毛泽东文稿》,第7册,第50页。
② [德]马克斯·韦伯:《经济与社会》,下卷,第278—324页。
③ [美]威尔逊:《行政之研究》,第215、219、231—232页。
④ [美]古德诺:《政治与行政》,第79、86、90、102—103页。

四是政策执行手段方面的要求。哈耶克指出，政府的任务就在于调动和配置其所掌管的资源，以服务于不断变化的社会需求。为了使政府更好地履行这些任务，人们赋予了政府以一定的手段并允许它雇佣由它自己支付工资的公务人员。被委托执行这些特殊任务的机构，不能为了自己的目的而运用任何最高权力，而只能限于运用专门赋予它们的手段。①

五是政策执行目标方面的要求。戴维·杜鲁门指出，如果执行官员所接受的来自立法机关的命令较为模糊，则执行官员控制利益影响政策的执行就越困难。②

六是培训执行人员方面的要求。西蒙指出，培训"自内而外"地影响组织成员的决策。只要相同要素在大量决策中反复出现，培训就适用于决策过程。培训有以下功能：可以向受训者提供处理决策所需的事实依据；可以向受训者提供思维的参考框架；可以向受训者传授"公认"的解决问题的方法；可以向受训者灌输制定决策所依据的价值观。③

3. 命令式执行方式

命令式或者强制式的政策执行方式，是行政机构或组织机构不得不采用的方法，如罗素所言，可以把政府看作由两部分构成的，一个部分是社会或权力机关制定的决议，另一个部分是强迫反对者执行这些决议。④ 前述注重"领导方法"的执行方式和注重"官僚机构"的执行方式，都可能包含命令式的政策执行方式。

命令式执行方式要求公民的服从，但是服从可能不是绝对的而是相对的。如葛德文所言，服从可能是对的，但是要谨防崇拜。政权可能授给最恰当的人选，那么他们就有资格受到尊敬，这是因为他们的智慧而不是因为他们是统治者。对于一个要求我们尊重政治权威和对长上表示敬意的政权，我们的回答应当是服从和外表的屈从是你有资格要求的一切，你没有权利强迫我们尊重和命令我们不去发现并反对你的错误。我们并不因之就应该对政权的一切措施都表示反对；但是只要有严格的政治服从的问题，也就一定会有对政府的非难。⑤

---

① ［英］哈耶克：《自由秩序原理》，上册，第272—273页。
② ［美］戴维·杜鲁门：《政治过程——政治利益与公共舆论》，第480页。
③ ［美］赫伯特·A. 西蒙：《管理行为》，第11页。
④ ［英］伯特兰·罗素：《自由之路》，第124页。
⑤ ［英］威廉·葛德文：《政治正义论》，第155、160页。

4. 说服式执行方式

与命令式政策执行方式相比，说服式的政策执行方式有时可能更为有效。如密尔（又译穆勒）所言，我们应当区分两种干预，一种是命令式干预，另外一种干预可以称为非命令式的，政府不发布命令或法令，而是给予劝告和传播信息（这是一种政府本来可以加以广泛利用但实际上很少采用的方法）。同非命令式的政府干预相比，命令式的政府干预所具有的正当活动范围要小得多。①

说服式的政策执行方式涉及"说服"的理由，马克思主义经典作家重点强调了四条理由。

第一，以说服彰显政策的正确性。列宁指出："任何一个代表着未来的政党的第一个任务，都是说服大多数人民相信其纲领和策略的正确。"② 斯大林也指出："如果党的政策是正确的，而先锋队和本阶级间的正确关系又没有破坏，那末什么是领导呢？这种条件下的领导就是要善于说服群众，使他们相信党的政策的正确。……因此，说服的方法是党领导工人阶级的基本方法。"③

第二，以说服获得政策支持。斯大林指出："为使党和国家的政策顺利执行，必须获得群众的支持，而获得支持的方法只能是'说服'而不是'强制'"④。毛泽东也指出："我们一定不能要命令主义，我们要的是努力宣传，说服群众，按照具体的环境、具体地表现出来的群众情绪，去发展合作社，去推销公债，去做一切经济动员的工作。"⑤

第三，以说服保证政策知情。毛泽东指出："领导者虽然知道划分政策的界限，但只作了简单的说明，没有作系统的说明。根据经验，任何政策，如果只作简单的说明，而不作系统的说明，即不能动员党与群众，从事正确的实践。"⑥ "我们的政策，不光要使领导者知道，干部知道，还要使广大的群众知道。" "善于把党的政策变为群众的行动，善于使我们的每一个运动，每一个斗争，不但领导干部懂得，而且广大的群众都能懂

---

① [英] 约翰·穆勒：《政治经济学原理》，下卷，第530—531页。
② 列宁：《苏维埃政权的当前任务》，《列宁全集》，第34卷，第154页。
③ 斯大林：《论列宁主义的几个问题》，《斯大林全集》，第8卷，第51页。
④ 斯大林：《和宣传鼓动部会议的参加者的谈话》，《斯大林全集》，第7卷，第196页。
⑤ 毛泽东：《必须注意经济工作》，《毛泽东选集》，第1卷，第111页。
⑥ 毛泽东：《政策和经验的关系》，《毛泽东文集》，第5卷，第74页。

得，都能掌握，这是一项马克思列宁主义的领导艺术。"①

第四，以说服和解释进行政策教育。毛泽东指出："有了总路线还不够，还必须在总路线指导之下，在工、农、商、学、兵、政、党各个方面，有一整套适合情况的具体的方针、政策和办法，才有可能说服群众和干部，并且把这些当作教材去教育他们，使他们有一个统一的认识和统一的行动。"②

西方学者对于政策尤其是政策执行之所以需要"说服"，也强调了四条理由。

一是民众需要了解政策。潘恩指出，在代议制下，随便做哪一件事都必须把道理向公众说清楚。每一个人都是政府的经管人，把了解政府情况看作他分内之事。这关系到他的利益，因为政府的所作所为影响到他的财产。③

二是民众更欢迎说服而不是强制。科布指出，共同体主义的标准形式寻求的是对个人权利的关怀和共同体幸福之间的平衡。它希望的是主要通过道德说服而非国家强制使行为趋向社会的建设性行为。④ 古特曼和汤普森也指出，证明一种优先雇佣政策或某种非歧视政策的正当性，需要对被该政策置于最不利地位的公民说明理由——说服他们即使真的不同意也要遵守政策。在思考这些理由的过程中，全体公民能逐渐更好地理解公平机会的道德意义与政策内涵。⑤

三是通过说服可以建立政府与公民的合作关系。托马斯指出，为构建政府与公民间强有力的合作关系，公共管理者需要充分了解和把握如何与公众互动。管理者在解决冲突时突出说服，而不是强制。⑥ 欧文和斯坦斯伯里也指出，政府可以通过说服公民，建立相互间的信任。⑦

四是说服是解决冲突的办法。马奇和西蒙指出，组织对冲突的反应由

---

① 毛泽东：《对晋绥日报编辑人员的谈话》，《毛泽东选集》，第4卷，第1261—1262页。
② 毛泽东：《在扩大的中央工作会议上的讲话》，《建国以来毛泽东文稿》，第10册，第34—35页。
③ ［美］潘恩：《人权论》，第251、312页。
④ ［美］小约翰·B.科布：《后现代公共政策——重塑宗教、文化、教育、性、阶级、种族、政治和经济》，第176页。
⑤ ［美］阿米·古特曼、丹尼斯·汤普森：《民主与分歧》，第371页。
⑥ ［美］约翰·克莱顿·托马斯：《公共决策中的公民参与》，第90—91页。
⑦ ［美］勒妮·欧文、约翰·斯坦斯伯里：《公民参与决策：劳有所获吗》，载《公民参与》，第12—31页。

四个步骤组成：问题解决、说服、谈判、"政治"，前两个过程（问题解决和说服）试图使个人决策与公共决策达成一致，我们把这两个过程称为"分析过程"。后两个过程（谈判与"政治"）与此不同，我们称为"谈判过程"①。

"说服"需要"说服者"，马克思主义经典作家重点强调的是领导者或决策者的"说服者"角色，西方学者则认为能够承担政策"说服者"（解释者）角色的应该是四类人。

第一类是统治者或领导人，由于掌握着决策权，因此是当然的政策"说服者"。如阿尔蒙德等人所言，为了规劝和说服公民采取某种所需的行为，领导人都求助于文化价值观、感情和信仰。②

第二类是学者或政策专家。林德布洛姆和伍德豪斯指出，政策专家的角色，并不在于保持中立，而是要有具思想而负责任的党派意识；不在于企图对原本未知的未来提出正确的预言，而是在刺激政策参与，以构建出足以对抗不确定性的政策能力，这包括了：说服他人如何为了避免无法接受的错误，而采取谨慎的措施，如何建立弹性，以及由经验中累积学习。③

第三类是占决策优势的多数人。哈贝马斯指出，为了让少数人在一定时间内服从多数人的意志，多数人不能要求放弃他们的（认为是更好的）信念。他们只能等待，直到他们在自由和公开的意见竞争中能够说服少数人，从而接受他们的意志为止。如果没有这种话语方法，就不会有民主的意志形成。④

第四类是公民本身。博曼指出，公民们试图说服其他人采用特定政策，这些政策是以在相互交换意见的协商对话过程中涌现出来的公共理性为基础的。⑤

四类政策"说服者"，实际上构成了两种"说服"方式。一种是主要由统治者（领导人）和学者（政策专家）行使的自上而下的说服方式。另一种是主要由多数人、公民自身行使的自下而上的"相互说服"或"自我说服"方式。在说服式政策执行方式中，这两种说服方式应该都是

---

① ［美］詹姆斯·马奇、赫伯特·西蒙：《组织》，第100—117页。
② ［美］阿尔蒙德等：《比较政治学——体系、过程和政策》，第372页。
③ ［美］林德布洛姆、伍德豪斯：《最新政策制定过程》，第175页。
④ ［德］哈贝马斯：《哈贝马斯精粹》，第517—518页。
⑤ ［美］詹姆斯·博曼：《公共协商：多元主义、复杂性与民主》，第14页。

必不可少并相辅相成的。

5. 契约式执行方式

契约式的政策执行方式是一些西方行政学家提出的方式,简·莱恩对这种方式强调的是四点要求。(1)以契约主义为核心。新公共管理首先是契约主义,公共管理是一种有关如何与经理人签订和执行有效契约的理论。为了有效地提供公共物品和服务,新公共管理赋予公共经理人诸多的自由裁量权,并把契约制作为有效提供物品和服务的机制。在新公共管理体制下,政府既是一个签约者、所有者,也是一个仲裁者。真正的契约蕴涵着明确的互惠允诺,必须在短时期内予以兑现。合同中所规定的权利和责任的实现,以对履约失败的处罚威胁为前提。(2)以合同保证政策效率。新公共管理主要关注的是效率。借助于理性决策者之间的自愿性的合同,自然就可以达到服务提供过程的高效率。(3)明确政治和管理的区分。政治和管理之间的区分,是由于交易成本的缘故。政府所必须做的是指导首席执行官去实现政府希望在提供公共服务过程中实现的目标,并向首席执行官支付工作报酬,其他的则是管理者的任务。这等于是对政治和合同制进行区分。(4)政治家的重新定位。有明显的证据表明,管理者被赋予新的重要的角色,其地位得到强化。但是面对一群首席执行官,政治家设计出了新的管理工具,新公共管理似乎强化了政治家驾驭和改变公共部门的能力。[①]

弗林强调的是"合同制"带来的政策与执行之间的区别。政策与管理之间的界限经常是模糊不清的。管理的概念既不是技术性的,也不是价值中立的。政策与执行之间的区别同样是不清楚的,当政治家认为某一政策错了时,他可能会将失败归咎于执行,而不是政策本身。在实践中,政策与执行的分离是令管理者和政客都感到棘手的事情。令管理者在政策领域难以运作的原因是制定政策的过程本身就高度的分散,各部门和其中的政策局只管一小部分政策。如此分散令政策不一致甚至矛盾。政策和程序的中央化使得专家的自由度减少而管理者的影响力上升。大体上,政府期望管理者执行政府政策,如果政策的改变包括竞争性的行为,管理者必须实行这样的政策并持有政策所体现的价值观。管理者的价值观或许会因为政府强令执行的政策而改变。创建行政机构的一个目的以及在服务中合同

[①] [英]简·莱恩:《新公共管理》,第4、164、196、225、242、248页。

的运用,都是为了阐明政策与执行之间的区别。政策的目的是为了界定问题及其解决办法,而管理关注服务。在实践中,这种区分并不是绝对的。政策在执行过程中得以修正,不仅管理过程需要考虑服务消费者的反应,就是政策的制定过程也需要考虑之。①

林登则要求在民选官员和行政机构之间建立契约关系。民选官员必须停止对工作人员事无巨细的管理。如果民选官员(他们中的大部分人从来没有管理经验)告诉工作人员该如何做他们的工作,他们就不能为最后的结果负责,就像工作人员在贯彻执行的时候若擅自改变政策,民选官员也无法完成自己决策的任务一样。当你着手建立条块分割的体系迫使工作人员面对多重控制时,这个体系赋予民选官员很大的影响具体行政管理活动的权力,再加上民选官员事无巨细的控制可以得到政治上的回报,那么改革还有希望吗?我相信是有的,这种希望以民选官员和行政机构之间一种新的契约形式出现,这种契约建立在第一个改造原则的基础上:围绕结果的组织。②

政策执行方式是多样性的,不存在不同执行方式孰优孰劣的问题,因为无论是注重领导方法还是注重官僚机构的执行方式,还是命令式、说服式、契约式执行方式,都有其合理性和适用性特征,也都有一定的局限性,并且可以吸收其他方式的优点。将注意力集中在培育各执行方式的民主成分上,才是关键所在。

(三) 公民介入政策执行的民主程序

公民介入政策执行,可以采用两种既有联系又有区别的政策执行方式,即合作式方式和参与式方式。如果说前者较多具有的是"被动式"介入特征,后者则较多具有"主动性"介入特征。

1. 合作式执行方式

合作式政策执行方式强调的是政策执行者与政策受众之间的合作,或者是在政策执行过程中政府与民众的合作。对于这样的政策执行方式,西方学者重点关注的是三方面的问题。

首先是执行合作的必要性问题。弗雷德里克指出,执行命令的观念现

---

① [英] 诺曼·弗林:《公共部门管理》,第 3、103—106、123、249—250 页。
② [美] 拉塞尔·M. 林登:《无缝隙政府:公共部门再造指南》,第 161—166 页。

在要让位于使得政策有效的观念。对现代政府的绝大多数政策来说，为了保障它们的实施，在民主条件下，需要的是合作而不是强力。①伊兰·维戈达也指出，行政民主的迷失会导致公民对政府的疏远、不满、怀疑以及持续的嘲讽。从现实看，这种趋势有扩大的趋向，只有社会各类成员实现高度合作才有可能抵制离心力量的蔓延。新一代公共行政需要一种不同以往的精神，这或许是社群主义、宪政主义和活动主义相结合而成的新精神。从回应走向多方合作将会成为公共治理最为现实的未来发展前景。②缪勒则强调，随着博弈者数量的上升，需要民主制度以达成有效率的合作的迫切性都会增强。随着社会规模的扩大，一种自愿提供的公共物品的供给不足的数量会扩大，因此，为了实现帕累托最优配置，就需要某种机构来协调每个人的贡献。③

其次是用于政策执行合作所涉及的原则问题。为使合作执行政策顺利进行，需要注意三个重要的原则。（1）奖励原则。如奥斯本和盖布勒所言，计划通常运用命令而不是奖励手段，当命令无法行使（维护公共利益政策常常如此）的情况下，奖励刺激的方法往往更为有效。④（2）信任原则。如弗林所言，高度信任和通过共享的价值观进行管理以及由此形成的高度自决权，还不常见。如果在公共管理中，能够多一份尊重和合作，少一份不信任和顾虑，那么公共服务机构将会为经济的健康发展和社会生活水平的提高作出更有价值的贡献。⑤（3）义务原则。如贝内斯特所言，公民拥有权利的同时也意味着应当履行相应的义务。公民有关心社会公众事务的责任，也有与其他公民、地方政府合作解决公共问题的责任。当人们质问"政府应当为我们做什么"的时候，政府领导者应当强烈反问"作为生活利益的共同体，我们大家又应该做什么"⑥。

---

① [美] 卡尔·弗雷德里克：《公共政策与行政责任的本质》，载《公共行政学百年争论》，第3—12页。
② 伊兰·维戈达：《从回应走向合作：治理、公民和下一代公共行政》，载《公民参与》，第69—91页。
③ [英] 丹尼斯·缪勒：《公共选择理论》，第21、25页。
④ [美] 戴维·奥斯本、特德·盖布勒：《改革政府：企业家精神如何改革着公共部门》，第216、233页。
⑤ [英] 诺曼·弗林：《公共部门管理》，第253页。
⑥ [美] 弗兰克·贝内斯特：《重建公民间联系：地方政府的角色是什么》，载《公民参与》，第1—11页。

再次是政府认可政策执行合作方式问题。托马斯指出,政府领导人的认可是合作关系建立的前提条件,并要注意建构良好关系的几个基本原则:(1)合作各方需要平衡感情与理智的关系;(2)管理者要明确把握对方是怎样认识问题的;(3)沟通交流;(4)建立彼此的信任;(5)管理者在解决冲突时突出说服,而不是强制;(6)公民的接受,并特别注意培养充分知情的公众。①

2. 参与式执行方式

参与式政策执行方式强调的是公民主动地在政策执行中参与各种活动。对于这样的执行方式,西方学者重点关注的是六方面的问题。

第一,参与政策执行的必然性或必要性。珍妮特·登哈特和罗伯特·登哈特指出,按照新公共服务的观点,执行的主要焦点是公民参与社区建设。公民参与被视为民主政体中政策执行恰当且必要的组成部分。在新公共服务中,公民和行政官员共同承担责任并且一起为执行项目而工作。执行政策的唯一办法就是为修改自利个体的选择而进行激励或抑制。②

第二,参与政策执行的可行性。阿尔蒙德等人指出,在小型政治体系如地方共同体中,"民众"也许有可能直接参与公共政策的辩论、决定和执行。在大型政治体系如现代国家中,民主必定是通过间接参与政策制定来实现的。③ 欧文和斯坦斯伯里则认为,政府应该搞清楚两个问题:一是公民是否真正乐意参与公共政策,资源是否应直接投向政策执行过程而不是公民参与的决策阶段;二是公民参与活动是否会为经济团体提供更多的机会控制公共决策。④

第三,参与政策执行的"贴近性"特征。博克斯指出,许多公共政策问题在国家或州级政府组织那里能够得到最好的解决。然而,作为一个基本原则,将公共政策制定与执行过程尽可能放在贴近那些被政策影响的民众的位置上,应是更好的选择。这样既可以保证公民直接参与,创造富有意义的公民自主治理,同时也可以保证政府的公共项目更富有弹性,能

---

① [美]约翰·克莱顿·托马斯:《公共决策中的公民参与》,第89—91页。
② [美]珍妮特·V. 登哈特、罗伯特·B. 登哈特:《新公共服务:服务,而不是掌舵》,第75、83—85页。
③ [美]阿尔蒙德、多尔顿、鲍威尔、斯特罗姆等:《当代比较政治学:世界视野》,第31页。
④ [美]勒妮·欧文、约翰·斯坦斯伯里:《公民参与决策:劳有所获吗》,载《公民参与》,第12—31页。

够回应变化,即时、理性地达成项目创立的目的。将公共政策过程尽量保留在"最小的"层次上,意味着确定某一层次的政府是解决一项公共政策问题的最佳组织时,遵循的规模原则规定了自下而上而不是自上而下的选择过程。①

第四,参与政策执行有助于公共政策的推行。托马斯指出,公共管理者花费一定时间邀请各个行动者参与公共决策,可以减少政策执行过程中所花费的时间。凭借各方行动者的力量参与最初的决策,更可能达到广泛支持甚至促进政策执行的功效。②珍妮特·登哈特和罗伯特·登哈特也指出,随着参与同结果更加利害相关,对政策过程的更多参与便有助于政策的执行。③

第五,参与政策执行可以减少"搭便车"行为。巴伯指出,只有个人将他们自己界定为公民,并且聚合起来直接解决冲突、达到目的或执行政策时,这个概念才能获得一种具体感和纯粹的真实。自治政府是通过一系列制度展开工作,这些制度的设计要促进对议程设置、审议、立法和政策执行的不间断的公民参与。公民们不会也不能够无票乘车,因为他们懂得他们的自由是参与制定和执行公共决策的结果。"搭便车"只能存在于弱势民主中,在那里义务是讨价还价的临时结果。④

第六,参与政策执行的具体要求。托马斯就公民参与政策的执行,提出了以下要求。(1)公民不拘泥于服从政策。如果将公民排斥在政策执行方案的审慎权衡之外,也许就等同于在政策涉及的相关问题上拒绝任何民主参与影响作用。同时,由于受到藐视的公民可能拒绝服从那些没有征求他们意见和征得他们同意的政策,所以,政策的执行还可能导致失败的结局。如果公共政策执行要想达到期望的结果,那么公民要做的就必须很多,而不是仅仅拘泥于服从政策。如果在公共政策执行中缺乏公民参与,政府提供的服务可能是毫无意义的。(2)扩展参与范围。新公民参与运动与传统公共参与有两个主要方面的区别:一是在传统意义上,有关公民参与的作用和角色被限定在政策制定或决策上,而新的公民参与运动则更

---

① [美]理查德·博克斯:《公民治理:引领21世纪的美国社区》,第13—14页。
② [美]约翰·克莱顿·托马斯:《公共决策中的公民参与》,第21—22页。
③ [美]珍妮特·V.登哈特、罗伯特·B.登哈特:《新公共服务:服务,而不是掌舵》,第70页。
④ [美]本杰明·巴伯:《强势民主》,第182、211—212页。

加强调对政策执行的参与，即公民不仅参与政策的制定，而且一旦政策被采纳，公民也参与政策的实际操作，进入公共项目的实际管理过程。二是新公民参与运动一反传统公民参与中具有的精英主义倾向，它扩展了相关参与的公民的范围，这个参与过程包括了那些低收入阶层的公民，并进一步包容了公民组织。（3）注意参与的限度。在太多的公民参与和太少的公民参与之间找到一个适宜点，体现了公民参与面对的最大挑战。正像民主并不是一条通往政府管理的简单途径一样，公民参与也不是将民主引入公共事务管理的简单工具。①

政策执行不仅需要一些必备的条件，还需要在多种政策执行方式中进行选择，并且要清醒地认识到，这样的选择往往会将政策的有效执行与群众或公民参与政策执行结合在一起，这恰是"政策执行民主"倡导的基本做法。相应的政策执行程序，只要明确了前提，都可以因地制宜的作出适当安排。

三 政策监督程序

政策监督不仅涉及对政策的检查和监控程序，还涉及与政策有关的责任问题，需要建立与"政策问责"等有关的程序。

（一）政策监督的理念

为什么需要对政策进行有效的监督，涉及的是监督理念问题，大致可以在三个范畴内作出解释。

1. 强调正当性的监督理念

西方学者强调的正当性的政策监督理念，主要是要求政策权力受到有效的约束，防止官僚和精英操控权力，有两个重点。

第一个重点是对统治权力的监督。基佐指出，正当的统治权理论的必然结果是，所有的实际权力都是负责任的。任何时候，它都要追求永远制约着现有权力的理性、正义和真理，代议制度这样做的方式是：（1）通过辩论，它迫使现有权力来共同追求真理；（2）通过公开性，它可以将这些正在寻找真理的权力置于公民的监督之下；（3）通过舆论自由，它

---

① ［美］约翰·克莱顿·托马斯：《公共决策中的公民参与》，第2—5、11—23页。

激发公民自己来寻求真理，并将所寻求的真理告诉政权。①

第二个重点是对精英的监督。英格尔哈特指出，旨在影响具体政策制定的引导精英型参与模式变得越来越普遍，寡头政治的铁律正逐渐被废除。引导精英型政治行为的潜能在不断增长——这种行为旨在取得具体政策的变化，而不是仅仅为了支持某一组精英。政治在西方社会逐渐变得更加非制度化和更难预测，但它越来越密切地受到公众的监督。②

马克思主义经典作家强调的，则是在政策领域中必须注意实施五种监督。

第一，对共产党的监督。毛泽东指出："共产党是为民族、为人民谋利益的政党，它本身绝无私利可图。它应该受人民的监督，而绝不应该违背人民的意旨。"③ 邓小平也指出："党要受监督，党员要受监督。……在中国来说，谁有资格犯大错误？就是中国共产党。犯了错误影响也最大。因此，我们党应该特别警惕。宪法上规定了党的领导，党要领导得好，就要不断地克服主观主义、官僚主义、宗派主义，就要受监督，就要扩大党和国家的民主生活。如果我们不受监督，不注意扩大党和国家的民主生活，就一定要脱离群众，犯大错误。"④

第二，对政权机关或国家机关的监督。邓小平指出："党必须认真地有系统地研究国家机关工作的情况和问题，以便对于国家工作提出正确的、切实的和具体的主张，或者根据实践及时地修正自己的主张，并且对于国家机关工作进行经常的监督。"⑤

第三，对领导人和官员的监督。马克思曾明确要求："以真正的负责制来代替虚伪的负责制，因为这些勤务员经常是在公众监督之下进行工作的。"⑥ 列宁也强调："官吏，官僚，或者也由人民自己的直接政权取代，或者至少要接受特别的监督，变成不仅由人民选举产生、而且一经人民要求即可撤换的官吏，处于普通的受委托者的地位。"⑦ 邓小平则指出："对

---

① ［法］弗朗索瓦·基佐：《欧洲代议制政府的历史起源》，第239页。
② ［美］罗纳德·英格尔哈特：《发达工业社会的文化转型》，第345、375页。
③ 毛泽东：《在陕甘宁边区参议会的演说》，《毛泽东选集》，第3卷，第767页。
④ 邓小平：《共产党要接受监督》，《邓小平文选》，第1卷，第270页。
⑤ 邓小平：《关于修改党的章程的报告》，《邓小平文选》，第1卷，第237页。
⑥ 马克思：《法兰西内战初稿》，《马克思恩格斯全集》，第17卷，第589—590页。
⑦ 列宁：《两个政权》，《列宁全集》，第29卷，第133—134页。

于我们党的各级领导人（包括党委会的所有成员），应该有监督。"①

第四，对代表的监督。斯大林指出："我的劝告，代表候选人对自己选民的劝告，就是要记住选民的这个权利，即在任期未满前撤回代表的权利，要你们监督和检查代表，如果他们想离开正路，就把他们轰走，要求重新选举。"②

第五，对干部的监督。邓小平指出："对干部的管理和监督要加强，……看看执行方针政策正确不正确，努力不努力，坚决不坚决。这不只是个人的修养问题，也是一种监督。"③

2. 强调民主性的监督理念

西方学者认为民主是一种有效的监督方法，可以对政策实施全面的监控，并在这样的理念下提出了三种要求。

一是确定民主的政治统治形式。帕伦蒂指出，民主是一种真正从形式和内容两方面体现大多数人利益的政治统治形式。民主尽管大部分体现在理念上，但其核心却在于对当权者的监督和规制，离开了这一点，所有的民主都是空谈。④

二是发展民主政治。罗素指出，民主政治的机构在名义上能约束官员，而其实是极不便利和难以企及的。只有在引起整个国家注意的一些大事上，这些民主机构才能起到约束官员的作用。⑤

三是维系民主程序。基恩指出，民主程序有时允许多数人就他们不甚了了的事情作出决定，但同时也使少数人得以对多数人在不甚了了情况下作出的决定提出质疑，并帮助多数人恢复理智。正因如此，民主程序最适于公开监督和控制。民主程序使决策更加灵活而便于掉转方向。它们欢迎争论，它们制造对现行状况的不满，甚至能够激发公民的愤怒。这样，决定便是在选择——而且可以反复——的基础上作出的，而选择本身又是几种互相竞争的意见进行深思熟虑、有意为之的对抗的结果。唯有以多元化传播媒介为辅的民主程序能够公开地、公平地引导公众注意到若干危险，

---

① 邓小平：《在扩大的中央工作会议上的讲话》，《邓小平文选》，第1卷，第309页。
② 斯大林：《在莫斯科市斯大林选区选举前的选民大会上的演说》，《斯大林文集（1934—1952）》，第185—186页。
③ 邓小平：《执政党的干部问题》，《邓小平文选》，第1卷，第330—331页。
④ [美]迈克尔·帕伦蒂：《少数人的民主》，第41—43页。
⑤ [英]伯特兰·罗素：《政治的理想》，第410、417页。

小心翼翼地监督那些负责管理有风险的组织的人士，从而将失误降到最低限度，力求避免灾难性的大错。①

3. 强调运作性的监督理念

西方学者强调的运作性政策监督理念，主要考虑的是在政治系统运作和公共领域中，如何对政策进行有效的监督。

政治系统中的政策监督，可以参考伊斯顿和奥斯特罗姆的论点。伊斯顿指出，政府规范是由三类可以分拆开来的期望所组成的，一是习俗，二是法律，三是典则结构。没有各种结构手段，要求就不可能被处理成输出，这么几件事是必须具备的，归纳起来就是决策、服从和执行。首先，系统必须提供决策的方式；其次，系统必须能够拥有系统相关成员的责任，正是这种责任，促使相关系统成员采取和达到系统目标，或者可以使反对者的态度中立化；最后系统必须提供持续的能量以把决策付诸于实施，并监督决策的实施。② 奥斯特罗姆则认为，决策规则自身只是言辞。作为言辞，它们不能自动地产生、运用和实施。其结果就是，社会秩序依赖于能够阐释、运用、监督、实施和改变决策规则的行动者。在任何社会，这一条件都是将政府制度与其他制度区别开来的基础。政府制度是专门的决策安排，用来阐释规则，监督对规则的遵循，裁决冲突，实施规则，改变影响人类社会中人际关系的决策规则。因而规则秩序体系总是伴随着治理体系。③

公共领域中的政策监督，可以参照哈贝马斯的论点。他认为不仅国家机关，而且一切在政治公共领域中具有公开影响的机构，都要求具有公共性，因为社会权力转变为政治权力的过程就像政治权力在社会中的正当运作一样需要加以批判和监督。④

马克思主义经典作家强调的则是在社会主义的组织系统中，应该体现多方面的监督。

一是群众监督。斯大林指出："怎样才能肃清所有这些组织里的官僚主义呢？要做到这一点，唯一的办法就是组织自下而上的监督，组织工人阶级千百万群众来批评我们机关里的官僚主义，批评他们的缺点和

---

① ［英］约翰·基恩：《民主与传播媒介》，载《民主的再思考》，第272—302页。
② ［美］戴维·伊斯顿：《政治生活中的系统分析》，第236、241页。
③ ［美］文森特·奥斯特罗姆：《美国联邦主义》，第152—153页。
④ ［德］哈贝马斯：《公共领域的结构转型》，第243—244页。

错误。"① 邓小平也指出："实行群众监督可以把群众的积极性调动起来，会提出很多好的意见。""扩大各方面的民主生活，扩大群众的监督，很重要。"②

二是民主党派监督。邓小平指出："对于我们党来说，更加需要听取来自各个方面包括各民主党派的不同意见，需要接受各个方面的批评和监督，以利于集思广益，取长补短，克服缺点，减少错误。"③ "要扩大民主党派和无党派民主人士对共产党的监督，对共产党员的监督。"④

三是共产党的监督。邓小平指出："党对政权要实现指导的责任，使党的主张能够经过政权去实行，党对政权要实现监督的责任。"⑤ "对于共产党员来说，党的监督是最直接的。要求党的生活严一些，团的生活也严一些，也就是说，党对党员的监督要严格一些，团对团员的监督要严格一些。"⑥

四是上下级和平级监督。邓小平指出："这种监督是来自几方面的，来自上面，来自下面（下级），来自群众，也来自党小组生活。……我们要重视党委内部的互相监督作用这个问题。上级不是能天天看到的，下级也不是能天天看到的，同级的领导成员之间彼此是最熟悉的。这样做，对于同级里面讨论问题，取得一致意见，作出决定，也是很重要的。"⑦

三个范畴的政策监督理念，针对的是不同的政策监督问题。正当性的监督理念针对的是"监督谁"的问题，明确了权力、精英以及承担政策功能的组织和个人（包括共产党、政权机关、领导人、代表等）都是被监督的对象。运作性的监督理念针对的是"谁监督"的问题，明确了既可以依托政治系统或公共领域实施监督，也可以依托组织和个人（包括群众、民主党派、上下级等）实施监督。民主性的监督理论针对的是"如何监督"的问题，明确了以民主的方法实施监督是一个可行的选项。

---

① 斯大林：《在苏联列宁主义青年团第八次代表大会上的演说》，《斯大林全集》，第11卷，第61—62页。
② 邓小平：《共产党要接受监督》，《邓小平文选》，第1卷，第271—272页。
③ 邓小平：《各民主党派和工商联是为社会主义服务的政治力量》，《邓小平文选》，第2卷，第205页。
④ 邓小平：《共产党要接受监督》，《邓小平文选》，第1卷，第271页。
⑤ 邓小平：《党与抗日民主政权》，《邓小平文选》，第1卷，第12页。
⑥ 邓小平：《共产党要接受监督》，《邓小平文选》，第1卷，第270—271页。
⑦ 邓小平：《在扩大的中央工作会议上的讲话》，《邓小平文选》，第1卷，第309—310页。

清晰的政策监督理念是实施监督的基础,政策监督之所以会出现"弱化"或"软化"现象,往往与忽视监督理念有重要的关系。

(二) 政策监督的程序化要求

政策监督可以采用不同的方式,本书第十章已经讨论了代议机关监督、行政监督、司法监督等问题,此处重点说明另外三种政策监督程序。

1. "党政合一"的监督

马克思主义经典作家强调的"党政合一"的政策监督,与代议机关监督和纯粹的"行政监督"不同,包括以下要求。

一是注重专设监督机构的作用。斯大林指出:"要做到真正的、实际的、而不是纸上的监督,报告人认为,应当用充实新生力量的方法来改组现有的国家监察部。必须把现有的各个工人监察机关统一为一个整体,把一切做监督工作的力量都归并到总的国家监察部中去。因此,改组国家监察部的主旨就是使它民主化并接近工农群众。"① 邓小平则强调:"对各级干部的职权范围和政治、生活待遇,要制定各种条例,最重要的是要有专门的机构进行铁面无私的监督检查。"②

二是领导者和决策者应检查和监督政策执行情况。斯大林指出:"对执行情况的检查要达到目的,至少必须有两个条件:第一,对执行情况的检查必须是经常的,而不是时断时续的。第二,在党组织、苏维埃组织、经济组织各个环节中领导对执行情况的检查必须不是次要的人,而是有充分威信的人,即各组织的领导者自己。"③ "一切管理部门,不管是党的、工业的或工会的,在检查执行情况方面都糟透了。只是写决议,发指示,但是谁也不想问问自己:这些决议和指示执行得怎样了?是确实执行了还是束之高阁了?……领导——这并不等于写决议和发指示。领导——这就是检查指示的执行情况,不仅检查指示的执行情况,而且检查指示本身,从生动的实际工作的观点来检查这些指示是正确的还是错误的。……如果中央委员、中央监察委员会主席团委员、正副人民委员、全俄工会中央理事会主席团委员、各工会中央委员会主席团委员等经常到地方去,在那里

---

① 斯大林:《关于改组国家监察部》,《斯大林全集》,第4卷,第223页。
② 邓小平:《党和国家领导制度的改革》,《邓小平文选》,第2卷,第332页。
③ 斯大林:《在党的第十七次代表大会上关于联共(布)中央工作的总结报告》,《斯大林全集》,第13卷,第329页。

进行工作,以便了解工作情况,研究一切困难、一切缺点和错误,那么你们就可以确信,这将是对执行情况最切实有效的检查。这将是丰富我们可敬的领导者的经验的最好方法。如果这个方法成了一种制度(而这是必须成为制度的),那么你们可以确信,我们这里拟定的法律、我们制定的指示,就会比目前的要切合实际和正确的多了。"①

三是注重实地检查和监督政策执行情况。斯大林指出:"检查任务的执行情况,这就是说,不仅是在办公室,不仅是根据形式上的工作报告来检查,而首先是要在工作的地方,根据执行的实际结果来检查。一般讲来,是否需要这样的审查和检查呢?毫无疑问是需要的。其所以需要,第一,是因为只有这样的审查才能了解工作人员,确定他们的真正品质。其所以需要,第二,是因为只有这样的检查才能确定执行机关的优点和缺点。其所以需要,第三,是因为只有这样的检查才能确定任务本身的优点和缺点。"②毛泽东也指出:"一年至少检查四次。中央和省一级,每季要检查一次;下面各级按情形办理。重要的任务在没有走上轨道之前,要每月检查一次。这也是掌握时机的方法,是就一年内说的。"③

四是自上而下与自下而上的监督结合。斯大林指出:"自上而下的审查固然是需要的,这是审查工作人员及检查任务的执行情况的有效办法之一。但是,自上而下的审查,还远不能包括全部审查工作。还有另外一种审查,自下而上的审查,即由群众、由被领导者来审查领导者,指出领导者的错误,指出改正这些错误的办法。这种审查是审查工作人员最有效的方法之一。党员群众是在积极分子会议上、在代表会议上、在代表大会上审查自己的领导者,方法就是听取领导者的工作报告,批评缺点,以及选举或不选举某些领导同志参加领导机关。非党群众是在非党积极分子会议上,在各种各样的群众会议上审查自己的经济领导者、工会领导者和其他领导者,方法就是在会上听取他们的工作报告,批评缺点,并指出改正缺点的方法。最后,人民是在选举苏联政权机关时,用普遍的、平等的、直接的、无记名的投票,来审查自己的国家领导者。任务就在于把自上而下

---

① 斯大林:《关于中央委员会和中央监察委员会四月联席全会的工作》,《斯大林全集》,第11卷,第52—53页。

② 斯大林:《论党的工作缺点和消灭托洛斯基两面派和其他两面派的办法》,《斯大林文集(1934—1952)》,第165页。

③ 毛泽东:《工作方法六十条(草案)》,《建国以来毛泽东文稿》,第7册,第47页。

的审查和自下而上的审查结合起来。"①

2. 舆论监督

政策过程需要公开，并接受舆论的监督，在西方学者看来是一种基本要求，并强调了舆论监督的以下作用。

一是吓阻作用。贝克指出，言论和传媒的"监督"功能涉及两个层次，一是传媒具有揭露政府不当行为的权力，二是借由增加报道不当行为的机会，产生吓阻这些行为的作用。②

二是讲真话作用。葛德文指出，真话是应该讲的。如果把一切对于出版和言论自由的限制都取消，如果鼓励人们尽量公开地宣布他们所想的一切，也许所有刊物最初都会充满诽谤和中伤，但是正是由于这些报道的各不相同，它们就会自相抵消。③

三是监督权力作用。威尔逊指出，我们不仅要使公众舆论具有效力，还要免受它的好管闲事之苦。当公众舆论直接监督政府的日常事务和选择政府的日常工作方法时，公众的评论就像一个令人讨厌的家伙。但是，当对诸如像政治和行政的各式政策所具有的巨大力量进行监督时，公众的评论是完全可靠且有益的，同时也是必不可少的。④

3. 群众监督和公民监督

马克思主义经典作家在群众对政策的监督方面提出了三方面的要求：一是人民应监督公职人员和国家机关；二是建立群众监督制度；三是重视群众的来访和来信（见本书第八章）。

西方学者重点关注的是公民能否对政策实施有效的监督，并就此提出了四点看法。

一是公民对政策有最切实的感受。悉尼·胡克指出，任何统治者声称他对被统治者的真正利益是什么比被统治者自己知道得更清楚，而以此来为自己废止民主的监督作掩护，这就无异于告诉被统治者说，他们并不比孩子们更负责任。究竟谁是所完成工作的最好裁判人，最终还是使用者而不是制作者。谁穿鞋子，谁才最知道在什么地方夹脚。任何一种对民主的

---

① 斯大林：《论党的工作缺点和消灭托洛斯基两面派和其他两面派的办法》，《斯大林文集（1934—1952）》，第165—166页。

② [美] 查尔斯·埃德温·贝克：《媒体、市场与民主》，第61—62页。

③ [英] 威廉·葛德文：《政治正义论》，第490—492页。

④ [美] 威尔逊：《行政之研究》，第237—238页。

理论攻击都要在这种日常的真理面前垮台。①

二是公民有监督政策的权利和责任。博克斯指出,政策的结果不再是精英们本来在封闭的、较少风险的背景下所偏爱的事物。"行政效率"假定成本——效率的执行是公共行政的主旨,替代选择是将控制的天平从政治和经济精英转向更广泛的全体市民,因为市民拥有除了投票之外的参与到他们的政府之中的权利。②巴伯也指出,监督者、选民、委托人——这些都是对民主状态中的公民的不充分定义。有效的独裁政治要求伟大的独裁者,而有效的民主则要求伟大的公民。③

三是公民既要监督议员,也要监督官僚。缪勒指出,用代议民主取代直接民主,让实际决定预算和征税负担的权力从公民那里转移到了议员那里,但是增加了不得不参与挑选代表过程的负担,而且扩大了公民的监督职责。他们不仅要监督自己挑选的议员,而且要监督执行集体决策的官僚。④

四是公民可以有不同的监督渠道。托马斯指出,不断增强的公民参与通过发展公民与政府间新的沟通渠道来保证对政府的监督,来增进政府以及公共管理者的责任性。⑤吉登斯也指出,在民族国家内,监督活动的加强导致了对民主参与的压力的逐渐增加(虽然并非不存在明显的对应倾向)。我们有理由期望民主参与的新形式崭露头角,例如,促进在车间、地方性协会、媒介组织以及各种类型的跨国组织中的民主参与程度。⑥

政策监督的方式可以多种多样,但基本要求应该是一致的,就是对政策的监督必须真实和有效,而不是使政策监督只是扮演着"走过场"的角色。

(三) 政策责任和政策问责

监督既针对权力也针对责任,对政策进行有效的监督,必须要建立明

---

① [美]悉尼·胡克:《理性、社会神话和民主》,第254、258—259页。
② [美]理查德·博克斯:《代表优先与行政效率的替代选择》,载《公共行政学中的批判理论》,第85—101页。
③ [美]本杰明·巴伯:《强势民主》,"1990年版序言",第7—8页。
④ [英]丹尼斯·缪勒:《公共选择理论》,第233页。
⑤ [美]约翰·克莱顿·托马斯:《公共决策中的公民参与》,第115—116页。
⑥ [英]安东尼·吉登斯:《现代性的后果》,第146—147页。

确的政策责任,并实施有效的政策问责。

1. 政策责任的界定

从一般意义上讲,谁制定政策,谁就应该对所制定的政策负责,如彭茨所言,人在哪里作出决策,就要为其决策的后果承担责任。谁若作出了错误的决策,他就将为此付出代价。人在决策时无法通观其决策的后果,这就免除不了他的罪责。[①] 但是进一步探究,决策者应该负的是什么样责任,从西方学者的相关论述中,可以归纳出六类责任。

第一类强调的是与政策功能有关的技术责任、政治责任、法律责任、社会责任等。弗雷德里克指出,行政责任(政策责任)具有双重标准。某项政策没有适当地考虑到关于技术问题或人类知识的现存总量,那么我们有权称之为不负责任的;某项政策没有适当地考虑到社群特别是考虑到大多数人的现有偏好,我们同样有权称之为不负责任的。负责任的行政管理者要对如下两种主导性因素负责:技术知识和公众情感。技术责任并不足以保证一项公共政策是健康的、积极的,而在一个民主政府中,为了作出真正负责任的政策,政治责任也是必需的。[②] 珍妮特·登哈特和罗伯特·登哈特也指出,责任被广泛地界定为包含了一系列专业责任、法律责任、政治责任和民主责任。责任机制在民主政策中的最终目的在于确保政府对公民偏好和需要的回应。这种责任可以通过承认并关注那些能够并且应该影响行政官员行动的多种冲突性规范和因素的公共服务来得到最好的实现。[③]

第二类强调的是与权力相应的政策责任。拉斯韦尔和卡普兰指出,权力是在自身责任最大化的基础上行使的,民主政体不能容忍任何形式的威权主义,不论这样的责任集中会带来多少利益。[④] 威尔逊也指出,行政管理组织者的职责在于使行政管理与职责明确的责任相匹配,而这种职责明晰的责任能保证人们获得信任感。只要权力承担责任,它就不具备危险

---

① [德]埃伯哈德·彭茨:《政治与人类尊严——德国自由主义者的解决途径》,第7页。
② [美]卡尔·弗雷德里克:《公共政策与行政责任的本质》,载《公共行政学百年争论》,第3—12页。
③ [美]珍妮特·V.登哈特、罗伯特·B.登哈特:《新公共服务:服务,而不是掌舵》,第98页。
④ [美]哈罗德·拉斯韦尔、亚伯拉罕·卡普兰:《权力与社会:一项政治研究的框架》,第210—211页。

性。① 约翰斯顿则强调，当垄断与决定权结合时，垄断就破坏了竞争，支持那些奖励关系户的是操纵的程序而不鼓励公开、公正的决策。在责任缺失情况下，决定权与强大和高效率的政治和市场制度相对立，政治与经济之间的界线、公共利益与私人利益之间的界线变得模糊或被扰乱，公平游戏规则也被破坏，使得接近决策者的机会成了市场上的商品，市场、政治和政策都会被扭曲。②

第三类强调的是政策的法治责任。福山指出，成功的现代自由民主制，把国家、法治、负责制政府（民主）这三种制度结合在稳定的平衡中。能取得这种平衡，本身就是现代政治的奇迹。能否结合，答案不是明显的。毕竟，国家功能是集中和行使权力，要求公民遵从法律，保护自己免遭他国的威胁。另一方面，法治和负责制政府又在限制国家权力，首先迫使国家依据公开和透明的规则来行使权力，再确保国家从属于民众愿望。③

第四类强调的是政策的道义责任。罗伯斯比尔指出，道义责任的原则要求政府工作人员在一定时期和很短时限内提出有关管理工作的准确和详细的报告，要通过报刊公布这些报告并使之受到一切公民的讨论。④ 雪莱也指出，政府的善即包含在被统治者的幸福之中，如果被统治者不幸和不满，那么这个政府是失败的，没有尽到它应尽的职责。⑤ 密尔（又译穆勒）则强调，在许多情况下，政府承担责任，行使职能，只是由于这样一个简单的原因，即它这样做有助于增进普遍的便利。⑥

第五类强调的是政策的主观性责任。维克斯指出，作出决策不仅要凭或大或小的技巧，而且要凭有无"责任感"，并不是对所有决策都要展示"主动性"；每个决策的作出不仅要受限于当时的具体情境，也受限于过去所做决定的情境，并会影响将来的决策。⑦

第六类强调的是政策的"解释"责任。钱伯斯指出，责任取代了同

---

① ［美］威尔逊：《行政之研究》，第236页。
② ［美］迈克尔·约翰斯顿：《腐败征候群：财富、权力与民主》，第26页。
③ ［美］弗兰西斯·福山：《政治秩序的起源：从前人类时代到法国大革命》，第16、472—474页。
④ ［法］罗伯斯比尔：《革命法制和审判》，第158页。
⑤ 《雪莱政治论文选》，第24页。
⑥ ［英］约翰·穆勒：《政治经济学原理》，下卷，第371页。
⑦ ［英］杰弗里·维克斯：《判断的艺术——政策制定研究》，前言，第38—39页。

意成为合法性的概念核心。一个合法的政治秩序对于所有那些生活于其法律之下的人都是正当的。因此,责任主要应该从对某事物"给予解释"方面来理解,即公开阐明、解释公共政策,最重要的是证明其合理性。①

马克思主义经典作家强调的,则是与政策有关的九种责任。

第一种是对选民的责任。马克思指出:"公社是由巴黎各区普选出的城市代表组成的。这些代表对选民负责,随时可以撤换。"②列宁也指出:"在公社用来代替资产阶级社会贪污腐败的议会的那些机构中,发表意见和讨论的自由不会流为骗局,因为议员必须亲自工作,亲自执行自己通过的法律,亲自检查实际执行的结果,亲自对自己的选民直接负责。"③毛泽东则强调:"这样一个国家,它的各级政府直至中央政府都由普遍、平等、无记名的选举所产生,并向选举它的人民负责。"④

第二种是对人民的责任。毛泽东指出:"我们的责任,是向人民负责。每句话,每个行动,每项政策,都要适合人民的利益,如果有了错误,定要改正,这就叫向人民负责。"⑤"向人民负责和向党的领导机关负责的一致性,这些就是我们的出发点。"⑥

第三种是执政党的责任。斯大林指出:"共产党却不需要任何秘密内阁,它斥责秘密内阁的政策和行动,公开向全国宣布它担负着领导国家的责任。"⑦"负有领导责任的党决不能不顾及被领导者的意志、情绪和觉悟程度,决不能忽视本阶级的意志、情绪和觉悟程度。"⑧

第四种是领导者的责任。毛泽东指出:"领导者的责任,归结起来,主要地是出主意、用干部两件事。一切计划、决议、命令、指示等等,都属于'出主意'一类。使这一切主意见之实行,必须团结干部,推动他们去做,属于'用干部'一类。"⑨邓小平也指出:"进入中央最高层的

---

① [加]西蒙·钱伯斯:《协商民主理论》,载《协商民主与政治发展》,第83—107页。
② 马克思:《法兰西内战》,《马克思恩格斯全集》,第17卷,第358页。
③ 列宁:《国家与革命》,《列宁全集》,第31卷,第45页。
④ 毛泽东:《答路透社记者甘贝尔问》,《毛泽东文集》,第4卷,第27页。
⑤ 毛泽东:《抗日战争胜利后的时局和我们的方针》,《毛泽东选集》,第4卷,第1074页。
⑥ 毛泽东:《论联合政府》,《毛泽东选集》,第3卷,第1044页。
⑦ 斯大林:《和第一个美国工人代表团的谈话》,《斯大林全集》,第10卷,第94页。
⑧ 斯大林:《论列宁主义的几个问题》,《斯大林全集》,第8卷,第39页。
⑨ 毛泽东:《中国共产党在民族战争中的地位》,《毛泽东选集》,第2卷,第493页。

每个成员,都要不再是过去的自己,不再停留在过去的水平上,因为责任不同了。每个人从自身的角度,包括自己的作风等方面,都要有变化,要自觉地变化。"①"新的领导一建立,要负起一切责任,错了也好,对了也好,功劳也好,都是你们的事。"②"我们领导干部的责任,就是要把中央的指示、上级的指示同本单位的实际情况结合起来,分析问题,解决问题,不能当'收发室',简单地照抄照转。"③

第五种是工作责任。马克思指出:"那时还会留给中央政府的为数不多然而非常重要的职能,则不应该像有人故意捏造的那样予以废除,应该交给公社的官吏,即交给那些严格负责的官吏。"④列宁也指出:"要使各人民委员对自己的工作负责,而不是先把问题提到人民委员会,然后又提到政治局。"⑤"有些人不是对自己的工作负责,不是把决议提交人民委员会,也不知道自己对此负有责任,而是躲在各种委员会后面。在这些委员会里是一团混乱,谁也弄不清楚是谁负责;一切都乱成一团,最后作出由大家共同负责的决定。"⑥

第六种是"对上"和"对下"的责任。斯大林指出:"在许多地区都是由一小群人在管理农村,这些人同县和省的联系多于同农村居民的联系。这种情况就使得农村的管理者多半朝上看,朝县里看,而很少朝下看,朝农村居民看,他们觉得自己不是对农村负责,不是对选民负责,而是对县和省负责。"⑦邓小平也指出:"思想一僵化,不从实际出发的本本主义也就严重起来了。书上没有的,文件上没有的,领导人没有讲过的,就不敢多说一句话,多做一件事,一切照抄照搬照转。把对上级负责和对人民负责对立起来。"⑧

第七种是接受批评的责任。毛泽东指出:"各级领导人员,有责任听

---

① 邓小平:《组成一个实行改革的有希望的领导集体》,《邓小平文选》,第3卷,第300页。
② 邓小平:《第三代领导集体的当务之急》,《邓小平文选》,第3卷,第311页。
③ 邓小平:《在全军政治工作会议上的讲话》,《邓小平文选》,第2卷,第118页。
④ 马克思:《法兰西内战》,《马克思恩格斯全集》,第17卷,第359—360页。
⑤ 列宁:《俄共(布)第十一次代表大会文献:俄共(布)中央委员会政治报告》,《列宁全集》,第43卷,第112—113页。
⑥ 同上。
⑦ 斯大林:《问题和答复》,《斯大林全集》,第7卷,第152—153页。
⑧ 邓小平:《解放思想,实事求是,团结一致向前看》,《邓小平文选》,第2卷,第142—143页。

别人的话。实行两条原则：（一）知无不言，言无不尽；（二）言者无罪，闻者足戒。如果没有'言者无罪'一条，并且是真的，不是假的，就不可能收到'知无不言，言无不尽'的效果。"①

第八种是"错误责任"。毛泽东指出："凡是中央犯的错误，直接的归我负责，间接的我也有份，因为我是中央主席。我不是要别人推卸责任，其他一些同志也有责任，但是第一个负责的应当是我。我们的省委书记，地委书记，县委书记，直到区委书记，企业党委书记，公社党委书记，既然做了第一书记，对于工作中的缺点错误，就要担起责任。不负责任，怕负责任，不许人讲话，老虎屁股摸不得，凡是采取这种态度的人，十个就有十个要失败。"②"共产党和社会主义国家的各种领导人物的责任是要尽量减少错误，尽量避免某些严重的错误，注意从个别的、局部的、暂时的错误中取得教训，力求使某些个别的、局部的、暂时的错误不至于变成全国性的、长时期的错误。"③邓小平也指出："没有缺点和错误的中央是没有的。问题在于我们是不是严肃认真地正视问题，是不是实事求是地对待问题。"④"中央犯错误，不是一个人负责，是集体负责。在这些方面，要运用马列主义结合我们的实际进行分析，有所贡献，有所发展。"⑤

第九种是责任心和负责精神。列宁指出："人民委员们考虑问题是否较之前周密，责任心有所加强，是否不再乱发匆匆炮制的指示，而是慎重地、长期坚持地、切实地检查执行了没有和有什么经验，建立起个人负责制。我知道这非常难办。但是正因为难办，您就应该全力以赴。"⑥毛泽东也指出："所谓发挥积极性，必须具体地表现在领导机关、干部和党员的创造能力，负责精神，工作的活跃，敢于和善于提出问题、发表意见、

---

① 毛泽东：《一九四五年的任务》，《毛泽东文集》，第3卷，第242—243页。
② 毛泽东：《在扩大的中央工作会议上的讲话》，《建国以来毛泽东文稿》，第10册，第23—24页。
③ 毛泽东：《对"无产阶级专政的历史经验"稿的批语和修改》，《建国以来毛泽东文稿》，第6册，第61页。
④ 邓小平：《在扩大的中央工作会议上的讲话》，《邓小平文选》，第1卷，第298页。
⑤ 邓小平：《对起草"关于建国以来党的若干历史问题的决议"的意见》，《邓小平文选》，第2卷，第296页。
⑥ 列宁：《关于改革人民委员会、劳动国防委员会和小人民委员会的工作问题》，《列宁全集》，第42卷，第388—389页。

批评缺点，以及对于领导机关和领导干部从爱护观点出发的监督作用。没有这些，所谓积极性就是空的。"①

2. 集体责任制、一长制和个人负责制

马克思主义经典作家注重的是四种与政策责任有关的责任体制。

第一种是集体责任制或集体管理制。这种体制强调的是集体责任下的分工负责制，包括以下要点。

一是建立与职责结合的责任制。列宁指出："我们应当开始严格区分民主的两种职能：一种是辩论和开群众大会，另一种是对各项执行的职能建立最严格的责任制和无条件地在劳动中有纪律地、自愿地执行各项必要的指令和命令，以便使经济机构真正像钟表一样工作。……在每一具体场合由谁来负责一定的执行的职能，负责执行一定的命令，在一段时间内负责领导整个劳动的一定过程。群众应当有权为自己选举负责的领导者。群众应当有权撤换他们。群众应当有权了解和检查他们活动的每一个细节。群众应当有权推举任何工人群众承担执行的职能。"②邓小平也指出："在管理制度上，当前要特别注意加强责任制。现在，各地的企业事业单位中，党和国家的各级机关中，一个很大的问题就是无人负责。名曰集体负责，实际上等于无人负责。一项工作布置之后，落实了没有，无人过问，结果好坏，谁也不管。所以急需建立严格的责任制。"③

二是建立领导分工机制。列宁指出："每个苏维埃委员会和每个苏维埃机关必须毫无例外地立即：第一，通过一项决议，明确各个委员或负责人员的分工和责任；第二，十分明确地规定执行各种委托（特别是同迅速而正确地收集和分配原料和产品有关的委托）的人员的责任。"④

三是确立部门分工机制。列宁指出："现在需要集体管理机构的每一个委员，负责机关的每一个成员都把工作担当起来，对它完全负责。任何一个人，只要负责一个部门，就一定要事事负责，既管生产，又管分配。……办事要雷厉风行，每项重要工作都要指定专人负责，他们每一个

---

① 毛泽东：《中国共产党在民族战争中的地位》，《毛泽东选集》，第 2 卷，第 494 页。
② 列宁：《"苏维埃政权的当前任务"一文初稿》，《列宁全集》，第 4 卷，第 142—144 页。
③ 邓小平：《解放思想，实事求是，团结一致向前看》，《邓小平文选》，第 2 卷，第 150—151 页。
④ 列宁：《关于苏维埃机关管理工作的规定草稿》，《列宁全集》，第 35 卷，第 359—360 页。

人都要明确自己的任务,切实负责,直到用脑袋担保。"①邓小平也指出:"按照体制改革的要求,包括要有完善的规章制度、工作方法、领导方法,那就不是一次能够完成的。要建立很多规章制度。比如讲责任制,什么责任,归哪个部,归哪个人承担,都要明确。国务院合并这么多部,如果照老的方法可不行啦!副总理减到两个,这就要随着机构改革,加强部委的工作,加强部委处理问题的责任和能力,部里要加强司局的责任和工作能力。相应地,也要加强厂矿企业、一些公司的责任。不改革,不行。"②

四是建立集体办公制度。邓小平指出:"集体领导解决重大问题;某一件事、某一方面的事归谁负责,必须由他承担责任,责任要专。应该说,过去我们的书记处工作效率不算低,原因之一就是作出决定交给专人分工负责,他确实有很大的权力,可以独立处理问题。现在反正是画圈,事情无人负责,很容易解决的问题,一拖就是半年、一年,有的干脆拖得无影无踪了。办事效率太低,人民很不满意。这样能够搞四个现代化呀?我希望,从重新建立书记处开始,中央和国务院要带头搞集体办公制度,不要再光画圈圈了。书记处和国务院的某些工作,不一定全体成员都参与,有几个人一议,就定了。有些事情可以一面做,一面报告政治局和常委;要上面讨论的事情可以等,备案性质的就不要等。各级都要实行集体领导、分工负责。"③

五是区分议事责任。邓小平指出:"是不是可以把问题大体上分为两种性质:一种叫日常性质的问题;一种叫重大的问题,或者是政策性质的、重大性质的问题。日常的问题,总是要分工负责点头的。第一书记不点头是不行的呀。如果每一件事情都开委员会讨论,开书记处会议讨论,这样开会要开死人的呀。总是或者由第一书记,或者由第二书记,或者由其他书记,分工负责,该点头的还是要点头才行。但是,重大的问题,就必须分别情况,提到委员会,提到常委会,或者提到书记处,加以讨论,大家取得共同的意见,作出共同的决定。"④

---

① 列宁:《在全俄国民经济委员会第二次代表大会上的讲话》,《列宁全集》,第35卷,第395页。
② 邓小平:《在军委座谈会上的讲话》,《邓小平文选》,第2卷,第409—410页。
③ 邓小平:《坚持党的路线,改进工作方法》,《邓小平文选》,第2卷,第282页。
④ 邓小平:《在扩大的中央工作会议上的讲话》,《邓小平文选》,第1卷,第311页。

第二种是"一长制"。列宁指出:"集体管理制,作为组织苏维埃管理的基本形式,是在初期即一切需要从头建设的时期所必需的一种萌芽的东西。但是,在组织形式已经确定、已经比较稳定的情况下,要进行实际工作,就必须采取'一长制',因为这种制度最能保证最合理地利用人力,最能保证对工作进行实际的而不是口头的检查。"① "通过'一长制'管理人员进行管理是正确的,至于究竟由谁来充当这种管理人员,由专家来充当还是由工人来充当,就要看我们有多少旧管理人员和新管理人员。"② 斯大林也指出:"人们时常问,为什么我们没有一长制呢?只要我们还没有掌握技术,我们就没有而且不会有一长制。……任务就是我们自己掌握技术,成为内行。只有这样才能保证我们的计划全部完成,而一长制也才能实行。"③ "需要把我们的公司由委员会管理制改为一长管理制。现在的情况是公司的委员会里有十个至十五个人坐在那里写公文,讨论讨论问题。继续执行这样的管理方法是不行的。必须停止纸上的'领导'而去进行真正的、实事求是的、布尔什维克的工作。"④ 毛泽东则指出:"例如一长制,中央曾经批转过某些地区的经验,认为可以试行。那个时候对这个问题还没有经验,就不能下一个断语,说一长制不好。一直到不久以前,我们才断定一长制不好,集体领导同个人负责相结合的制度好。"⑤

第三种是建立在集体负责制基础上的"个人责任制"。列宁指出:"当前的首要任务不是颁布法令,不是改组,而是选拔人才,建立个人对所做的工作负责的制度,检查实际工作。"⑥ "建立明确的专人负责制是人民委员会办公厅和劳动国防委员会办公厅最重要的工作。我将最严格地要求这一点。"⑦ 斯大林也指出:"管理机关的官僚主义和文牍主义,'一般

---

① 列宁:《在全俄国民经济委员会第三次代表大会上的讲话》,《列宁全集》,第38卷,第84—85页。
② 列宁:《俄共(布)第九次代表大会文献》,《列宁全集》,第38卷,第290页。
③ 斯大林:《论经济工作人员的任务》,《斯大林全集》,第13卷,第36页。
④ 斯大林:《新的环境和新的经济建设任务》,《斯大林全集》,第13卷,第71页。
⑤ 毛泽东:《关于第八届中央委员会的选举问题》,《毛泽东文集》,第7卷,第102页。
⑥ 列宁:《关于改革人民委员会、劳动国防委员会和小人民委员会的工作问题》,《列宁全集》,第42卷,第394—395页。
⑦ 列宁:《致尼·彼·哥尔布诺夫(1921年9月3日)》,《列宁全集》,第51卷,第273—274页。

领导'的空谈代替了实际的具体领导,各组织实行职能管理制而缺乏个人负责制,工作中的无人负责和工资制中的平均主义,对执行情况缺乏经常的检查,害怕自我批评——这就是我们的困难的根源。"① 毛泽东则强调:"集体领导和个人负责,二者不可偏废。"② "必须懂得,集体领导和个人负责这样两个方面,不是互相对立的,而是互相结合的。而个人负责,则和违反集体领导原则的个人独裁,是完全不同的两件事。"③ 邓小平也强调:"官僚主义的另一病根是,我们的党政机构以及各种企业、事业领导机构中,长期缺少严格的从上而下的行政法规和个人负责制,缺少对于每个机关乃至每个人的职责权限的严格明确的规定,以至事无大小,往往无章可循,绝大多数人往往不能独立负责地处理他所应当处理的问题,只好成天忙于请示报告,批转文件。有些本位主义严重的人,甚至遇到责任互相推诿,遇到权利互相争夺,扯不完的皮。"④

第四种是"牵头责任制"。邓小平指出:"在任何一个组织中,不仅需要分工负责,而且需要有人负总责。没有小组长,一个小组也不能行动,这难道不是人所共知的常识吗?"⑤ "没有主要负责的机关,也没有指定主要负责的人,往往一件事情很长时间不能解决。这种官僚主义,就是由于没有统一领导,没有专人负责而来的。以后凡是涉及几个部门的事情,必须召集在一块,商定方针步骤,一致执行;重大一点的问题必须组织一个专门小组或委员会,指定主要负责的人员,以专责守。经验证明,这种方法是好的。"⑥

3. 垂直问责与水平问责

伊斯顿指出,无论系统成员追求的目标是什么,这些成员都必须使负责制定政策的人们注意到就此制定政策的必要。一般说来,只要系统的运行规则和结构允许,系统中任何一名成员都可能向各种决策中心提出问

---

① 斯大林:《在党的第十七次代表大会上关于联共(布)中央工作的总结报告》,《斯大林全集》,第13卷,第324页。
② 毛泽东:《关于健全党委制》,《毛泽东选集》,第4卷,第1283页。
③ 毛泽东:《在中国共产党全国代表会议上的讲话》,《毛泽东文集》,第6卷,第391—392页。
④ 邓小平:《党和国家领导制度的改革》,《邓小平文选》,第2卷,第328页。
⑤ 邓小平:《关于修改党的章程的报告》,《邓小平文选》,第1卷,第234页。
⑥ 邓小平:《在西南局城市工作会议上的报告提纲》,《邓小平文选》,第1卷,第182—183页。

题。就民主系统来说，起码形式上确实如此。① 由此提出的"政策问责"问题，可以采用"垂直问责"与"水平问责"的不同程序性安排来解决。

在西方学者看来，对政策最有效的垂直问责就是选举。如戴蒙德所言，最好的问责机制就是真正民主的选举，在这样的选举中，公民们对官员的行为进行评估，并撤换那些表现不佳的官员。② 达尔也指出，如果政府的高层官员能够决定议程，实行的政策和公民愿望毫无关系，那么它不符合我们的要求。如果高层官员是由公民选举产生的，而且公民还可以在以后的选举中把他们撤换掉，这样，借助选举，官员不得不多多少少担负种种责任。这么一种办法，虽然远没有尽善尽美，但却是唯一可行的办法。③ 古特曼和汤普森则认为，商议性问责制使得民主变得更具有正当性。在商议论坛中，每个人都是对所有人负责的。政治代议制是商议民主一个必要的和可欲的程序。代议制向普遍问责制提出了两个挑战，一个与谁给出理由有关，另一个与应该向谁给出理由有关。要满足民主问责制的要求，代表们必须不但考虑他们选举上选民的要求，而且要考虑我们称之为他们道德上选民的要求，后者不但包括其他国家的公民，而且包括未来世代的成员。④

需要注意的是，对于选举所具有的政策问责功能，有人持的是怀疑态度。如维克斯所言，全体选民是最终的课责权持有者，无论他们有多么严肃的动机，但在评判政策制定者的绩效方面，比起其他领域的评判，他们更不能胜任。我们的政治系统被设计来约束那些对民众不负责任的权力的运用，而不是被设计来确保对于国民的负责任的权力的运用。权威和信任在政治社会中起着不小的作用，而且需要它们更加成功地发挥功能。在政治争论领域是不得不去赢得和保持这种权威和信任的（而且通常是通过竞争去获得的）。假如我们的政策制定就是确保我们的"平衡"，而不管最庄重的"优化"的话，那么政策制定（以及政策封锁）的责任必须更清楚地被我们的文化和我们的机构所鉴别。⑤

除了选举承担的垂直问责的功能外，其他有效的垂直问责机制还应包

---

① ［美］戴维·伊斯顿：《政治生活中的系统分析》，第56—57页。
② ［美］拉里·戴蒙德：《民主的精神》，第355页。
③ ［美］罗伯特·达尔：《论民主》，第91、102页。
④ ［美］阿米·古特曼、丹尼斯·汤普森：《民主与分歧》，第145—146页。
⑤ ［英］杰弗里·维克斯：《判断的艺术——政策制定研究》，第118、136、193、201页。

括公众听证会、公民审计以及信息自由法等。①

平行问责强调的是平行机构之间的问责，如戴蒙德所言，平行问责制赋予政府的某些机构以监督其他机构、官员或者政府部门之作为的权力与责任。当与政府平行问责制相关的政府机构有系统地相互连接并交叉重叠时，政府的公开与透明就会得到最佳的体现。②

平行问责或者"横向问责"，可能会对决策速度产生影响。如奥唐奈所言，在制度化的民主制下，责任不仅是纵向的，也就是使被选举的官员对投票箱负责；而且也是横向的，即通过一套能提出质疑的相对自治的权力网络的检测，最终惩罚那些不正当地推卸责任的在职官员。由于政策是通过一系列相对自治的权力得到实施的，因此代议制民主下的决策往往是迟缓的、渐进的，有时甚至会陷于僵局。但是，基于同样的原因，这些政策也往往避免了因草率从事而导致的错误；更有甚者，错误的责任往往被广泛地分担了。③

平行问责不仅需要明确决策责任，还要明确执行责任。西蒙指出，由于行政管理机构必须作出许多必要的价值判断，所以它必须对远远超出法律明文规定的社会价值作出响应。虽然往往把价值判断的职能委派给行政管理者，但是必须保证在出现意见分歧时他能完全负责。④ 黑尧也指出，一旦漠视民主的课责，则也有可能出现人民因抗拒对他们所施加的不合理负担，从而破坏政策效率性。有一些提出民主政治替代模式的文献，将重点放在扩大多元主义并使其更加均衡的方法上，其他文献则注意到将权力转移到次级政府的更佳方法。然而还有尚待处理的重要问题，是有关执行公共政策的组织，如何增加他们的直接公共课责能力。⑤

与"政治问责"和"行政问责"等相比，"政策问责"还是一种较少被使用的概念。与政策有关的责任以及与之相关的问责要求，实际上早就引起了马克思主义经典作家和西方学者的注意，我们不过是把各种论述集中在"政策问责"的概念下，以使人们更加重视这种问责的存在与发展。

---

① [美]拉里·戴蒙德：《民主的精神》，第355页。
② 同上书，第355、359页。
③ [美]基尔摩·奥唐奈：《论委任制民主》，载《民主与民主化》，第46—70页。
④ [美]赫伯特·A.西蒙：《管理行为》，第9页。
⑤ [美]米切尔·黑尧：《现代国家的政策过程》，第245、247—248页。

四　政策评估程序

按照"政策系统"的要求,政策民主要求的程序化的政策评估,不仅仅是一种绩效评估,还是形成"政策反馈"的重要载体,由此"去形式化"的政策评估就有了更重要的作用。

(一) 政策评估的多元主体

政策评估的主体无疑是多元的,西方学者重点强调的是公民、专家、舆论、当局四类主体。

公民应该是最受到重视的政策评估主体。对于这样的论点,需要强调的是以下理由。(1) 公民享有评价自由。贡斯当指出,政治自由把对公民最神圣的利益的关切与评估毫无例外地交给所有公民。① 罗尔斯也指出,所有的公民都应有了解政治事务的渠道,他们应该能够评价那些影响他们福利的提案和推进公共善观念的政策。② (2) 公民最关心政策的运作情况。孔德指出,人民主要关心的只是政权在什么人手里能有效地运用,而不是由自己专门去夺取。人民自然抱有这样的愿望:关于权利的激烈的无谓争论最终将被对各种基本任务(普遍的或特殊的)作出充实而有益的评价取而代之。③ (3) 评估政策是公民的责任。科恩指出,如最终要由公民自己来决定政策,他们应受的教育必然会更有可能超越技术性范围而扩及评价政策的问题。由于评价政策是普遍的责任,着重教育必然会更有可能得到鼓励在多数人中推广。④

舆论可以发挥引导和评估政策的重要作用。如布赖斯所言,内阁或议会如果觉得舆论的趋势已经不赞成他们的政策了,他们一定要变更方针。凡是政治作用的报纸大概是运用两种方法。第一种方法是论评,论评市场是反对或鼓吹一种政策,并且在相当范围内,是披露各种重要政策。第二种方法是为事实张本。⑤

---

① [法] 贡斯当:《古代人的自由与现代人的自由——贡斯当政治论文选》,第45页。
② [美] 罗尔斯:《正义论》,第223页。
③ [法] 奥古斯特·孔德:《论实证精神》,第63—64页。
④ [美] 卡尔·科恩:《论民主》,第240页。
⑤ [英] 布赖斯:《现代民治政体》,第100、160页。

专家往往是政策评估的重要力量。如豪利特和拉米什所言,政策过程中的另一类重要的社会行动主体是工作在大学和思想库的研究人员,通过可持续的分析和批评,他们能够在公共政策领域取得显著的影响。[①]

当局作为政策的"局内者"或"内部者",在现实中往往承担着最重要也是最直接的政策评估者的角色。由此,需要强调当局政策评估的三方面作用。(1)调整或改变政策输出。伊斯顿指出,如果我们把输出当作这样一种机制,当外部变迁所产生的问题由变化着的要求和支持反映出来时,一个系统中的当局可以通过这种机制处理这些问题,那么我们就势必会从真实的、运动的方面去看待这些输出。它们并不是要求消极累加的总和,相反,当局或那些政治上正受到当局有效激励的有关成员,能够积极干预事件的进程,它们能够建设性地作用于要求或问题,能够重新组合、重新评价、采纳或反对它们,当局本身就能发起一种出乎系统其他成员意料的全新要求,我们不得不把当局者等同于源自政治系统的输出的制造者。[②](2)协调各机构关系。詹姆斯·威尔逊指出,除了那些行动最为迟缓的机构外,其他所有机构都因为这种减少特权参与、增加竞争参与的措施而有了一定程度的争论和评议。在这种环境下,一个机构面对单一的信息和动机来源的情况越来越少了。[③](3)减少官僚习气。詹姆斯·威尔逊指出,如果某个机构试图拥有使命感,如果各种限制能被最小化,如果权威可以分散化,如果官员的考核取决于他们制造的"产出"而不是他们消耗的"投入",那么立法者、法官和游说人士将不得不逆其自身利益而行。他们将不得不对具有影响力的议员选举人说"不",放弃拓展他们自己声望的机会,并郑重接受任务去评判一个新计划的组织可行性和政治大众性。[④]需要注意的是,当局的政策评估,可能在"事前评估"还是"事后评估"方面产生矛盾。如彼得斯所言,就某种程度来讲,中央机关可以通过在政策执行前或在政策制定阶段把自己的观点置于政策之上,从而操纵着对政策的评估。[⑤]

---

① [加]迈克尔·豪利特、[澳] M. 拉米什:《公共政策研究:政策循环与政策子系统》,第100—101页。
② [美]戴维·伊斯顿:《政治生活中的系统分析》,第414—415、418—419页。
③ [美]詹姆斯·Q. 威尔逊:《官僚机构:政府机构的作为及其原因》,第115页。
④ 同上书,第509页。
⑤ [美]盖伊·彼得斯:《政府未来的治理模式》,第118页。

(二) 政策评估的基本标准

进行有效的政策评估，需要确立明确的政策评估标准。马克思主义经典作家和西方学者都对政策评估提出了一些重要的标准。

1. 政策的价值标准

对政策进行价值评判，可能涉及本书第五章论及的所有问题。仅就政策评估而言，主要考虑的应该是三种标准。

第一种标准是个人的价值尺度。柯武刚和史漫飞指出，个人的人类价值是评价制度和公共政策的准则。政策制定者有时会将这些价值作为明确的政策目标，甚至将这些目标载入宪法和政治纲领。然而，基本价值本身并不是抽象的目标，它们永远固定于个人的人类愿望之中。①

第二种标准是公平性。海涅曼等人指出，在政治性方面，如果缺乏对行政或政治过程的足够的关注，就会促成对问题的狭窄的纯粹技术性分析。当选官员除了考虑技术有效性和效率之外，还必须考虑其他因素，例如，政策对投票人的吸引力，以及决策对于个人职业目标的启示。另外一个被政策制定者认真考虑的因素是公平，因为公众认为公平是一个重要的政策评价标准。②

第三种标准是正义性。罗尔斯指出，一个完整的正义观不但能够设计法规和政策，而且也能评价用于选择要被制定为法律的某种政治观的程序。正义的法律和政策就是将在立法阶段制定的法律和政策。为了解决社会、经济政策的各种问题，我们必须转而回溯一种准程序正义的观念，即只要各种法律和政策处在允许的范围内，并且一种正义宪法所授权的立法机构事实上制定了这些法律和政策的话，这些法律和政策就是正义的。③

2. 政策的过程标准

政策的"过程"评估标准，强调的是政策过程是否合法、合理，是否遵循了事前设定的规则，西方学者主要强调的是四方面的评估。

一是审查程序和规则。本哈比指出，民主理论和一般的道德理论不同，它必须关注制度的规范及其实践可能性的问题。尽管如此，话语模式

---

① [德] 柯武刚、史漫飞：《制度经济学：社会秩序与公共政策》，第89页。
② [美] 罗伯特·海涅曼等：《政策分析师的世界：理性、价值观念和政治》，第57页。
③ [美] 罗尔斯：《正义论》，第193、198、199页。

的程序性约束可以担当起检验标准的重任，对成员标准、议题设置规则和制度内及制度间公共讨论之结构性规范进行评估。[①] 古特曼和汤普森也指出，商议民主并不要求一种对于公共政策甚或对于宪法性法律的一致同意，处于它的中心的是一种对于各种设置政治讨论条件的原则的评价。[②]

二是评价决策者。佩特曼指出，普通人也许对自己周围的事情更感兴趣，如果存在一个参与性社会，个人能够更好地评价国会议员的行为；如果有机会，他将更有能力作出全国性的决策，也更有能力评价国会议员在关于他们自己的生活和周围环境的事务方面所作出的决策的效果。[③]

三是评估民意。巴特尔斯指出，评估和解读民意在政策制定过程中的角色，首先需要对民意是什么有一定程度的清晰认识。对于特定的公共政策事务，民众会有明确的观点——或他们不会。如果民众的确拥有目标明确的政策偏好，这些偏好会与他们范围更广的政治价值观保持内在一致的合理相关——或它们不会。[④] 巴伯也指出，虽然人类的各种偏好是不可通约的，但是它必须被表达、选择和排序，因而也可以进行比较和评估。[⑤] 李普曼则认为，如果民意要想发出声音，那就必须利用新闻界加以组织，而不是像今天的情况那样由新闻界加以组织。进行这样的组织首先是政治科学的任务，它应当得到作为策划者的适当地位，并走在实际决策之前，而不是充当决策作出之后的辩护士、评论员和辩护人。[⑥]

四是评估决策。西蒙指出，决策总是可以从相对意义上来评价，就是只给定要实现的目标，就可以确定决策是否正确。如果管理者每次面临决策时都必须根据人类所有价值去评价决策，那管理就不可能存在理性。如果他只需要按照有限的组织宗旨来考虑决策，他的任务才处于人力所及的范围。若管理者要对自己的决策负责，这种全力关注有限价值要素的做法几乎是必不可少的。广义地说，一项决策如果与一般的社会价值标准相吻合，如果从社会角度来看其后果是可取的，决策就是"正确的"。狭义地说，一项结果如果与组织给决策者制定的参考框架保持一致，决策就是

---

① [美] 塞拉·本哈比：《走向协商模式的民主合法性》，载《民主与差异：挑战政治的边界》，第71—95页。
② [美] 阿米·古特曼、丹尼斯·汤普森：《民主与分歧》，第100页。
③ [美] 卡罗尔·佩特曼：《参与和民主理论》，第102—103页。
④ [美] 拉里·巴特尔斯：《不平等的民主：新镀金时代的政治经济学分析》，第127页。
⑤ [美] 本杰明·巴伯：《强势民主》，第235页。
⑥ [美] 沃特尔·李普曼：《民意》，第38页。

"正确的"①。

3. 政策的结果标准

以政策结果来评估政策的优劣程度,西方学者重点强调的是以下五类标准。

第一类是政策效率标准。阿普特指出,政策效率评价包括以下因素。(1) 我们需要将政府作出的决策作为样本。这些决策也许出现于公共演讲、宣言或其他的政府文件,或者出现于发展计划中。(2) 我们需要评估成本,即实现目标的支出。(3) 我们需要评估决策者为了维护政治体系所获得的关于决策结果的信息——不是技术信息,而是关于忠诚和支持的情况,最难获得的是关于决策对民众期望产生的影响和关于民众满足的信息。(4) 我们需要观察以武力行动表现出来的强制,例如拘留,或政府对个人和群体使用武力的威胁。②

第二类是政策功过标准。麦金太尔指出,在我们的社会与政治秩序的实际环境下,人们对各种政策和政治家们的看法都会有分歧。每一项特殊的使命、每一项特殊的责任都必须靠其自身的功过来得到评价。③

第三类是政策心理标准。沃拉斯指出,大多数人的大多数政治见解并非是受经验检验的推理的结果,而是习惯所确定的无意识和半无意识推理的结果。负责的政治决定,无论正确还是错误,永远是有意识推理的结果的论断,是站不住脚的。新的理智行为理想可能要等从许多方面涉及我们生活的心理态度发生更大变化后才能在政治中产生有效影响。那些希望提高民主主义的安全系数的人必须具备寻求真理的精神,既要估计每个公民的政治力量在一定时期内能被道德和教育的变化增强到什么程度,又要估计在民主结构中维持、扩大或发明那些能防止对公民过高要求的办法的可能性。④

第四类是理性选择标准。埃里诺·奥斯特罗姆指出,制度性的理性选择集中以经济效率、融资均衡、再分配公平、问责制、与普遍的道德一致、适应性六个标准评估政策结果。在民主政治中,官员应就公共基础设施和自然资源的开发和使用对公民负责。对责任的关注不必与效率和公平

---

① [美] 赫伯特·A. 西蒙:《管理行为》,第51、243页。
② [美] 戴维·阿普特:《现代化的政治》,第282—283页。
③ [美] 麦金太尔:《追寻美德:伦理理论研究》,第311、324页。
④ [英] 沃拉斯:《政治中的人性》,第66、71—72、128、154页。

的目标有太大的冲突。事实上，实现效率要求决策者能获得关于公民偏好的信息，要实现责任也是如此。有效地聚集这些信息的制度安排，有助于在增强责任和促进再分配目标实现的同时达到效率。①

第五类是政策效果标准。戴伊指出，政策评估就是了解公共政策所产生的效果的过程，就是试图判断这些效果是否是所预期的效果，就是判断这些效果与政策的成本是否符合的过程。政策评估是一个异常复杂的过程，它所涉及的首要内容是目标的具体化，也就是政府所制定政策的预期结果。但是，既定政策所表述的目标常常是模糊不清或者是模棱两可的。政策评估所涉及的第二个重要内容，是它要求对政府政策活动的影响有一系列的评估手段。评估政策的影响与评估政策的结果并不是一回事。就是说，评估政策的影响和评估政府机构花费了多少金钱，或者政府机构为多少客户提供了服务，是两码事。更准确的表述是，政策评估要求对政策给社会所带来（造成）的实际变化加以测评。政策评估涉及的第三个重要内容，是它要求就政府行为对"目标群体"（即那些政策直接指向和影响的群体）所产生的影响加以测评，同时又要求就政府行为对"非目标群体"（即政策不直接影响但有可能间接影响到的群体）所产生的影响加以评估。政策评估应当既包括政策的预期后果又包括其非预期的后果，既包括政策短期的影响又包括政策的长期影响。政策评估还要求对一项政策的实际成本加以评估，这意味着在政府预算中不仅要准确地报告一项政策的成本，同时还要搞清楚那些没有反映在政府预算中的政策对社会所产生（带来）的成本代价。政策评估涉及的最后一个内容，也许是最重要的内容，它要求对政策产生的"纯"效益和"纯"成本之间的平衡加以计算和评价。②

4. 实事求是的评估标准

马克思主义经典作家强调的是"实事求是"的政策评估标准，并提出了以下要求。

第一，真实评估政策要求"讲真话"。毛泽东指出："讲真话问题，包产能包多少，就讲能包多少，不讲经过努力实在做不到而又勉强讲做得

---

① [美]埃里诺·奥斯特罗姆：《制度性的理性选择：对制度分析和发展框架的评估》，载《政策过程理论》，第42—91页。

② [美]托马斯·R.戴伊：《自上而下的政策制定》，第203—206页。

到的假话。收获多少,就讲多少,不可以讲不合实际情况的假话。对各项增产措施,对实行八字宪法,每项都不可讲假话。老实人,敢讲真话的人,归根到底,于人民事业有利,于自己也不吃亏。爱讲假话的人,一害人民,二害自己,总是吃亏。应当说,有许多假话是上面压出来的。上面'一吹二压三许愿',使下面很难办。因此,干劲一定要有,假话一定不可讲。"①"现在有种空气,只讲成绩,不讲缺点,有缺点就脸上无光,讲实话没有人听,造假,讲得多,有光彩。上面规定的任务,他总说完成了,没有完成就造假。现在的严重问题是,不仅下面作假,而且我们相信,从中央、省、地到县都相信,主要是前三级相信,这就危险。如果样样都不相信,那就变成机会主义了。群众确实作出了成绩,为什么要抹杀群众的成绩,但相信作假也要犯错误。"②邓小平也指出:"文化大革命中公布的数字就有虚假,有重复计算的问题,有产品不对路、质量很差的问题。知道这一点对我们今天考虑问题有好处。以后要求的速度、数字是扎扎实实的,没有水分的,产品要讲质量的,真正能体现我们生产的发展。如果做到这一点,其他的作风也都会变,管理水平、技术水平也会提高,实际得到的利益多得多。"③

第二,实践是检验政策是否正确的唯一标准。邓小平指出:"要发展生产力,就要实行改革和开放的政策。不改革不行,不开放不行。……我们中国常说一句话,叫做'实践是检验真理的唯一标准'。经过十年来的实践检验,证明我们党的十一届三中全会以来制定的一系列路线、方针、政策是正确的,我们实行改革开放是正确的。"④"实践是检验真理的唯一标准,实践是检验路线、方针、政策是否正确的唯一标准。"⑤

第三,实事求是的政策评价。毛泽东指出:"我们是马克思主义者,马克思主义叫我们看问题不要从抽象的定义出发,而要从客观存在的事实出发,从分析这些事实中找出方针、政策、办法来。"⑥邓小平也指出:"我们开会,作报告,作决议,以及做任何工作,都为的是解决问题。我

---

① 毛泽东:《党内通信》,《建国以来毛泽东文稿》,第8册,第237页。
② 毛泽东:《在武昌会议上的讲话》,《毛泽东文集》,第7卷,第446页。
③ 邓小平:《关于经济工作的几点意见》,《邓小平文选》,第2卷,第197—198页。
④ 邓小平:《思想更解放一些,改革的步子更快一些》,《邓小平文选》,第3卷,第265页。
⑤ 邓小平:《建设社会主义的物质文明和精神文明》,《邓小平文选》,第3卷,第28页。
⑥ 毛泽东:《在延安文艺座谈会上的讲话》,《毛泽东选集》,第3卷,第810页。

们说的做的究竟能不能解决问题，问题解决得是不是正确，关键在于我们是否能够理论联系实际，是否善于总结经验，针对客观现实，采取实事求是的态度，一切从实际出发。"① "我们评价一个国家的政治体制、政治结构和政策是否正确，关键看三条：第一是看国家的政局是否稳定；第二是看能否增进人民的团结，改善人民的生活；第三是看生产力能否得到持续发展。"②

政策评估的各种标准，无论是宏观的实事求是的评估标准，还是较具体的价值标准、过程标准和结果标准，都应该是事前设定或常规性设定的，而不是事后设定的；因为政策结束后才确定评估标准，不能满足政策评估随时性、完整性和科学性的需要。

（三）政策评估方式的选择

为进行有效的政策评估，需要在各种政策评估方式中作出选择。我们的介绍涉及选举和非选举两类政策评估方式。

通过选举进行政策评估，是西方学者重点强调的政策评估方式。对于这样的评估方式，需要注意的是以下三个特征。（1）事后的政策评估。唐斯指出，政党的所有行动都是以选票最大化为目的的，而政策仅仅被视为达到这一目的的手段。每次选举不仅是一个政府选择器，而且也是一种信号器，每一次选举都是对执政党政绩的一个事后的评判。③（2）非正式的政策评估。豪利特和拉米什指出，在选举或者公民表决的时候，选票表达了投票者对于政府及其计划和政策的效率和效果的非正式的评估。当公民在选举中表达他们的偏好情绪时，作出的评估通常是对于一届政府的表现的总的判断，而非针对特定政策的效果和作用。尽管如此，公众对于政府行为的无效或有害效果的感知能够并且确实影响选举行为，这是政府在它们的选举危险中忽略的现实。④（3）具有引入新政策的可能性。多姆霍夫指出，当极端的国内问题导致社会分裂时，选举是引入新政策的一种重要途径。所以，选举能够而且确实重要，选举使得并不富裕的公民至少能

---

① 邓小平：《在全军政治工作会议上的讲话》，《邓小平文选》，第 2 卷，第 113—114 页。
② 邓小平：《怎样评价一个国家的政治体制》，《邓小平文选》，第 3 卷，第 213 页。
③ [美] 唐斯：《民主的经济理论》，第 31、38 页。
④ [加] 迈克尔·豪利特、[澳] M. 拉米什：《公共政策研究：政策循环与政策子系统》，第 300—301 页。

够表达点什么,而且选举为批评社会系统提供一个机会。①

不采用选举的政策评估方式,可以在非选举的五种政策评估方式中进行选择。

第一种是市场评估方式。奥斯本和盖布勒指出,由于市场涉及数以百万计的独立的决策,而每一个市场参与者经常在评估他们的决策,因而市场在改正错误方面是相当迅速的。②

第二种是记录评估方式。李普曼指出,在我们自身可能具有的相当狭窄的注意力范畴之外,社会控制取决于设计出生活标准与查核方法,据此来衡量政府官员和产业领袖的行为。我们不可能像那些玄妙的民主主义者一贯想象的那样亲自激发或指导所有这些行为,但是我们可以坚持将所有这些行为记录在案并客观评估其结果,从而加强我们的实际控制。③

第三种是信息评估方式(包括互联网评估方式)。奥菲指出,咨询、交涉、互通信息以及对特定政策可能遇到抵制或得到支持而进行的评估技术等等,在公共政策制定过程中都假定具有其相应的作用,而且决不限于补充性的作用。④ 博格斯也指出,因为网络使信息流动民主化,现在更多人有条件去表达自己的看法,批评权力结构,甚至渴望在开放的电子社区"发表"他们的观点。毫无疑问,技术远非一个简单的中立性工具,它总是受更大的社会力量更广的社会过程所决定。⑤

第四种是民意调查方式。埃布登指出,专题小组和民意调查可以部分消除公民参与的障碍,而且可以向政府官员提供有价值的资讯以帮助他们设计预算优先项目。⑥ 卡普兰也指出,有批评者认为,民意调查会损害民主,主要的原因在于民意调查缺乏让人们认真权衡政策后果的激励。不同于选举,民意调查并不能改变政策,是这样吗?错!政客们常常根据民意调查来采取行动。接受调查者具有与选民一样多、或一样少的动机去认真

---

① [美] 多姆霍夫:《谁统治美国:权利、政治和社会变迁》,第289—290页。
② [美] 戴维·奥斯本、特德·盖布勒:《改革政府:企业家精神如何改革着公共部门》,第216、233页。
③ [美] 沃特尔·李普曼:《民意》,第292页。
④ [德] 克劳斯·奥菲:《福利国家的矛盾》,第33页。
⑤ [美] 卡尔·博格斯:《政治的终结》,第343—344页。
⑥ [美] 卡罗尔·埃布登:《超越公共听证会:地方政府预算过程中的公民参与》,载《公民参与》,第32—48页。

地思考。①

第五种是自上而下的政策评估方式。戴伊指出，当精英集团试图判断现行政策是否符合他们自己的喜好、利益和价值取舍时，便开始了自上而下的政策评估过程。关于政府政策的效果如何，精英们可能会以各种各样的方式得到反馈。他们可以直接通过自己管理的组织提供的信息，对政策的效果加以判断。有关政府政策效果情况的报告通常都是从本领域的信息中筛选过滤而产生的。各基金会和智囊团在自上而下的政策评估过程中同样扮演着重要的角色。大众传媒通常以自己独特的方式加入政策评估的行列。媒体热火朝天炒作的新闻报道和故事经常会促使精英们对有关政策进行审视，然后作出自己的判断。政府自己很少进行有意义的政策评估。一般说来，政府实施的政策评估只限于以下方面：（1）各种听证会和各种报告；（2）政策结果评估；（3）公民的意见和投诉。政府很少致力于测评它的活动对社会造成的影响，同时它也不会努力去测算政策成本和政策效益之间的比例如何。②

多样化的政策评估方式，需要作出因地制宜的选择，并且都要面对评估方式是否有效或有用的问题。应该承认，在这方面还缺乏更有效的方法，政策评估在政策过程中始终处于"有待加强"的境况，并不是容易改变的。

（四）反馈与纠错

通过全面、真实的政策评估，可以形成对政策的反馈，并在必要的情况下，启动纠错程序。在循环的政策过程中，反馈与纠错也是重要的程序性因素，因此需要作专门的说明。

1. 政策反馈的系统性功能

反馈对政策带来的系统性的功能，伊斯顿有以下解释。（1）学习。因为它们能够通过记忆系统而储存信息、有选择地召回储存的信息以供仔细审查，并运用决策规划以对它们进行评价，所以这些系统就能够学习。如果不具有一系列复杂的反馈过程，这样的一个系统就不能学习或调整其行为。（2）纠错。关于系统状况、关于它与所欲目标的距离和关于已经

---

① ［美］布赖恩·卡普兰：《理性选民的神话——为何民主制度选择不良政策》，第158页。
② ［美］托马斯·R.戴伊：《自上而下的政策制定》，第206—213页。

采取行动的过去的和现存的影响的回归信息,能使系统的决策中心从事任何被认为是达到目标所切实可行的和必须的纠正行动。(3)知识。由有关其后果的信息反馈紧随其后的、表现为输出形式的每一个与其环境的变动,都增加了一个系统经由其决策中心而必须取得的知识。(4)方法。反馈能使一个系统探索和发现新的处理问题的方法,基于有关现存的和以往的行为的信息之上,一个系统就能够选择、排斥某种模式和强调相应有利的模式。(5)革新。在历史地界定的边限内的每个系统,都会发现其决策中心起码不拘泥于采用全新的和革新的策略,来处理任何实际情况,甚至创造新的目标。①

阿尔蒙德也对政策过程中的反馈作了说明,指出政策层次不仅关注输出本身,而且还包括对转换过程每一阶段作政策上的分析,并关注政策输出的后果和反馈的作用。在考察公共政策及其实施结果时,我们必须区分,这种结果是有意造成的还是无意发生的;是即时发生的还是随后出现的,即使是即时发生的结果也会偏离人们的意向。政治文化在过程的两个阶段——当输出变成结果时,以及当结果变成反馈时——影响着政治体系的实际作为。②

2. 政策反馈涉及的政策问题

在具体政策过程中,政策反馈往往针对的是具体的政策问题。归纳西方学者的看法,政策反馈主要针对的是四类问题。

第一,对政策与政治关系的看法。佩特曼指出,人们也许可以将参与模式概括为最大限度地输入(参与),而输出不仅包括政策(决定),也包括每个人的社会能力和政治能力的发展,因此存在着从输出到输入的"反馈"③。皮尔逊则强调,政策反馈论的核心是指政策本身必须被看作因政治而产生的结构。在宏大的环境和各种各样的情形下,政策重构了政治。④

第二,影响决策者的政策建议。皮尔逊指出,政策反馈有两种主要的方法。第一种方法是影响利益集团的行为。如果利益集团形塑了政策,那么政策也形塑了利益集团。公共政策不仅为利益集团的活动创造了动力,

---

① [美] 戴维·伊斯顿:《政治生活中的系统分析》,第439—443页。
② [美] 阿尔蒙德等:《比较政治学——体系、过程和政策》,第14—17、337、371页。
③ [美] 卡罗尔·佩特曼:《参与和民主理论》,第39—40页。
④ [英] 保罗·皮尔逊:《拆散福利国家——里根、撒切尔和紧缩政治学》,第54页。

而且也可能提供了许多财力以使这些活动容易进行下去。政府政策有时能够直截了当地为利益集团创造财富。政策也可能通过增加特定团体接近决策者的机会而增强他们的力量。第二种方法从政策如何提供信息以帮助个人应对社会世界的复杂性出发。政府不仅是"权力",他们也是难题。制定政策是一种形式上的社会集体困惑,它既需要决定,也需要认知。事实上,政策对大众的影响是巨大的,然而,除非政策反馈会引起公开的政治行动,否则它就不太可能引起政治科学家们的注意。政策可能会鼓励个人调整路线而"锁定"在政策发展的特定道路上。政策反馈至关紧要,因为它决定了政策分析者和官僚们如何学习和修正过去的承诺。① 海哥德和考夫也指出,在缺乏协商与监督机制的情况下,行政机关中的决策者也没法获得反馈意见,而后者对政策的专业水平和获得维持这些政策所必需的政治支持都是至关重要的。②

第三,影响政策的信息。阿普特指出,信息的一个来源是社会中政府对其负责的各种团体,信息假定在政府与这些团体之间进行沟通;另一个来源也许可以被称为政策反馈,即关于政府所采取行动的结果的信息。③ 珍妮特·登哈特和罗伯特·登哈特也指出,"催生化领导"应该通过恰当的制度化以及迅速的信息化共享和反馈来管理与政策有关的行动。④

第四,对政策的不满。赛蒙指出,无论选民最终将经济表现不良归咎于执政者还是自己错误的投票,不良表现仍会引起他们对现有政策和安排的不满,当这种不满到达或接近极限时,就会有极强的趋势促使政策的改变。这种情况发生于国内政策决定经济增长时,或者说是选民这样认为的。一个政府要使自己保持在民众忍受限度之内有多难,这很大程度上依赖于国外情况如何。如果我们确定一项政策的效果是不定的,而且政府是不敢冒险的,那么每个政府就都会努力采取保持增长率、使它处在不过分激起民众不满的程度之上的政策。一切有害经济增长的政策都会被剔除。在每一个国家,只有当再分配政策有利于国家经济增长,或该国增长率远

---

① [英]保罗·皮尔逊:《拆散福利国家——里根、撒切尔和紧缩政治学》,第44—48、240—241页。
② [美]斯迪芬·海哥德、罗伯特·考夫:《民主化转型的政治经济分析》,第380页。
③ [美]戴维·阿普特:《现代化的政治》,第178—179页。
④ [美]珍妮特·V.登哈特、罗伯特·B.登哈特:《新公共服务:服务,而不是掌舵》,第109页。

高于能激起民众不满程度的极限点时，才会被采用。①

3."政策错误"的标准

各种各样的政策，都可能有缺点甚至有严重的错误，但是要达到必须"纠错"的程度，需要有一定的标准。从西方学者的相关论述，可以归纳出四种"政策错误"标准。

第一种标准是实施不当干预的政策。狄骥指出，如果国家的干预在任何制度下都是令人遗憾的，那么它在民主政体中也是如此。不论履行公共服务的过程中是否存在过错，都可能涉及政府责任的问题。国家就是由政府为着共同利益所实施的公共服务的总和。一旦公共服务的履行涉及对个体公民所造成的特别损害，国家的财政部必须承担支付赔偿金的责任。行政风险导致了行政责任。② 奥斯特罗姆也指出，一方面，对于创建和维护有序的人际关系来说，决策能力的不平等以及强加可能的处罚的能力是必要的条件。另一方面，这些必要条件显然还不是维护有序的、建设性的关系的充分条件。维护有序的社会关系所必需的处罚在纠正错误的同时，也可以用来合成错误。③

第二种标准是投票表决产生的错误政策。卡普兰指出，在理论上，民主是一道防御社会有害政策的堡垒，但在实践中，民主却为后者提供了安全的避风港。民主失灵的原因在于，选民比无知更糟糕，他们是非理性的，而且投票时也是如此。当人们在一些感觉良好的错误理念影响下投票时，民主就会不断地出台糟糕的政策。无处不在的非理性并不单对民主，而且会对所有的制度安排产生危害。民主具有固有的外部性，一个非理性的选民伤害的不仅是他自己，还会波及受非理性误导而产生的错误政策所影响的每一个人。当一个消费者对于买什么存在错误的认知时，是他自己来承担损失；而当一个选民对于政府政策持错误观念时，买单的则是全体老百姓。④

第三种标准是不顾事实的政策。阿伦特指出，事实和决策、情报团体

---

① [法]皮埃尔·赛蒙：《民主政府、经济增长与收入分配》，载《理解民主——经济的与政治的视角》，第151—168页。
② [法]狄骥：《公法的变迁》，第55—56、198—200页。
③ [美]文森特·奥斯特罗姆：《美国联邦主义》，第152—153页。
④ [美]布赖恩·卡普兰：《理性选民的神话——为何民主制度选择不良政策》，第2—3页。

和平民、军事部门之间的关系或者毋宁说毫无关系,是保护得最好的秘密。这表现了过度科层化所带来的一个最为严重的危险:不仅人民和他们选出的代表者拒绝接触这些东西,而这些东西却是为了形成看法、作出决定而必须知道的,而且行动者本身最有可能来学习一切相关事实,却很乐意对它们一无所知。去事实化和解决问题受到欢迎,因为不顾及事实正是这些政策和目标本身所固有的。①

第四种标准是不顾方向和全局的政策。弗里德曼指出,假使每个情况均根据它本身的情况而加以考虑,那么,在大部分的事例中,就可能会作出错误的决定,因为决策者仅在一个有限的范围内进行考虑,而没有照顾到政策的全面后果。另一方面,假使对合并在一起的一组情况采用一般性的规章,那么,规章的存在本身会对人们的态度、信念和希望产生有利的影响,而这些影响是即使在对一系列的个别情况采用完全相同的政策时所考虑不到的。② 哈林顿也指出,人民的错误都是由统治者产生的。如果他们对自身的道路发生怀疑,或者偏离了正道,那都是因为领导者引错了方向。③

马克思主义经典作家强调的,则是六种与政策有关的错误。

一是方向性错误。列宁指出:"我们先前的经济政策,如果不能说计划过(在当时的情况下,我们一般很少进行计划),那么在一定程度上也曾设想过(可以说是缺乏计划的设想),旧的俄国经济将直接过渡到国家按共产主义原则进行生产和分配。由于这一些和其他一些情况,我们犯了错误:决定直接过渡到共产主义的生产和分配。"④

二是原则性错误。毛泽东指出:"我们如果在政策上犯了错误,还是不能取得胜利。具体说来,在战争、整党、土地改革、工商业和镇压反革命五个政策问题中,任何一个问题犯了原则的错误,不加改正,我们就会失败。"⑤

三是严重脱离实际的错误。毛泽东指出:"党内许多同志,还不了解没有调查就没有发言权这一真理。还不了解系统的周密的社会调查,是决

---

① [美]汉娜·阿伦特:《共和的危机》,第16、33页。
② [美]米尔顿·弗里德曼:《资本主义与自由》,第58—60页。
③ [英]詹姆士·哈林顿:《大洋国》,第69页。
④ 列宁:《新经济政策和政治教育委员会的任务》,《列宁全集》,第42卷,第182—183页。
⑤ 毛泽东:《关于工商业政策》,《毛泽东选集》,第4卷,第1229页。

定政策的基础。还不知道领导机关的基本任务，就在于了解情况与掌握政策，而情况如不了解，则政策势必错误。"①

四是大错误或全局性错误。毛泽东指出："凡是政策上犯错误的，一定是大东西看不见。小东西看不见，也会犯错误，但那只是一点一件的错误，牵涉的面不大，这种错误十个、八个也不是很关紧要的。当然，犯了这样的错误也不好，但毕竟不算大错误。凡是大的错误，就是对大量的普遍的东西看不到。"②"共产党和社会主义国家的各种领导人物的责任是要尽量减少错误，尽量避免某些严重的错误，注意从个别的、局部的、暂时的错误中取得教训，力求使某些个别的、局部的、暂时的错误不至于变成全国性的、长时期的错误。"③ 邓小平也指出："今后我们可能还会犯错误。但是，第一不能犯大错误，第二发现不对就赶快改。"④"就是要同人民一起商量着办事，决心要坚定，步骤要稳妥，还要及时总结经验，改正不妥当的方案和步骤，不使小的错误发展成为大的错误。"⑤

五是主观主义或强制接受的错误。斯大林指出："如果党的政策一般是正确的，但群众还领会不了它的政策，而党又不善于等待一下，让群众有机会根据本身经验来确信党的政策的正确，却企图强迫群众接受它的政策，是错误的。"⑥ 毛泽东也指出："凡是主观主义的，不合实际的，都是错误的。凡是用命令主义去办事，都是错误的。"⑦

六是个人崇拜的错误。毛泽东指出："斯大林在他一生的后期，越陷越深地欣赏个人崇拜。违反党的民主集中制，违反集体领导和个人负责相结合的制度，因而发生了一些重大的错误。"⑧

4. 纠错的程序性安排

如前所述，伊斯顿已经强调了反馈可以使政治系统的决策中心从事

---

① 毛泽东：《中共中央关于调查研究的决定》，《毛泽东文集》，第2卷，第360—361页。
② 毛泽东：《在中国共产党第七次全国代表大会上的结论》，《毛泽东文集》，第3卷，第394—395页。
③ 毛泽东：《对"无产阶级专政的历史经验"稿的批语和修改》，《建国以来毛泽东文稿》，第6册，第61页。
④ 邓小平：《革命和建设都要走自己的路》，《邓小平文选》，第3卷，第95页。
⑤ 邓小平：《在改革中保持生产的较好发展》，《邓小平文选》，第3卷，第268页。
⑥ 斯大林：《论列宁主义的几个问题》，《斯大林全集》，第8卷，第48页。
⑦ 毛泽东：《关于农业互助合作的两次谈话》，《毛泽东文集》，第6卷，第303页。
⑧ 毛泽东：《对"无产阶级专政的历史经验"稿的批语和修改》，《建国以来毛泽东文稿》，第6册，第62页。

任何被认为是达到目标所切实可行的和必需的纠正行动。这样的纠错行动，需要一定的规则和程序，我们应注意西方学者提出的五种程序性要求。

一是开发决策规则中的纠错程序。奥斯特罗姆指出，如果认为每个人都易犯错，在决策过程的组织中就可以通过开发纠错程序来减少错误的倾向。有助于纠错策略的决策过程的组织，需要参考专门化的决策规则。这些规则包括有机会挑战和争论不同观点、列出证据、对证据进行评估。如果纠错程序能够在决策安排的机构中建立起来，我们就可以将这样的程序看成是有助于学习和创造一种研究的文化的组织过程。与选择的方法论以及这种方法论在决策安排结构中被考虑在内的方式有关的问题，影响到我们对在决策过程中发生的错误倾向和纠错能力的估计。①

二是将选举定位为纠正最坏政策的方式。韦默和维宁指出，通过给选民一定机会去推翻负担过重的政策和罢免不受欢迎的决策者，提供了一种对权力滥用的制约。正是这种"开除无赖"的能力从根本上赋予了民主制内在的价值。民主制并不总能导致好的政策，更不用说最好的了，但是它提供了纠正最坏错误的机会。②

三是建立可以试错的"制度化"途径。波普尔指出，国家推行经济干预有两种方法。第一种方法是设计一种保护制度"法律框架"，可以称为"制度化的"或"间接的"干预；第二种方法是授权给国家机构，让它们（在一定限度内）视统治者所承担的目标必须随时采取行动，可以称为"个人的"或"直接的"干预。从民主控制的观点看，只要可能的话，明显的政策必然是使用第一种方法，并把第二种方法限制在第一种方法不适应的情形中（如财政预算）。只有"制度化"的方法使依照讨论和经验进行调整成为可能，并使试错的方法应用于我们的政治行动成为唯一的可能。③

四是以协商纠正政策错误。奥斯特罗姆指出，我们假设任何决策的基础可能是错误的概念，没有适当地计算过对个人的后果是什么，对社群的

---

① [美] 文森特·奥斯特罗姆：《民主的意义及民主制度的脆弱性——回应托克维尔的挑战》，第159—160页。
② [美] 戴维·L. 韦默、[加] 艾丹·R. 维宁：《政策分析——理论与实践》，第157—158页。
③ [英] 波普尔：《开放社会及其敌人》，第2卷，第208—210页。

结果是什么。当决策者和利益相关者有机会挑战占主导地位的假设时,有机会提出另外的构想时,有机会参与理性协商时,纠正错误之策略就有了美好的前景。① 如果以技巧、敏感性和约束力来运用政治选择的条件,它们就可以用来压缩冲突,使人们在作出决策以及迫使他人承担那些后果的实际影响之前,思考其行为的后果。简单地说,政治过程可以用来鼓励协商,减少错误的前景,加强对更一般性的、长期利益的计算。以这样一种方式,在自利的、易错的人们中通过有理性的争论,可以在正义和人的福利方面取得进步。②

五是鼓励地方以政策实验方式纠正政策错误。格林指出,当福利严格来说是政府事务的时候,把权力分散给地方和把中央政府的补贴转嫁给地方政府,可以增加政府的可信度。这样做的结果会使地方纳税人更好地认识到自己纳税的理由,以及通过缩小社会实验范围,增加错误在造成更大危害之前就被发现的纠正的可能性。③

马克思主义经典作家重点强调的,则是六种纠正政策错误的方式。

第一种是"公开承认错误"方式。马克思指出:"公社并不像一切旧政府那样,自以为永远不会犯错误。公社公布了自己的言论和行动,它把自己的一切缺点都告诉民众。"④ 斯大林也指出:"布尔什维克的义务不是掩盖自己的错误,不是逃避有关自己错误的问题,如象我们这里所常有的情形一样,而是诚恳和公开地承认自己的错误,诚恳和公开地制订出改正这些错误的办法,诚恳和公开地纠正自己的错误。""公开承认我们的错误和诚恳改正这些错误,只能加强我们的党,提高我们党在工人、农民、劳动知识分子心目中的威信,提高我们国家的力量和实力。"⑤ 毛泽东则强调:"好的领导者不在于不犯错误,而在于认真地对待错误。完全不犯错误的人在世界上是从来没有的。列宁说:'公开承认错误,揭露错误的原因,分析产生错误的环境,仔细讨论改正错误的方法——这才是郑重的党的标志,这才是党执行自己的义务,这才是教育

---

① [美] 文森特·奥斯特罗姆:《复合共和制的政治理论》,第158—159页。
② [美] 文森特·奥斯特罗姆:《美国联邦主义》,第152—153页。
③ [英] 大卫·格林:《再造市民社会——重新发现没有政治介入的福利》,第163、178、180—185页。
④ 马克思:《法兰西内战》,《马克思恩格斯全集》,第17卷,第368页。
⑤ 斯大林:《论党的工作缺点和消灭托洛斯基两面派和其他两面派的办法》,《斯大林文集(1934—1952)》,第167—168页。

和训练阶级,以至于群众。'"① 邓小平也强调:"我们的中央,按照马克思列宁主义的原则,认真地总结经验,开展批评和自我批评,发扬成绩,修正错误。这样做,照列宁的话说,就是一个郑重的党的标志。我们党是合乎这个标准的。……正因为我们敢于严肃认真地正视问题,实事求是地对待问题,对就对,错就错,是就是,非就非,所以说,我们党是合乎列宁所说的标准的,我们的中央是好的中央。"②

第二种是"重新审查政策"方式。斯大林指出:"如果党的政策不正确,如果党的政策和本阶级的利益发生冲突,可以不可以认为党是本阶级的真正领导者呢?当然是不可以的。在这种情形下,党如果始终想做领导者,它就应当重新审查自己的政策,应当改正自己的政策,应当承认自己的错误,并且纠正这种错误。只要从我们党的历史中援引一件事实就可以证明这个原理的正确,例如在废除余粮收集制时期前,工农群众显然不满意我们的政策,当时党就公开而诚恳地重新审查这个政策。"③ 毛泽东也指出:"我们任何一项政策的正确性都必须由群众来检验,而且事实上一直是这样做的。我们自己也不断检查我们自己的决定和政策,一旦发现错误就加以改正。"④

第三种是"主动改正错误"方式。毛泽东指出:"错误和挫折教训了我们,使我们比较地聪明起来了,我们的事情就办得好一些。任何政党,任何个人,错误总是难免的,我们要求犯得少一点。犯了错误则要求改正,改正得越迅速,越彻底,越好。"⑤

第四种是"纠正执行政策中的错误"方式。毛泽东指出:"必须随时掌握工作进程,交流经验,纠正错误,不要等数月、半年以至一年后,才开总结会,算总账,总的纠正。这样损失太大,而随时纠正,损失较少。在通常情况下,各中央局和下面的联系必须力求密切,经常注意明确划清许做和不许做的事情的界限,随时提醒下面,使之少犯错误。这都是领导方法问题。"⑥

---

① 毛泽东:《对"无产阶级专政的历史经验"稿的批语和修改》,《建国以来毛泽东文稿》,第 6 册,第 65—66 页。
② 邓小平:《在扩大的中央工作会议上的讲话》,《邓小平文选》,第 1 卷,第 298—299 页。
③ 斯大林:《论列宁主义的几个问题》,《斯大林全集》,第 8 卷,第 49 页。
④ 毛泽东:《同英国记者斯坦因的谈话》,《毛泽东文集》,第 3 卷,第 188—189 页。
⑤ 毛泽东:《论人民民主专政》,《毛泽东选集》,第 4 卷,第 1417 页。
⑥ 毛泽东:《关于工商业政策》,《毛泽东选集》,第 4 卷,第 1229 页。

第五种是"区分成绩和错误"方式。毛泽东指出:"在革命的队伍中,要划清正确和错误、成绩和缺点的界限,还要弄清它们中间什么是主要的,什么是次要的。例如,成绩究竟是三分还是七分?说少了不行,说多了也不行。一个人的工作,究竟是三分成绩七分错误,还是七分成绩三分错误,必须有个根本的估计。如果是七分成绩,那么就应该对他的工作基本上加以肯定。把成绩为主说成错误为主,那就完全错了。"① "把认识放到社会实践中去,看这些理论、政策、计划、办法等是否能得到预期的成功。一般地说来,成功了的就是正确的,失败了的就是错误的。"②

第六种是"有错必纠"方式。邓小平指出:"我们的原则是'有错必纠'。凡是过去搞错了的东西,统统应该改正。有的问题不能够一下子解决,要放到会后去继续解决。但是要尽快实事求是地解决,干脆利落地解决,不要拖泥带水。对过去遗留的问题,应当解决好。不解决不好,犯错误的同志不做自我批评不好,对他们不作适当的处理不好。但是,不可能也不应该要求解决得十分完满。要大处着眼,可以粗一点,每个细节都弄清不可能,也不必要。"③

从反馈到纠错,有一系列的环节,各环节都有一定的程序性要求,但是更为重要的是,在什么样的境况下由什么样的人来开启政策纠错过程,是主动纠错还是被动纠错。应该看到,被动纠错的几率往往高于主动纠错。还需要注意的是,"时刻警惕政策错误"与"认定和纠正政策错误"不是一回事,前者重在"避免纠错",后者重在"展开纠错",而政策纠错本身,实际上就是由这两方面的内容构成的。

(五) 政策民主的程序化要求

政策民主的运行,尤其是对于"作为政策形态的民主"中的"政策的民主"(民主的政策过程)而言,需要一系列的民主程序,因为不民主的程序不可能聚合出一个完整的"民主的政策过程"。强调政策民主的程序化,应注意以下十九点要求。

---

① 毛泽东:《党委会的工作办法》,《毛泽东选集》,第4卷,第1382页。
② 毛泽东:《对"中共中央关于目前农村工作若干问题的决定(草案)"稿的修改》,《建国以来毛泽东文稿》,第10册,第300—301页。
③ 邓小平:《解放思想,实事求是,团结一致向前看》,《邓小平文选》,第2卷,第147—148页。

第一点是"民主决策"或"决策民主"要求。"民主决策"或"决策民主"不仅是民主的概念和相应的理论表述，还应该成为用于政策实践的程序性要求，由此需要特别注意与决策相关的合法性、平衡性、妥协性、机会性等问题。

第二点是政策议题的选择，无论是参照"传统意义"的选举的和精英的议题选择程序，还是参照更具"现代意义"的协商民主的、公民型的、后现代的议题选择程序，都应重点考虑多样性、公开性、参与性、平等性和适用性等要求。

第三点是对于议程设定的开放性、分工性、规则性、参与性四类要求，从程序化的角度看，不应强求"民众对议程的最终控制权"（即便在选举政治形态下，这一点也很难做到），而是应该强调防止议程垄断、建立公共输入的开放性机制的"开放性"要求和规则先于决策、缓慢的审议程序、宪法规定议程规则的"规则性"要求，并在政策议程设置中为公民参与留出一定的空间。对于政策议程的民主化而言，规范的意义应大于参与的意义。

第四点是对于政策议案或者政策建议，强调的应是可选择的、具有正当性的、能够在实践中运作的并允许参与讨论的议案，并要注意对于各种不同的议案，可能都有一些合理的限制性条件。

第五点是政策方案的讨论，可以在不同场域进行，并采用不同的讨论程序，所要求的应该都是真实的而不是"作秀"的讨论，因为没有真实的政策讨论，也就无所谓"民主决策"。为讨论建立的各种规则和程序，其核心点都是为了保证讨论的真实性。

第六点是政策决定既可以采用投票或表决方式，也可以采用非投票方式，不同的决定方式要求不同的程序安排。关键性的问题不是采用什么样的政策决策方式更为合理，而是无论什么样的决定方式，都必须符合"合法性"的基本要求。

第七点是专家参与决策是较普遍的现象，并且并不一定与民主决策相抵触，因为专家的参与应该是有限度的，尤其需要注意的是专家并不决定政策，重点扮演的应是"意见提供者"和"说服者"的角色。

第八点是马克思主义经典作家倡导的与"集体领导"有关的"集体决策"方式，也提出了系统性的"民主决策"要求，包括决策者的民主作风、集体领导的决策机制、会议决策的民主途径、联系群众的民主决策方法、"议题"选择的调查研究方法、"广开言路"的民主讨论方法、注重政策解释和宣传等方面的程序性规定。

第九点是应引入"政策执行民主"的概念。在政策过程中，不仅要强调决策过程中的民主，也要强调执行过程中的民主。前者已经有了"民主决策"和"决策民主"等通用的概念，后者也应建立"政策执行民主"概念。这样的概念，应与政策执行程序的民主化要求联系在一起，强调的是在各种政策执行方式中，如何以规范化的程序来实现民主的基本要求。

第十点是应明确政策执行的三类条件。首先是要落实政策执行的权威、赋权、执行者（干部）素质等"先决性条件"。其次是要注意政策执行的强制性、有效性、沟通性、参与性等"运行性条件"。再次是要划定注重效率、不执行错误政策等"目的性条件"。

第十一点是不同的政策执行方式（如注重"领导方法"或注重"官僚机构"的执行方式，以及命令式、说服式、契约式等执行方式）中，都有针对民主程序的具体规定。尤其值得重视的是马克思主义经典作家和西方学者都认可民众（群众、公民）不但需要参与政策执行，也有可能参与政策执行；这样的参与既可以采用较具"被动性"特征的"合作式方式"，也可以采用较具"主动性"特征的"参与式方式"。在政策执行过程中如何实现"有效执行"和"群众参与"的结合，是"政策执行民主"重点关注的问题。

第十二点是缺乏问责的政策监督，很难保证其真实性和有效性，为此需要注意政策监督理念的三方面要求。一是监督的"正当性"要求，既要注意对权力和精英的监督，也要注意对政党、政权机关、领导人和干部的监督。二是监督的"民主性"要求，强调的是通过监督维系民主统治形式、维系民主程序和发展民主政治。三是监督的"运行性"要求，既要注意西方学者强调的政治系统内的监督和公共领域中的监督，也要注意马克思主义经典作家强调的党的监督、群众的监督、民主党派的监督和自上而下监督、自下而上监督、平级监督等。

第十三点是政策监督有不同的方式，但最重要的是代议机关（人民代表大会或议会）、行政机关（"党政合一"的监督或"行政监督"）、司法监督、舆论监督、民众监督（群众监督或公民监督）五类监督方式。政策民主所要求的，不仅是注意各类监督方式的具体民主程序，还要注意综合运用这些监督方式，而不是只倚重单一的监督方式。

第十四点是"政策责任"的界定，既要注意马克思主义经典作家强调的对选民的责任、对人民的责任、执政党的责任、领导者的责任、工作责任、"对上"和"对下"的责任、接受批评的责任、"错误责任"以及责任心和负责精神，也要注意西方学者论述的政治责任、法律责任、社会责任、权力责任、道义责任以及主观（责任感）和客观（解释政策）责任。只有明确了这些责任，才可能实行针对责任的监督和问责。

第十五点是"政策问责"必须建立在一定的责任机制上。马克思主义经典作家强调的以"集体与个人关系"为出发点的集体责任制、一长制和个人负责制的责任机制，以及西方学者强调的以"机构"为出发点的立法机构和行政机构的不同政策责任机制，都是具有民主要求的重要政策责任机制。

第十六点是无论采用什么样的政策责任机制，都涉及两类"问责"问题。一类是"垂直问责"或"纵向问责"（包括选举、听证会、公民审计、信息自由等方法），另一类是"平行问责"或"横向问责"（平行机构或专门机构的问责）。这两类问责都需要一定的民主程序安排。也就是说，政策责任、政策监督和政策问责，是联系紧密的循环性的程序安排，只有将其结合成有效的监督系统，才能真正发挥其功效。

第十七点是在政策过程中，政策评估往往是最薄弱的环节。为使政策评估真正发挥作用，需要的是以程序化的手段，建立有效的政策评估系统。由此既要注意政策评估的主体是多元的，至少包含公民、专家、舆论、当局四类主体；也要注意政策评估既应包含实事求是的评价标准，也应包含政策的价值、过程、结果等具体评价标准；还要注意在具体的政策评估中，可以采纳"选举"评估方式和"非选举"评估方式。由于"选举"评估方式具有"事后评估"和"非正式"评估等特点，因此对于政策更有效的，应是市场评估、记录评估、心理评估、信息评估、民意调查等"非选举"的政策评估方式。

第十八点是应强调"反馈与纠错结合"的要求。政策反馈可以反映对政策与政治关系的看法、影响决策者的政策建议、影响政策的信息以及对政策的不满。但是只有当反馈要求政策纠错时，才会启动纠错程序。由此需要注意政策错误的标准，既有马克思主义经典作家提出的方向性、原则性、严重脱离实际、个人崇拜的错误和大错误（影响全局的、长远的错误)等标准,也有西方学者提出的不正当干预、不顾事实、不顾方向和全局的错误等标准。在纠正政策错误的方式方面,马克思主义经典作家主张的是公开承认错误、重新审查政策、主动改正错误、纠正执行政策中的错误、有错必纠等方式,西方学者主张的则是开发决策规则中的纠错程序、建立可以试错的"制度化"途径、鼓励地方以政策实验方式纠正政策错误等方式。纠错方式可以有所不同,但都是要求以民主的程序化方式来纠正政策错误。

第十九点是应注意民主的政策程序与掌控政策的各项标准结合。本书第一章列出的掌控政策的十项基本标准,在决策过程中要重点考虑的是原则性、预见性、灵活性、经验性、影响力、政策环境六项标准,在政策执行、政策监督和政策评估中要重点考虑的是明确性、事实性(实践性)、反对空谈、发展生产力四项标准。

"程序化的政策民主"关注的是大量的民主细节问题,但正是在注重细节的基础上,才能在总体上实现政策民主理论的基本要求。尤其需要注意的是,注重政策过程的民主程序,是为了打破封闭性的政策模式,建立开放性的政策模式,这恰是政策民主理论所要强调的重要目标。

第十二章 政策民主与政策文化

政策民主可以表现为一定的文化形态,马克思主义经典作家和西方学者都对政策民主与文化的关系有一些重要的论述,可分别作出说明。

一 "政策文化"的基本走向

西方学者在"政治文化"的基础上提出了"政策文化"的概念,并论证了与"政策文化"相关的不同方面问题。

(一)"政治文化"与"政策文化"

"政策文化"是由"政治文化"派生出来的概念。按照阿尔蒙德的解释,欲了解一国现在和未来的行为趋向,就必须首先讨论公众对政治的态度和他们在政治体系中的角色——我们称之为一国的政治文化。政治文化是一个民族在特定时期流行的一套政治态度、信仰和感情。我们可以把个人对政治对象的态度区分为三个组成部分:认识的、感情的和评价的。[1]

阿尔蒙德还特别给出了"政策文化"的概念,强调政策文化是对公共政策的倾向模式:在不同的政策领域中,我们一般能够辨别出对于能使全体人民团结或分裂的政治问题所采取的基本态度,这些态度影响着政策所取方法的实质和联盟的形成。政策倾向模式的核心是人们对美好社会的想象,目标的一致并不等于政策的一致。公共政策的倾向就是对政治体系作为的选择,即对社会资源的提取和分配以及对行为管制的选择。这些选

---

[1] [美]阿尔蒙德等:《比较政治学——体系、过程和政策》,第27页;《当代比较政治学:世界视野》,第53页。

择倾向是为了通过各种类型的政治行动来实现社会所要达到的意图或战略目标。国家内部或国家间选择倾向的不同，可能来自不同的理想社会结果，或来自有关怎样实现这些结果的不同理论，也来自对现实社会中现有社会条件的不同认识。①

在认可"政策文化是对公共政策的倾向模式"定义的基础上，还可以对政策的文化特征作进一步梳理，强调"政策文化"应包含以下内容。

第一，政策模式具有特定的文化特征。彼得斯指出，"政策模式"的概念已经成功地被用来解释国家在政策制定过程中的区别，政策部门和国家也呈现出独特的文化特征，这些文化特征可以影响政策选择。②

第二，政策议题具有广泛的文化意义。韦伯指出，对国家的某些经济政策的措施作出价值判断，是科学最切近的、几乎是唯一的目标。当我们特别地考虑到经济政策和社会政策（一般意义上）的实际问题时，我们看到，存在着许许多多、甚至无数的个别问题。一个问题的社会政策性质的标志直接就是：它无法根据从确定的目的出发的纯粹技术上的考虑而得到解决。所涉及的问题越"一般"，问题的文化意义越广泛，通过经验认识获知一个明确答案就越不容易。在实际的经济政策和社会政策的讨论中，忽视构造清楚的概念已经变得尤其危险。致力于认识具体历史联系的文化意义是唯一的最终目标。③

第三，应该通过政策有计划地建构民主。福山指出，这一切因素——国家认同感、宗教、社会平等、市民社会的性向、自由制度的历史经验——交互形成一个民族的文化，并可能构成民主化的文化障碍。民主绝不能从后门进来。在某些点上，民主应从有计划建构民主的政治决定中兴起。安定的自由民主要是没有贤明有能力的政治家，就不可能诞生，因为这种政治家懂得政治技术，能够把人们内藏的性向导向恒久的政治制度。④ 从定义上讲，外来者不能把民主"强加"给一个不想要民主的国家；民主的要求和改革必须是国产的。因此促进民主是一个长期的和随机的过程，要等待有效的政治和经济条件的逐渐成熟。⑤

---

① ［美］阿尔蒙德等：《比较政治学——体系、过程和政策》，第42、45页。
② ［美］盖伊·彼得斯：《官僚政治》，第36—37页。
③ ［德］马克斯·韦伯：《社会科学方法论》，第3、7、56、60页。
④ ［美］弗兰西斯·福山：《历史的终结》，第248—252页。
⑤ ［美］弗兰西斯·福山：《十字路口的美国》，《国外理论动态》2006年第6期。

也就是说,"政策文化"之所以不同于"政治文化",不仅仅是因为"政策文化"更倚重于"政策"而不是"政治",还在于"政策文化"要求人们对政策建构民主与文化的作用有清醒的认识。

(二) 公民身份认同的政策意义

本书第四章已经指出公民身份应包含公民要素、政治要素、社会要素、文化要素四类要素。基于这些要素产生的公民身份认同,对政策应有以下几方面的意义。

一是避免认同危机。派伊指出,"认同危机"是六大危机中"第一个也是最根本的"危机。一个新国家中的人民必须把他们的国家领土视为家园,他们必须认识到作为个人,他们的人格认同在某种程度上是被其按领土划界的国家的认同定义的;人们一旦感到处于两个世界之间,感到在社会上处于无根的状态,他们就不可能具有建立一个稳定、现代的民族国家所必需的那种坚定的认同了。①

二是政策议题与身份认同之间有密切的关系。伊辛和特纳指出,公民权也是一个与一系列政策领域相关联的重大主题,从福利、教育、劳动力市场,一直到国际关系、移民等,公民权之所以与这些问题相关联,是因为它将三个基本的问题纳入了它的轨道:即如何确定一个政治体内的成员资格的边界以及政治体之间的边界(外延);如何分配安排成员的权益和义务(内涵);如何了解和调适成员之身份认同的"强度"(深度)。② 伊辛还指出,最有希望的可能性,是将公民权设想成一系列辩论竞争的过程,这些过程逐步地变得具有政治意义,并产生出对于多种多样的身份认同、政治体和实践的权利要求,以及与此相关联的责任承诺。③

三是文化政策具有塑造身份认同的重要功能。米勒指出,大多数文化公民权的支持者认为,身份认同是通过文化背景而形成与获得的。文化政策负有塑造公民的使命,今天,无论是政治上的左翼还是右翼,都将文化政策与公民权联系了起来。特别是,文化资本主义民主制擅长于"远距

---

① [美]鲁恂·W. 派伊:《政治发展面面观》,第80—81页。
② [英]恩斯·伊辛、布鲁恩·特纳:《公民权研究:导论》,载《公民权研究手册》,第1—14页。
③ [英]恩斯·伊辛:《东方主义之后的公民权》,载《公民权研究手册》,第157—173页。

离的行动"。这种体制希望,不仅通过国家的制度机构,还通过大量的知识,包括公共卫生、社会工作、审计、会计和其他现代调节方式,把社会世界组织起来。在如此分散的一系列行动中,差异总存在表达的机会。①

四是应构建保护公民身份的"认同政治"。约翰·肖特指出,从我们都平等参与这个程度来说,"我们"是创造者,不仅是我们自己是"现实"的,也是我们"自身"的。要展示的不是一种"权力的政治",而是一种"认同的政治",一种进入或被排除的政治,一种本体论机会的政治经济。如果人们要以同等机会参与该政治,那么,斗争共同体的"成员资格"不可能是有条件的,它必须是关于权利和资格的问题。但它是双向的、互惠的。因为关键的目的是这样的:如果"自由个人"只能被保持在一个特定类型的共同体中,那么个人就必须关心它,也就是,积极参与到管理和维持该共同体形态的过程中。我们在过去把政治说成是一种对话,但这并非一个总是能够很好服务于我们的形象。我们所有的文化主张都是在一种充满对立的、矛盾的与不确定的时空的协商中构建起来。这一实践旨在形构一种政治话语以想象一种政治共同体,使公民身份在其中成为可能。②

五是公民身份认同是发展民主政策的重要基础。特纳指出,民主化与文化之间的联系存在一个重要问题,即是否可能把现代文化的某种民主化预先考虑为公民身份扩展的一种后果。完全可能把一种更为积极的后现代化阐述为一种为我们提供文化系统非等级集团化(以及因此文化部分民主化)的进程,同时也允许文化的分化。接触文化等级化与现代公民身份标准的民主目标是相融合在一起的。③贝淡宁也指出,考虑到民主国家的国家建构很有可能以多数族群的文化为中心,在民主化过程中少数族群可能容易受到更显著的伤害,民主的支持者需要将这个因素考虑在内。民主有一种不幸的、照顾少数人利益的倾向,因此需要采取特殊的政策以确保少数群体不受伤害或感觉到与政治体系疏远。④

---

① [美] 托比·米勒:《文化公民权》,载《公民权研究手册》,第316—334页。
② [美] 约翰·肖特:《心理学与公民身份:认同与归属》,载《公民身份与社会理论》,第131—162页。
③ [英] 布赖恩·特纳:《后现代文化/现代公民》,载《公民身份的条件》,第174—190页。
④ [加] 贝淡宁:《超越自由民主》,第182、186页。

(三) 政治认同与政策认同

从"身份认同"可以导向更重要的"政治认同",并且需要认识到,"政策认同"是"政治认同"中极具重要性的内容。围绕"政策认同",已经形成了一些基本论点。

第一,国家和民族认同中包含政策态度或政策取向。阿尔蒙德指出,体系文化重点关注的是"国家的认同意识"问题。即使公民或是如文官和军官那样的重要精英人物对在政权中任职的某些个人有反感,或对其政策有不同看法,他们可能仍然支持这一政权;反之也一样,公民和精英人物可能支持个人,但是不支持这一政权的结构。[1] 林茨和斯特潘也指出,当一个国家的所有居民都认同于一种民族的主观意识,当民族与国家事实上同延的时候,"把国家政策民族化"以增强文化的同质性的"民族国家政策"才可能有效地推进民主。[2]

第二,政策认同需要接受必要的程序和规则。伊斯顿指出,只要一个团体的成员在政治共同体中显露出最为强烈的相互认同感,那么他们就会一直面临建立某种规范化的方式来理顺彼此之间政治关系的任务。最终为了使输出能够作为具有约束性的东西而被接受,团体成员就需要接受某种基本的程序和规则。[3]

第三,认同是政策成功的重要条件。拉斯韦尔和卡普兰指出,政策乃是为某项目标、价值与实践而设计的计划。政策过程则包括关注自身未来人际关系的各种认同、需求和预期之规划、颁布与执行。[4] 罗素也指出,一项措施要想获得成功,在经过专家们的讨论和传播之后,还必须能为普遍市民所认同。[5] 戴伊也认为,在一个诸如像我们这样的开放的社会里,任何问题都可以为个人或者群体所认识和认同,并能够被提交到政治过程中来讨论、辩论和找到解决的办法;公民能够确定、界定自己的利益,可

---

[1] [美]阿尔蒙德等:《比较政治学——体系、过程和政策》,第36页;《当代比较政治学:世界视野》,第53—55页。

[2] [美]胡安·林茨、[英]阿尔弗雷德·斯特潘:《走向巩固的民主制》,载《变动中的民主》,第56—81页。

[3] [美]戴维·伊斯顿:《政治生活中的系统分析》,第223、226页。

[4] [美]哈罗德·拉斯韦尔、亚伯拉罕·卡普兰:《权力与社会:一项政治研究的框架》,第78页。

[5] [英]伯特兰·罗素:《政治与自由》,第162页。

以自我组织起来,说服他人支持他们的事业,能够接近或者成为官员,影响政策制定,同时也监督政府政策和工程项目的执行。①

第四,需要增强对民主及民主政策的认同。墨菲指出,真正的任务是忠实于我们的民主制度,完成此任务的最好方式不是去证明它们是由理性行动者在"无知之幕"下或"中立化对话"中选择的,而是与他们一起去创造一些强有力的认同形式,而这应该是这样完成的:在尽可能多的社会关系中,发展和增进那些产生民主的"主体地位"的话语、实践以及"语言游戏",目标是建立民主价值和实践的霸权。②诺齐克也指出,特定的个人可能喜欢仅为自己发表意见,但是,生活在社会之中,与它产生认同,这必然使你在面对你个人并无责任的事情——压迫性战争或对外国政府的颠覆——时感到羞愧,对你本人没有参与的事情感到自豪。社会有时候以我们的名义发表看法。③鲍曼则认为,民主是批判性反思之所在,通过这种反思以获得独特的认同。整体而言,在大多数的日常相遇中,在绝大多数的共处状态中,我们通常能够达成彼此之理解。这种无须求助于已经具备的意义共享与一致的阐释就能达到有效沟通的共同能力,赋予普遍主义以可能性。普遍性不多不少恰恰意味着跨种类的交流并达致相互理解的能力,其意义在于"懂得如何做下去"④。

第五,讨论和协商可以促成政策认同。巴伯指出,在强势民主模式中,通过要求参与者依据不可避免的他者,也就是公众,来重新审视他们的价值和利益,判断评价激活了参与者的想象力。至关重要的不在于纯粹的和简单的同意,而在于参与分享的公民的能动的同意,这些公民通过对他人价值的认同和移情的过程富有想象力地将他们自己的各种价值重构为政治规范。⑤钱伯斯也指出,协商民主理论家对下面这些问题很有兴趣:协商怎样或可能怎样形成偏好、节制自我利益、授权边缘人员、调和差异、促进融合与团结、加强认同、合理的意见与政策以及尽可能达成共识。⑥曼宁则认为,协商不只是一个发现的过程,参与各方都不会满足于

---

① [美] 托马斯·R. 戴伊:《自上而下的政策制定》,第12页。
② [美] 墨菲:《政治的回归》,第202—203页。
③ [美] 诺齐克:《经过省察的人生——哲学沉思录》,第270页。
④ [英] 齐格蒙·鲍曼:《寻找政治》,第75、189—190页。
⑤ [美] 本杰明·巴伯:《强势民主》,第165页。
⑥ [加] 西蒙·钱伯斯:《协商民主理论》,载《协商民主与政治发展》,第83—107页。

提出各种相互冲突的主题,他们还试图说服他人。他们认为,辩论是连续地提出各种主张,目标在于促进或强化倾听者的认同。①

第六,注重"组织认同"或"团体认同"对政策的作用。西蒙指出,认同的现象或组织忠诚的现象,执行着一项非常重要的管理职能。个人对组织的认同,既可以是对组织目标的认同,也可以是对组织存续价值的认同。促成组织认同的因素,一是个人对成功的兴趣;二是私营管理心理的转移;三是注意力焦点。显然,通过选择特定价值、特定经验知识和特定行为备选方案,其他价值、知识和方案一概不考虑,就可以缩小注意力的关注范围。因此,认同牢固地建立在处理明智抉择问题时人类心理局限性的基础上。按照这个观点,认同是建立决策环境的重要机制。不完善的认同导致社会和组织价值之间的矛盾,从而导致社会效率的损失。另一方面,组织结构如果设计得非常合理,认同过程就能通过更大的组织安排来支配组织成员的决策。因此,也可以使人类理性超越人类狭窄的注意力范围对它的限制。认同的不良影响主要是,妨碍组织成员在必须权衡自己认同的有限范围的价值与该范围之外的价值时,制定正确的政策。因此,我们必须认真设计组织结构,在结构中仔细分配决策制定职能,把由于认同造成的决策偏差减到最低程度。建立对社会有利的组织,需要公正地评价所有相关价值。如果评价者的判断被他的认同感歪曲了,就必然会出现偏见。② 敦利威则指出,团体认同(觉察到与别人共享、由某个团体代表的利益)在概念上是独立于普通主观利益的变量。团体认同也极大地影响了人们对团体规模和团体生存能力的认知。因为在自由民主的政治制度下,不断增长的团体规模通常增强了团体的生存能力,它对参与决策也有着模糊的影响。团体认同模型恢复了利益集团内部的组织结构和政治过程。在团体极为复杂的内部景象中,团体领袖只是其中的一个行动者集合。在团体的身份集合内把团体的有效性和规模最大化时,团体领袖面对着广泛的决策选择,即设计和维持团体认同,排除参与的认知障碍、接受障碍和有效性障碍,塑造身份集合,设计选择性激励,管理团体内部不完全民主的决策,在团体规

---

① [法]伯纳德·曼宁:《论合法性与政治协商》,载《协商民主与政治发展》,第111—141页。

② [美]赫伯特·A.西蒙:《管理行为》,第9、243—256页。

模和环境与规模控制策略的矛盾景象中保持微妙的平衡。所有这些任务都为团体领袖带来了多层次的决策选择。①

(四) 意识形态的政策作用

"政策认同"可能在一定程度上受到意识形态的影响。我们应该强调的是在文化视角而不是政治视角下讨论意识形态问题,主要关注的是意识形态对政策的以下影响。

第一,意识形态既可以作为政策要求被输入,也可以作为陈述性标准被输出。希尼克和芒格指出,对于选民如何选择代表有两种理论。方向性理论将选民对政策提案的反应分割为两个组成部分:方向性(选民是支持还是反对某项政策)和强度(选民对某项政策的好恶到什么程度)。意识形态理论认为政治性竞争发生的空间所涉及的是意识形态,而非政策。这两种理论似乎都没有言及政治上的选择从何处而来。②伊斯顿则强调,意识形态包含着特征不明的所有意向,其中包括只有通过约束性决策才能得以实现的行动纲领,可以认为意识形态也是一系列要求。无论要求的具体内容是什么,它们都是直接向当局提出的。当局将利用意识形态的陈述去解释、辩护和说明权威性输出,以赢得成员对输出的特定支持。意识形态的陈述伴随着输出,但是与限制自由的法律不一样,这些陈述不代表约束性的分配。③阿普特则指出,当意识形态冲突超越了角色之后,政治现代化的问题尤为尖锐,不同角色需要适应不同的社会层次,政府的政策必须做相应的调整。政府的这种调整效果如何,将取决于政治制度的类型。④

第二,决策者的意识形态主导政策。巴特尔斯指出,在民意分化、不稳定、混乱不堪,或简直可以说并不存在的地方,选举产生的领导人实施的独立行动的范围或许会特别大。公共官员较少依靠民众的态度,反而更多地凭借其自身的意识形态信念来确定这一领域的政策走向。精英对民意的回应的稀少性,甚至扩大到了所涉民意看上去通常都坚定不移和稳定不

---

① [英]帕特里克·敦利威:《民主、官僚制与公共选择——政治科学中的经济学阐释》,第88—89页。
② [美]梅尔文·希尼克、迈克尔·芒格:《解析政治学》,第212—213、244页。
③ [美]戴维·伊斯顿:《政治生活中的系统分析》,第44、428—429页。
④ [美]戴维·阿普特:《现代化的政治》,第98—99页。

变的议题。① 阿普特也指出，通过意识形态政策，政府产生比满足社会流动所需要的更大的权威，因为这些决策需要满足精神和审美的需求，它们就会操纵道德。意识形态决策超越了理性而体现非理性的特点。政府政策通过操纵意识形态影响目的价值而非工具价值。②

第三，政党竞争可能导致意识形态的非激进化。唐斯指出，政党会面临决策的不确定性。不确定性使政党把意识形态发展成为权力斗争的武器。在这个角色中，意识形态被赋予了特殊的作用。这些作用决定了它的性质和发展。(1) 尽管所有政党的动机都是渴望选票最大化，但由于不确定性的存在，各政党选择的意识形态可以迥然不同。有三种因素可以解释多大程度的差别才能产生选票最大化的差异，这三种因素是社会的异质性、社会冲突的不可避免性和不确定性。(2) 某些理性投票人是根据意识形态来决定如何投票，而不去比较政策。(3) 争夺权力的竞争，迫使政党在制定政策和意识形态及发展它们的过程中长期保持诚实和一致。意识形态是政党政策的公开说明，因为意识形态包含了或者说隐含了行动的具体计划。为了争取选票，各个政党迫于竞争的压力，在政策和意识形态上变得相对诚实和有责任心。(4) 理性和结构的稳定性，有时会使意识形态和政策落后于同政党行为有关的实际情况。(5) 两党体制中的政党，有意识地修改它们的纲领，从而导致它们彼此间的相似。然而，多党体制中的政党则试图尽可能地保持彼此意识形态之间的区别。在两党体制中，每个政党通过使其纲领含糊不清来促进投票人的非理性的行为，是理性的。民主制度能否产生稳定的政府，取决于大部分选民是否集中在中央，或者集中在两端而中央密度很低。在两党体制中政党的意识形态收敛于中点，这种收敛依赖于投票人的单峰分布。增加模糊性对于两党体制中的任何政党都是理性的。在联合政府下，尽管理性投票在多党体制中更为重要，但它却更困难或更缺乏效率；投票人可能把选举当作民意测验对待；多党体制中政党的意识形态和政策比在两党制下表现得更为鲜明，各个政党同时受到意识形态上分与合的压力。③ 帕特南也指出，意识形态化的政治在这20年里逐渐衰弱了。地区政治家不再把世界看作非黑即白，而是

---

① [美] 拉里·巴特尔斯：《不平等的民主：新镀金时代的政治经济学分析》，第296—297页。

② [美] 戴维·阿普特：《现代化的政治》，第171、234页。

③ [美] 唐斯：《民主的经济理论》，第89—104、106—130页。

有着更微妙的灰影（因而是可以讨价还价的）。实用主义不再是一个口号，而是处理事务的一种方法。他们现在更多是关注行政的、政治的、程序的改革。立法自治和行政效率（或更经常的情况是行政无效率）在他们关于地区事务的讨论中所占的比重要大得多，而早年关注的救星式的"激进社会革新"已经消逝了。①

第四，政策具有一定的"去意识形态"趋向。西方学者重点关注的是四种"去意识形态"的政策特征。

一是政策实践具有不服从意识形态和教条的基本取向。加尔布雷斯指出，在一个美好且有智慧的社会里，政策和行动并不服从意识形态或教条。行动必须基于主要事实，实事求是。②

二是可以摆脱意识形态对政策的影响。西瑟指出，制度安排不仅对于它们如何影响决策，而且对于如何影响人们对政治世界的思考方式来说都是重要的。美国已经不受大量有纲领的意识形态的影响，因为分权体制有助于阻止一般政治思想传播的思考。③

三是行政官员往往不受意识形态操纵。彼得斯指出，对行政官员来说，区分政治与行政容许他们致力于政治（组织的而非党派的）事业，而不必对行为后果承担政治责任。而且，他们可以致力于政策制定——假设采用了技术的和法律的标准进行决策——而无须受到政治主体的干涉。否则，这些政治主体发现自己能够从政治和意识形态上影响政策，必然会对行政官员提出修改政策的要求。由此，行政官员的行为可能被政治家、公众甚至他们自己视为仅仅是将理性的、法律的、技术的标准简单适用于政策问题。这种明显的专业区分可能促使公众难以接受的决策显得令人愉快些。区分政治与行政也为政治家保留了他们可能缺乏的一部分空间。实际上，区分两种制度性选择，有助于现代政府的很多困难的决策，组成政府的个人将不必在接下来的选举中面对公众。由此，政治家可以制定或影响那些由"非政治的"、不用承担公众责任的机构宣布的重要政策。在公共生活中政治和技术性决策可以分离的观念，允许政治改革者使许多重要的公众决策尽可能脱离"政治"的领域。这样做导致很多政府功能从党

---

① ［美］罗伯特·帕特南：《使民主运转起来——现代意大利的公民传统》，第36—38页。
② ［美］约翰·肯尼迪·加尔布雷斯：《美好社会——人类议程》，第18—19页。
③ ［美］西瑟：《自由民主与政治学》，第230页。

派政治的控制转移到独立机构、官僚和政治统治精英。这种人为区分政治与行政的功能，并没有使决策脱离政治影响。①

四是改革应回避意识形态争斗。马奇和奥尔森指出，较大的改革被分割成较小的计划性步骤，以便于政治系统进行处理。通常的趋势是，要么回避意识形态争斗，要么在无法区别分歧与认同的一般水平上讨论意识形态。一个提供重大变迁的机会是否会被利用，一定程度上取决于关键政治集团和人物的支持程度。许多国家从具有适度公共议程的自由民主国家到福利国家的转变，创造了一个可以被称为"社团交易型"国家的宪政治理模式。社团交易型国家具有一个稳定的制度化的政治过程，其特征包括：议会、意识形态型政党和大众的作用降低；将权力委托给主要由官僚和组织化利益群体参加的各种理事会和委员会，技术议题而不是意识形态议题支配着政治议程；冲突程度低；强调妥协。②

注重政策的"去意识形态"特征，应该是"政策文化"的一个重要要求，因为意识形态的严重对应，确实会对人们的政策认同带来极为不利的影响。

（五）政策与民主生活方式

社会生活方式是产生和维系文化的重要基础，政策民主明确要求与之相应的民主生活方式，这样的生活方式，在文化层面大致反映的是四个要素。

第一个要素是"诉求"，包括两方面的内容。(1) 要求对民主生活的保障。滕尼斯指出，总是可以预计人民或者大众会有某种反抗，不过也可以预计，这种反抗的意见一致的可然率很低。大部分人民在他们的条件得到满足的情况下，也就是说，让他们拥有自由，能够根据他们的力量去耕作农业，或是从事其他的劳动，尤其是如果和只要这类劳动不干扰或者甚至破坏他们所习惯的生活方式和他们认为某事是合情合理的各种看法，甚至如果可能的话，反过来强化方便他们的生活方式和看法，他们将总是对每一种统治感到满意，而且同时总是会对一切方式的统治感到满意。③

---

① [美] 盖伊·彼得斯：《官僚政治》，第188—191、217页。
② [美] 詹姆斯·马奇、[挪威] 约翰·P. 奥尔森：《重新发现制度：政治的组织基础》，第105、113页。
③ [德] 斐迪南·滕尼斯：《新时代的精神》，第152—153页。

（2）政策的推行可以提高人民的生活质量。林茨和斯特潘指出，民主制的政府和立法者所作的政策决定确实会影响到生活的质量，从长远看尤其如此。①

第二个要素是"关联"，包括四方面的内容。（1）生活政治是生活方式的政治。吉登斯认为，生活政治不是生活机会的政治，而是生活方式的政治。它关注某些争论和斗争，后者与我们（作为个人和集体性的人）应该怎样生活在一个过去被自然和传统固定的、现在服从于人类决定的世界有关。②（2）人民应该认识到政策与生活方式的关联性。悉尼·胡克指出，所谓"被统治者"，就是指那些参与社会共同体的成年成员以及他们的家属，他们的生活方式都是受着政府的作为或不作为的影响。③（3）大众缺乏关联意识。哈耶克指出，绝大多数选民都处于被雇佣的地位。由于被雇佣者能够不做此类决策就可以生活（当然他们也是不得不承受这种情况），所以他们也就意识不到自行决策的必要性，而且由于被雇佣者在生活中几乎没有进行决策的机会，所以他们也往往低估这些决策的重要性。④（4）民主生活方式的关键在于自我组织和自我治理的能力。奥斯特罗姆指出，民主的生活方式的关键在于自我组织和自我治理的能力，而不是假定所谓"政府"统治。⑤

第三个要素是"保护"，包括两方面的内容。（1）以政策手段保护社会的差异性。悉尼·胡克指出，民主是这样一种生活方式，普遍同意只有在不同的意见能通过自由的、批判性的讨论而得到磋商的时候才能发扬光大，而在这种讨论中，那些无论在什么时候和在什么问题上原来是一个少数派的人，要可以在他们服从民主程序的条件下成为多数派。⑥（2）保护自由民主政体。加塞特指出，在所有的政治形式中，最能体现人类追求公共生活之崇高意愿与努力的就是自由民主政体。首先，以科技知识为基础的自由民主政体是迄今为止最高级的公共生活方式；其次，这种生活方式

---

① ［美］胡安·林茨、［英］阿尔弗雷德·斯特潘：《走向巩固的民主制》，载《变动中的民主》，第56—81页。
② ［英］安东尼·吉登斯：《超越左与右——激进政治的未来》，第95—96页。
③ ［美］悉尼·胡克：《理性、社会神话和民主》，第251—252页。
④ ［英］哈耶克：《自由秩序原理》，上册，第146页。
⑤ ［美］文森特·奥斯特罗姆：《民主的意义及民主制度的脆弱性——回应托克维尔的挑战》，第3页。
⑥ ［美］悉尼·胡克：《理性、社会神话和民主》，第9—10页。

或许并不是我们想象中最好的,但我们所能想象得到的最好的公共生活方式却必欲保留这两条原则——自由民主政体和科技知识——的本质;最后,退回到19世纪之前的任何一种生活方式都无异于自取灭亡。自由主义是宽容的最高形式,它是多数承认少数的权利,它宣告了一种与敌人——哪怕是最孱弱的敌人——共存的决心。①

第四个要素是"共享",包括四方面的内容。(1)分享成功的政策经验。杜威指出,民主是唯一的这样一种生活方式,它全心全意地把经验过程看作目的和手段,因此民主的任务就永远是要创造一种更加自由、更加合乎人性的经验,所有的人都分享这种经验,都对这种经验作出自己的贡献。②(2)共享自由。阿伦特指出,解放是免于压制,自由则是一种政治生活方式。当一个人参与公共生活时,他就为自己打开了一个原本会一直关闭着的人类经验维度,它以某种方式构成了整体"快乐"的一部分。③(3)容忍异议。约翰·基恩指出,公民社会与国家的分离以及二者的民主化,乃是促成个人和群体真正的多元化的必要条件,从而使得人们能够公开地对他人的理想和生活方式表示赞同或提出异议。④(4)每个人都可以得到政策提供的发展机会并理智地对待生活问题。悉尼·胡克指出,有三种有关的价值对于作为一种生活方式的民主来说是占有中心地位的:一是应当为实现个人的天资与能力提供平等的发展机会;二是在一种民主制度中,利益和成就的差异不仅须加以容忍,而且还必须加以鼓励;三是一种民主制度最终所专心致力的必须是相信某种方法可用来解决冲突,明智的方法是民主程序的主要的东西。在一个民主社会中理智越被解放,它对自然的富源的支配也就越大,它对自然的支配越大。⑤

(六)个人责任文化

基于身份认同、政策认同和对民主生活方式的追求,"政策文化"可以明确提出建立"个人责任文化"的三种诉求。

一是个体善与共同善的诉求。科布指出,人类是政治人、文化人甚至

---

① [西班牙]奥尔特加·加塞特:《大众的反叛》,第45—46、70页。
② [美]约翰·杜威:《杜威文选》,第418页。
③ [美]汉娜·阿伦特:《论革命》,第21页;《共和的危机》,第158—159页。
④ [英]约翰·基恩:《民主与传播媒介》,载《民主的再思考》,第272—302页。
⑤ [美]悉尼·胡克:《理性、社会神话和民主》,第259—262页。

宗教人以及经济人,可以假定,公共政策应该充分考虑到人的多维性,它应该寻求完整的个人的善以及所有人共同的善。①

二是政策态度一致性的诉求。阿尔蒙德指出,个人政治倾向一个最重要的方面在于各种态度之间的关系,也就是一致性的总量和类型。如果一个人对一种政策问题(如外交政策)的看法与他对另一种政策问题(如政府干预经济的程度和取消种族隔离)的看法毫无关系,他的倾向是非强制性的。如果一个人对某类问题的选择和他对所有其他问题的选择有关,他的态度是受到高度强制的,他有一系列高度一致的倾向。如果大多数公民都有一系列非常一致的政策态度,如果这些态度又按同样的方式组合在一起,那么政治文化的政策选择不是一致右的,就是一致左的。政策问题的性质,特别是政策问题同一般公民生活的关系,公民可能作出的选择,以及教育和普遍兴趣的变化,都能增加或减少公民态度的一致性。公民在政策问题上可能还比较容易达成一致的看法,而对他们应在政治过程中发挥怎样的作用,或对什么是最佳类型的政治体系则容易产生意见分歧。②

三是个人责任文化诉求。格林指出,应鼓励人们讨论什么样的道德风气能够使得自由成为可能。我们需要一种崭新的社会团结精神,并迫切需要修复个人责任文化。③吉登斯也指出,生态政治是一种损失政治——是自然的损失、传统的损失——但也是恢复政治。今天特别需要一种新的"和解",但是不能采用过去那种利益从上至下分配的形式。相反,目的是清除两极分化效应(毕竟现在还是阶级社会)的福利措施必须是授权的,而不仅仅是"分配的"。它们必须关注家庭以及更广的公民文化之上的社会团结的重建。"积极福利"更重视使用生活政治措施,目标再一次集中在把自主与个人和集体的责任联系在一起。④

(七) 对"忠诚"的要求

通过政策,可以建立一定程度的忠诚和信任关系。从西方学者的论点

---

① [美]小约翰·B.科布:《后现代公共政策——重塑宗教、文化、教育、性、阶级、种族、政治和经济》,第148页。
② [美]阿尔蒙德等:《比较政治学——体系、过程和政策》,第28—31页。
③ [英]大卫·格林:《再造市民社会——重新发现没有政治介入的福利》,第163、178、180—185页。
④ [英]安东尼·吉登斯:《超越左与右——激进政治的未来》,第256页。

看，对"忠诚"主要有五条重要的要求。

第一条要求是政府忠诚于服务。威尔逊强调，具有"民主政策"特征的总体政策思维就是坚定而全心全意忠诚于他们服务的政府所提出的政策就是良好的品行。①

第二条要求是民众忠诚于民主。科恩指出，在民主国家中政府是我的政府——不只是按一般意义而言，它管理我，而是有更深一层的意义，即我是它不可分割的一部分。而我之所以是它必不可少的一部分，是因为民主的实质要求我和所有公民一样有同样权利参与社会的指导性决策。因此，民主可以赢得其公民自然的而且合乎理性的忠诚。②

第三条要求是要有忠诚的反对派。罗尔斯指出，没有忠诚的反对派的观念，没有对表达和保护这一观念的宪法条款的坚持，民主政治就不能被恰当地引导或长久地维持。③ 英格尔哈特也指出，民主政治兴起的一个关键元素就是"忠诚的反对派"准则的出现：反对派不是被视作阴谋推翻政府的叛国者，而是受到信任被允许依据民主游戏规则做事。④

第四条要求是政策对忠诚的建构作用。政策可以建构忠诚，主要体现在以下三个方面。（1）在政策竞争中寻求忠诚。萨托利指出，决定性的因素不是实际的竞争，并且更不是高度的竞争，而是竞争是否是可能的。因而，只要新的竞争者可能进入市场，只要大众可能转移他们的忠诚，只要政策的决策者对此保持警觉并影响到其政策，那么，从结构上讲，这个体制就是竞争性的。⑤（2）以有效的政策引导忠诚。阿普特指出，在那种诸如现代化推动的情况下，政府是一个典型的积极的能动者，而不是忠实地反映社会本来面目的消极行为者。在大多数现代社会中，在实现人的能力和充分利用社会资源的重要目标的指引下，政府根据不同的参与原则来塑造社会。政府的决策（实施其选择的责任）决定了社会的道德品质。现代化社会中的政府试图使不同阶层的成员得到最大满意，推动权力的现代化，为了获得民众的忠诚和使政府活动合法化，权力必须受到限制。如

---

① ［美］威尔逊：《行政之研究》，第240页。
② ［美］卡尔·科恩：《论民主》，第232页。
③ ［美］罗尔斯：《正义论》，第220—221页。
④ ［美］罗纳德·英格尔哈特：《现代化与后现代化——43个国家的文化、经济与政治变迁》，第186页。
⑤ ［美］萨托利：《政党与政党体制》，第304页。

果政府被界定为社会中的关键性组织,那么政府的失败意味着整个社会的失败。假设这一关系是正确的,如果政府改变社会分层的决策不足以维持公众对政权的忠诚,或者政府权威的非理性因素不再被理解,那么政府就会遭到失败。①(3)政策评价反映的忠诚程度。阿普特指出,我们需要评估决策者为了维护政治体系所获得的关于决策结果的信息——不是技术信息,而是关于忠诚和支持的情况,最难获得的是关于决策对民众期望产生的影响和关于民众满足的信息。②

第五条要求是对公民"政策性忠诚"应有全面理解。(1)公民应适应"多重忠诚"的环境。桑德尔指出,我们时代特有的公民德行是,有能力在加诸我们身上时而重叠时而冲突的义务之中找到出路,有能力与多重忠诚引发的紧张一起生活。③冈斯特仁也指出,新共和主义的公民是自主的、忠诚的、能够明确判断和履行统治与被统治的双重角色。他/她与以前的公民不同,因为他/她的自主性是共和国保障的,因为他/她的明确判断主要出现在能干地对待多元性中,因为他/她的忠诚是导向多元性本身的公共组织即共和国中。公民身份提供一种规范且增长见识的观点,在忠诚的冲突中,这种观点把适合的责任归因于独立判断且能够治理和被治理的公民。④巴特·斯廷博根则认为,公民身份表达参与公共生活的观念(这比政治生活更广泛)。一个公民是一个既治理也被治理的人,因为这可以期待公民具有像自主、裁决和忠诚这些素质。⑤(2)公民忠诚具有"世俗化"的倾向。多姆霍夫指出,无论是企业——保守派联盟还是自由派——劳工联盟,都没有让大多数美国老百姓对它们产生强烈的忠诚感。它们两个都主要由组织领导、政策专家、捐款人、政客、政治顾问以及政党活动家组成。因此,它们与普通公民对政府的忠诚形成持续的竞争关系,普通老百姓中的大多数关心的是他们日常生活中的积极方面:爱情以及对家庭的关心、职业的挑战、业余爱好或体育运动带来的乐趣等。虽然已经有足够的选举研究表明,很多选民更加关注的是影响他们日常生活福

---

① [美]戴维·阿普特:《现代化的政治》,第171—172页。
② 同上书,第282—283页。
③ [美]迈克尔·桑德尔:《民主的不满:美国在寻求一种公共哲学》,第408页。
④ [美]赫曼·冈斯特仁:《公民身份的四种概念》,载《公民身份的条件》,第44—57页。
⑤ [英]巴特·斯廷博根:《公民身份的状况》,载《公民身份的条件》,第1—11页。

利的政策而不是候选人的个性，但实际上，个性和社会议题常常比有关就业、医疗和其他实质性议题的政策更加重要。①（3）公民不忠诚可能导致失败的政策。梅斯奎塔等人指出，独裁政府讲求忠诚规则，而在民主国家中，支持者在政策失败时就会不忠诚。小规模获胜联盟制度中的领导者不大可能在负责对政策进行重新评估和政策选择的建议者和官僚身上投资重金，而只是一味取悦于关键的选民。大规模获胜联盟和大规模党团相结合的政治制度并不鼓励政治忠诚，恰恰相反，他们鼓励对政策事实失败的领导者进行惩罚，这就意味着这种制度下的领导者更关注政策执行的情况。②

（八）建立"信任文化"

西方学者对于如何通过政策建立一种"信任文化"，提出了九条标准。

第一条是政策反映公众要求标准。亨廷顿指出，在重要问题上，政府政策严重脱离公众观点时，可以料到，公众会失去对政府的信任，会降低对政治的兴趣和参与，还会转而采取政界精英所控制不了的手段来影响政策的制定。③

第二条是约束领导人标准。维克斯指出，权威和信任在政治社会中起着不小的作用，而且需要它们更加成功地发挥功能。在政治争论领域是不得不去赢得和保持这种权威和信任的（而且通常是通过竞争去获得的）。④ 悉尼·胡克则认为，一种可行的民主的积极要求是明智地不信任它的领导，对一切扩大权力的要求抱顽强而非盲目的怀疑态度，并在教育和社会生活的一切方面着重批判的方法。⑤ 马奇和奥尔森也强调，政治领导人即使在民主体制下也有很大的自主性。公意不可以任意摆布，但领导者在采取行动方面的确有很大空间。通过契约对主要政治领导人产生足够约束的同时，又限制了领导能力的有效发挥。替代性的思路是建立信任文化，信

---

① ［美］多姆霍夫：《谁统治美国：权利、政治和社会变迁》，第 9—10、293、306—307 页。
② ［美］布鲁斯·布恩诺·德·梅斯奎塔等：《政治制度、政治生存与政策成功》，载《繁荣的治理之道》，第 64—90 页。
③ ［美］塞缪尔·亨廷顿：《谁是美国人——美国国民特性面临的挑战》，第 243 页。
④ ［英］杰弗里·维克斯：《判断的艺术——政策制定研究》，第 200 页。
⑤ ［美］悉尼·胡克：《理性、社会神话和民主》，第 255 页。

任无所不在并得到社会赞赏，因为这就是良好政治人物的良好品行。急功近利的政治领导人将政治文化搞得异常紧张，在有深刻社会裂痕、传统上对政治冲突缺乏规范的众多异质化社会中，这种信任文化是不可能持续存在的。①

第三条是信任民众标准。罗伯斯比尔指出，建立政府是为了迫使尊重大众的意志。真正人民政府的本性，就是信任人民和严格要求自己。② 罗尔斯也指出，如果社会的各阶层之间存在着一种合理的信任并分享着一种共同的正义观，纯粹多数的统治就可能会相当不错地获得成功。③

第四条是赢得民众信任标准。政府或决策者要赢得民众的信任，需要注意以下要求。（1）赢得信任是政府的重要目标。华盛顿指出，知识可以多种方式维护自由宪法：它可以使那些受托担任政府职务的人懂得，政府的每一重要目的都会得到民众通情达理的信任；它可以使民众理解并珍视他们的权利；使他们能够预见到并预防这些权力可能遭受侵犯；使他们懂得什么是压迫，什么是必须行使的合法权威；使他们分清，什么是自由精神，什么是无法无天。④（2）避免政策多变。美国联邦党人指出，政策多变，在国内造成的后果，其灾难性更大。对公众机关缺乏信任，使人不敢贸然从事有益的事业，因为事业的成败利害，往往取决于现行安排是否持久。⑤（3）建立明确的政府责任。威尔逊指出，行政管理组织者的职责在于使行政管理与职责明确的责任相匹配，而这种职责明晰的责任能保证人们获得信任感。⑥（4）密切政府与民众的关系。奥斯本和盖布勒指出，民意测验表明，一个政府与其公民的关系越密切，公民也就越信任政府。关系越密切，政府官员就可能更负责任并更有可能逐项提出解决问题的方法，而不是炮制一张包治百病的药方。⑦ 林登也指出，在一个民主国家，我们的政府就是我们自己；当一个民主国家里的人民不再信任他们的政

---

① [美] 詹姆斯·马奇、[挪威] 约翰·P. 奥尔森：《重新发现制度：政治的组织基础》，第 31—33 页。
② [法] 罗伯斯比尔：《革命法制和审判》，第 152、188 页。
③ [美] 罗尔斯：《正义论》，第 228 页。
④ 《华盛顿选集》，第 247—248 页。
⑤ [美] 汉密尔顿、杰伊、麦迪逊：《联邦党人文集》，第 317—318 页。
⑥ [美] 威尔逊：《行政之研究》，第 236 页。
⑦ [美] 戴维·奥斯本、特德·盖布勒：《改革政府：企业家精神如何改革着公共部门》，第 193—194、207 页。

府,他们就会丧失自我管理的信心,这将为那些蠢蠢欲动的独裁者创造机会。①

第五条是以参与增强政策信任标准。古特曼和汤普森指出,公民对民主决策中实施的商议程度越高,他们对自己所制定的民主政策也越信任。② 米勒也指出,为了协商民主良好运行,人们必须实行一种民主自制:他们必须认识到达成的决定应当是真正的民主的决定,而不是他们自己支持的决定。这反过来要依靠协商团体内存在的信任水平:人们将会以一种民主精神行事,如果他们相信其他人也可以做到的话。讨论本身就是参与者之间建立信任的一个好方式。③

第六条是公民相互信任标准。为促进公民的相互信任,西方学者着重提出了两方面的要求。(1) 以学习来改变相互不信任局面。托马斯指出,学习过程的思维方式有助于人们认识和解决公民参与特征的强烈反差问题,这些反差要么表现为使参与枯竭的相互不信任或情感性障碍,要么表现为对行政管理者的支持和保护。公民参与过程出现两方面特征也许都是准确的,但他们或许存在于学习过程的不同阶段。相互不信任现象更可能出现在学习过程的早期,随着学习过程向调解斡旋和有效决策阶段推进,相互不信任现象就会逐步消弭,双方可能达成相互支持。④ (2) 民主是建立信任的有效办法。巴伯指出,一种健康的民主共同体会为人们表达不信任、异议或者是完全反对留下空间,甚至在那些明显处于少数派地位的持异议者注定要失败的情形下也是如此。在强势民主中,持不同政见者并不在意这次的决策,因为它已经作出了;但是,需要证明其他观点的正确性(因而也就是要将其他的问题放进公共议程中)。⑤ 珍妮特·登哈特和罗伯特·登哈特也指出,在公共组织中,我们需要以一种符合民主理想、信任和尊重的方式相互对待以及对待公民。从新公共服务的观点来看,参与和包容的方法是建立公民意识、责任意识和信任的最好办法。⑥

第七条是高度信任和积极信任标准。弗林指出,开支计划、竞争机

---

① [美] 拉塞尔·M. 林登:《无缝隙政府:公共部门再造指南》,前言,第 1 页。
② [美] 阿米·古特曼、丹尼斯·汤普森:《民主与分歧》,第 248 页。
③ [美] 戴维·米勒:《协商民主和社会选择》,载《协商民主论争》,第 195—213 页。
④ [美] 约翰·克莱顿·托马斯:《公共决策中的公民参与》,第 21 页。
⑤ [美] 本杰明·巴伯:《强势民主》,第 223—224 页。
⑥ [美] 珍妮特·V. 登哈特、罗伯特·B. 登哈特:《新公共服务:服务,而不是掌舵》,第 120—121 页。

制、顾客导向、绩效管理、人事管理以及组织结构等方面的安排,都是采取一种基于低度信任和高度控制的方法。高度信任和通过共享的价值观进行管理以及由此形成的高度自决权,还不常见。如果在公共管理中,能够多一份尊重和合作,少一份不信任和顾虑,那么公共服务机构将会为经济的健康发展和社会生活水平的提高作出更有价值的贡献。① 吉登斯则认为,在一个解传统化的社会中,增强团结依靠的是积极信任,以及复兴个人和社会对他人的责任感。积极的人肯定了自主,而不是与之对立,因为服从是自由地作出的,而不是由传统约束强制实施的。积极信任意味着能动性政治的理念。能动性政治虽然是对公共领域的维护,但是没有把自己置于旧的国家与市场对立之中。它通过为更广的社会中的个人和团体所作的生活和政治决定提供物质条件和组织框架来发挥作用,这样一种政治依靠的是在政府机构和相关的代理机构中建立积极的信任。积极信任意味着多种情况:(1)培育能够实现预想结果的条件——把想要的东西作为黑箱暂时放起来,"上级"不去确定哪些是想要的东西,或不去实现那些结果;(2)在政府机构本身或在相关的机构中,创造建立和保持积极信任的环境;(3)给那些受到特定纲领或政策影响的人以自主权——实际上是多方面地发展这种自主权;(4)创造提高自主权的资源,包括物质财富;(5)政治权力的分权,分权和政治集中之间并非零和博弈,分权时能提高中心的权威,或者是因为政治换位,或者是因为它创造了更大的合法性。"情感的民主"依靠的是把自主与团结结合在一起。它认为,在其中动员和维持积极信任的个人关系是通过讨论和观点的交换,而不是某种武断的权力来实现和发展的。②

第八条是建立人际信任网络标准。蒂利指出,民主化需要信任作出两方面的转变。一方面,在政治舞台上,公民充分信任政府的协商和保护机构能够弥补个体的短期劣势,而不至于立即转向非政府的手段。另一方面,公民在从事有风险的长期事业时心存一个假定,即政府能够持续实现并最终兑现它的承诺。原本罕见的信任转变一旦发生,则信任网络将通过以下三种中的任何一种途径,实现它与公共政治的结合:一是原先与公共政策相隔绝的、曾经发挥作用的信任网络瓦解了;二是政府机构与公民之

---

① [英] 诺曼·弗林:《公共部门管理》,第 253 页。
② [英] 安东尼·吉登斯:《超越左与右——激进政治的未来》,第 94—97、123 页。

间有拘束力的、直接委托机制形成了；三是在主要的政治角色与公民成员或委托人之间形成了类似的委托机制。把信任网络融入公共政治有三个重要过程：解散相互隔离的信任网络、整合以前的信任网络以及创造新的信任网络。在任何时间和地方促进民主的基本的过程包括信任网络和公共政治融合程度的增加，使公共政治和分类上的不平等隔离的程度的增加和大的权力中心相对于公共政治的自治程度的降低。从大多数政治参与者的视角来看，民主本来就是比其他体制更具风险、更具偶然性的体制；因此只有对民主政治的结果非常信任的参与者才会和这种体制合作。①

第九条是民众支持标准。派伊指出，新国家里非常重要的行政问题导致了贯彻危机的产生，它包括政府深入社会与推行基本政策的问题。要推行有意义的发展政策，政府就必须能够深入乡村的层次并关心人们的日常生活。贯彻的问题是政府为正常制度确立效力，以及在统治者与臣民之间建立信任和良好关系的问题。起初政府发展很难激发人民或改变其价值观和习惯，以获得对国家发展进程的支持。另一方面，政府的效力在破除旧的控制方式方面，经常会引发广泛的更大程度地影响政府政策的要求。②英格尔哈特也指出，经济发展也促进有助于稳定民主政治的文化转型，我们发现了两个尤为主要的因素。（1）一种信任文化。（2）民众的合法性。政治系统积极的输出为执政者带来民众支持，从短期看，这种支持建立在成本收益计算的基础上，即关于"你最近为我做了些什么"。如果某个政权的输出在很长一段时间里都被认定是积极的，那么这个政权会发展出"弥散化支持"。民主政权只花较少的时间去重塑它们潜在的文化。民主政权的精髓就在于，它们反映公民的偏好，但不试图控制它们。③

建立"信任文化"的九条标准，四条主要是针对决策者的（政策反映公众要求、约束领导人、信任民众、赢得民众信任），四条主要是针对普通民众的（以参与增强政策信任、公民相互信任、建立人际信任网络、民众支持），一条则是既针对决策者也针对普通民众的（高度信任和积极信任）。在建构"信任文化"时，确实需要注意各标准的不同对象。

---

① ［美］查尔斯·蒂利：《社会运动，1768—2004 年》，第 178—180 页；《民主》，第 93 页。
② ［美］鲁恂·W. 派伊：《政治发展面面观》，第 82—83 页。
③ ［美］罗纳德·英格尔哈特：《现代化与后现代化——43 个国家的文化、经济与政治变迁》，第 186、238 页。

（九）政策参与文化

通过扩大公民的政策参与，形成"政策参与文化"，应该是建构"政策文化"的一个重要目标，由此需要特别注意"政策参与文化"的一些重要要求。

第一，"政策参与文化"应该是一种"过程文化"。阿尔蒙德指出，过程文化重点关注的是个人对于自己在政治过程中影响力的看法，以及个人对于自己同其他活动者之间关系的看法。后者有信任和敌视的不同，前者有狭隘观念者、顺从者和参与者的区别。狭隘观念者指那些对政治体系所知甚少、甚至一无所知的公民。没有文化的农民对国家政治可能一无所知，而对本村的决策却可能积极参与。但是狭隘观念者的一般观念主要是指那些在生活中只关心非政治性事务，而且对自己与国家政治过程的关系毫无意识的公民。顺从者就是已经成为政治体系组成部分的、并对政治体系施加于他们生活的影响或潜在的影响有所认识的公民，他们受政府行动的影响而不是积极地去影响政府的行动。他们甚至可能对政权和权威人物产生某种合法感或者疏远感。但是他们对于政治参与始终抱被动的态度。参与者表现出来的是对社会的输入过程，也就是那些促使他们介入政治的过程有一定的认识，并形成了鼓励自己利用各种参与机会的态度，也就是相信只要努力去做就能够影响国家的政治事务。世俗化意味着社会中对政治过程抱狭隘观念者不断减少，顺从者和参与者角色不断增加。[1]

第二，"政策参与文化"应该是一种"角色文化"。阿尔蒙德和维巴指出，我们还必须介绍另一种复杂概念——"角色文化"。较复杂的政治系统之特征是它们都具有角色——官僚机构、军队、政治行政组织、党派、利益集团、传播媒介——的专业化结构。由于这些精英在制定政策和执行政策方面是决定性的，因此存在于他们之间的文化差异可以严重地影响政治系统的运行。在稳定的、合法的政治系统中，角色文化仅仅在内容上发生变化。在不稳定的政治系统中，政策的差别伴随着结构式取向方面的差别，而且可能在精英层次上产生文化的破裂。民主国家为普通人提供机会，以具有影响的公民身份，去参加政治决策的过程。但是，民主政体

---

[1] [美]阿尔蒙德等：《比较政治学——体系、过程和政策》，第36—37、110—112页。

和它的公民文化的现行原则——政治精英决策的方式,他们的规范和态度,普通公民的规范和态度,领袖和政府的关系以及他和他的选民的关系,则是更微妙的文化部分。政治参与是比较少的,它对个人来说相对缺乏重要性。此外,普通人客观上的弱点,允许政府精英去发挥作用。普通人的不积极和对影响决策缺乏能力,有助于政府精英提供他们作决定所需要的权力。但是这仅仅是把民主系统中相对立的目标之一增加到最大值。精英的权力必须要受到制约,在公民文化中的公民具有一座有影响力的储备库。他并非不断地卷入政治,他并不主动地监督政治决策者的行为。但是如果需要,他便有发挥作用的潜能。公民卷入,精英给予回答,然后公民后退,这样的循环可能趋向于巩固对民主政治所需要的对立平衡。①

第三,"政策参与文化"应该是一种"选择文化"。维克斯指出,一个系统的变化速度以及变化的可预测性预设了该系统被管理程度的种种限制。在这些限制中,可管理的程度依赖于可接受的管理类型。每一类型都有其自己的可能性和限度,而且管理者的选择将经常是一种政治上的选择,即一种政策选择,因为不同的选择会提出既适合于优化又适合于平衡的不同准则。政治选择不仅仅是民主政治的情景。政治选择的相对重要性和政治选择的困难相伴而生。一开始,许多事务一直由少数几个人选择决定。后来,许多人觉得应该重视他们自身的利益,应该参与政治选择活动,于是就使政治选择变得困难了。政治活动的量的增长,导致政策制定的量的增长,政策制定致力于满足弱势群体的需要,这种增长拓宽了政治选择的范围也增加了复杂性。政治选择越来越多样化,甚至市场选择的一些显而易见的领域也依赖于它。政治选择的特性不仅表现在少数人对多数人的权力运作的延伸,也表现在多数人对少数人权力运作的那种影响。从一个极端来看,这完全是革命的威胁;从另一个极端来看,它是无意识地诉求于共同遵守的文化规范。②

第四,"政策参与文化"应该是一种"团结文化"或"宽容文化"。费伦指出,有助于产生在该群体看来是合法的最终决议,以便加强该群体的团结或促进该决议的有效实施。如果讨论总的来说会促进意见一致,那

---

① [美]阿尔蒙德、维巴:《公民文化——五个国家的政治态度和民主制》,第27—28、426—431页。

② [英]杰弗里·维克斯:《判断的艺术——政策制定研究》,第56、96—98页。

么它会比简单投票更合意,因为它有利于决策的实施和可能更广泛的社会团结。在人们将公正程序与拥有发表意见的机会联系在一起的文化或社会下,讨论因为同样的理由而是合意的。① 猪口孝等人也指出,如果民主进程和社会的公共领域能够包容各种不同的——甚至相互竞争的——公民身份概念,宗教、还有其他身份群体和社团,并非内在地就与民主政治相对立。如果民主进程允许所有意见得到表达,如果在底层有一种宽容的文化,各种不可比的思想就可以共存。自由公正的选举对于给予人民自信、反映人民要求有着关键的作用,但是,如果民主一词不仅仅是在装点门面的意义上来使用的话,选举本身并不必然导致民主。如果普遍地缺乏和解的意愿,缺乏形成一种能够超越以往敌意的公民能力概念的意愿,仅仅有选举并不能创造出一种民主的文化。②

第五,"政策参与文化"应该是一种"挑战文化"。英格尔哈特指出:西方公众价值观业已从过于强调物质福利和身体安全而转向更加强调生活质量。越来越多的民众开始对国内和国际政治拥有足够的兴趣和理解力,从而能够参与到这些决策层面中去。当然,群众通过投票等方式在国内政治中发挥重要作用远非今日之事,但文化变革却使得今日的人们可以在政策形成中扮演日益重要的积极角色,也可以让他们参与所谓的"挑战精英"活动之中,以对抗"精英主导"型传统政治。精英主导型政治参与,在很大程度上依然是精英所掌控的政治,即由精英借助于成熟的组织如政党、工会、宗教机构等来动员群众,以获取群众的支持。新的"挑战精英"型政治则在具体决策层面上赋予公众日益重要的角色,而非仅仅让公众在两套决策班底之间进行非此即彼的被动选择。③

第六,"政策参与文化"应该是一种"启蒙文化"。富里迪指出,人文主义教化的设想是宿命论的解毒剂。对抗时下流行的宿命论文化的方法是:维护人文主义启蒙运动的遗产,并且将它们教化得更深更广。政治的复兴不能依靠发现一两个足以提高公众参与度的聪明点子或新伎俩。可以依靠的只能是,通过挑战时下流行的限制文化,恢复我们对人类潜力的信心。一个值得努力的目标是培育再一次启蒙运动。我们不欢迎消极被动和

---

① [美]詹姆斯·费伦:《作为讨论的协商》,载《协商民主:挑战与反思》,第45—67页。
② [日]猪口孝、[英]纽曼、[美]基恩编:《变动中的民主》,第18—19页。
③ [美]罗纳德·英格尔哈特:《发达工业社会的文化转型》,第2—3页。

脆弱性，而是要开始以人文主义教化我们的生活。①

第七，"政策参与文化"应该是一种"民主文化"。鲍尔斯和金蒂斯指出，我们所谓的民主文化是指个人决策和参与能力，他们对民主程序的信誓，他们的联合和政治组织的形式。两种可能性自己呈现出来。在第一种可能性中，一种民主的动态，一套民主的规则，肇致了更加民主的文化。然而，反民主的动态同样是可能的。② 戴蒙德也指出，民主政治文化珍惜作为最佳治理形式的民主体制，因而主张公民的某些基本权利和义务。如果人们愿意参与，他们需要具有某些信息和知识，并且具有某种程度的信心认为自己的个别参与会产生影响，就是说参与是"有效的"。民主文化也包含温和的立场、妥协的精神、合作的态度和讨价还价的行为。③ 乔姆斯基则认为，要获得权利始终要求我们每人都亲身去创造，或再创造有效民主文化的根基，使公众能在政治和重要经济领域的决策中发挥一定的作用，而目前公众在这两个领域中基本上都没有什么发言权。④

无论"政策参与文化"表现为过程文化、角色文化、选择文化、挑战文化，还是表现为团结文化（宽容文化）、启蒙文化，甚或直接表现为民主文化，都是要为"政策文化"添加重要的动力装置，因为没有真正的政策参与，"参与文化"只能是一种遥不可及的目标。

二 社会主义的政策文化观念

马克思主义经典作家强调共产主义和社会主义文化观念，并就政策与文化的关系提出了一些重要的看法。

（一）以政策提高人民的文化生活水平

马克思主义经典作家强调以政策来保障和提高人民的文化生活水平，并提出了以下看法。

第一，经济发展制约文化发展。马克思指出："权利永远不能超出社

---

① ［英］弗兰克·富里迪：《恐惧的政治》，"前言"，第2—3页；正文，第17、151—152页。
② ［美］塞缪尔·鲍尔斯、赫伯特·金蒂斯：《民主与资本主义》，第240—243、268页。
③ ［美］拉里·戴蒙德：《民主的精神》，第172—173页。
④ ［美］诺姆·乔姆斯基：《失败的国家：滥用权力和践踏民主》，第333—334页。

会的经济结构以及由经济结构所制约的社会的文化发展。在共产主义社会高级阶段上，……才能完全超出资产阶级法权的狭隘眼界，社会才能在自己的旗帜上写上：各尽所能，按需分配。"①

第二，文化程度低是产生乌托邦的基础。列宁指出："一个国家的自由愈少，公开的阶级斗争愈弱，群众的文化程度愈低，政治上的乌托邦通常也愈容易产生，而且保持的时间也愈久。"②

第三，注意民主的文化取向与政治取向不同。毛泽东指出："民主必须是各方面的，是政治上的、军事上的、经济上的、文化上的、党务上的以及国际关系上的，一切这些，都需要民主。……文化民主，例如教育、学术思想、报纸与艺术等，也只有民主才能促进其发展。……文化是精神的东西，它有助于政治民主，也不就是政治的内容。"③

第四，发挥政策保障人民文化生活的作用。列宁指出："在实际上使被剥削的劳动者能够真正享受文化、文明和民主的福利，这正是苏维埃政权一项最重要的工作，而且今后应当坚定不移地把这项工作继续下去。"④邓小平也强调："从十一届三中全会以来，我们党在经济、政治、文化等各方面的工作中恢复了正确的政策，并且研究新情况、新经验，制定了一系列新的正确政策。"⑤"按照历史唯物主义的观点来讲，正确的政治领导的成果，归根结底要表现在社会生产力的发展上，人民物质文化生活的改善上。如果在一个很长的历史时期内，社会主义国家生产力发展的速度比资本主义国家慢，还谈什么优越性？我们要想一想，我们给人民究竟做了多少事情呢？我们一定要根据现在的有利条件加速发展生产力，使人民的物质生活好一些，使人民的文化生活、精神面貌好一些。"⑥

以政策保障来提高人民的文化生活水平，是建构"政策文化"的一

---

① 马克思：《对德国工人党纲领的几点意见》，《马克思恩格斯全集》，第19卷，第22—23页。
② 列宁：《两种乌托邦》，《列宁全集》，第22卷，第129页。
③ 毛泽东：《会见中外记者西北参观团的讲话》，《毛泽东文集》，第3卷，第169—170页；《给谢觉哉的信》，《毛泽东文集》，第3卷，第232—233页。
④ 列宁：《俄共（布）党纲草案》，《列宁全集》，第36卷，第86页。
⑤ 邓小平：《中国共产党第十二次全国代表大会开幕词》，《邓小平文选》，第3卷，第2页。
⑥ 邓小平：《高举毛泽东思想旗帜，坚持实事求是的原则》，《邓小平文选》，第2卷，第128页。

种基础性要求。对于这种基础性要求,在认识层面和实践层面显然都是不可忽视的。

(二) 防止对政策的"左"和"右"的干扰

在政策的文化取向或者说意识形态取向上,马克思主义经典作家既强调了防止"左倾"思想的影响,也强调了防止"右倾"思想的影响,并提出了以下论点。

第一,"左倾"和"右倾"政策影响革命斗争。毛泽东指出:"尤其是土地革命的后期,由于不认识中国革命是半殖民地的资产阶级民主革命和革命的长期性这两个基本特点而产生的许多过左的政策,……一概不能采用,就是在过去也是错误的。这种过左政策,适和第一次大革命后期陈独秀领导的右倾机会主义相反,而表现其为'左'倾机会主义的错误。在第一次大革命后期,是一切联合,否认斗争;而在土地革命后期,则是一切斗争,否认联合(除基本农民以外),实为代表两个极端政策的极明显的例证。而这两个极端的政策,都使党和革命遭受了极大的损失。"①

第二,"左"的口号干扰正确政策的执行。邓小平指出:"在宣传内容上,一般地只注意土改宣传,而忽视了党的各方面正确政策的宣传。'左'的口号、'左'的词句掩盖了或减弱了党的正确口号和主张的力量。"②

第三,"极左"政策不符合社会主义的方向。邓小平指出:"'文化大革命'十年浩劫,中国吃了苦头。中国吃苦头不只这十年,这以前,从一九五七年下半年开始,我们就犯了'左'的错误。总的来说,就是对外封闭,对内以阶级斗争为纲,忽视发展生产力,制定的政策超越了社会主义的初级阶段。"③ "我们从实践上和理论上,都批判了'四人帮'那种以极左面目出现的主张普遍贫穷的假社会主义。我们坚持了社会主义公有制和按劳分配的原则。"④ "下决心这样做,表明我们真正解放了思想,

---

① 毛泽东:《论政策》,《毛泽东选集》,第 2 卷,第 720—721 页。
② 邓小平:《贯彻执行中共中央关于土改与整党工作的指示》,《邓小平文选》,第 1 卷,第 113 页。
③ 邓小平:《形势迫使我们进一步改革开放》,《邓小平文选》,第 3 卷,第 269 页。
④ 邓小平:《坚持四项基本原则》,《邓小平文选》,第 2 卷,第 165 页。

摆脱了多年来'左'的错误指导方针的束缚。"① "近几年来，中国一直在克服'左'的错误，坚持从实际出发，实事求是，来制定各方面工作的政策。"②

第四，"左"和"右"都是主观主义的决策。毛泽东指出："凡是用命令主义去办事，都是错误的。稳步不前，右了，超过实际可能办到的程度勉强去办，'左'了，这都是主观主义。"③

第五，领导者和决策者不能左右摇摆。毛泽东指出："党内许多干部对于策略问题上的片面观点和由此而来的过左过右的摇摆，必须使他们从历史上和目前党的政策的变化和发展，作全面的统一的了解，方能克服。"④ 邓小平也指出："他们往往满足于表面上的成绩，而不注意工作的实际效果，或者只看到工作中好的方面，看不到工作中坏的方面，或者只追求数量，不讲究质量。他们对自己的工作心中无数，常常'左'右摇摆，有时表现为右倾保守，思想落后于实际，有时又表现为急躁冒进，贪多求快，超过实际的可能。"⑤

第六，以总路线和总政策防范"左倾"和右倾错误。毛泽东指出："我党规定了中国革命的总路线和总政策，又规定了各项具体的工作路线和各项具体的政策。但是，许多同志往往记住了我党的具体的个别的工作路线和政策，忘记了我党的总路线和总政策。而如果真正忘记了我党的总路线和总政策，我们就将是一个盲目的不完全的不清醒的革命者，在我们执行具体工作路线和具体政策的时候，就会迷失方向，就会左右摇摆，就会贻误我们的工作。"⑥

第七，既要反对"左比右好"，也要反对"右比左好"。毛泽东指出，有人说，"'左'比右好"，许多同志都这么说。其实，也有许多人在心里说，"右比'左'好"，但不讲出来，只有诚实的人才讲出来。有这么两种意见。什么叫"左"? 超过时代，超过当前的情况，在方针政策上、在行动上冒进，在斗争的问题上、在发生争论的问题上乱斗，这是"左"，

---

① 邓小平：《贯彻调整方针，保证安定团结》，《邓小平文选》，第2卷，第355页。
② 邓小平：《一个国家，两种制度》，《邓小平文选》，第3卷，第58页。
③ 毛泽东：《关于农业互助合作的两次谈话》，《毛泽东文集》，第6卷，第303页。
④ 毛泽东：《论政策》，《毛泽东选集》，第2卷，第723页。
⑤ 邓小平：《关于修改党的章程的报告》，《邓小平文选》，第1卷，第221—222页。
⑥ 毛泽东：《在晋绥干部会议上的讲话》，《毛泽东选集》，第4卷，第1259页。

这个不好。落在时代的后面,落在当前情况的后面,缺乏斗争性,这是右,这个也不好。我们党内不但有喜欢"左"的,也有不少喜欢右的,或者中间偏右,都是不好的。我们要进行两条战线的斗争,既反对"左",也反对右。①

第八,"右"要求全盘西化,"左"则是一种习惯势力。邓小平指出:"几十年的'左'的思想纠正过来不容易,我们主要是反'左','左'已经形成了一种习惯势力。现在中国反对改革的人不多,但在制定和实行具体政策的时候,总容易出现有一点留恋过去的情况,习惯的东西就起作用,就冒出来了。同时也有右的干扰,概括起来就是全盘西化,打着拥护开放、改革的旗帜,想把中国引导到搞资本主义。这种右的倾向不是真正拥护改革、开放政策,是要改变我们社会的性质。一旦中国全盘西化,搞资本主义,四个现代化肯定实现不了。……我们既有'左'的干扰,也有右的干扰,但最大的危险还是'左'。习惯了,人们的思想不容易改变。对青年人来说,右的东西值得警惕,特别是他们不知道什么是资本主义,什么是社会主义,因此要对他们进行教育。"②

第九,"右"可以葬送社会主义,"左"也可以葬送社会主义。邓小平指出:"现在,有右的东西影响我们,也有'左'的东西影响我们,但根深蒂固的还是'左'的东西。有些理论家、政治家,拿大帽子吓唬人的,不是右,而是'左'。'左'带有革命的色彩,好像越'左'越革命。'左'的东西在我们党的历史上可怕呀!一个好好的东西,一下子被他搞掉了。右可以葬送社会主义,'左'也可以葬送社会主义。中国要警惕右,但主要是防止'左'。右的东西有,动乱就是右的!'左'的东西也有。把改革开放说成是引进和发展资本主义,认为和平演变的主要危险来自经济领域,这些就是'左'。"③

第十,不要用运动来纠正"左"和"右"的错误倾向。邓小平指出:"纠正'左'的倾向和右的倾向,都不要随意上'纲',不要人人过关,不要搞运动。人人都去作检查,那就会变成运动。"④

---

① 参见毛泽东《在中国共产党全国代表会议上的讲话》,《毛泽东文集》,第6卷,第403页。
② 邓小平:《吸取历史经验,防止错误倾向》,《邓小平文选》,第3卷,第228—229页。
③ 邓小平:《在武昌、深圳、珠海、上海等地的谈话要点》,《邓小平文选》,第3卷,第375页。
④ 邓小平:《关于反对错误思想倾向问题》,《邓小平文选》,第2卷,第381页。

第十一，坚持正确的政策取向。邓小平指出："党的十一届三中全会制定的路线、方针、政策，包括我们发展战略的'三部曲'，正确不正确？……我们的目标是不是一个'左'的目标？是否还要继续用它作为我们今后奋斗的目标？这些大的问题，必须作出明确、肯定的回答。我们第一个翻一番的目标已经完成了，第二个翻一番的目标计划用十二年完成，再往后五十年，达到一个中等发达国家的水平。这就是我们的战略目标。对此，我想我们做出的不是一个'左'的判断，制定的也不是一个过急的目标。因此，对这个问题的回答，应当说，我们所制定的战略目标，现在至少不能说是失败的。"①

既反"右"也反"左"的政策取向，是马克思主义经典作家（尤其是毛泽东和邓小平）在"政策文化"方面的一个原则性要求，因为只有坚持这样的原则，才能减少甚至避免来自"左"和"右"的干扰，降低党和国家政策出现重大失误的几率。

（三）注重"教育"的政策功能

马克思主义经典作家既注重"教育"的文化功能，更注重"教育"的政策功能，并强调了从多个方面认识教育的政策功能。

第一，与教育密切结合的民主制。列宁指出："建立了劳动者先锋队即大工业无产阶级的最优良的群众组织，这种组织使劳动者先锋队能够领导最广大的被剥削群众，吸收他们参加独立的政治生活，根据他们亲身的体验对他们进行政治教育，从而第一次着手使真正全体人民都学习管理，并且开始管理。这就是在俄国实行的民主制的主要特征。"②

第二，教育是动员群众参与的重要手段。恩格斯指出："革命是政治的最高行动，谁要想革命，谁就必须也承认准备革命和教育工人进行革命的手段。"③ 列宁也指出："对于工人来说，选举所以重要，是因为可以把选举作为政治上教育群众和团结群众的手段。"④

第三，注重政治教育。列宁指出："只要在我国还存在文盲现象，那

---

① 邓小平：《在接见首都戒严部队军以上干部时的讲话》，《邓小平文选》，第3卷，第305页。
② 列宁：《苏维埃政权的当前任务》，《列宁全集》，第34卷，第183—184页。
③ 恩格斯：《关于工人阶级的政治行动（发言提纲）》，《马克思恩格斯全集》，第17卷，第449—450页。
④ 列宁：《选举为期不远了，大家行动起来吧》，《列宁全集》，第21卷，第378页。

就很难谈得上政治教育。这并不是政治任务,这是先决条件,没有这个条件就谈不上政治。文盲是处在政治之外的,必须先教他们识字。不识字就不可能有政治,不识字只能有流言蜚语、谎话偏见,而没有政治。"① 斯大林也指出:"如果女工和农妇受到政治教育,她们就能改善我们的苏维埃和合作社,使它们得到巩固和发展。"② 毛泽东则强调:"需要在群众中间经常进行生动的、切实的政治教育,并且应当经常把发生的困难向他们作真实的说明,和他们一起研究如何解决困难的办法。"③ 邓小平也强调:"我对外国人讲,十年最大的失误是教育,这里我主要是讲思想政治教育,不单纯是对学校、青年学生,是泛指对人民的教育。对于艰苦创业,对于中国是个什么样的国家,将要变成一个什么样的国家,这种教育都很少,这是我们很大的失误。"④

第四,注重民主教育。毛泽东指出:"要真正实现民主集中制,是要经过认真的教育、试点和推广,并经过长期反复进行,才能实现的,否则在大多数同志当中,始终不过是一句空话。"⑤ 邓小平也指出:"随着民主政治的开展,民主教育比任何时候还要迫切,无论在党内或在群众中,过去这点都是极其不够的。实际的政治斗争,是党员和群众的最好锻炼。我们除了在学校中、民革室中、训练班中,应注意民主政治的教育外,对每一个民主运动都要精细地布置,不可丝毫草率,要使之完全符合民主政治的要求,真正动员起广大民众来参加,动员起全党来领导。"⑥

第五,注重利益教育。毛泽东指出:"国家和工厂、合作社的关系,工厂、合作社和生产者个人的关系,这两种关系都要处理好。为此,就不能只顾一头,必须兼顾国家、集体和个人三个方面,也就是我们过去常说的'军民兼顾'、'公私兼顾'"。鉴于苏联和我们自己的经验,今后务必更好地解决这个问题。""总之,国家和工厂,国家和工人,工厂和工人,国家和合作社,国家和农民,合作社和农民,都必须兼顾,不能只顾一头。无论只顾哪一头,都是不利于社会主义,不利于无产阶级专政的。这

---

① 列宁:《新经济政策和政治教育委员会的任务》,《列宁全集》,第42卷,第199—200页。
② 斯大林:《纪念女工和农妇第一次代表大会五周年》,《斯大林全集》,第5卷,第285页。
③ 毛泽东:《关于正确处理人民内部矛盾的问题》,《毛泽东文集》,第7卷,第236页。
④ 邓小平:《在接见首都戒严部队军以上干部时的讲话》,《邓小平文选》,第3卷,第306页。
⑤ 毛泽东:《关于重新印发毛泽东在七千人大会上讲话的批语》,《建国以来毛泽东文稿》,第12册,第9页。
⑥ 邓小平:《党与抗日民主政权》,《邓小平文选》,第1卷,第20—21页。

是一个关系到六亿人民的大问题,必须在全党和全国人民中间反复进行教育。"① 邓小平也指出:"要教育党员和群众以大局为重,以党和国家的整体利益为重。我们应当充满信心。只要我们信任群众,走群众路线,把情况和问题向群众讲明白,任何问题都可以解决,任何障碍都可以排除。随着经济的发展,路子会越走越宽,人们会各得其所。这是毫无疑义的。"②

第六,注重社会主义理念的教育。邓小平指出:"我们要继续开放,更加开放。因为我们的承受能力比较大,加上我们有正确的政策,即使有一些消极的东西也不会影响我们社会主义制度的根本。教育人民坚持四项基本原则,这就为我们事业的健康发展从根本上提供了保证。"③

第七,注重政策教育。毛泽东指出:"为了保证胜利,一九四九年还要进行普遍的和深入的政策教育工作。说是'学会了',并不等于不要再学了,我们还要学习很多的东西。"④ "根本上当然要从思想上进行群众路线的教育,同时也要教给同志们许多具体办法。办法之一,就是要充分地利用报纸。办好报纸,把报纸办得引人入胜,在报纸上正确地宣传党的方针政策,通过报纸加强党和群众的联系,这是党的工作中的一项不可小看的、有重大原则意义的问题。"⑤

第八,注重教育群众和教育人民。毛泽东指出:"凡属人民群众的正确的意见,党必须依据情况,领导群众,加以实现;而对于人民群众中发生的不正确的意见,则必须教育群众,加以改正。"⑥ 邓小平也指出:"要教育党员和干部善于从当地群众日常生活中去发现问题,寻求机会解决问题。""同时,必须注意群众的教育,特别是使群众从自己的经验中相信我们主张的正确。任何脱离群众、不问群众态度如何的干法,必然要失败的。"⑦

第九,注重人民的自我教育。毛泽东指出:"有了人民的国家,人民才有可能在全国范围内和全体规模上,用民主的方法,教育自己和改造自

---

① 毛泽东:《论十大关系》,《毛泽东文集》,第 7 卷,第 28、30—31 页。
② 邓小平:《解放思想,实事求是,团结一致向前看》,《邓小平文选》,第 2 卷,第 152 页。
③ 邓小平:《坚持四项基本原则教育,坚持改革开放政策》,《邓小平文选》,第 3 卷,第 202 页。
④ 毛泽东:《目前形势和党在一九四九年的任务》,《毛泽东文集》,第 5 卷,第 232 页。
⑤ 毛泽东:《对晋绥日报编辑人员的谈话》,《毛泽东选集》,第 4 卷,第 1262 页。
⑥ 毛泽东:《在晋绥干部会议上的讲话》,《毛泽东选集》,第 4 卷,第 1253 页。
⑦ 邓小平:《敌占区的组织工作与政策运用》,《邓小平文选》,第 1 卷,第 57—58 页。

己，使自己脱离内外反动派的影响，改造自己从旧社会得来的坏习惯和坏思想，不使自己走入反动派指引的错误路上去，并继续前进，向着社会主义社会和共产主义社会前进。"① "在改造群众思想的文化教育工作中尤其是如此。这里是两条原则：一条是群众的实际上的需要，而不是我们脑子里头幻想出来的需要；一条是群众的自愿，由群众自己下决心，而不是由我们代替群众下决心。"② 邓小平也指出："肃清封建主义残余影响，对广大干部和群众说来，是一种自我教育和自我改造，是为了从封建主义遗毒中摆脱出来，解放思想，提高觉悟，适应现代化建设的需要。"③

第十，"运动"不是开展教育的好方法。邓小平指出："历史经验证明，用大搞群众运动的办法，而不是用透彻说理、从容讨论的办法，去解决群众性的思想教育问题，而不是用扎扎实实、稳步前进的办法，去解决现行制度的改革和新制度的建立问题，从来都是不成功的。"④

对群众进行政治教育、民主教育，尤其是对群众进行政策教育，无论采用什么样的方法（报刊宣传方法、自我教育方法、说理讨论方法等），都是建构"政策文化"的重要手段。只有善于运用这样的手段，才能普遍提升群众的文化水平、政治认识水平和政策认识水平。

（四）"组织忠诚"与"理解政策"

马克思主义经典作家在"忠诚"问题上，主要强调的是与无产阶级政党有关的"组织忠诚"。如列宁所言："无产阶级革命政党的纪律是靠什么来维持的？是靠什么来检验的？是靠什么来加强的？是靠无产阶级先锋队的觉悟和它对革命的忠诚，是靠它的坚韧不拔、自我牺牲和英雄气概。"⑤ 斯大林也指出："要革命就必须有领导革命的少数人，但是最有才能、最忠诚和最有干劲的少数人，如果不依靠千百万人的哪怕是消极的支持，他们也会束手无策。"⑥ 毛泽东也强调："一切忠诚、坦白、积极、正直的共产党员团结起来，反对一部分人的自由主义的倾向，使他们改变到

---

① 毛泽东：《论人民民主专政》，《毛泽东选集》，第4卷，第1413页。
② 毛泽东：《文化工作中的统一战线问题》，《毛泽东选集》，第3卷，第962页。
③ 邓小平：《党和国家领导制度的改革》，《邓小平文选》，第2卷，第335—336页。
④ 邓小平：《党和国家领导制度的改革》，《邓小平文选》，第2卷，第336页。
⑤ 列宁：《共产主义运动中的"左派"幼稚病》，《列宁全集》，第39卷，第5页。
⑥ 斯大林：《和英国作家赫·乔·威尔斯的谈话》，《斯大林文集（1934—1952）》，第18页。

正确的方面来。这是思想战线的任务之一。"①

在政策的文化形态上,比"忠诚"更为重要的是"理解政策"。如毛泽东所言:"在我们工作中起决定性作用的因素是我们经常去了解我们哪些政策为群众所接受,哪些政策受到群众的批评或拒绝。只有那些受群众欢迎的政策才能成为我们党继续实行的政策。每当采取一项新的措施时,党内和党外总会有一些人不大理解。但是在实施过程中,必然会形成一种绝大多数人共同的意见,这是因为我们的党始终在注视着党内外的普遍反应,而且还根据人民的实际需要和意见,不断修改我们的措施。"② 邓小平也指出:"农村改革,开始的一两年里有些地区根本不理睬,他们不相信这条路,就是不搞。观望了一年,有的观望了两年,看到凡是执行改革政策的都好起来了,他们就跟着走了。这里指的不是农民群众,主要是一些领导干部。所以,改革的政策,人们一开始并不是都能理解的,要通过事实的证明才能被普遍接受。现在我们搞以城市经济体制改革为中心的全面改革,同农村改革一样,起初有些人怀疑,或者叫担心,他们要看一看。对这种怀疑态度,我们也允许存在,因为这是正常的。既然搞的是天翻地覆的事业,是伟大的实验,是一场革命,怎么会没有人怀疑呢?即使在主张和提倡改革的人当中,保留一点怀疑态度也有好处。处理的办法也一样,就是拿事实来说话,让改革的实际进展去说服他们。"③

(五) 注重人民对政策的支持

人民对政策的支持,既是一种政治态度,也是一种文化态度,马克思主义经典作家要求从两个方面来保证人民对政策的支持。

一是争取人民对无产阶级政权的支持。列宁指出:"只有半无产者所支持的无产阶级的政权,才能使我国有一个真正坚强的、真正革命的政权。这个政权将真正是坚强的,因为可靠的觉悟的人民大多数会拥护它。……只有这个政权才会是真正革命的,因为只有它才能够向人民表明,在群众遭到极大的苦难的时候,它会毫不犹豫地去触动资本的利润。这个政权将是真正革命的,因为只有它才能激发、鼓励并发扬群众

---

① 毛泽东:《反对自由主义》,《毛泽东选集》,第2卷,第332页。
② 毛泽东:《同英国记者斯坦因的谈话》,《毛泽东文集》,第3卷,第188页。
③ 邓小平:《拿事实来说话》,《邓小平文选》,第3卷,第155—156页。

的革命热情,如果群众每时每刻都能看到、感触到、觉察到这个政权信任人民而不是害怕人民,这个政权能马上帮助穷人改善生活,让富人也均等地承受起人民遭受苦难的重担。"① 斯大林也指出:"我们国家机关的力量在哪里呢?就在于它通过苏维埃把政权和千百万工农群众联系起来。就在于苏维埃是供数十万工人和农民学习管理的学校。就在于苏维埃机关不是和千百万人民群众隔绝,而是通过许许多多环绕着苏维埃并因而支持着政权机关的群众组织、各种委员会、各种团体、各种会议和代表大会等来与人民群众打成一片。"② 毛泽东也强调:"我们所要求的政府,必须是能够真正代表民意的政府;这个政府一定要有全中国广大人民群众的支持和拥护,人民也一定要能够自由地去支持政府,和有一切机会去影响政府的政策。"③

二是人民对政策的支持使得政策不能随意被改变。邓小平指出:"总的来说,中国人民是支持改革政策的,绝大多数学生是支持稳定的,他们知道离开国家的稳定就谈不上改革和开放。"④ "现行政策对不对,对国家来说对不对,对人民来说对不对,人民的日子是不是逐步好过一些。我相信人民的眼睛是雪亮的。现行政策只要一改变,人民生活肯定会下降。如果人民认为现行政策是正确的,谁要改变现行政策,谁就要被打倒。"⑤ "谁要改变三中全会以来的路线、方针、政策,老百姓不答应,谁就会被打倒。……就是因为我们搞了改革开放,促进了经济发展,人民生活得到了改善。所以,军队、国家政权,都要维护这条道路、这个制度、这些政策。"⑥

人民理解政策和支持政策,都是"政策文化"的重要表现,只有人民真正感受到了政策带来的好处,才能有这样的表现。对于这一点,确实需要有清醒的认识。

---

① 列宁:《论坚强的革命政权》,《列宁全集》,第30卷,第28页。
② 斯大林:《联共(布)第十五次代表会议》,《斯大林全集》,第10卷,第273—274页。
③ 毛泽东:《和英国记者贝特兰的谈话》,《毛泽东选集》,第2卷,第354页。
④ 邓小平:《压倒一切的是稳定》,《邓小平文选》,第3卷,第284页。
⑤ 邓小平:《答美国记者迈克·华莱士问》,《邓小平文选》,第3卷,第173—174页。
⑥ 邓小平:《在武昌、深圳、珠海、上海等地的谈话要点》,《邓小平文选》,第3卷,第371页。

(六) 政策的"满意"取向

政策能够使人民"满意",才能获得人民的"支持",马克思主义经典作家对如何获得"满意"的政策,提出了四条要求。

第一条要求是注意群众的"严重不满"倾向。列宁指出:"在1921年以前,农民暴动可以说是俄国的普遍现象,而今天差不多完全没有了。农民对他们目前的境况是满意的。我们可以放心地下这个论断。农民今天的状况,已经使我们不必担心他们会有什么反对我们的活动了。我们这样说是心中完全有数的,一点也不过甚其词。这一点已经做到了。农民可能对我们政权这一那一方面的工作不满意,他们可能对此有怨言。这当然是可能的,也是难免的,因为我们的机关和我们国家的经济情况还很糟糕,还不能防止这种现象,但无论如何,全体农民对我们已经完全没有什么严重的不满了。这是在一年中取得的成就。我认为这已经很不少了。"① 邓小平也指出:"现在反正是画圈,事情无人负责,很容易解决的问题,一拖就是半年、一年,有的干脆拖得无影无踪了。办事效率太低,人民很不满意。这样能够搞四个现代化呀。"②

第二条要求是群众"不满意"就需要改变政策。斯大林指出:"只要从我们党的历史中援引一件事实就可以证明这个原理的正确,例如在废除余粮收集制时期前,工农群众显然不满意我们的政策,当时党就公开而诚恳地重新审查这个政策。"③

第三条要求是以群众参与的方法消除对政策的不满。邓小平指出:"实际上群众参与的事情,即使遇到困难,即使有的搞错了,他们也能忍受,很少埋怨;相反,实行命令主义,搞对了群众也不满意。所以,扩大各方面的民主生活,扩大群众的监督,很重要。"④

第四条要求是以满意的政策"取信于民"。邓小平指出:"如果在这个时候开展一个什么理论问题的讨论,比如对市场、计划等问题的讨论,提出这类问题,不但不利于稳定,还会误事。现在需要聚精会神地做几件

---

① 列宁:《共产国际第四次代表大会文献:俄国革命的五年和世界革命的前途》,《列宁全集》,第43卷,第280—281页。
② 邓小平:《坚持党的路线,改进工作方法》,《邓小平文选》,第2卷,第282页。
③ 斯大林:《论列宁主义的几个问题》,《斯大林全集》,第8卷,第49页。
④ 邓小平:《共产党要接受监督》,《邓小平文选》,第1卷,第272页。

使人民满意、高兴的事情，同时要赶快注意那些对我们前进不利的事情。"①"一个是组成具有改革开放形象的中央领导班子，使人民放心，这是取信于民的第一条。第二条是真正干出几个实绩，来取信于民。要惩治腐败，并体现我们不但不会改变改革开放的政策，而且要继续深化改革、扩大开放。要拿事实给人民看，这样人民的心里才会平静下来。""要真正建立一个新的第三代领导。这个领导要取信于民，使党内信得过，人民信得过。不是说对班子里的每个人都满意，而是对这个集体满意。人们对班子里的每个人都可能会有这样那样的意见，但对整个集体表示满意就行了。我们这个第二代，我算是个领班人，但我们还是一个集体。对我们这个集体，人民基本上是满意的，主要是因为我们搞了改革开放，提出了四个现代化的路线，而且真正干出了实绩。第三代的领导也一样要取信于民，要干出实绩。"②

从以上四条要求可以看出，人民满意政策是一个可以不断重复的互动过程：人民表现出对政策的不满——调整或改变政策——广泛吸纳人民群众的政策参与——获得人民对政策的满意。在这样的互动过程中，政策参与和政策纠偏或纠错，显然是不可忽视的关键性因素。

（七）建立政策信任关系

无论是反对"左倾"或"右倾"的错误政策倾向，还是注重教育的政策功能或要求理解、支持和满意政策，都是要建立必要的政策信任关系，马克思主义经典作家特别强调了以下看法。

第一，建立对党的信任。斯大林指出："在我们这里是党领导政府的，而这种领导所以能够实现，是因为在我们这里党得到多数的工人和一般劳动者的信任，它有权代表这个多数来领导政府机关。"③"必须使党经常检查自己的决定和指示的执行情况。不然，这些决定和指示就有变成空洞的诺言的危险，而空洞的诺言只能破坏广大无产阶级群众对党的信任。"④

---

① 邓小平：《第三代领导集体的当务之急》，《邓小平文选》，第3卷，第312页。
② 邓小平：《组成一个实行改革的有希望的领导集体》，《邓小平文选》，第3卷，第298—299页。
③ 斯大林：《和第一个美国工人代表团的谈话》，《斯大林全集》，第10卷，第92—93页。
④ 斯大林：《关于德国共产党的前途和布尔什维克化》，《斯大林全集》，第7卷，第36—37页。

毛泽东也指出："党在十五年中造成与造成着革命的与布尔什维克的传统，这是我们党的正统，包括政治上的、组织上的、工作作风上的一切好的东西，这是不能否认的。没有这个传统，就不能说明为什么能够维持党，团结党，巩固党，克服党内错误，并同敌人作坚决战斗而得到革命的成绩，造成阶级及人民信任的大政党的地位。"① 邓小平则强调："如果不坚决改革现行制度中的弊端，过去出现过的一些严重问题今后就有可能重新出现。只有对这些弊端进行有计划、有步骤而又坚决彻底的改革，人民才会信任我们的领导，才会信任党和社会主义，我们的事业才有无限的希望。"②

第二，建立对政府的信任。列宁指出："主要的是使工人和居民熟悉委员会，看到委员会是在帮助他们；主要的是取得群众、非党人员、普通工人和一般市民的信任。……必须竭力在一切可能的方面表明愿意帮助并且以行动给予帮助，尽管帮助不大，却实实在在。只有如此，才能推动工作。"③ 斯大林也指出："只有用说服的方法，才能完成团结工人阶级、发挥他们的自动精神和加强他们对苏维埃政权信任的任务。"④

第三，建立对领导的信任。斯大林指出："在我们这里，最有威望的人只要不再得到工人群众的信任，只要失去了和工人群众的联系，就会完全垮台，就会一钱不值。"⑤ 邓小平也指出："第三代的领导要取信于民，要得到人民对这个集体的信任，使人民团结在一个他们所相信的党中央领导集体周围。"⑥ "为了促进社会风气的进步，首先必须搞好党风，特别是要求党的各级领导同志以身作则。党是整个社会的表率，党的各级领导同志又是全党的表率。如果党的组织把群众的意见和利害放在一边，不闻不问，怎么能要求群众信任和爱戴这

---

① 毛泽东：《关于党的传统》，《毛泽东文集》，第1卷，第507页。
② 邓小平：《党和国家领导制度的改革》，《邓小平文选》，第2卷，第333页。
③ 列宁：《致亚·阿·科罗斯捷廖夫（1921年7月26日）》，《列宁全集》，第51卷，第121—122页。
④ 斯大林：《我们的意见分歧》，《斯大林全集》，第5卷，第13页。
⑤ 斯大林：《和德国作家艾米尔·路德维希的谈话》，《斯大林全集》，第13卷，第98页。
⑥ 邓小平：《组成一个实行改革的有希望的领导集体》，《邓小平文选》，第3卷，第299页。

样的党组织的领导呢。"①

第四，建立对政策的信任。列宁指出："方针明确的政策是最好的政策。原则明确的政策是最实际的政策。只有这样的政策才能真正地牢固地赢得群众对社会民主党的同情和信任。"② 斯大林也指出："无产阶级专政所必需的党的威信和工人阶级的铁的纪律，并不是建筑在群众对党的恐惧上，也不是建筑在党的'无限'权力上，而是建筑在工人阶级对党的信任上，工人阶级对党的拥护上。工人阶级对党的信任不是一下子取得的，不是靠对工人阶级使用暴力来取得的，而是靠党在群众中的长期工作，靠党的正确政策，靠党善于使群众根据本身经验来确信党的政策的正确，靠党善于保证自己得到工人阶级的拥护并善于引导工人阶级群众来取得的。没有以群众斗争经验为基础的党的正确政策，没有工人阶级的信任，就没有而且不可能有党的真正领导。"③

第五，要信任群众。邓小平指出："只要我们信任群众，走群众路线，把情况和问题向群众讲明白，任何问题都可以解决，任何障碍都可以排除。随着经济的发展，路子会越走越宽，人们会各得其所。这是毫无疑义的。"④

通过政策建立信任关系（包括对党的信任、对政府的信任、对领导的信任、对群众的信任以及对政策的信任），是"政策文化"的重要内在要求。马克思主义经典作家尽管没有使用"政策文化"的概念，但是显然已经抓住了"政策文化"的真谛。

(八) 两种不同的政策文化观念

从本章所述内容可以看出，"政策文化"不仅与政策民主有密切的关系，还表现出了马克思主义经典作家与西方学者的不同文化观念，需要注意以下六方面的区别。

一是对于政策模式的"文化"含义，马克思主义经典作家以辩证唯物主义的观点，强调"文化"属于上层建设，受经济基础制约并能反作用于经济基础。西方学者则强调"政策文化是对公共政策的倾向模式"，

---

① 邓小平：《坚持四项基本原则》，《邓小平文选》，第 2 卷，第 177 页。
② 列宁：《彼得堡社会民主党的选举运动》，《列宁全集》，第 14 卷，第 298 页。
③ 斯大林：《论列宁主义的几个问题》，《斯大林全集》，第 8 卷，第 45—46 页。
④ 邓小平：《解放思想，实事求是，团结一致向前看》，《邓小平文选》，第 2 卷，第 152 页。

着重于从政策模式本身说明政策文化的基本特征。

二是对于政策与文化的联系,马克思主义经典作家重点关注的是如何通过政策提高人民的文化生活水平,西方学者重点关注的则是政策议题所具有的广泛文化意义。与之相联系的是,马克思主义经典作家所指的"文化民主",强调的是以民主促进教育、学术思想、报纸与艺术等的发展;西方学者所要求的,则是通过政策有计划地建构与文化有关的民主形态和民主的生活形态。

三是马克思主义经典作家高度重视意识形态对政策的影响,集中的表现就是要求保持正确的政策立场,既要防止"左倾"甚至"极左"的政策,也要防止"右倾"的政策。西方学者也认可意识形态可以作为政策输入和输出的条件,认为决策者的意识形态主导政策并可能出现"左右之争",但是还强调了意识形态非激进化和政策领域的"去意识形态"的基本发展趋势。

四是在"人"与政策的关系方面,马克思主义经典作家着重于发挥"教育"的政策功能,即通过教育使人民或群众具有一定的政策知识和政策水平,在教育的基础上组织和动员群众的政策参与并建立与之相联系的民主制度。西方学者强调的是基于公民身份的政治认同,并在此基础上发展以公民个体为核心要素的"个人责任文化"和"政策参与文化"。与之相关的是,马克思主义经典作家在"忠诚"方面重点强调的是与无产阶级政党有关的"组织忠诚",西方学者重点关注的则是公民的"政策性忠诚"以及政策对忠诚的建构作用。

五是对于政策的认知,西方学者强调的是"政策认同",既要求增强公民对民主及民主政策的认同,也指出认同是政策成功的重要条件,并要求以讨论、协商、组织认同、团体认同等促成"政策认同"。马克思主义经典作家不使用"认同"的概念,强调的是对政策的理解、支持和满意,并指出没有这些条件,不可能推行正确的政策。

六是在"信任"尤其是"政策信任"方面,马克思主义经典作家强调的是通过建立对党、政府、领导、政策的信任以及信任人民或群众,建立必要的政策信任关系。西方学者注重的是通过参与、说服等方式,建立既信任民众、又赢得民众信任、还能使公民相互信任的"信任文化"。尽管在目标上有所不同,但是在如何使民众信任政策的做法上,有不少相同之处。

尽管有以上区别，我们还是可以强调政策民主理论对"政策文化"有四点基本要求。

第一点是政策民主要求以民主的态度看待政策，并使这样的态度成为构建"政策文化"的基础性条件。民主的态度既可以指向"政策认同"，也可以指向"政策的理解和支持"，核心点都是认可政策必须"取信于民"，并形成基于信任政策的文化观念。

第二点是政策民主要求"文化培育"，这样的培育既可以采用教育群众的方法，也可以采用鼓励政策参与的方法，重点都在于使民众不仅了解政策对自己有重要的意义，也要了解自己应承担的政策责任和政策义务。没有系统性的"文化培育"，就会出现"一盘散沙"的局面，难以形成基本的文化共识。通过政策来凝聚人心，应该是"政策文化"所承担的重要任务。

第三点是既要关注意识形态对政策的影响，也不要过分强化意识形态的政策作用。居于"中道"的意识形态，应该是"政策文化"重点主张的观念，这样的观念既包含了马克思主义经典作家所强调的既不"左"也不"右"的意识形态取向，也包含了西方学者强调的非激进化的意识形态取向。

第四点是应该重视"文化民主"的概念，尽管这样的概念现在还没有成为一个通行的概念，但是确实应该注意这一概念如果能够与政策民主结合，强调"政策民主"也是一种重要的"文化民主"理念，就可以为"政策文化"开辟更广阔的空间。

如何在政策民主基础上建立"政策文化"，确实是一个重要的并且较为复杂的话题，很多问题还需要进一步的研究和讨论。本章列出的不同论点，只是为这一话题的深入讨论提供了一个基础性的认识，并希望有更多的人关注与此有关的讨论。

第十三章　政策民主与其他民主的关系

在叙述了政策民主十个基本范畴所包含的内容后，还需要回答一个基本的问题，即政策民主到底是一种什么样的民主，由此涉及的问题是政策民主与其他民主之间具有什么样的关联和区别。前面各章已经谈到了政策民主与一些民主概念的关系，本章作为全书的结论，需要作一个总体性的说明。

一　政策民主的理论定位

基于马克思主义经典作家和西方学者的论点，构建出一种新的"政策民主"的理论体系，强调的是"政策民主"也是一种重要的民主形态，并且可以从五个方面作出基本的理论定位。

（一）两个维度并重的政策民主

政策民主强调的是政策和民主的并重关系，既需要代表"过程"的"政策的民主"（或可称为"民主的政策过程"），也需要代表"结果"的"民主的政策"（或可称为"符合民主精神的政策""民主政策"等）。政策民主的两个重要的维度，面对的是两类不同的问题。

"政策的民主"强调的是以民主的方式制定和执行政策，不仅是必要的，也是可行的，由此需要重点关注的是以下问题：（1）如何有效地控制政策权力；（2）如何使公民在政策过程中有效行使"支配权利"；（3）如何有效地建立政策与社会的联系，并以"民主社会"来支持政策民主；（4）如何有效处理政策信息并使需要知情的信息全面公开；（5）如何通过政治沟通或政策联系建立决策者与政策受众之间的紧密关系；（6）如何使公民有效参与政策过程，不仅参与决策，也参与政策的执行、监督和评估；（7）如何使政策过程符合法治和合法性的权力型规范、制度型规范、程序型规范、参与型规范的要求，并符合正当统治、正当审议标准；（8）如何为民主地制定和执行政策寻求制度支持；（9）如何建立适用于决策、政策执行、政策监督、政策评估、反馈与纠错的规范化的民主程序。从政策民主的范畴看，"政策的民主"主要涉及的是权力、权利、社会、信息、参与、法治、制度、程序八个范畴的问题。

"民主的政策"强调的是政策本身应具有的民主性或由政策提供的民主性保障，重点关注的是以下问题：（1）如何培育适应政策民主的"好公民"；（2）如何以政策保障公民的"应得权利"；（3）如何体现政策民主的基本价值取向并带来"好政策"；（4）如何使政策符合合法性的接受型规范和有效性规范要求，并符合正当要求、正当政策标准；（5）如何使政策带来民主的生活方式；（6）如何通过政策民主增强公民认同或使人民群众理解、支持、满意、信任政策，并建构相应的政策文化。"民主的政策"主要涉及权利、价值、法治、文化四个范畴的问题（应注意权利和法治两个范畴，既包含"政策的民主"问题，也包含"民主的政策"问题）。

尽管政策民主两个维度所涉及的主要问题有所不同，我们还是要高度重视"政策的民主"和"民主的政策"的有机结合，因为两者之间存在着相互作用的辩证关系，无论忽视哪一个维度，都会使政策民主难以发挥其应有的功能。

（二）既是经验的也是规范的政策民主

规范的民主理论（"规范民主论"）与经验的民主理论（"经验民主论"）是有所区别的。按照萨托利的解释，规范理论（重视宏观理论）所适用和阐释的是民主的理想与价值，它必定导致对民主的某种规定性定义。经验的民主论（重视微观证据）适用于事实，并且是从事实概括而来：民主怎样实际运作，现实世界中民主的真实状况是什么，因此经验理论导致对民主的描述性定义。理性主义民主与经验主义民主的不同之处是，论证的步骤是严密还是松散，严格还是灵活。理性主义民主是以演绎的、严格按照从前提到结论的方式建立起来的，尽可能严密地作到一环扣一环。而经验主义民主的建立则主要是反馈和归纳性因素的产物。①

利普哈特提出了"协和民主"的理论概念,并强调"协和民主"既是经验的,也是规范的。②借用利普哈特的思路,我们可以认为,政策民主同样既是经验的,也是规范的。

作为"经验民主论"的政策民主,基础是具有实证特征和经验特征的政策过程,着重解释的是政策民主如何实际运作的问题,并强调确实可以在决策、政策执行、政策监督、政策评估等不同的政策运行中,以政策民主作为核心要素,提出程序化的要求,使整个政策过程更具有民主而不是专制或专断的特征。

作为"规范民主论"的政策民主,基础是在政策与民主的关系方面,马克思主义经典作家提出的五种理论范式和西方学者提出的十四种理论范式。通过提炼和演绎,可以为政策民主构建出一套自成体系的理论解释,并特别强调了以下论点:(1)政策民主作为一种民主理念和民主形态,既要求"政策的民主",也要求"民主的政策";(2)政策民主要求有效地控制权力尤其是控制政策权力;(3)政策民主可以成为保障公民权利(包括支配权利和应得权利)的重要手段;(4)政策民主要求与之相应的社会基础,尤其是"民主社会"的基础;(5)基于信息公开和交流的"政策沟通"或"政策联系",是政策民主的重要保障条件;(6)政策民主要求多种政策参与方式的结合;(7)政策民主有明确的宪政和法治化要求;(8)政策民主以代议制、官僚制、政党制和行政管理制度等为重要的制度基础,并强调应使政策民主达到制度化的标准;(9)政策民主具有明确的价值取向,这样的价值取向,既涉及公共性、公平、公正等诉求,也涉及利益、幸福、服务等诉求;(10)在政策民主形态下,可以产生与之相应的政策文化。

政策民主理论还从整体上强调了五种关系的塑造。

一是政策塑造政治。政策民主理论认可政策可以重构政治的论点,强调以政策为核心进行权力关系调整,明确法治化和合法性的要求,并且在吸纳民众广泛参与政策的氛围下,积极塑造民主政治。也就是说,"政策产生政治"不能仅仅停留在理论解释层面,还应该在实践中发扬

---

① [美]萨托利:《民主新论》,序言,第4页;正文,第60页。
② [美]阿伦·利普哈特:《多元社会中的民主:一项比较研究》,第1页。

光大。

二是政策塑造社会。政策不仅能够塑造政治，也能塑造社会。通过政策协调各种社会关系和社会利益，尤其是以政策来保障公民的"应得权利"，都是为了调动人民群众或公民的积极性，使社会保持持续发展的动力。不同的政策可以培育不同的社会，政策既可以塑造臣民，也可以塑造公民。政策民主理论所要强调的，就是要发挥政策塑造公民的积极作用，并在此基础上塑造出保持活力的社会、注重政策支持的社会、组织化的社会和有节制的社会。

三是政策塑造经济。政策既受到经济基础的制约，也在一定程度上左右经济的发展。政策选择既可能受"市场"的影响，也可能影响"市场"。政策民主理论强调的是以民主的方法来塑造经济，既要求政府克制不当的经济干预行为，也坚持政府不能对经济采取放任自流的做法，并以政策作为平衡经济行为的重要杠杆。经济发展是国计民生的大事，因此如何有效发挥"政策塑造经济"的功能，也是政策民主的大事。

四是政策塑造文化。政策民主理论要求的民主价值和政策信息的"沟通"或"联系"，以及构建基于政策的信任关系和民主生活方式等，都与文化的"塑造"有密切的关系。对"政策文化"的概念还可以进一步推敲，因为按照我们的理解，不仅要强调"政策文化是对公共政策的倾向模式"，还应该强调政策塑造文化的重要功能。

五是政策模式的塑造。政策民主还要强调政策本身的塑造，尤其是政策模式的塑造。政策模式既可以是专制的，也可以是民主的；既可以是封闭的或半封闭的，也可以是开放的、透明的；既可以是"小圈子"甚至"一人"决策，也可以是容许广泛参与的决策。面对多样性的政策模式选择，政策民主理论之所以强调制度化、程序化的政策过程，就是要求建立民主的政策模式，而这样的政策模式，就是要通过"政策的民主"与"民主的政策"的有机结合，来重新塑造政策和政策过程。

也就是说，政策民主既包含了宏观的定义和理论解释，也包含了比较微观的具有操作性意义的具体解读。除了政策过程涉及的具体问题外，在权力、权利、信息、社会、参与、法治以及不同的制度中，也有大量操作性意义的解读。因此，我们不必拘泥于政策民主理论是偏重于"经验民主论"还是偏重于"规范民主论"，而是应该强调这种民主理论既是一种规范的民主理论，也是一种经验的民主理论。

(三) 直接民主与间接民主结合的政策民主

直接民主和间接民主是两种不同形态的民主。萨托利指出，直接民主即没有代表和代表传送带的民主。从一定意义上说，任何直接民主都是自治的民主。字面意义的真正自治的直接民主，可以说只有在较小的团体——例如议会规模的团体——中才能存在。[①]

仅就公民的政策参与而言，政策民主具有明显的直接民主特征，因为重在政策表决的各种参与（既包括开放决策、大众传媒、公共领域、大众社会的政策表决，也包括就政策选择作出的全民公决），不同形式的"表达式的政策参与"或"意见交流式的政策参与"（包括集会、讨论、辩论、建议、听证、民意调查、批评、批判、信息交流、互联网的参与等），三种"组织式"的政策参与（社会组织的、自治的和社区的），以及各种"行动式"的政策参与（包括公共领域中的行动、社会运动、抗议、示威、请愿、服务等），都需要公民的直接参与，并且各种政策意向都采用的是直接表达的方式；只是在带有政策选择意义的选举参与和一种"组织式"的政策参与（委员会的参与，包括议事委员会、市民委员会、公民评判委员会等）下，显示的是间接民主特征，因为公民的政策意见，需要通过当选者或委员会的成员来表达。

公民的政策参与是政策民主的重要内容，但显然不是全部内容。政策民主不仅要求政策受众的政策参与，还要求政策制定者和政策执行者的参与，后者不仅包括当选的政治家和官僚、议员、代表以及政府工作人员等，还包括政党领袖、利益集团、专家及司法人士。政策制定者和政策执行者的参与，也要注重民意的吸纳，但表现出来的主要是间接民主的特征，即各种意见的综合或利益表达，需要由进入政策过程的人来"代理"，与之相应的制度安排，如代议制、政党制等，都会被用来维系这样的代理关系。

也就是说，政策民主需要构建两套民主程序。一套是直接民主的程序，主要目的是使公民各种政策意见的表达甚至在一定范围内的政策决定成为可能。另一套是间接民主的程序，主要目的是使政策过程中的民主成为可能，即包括立法、行政、司法等的广义政府能够以民主的而不是专断

[①] [美] 萨托利：《民主新论》，第 125 页。

或专制的方式来制定政策和执行政策。一般而言，人们可能比较重视的是政策民主的直接民主程序，但我们认为政策民主的间接民主程序同样重要，甚至更为重要，因为能否达到政策民主的基本要求，关键在于决策者是否愿意采用民主的程序来决策和执行政策，而不只是表示愿意听取公民的政策意见。

（四）政策民主的纵向性与横向性

不同的政治关系要求不同的民主，使民主有了横向民主和纵向民主的区别。如萨托利所言，公众舆论、选举式民主、参与式民主、公民表决式民主，都是横向民主的实施与普及，因为民主制的特点就在于建立或重建政治的横向性。权力、统治、命令、强制、政府、国家都典型地反映出其纵向性而非横向性，民主的纵向随动装置或纵向形变就是代议制民主。[①]

能够结合直接民主和间接民主的政策民主，既可以在小单位内施行，也可以在大单位内施行；既可以在基层或地方政府的层级施行，也可以在高层的中央政府层级施行；因此既具有横向性特征，也具有纵向性特征。

政策民主的横向性，应主要表现在六个方面：一是公民的政策参与；二是对公民应得权利的保障，以及公民支配权利的行使；三是基于政策需求的社会构建；四是信息交流显示出的不同政策诉求；五是影响民众的政策价值取向；六是作用于全体公民的政策文化和民主的生活方式。

政策民主的纵向性，应主要表现在五个方面：一是对政策权力的有效控制；二是对政策的法治与宪政规范；三是为政策提供保障的代议制、政党制、官僚制、司法制度和行政管理制度；四是符合政策民主要求的决策程序、执行程序、监督程序和评估程序；五是政策过程所体现的纵向的层级结构，既可以自上而下地实行政策民主，也可以自下而上地实行政策民主。而在某一层级自我实行的政策民主，则会表现出横向性而不是纵向性的特征。

（五）形式民主与实质民主结合的政策民主

以民主的形式和实质为标准，形成了"形式民主"与"实质民主"

---

① ［美］萨托利：《民主新论》，第147—148页。

的区别。按照哈贝马斯和福山的看法，选举是具有典型意义的"形式民主"，这样的"形式"民主使得行政决策一直独立于公民的具体动机之外。只依靠形式上的民主，未必能保证平等的政治参与和各种权利。"实质民主"强调的是公民参与政治意志形成过程。但是"形式民主"也是必要的，预防独裁的真正制度安全开关，正是形式上的民主，而且最后也可能产生"实质民主"[①]。

政策民主既不排斥"形式民主"，也希望实现"实质民主"。在"形式民主"方面，政策民主既承认选举形式的重要性，也构建了一些其他的政策形式，如听证会、协商会、集会，以及各种组织形式、自治形式等，在这些形式下的公民参与，形式意义往往大大超过实质意义，但是这样形式上的参与显然是必要的。在"实质民主"方面，可以将"公民参与政治意志形成过程"改为"公民参与政策过程"，即公民不仅可以在决策过程中有实质性的参与，在政策的执行、监督、评估、纠错方面也可以有实质性的参与。当然，实质性地参与政策过程，不能仅仅表述为公民决定政策，因为这样的决定只能通过"刚性干预"的表决式参与来实现（尤其是采用全民公决的方法来进行政策选择）；更应该强调的是意见表达式的参与及其他参与方式对政策能够带来一定的影响，使政策过程始终处于公民"柔性干预"的影响之下，决策者在决策、执行、监督和评估政策时不能不考虑来自各方的意见和批评等，这恰是政策民主所要坚持的基本取向。

二 与各种民主并立的政策民主

政策民主与一些重要的民主形式有一些相同之处，也有一些重要的区别，由此需要特别注意不同民主之间的并立关系和互补关系。

（一）填补选举民主空白的政策民主

政策民主和选举民主的共同点，都是为公民提供重要的参与机会，但是参与的形式、内容、时间以及对政策的作用，则有明显的不同。

---

① ［德］哈贝马斯：《合法性危机》，第41、80页；［美］弗兰西斯·福山：《历史的终结》，第1页。

第一,选举民主的决定性要素是选民手中的选票,政策民主的决定性要素是公民的各种政策"意见"。

第二,选举民主要求的是指定时间和固定人群(通过选民登记进行认证)的一次性参与,政策民主要求的是随时的、经常性的、不受时间限制、不受人员限制的多次性甚至反复性的公民参与。

第三,选举民主对政策的最重要影响,不是以选票决定政策,而是以合法的程序选出决策者,并由此建构出民主对政策的一种刚性约束:如果当选者不能制定和执行使多数选民满意的政策,选民可以罢免决策者,或者在未来的选举中将其淘汰。政策民主在涉及遴选决策者方面,可能需要借助选举民主,也可能采用非选举的方法,但重点强调的不是以选票约束决策者,而是以控权、问责等方式,对决策者形成常态性的刚性约束。

第四,选举民主受选举周期的限制,必定会为公民影响或控制政策留出一定的空白区间,或者为当选者制定和执行政策创造周期性的发挥空间;无论是行政首长还是代议机构,都能够有效地利用这样的空白区间或发挥空间,制定和执行对自己有利的政策。政策民主可以不受时间和地域的限制,随时吸纳公民在不同层级、以不同方式进行政策参与,限制、缩小甚至消除因选举造成的政策空白区间和发挥空间,对公民影响和控制政策具有更直接和更重要的作用。这样的作用,甚至可以摆脱选举的影响,并不一定只在两次选举之间鼓励公民政策参与,即便在选举期间也可以并行不悖地进行政策参与。

第五,选举在一定程度上可以起到评价政策的作用,这样的评价尽管可以起到"惩罚政策失败者"的作用,但对政策而言,总体表现为事后的和非正式的评估。政策民主要求建立程序化的政策评估模式,不仅对政策进行即时、正式的评估,还可以通过反馈、纠错、问责等,对政策进行有效的监控。也就是说,在"控制政策"方面,选举民主并不一定比政策民主更具刚性。

第六,选举民主和政策民主都会面临不同"偏好"的"聚合"和"选择"问题,经过一定的"量化"处理(选举民主需要将选票量化、政策民主则需要将各种意见、建议等量化),选举中的选民偏好一般不会直接转换为政策,政策民主则可以通过一定的程序,将一些偏好直接转换为政策。相比之下,在政策选择尤其是新政策的引入方面,应该更借助于政策民主而不是选举民主。

第七，从政治文化的角度看，选举民主塑造的主要是"选举文化"或"选民文化"，政策民主塑造的主要是"政策文化"。"选举文化"可能因政党政治、意识形态、族群等因素，带来选民的对立乃至社会的撕裂。"政策文化"则可能通过"个人责任文化""信任文化"以及"政策参与文化"等的构建，起到缓解社会矛盾、弥合撕裂的社会甚至团结社会的作用。

第八，从"制度建设"或者"程序构建"上看，选举民主只是为政策的各种民主程序提供了一定的制度基础，它本身并不具有建构政策程序和相应制度的功能，选举也不会自动地带来"政策的民主"和"民主的政策"。政策民主提出的一系列制度化、程序化要求，强调的就是为了实现"政策的民主"和"民主的政策"，必须构建相应的制度和建立必要的程序性规范。

强调选举民主与政策民主的重大区别，并不是要否定选举民主的重要性，更不是企图以政策民主"替代"选举民主，而是要强调这两种民主不仅是一种并立的关系，还是一种互补的关系。政策民主需要解决决策者如何产生的问题，选举民主提供了一种有效的方式，即用选票产生决策者的方式。政策民主对选举民主的补充，重在"填补空白"的作用，至少可以解决以下六大问题：一是解决选举后政策不受控制的问题；二是解决选票无法转换为政策的问题；三是解决公民在政策参与方面的周期性参与和即时性参与的协调问题；四是解决政策评估的有效性问题；五是解决选举可能带来的社会对立或社会分裂问题，六是解决选举不能带来政策规范的问题。

（二）刚性强于协商民主的政策民主

政策民主和协商民主都要求在政策领域内展开讨论和协商，由此形成了以下共同点。

第一个共同点是有关"参与"的，协商民主强调公民可以自由、平等、充分地参与政策协商，这也是政策民主的基本要求。

第二个共同点是有关"选举"的，协商民主并不排斥选举民主，认可选票对政策可能产生一定的影响，政策民主同样不排斥选举民主。

第三个共同点是有关"层级"的，协商民主要求在中央、地方、社区以及其他基层单位，都可以就政策开展协商，政策民主也有相同的要求。

第四个共同点是有关"民主"的,协商民主要求直接民主与间接民主相结合,在较低层级和较小范围内采用直接民主的政策协商方式,在较高层级或较大区域内采用间接民主的政策协商方式,尤其是鼓励依托代议制进行必要的协商;政策民主同样要求直接民主与间接民主的结合。协商民主论者建构的话语民主、对话民主、交往民主、共识民主等,都可以被政策民主接受和吸纳。

第五个共同点是有关"自主"的,协商民主强调公民参与中表现出来的"自主能力",包括理解力、想象力、评估力、欲求力、讲述力,以及对修辞和辩论的运用能力;政策民主对于公民的政策参与,也应该强调这样的"自主能力"。

第六个共同点是有关"讨论"的,协商民主强调通过辩论和讨论,可以调和差异,并将不同的偏好"聚合"成可以被广泛接受的政策;政策民主也有与之相同的强烈诉求。协商民主可以为自治、社团发展以及公共领域内的政策讨论创造必要的条件,政策民主也具有相应的功能。

第七个共同点是有关"共识"的,协商民主在一定程度上强调共识(有协商论者明确反对协商形成共识的论点),政策民主也要求政策过程中可能达成的共识以及接受政策的共识。

协商民主与政策民主尽管有不少共同点,但是也有一些重要的区别和差异,主要表现在两个方面。

在一些重要的原则上,协商民主与政策民主有一定的差异。(1)在"适用性原则"方面,协商民主强调"在不同层级都可以展开政策协商";政策民主强调"在不同层级都可以参与政策,并不局限于政策协商,还可以采用其他的参与形式"。(2)在"合法性原则"方面,协商民主偏重于给出可接受政策理由的政策正当性,以及参与权利、政策协商带来的决策合法性;政策民主强调的是政策法治化对政策合法性的全面要求,尤其是政策有效性带来的合法性。(3)在"互惠性原则"方面,协商民主要求公民互惠推理、讨价还价、彼此接受;政策民主要求调解公共利益和私人利益,在决策者和政策受众之间建立互惠关系。(4)在"公共性原则"方面,协商民主强调的是政策理由的公共性、信息的公开性、协商具有的公共理性;政策民主注重的是目标、行为指向、过程指向、共识指向的公共性,并要求构建基于公共性的全方位民主价值取向。(5)在"包容性原则"方面，协商民主要求所有相关的共同体成员在平等基础上参与决策；政策民主强调对不同政策意见的包容，并承认只有少数人能够参与决策，但这样的决策应该具有包容性，重视以包容赢得多数人的理解和支持。(6) 在"问责制原则"方面，协商民主强调"每个人对所有人负责"；政策民主则要求建立用于整个政策过程的问责体系，既注重个体的政策责任，也注重整体性的政策责任。(7) 在"自由和机会原则"方面，协商民主强调基本自由（每个人自由作出选择）、基本机会和公平机会；政策民主强调的则是机会平等和与之相关的程序正义要求。(8) 在"相互辩护原则"方面，协商民主要求以相互辩护表示一种广泛共享的道德理想；政策民主强调除了相互辩护之外，还可以采用更多方式就政策观点进行"自证"和"他证"。(9) 在"相互尊重原则"方面，协商民主强调公民之间的相互尊重；政策民主既强调公民之间的相互尊重，也强调决策者与公民的相互尊重，并要求构建一种基于政策的信任文化。(10) 在"案例原则"方面，协商民主要求针对实际案例展开求证和协商；政策民主则要求针对具体政策问题展开广泛的政策讨论和缜密的论证。(11) 在"宪政原则"方面，协商民主强调保护个人权利和对多数派决策的限制，以及制宪本身就是一个协商过程；政策民主强调的则是坚持法治取向的全面的宪政原则。(12) 在"民主原则"方面，协商民主要求所有的人都参与协商，并强调在这个意义上作出的决策，可以合理地认为是来自人民（只体现为"政策的民主"）；政策民主则既强调"政策的民主"，也强调"民主的政策"，并认为两者之间应形成有机结合的关系："政策的民主"应以产出"民主的政策"为重要目标，各种民主的政策程序都要服务于这样的目标；"民主的政策"则往往需要政策受众自身的充分意见表达才能最终达成"有限理性"的政策选择，没有与之配合的民主程序，显然难以实现这样的政策选择。

在运作性的问题上，协商民主与政策民主也有一定的差异。(1) 协商民主一般要求参与协商者就特定政策问题达成协议，政策民主只是要求政策参与者就特定政策问题发表意见，未必达成协议，因为决定政策还需要另外的程序安排。(2) 协商民主为了形成协议，在通常情况下有投票和表决的要求；政策民主将投票和表决视为带有专指意向的"投票参与"形式，而在"非投票参与"的表达式参与、组织式参与和行动式参与中，并不强调投票和表决。(3) 有协商民主论者提出了协商并不是使人们

"通过对话在场"而是使人们以协商者的思想"通过想象在场"的论点,政策民主论者不会有这样的论点,因为政策民主要求的政策参与必须是"在场的"参与,而不是"想象的"参与。(4)协商民主强调的是"集体决策",相关理论都以此为基点展开;政策民主并不否定"集体决策",但是强调的是比"集体决策"更重要的"公共决策",并以此为基点展开其理论。

更需要注意的是,对于政策过程而言,协商民主缺乏约束力,是一种具有"柔性"特征的民主;政策民主则特别强调对政策的全面约束,显示了"刚性"民主的一些特征。在以下几个方面,政策民主都显示了协商民主所缺乏的刚性。

第一,在权力方面,协商民主较少涉及政策权力问题,政策民主则涉及全面的政策权力学说,既强调政策集权和分权的重要作用,也强调对政策权力进行"刚性"的全面控制。

第二,在权利方面,协商民主重点强调的是"支配权利"(主要是公民的政策参与权利)的行使和保障;政策民主则既强调"支配权利",也强调"应得权利",并为这两类权利的保障提出了明确的"刚性"要求。

第三,在法治方面,协商民主重点强调的是协商带来的政策正当性和合法性,以及限制多数派决策的宪政原则,对法治的要求既不全面,也缺乏约束力。政策民主则明确提出了"刚性"的"政策法治化"要求,不仅强调政策对法律的依赖、宪法对政策的约束以及适用于公共政策的全面的宪政原则,还建立了替代"人治"的政策"法治"标准,强调在权力、制度、政策程序、政策参与、接受政策、有效性六个维度上构建政策合法性,以正当要求、正当统治、正当政策、正当审议四个角度解释政策正当性(比协商民主多强调的是"正当统治"),并要求形成符合法治的权力型规范、制度型规范、程序型规范、参与型规范、接受型规范和有效性规范。

第四,在政策过程方面,协商民主重点强调的是决策过程以及决策中的问责(每个人对所有人负责),基本未涉及政策的其他过程;政策民主强调的是对整个政策过程的"刚性"控制,不仅对决策过程的各个环节提出了程序性的要求,还对政策执行、政策监督、政策评估有全面的程序性要求,并在反馈和纠错的基础上,构建了程序化的政策问责机制。

第五,在制度构建方面,协商民主和政策民主都需要"制度化",但是协商民主涉及的是内容单一的制度化，即政策协商的制度化；政策民主要求的是多元的制度化，不仅关注既有各种制度对政策的影响，更关注政策的构建新制度功能，并由此不断产出对政策制度化的"刚性"需求。

第六，在实践层面，协商民主大多在较小的范围和较低的层级展开，可以有效地对政策协商进行控制；对于大范围和较高层级的政策协商，协商民主侧重的只是理论的阐释，还缺乏实际操作提供的经验支持，并使得这样的民主形式很难影响国家的政策走向。政策民主则不仅在理论上阐释了在中央、地方、社区等不同层级以民主的方式制定政策和执行政策的必要性和可行性，还可以找出各种成功的案例，显示这样的民主形式确实可以影响国家的政策走向。也就是说，对政策实践而言，政策民主的作用或者影响力，明显强于协商民主。

应该承认，在建构政策民主的理论中，确实从协商民主理论中得到了不少启示，并将协商民主的大量论点吸收进了政策民主，但是这并不代表协商民主与政策民主就是同样的理论，两者之间毕竟有着明显的区别，并且特别需要强调政策民主是比协商民主更具"刚性"的民主。我们甚至可以形成这样的看法：政策民主是比协商民主更具包容性的民主形态，在政策协商方面，可以采用协商民主的一些基本方法并共用一些重要的理念；反之，协商民主要成为更能发挥作用的民主形态，也需要与政策民主更好地结合在一起。

（三）约束性强于参与民主的政策民主

政策民主理论与参与民主理论都强调公民的政策参与，使得这两种民主理论在以下一些要求上表现出高度的一致性。

第一，政策民主和参与民主都强调公民可以在不同层级上（中央、地方、社区及基层单位等）参与政策。

第二，政策民主和参与民主都认可公民不仅要参与决策，还应该参与政策执行、政策监督和政策评估。

第三，政策民主和参与民主都不否认公民投票是重要的参与形式，并且都认可参与还可以采纳表决式参与、表达式参与、组织式参与、行动式参与等形式。

第四，政策民主和参与民主都认为政策参与可以起到使冲突转化为合作的重要作用，并且都认可政策参与可以起到避免决策因建议不当而造成的失误、促进决策有效执行、提高公共服务效率、增强公民对政府行为理解的政策合法性作用。

第五，政策民主和参与民主都同意对参与者的一些基本要求，如认真对待公民身份、注重公民教育、培育自由的选择者、参与的普遍性、通过参与培养公民能力等。

第六，政策民主和参与民主都高度重视政策讨论的作用，并认可讨论应具有的利益表达、劝说、议程设置、探索相关关系、亲密关系与情感、维持自主、见证与自我表达、重新表述与重新概念化、共同体建构等功能。

第七，政策民主和参与民主都希望构建开放的、充满活力的公共领域，并且通过公民的政策参与，最终形成民主的"参与社会"。

第八，政策民主和参与民主都对"电子民主"或者"网络民主"抱谨慎的怀疑态度。

第九，参与民主提供了重要的参与条件、参与技术和参与标准，政策民主可以与其共享这些技术性要求。

尽管政策民主与参与民主在参与问题上有高度的一致性，但是对于参与民主的一些取向，政策民主并不认同。参与民主既有一些较具消极性的论点，如政策参与注重的是意志而不是选择；也有一些较具激进性的看法，如要求在政策问题上扩大公民投票的要求；还有一些拔高民主作用的提法，如民主可以产生明智政策、民主可能带来普及的公正、民主可能带来忠诚、民主促进才智的发展等。与这些论点不同的是，政策民主强调的是以下论点：政策参与就是为了政策选择，政策问题一般不适用于公民投票，民主并不一定带来明智政策、普及的公正、忠诚和才智发展。

参与民主理论突出了以政策参与为代表的"强势民主"（与之相对的是以投票为代表的"弱势民主"），专注于参与并受限于参与，注意了参与的功能和参与的技术性问题，忽视了政策参与所必需的程序性和规则性要求。政策民主可以弥补参与民主的不足，仅就政策参与而言，政策民主至少注意到了参与民主较少涉及的五方面程序性要求：（1）政策参与可以起到约束政策权力的作用；（2）政策参与可以保障公民权利（既保障与参与权有关的"支配权利"，也保障与公民切身利益有关的"应得权利"）；（3）政策参与需要一定的信息保障；（4）政策参与的具体程序规范（包括对公民参与决策、执行、监督、评估的一系列具体要求）；

(5) 政策参与可以带来与之相应的文化形态（包含过程文化、角色文化、选择文化、宽容文化、启蒙文化等的"政策参与文化"）。

也就是说，在政策参与方面，恰是政策民主提供了参与民主未能明确的一些程序性约束，使得这两种民主理论有了重要的区别。不能将政策民主理论看作参与民主理论的另一种理论表述（如"强势民主"就是参与民主理论的不同表述方式），而应该将政策民主视为与参与民主不同的、并立的理论，因为参与民主无法涵盖政策民主的所有内容，反之政策民主倒是包含了参与民主的绝大部分内容。当然，这样的包含只是为了吸收和借鉴，并没有否定参与民主理论的特性和重要性。

（四）侧重于继承和发展的政策民主

政策民主理论是在继承已有民主理论的基础上发展出来的理论体系。这样的理论体系，有两个重要的来源。第一个是马克思主义的理论来源，尤其是马克思主义经典作家提出的与"政策与民主"有关的巴黎公社范式、苏维埃范式、计划经济范式、民主集中制范式和改革开放范式五种理论范式。第二个是非马克思主义的西方政治学的理论来源，尤为重要的是西方学者提出的与"政策与民主"有关的十四种理论范式：（1）直接民主政策范式；（2）意见表达政策范式；（3）防止专制政策范式；（4）代议制民主政策范式；（5）法治政策范式；（6）精英决策的政策范式；（7）官僚决策的政策范式；（8）行政民主政策范式；（9）决策民主政策范式；（10）多元民主政策范式；（11）公共选择政策范式；（12）组织决策的政策范式；（13）民主政策科学的政策范式；（14）治理导向的政策范式。

马克思主义经典作家论证的五种理论范式，不仅涵盖了政策民主理论十个范畴的内容，还提供了辩证唯物主义和历史唯物主义的重要理论视角，为政策民主理论确定了重要的方法论和认识论基础。

西方学者论证的各种理论范式，都对政策民主理论有重要的奠基作用。尤其需要注意的是"行政民主政策范式""决策民主政策范式"和"民主政策科学的政策范式"对政策民主理论的影响。

"行政民主政策范式"偏重于政策理念的表述，较少提出制度化、程序化的要求。在政策民主的理论建构中，不仅注意到了"行政民主"的重要政策理念和诉求，还特别关注了如何使"行政民主政策范式"制度化、程序化的问题，在吸纳政治学家、政策学家、经济学家、社会学家的相关论点的基础上，提出了一些具体的要求。（1）从政治——行政二分法导出了对"政策权力"的制度化要求：明确的管理权力、明确的行政处置权、明确的分权体制、明确的法规制定。（2）从民主行政理论导出了对"决策者"的制度化要求：明确的社会架构、明确的政府权威、明确的决策圈子、明确的专家位置。（3）从新公共行政理论导出了对"政策标准"的制度化要求：明确的利益取向、明确的政策任务、明确的政策责任、明确的回应。（4）从新公共管理理论导出了对"管理过程"的制度化要求：明确的行政伦理、明确的管理职责、明确的合法性要求、明确的效率准则、明确的行政措施。（5）从新公共服务理论导出了对"政策监督"的制度化要求：明确的强制和干预范围、明确的司法控制、明确的救助渠道、明确的监督渠道。（6）从行政学的参与理论导出了对"政策参与"的制度化要求：明确的政策讨论范围、明确的政策参与范围、明确的政策公开范围。

"决策民主政策范式"是政策民主理论的重要来源和基础，但是政策民主并没有停留在"决策民主"的现有学说上，而是有所延伸和拓展，形成了与"决策民主政策范式"不同的理论体系，因为"决策民主政策范式"尽管在"民主的政策"方面提出了一些重要的论点，但更侧重的应是"政策的民主"，政策民主理论必须对"民主的政策"进行必要的补充。

"民主政策科学的政策范式"既着重"政策的民主"，也着重"民主的政策"，使得这种范式与其他范式相比，对政策民主理论的构建有着更为直接的作用。但是需要注意的是，"民主政策科学的政策范式"虽然涉及面较广，但相关的理论阐释往往不够深入和系统，需要结合其他理论，弥补其缺陷。也就是说，政策民主理论与"民主政策科学的政策范式"的最主要区别，就在于政策民主能够综合其他理论，对所涉及的范畴作出更全面、更深入和更系统的解读。

（五）在多维视角中理解政策民主

要全面地理解与其他民主理论有所不同的政策民主理论，应该有多维的视角，我们至少可以强调四个维度的理解。

第一个是理论需求的维度，即是否需要构建一种专门阐释"政策与民主关系"的政策民主理论。政策与民主之间是否有一定的关系，从西方政治学的发展看，显然不是问题，因为在古希腊时期，已经注意到了政策与民主的一些内在联系。资产阶级革命以来，政策与民主的关系更成了一个在政治学、行政学、政策学、法学、经济学、社会学都经常需要讨论的话题。马克思主义经典作家也较系统地阐释了政策与民主的关系问题。那么，是否需要为"政策与民主关系"建立专门的学说，回答也是肯定性的，因为马克思主义经典作家和西方学者已经为此付出了努力，并形成了与之有关的各种理论范式。正是在这样的基础上，才有可能构建出一套针对"政策与民主关系"的系统性理论，我们将这样的理论称之为"政策民主理论"。没有"需求"的理论构建可能是不必要的，而"政策与民主的关系"既是古代问题，更是现代问题；既是理论问题，也是实践问题；由此产生的"面对问题和解决问题"的强烈需求，使得相应的理论构建成为一种必要的学术研究行为。

第二个是理论建构的维度，即如何形成一套自成体系的政策民主理论。奇思和空想无助于理论的形成，政策民主理论的构建，采用的是继承、发展和创造的路径。在继承方面，尽可能拓展视野，不仅注意"政策与民主关系"古往今来的理论嬗变，还注意来自不同学科和不同学术背景的学者的重要论点，尤其是马克思主义经典作家与西方学者的不同论点，并将其作为理论研究的基础，通过梳理和整合，既整理出了与"政策与民主关系"有关的各种重要的理论范式，也大体廓清了政策民主应该包含的理论范畴。在发展方面，针对不同的问题，聚合不同的论点（既包含正面论点，也包含反面意见），形成具有代表性和倾向性的看法，并将这些看法发展为政策民主的有机组成部分。在创造方面，政策民主理论的构建包括了四种创造：一是创造了"政策民主"的概念，并使之区别于已有的其他民主概念，为"民主"概念家族增添了一个新成员（尽管这个家族的成员已经非常庞大）。二是在"政策民主"的概念下，明确区分了"政策的民主"和"民主的政策"两种含义。三是为更好地阐释政策民主，创造了一些新的概念，如区分于一般"法治"要求的"政策民主法治化"概念，区分于一般性"制度"规范的"政策民主制度化"概念，以及具有特定含义的"政策执行民主"和"政策参与文化"等概念。这些概念的创造，不是生搬硬造，而是理论演绎的顺势而为，都是在逐步论证的基础上产生的。四是创造了一个比较完整的理论体系，这一体系由十个紧密联系的范畴构成,并以此来区别于其他的理论体系。也就是说,正是由于"可分",使我们分离出了一种新的民主理论,并使"政策民主"可以与选举民主、协商民主、参与民主等重要的民主形式形成"并立"的关系。

第三个是理论可行性的维度,即如何实现理论与实践的结合。一种理论是否可行,需要重点考虑五个要素。一是"自洽"要素,即理论本身能否就所涉问题作出合理的解释,既不能逻辑混乱,也不能观点含混。我们认为所构建的政策民主理论,大体可以满足理论"自洽"的要求。二是"适应"要素,即理论是否适应于不同的国家或不同的社会。由于不同的国家或不同的社会,在现代化进程中,都可能遇到"政策与民主关系"的问题,与之相关的政策民主理论所阐释的基本原则和基本方法等,应具有一定的"普适性"的意义,可以适应于不同国家和不同社会的基本要求。三是"范围"或"层级"要素,即理论适用于什么样的范围或适合于什么样的层级。一般而言,只能在较小范围或较低层级推行的理论,或者在特定条件下才能推行的理论,较少受到重视并难以具有普遍性的意义。反之,能够在大范围和多层级推行的理论,能够得到较多重视并可能具有普遍性的意义。政策民主理论既可以用于较小的范围,也可以用于较大的范围;既可以在社区和其他基层单位内实行,也可以在地方政府实行,还可以在中央政府及国家层面上实行(我们并不主张这样的理论可以像民主化、治理等理论那样,能够在超越国家的全球决策中实行)。当然,不同范围或不同层级,面临的既有共同的问题,也有不同的问题,需要采用一些特定的方法,政策民主理论在这方面已经作了必要的界定和说明。四是"实证"要素,即理论能否得到来自实证的支持或实践的检验。政策民主汇聚的马克思主义经典作家和西方学者的论点,既有理论的演绎,也有一定的实证支持,因此不能只关注政策民主的理论意义,而忽视其实践作用。当然,要对这样的理论进行检验,确实需要实证研究的跟进,因为来自实践的证明,可以使理论具有更强的说服力。五是"有效"要素,即理论的观点是否有效、实现理论的方法是否有效、能否产生有效的结果。"有效"必须通过"验证"才能得出结论,政策民主理论不仅设计了用于政策过程的各种民主方法,以及衡量政策是否民主的各种标准,还设计了验证这些方法和标准的程序和做法,其目的就是使这样的理论成为"有效"的实践;当然是否真的"有效",还有待于实践的检验。本章

第一节讨论的政策民主理论定位问题,实际上已经在理论上为政策民主的"可行性"作出了基本的解释:政策民主既是一种规范的民主理论,也是一种经验的民主理论,不仅可以结合直接民主和间接民主,还具有横向性和纵向性的特征;更为重要的是,政策民主既要求"形式民主",也要求"实质民主";这样的民主所要求的,恰恰是理论与实践的紧密结合,而不是理论与实践的分离。

第四个是中国关怀的维度,即政策民主理论对中国是否具有特定的重要意义。我们之所以集中时间和精力研究"政策与民主关系"并构建出一套完整的政策民主理论,就是出于对中国问题的关怀。在中国改革开放的进程中,政策扮演了极为重要的角色,我们已经用"政策主导型的渐进式改革"的政治发展范式,对此作了概括。如何以民主的视角来看待和解决政策问题,无疑是影响中国政治发展的重大问题。我们应该承认,中国不仅需要"政策的民主",也需要"民主的政策"。从这样的需要出发,观察马克思主义经典作家和西方学者如何解决"政策与民主的关系"问题,并总结出一套成型的理论,用之于中国,使中国能够走出一条"政策民主"之路,不仅是一种理论上的建树,更是一种实践上的建树。从更实用主义的角度看,一旦建构出政策民主的理论体系,尤其是规范了政策民主各范畴的内容,就形成了政策民主的基本标准。论证标准的论点既有马克思主义经典作家提出的,也有西方学者提出的,形成了更具有比较性和实践性的标准。我们可以用这些标准来检验中国在现代化进程中,是否已经有了"政策民主",或者"政策民主"是否已经在中国开始走向普及(下一步我们将开展这方面的工作)。最可能出现的情况是,"政策民主已经在你身边,就是你还没有发现"。由此,我们对于政策民主理论"能够用于"中国并不怀疑,我们关心的关键性问题是这样的民主理论什么时间可以被中国人广泛认知和认同,相信这样的时间已经不太远了。

从多维视角理解政策民主理论,给了全书一个积极的结论:不仅要重视政策民主的理论,更要重视政策民主的实践,尤其是在中国的实践,因为这样的实践对中国的未来可能具有举足轻重的作用。

参考书目

《马克思恩格斯全集》(第一版),第1—50卷,人民出版社1956—1985年版。

《列宁全集》(第二版),第1—60卷,人民出版社1984—1990年版。

《斯大林全集》,第1—13卷,人民出版社1953—1956年版。

《斯大林文集(1934—1952)》,人民出版社1985年12月版。

《毛泽东选集》(第一版),第1—4卷,人民出版社1951—1960年版。

《毛泽东文集》,第1—8卷,人民出版社1993—1999年版。

《建国以来毛泽东文稿》,第1—13册,中央文献出版社1987—1998年版。

《邓小平文选》,第1—3卷,人民出版社1983—1993年版。

[美]达龙·阿塞莫格鲁(Daron Acemoglu)、詹姆士·罗宾逊(James A. Robinson):《政治发展的经济分析——专制和民主的经济起源》,马春文等译,上海财经大学出版社2008年12月版。

[英]阿克顿(John Emerich Edward Dalberg - Acton):《自由的历史》,王天成、林猛、罗会钧译,贵州人民出版社2001年10月版。

[美]阿尔蒙德(Gabriel A. Almond)、鲍威尔(G. Bingham Powell):《比较政治学——体系、过程和政策》,曹沛霖、郑世平、公婷、陈峰译,东方出版社2007年7月版。

[美]阿尔蒙德、维巴(Sidney Verba):《公民文化——五个国家的政治态度和民主制》,徐湘林等译,东方出版社2008年2月版。

[美]阿尔蒙德、多尔顿(Russell J. Dalton)、鲍威尔、斯特罗姆(Kaare Strom)等:《当代比较政治学:世界视野》,杨红伟、吴新叶、方

卿、曾纪茂等译，上海人民出版社 2010 年 2 月版。

［美］阿尔蒙德、维巴编：《重访公民文化》，李国强等译，东方出版社 2014 年 5 月版。

［美］戴维·阿普特（David E. Apter）：《现代化的政治》，陈尧译，上海人民出版社 2011 年 1 月版。

［意］阿奎那（Thomas Aquinas）：《阿奎那政治著作选》，马清槐译，商务印书馆 1963 年 3 月第 1 版。

［美］汉娜·阿伦特（Hannah Arendt）：《极权主义的起源》，林骧华译，生活·读书·新知三联书店 2008 年 6 月版。

［美］汉娜·阿伦特：《马克思与西方政治传统》，孙传钊译，江苏人民出版社 2007 年 4 月版。

［美］汉娜·阿伦特：《人的境况》，王寅丽译，上海人民出版社 2009 年 1 月版。

［美］汉娜·阿伦特：《论革命》，陈周旺译，译林出版社 2007 年 3 月版。

［美］汉娜·阿伦特：《共和的危机》，郑辟瑞译，上海人民出版社 2013 年 4 月版。

［古希腊］亚里士多德（Aristotle）：《政治学》，吴寿彭译，商务印书馆 1965 年 8 月版。

［法］雷蒙·阿隆（Raymond Aron）：《知识分子的鸦片》，吕一民、顾杭译，译林出版社 2005 年 7 月版。

［法］雷蒙·阿隆：《阶级斗争——工业社会新讲》，周以光译，译林出版社 2003 年 6 月版。

［法］雷蒙·阿隆：《论自由》，姜志辉译，上海译文出版社 2009 年 3 月版。

［法］雷蒙·阿隆：《雷蒙·阿隆回忆录——五十年的政治反思》，杨祖功等译，新星出版社 2006 年 9 月版。

［美］肯尼斯·阿罗（Kenneth Arrow）：《组织的极限》，陈子白译，华夏出版社 2014 年 1 月版。

［美］查尔斯·埃德温·贝克（C. Edwin Baker）：《媒体、市场与民主》，冯建三译，上海人民出版社 2008 年 9 月版。

［俄］巴枯宁（Mihayi Bakunin）：《国家制度和无政府状态》，马骧

聪、任允正、韩延龙译，商务印书馆 2013 年 1 月版。

［俄］巴枯宁：《上帝与国家》，朴英译，华东师范大学出版社 2005 年 11 月版。

［美］本杰明·巴伯（Benjiamin R. Barber）：《强势民主》，彭斌、吴润洲译，吉林人民出版社 2006 年 5 月版。

［美］拉里·巴特尔斯（Larry M. Bartels）：《不平等的民主：新镀金时代的政治经济学分析》，方卿译，上海人民出版社 2012 年 5 月版。

［英］齐格蒙·鲍曼（Zygmunt Bauman）：《寻找政治》，洪涛、周顺、郭台辉译，上海人民出版社 2007 年 8 月版。

［英］比瑟姆（David Beetham）：《科层制》，郑乐平译，桂冠图书股份有限公司 1991 年 4 月版。

［加］贝淡宁（Daniel A. Bell）：《超越自由民主》，李万全译，上海三联书店 2009 年 2 月版。

［美］塞拉·本哈比（Seyla Benhabib）主编：《民主与差异：挑战政治的边界》，黄相怀、严海兵等译，中央编译出版社 2009 年 4 月版。

［英］边沁（Jeremy Bentham）：《政府片论》，沈叔平等译，商务印书馆 1995 年 4 月版。

［英］边沁：《道德与立法原理导论》，时殷弘译，商务印书馆 2000 年 12 月版。

［英］以赛亚·伯林（Isaiah Berlin）：《自由论》，胡传胜译，译林出版社 2003 年 12 月版。

［英］以赛亚·伯林：《自由及其背叛》，赵国新译，译林出版社 2005 年 9 月版。

［伊朗］拉明·贾汉贝格鲁（Ramin Jahanbegloo）：《伯林谈话录》，杨祯钦译，译林出版社 2002 年 4 月版。

［法］让·博丹（Jean Bodin）：《主权论》，李卫海、钱俊文译，北京大学出版社 2008 年 12 月版。

［美］卡尔·博格斯（Carl Boggs）：《政治的终结》，陈家刚译，社会科学文献出版社 2001 年 12 月版。

［美］詹姆斯·博曼（James Bohman）、威廉·雷吉（William Rehg）主编：《协商民主：论理性与政治》，陈家刚等译，中央编译出版社 2006 年 9 月版。

〔美〕詹姆斯·博曼：《公共协商：多元主义、复杂性与民主》，黄相怀译，中央编译出版社 2006 年 9 月版。

〔英〕博赞克特（鲍桑葵，Bernard Bosanquet）：《关于国家的哲学理论》，汪淑钧译，商务印书馆 1995 年 1 月版。

〔美〕塞缪尔·鲍尔斯（Samuel Bowles）、赫伯特·金蒂斯（Herbert Gintis）：《民主与资本主义》，韩水法译，商务印书馆 2013 年 1 月版。

〔美〕理查德·博克斯（Richard C. Box）：《公民治理：引领 21 世纪的美国社区》，孙柏瑛等译，中国人民大学出版社 2013 年 1 月第 2 版。

〔澳〕布伦南（Geoffrey Brennan）、〔美〕布坎南：《宪法经济学》，冯克利等译，中国社会科学出版社 2004 年 1 月版。

〔加〕布来顿（Albert Breton）、〔法〕赛蒙（Pierre Salmon）、〔意〕卡罗地（Gianluigi Galeotti）、〔加〕温特伯（Ronald Wintrobe）：《理解民主——经济的与政治的视角》，毛丹等译，学林出版社 2000 年 12 月版。

〔英〕布赖斯（James Bryce）：《现代民治政体》，张慰慈等译，吉林人民出版社 2001 年 1 月版。

〔美〕詹姆斯·布坎南（James M. Buchanan）、戈登·塔洛克（Gordon Tullock）：《同意的计算——立宪民主的逻辑基础》，陈光金译，中国社会科学出版社 2000 年 9 月版。

〔美〕詹姆斯·布坎南：《民主财政论》，穆怀朋译，商务印书馆 1993 年 9 月第 1 版。

〔美〕詹姆斯·布坎南：《财产与自由》，韩旭译，中国社会科学出版社 2002 年 10 月版。

〔美〕詹姆斯·布坎南、罗杰·康格尔顿（Roger D. Congleton）：《原则政治，而非利益政治——通向非歧视性民主》，张定淮译，社会科学文献出版社 2004 年 3 月版。

〔英〕柏克（Edmund Burke）：《法国革命论》，何兆武、许振洲、彭刚译，商务印书馆 1998 年 8 月第 1 版。

〔英〕柏克：《美洲三书》，缪哲译，商务印书馆 2003 年 3 月第 1 版。

〔意〕康帕内拉（Tommaso Campanella）：《太阳城》，陈大维、黎思复、黎廷弼译，商务印书馆 1980 年 5 月版。

〔美〕布赖恩·卡普兰（Bryan Caplan）：《理性选民的神话——为何民主制度选择不良政策》，刘艳红译，上海人民出版社 2010 年 10 月版。

［美］西瑟（James W. Ceaser）：《自由民主与政治学》，竺乾威译，上海人民出版社 1998 年 12 月版。

［美］诺姆·乔姆斯基（Noam Chomsky）：《失败的国家：滥用权力和践踏民主》，白璐译，译文出版社 2009 年 1 月版。

［古罗马］西塞罗（Cicero）：《国家篇》、《法律篇》，沈叔平、苏力译，商务印书馆 1999 年 8 月版。

［美］小约翰·B. 科布（John B. Cobb, Jr）：《后现代公共政策——重塑宗教、文化、教育、性、阶级、种族、政治和经济》，李际、张晨译，社会科学文献出版社 2003 年 4 月版。

［美］卡尔·科恩（Carl Cohen）：《论民主》，聂崇信、朱秀贤译，商务印书馆 2007 年 7 月版。

［法］孔德（Auguste Comte）：《论实证精神》，黄建华译，商务印书馆 1996 年 12 月版。

［法］孔多塞（Condorcet）：《人类精神进步史表纲要》，何兆武、何冰译，江苏教育出版社 2006 年 3 月版。

［法］贡斯当（Benjamin Constant）：《古代人的自由与现代人的自由》，阎克文、刘满贵译，商务印书馆 1999 年 12 月版。

［美］罗伯特·达尔（Robert A. Dahl）：《民主理论的前言》，顾昕、朱丹译，生活·读书·新知三联书店 1999 年 1 月版。

［美］罗伯特·达尔：《多元主义民主的困境：自治与控制》，周军华译，吉林人民出版社 2006 年 5 月版。

［美］罗伯特·达尔：《民主及其批评者》，曹海军、佟德志译，吉林人民出版社 2006 年 5 月版。

［美］罗伯特·达尔：《论民主》，李柏光、林猛译，商务印书馆 1999 年 11 月版。

［美］罗伯特·达尔：《论政治平等》谢岳译，上海人民出版社 2010 年 1 月版。

［美］罗伯特·达尔、布鲁斯·斯泰恩布里克纳（Bruce Stinebrickner）：《现代政治分析》，吴勇译，中国人民大学出版社 2012 年 6 月版。

［英］拉尔夫·达仁道夫（Ralf Dahrendorf）：《现代社会冲突》，林荣远译，中国社会科学出版社 2000 年 3 月版。

［美］珍妮特·V. 登哈特（Janet V. Denhardt）、罗伯特·B. 登哈特

（Robert B. Denhardt）：《新公共服务：服务，而不是掌舵》，丁煌译，中国人民大学出版社 2010 年 8 月版。

［美］罗伯特·B. 登哈特：《公共组织理论》，扶松茂、丁力译，中国人民大学出版社 2003 年 5 月版。

（南非）登特里维斯（Maurizio Passerin d'Entreves）主编：《作为公共协商的民主：新的视角》，王英津译，中央编译出版社 2006 年 9 月版。

［美］约翰·杜威（John Dewey）：《民主与教育》，薛绚译，译林出版社 2012 年 11 月版。

［美］约翰·杜威：《杜威文选》，涂纪亮编、译，社会科学文献出版社 2006 年 12 月版。

［美］拉里·戴蒙德（Larry Diamond）：《民主的精神》，张大军译，群言出版社 2013 年 10 月版。

［美］威廉·多姆霍夫（G. William Domhoff）：《谁统治美国：权利、政治和社会变迁》，吕鹏、闻翔译，译林出版社 2009 年 4 月版。

［美］唐斯（Anthony Downs）：《民主的经济理论》，姚洋、邢予青、赖平耀译，上海人民出版社 2005 年 9 月版。

［法］狄骥（Leon Duguit）：《公法的变迁》、《法律与国家》，郑戈、冷静译，辽海出版社、春风文艺出版社 1999 年 6 月版。

［澳］约翰·德雷泽克（John S. Dryzek）：《协商民主及其超越：自由与批判的视角》，丁开杰等译，中央编译出版社 2006 年 9 月版。

［英］帕特里克·敦利威（Patrick Dunleavy）：《民主、官僚制与公共选择——政治科学中的经济学阐释》，张庆东译，中国青年出版社 2004 年 1 月版。

［英］约翰·邓恩（John Dunn）编：《民主的历程》，林猛等译，吉林人民出版社 1999 年 12 月版。

［法］爱弥尔·涂尔干（Emile Durkheim）：《乱伦禁忌及其起源》，付德根等译，上海人民出版社 2006 年 8 月版。

［法］莫里斯·迪韦尔热（Maurice Duverger）：《政治社会学——政治学要素》，杨祖功、王大东译，东方出版社 2007 年 7 月版。

［美］托马斯·R. 戴伊（Thomas R. Dye）：《自上而下的政策制定》，鞠方安、吴忧译，中国人民大学出版社 2002 年 8 月版。

［美］戴维·伊斯顿（D. Easton）：《政治生活中的系统分析》，王浦劬译，华夏出版社1999年1月版。

［美］迈克尔·爱德华兹（Michael Edwards）：《积极的未来》，朱宁译，江西人民出版社2006年4月版。

［美］约·埃尔斯特（Jon Elster）主编：《协商民主：挑战与反思》，周艳辉译，中央编译出版社2009年4月版。

［美］约·埃尔斯特、［挪］斯莱格斯塔德（Rune Slagstad）编：《宪政与民主——理性与社会变迁研究》，潘勤、谢鹏程译，生活·读书·新知三联书店1998年12月版。

［英］基思·福克斯（Keith Faulks）：《政治社会学》，陈崎、耿喜梅、肖咏梅译，华夏出版社2008年4月版。

［美］詹姆斯·菲什金（James Fishkin）、［英］彼得·拉斯莱特（Peter Lasleft）主编：《协商民主论争》，张晓敏译，中央编译出版社2009年4月版。

［美］詹姆斯·菲什金：《倾听民意：协商民主与公众咨询》，孙涛、何建宇译，中国社会科学出版社2015年6月版。

［英］诺曼·弗林（Norman Flynn）：《公共部门管理》，曾锡环、钟杏云、刘淳译，中国青年出版社2004年1月版。

［法］傅立叶（Charles Fourier）：《傅立叶选集》，赵俊欣、吴模信、汪耀三等译，商务印书馆2004年版。

［美］弗里德里克森（H. George Frederickson）：《新公共行政学》，曾冠球、许世雨译，智胜文化事业有限公司2007年1月版。

［美］米尔顿·弗里德曼（Milton Friedman）：《资本主义与自由》，张瑞玉译，商务印书馆2004年7月版。

［美］弗兰西斯·福山（Francis Fuknyama）：《历史的终结》，黄胜强等译，远方出版社1998年7月版。

［美］弗兰西斯·福山：《国家构建：21世纪的国家治理与世界秩序》，黄胜强、许铭原译，中国社会科学出版社2007年1月版。

［美］弗兰西斯·福山：《政治秩序的起源：从前人类时代到法国大革命》，毛俊杰译，广西师范大学出版社2012年10月版。

［英］弗兰克·富里迪（Frank Fured）：《恐惧的政治》，方军、吕静莲译，江苏人民出版社2007年9月版。

［美］约翰·肯尼迪·加尔布雷斯（John Kenneth Galbraith）：《美好社会——人类议程》，王中宝、陈志宏、李毅翻，江苏人民出版社2009年3月版。

［英］葛德文（William Godwin）：《政治正义论》，何慕李译，商务印书馆1980年4月版。

［英］安德鲁·甘布尔（Andrew Gamble）：《政治和命运》，胡晓劲、罗珊珍等译，江苏人民出版社2007年4月版。

［西班牙］奥尔特加·加塞特（Jose Ortegay Y Gasset）：《大众的反叛》，刘训练、佟德志译，吉林人民出版社2004年10月版。

［英］安东尼·吉登斯（Anthony Giddens）：《超越左与右——激进政治的未来》，李惠斌、杨雪冬译，社会科学文献出版社2003年12月版。

［英］安东尼·吉登斯：《现代性的后果》，田禾译，译林出版社2011年2月版。

［美］杰克·戈德斯通（Jack A. Goldstone）主编：《国家、政党与社会运动》，章延杰译，上海人民出版社2009年11月版。

［美］弗兰克·古德诺（Frank Goodnow）：《政治与行政》，丰俊功译，北京大学出版社2012年8月版。

［英］大卫·格林（David G. Green）：《再造市民社会——重新发现没有政治介入的福利》，邬晓燕译，陕西人民出版社2011年1月版。

［美］吉恩·格罗斯曼（Gene M. Grossman）、［以］埃尔赫南·赫尔普曼（Elhanath Helpman）：《特殊利益政治学》，朱保华等译，上海财经大学出版社2009年4月版。

［法］弗朗索瓦·基佐（Francios Guizot）：《欧洲代议制政府的历史起源》，张清津、袁淑娟译，复旦大学出版社2008年12月版。

［美］阿米·古特曼（Amy Gutmann）、丹尼斯·汤普森（Dennis Thompson）：《民主与分歧》，杨立峰、葛水林、应奇译，东方出版社2007年5月版。

［德］哈贝马斯（J. Habermas）：《公共领域的结构转型》，曹卫东等译，学林出版社1999年1月版。

［德］哈贝马斯：《作为"意识形态"的技术与科学》，李黎、郭官义译，学林出版社1999年1月版。

［德］哈贝马斯：《合法性危机》，刘北成、曹卫东译，上海人民出版社 2009 年 11 月版。

［德］哈贝马斯：《对话伦理学与真理的问题》，沈清楷译，中国人民大学出版社 2005 年 9 月版。

［德］哈贝马斯：《哈贝马斯精粹》，曹卫东等译，南京大学出版社 2004 年 5 月版。

［美］斯迪芬·海哥德（Stephan Haggard）、罗伯特·考夫曼（Robert R. Kaufman）：《民主化转型的政治经济分析》，张大军译，社会科学文献出版社 2008 年 3 月版。

［美］汉密尔顿（Alexander Hamilton）、杰伊（John Jay）、麦迪逊（James Madison）：《联邦党人文集》，程逢如、在汉、舒逊译，商务印书馆 1980 年 6 月版。

［美］罗素·哈丁（Russell Hardin）：《自由主义、宪政主义和民主》，王欢、申明民译，商务印书馆 2009 年 3 月版。

［英］詹姆士·哈林顿（James Harrington）：《大洋国》，何新译，商务印书馆 1963 年 9 月版。

［英］哈耶克（Friedrich A. Von Hayek）：《通往奴役之路》，王明毅、冯兴元等译，中国社会科学出版社 1997 年 8 月版。

［英］哈耶克：《自由秩序原理》，邓正来译，生活·读书·新知三联书店 1997 年 12 月版。

［英］哈耶克：《法律、立法与自由》，第 2、3 卷，邓正来等译，中国大百科全书出版社 2000 年 10 月版。

［德］黑格尔（Georg Hegel）：《黑格尔政治著作选》，薛华译，中国法制出版社 2008 年 4 月版。

［英］戴维·赫尔德（David Held）：《民主的模式》，燕继荣等译，中央编译出版社 2008 年 12 月版。

［英］戴维·赫尔德、［美］詹姆斯·罗西瑙（James N. Rosenau）等：《国将不国：西方著名学者论全球化与国家主权》，俞可平等译，江西人民出版社 2004 年 1 月版。

［英］戴维·赫尔德、安东尼·麦克格鲁（Anthony McGrew）主编：《全球化理论——研究路径与理论论争》，王生才译，社会科学文献出版社 2009 年 5 月版。

［美］罗伯特·海涅曼（Robert A. Heineman）、威廉·布卢姆（William T. Bluhm）、史蒂文·彼得森（Steven A. Peterson）、爱德华·卡尼（Edward N. Kearny）：《政策分析师的世界：理性、价值观念和政治》，李玲玲译，北京大学出版社2011年3月版。

［美］米切尔·黑尧（Michael Hill）：《现代国家的政策过程》，林钟沂、柯义龙、陈志纬译，韦伯文化事业出版社2003年1月版。

［美］梅尔文·希尼克（Melvin J. Hinich）、迈克尔·芒格（Michael C. Munger）：《解析政治学》，陆符嘉译，译林出版社2009年12月版。

［英］霍布斯（Thomas Hobbes）：《利维坦》，黎思复、黎廷弼译，商务印书馆1985年9月第1版。

［英］霍布豪斯（Leonard Trelawny Hobhouse）：《自由主义》，朱曾汶译，商务印书馆1996年9月版。

［英］霍布豪斯：《形而上学的国家论》，汪淑钧译，商务印书馆1997年4月第1版。

［英］霍布豪斯：《社会正义要素》，孔兆政译，吉林人民出版社2006年5月版。

［德］奥特弗里德·赫费（Otfried Hoffe）：《全球化时代的民主》，庞学铨、李张林、高靖生译，上海人民出版社2006年4月版。

［法］霍尔巴赫（Holbach）：《自然政治论》，陈太先等译，商务印书馆1994年3月版。

［美］悉尼·胡克（Sidney Hook）：《理性、社会神话和民主》，金克、徐崇温译，上海人民出版社2006年7月版。

［加］迈克尔·豪利特（Michael Howlett）、［澳］M. 拉米什（M. Ramesh）：《公共政策研究：政策循环与政策子系统》，庞诗等译，生活·读书·新知三联书店2006年5月版。

［德］洪堡（Wilhelm von Humboldt）：《论国家的作用》，林荣远、冯兴元译，中国社会科学出版社1998年3月版。

［英］休谟（David Hume）：《人性论》，关文运译，商务印书馆1980年4月版。

［美］塞缪尔·亨廷顿（Samuel P. Huntington）：《变化社会中的政治秩序》，王冠华、刘为等译，上海人民出版社2008年7月版。

［美］塞缪尔·亨廷顿：《第三波——20世纪后期民主化浪潮》，刘

军宁译，上海三联书店 1998 年 10 月版。

［美］塞缪尔·亨廷顿：《文明的冲突与世界秩序的重建》，周琪等译，新华出版社 2002 年 1 月版。

［美］塞缪尔·亨廷顿：《失衡的承诺》，周端译，东方出版社 2005 年 9 月版。

［美］塞缪尔·亨廷顿：《谁是美国人——美国国民特性面临的挑战》，程克雄译，新华出版社 2010 年 1 月版。

［美］罗纳德·英格尔哈特（Ronald Inglehart）：《发达工业社会的文化转型》，张秀琴译，社会科学文献出版社 2013 年 7 月版。

［美］罗纳德·英格尔哈特：《现代化与后现代化——43 个国家的文化、经济与政治变迁》，严挺译，社会科学文献出版社 2013 年 7 月版。

［英］恩靳·伊辛（Engin F. Isin）、布鲁恩（布赖恩）·特纳（Bryan S. Turnur）主编：《公民权研究手册》，王小章译，浙江人民出版社 2007 年 5 月版。

［英］雅赛（Anthony De Jasay）：《重申自由主义——选择、契约、协议》，陈茅等译，中国社会科学出版社 1997 年 7 月版。

［美］托马斯·杰斐逊（Thomas Jefferson）：《杰斐逊选集》，朱曾汶译，商务印书馆 2011 年 1 月版。

［美］迈克尔·约翰斯顿（Michael Johnston）：《腐败征候群：财富、权力与民主》，袁建华译，上海人民出版社 2009 年 1 月版。

［德］康德（Immanuel Kant）：《法的形而上学原理——权利的科学》，沈叔平译，商务印书馆 1991 年 9 月版。

［荷兰］法兰克·卡斯腾（Frank Karsten）、卡洛·贝克曼（Karel Beckman）：《民主以外——关于民主的十三个问题》，王弼译，商务印书馆（香港）有限公司 2015 年 7 月版。

［德］柯武刚（Wolfgong Kasper）、史漫飞（Manfred E. Streit）：《制度经济学：社会秩序与公共政策》，韩朝华译，商务印书馆 2000 年 11 月版。

［加］威尔·金里卡（Will Kymlicka）：《多元文化公民权：一种有关少数族群权利的自由主义理论》，杨立峰译，上海人民出版社 2009 年 1 月版。

［英］简·莱恩（Jan—Erik Lane）：《新公共管理》，赵成根等译，中

国青年出版社 2004 年 1 月版。

［美］哈罗德·拉斯韦尔（Harold D. Lasswell）：《政治学：谁得到什么？何时和如何得到？》，杨昌裕译，商务印书馆 1992 年 2 月版。

［美］哈罗德·拉斯韦尔、亚伯拉罕·卡普兰（Abraham Kaplan）：《权力与社会：一项政治研究的框架》，王菲易译，上海人民出版社 2012 年 1 月版。

Daniel Lerner and Harold D. Lasswell ed., *The Policy Sciences*, *Recent Developments in Scope and Method*, Stanford University Press, 1951.

［法］勒庞（Gustave Le Bon）：《乌合之众——大众心理研究》，冯克利译，广西师范大学出版社 2007 年 9 月版。

［法］勒庞：《革命心理学》，佟德志、刘训练译，吉林人民出版社 2004 年 10 月版。

［美］伊森·里布（Erhan J. Leib）：《美国民主的未来：一个设立公众部门的方案》，朱昔群、李定文、余艳红译，中央编译出版社 2009 年 4 月版。

［法］皮埃尔·勒鲁（Plerre Leroux）：《论平等》，王允道译，商务印书馆 1988 年 5 月版。

［美］阿伦·利普哈特（李帕特，Arend Lijphart）：《民主的模式：36 个国家的政府形式和政府绩效》，陈崎译，北京大学出版社 2006 年 11 月版。

［美］阿伦·利普哈特：《多元社会中的民主：一项比较研究》，刘伟译，上海人民出版社 2013 年 1 月版。

［美］亚伯拉罕·林肯（Abraham Lincoln）：《林肯选集》，朱曾汶译，商务印书馆 2010 年 12 月版。

［美］林德布洛姆（林伯隆，Charles E. Lindblom）、伍德豪斯（伍豪斯，Edward J. Woodhouse）：《最新政策制定过程》，陈恒钧、王崇斌、李珊莹译，韦伯文化事业出版社 2001 年 9 月版。

［美］拉塞尔·M. 林登（Russell M. Linden）：《无缝隙政府：公共部门再造指南》，汪大海、吴群芳等译，中国人民大学出版社 2013 年 1 月版。

［美］沃特尔·李普曼（Walter Lippmann）：《民意》，阎克文、江红译，五南图书股份有限公司 2009 年 2 月版。

［美］李普塞特（Seymour Martin Lipset）：《政治人：政治的社会基础》，张绍宗译，上海人民出版社1997年9月版。

［英］洛克（John Locke）：《政府论》，上、下篇，叶启芳、瞿菊农译，商务印书馆1964年2月版。

［美］史蒂文·卢克斯（Steven Lukes）：《权力：一种激进的观点》，彭斌译，江苏人民出版社2012年6月版。

［法］利奥塔（Jean-Francoic Lyotard）：《后现代道德》，莫伟民等译，学林出版社2000年12月版。

［法］马布利（Mably）：《马布利选集》，何清新译，商务印书馆2011年7月版。

［意］尼科洛·马基雅维里（Niccollo Machiavelli）：《论李维》，冯克利译，上海人民出版社2005年5月版。

［意］尼科洛·马基雅维里：《佛罗伦萨史》，李活译，商务印书馆1982年5月版。

［美］麦金太尔（Alasdair MacIntyre）：《追寻美德：伦理理论研究》，宋继杰译，译林出版社2003年12月版。

［德］卡尔·曼海姆（Karl Mannheim）：《意识形态与乌托邦》，黎鸣、李书崇译，商务印书馆2000年9月版。

［美］詹姆斯·马奇（James G. March）、赫伯特·西蒙：《组织》，邵冲译，机械工业出版社2008年3月第2版。

［美］詹姆斯·马奇：《决策是如何产生的》，王元歌、章爱民译，机械工业出版社2007年4月版。

［美］詹姆斯·马奇、［挪威］约翰·P. 奥尔森（Johan P. Olsen）：《重新发现制度：政治的组织基础》，张伟译，生活·读书·新知三联书店2011年3月版。

［美］马尔库塞（Herbert Marcuse）：《单向度的人：发达工业社会意识形态研究》，刘继译，上海译文出版社2008年4月版。

［英］马歇尔（Thomas Hamphrey Marshall）、安东尼·吉登斯（Anthony Giddens）等：《公民身份与社会阶级》，郭忠华、刘训练编，江苏人民出版社2008年9月版。

［美］布鲁斯·布恩诺·德·梅斯奎塔（Bruce Bueno De Mesquita）、希尔顿·鲁特（Hilton L. Root）主编：《繁荣的治理之道》，叶娟丽、王鑫

等译，中国人民大学出版社2007年6月版。

［意］米歇尔斯（Robert Michels）：《寡头统治铁律——现代民主制度中的政党社会学》，任军锋等译，天津人民出版社2003年1月版。

［英］密尔（穆勒，John Stuart Mill）：《代议制政府》，汪煊翻译，商务印书馆1982年6月版。

［英］密尔：《政治经济学原理》，胡企林、朱泱译，商务印书馆1991年9月版。

［英］密尔：《论自由》，于庆生译，中国法制出版社2009年4月版。

［英］密尔：《密尔论民主与社会主义》，胡勇译，吉林出版集团有限责任公司2008年9月版。

［英］密尔：《功利主义》，叶建新译，九州出版社2007年1月版。

［英］约翰·弥尔顿（John Milton），《为英国人民声辩》，何宁译，商务印书馆2011年7月版。

［英］约翰·弥尔顿：《建设自由共和国的简易办法》，殷宝书译，商务印书馆2013年1月版。

［法］孟德斯鸠（Baron do Montesquien）：《论法的精神》，上、下册，张雁深译，商务印书馆1963年3月版。

［英］托马斯·莫尔（Thomas More）：《乌托邦》，戴镏龄译，商务印书馆1982年7月版。

［英］威廉·莫里斯（William Morris）：《乌有乡消息》，黄嘉德译，商务印书馆2007年10月版。

［美］查尔斯·威廉·莫里斯（Charles William Morris）：《莫里斯文选》，涂纪亮编，涂纪亮等译，社会科学文献出版社2009年1月版。

［意］莫斯卡（Gaetano Mosca）：《统治阶级》（《政治科学原理》），贾鹤鹏译，译林出版社2002年10月版。

［意］莫斯卡：《政治科学要义》，任军锋、宋国友、包军译，上海人民出版社2005年10月版。

［英］墨菲（Chantal Mouffe）：《政治的回归》，王恒、臧佩洪译，江苏人民出版社2005年5月版。

［英］墨菲：《民主的吊诡》，林淑芬译，巨流图书有限公司2005年12月版。

［英］丹尼斯·缪勒（Dennis C. Mueller）：《公共选择理论》，韩旭、

杨春学等译，中国社会科学出版社 2010 年 8 月版。

［日］猪口孝、［英］纽曼（Edward Newman）、［英］基恩（John Keane）编：《变动中的民主》，林猛等译，吉林人民出版社 1999 年 12 月版。

［德］尼采（Friedrich Wilhelm Nietzsche）：《权力意志》，孙周兴译，商务印书馆 2007 年 2 月版。

［德］尼采：《查拉图斯特拉如是说》，杨震译，九州出版社 2007 年 1 月版。

［美］诺齐克（Robert Nozick）：《无政府、国家与乌托邦》，姚大志译，中国社会科学出版社 2008 年 4 月版。

［美］诺齐克：《经过省察的人生——哲学沉思录》，严忠志、欧阳亚丽译，商务印书馆 2007 年 11 月版。

［美］诺齐克：《苏格拉底的困惑》，郭建玲、程郁华译，新星出版社 2006 年 11 月版。

［英］奥克肖特（欧克肖特，M. Oakeshott）：《政治中的理性主义》，张汝伦译，上海译文出版社 2004 年 6 月版。

［英］欧克肖特：《信念论政治与怀疑论政治》，张铭、姚仁权译，上海译文出版社 2009 年 7 月版。

［美］吉列尔莫·奥唐奈（Guillermo A. O'Donnell）、［意］菲利普·施密特（Philippe Schmitter）：《威权统治的转型：关于不确定性民主的试探性结论》，景威、柴绍锦译，新星出版社 2012 年 3 月版。

［德］克劳斯·奥菲（Claus Offe）：《福利国家的矛盾》，郭忠华等译，吉林人民出版社 2006 年 5 月版。

［美］曼瑟·奥尔森（Mancur Olson）：《集体行动的逻辑》，陈郁、郭宇峰、李崇新译，格致出版社、上海三联书店、上海人民出版社 1995 年 4 月版。

［美］曼瑟·奥尔森：《国家的兴衰——经济增长、滞胀和社会僵化》，李增刚译，上海人民出版社 2007 年 3 月版。

［美］曼瑟·奥尔森：《权力与繁荣》，苏长和、嵇飞译，上海人民出版社 2005 年 4 月版。

［美］戴维·奥斯本（David Osborne）、特德·盖布勒（Ted Gaebler）：《改革政府：企业家精神如何改革着公共部门》，周敦仁等译，译

文出版社 2006 年 11 月版。

［美］文森特·奥斯特罗姆（Vincent Ostrom）：《复合共和制的政治理论》，毛寿龙译，上海三联书店 1999 年 6 月版。

［美］文森特·奥斯特罗姆：《美国联邦主义》，王建勋译，上海三联书店 2003 年 6 月版。

［美］文森特·奥斯特罗姆：《民主的意义及民主制度的脆弱性——回应托克维尔的挑战》，李梅译，陕西人民出版社 2011 年 1 月版。

［美］埃莉诺·奥斯特罗姆（Elinor Ostrom）、帕克斯（Roger Parks）、惠特克（Whitaker）：《公共服务的制度建构》，毛寿龙译，上海三联书店 2000 年 6 月版。

［美］托马斯·潘恩（Thomas Paine）：《人权论》，吴运楠、武友任译，载《潘恩选集》，商务印书馆 1981 年 5 月版。

［意］帕累托（Virfredo Pareto）：《普通社会学纲要》，田时纲译，东方出版社 2007 年 8 月版。

［意］帕累托：《精英的盛衰》，宫维明译，北京出版社 2010 年 2 月版。

［美］迈克尔·帕伦蒂（Michael Parenti）：《少数人的民主》，张萌译，北京大学出版社 2009 年 11 月版。

［美］卡罗尔·佩特曼（Carole Pateman），《参与和民主理论》，陈尧译，上海世纪出版集团 2006 年 6 月版。

［美］盖伊·彼得斯（B. Guy Peters）：《政府未来的治理模式》，吴爱明、夏宏图译，中国人民大学出版社 2001 年 11 月版。

［美］盖伊·彼得斯：《官僚政治》，聂露、李姿姿译，中国人民大学出版社 2006 年 7 月版。

［美］保罗·彼得森（Paul Peterson）：《联邦主义的代价》，段晓雁译，北京大学出版社 2011 年 9 月版。

［英］保罗·皮尔逊（Paul Pierson）：《拆散福利国家——里根、撒切尔和紧缩政治学》，舒绍福译，吉林出版集团有限责任公司 2007 年 12 月版。

［古希腊］柏拉图（Plato）：《法律篇》，张智仁、何勤华译，上海人民出版社 2001 年 7 月版。

［英］波普尔（Karl Raimund Popper）：《开放社会及其敌人》，陆衡、

郑一明等译，中国社会科学出版社 1999 年 8 月版。

［英］波普尔：《历史主义贫困论》，何林、赵平译，中国社会科学出版社 1998 年 12 月版。

［英］波普尔：《客观知识——一个进化论的研究》，舒炜光等译，上海译文出版社 2005 年 9 月版。

［英］波普尔：《二十世纪的教训：波普尔访谈演讲录》，王凌霄译，广西师范大学出版社 2004 年 7 月版。

［法］蒲鲁东（Pierre Proudnon）：《什么是所有权》，孙署冰译，商务印书馆 1963 年 6 月版。

［法］蒲鲁东：《贫困的哲学》，余书通、王雪华译，商务印书馆 2010 年版。

［德］萨缪尔·普芬道夫（Samuel Pufendorf）：《人和公民的义务》，张淑芳译，陕西人民出版社 2009 年 10 月版，

［德］埃伯哈德·彭茨（Eberhard Puntsch）：《政治与人类尊严——德国自由主义者的解决途径》，由林荣远、冯兴元等翻译，1996 年 2 月版。

［美］罗伯特·帕特南（Robert D. Putnam）：《使民主运转起来——现代意大利的公民传统》，王列、赖海榕译，江西人民出版社 2001 年 9 月版。

［美］鲁恂·W. 派伊（Lucian W. Pye）：《政治发展面面观》，任晓、王元译，天津人民出版社 2009 年 4 月版。

［美］罗尔斯（John Rawls）：《正义论》，何怀宏、何包钢、廖申白译，中国社会科学出版社 1988 年 3 月版。

［美］罗尔斯：《政治自由主义》，万俊人译，译林出版社 2000 年 1 月版。

［美］罗尔斯：《作为公平的正义：正义新论》，姚大志译，中国社会科学出版社 2011 年 2 月版。

［法］罗伯斯比尔（Maximilien de Robespierre）：《革命法制和审判》，赵涵舆译，商务印书馆 1965 年 6 月版。

［美］罗蒂（Richard Rorty）：《后哲学文化》黄勇译，上海译文出版社 2009 年 1 月版。

［美］罗蒂：《后形而上学希望》，张国清译，上海译文出版社 2009

年 1 月版。

［美］詹姆斯·罗西瑙（James N. Rosenau）主编：《没有政府的治理》，张胜军、刘小林等译，江西人民出版社 2001 年 9 月版。

［法］卢梭（Jean‐Jacques Rousseau）：《社会契约论》，何兆武译，商务印书馆 1980 年版。

［法］卢梭：《政治经济学》，李平沤译，商务印书馆 2013 年 5 月版。

［英］伯特兰·罗素（Bertrand Russell）：《自由之路》，李国山等译，文化艺术出版社 1998 年 1 月版。

［美］保罗·A. 萨巴蒂尔（Paul A. Sabatier）编：《政策过程理论》，彭宗超、钟开斌等译，生活·读书·新知三联书店 2004 年 4 月版。

［美］爱德华·萨义德（Edward W. Said）：《知识分子论》，单德兴译，生活·读书·新知三联书店 2002 年 4 月版。

［法］圣西门（Saint‐Simon）：《圣西门选集》（三卷本），董果良、王燕生等译，商务印书馆 2004 年版。

［美］迈克尔·桑德尔（Michael J. Sandel）：《民主的不满：美国在寻求一种公共哲学》，曾纪茂译，江苏人民出版社 2008 年 4 月版。

［美］萨托利（Gioanni Sartori）：《民主新论》，冯克利、阎克文译，东方出版社 1998 年 12 月版。

［美］萨托利：《政党与政党体制》，王明进译，商务印书馆 2006 年 12 月版。

［法］萨特：（Jean‐Paul Sartre）《存在主义是一种人道主义》、《今天的希望：与萨特的谈话》，周煦良、汤永宽译，上海译文出版社 2008 年 4 月版。

［法］萨特：《他人就是地狱——萨特自由选择论集》，关群德等译，天津人民出版社 2007 年 7 月版。

［德］卡尔·施米特（Carl Schmitt）：《政治的概念》，刘宗坤等译，上海人民出版社 2004 年 8 月版。

［德］卡尔·施米特：《政治的浪漫派》，冯克利、刘锋译，上海人民出版社 2004 年 8 月版。

［美］熊彼特（Joseph Alois Schumpeter）：《资本主义、社会主义与民主》，吴良健译，商务印书馆 1999 年 2 月版。

［芬兰丁］塞特拉（Maija Setela）：《公民投票与民主政府》，廖揆祥、

陈永方、邓若玲译，韦伯文化事业出版社2003年1月版。

[美]夏皮罗（Ian Shapiro）：《政治的道德基础》，姚建华、宋国友译，上海三联书店2006年6月版。

[英]雪莱（Percy Bysshe Shelley）：《雪莱政治论文选》，杨熙龄译，商务印书馆1981年4月版。

[美]茱迪·史珂拉（Judith Shklar）：《美国公民权：寻求接纳》，刘满贵译，上海世纪出版集团2006年5月版。

[美]赫伯特·A.西蒙（Herbert A. Simon）：《管理行为》，詹正茂翻译，机械工业出版社2007年7月版。

[美]赫伯特·A.西蒙：《基于实践的微观经济学》，孙涤译，格致出版社、上海三联书店、上海人民出版社2009年4月版。

[英]斯宾塞（Herbert Spencer）：《社会静力学》，张雄武译，商务印书馆1996年11月版。

[荷兰]斯宾诺莎（Benedict de Spinoza）：《神学政治论》，温锡增译，商务印书馆1963年11月版。

[荷兰]斯宾诺莎：《政治论》，冯炳昆译，商务印书馆1999年10月版。

[英]巴特·斯廷博根（Bart Von Steengergen）编：《公民身份的条件》，郭台辉译，吉林出版集团有限公司2007年12月版。

[英]尼克·史蒂文森（Nick Stevenson）编：《文化与公民身份》，陈志杰译，吉林出版集团有限公司2007年12月版。

[美]德博拉·斯通（Deborah Stone）：《政策悖论：政治决策中的艺术》，顾建光译，中国人民大学出版社2006年12月版。

[美]凯斯·桑斯坦（Cass R. Sunstein）：《权利革命之后：重塑规制国》，钟瑞华译，中国人民大学出版社2008年11月版。

[法]塔列朗（Charles Maurice de Talleyrand–Perigord）：《变色龙才是政治的徽章：塔列朗自述》，王新连译，中国法制出版社2010年9月版。

[美]约翰·克莱顿·托马斯（John Clayton Thomas）：《公共决策中的公民参与》，孙柏瑛等译，中国人民大学出版社2010年9月版。

[美]查尔斯·蒂利（Charles Tilly）：《集体暴力的政治》，谢岳译，

上海世纪出版集团 2006 年 12 月版。

［美］查尔斯·蒂利：《社会运动，1768—2004 年》，胡位钧译，上海人民出版社 2009 年 1 月版。

［美］查尔斯·蒂利：《民主》，魏洪钟译，上海人民出版社 2009 年 6 月版。

［法］托克维尔（De Tocqueville）：《论美国的民主》，董果良译，商务印书馆 1988 年 12 月版。

［法］托克维尔：《旧制度与大革命》，冯棠译，商务印书馆 1992 年 9 月版。

［德］斐迪南·滕尼斯（Ferdinand Tonnies）：《新时代的精神》，林荣远译，北京大学出版社 2006 年 6 月版。

［德］斐迪南·滕尼斯：《共同体与社会：纯粹社会学的基本概念》，林荣远译，商务印书馆 1999 年 2 月版。

［美］戴维·杜鲁门（David B. Truman）：《政治过程——政治利益与公共舆论》，陈尧译，天津人民出版社 2005 年 3 月版。

［英］布赖恩·特纳（Bryan S. Turnur）编：《公民身份与社会理论》，郭忠华、蒋红军译，吉林出版集团有限公司 2007 年 12 月版。

［英］杰弗里·维克斯（Geoffrey Vickers）：《判断的艺术——政策制定研究》，陈恢钦、徐家良、张闯译，中国青年出版社 2004 年 6 月版。

［英］沃拉斯（华莱士，Graham Wallas）：《政治中的人性》，朱曾汶译，商务印书馆 1995 年 1 月版。

［美］迈克尔·沃尔泽（Michael Walzer）：《正义诸领域：为多元主义与平等一辩》，褚松燕译，译林出版社 2002 年 5 月版。

［美］乔治·华盛顿（George Washington）：《华盛顿选集》，聂崇信、吕德本、熊希龄译，商务印书馆 2012 年 12 月版。

［德］马克斯·韦伯（Max Weber）：《新教伦理与资本主义精神》，九州出版社 2007 年 1 月版。

［德］马克斯·韦伯：《学术与政治》，冯克利译，生活·读书·新知三联书店 1998 年 11 月版。

［德］马克斯·韦伯：《社会科学方法论》，韩水法、莫茜译，中央编译出版社 2008 年 5 月版。

［德］马克斯·韦伯：《经济与社会》（上、下卷），林荣远译，商务

印书馆 1997 年 12 月版。

［德］马克斯·韦伯：《韦伯政治著作选》，［英］彼得·拉斯曼、罗纳德·斯佩尔斯编，阎克文译，东方出版社 2009 年 9 月版。

［美］戴维·L. 韦默（David L. Weimer）、［加］艾丹·R. 维宁（Aidan R. Vining）：《政策分析——理论与实践》，戴星翼、董骁、张宏艳译，上海译文出版社 2003 年 10 月版。

［美］杰伊·D. 怀特（Jay D. White）、盖·B. 亚当斯（Guy B. Adams）：《公共行政研究——对理论与实践的反思》，刘亚平、高洁译，清华大学出版社 2005 年 7 月版。

［美］伍德罗·威尔逊（Woodrow Wilson）：《行政之研究》，载丰俊功译，载《政治与行政》，北京大学出版社 2012 年 8 月版。

［美］詹姆斯·Q. 威尔逊，James Q. Wilson：《官僚机构：政府机构的作为及其原因》，孙艳等译，生活·读书·新知三联书店 2006 年 3 月版。

［美］艾伦·沃尔夫（Alan Wolfe）：《合法性的限度——当代资本主义的政治矛盾》，沈汉等译，商务印书馆 2005 年 11 月版。

［美］罗伯特·沃尔夫（Robert Paul Wolff）：《为无政府主义申辩》，毛兴贵译，江苏人民出版社 2006 年 2 月版。

［美］丹尼斯·朗（Dennis H. Wrong）：《权力论》，陆震纶、郑明哲译，中国社会科学出版社 2001 年 1 月版。

陈家刚主编：《协商民主与政治发展》，社会科学文献出版社 2011 年 5 月版。

戴黍、牛美丽等编译：《公共行政学中的批判理论》，中国人民大学出版社 2008 年 12 月版。

何俊志、任军锋、朱德米编译：《新制度主义政治学译文精选》，天津人民出版社 2007 年 4 月版。

刘军宁编：《民主与民主化》，商务印书馆 1999 年 12 月版。

罗蔚、周霞编译：《公共行政学中的伦理话语》，中国人民大学出版社 2011 年 4 月版。

王巍、牛美丽编译：《公民参与》，中国人民大学出版社 2009 年 10 月版。

颜昌武、马骏编译：《公共行政学百年争论》，人民大学出版社 2010 年 1 月版。

中国社会科学杂志社编：《民主的再思考》，社会科学文献出版社 2000 年 12 月版。